Esta investigación se ha realizado gracias al patrocinio económico de:

CAJA MADRID
FUNDACIÓN

LA SOCIEDAD

ESPAÑA SIGLO XXI

Salustiano del Campo y José Félix Tezanos
Directores

1

LA SOCIEDAD

Salustiano del Campo y José Félix Tezanos
Editores

BIBLIOTECA NUEVA

Cubierta: Javier Cormenzana

Esta obra ha sido publicada con una subvención de la Dirección General del Libro, Archivos y Bibliotecas del Ministerio de Cultura, para su préstamo público en Bibliotecas Públicas, de acuerdo con lo previsto en el artículo 37.2 de la Ley de Propiedad Intelectual.

© Salustiano del Campo y José Félix Tezanos (Eds.), 2008
© Los autores, 2008
© Fundación Caja Madrid, 2008
© Editorial Biblioteca Nueva, S. L., Madrid, 2008
    Almagro, 38
    28010 Madrid (España)
    www.bibliotecanueva.es
    editorial@bibliotecanueva.es

ISBN: 978-84-9742-795-1
Depósito Legal: Z-736-2008

Impreso en Línea 2015
Impreso en España - *Printed in Spain*

Prólogo

Modernización y cambio social en la España actual

Salustiano del Campo
José Félix Tezanos

A mediados de la década de los años 60 del siglo xx (1964) el régimen del General Franco celebró los 25 años de su triunfo en la Guerra Civil de 1936 a 1939. La campaña de propaganda de dicho aniversario se centró en un eslogan que hacía referencia a un elemento que los especialistas en comunicación y los estrategas del régimen entendieron que podía presentarse como su principal logro: «Veinticinco años de paz.» Es muy probable que los presos políticos, los exiliados y muchos trabajadores e intelectuales, así como los sectores de población que padecieron, y sufrían aún, las condiciones de la dictadura, no hicieran la misma interpretación sobre el sentido que se pretendía atribuir a aquel «logro» de la paz. Sin embargo, más allá de las valoraciones políticas, lo importante es que en aquel horizonte histórico todo el mundo parecía asumir que la sociedad española se encontraba en una cierta situación estática, en la que no se constataban cambios sociales y políticos apreciables. Tampoco era posible hacer, por lo tanto, una presentación positiva específica sobre ellos. El valor de referencia era la paz entendida como ausencia de guerra, pero no la transformación de la sociedad española hacia una homologación con los países de su entorno.

1. Dificultades en la modernización de España

España entró en la segunda mitad del siglo xx lastrada por muchas de las carencias y los déficits de modernización que habían condicionado su historia moderna. De hecho, la historia española de buena parte del siglo xx refleja las tensiones sociales y los conflictos políticos producidos en la Península Ibérica al intentar alcanzar la modernización, la industrialización, la vertebración territorial, la europeización y la democratización.

Concretamente, desde la Restauración de 1875 hasta un siglo después persistieron objetivos pendientes en los que a veces no se avanzó sino que incluso se produjeron retrasos. Sin embargo, a principios del siglo XXI España no sólo se ha industrializado, sino que se ha convertido en una sociedad postindustrial. Igualmente ha sucedido con el logro de un sistema democrático estable y con la vertebración nacional, así como con la europeización u occidentalización de España, que incluye la formulación y aplicación de nuevas políticas sociales.

Sería muy prolijo detallar aquí todas las dificultades encontradas en el camino hacia la homologación plena de España con los países europeos desarrollados, pero entre las más significativas pueden destacarse el retraso en la revolución burguesa, las dificultades en la revolución industrial, las carencias en la construcción del Estado de Bienestar y el aislamiento internacional favorecido por la ausencia de una política internacional adecuada (véase Cuadro 1). Por si todo esto fuera poco, la incidencia de los nacionalismos periféricos, así como su aproximación al extremo del terrorismo identitario, avalan el mérito de haber avanzado tanto, y muy en especial los méritos de la democracia española actual.

CUADRO 1.—*Dificultades en la modernización en España*

OBJETIVOS PENDIENTES EN LA HISTORIA RECIENTE DE ESPAÑA	DIFICULTADES/RETRASOS
— Desarrollo económico sostenido/industrialización. — Funcionamiento de un sistema democrático estable (con primacía del poder civil). — Vertebración regional/nacional. — Modernización. — Europeización/occidentalización. — Impulso de políticas sociales.	— Retraso en la Revolución burguesa. — Dificultades en la Revolución industrial. — Lentitud en la modernización social. — Carencias en la construcción del Estado de bienestar.

El fracaso del régimen de la Restauración, que bien podía haber conducido a España por la senda de un modelo constitucional democrático progresivamente perfeccionado, como sucedió en Gran Bretaña, desembocó en una dinámica de antagonismos y de contraposiciones políticas que nos llevaron de la dictadura de Primo de Rivera a la Segunda República, y de ésta, a través de una cruenta y destructiva guerra civil, a una nueva dictadura que se prolongó durante casi cuatro décadas. Las oscilaciones políticas, con los conflictos y los desgarros que generalmente las acompañaron, impidieron que en España se alcanzara una razonable estabilidad pacífica y que se convirtieran en realidad todas sus potencialidades en términos de crecimiento económico, desarrollo político y modernización social (véase Cuadro 2).

Pero, sobre todo, las dialécticas de acción-reacción dieron lugar a un alto grado de encono social que durante mucho tiempo impidió establecer unas reglas consensuadas y de continuidad en los procesos político-electorales. Todo lo cual, con frecuencia, se acabó plasmando en odio y en violencia política, así como en un pesimismo y un criticismo político extremos por parte de los intelectuales. El «no es esto, no es esto» de José Ortega y Gasset, o el exagerado dicterio de «África empieza en los Pirineos» de Miguel de Unamuno, fueron ejemplos expresivos del ambiente de pesimismo y fatalismo que durante mucho tiempo caracterizó a la sociedad española y a sus figuras más representativas.

CUADRO 2.—*Procesos históricos de modernización en España (1875-2008)*

	INTENTOS HISTÓRICOS	RESULTADOS	CAUSAS	ELEMENTOS SUBYACENTES
Primer ciclo	*Acción:* 1) Régimen de la Restauración (1875-1923) Pérdida de colonias Guerra de África Revolución Obrera 1917	– Democracia censitaria y limitada en sus primeras etapas – Sistema «convenido» de turnos en el Gobierno (con caciquismos y corruptelas políticas, desprestigio de los políticos etc.) – Fracaso institucional, económico, político y social	– Debilidad sociológica de la clase burguesa para hacer «su revolución», ausencia de una auténtica voluntad democratizadora y pésima política internacional	– Predominio del poder militar (conectado al poder oligárquico) sobre el poder civil, debilidad de la burguesía modernizadora y ausencia de un proyecto integrador entre los sectores populares, así como de una política internacional eficaz
Primer ciclo	*Reacción:* Dictadura del General Primo de Rivera (1923-1930) Dictablanda del General Berenguer (1931)	– Dictadura blanda – Proceso de industrialización y obras públicas – No beligerancia internacional – Crisis política, económica y social		
Segundo ciclo	*Acción:* 2) Segunda República (1931-1936)	– Democratización y universalización del sufragio – Intentos de modernización – Progresiva dualización social y política – Revolución de 1934	– Fracaso de una alianza «reformista» entre las clases medias y la clase obrera	
Segundo ciclo	*Reacción:* Guerra Civil (1936-1939) 1939-1951: autarquía 1951-1959: fin de la autarquía 1953-1975: desarrollismo y apertura Dictadura del General Franco (1939-1975) Gobierno continuista de Arias Navarro (1975-1976)	– Represión – Aislamiento internacional – Proceso de industrialización limitado desde finales de los años 60 y primeros años 70 – Ausencia de proyecto democrático de futuro – Crisis política, económica y social	– Crisis moral, social y política (carencia de proyecto democrático) de la burguesía y las clases medias (desvertebración de la derecha)	

CUADRO 2 (cont.).—*Procesos históricos de modernización en España (1875-2008)*

	INTENTOS HISTÓRICOS	RESULTADOS	CAUSAS	ELEMENTOS SUBYACENTES
Tercer ciclo	*Acción:* Transición Democrática: 1ª Fase: Gobiernos de UCD (Suárez/Calvo Sotelo) (1976-1982)	- Consenso democrático (Constitución de 1978) - Falta de impulso económico y social - Intentona golpista del 23-F - Crisis de UCD	- Pacto social por la modernización (clases trabajadoras y clases medias)	- Predominio del poder civil, mayor grado de vertebración social
	2ª Fase: Gobiernos PSOE (1982-1996) Mayoría absoluta (1982-1992) Gobierno de coalición (1993-1996)	- Hegemonía socialista-estabilización democrática - Saneamiento económico y ulterior crecimiento con altibajos - Desarrollo autonómico - Incorporación a Europa - Modernización social - Políticas sociales - Paro - Corrupción		- Mayor presencia y peso en los escenarios internacionales - Deslizamiento hacia una polarización política - Inicio de una nueva política internacional
	Reacción: La ruptura del consenso político 3ª Fase: Gobiernos del PP (1996-2004) Gobierno de minoría con acuerdos parlamentarios (1996-2000) Mayoría absoluta (2000-2004)	- Convergencia económica y política con los países de la Unión Europea - Incorporación al Euro - Dualización en política internacional. - Pacto antiterrorista - Diálogo con ETA	- Crisis del PSOE y bipolarización política - Crisis del diálogo social - Guerra de Irak	- Tensiones laborales - Tensiones nacionalistas, cuestionamiento del marco constitucional y papel nacional de los partidos nacionalistas
	4ª Fase: Gobierno del PSOE (2004-2008) Gobierno de minoría con acuerdos parlamentarios	- Ruptura del consenso de la transición - Importante crecimiento económico - Retirada de las tropas de Irak - Legislación laica y de derechos civiles - Aprobación de nuevos Estatutos de Autonomía - Clima de crispación política creciente - Proceso fallido de paz con ETA	- Tensiones nacionalistas - Fuerte aumento de la inmigración	- Los partidos nacionalistas operan como el fiel de la balanza política - Polarización política - Pérdida del valor del consenso

La Guerra Civil de 1936 a 1939 fue verdaderamente el cenit de un clima continuado de dualizaciones y enfrentamientos, que se tradujo en hechos fatales para muchas familias españolas, haciendo realidad el lamento machadiano de «españolito que vienes al mundo, una de las dos España ha de helarte el corazón».

Después de la Guerra Civil, sin embargo, en la conciencia de muchos españoles —y más tarde en la de sus descendientes— se asentó una convicción profunda de «nunca más», «nunca más por ese camino». Por ello, en las postrimerías del régimen franquista estaba bastante arraigada la opinión de que era necesario emprender un proceso de acuerdos que hicieran posible establecer las bases de un régimen político que no fuera expresión sólo de una de las dos Españas, de una de las dos grandes orientaciones políticas que podían identificarse en el último cuarto del siglo xx. A partir de esta convicción, se articuló un conjunto de acuerdos y procesos políticos, complejos y nada fáciles en su momento, que acabaron plasmándose en una transición política pacífica, consensuada y apoyada ampliamente por la opinión pública, que asentó una democracia moderna y europea, reconocida nacional e internacionalmente. Una democracia, gracias a la cual fue posible alcanzar y consolidar muchas de las metas deseables y posibles de la historia moderna de España.

Los objetivos hasta entonces pendientes se tradujeron y se consolidaron en España con la «transición democrática», que tuvo lugar en el último cuarto del siglo xx, tras la muerte de Franco, y que fue acompañada por un clima de consenso social y político que no empezó a alterarse hasta bien entrada la ultima década del siglo xx. Sin embargo, los movimientos de reacción que condujeron al cuestionamiento del consenso anterior no han dado lugar hasta ahora, a diferencia de lo sucedido en otras etapas de la historia de España, a una basculación modificadora de lo logrado en el período previo (véase Cuadro 2), sino que se ha mantenido la vigencia de la Constitución de 1978 y sólo se han producido modificaciones en las orientaciones generales y en algunas de las políticas realizadas por los Gobiernos anteriores.

Es decir, en este caso el ciclo de cambios sociales y de modernización no ha terminado con una ruptura involucionista, sino con unas alternancias políticas, por mucho que en algunos casos éstas hayan previsto modificaciones legislativas importantes, como los nuevos Estatutos de Autonomía aprobados durante el gobierno de Rodríguez Zapatero (2004-2008) que, a juicio de algunos, pueden implicar cambios de fondo en el marco del consenso constitucional establecido en 1978. En el nuevo contexto político, por lo demás, estas cuestiones compete dilucidarlas al Tribunal Constitucional y, en su caso, pueden también ser objeto de modulaciones ulteriores según lo determine la evolución de las mayorías electorales.

Tampoco cabe descartar, sin embargo, que una vez culminado su espectacular desarrollo, España se enfrenta ahora con el final de un ciclo histórico, según ha sugerido recientemente el ensayista francés Nicolas Baverez.

2. Un nuevo impulso social

Desde la perspectiva general que aquí se esboza hay que tener en cuenta que cuando en el mundo occidental ya se estaban superando buena parte de las consecuencias —y casi el recuerdo vivido— de la Segunda Guerra Mundial, y hasta cuando empezaba a plantearse la carrera espacial, España continuaba siendo un país segmentado y atrasado sociológica y políticamente, que respondía aún en gran medida a parámetros propios de las sociedades agrarias premodernas. Precisamente, durante la Guerra Civil de 1936-1939, las zonas que permanecieron fieles a la Segunda República fueron las grandes ciudades, donde existían sectores significativos de clases trabajadoras organizadas sindical y políticamente, y algunos núcleos de clases medias modernizadoras (Madrid, Bilbao y Barcelona, básicamente), así como aquellos lugares donde estaban surgiendo sectores industriales y comerciales (como la cornisa cantábrica y la mitad norte de la ribera mediterránea). Por el contrario, el bando que ganó la Guerra Civil tenía inicialmente sus principales apoyos sociales en la España rural y en los ámbitos sociales más tradicionales. Durante la etapa desarrollista que se inauguró en los años 60 empezó a modificarse este esquema, pero no cambió definitivamente hasta que se logró conjugar el desarrollo económico con la modernización política y la recuperación de la democracia.

De alguna manera, la estructura social española de los primeros lustros de la segunda mitad del siglo xx se explica, en alto grado, por las inercias heredadas —y mantenidas— de la estructura política establecida. El *Censo de Población* de 1960 revelaba que España era un país «eminentemente rural», como se decía entonces. En los años 60 el 39,8% de la población activa estaba ocupada en la agricultura, mientras que la industria abarcaba un 28,6% y los servicios un exiguo 27%. En municipios de más de 100.000 habitantes sólo vivía el 27,7% de la población y las mujeres aún se encontraban sometidas a una clara supeditación a los hombres, no pudiendo realizar contratos o adquisiciones por su cuenta si estaban casadas, al tiempo que apenas se habían incorporado al trabajo (la tasa de actividad femenina era del 20,1%). Las mujeres también estaban constreñidas por una legislación que, penalizaba escandalosamente el adulterio femenino y por una moral tradicional que las obligaba a acudir con falda larga, chaquetas con mangas y velo a las iglesias, mientras que la policía vigilaba en las playas y piscinas el tamaño de los trajes de baño.

La persistencia de un rancio tradicionalismo y la existencia de controles políticos sobre libros y periódicos, e incluso sobre los contenidos de las películas y de las obras de teatro —que estaban sometidas a la censura gubernamental— formaban parte de los engranajes de un régimen político que era el último residuo, aunque con características propias, que quedaba en Europa del modelo político totalitario que habían establecido en la década de los años 30 y 40 del siglo xx los principales aliados originarios del General Franco: Adolfo Hitler y Benito Mussolini.

Después de la Segunda Guerra Mundial, España había quedado aislada sociológica, política, económica y culturalmente del mundo occidental, especialmente tras la retirada de embajadores acordada por la ONU en 1946. Aún perduraban, además, efectos de la Guerra Civil que duró tres años, y tuvo unos costes humanos que algunos calcularon en un millón de personas (entre muertos, desaparecidos y no nacidos) y que erosionó duradera y gravemente la base productiva del país, hasta tal punto que la renta per cápita de 1936 no se igualó hasta 1953 y una parte de los indicadores económicos de mediados de los años 30 no se recuperaron hasta 1959.

Así, en el horizonte de los años 60 España era un país pobre y retrasado, con solo 497 dólares de renta per cápita en 1964 —es decir, menos de lo que hoy tienen Nigeria o Sudán— y con un régimen político cuya orientación y estructura constituía una rémora para la modernización y la plena incorporación de España al contexto europeo y mundial. De hecho, durante el período de apertura al exterior, en el que se produjo un primer impulso industrializador y de normalización económica y comercial de España, muchas de las estructuras políticas vigentes continuaron siendo un obstáculo para que la sociedad española alcanzara todo su potencial de crecimiento y de modernización.

A pesar de este contexto poco propicio, la sociedad española emprendió un impresionante proceso de transformaciones sociales y culturales, sobre todo a lo largo del ultimo cuarto del siglo XX[1], que la convirtieron en la séptima u octava potencia económica mundial (en PIB), en el segundo país turístico, en la nación con más médicos en ejercicio por habitante, en el sexto país mundial en producción de automóviles y en uno de los principales exportadores de Europa (con más del 80% de su producción) etc.[2], aunque se conservaran indicadores insuficientes con relación a cuestiones tan importantes como la Investigación y el Desarrollo, o la educación en todos sus niveles.

En pocas décadas en España tuvieron lugar procesos de cambio y de modernización que en otros países occidentales se realizaron a lo largo de más de un siglo, y cuyo resultado final ha sido una razonable equiparación de la sociedad española con los países desarrollados de su entorno; lo cual hace que pueda ser considerada como un cierto paradigma de una sociedad inmersa en intensos procesos de cambio social, tanto en lo que se refiere a la amplitud de los aspectos concernidos, como en lo referente a intensidad y rapidez.

En comparación con los sombríos años en los que el régimen franquista celebraba sus «25 años de paz», cuando en 2003 se conmemoraron los 25 años de la Constitución Democrática de 1978 la realidad española presentaba ya unos perfiles sociales, económicos y culturales que no se parecían prácticamente en nada a los de pocos lustros antes. El dinamismo de la sociedad española ha llevado a que su renta per cápita llegase en el año 2007 a los 30.000 dólares, la economía ha evolucionado hacía un modelo industrial y de servicios, la mayoría de la población reside en grandes núcleos urbanos (un 40,3% en ciudades de mas de 100.000 habitantes), los niveles de consumo de determinados bienes y servicios prácticamente se han generalizado y las estructuras de bienestar social se han asentado hasta el punto de que durante algunos años España pudo ocupar los puestos número nueve, diez y once en el Índice de Desarrollo Humano de la ONU. Posteriormente, sin embargo, ha descendido con algunas oscilaciones, debido principalmente al retroceso en el porcentaje del PIB dedicado a gastos públicos en Educación y Sanidad (véase Gráfico 1).

La importancia que las variables políticas han tenido en los procesos de cambio social en España hacen necesario resaltar la manera positiva como se interrelacionó la dinámica de la «modernización sociológica» con la «transición democrática» de los años 70 del siglo XX, en un proceso evolutivo pacífico que condujo, desde un tipo de sociedad atrasada y arcaica y un régimen político autoritario, a una democracia avanzada y a una sociedad moderna.

---

[1] Sobre esto véase M. Fraga, J. Velarde y S. del Campo, *La España de los años 70*, Madrid, Moneda y Crédito, 1972 (cuatro volúmenes).

[2] Véase, en este sentido, Mario Gaviria, *La séptima potencia. España en el mundo*, Barcelona, Ediciones B, 1996, págs. 28 y sigs. ANFAC, *Memorias anuales,* varios años.

[3] La bibliografia sobre este tema es muy amplia. Véase, por ejemplo, José Félix Tezanos, Ramón Cotarelo y Andrés de Blas (eds.), *La transición democrática española,* Madrid, Sistema, 1989; Javier Tusell y Álvaro Soto, *Historia de la transición. 1975-1986*, Madrid, Alianza Editorial, 1996; Rafael del Águila y Ricardo Montoro, *El discurso político de la transición española,* Madrid, CIS, 1984, etc.

En cierto sentido, este proceso de transición pacífica, ha podido ser presentado universalmente como modélico (en el doble sentido de la palabra) habiendo sido objeto de numerosos estudios y publicaciones[3]. A efectos de nuestro análisis, es preciso resaltar el alcance de unos procesos de cambio social que, para ser adecuadamente interpretados y valorados, no pueden considerarse al margen de la dinámica política de España durante la segunda mitad del siglo XX, tanto en lo que se refiere a los obstáculos y límites que el régimen político de la dictadura implicaba para el curso de la modernización y el cambio social, como en lo concerniente a la apertura de nuevos cauces y posibilidades que trajo consigo el proceso de transición democrática.

GRÁFICO 1.—*Evolución de la posición de España en el Índice de Desarrollo Humano de Naciones Unidas*

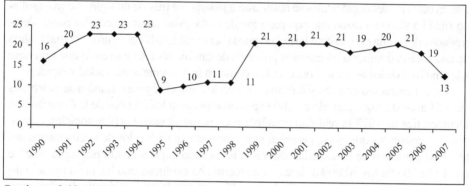

Con datos referidos a 1987 y años sucesivos hasta 2004, en el Informe publicado en 2007.

Fuente: PNUD, *Informes sobre Desarrollo Humano,* ONU, varios años.

3. EL DESBLOQUEO DE LA SOCIEDAD ESPAÑOLA

La dictadura del General Franco, sobre todo en sus dos primeras etapas, ejerció un esfuerzo persistente —y desfasado— por mantener a la sociedad española encorsetada y aislada de las grandes corrientes mundiales de cambio. Fracasó en ello por un conjunto de factores que empezaron a incidir en la sociedad española en la década de los años 60 del siglo XX.

El primer factor propiciador del cambio fue la propia capacidad de dinamismo de la sociedad española y de sus gentes. No hay que olvidar, en este sentido, que el franquismo fue un régimen político impuesto por la fuerza de las armas, que no operaba a partir del respaldo de los votos. Esto significaba, entre otras cosas, que en la sociedad española continuaron persistiendo impulsos individuales y colectivos que aspiraban a un tipo de organización política y social diferente, tanto en el ámbito intelectual y cultural como en el plano de las actividades económicas, sin olvidar las posiciones crecientemente aperturistas que se dieron en los entornos de la Iglesia Católica a partir del Concilio Vaticano II, así como las aspiraciones más generales de una buena parte de la población a favor de cambios de costumbres y actitudes.

En el desbloqueo de las inercias tradicionalistas de la sociedad española un segundo factor clave fue la apertura al mundo circundante. A partir del restablecimiento de las relaciones internacionales y del comercio internacional, que puso fin a un período de aislamiento y de inviable autarquía económica, durante la década de los años 60 empezó a imponerse una dinámica de intercambios múltiples que, por su propia lógica, tendieron a resquebrajar muchos muros de enclaustramiento.

En el cambio de las costumbres y mentalidades se hicieron notar las influencias ejercidas desde algunos sectores del mundo intelectual, incluso procedentes originariamente del régimen, y de los partidos y las organizaciones sindicales clandestinas de la oposición democrática. A su vez, se abrieron dos vías específicas de «intercambio cultural» y de «ejemplificación» protagonizadas por la población y que tuvieron una notable influencia sobre ella: la emigración a Europa y el turismo.

De 1960 a 1973 se contabilizaron cerca de dos millones y medio de españoles que cruzaron las fronteras de España en búsqueda de trabajo en otros países europeos. Casi la mitad de estas personas lo hicieron en concepto de emigrantes permanentes y el resto como temporales. A ello se unía inicialmente una cantidad importante de inmigrantes afincados en los países de ultramar, de forma que a principios de la década de los años 70 el Instituto Nacional de Emigración cifraba en tres millones y medio el número de españoles que residían fuera de sus fronteras por motivos de trabajo[4]. Lo cual, para una población activa que apenas superaba los trece millones de personas, suponía una proporción potencial muy importante (un 27%). La emigración, además, hizo posible que muchos trabajadores y sus familias establecieran contactos y tuvieran experiencias laborales, sindicales y culturales que les llevaron a interiorizar actitudes y pautas de comportamiento diferentes de las que eran propias de la España oficial de la época.

A su vez, la expansión del turismo no sólo sentó las bases de una actividad económica muy pujante, que a principios del siglo XXI representaba un 12% del PIB y daba empleo a un 13% de la población activa, sino que también contribuyó a abrir las fronteras y las mentalidades. Los millones de turistas que acudían cada año a España permitían identificar —y comparar— sus costumbres y sus niveles de vida, contribuyendo a difundir perspectivas vitales muy diferentes a las que postulaba el viejo tradicionalismo del régimen. No hay que olvidar tampoco que el turismo y las remesas de los emigrantes proporcionaron las divisas que en los años 60 y 70 permitieron el despegue del desarrollo económico español, que tanto ayudó a la transición pacífica a la democracia.

Los procesos de migración económica y la expansión del turismo, en resumen, no sólo operaron como factores económicos que posibilitaron el necesario equilibrio de la balanza comercial, en una España que se abría a los mercados internacionales, sino que también tuvieron un influjo notable en la difusión de pautas sociales y de modos de vida modernos.

4. LOS CAMBIOS SOCIALES BÁSICOS

La modernización social y el crecimiento económico corrieron paralelos a un conjunto de cambios que en pocos años modificaron la faz social de España y que pueden agruparse en dos bloques: los que tienen que ver con la estructura de la población, por un lado, y los que se relacionan con dimensiones específicas de la modernización social, por otro.

---

[4] Véase Instituto Nacional de Estadística, *España Panorámica Social,* Madrid, 1975, págs. 65-66.

En primer lugar, hay que resaltar un importante crecimiento demográfico: España ha pasado de los 18 millones de habitantes que tenía a principios del siglo xx, a 40.847.371 en el censo de 2001 y a 45.116.894 habitantes según el padrón municipal de 1 de enero de 2007. Este hecho que, en principio, supone un incremento de algo más de 27 millones de personas, es en realidad mucho mayor si se cuentan sus años vividos, ya que la esperanza de vida en 1900 oscilaba en torno a los 35 años y en 2005 a 77-83 años.

En segundo lugar, la transición demográfica, cumplida en España a finales de los años 60, se produjo con retraso respecto a los restantes países europeos, y ha perfilado una pirámide de población que denota un creciente envejecimiento y una merma importante de las cohortes de población más jóvenes.

En tercer lugar, han tenido lugar unos intensos procesos migratorios internos, que han dado lugar a una concentración de la población en las zonas más prósperas, especialmente en el centro y en las regiones costeras, produciendo una urbanización retrasada pero paralela a la que se dio en Europa un siglo antes. En la década de los años 60 España dejó de ser rural y se convirtió en urbana, al haber superado la población urbana el 50% de la total, de acuerdo con la clasificación en boga. El incremento de la urbanización hizo que, a principios del siglo xx, la mitad de la población residiera en las grandes áreas urbanas y metropolitanas. Por otro lado, la acelerada desruralización ha hecho que sólo un 5,1% de la población activa estuviera ocupada en la agricultura en el año 2006.

La desruralización de España, con todos los componentes de cambio asociados a ella, ha presentado dos facetas: por un lado, un proceso muy intenso de migraciones del campo a la ciudad: desde 1900 a 1970 se cifra en catorce millones el número de personas que cambiaron de municipio de residencia. Solamente entre 1960 y el año en el que se celebraron las primeras elecciones democráticas (1977), lo hicieron seis millones y medio de personas, es decir un 18% de la población. Este fenómeno tuvo su correspondencia en el crecimiento de los grandes centros urbano-industriales, donde pudieron germinar y desarrollarse nuevas mentalidades y formas de vida.

En un segundo bloque de grandes cambios hay que mencionar la igualación progresiva de las mujeres y los hombres en derechos y oportunidades, con una tasa de presencia de las mujeres en la población activa del 47,9% en 2006 —respecto a un 27,8% en 1975— y una proporción en la población de estudiantes universitarios mayor incluso que la de hombres. Este cambio es resultado también de la creciente terciarización de la estructura productiva, con un 63,2% de la población activa ocupada en el sector servicios en 2006.

Todo esto viene acompañado de una complejización creciente de la estructura social de clases, con un aumento importante de las clases medias, y en especial, de las «nuevas clases medias» profesionales y técnicas, en detrimento de las «viejas clases medias» propietarias[5], hasta tal punto que en las cuatro últimas décadas de la historia de España se ha pasado de una estructura propia de un país rural y tradicional a una estructura típica de una sociedad avanzada.

Los rasgos propios de la nueva configuración social revelan la transición que se ha consumado desde un modelo en el que tenían gran peso los jornaleros agrícolas y los

---

[5] Sobre las transformaciones ocurridas de la estructura social española, con especial atención a la estratificación social, véase José Félix Tezanos, *Estructura de clases y conflictos de poder en la España postfranquista,* Madrid, Edicusa, 1978. Para una visión ulterior, véase José Félix Tezanos, «La estratificación social en España», en Salustiano del Campo (ed.), *Perfil de la Sociología española,* Madrid, Catarata, 2001, págs. 109, 161.

pequeños propietarios del campo, junto a las viejas clases medias y una clase obrera poco especializada y no demasiada numerosa, hasta una estructura en la que predominan las nuevas clases medias y en la que tienen un peso creciente los profesionales, los técnicos, los especialistas y los vendedores y comerciantes, mientras que al mismo tiempo las clases trabajadoras constituyen un núcleo con menor peso relativo, mayor grado de heterogeneidad y más alto grado de cualificación (véase Gráfico 2).

GRÁFICO 2.—*Evolución de los principales sectores socio-ocupacionales en España (1964-2006) (en porcentaje)*

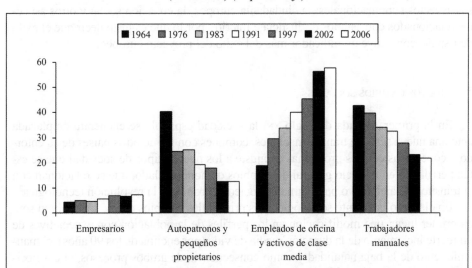

Fuente: INE, *Encuestas población activa,* ob.cit., varios años. Elaboración propia.

La asunción de pautas de comportamiento y estilos de vida y de ocio concordantes con los parámetros propios de otros países del entorno europeo, se dieron juntamente con una apertura a nuevas ideas, una tolerancia con el pluralismo propio de las sociedades modernas y una concepción laica de la organización social. Y, finalmente y como traducción del proceso de normalización convivencial, a partir de 1977 se logró el establecimiento de un régimen político democrático, que abrió el paso a la Constitución consensuada de 1978 y a la plena incorporación de España a la Unión Europea en 1985.

La importancia de la integración política de España en Europa no debe infravalorarse. Sin ella no podría entenderse la rápida transformación económica y social que ha situado sólidamente a España entre las principales economías del mundo, a la vez que ha confirmado la razón de los españoles al confiar en el desarrollo político de Europa. Aunque todavía faltan pasos adicionales y se registran carencias, las magnitudes del cambio económico son espectaculares, habiéndose pasado de menos de 8.000 euros de renta per cápita en 1985 a 23.000 en 2007 (en torno a 30.000 dólares). Lo cual supone que en 20 años la distancia respecto a Europa en términos de renta se ha recortado prácticamente en 20 puntos, según han resaltado Piedrahita, Steinberg y Torreblanca[6]. El

---

[6] S. Piedrahita, F. Steinberg y J. A. Torreblanca, *20 años de España en la Unión Europea (1986-2006),* Real Instituto Elcano y Parlamento Europeo, 2006.

efecto ha sido muy claro en el empleo, en la inflación y en la apertura internacional. El principal reparo en este proceso es que aún se mantiene un importante retraso tecnológico y en gastos sociales respecto a la media de la UE-15.

Actualmente hay conciencia en España de que son necesarios ajustes para mejorar en competitividad, que es uno de nuestros puntos débiles. Por otra parte, y aunque se abordan estos puntos en otros lugares de esta obra, hay también que destacar la descentralización política, la modernización del Estado y de la Administración y la relevancia del papel de la mujer, así como que los españoles se declaran satisfechos con la democracia y su sistema de valores. Ha sido muy notable el avance registrado en diversos aspectos supranacionales: la ciudadanía europea, la cohesión social y otros aspectos relacionados con asuntos de Justicia e Interior, por lo que es justo decir que el éxito de España constituye un indicador más del éxito del proyecto europeo.

5. Nuevos cambios sociales

En la primera década del siglo XXI la sociedad española se encuentra emplazada ante una nueva serie de transformaciones, comunes con las de otros países de su entorno y conectadas con los problemas de ajuste a los nuevos tipos de sociedad que se están perfilando en un ciclo general de cambios de hondo calado, que se relacionan con el tránsito hacia el nuevo paradigma de sociedad propio de la revolución tecnológica[7].

En el nuevo horizonte sociológico, los principales cambios que se vislumbran son: en primer lugar, una modificación en los perfiles de la población con expectativas de un fuerte incremento de la duración media de vida (por encima de los 90 años), el mantenimiento de la baja natalidad y como consecuencia de ambos procesos, el envejecimiento creciente de la población que algunos pronostican que será uno de los mayores de Europa.

En segundo lugar, un cambio en los modelos familiares, desde el viejo modelo de familias patriarcales extensas hacia un tipo de familias nucleares reducidas e igualitarias (con sólo uno o dos hijos)[8]. Ahora cada vez se casan menos personas o lo hacen mas tarde y, cada vez se tienen menos hijos o ninguno. De igual manera, el aumento de las separaciones matrimoniales da lugar a que, a largo y aun a medio plazo, las curvas de nupcialidad y de disgregación familiar formal tiendan a converger, por no mencionar otros cambios radicales, como las nuevas modalidades de matrimonios entre personas del mismo sexo, o las nuevas posibilidades de procreación proporcionadas por los desarrollos de la ingeniería genética (inseminaciones artificiales, madres de alquiler, preselección del sexo de los hijos, etc.).

En tercer lugar, los antiguos procesos de emigración de hace sólo tres décadas se han visto sustituidos por nuevas corrientes que han cambiado la dirección de los flujos sociales, además de su mayor volumen. En pocos años España ha dejado de ser un país que enviaba emigrantes y ha pasado a ser receptor neto de inmigrantes, de forma

---

[7] Sobre la perspectiva de las nuevas tendencias sociales, véase, Salustiano del Campo (ed.), *Tendencias Sociales en España (1960-1990)*, 3 volúmenes, Madrid, Fundación BBV, 1993; y José Félix Tezanos y Verónica Díaz, *Tendencias sociales 1995-2006*, Madrid, Sistema, 2006.

[8] Véase, Salustiano del Campo, *La nueva familia española*, Madrid, Eudema, 1991; Salustiano del Campo, *Familias, Sociología y Política*, Madrid, Editorial Complutense, 1995.

que el *Padrón municipal* de 2007 consignaba un 10% de extranjeros. Curiosamente, estas cifras son similares a las de los años 70 del siglo XX, pero en sentido inverso, y para una población activa total bastante superior: más de veintiún millones. La nueva y vertiginosa dinámica inmigratoria ha hecho de España el segundo país mundial de recepción de inmigrantes en 2006 y el primero en relación con la propia población. Lo cual está creando problemas de recepción e integración y está siendo acompañado por una cierta extensión de actitudes xenófobas y de rechazo entre determinados sectores de la población (sobre todo entre los jóvenes, las clases bajas y una parte de las clases medias).

En cuarto lugar, y en contraste con lo anterior, se está produciendo un fenómeno de crisis del trabajo y de precarización laboral que afecta de manera especial a los más jóvenes, a las mujeres y a los sectores de población menos cualificados, así como a los inmigrantes en general. El resultado está siendo una estructura laboral crecientemente dualizada, en la que los emigrantes llevan a cabo los trabajos que los nativos no quieren realizar (en el servicio doméstico, en la construcción, en la recogida de productos de temporada en la agricultura, en hostelería, en ventas ambulantes etc.). Además, los inmigrantes realizan bastantes de estos trabajos en peores condiciones, y a menudo en la economía sumergida.

Por su parte, los jóvenes y las mujeres nutren en mayor grado que el resto de la población las filas del desempleo, hasta el punto de que a principios de 2007 el paro juvenil era más del doble (2,1 veces más) que el del resto de la población y tres veces más que el de los mayores de 55 años (3,1), ascendiendo el paro entre las mujeres menores de 25 años al 22,7%[9].

La precarización laboral se está extendiendo, con una tasa de temporalidad que en los primeros años del siglo XXI ha venido afectando a más de un 30% de la población activa, a la cual hay que sumar a aquellos que tienen trabajos de media jornada (entre el 7% y el 8%) y una cifra total de «trabajadores pobres», con ingresos insuficientes, que en el filo del nuevo siglo se cifraba en un millón y medio de personas[10]. En todos estos casos los jóvenes y las mujeres están padeciendo en mayor grado las nuevas condiciones de precarización, hasta el punto de que, en el primer lustro del siglo XXI, casi las dos terceras partes de los jóvenes que tenían empleo lo hacían en régimen de temporalidad, muchos de ellos experimentando ciclos de cinco o seis meses de empleo, y seis de paro. Igualmente, más de la mitad de los empleados en empresas de trabajo temporal se sitúan por debajo de los 30 años.

En quinto lugar, y en buena parte relacionado con lo anterior, se están produciendo transformaciones muy significativas en los sistemas de estratificación social, en los que decrece el peso de las clases trabajadoras manuales propias de las sociedades industriales, y se difuminan las clases medias, que se han constituido en una referencia identificativa para dos tercios de la población (véase Gráfico 3). La mesocratización genérica de la sociedad española no significa que algunos sectores de las clases medias no estén sufriendo también procesos de precarización. De hecho, algunas familias de clase media están viendo cómo sus hijos se ven afectados por los riesgos del paro y de la precarización laboral. De ahí que uno de los rasgos de la actual estructura social sea el au-

---

[9] INE, *Encuesta Población activa. Principales resultados,* Primer trimestre de 2007

[10] Sobre esta problemática puede verse José Félix Tezanos, *El trabajo perdido ¿Hacia una civilización postlaboral?,* Madrid, Biblioteca Nueva, 2001

mento de los sectores sociales vulnerables, con una extensión notable de los fenómenos de exclusión social, que se ven agudizados por el descenso de los presupuestos de gastos sociales[11].

GRÁFICO 3.—*Percepciones de las pirámides de estratificación social según identificaciones de los encuestados (en porcentaje)*

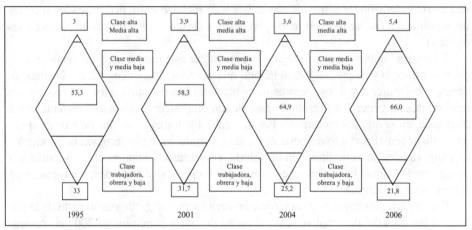

Fuente: Grupo de Estudios sobre Tendencias Sociales, *Encuestas sobre Tendencias Sociales,* varios años.

En sexto lugar, uno de los corolarios que se desprende de algunos de los procesos indicados, y que son comunes con los de los países más avanzados, es la conformación de un tipo de sociedades en las que se hacen presentes factores de inseguridad y se constatan signos de tensión y desagregación social, al tiempo que aumentan los índices de criminalidad y de violencia, y en las que una sensación sorda de temor se apodera de sectores importantes de la población (véase Gráfico 4). En concreto, desde 1980 hasta 2005 la población reclusa española creció en un 251,7% (de 18.253 a 64.195 personas), habiendo aumentado el número de delitos y faltas cometidas desde 1980 a 2005 en un 270,3% (de 529.228 a 1.959.608, respectivamente).

Finalmente, en este inventario no exhaustivo de nuevas cuestiones sociales, hay que mencionar las modificaciones que se están produciendo en las mentalidades y las culturas, especialmente entre los sectores más jóvenes de la sociedad. En este sentido, se constata, por una parte, una pérdida de arraigo y de influencia de las concepciones religiosas y, por otra, una crisis de los viejos valores y mentalidades propias de las clases medias: sobre todo del valor del trabajo, del esfuerzo a largo plazo, de la capacidad para posponer gratificaciones para ahorrar, estudiar, etc., así como del sentido de la autodisciplina y de la austeridad.

Otro aspecto importante de los cambios culturales es la alteración de los modelos de referencia y de autoidentificación básica. En la sociedad española de principios del siglo XXI se puede constatar una pérdida de vigencia de las identificaciones sociales con

---

[11] Véase José Félix Tezanos (ed.), *Tendencias en exclusión social en las sociedades tecnológicas. El caso español,* Madrid, Sistema, 1998; José Félix Tezanos, *La sociedad dividida. Estructuras de clases y desigualdades en las sociedades tecnológicas,* Madrid, Biblioteca Nueva, 2001; José Félix Tezanos (ed.), *Tendencias en desigualdad y exclusión social,* 2.ª edición, Madrid, Sistema, 2004.

los grandes grupos y las referencias de carácter macroscópico y fuerte (las ideas religiosas, las ideas políticas, la patria etc.), a favor de referentes más microscópicos y laxos, que apenas implican compromisos específicos (los «colegas» que tienen los mismos gustos, aficiones y modas, las personas de la misma edad etc.) (véase Tabla 1)

GRÁFICO 4.—*Evolución de la población reclusa y del número de delitos cometidos*

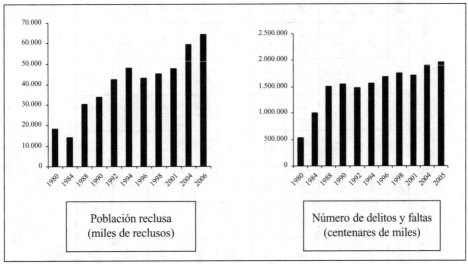

<table>
<tr><td>Población reclusa
(miles de reclusos)</td><td>Número de delitos y faltas
(centenares de miles)</td></tr>
</table>

Fuente: Ministerio del Interior, *www.mir.es* y *Anuario El País,* varios años.

Pero, como decíamos al principio de este epígrafe, muchas de estas tendencias, y otras conectadas con ellas, no son privativas de la sociedad española, sino que forman parte de planteamientos y circunstancias presentes en la mayor parte de los países desarrollados en las primeras fases de desenvolvimiento de la revolución tecnológica, bajo el predominio de unos enfoques ideológicos concretos y de una arquitectura política y social que es heredera directa de los modelos industriales previos. Arquitectura que no ha traducido suficientemente las nuevas tendencias de globalización económica, ni las nuevas condiciones laborales de las sociedades tecnológicas[12].

Lo más específico de España es, tal vez, que este nuevo ciclo de grandes cambios sociales se está empezando a producir prácticamente sin solución de continuidad —sin descanso— con el gran período de transformaciones que aquí hemos presentado en sus líneas básicas, que son las que en el fondo y en la forma han llevado a la sociedad española a recorrer, intensa y rápidamente, un camino que a otros países del orbe occidental les llevó más de un siglo, tanto en sus dimensiones políticas y económicas como en las culturales y sociales.

---

[12] Una información detallada sobre este nuevo ciclo de cambios puede consultarse en las investigaciones y publicaciones del GETS (Grupo de Estudio sobre Tendencias Sociales). Véase, por ejemplo, José Félix Tezanos y Antonio López, *Ciencia, Tecnología y Sociedad,* Madrid, Sistema, 1997; José Félix Tezanos (ed.), *Tecnología y Sociedad en el nuevo siglo,* Madrid, Sistema, 1998, José Félix Tezanos (ed.), *Escenarios del nuevo siglo,* Madrid, Sistema, 2000; José Félix Tezanos (ed.), *Clase, Estatus y Poder en las sociedades emergentes,* Madrid, Sistema, 2002 y José Félix Tezanos (ed.), *Los impactos sociales de la revolución científico-tecnológica,* Madrid, Sistema, 2007.

TABLA 1.—*Evolución de las identificaciones con los principales grupos de referencia (frecuencias acumuladas)*

	1985	1987	1989	1991	1995	1996	1997	1998	1999	2000	2001	2002	2003	2004	2005	2006	2007	Tendencia
Identificación generacional	38,5	37,2	43,5	40,2	46,1	42,7	39,9	52,0	47,5	49,2	49,7	49,3	49,5	46,9	46,7	49,7	44,4	Ascenso notable
Identificación socio-cultural	39,4	45,6	39,7	37,7	36,5	31,3	35,4	37,9	31,6	39,2	35,2	30,9	31,6	34,7	37,2	40,3	33,7	Destacada con oscilaciones
Identificación local	17,0	11,4	16,0	14,7	16,4	10,6	14,9	17,1	14,7	17,3	15,0	16,5	12,7	17,6	14,1	14,4	14,9	Ligero Descenso
Identificación con el mismo sexo	5,0	8,0	6,5	8,1	11,3	10,2	10,7	14,0	11,1	14,8	17,8	16,3	17,7	15,1	14,1	12,4	15,8	Destacada con oscilaciones
Identificación de clase social	24,6	16,6	17,1	15,2	10,7	13,2	10,8	13,4	10,1	9,6	10,2	9,5	8,6	8,8	7,3	7,4	8,6	Fuerte descenso
Identificación ocupacional	—	20,6	18,1	18,4	15,3	11,9	9,6	12,5	8,7	10,7	7,2	8,8	7,8	8,4	8,7	7,4	6,9	Fuerte descenso
Identificación regional	12,9	9,0	12,0	6,7	7,8	8,8	6,8	8,6	5,9	9,5	8,6	7,7	8,2	9,8	6,5	9,0	8,6	Descenso con repuntes
Identificación política	11,7	9,5	7,5	8,5	3,3	4,8	4,0	4,8	2,9	4,4	2,9	2,3	3,4	5,9	4,0	3,9	5,8	Fuerte descenso
Identificación religiosa	12,2	12,2	10,1	9,5	6,4	4,4	3,6	3,4	2,7	3,7	2,5	1,7	2,4	2,4	1,8	2,4	2,4	Fuerte descenso

Fuente: GETS, *Encuesta sobre Tendencias Sociales,* varios años.

6. Dinamismos y equilibrios en la sociedad española

Un aspecto importante, y digno de subrayarse en la dinámica de la sociedad española, es que la concurrencia de un conjunto tan amplio de cambios económicos, culturales, sociales y políticos en un período tan corto de tiempo, se ha producido con un grado de equilibrio y de integración social bastante razonable. Las transformaciones sociales no han generado tensiones graves de ajuste y, al mismo tiempo, el crecimiento económico no se ha visto perturbado por inestabilidades peligrosas; todo lo cual ha permitido que en el año 2006 se alcanzara una tasa de convergencia con los países de la Unión Europea del 97,6%, y que varias regiones españolas se situaran ya bastante por encima de la media europea (véase Gráfico 5).

GRÁFICO 5.—*PIB de las regiones españolas respecto a la Unión Europea (2006)*

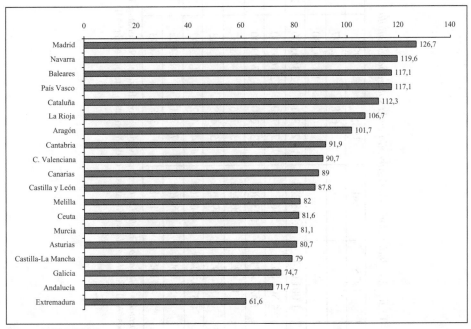

Fuente: EUROSTAT.

La forma en la que España entró en una fase de plena normalización democrática, durante los años 80 y 90 del siglo xx, ha permitido acometer nuevas etapas de modernización y desarrollo. Los indicadores de este período permiten constatar un ritmo sostenido de crecimiento que aleja cada vez más la realidad española de los parámetros de los años 60, cuando apenas había en circulación unos pocos miles de vehículos (exactamente 257.910 en 1966), en comparación con los más de veinte millones del año 2006.

En su conjunto, la sociedad española de la primera década del siglo xxi apenas se parece a la España de los años 30 del siglo pasado, en la que el 46,1% de la población activa era agrícola, el 44% de los españoles era analfabeto —cifra que llegaba al 58,2% entre las mujeres—, el jornal agrícola de un campesino del sur era de apenas dos pesetas y la renta per cápita, calculada en pesetas de 1995 era de 350 ptas., un 40% de la que tenían los alemanes de la época y un 35% de la de un norteamericano medio.

TABLA 2.—*Indicadores de desarrollo en la sociedad española*

	1975	1980	1985	1990	1995	2000	2005
Robots industriales instalados	—	—	688	2.197	4.913	13.163	21.900
Ordenadores instalados	—	—	—	1.179.380	2.636520	3.601.308	7.726.362
Camiones en circulación	1.001.074	1.338.258	1.529.311	2.350.000	2.936.700	3.780.200	4.655.413
Turismos en circulación	4.806.833	7.556.511	9.273.710	12.160.000	14.212.300	17.449.200	20.250.377
Tractores agrícolas	527.271	523.907	633.210	740.000	1.085.015	1.184.644	980.807
Número de empresas creadas	11.422	20.154	32.736	76.467	103.481	113.168	157.111
Transporte aéreo de pasajeros (miles)	37.792	49.293	50.438	73.143	95.431	138.615	179.047
Flota mercante y pesquera (En toneladas)	370.404	440.400	442.402	481.102	637.518	652.052	794.034
Consumo de energía (en ktep)	57.660	68.750	70.771	88.022	97.670	121.558	138.851
Kilómetros de autopistas	1.135	1.881	2.328	4.693	8.133	10.443	13.156

Fuentes: Dirección General de Tráfico, *Boletín Informativo, Anuario Estadístico General,* varios años; Instituto Nacional de Estadística; Banesto, *Anuario del Mercado Español,* varios años; El País, *Anuario El País,* varios años; ANIEL, *Memoria,* varios años; Fondo Monetario Internacional (FMI); Asociación Española de Robótica y ONU, *World Robotics,* varios años.

En 2007, España es un país próspero y pujante, con una renta per cápita que, en paridad de poder adquisitivo, se aproxima a países antaño tan envidiados como Alemania y Francia, a los que tuvieron que acudir en un pasado cercano cientos de miles de españoles en busca de trabajo. En 2006 España fue, incluso, el país de la OCDE con una mayor tasa de crecimiento económico (el 4%).

En resumen, tan pronto como la sociedad española ha podido disfrutar de un período dilatado de estabilidad política, de una razonable integración social y de apertura al exterior, se ha podido demostrar que la supuesta «excepcionalidad» de España no era sino un mito y, en cierto grado, un subterfugio utilizado por los sectores arcaizantes como disculpa y coartada para mantener una situación de atraso y aislamiento insostenible y para intentar perpetuar unos privilegios incompatibles con el mundo moderno.

Por ello, en su proceso de modernización definitiva, España se ha abierto al mundo circundante y se ha dotado de un sistema político democrático integrador y consensuado, cobrando la sociedad notable dinamismo en el desarrollo de sus potencialidades y acortando en poco tiempo las distancias que la separaban de los países avanzados de su entorno. En la primera década del siglo XXI España ya no es una excepción en Europa, ni en el mundo democrático, sino que, si no se tuercen las cosas, podrá seguir avanzando y cubriendo metas y objetivos, como la mejora del sistema educativo, la investigación, la equiparación en gastos sociales a la media de países europeos, la mayor cohesión territorial en indicadores sociales y de calidad de vida y otros.

7. LA ESPAÑA REAL (1975-2008)

Al analizar los cambios en la estructura social, así como los económicos, políticos, científicos y de cualquier otro orden en España, se constata que todos nos acercan a las sociedades desarrolladas de nuestro entorno, es decir que convergen con sus parámetros[13]. Así se ha hecho habitualmente y se verifica también en este libro, pero la principal referencia ha sido siempre la evolución real tanto de la sociedad española como de aquélla o aquéllas con las que se compara. Aquí nos ocupamos, como decía Julián Marías, de la sociedad en que cada uno nos encontramos, pero, y ésta es nuestra aportación, con todos sus elementos precisados, medidos, cuantificados y comparados de acuerdo con las normas que rigen la investigación científica.

En el caso de España, una corriente de pensamiento mantiene que a lo largo de su historia se han dilapidado una y otra vez grandes oportunidades de modernización que no se han alcanzado cuando se podía. Una de ellas fue la que Marías califica como «la España posible en tiempos de Carlos III». De alguna manera, nos hemos acostumbrado tanto a esta peculiaridad de nuestra historia, que no estará mal establecer como hipótesis que jamás hemos convergido tanto como ahora con nuestras máximas posibilidades: ha aumentado el nivel de renta per cápita, se ha eliminado el analfabetismo y elevado nuestro nivel educativo, se ha urbanizado el país y su población se ha laicizado; y éstas y otras características, nos aproximan más que nunca a las demás naciones de Occidente, con las cuales nos comparamos. Económicamente nos hemos convertido

---

[13] Simon Langlois y Salustiano del Campo, *¿Convergencia o divergencia?: comparación de tendencias sociales recientes en las sociedades industriales,* Bilbao, Fundación BBVA, 1995.

en una sociedad de servicios y receptora de inmigrantes. Políticamente nos hemos transformado en una verdadera democracia.

Todo lo anterior no se ha dado de un día para otro, a pesar de que universalmente se reconoce la rapidez de nuestro cambio y su autenticidad. La realidad es que se han superado un conjunto de transiciones y progresado en otras tantas convergencias. Tal vez pueda citarse algún caso en el que se haya corrido el riesgo de marchar en dirección inversa, y es evidente que aún subsisten desfases y retrasos graves. Entre los más importantes pueden citarse las necesarias reformas estructurales en la economía, los déficits de calidad de la democracia española y las tendencias hacia una brumosa identidad de algunos españoles con su propio país.

En esta sucinta exposición de la modernización española nos hemos centrado en uno de los ejes fundamentales de nuestra evolución, el de tradición-modernización, relegando, por falta de espacio y exceso de complejidad, otros como pasado-futuro, derecha-izquierda y universalización-particularismo. Hemos hecho algunas referencias al pasado y al futuro, así como a la dicotomía derecha-izquierda, pero hemos dejado al margen casi todo lo que concierne al eje universalismo-particularismo, que tiende a convertirse casi en decisivo en los momentos actuales, a consecuencia de la pérdida del consenso y de la división potencial entre los españoles, a los que no se debería incitar a que se preocupen más por la memoria que por el futuro, como ya ha sucedido en otras ocasiones en nuestra historia.

La conciencia de que lo que se ha hecho se ha realizado bien se refleja en las series estadísticas que se recogen en el Gráfico 6 sobre la satisfacción de los españoles con la situación económica, política y personal desde la transición.

En un país donde es tan difícil la coincidencia de opiniones resalta el gran acuerdo acerca de que los años transcurridos desde la aprobación de la ley de Reforma Política en 1977 han sido los mejores de nuestra historia. Y no porque el causante de este gran éxito haya sido una España, la otra o la tercera, sino porque el buen sentido de los españoles y la moderación de sus dirigentes, en el marco constitucional de la monarquía parlamentaria, fraguaron un consenso que una gran mayoría considera digno de preservar.

Convencidos de lo anterior, como directores de esta obra diseñamos un proyecto para estudiar desde 1975 hasta hoy los aspectos principales de la modernización descrita y convocamos a algunos de los mejores especialistas españoles, recogiendo sus contribuciones en cinco volúmenes:

1. *La sociedad*, dirigido por Salustiano del Campo y José Félix Tezanos, que es el primero en aparecer.
2. *La economía*, que también verá la luz en 2008, y cuya dirección ha sido encargada a los profesores Juan Velarde Fuertes y José María Serrano, ambos Miembros de la Real Academia de Ciencias Morales y Políticas.
3. *La política*, dirigido por el académico de la Real Academia de Ciencias Morales y Políticas Manuel Jiménez de Parga y por el profesor Fernando Vallespín Oña, Presidente del CIS, que se publicará igualmente en 2008.
4. *Ciencia y Tecnología*, dirigido por Carlos Sánchez del Río, de la Real Academia de Ciencias, por Aníbal Figueras, de la Real Academia de Ingeniería y por Emilio Muñoz del CSIC, que se publicará en 2009.
5. *Literatura y Bellas Artes*, dirigido por los académicos Antonio Bonet Correa, de la Real Academia de Bellas Artes de San Fernando y Francisco Rico, de la Real Academia Española, que se publicará en 2009.

GRÁFICO 6.—*Indicadores generales de satisfacción. Valoraciones positivas*

Fuente: Banco de datos del CIS, varios años.

Obviamente, la ciencia tiene su método y éste no incluye como requisito el consenso, pero en determinadas materias científicas la opinión común puede tener valor siquiera sea por sus efectos y transitoriamente. La elección por nuestra parte de dos directores para cada volumen, así como nuestra colaboración personal, se inspira en la idea de conjuntar la investigación científica más solvente más allá de las opciones ideológicas personales de los directores de volúmenes. Nosotros creemos en una ciencia española producto de la colaboración entre individualidades cualesquiera que sean sus creencias personales. No pensamos que la mejor formulación de nuestros análisis, y mucho menos de nuestras tesis, pase por la exclusión de unos o de otros; nuestro objetivo es que las cosas sean de todos y se hagan por todos, y para todos.

Así, seguramente al final nos encontraremos con un resultado que ya a primera vista resulta notable. Cinco volúmenes; once directores de volumen; ciento treinta y un capítulos y ciento cuarenta y cuatro colaboradores.

Este primer volumen versa sobre la sociedad y tiene antecedentes destacados, dado que en España se han publicado varias obras excelentes de estilo similar. Aun así, creemos en su necesidad y utilidad actual porque hemos puesto al día nuestra metodología y nuestros conocimientos, y porque los cambios sociales y de todo tipo han sido muy intensos. La intención es presentar la España real, empezando por su sociedad, que es la gran protagonista de esta etapa feliz en la que ambas —la España real y la posible—, se hallan más próximas que nunca antes.

Y no quisiéramos terminar sin hacer una referencia especial a la ayuda que nos ha prestado con su patrocinio económico la Fundación Caja Madrid. Sin ella estos volúmenes no podrían ver la luz. Por ello, nuestro sincero agradecimiento a su Presidente, Miguel Blesa, a su Director, Rafael Spottorno, y a su Gerente Pío Díaz de Tuesta. A su vez, también queremos dar las gracias a la Editorial Biblioteca Nueva que va a publicar toda la serie y a su Director, Antonio Roche, por el entusiasmo y dedicación con la que acogió este proyecto.

En el capítulo de agradecimientos es preciso reconocer asimismo el compromiso del Ministerio de Asuntos Exteriores, a través de la Agencia Española de Cooperación Internacional, para la difusion y promoción en el exterior de esta publicación, sin olvidar, por supuesto, la ayuda prestada por nuestros colaboradores, María del Mar Brioso Rodríguez, Luis Arizmendi, Noelia Seibane y Alberto Sotillos, así como las tareas de gestión administrativa y de Secretaría prestadas eficazmente por María Jesús González y Carmen Maeso, respectivamente. Nuestro reconocimiento debe hacerse extensivo también al personal del Instituto de España y de la Fundación Sistema, instituciones que han prestado un valioso apoyo organizativo y editorial, sin el que esta iniciativa no hubiera sido posible.

BIBLIOGRAFÍA

ÁGUILA TEJERINA, Rafael del y MONTORO, Ricardo, *El discurso político de la Transición Española,* Madrid, CIS, 1984.

CAMPO, Salustiano del y NAVARRO, Manuel, *Nuevo análisis de la población española,* 2.ª edición, Barcelona, Ariel, 1992.

CAMPO, Salustiano del, *Familias, Sociología y política,* Madrid, Editorial Complutense, 1995.

CAMPO, Salustiano del (ed.), *Tendencias Sociales en España (1960-1990),* Madrid, Fundación BBV, 3 vols., 1993.

— *Perfil de la Sociología española,* Madrid, Catarata, 2001.

FUNDACIÓN ENCUENTRO, *Informe España 2001*, Madrid, 2001 (varios años).

FUNDACIÓN FOESSA, *Informes sobre la situación social de España* (varios años).

FRAGA, M.; VELARDE, J. y CAMPO, S. del, *La España de los años 70,* Madrid, Ed. Moneda y Crédito, 1972 (4 vols.).

GARCÍA DELGADO, José Luis (ed.), *Economía española de la transición y la democracia,* Madrid, CIS, 1990.

GINER, Salvador (dir.), *España, sociedad y política,* Madrid, Espasa Calpe, 1990.

GUERRA, Alfonso y TEZANOS, José Félix (eds.), *La década del cambio. Diez años de Gobierno Socialista. 1982-1992,* Madrid, Sistema, 1992.

LANGLOIS, S. y CAMPO, S. del, *¿Convergencia o divergencia?: comparación de tendencias sociales recientes en las sociedades industriales,* Bilbao, Fundación BBVA, 1995.

PIEDRAHITA, S.; STEINBERG, F. y TORREBLANCA, J. A., *20 años de España en la Unión Europea (1986-2006),* Real Instituto Elcano y Parlamento Europeo, 2006.

POWELL, Charles, *El piloto del cambio. El Rey, la Monarquía y la transición a la democracia,* Planeta, Barcelona, 1991.

— *España en democracia. 1975-2000. Las claves de la profunda transformación de España,* Barcelona, Plaza & Janés, 2001.

SOTO, Álvaro, *Transición y cambio en España. 1975-1996,* Madrid, Alianza Editorial, 2005.

TEZANOS, José Félix, *Estructura de clases y conflictos de poder en la España postfranquista,* Madrid, Edicusa, 1978.

— *La sociedad dividida. Estructuras de clases y desigualdades en las sociedades tecnológicas,* Madrid, Biblioteca Nueva, 2001.

— *El trabajo perdido. ¿Hacia una civilización postlaboral?,* Madrid, Biblioteca Nueva, 2001.

TEZANOS, José Félix (ed.), *Tendencias en desigualdad y exclusión social,* 2.ª edición, Madrid, Sistema, 2004.

TEZANOS, José Félix; COTARELO, Ramón y BLAS, Andrés de (eds.), *La transición democrática española,* Madrid, Sistema, 1989.

TEZANOS, José Félix y DÍAZ, Verónica, *Tendencias Sociales 1995-2006,* Madrid, Sistema, 2006.

TUSELL, Javier (coord.), *La transición a la democracia y el reinado de Juan Carlos I,* Historia de España Menéndez Pidal, t. XLII, Madrid, Espasa Calpe, 2003.

TUSELL, Javier y SOTO, Álvaro, *Historia de la transición 1975-1986,* Madrid, Alianza Editorial, 1996.

1

Población

SALUSTIANO DEL CAMPO

1. VOLUMEN Y DISTRIBUCIÓN DE LA POBLACIÓN

1.1. *Evolución de la Población*[1]

Según los Censos de Población España tenía en 1970 33.956.047 habitantes, que en 2001, fecha del último Censo, pasaron a ser 40.847.371 con un crecimiento intercensal de 20,29% y de 8,40% si tomamos como referencia 1981 (Tabla 1.1). Contando con los datos del *Padrón municipal de habitantes* las cifras difieren, ya que en la primera mitad de los años 70 el crecimiento era de 1,12 y entre 2001 y 2005, era de 7,9. Este gran acontecimiento del último lustro tiene que ver fundamentalmente con el crecimiento migratorio, dado que la cifra del crecimiento vegetativo ha pasado de 0,92 en 2000 a 2,49 en 2006[2].

La densidad de España que en 1970 era 67,27 hab./km², pasó a ser 70,48 en 2001 y 87,2 en 2005. En la Tabla 1.2 se ve que la región más extensa es Castilla-León y a ella le siguen Andalucía y Castilla-La Mancha. Sin embargo, no son las que tienen mayor densidad de población (26,07, 83,70 y 22,03, respectivamente). Por el contrario, sí la tienen grandes comunidades como Madrid, Cataluña y Comunidad Valenciana (666, 196 y 177, respectivamente), que ocupan posiciones intermedias en cuanto a la superficie. Las regiones menos extensas son Ceuta y Melilla, Baleares y La Rioja y no por ello son las que tienen menor densidad, puesto que regiones relativamente pequeñas como Baleares, Canarias y País Vasco tienen una alta densidad de población (172, 235 y 287, respectivamente). Estas últimas densidades se asemejan más a las de otros países europeos que a la propia densidad media española, que ocupa un lugar por debajo

---

[1] Los últimos datos publicados oficialmente se refieren al *Padrón municipal de habitantes 2007,* según el cual, España gana 407.930 habitantes en tan sólo un año superando la cifra de 45 millones de habitantes.

[2] *Indicadores Demográficos Básicos 2000-2006,* INEbase, INE.

de Francia (97,9), Italia (197,1), Alemania (231,1) y Reino Unido (244,3)[3]. La región más poblada es Andalucía y a ella le siguen Cataluña, Madrid y Comunidad Valenciana y todas juntas alcanzan cerca del 60% de la población total española, mientras que las menos pobladas, que son Navarra, Cantabria y La Rioja, sin contar Ceuta y Melilla, no llegan al 3,5%.

TABLA 1.1.—*Evolución de la población absoluta 1970-2005*

	POBLACIÓN	CRECIMIENTO INTERCENSAL (%)	DENSIDAD (hab./km^2)
1960	30.528.539	0,86	60,29
1970	33.956.047	1,12	67,27
1981	37.682.355	1,09	74,61
1991	38.872.268	3,16	77,02
2001	40.847.371	5,08	70,48*
2005	44.108.530	7,9	87,02**

* Indicadores Sociales. INE.
** www.carm.es (Murcia). Datos Superficie, INebase.

Fuente: Censo de la Población y de las Viviendas de España 1960, 1970, 1981, 1991 y 2001; Tendencias demográficas en el siglo XX. INE, Padrón municipal de habitantes 2005.

TABLA 1.2.—*Población de hecho y porcentaje sobre el total nacional, densidad de población por Comunidades Autónomas (1970-2001) y crecimiento de la población 1960-1970 y 1991-2001*

	POBLACIÓN DE HECHO				DENSIDAD		SUPERFICIE
	1970		2001		1970	2001	2005
	Habs.	%	Habs.	%	Hab./km^2	Hab./km^2	km^2
ESPAÑA	33.956.047	100	40.847.371	100	67,27	70,48	504.645
Andalucía	5.971.277	17,59	7.357.558	18,01	68,42	83,70	87.591
Aragón	1.152.708	3,39	1.204.215	2,91	24,18	25,17	47.698
Asturias	1.045.635	3,08	1.062.998	2,60	98,97	100,21	10.604
Islas Baleares	558.287	1,64	841.669	2,06	11,35	172,57	4.992
Canarias	1.170.224	3,45	1.694.477	4,14	160,90	235,90	7.447
Cantabria	—	—	535.131	1,13	—	100,35	5.253
C. y León***	3.326.047	18,66	2.456.474	6,01	32,58	26,07	93.814
C.-La Mancha***	5.164.026	6,34	1.760.516	4,30	71,36	22,03	79.409
Cataluña	5.122.567	15,09	6.343.110	15,52	160,43	196,64	32.091
C. Valenciana	3.073.255	9,05	4.162.776	10,19	131,87	177,09	23.254
Extremadura	1.145.376	3,37	1.058.503	2,59	27,53	25,44	41.634
Galicia	2.583.674	7,61	2.695.880	6,59	87,78	91,14	29.574
Madrid	—	—	5.423.384	13,27	—	666,45	8.028

[3] *Long Term Indicators.* EUROSTAT. Comisión Europa 2002. *http://epp.eurostat.ec.europa.eu/portal/page?_pageid=1090,30070682,1090_33076576&_dad=portal&_schema=PORTAL*

TABLA 1.2 *(cont.).—Población de hecho y porcentaje sobre el total nacional, densidad de población por Comunidades Autónomas (1970-2001) y crecimiento de la población 1960-1970 y 1991-2001*

| | POBLACIÓN DE HECHO | | | | DENSIDAD | | SUPERFICIE |
| | 1970 | | 2001 | | 1970 | 2001 | 2005 |
	Habs.	%	Habs.	%	Hab./km^2	Hab./km^2	km^2
Murcia	1.167.339	3,44	1.197.646	2,93	44,60	104,64	11.313
Navarra	464.867	1,37	555.829	1,36	44,61	53,29	9.801
P. Vasco**	1.878.636	5,53	2.082.587	5,09	258,73	287,45	7.089
Rioja, La	—	—	276.702	0,67	—	54,29	5.028
Ceuta y Melilla	132.129	0,39	137.916	0,33		54,29	33

| CRECIMIENTO DE LA POBLACIÓN*** | | | | |
	1960-1970		1991-2001	
España	3.427.508	100	1.975.103	100
Madrid	886.795	25,87	–71.769	3,63
Barcelona	188.238	5,49	–139.658	7,07
Seis grandes ciudades*	595.367	17,37	32.732	1,6

* Bilbao, Valencia, Zaragoza, Sevilla, Málaga y Murcia.

** Antes Vascongadas.

*** En 1970 correspondían a los nombres de Castilla La Vieja y Castilla La Nueva, respectivamente. Madrid estaba incluida en esta última y León venía aparte, por lo que se ha incluido a la Castilla correspondiente.

Fuente: Censo Población y Vivienda 1970 y 2001. Indicadores Sociales 2001. INE y Superficie 2005: *Entorno Físico,* INEbase.

1.2. Distribución de la población

La distribución regional antes expuesta se complementa con la distribución de la sociedad española por municipios, utilizando la clásica distribución de éstos en *rural* (menos de 2.000 habitantes), *semiurbano* (de 2.000 a 10.000 habitantes) y *urbano* (más de 10.000 habitantes).

El 40% de la población reside en tan sólo un 1% del territorio nacional, lo que ha supuesto un proceso de concentración de la población, sobre todo en las ciudades de mediano tamaño[4].

La población española actual se concentra mayoritariamente en las ciudades. El 77,8% de la población es actualmente urbana frente al 6,6 rural y el 15,6 semiurbana, pero si analizamos la evolución desde los años 70, a la vez que se ha producido un aumento en las urbes y un descenso de población en las zonas semiurbana y rural, también es cierto que en los últimos cinco años esta tendencia no se agudiza sino que tiende a estancarse.

El ritmo de crecimiento ha disminuido para el conjunto de la población. Durante la década de los 60, la población aumentó en 3.427.508 habitantes mientras que entre los

---

[4] Boletín núm. 3, Fundación BBVA, enero de 2007.

TABLA 1.3.—*Número de municipios y población, según el tamaño de los municipios. Distribución de la población de España por entidades 1970-2005*

		Hasta 100	De 101 a 10.000	De 10.001 a 20.000	De 20.001 a 100.000	De 100.001 a 500.000	Más de 500.000	TOTAL
MUNICIPIOS	1970	461	7.716	282	168	34	4	8.665
	2005	988	6.424	344	295	52	6	8.109
	Dif.	+527	-1292	+62	+127	+18	+2	-546
POBLACIÓN (miles)	1970	31 / 0,09	11.361 / 33,45	3.782 / 11,13	6.305 / 18,56	6.396 / 18,83	6.093 / 17,94	33.968 / 100
	2005	59 / 0,01	97.10 / 22,01	48.67 / 11,03	11.731 / 26,59	10.282 / 23,31	7.454 / 16,89	44.108 / 100
	Dif.	-0,08	-11,44	0,010	8,03	4,48	-11,05	—

Fuente: Censo de Población 1970, Padrón municipal de habitantes 2005, Dato 2001. Elaboración propia a partir del INEbase.

dos últimos censos ha aumentado en 1.975.103 habitantes. El caso de las grandes urbes es llamativo porque tanto Madrid como Barcelona disminuyen el crecimiento y las «seis grandes ciudades» (Bilbao, Valencia, Zaragoza, Sevilla, Málaga y Murcia) lo aumentan en 32.732 habitantes. De esta manera, si el crecimiento de la población de las seis ciudades suponía en la fecha de referencia el 17,31% del crecimiento de la población española, en 2001 era de 1,6%.

La característica general en cuanto se refiere a los municipios ha sido el descenso del número total de éstos, que han pasado de ser 8.665 en 1970 a 8.109 en el 2005. No obstante, si se examina la evolución del número de municipios se observa paradójicamente que los de menos de 100 habitantes aumentan de 461 a 988 y esto se explica por el descenso a la inferior de 1.292 municipios en la categoría siguiente (de 101 a 10.000 habitantes). Es decir, que a partir de la disminución de municipios de más de 100 habitantes crece el número de los que llegan hasta 100.

En cambio, a partir de los 10.000 habitantes el número de municipios aumenta siempre porque lo hace el grado de urbanización. En este sentido, hay que notar que el mayor número de municipios superiores a 10.000 se sitúan en la clase de 10.000-100.000 habitantes. Por otra parte, los municipios de más de 100.000 abarcan ahora el 23,31% del total de la población mientras que en el año 70 incluían el 18,8%. También aumentan aunque sea sólo en dos municipios el número de los que tienen en 2005 más de 500.000 habitantes (Madrid, Barcelona, Valencia, Sevilla, Zaragoza y Málaga).

En resumen, que tanto el número de municipios como la población que abarcan se incrementan en los rangos urbanos mientras que las categorías rurales descienden.

TABLA 1.4.—*Número de municipios, población y tamaño medio (1950-2001)*

Censos	Núm. de municipios	Población	Tamaño medio
1950	9.214	28.172.268	3.058
1960	9.202	30.776.935	3.345
1970	8.658	34.041.482	3.932
1981	8.022	37.682.355	4.697
1991	8.077	38.872.268	4.813
2001	8.108	40.847.371	5.038

Fuente: La Localización de la población española sobre el territorio, BBVA, Fundación BBVA, 2005.

Una reciente publicación del BBVA[5] aspira a presentar una serie homogeneizada de la evolución de la población española con el propósito de mostrar el crecimiento de la población española durante el siglo XX y su redistribución en el territorio. Esta distribución no ha sido uniforme en lo que refiere a los límites espaciales de los diferentes municipios. Tal como se aprecia en la Tabla 1.4, el número de municipios ha descendi-

---

[5] F.J. Goerlish Gisbert, M. Mas, J. Azagra y P. Chorén, *La localización de la población española sobre el territorio. Un siglo de cambios. Un estudio basado en series homogéneas (1900-2001)*, Madrid, Fundación BBVA, 2005.

do desde mediados del siglo xx en 1100, a la vez que la población española se ha multiplicado por 1,45. Esta publicación, supone un intento muy loable pero de utilidad limitada porque las tasas de natalidad, mortalidad, migración e inmigración que rigen en ellos tendrían que ser también recalculadas con un esfuerzo muy considerable. Después de todo, además, el crecimiento no es un problema principal de la sociedad española, salvo en lo que concierne a la inmigración en los últimos años, como tampoco lo es para la población europea.

TABLA 1.5.—*Municipios con más de 100.000 habitantes en 1967 y aumento de la población hasta 2005*

Municipio	1967	2005	Aumento %
Elche	101.028	215.137	+112,9
Alicante	158.625	319.380	+101,3
Vitoria	117.208	226.490	+93,2
Palma de Mallorca	203.929	375.773	+84,2
Gijón	148.787	273.931	+84,1
Almería	102.711	181.702	+76,9
Burgos	104.034	172.421	+65,7
Málaga	340.554	558.287	+63,9
Valladolid	203.011	321.001	+58,1
Vigo	186.461	293.725	+57,5
Murcia	265.250	409.810	+54,4
Badalona	139.223	218.553	+56,9
Tarrasa	127.814	194.947	+52,5
Oviedo	140.163	212.174	+51,3
Zaragoza	429.696	647.373	+50,6
Las Palmas	254.751	378.628	+48,6
Pamplona	133.598	193.328	+44,7
Córdoba	224.916	321.164	+42,7
Cartagena	144.316	203.945	+41,3
Granada	167.823	236.982	+41,2
Salamanca	115.540	160.331	+36,4
Sabadell	145.979	196.971	+34,93
Jerez de la Frontera	147.663	196.275	+32,9
Santander	140.350	183.955	+31,0
Valencia	613.997	796.549	+29,7
La Coruña	191.539	243.349	+27,0
Santa Cruz de Tenerife	174.992	221.567	+26,6
Hospitalet	206.512	252.884	+22,4
Sevilla	610.389	704.154	+15,3
San Sebastián	160.157	182.932	+14,2
Madrid	2.949.801	3.155.359	+6,9
Badajoz	102.072	143.019	-0,16
Cádiz	135.417	131.813	-2,6
Barcelona	1.738.498	1.593.075	-8,3
Bilbao	393.425	353.173	-10,2
Baracaldo	110.516	95.260	-13,8

Fuente: Estimaciones de Población 1970 y *Padrón municipal de habitantes 2005,* INE.

Una comprobación de lo que llevamos dicho en relación con la urbanización española reciente se comprueba al analizar el crecimiento de los municipios de más de 100.000 habitantes desde 1967. De éstos, los que más han visto aumentar su población han sido Elche, Alicante, Vitoria, Palma de Mallorca y Gijón. Entre los primeros puestos nos encontramos Málaga que se afianza como una de las seis ciudades más pobladas de España. Un crecimiento intermedio se ha llevado a cabo en Tarrasa, Oviedo y Zaragoza y, los municipios que menor crecimiento han tenido han sido Baracaldo, Bilbao y otros entre los que se encuentran Madrid y Barcelona, las dos ciudades más pobladas de España (Tabla 1.5).

1.3. *Saldo Migratorio Interior*

Durante la primera mitad del siglo xx se fueron perfilando las regiones expulsoras de población (Castilla y León, Andalucía, Extremadura, P. de Asturias etc.) y, las áreas de atracción, principalmente de carácter industrial y con gran potencial económico (Madrid, Cataluña, País Vasco, Comunidad Valenciana y Baleares), para agudizarse en las siguientes décadas y experimentar un cambio en la última década.

La Tabla 1.6 recoge los saldos migratorios interiores por Comunidades Autónomas a partir de la *Encuesta de Variaciones Residenciales* desde 1975. La emigración interior en ese momento se dirigió a los centros urbanos y regiones más desarrolladas. Son más las regiones que pierden que las que ganan población, pero el *ranking* de Comunidades que absorben población es Madrid, Cataluña, Valencia, Canarias y País Vasco,

TABLA 1.6.—*Saldo migratorio interior por CCAA (1975-2005)*

	1975	1996	2005
TOTAL	+322.863	0	0
Andalucía	-197.778	-3.317	+12.175
Aragón	-13.857	-347	+239
Asturias	+13.955	-430	-696
Baleares	+45.390	+3.953	+1.360
Canarias	+118.016	+7.676	-127
Cantabria	+1.838	+325	+1.164
Castilla y León	-160.806	-2.786	-4.155
Castilla-La Mancha	-146.067	1.828	+14.618
Cataluña	+227.141	-1.136	-9,776
C. Valenciana	+174.201	+5.634	+15.362
Extremadura	-115.866	+4	-1.368
Galicia	+9.105	-1.676	+93
Madrid	+310.127	-8.084	-29.994
Murcia	-7.488	1.232	+5.395
Navarra	-2.696	+651	+323
P. Vasco	+64.213	-4310	-3.707
Rioja	-2.429	+304	+42
Ceuta	—	-204	-577
Melilla	—	+683	-371

Fuente: S. del Campo, y M. Navarro, *Nuevo análisis de la población española,* Barcelona, Ariel, 1987. *Encuesta Variaciones Residenciales 1996-2005,* INEbase.

mientras que las que más población pierden son Andalucía, Castilla y León y Castilla-La Mancha.

Actualmente, tres décadas más tarde, la situación ha variado de forma considerable. En primer lugar se ha conseguido el saldo 0 cuando en 1975 las inmigraciones superaban a las emigraciones en 322.863. Por otra parte, no sólo se han acortado las diferencias en el saldo sino que ha variado el perfil de algunas Comunidades Autónomas. Curiosamente, aquellas regiones receptoras de población, son actualmente las que más población pierden. Es el caso de Madrid, Cataluña, y País Vasco (–29.994, –9.776 y –3.707, respectivamente). La Comunidad Valenciana se mantiene como las que más población recibe con +15.362. Por el contrario, Andalucía, Castilla-La Mancha y Murcia presentan saldos migratorios positivos (12.175, 14.618 y 5.395, respectivamente), cuando siempre han perdido por ser regiones muy castigadas económicamente.

Según la publicación del INE *Resumen de Resultados de la Encuesta de Variaciones Residenciales 2005,* las migraciones interiores aumentaron con relación al año anterior un 2,8%. Otros datos que arroja esta publicación son que el 68,9% de las migraciones interiores tuvo lugar entre municipios de la misma Comunidad y el 60% de la misma provincia. El perfil sociodemográfico de los españoles que se desplazan es el siguiente: el 74,4% correspondió a españoles, cerca de la mitad son mujeres y, por tramos de edad, el 17,8% fueron menores de 16 años, el 60,9% de las edades 16 y 44 años y el 21,3%, mayores de 45 años. En el caso de los extranjeros, el 57% fueron varones, y más de dos tercios corresponden a la edad de 16 a 44 años. Tanto los españoles como los extranjeros se desplazan en gran volumen en edad laboral aunque es más probable entre extranjeros al igual que son estos los que menos se desplazan a municipios de una misma comunidad.

2. CAMBIOS EN LA COMPOSICIÓN POR EDAD Y SEXO

Al caracterizar a la población por edad y sexo hay que tener en cuenta que ha sido una constante que haya más mujeres que hombres. La diferencia en números absolutos se traduce en términos porcentuales en menos de un 1% para el total de la población. Sin embargo, si observamos la Tabla 1.7, estas diferencias no son uniformes por grupos de edad. La tendencia general es la siguiente: en el grupo 0-5 años hay más mujeres que varones y en el grupo de edad, de 20 a 24 años, se invierte la relación para dejar paso a una situación más o menos igualitaria, que se observa también en los siguientes grupos de edad. A la edad de 50-54 años las diferencias empiezan a acentuarse y aumentan progresivamente, debido al gran fenómeno contemporáneo del envejecimiento de la población, agudizándose en los últimos grupos de mayor edad, y alcanzando las mujeres el 70% del grupo de 85 y más años.

La razón entre los sexos[6] era en 2005 para el conjunto del país de 97, es decir, había 97 varones por cada 100 mujeres, una situación mejor que la de las grandes ciudades españolas. Es el caso de Madrid y Barcelona donde hay 88 y 89 varones por cada 100 mujeres, respectivamente y, de otras ciudades como Bilbao con 90 y Zaragoza y Málaga con 93.

En los países ricos los hombres sobrepasan ligeramente a las mujeres hasta los 14

---

[6] Se ha considerado Varones/Mujeres. *Padrón municipal de habitantes 2005*, INebase.

TABLA 1.7.—*Población de hecho por sexo y grupos de edad 1970-2005*

Edades	1970 Total	1970 Mujer (%)	1981 Total	1981 Mujer (%)	1991 Total	1991 Mujer (%)	2001 Total	2001 Mujer (%)	2005 Total	2005 Mujer (%)
TOTAL	34.040.657	51,1	37.683.363	50,9	38.872.268	51,0	40.847.37	51,0	44.108.530	50,6
Menos 5 años	3.209.493	48,7	3.075.352	48,4	2.009.926	48,6	1.923.085	48,6	2.094.582	48,5
De 5 a 9	3.219.952	48,8	3.308.049	48,4	2.436.940	48,7	1.906.092	48,6	2.013.087	48,7
De 10 a 14	3.030.195	48,9	3.302.328	48,6	3.085.802	48,7	2.103.476	48,6	2.157.484	48,7
De 15 a 19	2.709.336	49,3	3.263.312	48,9	3.339.572	48,8	2.464.580	48,7	2.371.423	48,7
De 20 a 24	2.548.753	49,4	2.942.178	49,6	3.237.363	48,9	3.184.683	48,8	3.031.633	48,7
De 25 a 29	2.239.480	49,9	2.537.428	49,5	3.104.329	49,3	3.500.248	48,9	3.842.364	48,2
De 30 a 34	2.073.986	50,5	2.455.314	49,8	2.862.506	49,7	3.378.579	49,2	3.850.837	48,2
De 35 a 39	2.389.771	50,3	2.245.806	49,8	2.507.329	49,9	3.292.986	49,7	3.682.374	48,8
De 40 a 44	2.325.401	50,6	2.056.009	50,5	2.404.995	50,1	3.028.209	54,0	3.443.083	49,3
De 45 a 49	2.133.570	50,7	2.361.225	50,5	2.193.077	50,3	2.609.708	50,1	3.046.559	49,8
De 50 a 54	1.727.452	53,2	2.265.091	51,0	1.973.200	51,0	2.433.775	50,5	2.601.811	50,2
De 55 a 59	1.630.897	53,8	2.038.002	51,6	2.239.533	51,4	2.212.801	51,1	2.491.301	50,9
De 60 a 64	1.511.692	54,2	1.596.543	54,7	2.107.444	52,4	1.850.633	52,0	2.149.725	51,6
De 65 a 69	1.268.757	55,7	1.445.606	56,2	1.834.035	53,9	2.090.389	53,3	1.874.237	53,2
De 70 a 74	912.789	58,3	1.213.807	57,9	1.335.646	57,9	1.847.044	55,3	1.979.735	54,8
De 75 a 79	585.472	60,5	852.180	60,5	1.052.703	60,9	1.440.761	58,4	1.575.076	57,9
De 80 a 84	336.399	63,7	461.960	64,6	698.095	63,8	875.435	63,5	1.087.466	62,1
De 85 y más	187.262	67,1	263.171	69,0	449.773	69,0	704.887	69,8	815.753	70,0
Grupos de edad										
0-14 años	27,7		25,7		19,3		14,5		14,2	
15-64 años	62,7		63,1		66,9		68,5		69,2	
65 años y más	9,6		11,2		13,8		17,0		16,6	

Fuente: Anuario Estadístico 2005. Padrón municipal de habitantes 2005; S. del Campo, «Composición, dinámica y distribución de la población española», en La España de los años 70, vol 1. La Sociedad, Madrid, Editorial Moneda y Crédito, 1972. págs. 15-145.

años y son más o menos los mismos hasta los 54 años, pero a partir de los 80 años la tendencia cambia y hay dos mujeres por cada hombre. España encaja en este perfil y presenta cifras muy parecidas a los países de la OCDE. Sólo en algunos países como Alemania, la proporción de ancianas es mayor (tres por cada hombre) debido, entre otras razones, a las consecuencias de la Segunda Guerra Mundial[7]. Atendiendo a la edad de la población, podemos constatar que se ha producido un gran cambio a través del tiempo. A principios de los años 70, la distribución era la siguiente: el 64% de la población pertenecía al amplio grupo de 15-64 años, el grupo de 0-14 años suponía el 27,7 y los de 65 años y más, edad en la que se produce la jubilación, estaban en torno al 8%. Cuatro décadas más tarde el grupo de 0-14 años se ha reducido a la mitad, debido en parte a la caída de la natalidad. Este descenso ha tenido un efecto directo en el último grupo de la clasificación que ha doblado sus efectivos alcanzando el 16,6% de la población. En la década de los 80, se ha producido la igualación en porcentajes entre los grupos de menos de 15 años y de más de 65 y, el aumento de la esperanza de vida ha hecho necesario distinguir entre los de más de 65 años a un grupo que ahora se denomina cuarta edad. En cuanto a él, cabe señalar que los octogenarios crecen a un ritmo cuatro veces mayor que el de 65 y más años en su conjunto.

La tendencia al envejecimiento parece haber decrecido en los últimos años, debido posiblemente al efecto de la fuerte corriente inmigratoria. La situación en Europa viene a ser algo similar, siendo Italia y Alemania los países que más se ajustan al patrón español[8].

En cuanto a la distribución regional por edad, Asturias, Galicia, Aragón y Extremadura son las Comunidades más envejecidas mientras que las que presentan menor proporción de personas de esa edad son Canarias, Ceuta y Melilla. A su vez, el grupo de 0-14 años, es particularmente elevado en Ceuta y Melilla (el 21,9 y el 20,2%, respectivamente), por sus altas tasas de natalidad[9].

Esta tendencia al envejecimiento es una tónica general en el mundo. Europa es la región donde la población es más vieja (21% de ancianos), y se prevé que España será el país con más ancianos en el año 2050[10].

En cuanto toca a la urbanización, la población española se ha hecho urbana. En 1965 no se apreciaban diferencias significativas entre la población que vivía en la zona urbana y en la rural por lo que se refiere a los grupos de edad, aunque en la Tabla 1.8 se observa que era más probable que la población mayor de 64 años viviera entonces en la zona rural. En el caso de los sexos, los jóvenes varones vivían más que las mujeres en la ciudad y existían más varones mayores de 65 años en el campo que en la ciudad, mientras que las mujeres se repartían más equitativamente.

Si analizamos el año 2001, apreciamos que se ha alterado completamente la distribución por edades en los medios rurales y urbanos. Primero, porque las diferencias a todas las edades entre la zona rural y urbana son ahora muy considerables. De ese modo, el 93% de los jóvenes menores de 15 años viven en zonas urbanas frente al 6,9% que viven en la zona rural, aunque a medida que aumenta la edad disminuyen esos porcentajes al 85% y

---

[7] OECD (2007), *Women and Men in OECD Countries*. http://www.oecd.org/document/52/0,2340,en_2649_201185_37443380_1_1_1_1,00.html

[8] *Long Term Indicators*, EUROSTAT (2002), Comisión Europea.

[9] *Padrón municipal de habitantes 2005*, INEbase.

[10] «Los españoles seremos los más viejos del mundo en el 2050, según prevé la ONU». *www.20minutos.es* 12/04/07.

14%. Por otra parte, las diferencias en cuanto a la proporción hombres y mujeres desaparecen en buena medida.

TABLA 1.8.—*Distribución porcentual de la población por grupos de edad, sexo y zona (1965-2001)*

	Menos 15 años	De 15 a 64 años	Más de 64 años
1965			
Total			
Urbana	27,06	64,41	8,50
Rural	26,85	62,89	10,24
Diferencia	0,21	1,52	–1,74
Varones			
Urbana	28,84	64,30	6,86
Rural	27,70	63,14	9,16
Diferencia	1,14	1,16	–2,30
Mujeres			
Urbana	25,44	64,52	10,04
Rural	26,02	62,65	11,33
Diferencia	–0,58	1,93	–1,29
2001			
Total			
Urbana	93,0	92,2	85,2
Rural	6,9	7,7	14,7
Diferencia	86,16	84,5	70,5
Varones			
Urbana	93,04	91,7	83,9
Rural	6,9	8,3	16,0
Diferencia	86,14	83,4	67,9
Mujeres			
Urbana	93,08	92,8	86,2
Rural	6,9	7,2	13,8
Diferencia	86,18	85,6	72,4

Fuente: Censo de Población y Viviendas 1965 y 2001, INEbase. Elaboración propia.

La tasa de dependencia a la edad joven y vieja, es decir, la proporción de población menor de 15 y mayor de 65 años ha ido descendiendo desde la década de los años 70. Sin embargo, si tenemos en cuenta sólo la dependencia de las personas mayores de 65 años, la tendencia se invierte. En España ha pasado de 20,2% en 1970 a 24,7 en 2001 y según previsiones de la Comisión Europea, esta proporción aumentará hasta el 26,8 en el 2010. Hay países que se encuentran en una situación mejor que España como Finlandia, Irlanda y Países Bajos y otro en una similar como Luxemburgo o Francia[11].

Todo lo dicho sobre los cambios de la población española en cuanto a la composición por edad y sexo, queda resumido en la Tabla 1.9, donde se recogen los principales indicadores de nuestra estructura y su sorprendente evolución.

---

[11] *La situación social de la Unión Europea 2003,* Comisión Europea 2004.

TABLA 1.9.— *Principales indicadores de estructura 1970-2001*

	1970	1981	1991	2001
Edad media	32,4	33,9	36,9	40,0
Índice de envejecimiento	34,8	43,7	71,3	117,4
Índice de dependencia total	59,9	58,6	49,7	46,1
Índice de dependencia de ancianos	15,5	17,8	20,7	24,9
Índice de dependencia de jóvenes	44,4	40,8	29,0	21,2
Índice de estructura población activa*	78,0	76,7	72,5	76,7
Índice de reemplazamiento de población activa**	55,8	48,9	63,1	75,1
Índice de dependencia potencial***	6,3	5,5	4,7	3,9

* *Índice de estructura de la población activa:* número de personas de las 25 generaciones activas más viejas (40-64 años) dividido entre las más jóvenes (15-39).

** *Índice de reemplazamiento de la población activa:* es el cociente entre los efectivos de las cinco generaciones de 60-64 años y la de los 15-19.

*** *Índice de dependencia potencial:* es el cociente entre el número de personas potencialmente activas y el de edades de 65 y más años.

Fuente: Tendencias demográficas en el Siglo XX. INE 2005. Capítulo: «La población en España», págs. 27-28. Censos de Población correspondientes, INE.

3. ESTADO CIVIL, NUPCIALIDAD, DIVORCIO Y HOGARES

3.1. *Estado civil, nupcialidad y divorcio*

En España se casan menos parejas y cada vez a edades más tardías. La tasa de nupcialidad ha sufrido un descenso de tres puntos desde mediados de los años 60, situándose en el 4,7[12] en la actualidad. Esta tendencia es general en España con la excepción de Melilla, que en el período de referencia aumentó la tasa en cuatro puntos hasta el año 2000 y sufrió un retroceso en el último lustro. Las regiones que mayores tasas presentan son Melilla, Cantabria, Andalucía y Castilla-La Mancha (5,57, 5,52, 5,47 y 5,25, respectivamente), mientras que Canarias y Madrid tienen las tasas menores (3,44, 3,99, respectivamente). Por otra parte, casi todas las capitales de las diferentes regiones presentan tasas mayores a la de la región en su conjunto (Tabla 1.10).

En el contexto europeo, la tasa es de 4,8 por 1000 habitantes. Chipre (7,2), Dinamarca (7,0) y Malta (6,0), tienen los ratios más altos de matrimonios, mientras que Eslovenia (3,3), Bélgica (4,1) y Grecia (4,2), presentan los más bajos[13].

Este descenso de la nupcialidad no se percibe si analizamos el estado civil de la población por sexo. En 1965 la población estaba casada o soltera, exceptuando la viudez que en el caso de las mujeres era más acentuada que en los hombres. Con el paso del tiempo y coincidiendo con la ley del divorcio, aunque los dos grandes estados siguen siendo la soltería y el matrimonio, los separados/divorciados y los viudos aumentan. En ambos casos, la mujer está más presente: en los de viudez por su mayor esperanza de vida y, en el caso de los separados, porque es más probable que los hombres se casen más en segundas nupcias que las mujeres. En ese mismo año 2001 han descendido relativamente los solteros y han aumentado los casados.

[12] *Indicadores Demográficos Básicos 1965-2006,* INEbase.
[13] *The Family in the EU25 seen through figures,* EUROSTAT, 2006.

TABLA 1.10.— *Tasa de nupcialidad por regiones 1965-2006*

	1965	1975	1980	1990	2000	2006
Andalucía	8,16	7,05	6,46	6,26	5,71	5,47
Aragón	6,85	6,92	5,59	5,25	5,03	4,49
Asturias	6,68	7,60	6,03	4,99	4,64	5,00
Baleares	7,26	8,42	5,97	6,51	5,38	4,19
Canarias	7,84	7,71	7,00	6,39	4,44	3,44
Cantabria	—	7,70	6,36	5,11	5,13	5,42
C. y León	6,79	5,87	4,16	4,64	4,33	4,79
C.-La Mancha	7,27	5,48	5,60	5,67	5,05	5,25
Cataluña	7,08	8,36	5,17	5,57	5,32	4,68
C. Valenciana	7,70	8,08	6,42	5,79	5,90	4,83
Extremadura	7,69	5,29	6,02	5,66	5,07	5,02
Galicia	7,16	6,93	5,40	4,88	4,45	4,42
Madrid	—	9,29	6,21	5,90	5,86	3,99
Murcia	8,84	7,28	6,77	6,42	5,99	4,77
Navarra	6,56	7,63	5,94	5,16	5,41	4,61
P. Vasco	7,11	8,71	5,78	4,75	5,08	4,45
La Rioja	—	7,17	5,71	5,01	5,34	4,66
Ceuta	—	6,46	4,96	5,72	4,52	4,42
Melilla	—	4,66	5,70	6,55	8,34	5,57

Fuente: Censo de Población y Vivienda 1960, tomo III, 1969. Indicadores Demográficos Básicos 1975-2006, INEbase, INE.

A partir de los datos del censo de población de 2001[14], se puede diseñar el perfil de la población soltera en España. Tomando como base la población total que vive en viviendas familiares en España (40.595.861), los solteros representan el 43,5% de la población y son más los varones solteros que las mujeres solteras. Por grupos de edad, el mayor grueso de solteros se localiza en el grupo de 15-64 años que es el que más efectivo de población tiene, pero no está igualado por sexo: existen más mujeres jóvenes solteras menores de 16 años y entre 15-64 años que hombres, siendo similares los efectivos de solteros hombres y mujeres en el grupo de más de 65 años. Centrándonos en los grupos de edad tradicionalmente protagonistas de la entrada al matrimonio, vemos que entre hombres y mujeres no se aprecian diferencias significativas hasta la edad 25-29 años (1.378.817 y 1.069.587, para varones y mujeres, respectivamente). Esta diferencia se mantiene en los siguientes grupos de edad y empieza a disminuir en el grupo de edad 45-49 donde las diferencias nunca llegan a más de 100.000 en números absolutos.

Una de las explicaciones dadas a las menores tasas de nupcialidad no se ha centrado tanto en el propio descenso sino en el retraso de grupos de edad más mayores, por las circunstancias atípicas que está viviendo la juventud (tardía emancipación, elevado precio de la vivienda, precariedad laboral y dificultades de conciliar trabajo y familia). Además, las bodas suponen una inversión sustanciosa extra (se calcula entre 20.000 y 35.000 euros, la entrada de un piso) y, se está convirtiendo en un negocio atractivo para

---

[14] *Censo de Población y Viviendas 2001*, INEbase. Elaboración propia.

muchas empresas que te venden el *pack* completo. De la encuesta de «Tendencias sobre el matrimonio» realizada por meetic.es, se desprende que uno de cada tres españoles con intención de casarse cree que tendrá que pedir un préstamo a un banco para hacer frente a los gastos de su boda siendo los más allegados la principal fuente de financiación[15].

El retraso de la edad se ha producido para los dos sexos sin distinciones, manteniéndose la diferencia en torno a tres años de media. En 1971 la media de edad de un hombre al contraer matrimonio era de 27,15 y en 2004 aumentó hasta los 33,1 años. En el caso de las mujeres fue de 25,78 y 30,19 años, respectivamente[16].

Este retraso se confirma por la menor proporción de contrayentes menores de 25 años que se han ido casando en las últimas décadas. Si en 1975 estaban casados el 42,76% de los varones menores de 25 años y el 71% de las mujeres, en el año 2004 estos porcentajes caen al 6,84 y el 15,63%, respectivamente. Estos datos confirman el retraso general y las menores diferencias entre hombres y mujeres[17]. En el caso de los grupos de edad 35-39 y 40-44 años, los porcentajes de solteras desde 1960 caen progresivamente hasta el año 1991 aunque hay un repunte de éstas en el último censo 2001[18].

En España, durante el franquismo y hasta 1967, la única forma permitida de matrimonio era el religioso. Sin embargo, la evolución de las costumbres y la secularización progresiva de la sociedad han propiciado que desde el franquismo sean cada vez más las parejas que deciden casarse por lo civil. Un reconocimiento recogido en la Constitución de 1978. En 1981, eran el 5,60%; en 1985, el 15%; en 1995 el 22,48% y supera el 44% en el año 2006[19]. Este comportamiento no es homogéneo entre las diferentes Comunidades Autónomas. Canarias (31%), Baleares (34%), Cataluña (32%) y País Vasco (30%), superan el 30%, mientras que las Comunidades con menos bodas civiles son Extremadura (14%), Murcia (16%) y Andalucía (17%). La capital, Madrid, tiene un 26%[20].

Hasta 1981, fecha en la que entró en vigor la Ley del divorcio, no existía en nuestro país esta posibilidad legal para los matrimonios que habían quebrado la convivencia. A partir de esta fecha, el divorcio por mutuo acuerdo o por una causa admitida por la legislación ha sido una realidad constante en la sociedad española[21]. Los divorcios y separaciones no han dejado de aumentar y actualmente se rompe un matrimonio cada tres segundos. En el año 2005 un total de 149.168 parejas pusieron fin a su relación y de ellas 55.632 se separaron y 93.536 se divorciaron. Un aumento del 45,7% en los últimos cinco años. A ello ha contribuido la gran acogida que ha tenido el divorcio exprés en nuestro país que obstaculiza una posible reconciliación de las separaciones[22].

---

[15] «Uno de cada tres solteros pedirá un crédito para pagar su boda», Europasur, 21 de julio de 2006.

[16] *Movimiento Natural de la Población 1971* e *Indicadores Demográficos Básicos 2004*, INEbase.

[17] *Movimiento Natural de la Población 1975-2004*, INEbase. Elaboración propia.

[18] A. Carreras y X. Tafunell (coords.). *Estadísticas Históricas de España S. XIX-XX*, vol. I, Madrid, Fundación BBVA, 2006.

[19] *Movimiento Natural de Población 2006*, INEbase.

[20] *Instituto Política Familiar. www.ipf.org*.

[21] S. del Campo y M. Navarro, *Análisis sociológico de la familia*, Madrid, Ariel/Ministerio de Cultura, 1982.

[22] Instituto Política Familia 2006, «Evolución de la ruptura familiar: 25 años después», *www.ipf.es*

Cataluña es la Comunidad Autónoma con más ruptura familiar (19%), seguida de Andalucía (17,25%), Madrid (13,14% y la Comunidad Valenciana (12,23%), abarcando todas ellas el 61% del total de las rupturas. Las regiones con menos rupturas son La Rioja, Navarra, Cantabria y Extremadura.

Si por algo se han caracterizado las cuestiones familiares ha sido por la norma heterosexual con una clara diferencia entre los sexos y una posición privilegiada del varón respecto a la mujer, rechazando cualquier conducta homosexual por considerarla antinatural. De este modo, cuantificar la homosexualidad ha sido y es una tarea bastante difícil. No sólo las estadísticas han sido inexistentes sino que el carácter clandestino a la hora de reconocer esta preferencia sexual ha hecho que nos encontremos con encuestas poco fiables y parciales dependiendo de la fuente, aunque sí es de admitir que los homosexuales tienen cada vez menos reticencias para reconocer su condición sexual. Según la Encuesta *Hábitos Sexuales* del INE[23], un 3,9% de los hombres y un 2,7% de las mujeres, manifestaron haber mantenido relaciones sexuales en algún momento de su vida. Para el 1,1 % de los hombres las relaciones han sido exclusivamente homosexuales. Los datos más fiables son los recogidos por el último censo. Se han censado 10.474 parejas homosexuales, con una relación de casi 2 parejas de hombres (6.996), por cada pareja de mujeres (3.478). Ceuta es la única región en la que el número de parejas femeninas supera a las masculinas. Este tipo de relación no supone un porcentaje alto con relación a las parejas de España, entre el 0,1-0,2. Baleares es la Comunidad con mayor proporción de parejas homosexuales: 26 por cada 10.000 parejas. Le siguen Canarias y Madrid con 20 parejas por cada 10.000[24].

El rechazo social ha sido un reflejo del estatus legal de la homosexualidad. La práctica homosexual ha estado penalizada legalmente hasta 1978 y en la Constitución se ratificó, en el artículo 14, la no-discriminación por ninguna condición o circunstancia personal o social. El último paso adoptado legalmente se produjo en el 2005. Se reformaron los artículos 44, 66 y 67 del *Código Civil* para legalizar los matrimonios entre personas del mismo sexo. Una reforma que permite a las parejas homosexuales que decidan casarse, disfrutar de más de un centenar de derechos que ahora se reconocen en todos los ámbitos a los matrimonios heterosexuales. Con esta nueva legislación, España se convierte en el tercer país junto a Bélgica y Países Bajos que establece estos derechos otorgándole al matrimonio gay el status de familia y el mismo tratamiento jurídico. En otros países como Alemania, Noruega y Dinamarca, existen las bodas pero no gozan de todos los derechos de los matrimonios heterosexuales. Sin embargo, no todas las parejas homosexuales optan por regularizar la pareja: en Bélgica, en los primeros seis meses de la norma se casaron 139 parejas que supuso el 4.7% de los matrimonios. En el caso de España durante el año 2005, se han producido 1275 matrimonios homosexuales, que suponen el 0,6% del total de 209.125 matrimonios contraídos. De ellos 923 corresponden a homosexuales varones y 352 a lesbianas[25]. Sin embargo, durante el año 2006, se han registrado 4.574 enlaces, que suponen el 2,16% del total, un aumento de más del doble que el año anterior. Madrid y Cataluña son las regiones donde más matrimonios se han llevado a cabo mientras que Ceuta registra el menor número de bodas[26].

---

[23] *Salud y Hábitos sexuales*, Cifras INE, julio de 2004.

[24] *¿Cuántos Somos en casa?*, Cifras INE, mayo de 2004.

[25] *Movimiento Natural de la Población 2006*, INEbase.

[26] Dirección General de Registros y Notariado, Ministerio de Justicia.

Por otra parte, una de las consecuencias de la inmigración en nuestro país ha sido la proliferación de matrimonios mixtos, donde al menos uno de los cónyuges es extranjero. Esto suscita el problema de los matrimonios por conveniencia como medio para lograr de forma rápida la nacionalidad española, siendo la otra cara de la moneda la buena integración que pueden significar estos matrimonios. En cinco años estos matrimonios se han multiplicado por 14 suponiendo actualmente más del 10% del total. Por Comunidades Autónomas, Madrid está a la cabeza seguida de Cataluña, Castilla y León, Castilla La Mancha y Comunidad Valenciana. Según datos del INE, los hombres españoles suelen casarse con iberoamericanas, sobre todo con colombianas (3.040), ecuatorianas (1.094) y argentinas (797), mientras que las mujeres españolas lo hacen con marroquíes (1.098), una cuestión que invita a la duda por las diferencias culturales tan abismales entre estas dos culturas en lo que se refiere al papel de la mujer[27].

3.2. *Hogares*

Al hablar de hogar ineludiblemente lo relacionamos con familia[28]. A pesar de que *hogar y familia* no son lo mismo, ni en términos conceptuales ni metodológicos, es cierto que tradicionalmente y en la actualidad, la diversidad y pluralidad de formas de familia definen en cierta manera las características del hogar y su tamaño.

Desde la década de los años 70 el número de hogares ha aumentado de 8.860.175 a 12.757.012, a la vez que su tamaño medio ha pasado de 3.8 en 1970 a 2,9 en el 2001, según el último censo de población. Una tendencia debida al aumento de extranjeros, de la disolución de matrimonios y de las familias reconstituidas, como resultado de las nuevas formas de convivencia y la confirmación de algunas ya existentes (monoparentales, hogares unipersonales de solteros, separados y viudos etc.)

Este comportamiento se produce paralelamente en todas las Comunidades Autónomas entre 1970 y 2001. Ha aumentado el número de hogares, aunque no todas las que tienen mayor número de hogares poseen un tamaño medio mayor. Algunas Comunidades Autónomas que están en el año 2005 por encima de la media son Andalucía, Canarias, Galicia, Murcia y Ceuta y Melilla (3,12; 3,06, 3,08; 3,09 y 3,87, respectivamente), siendo Melilla la que tiene una tasa más alta de natalidad. Por el contrario, algunas Comunidades Autónomas que están por debajo de la media son: Islas Baleares, Cataluña, Aragón, Castilla y León (2,72; 2,72; 2,80 y 2,62, respectivamente) y todos estos datos se encuentran en la Tabla 3.2 del capítulo sobre la familia.

La evolución del número de miembros del hogar en las últimas tres décadas muestra que aumentan los hogares de tres o menos miembros, se mantienen estables los de cuatro y, disminuyen los de cinco y más. Actualmente, el 65,9 por 100 de los hogares españoles tienen tres o menos miembros y sólo el 9,3 por 100 lo forman cinco o más miembros En la década de los 70, estos porcentajes eran de 44,7 y 35,5%, respectiva-

---

[27] *Movimiento Natural de Población* 2005, INEbase.

[28] *Hogar* se define como el conjunto de personas (1 o varias) que residen habitualmente en la misma vivienda y la *familia:* como grupo de personas (dos o más) que forman parte de un hogar y están vinculadas por lazos de parentesco, ya sean de sangre o políticos, independientemente de su grado. Definiciones tomadas del INE.

mente. El cambio más drástico por su cuantía se da en los hogares de una sola persona que pasan del 7,5 al 20,3% de los hogares[29].

Estos cambios se han acentuado durante la década de los 90. Desde 1991 al último censo, los hogares unipersonales han experimentado un crecimiento del 81%, y los de dos miembros del 30%, mientras que el descenso de los de 5 miembros ha sido del 11,7% y el de los de más de 6 miembros del 40%. A modo de ejemplo, los municipios con mayor porcentaje de hogares con 5 miembros y más en municipios de más de 10.000 habitantes son los de Ceuta y Melilla, y los que pertenecen a las provincias de A Coruña (Santa Comba y Rianxo), Pontevedra (Tomiño, Mos y Vilanova de Arousa) y Sevilla (Arahal, Villafranca y Los Palacios)[30].

Del conjunto de hogares españoles, el 72,82% tienen un solo núcleo familiar y casi un cuarto ninguno[31]. De los 14.187.169 hogares que existían en España, el 79,8% (11.310.597) eran pluripersonales y de ellos, sólo el 1,23% lo formaban personas no emparentadas. El 2,7% eran grupos familiares con otras personas y el 95,6% de los hogares estaban formados por grupos familiares exclusivamente. Si tomamos los grupos familiares que resultan de la suma de los dos anteriores, tenemos 11.171.371 hogares que presentan la siguiente distribución en función de las generaciones que conviven juntas: en más de la mitad de estos hogares conviven dos generaciones, el 25% está formado por una sola generación y una minoría del 5%, por tres generaciones. Si comparamos con un análisis realizado por Del Campo en 1991[32], han disminuido los hogares pluripersonales a favor de los unipersonales, se reduce el mínimo de hogares con grupos familiares y los hogares con tres generaciones eran más numerosos que los de una generación.

Los hogares unipersonales (20,2%), han aumentado siete puntos desde 1991. Los grandes protagonistas son los solteros, que suponen el 8,5%, sobre todo jóvenes varones de 35-39 años que se han triplicado mientras que en 1991 eran el 4,79%. Le siguen, los viudos (7,9). En el *ranking* de hijos por hogar según el *Censo de 2001,* los hogares unipersonales tienen menos que los de una pareja y dos hijos (17%), las parejas sin hijos (17,3), parejas con un hijo (15,3) y monoparentales encabezadas por madres (6,6)[33]. Tomando como base el estado civil de los hogares unipersonales, la soltería y la viudez son los más presentes (42 y 39%, respectivamente), frente a los casados, separados y divorciados que no superan cada uno el 2%.

La soltería se ha puesto de moda y se ha convertido en una forma de vida «single». Si antes suponía un fracaso en el proyecto vital de las personas, sobre todo para las mujeres, ahora no. Lo cual no significa que no exista algún tipo de presión social y familiar con relación a su situación personal, pero se convierte en una opción y no en una imposición. No sólo se incorporan a esta forma de vida los tradicionales solteros. Aho-

---

[29] A. Valero, «El sistema familiar español: Recorrido a través del último cuarto de siglo», en *Revista Española de Investigaciones Sociológicas* núm. 70, Madrid, CIS, 1995. *Censo 2001,* INE, *Encuesta Presupuestos Familiares 2005,* I trimestre.

[30] A. Arroyo Pérez, *Tendencias demográficas durante el siglo XX en España*, Madrid, INE, 2003.

[31] *Censo de Población y Viviendas 2001,* INEbase.

[32] Cuadro sinóptico elaborado por Del Campo en «Composición, dinámica y distribución de la población española», en *La España de los años 70,* La Sociedad, vol. 1, y «Hogares y Familia», *Cuenta y Razón,* núm. 90, 1995.

[33] *¿Cuántos somos en casa?,* Cifras INE 6/2004.

ra, separados y divorciados se consideran como tales. Los factores que influyen en esta situación son la incorporación de la mujer al trabajo, la mayor secularización, los divorcios y otras razones más personales como la búsqueda de la felicidad y del bienestar propio. Se trata de un sector de la población con unas necesidades específicas y concretas que servirán para expandir un mercado que ya empieza a estar en auge.

Al comparar España con Europa, nuestro país se sitúa junto a Portugal, Irlanda e Italia, por encima de la media europea en cuanto al tamaño medio del hogar que es de 2,57 y frente a otros países como Dinamarca, Países Bajos o Francia, que además presentan mayores proporciones de hogares unipersonales que España (Tabla 1.11). Los padres solteros representan el 13% de todos los hogares con niños en la Europa de los 25. Los porcentajes más altos los tienen Reino Unido (24%), Bélgica (18%), Estonia (17%), Dinamarca y Alemania (16%). En el polo opuesto, se encuentran España con un 6%, Malta (4%), Grecia (5%) e Italia y Chipre (6%)[34].

TABLA 1.11.—*Hogares unipersonales en Europa. PHOGUE*

	Tamaño medio del hogar	Hogares unipersonales (%)	Hogares con más de 3 miembros (%)
Alemania	2,29	32,4	19,1
Austria	2,65	29,0	27,6
Bélgica	2,55	26,3	25,2
Dinamarca	2,18	36,3	17,4
España	3,16	13,4	40,6
Francia	2,48	28,7	23,6
Grecia	2,80	19,3	32,8
Irlanda	3,23	19,4	41,3
Italia	2,84	20,7	33,1
Luxemburgo	2,64	24,2	27,8
Países Bajos	2,37	30,8	22,4
Portugal	3,03	12,7	35,1
Reino Unido	2,50	26,4	24,4
Media UE	2,57	26,3	26,2

Fuente: PHOGUE 2001, INE.

---

[34] *The Family in the EU25 seen through figures,* EUROSTAT, 2006.

4. Características socioeconómicas

Durante el período considerado 1975-2005, el total de la población pasó de 33.956.047 en 1970 a 44.108.530 habitantes en el año 2005, la razón entre los sexos se ha mantenido constante para el conjunto del país en torno a 97, es decir, 97 varones por cada 100 mujeres, y la distribución por edad es la que se recoge en la Tabla 1.7. Por su importancia, a continuación se considera con más detenimiento la evolución de la población activa, ocupada y parada y su relación con el nivel de educación.

4.1. Población económicamente activa

Desde los años 70 la población activa en España no ha dejado de aumentar pasando de los 13.296.000 de 1976 a los 21.155.500 activos en el año 2005, esto es, el 57,72% de la población. En el caso de los varones, éstos han descendido en 10 puntos porcentuales, mientras que las mujeres han pasado de 28,53% a 46,95%, por lo cual confirma la entrada masiva, aunque no completa, de la mujer al mercado laboral y la reducción de las diferencias entre ambos sexos, aunque las mujeres siguen ocupando un puesto secundario en determinados ámbitos del mercado laboral (Tabla 1.12).

TABLA 1.12.—*Tasas de actividad por sexo (1976-2005)*

	Total	Varones	Mujeres	Población activa femenina (%)
1976	52,11	77,57	28,53	28,42
1980	50,05	73,93	27,77	28,71
1985	49,02	70,44	28,96	30,50
1990	50,96	68,43	34,56	34,95
1995	51,01	64,97	37,86	38,21
2000	53,98	66,88	41,76	39,74
2005	57,72	68,95	46,95	41,52

Fuente: Encuesta de la Población Activa 1976-2005, IV Trimestre, INEbase.

Por grupos de edad la distribución de la población activa ha experimentado algunas alteraciones. Así, la edad de entrada a la actividad, condicionada por la edad a la que finaliza la etapa obligatoria educativa, ha pasado de los 14 a los 16 años. Hasta épocas recientes, más en ambientes rurales que urbanos, era normal, muchas veces por necesidad, que los adolescentes trabajaran a edades tempranas y en trabajos más artesanales. Actualmente, la situación crítica de la juventud en cuanto a la competitividad, así como las oportunidades de acceso a un empleo bueno y estable, han propiciado que, si en 1976, la población activa de 16-19 años suponía el 9,85% de la población activa total, este porcentaje haya caído al 2,43%. El siguiente grupo de edad se mantiene más o menos estable durante el último cuarto de siglo y es el grupo de 25-54 años el que como gran protagonista ha aumentado del 63 al 77%. Centrándonos en el último grupo de edad (más de 55 años), observamos que su proporción ha disminuido al retrasarse la edad a la jubilación (Tabla 1.13).

TABLA 1.13.—*Distribución de la población activa por grupos de edad (1976-2005)*

	1976		2005	
	Total	%	Total	%
Total	13.296	100	21.155,5	100
De 16-19 años	1.310,8	9,85	515,3	2,43
De 20 a 24 años	1.522,6	11,45	1.941,6	9,17
De 25 a 54 años	8.382	63,04	16.413,7	77,58
De 55 y más	2080,7	15,64	2.285,0	10,60

Fuente: EPA 1976 y 2005, IV Trimestre, INEbase.

Comparando las tasas de los mayores y menores de 25 años, a mediados de la década de los 70, la tasa de los menores de 25 años superaba a la de los mayores y, actualmente ésta supera a aquélla (58,61 y 51,72, respectivamente). El comportamiento de la mujer se adapta a la tendencia general ya que ha descendido el número de activas de 16 a 19 años (de 48 a 19) y, han aumentado las de 25 a 54 años (de 29 a 69) en el período 1976-2004[35].

Las tasas más altas de actividad se hallan en los separados y solteros (73,30 y 70,06, respectivamente), seguidos de los casados y los viudos (57,41 y 9,02, respectivamente). En todos los casos, las tasas de los hombres son mayores que la de las mujeres, aunque las diferencias sean más acusadas entre los casados y los solteros.

Por Comunidades Autónomas, Baleares, Cataluña, Canarias y Navarra son las que tienen mayores tasas de actividad frente a Extremadura, Asturias, Ceuta y Melilla. Su perfil es similar al de 1976, aunque en esta fecha destacan por sus altas tasas Galicia, La Rioja y Asturias (61,28, 54,96 y 54,52, respectivamente). Las diferencias entre hombres y mujeres se presentan en todas las Comunidades aunque se acentúan en Castilla-La Mancha, Ceuta, Andalucía y Murcia. Melilla presenta las mayores diferencias, un aspecto relacionado con la fuerte presencia de la comunidad musulmana y el papel que en ella juega la mujer. Madrid ocupa un lugar intermedio (20 puntos), por encima de las Comunidades más igualitarias que son Galicia, Asturias y Baleares (20, 19 y 19 puntos respectivamente), regiones donde las mujeres trabajan también en la pesca y en ámbitos más rurales.

Si clasificamos a la población activa por ramas de actividad, la Tabla 1.14 muestra cómo se ha ido consolidando la estructura económica iniciada en la década de los 60. Ha descendido la población activa del sector primario (del 31 al 5,2%) y la del secundario (del 35,7 al 28,2%), a favor del sector terciario en la misma cuantía (del 33,0 al 62,7%). La estructura de la población activa por sectores se relaciona con el área-entidad (rural, intermedia o urbana). En 1960, el 70% de la población activa rural pertenecía al sector primario, mientras que el sector secundario y el terciario rozaban juntos el 25%. Por otra parte, en la zona urbana el sector primario no llegaba al 10%, el secundario y terciario

---

[35] IV trimestre, años correspondientes, *Encuesta Población Activa,* INEbase.

tenían una situación similar y, se empezaba a vislumbrar el protagonismo de este último, que se acentúa en el 2001. De ese modo, el 70% de la población urbana se mueve en el sector terciario actualmente, aumenta el secundario en el nivel intermedio y disminuye considerablemente el sector primario en la zona rural, por el propio funcionamiento del mercado. Lo rural tal como lo entendíamos hace décadas, está dejando de existir salvo en determinados núcleos, sobre todo en el norte de España.

TABLA 1.14.—*Composición de la población activa por sectores productivos y posición en la ocupación por zonas (1960-2001)*

	1960				2001			
	Total	Urbana	Intermedia	Rural	Total	Urbana	Intermedia	Rural
Sector								
Primario	31	9,67	47,72	69,84	5,2	2,76	10,27	17,69
Secundario	35,7	38,35	27,74	16,50	28,5	28,18	34,89	33,13
Terciario	33,0	45,54	20,71	10,75	62,7	69,04	54,83	49,16
Actividades mal especificadas		6,45	3,83	2,91	—	—	—
	1976				2006			
Posición en la ocupación*								
Empleadores	20,8	3,89	4,11	2,48	16,03	5,92	7,75	7,36
Patronos sin asalariados	—	5,60	14,67	28,00	—	8,32	11,2	31,23
Obreros independientes	—	2,20	1,77	1,20	—	85,08	79,84	72,53
Ayuda familiar	0,9	2,30	7,41	23,63	1,35	0,29	0,53	0,89
Asalariados	69	79,79	67,51	41,60	82,02			
No clasificados	—	6,22	4,53	3,12				
Miembro de cooperativa	—				0,43	0,36	0,57	0,56

* Los obreros independientes incluye en el Censo 2001 al trabajador por cuenta ajena con carácter fijo o indefinido y al trabajador por cuenta propia con carácter eventual o temporal. Los datos de 2006 se refieren al III Trimestre.

Fuente: Censo de Población y Viviendas 2001, INEbase. Elaboración propia.

Con relación a la población inactiva, ésta ha cambiado su composición pero no el perfil del inactivo. En la década de los 70, dos tercios de los inactivos, principalmente mujeres, se clasificaban en *Labores del hogar.* Actualmente, esa proporción ha caído más de la mitad a favor del grupo de jubilados, que se ha doblado de 20,03 a 43,54 y del grupo de estudiantes, que aumenta por la prolongación de la etapa obligatoria y la mayor necesidad de seguir estudiando para un mercado laboral competitivo. Esto no significa que no se siga manteniendo el patrón de inactivo *labores del hogar-mujer y jubilado-hombre.* En el tercer trimestre de 2006, el 94% de los inactivos por labores del hogar son mujeres y el 70% de los jubilados inactivos son hombres. Por edad, la inactividad se mantiene estable hasta los 24 años aunque se observa la tendencia inversa a la actividad: disminuye en el grupo de 25-54 años para aumentar progresivamente en la edad de la jubilación o prejubilación. Otros casos de inactividad se deben a la incapacidad y a otras causas no especificadas[36].

---

[36] IV trimestre, años 1976 y 2005, INEbase y III trimestre 2006, *Encuesta Población Activa.*

La tasa de ocupación ha pasado de 50,15 a 53,68 desde 1976 al 2006, y aumenta considerablemente en el grupo de 25-54 años. Existen, a pesar de haber disminuido, diferencias considerables entre el hombre y la mujer activos y, éstas se mantienen constantes independientemente de la edad. El 59% de los nuevos puestos actuales son ocupados por mujeres aunque el nivel de desempleo todavía duplica al de los hombres[37]. Hay que apuntar que en 1976, las mujeres de 20 a 24 años presentaban una tasa de actividad de 49,53 que baja en el siguiente grupo de edad a 28,60. La edad de 25 años coincide con la edad al matrimonio y la retirada de la mujer a la casa para ocuparse de ésta. Actualmente, la mujer se casa y no abandona el mercado laboral; es más, retrasa la maternidad. Hoy en día, más de la mitad de los hombres y mujeres que trabajan están casados, aunque son más los hombres casados que trabajan que las mujeres casadas ocupadas. Además la mujer se incorpora al mercado laboral pero con la feminización de los puestos de trabajo. Un ejemplo: el 61% del profesorado en el conjunto de centros españoles son mujeres y éstas son más en las ramas de idiomas, educación especial y en la escuela infantil y primaria[38].

Por Comunidades Autónomas, la que mayor tasa de ocupación tiene es Castilla y León (74,65) y, a ella le siguen con gran diferencia Madrid, Cataluña, Baleares y Comunidad Valenciana (59,36, 57,56, 55,79 y 54,00, respectivamente). Todas estas regiones han mejorado su situación, ya que en 1976 eran otras las más favorecidas (Galicia y La Rioja con 60,33 y 54,07, respectivamente). Las diferencias en las tasas de ocupación son altas en Melilla, Andalucía y C.-La Mancha (33, 33 y 32, respectivamente). Las menores diferencias afectan a Madrid y Galicia (18).

El proceso de urbanización supuso una pérdida de protagonismo del sector primario a favor, en un primer momento, del sector secundario y, más tarde del sector terciario, muy consolidado actualmente. El 65% de los ocupados trabajan en el sector servicios, con un 85% de mujeres, el 28% en industria y construcción y, apenas el 5% en el sector primario. Tomando como ejemplo algunas de las principales ciudades españolas, Madrid, Málaga, Las Palmas y Palma de Mallorca (la capital y tres ciudades muy orientadas al turismo), son las que más proporción de ocupados tienen en el sector terciario. Otras ciudades como Barcelona, Bilbao y Zaragoza, tienen una presencia mayoritaria del sector terciario, pero también cuentan con una base industrial considerable[39].

Si clasificamos a la población ocupada por su situación profesional, el 82% son asalariados, de los cuales más de dos tercios pertenecen al sector privado, el 17% trabaja por cuenta propia, el 10% son empresarios sin asalariados y el 5% son empleadores[40].

Uno de los problemas actuales con relación al empleo es la conciliación del trabajo y la familia que obliga a muchas mujeres a no incorporarse al mercado laboral o a reducir su estancia en el mismo. El 88,7% de la población ocupada trabaja a tiempo completo. En el caso de los hombres sube al 95% y, en el de las mujeres se reduce al 78%. Sin embargo, aunque parezca que las mujeres prefieren el trabajo a tiempo parcial para poder conciliar trabajo y familia, al 51% le gustaría tener trabajo a tiempo completo.

---

[37] «España alcanza por primera vez los 20 millones de ocupados, con una tasa de paro de 8,3%», *El País,* 27 de enero de 2007.

[38] *Hombres y Mujeres 2007,* INE, pág. 23.

[39] IV trimestre, EPA 2005, INEbase. Elaboración propia.

[40] III trimestre EPA 2006, INEbase. Elaboración propia.

GRÁFICO 1.1.—*Tasas de actividad, de ocupación y de paro (1976-2006)*

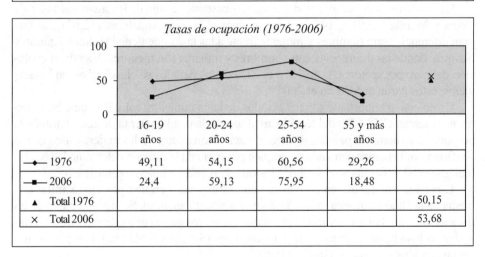

Tasas de actividad (1976-2006)

	16-19 años	20-24 años	25-54 años	55 y más años	
◆ 1976	55,76	58,91	62,53	29,88	
■ 2006	32,47	69,15	81,15	19,5	
▲ Total 1976					52,46
✕ Total 2006					58,44

Tasas de ocupación (1976-2006)

	16-19 años	20-24 años	25-54 años	55 y más años	
◆ 1976	49,11	54,15	60,56	29,26	
■ 2006	24,4	59,13	75,95	18,48	
▲ Total 1976					50,15
✕ Total 2006					53,68

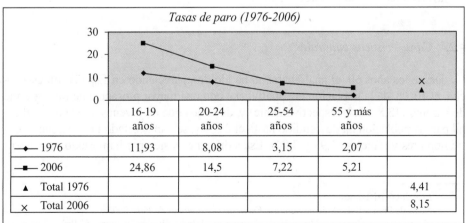

Tasas de paro (1976-2006)

	16-19 años	20-24 años	25-54 años	55 y más años	
◆ 1976	11,93	8,08	3,15	2,07	
■ 2006	24,86	14,5	7,22	5,21	
▲ Total 1976					4,41
✕ Total 2006					8,15

Fuente: EPA 1976-2006, IV Trimestre. INEbase.

El número de contratos de trabajo registrados en España son 17.164.965, de los cuales el 44% pertenecen a las mujeres[41]. Una situación no muy desventajosa, si se compara la situación salarial de hombres y mujeres. El salario bruto mensual de los hombres superó en un 36% al de las mujeres y el salario bruto por hora lo hace en un 15%. Las personas con estudios superiores son las que cobran más y se acentúan las diferencias con las mujeres (44%)[42].

La tasa de paro en España es del 8,15% para el total de la población, 11,11% para las mujeres y 6,02% para los hombres. Es la tasa más baja desde hacía 28 años aunque el desempleo se redujo para los jóvenes de 20-24 años y se elevó sobre todo para las mujeres de 25 a 54 años[43]. En 1976, la tasa a nivel nacional era menor (4,41) y las tasas de los dos sexos eran similares, en torno al 4. La más alta actualmente se registra en el grupo de 16-19 años y va disminuyendo hasta llegar a 5,21 para el grupo de 65 años y más. Existen diferencias a favor del hombre y se confirma el perfil según el estado civil: hay más paradas casadas que parados casados y más mujeres separadas paradas que hombres separados parados.

La situación regional era y sigue siendo bastante desigual. Resaltan las tasas de Ceuta y Melilla (22,91 y 14,57), Extremadura (13,69) y Andalucía (12,67) con una gran diferencia entre hombres y mujeres frente a las tasas que tienen Galicia, Aragón y Navarra, donde las diferencias entre hombres y mujeres son menores. Viendo la evolución del paro por sectores, si en 1976 el 27% de los parados se clasificaban en los servicios, éstos pasan al 61% en el 2005[44].

Un colectivo importante son los parados de larga duración, entre los cuale las mujeres representan el 63,65% del total. A medida que la edad aumenta, lo hace también la proporción de hombres parados de larga duración con relación a las mujeres, algo que se confirma por la menor demanda de empleo por parte de la mujer a determinadas edades (del grupo 60 y más años, el 37 % de los que demandan empleo son mujeres)[45].

España se sitúa tanto en actividad, ocupación y paro en una posición similar a la media de la Unión Europea (56,9, 51,8 y 9,0, respectivamente). Se sigue la pauta de las diferencias entre hombres y mujeres aunque en ciertos países estas diferencias se minimizan incluso hasta tener tasas de paro similares (Suecia y Finlandia). Los países más desfavorecidos son Malta, Grecia e Italia.

4.2. *Características culturales*

Desde los años 60, el analfabetismo ha ido desapareciendo en España. En esta fecha, el 10,3% de la población era analfabeta, con una mayor presencia de mujeres que de varones (13,8 y 6,7, respectivamente) y, de viejos que de jóvenes. Hoy en día el total para la población ha descendido hasta el 2,5% y, se han acortado las diferencias entre hombres y mujeres (1,93 y 3,94). Estas diferencias siempre han estado muy acen-

---

[41] *EPA 2006,* III Trimestre.

[42] Notas de Prensa INE 28 de noviembre. *Encuesta Condiciones de Vida 2005.*

[43] «La tasa de paro bajó al 8,3% en 2006, el menor nivel de los últimos 28 años», *El País,* 27 de enero de 2007.

[44] *Encuesta de Población Activa 1976-2005,* IV Trimestre, INEbase.

[45] *Encuesta de Población Activa 2006,* III Trimestre, INEbase.

tuadas según la zona de residencia y el sexo, siendo las tasas de analfabetismo mayores en las zonas rurales y menores entre los hombres.

La población analfabeta se concentra en los grupos de más edad. Así en 1960, la tasa de analfabetismo para el grupo de 65 y más años era de 32,7, comparándola con la de 10 y más años que se situaba en 10. Actualmente en España hay 899.219 analfabetos, de los cuales dos tercios tienen 65 y más años (66%)[46]. Esta situación refleja las que antaño fueron características de los entonces jóvenes.

La población española[47] ha conseguido un mayor nivel cultural que en décadas pasadas, pero aún sigue existiendo un 33,4% de la población que sólo finalizó los estudios primarios. Un dato que anuncia un futuro educativo mejor es el de la variación porcentual desde 1991 a 2001, que por niveles educativos ha sido la siguiente: han disminuido los analfabetos (-19%), los sin estudios (-33%) y los que tienen el primer grado (-17%) y, han aumentado los de segundo (53%) y los de tercer grado (93%)[48]. Sin embargo, hay que apuntar, que en relación con su entorno cultural, España sólo supera a Eslovaquia, Italia, República Checa y Malta, en porcentaje de población de 25-64 años con titulación universitaria[49].

Las regiones que más proporción de analfabetos tienen aún son Andalucía, Extremadura, y Ceuta y Melilla (4,4, 4,8 y 7,8%, respectivamente), que superan la media nacional (2,5%), frente a Asturias, P. Vasco y Cantabria (0,8, 0,8 y 0,6% respectivamente). Las regiones que más licenciados tienen son Navarra, La Rioja, y Madrid (8,2, 8,1 y 7,7, respectivamente), frente a Baleares y C.-La Mancha (5,6 y 5,3)[50].

Si tenemos en cuenta el nivel educativo con la población económicamente activa, a finales de la década de los 60 existía una fuerte relación entre el nivel cultural y la posibilidad de tener un empleo. De ese modo, el porcentaje de analfabetos parados era de 10,57 frente al 3,72 que correspondía a los ocupados.

Esta relación también puede concluirse de los datos que arroja la *Encuesta de Población Activa* para el año 2006, recogidos en la Tabla 1.15. Las tasas más altas de actividad y de ocupación corresponden a los niveles más elevados de educación, mientras que en la población parada, a pesar de que hay parados muy cualificados, las tasas más altas se hallan en los niveles educativos inferiores.

Con relación a los sexos, las tasas entre hombres y mujeres son similares en los niveles más altos de educación, pero las diferencias se agravan a medida que el nivel es menor. La mujer accede con una gran cualificación al mercado de trabajo y, su entrada ha sido más tardía que la de los hombres, que han desarrollado cualquier tipo de trabajo independientemente de la cualificación obtenida.

---

[46] *Censo de Población y Viviendas 2001*, INEbase. Elaboración Propia.

[47] Población de 16 y más años que no cursa estudios por nivel de estudios alcanzados. III trimestre 2006. *Encuesta de Población Activa,* INEbase.

[48] *España al comienzo siglo XXI. Censos de Población y Viviendas* (2004), INE.

[49] *Mujeres y hombres en España 2007,* INE, pág. 20.

[50] *Anuario Estadístico 2005*, INEbase.

TABLA 1.15.—*Nivel de estudios de la población económicamente activa (2006)*

	Actividad			Ocupación			Paro		
	Ambos sexos	Mujeres	Hombres	Ambos sexos	Mujeres	Hombres	Ambos sexos	Mujeres	Hombres
Nivel de estudios	58,44	47,83	69,48	53,68	42,52	69,69	8,15	11,11	6,02
Analfabetos/as	10,12	5,23	20,83	8,44	3,90	18,34	16,61	25,35	11,82
Educación Primaria	29,56	18,78	42,57	26,79	16,13	39,65	9,36	14,08	6,85
Secundaria Primera etapa	67,37	52,36	80,46	60,51	44,32	74,64	10,18	15,36	7,24
Secundaria Segunda etapa	70,58	62,69	78,46	65,06	56,05	74,07	7,82	10,60	5,60
Formación e inserción laboral	74,59	69,05	81,36	69,67	63,49	76,27	6,92	7,66	6,24
Educación superior excepto doctorado	81,76	78,91	84,65	76,94	73,03	80,91	5,89	7,45	4,42
Doctorado	86,73	89,21	85,74	84,22	87,37	82,94	2,93	2,05	3,32

Fuente: Encuesta de Población Activa 2006, III trimestre, INEbase.

5. NATALIDAD

Cada vez se tienen menos hijos y a edades más tardías. Desde 1965 se inicia de forma clara la caída de la natalidad agudizándose a partir de 1975 (18,76), hasta bajar a principios de los años 90 a una tasa de 10,33 por 1000 habitantes. Se ha pasado además de una tasa total de fecundidad de 2,86 hijos por mujer como media en 1970, a 1,23 en el año 2000 y, a 1,37 en el año 2006[51]. La mínima recuperación del último lustro se ha debido, principalmente, a la incorporación de las mujeres inmigrantes al escenario demográfico español, ya que ellas aportan el 16,4% del total de los nacimientos[52].

Desde los años 60 la natalidad ha descendido en todas las Comunidades Autónomas, aunque no con la misma intensidad, siendo las regiones más desfavorecidas Canarias, País Vasco, Extremadura y Andalucía. Se han ido perfilando así dos grupos respecto de la tasa nacional que se sitúa en 2006 en 10.9 por 1.000. Por encima se encuentran Murcia (13,43), Islas Baleares (11,68), Madrid (11,98), Andalucía (12,17), Navarra (10,80), Cataluña (11,73) y la Comunidad Valenciana (11,25). Por debajo se sitúan el P. de Asturias (7,2), Galicia (7,89) y Castilla y León (7,98). Melilla y Ceuta encabezan el *ranking* con una media de 20,38 y 19,70 nacimientos por cada 1000 habitantes, respectivamente. Este comportamiento demográfico requiere una mención especial: ambas ciudades están condicionadas por su situación geográfica al tener fronteras con Marruecos, así como por la coexistencia de diferentes culturas (cristiana, musulmana, judía), todas las cuales conceden una considerable importancia cultural a la fecundidad (Tabla 1.16).

---

[51] J. Daric, «Evolution demographique en Espagne», *Population*, enero-marzo de 1956, pág 84. *Indicadores Demográficos Básicos 1975-2006,* INE.
[52] *Movimiento Natural de la Población* 2006, INEbase.

TABLA 1.16.—*Tasa de natalidad por regiones (1965-2006)*

	1965	1975	1980	1990	2000	2006
	(‰)	(‰)	(‰)	(‰)	(‰)	(‰)
Total	21,26	18,76	15,22	10,33	9,88	10,92
Andalucía	24,54	20,07	18,08	12,90	11,08	12,17
Aragón	17,59	15,15	12,56	8,23	8,29	9,74
Asturias	17,73	16,04	12,87	7,11	6a,33	7,28
Baleares	18,36	18,88	15,10	12,47	11,36	11,68
Canarias	26,62	22,31	18,45	12,54	11,12	10,41
Cantabria	—	17,92	15,39	8,67	8,16	9,12
C. y León	19,24	13,94	12,80	8,35	7,26	7,98
C.-La Mancha	22,16	15,19	14,22	11,53	9,64	10,21
Cataluña.	19,12	20,10	13,48	9,38	10,21	11,73
C. Valenciana	20,09	19,50	16,06	10,47	10.09	11,25
Extremadura	22,15	14,51	15,04	11,85	9,57	9,58
Galicia	17,43	16,02	13,94	8,21	7,22	7,89
Madrid	—	21,77	15,69	10,14	10,83	11,98
Murcia	24,82	20,80	19,16	13,31	12,25	13,43
Navarra	19,81	17,88	13,84	9,27	9,58	10,80
P. Vasco	23,81	19,91	13,53	7,80	8,35	9,56
La Rioja	—	15,89	13,81	8,81	8,70	10,01
Ceuta	—	20,59	17,80	14,74	13,97	19,70
Melilla	—	12,64	16,16	17,98	16,85	20,38

Fuente: Indicadores Demográficos Básicos 1965-2006, INEbase.

En la Tabla 1.17 se ofrece una visión global de la fecundidad española mediante diferentes indicadores. La tasa total de fecundidad o Índice Sintético, que expresa el número de hijos que tendría hipotéticamente una mujer al final de su vida fecunda controlando la mortalidad, pasó de 2,94 hijos en 1966 a 1,35 en 1990 y a 1,24 en el 2001, con un repunte al 1,37 en el 2006, aunque sin superar el nivel de reemplazo situado en 2.1[53]. Las Comunidades Autónomas con probabilidades más altas de tener más hijos son Ceuta y Melilla, Murcia y Navarra (1,89, 1,56 y 1,40, respectivamente). Las Comunidades con un Índice Sintético de Fecundidad por debajo de la media nacional son el Asturias, Castilla y León y Galicia (0,9, 1,07 y 1,00)[54].

La situación actual de la Europa de los 25 no es uniforme entre países. La media actual para el conjunto es de 1,50 hijos por mujer. La reducción de la fecundidad en España comenzó algo más tarde que en el resto de los países, ya que algunos la iniciaron en los años 60. España con un índice sintético de fecundidad de 1,24, era hasta hace unos años el país que lo tenía más bajo, pero desde entonces Italia la ha desbancado del último lugar con una media de 1,29. Los países europeos con medias más altas son Irlanda, Francia, Noruega y Finlandia (1,93, 1,91, 1,83, 1,80, respectivamente)[55].

---

[53] *Estadísticas Históricas de España I,* Fundación BBVA, vol. I, 2005. *Indicadores Demográficos Básicos 1975-2006,* INEbase.

[54] *Tendencias demográficas durante el siglo XX en España,* Madrid, INE, 2004 e *Indicadores Demográficos Básicos 2005,* INebase.

[55] *European Demografhic Data Sheet 2006,* Viena Institute of Demografhic.

TABLA 1.17.—*Indicadores de fecundidad (1975-2005)*

	1975	1980	1985	1990	1995	2000	2005	Variación
Índice sintético fecundidad	2,78	2,21	1,64	1,35	1,19	1,2	1,33	−1,45
Tasa fecundidad por grupos de edad								
15-19	21,41	5,89	18,38	12,08	7,64	8,93	10,96	−10,45
20-24	133,91	11,97	73,31	49,58	28,3	5,65	30,69	−103,22
25-29	189,25	147,30	116,79	97,99	80,43	67,77	64,95	−124,3
30-34	123,07	91,28	74,89	74,27	84,18	95,8	99,66	−23,41
35-39	63,45	45,70	33,39	27,52	31,42	43,02	51,63	−11,82
40-44	22,88	14,48	9,78	5,83	5,15	6,74	8,79	−14,01
45-49	2,18	1,39	0,92	0,45	0,26	0,34	0,46	−1,72
Edad media a la maternidad general	28,8	28,2	28,5	28,9	30,0	30,72	30,86	2,06
Edad media primera maternidad	25,3	5,1	25,8	26,8	28,4	29,08	29,29	3,99
Primeros nacidos/total nacidos	37,9	42,8	46,4	50,2	51,2	53,04	54,5	13,6
Primeros nacidos madres mayor 30 años/total primeros nacidos	11,3	11,8	14,4	20,5	34,8	50,4	54,0	30,7
Proporción nacimientos extramatrimoniales	2,03	3,93	7,97	9,61	11,09	14,51	25,08	23,05

Fuente: M. Delgado, «Fecundidad y Familia en España», *Arbor*, XLXXIV, 685, 2003, págs. 21-34 e *Indicadores Demográficos Básicos 2000-05 y Movimiento Natural de la Población 2004-2005.*

Pero no sólo se tienen menos hijos sino que nacen más tarde. La edad media a la maternidad general se ha ido retrasando desde mitad de los años 70 de 28,8 a los 30,9 años actuales y, la edad a la primera maternidad ha pasado de 25,3 a 29,9 años. En 1975 no existían grandes diferencias por Comunidades Autónomas, mientras que en 2005, las pamplonicas, aragonesas, leonesas y madrileñas destacan por casarse más tarde frente a las jóvenes melillenses y canarias que lo hacen antes[56]. Un aspecto importante, según la demógrafa Margarita Delgado, es la diferencia entre la edad al nacimiento del primer hijo y el promedio a la edad del total de los nacimientos que en 1975 era de 3,5 años y en 2001 solamente de 1,7, como consecuencia de que en el total de nacimientos los primeros hijos tienen una proporción mayor en el 2001 (54%), que en 1975 (36%)[57].

Por grupos de edad, no tener hijos es más común entre los más jóvenes: el 98% de la población de 15-19 años no tiene descendencia aunque hay que tener en cuenta que más de 150 niñas menores de 15 años dieron a luz en España[58] y, el porcentaje desciende en los siguientes grupos quinquenales de edad hasta el 94% y el 70%, respectivamente. El grupo donde se empieza a procrear se sitúa en los 25-29 años y, desde mediados de los 90, son las mujeres entre 30 y 34 años las principales protagonistas de los nacimientos en España (39%). Por otra parte, más de la mitad de los nacimientos corresponden ahora a las mujeres mayores de 30 años (más de 180.000 de los 466.371 producidos en el 2005)[59], y hasta entonces, el mayor peso lo tenían el grupo de mujeres entre 25-29 años, que aportaba tres de cada diez nacimientos[60].

Las tasas de fecundidad por edad, reflejadas en el Gráfico 1.2, muestran cómo han disminuido en todas las edades, siendo fuertes los descensos en los grupos de edad de 20-24 y 25-29 años, que bajan 103 y 124 puntos, respectivamente. Por otro

GRÁFICO 1.2.—*Tasas de fecundidad (1975-2005)*

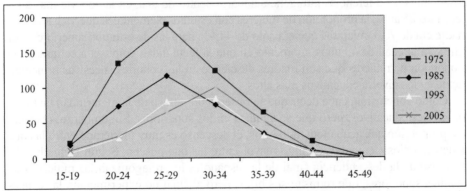

Fuente: M. Delgado, «Fecundidad y Familia en España», *Arbor,* XLXXIV, 685, 2003, págs. 21-34 e *Indicadores Demográficos Básicos 2000-05 y Movimiento Natural de la Población 2004-2005.*

---

[56] *Movimiento Natural de Población 1975-2005,* INEbase.

[57] M. Delgado, «Consecuencias de la evolución demográfica en la economía», mayo-junio, núm. 815, Madrid, ICE, 2004.

[58] «Más de cuatro mil menores de edad dan a luz cada año en España», *ABC,* 24 de enero de 2007.

[59] *Movimiento Natural de la Población 2005,* INEbase.

[60] M. Delgado, «Familia y fecundidad en España», en *La familia española, Revista Arbor,* núm. 685, t. CLXXIV, Madrid, 2003.

lado, este descenso es menor en el grupo de 30-34 años, que actualmente tiene la tasa más alta (99,66).

El retraso ha tenido un efecto directo en el orden de los nacimientos. A lo largo del último cuarto de siglo XX, los nacimientos de orden 1 pasan de representar del 37,9 al 54,5% del total de los nacimientos. Los de orden 2 se mantienen más o menos estables y, a partir del orden 3 empiezan a disminuir considerablemente. Así, éstos últimos pasan del 16,6 al 7,7%, los de orden 4 del 7,8 al 1,6% y los de orden 5 y más, del 7,6 al 0,7%.

El retraso de la maternidad se relaciona con la tardía nupcialidad, más en España que en otros países, dado que entre nosotros, la fecundidad sigue siendo principalmente matrimonial. Aun así, el aumento de los hijos extramatrimoniales ha sido uno de los cambios más bruscos experimentados por la familia española, sobre todo en la década de los 90, llegando hasta suponer actualmente uno de cada cuatro nacimientos, cuando en 1975 eran el 2,03%. Este hecho se explica por la mayor autonomía económica de la mujer y las menores estigmatizaciones de la maternidad soltera y, se dan grandes diferencias entre las regiones españolas: Canarias, Islas Baleares y Cataluña tienen las proporciones más altas (44,05, 32,48 y 28,29), frente a Extremadura y La Rioja, que las tienen más bajas (17,25 y 16,91)[61].

La autonomía de la mujer se ha apoyado en los mayores niveles educativos, si bien existen diferencias tanto en las incidencias de los nacimientos como en el calendario. Margarita Delgado deduce varias conclusiones a partir de la Tabla 1.18, realizada por ella misma: la proporción de mujeres que han sido madres, exceptuando a las de 20 años nacidas en la cohorte 1954-1963, desciende de forma ininterrumpida independientemente del nivel de estudios y la edad. A los 25 años, el 70,3% de la mujeres con educación elemental de la cohorte 1949-1953 ya había sido madre, frente al 40,6 de la cohorte de 1963-1973 y esta tendencia se repite en todas las edades. Por otra parte, si observamos las diferencias intrageneracionales dentro de una, en la cohorte más antigua, a los 25 años, la proporción de mujeres con estudios elementales que ya había sido madre era de 70,3, mientras que era sólo de 44,4% para las de estudios superiores. Por último, a la edad de 40 años, momento en que la fecundidad empieza a eclipsarse, la proporción de mujeres que son madres desciende en las cohortes sucesivas principalmente en los niveles educativos más altos.

Como conclusión, cabe decir que se observa un retraso de la maternidad en todos los niveles educativos, pero que se agudiza en los superiores. Sin embargo, respecto a la proporción que acaba teniendo hijos, el descenso es muy moderado entre las que tienen estudios elementales y algo mayor entre las que poseen. Según Delgado, «El descenso de la descendencia final de las españolas lo protagonizan las mujeres con estudios superiores, que retrasan sus hijos, pero al final no experimentan la recuperación que, en alguna medida logran sus coetáneas con menos estudios». También vaticina que, de seguir esta tendencia, no cabe esperar recuperaciones muy considerables de los retrasos del calendario. Por lo tanto, el retraso en cuanto a calendario es atribuible a las mujeres con menor nivel educativo, educación secundaria y no a la de mayor nivel superior, entre las que buena parte de ese retraso se convierte en infecundidad definitiva.

---

[61] *Indicadores Demográficos Básicos 1975-2004*, INEbase.

TABLA 1.18.—*Proporción de mujeres en cada cohorte que, a edades exactas, ya habían sido madres, por nivel educativo*

Cohorte de nacimiento	Años	Edades Exactas																		
		20 años			25 años			30 años			35 años			40 años			N
		Elem.	Sec.	Sup.	Elem.	Sec.	Sup.	Elem.	Sec.	Sup.	Elem.	Sec.	Sup.	Elem.	Sec.	Sup.	
1949-53	45-49	12,0	4,9	4,7	70,3	54,4	44,4	90,4	84,5	72,1	93,9	89,9	84,3	95,2	91,6	85,1	1.225.871
1954-58	40-44	15,9	9,6	4,9	71,9	57,7	34,2	87,2	82,4	62,5	91,7	90,4	72,0	93,4	91,1	75,8	1.345.965
1959-63	35-39	27,0	8,1	6,4	65,9	38,4	15,6	87,3	65,8	49,5	92,2	82,5	75,7				1.488.493
1964-68	30-34	21,7	8,3	2,3	53,5	29,7	8,3	81,3	61,8	37,7							1.591.497
1969-73	25-29	15,4	2,3	0,0	40,6	14,0	1,8										1.613.728
1974-78	20-24	7,4	0,6	0,8													1.561.010

Fuente: Elaboración en M. Delgado, «Consecuencias de la evolución demográfica en la economía», *ICE*, mayo-junio de 2004, núm. 815.

Si consideramos el número de hijos por duración del matrimonio, a medida que éste dura más, se tienen más hijos. En 1966, los matrimonios que duraban entre 8-15 años tenían como fecundidad definitiva 2,63 hijos, que son los mismos que tendría actualmente un matrimonio después de estar casado entre 25 y 29 años. En 1966 se requería como media un matrimonio de 20 años para tener 3,48 hijos, mientras que actualmente, según la última *Encuesta de Fecundidad,* se necesita para lo mismo 30 o más años de casados[62].

El descenso de la natalidad no ha sido un hecho aislado, sino paralelo y provocado por otros como el retraso de la nupcialidad, las dificultades de compatibilizar familia y trabajo y, la mayor accesibilidad a los medios de control de natalidad, que han brindado a la mujer mayor control sobre las pautas reproductoras. A pesar de la censura política y religiosa, los anticonceptivos han sido y siguen siendo usados por las españolas.

A partir de finales de los años 70 y coincidiendo con la legalización de los anticonceptivos, se llevaron a cabo diversas encuestas oficiales sobre fecundidad que proporcionan información sobre la vida fértil de las mujeres[63]. Tras la última encuesta, realizada en 1999, podemos servirnos de la encuesta Shering sobre anticoncepción en 2003[64]. Del total de mujeres de 15 a 49 años, el 71% usan métodos anticonceptivos y de éstas, nueve de cada diez utilizan métodos eficaces. Los motivos para no usar métodos anticonceptivos son: no tener relaciones (55%), no poder quedarse embarazada (8%) y, porque no les importa quedarse embarazada (4%). Los métodos más utilizados son la píldora y el preservativo, 18 y 31%, respectivamente. En el caso de la píldora, en España lo usaban el 2,10% a finales de los años 70.

La interrupción voluntaria del embarazo como otra forma de controlar la natalidad y bajo los tres supuestos despenalizadores que ampara la ley de 1985, no ha dejado de aumentar en la década de los 90, fecha en la que aparecen estadísticas más fiables. Con anterioridad a la ley, en España se registraban 22.453 abortos anuales como promedio. A partir de los datos del Ministerio de Sanidad y Consumo, el número de abortos voluntarios ha pasado de 44.962 en el año 1992 a 91.664 interrupciones en el año 2005 con una tasa de 9,60. Se ha reducido la edad a la que las mujeres abortan, el grupo de 20-24 años alcanza una tasa de 16,83 y, la tasa del grupo de edad menores de 19 años es de 11,48 en 2005.

Este comportamiento no es homogéneo. En los años 60, del total de abortos producidos, el 24% correspondían a Andalucía, el 13,7% a Castilla-La Mancha y el 10% a Cataluña, siendo la proporción más baja la de Navarra, que no alcanzaba el 1%. El panorama en el 2004 se complementa con nuevas Comunidades que encabezan el *ranking* por encima de la media: Baleares, Madrid, Cataluña, Murcia y Aragón[65].

---

[62] S. del Campo, «Composición, dinámica y distribución de la población española», en *La España de los años 70,* vol. 1: La Sociedad, Madrid, Editorial Moneda y Crédito, 1972. págs. 15-145 y *Encuesta de Fecundidad 1999,* INEbase.

[63] INE, *Encuesta de Fecundidad 1977*, Madrid, 1978; *Encuesta de Fecundidad 1985*, Avance Resultados, Madrid, 1986. *Encuesta de Fecundidad 1999.*

[64] *IV Encuesta sobre anticoncepción* Schering, 2003. Daphne. *http://www.equipodaphne.es*

[65] Ministerio Sanidad y Consumo, Estadísticas Sanitarias, *http://www.msc.es/profesionales/saludPublica/prevPromocion/embarazo/home.htm#datos*

6. Mortalidad

La mortalidad española se caracteriza por la estabilidad en el último cuarto del siglo XX. Después de la caída considerable de la primera mitad del siglo pasado, desde 1970 la tasa bruta de mortalidad (8,5‰), se ha mantenido estable con cambios inapreciables en algunos lustros, alcanzando la tasa actual de 8,42‰ habitantes[66].

Sin embargo, durante este período se han producido notables diferencias entre Comunidades Autónomas. En 1965, las más desfavorecidas eran Baleares, Comunidad Valenciana y Aragón (10,68, 9,61 y 9,58). Las dos primeras han mejorado su situación, mientras que Aragón sigue manteniendo su lugar en el 2006 junto a Asturias, que es la que tiene la tasa más alta, cuando en 1965 tenía una posición intermedia. Las regiones más favorecidas en 1965 eran Canarias y el País Vasco con tasas de 6,54 y 7,55, respectivamente. Actualmente, Canarias sigue en una situación óptima junto a Ceuta, Melilla y Madrid (Tabla 1.19).

En el conjunto de la geografía española, las zonas que presentan altos riesgos de mortalidad se sitúan sobre todo en el sur occidental de la Península. Para los hombres, los mayores niveles de mortalidad se localizan en el sur de Andalucía y en las provincias de Huelva, Sevilla y Cádiz y las mujeres siguen la misma línea. De todas las áreas existentes en estas tres provincias, el 40% para los hombres y el 37% para las mujeres tienen los mayores niveles de mortalidad. Estas tres provincias contienen el 8% de la población española y cuentan con un tercio del total de las muertes[67].

También se aprecian diferencias si se analizan las tasas brutas de mortalidad por grupos de edad y sexo desde 1965, recogidas en la Tabla 1.20. Han disminuido en todos los grupos de edad con similar intensidad, excepto en el grupo de menos de un año que ha tenido un descenso muy considerable, pasando de 35,63 a 4,1 y en el grupo de 75 y más años que alcanza una tasa de 149,74. Por otra parte, las diferencias entre los sexos siguen existiendo, aunque son menores para todos los grupos menos para los más mayores.

De ese modo, la tasa de mortalidad infantil ha pasado de 32,4‰ nacidos vivos en 1965 a 3,99 en el año 2005 y su detrimento proporcional al total de nacimientos ha pasado de 2,4 a 0,4%. Este descenso se ha producido tanto en hombres como en mujeres. Desde 1975 la tasa de mortalidad infantil de los varones ha pasado de 20,86 a 4,40 y, la de las mujeres de 16,76 a 3,55. Por tanto, la probabilidad de mortalidad infantil en 1975 era 4 puntos mayor en los varones y actualmente, aunque sigue siendo mayor, las diferencias son mínimas. Por otra parte, la mortalidad infantil puede ser endógena o exógena (biológica o resultado de la relación con el medio). Si en 1967, las tasas de muertes infantiles se repartían entre exógenas y endógena (16,76 y 17,7, lo que suponía que las endógenas eran el 49% y las exógenas el 51%) en la actualidad, la tasa endógena es de 3,5 y la exógena de 2,0 siendo la proporción de las primeras del 63%[68].

---

[66] *Indicadores Demográficos Básicos 1970-2006,* INEbase.

[67] «The geography of the highest mortality areas in Spain: a striking cluster in the southwestern region of the country», *Occup Environ Med* 2004, 61, págs. 280-281.

[68] *Movimiento Natural de la Población 1965-2004; Indicadores Demográficos Básicos 1965-2004,* INEbase; Del Campo en «Composición, dinámica y distribución de la población española», en *La España de los años 70, La Sociedad,* vol. I; y *Estadísticas Históricas del siglo XX,* Fundación BBVA.

TABLA 1.19.—*Tasa de mortalidad por Comunidades Autónomas (1965-2006)**

	1965	1975	1985	1995	2006
Andalucía	8,09	8,07	7,79	8,13	7,97
Aragón	9,58	9,58	9,56	10,41	10,24
Asturias	8,03	8,93	9,74	11,08	11,64
Baleares	10,68	9,85	9,75	9,22	7,83
Canarias	6,54	6,46	6,65	6,65	6,56
Cantabria	—	8,73	8,53	9,51	9,94
C. y León	9,11	8,77	8,81	9,89	10,35
C.-La Mancha	7,93	9,25	9,58	9,66	8,83
Cataluña	8,97	8,31	7,85	8,87	8,35
C. Valenciana	9,61	9,29	8,46	8,89	8,39
Extremadura	8,79	9,14	9,47	9,74	9,42
Galicia	9,01	9,44	9,39	10,48	10,80
Madrid	—	6,47	6,55	7,22	6,76
Murcia	8,44	8,55	7,94	7,69	7,25
Navarra	9,06	8,98	8,20	8,63	8,52
P. Vasco	7,55	7,38	7,19	8,41	8,68
La Rioja	—	9,47	9,09	9,74	8,65
Ceuta	—	7,41	7,45	6,46	6,42
Melilla	—	7,19	6,82	6,56	6,68

* Datos en ‰.

Fuente: Movimiento Natural de la Población 1965. Indicadores Demográficos Básicos 1975-2006. INEbase.

Con relación al tamaño de los municipios, en 1975, exceptuando los municipios de 50.001 a 100.000 habitantes que tenían una tasa de 7,42, los demás tenían una tasa similar entre ellos. Esta situación permaneció estable hasta principios de los años 80, con un leve descenso de la mortalidad en todas las categorías menos en la de más de 500.000 habitantes, que aumentó hasta 8,8 en el 2005. Por el contrario, los dos niveles intermedios caen hasta el 7,4 para los de 100.001 a 500.000 y 7,0 para los de 50.001 a 100.000 habitantes. La tendencia que se mantiene en el período considerado es que a medida que el tamaño desciende, la tasa es menor.

Por Comunidades Autónomas, la mortalidad ha disminuido en todas pero no con la misma intensidad. En 1975, las regiones más desfavorecidas eran Ceuta, Galicia y Castilla y León, que alcanzaban tasas considerables de 44,80, 24,03 y 23,60, respectivamente, mientras que Madrid, Aragón y Cataluña, regiones más desarrolladas, presentaban una situación más favorable (14,82, 15,76 y 15,28, respectivamente). Actualmente la situación es la siguiente: Melilla sigue siendo la que mayor tasa de mortalidad infantil presenta (2,0), pero las diferencias entre las comunidades son menores. Las más altas pertenecen a Canarias, Ceuta y Murcia (6,09, 5,66 y 5,40 respectivamente) y las más bajas Comunidad Valenciana, Galicia y Cataluña (2,96, 3,15, 3,24, respectivamente)[69].

No sólo ha descendido la mortalidad infantil sino que la esperanza de vida al nacer no ha dejado de aumentar para los dos sexos, manteniéndose la posición privilegiada de la mujer. Como muestra el Gráfico 1.3, la esperanza de vida de los hombres ha pasado

---

[69] *Indicadores Demográficos Básicos 1970-2005,* INEbase.

TABLA 1.20.—*Tasa de mortalidad por grupos de edad y sexo (1965-2001)*

	1965			1991			2001		
	Total	Hombres	Mujeres	Total	Hombres	Mujeres	Total	Hombres	Mujeres
Menos 1 año	35,63	39,90	31,18	18,9	21,3	16,3	4,1	4,4	3,7
De 1 a 4 años	1,60	1,72	1,48	4,1	4,3	3,8	0,2	0,3	0,2
De 5 a 14 años	0,53	0,60	0,45	0,9	0,9	1,0	0,1	0,2	0,2
De 15 a 24 años	0,77	1,00	0,54	3,9	5,1	2,5	0,5	0,7	0,3
De 25 a 34 años				28,7	47,0	10,1	0,8	1,1	0,4
De 35 a 44 años	1,83	2,21	1,47	13,0	22,9	3,1	1,5	2,1	0,8
De 45 a 54 años				10,1	16,8	3,5	3,2	4,6	1,9
De 55 a 64 años	8,87	11,40	6,67	12,7	19,7	6,3	7,2	10,65	3,95
De 65 a 74 años	35,04	43,65	28,58	24,7	35,3	16,3	18,15	26,2	11,5
De 75 y más	111,10	122,43	104,27	86,6	105,9	75,5	149,74	168,68	140,34
Total	8,54	8,98	8,13	16,7	23,0	10,7	8,9	9,5	8,2

Fuente: Movimiento Natural de la Población 1965. En 1965 los grupos de 25 a 44 años y de 45 a 64 están unidos. Los datos de 1991 y 2001: http://www.imsersomayores.csic.es/estadisticas/informemayores/informe2004/capitulo-2.html.

de 69,6 a 76,96 años y la de las mujeres de 75,1 a 83,48, esto es, un aumento de 7,36 y 8,38 años, respectivamente. En la actualidad, los varones más longevos son los de Madrid, Castilla y León y Castilla-La Mancha y, los menos longevos, los de Asturias y Murcia. En el caso de las mujeres, las más longevas son las madrileñas, leonesas y vascas y, las menos, las murcianas y las andaluzas[70].

GRÁFICO 1.3.—*Esperanza de vida (1970-2005)*

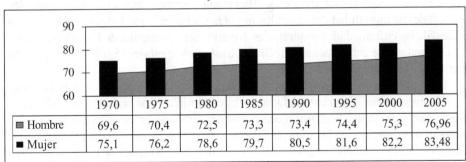

	1970	1975	1980	1985	1990	1995	2000	2005
▣ Hombre	69,6	70,4	72,5	73,3	73,4	74,4	75,3	76,96
■ Mujer	75,1	76,2	78,6	79,7	80,5	81,6	82,2	83,48

Fuente: Indicadores Demográficos Básicos 1970-2000.

La mortalidad general ha tenido un comportamiento común en toda Europa. La tasa ha pasado de 10,7 a 9,5‰ y este descenso se ha producido en casi todos los países. En el caso de la mortalidad infantil, la reducción ha sido mucho más acusada, sobre todo en aquellos países donde en 1975 tenían una tasa en torno a o por encima de 16 y actualmente roza el 4 (Alemania, Bélgica, Austria). Otros países partían de una situación más favorable como Suecia y Finlandia (9,6 y 8,6, respectivamente). Sin embargo, ello no significa que no existan actualmente países en los que la tasa de mortalidad infantil

---

[70] A. Arroyo Pérez, *Tendencias demográficas durante el siglo XX en España,* Madrid, INE, 2003.

sigue siendo muy alta a pesar de que su situación haya mejorado. Es el caso de Letonia, Lituania, Bulgaria y Rumanía (entre 8 y 11), precisamente países de nueva incorporación a la Unión Europea[71]. En cuanto a la esperanza de vida femenina, la media española es similar a la de las italianas y sólo es superada en un año por las de San Marino. En el caso de los varones la esperanza de vida es similar entre los países aunque a España la superan San Marino e Italia[72].

Un apunte adicional a las mayores perspectivas de vida en la sociedad actual nos lo proporciona el análisis de la serie de supervivientes de una generación de 100.000 nacidos vivos entre 1970-1998 para las edades más avanzadas. Como recoge la Tabla 1.21, a medida que aumenta la edad la probabilidad de supervivir es menor. Si en 1970 sobrevivirían 1.101 hombres de 95 años, en 1998, esta cifra se doblaba a 2.914 supervivientes. En el caso de la mujer y a la misma edad sobrevivirán de 7.190 a 7.593, un aumento menor que el de los hombres. Las diferencias entre sexos se observan principalmente entre las edades 65-90 años, donde hay una gran diferencia de supervivientes entre hombres y mujeres.

Si tomamos como referencia a la población superviviente mayor de 65 años, se ha pasado en el período de referencia 1970-2000 de 78 a 87% para los sexos, siendo para los hombres de 72 a 82% y para las mujeres de 83 a 92%[73].

Las causas de mortalidad constituyen una fuente de información importante para el análisis de la misma. En el año 2005, las más importantes fueron las enfermedades del sistema circulatorio (33,3%), los tumores (27%) y las enfermedades del sistema respiratorio (10,5%), debiéndose a causas externas el 4%. En el caso de la mortalidad infantil para menores de un año, las más numerosas son las afecciones originadas en el período perinatal, que suponen más de la mitad, las malformaciones congénitas, deformidades y anomalías (26,9), y los trastornos respiratorios y cardiovasculares específicos del período (16,8). La tendencia general de las causas se mantiene en las dos grandes capitales españolas: Madrid y Barcelona. Ambas ciudades mantienen los porcentajes de mortalidad debidos a los tumores y a las enfermedades circulatorias. En el caso de las enfermedades respiratorias, Madrid está por encima de Barcelona (13,1 y 9,5), mientras que ésta supera a aquélla en trastornos mentales (5,6 y 2,6, respectivamente)[74].

En la mayoría de la causas no existen diferencias por sexo pero sí se evidencian en las más importantes. En el caso del sistema circulatorio es más probable que fallezca la mujer, mientras que los hombres mueren más por tumores. En otras causas las diferencias son menores, siendo las mujeres las que sufren más problemas en el sistema nervioso, endocrino y mental mientras que los hombres, como recoge la Tabla 1.22, sufren más las causas externas[75].

La situación de 1975 era más compleja, siendo las diferencias mucho más acusadas en intensidad y en el número de causas. Por ejemplo, los varones doblaban a las muje-

---

[71] *Indicadores Demográficos Básicos 1975-2004*, INEbase.

[72] M. Delgado, «La evolución demográfica de España en el contexto internacional», en *Consecuencias de la Evolución Demográfica en la Economía*, mayo-junio, núm. 815, Madrid, 2004.

[73] Informe *Las personas mayores en España 2004*, Imserso/Ministerio Trabajo y AASS, *http://www.imsersomayores.csic.es/estadisticas/informemayores/informe2004/capitulo-2.html*

[74] *Defunciones 2005*, INebase.

[75] *Defunciones 2005*, INebase.

Tabla 1.21.—*Series de supervivientes de una generación de 100.000 nacidos vivos*
(1970-1998)

	Hombres				Mujeres			
	1970	1980	1990	1998	1970	1980	1990	1998
0	100.000	100.000	100.000	100.000	100.000	100.000	100.000	100.000
1	97.708	98.611	99.149	99.487	98.227	99.293	99.293	99.567
5	97.293	98.324	98.950	99.380	97.880	99.131	99.131	99.460
10	97.032	98.120	98.810	99.286	97.692	99.037	99.037	99.401
15	96.802	97.946	98.662	99.184	97.543	98.935	98.935	99.331
20	96.382	97.577	98.199	98.872	97.350	98.765	98.765	99.204
25	95.795	97.040	97.417	98.423	97.088	98.552	98.552	99.068
30	95.120	96.496	96.528	97.904	96.761	98.282	98.282	98.900
35	94.347	95.866	95.620	97.188	96.328	97.976	97.976	98.648
40	93.312	95.058	94.672	96.283	95.707	97.582	97.582	98.301
45	91.774	93.751	93.373	95.090	94.796	97.039	97.039	97.774
50	89.416	91.759	91.532	93.348	93.446	96.247	96.247	97.014
55	85.827	88.612	88.532	90.721	91.348	94.929	94.929	95.942
60	80.443	83.794	84.228	86.896	88.299	93.010	93.010	94.423
65	72.377	77.009	77.966	81.162	83.253	90.063	90.06	92.039
70	60.998	67.222	68.977	72.768	75.857	85.360	85.360	88.143
75	45.845	53.604	56.682	61.053	63.328	77.388	77.388	81.380
80	29.109	37.159	40.901	45.357	45.803	63.870	63.870	69.514
85	14.342	20.574	24.087	27.563	26.021	43.906	43.906	50.153
90	4.885	8.324	10.287	11.655	10.398	22.371	22.371	26.391
95	1.101	2.551	2.717	2.914	2.606	7.190	7.190	7.593

Fuente: Estadísticas Históricas, BBVA. Tablas de mortalidad de la población española INE.

res en infecciones (23,6 frente a 12,1) y se morían más de enfermedades mentales y causas respiratorias. Actualmente, las mujeres sufren más las primeras y las muertes debidas a causas respiratorias se han igualado, lo que ha podido deberse a la incorporación de las mujeres a los nuevos hábitos de consumo y formas de vida.

Actualmente, más de la mitad de los fallecidos son personas que no están clasificadas por grupos ocupacionales, el 23% son jubilados, retirados, pensionistas y rentistas y, el 11,6% son personas dedicadas a las labores del hogar. De los demás grupos ocupacionales, los más expuestos son los trabajadores de la producción y asimilados, conductores, equipos de transporte y peones no agrarios (2,9), y los agricultores, ganaderos, pescadores y cazadores (2,2), aunque, como se observa en la Tabla 1.23, a una cierta distancia de los grupos mayoritarios.

Esta característica es más intensa actualmente porque en 1975 la situación estaba más repartida entre las diferentes categorías ocupacionales. Las personas sin clasificar superaban sólo el 10%, la categoría de jubilados era mayor (29,36) y, debido a la incorporación de la mujer al mundo laboral, las personas que se dedicaban a las labores del hogar eran más del doble que las actuales (36,31). En 1975, existe el mismo orden de importancia por categoría en las defunciones pero sus proporciones eran mayores.

TABLA 1.22.—*Mortalidad por sexo (1975-2005)*

	Hombres				Mujeres			
	1975	1985	1995	2005	1975	1985	1995	2005
Infecciosas	23,6	11,4	33,2	19,4	12,1	6,0	11,5	14,46
Tumores	216,7	245,0	270,0	299,8	126,7	122,0	119,0	173,99
Sangre	3,1	2,7	2,9	2,3	2,1	1,9	2,11	3,1
Endocrinas	18,6	19,9	18,6	22,2	24,3	4,5	9,2	33,4
Mentales	4,5	5,8	15,6	19,3	2,5	4,2	15,1	36,01
Sistema nervioso	13,5	10,7	15,3	26,8	9,4	7,1	11,4	39,14
Sistema circulatorio	473,0	371	279,0	268,5	352,1	273,0	194,0	311,0
Sistema respiratorio	147,3	109	101	110,4	81,1	47,2	36,9	73,5
Sistema digestivo	73,1	65,7	51,5	49,7	36,2	29,4	24,5	41,1
Piel	0,7	0,6	0,9	1,5	0,7	0,9	1,1	3,0
Sistema osteomuscular	1,8	4,0	3,9	5,1	2,4	5,6	5,6	11,3
Sistema genitourinario	28,2	21,6	16,8	19,3	13,8	12,2	10,0	20,6
Parto	—	—	—	—	0,9	0,1	0,1	0,0
Perinatales	15,3	6,7	4,2	2,7	11,2	5,2	3,3	1,9
Congénitas	8,5	5,6	4,8	2,6	7,8	4,9	4,3	2,0
Otros Síntomas	68,9	48,6	18,6	21,8	55,5	36,1	13,6	27,2
Causas externas	67,0	63,3	56,6	56,4	24,4	19,7	16,9	23,9
Todas las causas	1.163,80	991	893	928,7	762,2	600,0	488,0	815,5

Fuente: Tendencias demográficas. Mortalidad. Estadísticas de defunciones. INEbase 2005. Elaboración Propia. *http://www.ine.es/inebase/cgi/axi*

TABLA 1.23.—*Fallecidos por grupos ocupacionales (1975-2005)*

% de fallecidos por grupos ocupacionales	1975	2005
Profesionales técnicos y trabajadores similares		0,8
Personal directivo de la Administración Pública y Empresas	1,89	0,2
Personal administrativo y asimilado	1,95	0,6
Comerciantes y vendedores	1,86	0,5
Personal de Servicio	0,74	0,6
Agricultores, ganaderos, pescadores y cazadores	8,54	2,2
Trabajadores de la producción y asimilados, conductores equipo de transporte y peones no agrarios	7,19	2,9
Profesionales de las Fuerzas Armadas	0,39	0,2
Estudiantes	0,70	0,1
Personas dedicadas a las labores de su hogar	36,31	11,6
Jubilados, retirados, pensionistas y rentistas	29,36	23,3
Personas que no pueden ser clasificadas y no consta	11,10	56,6
Total	100	100

Fuente: Movimiento Natural de la Población 1975-2005, INEbase.

7. EMIGRACIÓN E INMIGRACIÓN

Según los últimos datos del *Padrón municipal* de 2007, el número de extranjeros empadronados en España es de 4.482.568, un 9,93% de la población total. En 1996, era de 542.314, por lo que ha aumentado un 726,5% en apenas una década y un 227% desde 2001 a 2007. También ha aumentado la proporción de la población extranjera sobre la española en las últimas cuatro décadas. En 1975, la población inmigrante suponía el 0,4% del total de población; en 1990 el 1% y a partir del año 2000 con un 2,2%, es cuando empieza a aumentar de forma vertiginosa hasta alcanzar el 8,6% en el año 2005[76]. Este aumento de los inmigrantes es aún más importante si tenemos en cuenta que de 2001 a 2006, la población española ha aumentado en 3.590.546 personas, lo que supone un incremento del 8,7% pero mientras la población autóctona ha crecido el 2%, la inmigrante lo ha hecho en un 6%[77]. Y lo seguirá haciendo. Según las estimaciones realizadas por el *II Anuario de la Comunicación del Inmigrante en España,* en el año 2025 España contará con más de ocho millones de población foránea, representando el 16% de la población.

España ha pasado así de ser un país de emigración a serlo de inmigración y, para constatarlo, describiremos sucintamente la evolución de estas dos variables en el último cuarto del siglo XX. Con relación a los emigrantes, en 1970 salieron al extranjero 211.768 españoles y esta cifra fue descendiendo progresivamente hasta ser de 6.345 en el año 2001. Este descenso no ha sido uniforme por países de destino. Si hasta 1950 la emigración se canalizó exclusivamente hacia América, a partir de los años 60, coincidiendo con la necesidad de mano de obra de los países europeos y con el incremento del paro de España a raíz del Plan de Estabilización, se inició y fomentó la emigración continental— sobre todo a Francia, Alemania y Suiza—, que se convirtió pronto en uno de los fenómenos demográfico, económico, social y político de enormes consecuencias en los años 70[78].

Como muestra la Tabla 1.24, desde 1970 hasta la actualidad, la emigración continental dirigida a Europa supera a la transoceánica. Esta emigración continental ha podido ser de temporada (inferior a tres meses), temporal (entre tres meses y un año) y permanente (más de un año) y, la emigración continental española ha sido más de temporada que temporal o permanente, aunque en 1970 una buena parte de la población española residía fuera de las fronteras de nuestro país: 1.073.177 en Europa y 2.207.099 en América, concentrándose en estos dos continentes el 98% de la población residente fuera del país. Desde entonces ha bajado el número de residentes en el extranjero hasta ser en 2001, 1.413.353 (cuando en 1970 era de 3.342.101) y, ha aumentado la importancia de Europa como área de destino en detrimento de América, aunque juntas siguen teniendo el 97% de españoles residentes[79]. Si concretamos por países, Argentina y Francia son los países preferidos (17,5 y 14,3%, respectivamente). Otros países se encuentran en una situación intermedia como Alemania y Venezuela, (en torno a 8% cada uno) y, los que menos residentes españoles tienen son Cuba, Andorra y Países Bajos (1,4, 1,4 y 1,9 respectivamente)[80].

---

[76] *Padrón municipal de habitantes 1996 y 2006,* INEbase.

[77] *Anuario Económico La Caixa 2007,* Fundación La Caixa.

[78] S. del Campo, «Demografía Mundial», en *Tratado de Sociología,* Madrid, Taurus. 1985. págs. 191-235.

[79] A. Arroyo Pérez, *Tendencias demográficas durante el siglo XX en España,* Madrid, INE, 2003.

[80] Ibíd.

Las emigraciones no han sido uniformes según la Comunidad Autónoma de procedencia. La emigración de los españoles al continente europeo supone el 65% del total de las emigraciones en el 2004 y tres de cada cuatro tienen como destino los países de la Unión Europea. Esta tendencia es generalizada en todas las Comunidades Autónomas, si bien podemos constatar que las regiones desde donde salen más emigrantes son Madrid, Andalucía y País Vasco (2.865, 1.034 y 1.097, respectivamente).Y de las que menos son Melilla, Ceuta y La Rioja (24, 46 y 96, respectivamente)[81].

En cuanto a las características demográficas de los emigrantes españoles actuales no hay diferencias significativas por sexo para el conjunto de la población, pero si el análisis lo hacemos por zonas geográficas observamos que mientras para África, Oceanía o Asia no existen diferencias, el 93% de los emigrantes que se van a América son hombres y el 57% de los que se desplazan a la UE, son mujeres. Si tenemos en cuenta la edad, ésta es crucial para la emigración: el 80% tienen entre 16-54 años, los menores de 16 años suponen el 6% y el resto tiene más de 55 años (Tabla 1.25).

Como hemos comentado, sin embargo, el hecho más importante de este período es que España se ha convertido en un país de inmigración. Si en 1985 entraron 20.103 personas, en el 2005 esta cifra ascendía a 719.284, siendo más alta la entrada de extranjeros que el retorno de españoles. Esta acentuación del ritmo de entrada se constata porque según la publicación *España al comienzo del siglo XXI*, el 71% de la población extranjera residente en España, llegó en la década 1991-2001[82]. El efectivo de extranjeros en nuestro país en 1975 era 165.289; en 1989, 398.147; en 1995, 499.773 y, una década más tarde 2.597.014, un ascenso de 93,13% en el período considerado 1975-2005.

Aunque el fenómeno de la inmigración está presente en toda la Unión Europea, el reparto es muy desigual. España acoge al 44,7% de los que llegan a Europa. Le siguen Francia, Gran Bretaña e Italia[83].

Según *España en cifras 2006*, los inmigrantes más numerosos son los marroquíes (511.294), seguidos de los ecuatorianos (497.799), aunque los que mayor crecimiento han tenido han sido los rumanos que han alcanzando los 317.366. Los países con menor proporción son Portugal, Francia y Perú (1,8, 2,1 y 2,3, respectivamente). Lo que sí se mantiene es que son más las mujeres iberoamericanas y los varones de procedencia africana. Más de dos tercios tiene entre 16 y 44 años, el 20%, más de 45 años y el resto (15%) menos de 16 años. Por Comunidades Autónomas, las mediterráneas y Madrid son las que mayor porcentaje de extranjeros atraen: las Islas Baleares con un 15,9% y Madrid con un 13,1%. Otras Comunidades importantes son la Comunidad Valenciana, Murcia y Cataluña (12,4%; 12,4% y 11,4% respectivamente)[84].

---

[81] *Encuesta de Variación Residencial 2004,* INEbase.

[82] A. Arroyo Pérez, *Tendencias demográficas durante el siglo XX en España*, Madrid, INE, 2003.

[83] «Casi la mitad de los inmigrantes que llegaron a la UE en 2006 se quedaron en España». *www.20minutos.es* 08/04/07.

[84] *España en Cifras 2006*, INE.

TABLA 1.24.—*Emigración e inmigración transoceánica y continental europea (1970-2001)*

	TRANSOCEÁNICA			CONTINENTAL		
	Emigrantes transoceánicos*	Retornos transoceánicos	Saldo migratorio transoceánico	Emigración total a Europa	Retornos desde Europa	Saldo migratorio Europa
1970	7.881		–1.244	203.887	66.200	–137.687
1975	3.859	1.262	–2.597	118.611	110.200	–8.411
1980	3.348	1.017	–2.331	107.596	19.242	–88.354
1985	3.722	4.174	452	83.240	13.420	–69.820
1990	789	14.815	14.026	43.355	14.363	–28.992
1995	341	7.669	7.328	7.813	12.918	+4385
2001	105	27.055	26.950	6.240	20.753	+14.513

* A partir de la Ley de 21 de julio de 1971, se dejó de asimilar a los emigrantes transoceánicos con los pasajeros de tercera clase y, se registran los españoles que, con residencia habitual en España emigran a otros continentes, asistidos por el Instituto de Emigración, que registró la migración transoceánica desde 1965. Los inmigrantes transoceánicos se definen en los mismos términos.

Fuente: Estadísticas Históricas I. Ministerio de Trabajo. Datos estadísticos sobre migración española 1981 y *Anuario de Migraciones* (años 1992-2002). Migraciones 1981-85.

TABLA 1.25.—*Emigraciones de españoles al extranjero clasificadas por país de destino, sexo y edad (2004)*

	Total	UE	Resto Europa	África	América	Asia	Oceanía
Total	13.156	6.372	2.235	452	3.736	267	94
Hombres	6.275	2.791	1.131	249	1.926	137	41
Mujeres	6.881	3.581	1.104	203	137	130	53
Grupos de edad							
Menos 16 años	796	309	21	27	396	16	2
De 16 a 54 años	10.526	5.436	843	369	2.476	229	71
Más de 55 años	1.834	627	169	56	864	22	21

Fuente: Encuesta Variación Residencial 2004, INEbase.

8. CRECIMIENTO NATURAL Y SALDO MIGRATORIO

El crecimiento de la población es la suma del crecimiento natural o vegetativo y del saldo migratorio. En la Tabla 1.1 se da el crecimiento total intercensal, que tiene en cuenta el crecimiento vegetativo que aparece en la Tabla 1.26 para los años 1975, 1980, 1985, 1990, 1995, 2000 y 2005, y el saldo migratorio que aparece en la Tabla 1.27.

TABLA 1.26.—*Crecimiento Vegetativo por Comunidades (1975-2006)*

	1975	1980	1985	1990	1995	2000	2006
TOTAL	10,40	7,51	3,74	1,76	0,44	0,92	2,49
Andalucía	11,99	10,39	6,78	4,88	3,04	2,78	4,20
Aragón	5,57	3,94	0,20	−1,55	−2,62	−2,22	−0,50
Asturias	7,12	3,72	−0,27	−3,32	−4,99	−5,33	−4,37
Islas Baleares	9,02	6,62	3,70	2,95	1,10	2,62	3,86
Canarias	15,85	12,13	7,39	5,79	4,21	4,07	3,85
Cantabria	9,19	7,27	2,23	−0,28	−2,45	−1,87	−0,82
C. y León	5,17	4,63	1,43	−1,09	−2,72	−3,17	−2,37
C.-La Mancha	5,94	5,19	2,70	2,21	0,54	−0,02	1,37
Cataluña	11,79	6,41	2,94	0,73	0,00	1,26	3,38
C. Valenciana	10,21	7,62	3,33	1,69	0,51	1,04	2,86
Extremadura	5,37	5,86	3,69	2,02	0,46	−0,	0,15
Galicia	6,58	5,15	0,76	−2,00	−3,56	−3,51	−2,91
Madrid	15,30	9,64	5,24	3,07	2,11	3,59	5,23
Murcia	12,25	11,20	6,58	5,10	3,80	4,31	6,18
Navarra	8,90	5,68	2,06	0,86	0,06	0,60	2,28
P. Vasco	12,53	6,83	2,56	0,04	−1,04	−0,45	0,88
La Rioja	6,42	5,13	1,37	−0,90	−1,92	−0,73	1,36
Ceuta	13,18	9,97	9,33	7,30	8,65	7,65	13,28
Melilla	5,44	9,09	10,86	11,41	10,88	10,36	13,70

Fuente: Indicadores Demográficos Básicos 1975-2006, INEbase.

Estas cifras absolutas se convierten en tasas a la hora de calcular la diferencia entre la tasa bruta de natalidad y la de mortalidad. En 1975, la tasa de crecimiento era de 10,40 por mil y en tan sólo una década descendió hasta 3,74. La tasa más baja del período se observa en 1995 (0,44). A partir de esta fecha, como se aprecia en la Tabla 1.26, se dispara la tasa (2,49), aunque no alcanza los niveles de 1985.

Como ya se ha constatado, desde 1975 la tasa de natalidad ha descendido considerablemente (de 18,76‰ a 10,73‰), mientras que la de mortalidad ha permanecido más o menos estable (de 8,36‰ a 8,92‰). Siendo el crecimiento vegetativo el resultado de la diferencia entre nacimientos y defunciones, dependerá en las condiciones descritas sobre todo del comportamiento de la natalidad. Las distancias se han ido acortando desde 1975 en que se registra una diferencia absoluta de +371.186 hasta 1998, momento en el que se produce el menor crecimiento vegetativo al casi solaparse los nacimientos y defunciones, con una mínima diferencia de +4.682. De haber seguido dicha tendencia habría llegado a ser negativa pero, a partir de 1999, se produce un ligero repunte de 9.028 personas que continúa aumentando lentamente hasta situarse en 2005 la diferencia en 79.016[85] (Gráfico 1.4). En el año 2006, la diferencia es de 109.835 debido sobre todo al descenso de la mortalidad.

Este descenso ha sido generalizado en toda la geografía española, intensificándose más en unas Comunidades que en otras, alcanzando incluso crecimiento negativo. En 1985, la primera Comunidad que salda negativamente su crecimiento es Asturias y se intensifica en 1995 con una tasa de –4,99‰. A éste se le suman Galicia, Aragón, Cantabria, Castilla y León, País Vasco y La Rioja en esa misma fecha y actualmente se ha incorporado Extremadura y se han recuperado el País Vasco y La Rioja.

En 1975, las Comunidades que mayor crecimiento vegetativo tuvieron fueron Canarias, Madrid y Ceuta, entre otras. Y las que lo tuvieron menor fueron Aragón, Extremadura, Castilla y León y Melilla. Tres décadas más tarde, se han movido posiciones: las tasas más altas la registran Ceuta y Melilla, Madrid y Murcia y, las que menos crecimiento tienen son Asturias, Castilla y León y Galicia.

GRÁFICO 1.4.— *Crecimiento vegetativo (Nacimientos- Defunciones) (1975-2006)*

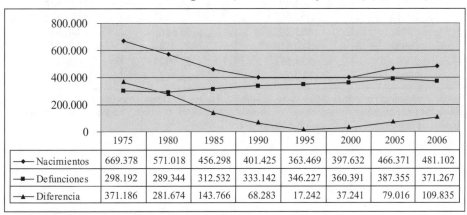

	1975	1980	1985	1990	1995	2000	2005	2006
Nacimientos	669.378	571.018	456.298	401.425	363.469	397.632	466.371	481.102
Defunciones	298.192	289.344	312.532	333.142	346.227	360.391	387.355	371.267
Diferencia	371.186	281.674	143.766	68.283	17.242	37.241	79.016	109.835

Fuente: Movimiento Natural Población 1975-2005, INEbase.

---

[85] *Movimiento Natural de la Población 1975-2005,* INEBase.

En 1975, la tasa de crecimiento para el conjunto de Europa era baja, un 3,7 con grandes diferencias entre países. Por una parte, España, Irlanda, Malta e Islandia, contaban con una tasa superior a 10 mientras que ya existían países con tasa negativa como Alemania, Luxemburgo o Austria (–2,6, –1,1, –0,3). En tres décadas, la tasa de crecimiento general ha descendido a 1 y se ha observado una tendencia similar en casi todos los países, siendo más numerosos los que tienen crecimiento negativo, entre los que se encuentran Serbia, Bulgaria. Polonia, Hungría, etc. España se sitúa en 1,9, Grecia tiene crecimiento 0 y Bélgica es el único país europeo donde la tasa de crecimiento ha aumentado en el período de referencia (de 0 a 1,4‰)[86].

La conversión de España de un país de emigración a otro de inmigración se comprueba si analizamos el saldo migratorio, es decir, la diferencia entre las inmigraciones y las emigraciones a lo largo de las últimas cuatro décadas. Desde 1975, no sólo ha cambiado de signo sino que la tendencia nueva que adopta se acentúa cada vez más. En 1970, salían más españoles que extranjeros entraban en nuestro país y esta tendencia se fue aplacando poco a poco hasta que en 1995 cambió el signo de negativo a positivo. Una tendencia que se mantiene y se ha ido agudizando hasta alcanzar la cifra de +651.273.

España es el país de la Unión Europea con un mayor aumento poblacional en el año 2006 (726.100) y le siguen Francia (450.100), Reino Unido (314.000) e Italia (182.100). La tasa de crecimiento del conjunto es de 0,37%, una cifra inferior a las de los años anteriores, 0,40% y 0,46%[87].

TABLA 1.27.—*Saldo migratorio exterior (1970-2005)*

	Inmigración	Emigración	Saldo migratorio
1970	96.998	211.768	–114.770
1975	33.947	122.470	–88.523
1980	20.859	110.994	–90.135
1985	20.103	86.962	–66.859
1990	33.966	44.144	–40.178
1995	36.092	8.154	+27.938
2001	362.468	6.345	+356.123
2002	483.260	36.605	+446.665
2003	470.010	29.959	+440.051
2004	684.561	55.092	+629469
2005	719.284	68.011	+651.273

Fuente: Estadísticas Históricas I. Ministerio de Trabajo. Anuario de Migraciones (años 1992-2002). Migraciones 1981-85. Encuesta de variaciones residenciales 2001-2005. INEbase. Tendencias demográficas en España durante el siglo XX. Anuario Estadístico 1985.

---

[86] *Indicadores Demográficos Básicos 1975-2004*, INEbase.

[87] «España es el país de la UE donde más aumentó la población en 2006, gracias a la inmigración», *www.20minutos.es,* 25/04/07.

9. TRANSICIONES DEMOGRÁFICAS

El punto de partida para el estudio de las variables demográficas fundamentales y su evolución es la llamada ecuación demográfica básica Pt=Pi + (N-D) + (I-E), donde Pt es el volumen de población en un área determinada al final de un período y Pi la que había al comienzo del mismo; N son los nacimientos, D las defunciones ocurridas en el mismo tiempo, E representa la emigración e I la inmigración. La diferencia (N-D) recibe el nombre de crecimiento vegetativo y la de (I-E), saldo migratorio.

A largo plazo las variables demográficas mencionadas han experimentado importantes cambios y en relación con ellos se han formulado teorías que han recibido diversos nombres: transición demográfica, segunda transición demográfica, transición epidemiológica y transición étnica. Todas estas transiciones han tenido lugar ya en España y así lo prueban los datos y análisis que se ofrecen a continuación.

9.1. La transición demográfica[88]

La teoría de la transición demográfica, cuyo núcleo básico de datos e interpretaciones ha resistido el paso del tiempo desde que fuera formulada por Frank Notestein en 1945[89], parte de la observación de que la natalidad y la mortalidad son elevadas en las sociedades tradicionales y bajas en las modernas, así como de la comprobación de que no hay ninguna de estas últimas con tasas elevadas. De este modo se estableció —como puede verse en el Gráfico 1.5—, una secuencia en tres etapas de la evolución demográfica: una de fuerte crecimiento potencial, al ser altas las tasas de natalidad y mortalidad; una segunda explosiva, que se da cuando disminuye la mortalidad con gran rapi-

GRÁFICO 1.5.—*La transición demográfica*

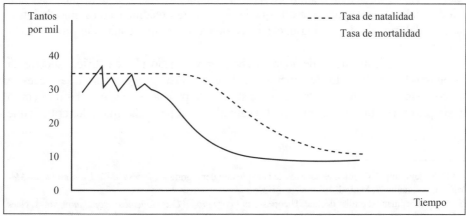

Fuente: F. Notestein.

---

[88] S. del Campo, «Demografía Mundial», en *Tratado de Sociología*, Madrid, Taurus, 1985 págs. 191-235.

[89] F. Notestein, «Population: The Long View», en T. W. Schultz (dir.), *Food for the World,* Chicago, University of Chicago Press, 1945.

dez manteniéndose la natalidad y una tercera en la que al fin se restablece el equilibrio entre ambas tasas, pero a nivel bajo[90]. Esencialmente, la teoría de la transición demográfica está basada en la disminución de la fecundidad.

En su versión clásica —como ha mostrado Ronald Freedman[91]— la teoría de la transición demográfica lo es de la modernización, pues establece que determinados cambios como la urbanización, la industrialización, el nivel educativo y otros, provocan una dependencia creciente de las grandes instituciones especializadas y una insuficiencia correlativa de las unidades familiares y locales tradicionales para la satisfacción de las necesidades humanas. El acento se pone, de este modo, en los cambios estructurales objetivos en cuanto generadores de la disminución de la fecundidad, viéndose las nuevas aspiraciones, los cambios en las funciones de la familia y las percepciones actuales de los costes y beneficios de tener hijos como consecuencias ineludibles del desarrollo. Ahora bien, esta interpretación plantea algunas dudas importantes, como han demostrado John Knodel y Etienne von de Walle[92].

En nuestro continente, según ellos, la disminución de la natalidad aconteció bajo condiciones sociales, económicas y demográficas muy variadas y la limitación voluntaria familiar de la natalidad que no se practicaba y probablemente se desconocía se convirtió en un proceso irreversible, con gran influencia de los factores culturales y con independencia de las condiciones socioeconómicas. Ahora, la reciente experiencia de la disminución de la natalidad en algunos países en vías de desarrollo ha impulsado una revisión de la teoría, haciendo sobre todo hincapié en el papel de la diseminación de las ideas. John C. Caldwell ha destacado ejemplarmente la difusión de la familia nuclear como elemento de occidentalización, y de modernización económica, a través de las escuelas y de los medios de comunicación de masas. Para él, «la disminución de la fecundidad en el Tercer Mundo no depende de la extensión de la industrialización ni de la tasa de desarrollo económico. Se verá afectada, desde luego, por ésta en la medida en que la modernización produce más dinero para escuelas y periódicos, dado que la modernización familiar no puede darse en una economía no monetarizada. Ahora bien, la disminución de la natalidad es más probable que preceda a la industrialización y ayude a traerla que la siga». Para Freedman, en cambio, la introducción del modelo de familia nuclear occidental no es una condición previa indispensable[93].

La teoría de la transición demográfica ha proporcionado a los científicos sociales la visión más completa de los fenómenos que trata de entender y explicar. Unas veces se usa como modelo histórico, otras como instrumento para la predicción y las más como un simple procedimiento descriptivo. Lo capital es que, pese a las múltiples críticas que

---

[90] S. del Campo, «Problemas sociales de la explosión demográfica», *Revista de la Universidad de Madrid,* vol. xx, núm. 77, Madrid, 1971, págs. 25-35.

[91] R. Freedman, «Fertility decline. Theories», en *International Encyclopedia of Population,* vol. 1, Nueva York, The Free Press, 1982, págs. 258-266.

[92] J. Knodel y Von de Walle, «Fertility decline, European Transition», en *International Encyclopedia of Population,* ob. cit., vol. 1, págs. 268-275.

[93] J. C. Caldwell, «Toward a Restatement of Demographic Transition Theory», en *Population and Development Review,* 2 (3/4), septiembre-diciembre de 1976, pág. 358. Véase también M. S. Teitelbaum, «Relevance of Demographic Transition Theory for Developing Countries», *Science,* 2 de mayo de 1975, vol. 188, págs. 420-425.

se le han formulado, sigue siendo útil y nos permite ver que el crecimiento cero de la población mundial es eventualmente inevitable[94].

9.2.   *La Segunda Transición Demográfica*[95]

En Europa, antes de la Segunda Guerra Mundial se distinguían claramente la baja fecundidad de los países nórdicos y occidentales (entre 1,8 y 2,4 hijos por mujer) y la elevada de los meridionales (entre 2,5 y 4)[96].

Como observa Roussel, en 1965 la sustitución de las generaciones estaba prácticamente asegurada en casi todos los países industrializados[97]. En la actualidad, ningún país supera en Europa el nivel de reemplazamiento siendo Islandia, Irlanda y Albania, los países que mayor tasa total de fecundidad tienen (2,0).

La segunda transición demográfica describe y explica la revolución que se ha producido en las formas de convivencia y comportamiento sexual y en el contexto de la fecundidad que ha transformado las vidas de muchos habitantes de las sociedades occidentales[98]. Algunos cambios recientes relacionados con la fecundidad han sido: la alteración de la estructura de edades con una fuerte tendencia al envejecimiento, el descenso de la nupcialidad, la proliferación de nuevas formas de convivencia, el aumento del divorcio, el descenso del tamaño medio de los hogares, los hogares unipersonales encabezados por mujeres como consecuencia de los procesos anteriores y, entre otros, que Europa se ha convertido después de la Segunda Guerra Mundial en un continente que acoge inmigrantes.

A juicio de Caldwell, Stiehr, Modell y Del Campo[99], en el descenso de la fecundidad de los países industriales avanzados confluyen entre otros factores la reducción de la nupcialidad, el creciente empleo de las mujeres, la mayor aceptación del aborto y de la esterilización y el alargamiento de la escolaridad. A esos cambios y otros, les ha acompañado una rápida modificación de las normas de conducta, que es simplemente consecuencia de los nuevos valores. Se mire por donde se mire sigue siendo un gran misterio para las Ciencias Sociales el por qué las parejas deciden engendrar hijos, no hacerlo o tener solamente uno.

Los países desarrollados han experimentando un descenso de la fecundidad sin precedentes y a tan gran escala que Van de Kaa no ha dudado en incluirlo en un nuevo esquema teórico que llama «segunda transición demográfica»[100]. Así como la primera se

---

[94] S. Szreter, «The Idea of demographic transition and the study of fertility change: a critical intellectual history», *Population and Development Review,* 19 (4), 1993, págs. 659-701.

[95] S. del Campo, *Familias: Sociología y Política,* Madrid, UCM, 1995.

[96] Consejo de Europa: Recent demographic developments in Europe and North America, 1992, Council of Europe Press, Estrasburgo, 1993, pág. 23.

[97] L. Roussel, «Deux décennies de mutations démographiques (1965-1985) dans les pays industrialises», *Population,* vol.42, núm 3, mayo-junio de 1987, págs. 430-431.

[98] D. Comelan, «Inmigration and ethnic change in low fertility countries: a third demografhic transition», *Population and Development Review,* 32 (3), pág. 402. 2006.

[99] G. Caldwell, S. Stiehr, J. Modell y S. del Campo, «Differing Levels of Low Fertility», en Simon Langlois (ed.) *Convergence or Divergence? Comparing Recent Social Trends in Industrial Societies,* McGill-Queen's University Press/Campus Verlag, 1994, págs. 43-89.

[100] D. Van de Kaa, «Europe's Second Demographic Transition», *Population Bulletin,* vol. 42, núm. 1,

vio acompañada de grandes procesos modernizadores como la industrialización, la urbanización y la secularización, la segunda debe su impulso original a la emergencia de nuevos valores y a la vigencia de normas que han legitimado el control de la población teniendo en cuenta sus efectos beneficiosos sobre su crecimiento y sobre el bienestar de la familia. Aparece sobre todo como un fenómeno cuyas dimensiones principales son estructurales, culturales y tecnológicas.

9.3. *Transición epidemiológica*

Si las dos transiciones anteriores se centraban en el análisis de la fecundidad como variable predominante en el comportamiento demográfico, esta tercera enfatiza el comportamiento de la mortalidad y se asienta en el famoso trabajo de Abdel Omran[101], sobre la transición epidemiológica (Gráfico 1.6), en el que definió tres etapas del cambio de la mortalidad. La primera etapa, que abarca la mayor parte de la historia humana, la denominó Edad de la peste y del hambre y se caracterizó por tasas de mortalidad muy altas, que oscilaban con las hambrunas, la peste y la guerra. Aunque las tasas de natalidad eran altas y estables, las elevadas tasas de mortalidad mantuvieron el crecimiento demográfico en niveles mínimos.

Hacia mediados del siglo XX las epidemias se hicieron menos frecuentes y en Europa y en Estados Unidos la esperanza de vida al nacer subió hasta alrededor de los 50 años y la transición entró en una nueva etapa a la que Omran llamó Edad de la reducción de las pandemias. Una serie de factores, que incluían una mejor salubridad, nutrición y vacunas y otros adelantos médicos, concedieron a los seres humanos un control limitado sobre las enfermedades infecciosas y parasitarias. Muchos países llegaron a este estadio más tarde, pero a finales del siglo XX la mayor parte de los países del mundo tenían una esperanza media de vida de 50 o más años y ya no se sufrían incrementos de la mortalidad por pandemias frecuentes.

Esta transición trajo consigo lo que se conoce como crecimiento demográfico acelerado. Por primera vez la tasa de mortalidad bajó respecto a la tasa de natalidad durante un largo período. En la mayoría de los países actualmente en desarrollo, la transición ocurrió más tarde, se produjo con mucha mayor rapidez y dio lugar a la explosión demográfica de los años 50 y 60, que todavía dura en regiones como África.

A medida que las enfermedades infecciosas y parasitarias desaparecían, los desórdenes crónicos asociados con el envejecimiento, tales como las enfermedades cardiovasculares y los cánceres, se convirtieron en las principales causas de mortalidad en la mayoría de los países desarrollados. Las tasas de mortalidad cayeron y se estabilizaron en 10 por cada mil habitantes y la esperanza media de vida al nacimiento sobrepasó los 70 años, sobre todo a causa de los descensos de las tasas de mortalidad en las edades medias y elevadas. Estas tendencias marcaron la tercera etapa de la transición de la mortalidad y nos introdujo en la «era de las enfermedades degenerativas causadas por el propio hombre». Omran creía que esta tercera etapa la producían factores «social-

---

marzo de 1987. Un año antes, R. Lesthaeghe y D. J. Van de Kaa habían publicado un artículo en holandés titulado «¿Dos transiciones demográficas?»

[101] A. Omran, «The epidemiologic transition: A theory of epidemiology of population change», *Milbank Memorial Fund Quartely,* 49, 1971, págs. 509-538.

mente determinantes» en las naciones desarrolladas (tales como los cambios de estilo de vida y la mejor salud pública) y las nuevas tecnologías médicas en los países en vías de desarrollo.

GRÁFICO 1.6.—*Modelos transición demográfica y epidemiológica*

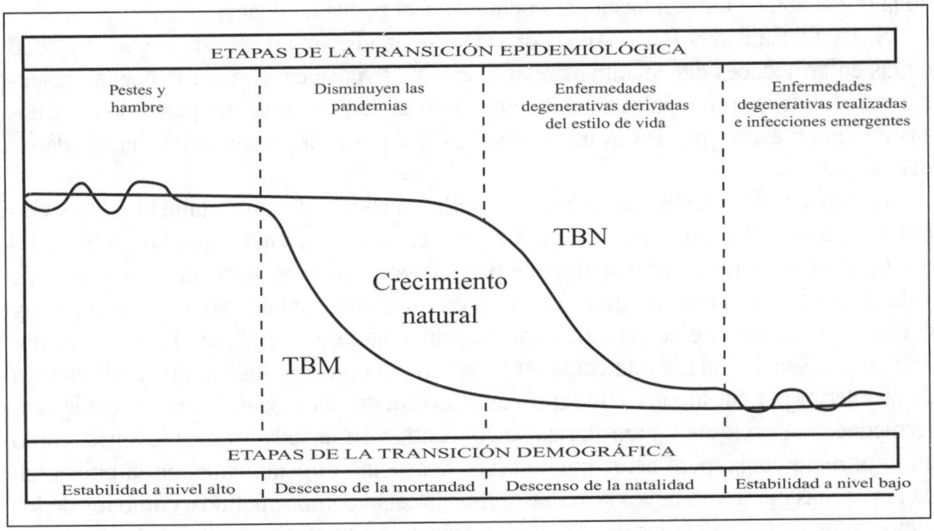

ETAPAS DE LA TRANSICIÓN EPIDEMIOLÓGICA

| Pestes y hambre | Disminuyen las pandemias | Enfermedades degenerativas derivadas del estilo de vida | Enfermedades degenerativas realizadas e infecciones emergentes |

TBN

Crecimiento natural

TBM

ETAPAS DE LA TRANSICIÓN DEMOGRÁFICA

| Estabilidad a nivel alto | Descenso de la mortandad | Descenso de la natalidad | Estabilidad a nivel bajo |

Fuente: A. Omran.

La teoría de la transición epidemiológica en su forma original sugería que las causas de mortalidad que han predominado a lo largo de la mayor parte de la historia humana serían reemplazadas por enfermedades crónicas degenerativas asociadas con la supervivencia a altas edades por la mayor esperanza de vida y el envejecimiento de la población. Pero en la última parte del siglo xx ocurrió un fenómeno inesperado: las ta-

TABLA 1.28.— *Tasas de mortalidad por causas de defunción y sexo en España (1975-2005)*

Núm. de orden	1975			2004		
	Causa de muerte	Tasa hombres	Tasa Mujeres	Causa de muerte	Tasa hombres	Tasa mujeres
1	Stma. Circulatorio	473,0	352,1	Tumores	299,8	173,99
2	Tumores	216,7	126,7	Stma circulatorio	268,5	311,0
3	Stma. Respiratorio	147,3	81,1	Stma. Respiratorio	110,4	73,5
4	Stma digestivo	73,1	36,2	Causas externas	56,4	23,9
5	Otros síntomas	68,9	55,5	Stma digestivo	49,7	41,1
6	Causas externas	67,0	24,4	Stma nervioso	26,8	39,14
7	Stma genitourinario	28,2	13,8	Endocrinas	22,2	33,4
8	Infecciosas	23,6	12,1	Otros síntomas	21,8	27,2
9	Endocrinas	18,6	24,3	Infecciosas	19,4	14,46
10	Perinatales	15,3	11,2	Mentales	19,3	36,01

Fuente: http://www.ine.es/inebase/cgi/axi y *Tendencias demográficas en el siglo XX,* INE. En el caso de las mujeres se altera el orden.

sas de mortalidad de algunas enfermedades degenerativas empezaron a bajar rápidamente. Como recoge la Tabla 1.28, la tasa de mortalidad por problemas circulatorios pasó de 473,0 por mil a 268,5 en los varones y en las mujeres de 352,1 a 173,99. En el caso de los tumores, aumentó en los varones de 216,7 a 299,8 y en las mujeres de 126,7 a 173,99. A la vista de todo ello, algunos investigadores propusieron extender la teoría de la transición de Omran hasta dar cuenta de esta nueva tendencia.

S. Jay Olshansky y Brian Ault, por ejemplo, añadieron una cuarta etapa: la «Edad de las enfermedades degenerativas retardadas»[102]. Esta se caracterizaría por la presencia residual de las principales causas degenerativas de fallecimiento, pero con esperanzas de vida mayores por los avances médicos que permitirían sobrevivir hasta edades más viejas.

Una extensión alternativa del modelo de la transición de la mortalidad en tres etapas es la que se llamó la «Etapa hibrística»[103], en la que se asume que las enfermedades hibrísticas, influidas principalmente por comportamientos individuales y estilos de vida (y que incluían causas tan importantes como las enfermedades cardiovasculares y el cáncer) volverían a emerger como causas principales de mortalidad. Este rebrote podría tal vez señalar una quinta etapa en la transición epidemiológica, que la diferencia de la anterior por cuestiones demográficas. Las muertes a causa de las reaparecidas enfermedades infecciosas y parasitarias se concentran en las edades más jóvenes, como en la primera etapa, pero actualmente éstas se asocian directamente con la población cada vez más numerosa cuyos sistemas inmunes están comprometidos, como los de los viejos y los de los enfermos de SIDA. Además, han emergido enfermedades genuinamente nuevas como resultado de acciones humanas, que promueven enfermedades resistentes a los pesticidas, bacterias resistentes a los antibióticos y «nuevas enfermedades virales». Hay pruebas convincentes de que los atributos singulares de esta «nueva tendencia» en la mortalidad por infecciones la cualifican como un etapa distinta en nuestra historia epidemiológica, si bien hay también argumentos importantes para mantener el punto de vista opuesto de que la reemergencia de estas viejas enfermedades no inaugura o anticipa una nueva etapa.

A medida que los países avanzan en la transición epidemiológica, los niños y niñas que hubieran podido morir por enfermedades infectoparasitarias sobreviven hasta la edad adulta. Esto provoca que la estructura por edades de la población se rejuvenezca y la proporción de personas de menos de 15 años se multiplique. Sin embargo, a medida que las generaciones de niños llegan a la edad adulta, la estructura de edades cambia hacia arriba y también las causas de mortalidad, de manera que los que no padecen enfermedades infectocontagiosas, accidentes y muertes violentas viven para experimentar las enfermedades crónicas degenerativas de la vejez, como el cáncer, las enfermedades del corazón y los infartos. Los aumentos más dramáticos en la esperanza de vida ocurren típicamente en la transición, cuando las enfermedades infecciosas y parasitarias, fácilmente prevenibles, quedan reducidas o eliminadas.

Pero este análisis somero de la mortalidad en el mundo sería demasiado incompleto si no se hiciera una mención especial a la tasa de mortalidad infantil al ser éste un in-

---

[102] S. J. Olhansky y Brian Aula, «The Fourth Stage of the Epidemiologic Transition: The Age of Delayed Degenerative Diseases», *The Milbank Quartely*, 64, núm. 3, 1986, págs. 355-391.

[103] R. Rogers y R. Hackenberg, «Extending epidemiological transition theory: a new stage», *Social Biology*, 34, núm. 3-4, 1989, págs. 234-243.

dicador muy importante del bienestar socioeconómico, y no existir ningún objetivo tan prioritario para una población como salvar la vida de sus nuevos miembros.

9.4. *La transición étnica*

Según David Coleman[104], una nueva transición demográfica está configurándose en los países industriales avanzados, que no se basa en la combinación de las tasas de natalidad y mortalidad, sino en la de saldos migratorios positivos elevados y baja fertilidad. En efecto, en Estados Unidos desde hace muchas décadas, y en algunos países europeos a partir de la segunda mitad del siglo XX, se ha producido un cambio apreciable, debido a la fuerte inmigración, en la composición de la población según su origen social o étnico. Una visión prospectiva del fenómeno de la inmigración desvela que se van a producir cambios profundos en la composición de la población, sin que sea descartable que a largo plazo la recién llegada reemplace como mayoría a la población originaria.

Mientras que, ni la primera, ni la segunda transición, ni la transición epidemiológica, manejan explícitamente la inmigración y los cambios que ella produce en la composición de las poblaciones, la nueva o tercera transición demográfica, al combinar la baja fecundidad y la elevada inmigración, provoca cambios en la composición de las poblaciones que afectan a la cultura, a las experiencias sociales, a la apariencia física y a la identidad de los habitantes de las naciones europeas. Todo lo cual, aunque más tarde, se está dando igualmente en nuestro país. También aquí se ven afectados el crecimiento demográfico y las formas de convivencia, que son precisamente los elementos esenciales de las dos primeras transiciones demográficas. De continuar las tendencias actuales, la población mayoritaria de varias o de muchas sociedades europeas, se mezclarán de modo diferente con la población inmigrante o mestiza y la inmigración se convertirá en una variable de reemplazamiento de un tipo que, en otros tiempos, sólo se producía mediante el uso de la fuerza.

Los prerrequisitos de esta nueva transición, son la baja fecundidad y la alta inmigración. De este modo, la migración se ha convertido en el principal impulso del cambio demográfico en muchos países europeos a través del crecimiento natural de las poblaciones de origen inmigrante. Hacia el año 2000, en algunos países europeos casi dos tercios de los inmigrantes eran de países no europeos (66% en el Reino Unido, 62% en Países Bajos y 59% en Francia). El fenómeno, huelga repetirlo, es muy reciente porque desde el siglo XVII la mayor parte de los países europeos, con la notable excepción de Francia, fueron países de emigración. Desde los años 50, por el contrario, los flujos migratorios intraeuropeos se han moderado y el dinamismo se ha trasladado a las corrientes de origen no europeo. Pero hay que reconocer que existe una diferencia fundamental cuando se maneja la variable de la migración manteniendo casi constante la fecundidad, puesto que los niveles migratorios los pueden controlar los países y no los propios individuos.

Las políticas de inmigración pueden cambiar drásticamente por razones políticas para restringir o rebajar los controles de entrada, de manera que hay mucha verdad en

---

[104] D. Coleman, «Immigration and Ethnic Change in low-fertility countries: A third demographic transition», *Population and Development Review* (32, 3), septiembre de 2006, págs. 401-446.

la afirmación de Castles y Miller de que «la inmigración internacional no es un proceso inexorable. Las políticas gubernamentales pueden prevenir o reducir la migración internacional y la repatriación es siempre una posibilidad»[105].

Coleman[106] somete a un análisis riguroso la condición de auténtica transición demográfica de la que venimos hablando y concluye que no es plausible considerar esta tercera transición tan universal como lo ha sido la primera, sino más bien como restringida a los actuales países desarrollados. Por otra parte, los ritmos de hibridación de los grupos o su absorción, no son absolutamente predecibles y además la cohesión interna de las sociedades puede resquebrajarse. La asimilación a su vez puede darse en ambas direcciones y desdibujarse los presumibles valores mayoritarios.

Por último, si bien, la consideración de los derechos humanos pesa mucho en la relación entre la población anfitriona y la población inmigrada, el acento que ahora se pone sobre todo en los derechos de las poblaciones inmigrantes puede bascular hacia los derechos de los nativos a conservar su propia forma de vida, su idioma, sus leyes y sus comunidades. No es capricho que las encuestas de opinión pública realizadas en los países con alta inmigración tiendan ahora a presentarla como uno de los problemas más importantes.

10. PROYECCIONES DE POBLACIÓN

El estudio de la población en España no sería completo si no fuera más allá del análisis de las variables básicas (natalidad, mortalidad y migraciones). Hay que conocer cómo se comportará la población y esto servirá para tomar decisiones políticas y hacer frente a las futuras necesidades y demandas de la sociedad.

En España se han realizado muchas proyecciones. La Tabla 1.29 ofrece una recopilación de las hechas en diferentes fechas, que engloban desde el año 2001 hasta mediados del siglo que acabamos de estrenar, basándose en supuestos determinados, aunque como estableció Keyfitz, «las predicciones a corto plazo, digamos hasta 10 ó 20 años, nos dicen algo, pero que más allá de un cuarto de siglo más o menos no sabemos cuál va a ser la población»[107].

Las proyecciones realizadas por De Miguel y Agüero, tomando los resultados del Censo de 1981, se basaban en el descenso brusco de la natalidad y perfilaban tres escenarios posibles: hipótesis 1 (1,8 hijos por mujer y una tasa de mortalidad de 15,7), hipótesis 2 (1,5 hijos por mujer y una tasa de mortalidad de 19,0) e hipótesis 3 (2,1 hijos por mujer y una tasa de mortalidad de 13,1). En la tabla a la que se ha hecho referencia se recogen las proyecciones para diferentes años en los tres escenarios posibles y presentan cifras muy dispares para el año 2051 (30 millones para el escenario 2, 37 millones para el escenario 1 y 47 millones para el escenario 3). En estas proyecciones el análisis se ha centrado en la natalidad y la mortalidad y no se tuvo en cuenta la inmigración, tan importante en nuestros días y tan impredecible a mediados de la déca-

---

[105] S. Castles y M. J. Miller, *The Age of Migration: International Population Movements in the Modern World,* 2.ª edición, Londres, Palgrave, 1998, pág. 8.

[106] David Coleman, ob. cit., pág. 427.

[107] Keyfitz, «The limits of Population Forecasting», *Population and Development Review*, vol 7, núm. 4, diciembre de 1981, pág. 583.

da de los años 80. El Ministerio de Economía hizo en 1985 otras proyecciones y estimó, bajo el supuesto de una considerable caída de la fecundidad, que España alcanzaría los 40 millones de habitantes en el 2001[108].

TABLA 1.29.—*Proyecciones de población 2001-2051 (miles)*

	Ministerio Economía (1985)	De Miguel-Agüero (1986)			INE (2005)		EUROSTAT (2005)	NNUU (2004)
		H1	H2	H3	Escenario 1	Escenario 2		
2001	40.406	41.197	39.862	42.627				
2005					42.935,001	42.931,288		
2006	40.717	41.724	39.926	43.621	43.483,912	43.476,871		
2010					45.311,954	44.709,428		44.372
2011	40.896	41.879	39.608	44.266	45.689,498	44.896,798		
2015					47.118,532	45.548,790		
2016		41.812	38.993	44.823	47.454,500	45.682,252		
2020					48.664,658	46.052,741		44.244
2021		41.690	38.244	45.465	48.928,691	46.101,846	45.556	
2025					49.868,535	46.167,832		
2026		41.538	37.412	46.151	50.081,151	46.159,265		
2031		41.238	36.417	46.708	51.068,904	46.044,612		
2036		40.709	35.192	47.045	51.963,530	45.842,676		
2041		39.940	33.722	47.184	52.540,936	45.434,815		42.541
2046		38.978	32.046	47.205	53.071,375	44.755,638	42.834	
2051		37.943	30.265	47.201	53.159,991	43.746,088		

Fuente: GTE, «Población, actividad y ocupación en España I» (reconstrucción de las series históricas 1960-1978), Ministerio de Economía, Madrid 1979, y «Población, actividad y ocupación en España II» (proyección con horizonte 1995), Ministerio de Economía y Comercio, Madrid, 1980; EUROSTAT: «EU population rises until 2025, then falls» April 2005, *News Release; Proyecciones de Población 2005.* Escenario 1. (migración revisión, recuperación fecundidad, alta esperanza de vida) y Escenario 2 (baja entrada de extranjeros, recuperación fecundidad, alta esperanza de vida). INEbase; United Nations (2005), «Population Prospects The Revision 2004», *Economics and Social Affairs.*

Las proyecciones más actuales proceden de organismos oficiales de ámbito nacional (INE), europeo (EUROSTAT) y mundial (ONU)[109]. El Instituto Nacional de Estadística, basa sus proyecciones en diferentes escenarios: Escenario 1 (una migración en revisión, recuperación de la fecundidad y un aumento moderado de la esperanza de vida); Escenario 2 (baja entrada de inmigrantes, recuperación de la fecundidad y aumento moderado de la esperanza de vida), y Escenario 3 (alta entrada de inmigrantes, recuperación de la fecundidad y aumento moderado de la esperanza de vida). Desde el escenario 1, que es el que se cree más probable para el futuro, se establece que la po-

---

[108] GTE, «Población, actividad y ocupación en España I» (reconstrucción de las series históricas 1960-1978), Madrid, Ministerio de Economía, 1979, y «Población, actividad y ocupación en España II» (proyección con horizonte 1995), Madrid, Ministerio de Economía y Comercio, 1980.

[109] EUROSTAT, «EU population rises until 2025, then falls», abril de 2005, News Release; *Proyecciones de Población 2005,* INEbase. United Nations (2005), «Population Prospects The Revision 2004», *Economics and Social Affairs.*

blación española alcanzará la importante cifra de 49.868.535 habitantes en el año 2025, hasta llegar a los 53 millones en el 2051. Estas cifras difieren del escenario 2 que prevé una población para el 2025 de 46.167.832 y un descenso posterior de la población a 43.746.088 habitantes. Una cifra que se acerca más a las estimaciones realizadas por los organismos extranjeros, que auguran un descenso de la población a partir de finales de la década de los años 20. Los crecimientos medios anuales por mil habitantes pasarán de 3,2 en 2000 a –3,7 en 2050, según el INE[110].

Con relación a las Comunidades Autónomas, a partir de los datos disponibles del INE hasta 2017, la mayoría aumentan su población aunque en algunos casos mínimamente (como Cantabria que ganará para el 2017 sólo 50.000 habitantes). Sin embargo, habrá Comunidades que perderán población (Asturias, Castilla y León, Galicia, Ceuta y Melilla)[111].

Las proyecciones cuentan también con un margen de error. Hay provincias para las que se previeron, tomando como base el censo 1991, un comportamiento que no se ha cumplido en el de 2001. Es el caso de Cáceres para la que se previó un crecimiento positivo de 1,4 y en realidad fue de –2; y de Zaragoza para la que se estimó un crecimiento negativo de 1,2 y después fue de +2,9. Por otra parte, algunas provincias presentan diferencias relativas entre la población y los datos censales. Las provincias que muestran una población menor que la proyectada son Ceuta, Santa Cruz de Tenerife, Cáceres, León y Castellón de la Plana (–5,3, –3,9, –3,3, –3,2. –3,2, respectivamente). Las que muestran una población mayor que la proyectada son Toledo, La Rioja, Madrid, Zaragoza, Murcia y Almería (3,3, 3,6, 3,8, 4,2, 4,8, 6,3, respectivamente)[112].

Según las proyecciones europeas, la población de la Unión pasará de 456,815 millones de habitantes en el 2004 a 470,057 en el 2025, para empezar a descender luego hasta 449,831 millones en 2050. El incremento porcentual entre las dos primeras fechas será de 2,9 para después cambiar la tendencia y tener un crecimiento negativo de –1,5 en el 2050. Esta tendencia es bastante desigual entre los diferentes países de la Unión. En el 2025, la población decrecerá en Italia, Alemania, Eslovenia, Portugal, Grecia y España. En 2050 ya lo habrán hecho Finlandia, Austria, Dinamarca, Países Bajos, Bélgica, Reino Unido y Francia, mientras que otros países como Irlanda, Chipre, Luxemburgo, Malta y Suecia continuarán el crecimiento a un ritmo mucho mayor que el actual[113].

El crecimiento anual de España es superior al que se producirá en Europa de 2005 al 2025 y se han acortado diferencias. Tanto en España como en Europa el ritmo de crecimiento desciende, aun manteniéndose positivo,, de 2,6 a 0,0 para Europa y de 6,2 a 0,5 para España[114].

Las proyecciones demográficas se basan en hipótesis sobre el posible comportamiento futuro de las variables que determinan la población existente en un determinado período. Tomando como período de referencia 2010-2060, observamos que el número de nacimientos disminuirá mientras que el número de defunciones aumentará y,

---

[110] *Tendencias demográficas de la población.* Evolución futura de la población, INE, pág. 272.

[111] *Proyecciones de población,* INEbase.

[112] *Tendencias demográficas de la población.* Evolución futura de la población, INE, pág. 262.

[113] «EU25 population rises until 2025, then falls», *Population Projections 2004-2050,* EUROSTAT, *News Release,* abril de 2005.

[114] *Tendencias demográficas de la población.* Evolución futura de la población, INE, pág. 282.

como consecuencia, nos encontraremos con un crecimiento negativo de –404.712. La esperanza de vida y el número medio de hijos por mujer aumentarán, mientras que la edad al matrimonio y la entrada neta de extranjeros permanecerán más o menos estables.

En función del comportamiento de la natalidad y de la esperanza de vida podremos perfilar cuál será la distribución de la población española futura por grupos de edad. La Tabla 1.30 presenta proyecciones de la distribución de la población española por edad. Las relacionadas con el futuro proceden de dos fuentes: las De Miguel y Agüero y las del INE. Para el grupo 15-64 años, ambas coinciden en los dos años de referencia, pero no para los grupos de 0-14 años y de más de 65 años. En el caso del INE, se pronostica que la población mayor de 65 años será el 20,8% y la menor de 15 años, el 14,1%. En el año 2050, ambas coinciden en que disminuirá el porcentaje de población joven y aumentará el de mayores de 65 años, alcanzando la cifra según el INE de 13,21% y 30,8%, respectivamente.

TABLA 1.30.—*Distribución porcentual de los grandes grupos de edad (2000, 2026 y 2051)*

Edad	Año 2000	Año 2001		Año 2026	Año 2025	Año 2051	2050
	Alcaide (1974)	Ministerio Economía (1985)	De Miguel-Agüero Hipótesis alta (1986)	De Miguel-Agüero Hipótesis media (1986)	INE	De Miguel-Agüero Hipótesis baja (1986)	INE
0-14	22,7	18,2	19,7	16,6	14,1	15,9	13,21
15-64	64,9	66,4	64,8	65,6	65,1	61,8	55,99
65 y más	12,6	15,4	15,5	17,8	20,8	22,3	30,8

Fuente: Ángel Alcaide, «La población de España en el período 1970-2000», Información Comercial Española, núm 496, diciembre 1974, págs. 11-12: Ministerio de Economía y Hacienda. Secretaría General de Planificación, *Programas económicos a medio plazo 1985/88*, vol. 4, *Proyecciones de la economía española*, Madrid, 1985, págs. 55-61; Carmen de Miguel Castaño e Isabel Agüero Menéndez, «Evolución demográfica y oferta de trabajo». Trabajo presentado al Simposio Internacional sobre *Tendencias demográficas y planificación económica*, convocado por el Ministerio de Economía y Hacienda, Madrid, 26-28 mayo de 1986; Proyecciones de población INEbase 2010-2050.

Envejecimiento de la población. La población española seguirá envejeciendo y si la proporción de personas mayores de 65 años estimada para 1990 fue del 13,8%, en el 2050 superará el 30%. Por sexo, la población masculina mayor de 65 años alcanzará la cifra de 5,4 millones de habitantes en el 2050 y la de más de 80 años, 1,5 millones, es decir el 25% del total de la población masculina mayor de 65 años. En el caso de las mujeres, las de más de 65 años alcanzaran los 7,4 millones y las de más de 80 años 2,7, una proporción del 36,4%. Esto refrenda la mayor longevidad de la mujer con relación al hombre y la mayor dependencia de este colectivo[115].

Este descenso continuado de la población joven y la mayor presencia de mayores de 65 años, tiene consecuencias directas en el grado de dependencia que aumentará en las

---

[115] *Tendencias demográficas de la población.* Evolución futura de la población, INE, pág 272.

próximas décadas de 0,21 en 1990 a 0,56 en el 2050; en el caso de los jóvenes el ratio de dependencia pasará de 0,33 a 0,24[116].

Reducción de los jóvenes. Por lo que se refiere a la población no dependiente, constituida por el grupo de edad 14-64 años, tendrá la siguiente evolución: Los grupos más jóvenes verán disminuir sus efectivos. Así, el grupo de 15-19 años pasará de 2,5 a 1,8 millones en el año 2050; el grupo de 20-29 años de 6,5 a 3,8 millones y el grupo de 30-39 años, pasará de 6,5 a 4,7 millones. Por lo que se refiere a los grupos de mayor edad, aumentan de forma progresiva hasta la década de los años 30 para después descender un poco pero manteniendo distancias con los datos iniciales. Así, en el período de referencia el grupo de 40-49 años se mantiene, el grupo de 50-59 años pasa de 4,5 a 4,9 y el grupo de 60-64 años, pasa de 1,9 a 2,5. (Gráfico 1.7).

GRÁFICO 1.7.—*Evolución de la población no dependiente según grupos de edad (2000-2050). Datos en millones (Escenario 1)*

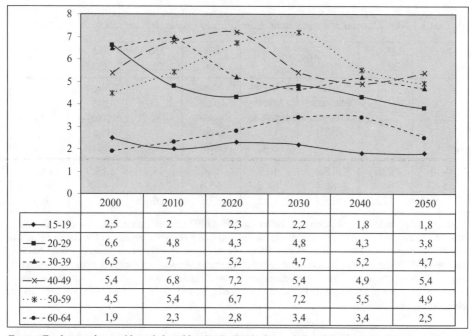

	2000	2010	2020	2030	2040	2050
—♦— 15-19	2,5	2	2,3	2,2	1,8	1,8
—■— 20-29	6,6	4,8	4,3	4,8	4,3	3,8
- -▲- - 30-39	6,5	7	5,2	4,7	5,2	4,7
—✕— 40-49	5,4	6,8	7,2	5,4	4,9	5,4
· · ✳ · · 50-59	4,5	5,4	6,7	7,2	5,5	4,9
- -●- - 60-64	1,9	2,3	2,8	3,4	3,4	2,5

Fuente: Tendencias demográficas de la población. Evolución futura de la población, INE, pág. 272.

La proporción de personas mayores en la Unión Europea proyecta un aumento considerable desde 2004 hasta el 2050. Este colectivo incrementará de 16,4% al 29,9% ó, lo que es lo mismo, pasará de 75,3 millones en 2004 a 134.5 millones en el 2050. España será la más perjudicada por tener la proporción mayor de población vieja, el 35,6%, junto a Italia y Grecia (35,3% y 32,5%), frente a Luxemburgo, Países Bajos y Dinamarca (22,1%, 23,5% y 24,1%). En el caso de los más mayores (más de 80 años), se triplicarán del 4,0% al 11,4%, aunque en este aspecto España (12,8%), estará precedida por Italia y Alemania (14,1% y 13,6%, respectivamente). La ratio de depen-

---

[116] *Tendencias demográficas de la población.* Evolución futura de la población, INE, pág 277.

dencia de la población mayor aumentará mientras que la de los más jóvenes permanecerá más o menos estable. Ambas ratios incrementarán del 48,9% del 2004 al 76,5% en el 2050 lo que significa que si en 2004 había una persona inactiva (joven o vieja), por cada dos personas en edad de trabajar, en 2050 serán tres personas inactivas por cada cuatro en edad de trabajar[117].

El mercado laboral. El comportamiento del mercado laboral y de sus componentes (actividad, ocupación y paro) es importante por las consecuencias que para el sistema de pensiones tiene el envejecimiento de la población. Este sistema estará respaldado dependiendo del efectivo de personas activas en nuestro país. Según el *Informe de estrategia de España en relación con el futuro del sistema de pensiones,* el porcentaje de población en edad de trabajar descenderá como consecuencia del descenso de la natalidad. De ese modo, de 67,1% en el 2010, pasará al 63,9 en el 2030 y al 56,2 en el año 2050[118]. Sin embargo no todo el mundo que tiene más de 16 años es activo. La tasa de actividad proyectada para la población española en conjunto no sufrirá grandes cambios aunque se observa un comportamiento diferencial por sexo: mientras que los hombres verán descender su tasa de 69,0 a 63,0 entre el 2006 y 2026, las mujeres la aumentarán de 35,3 a 40,5, tal como muestra la Tabla 1.31.

TABLA 1.31.—*Tasa de actividad en porcentajes por sexo (1986-2026)*

	Total	Hombres	Mujeres
1986	50,6	72,7	30,0
1991	50,4	71,1	30,9
1996	50,4	69,5	32,2
2001	51,2	69,2	34,0
2006	51,8	69,0	35,3
2011	52,1	68,1	36,7
2016	52,3	66,8	38,3
2021	52,1	64,9	39,5
2026	51,6	63,0	40,5

Fuente: C. de Miguel Castaño e I. Agüero Menéndez, «Evolución demográfica y oferta de trabajo», Simposio Internacional sobre *Tendencias demográficas y planificación económica,* Madrid, Ministerio de Economía y Hacienda, 26-28 mayo de 1986.

La proporción de población en edad de trabajar se espera que descienda en la Unión Europea y pasará de 67,2 en el 2004 al 56,7% en el 2050. Los porcentajes más bajos los compartirá España (52,9%), con Italia (53,5%), Portugal (55,0%) y Grecia (55,0%) y los más altos los tendrán Luxemburgo (61,3%), Malta (60,8%) y Países Bajos (60,7%)[119].

---

[117] «EU25 population rises until 2025, then falls». *Population Projections 2004-2050,* EUROSTAT, *News Release,* abril de 2005.

[118] MTAS, *Informe de estrategia de España en relación con el futuro sistema de pensiones. MTAS,* 2005.

[119] «EU25 population rises until 2025, then falls», *Population Projections 2004-2050,* EUROSTAT, *News Release,* abril de 2005.

11. Política demográfica

En la Conferencia de Población de Bucarest, celebrada en 1974, se aprobó el Plan de Acción Mundial en materia de población que fue el primer instrumento internacional sobre política demográfica, siendo su primer objetivo examinar «todas las políticas y programas de los países, incluyendo políticas económicas y sociales, relacionadas con la mayoría de las variables de población: fecundidad, mortalidad, migraciones internas y distribución geográfica de la población así como inmigración internacional».

En aquella época, como hice notar en mi libro sobre la política demográfica en España, nuestro país carecía de política demográfica explícita, aunque la tenía implícita, dado que es imposible carecer en un país del volumen y de la densidad del nuestro, de algún tipo de medida que afectara directa o indirectamente a la política demográfica[120]. Por supuesto, puedo garantizar que así era en aquel momento en España, puesto que el documento aportado a la conferencia por la delegación española fue redactado e incorporado por el que esto escribe. Sin embargo, en las sucesivas publicaciones hechas por el Departamento de Asuntos Económicos y Sociales, sobre la vigilancia mundial del cumplimiento del programa demográfico, se ha incluido a España con unos datos pocos expresivos o silencios sobre la política demográfica casi toda implícita en nuestro país. Los informes correspondientes a todos los Estados miembros, correspodientes a las décadas de los 70, 80 y 90 así como de 2005, están disponibles.

El Cuadro 1.1 recoge un resumen de lo aportado por España sobre los años 1976, 1986, 1996 y 2005 y ajustándonos a él puede decirse que la opinión emitida se centró en tres cuestiones: La percepción de los Gobiernos sobre las diferentes variables en función de niveles altos/bajos, satisfactorios/no satisfactorios; en segundo lugar, cuáles son los objetivos respecto a cada variable, es decir, aumentarla, disminuirla o mantenerla y, en tercer lugar, qué intervenciones se han llevado a cabo en función de la percepción.

Con relación al volumen de su población y su crecimiento, España ha mostrado su satisfacción desde 1974 hasta la actualidad, lo que le ha llevado a no establecer ningún tipo de medidas. Nuestro país se desvincula de la tendencia de otros países desarrollados que se preocupan por el bajo crecimiento de su población y se acerca a los países europeos, dado que la proporción de ellos que no tomaron medidas para modificar el crecimiento de la población decreció desde el 72% en 1976 al 44% en el año 2005.

Los cambios en la fecundidad y la estabilidad alcanzada por la mortalidad han tenido efectos directos en nuestra estructura de edades que se salda, en los países desarrollados, con el 20% de personas de más de 60 años y se prevé que, en el año 2050, una de cada tres personas pertenecerá a ese grupo. En España, según este estudio, no existe una preocupación alarmante, aunque como en otros países desarrollados existe preocupación por el tamaño de la población en edad de trabajar. Por esta razón, muchos países han desarrollado medidas tales como retrasar la edad de la jubilación, eliminar incentivos para la prejubilación e involucrar más a la mujer en el mercado laboral.

La fecundidad ha sido una de las grandes protagonistas de las políticas de población y eso lo evidencia que si en 1976 sólo un cuarto de los países en Europa pensaban que

---

[120] S. del Campo, *La política demográfica en España,* Madrid, Cuadernos para el diálogo, 1974, páginas 38-41.

la fertilidad era demasiado baja, en 2005 lo piensan dos tercios. En el caso español, el Gobierno ha sido consciente de la problemática que presentaba la baja natalidad, sobre todo a partir de mediados de los años 90 y su propósito ha sido aumentarla. Para cumplir este objetivo los Gobiernos han establecido las siguientes medidas: permisos familiares, horarios laborales flexibles, promoción de compartir tareas entre hombres y mujeres, etc. aunque las grandes medidas han sido las referidas a planificación familiar. En España, en la década de los años 70, existían límites, después hubo apoyo directo y actualmente, hay apoyo indirecto. Otro aspecto que adquiere importancia para España es la fecundidad de las adolescentes ante la que sí se han establecido medidas y programas.

La salud y la mortalidad se encuentran entre los aspectos mejor valorados de las sociedades desarrolladas. En el caso de España, la esperanza de vida, la mortalidad infantil y la mortalidad maternal se consideran aceptables aunque existen otras preocupaciones como la prevención de enfermedades no transmisibles (cardiovasculares, diabetes o respiratorias), estilos de vidas no saludables (tabaco, droga, obesidad) y, eficiencia del cuidado en hospitales etc. La preocupación más actual es la incidencia del SIDA contra el cual se han establecido las siguientes medidas: promoción del condón, acceso a tratamientos, campañas de información, medidas no discriminatorias, etc. Otro aspecto son las interrupciones voluntarias de embarazo que están permitidas bajo los siguientes supuestos: para salvar la vida de la mujer, para preservar la salud psíquica y mental, violación, y mal desarrollo del feto.

Una de las características de la población ha sido su distribución espacial y geográfica, que ha supuesto un crecimiento de las aglomeraciones urbanas. Actualmente, el Gobierno español está satisfecho con la distribución existente y, por lo tanto, no ha promovido ningún tipo de medida para modificar las migraciones internas. Sí lo ha hecho para las migraciones internacionales, tan importantes hoy día en nuestro país. Con relación a la inmigración, los niveles han sido satisfactorios desde mediados de la década de los años 70 aunque es cierto que durante la década de los 90 se intentó disminuir. Aun así, se han aplicado políticas de integración para los no nacionales y se han establecido otras medidas como la reunificación familiar, los trabajadores temporales, etc. En el caso de la emigración, durante estas décadas se ha considerado que la emigración era alta y se han puesto mecanismos para disminuirla como, por ejemplo, promover el retorno de los emigrantes.

12. CONCLUSIONES

En 1987 cuando apareció mi nuevo análisis de la población española[121], hice notar que la novedad de la obra no se refería solamente a las modificaciones del texto, a los nuevos datos estadísticos utilizados y a la aparición de otros recientes sino sobre todo al cambio de la realidad desde 1972, fecha de la publicación de mi trabajo «Composición, dinámica y distribución de la población española», aparecido en el I volumen de *La España de los años 70*[122]. Hoy puede decirse lo mismo pero con mayor razón todavía. Definitivamente nuestra natalidad hace tiempo que abandonó el índice de reemplazo de las

---

[121] S. del Campo y M. Navarro, *Nuevo análisis de la población española*, Barcelona, Ariel, 1987.
[122] S. del Campo, «Composición, dinámica y distribución de la población española», en *La España de los años 70*, vol. 1: La Sociedad, Madrid, Editorial Moneda y Crédito, 1972. págs. 15-145.

CUADRO 1.1.—*Valoraciones y políticas del Gobierno en materia de población*

Variables	1976	1986	1996	2005
Tamaño de Población y crecimiento				
Valoración del crecimiento	Satisfactorio	Satisfactorio	Satisfactorio	Satisfactorio
Políticas de crecimiento	No intervención	No intervención	No intervención	No intervención
Estructura Edad Población				
Nivel de preocupación sobre el				
Tamaño de la población en edad de trabajar	—	—	—	Mínima preocupación
Envejecimiento población	—	—	—	Mínima preocupación
Fecundidad y Planificación familiar				
Valoración nivel fertilidad	Satisfactorio	Satisfactorio	Satisfactorio	Demasiado bajo
Políticas	No intervención	No intervención	No intervención	Aumentar
Acceso a métodos anticonceptivos	Límites	Apoyo directo	Apoyo directo	Apoyo indirecto
Fecundidad adolescente				
Nivel de preocupación	—	—	—	Mínima preocupación
Políticas y programas	—	—	—	Sí
Salud y Mortalidad				
Valoración				
Esperanza de vida	Aceptable	Aceptable	Aceptable	Aceptable
Mortalidad menos cinco años	—	—	—	Aceptable
Mortalidad maternal	—	—	—	Aceptable
Nivel preocupación SIDA	—	—	—	Máxima preocupación
Medidas implantadas para control				
SIDA*	—	—	—	1,2,3,4,5
Supuestos aborto permitido**	—	—	1,2,3,4,5	1,2,3,4,5

Distribución espacial y migraciones internas				
Valoración distribución espacial	Menor deseo de cambio	Menor deseo de cambio	Satisfactorio	Satisfactorio
Políticas migraciones internas				
De rural a áreas urbanas	—	—	—	No intervención
De rural a área rural	—	—	—	No intervención
De urbano a área rural	—	—	—	No intervención
De urbano a área urbana	—	—	—	No intervención
Entre aglomeraciones urbanas	—	No intervención	—	No intervención
Migración internacional				
Inmigración				
Valoración	Satisfactorio	Satisfactorio	Satisfactorio	Satisfactorio
Políticas	Mantener	Disminuir	Disminuir	Mantener
Asentamiento permanente	—	—	—	Mantener
Trabajadores temporales	—	—	—	Mantener
Trabajadores cualificados	—	—	—	Mantener
Reunificación familiar	—	—	—	Mantener
Integración no nacionales	Sí	Sí	Sí	Sí
Emigración				
Valoración	Demasiado alta	Demasiado alta	Satisfactorio	Demasiado alta
Políticas	Disminuir	Disminuir	Disminuir	Disminuir
Fomentar retorno nacionales			Sí	Sí

* Medidas implantadas para controlar SIDA: (1): Residuos de sangre; (2) Campañas informativas; (3) acceso a tratamientos; (4) políticas no discriminatorias; (5) Promoción uso del condón.

** Motivos en los que el aborto es permitido: (1) para salvar la vida de la madre; (2) para preservar la salud psíquica; (3) para preservar la salud mental; (4) violación o incesto; (5) deterioro del feto.

Fuente: Naciones Unidas. Departamento de Asuntos económicos y sociales. División Población.

generaciones, mientras que nuestra mortalidad se ha mantenido baja pero sin demasiadas oscilaciones, en tanto que las migraciones interiores apenas tienen hoy relevancia y el estudio de la población activa nos ha hecho ver la recuperación del empleo.

Como en todos los países industriales avanzados hemos llegado en la actualidad a un punto en el que compartimos con ellos nuestros principales problemas demográficos. Por un lado, la baja natalidad que nos caracteriza como país que ha realizado la transición demográfica, con el añadido de que también entre nosotros ha tenido lugar en las últimas décadas la aparición de nuevas formas de familia, el aumento de la cohabitación y otras características de la llamada segunda transición demográfica. Por otra parte, de la combinación de nuestras bajas tasas de natalidad y mortalidad ha resultado un crecimiento vegetativo débil, el cual ha pasado en los últimos años a combinarse con un repentino aumento de la inmigración internacional, que constituye en nuestro país un alivio económico y una variable demográfica preocupante por sus repercusiones tanto en el mercado de trabajo cuanto en la convivencia con la población española. Hemos entrado en la llamada tercera transición demográfica en la cual la variable más relevante es la inmigración. Sobre esta, por cierto, recae una política vacilante.

El efecto principal sobre nuestra sociedad de la evolución de las variables demográficas es casi con toda seguridad el envejecimiento de la población. La estructura por edades refleja la combinación de las variables demográficas y junto a la mezclas étnicas hay que registrar el desequilibrio entre los grupos de edad que no están afectados solamente por las variables demográficas sino también por la nueva visión de conceptos sociales basados en la edad como adolescencia, juventud y vejez. En todas las sociedades avanzadas hay que redefinir estos grupos sociales y abordar asimismo otros problemas que les afectan como el de la definición de familia. Por una parte, la familia tradicional se ha desinstitucionalizado y fracturado, y han aparecido hogares familiares unipersonales con un aumento rapidísimo y unas consecuencias grandes en la estructura social.

BIBLIOGRAFÍA

ALCAIDE, Á., «La población de España en el período 1970-2000», *Información Comercial Española,* núm 496, Madrid, 197.

ARROYO PÉREZ, A., *Tendencias demográficas durante el siglo XX en España*, Madrid, INE, 2003.

BENACH, J.; YASUI, Y.; MARTÍNEZ, J. M.; BORRELL, C.; PASARÍN, M. y DAPONTE, M., «The geography of the highest mortality areas in Spain: a striking cluster in the southwestern region of the country», *Occup Environ Med* 2004, 61, págs. 280-281

CADWELL, G.; STIEHR, S.; MODELL, J. y CAMPO, S. del, «Differing Levels of Low Fertility», en Simon Langlois (ed.), *Convergence or Divergence? Comparing Recent Social Trends in Industrial Societies,* McGill-Queen's University Press/Campus Verlag, 1994, págs. 43-89.

CAMPO, S. del, «Problemas sociales de la explosión demográfica», *Revista de la Universidad de Madrid,* vol. XX, núm. 77, Madrid, Universidad de Madrid, 1971, págs. 25-35.

— *La política demográfica en España,* Madrid, Editorial Cuadernos para el diálogo, 1974, páginas 38-41.

— «Composición, dinámica y distribución de la población española», en *La España de los años 70,* vol 1: La Sociedad, Madrid, Editorial Moneda y Crédito, 1972.

CAMPO, S. del, «Demografía Mundial» en *Tratado de Sociología*, Madrid, Taurus, 1985.

— «Hogares y Familia», *Cuenta y Razón,* núm. 90, Madrid, 1995.

CAMPO, S. del y NAVARRO, M., *Nuevo análisis de la población española*, Barcelona, Ariel, 1987.

CARRERAS, A. y TAFUNELL, X. (coords.), *Estadísticas Históricas de España siglos XIX-XX,* vol. I, Madrid, Fundación BBVA, 2006

CONSEJO DE EUROPA, *Recent demographic developments in Europe and North America,* Council of Europe Press, Estrasburgo, 1993.

DARIC, J., «Evolution demographique en Espagne», *Population*, enero-marzo 1956.

DELGADO, M., «Consecuencias de la evolución demográfica en la economía», ICE, mayo-junio, núm. 815, 2004,

KNODEL, J. y VOŇ DE WALLE, E. «Fertility decline, European Transition», en *International Encyclopedia of Population,* vol. 1, 1982, págs. 268-275.

GOERLISH GISBERT, F. J.; MAS, M.; AZAGRA, J. y CHORÉN, P. *La localización de la población española sobre el territorio. Un siglo de cambios. Un estudio basado en series homogéneas (1900-2001),* Madrid, Fundación BBVA, 2005.

INE, *España al comienzo siglo XXI. Censos de Población y Viviendas,* Madrid, 2004.

— *¿Cuántos somos en casa?*, Cifras INE, mayo de 2004.

— *Salud y Hábitos sexuales*, Cifras INE, julio de 2004.

— *España en Cifras 2006*, INEbase.

INSTITUTO ESPAÑOL DE EMIGRACIÓN, *La emigración en 1970*, 1971, Madrid.

LÓPEZ SALGADO, L., «Cuatro millones de embajadores», *Control,* enero de 1968, núm 65, pág 21.

MIGUEL CASTAÑO, C. de y AGÜERO, I., «Evolución demográfica y oferta de trabajo», Simposio Internacional sobre *Tendencias demográficas y planificación económica,* Madrid, Ministerio de Economía y Hacienda, 26-28 de mayo de 1986.

MINISTERIO DE ECONOMÍA Y COMERCIO, *Población, actividad y ocupación en España I* (reconstrucción de las series históricas (1960-1978), Madrid, 1979.

MINISTERIO DE ECONOMÍA, «Población, actividad y ocupación en España II» (proyección con horizonte 1995), Madrid, 1980.

NACIONES UNIDAS, «Population Prospects The Revision 2004», *Economics and Social Affairs,* 2005.

PUYOL, R. (ed.), *Dinámica de la población en España. Cambios demográficos en el último cuarto del siglo XX,* Madrid, Síntesis, 1997.

— *Las claves demográficas del futuro de España,* Madrid, Fundación Cánovas del Castillo, 2001.

ROUSSEL, L., «Deux décennies de mutations démographiques (1965-1985) dans les pays industrialises», *Population,* vol. 42, núm 3, mayo-junio de 1987.

VAN DE KAA, D. J., «Europe's Second Demographic Transition», *Population Bulletin,* vol. 42, núm. 1, marzo de 1987.

COMISIÓN EUROPEA (2003), *La situación social de la Unión Europea 2002. http://ec.europa.eu/ employment_social/publications/2003/ke5103261_es.html*

EUROSTAT (2002), *Long Term Indicators. http://epp.eurostat.ec.europa.eu/portal/page?_pageid=1090,30070682,1090_33076576&_dad=portal&_schema=PORTAL*

— (2005), «EU25 population rises until 2025, then falls», Population Projections 2004-2050, *News Release,* abril de 2005. *epp.eurostat.cec.eu.int/.../PGE_CAT_PREREL_YEAR_2005/ PGE_CAT_PREREL_YEAR_2005_MONTH_04/3-08042005-EN-AP.PDF*

— (2006). *The Family in the EU25 seen through figures. epp.eurostat.cec.eu.int/.../ PGE_CAT_PREREL_YEAR_2006/PGE_CAT_PREREL_YEAR_2006_MONTH_05/3-12052006-EN-AP.PDF*

MINISTERIO TRABAJO ASUNTOS SOCIALES (2004), Informe *Las personas mayores en España 2004. http://www.imsersomayores.csic.es/estadisticas/informemayores/informe2004/capitulo-2.html*

Díez Nicolás (2006), «Las dos caras de la inmigración», Archivo de datos ASEP. *www.imser-
    somayores.csic.es/documentos/documentos/diez-doscarasinmigracion-01.pdf*
IV Encuesta Sobre Anticoncepción, Schering, 2003. Daphne. *http://www.equipodaphne.es/.*

2

La inmigración en España

José Félix Tezanos

España, por vocación y por historia, ha sido un país de emigrantes, prácticamente desde las expediciones de Cristóbal Colón hasta el último tramo del siglo xx. A lo largo de los últimos siglos, un buen número de españoles «hicieron las Américas», o se desplazaron a los nuevos países de ultramar que conformaban el viejo Imperio español, en el que, según el dicho popular, «no se ponía el Sol». «Hicieron las Américas» en un doble sentido, como empresa personal, para buscar fortuna y prosperar, y como proyecto socio-histórico que permitió dotar a amplios territorios de una nueva base demográfica, administrativa y cultural.

1. De la España de emigrantes a la España de inmigrantes

En muchas zonas de España, durante bastante tiempo, el hecho migratorio fue una experiencia personal que estuvo presente en un buen número de familias. En cierto modo, la emigración fue una de las salidas «económicas» para las personas emprendedoras y con ganas de triunfar en la vida. Lo que vino alimentado, y a su vez fue un factor alimentador, de la mitología del «indiano», que en el imaginario colectivo quedaba fijada en las viviendas que los «indianos» construían en sus lugares de nacimiento, después de retornar, al final de sus vidas, con una fortuna amasada en tierras de ultramar. Múltiples lugares de la geografía española se encuentran jalonados por este tipo de grandes y ostentosas viviendas «indianas», cuya imagen operaba como un incentivo permanente para el sueño migratorio.

En los años posteriores a la Guerra Civil, que se prolongó de 1936-1939, las inercias migratorias a ultramar, y también a otros países europeos, se vieron afectadas por nuevos fenómenos de migración política, de forma que los «exiliados» republicanos vinieron a añadir su presencia a una constante sociológica que hasta entonces había tenido un alcance y un significado diferente. A su vez, a partir de los años 60, a estos dos procesos migratorios vino a añadirse un nuevo flujo migratorio de carácter económico más acotado, que respondía, por un lado, a las condiciones coyunturales de los países del norte de Europa, que estaban atravesando una fase de crecimiento y rápida expansión de sus economías y, por otro lado, a las condiciones de carencia y estancamiento que persistían en las zonas menos desarrolladas de España. En aquel horizonte concreto, los países del norte de Europa necesitaban fuerza de trabajo y los habitantes de algunas regiones de España necesitaban trabajar «donde fuera», para salir adelante e intentar mejorar. El resultado de esta doble circunstancia fue un tercer proceso migratorio hacia los países ricos de Europa, que acabó afectando a bastantes familias españolas.

Aunque en los años anteriores a la Guerra Civil las corrientes migratorias se dirigían fundamentalmente hacia los países de Ultramar, con posterioridad a 1939 este flujo fue decreciendo progresivamente. Así, en 1950 se registraron 55.314 desplazamientos a países de Ultramar, disminuyendo esta cifra a 34.328 en 1960, a 25.852 en 1963 y a 19.258 en 1967, siendo solamente 6.009 las salidas en 1972 y 5.026 en 1973.

De una manera paralela al descenso de la emigración a Ultramar, en los años 50 del siglo XX se empiezan a producir flujos de emigración hacia los países europeos, hasta alcanzar una especial intensidad en la década de los años 60 y primeros años de los 70. En concreto, las cifras oficiales recogerán en el período que va de 1960 a 1973 un total de 2.341.004 personas que cruzaron las fronteras en búsqueda de trabajo en los países europeos. De estas personas casi la mitad lo hicieron en concepto de emigrantes permanentes y el resto como emigrantes de temporada[1]. A partir de 1974, la evolución de la situación económica mundial y el propio despegue de España va a traducirse en una importante reducción del número de emigrantes. Así, el Instituto Nacional de Emigración dará unas cifras de 50.695 emigrantes estables a los países europeos para 1974, 20.618 para 1975, y ya sólo 12.124 para 1976 y 11.336 para 1978. Lo cual significa que, cuando arranca el proceso de transición democrática, España prácticamente estaba dejando de ser un país de emigración.

Los datos de este período, hasta 1977, con ser bastante reveladores, sin embargo no permiten tener una imagen exacta de lo que llegó a representar en toda su extensión el fenómeno de la emigración en España; y ello no sólo por la imprecisión que supone la evaluación conjunta de una emigración de temporada, en la que es de suponer que, año tras año, se dieron grandes coincidencias en las personas, sino también por el hecho de que una parte de la emigración española de estos años se produjo de una manera extraoficial, sin que quedara constancia en las estadísticas oficiales. Por ello, los datos procedentes de algunos países europeos sobre el flujo de emigraciones españolas en su suelo no coincidían generalmente con las estadísticas españolas[2].

En el inicio de la década de los años 70, el Instituto Nacional de Emigración proporcionó unas cifras que permitían estimar el volumen total de españoles que en aquel momento residían fuera de España por motivos de trabajo en cerca de tres millones y medio de personas, de los cuales un 65% se encontraban afincados en países americanos. Si tenemos en cuenta que, según datos del censo de población de 1970, la población activa no llegaba en dicho momento a los doce millones de personas, podemos hacernos una idea de lo que tal volumen de emigrantes significó realmente en la dinámica social de España.

---

[1] Instituto Nacional de Estadística, España, panorámica social 1974, ob. cit., pág. 65.

[2] Un ejemplo de las diferencias de las estadísticas españolas con los tres países europeos que han recibido un mayor volumen de emigrantes españoles (Alemania, Francia y Suiza) puede verse en el *Informe FOESSA 1975*, Madrid, Euroamérica, 1976, pág. 63.

La emigración a Ultramar presentaba unas características muy distintas de los procesos migratorios a los países europeos. Generalmente obedeció a planteamientos distintos y se realizó con objetivos diferentes. Incluso en su procedencia regional había apreciables diferencias entre los que emigraron a los países de Ultramar (gallegos, asturianos, cántabros, canarios, catalanes, etc.) y los emigrantes a Europa (andaluces, gallegos, extremeños, etc.)[3].

El trabajador emigrante a Europa no se planteaba unos objetivos tan ambiciosos como muchos de los emigrantes a Ultramar, ni tampoco una duración tan dilatada de su estancia exterior. Mientras que la emigración a Ultramar suponía un mayor grado de afincamiento y generalmente cubría todo un ciclo vital, la emigración a Europa solía hacerse para cubrir unos objetivos económicos a corto plazo y solucionar unas necesidades inmediatas. La mayor parte de los emigrantes a Europa se veían forzados a la emigración por razones económicas y vivieron en los países de destino con estrecheces y realizando el máximo esfuerzo de trabajo y ahorro, pensando en volver cuanto antes a España para comprar una vivienda o montar un pequeño negocio.

Los mayores volúmenes de población emigrante española durante estos períodos se localizaron en Argentina, que absorbió más de la mitad de la emigración a Ultramar, existiendo también importantes colonias de residentes españoles en Brasil, Venezuela y México. En Europa, el mayor flujo migratorio se produjo hacia Francia, que se calcula que absorbió más de la mitad del total de población española emigrante en el Continente, seguida por Alemania, Suiza y Bélgica. En el caso de Francia, a la emigración laboral se superpuso una importante emigración política, que tuvo también una apreciable influencia sobre la primera. En cualquier caso, puede decirse que la población española emigrante, al desenvolverse en contextos sociales y políticos tan diferentes a los de la España franquista, tuvo una experiencia que, trascendiendo el plano de su trabajo, permitió la difusión de mentalidades políticas y sindicales que ejercieron una considerable influencia democratizadora y modernizadora.

Las experiencias migratorias de los españoles durante estos años que, como hemos indicado, afectaron a tantos millones de personas (según datos de la Encuesta FOESSA 1970, un 14% de las familias españolas tuvieron a alguno de sus miembros trabajando en el extranjero)[4] fueron, sin duda, uno de los fenómenos sociológicos más importantes de la España del tercer cuarto del siglo XX. Fenómeno que tuvo su cara y su cruz, en lo que supuso tanto para la dinámica del crecimiento económico español, como en lo que significó para esos millones de personas. En tal sentido, no hay que olvidar que la emigración fue durante dicho período una poderosa válvula de escape para los desajustes de

---

[3] Realmente las emigraciones hacia Europa afectaron a los naturales de casi todas las regiones españolas, pero sin embargo, los núcleos más mayoritarios de origen de estos procesos migratorios no coinciden completamente con los que se orientaron hacia los países del ultramar. Sobre el tema de la emigración en este período puede consultarse, entre otros, Jesús García Fernández, *La emigración exterior de España*, Barcelona, Ariel, 1965; Ángel Pascual, *El retorno de los emigrantes, ¿conflicto o integración?*, Barcelona, Nova Terra, 1969; Francisco Sánchez López, *Emigración española a Europa*, Madrid, Confederación Española de Cajas de Ahorros, 1969; J. A. Garmendia, *Alemania: exilio del emigrante*, Barcelona, Plaza & Janés, 1970; J. A. Martínez Cachero, *La emigración española a examen*, Madrid, ASE, 1970; Guillermo I. Díaz-Plaja, *La condición emigrante*, Madrid, Edicusa, 1974; Javier Rubio, *La emigración española a Francia*, Barcelona, Ariel, 1974; Campos Nordmann, *La emigración española y el crecimiento económico español*, Madrid, Instituto Español de Emigración, 1976.

[4] *Informe FOESSA 1970*, Madrid, Euroramérica, 1970, pág. 543.

un período de escaso desarrollo, en el que no existía un puesto de trabajo para cada español, aliviando así el volumen global de paro. A la vez, la emigración permitió la entrada de un flujo permanente de divisas —las famosas «remesas de los emigrantes»— que permitieron ir enjugando una parte de los saldos negativos de la deficitaria balanza comercial española de la época. Lo cual fue una notable contribución compensadora al equilibrio económico sobre el que se montó la política de crecimiento español.

Los movimientos de emigración en la España de los años 60 y 70 tuvieron lugar en un contexto de un considerable dinamismo social interno, que se tradujo también en grandes desplazamientos de población desde zonas rurales a entornos urbanos. Desde principios de siglo XX, la progresiva disolución de las estructuras de la sociedad tradicional dio lugar a procesos de cambio social que supusieron, entre otras cosas, el desplazamiento de millones de personas por toda la geografía española. Los datos censales sobre saldos de emigrantes netos por partidos judiciales ofrecen unas cifras de «10.868.725 españoles que desde 1900 a 1970 abandonaron su municipio de origen, pero que probablemente —se nos dirá— en la realidad hayan pasado de los 14 millones»[5]. De una manera específica, en el período comprendido entre los censos de 1960 y 1970 nada menos que 4.473.000 españoles abandonaron sus municipios de origen.

A partir de esta evolución histórica, no deja de llamar la atención la rapidez con la que España dejó de ser en pocos años un país de *emigrantes* para convertirse no sólo en un país de *inmigrantes*, sino específicamente para acabar siendo uno de los principales países de recepción de inmigrantes del mundo, hasta el punto de haber llegado en el período 2000-2005 a ser el segundo país en acogida neta de inmigrantes —después de Estados Unidos— y el primero en lo que se refiere a la proporción que representa la población inmigrante respecto al total de su población.

Los nuevos procesos migratorios del siglo XXI responden a motivaciones y circunstancias específicas que los hacen diferentes a otras grandes dinámicas migratorias anteriores[6]. Por eso, las recientes corrientes migratorias hacia España deben situarse, y entenderse, en una perspectiva internacional precisa que se encuentra afectada por circunstancias económicas y sociales muy concretas.

2. EL CONTEXTO DE LAS MIGRACIONES INTERNACIONALES EN EL SIGLO XXI

Desde la perspectiva de la primera década del siglo XXI, podemos decir que estamos ante uno de los procesos migratorios más extenso (por su número) y más intenso (por su ritmo) de la historia de la humanidad. Un proceso que se diferencia de otras grandes migraciones históricas anteriores por el número de personas implicadas y, sobre todo, por la rapidez e intensidad con la que está teniendo lugar, por su carácter no controlado (en

---

[5] *Informe FOESSA 1975,* ob. cit., pág. 68. La razón por la que se estima superior la cifra de emigrantes interiores es porque los datos referidos a partidos judiciales no recogen los posibles desplazamientos de población desde los municipios más pequeños hacia los municipios cabezas de partido judicial.

[6] Sobre las diferencias entre los grandes procesos migratorios de los últimos siglos, véase José Félix Tezanos, «Nuevas tendencias migratorias y sus efectos sociales y culturales en los países de recepción. Doce tesis sobre inmigración y exclusión social», *Revista Española de Investigaciones Sociológicas,* núm. 117, enero-marzo de 2007, págs. 12-34.

muchas ocasiones a través de cauces no legales) y por los múltiples y complejos efectos actitudinales y socio-culturales que está produciendo en las sociedades de acogida.

Según datos de Naciones Unidas, en el primer lustro del siglo XXI cerca de 200 millones de personas residían fuera de sus países por razones de trabajo (véase Gráfico 2.1). A esto se unen las migraciones internas que se están experimentando en amplias zonas de África, América Latina y Asia, principalmente en India y en China, donde cientos de millones de personas se han desplazado desde zonas rurales a entornos urbanos, alterando profundamente las bases de los sistemas de vida y de producción agraria. Por ello, algunos analistas hablan del gran éxodo del siglo XXI. Más específicamente de un éxodo internacional que tiene lugar desde los países y zonas pobres a los países y entornos ricos, y que está implicando el desplazamiento de muchos millones de seres humanos.

Del incremento total en el número de migrantes internacionales que ha tenido lugar desde 1990 a 2005 (36 millones), un 89% (33 millones) han ido hacia países desarrollados. De esta forma, según datos de Naciones Unidas, actualmente «uno de cada tres inmigrantes viven en Europa, y uno de cada cuatro en América del Norte»[7].

GRÁFICO 2.1.—*Evolución del número de inmigrantes internacionales (millones)*

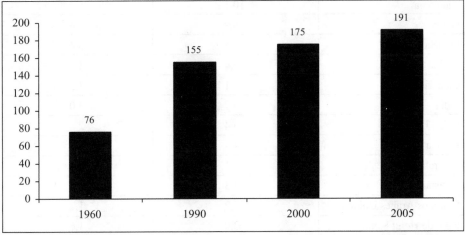

Fuente: PNUD, *Informe sobre Desarrollo Humano 2004,* Madrid, Mundiprensa, pág. 87; y ONU, Informe del Consejo Económico y Social, de 25 de enero de 2006, sobre «Seguimiento de la población mundial, con especial referencia a la migración internacional y el desarrollo», pág. 3.

En 2005, el 75% de los migrantes internacionales se localizaban en 28 países. De 1990 a 2005 los Estados Unidos recibieron a 15 millones de inmigrantes, seguidos por Alemania y España, que recibieron a más de cuatro millones cada uno. Según los datos proporcionados por Naciones Unidas, en 2005 «de los países que tienen al menos veinte millones de habitantes, aquellos en los que los migrantes constituyen una proporción más elevada de la población son Arabia Saudita (26%), Australia (20%), Canadá

---

[7] ONU, Informe del Consejo Económico y Social de Naciones Unidas, de 25 de enero de 2006, sobre «Seguimiento de la población mundial, con especial referencia a la migración internacional y el desarrollo», pág. 4.

(19%), Estados Unidos (13%), Alemania (12%), España (11%) y Francia (11%)», siendo precisamente España uno de los países en los que se ha producido el aumento más vertiginoso de la población a partir de 2000, habiéndose pasado de seiscientas mil personas en 1990 a 4,8 millones en 2005[8] (véanse Tablas 2.1 y 2.2). En concreto, España, como hemos indicado, es el segundo país del mundo (tras Estados Unidos) en promedio anual de inmigrantes acogidos durante el período 2000-2005 y el primero en lo concerniente a la proporción que éstos representan respecto a la población de origen (véase Tabla 2.2). Aunque en el Informe de 2006 de la Comisión de Población y Desarrollo de Naciones Unidas sobre Inmigración se deslizó una cierta crítica a España por «carecer de datos sobre emigración» siendo uno de los países que más inmigrantes está recibiendo (véase pág. 7), lo cierto es que, desde hace años, varios reputados especialistas

TABLA 2.1.—*Países con mayor número de migrantes en 2005*

País o región	Núm. de migrantes (en millones)	Como porcentaje del total
Estados Unidos de América	38,4	20,2
Federación de Rusia	12,1	6,4
Alemania	10,1	5,3
Ucrania	6,8	3,6
Francia	6,5	3,4
Arabia Saudita	6,4	3,3
Canadá	6,1	3,2
India	5,7	3,0
Reino Unido	5,4	2,8
España	4,8	2,5
Australia	4,1	2,2
Pakistán	3,3	1,7
Emiratos Árabes Unidos	3,2	1,7
RAE de Hong Kong*	3,0	1,6
Israel	2,7	1,4
Italia	2,5	1,3
Kazajistán	2,5	1,3
Costa de Marfil	2,4	1,2
Jordania	2,2	1,2
Japón	2,0	1,1

* Región Administrativa Especial de China.

Fuente: División de Población de la Secretaría de las Naciones Unidas, Trends in Total Migrant Stock: The 2003 Revision (POP/DB/MIG/Rev.2005), base de datos en formato digital, 2006.

---

[8] Ibíd., págs. 5, 6, 8 y 11.

TABLA 2.2.—*Promedio del número de inmigrantes de 1990 a 2004*

País de acogida	Media anual del número de migrantes (en miles)		
	1990-1994	1995-1999	2000-2004
Inmigrantes			
– Canadá	237	204	233
– Estados Unidos*	330	743	926
– Estados Unidos**	770	746	926
Migración neta			
– Australia***	64	54	49
– Nueva Zelanda	7	13	15
Inmigración			
– España	33	66	483
– Francia	120	128	191
Migración neta			
– Bélgica***	27	24	35
– Dinamarca****	10	15	10
– Finlandia	8	3	5
– Italia	60	115	--
– Noruega***	8	11	12
– Países Bajos	54	49	48
– Suecia	32	10	28
– Reino Unido***	22	82	101
Migración neta por ciudadanía			
– Alemania	646	201	177
– Extranjeros	364	84	117
– Ciudadanos	282	117	60

* En los datos se excluye a los inmigrantes legalizados en virtud de la Immigration Reform and Control Act (IRCA) de 1986.
** En los datos se incluye a los inmigrantes legalizados en virtud de la Immigration Reform and Control Act (IRCA) de 1986.
*** Los datos para el período más reciente se refieren a 2000-2003.
**** Los datos para el período más reciente se refieren a 2000-2002.

Fuente: Cálculos de la División de Población de la Secretaría de las Naciones Unidas: Internacional Migration Flows to and from Selected Countries: The 2005 Revision (POP/DB/MIG/FL/Rev.2005), base de datos en formato digital.

se están dedicando a estudiar con detalle esta cuestión, por lo que la bibliografía especializada es bastante abundante[9].

[9] Entre los autores que deben ser consultados por quienes quieran profundizar en esta problemática, en diferentes planos de análisis, se encuentran Antonio Izquierdo, Joaquín Arango, Manuel Pérez Yruela, Margarita Delgado, Alfonso de Esteban, Carlos Angulo, Carlota Solé, Zenón J. Ridruejo, Benjamín García, Gregorio Rodríguez Cabrero, Ubaldo Martínez Veiga, Francisco Alvira, Juan Díez Nicolás, Mariano Fernández-Enguita, Lorenzo Cachón, Juan Antonio Fernández-Cordón, Luis Garrido, el colectivo IOE, José Aranda, etc. Para una visión de conjunto, complementaria a esta relación, necesariamente incompleta, puede ser útil también consultar los números monográficos publicados por revistas especializadas, como *Papeles de Economía Española* (núm. 98, 2003), *Economistas* (núm. 99, 2004) y *Sistema* (núm. 190-191, 2006). Véase también, el monográfico compilado por Rafael del Águila Tejerina, *Inmigración. Un desafío para España,* Madrid, Editorial Pablo Iglesias, 2005.

3. Tendencias de inmigración en España

Posiblemente, uno de los rasgos sociales más singulares de la situación de España en los inicios del siglo XXI es cómo se ha podido pasar en pocos años de tener una población extranjera de unos pocos de miles de personas, a tener cerca de cinco millones de inmigrantes. En 1978, cuando se aprueba la Constitución, en España sólo residían 158.347 extranjeros, ascendiendo esta cifra en 1990 a 407.647. En su mayor parte se trataba de empleados de empresas multinacionales, de pequeños y medianos empresarios turísticos y de jubilados afincados en zonas de clima agradable. La evolución seguida en sólo tres lustros hasta llegar a una cifra de cerca de cinco millones de residentes en 2007 ha sido, como puede entenderse, no sólo vertiginosa, sino también de muy amplio alcance (véase Gráfico 2.2). ¿De qué manera van a evolucionar estos procesos migratorios? ¿Qué efectos acabarán produciendo en la economía y en la sociedad española?

Gráfico 2.2.—*Evolución del número de extranjeros residentes en España (1975-2007)*

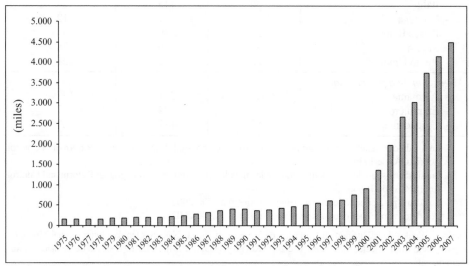

Fuente: INE, *Anuario Estadístico de España* y *Padrón municipal,* varios años.

En la medida que los actuales procesos migratorios obedecen a motivaciones y causas complejas y se ven afectados por diversas variables políticas y sociológicas y por circunstancias económicas de origen (pobreza, subdesarrollo, crisis e inestabilidades políticas, etc.), no resulta fácil establecer previsiones de futuro basadas en variables controlables y razonablemente prefijadas.

De igual modo, no es fácil calibrar la incidencia que van a tener en los procesos migratorios de los próximos años los factores aceleradores (variables de éxito previo y de volumen de la población ya asentada) y los efectos multiplicadores (mayor natalidad, reagrupamientos familiares), junto a otros eventuales factores de freno y de posible inercia (véase Cuadro 2.1).

Para hacernos una idea de lo que pueden representar en un futuro próximo las tendencias de reagrupamiento familiar, por ejemplo, baste señalar que en 2007 del total de población activa extranjera residente en España, según datos de la *Encuesta sobre condiciones laborales de los trabajadores inmigrantes en España,* del GETS[10], un 17,6% de los casados no tienen actualmente a su cónyuge en España; proporción que asciende al 24,6% en el caso de los hombres, al 34,1% entre los africanos y al 35,7% entre los asiáticos. Igualmente, de los que tienen hijos dependientes (un 55,2%), un 31,8% manifiestan que éstos no viven con ellos en España en estos momentos.

CUADRO 2.1.—*Factores que pueden influir en la dinámica de aumento de la población inmigrante en los próximos años*

Factores de acentuación/continuidad	Factores de freno/desaceleración
– Crecimiento demográfico interno (natalidad más alta) – Reagrupamientos familiares (efecto multiplicador). – Inercias del efecto llamada/atracción de los países ricos – Existencia de conocidos y de redes sociales de acogida en el país de destino con redes establecidas (efecto «demostración») – Inercias de los flujos actuales «intermedios» y mantenimiento de la tensión migratoria internacional – Facilidades en las comunicaciones (y abaratamiento) – Desarrollo de las organizaciones y mafias de la inmigración – Persistencia de las desigualdades internacionales – Incremento de la pobreza y empeoramiento de las condiciones de vida en los países menos desarrollados – Guerras, genocidios y desarticulaciones sociales – Desastres naturales – Sequías y cambios climáticos	– Saturación de los mercados laborales y descenso de la oferta de trabajos típicos de inmigrantes – Crisis laborales/ralentización económica – Crisis coyunturales de determinados sectores económicos altamente empleadores de inmigrantes (construcción, turismo, etc.) – Aumento de las tendencias de exclusión social – Rechazo de la población – Discriminaciones – Emergencia de partidos xenófobos y racistas, con eventual clima de agresiones – Mayores controles y trabas policiales y administrativas (visados, permisos, repatriaciones, etc.) – Presiones hacia el cierre de fronteras en la Unión Europea – Acentuación de los conflictos étnicos, culturales y religiosos en el plano nacional e internacional – Endurecimientos y rechazos debidos a la «guerra» contra el terrorismo internacional

De hecho, de 2002 a 2006 una parte apreciable de la inmigración llegada a España se debió a reagrupamientos familiares, ascendiendo a un total de 307.474 los expedientes autorizados en este período, con un claro ritmo ascendente, hasta el punto de que se han multiplicado por ocho de 2002 a 2006 (véase Gráfico 2.3).

Los datos registrados hasta ahora muestran que, en el filo del nuevo siglo, se ha

---

[10] La Encuesta se realizó en abril de 2007 a una amplia muestra estratificada y representativa de la población activa de extranjeros residentes en España, con un número total de 2.313 entrevistas personales y directas. Lo cual garantiza unos márgenes teóricos de error de ±2% para una seguridad del 95,5% en distribuciones 50%/50%.

acentuado de manera muy notable el número de extranjeros residentes en España. Pero, también ha cambiado, como ya hemos indicado, el tipo de extranjeros y las perspectivas evolutivas. En pocos años se ha pasado de una población formada básicamente por europeos a una población de inmigrantes laborales procedentes de países poco desarrollados.

GRÁFICO 2.3.—*Evolución de los expedientes concedidos de autorización de reagrupaciones familiares en España*

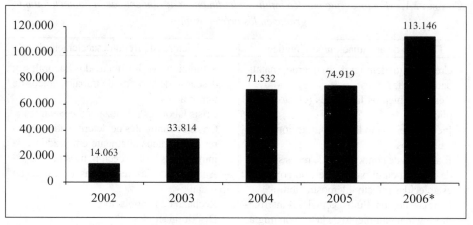

* En trámite 25.440; denegadas y archivadas 18.328.

Fuente: Administración General del Estado.

A partir de estas circunstancias, resulta evidente que las previsiones que pueden hacerse sobre la evolución de las tendencias migratorias en España deben ser objeto de ciertas cautelas. Aun así, con las informaciones disponibles cuando se escribe este texto, se pueden establecer las previsiones indicadas en la Tabla 2.3 y el Gráfico 2.4.

De mantenerse las actuales tendencias migratorias, en el año 2010 la población extranjera alcanzará una proporción del 14,2%, ascendiendo en 2015 al 27% del total de residentes afincados en territorio español.

La primera vez que realizamos unas previsiones de este tipo en el año 2003[11] se produjeron reacciones de cierto escepticismo y en algunos periódicos se publicaron comentarios advirtiendo que sólo se trataba de proyecciones estadísticas, es decir «simulaciones matemáticas», según se decía. Ciertamente los autores de aquel estudio, realizado a partir de datos cuyo último registro era el 1 de enero de 2002, también pensábamos que en el propio decurso social se producirían cambios e incidencias que cambiarían, en algún modo, los pronósticos. Pero lo cierto es que a partir de 2002 las previsiones se han ido cumpliendo en alto grado, viéndose incluso superadas por los hechos en algunos casos.

---

[11] Véase José Félix Tezanos y Sergio Tezanos Vázquez, «Inmigración y exclusión social», *Papeles de Economía Española,* núm. 98, Madrid, 2003, págs. 225-237.

TABLA 2.3.—*Evolución de la población extranjera en España y proyecciones hasta 2015*

Fecha (1/enero)	Población Española TOTAL	Población Inmigrante	
		TOTAL	%
1990	39.887.140	407.647	1,0
1991	38.872.268	360.655	0,9
1992	39.137.979	393.100	1,0
1993	39.790.955	430.422	1,1
1994	40.229.598	461.364	1,1
1995	40.460.055	499.773	1,2
1996	39.669.394	542.314	1,4
1997	...	609.813	...
1998	39.852.651	637.085	1,6
1999	40.202.158	748.954	1,9
2000	40.499.790	923.879	2,3
2001	41.116.842	1.370.567	3,3
2002	41.837.894	1.977.946	4,7
2003	42.717.064	2.664.168	6,2
2004	43.197.684	3.034.326	7,0
2005	44.108.530	3.730.610	8,5
2006	44.708.964	4.144.166	9,3
2007	45.116.894	4.482.568	9,9
2008 *	*45.478.169*	*4.843.843*	*10,7*
2009 *	*46.345.277*	*5.710.951*	*12,3*
2010 *	*47.367.607*	*6.733.281*	*14,2*
2015 *	*55.974.080*	*15.339.754*	*27,4*

* Proyecciones de 2008-2015: Las proyecciones de la población extranjera son de elaboración propia, realizadas a partir de la regresión de la curva exponencial basada en los datos del período 1990-2007: $y = 212003e^{0,1647x}$; $R^2 = 0,9267$. Las proyecciones de la población española asumen una tasa de crecimiento nula de la población nacional, debiéndose el aumento de la población total española a los incrementos proyectados de población inmigrantes.

Fuente: Instituto Nacional de Estadística, Censos y Padrones de Población, para el período 1971-2007. Elaboración propia.

No obstante, la desaceleración registrada en la llegada de inmigrantes que se constató en el *Padrón municipal* de 1 de enero de 2007, si no obedece sólo a procesos coyunturales de «limpieza» y actualización de registros —para evitar duplicidades y desfases, según se ha dicho—, podría indicar que estamos ante una dinámica de crecimiento que ha dejado de ser exponencial. Por ello, habría que considerar, también, la posibilidad de una evolución lineal en los próximos años, que nos situaría —si los datos se mantienen constantes— ante una población en 2015 de ocho millones de extranjeros, es decir, un 15,7% de la población.

Los datos del *Padrón municipal* de 1 de enero de 2002, cuando hicimos las primeras proyecciones, consignaban una población extranjera en España de 2.254.807 personas. Las últimas referencias publicadas a 1 de enero de 2007, sólo cinco años después, han duplicado ampliamente la cifra, rozando los cuatro millones y medio de personas, con un promedio de incremento anual de la población extranjera que se sitúa en cuatrocientas treinta mil, desde el año 2000.

GRÁFICO 2.4.—*Evolución de la población inmigrante en España y proyecciones hasta 2015*

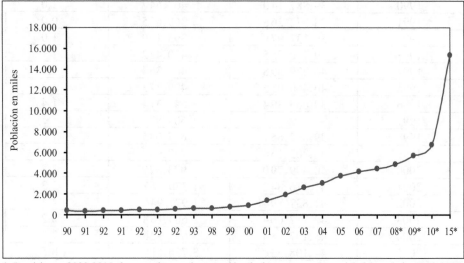

* Previsiones 2008-2015 de acuerdo con la regresión de la curva exponencial del período 1990-2007: $y = 212003e^{0,1647x}$; $R^2 = 0,9267$.

Pero, más allá de los posibles matices sobre las cifras y sobre la exactitud de las previsiones indicadas, lo importante es resaltar el fuerte ritmo migratorio que se ha producido en pocos años. Esta dinámica ha dado lugar a que España —que en el año 1975 tenía, como hemos indicado, casi tres millones y medio de personas afincadas fuera de sus fronteras por razones de trabajo— tenga en 2007 una proporción de extranjeros similar a la de otros países de su entorno que cuentan con una trayectoria y una experiencia mucho más dilatada en la recepción de inmigrantes.

Las razones que, en el caso de España, explican tan fuerte presión migratoria son de diversa naturaleza. Unas son de carácter exógeno, como la pobreza, las carencias extremas, las crisis políticas, la falta de horizontes de futuro en los países de origen, etc.; y otras de tipo endógeno, conectadas a las características y perspectivas de crecimiento de la economía española y a su propia condición —y esto es muy importante— de país fronterizo.

España tiene tres grandes fronteras por las que tiende a fluir la migración: en primer lugar, la amplia frontera marítima cercana al norte de África, con dos enclaves ubicados en la Costa de Marruecos por los que se produce una porosidad transfronteriza de tipo específico; enclaves en los que se producen múltiples intercambios comerciales y a los que prácticamente se puede llegar a nado desde el otro lado de las fronteras. En segundo lugar, está la frontera avanzada que representan las Islas Canarias, como importante imán de atracción próximo al África Subsahariana. Y, en tercer lugar, España tiene también una frontera cultural de hondas raíces con los países de América Latina que aportan importantes contingentes regulares de inmigración.

En contraste con otros países de mayor potencial económico y con una más larga trayectoria en la atracción e integración de inmigrantes, España apenas cuenta con experiencia, ni con previsiones en este campo. Lo cual implica que ha sido preciso articular —casi improvisar— en poco tiempo instituciones especializadas y políticas adecuadas a tal fin. Sin embargo, la intensidad de los ritmos y las carencias y dificultades en las políticas de acogida, junto a las propias circunstancias particulares del modelo económico español, permiten prever que, si no se modifican las actuales tendencias, en los próximos años se acentuarán los problemas de integración y aumentarán los riesgos de que muchos nuevos inmigrantes se vean abocados a corto plazo a una dinámica de exclusión social, tal como se está empezando ya a notar, dando lugar a una problemática específica de la que me he ocupado con detalle en otro lugares[12].

Las eventuales incidencias futuras que puedan afectar a la situación económica española en sectores bastante dinámicos, pero muy sensibles a los ciclos y a las circunstancias coyunturales, y que emplean una alta proporción de trabajadores inmigrantes, como la construcción y los servicios turísticos, es evidente que podrán generar procesos de desempleo y de vulnerabilidad social que exigirán un notable esfuerzo asistencial. Esfuerzo que es preciso prever, en la medida que la saturación de determinados mercados laborales ya se está reflejando en las mayores tasas de paro que se registran en la propia población activa extranjera (véanse Tablas 2.4 y 2.5). En concreto en 2007 la tasa de paro entre varones extranjeros prácticamente doblaba la de varones españoles (10,39% respecto a 5,69%).

TABLA 2.4.—*Evolución de la población extranjera activa, ocupada y parada en España: 1999-2007 (miles de personas)*

Año	Población activa extranjera	Población ocupada extranjera	Población parada extranjera	Tasa de paro en población activa extranjera
1999	376,9	325,2	51,7	9,0
2000	572,2	481,7	90,5	10,6
2001	851,8	740,9	110,9	9,5
2002	1.167,4	999,3	168,1	10,5
2003	1.596,8	1.367,8	229,0	11,6
2004	1.979,2	1.710,8	268,4	10,1
2005	2.336,0	2.069,1	266,9	11,3
2006	2.789,7	2.461,1	328,6	11,8
2007*	3.036,2	2.653,3	382,9	12,6

* Datos del primer trimestre de 2007.

Fuente: INEbase. *www.ine.es.*, *Encuestas de Población Activa*. Elaboración propia.

---

[12] Además de los textos ya citados en las notas 6 y 11, véase sobre este tema, José Félix Tezanos (ed.), *Tendencias en desigualdad y exclusión social* (2.ª edición actualizada y ampliada), Madrid, Sistema, 2004.

TABLA 2.5.—*Tasas comparativas de paro entre extranjeros y españoles en 2005-2007 (porcentajes)*

	Primer trimestre 2005	Segundo trimestre 2005	Tercer trimestre 2005	Cuarto trimestre 2005	Primer trimestre 2006	Segundo trimestre 2006	Tercer trimestre 2006	Cuarto trimestre 2006	Primer trimestre 2007
Total españoles	9,74	9,05	8,20	8,50	8,62	8,03	7,74	7,72	7,80
Total extranjeros	13,96	11,61	10,15	10,23	12,33	11,96	10,85	12,02	12,61
Varones españoles	7,38	6,96	6,24	6,45	6,38	5,86	5,68	5,65	5,69
Varones extranjeros	11,22	10,12	8,46	8,18	10,08	10,00	8,39	8,81	10,39
Mujeres españolas	13,15	12,05	11,03	11,45	11,78	11,08	10,66	10,58	10,71
Mujeres extranjeras	17,54	13,44	12,39	12,79	15,11	14,39	14,00	16,08	15,46

Fuente: INEbase, *Encuestas de Población Activa,* ob.cit. Elaboración propia.

4. Características de la población extranjera en España

En general, los inmigrantes que vienen a España son personas jóvenes. Del total de extranjeros con tarjeta de autorización de residencia en vigor a 31 de marzo de 2007 (3.236.743), la media de edad de los nacionales comunitarios (un 31,5%) era de 42 años, la de los procedentes del resto de Europa era de 34 años, la de los africanos 28 años, la de los asiáticos 31 años y la de los latinoamericanos 32 años[13].

Durante los últimos años del siglo xx y los primeros años del xxi se ha producido, incluso, una cierta acentuación de la proporción de personas que se sitúan en las franjas de población de menos de 35 años, con el correspondiente retroceso de aquellos que tienen más de 44 años (véase Gráfico 2.5).

Gráfico 2.5.—*Extranjeros residentes en España según grupos de edad (Datos a 1 de enero de cada año)*

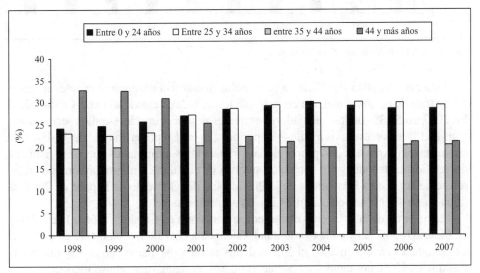

Fuente: INE, *Padrón municipal,* varios años.

En lo que respecta al sexo, aunque el equilibrio entre hombres y mujeres tiende a mantenerse en proporciones muy similares (un 47% de mujeres y un 53% de hombres en 2007) (véase Gráfico 2.6), se puede constatar una tendencia al aumento de la proporción de hombres durante los últimos años. No obstante, la presencia de mujeres es bastante notable, incluso superior a la de los hombres, entre los inmigrantes procedentes de algunas zonas, como América Latina, donde las mujeres representan el 54,8%. En cambio, entre los procedentes de África ocurre lo contrario, alcanzando los hombres una proporción del 68,1%.

---

[13] Observatorio Permanente de la Inmigración, *Boletín estadístico de extranjería e inmigración,* núm. 12, Ministerio de Trabajo y Asuntos Sociales, abril de 2007.

GRÁFICO 2.6.—*Evolución de los extranjeros residentes en España según sexo*

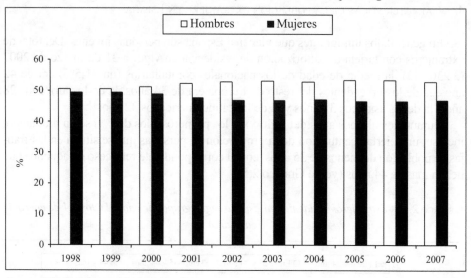

Fuente: INE, *Padrón municipal,* varios años.

Una característica significativa de la población activa inmigrante es que, en general, se trata de personas que han cursado ciertos niveles de estudios (véase Gráfico 2.7). En 2007 un 55,3% de los trabajadores extranjeros había cursado estudios secundarios, y un 19,1% tenían estudios medios y superiores, lo cual suponía un total de 74,4%. Esta circunstancia explica la alta proporción de trabajadores inmigrantes que están realizando actividades laborales por debajo de su nivel de cualificación, proporción que un Informe de la Oficina Económica de la Presidencia del Gobierno de España de 2006 cifraba en un 42,9% respecto a un 24,2% de población española[14].

La mayoría de la población extranjera se concentra en Cataluña (966.004 en 2007), en Madrid (854.232) y en la Comunidad Valenciana (727.080). Solamente en estas tres Comunidades residía en 2007 el 56,8% de los extranjeros que vivían en España, mientras que en 1990, por ejemplo, residían el 46,5%, es decir, diez puntos menos.

De manera paralela, en las zonas con mayor componente turístico y con mejor clima (Andalucía, Baleares, Canarias, Comunidad Valenciana y Murcia) en 1990 residían un 55,3% de los extranjeros afincados en España, mientras que en 2007 sólo lo hacían el 40%. Lo cual traduce algunos de los cambios que se han producido en la tipología de los extranjeros durante estos años.

El volumen total de la población inmigrante en 2007 representaba ya el 10% del total de la población, alcanzando cifras del 21,6% en Cataluña, del 19% en Madrid y del 16,2% en la Comunidad Valenciana. En cualquier caso, las magnitudes de la población extranjera hacen que prácticamente en todos los puntos de la geografía española exista un número importante de inmigrantes (véase Tabla 2.6).

El carácter predominantemente laboral de esta población queda reflejado en su alta presencia en la población activa española, habiendo alcanzado unas cifras totales de

---

[14] Oficina Económica del Presidente del Gobierno, *Inmigración y Economía española, 1996-2006,* Madrid, 2006, pág. 17.

más de tres millones de activos, según los datos de la Encuesta de Población Activa del primer trimestre de 2007. Lo cual, para una población activa como la española, representa cerca del 14%.

GRÁFICO 2.7.—*Extranjeros residentes en España según nivel de estudios cursados*

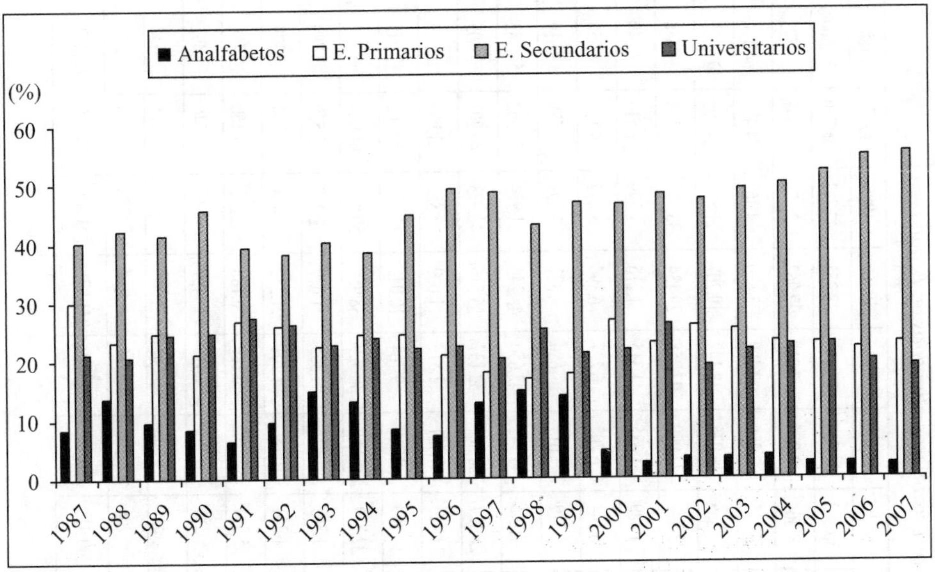

Fuente: INE, *Encuesta de Población Activa,* varios años.

En general, los trabajadores inmigrantes realizan tareas laborales muy concretas en sectores y actividades en los que la presencia de trabajadores nativos ha tendido a disminuir notablemente durante los últimos años, dando lugar a significativos procesos de segmentación laboral. Así, los inmigrantes tienden a «especializarse» en la construcción (sobre todo los hombres), en la recogida agrícola de productos de temporada (hombres y mujeres), en el servicio doméstico (las mujeres) y en servicios de hostelería y restauración, muchos de ellos de temporada (en mayor grado mujeres).

Consecuentemente, la presencia de trabajadores inmigrantes ha llegado a ser proporcionalmente muy notable en la construcción, donde en 2007 se empleaban más de setecientos mil (22,9%), en la agricultura, donde trabajan 190.500 (17,3%), así como en el sector servicios en general, donde la población activa extranjera alcanzó la cifra del millón ochocientas ochenta y tres mil personas (véase Tabla 2.7).

Por sus propias características y volumen los inmigrantes han introducido cambios demográficos importantes en la población española. Así España ha pasado en poco tiempo de tener una población que no llegaba a los 40 millones de habitantes, a superar la cifra de 44 millones, con efectos también en las tasas de natalidad. En concreto, el número de hijos por mujer fértil ha pasado de cifras de 1,16 en 1996, por ejemplo, que situaban a España en la cola de Europa, a unos índices de 1,37, según el Informe del INE sobre Movimiento Natural de la población española de 2006. Lo cual se debe en gran parte a los nacimientos de madres extranjeras, que supusieron el 16,46% del total de nacimientos en 2006.

En su conjunto, los perfiles de la población extranjera que ha llegado a España du-

José Félix Tezanos

Tabla 2.6.—*Comunidades de residencia de los extranjeros afincados en España*

	1975	1976	1977	1978	1979	1980	1981	1982	1983	1984	1985	1986	1987	1988	1989	1990
Andalucía	23.677	18.897	19.385	19.694	21.910	23.500	27.872	30.162	31.735	35.119	38.253	47.713	56.750	62.060	67.410	72.543
Aragón	2.085	1.491	1.851	1.716	1.642	1.822	1.987	2.364	2.277	2.016	2.062	2.676	3.347	3.573	3.761	3.988
P. de Asturias	3.582	3.462	3.515	3.420	3.745	3.817	3.712	3.515	3.300	3.400	3.409	4.362	4.453	4.110	4.089	4.198
Islas Baleares	8.431	8.322	8.637	8.918	9.980	13.276	15.123	14.866	16.735	18.142	19.202	21.891	24.895	27.027	31.225	32.646
Canarias	18.778	18.995	19.811	20.223	22.150	23.595	22.218	22.527	24.990	27.258	29.134	33.714	39.133	43.646	48.046	51.955
Cantabria	1.184	1.240	1.241	976	1.151	1.318	1.423	1.489	1.385	1.315	1.216	1.399	1.516	1.540	1.479	1.751
Castilla y León	4.802	4.484	4.145	3.955	4.389	5.303	6.058	6.144	6.205	6.227	6.394	8.474	8.156	8.350	8.965	10.047
Castilla-La Mancha	463	452	488	426	532	589	644	719	615	680	821	1.399	1.579	1.619	1.651	1.992
Cataluña	36.365	37.568	38.439	36.859	37.716	38.369	39.640	39.143	40.142	42.650	45.246	51.934	59.362	58.582	63.542	65.990
C. Valenciana	13.890	13.780	14.752	15.381	17.026	19.387	22.891	26.127	28.862	32.137	35.516	42.973	46.201	52.805	59.382	64.990
Extremadura	1.525	1.522	1.496	1.413	1.462	1.509	1.522	1.425	1.451	1.519	1.600	1.852	1.989	1.979	2.009	2.273
Galicia	10.871	10.513	10.355	9.499	10.252	10.269	10.751	10.809	9.768	9.764	10.045	11.377	12.362	12.945	13.936	15.062
C. de Madrid	29.594	28.672	28.496	26.093	33.293	31.710	35.484	32.719	34.069	36.529	38.959	50.854	61.024	65.817	75.056	60.902
R. de Murcia	866	917	1.032	902	1.050	1.160	1.286	1.363	1.416	1.355	1.629	2.217	2.520	2.789	3.131	3.422
C. F. de Navarra	2.561	1.438	1.080	1.060	1.348	1.330	1.215	1.241	1.186	1.201	1.272	1.481	1.334	1.379	1.638	1.920
País Vasco	5.596	6.168	6.431	7.039	5.248	5.619	5.349	5.394	5.262	6.189	6.188	7.675	9.160	10.714	11.721	13.169
La Rioja	242	264	277	309	337	342	359	385	389	410	427	561	546	492	530	598
C. A. de Ceuta	336	316	300	285	309	302	300	311	363	365	381	432	388	432	430	495
C. A. de Melilla	191	180	181	179	193	205	208	208	200	194	217	258	220	173	146	245
TOTAL	165.039	158.681	161.912	158.347	173.733	183.422	198.042	200.911	210.350	226.470	241.971	293.208	334.935	360.032	398.147	407.647

Tabla 2.6 (cont.).—Comunidades de residencia de los extranjeros afincados en España

	1991	1992	1993	1994	1995	1996	1997	1998	1999	2000	2001	2002	2003	2004	2005	2006	2007
Andalucia	48.722	54.029	56.298	61.437	67.127	70.725	83.942	99.781	110.114	128.916	164.145	212.202	282.901	321.570	420.207	488.928	526.942
Aragón4.702	5.210	6.160	6.305	6.877	6.290	9.747	7.846	8.938	12.051	25.132	44.028	61.896	77.545	96.848	105.361	123.591	
P. de Asturias	5.774	6.030	6.080	6.285	6.562	6.515	7.483	6.029	6.048	7.859	10.848	14.846	19.691	22.429	26.797	30.258	32.586
Islas Baleares	20.631	20.947	24.025	25.895	28.111	30.709	32.051	38.093	45.017	54.729	73.614	99.744	126.505	131.423	156.270	167.751	189.437
Canarias	34.911	38.494	44.286	47.427	53.188	56.233	58.890	55.218	62.677	77.196	107.930	143.138	179.493	185.781	222.260	233.447	248.871
Cantabria	1.749	1.960	2.395	2.650	2.864	3.078	3.469	3.147	3.463	4.273	6.833	10.334	13.677	16.364	20.547	23.834	26.744
Castilla y León	10.547	11.895	13.030	13.864	14.628	15.011	17.423	15.121	16.000	18.381	26.572	42.640	59.440	71.300	91.318	106.159	118.951
Castilla-La Mancha	2.980	3.696	4.732	5.573	6.516	6.670	9.346	9.854	10.292	13.854	27.887	48.123	70.899	88.858	115.223	132.725	158.905
Cataluña	60.800	72.291	76.244	83.296	106.809	114.264	124.548	121.361	144.925	181.598	257.354	382.067	543.008	642.846	798.904	913.757	966.004
C. Valenciana	47.458	50.210	53.489	56.163	57.790	59.952	64.823	102.118	130.192	156.207	199.574	301.143	413.760	464.317	581.985	668.075	727.080
Extremadura	3.071	3.472	3.951	4.516	5.060	4.516	7.266	4.082	7.476	8.713	11.627	15.125	17.885	20.066	25.341	27.467	29.068
Galicia	12.598	14.087	15.392	16.431	16.833	17.615	19.241	19.693	21.787	25.602	33.058	42.462	53.808	58.387	69.363	73.756	81.023
C. de Madrid	81.164	83.286	89.031	93.610	93.031	111.116	115.983	115.202	134.165	165.734	305.656	444.440	589.215	664.255	780.752	800.512	854.232
R. de Murcia	6.286	5.581	7.550	6.549	7.390	7.939	9.643	11.916	17.237	26.189	55.458	83.511	113.912	132.918	165.016	189.053	200.964
C. F. de Navarra	2.565	2.882	3.564	3.784	4.202	4.693	4.850	4.313	5.971	9.188	19.497	30.686	38.741	43.376	49.882	55.444	55.427
País Vasco	9.412	10.935	12.304	12.262	13.569	13.135	15.648	15.198	16.793	21.140	27.438	38.408	49.231	59.166	72.894	85.542	98.108
La Rioja	984	1.131	1.266	1.384	1.659	1.893	2.030	2.539	3.320	4.397	8.193	15.288	20.570	24.988	31.075	35.037	36.583
C. A. de Ceuta	472	562	577	628	776	775	903	3.114	3.093	3.050	3.281	3.334	3.203	2.863	3.037	3.078	2.861
C. A. de Melilla	313	334	502	847	1.083	1.054	594	2.460	1.447	4.803	6.561	6.425	6.333	5.874	2.891	3.982	5.191
TOTAL	360.655	393.100	430.422	461.364	499.773	538.984	609.813	637.085	748.954	923.879	1.370.657	1.977.946	2.664.168	3.034.326	3.370.610	4.144.166	4.482.568

Fuente: INE, Padrón municipal, varios años.

TABLA 2.7.—*Porcentaje de activos extranjeros sobre el total de activos según sector productivo al que pertenecen (EPA)*

	1987	1988	1989	1990	1991	1992	1993	1994	1995	1996	1997	1998	1999	2000	2001	2002	2003	2004	2005	2006	2007*
Agricultura	0,13	0,09	0,09	0,08	0,3	0,3	0,33	0,69	0,7	0,82	1,59	1,55	2,49	4,29	6,62	8,05	12,3	12,92	16,97	16,5	17,34
Industria	0,14	0,15	0,19	0,28	0,33	0,34	0,41	0,42	0,49	0,86	0,93	0,95	1,43	2,06	2,87	4,66	5,79	7,04	8,35	9,43	9,49
Construcción	0,27	0,14	0,16	0,34	0,49	0,63	0,39	0,4	0,64	1,19	1,44	1,48	2,28	4,43	6,32	9,29	12,5	18,12	20,2	21,3	22,9
Servicios	0,38	0,39	0,41	0,43	0,53	0,71	0,84	0,91	1,02	1,45	1,48	1,96	2,61	3,48	4,95	6,49	8,05	9,14	10,37	12,25	12,25

* Los datos de 2007 corresponden a los tres primeros trimestres del año.

Fuente: INE, *Encuesta de Población Activa*, varios años.

rante los primeros años del siglo XXI, responden a una pirámide de población que es diferente en varios aspectos al de la población española de origen (véase Gráfico 2.8) y que introduce elementos indudables de dinamismo, que se harán notar en mayor grado en los próximos años si se mantienen los diferenciales en natalidad y, sobre todo, si se continúan produciendo reagrupamientos familiares respecto a los hijos que han quedado en los países de origen.

Finalmente, es preciso consignar que la mayoría de la población extranjera residente en España a principios de 2007 tenía regularizada su situación: más de tres millones doscientas mil personas para un total de población empadronada de cerca de cuatro millones y medio, lo cual supone un 72%. Estos datos reflejan el serio esfuerzo de regularización de situaciones persistentes que se ha efectuado durante los últimos años, aunque la persistencia de los flujos migratorios irregulares ha dado lugar a que aún exista un millón doscientas mil personas sin papeles en regla (un 28% del total de extranjeros residentes en España).

GRÁFICO 2.8.—*Pirámides de población (2005)**

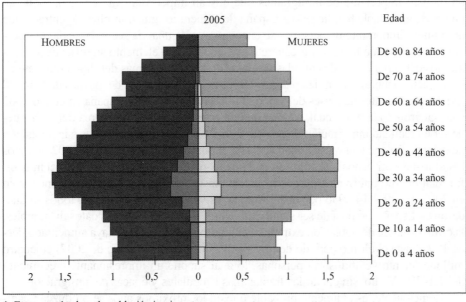

* En tono más claro, la población inmigrante.

Fuente: Explotación estadística del Padrón, INE, 2005.

5. LOS IMPACTOS SOCIALES DE LAS INMIGRACIONES

Como puede comprenderse, el impresionante crecimiento de la población extranjera en España constituye un fenómeno social que está teniendo múltiples impactos de carácter económico, sociológico y cultural. La intensificación de la inmigración está produciendo efectos importantes sobre los mercados laborales, poniendo a disposición de los empleadores un nuevo «ejército laboral de reserva» para trabajar en sectores con mucho dinamismo, como los servicios y la construcción, a veces en condiciones bastante precarias y con bajos salarios. Lo cual está incidiendo en la misma oferta —y en las características— de los trabajos disponibles en muy diversas actividades productivas.

En el plano cultural, la presencia de inmigrantes procedentes de ámbitos étnicos, lingüísticos y religiosos diferentes a los del país de recepción, está dando lugar a una acentuación de los contrastes culturales y a una visualización pública de diversos estilos de vida, costumbres, formas de comportamiento, maneras de vestir, expresiones religiosas, etc. Las manifestaciones de la diferencia se hacen más notables en el caso de la población de origen africano, contribuyendo a que se extiendan imágenes muy plásticas de España como una sociedad multicultural, en la que, al mismo tiempo, empiezan a tomar cuerpo fenómenos de rechazo, racismo y xenofobia, especialmente entre los sectores sociales menos prósperos.

Junto a los efectos económico-laborales, culturales y de otra índole conexa, los impactos de mayor resonancia de una emigración tan masiva y tan concentrada en el espacio y en el tiempo, son los de carácter sociológico, y más específicamente los que se relacionan con la lógica de la inclusión-exclusión social.

La presencia en muchas ciudades españolas, sobre todo en Madrid y Barcelona, de un número importante de inmigrantes que buscan imperiosamente empleo, y que en una parte apreciable han llegado a España de manera irregular, implica de entrada que un número importante de personas se encuentran ante una vía secundarizada de inserción en el mercado laboral. En concreto —y como mero elemento significativo—, según los datos policiales de entradas y salidas de España, además del flujo constante de inmigración laboral que utiliza pateras y otros medios extremos, de los más de 550.000 turistas procedentes de países de América Latina que llegaron a España en el año 2002 sólo salieron 86.000. Lo cual, supone que de este flujo «turístico» cerca del 85% puede ser en realidad inmigración ilegal. Las cifras y proporciones referidas a la población de origen africano son más abultadas, hasta el punto que durante el año 2002 de todos los «turistas» africanos que entraron en España, 683.979 no regresaron. Es decir, la cifra total de «no retornados» procedentes de países africanos y latinoamericanos, sólo en 2002, fue de 1.147.936 personas. Aunque es verosímil pensar que no todos se quedaron en España, no deja de ser significativo que, ateniéndonos a los datos disponibles, la cifra «oficial» de población extranjera empadronada en España haya aumentado desde 1991 hasta el último período del que se dispone de datos (enero de 2007) en cuatro millones ciento veintidós mil personas, lo cual supone un impresionante crecimiento del 1.143%. Y ello, sin contar las franjas más irregulares y opacas de inmigración.

Lógicamente, es altamente probable que en los próximos años se produzcan cambios en España y en el espacio europeo y mundial que tiendan a modular la evolución de los procesos migratorios. Pero aun así, hay que prever que muchas de las motivaciones que están alentando los fenómenos migratorios continuaran incidiendo a corto plazo y que las inercias permanecerán operativas durante varios años. Esto significa que la inmigración tenderá a convertirse en un problema social y poblacional de mayor entidad, a medida que la oferta decreciente de puestos de trabajo para inmigrantes no logre satisfacer de una manera adecuada una demanda creciente (y acumulada) de empleos. Lo cual es previsible que provoque una mayor competencia «anómala» por lograr trabajo, aun en las peores condiciones, dando lugar a mayores tensiones de rechazo por parte de la población de origen, debido tanto a la «competencia a la baja» que esta situación supone, como a la extensión de una mayor «visibilización» competitivizada y negativizada de la presencia de la población inmigrante.

De hecho, la «visibilización» amplificada que está teniendo lugar, especialmente entre determinados sectores sociales, produce en bastantes personas la impresión de que la población extranjera es aún más alta de lo que indican las cifras, debido a su mayor presencia habitual en transportes públicos, en determinadas calles y zonas urbanas y, especialmente, en los ámbitos geográficos donde más se concentra la inmigración, es decir, en poblaciones turísticas, zonas agrícolas del arco mediterráneo y grandes ciudades con un sector servicios importante.

Las características de los actuales procesos migratorios y la forma en la que se están produciendo muchos de ellos, en el contexto de un orden mundial globalizado, altamente competitivo y con significativas tendencias de desregulación, está dando lugar a que estos procesos tengan fuertes impactos transformadores en las sociedades de acogida, tanto en los ámbitos económico-laborales, como en los sociales, culturales y políticos[15].

El alto grado de interdependencia existente en las sociedades de nuestro tiempo hace que los efectos transformadores se produzcan en múltiples planos y direcciones. Desde luego, los efectos son notables para las sociedades de procedencia, entre otras razones porque posibilitan abrir nuevos horizontes y posibilidades vitales y de supervivencia digna a muchas familias, y también porque están dando lugar a un caudal importante de transferencia de recursos monetarios, a través de las remesas de emigrantes que, en el caso de España, llegaron a alcanzar en 2006 una cifra superior a los seis mil millones de euros (a lo que habría que añadir una cantidad significativa de recursos que se trasladan por vías no regulares).

Los efectos transformadores también se están haciendo notar en los países de acogida, en los que la inmigración, y todo lo que se conecta a ella, tiende a configurarse como uno de los factores de cambio de más amplio potencial. Los aspectos en los que se concreta el influjo de las migraciones son de muy diverso tipo y valoración: unos tienen una caracterización claramente positiva, como los reequilibrios poblacionales[16], los efectos potenciadores sobre el crecimiento económico[17], la productividad y los beneficios, etc. Y otros son de carácter negativo o crítico, como la emergencia práctica de experiencias devaluadas y segmentadas de la ciudadanía, el surgimiento de nuevos *guetos* urbanos, el aumento de la población excluida, la demanda —no siempre bien atendida— de mayores prestaciones sociales y asistenciales, etc.

---

[15] Véase sobre este tema, José Félix Tezanos, «Nuevas tendencias migratorias y sus efectos sociales y culturales en los países de recepción. Doce tesis sobre inmigración y exclusión social», ob. cit.

[16] El ya referido Informe de enero de 2006 de la Comisión de Población y Desarrollo de Naciones Unidas sobre Migraciones internacionales ha estimado que la migración neta representaba en 2005 el 75% del crecimiento demográfico de las regiones más desarrolladas, estimándose que «si la tendencia actual continúa es probable que entre 2010 y 2030 todo el crecimiento demográfico de esas regiones se deba a la migración neta» (ONU, *Seguimiento de la población mundial con especial referencia a la migración internacional y el desarrollo,* ob. cit., pág. 7).

[17] En España, la Oficina Económica de la Presidencia del Gobierno estimó, en su informe de noviembre de 2006, que en el crecimiento económico del PIB español durante los cinco últimos años, el 50% es atribuible a la inmigración (Inmigración y economía española: 1996-2006, ob. cit. página 1). Otros estudios han calculado una contribución de la inmigración al crecimiento del PIB de un 39% para la década comprendida entre 1996-2005, con una evolución que puede llegar —según se afirma— al 90% para el último quinquenio (véase Juan J. Dolado y Pablo Vázquez, «Los efectos económicos y las Políticas de la Inmigración», en Juan J. Dolado y Pablo Vázquez (eds.), *Ensayos sobre los efectos económicos de la inmigración,* Madrid, Fundación FEDEA, 2007.

De manera más específica, entre los principales cambios sociológicos y políticos que están teniendo lugar en países como España, en conexión con la inmigración, podemos mencionar los siguientes:

En primer lugar, las migraciones están influyendo en la modificación de los mercados laborales y, en cierto sentido, en la transformación de las reglas del juego en el plano económico-laboral. Así, las migraciones están incidiendo en el aumento de los procesos de precarización laboral y exclusión social, debido a las competencias a la baja que se están dando en los mercados laborales de los países de acogida, a causa de la sobre-oferta de una mano de obra que necesita trabajar apremiantemente y como sea (nuevo «ejército laboral» de reserva), en un contexto en el que tiende a crecer la economía sumergida y diversas formas de sobreexplotación laboral.

Asimismo, se está produciendo un efecto «hoguera» en algunas actividades laborales «típicas» de inmigrantes, que ya no quiere realizar nadie que no sea inmigrante, y que se devalúan social y salarialmente, con el consiguiente deterioro de las condiciones laborales generales para una parte de las poblaciones nativas y un aumento de los riesgos generales de precarización y exclusión social en determinados sectores sociales, especialmente jóvenes, mujeres, personas con menos cualificaciones y nuevos demandantes de empleo en general.

En segundo lugar, los efectos anteriores están dando lugar a nuevos perfiles en los sistemas de estratificación de los países desarrollados, con acentuación de los rasgos dualizadores y la incidencia de variables estratificacionales vinculadas con las diferencias culturales, étnicas y de origen.

En cierta forma, los procesos migratorios están aumentando los componentes y niveles de desigualdad en el seno de las sociedades de acogida, debido al efecto traslaticio que supone la presencia creciente de una población peor posicionada. Pero, al mismo tiempo, también producen impactos socioeconómicos que tienen efectos globales compensadores, incidiendo positivamente en un mayor reequilibrio de la distribución mundial de la riqueza, no sólo por la vía ya indicada de las remesas de inmigrantes, sino también porque la presencia cercana de inmigrantes procedentes de países poco desarrollados propicia un mejor, y más próximo, conocimiento de sus problemas y necesidades por parte de sectores más amplios de la población nativa, generando un clima más positivo y comprensivo entre la opinión pública, que incentiva las políticas de cooperación al desarrollo y permite mayores compromisos en la perspectiva de movilizar los recursos necesarios para alcanzar el objetivo de destinar el 0,7% del PIB a estos propósitos.

En tercer lugar, se están produciendo nuevas conformaciones socioculturales en las sociedades desarrolladas, debido, entre otras razones, a los cambios en los perfiles sociales y en los propios modelos sociales globales. Es decir, las sociedades desarrolladas que están recibiendo inmigrantes en mayores proporciones están dejando de ser sociedades culturalmente homogéneas, caracterizadas por patrones de conducta, modos de vida y rasgos actitudinales y culturales altamente coincidentes, como hasta ahora había venido ocurriendo en el marco de un mundo compartimentalizado y bastante cerrado. En estos momentos, sin embargo, en un orden global más abierto e interdependiente, a las propias dinámicas internas de cambio y complejización cultural y actitudinal que están teniendo lugar en las sociedades desarrolladas se unen nuevos procesos de heterogeneización cultural, debido a que una parte apreciable de los inmigrantes no se está integrando adecuadamente en el plano cultural, actitudinal e incluso idiomático. La cuestión clave es que bastantes de ellos no quieren hacerlo en las condiciones que hasta ahora se consideraban habituales y que se habían venido produciendo, por ejemplo, en sociedades con alta capacidad integradora de inmigrantes como los Estados Unidos.

Ahora muchos inmigrantes no se ven a sí mismos ni como inmigrantes coyunturales, ni como inmigrantes definitivos plenamente integrados. Bastantes de ellos se sitúan a caballo entre dos sociedades, dos culturas y dos modos de vivir la condición ciudadana, conformando, como ya he indicado en otros lugares, una nueva condición de multiciudadanía compleja de doble dirección[18]. En algunos casos, además, los procesos de integración de los inmigrantes se están viendo dificultados por factores específicos, como los conflictos culturales y políticos mundiales, pudiéndose constatar serias dificultades de integración de las segundas generaciones.

El resultado de estas nuevas tendencias es que en las sociedades actuales no se están produciendo suficientemente ni dinámicas de integración, ni de hibridación, sino más bien de heterogeneización y, en algunos casos, de compartimentalización cultural, que en ocasiones se refuerza a partir del clima generado por conflictos culturales y políticos mundiales en los que sectores extremistas intentan encontrar un caldo de cultivo adecuado para sus propósitos antagonizadores.

En cuarto lugar, el aumento de los comportamientos delictivos entre inmigrantes y las mayores tasas de delincuencia y encarcelamiento registradas entre la población extranjera, junto al fenómeno del surgimiento de las nuevas bandas juveniles[19], aunque no afectan a la inmensa mayoría de los inmigrantes, que son gentes honradas y pacíficas que sólo quieren trabajar y prosperar, están difundiendo imágenes críticas y de recelo o rechazo entre una parte de la opinión pública, de forma que las poblaciones de acogida tienden a considerar la inmigración como un problema (en España como uno de los más importantes). Lo cual puede ser el preámbulo de nuevas pautas de rechazo y segregación, perfilando ciertas tendencias de evolución actitudinal de la opinión pública en una secuencia que va —o puede ir— del recelo al rechazo, y de ahí a la xenofobia y eventualmente al racismo[20].

En quinto lugar, en las sociedades desarrolladas que acogen mayor número de inmigrantes empiezan a producirse efectos políticos conectados a la inmigración, con tendencias de aumento de las actitudes de rechazo, xenofobia y racismo entre determinados sectores de la población y con alteraciones significativas en los mapas electorales, debido al surgimiento y/o fortalecimiento de formaciones de extrema derecha que hacen de la inmigración una de sus principales banderas.

---

[18] Véase José Félix Tezanos y Verónica Díaz, *Tendencias Sociales 1995-2006. Once años de cambios,* Madrid, Sistema, 2006, págs. 57 y sigs.

[19] Debe tenerse en cuenta que el desarrollo de este tipo de bandas no sólo está encontrando —y va a continuar encontrando— un caldo de cultivo propicio derivado de los componentes de marginación, segregación y desarraigo que siempre afectan a las poblaciones desplazadas, sino que también se puede ver potenciado por otros factores importantes, como las bajas tasas de escolarización, que en el caso de España llegan a ser entre la población comprendida entre los 16 y lo 18 años de sólo el 10% en Bachillerato, y del 20% si sumamos la Formación Profesional (véase Carlos I. Angulo Martín, «La evolución de la población extranjera en España y de sus condiciones de vida», *Sistema,* núm. 190-191, enero de 2006, págs. 41-55).

[20] De hecho una parte de la población española parece que está deslizándose a través de esta secuencia actitudinal, tanto en lo que se refiere a la consideración en sí de la inmigración como un problema, como en lo concerniente al desarrollo de actitudes xenófobas y de rechazo entre determinados sectores. Véase, en este sentido, José Félix Tezanos, *Nuevas Tendencias migratorias y sus efectos sociales y culturales en los países de recepción,* ob. cit., pág. 25.

En sexto lugar, la presencia concentrada en determinadas zonas geográficas de importantes núcleos de población inmigrante, con caracterizaciones culturales propias, está dando lugar a nuevas vivencias y percepciones de la condición pluricultural del mundo actual —con eventuales efectos políticos complejos a nivel nacional, como acabamos de indicar—, al tiempo que está propiciando un mejor conocimiento de los problemas globales de nuestra época, especialmente en lo que concierne a las desigualdades internacionales extremas, facilitando una mayor sensibilización sobre la exigencia de atajarlas. Es decir, en cierta medida, los inmigrantes traen al mundo rico sus problemas, y al hacerlos más presentes y visibles, influyen en la toma de conciencia ciudadana sobre la necesidad de situar estos problemas globales en la «agenda política».

En séptimo lugar, la dinámica actual de la inmigración puede acabar afectando a la manera de enfocar las políticas generales y a la misma manera de entender la condición ciudadana. La conformación de diferentes modelos laborales e itinerarios vitales (para adultos, para jóvenes, para inmigrantes), la delimitación de niveles de vida y consumo bastante diferentes, la cristalización de oportunidades de pertenencia y de participación notablemente disimilares entre sí y la misma existencia de dificultades y déficits de integración, incluso entre las segundas generaciones, está abriendo importantes brechas sociales en los países desarrollados, dando lugar a segmentaciones en la vivencia de la condición ciudadana. En muchas de las sociedades de acogida el hecho de ser inmigrante puede acabar conduciendo a maneras distintas de ser ciudadano y de experimentar la pertenencia social en una forma que acaba por impregnar muy diversos ámbitos de la sociedad. Por esta vía, al final, algunas personas (no sólo inmigrantes) se ven reducidas en la práctica a una condición ciudadana de segunda categoría, más mermada y devaluada en derechos y oportunidades.

6. LAS CONDICIONES DE VIDA Y DE TRABAJO DE LA POBLACIÓN INMIGRANTE EN ESPAÑA

La realización de una amplia y rigurosa *Encuesta sobre las condiciones laborales de los trabajadores inmigrantes en España* en 2007, con una muestra de 2.313 entrevistas, permite disponer de una información bastante precisa y actualizada sobre las condiciones de vida y trabajo de la población inmigrante afincada en España (véase nota 10).

Lo primero que se debe consignar es que un 53,2% de los trabajadores inmigrantes está casado o emparejado y un 55,2% tienen hijos. Pero, como ya indicamos antes, un 17,6% no tiene a su pareja en España, proporción que se duplica en el caso de los africanos y los asiáticos. A su vez, entre aquellos que tienen hijos, un 31,8% declara que ninguno de ellos se encuentra en España. Es decir, una proporción importante de la población inmigrante se encuentra afectada por circunstancias de separación familiar.

Solamente un 17,9% de los trabajadores inmigrantes tiene casa propia (lógicamente los que llevan más tiempo afincados), residiendo la mayoría en viviendas de alquiler, que generalmente son ocupadas por varias personas; en concreto, un 30,1% vive en el mismo piso con más de cinco personas y un 49,9% lo hace en viviendas de menos de 80 m², siendo un 5,4% los que declaran residir en casas de menos de 45 m².

La mayor parte de los trabajadores inmigrantes —un 72,4%— llegó a España sin permiso de trabajo y muchos tuvieron dificultades para encontrar un primer empleo. De hecho, un 22,4% de los encuestados, pese a que se trataba de una encuesta a población activa en sentido estricto, reconoció que no tenía permiso de trabajo en el momento de hacerse el estudio, al tiempo que, de aquellos que estaban trabajando, sólo el 91,9% estaba dado de alta en la Seguridad Social. Es decir, aun con las cautelas que suelen manifestarse en encuestas de este tipo, una parte muy apreciable de los trabajadores inmigrantes —casi un tercio— se ve afectado de entrada por problemas de irregularidad laboral; ello sin contar los sectores de la economía sumergida y no legal que no fueron considerados en la investigación (actividades irregulares, ventas callejeras, prostitución, etc.).

A su vez, de aquellos que están trabajando sólo un 27,4% tiene contratos indefinidos. Un 49,3% están realizando trabajos temporales o por obra y un 19,7% no tiene ningún tipo de contrato.

Junto a este primer rasgo de «precarización» laboral y significativa incidencia de carencias legales, una segunda característica de la población activa extranjera es la intensidad de su actividad laboral: un 11,1% de los inmigrantes realiza más de un trabajo, efectuando un promedio de 8,37 horas diarias (8,44 entre los africanos y un 8,70 entre los asiáticos), ascendiendo a un 8,9% los que declaran realizar jornadas de más de diez horas diarias. Asimismo, un 57,9% manifestó que durante los dos últimos meses había trabajado habitualmente los sábados y un 34,5% los domingos. Es decir, los trabajadores inmigrantes tienen altas tasas de pluriempleo y realizan habitualmente «horas extra».

En lo que se refiere a modalidades salariales, solamente un 79,4% de los inmigrantes cobran un salario fijo por su trabajo, recibiendo sus ingresos los demás de otras maneras (a destajo, a partes variables, etc.).

Un tercer rasgo caracterizador importante de las condiciones de los trabajadores inmigrantes es que sus trayectorias laborales muestran un cierto contexto de dificultades desde el primer momento. De hecho, amén de las carencias contractuales y de permisos de trabajo ya consignadas, un tercio de los encuestados (un 32,3%) manifestó que han tenido dificultades para encontrar trabajo por el hecho de ser extranjeros. Por eso, posiblemente, la vía más habitual para encontrar trabajo es a través de «amigos o familiares», como ocurre en el 62,7% de los casos. Lo cual revela la importancia que tienen las redes sociales y los contactos previos en la actual dinámica de los procesos migratorios laborales. De hecho, sólo un 8,9% de los inmigrantes con empleo encontraron el trabajo que tienen «buscando en empresas», mientras que un 6,5% lo encontraron a través de anuncios en el periódico, y otro exiguo 4,1% a través de una Empresa de Trabajo Temporal.

Los principales problemas que manifiestan haber encontrado los trabajadores inmigrantes, por el hecho de ser extranjeros (así lo sostiene un tercio), han consistido en no tener papeles, en el desconocimiento del idioma y en discriminaciones (véase Gráfico 2.9). Más en concreto, un 23,5% declara que le han llegado a negar algún trabajo por el hecho de ser extranjero, proporción que asciende al 34,5% en el caso de los africanos y al 29,3%, como promedio, entre los que han llegado a España en el último año, siendo éstos últimos también los que en mayor grado han tenido problemas para encontrar empleo por el hecho de ser extranjeros (un 35,5%). Lo cual parece indicar que están aumentando las actitudes de recelo y rechazo, especialmente hacia los inmigrantes procedentes de África.

Sin embargo, la mayoría de los trabajadores inmigrantes con empleo declaran que no experimentan discriminaciones laborales respecto a los trabajadores de su empresa de origen español. Entre aquellos que han experimentado discriminaciones (un 12,9%

GRÁFICO 2.9.—*Principales problemas que consignan los trabajadores inmigrantes que han tenido problemas para encontrar un empleo por el hecho de ser extranjeros (Base = 32,3%)*

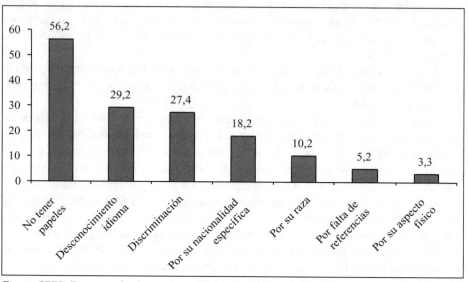

Fuente: GETS, *Encuesta sobre las condiciones laborales de los trabajadores inmigrantes en España,* 2007.

en total y un 17,6% entre los africanos), las discriminaciones consignadas se refieren principalmente a la remuneración percibida (29,8%), a las tareas asignadas (26,4%), las horas trabajadas (25,7%), el trato recibido por los jefes (24,2%), los turnos de trabajo (19,2%), los incentivos económicos (13,2%), la duración del contrato (12,1%) y las posibilidades de ascenso profesional (7,2%) (véase Gráfico 2.10).

GRÁFICO 2.10.—*Discriminaciones laborales recibidas en el trabajo por la población ocupada extranjera (Base = 12%)*

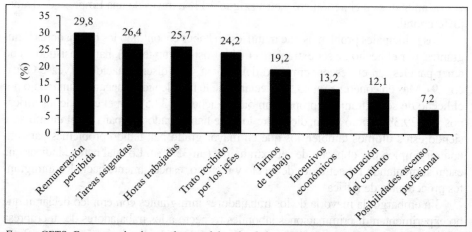

Fuente: GETS, *Encuesta sobre las condiciones laborales de los trabajadores inmigrantes en España,* 2007.

Asimismo, las actitudes de racismo o rechazo que los inmigrantes han detectado en sus trabajos, en algún momento de su estancia en España, y por el hecho de ser extranjeros, han afectado solamente a una pequeña parte de los inmigrantes y aparentemente solamente en casos particulares, aunque en unas proporciones que empiezan a ser significativas entre los africanos.

Las reacciones negativas se refieren principalmente a los modos de ser tratados (18,6%), al distanciamiento psíquico o emocional (11,4%) y a las carencias de comunicación en sí (10,8%) (véase Gráfico 2.11).

En definitiva, los datos de la investigación del GETS parecen indicar que los elementos de rechazo y racismo no tienen una incidencia acusada entre la mayoría de la población inmigrante en España, pero empiezan a constatarse situaciones de cierta gravedad que están afectando especialmente a los últimos que han llegado, y más en particular a las personas procedentes de África. Junto a esto es preciso consignar que los datos del GETS perfilan, en lo laboral y en lo que se refiere a las condiciones generales de vida de los trabajadores inmigrantes, una situación de secundarización que se manifiesta incluso en la peor dotación y equipamiento de sus viviendas, respecto a los niveles generales del resto de la población. Por ejemplo, un 73,5% no tienen lavavajillas, un 64,5% no tienen teléfono fijo y un 53,8% carecen de calefacción, mientras que sólo un 35,3% disponen de ordenador y un 28,1% de conexión a Internet. Proporciones todas ellas que empeoran significativamente entre los africanos y entre los llegados a lo largo del último año.

Plausiblemente algunas de las tendencias de secundarización social, laboral y económica y de mayores dificultades para encontrar trabajo que existen, según las zonas de

Gráfico 2.11.—*Trabajadores inmigrantes que alguna vez en su trabajo en España, por ser extranjeros, han sufrido determinadas conductas (porcentaje)*

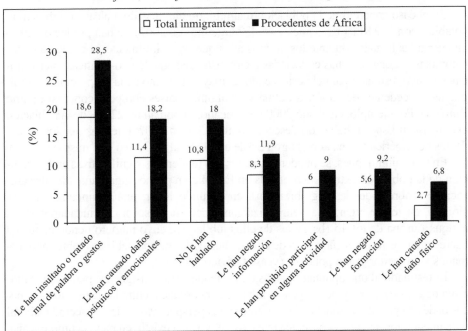

Fuente: GETS, *Encuesta sobre las condiciones laborales de los trabajadores inmigrantes en España,* 2007.

procedencia, expliquen la evolución que se está produciendo en la propia composición de la población inmigrante residente en España (véase Gráficos 2.12 y 2.13), perfilando una cierta dinámica de sustitución o de modulación de la presencia de ciertos núcleos de población, que hace pocos años llegaron a tener un mayor peso proporcional en el conjunto de la población extranjera residente en España.

GRÁFICO 2.12.—*Evolución de la procedencia de los extranjeros afincados en España*

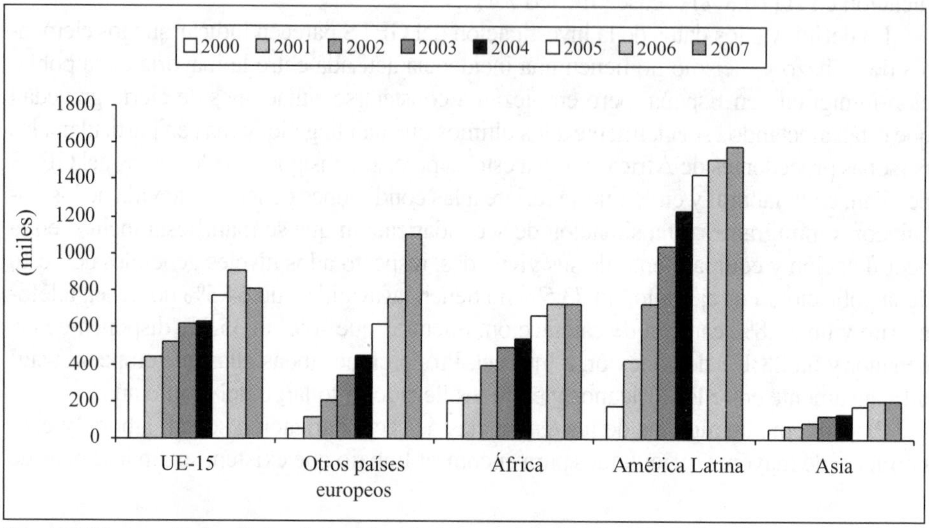

Fuente: INE, *Anuario Estadístico de España* y *Padrón municipal*, varios años.

En el caso concreto de la población magrebí, que ha llegado a alcanzar cifras muy notables (con 519.811 marroquíes y 44.432 argelinos en 2007), se han producido inflexiones en las llegadas durante los últimos años que, verosímilmente, obedecen a raíces complejas, algunas de ellas conectadas a circunstancias ideológico-políticas internacionales y cuyo resultado paralelo está siendo un mayor aumento de la proporción de inmigrantes procedentes de América Latina y de algunos países europeos concretos, como Rumania. Por ejemplo, en el año 2000 los africanos suponían un 22,4% de la población extranjera en España, habiendo descendido al 16,3% en 2007, mientras que los procedentes de América Latina aumentaron desde el 19,8% al 35,3% en este mismo período.

En su conjunto, pues, se pueden constatar tres tendencias significativas en la evolución de la población extranjera asentada en España: en primer lugar, una «desafricanización» (sobre todo desmagrebización), en segundo lugar, una «latinoamericanización» y, en tercer lugar, una «europeización», pero no respecto a ciudadanos de la antigua Europa de los 15 (bastantes de ellos jubilados), cuyo número tiende incluso a decrecer en los últimos años, sino de ciudadanos de la Europa del Este (sobre todo, rumanos y en menor grado polacos) (véase Gráfico 2.12).

El resultado al que apuntan muchas de las tendencias consignadas perfila un panorama de claro-oscuros y de riesgos de falta de concordancia entre las expectativas y necesidades de partida de muchos inmigrantes y las perspectivas reales de acogida laboral y de integración social y económica que existen, y van a existir, en países como España, a partir de las posibilidades de su situación económica real y de una dinámica concreta

GRÁFICO 2.13.—*Principales países de procedencia de los extranjeros residentes en España*

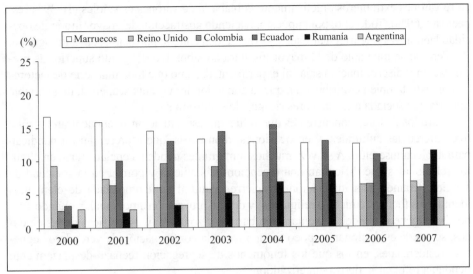

Fuente: Anuario estadístico de España y *Padrón municipal,* varios años.

como la que aquí hemos analizado y que, al final, puede acabar dando lugar a frustraciones personales y a traslados geográficos que, en mayor grado que ahora puede tender a desembocar en situaciones carenciales de nuevo tipo y de diferente ubicación.

Todo lo cual parece avalar los análisis y previsiones que ya hemos apuntado sobre las tendencias hacia una mayor interrelación entre la problemática de la inmigración y la de la exclusión social; conexión que, de alguna manera, puede alterar las bases y fundamentos de los modelos sociales de convivencia establecidos y los mismos supuestos de la noción moderna de ciudadanía, como referencia de igualdad y de oportunidades de participación y adecuada integración para todos aquellos que viven en unos mismos territorios.

7.   INMIGRACIÓN Y EXCLUSIÓN SOCIAL

La posición de partida «secundarizada» (sin papeles y sin «contactos» previos) de una parte apreciable de la población inmigrante y la falta de arraigo de la gran mayoría da lugar a que sus experiencias sociales se conviertan en un caldo de cultivo para el desarrollo de bolsas de exclusión social; desarrollo que, verosímilmente, tenderá a acentuarse en la medida en la que puedan producirse inestabilidades y fragilizaciones en los mercados laborales, en función de la propia evolución de la situación económica. De esta manera, si la demanda se retrae, o si determinados sectores entran en una fase descendente de sus ciclos (como suele ocurrir en el turismo, en la construcción y en otras actividades de servicios), serán precisamente los inmigrantes con situaciones no regularizadas y con menos arraigo los que en mayor grado sufrirán las consecuencias de los reajustes laborales, quedando en situaciones de paro y de mayor vulnerabilidad, que exigirán un esfuerzo asistencial. Esfuerzo que habría que empezar a prever, en la medida en que la saturación de determinados mercados laborales ya se está reflejando en las mayores tasas de paro que, como vimos en el epígrafe 3, se registran en la propia población activa extranjera (véase Tablas 2.4 y 2.5). En concreto en 2007 la tasa de paro entre varones extranjeros prácticamente doblaba la de varones españoles (10,39% respecto a 5,69%). Todo ello, por supuesto, haciendo abstracción del mayor grado de opacidad laboral —¡y de irregularidades!— que se dan entre la población activa inmigrante.

Pero no se trata sólo de la mayor inseguridad laboral, o del grado superior de precarización y discriminación salarial experimentada, sino que toda una serie de factores de contexto también contribuyen a que la condición inmigrante sea, en sí, una variable importante asociada a los mayores riesgos de exclusión social.

Entre los factores concurrentes que refuerzan esta situación se encuentran las mismas diferencias culturales, y en ocasiones idiomáticas, que representan un hándicap para la plena inserción. A su vez, muchos inmigrantes tienden a enclaustrarse en círculos relacionales que dificultan una recepción más abierta y porosa en la sociedad de acogida. Cuando esta inclinación al «cierre» cultural va acompañada de elementos identitarios fuertes (étnicos o religiosos) y de alta proyección emocional, y cuando grupos homogéneos tienden a asentarse en barrios y zonas muy específicas de las ciudades, se puede evolucionar en poco tiempo hacia la conformación de verdaderos «guetos» residenciales, en los que los fenómenos de segregación-rechazo-desplazamiento tienden a reforzar la deriva «guetizadora».

A todo lo anterior se une un factor adicional que fuerza a muchos inmigrantes a tener que aceptar prácticamente cualquier trabajo y en cualquier condición, ya que no sólo necesitan imperiosamente dicho trabajo para sobrevivir en el país de acogida, sino que, en bastantes ocasiones, también lo necesitan para que sobreviva su familia en el país de origen y para pagar los gastos del traslado, que muchas veces suelen ser «financiados» por mafias de la inmigración, que aplican intereses abusivos y que utilizan métodos muy expeditivos cuando se producen retrasos en los pagos. En este contexto, bastantes inmigrantes se ven obligados a vivir hacinados, en residencias que comparten (incluso entre más de ocho personas), con modelos habitacionales que han llegado a reactualizar la vieja experiencia de los submarinos, con las famosas «camas calientes», que se comparten por turnos entre varias personas durante las 24 horas del día[21].

La necesidad que tiene buena parte de los inmigrantes de «arreglarse» con una pequeña parte de sus sueldos, para poder enviar suficiente dinero a sus familias y a sus acreedores, da lugar a que se vean forzados a subsistir en condiciones muy precarias, y verdaderamente desesperadas cuando no están trabajando. Lo cual hace que esta población sea altamente demandante de servicios sociales de apoyo y asistencia básica, en ocasiones en detrimento de las familias españolas con ingresos más bajos que, al no incrementarse los presupuestos para prestaciones sociales, están perdiendo ayudas, becas y subsidios de los que antes disfrutaban. Tales pérdidas de prestaciones están alentando sentimientos de rechazo y malestar entre sectores de población que se sitúan en las

---

[21] Algunos estudios parciales revelan que el hacinamiento residencial de los inmigrantes es muy alto, así como las condiciones de precarización en las viviendas (realquilados, «acogidos» por familiares y amigos, cesiones, etc.). Véase, en este sentido, por ejemplo, Miguel Aguilar, «Vivienda», en Miguel Laparra (ed.), *Extranjeros en el purgatorio. Integración social de los inmigrantes en el espacio social,* Barcelona, Ediciones Bellaterra, 2003, págs. 153-163; y Susana Tezanos, «La realidad social de la población ecuatoriana en Madrid», *Temas,* núm. 79, junio de 2001, págs. 66-68.

franjas sociales más infraposicionadas y que muchas veces tienden a ver a los inmigrantes que llegan como unos intrusos y unos competidores que les están haciendo perder ventajas sociales y oportunidades laborales.

Vivir en el límite de las posibilidades y no ser bien «recibido» acaba siendo, así, el destino de muchos inmigrantes que, en ocasiones, sufren discriminaciones laborales y económicas, en una sociedad que no es la suya y que les obliga a desenvolverse en el marco de patrones culturales y de costumbres diferentes, lejos de los círculos de familiares y amigos próximos que podrían prestar apoyo en caso de necesidad extrema, sin vivienda propia y muchas veces «sin papeles» y, además, sin capacidad para disfrutar de buena parte de los derechos que se proclaman en la Constitución española y en la legislación laboral. Y todo esto en un país en el que, si eres inmigrante extracomunitario, tampoco tienes reconocidos plenamente los derechos políticos; lo que te acaba convirtiendo en un «no-ciudadano», en alguien que apenas cuenta en el plano cívico y social, como ocurría con los «metecos» en la Grecia clásica.

Buena parte de los problemas derivados de la deficiente integración social de los inmigrantes tienen su origen en la manera en la que se han fraguado las políticas de inmigración en los países de la Unión Europea. A las casuísticas disimilares de cada país —desde los casos pioneros de Francia o Alemania y otros países del Norte, hasta las experiencias más recientes de países del Sur de Europa, como España e Italia— se unen las especificidades de las distintas fases en las que han llegado los inmigrantes y, sobre todo, se une también la heterogeneidad de los patrones temporales, jurídicos y sociales de «incorporación». Así, al triple patrón temporal («con un primer momento de irregularidad documental, un segundo período de residencia localizada... temporal o permanente...» y un tercer período de establecimiento más dilatado) y al doble patrón jurídico (regularidad e irregularidad) se añade, como resaltan Blanca Ruiz y Eduardo J. Ruiz, «un triple patrón social: el del irregular, claramente desterrado de la mayoría de las posibilidades de integración social; el del ciudadano, cuando el emigrante ha conseguido la ciudadanía del país de recepción (circunstancia no excesivamente común...); y el de denizen..., el no-ciudadano..., al que le está vetada la participación política y una serie de prerrogativas propias de los ciudadanos, que impiden su plena integración»[22].

Esta heterogeneidad situacional y las distintas influencias específicas que se producen en coyunturas económicas disimilares —que llevan a «estimular», «tolerar», o «restringir» los procesos migratorios— implica un hándicap importante para el establecimiento de una política adecuada de recepción e integración en los países europeos, en general, y, más en particular, en aquellos que se han incorporado en los últimos años —de manera un tanto caótica a veces— al grupo de las naciones receptoras de grandes flujos migratorios.

La forma en la que se está acogiendo a los inmigrantes en determinados países europeos se encuentra afectada por la influencia inercial de muchas de las concepciones que subyacían en los modelos de migración laboral del pasado, como el célebre sistema alemán del *Gastarbeiter* («trabajador invitado temporal»), que consideraba la inmigración como un fenómeno estrictamente coyuntural, que operaba como un colchón amortiguador de las necesidades laborales coyunturales, en momentos de mayor capa-

---

[22] Blanca Ruiz López y Eduardo Ruiz Vieytez, *Las políticas de inmigración: la legitimación de la exclusión,* Bilbao, Universidad de Deusto, 2001, pág. 52.

cidad expansiva de la economía. En estos casos, se entendía que el «trabajador invitado» lo era por un período corto y que su destino inevitable era regresar a su lugar de origen. De ahí que en tal paradigma no se plantease la integración a medio o largo plazo.
Y de ahí también que este enfoque haya sido considerado, a veces, como más propio
del modelo de «importación» de mano de obra, típico del esclavismo o de los regímenes autoritarios, que del patrón de «inmigración» de personas libres y familias que
quieren abrirse una perspectiva vital diferente a la que tienen en sus países de nacimiento[23].

No puede negarse que la influencia de estos enfoques, y la persistencia de sus residuos, tiende a difundir en algunos ciudadanos la imagen del emigrante como un «extraño», casi como un intruso o un usurpador, que llega por la puerta de atrás para dis-
putar derechos sociales y oportunidades laborales a la población nativa; y, además,
como alguien que viene en condiciones precarias y que se ve abocado a la vulnerabilidad social y la necesidad. Es decir, al inmigrante se le tiende a ver —y a situar *a priori*— en los parámetros de la exclusión social y en sus zonas fronterizas. De esta forma,
el cliché exclusógeno acaba produciendo refuerzos en la misma dirección, dando lugar
a que las posibilidades de integración de bastantes inmigrantes choquen desde el principio con un cierto componente de «xenofobia institucionalizada» en la estructura social receptora[24].

Muchos de los problemas que se están planteando, en buena medida, tienen su
base de partida en la inexistencia de un modelo adecuado para «teorizar» y «situar»
los actuales procesos migratorios y para definir —y ajustar— de manera equilibrada,
por un lado, aquello que los países más desarrollados demandan de los inmigrantes
(en cuanto a necesidades laborales funcionales y en cuanto a magnitudes) y, por otro,
lo que mueve realmente a muchas personas a abandonar sus lugares de origen. Hay
que tener en cuenta que bastantes inmigrantes salen huyendo de la falta de perspectivas vitales en sus países y que aspiran a situarse de manera estable en naciones más ricas en las que existen —al menos como posibilidad— mejores oportunidades para
ellos y para sus hijos, y, sobre todo, donde pueden tener asistencia sanitaria en caso de
necesidad, escuelas públicas, albergues de acogida y comedores gratuitos en supuestos extremos. Es decir, como ya hemos resaltado, los fenómenos migratorios actuales
no obedecen sólo a exigencias económicas equilibradas y racionalmente planteadas
desde la óptica de los países receptores, sino que responden, en buena medida, a dinámicas generadas por los actuales procesos de globalización, por las desigualdades internacionales, por los crecimientos demográficos descompensados y por las desarti-
culaciones y fracturas sociales y políticas que están teniendo lugar en amplias zonas
del Planeta.

Las inconsistencias que a veces se producen entre los componentes de objetivi-
dad/subjetividad en que se sitúan las experiencias vitales de bastantes inmigrantes —e
incluso la apariencia de movilidad ascendente experimentada por el mero cambio de
contexto geográfico— no deben hacer olvidar que buena parte de los inmigrantes sufren *de facto* «una exclusión objetiva y padecida» y que su «exclusión, o expulsión, se
produce de entrada en los países de origen de estos ciudadanos, países en los que ellos

---

[23] Véase Ubaldo Martínez Veiga, *La integración social de los inmigrantes extranjeros en España*, Madrid, Trotta, 1997, págs. 245 y sigs.

[24] Blanca Ruiz y Eduardo Ruiz, ob. cit., pág. 53.

estiman que no se puede vivir, ya sea por la crisis económica, la inestabilidad política o la violencia»[25].

La ausencia de actitudes positivas y coherentes hacia la inmigración se hace notar en sociedades como España, en contraste con lo que sucede —o más bien ha sucedido— en otros países en los que existe una cultura migratoria integradora más positiva, como los Estados Unidos. Y esto da lugar a que los inmigrantes se encuentren desde el primer momento con una cierta barrera latente de incomprensión e incluso de desconfianza.

La actitud que tienen algunos de los empresarios que contratan fuerza de trabajo inmigrante en condiciones irregulares tampoco ayuda a facilitar una buena integración. En bastantes casos los inmigrantes encuentran que el *rol* laboral que se les asigna de antemano les sitúa *a priori* en posiciones de alta vulnerabilidad. Lo que algunos empresarios quieren es poder disponer de empleados baratos, austeros, esforzados, sumisos y fácilmente «despedibles» en cualquier momento. Es decir, temporales precarios cuya situación en ocasiones puede llegar a bordear el neo-esclavismo.

En un contexto como el referido, determinados sectores de la población inmigrante acaban encontrándose en tales coordenadas de vulnerabilidad social que cualquier incidencia o evolución negativa les puede llevar a caer inevitablemente en la exclusión social. De los principales elementos de contexto que conforman el mapa habitual de riesgos de la exclusión social (carencias laborales, falta de vivienda y de recursos materiales y déficits en las redes sociales de apoyo)[26], muchos emigrantes acumulan vulnerabilidades en todos ellos.

Por ello, la presencia creciente de inmigrantes no bien integrados en países como España y, sobre todo, la existencia de un importante flujo de entrada de personas que se encuentran en condiciones no regularizadas, está tendiendo a extender los círculos de la exclusión social, al tiempo que propicia indirectamente la expansión de zonas opacas en el sistema productivo: economía sumergida (a veces, incluso físicamente, como en los casos de emigrantes clandestinos encerrados en sótanos), proliferación de vendedores callejeros, mafias de intermediación, negocios ilegales, infra-empleos, etc. Sin olvidar, junto a todo esto, la implicación de un número creciente de inmigrantes en actos delictivos, tal como muestran las estadísticas del Ministerio del Interior sobre delitos y población reclusa. Situación, por lo demás, bastante típica de los contextos de marginalidad y anomia, tal como se analizó hace tiempo en los famosos estudios de Robert Merton, con relación a los fenómenos de inmigración y «choque cultural»[27].

En 2007 había en las cárceles españolas un total de 25.495 reclusos de procedencia extranjera, lo que suponía un 33,5% del total (véase Tabla 2.8). Teniendo en cuenta el volumen global de población, la tasa de reclusión entre los extranjeros era, por tanto, de un 0,56%, en comparación con un 0,12% entre la población española. Es decir, cuatro veces y media más. Y, sobre todo, lo importante es que esta proporción tiende a crecer de manera significativa, habiendo pasado en sólo catorce años del 16% de la población

---

[25] Josune Aguinaga, «Los nuevos ciudadanos: emigración en España 1998-2004», en José Félix Tezanos (ed.), *Tendencias en desigualdad y exclusión social*, 2.ª edición, Madrid, Sistema, 2004, pág. 599.

[26] Véase, por ejemplo, José Félix Tezanos (ed.), *Tendencias en desigualdad y exclusión social. Tercer Foro sobre Tendencias Sociales,* ob. cit., 2004; y *La sociedad dividida. Estructuras de clases y desigualdades en las sociedades tecnológicas,* Madrid, Biblioteca Nueva, 2001. Véase, en especial, capítulos 5 y 6.

[27] Véase Robert Merton, *Teoría y Estructura Social,* México, FCE, 1964, 1.ª edición en inglés de 1949 (véase capítulos IV y V).

reclusa al 33,5% (véase Gráfico 2.14). Así, en términos comparativos, mientras que la
población reclusa española ha crecido desde 1994 a 2007 en un 27,1%, en cambio entre la población extranjera el aumento ha sido nada menos que de un 236,7%.

TABLA 2.8.—*Evolución de la proporción de la población reclusa española y extranjera*
(1994-2007)

Fecha (31/12)	Españoles (%)	Extranjeros (%)	Pob. Reclusa total	Pob. Reclusa extranjera
1994	84,0	16,0	47.351	7.573
1995	83,7	16,3	45.192	7.346
1996	82,5	17,5	42.025	7.369
1997	82,2	17,8	42.878	7.650
1998	81,9	18,1	44.695	8.073
1999	81,9	18,1	44.226	8.022
2000	79,6	20,4	45.062	9.177
2001	76,7	23,3	47.495	11.090
2002	74,1	25,9	51.848	13.413
2003	72,9	27,1	56.096	15.205
2004	70,9	29,1	58.975	17.138
2005	69,5	30,5	61.054	18.616
2006	67,4	32,9	72.991	24.004
2007*	66,5	33,5	76.081	25.495

* A junio de 2007.

Fuente: Ministerio del Interior, *Anuario Estadístico,* varios años; Dirección General de Instituciones Penitenciarias de España y Departament de Justicia i Interior de Catalunya. Elaboración propia.

Precisamente, uno de los efectos conectados a las migraciones que es objeto de mayor controversia, y que puede dar lugar a interpretaciones más ambivalentes y discutibles, es el que se relaciona con el aumento de los índices de delitos y encarcelamientos
de extranjeros en las sociedades de acogida. Sin duda, la evolución de los delitos en las
sociedades desarrolladas se relaciona con múltiples factores, pero uno de ellos es la
presencia de elevadas proporciones de inmigrantes en condiciones de precariedad y desarraigo y que han seguido unos itinerarios de entrada que, ya desde el principio, tienden a situarlos fuera de los límites de la ley: esto es lo que les ocurre, por ejemplo, a los
que entran irregularmente en un país, burlando las fronteras y sin disponer de permisos
de residencia ni oportunidades legales de emplearse. Muchos de ellos también han empezado por ser víctimas y/o clientes de redes de tráfico ilícito de personas[28]. En cualquier caso, las condiciones extremas de vida y los problemas de exclusión en que viven
muchos inmigrantes da lugar a mayores riesgos de caer en el delito o en actividades ile-

---

[28] La Organización Internacional para las Migraciones calcula que casi la mitad de los migrantes que
entran clandestinamente en algún país son víctimas del tráfico ilícito *(World Migration 2005,* Ginebra).

GRÁFICO 2.14.—*Evolución de la población reclusa española y extranjera (1994-2006)*

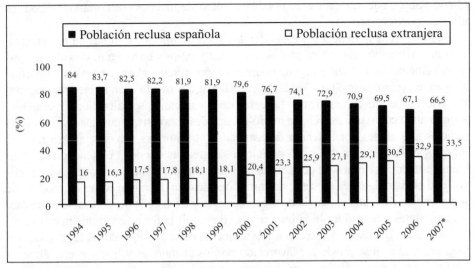

* A junio de 2007.

Fuente: Ministerio del Interior, *Anuario Estadístico,* varios años; Dirección General de Instituciones Penitenciarias de España y Departament de Justicia i Interior de Catalunya. Elaboración propia.

gales, sin excluir la propia presencia de fenómenos específicos de exportación de la delincuencia.

Más allá de algunos debates sobre esta cuestión, los datos disponibles en España, muestran no sólo que el aumento de la inmigración ha corrido paralelo al aumento de las tasas de determinados delitos y faltas y de la población reclusa en general, sino más específicamente apuntan hacia una mayor proporción de delitos y faltas cometidas por extranjeros. En concreto, un 50,8% de los delitos y faltas y un 32,4% de los delitos en 2004, así como un 48,2% del total de detenciones e interceptaciones realizadas en 2005[29]. Aunque estas situaciones no afectan a la inmensa mayoría de inmigrantes que sólo quieren trabajar honradamente, lo cierto es que tal situación está contribuyendo a difundir imágenes críticas y de rechazo entre una parte apreciable de la población de acogida.

Un fenómeno nuevo en sociedades como la española, que se conecta con las conductas desviadas —y potencialmente con la delincuencia y la violencia organizada— es, como ya hemos apuntado, el del pandillismo y las bandas juveniles. En contextos en los que se hacen patentes diversos déficits de integración social y en los que resulta difícil encontrar cauces institucionales para lograr la prosperidad y el éxito personal, algunos hijos de familias inmigrantes encuentran una alternativa identitaria compensatoria en las bandas juveniles, a través de procesos que han sido objeto de amplia atención por la literatura sociológica desde hace años. Sin embargo, ahora el fenómeno está adquiriendo dimensiones de mayor intensidad y alcance, con el surgimiento de organizaciones bien estructuradas, de notable extensión y dotadas de fuertes elementos de iden-

[29] Ministerio del Interior, *Anuario Estadístico 2005,* págs. 290, 291 y 292.

tidad, como las Nuevas Bandas Juveniles. Esto es lo que ocurre, por ejemplo, con los «Latin King», que agrupan a un notable número de jóvenes ecuatorianos, o con los «Ñetas» puertorriqueños.

A través de la pertenencia a estas Bandas, algunos hijos de familias inmigrantes alcanzan —o mantienen— elementos de identidad propios y encuentran vías alternativas de integración, de pertenencia y de compensación emocional, en contextos de partida altamente exclusógenos. Las Bandas pueden llegar a convertirse en referencias societarias prioritarias, dificultando otros procesos de integración y socialización a medio plazo, operando como una especie de micro-sociedades alternativas, con sus reglas, sus jerarquías, sus afanes por defender determinados «territorios» urbanos, sus jergas, sus modas y estilos de vida y sus procedimientos de regulación de la pertenencia. El problema está en los riesgos de deslizamiento hacia comportamientos violentos y delictivos que pueden darse en su seno, de forma que acaben operando como un modelo de socialización desviada y una vía de organización violenta de la disidencia, la protesta y los malestares difusos De ahí la importancia de seguir la forma en la que puedan evolucionar estas Bandas, y su capacidad de atracción entre los hijos de las familias de inmigrantes; lo cual se puede ver favorecido por los abandonos y fracasos educativos y las bajas tasas de escolarización, existentes entre los adolescentes de familias inmigrantes[30].

Debido a muchas de las circunstancias anteriores, estamos ante una situación que buena parte de la población de los países de acogida ha empezado a definir como un problema (en España como uno de los principales, junto al paro y el terrorismo) (véase Gráfico 2.15), que es muy complejo, que tiene múltiples efectos, que obedece en su mayor parte a razones muy específicas y que hay que saber afrontar con realismo y con suficiente capacidad analítica y voluntad de anticipación. Nos encontramos ante unos fenómenos sociales de hondo alcance, de cuya evolución —y buen tratamiento— puede depender que se produzcan, o se eviten, efectos sociales trastocadores para todos. Por ello, es necesario ir a las raíces en las que tienen su origen los actuales procesos migratorios masivos, enfocando la actual dinámica migratoria en relación con los problemas globales, con las necesidades de cooperación para el desarrollo y con las formas de entender la competencia internacional en una economía mundial, en la que es preciso encontrar modelos y caminos para lograr que en amplias zonas del Planeta se puedan remontar las condiciones de pobreza y carencia extrema en las que se vive. Y, lo que es más importante, en las que la población pueda recuperar la confianza en las expectativas de un desarrollo razonable en sus propios países. En este sentido hay que ser conscientes de que la crisis de confianza en su propio futuro que se vive en muchos países no desarrollados, está dando lugar a que generalmente emigren en mayor grado las personas más motivadas, más preparadas y más emprendedoras de estos países[31] y no los

---

[30] Debemos recordar, en este sentido, como ya hemos indicado, que en España sólo uno de cada diez adolescentes de familias extranjeras está escolarizado en Bachillerato (véase nota 19).

[31] En algunos países se está produciendo un cierto paradigma migratorio que consiste en que las familias «acuerdan» cuál es el miembro más capacitado para emprender la aventura migratoria, de forma que la familia «invierte» sus recursos en apoyar su «mejor opción», quedando a la espera del éxito en la misión y del envío de las remesas que les permitan sobrevivir en su país de origen, mientras se tantean las perspectivas eventuales de reagrupamientos familiares. Esta forma de proceder también implica la difusión de componentes de mayor pasividad económica para el resto de la familia que queda en los países de origen. Lo cual

más pobres y más pasivos y conformistas. Lo cual está dando lugar a un efecto añadido de «pérdida» de los mejores recursos humanos, en una dinámica negativa en la que se retroalimentan mutuamente los procesos de empobrecimiento económico y de empobrecimiento en «capital humano».

GRÁFICO 2.15.—*Evolución de la población española que menciona la inmigración entre los tres problemas más importantes de España*

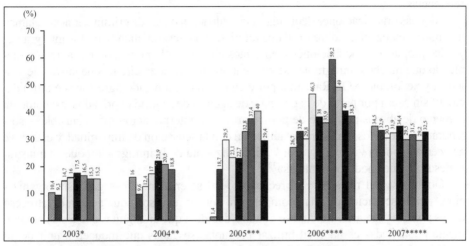

* Febrero, abril, mayo, julio, septiembre, octubre, noviembre y diciembre.
** Enero, marzo, abril, julio, septiembre, noviembre y diciembre.
*** Enero, marzo, abril, junio, julio, septiembre, octubre, noviembre y diciembre.
**** Febrero, marzo, abril, mayo, junio, julio, septiembre, octubre, noviembre y diciembre.
***** Enero, febrero, marzo, abril, mayo, junio, julio, septiembre y octubre.

Fuente: Barómetros del CIS, varios años.

En cualquier caso, los datos disponibles revelan que, en su conjunto, la gran mayoría de los inmigrantes no comete delitos en España, ni se encuentra recluida (sólo 25.495 entre cuatro millones y medio de personas). Sin embargo, comparativamente, sus mayores tasas de reclusión y de delincuencia —amén de reflejar un cierto fenómeno de exportación de la delincuencia— revelan que bastantes inmigrantes están sometidos a circunstancias que les sitúan en los bordes de las leyes y en contextos de marginalidad y, a veces, desesperación, que les hacen más susceptibles de deslizarse hacia conductas punibles. Además, con los efectos añadidos que se producen por la fuerte proyección mediática que tiende a darse —a veces de manera claramente «amarillista»— a muchos delitos cometidos por inmigrantes.

La presencia en bastantes plazas y calles centrales de las grandes ciudades de un buen número de vendedores de mercancías «ilegales» tiende también a fijar en la po-

---

se conecta con las crisis agrarias que se están produciendo en muchos países subdesarrollados, en los que las ayudas internacionales a la agricultura se han reducido, y en los que se da la paradoja de que siendo países de suficiente potencialidad agrícola, las «ayudas alimentarias» que reciben proceden muchas veces de compras realizadas en los países ricos.

blación la imagen de unos sectores sociales que se dedican a actividades localizadas en los bordes de la legalidad establecida. Lo cual alimenta sentimientos de rechazo entre una parte de la población española, al mismo tiempo que despierta una inquietud latente entre los ciudadanos, como revelan los ya referidos datos del CIS y las Encuestas del GETS, que muestran que en poco tiempo la proporción de españoles que consideran que la inmigración es uno de los tres principales problemas de España ha pasado de representar un porcentaje prácticamente insignificante a alcanzar una buena parte de las referencias

Algunas organizaciones dedicadas a la evaluación de las discriminaciones reclaman una mayor matización sobre los datos referidos a la «criminalidad» de los inmigrantes y a las propias «preocupaciones» existentes en torno a la población extranjera, sosteniendo que muchos inmigrantes se encuentran atrapados en círculos negativos de violencia y xenofobia. SOS Racismo, por ejemplo, ha denunciado agresiones e intimidaciones sin causa por parte de la policía y de agentes de seguridad privados, así como un aumento de abusos por parte de particulares. «La interpretación más plausible —sostendrán— es que los malos tratos aumentan con la sensación de impunidad, y ésta se ve acrecentada por la visión negativa y criminalizadora de la inmigración que se transmite desde algunos poderes públicos»[32].

Otra causa del racismo y el rechazo social se encuentra —según esta organización— en la sensación de una «competencia por los recursos» que genera el retroceso de las políticas sociales. Lo cual se agudiza debido a que en algunas encuestas ampliamente publicitadas es habitual utilizar preguntas sesgadas que inducen a unir delincuencia e inmigración. SOS Racismo considera que el aumento de la violencia contra los inmigrantes «es una consecuencia directa del incesante discurso que vincula inmigración y delincuencia y que pone bajo sospecha a todo extranjero, sobre todo si su situación administrativa es irregular», reclamando que a la hora de valorar la delincuencia realizada por extranjeros se tenga presente que muchas veces el hecho de no tener papeles ya es considerado conducta delictiva, al tiempo que se está sobredimensionando la pequeña delincuencia cuando se contabilizan los delitos sin tener en cuenta su gravedad y también al computar en el mismo bloque los delitos y faltas cometidos por extranjeros no residentes[33].

En cualquier caso, lo cierto es que los procesos migratorios están produciendo efectos y reacciones políticas en las sociedades de acogida. Especialmente, están dando lugar a un aumento de los rechazos en la población (sobre todo en los estratos bajos y en los sectores donde se viven en mayor grado sensaciones de competencia laboral y socioasistencial con los inmigrantes). Aunque a mediados de la primera década del siglo XXI en España predominan actitudes positivas de acogida, no hay que perder de vista que los datos sociológicos están empezando a mostrar —comparativamente— aumentos de los indicadores de xenofobia, rechazo y racismo (véase Tabla 2.9). A mediados de la primera década del siglo XXI estas actitudes de rechazo afectan a sectores minoritarios de población, pero no hay que perder de vista las tendencias de aumento que se están dando en algunos países europeos, en los que están teniendo lugar transformaciones significativas en los mapas políticos y en los resultados electorales, con el surgimiento —o re-

---

[32] SOS Racismo, *Informe Anual 2003 sobre el racismo en el Estado español,* Barcelona, Icaria, 2003, pág. 313 e *Informe Anual 2005,* Barcelona, Icaria, 2005.
[33] Ibíd., pág. 147.

forzamiento— de partidos políticos racistas y xenófobos que encuentran en los problemas asociados a la inmigración un caldo de cultivo apropiado para su desarrollo.

TABLA 2.9.—*Indicadores de la presencia de actitudes de racismo y xenofobia en la población española*

Actitudes y opiniones de carácter racista y xenófobo	% de población española que suscribe dicha opinión	% entre jóvenes (menos de 25 años)	% entre obreros no cualificados
– Si un emigrante comete un delito grave debe ser expulsado	79,1	76,7	84,0
– La llegada de personas que vienen a vivir y trabajar aquí perjudica más las perspectivas económicas de los españoles pobres que las de los ricos	68,1	65,9	70,9
– Hay demasiados inmigrantes en España	59,6	54,4	62,7
– Prefieren vivir en un país donde casi todo el mundo comparta las mismas costumbres y tradiciones	58,9	54,9	60,6
– Si un emigrante comete cualquier delito debe ser expulsado	50,1	45,5	56,6
– Los sueldos bajan como consecuencia de la llegada de personas que vienen a vivir y trabajar a España	47,0	49,2	51,7
– Le gustaría vivir donde casi nadie fuera de raza distinta a los españoles	31,3	24,6	29,1
– Un país que quiera evitar problemas debe poner fin a la inmigración	24,7	22,3	23,8
– Los inmigrantes deberían olvidar sus costumbres	22,4	20,7	24,6

Fuente: CIS, *Encuesta sobre Inmigración,* noviembre de 2005.

En un contexto como el que aquí estamos refiriendo, al final hay bastantes emigrantes que se ven sometidos a un encadenamiento de situaciones y vivencias potencialmente exclusógenas.

Uno de los sectores que padece especialmente condiciones críticas de discriminación son las mujeres que, como ya subrayamos, representan una proporción muy alta
de la inmigración y que en su mayor parte trabajan en actividades donde los niveles de
informalización, e incluso los abusos, son muy elevados, como ocurre en el servicio doméstico y en la recogida de ciertos productos agrícolas. Por eso, los estudiosos del tema
resaltan que las mujeres inmigrantes se encuentran ante una situación de «triple discriminación por etnia, clase social y género», que da como resultado «una subordinación
en términos ocupacionales y étnico-culturales»[34].

---

[34] Carlota Solé Puig, *Inmigración, mercado de trabajo y género, Fundación Centro de Estudios Anda-*

Las condiciones de trabajo también son un importante factor de discriminación, sobre todo, a medida que la tasa de paro entre los inmigrantes, como hemos visto, es mayor que la de los españoles, «pese a su alta disponibilidad a trabajar», prácticamente casi en cualquier situación y condición[35]; y pese a las tensiones salariales a la baja que vienen influidas por las necesidades apremiantes de tan nutrido ejército laboral de reserva.

Un aspecto que no se está considerando adecuadamente, a la hora de evaluar la incidencia global que tendrá el fenómeno de la inmigración en las políticas sociales de los próximos años, es el que se refiere al futuro de la población inmigrante envejecida. Antonio Izquierdo ha llamado la atención, en ese sentido, sobre el hecho de que los extranjeros también envejecen «en los países donde han gastado su vida activa», haciendo notar que en nuestros días ya están «aumentando los jubilados de países terceros» y que muchas veces «las instituciones públicas no están capacitadas para cuidar a los extranjeros extracomunitarios de la tercera edad que están solos o viven en hogares colectivos» y que no tienen ahorros, ni propiedades, ni pensiones suficientes, y cuyas «familias no tienen recursos para ocuparse de ellos»[36].

En definitiva, la conjunción de tantos elementos de vulnerabilidad, marginación, y «rechazo» componen un cuadro que, desde el punto de vista global, tiende a perfilar en la sociedad española espacios diferenciados de pertenencia cívica y de integración, al tiempo que, desde el punto de vista personal, da lugar a trayectorias de mayor riesgo de exclusión social (véase Cuadro 2.3). Riesgo que viene a acumularse a los factores de contexto que en sociedades como la española están incidiendo sobre la dinámica general de la exclusión (paro, precarización laboral, carestía de la vivienda, fragilización de los lazos familiares, debilitamiento de las políticas sociales y de apoyo, etc.).

Todo esto implica que para una parte de los inmigrantes mucho de lo que se dice en la Constitución Española no cuenta, ni tiene traducción práctica. Viven, en cierto modo, en una condición de ciudadanía restringida o en suspenso que, en ocasiones, nos retrotrae a parámetros sociales previos al ciclo democrático iniciado en la Revolución Francesa. Y esto, en el fondo, es uno de los significados profundos del fenómeno de la exclusión social, en el contexto de sociedades opulentas e hiperconsumistas, pero cada vez más fracturadas y dualizadas.

Si a todo lo anterior sumamos que los inmigrantes están realizando en su mayor parte trabajos manuales poco cualificados, muchas veces mal pagados, y que tienden a ocupar los «nichos» laborales más degradados de la economía sumergida[37], tendremos un panorama de conjunto que nos ilustra sobre las tendencias que, verosímilmente, van a seguir en los próximos años los procesos de vulnerabilidad-exclusión social a los que nos estamos refiriendo.

El aumento previsible de la población extranjera en los próximos años —que en

---

luces, Documento de Trabajo, S2003/01, pág. 16. Sonia Parella, *Mujer, inmigrante y trabajadora: la triple discriminación,* Barcelona, Anthropos, 2003.

[35] Carlos Angulo, *La población extranjera en España, www.ine.es,* págs. 22, 24 y 33.

[36] Antonio Izquierdo y Diego López de Lera, «La huella demográfica de la población extranjera en España», *Sistema,* núm. 175-176, Tendencias demográficas, septiembre de 2003, pág. 199.

[37] Por ejemplo, según se consigna en el Informe de SOS Racismo de 2005, un estudio del Centro de Información de Trabajadores Extranjeros (CITE) calculó que durante el primer trimestre de 2004, el 45% de los trabajadores inmigrantes en Cataluña estaba ocupado en la economía sumergida (SOS Racismo, *Informe Anual 2005,* ob. cit., pág. 153). Igualmente un Informe de CCOO de finales de 2005 revelaba que el 95% de las altas en la Seguridad Social de inmigrantes corresponden a trabajos temporales.

CUADRO 2.3.—*Factores exclusógenos específicos que afectan a los inmigrantes*

Factores familiares
- Falta de arraigo familiar
- Carencia de vivienda propia y/u otras propiedades

Factores personales/culturales
- Diferencias idiomáticas y/o culturales y de costumbres
- Repudio, estigmatización y prejuicios culturales de la población de origen

Factores laborales
- Incidencia de movilidad ocupacional descendente (respecto a la posición de partida y los estudios cursados en los países de origen)
- Precariedad, con casos extremos que bordean el «cuasi-esclavismo»
- Utilización como «mano de obra barata» y en la «economía sumergida»
- Mayores tasas de paro y estacionalidad
- Alta tasa de accidentalidad (trabajos de riesgo)

Factores sociales y ubicacionales
- Tendencia a la *guetización* (segregación en barrios y zonas acotadas)
- Discriminaciones latentes o expresas en el acceso a determinados lugares (restaurantes, comercios, etc.)
- Problemas residenciales (de acceso y hacinamiento)
- Segregación educativa y dificultades formativas

Factores políticos
- Carencia de derecho de voto
- Falta de instancias de representación e interlocución
- Carencias administrativas («sin papeles», etc.)
- Vivencias restringidas de la condición ciudadana (secundarización)

---

cualquier caso se producirá como consecuencia de los reagrupamientos familiares, la mayor natalidad y las inercias del efecto «llamada»— puede desbordar los umbrales «funcionales» de la oferta laboral que la economía española genera, sobre todo en eventuales períodos de retraimiento económico. Por lo que la oferta de trabajo inmigrante sólo podrá expandirse, en gran parte, «hacia abajo», es decir, hacia la economía sumergida y hacia una mayor precarización. Lo cual hará aumentar más los riesgos de exclusión social y, paralelamente, las necesidades de más recursos por parte de los servicios asistenciales.

De acuerdo a todas estas tendencias, los datos disponibles, cuando se escribe este texto, apuntan a una creciente vivencia de la precarización y de la exclusión, tanto en lo concerniente a los supuestos más extremos de exclusión social, como es el caso de la población «sin techo» y de las personas que acuden a los albergues de acogida (en los que se produce una creciente presencia de inmigrantes, a veces, hasta superar el 70% de los usuarios), como a muchas situaciones carenciales que se reflejan en el incremento de las solicitudes de prestaciones sociales. Rodríguez Cabrero, en este sentido, ha resaltado que «en torno al 22% de los inmigrantes en situación irregular, han acudido alguna vez a los servicios sociales en solicitud de prestaciones vitales de ayuda»[38].

---

[38] Gregorio Rodríguez Cabrero, «Protección social de los inmigrantes extranjeros», en Antonio Izquierdo, ob. cit., pág. 295.

Bibliografía

AAVV, «Inmigración en España», *Papeles de Economía,* núm. 98, Madrid, 2003.

AAVV, «España, país de inmigración», *Economistas,* núm. 99, Madrid, 2004

AAVV, «Inmigración y exclusión social», *Sistema,* núm. 190-191, Madrid, 2006.

Águila Tejerina, R. del, *Inmigración. Un desafío para España,* Madrid, Pablo Iglesias, 2005.

Alonso, J. A. (ed.) *Inmigración, pobreza y desarrollo,* Madrid, Catarata, 2004.

Angulo, C., «La población y el futuro de las pensiones», *Temas para el Debate,* núm. 122, Madrid, 2005, págs. 69-70.

— *La población extranjera en España. Indicadores sociales de España 2003,* Madrid, INE, 2004.

Aparicio, R. y Tornos, A., *Las redes sociales de los inmigrantes extranjeros en España,* Madrid, Ministerio de Trabajo, 2004.

Banco Mundial, *World Development Indicators 2005,* CD-Rom, Washington, 2005.

Birsi, Ú. y Solé, C., *Migración e Interculturalidad en Gran Bretaña, España y Alemania,* Barcelona, Anthropos, 2004.

Cachón, L., *Inmigrantes jóvenes en España, Sistema Educativo y Mercado de Trabajo,* Madrid, Ministerio de Trabajo e INJUVE, 2003.

Campo Ladero, M.ª J., *Opiniones y actitudes de los españoles ante el fenómeno de la inmigración,* Madrid, CIS, Opiniones y actitudes núm. 48, 2004.

Cea D'Ancona, M. A., *La activación de la xenofobia en España. ¿Qué miden las encuestas?,* Madrid, CIS, 2004.

Consejo Económico y Social, *Informe sobre la inmigración y el mercado de trabajo en España,* Colección Informes, Madrid, CES, 2004.

Delgado, M. y Zamora López, F., «La contribución de las mujeres extranjeras a la dinámica demográfica de España», *Sistema,* núm. 190-191, Madrid, 2006, págs. 143-166.

— «Españolas y extranjeras: su aportación a la fecundidad en España», *Economistas,* Madrid, 2004, págs. 88-97.

Dolado, J. y Vázquez, P (ed.), *Ensayos sobre los efectos económicos de la inmigración en España,* Madrid, FEDEA, 2007.

Escrivá, Á. y Ribas, N. (coords.), *Migración y desarrollo. Estudios sobre remesas y otras prácticas transnacionales en España,* Córdoba, CSIC/Instituto de Estudios Sociales de Andalucía, 2004.

González Rabanal, M.ª C. y otros, *Análisis económico de la inmigración en España: una propuesta de regulación,* Madrid, UNED, 2005.

Izquierdo, A. (ed.), *Inmigración, Mercado de Trabajo y Protección Social en España,* Madrid, Consejo Económico y Social, 2003.

— *La inmigración inesperada,* Madrid, Trotta, 1996.

Laparra, M. (ed.), *Extranjeros en el purgatorio. Integración social de los inmigrantes en el espacio social,* Barcelona, Ediciones Bellaterra, 2003.

Lucas, J. de y Díez, J., *La integración de los inmigrantes,* Madrid, Centro de Estudios Políticos y Constitucionales, 2007.

Lucas, J. de y Torres, F. (eds.), *Inmigrantes, ¿cómo los tenemos?,* Madrid, Talasa, 2002.

Martín Muñoz, G. y López Sala, A., *Mujeres musulmanas en España. El caso de la inmigración femenina marroquí,* Madrid, Instituto de la Mujer, 2003.

Martínez Veiga, U., *La integración social de los inmigrantes extranjeros en España,* Madrid, Trotta, 2003.

Ministerio del Interior, *Anuario Estadístico 2005,* Madrid, 2005, págs. 290, 291 y 292.

Moré, I., *La vida en la frontera,* Madrid, Marcial Pons, 2007.

Oficina Económica del Presidente, *Inmigración y economía española 1996-2006,* Madrid, 2006.

ONU, *Informe del Consejo Económico y Social de Naciones Unidas de 25 de enero de 2006 sobre «Seguimiento de la población mundial, con especial referencia a la migración internacional y el desarrollo»,* Nueva York, 2006.

ORGANIZACIÓN INTERNACIONAL PARA LAS MIGRACIONES, *World Migration 2005,* Ginebra, 2005.

PARELLA, S., *Mujer, inmigrante y trabajadora: la triple discriminación,* Barcelona, Anthropos, 2003.

PÉREZ DÍAZ, V. y otros *España ante la inmigración,* Fundación La Caixa, Estudios Sociales 8, 2001.

PÉREZ YRUELA, M. y RINDEN, S., *La integración de los inmigrantes en la sociedad andaluza,* Madrid, Consejo Superior de Investigaciones Científicas, Colección Politeia, 2006.

RIBAS, N., *Las presencias de la inmigración femenina,* Barcelona, Icaria, 1999.

RUIZ LÓPEZ, B. y RUIS VIEYTEZ, E., *Las políticas de inmigración: la legitimación de la exclusión,* Bilbao, Universidad de Deusto, 2001.

SOLÉ, C. (coord.), *El impacto de la inmigración en la economía y en la sociedad receptora,* Barcelona, Anthropos, 2001.

SOLÉ, Carlota e IZQUIERDO, Antonio (coord.), *Integraciones diferenciadas,* Barcelona, Anthropos, 2005.

SOS RACISMO, *Informe Anual 2005 sobre el racismo en el Estado Español,* Barcelona, Icaria, 2005.

TEZANOS, J. F., «Nuevas tendencias migratorias y sus efectos sociales y culturales en los países de recepción. Doce tesis sobre inmigración y exclusión social», *REIS,* núm. 117, enero-marzo de 2007, págs. 11-34.

TEZANOS, J. F. y TEZANOS VÁZQUEZ, S., «La cuestión migratoria», *Sistema,* núm. 190-191, Madrid, 2006, págs. 9-39.

— «Inmigración y exclusión social», *Papeles de economía española,* núm. 98, Madrid, 2003, págs. 225-227.

3

Familia

SALUSTIANO DEL CAMPO
M.ª DEL MAR RODRÍGUEZ-BRIOSO

1. LA FAMILIA Y SU EVOLUCIÓN

La familia española ha experimentado desde 1975 numerosos cambios que guardan relación con las transformaciones de nuestra sociedad. Primero, con el proceso de desarrollo económico y de industrialización iniciado en los años 60 y acelerado desde nuestro ingreso en las Comunidades Europeas; después, con la transición a la democracia y su consolidación. Como otros países de nuestro entorno, hemos pasado en un breve período de tiempo desde un modelo familiar que llegó a ser casi universal, el de la familia nuclear, a la coexistencia de diversos tipos de familia, si bien esta transformación ha sido menos intensa entre nosotros que en muchos otros países europeos.

Los cambios operados en el interior de la familia española han sido múltiples: demográficos —en cuanto al tamaño, la diversidad de tipos de hogar y las características en las diferentes etapas del ciclo vital, por ejemplo— de las actitudes y comportamientos; de los derechos y estatus de los miembros de la familia; de las relaciones de pareja y entre padres e hijos; de la armonía conyugal y de la simetría de la pareja y otros paralelos que, sumados, la hacen muy diferente a la de antaño.

La aceptación de la disolución voluntaria del matrimonio y las nuevas pautas demográficas han motivado que, junto a la familia tradicional, hayan surgido otros modelos de convivencia expresivos de un cambio de mentalidad y con una presencia significativa y creciente a pesar de seguir siendo minoritarios: parejas cohabitantes, familias monoparentales, hogares unipersonales, familias recompuestas y otros. En definitiva, cabe afirmar que la familia española ha sido objeto de un importante proceso adaptativo a las nuevas condiciones económicas, sociales y culturales de España.

Históricamente, el primer acontecimiento demográfico reciente que podemos calificar de trascendental fue el de los grandes desplazamientos de población que se sucedieron a lo largo de los años 60 y duraron hasta el primer quinquenio de los 70; tanto los orientados al interior, a las regiones más industrializadas y a las grandes ciudades, como los que se dirigieron a otros países de Europa y, ya en la última década del siglo, la llegada de inmigrantes que nos ha convertido en país receptor de población.

España ha dejado de ser un país eminentemente rural y, paralelamente, las formas familiares vinculadas con la vida rural han tendido a la extinción, en especial la familia extensa, al decaer algunos de sus rasgos más distintivos como la preeminencia de los varones y de los primogénitos, la relegación de la mujer, la autoridad de los ancianos y la pronta transición de la infancia a la vida adulta.

1.1. Cambios en el tamaño de la familia

Las nuevas formas de vida obligaron a una rápida respuesta por parte de la familia, que se cerró sobre el núcleo formado por los padres y los hijos. A pesar de que las pautas de fecundidad tardaron en adaptarse y sólo se redujeron de una manera significativa a finales de los años 70, el tamaño medio de la familia había venido disminuyendo desde el fin de la Guerra Civil[1] y alcanzó la cifra de 2,94 miembros en el año 2005, como muestra la Tabla 3.1.

TABLA 3.1.—*Tamaño medio de la familia española (1970-2005)*

Años	Número de personas
1970	3,81
1981	3,51
1991	3,29
1997	3,12
2001	3,07
2005	2,94

Fuente: Censo de Población y Viviendas 1970, 1981. Encuesta Sociodemográfica 1991. Encuesta de Presupuestos Familiares 2000 y 2005, I Trimestre, INEbase.

Este descenso se debe en parte a la exclusión de la convivencia dentro del hogar de los muchos parientes que antes habitaban en él, como los propios hijos casados, pero sobre todo a la reducción del número de hijos, que se acentúa sensiblemente durante los años 80. Así, cuando analizamos el tamaño medio de las familias por regiones, comprobamos que en 1970 las que tenían familias más amplias eran Andalucía, Canarias, Cantabria, Navarra y el País Vasco. En estas tres últimas, la familia extensa podía ser un factor cultural de peso, pero en las dos primeras lo eran más bien las elevadas tasas de natalidad que hacían aumentar el número medio de hijos y, por tanto, el de miembros de la familia. En 1991 y dentro de una tónica general de reducción del número de miembros, que descendió desde ser 3,8 en 1970 a ser 3,3 en 1991, únicamente Canarias

---

[1] Muchos de los datos que se citan en este epígrafe proceden de las estadísticas de población, pero se toman ya elaborados de S. del Campo y Manuel Navarro, *Análisis sociológico de la familia española*, Barcelona, Ariel, 1985. Un examen del tamaño de la familia puede encontrarse en Lluis Flaquer y Juan Soler, *Permanencia y cambio de la familia española*, Estudios y Encuestas, 18, Madrid, CIS, 1990.

mantenía un tamaño medio de 3,7 y Andalucía, Cantabria, Galicia, Murcia y Navarra sobrepasaban levemente el promedio nacional.

Desde 1970 el número de hogares ha aumentado progresivamente, alcanzando en 2005 la cifra de 14.745.105. Esto se produce en paralelo a la disminución del tamaño medio de la familia en todas las Comunidades Autónomas, aunque manteniéndose las pautas de comportamiento de cada una. En la última fecha citada, algunas Comunidades Autónomas que superan la media son Andalucía, Canarias, Galicia, Murcia y Ceuta y Melilla (3,12; 3,06, 3,08, 3,09 y 3,87, respectivamente), siendo Melilla la que tiene la tasa más alta de natalidad (20,38)[2]. Por el contrario, algunas Comunidades Autónomas por debajo de la media son: Baleares, Cataluña, Aragón y Castilla y León (2,72, 2,72, 2,80 y 2,62, respectivamente). Entre las causas del aumento del número de hogares podemos considerar también la mayor presencia de extranjeros, las nuevas formas de familia generadas por la disolución matrimonial, los nuevos matrimonios y los hogares de personas mayores que deciden vivir solas (Tabla 3.2).

En un interesante estudio, Montserrat Solsona y Rocío Treviño[3] sintetizaron los cuatro modelos regionales aún vigentes en España en 1981: 1) modelo complejo tradicional Norte, que abarcaba Galicia, Asturias, Cantabria, País Vasco, Navarra, Huesca y norte de Cataluña, donde la familia troncal seguía teniendo un peso considerable; 2) modelo familiar complejo andaluz, ubicado en Andalucía Occidental y caracterizado por que las familias de estructura compleja son más frecuentes en la zona urbana que en la rural; 3) modelo nuclear tradicional, propio de Levante, Andalucía Oriental y algunas provincias como Madrid, Zaragoza, Valladolid y La Rioja; y 4) modelo nuclear castellano, presente en la mayor parte de la mitad norte peninsular, donde hay también una fuerte presencia de hogares solitarios y de población vieja.

En su trabajo sobre las estructuras familiares complejas en los años 90, Miguel Requena llegó a la conclusión de que en el clima de acelerado cambio de la institución familiar «las familias de estructuras complejas se presentan, ante todo, como una suerte de reliquia institucional»[4]. En consecuencia, entre 1970 y 1990 las familias múltiples descendieron desde el 5,83 al 2,67% y esta disminución de un 40% es paralela a la de la familia extensa, que también redujo su número y proporción en esos años.

---

[2] *Indicadores Demográficos Básicos 2006*. INEbase.

[3] Montserrat Solsona y Rocío Treviño, *Estructuras familiares en España*, Madrid, Ministerio de Asuntos Sociales, 1990, págs. 133-134.

[4] Miguel Requena, «Estructuras familiares complejas: La formación de familias múltiples en España», *Revista Internacional de Sociología*, núm. 10, abril-mayo de 1995, pág. 10. También puede verse Miguel Requena, «Formas de familia en la España contemporánea», en Luis Garrido Medina y Enrique Gil Calvo (eds.), *Estrategias familiares*, Madrid, Alianza Universidad, 1993, págs. 249-270.

TABLA 3.2.—*Tamaño medio de las familias españolas por Comunidades Autónomas (1970-2005)*

	NÚMERO DE HOGARES					TAMAÑO MEDIO DE LA FAMILIA				
	1970	1981	1991	2000	2005	1970	1981	1991	2000	2005
TOTAL	8.860.175	10.665.199	11824.851	12.757.012	14.745.105	3,8	3,5	3,3	3,07	2,91
Andalucía	1.481.112	1.704.080	1.961.727	2.205.391	2.451.284	4,0	3,8	3,5	3,27	3,12
Aragón	318.889	363.768	396.835	406.682	440.203	3,6	3,3	3,1	2,85	2,80
Asturias	285.506	330.676	356.045	332.812	381.204	3,7	3,4	3,1	3,13	2,76
Baleares	160.357	204.760	234.074	270.343	351.975	3,5	3,2	3,1	2,74	2,72
Canarias	275.428	351.535	397.168	471.937	622.347	4,3	3,9	3,7	3,41	3,06
Cantabria	118.012	141.152	155.228	164.164	180.368	4,0	3,6	3,4	3,17	3,02
C-La Mancha	469.402	473.835	509.610	553.643	634.064	3,6	3,5	3,2	3,09	2,91
Castilla y León	718.066	761.743	801.328	861.262	930.921	3,7	3,4	3,1	2,84	2,62
Cataluña	1.356.880	1.777.163	1.947.796	2.035.138	2.488.671	3,8	3,3	3,1	2,95	2,72
C. Valenciana	845.260	1.066.089	1.212.431	1.352.988	1.579.597	3,6	3,4	3,2	2,97	2,86
Extremadura	301.988	299.739	317.440	356.919	367.330	3,8	3,5	3,3	3,02	2,89
Galicia	667.459	755.319	787.936	843.071	877.115	3,9	3,7	3,5	3,20	3,08
Madrid	980.627	1.347.497	1.543.797	1.631.310	1.948.300	3,9	3,5	3,3	3,07	2,97
Murcia	218.572	257.702	297.827	341.142	420.756	3,8	3,7	3,5	3,25	3,09
Navarra	112.260	139.301	156.435	180.978	189.809	4,1	3,6	3,4	2,90	3,02
País Vasco	454.618	584.333	632.948	654.873	744.872	4,1	3,6	3,3	3,08	2,80
La Rioja	65.070	75.466	84.679	81.749	100.870	3,6	3,3	3,1	3,13	2,90
Ceuta y Melilla	30.669	31.041	31.547	39.611	35.319	4,3	3,8	4,0	3,49	3,87

Fuente: Censo de Población y Viviendas 1970, 1981. Encuesta Sociodemográfica 1991. Encuesta de Presupuestos Familiares 2000 y 2005, I trimestre, INE.

1.2. *Hogares y familias*

La reducción del tamaño medio de la familia española desde 1970 supone un descenso del 31% aproximadamente, que es paralelo al experimentado en los demás países. Asunto distinto es el registro del número de personas que comparten en una fecha determinada un mismo hogar, puesto que aunque las definiciones de hogar y familia coinciden en que en uno y en otro se dan la convivencia con otras personas y una economía común, el concepto de hogar no requiere que haya parentesco entre quienes lo componen y puede, por tanto, ser uni o pluripersonal, mientras que la familia implica siempre una pluralidad de personas. La evolución del número de miembros del hogar en las últimas tres décadas se distribuye según muestra la Tabla 3.3, en la cual podemos ver que han aumentado los hogares de tres o menos miembros, se mantienen estables los de cuatro y, disminuyen los de cinco y más. Actualmente, el 65,9% de los hogares españoles tienen tres o menos miembros y sólo el 9,3% lo forman cinco o más miembros. El cambio más drástico por su cuantía se da en los hogares de una sola persona, que casi se duplican pasando del 7,5 al 14,1% de los hogares entre 1970 y 2005. Tomando como referencia los datos de los dos últimos censos, los hogares unipersonales han tenido una variación intercensal del 81%, los de dos miembros del 30%, mientras que los de más de 5 y 6 miembros han tenido una variación negativa del –21,5 y –39,4%, respectivamente[5].

TABLA 3.3.—*Número de miembros del hogar (1970-2005)*

	Uno	Dos	Tres	Cuatro	Cinco	Seis y más	Total
1970	7.5	18.0	19.2	21.8	35.5*	—	100
1981	10.3	21.5	19.8	22.4	13.8	12.6	100
1991	13.4	22.2	20.5	23.7	12.1	8.1	100
1999	14.4	25.9	22.0	24.3	9.0	4.5	100
2005	14,1	27,9	23,9	24,5	6,9	2,4	100

Fuente: A. Valero, «El sistema familiar español: Recorrido a través del último cuarto de siglo», en *Revista Española de Investigaciones Sociológicas,* núm. 70, CIS, 1995. *Censo de Población y Viviendas 1981; Encuesta Sociodemográfica 1991. Encuesta de Fecundidad 1999. Encuesta Presupuestos Familiares 2005,* I Trimestre. INEbase.

De los 11.836.320 hogares investigados en 1991 en la *Encuesta Sociodemográfica* del Instituto Nacional de Estadística, el 13,4% eran unipersonales y el resto pluripersonales. Actualmente, de los 14.187.169 hogares que existen en España, el 79,8% (11.310.597) son pluripersonales y de ellos, sólo el 1,23% lo forman personas no emparentadas. El 2,7% son grupos familiares con otras personas y el 95,9% de los hogares están formados por grupos familiares exclusivamente.

De la suma de los dos conjuntos anteriores, obtenemos 11.171.371 hogares, que presentan la siguiente distribución en función de las generaciones que conviven: en más

---

[5] *España al comienzo del siglo XXI. Censos de Población y Viviendas* (2004), INE, pág. 36.

CUADRO 3.1.—*Cuadro sinóptico de los hogares españoles (1991-2001)*

11.836.000-*14.187.169*
(100%)

- **PLURIPERSONALES**
  10.251.000-*11.310.597*
  (86,8)-*(79,8%)*
  - 10.193.000- *11.171.371*
    (86,1) - *(98,91%)*
    - **Grupos Familiares**
      10.141.000-*10.857.013*
      (85,7)- *(95,9%)*
      - **1 Generación**
        2.150.000-*2.957.717*
        (18,2)-*(26,4%)*
      - **2 Generaciones**
        7.123.000-*7.582.206*
        (60,2)-*(67,8%)*
      - **3 Generaciones**
        904.000-*619.798*
        (7,6)-*(5,54%)*
      - **Más de 3 generaciones**
        16.000-*11.650*
        (0,1)-*(0,1%)*
    - **Grupo familiar con otras personas**
      52.000-*314.358*
      (0,40)- *(2,7%)*
  - **Personas no emparentadas**
    58.000-*139.226*
    (0,50)- *(1.23%)*
- **UNIPERSONALES**
  1.585.000-*2.876.572*
  (13,4)-*(20,2%)*
  - **Casados**
    296.000-*259.041*
    (0,25)-*(1,8%)*
  - **Solteros**
    567.00-*1.210.697*
    (4,7)- *(8,5%)*
  - **Viudos**
    903.000-*1.134.351*
    (7,6)-*(7,9%)*
  - **Divorciados**
    24.000-*107.113*
    (0,24)-*(0,75%)*
  - **Separados**
    56.000-*165.370*
    (0,48)-*(1,16%)*

Fuente: Encuesta Sociodemográfica 1991 y Censo de Población y Viviendas 2001, INEbase. Elaboración propia. En cursiva los datos referidos a 2001.

de la mitad hay dos generaciones, el 25% está formado por una sola generación y una minoría del 5%, por tres generaciones. Si comparamos estos resultados con el análisis realizado por Del Campo en 1991[6], se observa que han disminuido los hogares pluri-personales con el consiguiente aumento de los unipersonales, se ha reducido el mínimo de hogares con grupos familiares y los hogares con tres generaciones superan a los de una generación.

Los hogares unipersonales (20,2%), han aumentado siete puntos desde 1991 hasta 2001. Los grandes protagonistas de este hecho son los solteros, que suponen el 8,5%, sobre todo jóvenes varones de 35-39 años que en 1991 eran el 4,79%. Le siguen los viudos (7,9). En el *ranking* de hijos por hogar según el censo de 2001, los hogares uni-personales superan a los de una pareja y dos hijos (17%), a los de parejas sin hijos (17,3), a los de parejas con un hijo (15,3) y a los monoparentales encabezados por ma-dres (6,6)[7]. Tomando como base el estado civil de los hogares unipersonales, la soltería y la viudez están más presentes (42 y 39%, respectivamente), frente a los casados, se-parados y divorciados que no superan cada uno el 2%.

Del conjunto de hogares españoles, el 72,82% tiene un solo núcleo familiar, el 2,72% son de dos núcleos y casi un cuarto no contiene ninguno[8]. La Tabla 3.4 repro-duce una tabulación especial de la *Encuesta Sociodemográfica de 1991* y del *Censo de 2001,* que relaciona la composición de los núcleos familiares españoles según la situa-ción de pareja o monoparentalidad, con el número de hijos por núcleo familiar. De él podemos sacar algunas conclusiones:

1. Ha aumentado el número de núcleos de 9.699[9] a 11.162 como consecuencia, en parte, de las nuevas formas familiares. También se ha alterado la composición por nú-mero de hijos. Los núcleos que no tienen hijos han pasado del 22,0 a 27,2%, y los que tienen un hijo del 28,1 al 32,6%; se han mantenido los núcleos con dos hijos y han dis-minuido los de 3 y 4 hijos, que suponen actualmente el 10% del total (Tabla 3.4).

2. El número de núcleos monoparentales ascendía al 10% del total de núcleos en 1991 y en 2001 pasan a ser el 14,8%. En ambas fechas de referencia, los núcleos for-mados por matrimonios/parejas son mayoritarios y mantienen la tendencia general por número de hijos.

3. Con relación al cabeza de familia de los núcleos monoparentales los varones han aumentado, aunque no de forma considerable. En 1991 los hombres encabezaban el 14% y las madres el 86%. En el año 2001, estas proporciones pasan a ser 19 y 80%, res-pectivamente.

4. Con relación al número de hijos, los hogares monoparentales encabezados por mujeres tienen más hijos que los encabezados por hombres. Entre ambas fechas se ob-serva que ha descendido el número medio de hijos independientemente del tipo de nú-cleo analizado, aunque los hogares monoparentales tienen una media mayor.

---

[6] Cuadro sinóptico elaborado por S. del Campo, «Composición, dinámica y distribución de la población española», en *La España de los años 70,* vol. 1, La Sociedad, Madrid, Editorial Moneda y Crédito, 1972, págs. 15-145 y S. del Campo, *Hogares y Familia, Cuenta y Razón,* núm. 90, 1995.

[7] *¿Cuántos somos en casa?,* Cifras INE, junio, 2004, INE.

[8] *Censo de Población y Viviendas 2001,* INEbase.

[9] Los datos son computados en miles.

TABLA 3.4.—*Núcleos familiares por número de hijos (1991 y 2001)*

	Núm. de hijos		Total núcleos		Matrimonio o Pareja			Monoparentales		
	1991	2001	1991	2001	% / Total	1991		% / Total	2001	
	% / (Núm.)	% / (Núm.)	% / (Núm.)	% / (Núm.)		Padres	Madres		Padres	Madres
Total	100 (9.699)	100 (11.162)	100 (8.726)	100 (9.510)	100 (973)	100 (136)	100 (837)	100 (1.652)	100 (322)	100 (1.329)
0	22,0 (2.122)	27,25 (3.042)	24,3 (2.122)	31,9 (3.042)	— (—)	— (—)	— (—)	— (—)	— (—)	— (—)
1	28,1 (2.729)	32,6 (3.647)	24,9 (2.177)	27,4 (2.606)	56,7 (552)	56,6 (77)	56,7 (475)	63,0 (1.041)	65,5 (211)	62,3 (829)
2	30,7 (2.978)	29,7 (3.325)	31,1 (2.712)	30,1 (2.867)	27,3 (266)	28,6 (39)	27,1 (227)	27,7 (457)	25,7 (83)	28,2 (374)
3	12,9 (1.255)	8,0 (900)	13,2 (1.150)	8,2 (782)	10,8 (105)	9,5 (13)	10,9 (92)	7,1 (118)	2,3 (20)	7,2 (97)
4 y más	6,3 (615)	2,2 (247)	6,5 (565)	2,2 (211)	5,2 (50)	5,1 (7)	5,1 (43)	2,1 (35)	0 (6)	2,1 (28)
Núm. medio de hijos por núcleo	1,54	1,17	1,53	1,2	1,64	1,63	1,65	1,4	1,4	1,4

Fuente: Encuesta Sociodemográfica 1991. Tabulación especial a petición del autor. Censo de Población y de Viviendas 2001, INEbase. Elaboración propia

La hegemonía de los hogares de un solo núcleo no supone una única forma de convivencia de las familias españolas. A partir de los datos ofrecidos por la Oficina Estadística Europea (Eurostat) para el año 2001, se puede ofrecer la clasificación que se muestra en la Tabla 3.5: el 44% se clasifican como familias nucleares, integradas por ambos progenitores e hijos; el 18% son parejas sin hijos y el 9% familias monoparentales de un solo progenitor, que en el 87% de los casos, es mujer, según datos de la EPA[10].

TABLA 3.5.—*Composición de los hogares (1998 y 2001)*

	1998	2001
Unipersonales	14	17
Monoparentales con hijos	8	9
Parejas sin hijos	17	18
Parejas con hijos	47	44
Otros hogares	12	12
Total	100	100

Fuente: Clasificación 1. *Panel de Hogares de la Unión Europea 1998-2001,* INEbase.

Pero hay en relación con los hogares una cuestión que merece también comentario. Concierne específicamente a los hogares unipersonales, a los que Lamo de Espinosa dedicó en 1983 un sugerente artículo en *El País*[11], que comenté en el prólogo de un libro mío sobre la familia[12]. Sus dos afirmaciones principales eran que «la familia continúa perdiendo terreno no ya funcionalmente sino numéricamente» y que «para muchas sociedades avanzadas el futuro de la familia es progresivamente independiente del futuro de la sociedad, pues un sector creciente de ésta, gracias a los avances de la salud colectiva, se ha visto liberado de las necesidades reproductivas y, por tanto, de la familia».

Como hemos podido ver en la tabla 3.2, el número de familias en España aumentó entre 1970 y 2005 en 5.884.930, que equivale a un 60%, a pesar de lo cual nuestro país sigue teniendo juntamente con Portugal e Irlanda el mayor número de miembros por familia de la Unión Europea (3,23 y 3,03, respectivamente)[13]. A su vez, los hogares unipersonales españoles han pasado del 7,5% al 20,3, en el último censo de 2001. Precisamente la publicación de Eurostat sobre la situación social en la Unión Europea, aparecida en 2002, hace notar que «en el 2000 se estimaba que el 12% de la población de la Unión Europea vivía en hogares unipersonales, frente al 8% de 1981. La proporción de personas que así vivían es superior en los países nórdicos (17-20%) y mínima (5%) en España y Portugal»[14].

Tan gran discrepancia en datos fechados nos hace recordar cómo el *Censo de 1991* infraenumeró exageradamente la población y hubo de ser corregido tras realizarse la

[10] *Encuesta Población Activa 2005,* IV trimestre, INEbase.
[11] Emilio Lamo de Espinosa, «¿Tiene futuro la familia?», *El País,* 13 de febrero de 1983.
[12] Salustiano del Campo y Manuel Navarro, *Análisis sociológico de la familia española,* Barcelona, Ariel, 1985, págs. 5-13.
[13] Nota de prensa INE *www.ine.es/prensa/np116.htm.*
[14] EUROSTAT, *The Social Situation in the European Union 2002,* European Community 2002, pág. 62.

Encuesta Sociodemográfica de 1991. Además, el porcentaje de personas solitarias disminuyó entre 1981 y 1998 en casi todos los países europeos, siendo diferentes para cada uno los puntos de partida y los ritmos de avance[15].

Lo más significativo, sin embargo, es que se ha comprobado que «no se pueden amalgamar monorresidencialidad y aislamiento: las personas que viven solas tienen más lazos sociales en el exterior de los domicilios que los hogares pluripersonales. Más que una modalidad de aislamiento social, la monorresidencialidad representa de hecho otra forma de inscripción doméstica y relacional»[16].

Algunas ideas tomadas de un Informe social y cultural holandés de 1994 sirven para aclarar por qué «aunque continúa la individualización, el creciente número de hogares unipersonales no debe interpretarse como señal de una importancia decreciente de la familia en la vida de estos individuos». Dice así el Informe:

«La familia nuclear *tradicional* es cada vez menos común, pero esto se debe en gran medida a que ha cambiado la tradicional división de *roles* entre hombres y mujeres… La población sigue muy orientada hacia la formación de la familia y, en un sentido emocional, posiblemente invierte más en ello que nunca antes y no ya en la relación de pareja, sino en la paternidad. Las alternativas a la familia (vida solitaria, "relaciones viviendo separados", familias monoparentales y comunas), son consideradas satisfactorias únicamente por una proporción (limitada) de la población. Análogamente, la familia sin hijos es juzgada como ideal por muy pocos. Tales alternativas son, sin embargo, cada día más frecuentes y aceptadas como soluciones temporales o como situaciones impuestas por el destino. La diversidad se exagera a menudo; si se prescinde de lo que gradualmente se ha convertido en una distinción puramente simbólica entre matrimonio y cohabitación, el panorama del grupo social primario sigue estando dominado por la familia nuclear.

TABLA 3.6.—*Personas solitarias en la Unión Europea*

Países	c1950	1988	1998	2001
Bélgica	16	23	18	26
Dinamarca	14	34	28	36
R.F.A.	12 -19	34	17	32
España	—	10	9	13
Francia	19	26	19	29
Irlanda	10	17 (c.1980)	14	19
Italia	10	18	11	21
Luxemburgo	9	21	22	24
Países Bajos	9	23	22	-
Portugal	8	13	9	13
Reino Unido	11	22	17	26
Grecia	9	15 (c.1980)	9	19

Fuente: Kauffman, ob. cit. *Panel de Hogares de la Unión Europea 1998-2001*, INEbase.

---

[15] Jean-Claude Kauffman, «Les menages d' une personne en Europe», *Population*, 4-5, 1994. páginas 935-958.

[16] J.-C. Kauffman, ob. cit., 954.

El aumento del número de solitarios no ofrece ninguna duda, pero no es un rechazo de la familia; claramente el proceso de envejecimiento impone ya este estatus a un gran número de individuos. Otras personas que viven solas lo consideran como un estadio a veces agradable, pero sin embargo transitorio, previo a una cohabitación o situado entre una anterior y otra posterior. Uno se puede referir a este fenómeno como "desvinculación friccional". La menguante proporción de familias nucleares dentro del número total de grupos sociales primarios no debe interpretarse como una rebaja de la importancia de la familia en la vida de los individuos»[17].

2. Noviazgo y matrimonio

En España, donde como en otros países se ha registrado una considerable baja de la nupcialidad —desde una tasa de 7,50 por 1.000 habitantes en 1975 se ha pasado a otra de 4,7 en el año 2006[18]—, ésta parece denotar un distanciamiento del matrimonio como opción personal, a la vez que fomenta la aparición de formas alternativas de la familia. Y ni siquiera la tasa ha experimentado una ligera subida con la proliferación reciente de los matrimonios con personas extranjeras. En tan sólo cinco años éstos se han multiplicado por 14, pasando de 756 uniones en 2001 a casi once mil en 2005, concentradas sobre todo en Madrid y Cataluña[19]. Cuatro de cada diez bodas se celebraron entre varones españoles y mujeres extranjeras y tres de cada diez entre mujeres españolas y varones extranjeros. Este tipo de uniones, además, suscita el interés del público por la posibilidad de que se trate de bodas de conveniencia para adquirir la nacionalidad española.

Por otra parte, se ha retrasado la edad media al casarse, es decir, el inicio del ciclo vital de la familia, que pasó de los 25,78 años para las mujeres y los 27,15 para los hombres en 1971, a los 30,46 y 33,35, respectivamente en 2005 (Tabla 3.7).

La etapa previa a la constitución de la familia y la forma de celebración del matrimonio se cuentan entre los aspectos cualitativos en los que más ha cambiado la familia española. Ambos se relacionan con el nuevo papel de la juventud en la sociedad y con la manera de pensar de este grupo, más voluble e inconformista que la de otras edades. Pocas instituciones han estado sujetas a tantas, tan variadas y, a veces, tan complejas pautas culturales no escritas, como el noviazgo, por más que su aparición sea relativamente reciente en la historia[20]. Y por extensión algo similar cabe decir respecto a la regulación de las relaciones heterosexuales de los jóvenes y, en especial, de la mujer, porque detrás de ellas se esconden factores sociales, económicos, religiosos y culturales.

---

[17] Social and Cultural Planning Office, *Social and Cultural Report* 1994, Rijswijk, febrero de 1995, págs. 37-38.

[18] *Anuarios Estadísticos 1952, 1956, 1963, 1967,1973. Indicadores Demográficos Básicos 1975-2006. Indicadores Sociales 2001,* INE.

[19] Datos Registro Civil, Ministerio de Justicia e INE, 2007.

[20] Véase Julio Iglesias de Ussel, *Sociología del noviazgo en España,* Granada, Caja General de Ahorros y Monte de Piedad de Granada, 1987, y A. Ferrándiz y V. Verdú, *Noviazgo y matrimonio en la burguesía española,* Madrid, Edicusa, 1974.

TABLA 3.7.—*Edad media al matrimonio (1971-2005)*

	Varones	Mujeres
1971	27,15	25,78
1975	26,89	24,16
1980	26,20	23,62
1985	27,40	24,77
1990	28,23	25,76
1995	29,85	27,47
2000	30,18	28,12
2005	33,35	30,46

Fuente: Movimiento Natural Población 1971. Indicadores Demográficos Básicos1975-2005, INEbase.

Un factor especialmente relevante para entender las nuevas pautas de conducta en este campo es el estatus de los jóvenes en la sociedad actual. El paso de la infancia a la vida adulta no ha sido tan problemático antes, porque coincidía la edad de la pubertad con el término de la etapa de formación, la fundación de la familia de procreación y el comienzo de la actividad laboral, todo lo cual traía consigo la participación plena en la vida social de la comunidad. Hoy, la situación social de paro, los problemas de vivienda y la prolongación del período educativo han provocado la dependencia económica de los jóvenes desde los años 80. En el año 2003, la mitad de los jóvenes dependían económicamente de los padres y el 24% tenía una independencia total[21]. Si antes la juventud buscaba abandonar pronto el hogar paterno, la de ahora se instala confortablemente y no tiene prisa en dejarlo. Según datos del Instituto de la Juventud, la proporción de jóvenes que viven en el hogar familiar es muy considerable, el 71%[22].

En la actualidad, incluso la palabra noviazgo está desfigurada, cuando no proscrita, en el lenguaje de la juventud, que simboliza así su ruptura con cualquier formalización de las relaciones prematrimoniales. Hasta el mismo matrimonio aparece vaciado de significación ritual. Las relaciones sexuales prematrimoniales están difundidas y son aceptadas de forma bastante general, en abierto contraste con la sanción moral y legal que merecían en otras épocas. La mujer ha adquirido una gran libertad y una igualdad plena con el hombre en este terreno, aunque subsistan diferencias entre los sexos en cuanto a determinados comportamientos y actitudes.

El común denominador de los cambios operados en nuestro país en este ámbito comprende una liberalización de las conductas, una permisividad de las transgresiones de las normas y pautas anteriores, y un aumento del escepticismo y el relativismo con los que se encaran las instituciones del matrimonio y del noviazgo, así como las ceremonias, los compromisos, la virginidad y las relaciones sexuales, los factores económicos en la elección del cónyuge y otros aspectos de la relación. Todo esto afecta principalmente a los jóvenes, pero de alguna forma también a la sociedad entera. Parece como si las normas morales que regían las relaciones de pareja se hubieran flexibilizado para poder cumplir las funciones que han de desempeñar en las sociedades ac-

---

[21] *Informe de la Juventud 2004* (2004), INJUVE/Ministerio Trabajo y AASS.
[22] A. de Miguel, *Informe de Juventud*, INJUVE, 2000.

tuales, aunque no hayan desaparecido totalmente los valores tradicionales subyacentes a esta clase de relaciones: amor romántico, fidelidad, e intención de casarse y formar una familia.

Hoy contamos con bastantes datos de encuestas sobre las opiniones de la población española acerca de estos temas, aunque no todos sean fiables y menos aún comparables, a causa de las diferentes metodologías con las que se han obtenido. De su examen, sin embargo, se deducen algunas tendencias destacadas[23]. En primer lugar, que las relaciones sexuales prematrimoniales tienden a ser aceptadas de manera bastante general por los jóvenes, aunque preferiblemente cuando existen un compromiso para casarse o enamoramiento (65% y 67%, para mujeres y hombres respectivamente), en claro contraste con lo que piensan las personas mayores, de sesenta y más años, que raramente aprueban tales relaciones (entre un 11% y un 15%). El CIRES precisó en 1990 que el 57% de los españoles pensaban entonces que las relaciones prematrimoniales íntimas no eran «deseables».

A partir de una encuesta realizada en 1995 por el Centro de Investigaciones Sociológicas titulada «Actitudes y Conductas Interpersonales de los españoles ante el plano afectivo»[24], podemos hacer referencias fundadas a algunas que atañen al noviazgo y al matrimonio. Existe un gran acuerdo en la población española acerca de lo que se entiende por relación de pareja. Un 76% opina que una relación de pareja es aquella que se mantiene en el tiempo, en la que existen sentimientos y en la que se practican relaciones sexuales. La nota característica para entenderla radica en que un 15% de los jóvenes, frente a un 5% de los mayores, consideran una simple relación sexual esporádica como relación de pareja. Sin embargo, muchos aspectos tradicionales como *la fidelidad, la creencia en el destino* o *el amor como garantía de la pareja* siguen gozando de importancia (83, 52, 76%, respectivamente). El amor como base de las relaciones de pareja y como fuerza favorable a su mantenimiento sigue considerándose importante: un 67% de la población opina que una relación verdadera debe durar toda la vida y un 76% estima que el amor sincero lo puede todo. Además, a medida que aumenta la edad, el grado de acuerdo con estas proposiciones es mayor.

Otra transformación reciente ha sido la pérdida de importancia del factor económico en la elección del cónyuge. El carácter de la otra persona (73%), la fidelidad (71%) y las creencias ante la vida (66%), son las cualidades más comunes a la hora de seleccionar a la pareja. El 37% de las parejas, según esta misma encuesta, sopesó si él y ella formaban una pareja compatible. Y efectivamente esto se cumple porque el 94% de las parejas confiesan tener el mismo punto de vista sobre cuestiones morales, el 92% sobre sexo y costumbres sociales y bajan al 87% y al 77% los que coinciden en creencias religiosas y políticas. A la vez se considera que los principales valores que hacen feliz a una pareja son la fidelidad, el entendimiento, amarse intensamente, tener relaciones sexuales satisfactorias e intereses comunes[25]. En el caso de la fidelidad, los motivos por los que se es infiel difieren entre el hombre y la mujer. Los hombres declaran «por tener más sexo», «por cambiar» y «por hacer algo que no hacen con su pareja» y según

---

[23] S. del Campo y M. Navarro, *Análisis sociológico de la familia española,* Barcelona, Ariel. 1985, página 99.

[24] Estudio 2157, «Actitudes y Conductas Interpersonales de los españoles ante el plano afectivo», CIS, 1995. Elaboración propia.

[25] Estudio 2578, «Opiniones y Actitudes sobre la familia», octubre, 2004, CIS.

ellas los motivos decisivos serían la «falta de atención por parte de la pareja», «sentirse atractiva» y «la venganza»[26].

Por lo que toca a la evolución experimentada por estas características o cualidades a lo largo del tiempo, se puede afirmar que la importancia otorgada al carácter, a las creencias y a la fidelidad, no han sufrido alteraciones, y han sido importantes siempre. Sí podemos concretar, sin embargo, que los grupos de mayor edad valoran más que los jóvenes las siguientes cualidades: que la pareja sea más joven, la situación económica de la pareja y un mayor deseo de contraer matrimonio, formar una familia y tener hijos.

Estas diferencias se pueden entender mejor si las analizamos según el sexo: las mujeres prefieren más todas las características mencionadas que los hombres, excepto la diferencia de edad de la pareja: la mujer prefiere que la pareja sea mayor que ella y el hombre prefiere que la mujer sea más joven. Por otro lado, el hombre no se fija tanto en el aspecto económico como la mujer, lo que evidencia en parte quién es todavía el principal aportador de ingresos en las parejas. Según la *Encuesta de Presupuestos Familiares,* actualmente el 77,2% de los hogares españoles siguen teniendo como sustentador principal al hombre[27].

La gran revolución en la liberalización de las conductas ha producido la mayor permisividad ante las relaciones sexuales de la población española. Aunque éstas no legitiman actualmente el matrimonio sin estar enamorado (19% de la población española lo legitima), ni el matrimonio sin deseo sexual (19%) ni las relaciones amorosas sin atracción sexual (33%), podemos considerar que actualmente la práctica sexual adquiere sentido por sí misma, convirtiéndose en uno de los requisitos del funcionamiento y pervivencia de la relación de pareja, sin que ello signifique que se pueda ejercer genéricamente fuera de las relaciones de pareja. El 48% de la población aprueba la idea de tener relaciones sexuales sin sentir amor, pero no en una relación de pareja, es decir, la falta de amor se legitima por las generaciones más jóvenes únicamente en las relaciones esporádicas.

Un 70% está de acuerdo con la idea de que se puede amar romántica e intensamente a una persona y no tener ningún propósito de contraer matrimonio con ella. A pesar de que casarse sea la forma de convivencia ideal, se abre la posibilidad de otras opciones de vida, como permanecer solteros, sin poner en duda la autenticidad de los sentimientos de y hacia la pareja.

En todo este proceso, las mujeres adoptan actitudes más tradicionales que los hombres, a pesar de los cambios generales que se producen en las actitudes y en los comportamientos. El hombre mantiene la actitud de ser más promiscuo y permisivo que las mujeres. Existe una gran diferencia entre los hombres y las mujeres que consideran que se puede tener relaciones sin amor (64% frente al 14%) y favorecen en la permisividad de las relaciones prematrimoniales (72% frente al 67%). Para la mujer, el fin último si hay amor es el matrimonio (28% hombres y 33% mujeres).

La mujer es más permisiva que en épocas anteriores, de acuerdo con los cambios acontecidos en la sociedad, pero adopta la actitud de practicar las relaciones sexuales en un contexto de amor y de perspectiva de futuro. Connell utilizó el concepto de «exaggerated feminity» para aludir al hecho de que «el sexo ocurre para la mujer en el con-

---

[26] Datos procedentes de www.sondea.com/investigacionordicmist.htm.
[27] *Encuesta Presupuestos Familiares 2005,* I Trimestre, INEbase.

texto de estar enamorada y (dependiente) de un hombre»[28]. En consecuencia, hemos pasado de preguntarnos si el sexo es pecado a cómo conseguir con él la mayor satisfacción[29].

Por otra parte, las conductas de los jóvenes parecen concordar con sus opiniones, ya que una mayoría creciente, según las distintas encuestas disponibles, han mantenido relaciones sexuales, sobre todo por encima de los dieciocho años. Según *Juventud en Cifras 2005,* la edad media a la primera relación es 17,62 para ambos sexos; 17,32, para el varón y 17,96 para la mujer. Como consecuencia de ello y de la carencia de educación sexual, los embarazos no deseados entre las menores de dieciochos años eran ya comparativamente más en España en 1978 que en ningún otro país europeo y actualmente, la tasa de embarazos no deseados se sitúa en el 7,9%, lo que se traduce en que unas 375.000 jóvenes españolas han tenido un embarazo no deseado y casi todas antes de los 21 años[30]. Además en la Comunidad de Madrid, cada año, una media de 1.300 adolescentes se convierten en madres[31], ya que no todos los embarazos no deseados terminan en nacimientos.

Otro bloque de opinión que también se ha modificado tiene que ver con las actitudes de rechazo del casamiento y de aceptación de las uniones consensuales. En este terreno se aprecia una fisura, porque existe una minoría de jóvenes (un 10% aproximadamente) que no desean casarse nunca. La norma sigue siendo, no obstante, la aceptación del matrimonio como situación personal más deseable. Centrándonos en las metas y aspiraciones de los jóvenes, podemos afirmar que el 38% aspira a casarse y a tener una familia y casi la mitad a tener un trabajo estable. La familia por vía matrimonial y el trabajo siguen siendo actualmente las dos vías de acceso al mundo adulto aunque este período de transición se alargue en el tiempo[32]. Los jóvenes le dan una puntuación de importancia de 9,32 a tener buenas relaciones familiares, 8,57 a tener una vida sexual satisfactoria y 8,44 a tener éxito en el trabajo[33].

Esto no excluye una actitud de mayor permisividad hacía las uniones consensuales, que son consideradas incluso como una especie de matrimonio a prueba. Así, por ejemplo, entre la población mayor de dieciocho años un 17% consideran que deben ser fomentadas para que el matrimonio se haga con «conocimiento de causa», mientras que un 41% las entiende como un resultado de la evolución de las costumbres al que hay que acomodarse, y sólo un tercio las enjuicia como totalmente inmorales. Según el 80% de la población, este tipo de parejas aumentará en el futuro próximo. Actualmente, el 68,5% de la población está de acuerdo con que para una pareja que tenga intención de casarse es bueno que convivan primero y en el caso de que no haya intención de casarse, está de acuerdo el 73,8%. Por otra parte, sólo dos de cada diez españoles consideran que las personas casadas son más felices que las no casadas[34]. De todos modos, la en-

---

[28] R. Connell, *Gender and power; society, the person and sexual politics*, Ed. Cambridge with association with Blackwell, 1987.

[29] Estudio 2157, «Actitudes y Conductas Interpersonales de los españoles ante el plano afectivo», CIS, 1995. Elaboración propia.

[30] *Informe Juventud 2004.* INJUVE (2004)/MTAS, Madrid.

[31] Instituto Regional de Estadística de la Comunidad de Madrid. Datos referidos a 2000-2005.

[32] Estudio 2265, «Juventud y Economía», CIS, 1997. Elaboración propia.

[33] Estudio 2576, «Sondeo sobre la Juventud española», CIS, 2004. En una escala de 1-10 donde el 10 adquiere la máxima importancia.

[34] Estudio 2529, «Familia y Género» (ISSP), junio, 2003. CIS.

cuesta del CIRES ya mencionada revela una actitud cada vez más conservadora ante el matrimonio por parte de los jóvenes actuales, a pesar de que reconocen que es difícil encontrar la pareja ideal. Un amplio conjunto de españoles (77%) opina que el matrimonio no está pasado de moda, y más del 90% de los entrevistados afirmaban que para ellos el primer valor es la familia, por la cual estarían dispuestos a sacrificarlo todo, mientras que el 66% de los casados manifestaban que se juraría de nuevo fidelidad ante el altar si llegara el caso y que les gustaría que sus hijos les imitaran. El 52,2% de la población considera al matrimonio como algo importante en la sociedad y para sus propias vidas, el 78%[35]. Sólo uno de cada cinco madrileños considera que el matrimonio está pasado de moda[36].

El carácter social del matrimonio se complementa con su carácter legal. En España, durante el franquismo y hasta 1967, la única forma permitida de matrimonio era el religioso. Sin embargo, la evolución de las costumbres y la secularización progresiva de la sociedad han propiciado que primero desde el franquismo y después con la democracia, sean cada vez más las parejas que deciden casarse por lo civil[37]. En 1981, eran el 5,60%; en 1985, el 15%; en 1995 el 22,48% y supera el 44% en el año 2006. Este comportamiento no es homogéneo entre las diferentes capitales de provincia. Las que mayor número de bodas civiles celebran son Madrid (6.163), Barcelona (4.136), Valencia (2.191), Málaga (1.046) y Zaragoza (1.044). Por el contrario, Cuenca (58), Soria (58), Teruel (60) y Ávila (66), son las que menos presentan[38].

Sin embargo, este aumento de los matrimonios civiles no debe achacarse completamente al rechazo de la institución matrimonial religiosa: en primer lugar, el matrimonio religioso sigue teniendo buena consideración en la población española y en segundo lugar, a la hora de computar los matrimonios civiles, éstos incluyen aquellos matrimonios contraídos en segundas nupcias de divorciados y los llevados a cabo por los homosexuales, ambos rechazados por la Iglesia. Centrándonos en estos últimos, la homosexualidad, hasta hace relativamente poco tiempo, ha sido legal, moral y socialmente rechazada al considerarla una conducta antinatural. Actualmente, la mayor libertad a la que venimos asistiendo ha tambaleado las cuestiones morales en las que se asentaba la línea heterosexual. Por otra parte, cuantificar la homosexualidad ha sido y sigue siendo una tarea bastante difícil. No sólo las estadísticas han sido inexistentes sino que el carácter clandestino a la hora de reconocer esta preferencia sexual ha hecho que nos encontremos con encuestas poco fiables y parciales dependiendo de la fuente, aunque hay que admitir que los homosexuales tienen cada vez menos reticencias para reconocer su condición sexual. Según colectivos de gays y lesbianas, entre el 5-10% de la población española es

---

[35] Estudio 2283, «Barómetro Marzo», 1998.

[36] «El 80% de los madrileños defiende el matrimonio», *La Razón,* 30 de junio de 2006.

[37] Este reconocimiento está recogido en la Constitución de 1978 que en varios artículos (49, 59 y 60, entre otros), establece las directrices del matrimonio en España, entre las que incluye el matrimonio civil y canónico con efectos civiles. Artículo 49: Cualquier español podrá contraer matrimonio dentro o fuera de España: 1. Ante el Juez, Alcalde o funcionario señalado por este Código; 2. En la forma religiosa legalmente prevista. También podrá contraer matrimonio fuera de España con arreglo a la forma establecida por la ley del lugar de celebración. Artículo 59: El consentimiento matrimonial podrá prestarse en la forma prevista por una confesión religiosa inscrita, en los términos acordados con el Estado o, en su defecto, autorizados por la legislación de éste. Artículo 60: El matrimonio celebrado según las normas del Derecho canónico o en cualquiera de las formas religiosas previstas en el artículo anterior produce efectos civiles.

[38] *Movimiento Natural de Población 1988-2005. Movimiento Natural de la Población 2005,* INEbase.

homosexual. Otras estimaciones consideran en torno a un 10-12% de hombres gays españoles frente a un 6-8% de mujeres lesbianas[39]. Según los datos del último censo, existen 10.474 parejas homosexuales, con una relación de casi 2 parejas de hombres (6.996), por cada pareja de mujeres (3.478). Ceuta es la única región en la que el número de parejas femeninas supera a las masculinas. Este tipo de relación no supone un porcentaje alto con relación a las parejas de España, entre el 0,1-0,2. Las Islas Baleares es la comunidad con mayor proporción de parejas homosexuales: 26 por cada 10.000 parejas. Le siguen Canarias y la Comunidad de Madrid con 20 parejas por cada 10.000[40].

La práctica homosexual estuvo penalizada legalmente hasta 1978 cuando en el artículo 14 de la Constitución se ratificó la no-discriminación por ninguna condición o circunstancia personal o social. Pero se ha dado un paso más. En el 2005, el Gobierno socialista aprobó una ley que reconoce los derechos de los homosexuales e iguala jurídicamente los matrimonios de éstos con los matrimonios heterosexuales. Esto ha supuesto reformar los artículos 44, 66 y 67[41] y cambiar los términos *marido y mujer* por otro término que incluya a las parejas del mismo sexo y, en el caso de la paternidad, se sustituye *padres por cónyuges*. Sin embargo, esta pequeña modificación puede tener una amplia trascendencia, ya que permitirá a las parejas homosexuales que decidan casarse, disfrutar de más de un centenar de derechos reconocidos a los matrimonios heterosexuales (adoptar niños, recibir una pensión y hacer la declaración conjunta de la renta). Se reconoce a la homosexualidad como una orientación sexual igual de respetable que otra cualquiera y se rechaza la idea de considerarla una enfermedad, algo antinatural y sujeta a penalización. En el caso de la adopción hay más controversias y dudas, no existe una aceptación tajante por parte de la sociedad reconociendo que la pareja heterosexual garantiza mejor el bienestar del niño[42].

Esta reivindicación no ha sido muy utilizada por los colectivos gays. Desde que se aplicó la ley, en el verano de 2005 y hasta finales de 2006 se han celebrado sólo 5.582 enlaces, concentrados en las grandes ciudades de Madrid y Barcelona, lo que supone el 1,9% del total de matrimonios[43]. Alrededor del 80% de las parejas casadas las componen varones, mientras que las parejas lesbianas son las protagonistas de 40 de las 50 peticiones de adopciones, en su mayoría parejas, una de cuyas partes ha tenido un bebé por inseminación y la otra parte de la pareja reclama la adopción[44].

En España, el 46,1% de la población de diez y más años vivía en 1991 sin pareja y el resto en pareja, es decir, el 53,9%. Según la *Encuesta Sociodemográfica,* cuya muestra básica es de 159.154 individuos, las uniones estables eran solamente 198.978 y equivalían al 1,6% del total de las parejas. Por otro lado, el 96% de los matrimonios seguían viviendo en una primera y única unión, frente al 62,4% de las uniones estables que se hallaban en el mismo caso. Según el último censo, de los 11.162.937 núcleos

---

[39] M. D. Frías Navarro, Juan Pascual Lloberl y Hector Monterde i Bort, «Familia y diversidad: hijos de padres homosexuales», IV Congreso Virtual de Psiquiatria: interpsiquis. Facultad de Psicología, Universidad de Valencia, 2003.

[40] *¿Cuantos Somos en casa? Cifras INE*, junio, 2004, INE.

[41] Artículo 44: «El hombre y la mujer tienen derecho a contraer matrimonio conforme a las disposiciones de este Código». Artículo 66: «El marido y la mujer son iguales en derechos y deberes y el Artículo 67: El marido y la mujer deben respetarse y ayudarse mutuamente y actuar en interés de la familia». Código Civil.

[42] Estudio 2568, «Barómetro Junio», junio, 2004, CIS.

[43] *Movimiento Natural Población,* INEbase, 2006.

[44] Declaraciones de la Presidente de la federación de lesbianas, gays y transexuales, «4.500 bodas, 3 divorcios y 50 niños», *El País,* 02 de julio de 2006.

existentes en España, 9.510.817 son parejas y la mayoría (94%), están casadas mientras el resto conviven[45].

De esto y de la menor divorcialidad que se observa en nuestro país resulta que solamente el 4% de las familias españolas son recompuestas, es decir, que están formadas por las personas que han visto terminadas, o han disuelto voluntariamente, una o más familias suyas anteriores. Son exactamente 232.863 familias recompuestas las que existen en España en el año 2004[46].

En cuanto a la fecundidad diferencial, el 90,6% de los matrimonios españoles tenían hijos, frente al 60% de las uniones maritales estables[47]. Actualmente, el número de hijos ha descendido tanto en los matrimonios como en las parejas que cohabitan (69 y 47%, respectivamente). Estas últimas se pueden clasificar en dos grupos: aquellas en las que los dos miembros son solteros y, el resto. La fecundidad en ambos tipos difiere: en el caso de las parejas formadas por solteros, el porcentaje de las que no tienen descendencia alcanza el 67%, lo cual puede deberse al retraso de la maternidad además de que parte de estas parejas se encuentren en un período transitorio hacia un futuro matrimonio y opten por la fecundidad matrimonial. En el caso del resto de parejas cohabitantes, el 60% tienen descendencia lo cual justifica, parcialmente, que algunos de ellos sean personas separadas o divorciadas que aportan algún hijo a la relación confirmando la importancia de la cohabitación posmatrimonial en España[48].

Con relación al número de hijos, como muestra la Tabla 3.8, no existe diferencia entre matrimonios y parejas cohabitantes cuando se tiene un hijo. La diferencia se hace patente en dos hijos, ya que los matrimonios doblan a las parejas de hecho. Sin embargo, tanto una como otra, tienen porcentajes mínimos de 4 o más hijos.

TABLA 3.8.—*Fecundidad de los matrimonios/parejas cohabitantes*

Número de hijos	Matrimonio*	Parejas de hecho		
		Total	Ambos solteros	Otro tipo
Ninguno	30,6	52,9	67,6	36,6
Uno	27,5	24,8	20,9	29,2
Dos	31,0	15,7	8,6	23,6
Tres	8,4	4,7	1,9	7,8
Cuatro o más	2,2	1,6	-	2,6
Total	100	100	100	100

* En el Censo se registra como Pareja de derecho.

Fuente: Censo de Población y Viviendas 2001. Elaboración propia. INE.

---

[45] *Censo Población y Viviendas 2001*, INEbase. Elaboración propia.
[46] *¿Cuántos somos en casa? Cifras INE,* junio, 2004, INE.
[47] *Encuesta de Fecundidad 1999,* INEbase.
[48] *Censo Población y Viviendas 2001*, INEbase. Elaboración propia.

3. PLANIFICACIÓN FAMILIAR

3.1. *Natalidad*

La evolución reciente de la natalidad española no debe de hacernos olvidar que su reducción es un fenómeno constante en el siglo pasado. La tasa bruta de natalidad, que en la década de 1970 oscilaba en torno a 19,5 nacimientos por 1.000 habitantes bajó en 1985 a 11,88 y a 10,92, en 2006[49]. En la década 1995-2006, la tasa ha aumentado en más de un punto, debido en parte a la aportación de los nacimientos de madres extranjeras inmigrantes, que han pasado de ser el 3,26% en 1996 a ser el 16,4% del total en 2006[50].

Como consecuencia de lo antes dicho, el número medio de hijos por española, reflejado en la Tabla 3.9, ha descendido de manera brusca de 2,86 en 1970 a 1,37 en 2006, muy lejos del reemplazo generacional y con una media que no llega ni a la mitad del número ideal de hijos por mujer situado en 2,52 hijos[51], el cual se ha mantenido constante desde 1998 aunque experimentó un repunte al 2,7 en el 2003. La edad a la que a la mujer le gustaría tener el último hijo es a los 35,6 años y, si se tienen con 30 años como media, debe tenerlos muy seguidos. Muchas de las mujeres cumplirán el deseo de los dos hijos, pero no el de la edad ideal de tenerlos[52]. El deseo de tener más hijos se concentra en los extremos de la edad fértil, de acuerdo con la situación de ambos grupos de edad, el primero por no haber experimentado aún la maternidad y el segundo por estar en el límite de la fecundidad final. Los grupos más característicos son los intermedios, que concentran el menor número de hijos deseados aunque siguen superando a los tenidos.

TABLA 3.9.—*Número medio de hijos por mujer*

Año	Numero de hijos
1970	2,86
1975	2,80
1980	2,21
1985	1,64
1990	1,36
1995	1,17
2000	1,23
2005	1,34
2006	1,37

Fuente: Agüero y Olano Rey, «La evolución reciente de la fecundidad en España», en *REOP*, vol. I, 1988. *Indicadores Demográficos Básicos 1975-2006*, INE.

---

[49] Agüero y Olano Rey, «La evolución reciente de la fecundidad en España», en *REOP*, vol. I, Madrid, 1988. *Indicadores Demográficos Básicos 1975-2006*, INE.

[50] *Movimiento Natural Población, 2006*, INEbase.

[51] Estudio 2639, «Fecundidad y valores en la España del siglo XXI», abril-mayo de 2006, CIS.

[52] Estudio 2283, «Barómetro Marzo», marzo de 1998. Estudio 2552, «Actitudes y opiniones de las mujeres ante los hijos y la crianza», diciembre de 2003. Estudio 2639, «Fecundidad y valores en la España del siglo XXI», abril-mayo de 2006, CIS.

Actualmente, las tasas de natalidad de los diferentes países europeos están casi igualadas e incluso se constata para España una tasa inferior a las de otros países que tradicionalmente han sido menos natalistas, como Francia, Dinamarca y Países Bajos. Los países europeos que presentan tasas más altas son Irlanda, a pesar de haberla reducido casi a la mitad, Francia y Luxemburgo.

No sólo se tienen menos hijos sino también se tienen más tarde. Según Delgado, desde mediados de los años 90 las mujeres entre 30 y 34 años son las principales protagonistas de los nacimientos en España (39%), habiéndolo sido antes las mujeres entre 25-29 años, que aportaban tres de cada diez nacimientos en los años 70[53]. La fecundidad sigue siendo en nuestro país principalmente matrimonial, por lo que si la edad al matrimonio para las mujeres ha pasado de 24,5 a 30,4 de 1975 a 2005, la edad media ha subido de 25,7 a 30,9[54]. Las causas de este retraso se relacionan con las de tener menos hijos, ya que esperan a tener vivienda, pareja y trabajo estable antes de decidirse. Pero la duración biológica de la fecundidad está limitada y ello hace que cada vez más sea necesario recurrir a tratamientos de fertilidad.

El descenso de la fecundidad puede atribuirse a causas muy diversas: laborales (paro juvenil); culturales (las ideologías sobre la infancia); informativas (accesibilidad a controles eficaces de natalidad); sociales (incorporación de la mujer al trabajo extradoméstico); económicas (incremento de los costes de los hijos); matrimoniales (retraso del calendario); ideológicas (secularización de la sociedad); urbanísticas (disponibilidad de servicios); asistenciales (prestaciones por natalidad) y políticas (desaparición con la democracia de la presión natalista y familista del régimen anterior)[55]. Según la población española, la accesibilidad a los medios anticonceptivos, las dificultades económicas y la incorporación de la mujer al trabajo son los más importantes, junto con la mayor independencia de la mujer, la insuficiencia de las ayudas económicas y el deseo de los padres de no atarse a los hijos. En la última macroencuesta realizada por el CIS, la gran mayoría de las mujeres quieren tener un hijo pero las dificultades laborales, los problemas y dificultades de la crianza de los hijos así como la limitación biológica, son los principales escollos[56].

Sin embargo, algunas de estas causas son paliables y están muy relacionadas con el papel del Estado. Los ciudadanos consideran insuficiente el apoyo de los poderes públicos a la familia. Según el Instituto de Política Familiar, el gasto por cada hijo a cargo ha aumentado un 25% mientras que las prestaciones están congeladas; los bebes españoles son los europeos que menos ayudas reciben dado que nuestro país solamente dedica un 0,5% del PIB a estas cuestiones[57]. España es el país de la UE que menos prestaciones sociales da por hijo a cargo tanto por las cuantías destinadas como por las restricciones que conllevan, ya que en España las ayudas van dirigidas a familias con escasos recursos. Una familia española necesitaría tener 11 hijos y ganar menos de 1.581.319 ptas/año (9.505 euros/año) para tener las mismas prestaciones que una familia en Alemania, con dos hijos e independientemente de sus ingresos[58].

---

[53] M. Delgado, «Familia y fecundidad en España», en *La familia española, Revista Arbor*, núm. 685, t. CLXXIV, Madrid, 2003.

[54] *Movimiento Natural Población, 1970-1994. Indicadores Demográficos Básicos.1975-2005,* INEbase.

[55] Informe FOESSA (2000), *V Informe Sociológico sobre la Situación Social en España*, Madrid, F. FOESSA, 2000.

[56] Estudio 2639, «Fecundidad y valores en la España del siglo XXI», abril-mayo de 2006, CIS.

[57] *Informe Ayuda a los hijos en España,* Instituto Política Familiar, marzo de 2007.

[58] Instituto Política Familiar. *www.ipf.org*.

En la incentivación de la natalidad, el Estado tiene una importancia crucial, no sólo para que se tengan más hijos sino también para compatibilizar trabajo y familia. Desde 1989 hasta ahora, las facilidades económicas, bien directamente a través de ayudas o bien indirectamente a través de deducciones, son las medidas consideradas más necesarias. Otro grupo de ellas son las que favorecen la compatibilización (ampliar permisos por maternidad, aumentar el número de guarderías o promover el trabajo a jornada parcial)[59].

La tradición sigue pesando en nuestro país: aunque gran parte de los hijos siguen naciendo de padres casados, desde hace algunas décadas el número de nacimientos extramatrimoniales ha aumentado. Si en 1975, el porcentaje era del 2%, a principios de los años 90 se situaba en el 9.6 y alcanzó el 26% en el año 2005[60]. Se han disociado tres fenómenos que hasta épocas recientes seguían una secuencia temporal: el matrimonio, la reproducción y las relaciones sexuales, como consecuencia de la secularización, de la mayor independencia y libertad de la mujer y de los cambios de valores, más centrados en las preferencias individuales.

3.2. *El ciclo vital de la familia española*

La reducción de la tasa de natalidad ha tenido serias repercusiones en la familia española. Primero, en la disminución del número de hijos, el rango de nacimientos y, consecuentemente, sobre su tamaño. En segundo lugar, la población española será la más anciana de la UE en el 2050. La población mayor de 65 años supondrá el 35.6% y abarcará la menor proporción de ciudadanos en edad de trabajar, 52,9%. Estas cifras muestran que, en este año de referencia, la tasa de dependencia total en España será del 89,2%, lo que supone tres inactivos por cada activo[61]. Y, por último, sobre su ciclo de vida. Una de sus principales alteraciones ha sido la edad media a la maternidad, que se sitúa actualmente en los 30,86 años. En la Tabla 3.10 se presentan algunos indicadores para 1970-1975, 1981-1985, 2000 y 2005.

El tiempo dedicado a la fecundidad matrimonial se ha reducido así en un 54,6%, desde 12,7 años en 1900 a 7,5 en 1970-1975, y a 4 años a finales de la década de los 90. También la etapa de permanencia de los hijos en el hogar se ha acortado: a principios de siglo el hijo menor contraía matrimonio cuando la madre tenía cerca de 65 años y el padre más de 66, mientras que en la actualidad esas edades son de 52 años y de menos de 55, respectivamente. De modo paralelo nos encontramos con un adelanto de la etapa del «nido vacío», es decir, de aquella en la que los esposos vuelven a estar solos, después de la emancipación de los hijos, a la cual antes no llegaban demasiados matrimonios y que ahora se ha ampliado a muchos y se prolonga, salvo por la tendencia reciente a que los hijos sin casar vivan con los padres. Según los datos más recientes del Instituto Nacional de Estadística, la edad actual de emancipación de los hombres es la de 28,5 y la de las mujeres de 27,7 años. Ahora el 69% de los jóvenes españoles siguen viviendo en casa de los padres[62].

---

[59] Estudio 2283, «Barómetro Marzo», 1998; Estudio 1841, «Encuesta general de Población», octubre de 1989 y Estudio 2552, «Actitudes y opiniones de las mujeres ante los hijos y la crianza», diciembre de 2003, CIS.

[60] *Indicadores Demográficos Básicos 2005,* INEbase.

[61] Eurobarómetro núm. 32, Eurostat/Comisión Europea.

[62] *Informe de la Juventud 2004,* Madrid, INJUVE, MTAS, 2004.

TABLA 3.10.—*Indicadores del Ciclo Vital de la familia española en el siglo XX**

INDICADOR	2004	2000	1981-1985	1970-1975
Diferencia de edad marido-mujer al casarse	2,82	2,06	2,7	1,9
Edad media de la mujer al casarse	30,19	28,1	22,6	23,7
Esperanza de vida de la mujer al nacer	83,7	82,1	78,6	75,1
Esperanza de vida del hombre al nacer	77,2	75,2	72,5	69,6
Duración del ciclo vital hasta la viudez		48,4	49,5	45,1
Porcentaje de la duración de la vida marital sobre la vida media de la mujer	63,9*	65,7*	63,0	60,0
Porcentaje de la duración de la vida marital sobre la vida media del hombre	57,2*	59,8*	68,3	64,8
Número medio de hijos	1,32	1,2	1,7	2,5
Número de miembros de la familia	2,94	3,07	3,51	3,84
Etapa de nido sin usar (hasta primer matrimonio)	0,9	2,6	1,2	1,4
Duración en años del intervalo fecundo		4,0	5,8	7,5
Número medio de años entre nacimientos		3,1	3,4	3,0
Porcentaje de la duración del intervalo fecundo sobre el ciclo vital hasta la viudez		12,1	11,7	16,6
Nido vacío		18,1	20,0	11,7
Porcentaje de la duración del nido vacío sobre el ciclo vital hasta la viudez		37,9	40,4	25,9
Duración de la viudez de la mujer		7,51	12,5	9,0
Duración de la viudez el hombre		6,9	8,8	2,2
Duración total del ciclo vital familiar masculino (incluida la viudez)	44,19	42,0	58,3	47,3
Duración total del ciclo vital familiar femenino (incluida la viudez)	53,51	64,0	62,0	54,1
Probabilidad de morir primero el hombre (mujer:1)		1,09	2,9	2,7

* Suponiendo que no haya interrupción del matrimonio.

Fuente. Elaboración de Del Campo para el período referido 1970-1985. *Movimiento Natural de la Población 2000-2004. Indicadores Demográficos Básicos 2000-2004. Anuario Estadístico, 2000,* INE. *Encuesta de fecundidad, 1999,* INEbase..

El menor número de hijos se tiene en un período más breve y concentrado en las edades inmediatas al casamiento, como consecuencia de un acortamiento de la duración de la etapa que va desde el inicio del matrimonio hasta el nacimiento del primer hijo, que se conoce con el nombre de «nido sin usar» y que de abarcar 1,9 años a principios de siglo pasó a comprender 1,2 en los años 1980-1985 y 2,6 años al acabar el siglo. Como, por otra parte, la boda se celebra ahora a una edad algo más tardía, el resultado es que las primeras fases del ciclo de vida de la familia, a saber, la del «nido sin usar» y las que preceden a la del «nido vacío», es decir, las de crianza y educación de los hijos, duran menos que en otras épocas. Sin embargo, la etapa del nido vacío no se alarga respecto a la década de los 80, ya que, si por una parte la esperanza de vida aumenta y extiende el período de vida marital, por otra se ve contrarrestada por la más tardía emancipación de los hijos.

A lo anterior hay que sumar el efecto de otros dos cambios demográficos importantes, como son el descenso de la mortalidad y el aumento de la esperanza de vida. Ambos son complementarios y han acarreado diversas consecuencias para la familia: por un lado, al prolongarse la vida se ha alargado la duración del ciclo familiar, de manera que la relación de pareja entre los cónyuges dura mucho más años que antes y la viudez se produce a edades muy avanzadas en general y cuando los hijos ya han abandonado el hogar. En contrapartida, surge una nueva cuestión que afecta directamente a las relaciones familiares, que es la de la tercera edad, que desborda por sus implicaciones el marco estricto de la familia y se convierte en un problema de enorme magnitud para la sociedad.

3.3. *La anticoncepción*

La mencionada drástica caída de la fecundidad española desde 1978 se ha materializado mediante decisiones privadas tomadas en el seno de la familia. La planificación familiar en sentido amplio siempre ha existido pero lo novedoso ha sido el cambio de orientación y las formas de llevarla a cabo, debido principalmente a los nuevos avances tecnológicos y a la mayor aceptación social. Una planificación exitosa ya que al principio del siglo XXI el 79% de las mujeres embarazadas deseaban el embarazo[63].

Contamos con tres encuestas sobre fecundidad realizadas a las mujeres españolas en 1977, 1985 y 1999[64]. De ellas se infiere que la reducción de nuestra fecundidad se ha producido justamente cuando la mayoría de las españolas han podido conocer, y sobre todo utilizar con libertad, los métodos anticonceptivos, lo cual ha sucedido después de la instauración de la democracia.

En general, podemos concluir que la población tiene un alto conocimiento de los diferentes métodos anticonceptivos y así lo prueba que el 99% de las mujeres declara conocer al menos uno eficaz. En los años 70 estaban socialmente permitidos el *coitus interruptus,* el ritmo y temperatura basal y la abstinencia. Otros métodos como el preservativo, el DIU, la píldora, cremas anticonceptivas y el lavado vaginal, se han ido conociendo poco a poco, llegando a ser algunos de ellos los más conocidos hoy. El 99% conoce la píldora y el condón y el 91% el DIU. Un último aspecto a señalar en cuanto al conocimiento de los métodos concierne a los orientados a la esterilización de la mujer y del hombre y a la píldora del día siguiente, que de no recogerse siquiera en la encuesta de 1977, han llegado a representar en 1999 el 94, 92 y 69%, respectivamente (Tabla 3.11).

El hecho de este conocimiento, a pesar de ser decisivo, no explica por qué todavía en 1985 había un 33,5% de mujeres que no habían utilizado nunca ningún método y

---

[63] Estudio 2639, «Fecundidad y valores en la España del siglo XXI», abril-mayo de 2006, CIS.
[64] *Encuesta de Fecundidad 1977, 1985 y 1999*, INE.

un 14% que había empleado alguno ineficaz. Estos porcentajes cambian en el caso de las mujeres casadas, un el 16 y un 18%, respectivamente lo que avala, cuando menos parcialmente, la hipótesis de que la difusión de estos medios se ha producido en los últimos años, dado que en la encuesta de 1977 el grupo de mujeres casadas que no había utilizado nunca un método se elevaba al 40%.

En 1985, la relación de pareja, el estado civil, la creencia y práctica religiosa y la actividad laboral eran variables decisivas, en especial las dos primeras, para explicar el uso diferencial que las mujeres realizaban de los métodos anticonceptivos. A ellas hay que añadir otras como la edad, el nivel de estudios y el número de hijos. Es decir, la utilización de un determinado método estaba condicionada por variables objetivas, como el mantenimiento de relaciones sexuales estables y el número de hijos tenidos y, consiguientemente, la edad o el estado civil, pero también por variables subjetivas, como las creencias religiosas, la historia profesional o el nivel de estudios.

TABLA 3.11.—*Conocimiento de métodos anticonceptivos por mujeres en edad fértil*

	1977	1985	1999
No conoce ningún método	7	0,9	0,8
Conoce al menos uno ineficaz pero no eficaz	2	0,4	0,0
Conoce al menos un método eficaz	91	99	99
Conoce píldora	95	98	99
Conoce DIU	32	81	91
Conoce diafragma, tapón, esponja vaginal	21	57	78
Conoce abstinencia	—	70	81
Conoce preservativo o condón	73	94	99
Conoce ritmo y temperatura basal	57	75	58
Conoce *coitus interruptus*	76	88	82
Conoce lavado vaginal	38	48	59
Conoce cremas anticonceptivas	38	47	64
Conoce lactancia prolongada	36	48	46
Conoce inyección	—	62	52
Conoce píldora del día siguiente	—	25	69
Conoce ligadura de trompas	—	93	94
Conoce vasectomía	—	78	92
Conoce otros métodos	10	1	8

Fuente: Encuesta de Fecundidad 1977, 1985 y 1999. Los datos de 1977 tienen como base las mujeres en edad fértil no solteras, INE.

En 1999, el 73% de la población femenina expuesta al embarazo había utilizado o utilizaba algún método anticonceptivo. Las mujeres que lo hacían eran, en su mayoría, las casadas, separadas y divorciadas y aquellas que mantenían una pareja estable; las no creyentes y las que no se dedicaban a trabajar, si bien más de la mitad de las mujeres que trabajaban ponian medios para no concebir.

Respecto al método utilizado según diferentes características de las mujeres, observando la Tabla 3.12 podemos concluir que los dos más utilizados eran la píldora y el preservativo (31 y 34%, respectivamente). En 1999 las pautas de utilización de los métodos anticonceptivos se mantienen, pero hay que centrarse en dos que adquieren importancia, no tanto por su frecuencia actual sino porque aparecen en la *Encuesta de Fecundidad* en 1999. Tanto el perfil de las mujeres que se esterilizan con la ligadura de trompas como las mujeres de los hombres que se hacen la vasectomía, es similar. La mayoría son mujeres casadas, católicas no practicantes y que se dedican a sus labores, ya que el método anticonceptivo que más utilizan las mujeres trabajadoras son el DIU y el preservativo y, las mujeres no creyentes, la píldora y el preservativo.

El método utilizado por las parejas españolas en el 2006 ha sido según las mujeres el preservativo en el 43,7% de los casos, la píldora (27,6%), la esterilización del hombre, el DIU (8,1%) y la esterilización de la mujer (6,5%).

TABLA 3.12.—*Utilización de métodos anticonceptivos*

	Ha utilizado o utiliza actualmente	Píldora	DIU	Preservativo	Retiro	Ligadura de trompas	Vasectomía
Total	73	31	7	34	10	4	4
Solteras	49	44	10	41	22	1	2
Casadas	91	52	82	57	75	90	97
Viudas	84	0	1	0	1	1	0
Separadas/Divorciadas	93	3	7	2	2	6	1
Casadas	91	52	82	57	75	90	97
Unión estable en hogar	95	8	9	4	5	3	2
Unión estable sin hogar	75	30	2	28	16	1	1
Sin unión estable	75	3	2	7	3	-	-
No creyente	0	8	4	5	3	3	5
Católica no pract.	13	58	56	55	42	49	52
Católica practicante	21	24	28	30	46	38	36
Ocupadas cuenta propia	30	8	12	7	8	11	9
Ocupadas asalariadas fijas	21	23	28	23	25	21	22
Estudiantes	1	10	1	13	3	1	1
Labores del Hogar	63	23	35	26	38	43	43

Fuente: Encuesta de Fecundidad 1999, INEbase.

La planificación familiar española se va acercando paulatinamente a la que existe en otros países europeos. Los datos más actuales constatan que el 76% de las europeas utilizan métodos anticonceptivos aunque existen diferencias entre países. Las que más las usan son las alemanas (8%) y las que menos, las españolas (71%) aunque en España se ha producido un aumento del 49% desde 1997. Los métodos más utilizados son la píldora, el preservativo, DIU, esterilización femenina y masculina y, mientras países como Francia, Alemania o Reino Unido usan la píldora, en España e Italia es más frecuente el preservativo. Con relación a la edad, las que menos los usan son las más jóvenes y las más mayores en casi todos los países. Sin embargo, de las que no usan métodos, no todas las mujeres están en riesgo de embarazo, sólo el 6% ya que el resto están embarazadas en el momento de la encuesta, están buscando hijos o no tienen relaciones[65].

Hoy día se empieza a poner otra cuestión encima de la mesa: desprender a las mujeres del monopolio de los anticonceptivos, al ser éstos utilizados mayoritariamente por ellas. Se están llevando a cabo estudios hormonales para que sea el hombre el que asuma también los riesgos y la responsabilidad de la anticoncepción. Esto supone otra faceta a negociar y a igualar dentro de la relación de pareja.

Uno de los aspectos que está suscitando interés es la mayor accesibilidad y uso de la píldora del día después. Cada vez está siendo más utilizada por la población (se dispensaron 506.000 dosis en 2005 cuando en el 2001 no alcanzaban las 160.000[66]) y, se está convirtiendo en un método anticonceptivo único o adicional prescindiendo de otros métodos como si el embarazo no deseado fuera el único problema a evitar. Las enfermedades de transmisión sexual[67], que habían experimentado un marcado descenso desde 1995 hasta el año 2003, han aumentado en los dos últimos años, llegando a 1.174 infecciones gonocócicas y 1.255 casos de sífilis en el 2005[68]. Según los expertos, la existencia de medicamentos ha hecho que se baje la guardia además de que este tipo de enfermedades dan la cara tarde y son muy desconocidas por los jóvenes que son los que presentan comportamientos más irresponsables en el ámbito sexual.

Más preocupación plantea el SIDA, no sólo por los casos existentes sino porque al igual que ante otras enfermedades de transmisión sexual nos creemos inmunes. Según el Registro Nacional de SIDA, en 2005 se diagnosticaron 1.649 casos, lo que supone un descenso del 75% desde 1995, fecha en la que se establecieron los tratamientos antirretrovirales. Pero aun así, España ocupa junto a Francia e Italia los primeros puestos de casos acumulados de SIDA en Europa[69]. En el 77% de los casos son hombres y la edad está en torno a los 40 años. Con relación a la forma de contraerlo, el 47% fue por compartir material de inyección de drogas, mientras que los casos por relaciones sexuales heterosexuales no protegidas ascendieron al 30,9% y, aunque en términos absolutos los enfermos son más los hombres que las mujeres, éstas han adquirido un crecimiento considerable en este último año (el 55% de las mujeres infectadas). Las relaciones homosexuales representan el 15,2%. Pero lo peor es que cerca del 41% de las personas diagnosticadas no eran conscientes de estar infectadas[70].

---

[65] *I Encuesta sobre anticoncepción en Europa 2003,* Equipo Daphne, junio de 2004. *www.equipodaphne.es/archivos/d8854ea212036b26bfd375160ded94d8.pdf.*

[66] Declaración de la Ministra de Sanidad y Consumo, Elena Salgado, en la presentación de la campaña «Si no tomas precauciones ¿sabes quién actúa?, 19 de julio de 2007.

[67] Sífilis congénita, infección gonocócica, gonorrea, vaginosis, hepatitis B etc.

[67] Instituto de Salud Carlos III, *Infecciones de transmisión sexual. Evolución 1995-2003,* Madrid, Ministerio Sanidad y Consumo, 2005. «Las venéreas, olvidadas», *www.20minutos,* 17 de marzo de 2007.

[69] *Mujeres y Hombres 2007,* INE, pág. 50.

[70] «Vigilancia epidemiológica del SIDA en España», *Registro nacional de casos de SIDA,* Instituto de Salud Carlos III, Ministerio Sanidad y Consumo, junio de 2006.

3.4. *El aborto*

Uno de los temas más controvertidos en nuestra sociedad desde el punto de vista moral, es la aprobación y práctica del aborto. Según Margarita Delgado[71], la interrupción voluntaria del embarazo, bajo los tres supuestos que ampara la ley de 1985, no ha dejado de aumentar en la década de los 90, en la cual las estadísticas son más fiables aunque no se registren todos los abortos que se realizan. Ha sido, sin embargo, uno de los temas que no ha sufrido alteración legislativa a causa de su propia naturaleza controvertida.

A partir de los datos facilitados por el Ministerio de Sanidad y Consumo[72], el número de abortos pasó de ser 44.962 en el año 1992 a sobrepasar los 90.000 en el año 2005, produciéndose un aumento del 7,85% en este último año respecto del anterior. La tasa de interrupciones por cada 1000 mujeres era de 7,66 en 2001 y en el 2005 fue de 9,60% (Tabla 3.13). Esta práctica no es uniforme en los diferentes tramos de edad: el grupo que más la sigue y que no para de aumentar es el de 20-24 años, que alcanza una tasa de 16,83, aunque resulta llamativo y preocupante que entre las mujeres menores de 19 años haya aumentado de 3,9‰ en 1992 a 11,48 en 2005.

TABLA 3.13.—*Número de centros que han notificado I.V.E. Número de abortos realizados y tasas por 1000 mujeres entre 15-44 años (1992-2005)*

Año	Centros notificadores	Núm. de abortos	Tasa
2005	134	91.664	9,60
2004	133	84.985	8,94
2003	128	79.788	8,77
2002	124	77.125	8,46
2001	121	69.857	7,66
2000	121	63.756	7,14
1999	123	58.399	6,52
1995	102	49.367	5,53
1992	87	44.962	5,10

Fuente: Estadísticas Sanitarias 1992-2005, Ministerio de Sanidad y Consumo.

Por otra parte, seis de cada diez mujeres que renuncian a continuar con el embarazo son solteras, un cuarto del total están casadas y cerca de la mitad no tienen ningún hijo[73]. Otro de los aspectos más llamativo de las IVE en España es que cerca de la mitad de las IVE son de inmigrantes, según el Informe *Interrupción Voluntaria del emba-*

---

[71] M. Delgado, «Familia y Fecundidad en España», *Arbor* CLXXIV, 685, 2003, págs. 21-34.

[72] Estadísticas Sanitarias, Ministerio Sanidad y Consumo. *http://www.msc.es/profesionales/saludPublica/prevPromocion/embarazo/tablas_figuras.htm#Tabla%201.*

[73] Estimación del Instituto Política Familiar a partir de los datos del Ministerio de Sanidad y Consumo, 2005.

razo y los métodos anticonceptivos en los jóvenes[74]. Mientras que la tasa de las españolas se sitúa en torno al 7, la de las inmigrantes lo hace en torno al 30, es decir, las inmigrantes abortan 10 veces más que las mujeres madrileñas. Esto se explica por la mayor dificultad de estas mujeres para acceder a los métodos anticonceptivos y a la educación sexual y, su distinto papel en la comunidad, generalmente machista. Estas inmigrantes son chicas jóvenes, sin formación universitaria, trabajadoras, con pareja estable y con hijos.

El empleo es el factor que más influye en España en la decisión de abortar. Ésta es una de las conclusiones que se desprenden del estudio *Los determinantes de la interrupción voluntaria del embarazo* realizado por Delgado y Barrios[75]. El perfil predominante de las mujeres que abortan es el siguiente: son madres solteras, con estudios de segundo grado, activas laboralmente sobre todo por cuenta ajena, sin hijos y residentes en municipios de entre 50.000 y 500.000 habitantes. Además, existe reincidencia: una de cada cuatro personas que interrumpía su gestación en el 2001 lo hacía por segunda o tercera vez en su vida[76].

El motivo más frecuentemente mencionado por las mujeres que interrumpieron un embarazo ha sido mayoritariamente el riesgo para su salud, que fue alegado por el 96,7% de las mujeres que se sometieron a esta clase de intervención. Ha aumentado el peso de los abortos por riesgo para el feto (de 1,64 en 2002 a 3,06 en 2005) y, se ha mantenido el porcentaje de abortos por violación, que sigue siendo el de menor incidencia (0,02).

El aborto no es practicado por igual en toda la geografía española. Madrid, Baleares y Cataluña son las comunidades con más altas tasas (12,81, 12,57 y 11,46, respectivamente), y Ceuta y Melilla, Cantabria y Galicia las que las tienen más bajas (3,25, 4,42 y 4,43, respectivamente)[77].

Actualmente, más de seis de cada diez interrupciones voluntarias se practican en las primeras ocho semanas de gestación. Desde 1992 a 2004, ha aumentado el porcentaje de interrupciones que se producen cuando la gestación está más avanzada. Así, si en 1992 el porcentaje de interrupciones en 13-16 semanas, 17-20 semanas y 21 o más semanas fue de 2,67, 1,43 y 0,38, en 2005 los porcentajes fueron 5,98, 4,05 y 1,98, respectivamente. Por otra parte, el 97,09% de las interrupciones se llevan a cabo en centros privados.

Según muestran los anuarios estadísticos de 1975 a 2005, el número de abortos terapéuticos ha descendido considerablemente. La tasa de abortividad pasó de 0,21 a 0,04[78]. El ritmo de descenso se aceleró a partir de 1970 cuando sólo pasaron a considerarse abortos las muertes fetales tardías, es decir, los nacidos muertos con más de seis meses. Este descenso puede deberse a la mayor información y asistencia médica en nuestro país y a la propia evolución de las interrupciones voluntarias de embarazos des-

---

[74] Ministerio Sanidad y Consumo (2006), *Interrupción Voluntaria del embarazo y los métodos anticonceptivos, http://www.msc.es/novedades/docs/interrupcion2006.pdf.*

[75] M. Delgado y L. Barrio, *Los determinantes de la Interrupción voluntaria del embarazo,* Fundación Shering y Boletín Informativo sobre salud de la Mujer, Equipo DAPHNE noticias, núm. 12, octubre de 2005.

[76] «Una de cada 4 mujeres que abortan lo había hecho antes», *www.nomassilencio.com/RESTO/datosive.htm.*

[77] *Estadísticas Sanitarias,* Madrid, Ministerio de Sanidad y Consumo, 2004.

[78] *Anuarios Estadísticos 1975-2005,* INEbase.

de su despenalización limitada en 1985. Tampoco se sufre en España la mortalidad por este tipo de prácticas ya que la legislación brinda la oportunidad de acceder al aborto de forma segura y no como en otras partes del mundo donde no existe un mínimo de higiene y cuidados médicos que hace producir más de 68.000 muertes al año[79].

Si los métodos anticonceptivos y el aborto se caracterizan por facilitar la tendencia mayoritaria de la población a limitar el número de hijos, las técnicas de reproducción asistida se orientan, en principio, a facilitar la procreación a aquellas parejas que no puedan tener hijos. Sin embargo, este significado está cambiando, dado que están siendo utilizadas como una forma de posponer la maternidad y yendo más allá de las estructuras tradicionales de la maternidad/paternidad al ser demandadas por parejas homosexuales e incluso por personas con un interés manipulador al querer hijos a la carta.

En España hay 816.000 parejas con problemas de infertilidad, y cada año aparecen 16.000 nuevos casos, según la Asociación Pro Derechos Civiles, Económicos y Sociales (Adeces)[80], aunque no todos se deben a razones fisiológicas. El retraso de la edad a la maternidad, el descenso de la calidad del semen por cuestiones medioambientales, así como el estrés, cuestiones profesionales y los estilos de vida influyen: el 30% de las españolas fuman durante el embarazo y esta tendencia se acentúa en las mujeres de menor nivel educativo y más jóvenes[81]. El retraso a la maternidad está provocando, junto a los avances tecnológicos, que cada vez haya más cesáreas frente a los partos y más en el ámbito privado que en el público (35,26 % y 21,57%, respectivamente)[82].

La esterilidad sigue siendo un tema tabú, que asusta y provoca ansiedad en las personas que la padecen, pero se despoja de la estigmatización del pasado por no cumplir la mujer con su papel reproductor a la vez que hace también responsable al hombre. Se estima que la mitad de los casos de esterilidad son por causas masculinas, siendo tan sólo el 22,3% de origen femenino. El resto corresponde a causas mixtas (17) o desconocidas (15)[83].

La situación en la que se encuentra España con relación a la práctica de estas técnicas es la siguiente: el 3,9% de las mujeres las han utilizado[84]. En el año 2002 se realizaron 138.000 tratamientos en los 203 centros autorizados y homologados. Es una práctica mayoritariamente privada a pesar del gran esfuerzo económico que supone, ya que en el ámbito público la espera es de dos años como media. Son tres las Comunidades Autónomas que concentran más del 50% de estos centros: Cataluña, Andalucía y Madrid y los centros son mayoritariamente privados (81%). Respecto al tipo de autori-

[79] Kaye Wellings, Martine Collumbien, Emma Slaymaker, Susheela Singh, Zoé Hodges, Dhaval Patel, Nathalie Bajos, «Sexual Bahaviour in Context: a Global Perspectiva», *The Lancet,* vol. 368, 11 de noviembre de 2006, págs. 1706-1728.

[80] «800.000 parejas españolas tienen problemas de fertilidad», *El Mundo,* 01 de junio de 2006. *http://boards5.melodysoft.com/app?ID=ultimas_noticias&msg=372.*

[81] María Luisa Martínez-Frías, Elvira Rodríguez-Pinilla y Eva Bermejo, «Consumo de tabaco durante el embarazo en España: análisis por años, comunidades autónomas y características maternas», *Medicina Clínica,* Barcelona, 2005, págs. 86-92.

[82] «Por encima de las recomendaciones de la OMS», *El Mundo,* 27 de octubre de 2006.

[83] Estimaciones de la Sociedad Española de fertilidad, presentadas por la doctora Núñez en el II Simposio de Reproducción Asistida organizado por la Fundación Fambre, Madrid, noviembre de 2006.

[84] Estudio 2639, «Fecundidad y valores en la España del siglo XXI», abril-mayo de 2006, CIS. «La maternidad altera la vida laboral de las españolas», *El País,* 16 de marzo de 2007.

zación acreditada, se sigue el siguiente orden: inseminación artificial, banco de esperma, laboratorio de capacitación espermática, banco de semen y laboratorio y recuperación de oocitos[85].

España se encuentra a la cabeza de los tratamientos de infertilidad. Las diferencias legislativas entre países[86] están provocando una situación que puede denominarse como de turismo reproductor. Por ejemplo, en Alemania, Portugal, Austria, Noruega, Suecia, Suiza e Italia, las mujeres no pueden donar óvulos. Esta práctica es legal en España, siempre que la cesión se realice bajo determinadas circunstancias. Respecto a la donación de espermatozoides, ningún país pone trabas a la congelación de espermas excepto algunos musulmanes y Japón. El carácter anónimo del donante no es igual en todos los países. En el Reino Unido, se ha establecido el derecho del hijo nacido cuando cumpla los 18 años a conocer la identidad del padre donante sin que esto implique una responsabilidad legal y económica del padre biológico para con el hijo. Es una cuestión ética importante, que puede instar al descenso de las donaciones y a que se intensifique el turismo a España, donde la ley es más permisiva y los tratamientos más baratos.

Sin embargo, la legislación española prohíbe las madres de alquiler y la elección de sexo, a excepción de cuando los padres son portadores de alguna enfermedad vinculada al sexo. Es una elección que le gustaría al 90% de las parejas que pretenden someterse a un tratamiento de fertilidad y más de la mitad de la población española considera que se llegará a permitir en un futuro[87].

Esto está provocando una emigración reproductiva acrecentada. Es en EEUU donde las madres de alquiler están ayudando a parejas españolas (desembolsando entre 60.000 y 75.000 euros[88]), a conseguir descendencia. En principio cuando ellos regresan no hay ningún impedimento legal porque vienen con todo organizado desde allí pero si la mujer que gestó al bebe reclama su maternidad, empieza la pesadilla para la pareja pues la ley española le adjudicaría la custodia a la madre que alquiló el vientre.

Las técnicas de reproducción hacen frente a la imposibilidad de muchas parejas de poder engendrar hijos y no suscita ningún tema moral relevante frente a lo que puede ocu-

---

[85] *Estadísticas de Salud y Epidemiología,* Ministerio Sanidad y Consumo.

[86] La legislación nacional referida a la Reproducción Humana Asistida se muestra a continuación (estas son a nivel de Estado, algunas Comunidades han elaborado legislación complementaria dentro de sus competencias). Ley 35/1988, de 22 de noviembre, sobre Técnicas de Reproducción Asistida *(BOE,* núm. 282 de 24 de noviembre de 1988). (Corrección de errores *BOE,* núm. 284 de 26 de noviembre de 1988). Ley 42/1988, de 28 de diciembre, de donación y utilización de embriones y fetos humanos o de células, tejido u órganos *(BOE,* núm. 314 de 31 de diciembre de 1988). Real Decreto 412/1996, de 1 de marzo, por el que se establecen los protocolos obligatorios de estudio de los donantes y usuarios relacionados con las técnicas de reproducción asistida y se regula la creación y organización del Registro Nacional de Donantes de Gametos y Preembriones con fines de reproducción humana. *(BOE,* núm. 72 de 23 de marzo de 1996). Real Decreto 413/1996, de 1 de marzo, por el que se establecen los requisitos técnicos y funcionales precisos para la autorización y homologación de los centros y servicios sanitarios relacionados con las técnicas de reproducción asistida *(BOE* núm. 72 de 23 de marzo de 1996). Orden de 25 de marzo de 1996, por la que se establecen las normas de funcionamiento del Registro Nacional de Donantes de Gametos *(BOE,* núm. 106 de 2 de mayo de 1996). Real Decreto 415/1997, de 21 de marzo, por el que se crea la comisión Nacional de Reproducción Humana Asistida *(BOE,* núm. 70 de 22 de marzo de 1997). Información Estadística Sanitaria. Ministerio de Sanidad y Consumo. Bebés al año de estas parejas. La novedad de la última gran reforma en 2004, es que será posible llevar a cabo técnicas preimplantacionales, definiendo la compatibilidad de tejidos para poder en el futuro ayudar a un hermano, se sigue manteniendo la ilegalidad de la práctica conocida como madres de alquiler.

[87] Estudio 2474, «Barómetro Diciembre», diciembre de 2002, CIS y «Los límites de un hijo a la carta», *El País,* octubre de 2001.

[88] «Una madre de alquiler cuesta entre 60.000 y 75.000 euros», *Europasur,* 24 de julio de 2006.

rrir en las próximas décadas. Las técnicas están alterando muchos de los preceptos que, a pesar de los cambios a los que venimos asistiendo, parecían irrompibles (la posibilidad de una viuda de tener hijos de su difunto marido, las madres de alquiler etc., la posibilidad de elegir sexo, las madres abuelas, los embarazos múltiples o la posibilidad de transmitir errores genéticos a la descendencia). La actitud de la población ante estas técnicas está dividida e influida por el miedo o/y a la inseguridad ante lo nuevo, por las ideas religiosas que chocan con el manejo de un material biológico como el embrión, o con un hecho tan respetado como la reproducción dentro de la institución matrimonial. La aprobación de estos adelantos se relaciona en materia de salud con la utilización de la ingeniería genética en células humanas para curar enfermedades graves (83%), así como impedir que los niños hereden enfermedades genéticas graves (81%) o enfermedades leves (63%). Sin embargo, esta aceptación no se extiende a otras manipulaciones como la inteligencia o las características físicas de los hijos (33 y 30 %, respectivamente)[89].

4. LAS RELACIONES FAMILIARES

Las relaciones internas de los miembros de la familia constituyen la trama habitual de su convivencia y dentro de ellas vamos a considerar fundamentalmente, las relaciones de pareja —es decir, las que se establecen entre los cónyuges en sus distintas facetas: igualdad, afectividad, convivencia y conflictividad— y, en segundo lugar, las paterno-filiales.

4.1. *Igualdad*

La igualdad de los miembros de la pareja en la sociedad y en el ámbito familiar es uno de los aspectos en los que más se ha progresado en los últimos años. El ejemplo más reciente es la Ley para la Igualdad de mujeres y hombres[90], aprobada con el objeto de hacer efectivo el derecho de igualdad de trato y de oportunidades entre hombres y mujeres, mediante la eliminación de la discriminación de éstas. Una ley cuya aceptación por la sociedad requerirá tiempo al ser una ley controvertida en algunos puntos como la paridad en las listas políticas y en los consejos de administración de las empresas.

Antes de ser aprobada la conocía la mitad de la población, el 67% se mostraba conforme con sus contenidos y nueve de cada diez españoles consideraba que la ley debe asegurar la igualdad de oportunidades entre hombres y mujeres. La población reconoce la utilidad de la ley para disminuir la discriminación de la mujer (77%), pero no existe unanimidad sobre el sistema de cuotas: uno de cada cuatro españoles considera que esta medida perjudica más que beneficia y un 34% piensa que discrimina a los hombres[91].

En cualquier caso, el estatus de la mujer en la sociedad y en la familia moderna ha experimentado una transformación muy apreciable. Un 55%[92] de la población univer-

---

[89] Estudio 2242, «Barómetro Marzo», marzo de 1997, CIS.

[90] Aprobada el 15 de marzo de 2007. *BOE,* viernes, 23 de marzo de 2007. *http://www.boe.es/boe/dias/ 2007/03/23/pdfs/A12611-12645.pdf.*

[91] Estudio 2636, «Barómetro Marzo», marzo de 2006, CIS.

[92] *Estadísticas Enseñanza Superior 2004-2005,* Ministerio de Educación y Cultura.

sitaria son mujeres y completan los estudios superiores en una proporción sensiblemente superior a los hombres. Sin embargo, sus carreras siguen sujetas a ciertos estereotipos: las mujeres se siguen matriculando en Humanidades y Ciencias Jurídicas más
que los hombres, aunque cada vez están más presentes en las Ciencias Experimentales
y en Ciencias de la Salud como médicas y no sólo como matronas o enfermeras. Por
otra parte, la enseñanza ha sido siempre un gueto de las mujeres desde su incorporación
al mundo del trabajo pero este protagonismo no lo tienen en todas las escalas de la jerarquía: a medida que el rango es mayor, la presencia de mujeres es menor aunque hay
que tener en cuenta el efecto de la edad[93].

Los movimientos feministas y los medios de comunicación, la democratización de
la vida social, las nuevas condiciones que han facilitado la incorporación de la mujer a
los centros de estudio y a la actividad laboral, junto con un hogar más sencillo de llevar
y más tecnificado, son factores que han colaborado mucho para hacer posible la salida
de la mujer al exterior desde la vida doméstica. Actualmente, la tasa de actividad de las
mujeres alcanza el 45,9%[94] pero su incorporación al mercado laboral no la exime de situaciones desfavorecidas: Dos tercios de los inactivos son mujeres, existen más hombres que mujeres ocupados (59,1%) y, por tanto, más mujeres paradas (57,8) y, el 60%
de las personas que buscan empleo por primera vez son mujeres[95].

Las mujeres siempre han tenido a su cargo las labores del hogar y esa «obligación
social», repercute en el tipo de jornada: las mujeres optan o son contratadas en mayor
medida a tiempo parcial y nueve de cada diez aluden a las obligaciones familiares como
explicación[96]. Además, seis de cada diez mujeres contratadas no están fijas, los permisos de paternidad no superan el 2% y las excedencias son asumidas por las mujeres en
el 96% de los casos. Otra de las desventajas es la diferencia salarial, que alcanza el 30%
en general y el 18% cuando se tiene en cuenta sólo las diferencias salariales y se prescinde de otras variables como nivel educativo, tiempo en la empresa, etc.[97].

Los ratios de inactividad difieren de unos países a otros en Europa. Los países nórdicos, con una inactividad del 15 al 17%, contrastan con los países del sur, donde entre
el 35% y el 40% de las mujeres entre 25 y 54 años están fuera del mercado laboral. Las
razones principales para ser inactivos son la educación, las enfermedades, las responsabilidades familiares, la jubilación y la creencia de que no hay trabajos disponibles.
Para las mujeres la jubilación y las responsabilidades familiares tienen gran importancia y, en el caso de los hombres, la tienen la jubilación y las enfermedades. Mientras
que en países como Suecia, Dinamarca y Finlandia el porcentaje de inactividad por cargas familiares es mínimo (entre 2 y 7%), en Grecia, Luxemburgo e Italia sobrepasan el
30%. España se sitúa en una posición intermedia (17%)[98].

---

[93] *Estadísticas de la Enseñanza Superior 2001-2005,* Ministerio de Educación y Cultura. Cifras INE,
marzo 2003, INEbase.

[94] IV trimestre, *Encuesta de Población Activa 2005,* INEbase.

[95] IV trimestre, *Encuesta de Población Activa 2006,* INEbase.

[96] Las obligaciones familiares se refieren al cuidado de niños o adultos enfermos o discapacitados.

[97] La Brecha Salarial es la diferencia porcentual entre los salarios medios de hombres y mujeres. La
Brecha Salarial es posible descomponerla en: *a)* La Diferencia salarial a iguales características (discriminación salarial, propiamente dicha) y *b)* Diferencia salarial debida a diferentes características, es decir la debida a diferencias en variables tales como: Experiencia; Nivel educativo; Tipo de contrato; Antigüedad en la
empresa; Tamaño de la empresa; Ámbito del convenio, Sector de actividad y Tipo de ocupación. Instituto de
la Mujer. *Estadísticas en Cifras.* Situación Laboral.

[98] Comisión Europea (julio de 2003), *Labour reserve in Europe in Spring 2001. EU-wide, one woman*

Con relación al lugar que ocupan en el mercado laboral, la participación en los puestos directivos ha permanecido estable en torno al 30%, concentrándose el 60% en dos sectores, comercio y hostelería. El desarrollo profesional lo dificultan las obligaciones familiares, la cultura corporativa, los prejuicios de los responsables de recursos humanos, los horarios laborales y la disponibilidad para viajar[99]. Otras razones son que el entorno laboral está dominado por hombres que no confían suficientemente en las mujeres (44%), y que se sigue dudando de la capacidad de la mujer para desempeñar esos puestos (40%)[100].

En el ámbito público la situación es la siguiente: existe paridad en los ministros/as pero ésta se va desmoronando en los diferentes rangos de la jerarquía. En ese sentido, hay que mencionar que el 22% son Secretarias de Estado, el 24% son Subsecretarias y el 18% Directoras Generales[101].

La población percibe estas desigualdades y reconoce que la situación de la mujer con relación al hombre es peor en los salarios (72%), las perspectivas de promoción profesional (62%), y las oportunidades de encontrar empleo (59%). Esta opinión pesimista es más acusada en las mujeres que en los hombres ya que éstas perciben y sufren más las desigualdades. Al mismo tiempo, el 30% de la población considera que, cuando los puestos de trabajo escasean, los hombres tienen más derechos que las mujeres a un puesto de trabajo[102].

A pesar de la incorporación de la mujer al mercado laboral y de que el 88% de la población piensa que tanto el hombre como la mujer deben contribuir a los ingresos del hogar, el 75% de los hogares españoles tienen como sustentador principal al varón, aunque la administración es conjunta en el 62% de los hogares[103].

La nueva situación social de la mujer se puede calificar de gran tendencia de la sociedad actual, pero si descendemos al terreno microsociológico comprobamos que en él las tradiciones siguen teniendo un protagonismo destacado. De ahí que las diferencias por sexo y, sobre todo, por edad sean decisivas para diferenciar las opiniones y actitudes acerca de la desigualdad y, más aún de los comportamientos. Por ejemplo, una elevada proporción de personas adscriben aún tareas y estereotipos específicos a la mujer: las faenas de la casa o la educación de los niños, junto a imágenes que acentúan el cuidado del propio aspecto físico antes que el desarrollo intelectual, o las limitaciones para trabajar fuera de casa, de las que una de las más relevantes es la existencia de un discurso en nuestra sociedad a partir del cual se legitima el trabajo extradoméstico de la mujer[104]. La Tabla 3.14 recoge la aceptación del trabajo extradoméstico de la mujer en función de tener o no hijos, y del tipo de jornada laboral. Se acepta que la mujer trabaje cuando está casada y no tiene hijos, y una vez que los hijos se han independizado (75 y 67%, respectivamente), pero cuando hay hijos por medio la cosa cambia: el 34% de la población

---

in six aged 25-54 in inactive due to family responsabilities. http://www.uniovi.es/Vicerrectorados/Investigacion/documentacion/CDE/doc/Boletin12.pdf.

[99] *Informe España 2006. Una interpretación a la realidad social,* Capítulo II: «Las mujeres españolas en los puestos directivos», Fundación Encuentro, CECS 2006.

[100] Estudio 2636, «Barómetro Marzo», marzo de 2006, CIS.

[101] *Estadísticas,* Ministerio Administración Públicas, 2006.

[102] Estudio 2556, «Barómetro Febrero», febrero de 2004. Estudio 2636, «Barómetro Marzo», marzo de 2006, CIS.

[103] Estudio 2578, «Opiniones y actitudes sobre la familia», octubre de 2004, CIS. *Encuesta de Presupuestos Familiares 2005,* INE y Estudio 2529, «Género y Familia», junio de 2003, CIS.

[104] S. del Campo y M. Navarro, ob. cit., págs. 137-145.

no aprueba el ir a trabajar cuando los niños aún no tienen edad de ir a la escuela y este porcentaje disminuye al 15% cuando los hijos ya empiezan a ir a la escuela.

El trabajo de la mujer fuera de casa no merma el cuidado ni la calidad de éste de las madres trabajadoras aunque sí está influido por el nivel de estudios de la madre según la explotación que ha realizado la Fundación La Caixa de la encuesta Usos del Tiempo[105]. Las madres con educación alta y que trabajan fuera de casa dedican un total de 76,6 minutos al día al cuidado de los hijos, frente a los 46,23 minutos de las mujeres con educación más baja y que trabajan.

La importancia que la mujer otorga a los hijos a la hora de trabajar la podemos examinar desde la vertiente contraria, es decir, considerando hasta qué punto las mujeres trabajadoras están dispuestas a tener hijos o no. Según la *Encuesta de Fecundidad de 1999,* a medida que la condición laboral de la mujer está más estabilizada, la intención de tener hijos es menor (52%), y esta tendencia se invierte en los casos de las mujeres que están paradas y buscan un empleo y las estudiantes (60 y 92%, respectivamente). Además de la situación laboral, la decisión de tener hijos está condicionada por otros factores como la edad de la mujer, las condiciones de trabajo o el deseo de tenerlos. Respecto a este último aspecto, los principales motivos para no tener hijos, aun deseán-

TABLA 3.14.—*Aceptación del trabajo extradoméstico de la mujer en porcentajes*

	1997			2003
	Hombres	Mujeres	Total	Total
Después de casarse y antes de tener hijos				
Jornada Completa	69	74	72	75
Tiempo parcial	14	16	15	15
No trabajar	9	5	7	6
Cuando hay un hijo que no tiene edad para ir a la escuela				
Jornada Completa	16	16	16	17
Tiempo parcial	35	40	37	41
No trabajar	42	38	40	34
Después de que el hijo más pequeño haya empezado a ir a la escuela				
Jornada Completa	41	41	41	34
Tiempo parcial	35	42	39	43
No trabajar	16	10	13	15
Después de que los hijos se hayan ido de casa				
Jornada Completa	74	77	75	67
Tiempo parcial	9	12	11	14
No trabajar	10	6	8	11

Fuente: Datos de Opinión núm. 10. CIS 1997, pág. 7. Estudio 2529, «Familia y Género», junio de 2003, CIS.

---

[105] «La educación de los padres, un beneficio duradero», Informe mensual abril 2007, Fundación La Caixa.

dolos, son la falta de recursos económicos y la necesidad de aportar un ingreso adicional al hogar (31 y 15%, respectivamente)[106]. A estos se le unen actualmente, el trabajo que supone tener niños y las preocupaciones que dan[107].

Aceptada o no la participación de la mujer en el mercado laboral, la única realidad es que se va haciendo hueco en ese mercado tanto a nivel cuantitativo como cualitativo. Del aspecto cuantitativo, ya se ha hablado, mientras que por lo que toca al nivel cualitativo, la mujer empieza a acceder a determinados puestos de trabajo que antes le estaban vetados social y legalmente.

TABLA 3.15.—*Matrimonios por profesión u ocupación principal de la esposa y profesión u ocupación principal del esposo (1980-2000)*

	1980		1990		2000	
	Esposo	Esposa	Esposo	Esposa	Esposo	Esposa
Profesionales, técnicos y trabajos asimilados	13	8	15	16	16	18
Personal directivo de la Administración Pública y de Empresas	0	0	1	0	2	1
Personal administrativo y asimilado	13	13	11	16	8	15
Comerciantes y vendedores	7	5	9	7	7	8
Personal de los Servicios	6	5	10	9	9	11
Agricultores, ganaderos, arboricultores, pescadores y cazadores	9	0	6	1	3	1
Trabajadores de la producción, conductores y peones no agrarios	46	11	39	8	30	7
Personal de las Fuerzas Armadas	2	—	1	0	1	0
Estudiantes	3	5	1	5	0	2
Labores del hogar	—	51		32	0	12
Jubilados, retirados, pensionistas	0	0	1	0	1	0
Sin calificar	2	1	6	50	22	24
Total	100	100	100	100	100	100

Fuente: Movimiento Natural de Población 1980, 1990 y 2000, INEbase.

A partir de los datos del Movimiento Natural de la Población en tres años determinados: 1980, 1990 y 2000, recogidos en la Tabla 3.15, podemos concluir que se ha producido un aumento considerable de los matrimonios en los que antes solamente trabajaba el marido y ahora lo hacen los dos. Si en 1980, el 51% de las mujeres se dedicaban a las labores del hogar, en el 2000 este porcentaje había caído más de la mitad. Aunque *a priori* tal caída puede parecer brusca, hay que considerar que aumentan casi un 23% las mujeres que no especifican sus cualificaciones. Respecto al tipo de ocupación que

---

[106] *Encuesta de Fecundidad 1999*, INE.
[107] Estudio 2639, «Fecundidad y valores en la España del siglo XXI», marzo de 2007, CIS.

desempeñan es difícil desprenderse de algunos estereotipos que han venido marcando la situación de la mujer. Entre los profesionales, técnicos y trabajos asimilados, comerciantes y vendedores, las diferencias son mínimas. Sin embargo, la mujer tiene una gran presencia en la rama de personal administrativo y en el sector servicios, mientras que el hombre posee el monopolio en las Fuerzas Armadas y entre los trabajadores de la producción, los conductores y los peones no agrarios.

4.2. *La toma de decisiones y la distribución de las tareas domésticas*

Más significativa es todavía la evolución observada en cuanto a la democratización de las relaciones de la pareja, estimada a partir de la toma de decisiones, tal como se recoge en la Tabla 3.16, donde se comparan los resultados de tres encuestas que ponen de relieve el cambio producido en las relaciones entre los esposos desde 1966 a 1980.

El ordenamiento jurídico español establece para los hombres y mujeres iguales obligaciones de manutención y provisión de cuidados en el ámbito familiar y, en lo concerniente a los hijos, ambos progenitores están obligados a «velar por ellos, tenerlos en su compañía, alimentarlos, educarles y procurarles una formación integral». Es decir, las responsabilidades del hogar deben ser asumidas por ambos miembros de la pareja y prueba de ello es que dos tercios de la población consideran que la forma ideal de convivencia es aquella en la que ambos miembros de la pareja trabajan y asumen las responsabilidades familiares[108].

Iglesias de Ussel[109] y sus colaboradores han completado las comparaciones establecidas en la tabla anterior, examinando la evolución de los mismos ítems entre 1980 y 1990 y comprobando una vez más la existencia de una mayor implicación del hombre en las tareas domésticas[110]. Según la *Encuesta sobre el uso del tiempo*[111], existen diferencias notables en relación con el tiempo dedicado a las tareas domésticas: la mujer dedica 7 horas y veintidós minutos y los hombres 3 horas y diez minutos, es decir, un 132,6% más de tiempo que los hombres[112].

Los factores que influyen en la poca participación de los hombres en las tareas domésticas son: La distinta posición de hombres y mujeres en el mercado laboral al trabajar éstas más a tiempo parcial; la falta de habilidades y de conocimientos necesarios para la realización de tareas domésticas y cuidar a los hijos por parte de los varones, carencia que es, en cierta medida, el resultado de la educación recibida en sus familias de origen; la concepción negativa de la población acerca de los quehaceres del hogar y la extendida opinión de que el trabajo extradoméstico femenino es de menor importancia que el masculino. Según Inés Alberdi[113], «la consideración del trabajo doméstico ha su-

---

[108] Ibíd.

[109] Julio Iglesias de Ussel, «Familia», en Fundación FOESSA, *V Informe Sociológico sobre la situación social en España*, Madrid, 1994, pág. 468.

[110] Ibíd. y *Estudio sobre la conciliación de la vida familiar y la vida laboral en España*, abril de 2005, Ministerio Trabajo y Asuntos Sociales/Secretaría General de Políticas de Igualdad.

[111] Mujeres en cifras, Instituto de la Mujer, 2000. Encuesta «Usos del tiempo».

[112] *Estudio sobre la conciliación de la vida familiar y la vida laboral en España*, abril de 2005, Ministerio Trabajo y Asuntos Sociales/Secretaria General de Políticas de Igualdad.

[113] I. Alberdi, *La nueva familia española*, Madrid, Taurus, 1999.

frido una gran transformación, evolucionando a la baja. Por una parte, se ha reducido enormemente el valor del trabajo doméstico al reducirse el esfuerzo necesario para mantener un hogar en funcionamiento y además lo de sus labores se relaciona con no hacer nada». Por último, existe la creencia bastante generalizada de la importancia del cuidado materno para los niños pequeños y, la ausencia de políticas públicas que no sólo permitan sino también incentiven a los hombres a participar en el cuidado de los hijos.

TABLA 3.16.—*Toma de decisiones en la familia (1966, 1979 y 1980)**

	1966 Muestra nacional	Muestra mujeres 18 a 29 años Madrid, 1979	Muestra nacional mayores de 18 años (1980)				
				Grupo de edad (años)			
			Total	18 a 29	30 a 44	45 a 59	60 y más
El dinero que se gasta en alimentos:							
Marido	13	5	4	1	5	4	5
Ambos	6	35	38	51	39	34	34
Mujer	75	59	54	45	53	58	54
Las visitas a parientes o amigos:							
Marido	21	7	4	3	5	3	4
Ambos	35	76	80	86	83	80	70
Mujer	35	14	11	8	8	12	15
La compra de ciertos objetos caros:							
Marido	34	9	15	10	16	15	14
Ambos	21	70	75	83	77	75	67
Mujer	40	19	6	5	4	7	7
Llamar al médico si alguien de la familia enferma:							
Marido	21	6	6	6	6	6	7
Ambos	26	56	70	74	70	70	70
Mujer	46	36	19	16	21	21	14
Qué van a hacer los días de fiesta:							
Marido	45	10	5	4	6	5	6
Ambos	26	70	80	89	82	80	71
Mujer	22	19	7	5	7	8	8
N	1.963	2.013	1.643	204	630	496	312

* En la encuesta de 1966, para el 21% de los encuestados no procedía hacer la pregunta, por diversas razones. El último ítem, en 1966 y 1979, era «¿Quién decide con qué matrimonio (otras personas) va a salir?»

Fuente: Encuesta sobre «La estructura de autoridad en la familia española», dirigida por Salustiano del Campo, *REOP,* núm. 6 (octubre-diciembre), Madrid, 1966, págs. 401-410; Encuesta «Dinámica de la familia urbana española», inédita; y «Encuesta sobre la familia española», inédita, dirigidas ambas por Salustiano del Campo.

Muchas mujeres intentan compaginar la vida familiar y laboral, pero otras optan por ser amas de casa. Los motivos de las mujeres para quedarse en casa y no trabajar fuera se relacionan con la propia necesidad de la familia (por cuidado y atención a los hijos y porque económicamente no lo necesita) y, con la propia voluntad de la mujer de sentirse bien (por una mejor atención a la pareja y por voluntad propia). Gran parte de éstas aseguran sentirse satisfechas de su *rol* doméstico, aunque consideran que lo peor es que no hay vacaciones ni festivos, que la sociedad no valora su trabajo y, sobre todo, que no está retribuido[114]. Además, no cuentan con la jubilación a pesar de que como consecuencia de la mayor esperanza de vida, la mujer sigue trabajando 16 años más como media después de jubilarse. Según la CEAC, el trabajo de las amas de casa tendría que ser retribuido con 3,1 millones de pesetas brutas al año (18.674,69 euros)[115]. Y, aunque parezca que las nuevas generaciones podrían facilitar esta equiparación de responsabilidad y tareas domésticas, según un estudio realizado por el Ayuntamiento de Madrid en colaboración con la Universidad Complutense de Madrid, las nuevas generaciones se igualan: colaboran poco los chicos y poco las chicas[116].

La incorporación de la mujer al trabajo ha abierto el debate sobre su doble jornada laboral. Si comparamos la distribución del tiempo que las mujeres en general y las amas de casa dedican a las tareas domésticas no existen muchas diferencias (28,72 y 34,36%, respectivamente)[117]. Sin embargo, aunque lentamente, la participación del varón cada vez es mayor; desde 1998 a 2004 el porcentaje de varones ocupados que realizan labores del hogar según la *EPA*, ha pasado de 9,35 a 16,31 mientras que el de las mujeres se ha mantenido más o menos de 66 a 63%.

Según Constanza Tobío[118], algunos de cuyos datos se recogen en la Tabla 3.17, no hay ninguna tarea doméstica que sea realizada mayoritariamente por los hombres y sólo hay tres en las que participan conjuntamente: levantarse por las noches para atender al niño, ayudar a los niños en los deberes y estar con los niños después del colegio. A finales de los años 90, se observaba una progresiva implicación del hombre en las tareas del hogar: el 21% preparaban el desayuno o ayudaban a hacerlo; el 11% fregaban los platos; el 15% daban de comer a los niños y el 9% limpiaban la casa. Obviamente, se trata de porcentajes bajos, aunque se prevé que estas cifras aumenten durante los próximos años.

La mujer se dedica predominantemente a lo que son las tareas de limpiar la casa, poner la lavadora y preparar la comida, es decir, a lo que tradicionalmente ha venido haciendo. Las actividades que hacen conjuntamente tienen que ver con los niños, como llevarlos al colegio, ayudarles en los deberes y estar con los niños después del colegio

---

[114] Declaraciones de una ama de casa casada, licenciada en derecho y 46 años, «Gladiadoras del hogar», *El País Semanal*, núm. 1.262, diciembre de 2000. Datos de la encuesta de la Confederación de las Amas de Casa realizada en 1996.

[115] Confederación Española Amas de Casa, *www.ceaccu.org*; *http://www.consumer.es/web/es/economia_domestica/2003/03/08/58702.php* y *http://www.consumer.es/web/es/economia_domestica/2001/10/03/45159.php*.

[116] «Las adolescentes imitan a los chicos y ya no colaboran en las tareas domésticas», *La Razón,* 25 de mayo de 2006.

[117] Estudio sociológico de las amas de casa, Ministerio de Trabajo y AASS, 2002.

[118] C. Tobío, «Conciliación o contradicción: cómo hacen las madres trabajadoras», *REIS*, núm. 97, 2001, págs. 155-186.

(36, 22, 25%, respectivamente), así como las relacionadas con las tareas de limpieza y organización de la casa, como limpiar los cristales o quitar el polvo (14% para ambos).

Actualmente, a pesar de la mayor implicación del hombre en las tareas del hogar, la mujer sigue siendo la gran protagonista en casi todas las cuestiones de la vida cotidiana: hacer la colada, cocinar, decidir qué comer al día siguiente etc. Otras actividades son conjuntas como hacer la compra o cuidar de familiares enfermos mientras que las reparaciones en casa son monopolio del hombre[119].

El 21% de las personas que trabajan utilizan algún tipo de servicio externo de apoyo para la realización de las tareas y cuidados familiares. El más utilizado es el servicio doméstico (88%), seguido de las guarderías y escuelas infantiles (62,4%)[120].

TABLA 3.17.—*Tareas según quien las realiza (2001)*

Tarea	Mujer	Pareja	Ambos	Ninguno
Preparar desayuno	49,6	8,1	38,0	4,5
Preparar comida	66,5	6,7	18,4	8,3
Fregar/recoger mesa	55,8	6,5	30,7	7,1
Hacer la compra	49,7	6,4	42,3	1,6
Pasar el aspirador	60,1	5,2	23,0	11,8
Limpiar los cristales	65,0	5,0	16,1	14,0
Limpiar los baños	69,9	1,9	15,1	13,1
Quitar el polvo	62,3	2,7	20,9	14,1
Hacer las camas	60,7	4,3	28,5	6,5
Poner las lavadoras	77,1	3,0	14,0	5,9
Tender la ropa	68,4	5,7	18,1	7,8
Planchar	76,4	2,0	9,9	11,7
Llevar/traer niños al colegio	30,1	8,9	24,9	36,1
Llevar niños al médico	48,6	4,7	39,2	7,5
Ayudar en los deberes	29,5	10,2	38,3	22,1
Estar con niños después del colegio	33,1	8,2	33,7	25,0
Levantarse noche para atender a los niños	40,0	5,1	46,5	8,3
Regar las plantas	54,9	11,8	17,6	15,7

Fuente: C. Tobío, «Conciliación o contradicción: cómo hacen las madres trabajadoras», *REIS,* núm. 97, 2001. págs. 155-186.

España es junto con Grecia, el país europeo donde los hombres asumen menos responsabilidades en las tareas domésticas. A pesar de la poca participación del hombre español en las tareas domésticas, el grado de la realización de tareas conjuntas supera a la media europea: el 20% se reparten las labores de limpieza, el 14% las de la cocina y el 8% la plancha. Esta cifra solamente la superan los países escandinavos[121].

---

[119] Estudio 2578, «Opiniones y actitudes sobre la familia», octubre-noviembre de 2004, CIS.

[120] *Estudio sobre la conciliación de la vida familiar y la vida laboral en España,* abril de 2005, Ministerio Trabajo y Asuntos Sociales/Secretaria General de Políticas de Igualdad.

[121] Comisión Europea Febrero 2007. Eurobarómetro 273/Wave 66.3 TNS. Opinion and Social.

4.3.   *La ayuda familiar: conciliación entra la vida familiar y la laboral*

El análisis de la compatibilización entre el trabajo de la mujer en el mercado laboral y la necesidad de hacer frente a las tareas domésticas, se presenta como un problema para las mujeres y, en último caso, para el propio funcionamiento y bienestar de la familia. La rápida extensión de la actividad laboral femenina se acompaña en España de una escasa frecuencia del trabajo a tiempo parcial, de insuficientes servicios para el cuidado de los niños y de una reducida participación del hombre en las tareas domésticas.

Entre las muchas cuestiones que este asunto plantea se halla la identificación de lo que facilita de alguna manera el poder trabajar y llevar la casa al mismo tiempo. Sólo el 9% de las mujeres recurren a la ayuda remunerada, el 8% creen que tal compatibilización se la facilita el horario de trabajo y una cuarta parte de las mujeres cuentan con la ayuda del marido. Sin embargo, lo que interesa es el apoyo que la mujer trabajadora recibe de la red familiar: el 37% de las mujeres lo obtiene de un familiar cercano, pero la contribución no es igual por parte de todos los miembros. Las grandes protagonistas son las abuelas maternas en un 27% de los casos[122]. Las madres de las mujeres trabajadoras adoptan el *rol* de responsables de los hijos cuando son muy pequeños y no van a la guardería, en las situaciones de enfermedad, etc. Casi tres cuartas partes de todas las abuelas mayores de 65 años cuidan a sus nietos o los han cuidado con anterioridad, y la mitad lo hacen diariamente. Las madres prefieren la ayuda de su madre a la de la pareja. Otras ocasiones de ayuda familiar se presentan los fines de semana o por la noche cuando salen los padres y en períodos de vacaciones escolares. La abuela materna vuelve a ser la «salida» mayoritaria ante estas situaciones [123].

Podemos deducir la importancia de la ayuda familiar y el protagonismo de las abuelas maternas, pero ¿quiénes son los demás miembros de la familia? Con los datos mostrados en la Tabla 3.18 podemos comprobar la diferencia entre los abuelos maternos y los abuelos paternos, ya que los primeros ayudan más que los segundos. El 75% de las abuelas paternas no contribuyen nada, frente al 46% de las abuelas maternas que no ayudan. En el caso de los abuelos son los maternos los que ayudan más y, en cuanto a los demás parientes, aunque no se puede decir que ayuden demasiado, sí podemos apreciar que son los parientes femeninos los que más colaboración prestan.

La aportación de ayuda familiar es muy valorada por la población femenina trabajadora. El 17% manifiestan que no podrían trabajar si no existiera y cerca del 50% la consideran muy importante. *A priori* puede pensarse que esta valoración está influida por el nivel socioeconómico de la entrevistada, pero la diferencia en cuanto a la importancia otorgada no es mucha. Sin embargo, para las mujeres de clase socioeconómica más baja la falta de ayuda supone el no poder trabajar, ya que el 28% de las mujeres acuden a ayuda remunerada y, a medida que el nivel socioeconómico es más elevado, el porcentaje de mujeres que la utilizan es mayor[124].

---

[122] C. Tobío, «Conciliación o contradicción: cómo hacen las madres trabajadoras», *REIS*, núm. 97, 2001, págs. 155-186.

[123] IMSERSO, Estudio 4.597, 2004. Ministerio de Trabajo y Asuntos Sociales. C. Tobío, «Conciliación o contradicción: cómo hacen las madres trabajadoras», *REIS*, núm. 97, Madrid, CIS, 2001, págs. 155-186.

[124] C. Tobío, «Conciliación o contradicción: cómo hacen las madres trabajadoras», *REIS*, núm. 97, Madrid, CIS, 2001, págs. 155-186.

TABLA 3.18.—*Ayuda que aporta la red familiar de las madres trabajadoras en tareas domésti-cas ordinarias**

	Abuela materna	Abuelo materno	Abuela Paterna	Abuelo paterno	Otros Parientes femeninos	Otros parientes masculinos
Cuidar niños en edad preescolar	31,3	18,8	15,0	7,4	6,6	2,2
Cuidar niños después el colegio	38,2	15,7	17,5	8,5	8,1	2,8
Llevar/traer niños al colegio	18,6	10,6	8,9	4,7	5,6	0,6
Preparar comida para niños	23,0	4,5	6,0	1,1	3,2	0,1
Preparar comida para la entrevistada	18,3	2,2	3,1	0	1,9	0
Preparar comida marido entrevistada	11,9	1,5	3,1	0,2	1,3	0
Limpiar la casa	9,4	0,7	1,7	0	3,2	0,4
Lavar la ropa	8,6	0,4	1,7	0	2,7	0,3
Planchar	8,8	0,2	2,3	0	1,6	0,1
Coser	8,2	0,2	1,4	0	2,1	0,1
Hacer la compra	8,6	0,7	2,5	0	1,8	0,1
Llevar los niños al médico	8,6	1,9	3,9	0,1	1,8	0,1
Ninguna tarea	46,2	73,8	75,9	87,4	87,4	95,3

* Porcentaje de madres trabajadoras con parientes que residen en su misma localidad que son ayudadas por ellos.

Fuente: C. Tobío, «Conciliación o contradicción: cómo hacen las madres trabajadoras», *REIS,* núm. 97, 2001, págs. 155-186.

Una de las consecuencias de la dificultad de compatibilizar ambas esferas es que seis de cada diez mujeres creen que los hijos son un obstáculo en la vida laboral[125], y prueba de ello es que sólo el 20% de las mujeres que abandonaron el mercado de trabajo no tenían cargas familiares. El 43% de las mujeres que abandonaron fue por el nacimiento de un hijo mientras que los hombres lo hacen por causas más extremas como la salud y el despido o finalización de contrato[126]. Sólo el 10% de los que intentaron regresar al mercado laboral no lo consiguieron, pero casi tres cuartas partes de ellos son mujeres (Gráfico 3.1). Además, en el momento del embarazo o del nacimiento del hijo, un 80% de las mujeres están dispuestas a lactar, pero la mitad abandona en el primer trimestre, y sólo el 6% continúan los seis meses. Una de las razones para abandonar la

---

[125] Estudio 2.636, «Fecundidad y valores en la España del siglo xxi», marzo de 2007, CIS.
[126] *Estudio sobre la conciliación de la vida familiar y la vida laboral en España,* abril de 2005, Ministerio Trabajo y Asuntos Sociales/Secretaría General de Políticas de Igualdad.

lactancia es el límite de 16 semanas de las bajas de maternidad aunque hay otros como la falta de apoyos y el nivel educativo de la madre[127].

GRÁFICO 3.1.—*Razones de abandono del mercado laboral según sexo*

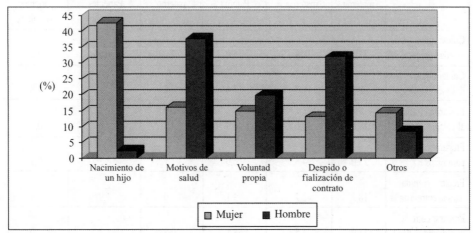

Fuente: Estudio sobre la conciliación de la vida familiar y la vida laboral en España, abril de 2005, Ministerio de Trabajo y Asuntos Sociales/Secretaría General de Políticas de Igualdad.

Una de las salidas para compaginar ambas esferas es incorporar a los niños a la educación lo antes posible. Según la Encuesta Condiciones de vida, para el año 2005[128], más de la mitad de los hijos de menores de tres años de madres trabajadoras reciben educación preescolar siendo el tiempo medio de permanencia de 23,9 horas semanales. Esta posibilidad aumenta a medida que el nivel de formación y económico de la madre es mayor. De esta forma, seis de cada diez menores de madres con ingresos altos están en escuelas frente a tres de cada diez de clases sociales más bajas. Por otra parte, el 40,3% de los niños cuya madre trabaja frente al 9,6 de las que no trabajan estaban a cargo de otras personas como familiares o canguros. Las proporciones de nivel de formación son 54,3 frente al 32,8%.

¿Qué se puede hacer? Uno de los problemas que encontramos es la falta de información sobre las medidas existentes para la conciliación. Más del 70% de la población manifiesta no conocer ninguna medida y las más conocidas son la reducción de la jornada por motivos familiares (19%) y la baja por maternidad (9%), aunque es cierto que el nivel de conocimiento aumenta con el tamaño de la empresa y se extiende a otras medidas como las bonificaciones y las excedencias[129].

El Plan Concilia fue aprobado en diciembre de 2005, con el objeto de hacer posible una mejor compatibilización de la vida laboral y familiar en el ámbito de la Administración Pública. Algunas medidas de este plan fueron: la flexibilidad horaria, la reducción de la jornada por hijos menores de 12 años o por enfermos y discapacitados a car-

---

[127] «Sólo un 6% de mujeres mantiene la lactancia», *Diariosur,* 7 de mayo de 2007. Datos procedentes de la Clínica Santa Elena de Madrid y presentados por el coordinador de Neonatología, Cristoph Kuder.
[128] «El cuidado de los niños en España», Cauces 001, verano de 2007, Cuadernos del Consejo Económico y Social.
[129] *Estudio sobre la conciliación de la vida familiar y la vida laboral en España,* abril de 2005, Ministerio Trabajo y Asuntos Sociales/Secretaría General de Políticas de Igualdad.

go, la ampliación de la baja maternal, la excedencia con dos años de garantía de permanencia del empleo, facilidades y permisos para personas que adopten o estén sometidas a tratamientos de fecundidad asistida, etc.[130]. Un año más tarde el balance de la aplicación del Plan es el siguiente: Una décima parte de los potenciales beneficiarios (9.527 trabajadores), se han acogido a los distintos permisos. Los más solicitados han sido la reducción de la jornada por tener hijos menores de 12 años, por atender a personas discapacitadas o enfermos, así como una gran demanda de permisos de paternidad y ampliación de permisos de maternidad. El perfil del solicitante lo componen mujeres entre 30-45 años y con hijos pequeños a su cargo, aunque hay que considerar que se percibe una tendencia de acercamiento entre ambos sexos ya que si seis de cada diez permisos han sido solicitados por mujeres, en un año el porcentaje de hombres que ha solicitado alguna medida ha pasado del 32 al 42%[131].

5.   RELACIONES AFECTIVAS Y DE CONFLICTIVIDAD

Los datos disponibles sobre los matrimonios españoles revelan que dentro de ellos la armonía conyugal es aceptable, sin ser perfecta ni carecer de problemas. En este sentido, la válvula de escape que suponía el divorcio, abierta legalmente en 1981, no parece haber resuelto ni sacado a la superficie demasiados conflictos soterrados. En cualquier caso, éste ha sido uno de los cambios más importantes acaecidos en la familia española en la última década y, presumiblemente, ha servido para frenar el desarrollo de algunas fórmulas alternativas al matrimonio y a la familia.

Entre los indicadores que se utilizan para analizar la armonía conyugal contamos con algunos procedentes de encuestas sobre la interacción matrimonial —el reparto de actividades, problemas y actitudes— y la satisfacción[132]. En general, la inmensa mayoría de los matrimonios realizan conjuntamente las actividades de ocio más frecuentes: ir al cine o al teatro, salir a comer a un restaurante, visitar a amigos y parientes, pasear, etc. La pareja comparte también con mucha frecuencia los problemas personales, de trabajo, económicos, de los hijos y de los parientes. La satisfacción matrimonial ha sido alta y ha aumentado a través del tiempo, lo cual confirma que las relaciones actuales se mantienen porque ambas partes quieren. En 1978 la proporción de satisfacción era del 85% y actualmente es del 94,3%, y ello se refleja en la satisfacción con la vida familiar[133].

Otro de los indicadores que permiten valorar la satisfacción con el funcionamiento de las relaciones de pareja es la percepción de lo que da y lo que recibe cada uno de los miembros de la pareja. En general, más mujeres que hombres declaran dar más que recibir y son más los hombres que declaran dar menos de lo que reciben. El porcentaje de la aportación de ambos es considerable (37% en la aportación económica, 71% en prestigio social, 71% en conocimientos, 74% en sexo y 54% en cariño y afecto) y, las apor-

---

[130] Ministerio de Administraciones Públicas, *http://www.map.es/iniciativas/mejora_de_la_administracion_general_del_estado/funcion_publica/concilia.htm*.

[131] Ministerio de Administraciones Públicas, Nota de Prensa, Balance primer año Plan Concilia, *http://www.map.es/prensa/notas_de_prensa/notas/2007/02/2007_02_.html*.

[132] S. del Campo y M. Navarro, *Análisis sociológico de la familia,* Madrid, Ariel/Ministerio de Cultura, 1982, págs. 150-156.

[133] Estudio 2529, «Familia y Género», junio de 2003; Estudio 2442, «Actitudes y valores en las relaciones interpersonales II», octubre de 2002, CIS.

taciones menos igualitarias se refieren a tres aspectos que perpetúan los *roles* de hombre y mujeres: las mujeres reconocen ser más afectivas y dar más cariño que los hombres, el 64% de las mujeres afirman que los recursos económicos los aporta principalmente el marido y sólo el 4% afirma que los hombres contribuyen a las tareas del hogar[134].

Entre los indicadores relativos a la conflictividad, disponemos de datos referentes a las discusiones, que afectan al 33% si versan sobre las relaciones con parientes, la educación de los hijos y las cuestiones de dinero. Aun así, la mayoría no discute casi nunca, ni siquiera sobre estos temas, aunque no debemos olvidar que a veces la ausencia de debate encubre una conflictividad latente en la cual se ha cortado totalmente el diálogo.

La Tabla 3.19 recoge los resultados para 1980 de una batería de preguntas, diseñadas para ahondar en la experiencia de las crisis matrimoniales, su disolución y sus consecuencias, junto con un índice de conflictividad[135]. Los datos muestran claramente que la conflictividad conyugal no es un fenómeno extraño a la vida familiar, pero que pocas veces llegaba a ser tan grave como para desencadenar un divorcio. Los datos extremos son muy elocuentes: el 66% de las mujeres entrevistadas declaraban haber pasado crisis en su matrimonio, con consecuencias, en algunos casos, de insultos, abandono del hogar y hasta de malos tratos físicos, en tanto que sólo el 2% consideraba su crisis insuperable. La distancia entre ambos porcentajes es, posiblemente, la que lleva a que el recurso a la disolución matrimonial fuera mínimo en esa fecha, tal y como revelan los datos disponibles sobre divorcialidad[136].

TABLA 3.19.—*Entrevistadas que declaran haber pasado crisis en su matrimonio, consecuencias e índice de conflictividad, por edad (1980)*

		Edad			
	Total	18-29	30-44	45-59	60 y más
Veces que ha pasado crisis:					
muchas o bastantes	34	32	35	34	32
pocas	32	28	31	34	32
ninguna	28	33	27	26	27
Consecuencias:					
no hablarse durante días	28	26	31	29	21
abandono del hogar una noche o más	4	2	5	4	3
insultos	11	14	12	8	8
malos tratos físicos	2	3	2	2	2
Índice de conflictividad:					
alto	2	2	2	2	1
medio	4	8	5	3	1
bajo	94	90	93	95	98

Fuente: Encuesta inédita sobre la familia española, dirigida por S. del Campo, 1980.

---

[134] Estudio 2157, «Actitudes y Conductas Interpersonales de los españoles ante el plano afectivo», octubre de 1995, CIS. Elaboración propia.

[135] El índice se corresponde con la respuesta que se da a la pregunta: «¿Diría usted que en la actualidad su matrimonio marcha bien o tiene problemas?», en el caso de tener problemas se les preguntó si consideraban que la crisis era superable o no. A estas tres preguntas se les atribuyen los valores bajo, medio y alto del índice.

[136] S. Borrajo Iniesta, *La ruptura matrimonial en España*, Madrid, Eudema, 1990.

5.1. *Relaciones conyugales: separaciones y divorcios*

El estudio del divorcio requiere el análisis de tres cuestiones previas. El estatus legal es el primer factor porque de él dependerá inicialmente la frecuencia estadística del divorcio. Otra cosa es que existan o no separaciones de hecho no regularizadas, como ocurría en nuestro país antes de la legalización del divorcio. «Con la legislación de 1981, en las sociedades modernas en las que se tiende a la individualización de los componentes de la familia y al reconocimiento y protección por parte de los aparatos legales de sus derechos, los conflictos extremos empiezan a contar con cauces institucionales dentro del derecho de la familia» [137].

En España, hasta la aprobación legal del divorcio en 1981, el único período en el que estuvo legalizado fue durante la Segunda República. Con posterioridad a la anulación de esta legislación por parte del Gobierno de Franco, predominó el matrimonio canónico con efectos civiles, obligatorio para todos los que profesaban la religión católica. También existía el matrimonio civil, aunque hasta 1967 no se reconoció la libertad religiosa[138]. Ambos, el matrimonio canónico y el civil, tenían carácter indisoluble en España, aunque existía la posibilidad de separación y nulidad siempre que se acogieran a las causas estipuladas en la legislación y bajo la aprobación de los Tribunales Eclesiásticos, en el caso de los católicos.

La última gran reforma del divorcio en España se llevó a cabo en el año 2004 y culminó con la Ley de los divorcios express. En el artículo 32 de la Constitución, se establece el derecho a contraer matrimonio según los valores y principios constitucionales. De acuerdo con éstos, se busca garantizar la libertad de decisión respecto a la disolución del vínculo matrimonial, es decir, reconocer el derecho de un individuo a seguir o no vinculado a su cónyuge. En este sentido, la posibilidad de separación o divorcio ya no es dependiente de la alegación de causa alguna, pues la causa determinante no es más que esa voluntad.

Las justificaciones de esta reforma fueron los menores costes económicos, al evitarse la duplicidad de gastos para obtener la separación y, por otro, el divorcio; la mayor celeridad y menor tensión, ya que la eliminación de trámites ayudaría a crear un clima más armónico para las relaciones personales entre los cónyuges durante el proceso, haciéndolo menos duro para los hijos y el cónyuge más afectado; y también se consideró la violencia de género puesto que un 70% de los casos en los que se producen violencia de género, la pareja estaba en trámites de separación. No hay que olvidar que en el año 2006 han muerto 68 mujeres en manos de sus parejas[139]. A la mayor rapidez para obtener el divorcio también ha contribuido el gran número de páginas webs que ofrecen el divorcio *on-line* y a un precio módico, en torno los 400 euros, anulando una vez más el cara a cara de las relaciones en las sociedades actuales[140].

---

[137] S. del Campo y M. Navarro, *Análisis sociológico de la familia,* Madrid, Ariel/Ministerio de Cultura, 1982.

[138] En esta ley se modificó el art. 6 del Fuero de los Trabajadores. Se definió como una Ley de tolerancia religiosa, ofreciendo a los no católicos una situación de igualdad de derechos con los católicos.

[139] *Mujeres y Hombres 2007,* INE, pág. 62.

[140] *www.sudivortcio.net*, *www.divorciosonline.com*, *www.divorciamos.com*, *www.separalia.com*, entre otras.

El carácter económico del divorcio ha sufrido cambios en la actualidad: han descendido los costes del divorcio y ha aumentado el empleo femenino, lo que ha ayudado a eliminar una de las grandes barreras del divorcio: la falta histórica de recursos económicos por parte de la mujer. El empleo de la mujer puede tener diferentes efectos en la estabilidad del matrimonio. Según Ruiz Becerril[141], la aportación económica de la mujer supone actualmente igualar o incluso mejorar la calidad de vida de la pareja y hacer el matrimonio más atractivo. Sin embargo, si tenemos en cuenta los ingresos de ambos cónyuges en términos relativos, pueden darse dos casos contrarios. Cuando la mujer gana menos que el varón existe un efecto económico positivo, sin que exista un mayor riesgo de la ruptura ya que no se produce ninguna alteración de los *roles* y el hombre percibe que sigue manteniendo su estatus. Pero si los ingresos de la mujer superan al de los hombres, la actitud de éstos varía y es posible que aumenten las tensiones.

Por último, la población española ha experimentado una evolución positiva respecto de la aceptación social del divorcio, y ésta ha estado y está muy mediatizada por el significado de la institución matrimonial. Según Iglesias de Ussel, la sociedad actual comparte la norma de que han de ser los vínculos afectivos-amorosos los fundamentos del matrimonio y éstos por su propia naturaleza, son frágiles e inciertos. Esta inestabilidad no se producía en los matrimonios más tradicionales ya que la base de éstos era más consistente y formaban parte de una estructura económica familiar sostenible. Hoy, el matrimonio se ha convertido en una cuestión personal y en él se proyectan muchas expectativas, de modo que el fracaso de no satisfacer esas demandas puede provocar el divorcio. De este modo, el 78% de la población española considera que cuando una pareja no parece capaz de solucionar sus problemas conyugales el divorcio suele ser la mejor solución[142].

Dos años antes de la legalización del divorcio, en 1978[143], casi la mitad de la población declaró que votaría a favor (48%), en una posible votación sobre el divorcio. Esta postura era más abierta entre los hombres, las generaciones más jóvenes, los de mayor nivel cultural, los residentes en núcleos de más habitantes y los menos religiosos. Se consideraba que el divorcio era una solución para matrimonios desavenidos, que ofrecía la posibilidad de rehacer la vida y de que existieran relaciones más sinceras y auténticas. Entre los inconvenientes se mencionaron los hijos, el abuso del divorcio, la destrucción de la institución matrimonial y los problemas económicos. Los que no se mostraban partidarios de la ley, basaban su postura en la nociva situación resultante para los hijos, en factores económicos y, sobre todo, en planteamientos religiosos. A pesar de las ventajas e inconvenientes, el 72% opinaba que, si se legalizara el divorcio, su porcentaje sería alto o muy alto, es decir, que se haría frente a una demanda social de la población[144].

Los datos de separaciones y divorcios se presentan en la Tabla 3.20, de la que se desprende que, en años recientes, se ha producido una línea ascendente de separaciones y de divorcios. En el año 2006 se registraron más de 155.000 rupturas, lo que su-

---

[141] D. Ruiz Becerril, *Después del divorcio. Efectos de la ruptura matrimonial*, Monografía 169, Madrid, CIS, 1999.

[142] Estudio 2529, «Familia y Género», Internacional Social Survey Programme, junio de 2003, CIS.

[143] Estudio 1147, «Divorcio y Planificación Familiar», enero de 1978, CIS.

[144] Estudio 2230, «Expectativas Año 1997», diciembre de 1996, Datos de Opinión núm. 10, CIS, 1996.

pone que el número de divorcios casi se triplicara respecto al año 2004 y el número de separaciones se redujera en casi la quinta parte respecto a ese mismo año[145].

Son cifras considerables: cada día se rompen en España 408 matrimonios, lo que supone una ruptura cada 3,5 minutos, y hay quién considera que en el 2010 habrá una por cada boda[146]. En el caso de Europa, el tiempo se reduce a 33 segundos, lo que convierte a España en el tercer país de Europa, con una tasa de divorcios por matrimonios del 71%, por detrás de Francia (73%) y Bélgica (76%)[147]. Sin embargo, es el país donde la duración de los matrimonios es mayor: el 26% habían convivido durante 20 y más años, y el 40% menos de diez años. Si la edad promedio a la nupcialidad está en torno a los treinta y poco años, la edad a la que los españoles se divorcian está entre 40-49 años[148]. Y no hay que olvidar que también están aumentando las rupturas entre los mayores de 60 años. En 1998 se separaron 1.075 mujeres de entre 60 y más años y en 2005 esta cifra alcanza los 2.228. Muchas mujeres que están cerca de la jubilación y que ya han cumplido su deber como madre y esposa (al estar los niños si no independizados, criados), no quieren estar al lado del marido y prefieren disfrutar el tiempo que les quede de vida de la mejor manera. Por otra parte, aunque el porcentaje de parejas heterosexuales que se divorcian antes de los dos años es mucho mayor que el referido a las parejas homosexuales (0,96% y 0,59%, respectivamente), los divorcios homosexuales han aumentado de 3 en el 2006 a 17 en los seis primeros meses de 2007[149].

Al principio de la ley se produjo un boom de divorcios pero no tanto como se esperaba. En 1978[150], un 6% de los españoles declaró que su matrimonio estaba en crisis, pero sólo el 0,86% consideraba que no tenía solución. Hay parejas que aun teniendo problemas conyugales prefieren no divorciarse por diferentes motivos: éste le supone más costes que beneficios, mantener un *statu quo* determinado, motivos religiosos o sociales, el hecho de enfrentarse a un proceso judicial, los costes económicos del proceso y el derivado de una ruptura del hogar, los hijos y las presiones familiares, etc.[151]. Uno de los temas más importantes tanto en la decisión de llevar a cabo el divorcio como en el proceso y sus consecuencias, son los hijos. El 65% de la población está de acuerdo con que los padres se separen cuando no hay hijos y hay problemas en el matrimonio. Sin embargo, cuando hay hijos por medio, el 35% considera que hay que seguir juntos[152]. De hecho, según el IPF, una familia sin hijos tiene 2,5 veces más probabilidades de romperse que otra con dos hijos y casi siete veces más que una familia numerosa[153], lo cual no significa que los hijos sean un factor de garantía de estabilidad en el funcio-

---

[145] *Mujeres en cifras,* MTAS, Instituto de la Mujer. Consejo General del Poder Judicial.

[146] «La ruptura familiar en España, 25 años después: 1981-2006», Instituto Política Familiar, *http://www.ipfe.org/noticias/index.php?p=208.*

[147] «Cada 33 segundos se rompe un matrimonio en la UE», *El Mundo,* 07 de mayo de 2006 y «Una media de 408 matrimonios se rompieron cada día en 2005», *www.20minutos.es,* 06 de octubre de 2006.

[148] «Los divorcios en España aumentan un 42% con la ley express», *ABC,* 14 de marzo de 2007.

[149] Estadísticas de Nulidades, Separaciones y Divorcio 1998 y 2005, INEbase. «Sólo se han divorciado 20 parejas homosexuales en dos años de Ley», *www.20minutos.es,* 10 de julio de 2007.

[150] S. del Campo y M. Navarro, *Análisis sociológico de la familia,* Madrid, Ariel/Ministerio de Cultura, 1982.

[151] Ibíd.

[152] Estudio 2113, «Family and Changing Gender Roles», ISSP, septiembre de 1994, CIS.

[153] Estimación realizada por el Instituto de Política Familiar a partir de los datos del Consejo General del Poder Judicial, septiembre de 2007.

namiento del matrimonio aunque sí pueden retrasar e incluso evitar una situación de ruptura.

TABLA 3.20.—*Sentencias civiles de Divorcio y Separación*

	Total	Separaciones	Divorcios	Nulidades
1982	38.908	17.445	21.463	
1983	38.957	19.651	19.306	
1984	39.880	22.224	17.656	
1985	43.337	25.046	18.291	
1990	59.538	36.272	23.191	75
1995	82.580	49.374	33.104	102
1996	83.990	51.317	32.571	102
1997	88.998	54.728	34.147	123
1998	93.988	57.353	36.520	115
1999	96.536	59.503	36.900	133
2000	102.495	63.377	38.973	145
2001	103.250	65.527	37.571	152
2002	115.278	73.032	42.017	229
2003	126.933	79.423	47.319	191
2004	135.121	82.340	52.591	190
2005	149.367	55.632	93.536	199
2006	155.628	14.158	141.317	153

Fuente: Memoria del Consejo General del Poder Judicial, Instituto de la Mujer.

El comportamiento no ha sido ni es homogéneo en todas las Comunidades Autónomas. Según el CGPJ, las cinco Comunidades con más rupturas matrimoniales son: Cataluña (24.423), Andalucía (21.219), Madrid (17.033), Comunidad Valenciana (15.372) y Canarias (7.637), concentrando entre ellas más del 67% de las rupturas. Las Comunidades con menos rupturas son La Rioja (765), Navarra (1.378), Cantabria (1.458) y Extremadura (2.039)[154].

En cuanto a los procedimientos, hasta 1982 los procesos más frecuentes eran los divorcios sin mutuo acuerdo (22%)[155] pero, a partir de 1995, predominan los casos en los que ambos miembros de la pareja están de acuerdo, siete de cada diez[156]. Y cada vez más las mujeres presentan más demandas.

¿Son algunas personas o algunos matrimonios más propensos a terminar en divorcio? Una parte considerable de los separados-divorciados están entre los 30-49 años. Han descendido las separaciones en los grupos extremos de edad pero la causa difiere;

---

[154] Estadísticas Judiciales del Instituto Nacional de Estadística, 2007.

[155] *Informe Foessa 1975-1983*, Madrid, Euroamérica, 1985.

[156] Estadísticas Judiciales, Instituto Nacional de Estadísticas, 2003; Instituto Política Familiar (2004), Informe «La Ruptura Familiar en España 2004», *www.ipf.es.*

mientras que las tasas de los grupos de edad más jóvenes han disminuido por el simple efecto del retraso de la edad de contraer matrimonio, la de los más mayores se puede deber a que algunos han contraído nuevas nupcias. De ahí también la diferencia entre las tasas de divorcios de mujeres y hombres, ya que es más común que el hombre contraiga segundas nupcias. Por otra parte, la edad de la mujer es por lo general inferior a la del hombre y por lo que se refiere al lugar de residencia, las zonas urbanas presentan porcentajes más altos de mujeres separadas. La presencia de los hijos muestra una curva en forma de U: las tasas de divorcio son más altas en dos casos, cuando no existen hijos o cuando la familia es muy numerosa[157].

La ruptura matrimonial en España está íntimamente relacionada con el nivel educativo y el estatus socioeconómico de las parejas: el nivel de instrucción de las mujeres separadas y divorciadas es superior al de las mujeres casadas y se correlaciona con el mayor número de divorcios en la clase social más alta. Los más educados, que son a su vez los que tienen más y mejores trabajos, tienen más recursos para poder acceder al divorcio tanto por su coste como por la posibilidad de contraer nuevas nupcias[158]. Sin embargo, esta relación no es compartida por los diferentes países europeos, donde la variable educación no discrimina para acceder al divorcio. Esto se debe, según Flaquer, a que, en los países del sur de Europa, la probabilidad de divorcio está condicionada por el trabajo de la mujer y éste, a su vez, por la educación que haya conseguido y que le permite acceder a un trabajo u otro[159].

Respecto a las causas o motivos de la separación y del divorcio hay que distinguir entre las reales, manifestadas por los propios afectados, y las legales que se ajustan a una clasificación tipificada. Estos dos tipos de causas no tienen por qué coincidir. En la Tabla 3.21 se presentan las causas reales y legales recogidas por Doménech en una investigación realizada en Valencia en el año 1994 y citadas por Ruiz Becerril. Entre las causas reales se hallan la falta de y la mala comunicación, la incompatibilidad de caracteres, la infidelidad del marido y los abusos psíquicos que ocupan los primeros lugares. En cuanto a las causas legales, la incompatibilidad de caracteres y el mutuo acuerdo son las dos más frecuentes.

Según las Estadísticas Judiciales de nuestro país, las principales causas de las separaciones son el mutuo acuerdo y las provocadas por infidelidad conyugal, abandono del hogar y conducta vejatoria. En cuanto a las causas de divorcio, hay que advertir que la mayoría de los procesos se hacen efectivos cuando se produce un cese de la convivencia ininterrumpidamente desde la presentación de la demanda de separación, haya o no mutuo acuerdo[160]. Con el divorcio exprés las causas de separación se convierten en las del divorcio.

---

[157] De la Rose, 1992; Canbal, 1990; López Pintor y Toharia, 1989. Citados en D. Ruiz Becerril, *Después del divorcio. Efectos de la ruptura matrimonial*, Monografía 169, Madrid, CIS, 1999.

[158] D. Ruiz Becerril, *Después del divorcio. Efectos de la ruptura matrimonial*, Monografía 169, Madrid, CIS, 1999.

[159] Solsona, Houke y SIMO 2000, citado en L. Flaquer, «Las nuevas estructuras familiares», Congreso Nacional de Salamanca, Convergencias y Divergencias en la Sociedad Global, 2001, Salamanca.

[160] Estadísticas Judiciales, 1995 y 1999, INE.

TABLA 3.21.—*Causas reales y legales de la ruptura*

Reales	(%)	Legales	(%)
Problemas de comunicación	63	Incompatibilidad caracteres	33
Incompatibilidad de caracteres	61	Mutuo acuerdo	30
Infidelidad del marido	45	Abuso físico	8
Abuso psíquico	34	Infidelidad del varón	8
Problemas sexuales	25	Liberalización de la mujer	8
Problemas económicos	22	Abandono del hogar	3
Abandono de hogar	18	Problemas de comunicación	2
Liberalización de la mujer	18	Abuso psíquico	2
Problemas con familia política	13	Problemas sexuales	2
Abuso física	13	Por los hijos	2
Alcoholismo del marido	8	NC	5
Enfermedad mental	8		
Problemas por los hijos	7		
Infidelidad de la mujer	7		
Distintas creencias religiosas	1		
Alcoholismo de la mujer	1		

Fuente: D. Ruiz Becerril, «Después del divorcio. Efectos de la ruptura matrimonial», CIS, 1999.

La disolución del núcleo familiar tiene grandes y diferentes tipos de consecuencias para los miembros de la familia[161]. Éstas han tenido connotaciones negativas y se han centrado principalmente en dos ámbitos: el económico, que tiene como protagonista a la mujer, y los hijos. En el año 2006, cerca de 117.000 niños y adolescentes han sufrido una desestructuración de sus familias, una cifra que ha aumentado un 46% desde que entró en vigor el divorcio express[162]. En los últimos tiempos, se empiezan a reconocer algunos efectos no positivos, pero sí menos perjudiciales del divorcio, considerando que es mejor que los niños vivan con padres separados, que en una casa donde existan grandes conflictos. Diego Ruiz Becerril considera las siguientes consecuencias:

1. *La feminización de la pobreza.*—Después de un divorcio si existen hijos por medio y la mujer es la que consigue la custodia, nos encontramos con dos hogares: por un lado, el que crea el varón y por otra parte, una familia monoparental, formada por la madre y los hijos[163]. La ruptura matrimonial tiene un desenlace económico diferente para el varón y para la mujer: aquél, como media, mantiene un nivel de vida parecido al que disfrutaba antes de la separación o incluso experimenta un ascenso de su nivel de vida, mientras que la situación de la mujer sufre un empobrecimiento evidente en relación con el nivel de vida que disfrutaba anteriormente y que se agrava por tener a su cargo los hijos, lo cual incide en el nivel de vida de los propios hijos de los divorciados, hasta tal punto que no sólo nos encontramos ante la feminización de la pobreza sino también ante la infantilización de la pobreza.

---

[161] D. Ruiz Becerril, *Después del divorcio. Los efectos del divorcio,* Monografía 169, Madrid, CIS, 1999.

[162] Datos procedentes del Instituto de Política Familiar, septiembre de 2007.

[163] Esto podrá ir cambiando si las custodias empiezan a tenerlas a los hombres, ya que hasta ahora es la mujer quien la asume.

En España, el 30% de los hogares monoparentales se encuentran bajo el umbral de la pobreza comparado con el 10% de los hogares donde están los dos cónyuges y este porcentaje es alto si lo comparamos con los de Finlandia o Dinamarca que tienen sólo un 9% de pobreza. Sin embargo, hay países que sorprendentemente están por encima de España en este tipo de pobreza como Alemania o Reino Unido (40 y 48, respectivamente)[164].

2. *Pago de pensiones.*—El pago de las pensiones es la dimensión económica que origina un mayor número de problemas en los procesos de divorcio. En nuestro régimen legal español existen dos tipos de pensiones; la alimenticia y la compensatoria. La primera se debe a los hijos y la compensatoria se concede cuando se ocasionan desequilibrios económicos significativos entre los cónyuges durante el matrimonio, solicitándola aquél que queda en situación de desventaja. La reforma llevada a cabo en 2004 concretó que la pensión compensatoria podría ser vitalicia, temporal o un tanto alzado (un porcentaje de los ingresos en un tiempo limitado, o un porcentaje de patrimonio, o una cantidad global en una única entrega). Se entiende que esta modalidad contribuye en determinadas ocasiones a limitar o reducir la eventual conflictividad que genera esta figura, algo que no estaba explicitado en la anterior ley. Según las encuestas judiciales, el hombre hace frente al 46% de los casos de las pensiones alimenticias frente al 12% de la mujer y, en cuanto a la compensatoria, la mujer no tiene ningún papel[165]. Existe la idea generalizada de que el marido debe pasar una pensión alimenticia a los hijos (80%). A la mujer también se considera que se le debe pasar una pensión, pero esta actitud cae cuando la mujer trabaja (54 al 10%) aunque un 30% de la población considera que tanto si la mujer trabaja como si no, el recibir la pensión depende de las condiciones[166].

Según un informe de 1989 del Consejo General del Poder Judicial la percepción social de impago generalizado de pensiones no se correspondía con la realidad. El incumplimiento total de sentencias se restringe al 14%, lo que lo convierte en un fenómeno minoritario. Las pensiones alimenticias que son en mayor medida las que no se pagan, en la mitad de los casos no exceden de los 300 euros, lo que explica que son precisamente las familias que más ayuda necesitan las que en mayor grado sufren el incumplimiento, que agrava su pobreza.

3. *Actividad ocupacional y ruptura matrimonial.*—Entre las estrategias para afrontar los efectos económicos de la ruptura adquieren especial importancia la búsqueda de trabajo o aumentar las horas de trabajo. En España, el 60% de las mujeres separadas y divorciadas prefieren depender de ellas mismas a nivel económico y no tener problemas con las pensiones.

La actividad se considera como una salida a los problemas económicos que la ruptura plantea, por lo que la existencia de la actividad laboral de la mujer puede ser tanto una causa de ella como consecuencia: el 86% de las separadas y divorciadas tuvieron su primer trabajo con anterioridad a la ruptura y el 9% recurrió al mercado laboral cuando empezaron los trámites de la separación. Lo que sí está claro es que la mujer ca-

---

[164] Los datos se refieren a un solo padre sin especificar sexo pero en España el 90% de las familias monoparentales, tienen como cabeza de familia a las mujeres. Datos de Draft Joint Report on Social Inclusión. Eurostat.

[165] *Estadísticas Judiciales, 2003*, Instituto Nacional de Estadística.

[166] Estudio 1234, «Pareja Humana», junio de 1980, CIS.

sada que trabaja ve las cosas de otra manera y tiene más cerca o más fácil la posibilidad de divorcio que la mujer casada que no trabaja.

4. *El apoyo de las redes sociales.*—Otras consecuencias del divorcio son el conflicto de *rol* y de personalidad a las que se enfrentan en este aspecto ambos cónyuges. Psi-
cológicamente el período que sigue a la separación es probablemente el más estresante
para ambas parte de la pareja y, sobre todo, para quien dio el paso. Ambos miembros re-
tienen sentimientos ambivalentes que se agudizan si ha sido un matrimonio infeliz.

La ruptura matrimonial no supone sólo la disolución de una familia, sino que en
muchas ocasiones provoca la pérdida de la red social que se ha consolidado con el matrimonio. Después de un divorcio o de una separación la red social se resiente a causa
del papel que juega en el apoyo requerido por los propios divorciados y separados. La
mayoría de las ayudas y de los apoyos proceden de la familia y los amigos.

En cuanto a los efectos del divorcio en los hijos, el discurso tradicional insiste en la
defensa del modelo de familia nuclear como marco óptimo para el desarrollo emocional del individuo. El problema principal consiste en cómo la ruptura de los padres repercute en general en el estado anímico de los hijos y particularmente en su rendimiento escolar, dado que la mayoría de los hijos afectados desarrollan sus actividades
en ese ámbito. En España, Pons (1997) concluye que, aunque los hijos de familias separadas tienen peor rendimiento escolar que los de familias intactas, no se puede considerar que estas diferencias sean significativas. La Tabla 3.22 muestra el nivel educativo del hijo según el estado civil de los padres y en él se comprueba que las diferencias
en este aspecto entre hijos de familias rotas y de familias intactas empiezan a notarse en
los niveles educativos más altos.

TABLA 3.22.—*Nivel educativo del hijo por estado civil de los padres*

	Matrimonio intacto (%)	Matrimonio roto (%)
Sin estudios	1,4	1,9
Enseñanza de 1.er grado	45,9	50,3
Enseñanza 2.º grado Primer nivel Segundo nivel	3,7 15,4	2,8 18,2
Enseñanza 3.er grado	33,6	26,8
Total	100	100

Fuente: D. Ruiz Becerril, «Después del divorcio. Efectos de la ruptura matrimonial», CIS, 1999.

Algunos autores han llamado la atención sobre la posibilidad de que el incremento
de la ruptura matrimonial puede deberse a la transmisión intergeneracional de la inestabilidad en el matrimonio, lo que implica que los hijos de familias separadas tienen
más probabilidad de ruptura e inestabilidad matrimonial que los de familias intactas.
Dos de cada diez españoles considera que los hijos de padres divorciados tendrán menos capacidad para mantener relaciones estables, tres de cada diez consideran que sufrirán mayores dificultades económicas y más de la mitad creen que tendrán una relación más difícil con los padres[167].

---

[167] Estudio 2370, «Informe sobre la Juventud española 2000», noviembre de 1999, CIS.

Una característica de la sociedad actual es que la trayectoria biográfica vital de las personas ha abandonado su lado más estable, para convertirse en una trayectoria frágil que necesita redefinirse constantemente. Los dos pilares sobre los que se asentaba la trayectoria vital de las personas, el trabajo y el amor, el primero por los cambios acaecidos en la estructura económica y, el segundo, por la posibilidad de divorcio, entre otras causas, se encuentran, como define el profesor Gil Calvo, en una situación constante de crisis y de cambio. Rindfuss utilizó el término «blurred transitions»[168], para describir que nos enfrentamos a momentos de transición en nuestras vidas cada vez menos claros, que necesitan reconducirse constantemente. Uno de estos momentos es el que sigue a una disolución matrimonial y las opciones que le presentan son diversas: uno puede mantenerse soltero con o sin pareja, volver al hogar paterno (una práctica cada vez menos usual), cohabitar con la pareja o contraer nuevas nupcias. Esta última opción siempre ha existido, pero se ha producido un cambio cualitativo importante respecto al estado civil de los contrayentes y el comportamiento por sexo. Tradicionalmente, debido a factores demográficos como la esperanza de vida, legales como la ley del divorcio etc., éstos eran consumados por viudos varones. Sin embargo, con la legalización en 1981, la situación civil de los contrayentes se diversifica y la mujer también en función de divorciada, contrae nuevas nupcias. Según datos del *Informe FOESSA 2000,* en 1981 en el 98,6% de los matrimonios los dos contrayentes eran solteros y en 1990, esta proporción descendió al 93,3%.

Desde 1985 hasta 1995 no ha cesado de aumentar el porcentaje de hombres y mujeres que vuelven a contraer matrimonio, aunque se observa una leve caída desde 1995 que puede deberse a los mayores índices de cohabitación. Por otra parte, si bien se han acortado las diferencias entre los dos sexos, las mujeres acceden más al matrimonio como soltera que los hombres. Según datos del *MNP* en el año 2002[169] el 95% de las esposas eran solteras frente al 93% de los hombres.

Tabla 3.23.—*Porcentaje de divorciados que contraen segundas nupcias (1985-2000)*

	Hombre	Mujer
1985	2,9	1,6
1990	3,8	2,6
1995	6,4	4,8
2000	5,7	4,9

Fuente: Movimiento Natural de la Población 1985-2000, INEbase.

A priori se puede pensar que los segundos matrimonios deberían ser más exitosos que los primeros porque los miembros tienen mayor madurez y más experiencia en la vida de pareja. Sin embargo, las tasas de divorcio de las segundas nupcias son mayo-

---

[168] Citado en H. Wineberg y J. McCarthy, «Living Arrangements After divorce: Divorce vs Remarriage», *Journal of Divorce,* vol. 29, núm. 2, Haworth Press, 1998.
[169] *Movimiento Natural de la Población 1985-2002,* INE.

res[170]: en el 37% de los segundos matrimonios, la mujer termina pidiendo una separación o divorcio dentro de los primeros 10 años, frente al 30% de los primeros matrimonios. Algunos investigadores han relacionado esta tendencia con características personales de los individuos y con las complejas estructuras familiares.

La composición de la nueva familia puede ser explosiva, hay tantas situaciones como historias y familias existan. En las parejas en las que ambos miembros han estado casados, es más probable que aporten hijos a la nueva familia que los que han estado cohabitando. El 92% de las relaciones de pareja tienen algún hijo que es de ambos, el 4% no son comunes y el 1% tienen comunes y no comunes[171].

Por último, uno de los temas más controvertidos del divorcio es la custodia, por las consecuencias que puede tener la decisión en el propio desarrollo de los niños y porque la pensión le corresponde normalmente al cónyuge al que se le asigna la custodia. Tradicionalmente, ésta ha sido atribuida a la madre por el papel que ha venido jugando a través de la historia en el proceso de educación y crecimiento de los hijos, mientras que al padre se le han atribuido otras funciones centradas en el soporte económico de la familia.

En un proceso de separación y de divorcio, los hijos se convierten con frecuencia en parte del conflicto, de modo que se plantean muchas cuestiones: ¿Con quien deberían estar los niños?, ¿Quién tiene que decidirlo?, ¿Es importante la opinión de los hijos?, ¿Qué factores deberían tomarse en consideración para la mejor asignación de los hijos?, etc. En 1978, cuando todavía no existía la ley del divorcio, el 35% de la población consideraba que los hijos debían estar con la madre. Sin embargo, la custodia compartida, la separación de hijos por sexo, y que la custodia la tuviera quien gozara de una mejor situación económica, no eran opciones muy aceptadas[172].

El Gobierno socialista planteó la custodia compartida, rechazada a principios de los años 80 como hemos visto. Esta figura supone que los hijos de padres divorciados estén un período de tiempo en compañía del padre y otro igual con la madre, reforzando la libertad de decisión de los padres respecto a la potestad. La justificación que hay detrás de esta medida es que con ella se supera la fractura familiar de la forma menos traumática posible para los hijos, se benefician de las relaciones paterno-filiales y no hay que separar a los hermanos. Sin embargo, ciertos colectivos de la sociedad no ven con optimismo la idea de que los hijos tengan que testificar obligatoriamente en los procesos de divorcio e incluso en los de mutuo acuerdo. Para este colectivo, el estar cambiando constantemente supone un trastorno para el niño que pierde el punto de referencia[173].

5.2. *Relaciones paterno-filiales*

Las relaciones entre padres e hijos, especialmente cuando éstos son adolescentes o jóvenes, integran otro capítulo en el que la familia española también ha cambiado notablemente. De ser muy conflictivas en los años 60 y 70 pasaron desde los 80 a caracterizarse por un relativo mejor entendimiento, aunque no exento de problemas. La de-

---

[170] Julio Iglesias de Ussel, *V Informe Sociológico sobre la Situación Social en España*, Madrid, Fundación Foessa, 2000.

[171] Estudio 2529, «Familia y Género», junio de 2003, CIS.

[172] Estudio 1234, «Pareja Humana», junio de 1980, CIS.

[173] Federación Madres Separadas y Divorciadas, *www.separadasydivorciadas.org*.

mocratización interna de la familia, la mejora de la educación de los padres, la mayor permisividad social, ética y familiar y los propios valores asumidos por la juventud actual, muy castigada por su marginación real, contribuyen a respaldar este significativo cambio. El resultado es que, a diferencia de la juventud anterior, que buscaba salir del hogar cuanto antes, la de ahora se instala confortablemente en él y no tiene prisa por abandonarlo. En el período de los dos últimos censos, la proporción de jóvenes que permanecían en el hogar aumentó un 51%. Según datos del INJUVE en el año1996, el 78% de los jóvenes españoles no se habían independizado y una década más tarde, aun habiendo bajado la proporción al 69%, seguía siendo alta[174]. Esta tendencia de recuperación se ha debido, según Miguel Requena, a las mejoras del mercado laboral y a la caída de los tipos de interés[175]. Según el Informe del Observatorio CETELEM 2007[176], en España está muy asentada la cultura de la propiedad y, el joven que se embarca en la compra de una vivienda, tiene que aprender a vivir muy justo, ya que se les va el 60% de su sueldo anual para hacer frente a la hipoteca. Ante esto, muchos jóvenes retrasan la compra y optan por alquilar, lo cual está alterando el perfil de los inquilinos, que ya no son sólo los tradicionales estudiantes sino trabajadores, separados etc. Aunque la preferencia de los jóvenes es otra: nueve de cada diez jóvenes, una vez que se van de casa, prefieren vivir en una familia tradicional antes que solos o con amigos.

Esta tardía emancipación se debe a la prolongación de la formación como consecuencia de la mayor competitividad, las dificultades de encontrar un empleo y la precariedad de éstos: sólo el 20% de los jóvenes declaran que el primer trabajo está muy o bastante relacionado con sus estudios y el 7% de los jóvenes que trabajan por primera vez tienen contratos fijos, frente al 64% que los tienen temporales, aunque parte de ellos son contratos en prácticas[177].

La falta de recursos obliga a las familias a actuar como amortiguadores y prestar apoyo a los jóvenes. La evolución de la dependencia económica de los padres se refleja en la Tabla 3.24 y empieza a descender a finales de los años 90. Cuatro de cada diez jóvenes viven exclusivamente de los recursos de sus padres y tres de cada diez

TABLA 3.24.—*Origen de los recursos económicos en porcentajes*

	1984	1996	2004
Viven exclusivamente de los recursos familiares	52	49	38
Viven principalmente de los recursos familiares	23	19	17
Viven principalmente de los ingresos propios	11	16	20
Viven exclusivamente de los ingresos propios	14	16	27

Fuente: Informe de la Juventud, 1984, 1996. INJUVE.; Estudio 2580, «Sondeo sobre la Juventud española», Diciembre, 2004, CIS.

---

[174] *Juventud en Cifras 2005,* Entorno Familiar, INJUVE, 2005.

[175] M. Requena, «Infancia y juventud: nuevas condiciones, nuevas oportunidades (2006)», *Revista Panorama Social,* núm. 3, julio de 2006, Madrid.

[176] Informe Observatorio CETELEM 2007, *http://www.cetelem.es/Institucional/corporativo/empresa/informes.htm.*

[177] Estudio 2580, «Sondeo sobre la Juventud española», diciembre de 2004, CIS. Informe de la Juventud 2004, pág 87, INJUVE.

de los suyos propios, mientras que los demás combinan sus ingresos con la ayuda familiar.

La coexistencia de dos generaciones socializadas en dos España diferentes y la prolongación de la permanencia de los jóvenes en el hogar familiar pueden provocar ciertas tensiones familiares pero, en general, son bastante soportables. Los datos que arrojan las investigaciones centradas en esta situación de los jóvenes revelan que existe comunicación con los padres y que ésta es fluida (Tabla 3.25). Cuestiones como los asuntos familiares (68%) o el ocio (71%), se comentan frecuentemente en casa. Los temas de los que menos se habla son los relacionados con la sexualidad (30%), la política (36%), la religión (29%) y las drogas (40%), aunque cada vez se conversa más sobre ellos.

En el caso de los jóvenes menores de 18 años, éstos se quejan de la falta de comunicación en cuestiones de sexo, según se desprende del Informe anual de ANAR (Fundación de Ayuda a niños y adolescentes en riesgos)[178].

TABLA 3.25.—*Comunicación (% con mucha o bastante frecuencia)*

	1997			2004
	Total	Género		Total
		Hombre	Mujer	
Asuntos familiares	77	74	79	68
Sexualidad	21	18	24	30
Política	26	27	25	36
Drogas	36	33	40	48
Ocio	59	53	59	71
Religión	26	23	30	29
Trabajo, futuro, proyectos				83

Fuente: Elaboración propia. Estudio 2262, «Juventud y Entorno familiar», 1997; Estudio 2580, «Sondeo sobre la Juventud española», diciembre de 2004, CIS.

Elzo[179] confirma que cuatro de cada diez familias tienen «nula comunicación» entre sus miembros y establece una clasificación de familias: a) *familia nominal:* es el modelo en el que falta más diálogo. Los padres no afrontan los problemas de los hijos adquiriendo el grupo de iguales una importancia considerable; b) *familia sobreproteccionista:* los padres colocan a los hijos en un pedestal y deciden todo por ellos. Como consecuencia, las relaciones suelen ser muy buenas pero dificultan de alguna manera la autonomía de los jóvenes; c) *familia conflictiva:* suponen el 15% del total de familias. Se da un alto grado de discusiones y los jóvenes adoptan pautas de comportamientos no apropiadas en el consumo de alcohol y drogas con sus consecuencias en el fracaso escolar. Las conclusiones del Libro Blanco sobre la relación entre Adolescencia y Al-

---

[178] *http://www.anar.org/* y «¿Alguien escucha a sus hijos?», *La Razón,* 03 de octubre de 2007. La muestra del Informe es el total de llamadas recibidas en el teléfono gratuito que esta fundación pone al servicio de menores y padres.

[179] J. Elzo, «Jóvenes y Valores. La clave para la sociedad del futuro», Barcelona, Obra Social La Caixa, 2006, *http://obrasocial.lacaixa.es/jovenes/publicacion_es.html*; «Cuatro de cada diez familias tienen nula comunicación entre sus miembros», *ABC,* 15 de noviembre de 2006.

cohol en España son sorprendentes[180]: el 60% de los adolescentes españoles aseguran consumir bebidas alcohólicas y un 7% declaran consumirlas de forma habitual. La razón: relacionarse más y mejor, de ahí que el consumo se centre en el conocido botellón durante los fines de semanas.

La mitad de los adolescentes reconoce que sus padres les permiten beber y que la información que reciben es insuficiente, ya que ni los padres ni los profesores tratan en profundidad estos temas. Además, el consumo se está extendiendo a la cocaína. Según datos oficiales[181], los consumidores han pasado de ser el 1,8 de los adolescentes en 1994 al 7,2% en el 2004. Este consumo se debe a una baja percepción del riesgo, a la facilidad para conseguirla y al precio, no distinguiendo entre las clases socioculturales. Por último, d) *familia de convivencia:* son una de cada cuatro familias y se caracteriza por que ambos miembros de la pareja trabajan, cada miembro asume sus responsabilidades y, de ese modo, se facilita la autonomía de los hijos.

Una cosa es que los temas se traten y otra que exista afinidad o consenso con las ideas de los padres. El grado de acuerdo es bastante alto en todos los temas tratados, si bien se observa menor consenso en las cuestiones políticas y en la sexualidad. Las mujeres, a su vez, comparten más que los hombres las actitudes hacia las drogas, el ocio y la religión. A través del tiempo, ha disminuido el consenso en cuanto a religión y drogas como consecuencia de que ahora se habla más, y es bastante alto en asuntos familiares y cuestiones de futuro y de trabajo de los jóvenes (Tabla 3.26).

TABLA 3.26.—*Consenso en las ideas entre padres e hijos (porcentaje de los que responden casi siempre o alguna vez)*

	1997			2004
	Total	Género		Total
		Hombre	Mujer	
Asuntos familiares	87	88	87	77
Drogas	78	75	80	69
Ocio	77	75	79	71
Religión	69	65	72	59
Política	68	62	63	64
Sexualidad	61	61	61	59
Trabajo, futuro, proyectos				79

Fuente: Elaboración propia. Estudio 2.262, «Juventud y Entorno familiar», 1997; Estudio 2580, «Sondeo sobre la Juventud española», diciembre de 2004, CIS.

La diferencia aludida entre las generaciones parece no percibirse por los jóvenes, que no consideran a sus padres como estrictos ya que están convencidos de no recibir de ellos una educación autoritaria, aunque sí juzgan al padre como más estricto que la madre (39% y 34%, respectivamente)[182]. Si observamos la siguiente Tabla 3.27, hay ciertas

---

[180] Fundación Alcohol y Sociedad, *http://www.alcoholysociedad.org/comunicados_pdf/64.PDF.*

[181] Encuesta Estatal sobre Uso de Drogas en Enseñanzas Secundarias 2004, Ministerio de Sanidad y Consumo.

[182] Estudio 2530, «Sondeo sobre la juventud española 2003», septiembre de 2003, CIS.

actividades que siempre han estado permitidas en el hogar español, como levantarse a la hora que se quiere y reunirse en casa con amigos. Hay otras actividades respecto a las cuales se advierte cada vez más libertad y, se refieren sobre todo a llegar a la hora que se quiera por la noche, a estar en la casa con el novio/a y a pasar la noche fuera de casa. Las pautas de ocio de los jóvenes de 18 a 35 años parecen mostrar una nueva tendencia: Se constata un cambio que hace que el hogar gane peso como lugar de reunión[183].

En el Informe *Padres e Hijos en la España actual*[184], Meil considera que sólo el 10% de las familias tienen una situación enquistada de conflictos entre padres e hijos, a la vez que el 35% tienen discusiones frecuentes por la ayuda en las tareas del hogar, los modales y el rendimiento escolar. Los hijos, sin embargo, consideran que las discusiones también son producidas por el horario de llegada a casa y el dinero que gastan. Las familias más conflictivas se dan cuando los padres tienen inferior nivel educativo y adoptan un estilo autoritario. Un indicador que facilita las relaciones entre padres e hijos es que sólo el 9% de las decisiones que se toman en casa, las toma el padre exclusivamente[185].

TABLA 3.27.—*Libertad para hacer ciertas actividades*

(% de poder hacerlo)	1984	1988	1997	2003
Levantarte cuando quieras	60	57	62	55
Reunirte en casa con amigos	81	83	84	70
Llegar por la noche a la hora que quieras	39	44	59	50
Estar en casa con el novio/a	66	72	70	64
Pasar la noche fuera de casa.	36	37	61	48
Hacer el amor en casa	8	8	—	—
Fumar porros	—	—	—	6
Tomar copas	—	—	—	49
Acostarse con un chico/a	—	—	—	17

Fuente: Informe de la Juventud 1984, 1988, INJUVE. Dato 1997. Elaboración Propia. Estudio 2262, CIS, 1997. Estudio 2536, «Sondeo sobre la juventud española», 2003, CIS.

5.3. *Relaciones con otros familiares*

En España, las relaciones con los otros (ni la pareja ni los hijos), no han sido muy estudiadas, pero según los datos de los que disponemos existe tanto con los miembros cercanos como lejanos y es satisfactoria. El 72% de la población española habla con su familia sobre asuntos familiares habitualmente, el 70% visita a los familiares aunque no haya una razón especial para ello y el 84% celebra fiestas señaladas (Navidades, cumpleaños etc.)[186]. En el caso de los mayores de 65 años, éstos declaran visitar varias ve-

---

[183] «Los jóvenes, mejor en casa propia», *El País,* 15 de abril de 2007. Informe Observatorio CETELEM 2007, *http://www.cetelem.es/Institucional/corporativo/empresa/informes.htm.*

[184] G. Meil, *Padres e hijos en la España actual*, Colección Estudios Sociales, 2006, Fundación La Caixa. *http://www.es.lacaixa.comunicacions.com/es/pfes.php?idioma=esp&llibre=19.*

[185] Estudio 2536, «Sondeo sobre la juventud española», 2003, CIS.

[186] Estudio 2481, «Barómetro Febrero», febrero de 2003, CIS.

ces a la semana a las vecinas (80%), a los hijos y nietos que viven en la misma ciudad pero no con ellos (44%) y a primos, hermanos y otros familiares (25%)[187].

Otro de los indicadores útiles para conocer la intensidad de las relaciones es el contacto telefónico. El 58% de las llamadas se hacen a familiares y, de éstas, 8 de cada diez se efectúan a familiares que no viven en la misma casa. En cuanto a otros miembros que viven con el entrevistado, la madre es la que recibe más llamadas, mientras que entre hermanos la frecuencia disminuye considerablemente, al 5% cuando se trata del hermano y al 2% cuando es la hermana. Cuando no se convive, la madre sigue siendo la protagonista, aunque aumenta la relación con los demás miembros de la familia más cercana y otros familiares más lejanos[188].

Según Gerardo Meil[189], la intensidad de relación entre los miembros de la familia española es muy alta en todas las fases del ciclo vital. De pequeños esa relación viene impuesta, pero ya en la adolescencia y en la juventud, se hayan emancipado o no, los jóvenes tienen más relación con los amigos, aunque se observa la tendencia de que cuando forman una familia y tienen descendencia, las relaciones familiares se intensifican ya que ambas partes demandan ese contacto.

Una de las características de la familia española es la neolocalidad ya que la formación de una familia pasa por la adquisición de una vivienda independiente de la de los padres y sólo por necesidad o motivos excepcionales conviven varias generaciones en el mismo hogar (según el último censo, el de 2001, en el 68% de los núcleos familiares viven dos generaciones y sólo en el 6% viven tres o más generaciones[190]). Sin embargo, el asentamiento de la nueva familia no se halla por lo general a gran distancia. En Madrid la mitad de las familias con hijos viven a menos de 15 minutos a pie de los abuelos maternos, tres de cada cuatro a menos de media hora y la distancia con los abuelos paternos es mayor pero no excesiva. Esto está influido también por el tamaño de los municipios y aunque *a priori* se podía pensar que en las grandes urbes la distancia sería mayor, el lugar donde se ha desarrollado la infancia ejerce un poder de atracción bastante importante. La distancia es realmente significativa cuando hay migración interprovincial o internacional.

La cercanía física no es sólo de hijos que se emancipan y crean un nuevo hogar, sino que los demás miembros de la familia (hermanos, sobrinos, primos, etc.), también tienden a concentrar el lugar de residencia. Según la encuesta a la que nos estamos refiriendo, el 80% de los residentes madrileños tenían algún pariente próximo a menos de media hora y si observamos la distancia a la que viven los primos, es similar a la que les separa de los abuelos paternos.

La proximidad física facilita el contacto entre los miembros de la familia. En la Tabla 3.28 se observa cómo los niños ven con más frecuencia a los abuelos maternos que a los paternos, pero aun así la relación es alta: más de dos tercios ven a los abuelos maternos al menos una vez a la semana, el 49% a los abuelos paternos y el 51% a los primos. Esta relación con los iguales se da en todas las clases sociales, independientemente de si ambos padres trabajan o no. Según Meil, «con la edad y la apertura al

---

187 Estudio 2279, «La soledad en las personas mayores», febrero de 1998, CIS.

188 Estudio 2472, «Jóvenes, sociedad y relaciones familiares», noviembre de 2002, CIS.

189 G. Meil, *Padres e hijos en la España actual*. Colección Estudios Sociales, 2006, Barcelona, Fundación La Caixa, *http://www.es.lacaixa.comunicacions.com/es/pfes.php?idioma=esp&llibre=19*. págs. 79-85.

190 *Censo de Población y Viviendas 2001,* INEbase.

mundo que trae consigo la madurez, se produce un distanciamiento de la familia y, en este sentido, el contacto con los primos, salvo que se conviertan en amigos, tiende a debilitarse y a espaciarse cada vez más», siendo más intenso en los varones jóvenes que en las mujeres jóvenes. Otra de las variables que condiciona los contactos es la edad de los niños: a medida que éstos son mayores, los contactos son menores con independencia del sexo del niño. En el caso de la clase social, el estatus laboral de los padres y el tamaño de la familia no condicionan los contactos.

Si se trata de separaciones o divorcios, *a priori* podemos opinar que la intensidad de relaciones con la familia del cónyuge que no obtiene la custodia (generalmente el padre), puede verse afectada. La Tabla 3.28 también recoge la relación con otros miembros de la familia de los niños de padres separados o divorciados. El contacto con otros miembros 1 ó 2 veces por semana, pasa del 33% al 20% en las visitas a abuelos maternos y del 33 al 16% en las visitas a los abuelos paternos, según se extrae de hijos de familias intactas o hijos de familias separadas.

TABLA 3.28.—*Frecuencia con la que los hijos pasan un rato juntos con otros miembros de la familia*

	Hijos familias intactas			Hijos familias separadas o divorciadas		
	Abuelos maternos	Abuelos paternos	Primos	Abuelos maternos	Abuelos paternos	Primos
Casi todos los días	36			32		17
1 ó 2 veces por semana	33	33	27	20	16	33
Varias veces al mes	16	26	23	14	20	23
Varias veces al año	10	14	16	16	22	9
Con menor frecuencia	5		9	18	34	18

Fuente: G. Meil, *Encuesta relaciones padres-hijos,* Universidad Autónoma de Madrid, 2005.

Los españoles siempre hemos sido muy familiares, no sólo de forma sentimental sino por el papel actual de la familia en tres aspectos de la vida cotidiana: la ayuda de los abuelos cuando los padres trabajan, la ayuda de los padres a la emancipación de los hijos y, tradicionalmente, la ayuda de los hijos cuando los padres requieren cuidados y apoyo.

Los familiares ocupan un lugar importante de apoyo a la familia: siete de cada diez españoles no están de acuerdo con que si uno no puede valerse por sí mismo acuda a los servicios sociales antes que a la familia, cuatro de cada diez con que se recurra al banco antes que a la familia cuando existan problemas financieros y cuatro de cada diez con que se recurra a guarderías o a chicas antes que familiares para cuidar a los niños[191].

Se demanda la ayuda de la familia, pero de la más cercana. En el caso de que se tuviera un accidente, la población preferiría que le cuidase principalmente la pareja o los hijos, en primer lugar y, después, unos servicios sociales que le permitiese seguir en casa (11%). Sólo el 5% optaría por una combinación conjunta de la familia y los servicios sociales[192]. Sin embargo aunque los familiares son los preferidos para atendernos,

---

[191] Estudio 2481, «Barómetro Febrero», febrero de 2003, CIS.
[192] Estudio 2581, «Barómetro Noviembre», noviembre de 2004, CIS.

cuando seamos mayores preferiremos vivir en nuestra propia casa y sólo el 12% optaría por ir a la casa de los hijos o de un familiar[193]. En la realidad, las personas que ayudan a mayores de 65 años tienen la siguiente relación con ellos: las hijas ayudan más que los hijos (26 y 15%, respectivamente), los hermanos poco (1%), y no existe mucha diferencia entre la nuera, el yerno y el nieto (en torno al 5%), aunque la nieta ayuda un poco más (7%)[194].

Las personas mayores de 65 años piensan que si tuvieran un problema, el 95% recibiría ayuda de algún familiar y ésta vendría del cónyuge y los hijos, aunque sorprende que consideren más al hijo varón que a la hija mujer y en el caso de la nuera no la consideran mucho, a diferencia de lo que sí se hace con otros familiares como hermanas o cuñadas[195].

Aunque en la familia existen grandes tensiones y conflictos, la mayoría de la población valora positivamente sus relaciones con los demás miembros de la familia. El 44% está muy o bastante satisfecho con la relación con los hijos que no viven en la misma ciudad, el 56% con los hijos que viven en la misma ciudad y el 50% con la relación que se tiene con hermanos, primos, nietos etc.

6. LA POLÍTICA FAMILIAR

6.1. *La familia en el Sistema de Protección Social*

Abordar la política familiar en la segunda mitad del siglo XX en España puede hacerse desde dos vertientes relacionadas entre sí, a partir de un mismo punto de partida: La *modernización*[196] de la familia española. Por una parte, los cambios nos llevan a analizar las modificaciones e innovaciones legales necesarias para impulsarlos y legitimarlos. Esta legislación ha ido promulgándose gradualmente a través de reformas y nuevas leyes que han afectado a diferentes aspectos de la familia: la equiparación legal del matrimonio civil con el canónico, la ley del divorcio, la igualdad entre los hijos y derechos de los padres, la regulación de la adopción, la rebaja de la mayoría de edad de 21 a 18 años, la protección de los ancianos, la despenalización de los anticonceptivos y del aborto en determinados supuestos, la ley de Reproducción Asistida, la regulación de los derechos de los homosexuales etc.

La segunda vertiente es el cambio de la consideración del papel que juega la institución familiar en el Sistema de Protección Social existente en nuestro país. En el período franquista, la familia se consideraba célula primaria de la sociedad e institución natural. Estaba bastante protegida por los poderes públicos y todas las leyes se orientaron a una defensa a ultranza de la familia tradicional relegando a la mujer a un segundo plano, bajo la tutoría del marido. Las relaciones sexuales prematrimoniales y la interrupción voluntaria del embarazo, entre otros aspectos, estaban totalmente prohibidos social y legalmente. Las ayudas de las que gozaban las familias eran: las asignaciones mone-

---

[193] Estudio 2439, «Barómetro Noviembre», noviembre de 2001, CIS.
[194] Estudio 2439, «Barómetro Noviembre», noviembre de 2001, CIS.
[195] Estudio 2279, «La soledad en las personas mayores», febrero de 1998, CIS.
[196] El término modernización es relativo. A pesar de los grandes cambios en la familia española, permanecen elementos de la familia tradicional.

tarias mensuales por hijo, los premios por natalidad, los subsidios de viudedad y orfandad y el plus familiar[197].

La llegada de la democracia supuso un período de cambios sociales, económicos y políticos que tuvieron repercusión en la familia. En la Constitución se recoge la nueva concepción política de la familia; el artículo 39 garantiza la «protección económica, social y jurídica de la familia», aunque hasta hoy no haya sido efectiva. Durante los primeros años de la democracia y con el PSOE a la cabeza, la familia más que considerada negativamente, fue olvidada. Como consecuencia, se llevó a cabo una política familiar dispersa, sin una visión de conjunto, lo cual no significa que no existieran ayudas. Sí las había pero eran insuficientes, ya que las partidas no aumentaron sino que simplemente se redistribuyeron.

En las últimas décadas se funda el Ministerio de Trabajo y Asuntos Sociales y renace el interés por la familia, debido a las funciones sociales que cumple en relación con determinados problemas de la sociedad española, como la conciliación del trabajo y la familia, el paro o las drogas[198]. La familia brinda bienestar a sus miembros, adaptándose a las necesidades cambiantes. La atención a los mayores, los niños, la ayuda por enfermedad, la protección por paro, y tantas otras se realizan por la red familiar, y sin ayuda del Estado. De ahí que la Política familiar debe considerarse como el conjunto de medidas públicas destinadas a ayudar a la familia en su desenvolvimiento diario (facilitar tener los hijos deseados o cuestiones económicas).

Dumon[199] la califica como toda «medida adoptada por el Gobierno para mantener, sostener o cambiar la estructura y la vida familiar». Flaquer[200] como el «conjunto de medidas públicas destinadas a aportar recursos a las personas con responsabilidades familiares para que puedan desempeñar en las mejores condiciones posibles, las tareas y actividades derivadas de ellas» y, según Iglesias de Ussel[201], la política familiar se refiere al «conjunto de medidas o instrumentos de política pública más o menos articuladas para reconocer y apoyar las funciones sociales que cumple la familia».

La importancia de la Política Familiar viene argumentada por el papel reconocido de la familia en la sociedad. Según la ONU, «la familia constituye la unidad básica de la sociedad y, en consecuencia, merece especial atención» y, entre las directrices afirma que «las políticas tendrán por objetivo fomentar la igualdad entre la mujer y el hombre en la familia y lograr que se compartan más plenamente las funciones domésticas y las oportunidades de empleo[202]. Podemos considerar dos ejemplos de la importancia de la Política Familiar. Según Meil[203], «es más rentable invertir en un plan de pensiones

---

[197] Eran un complemento que el empresario añadía al salario de los trabajadores con cargas familiares.

[198] J. Iglesias de Ussel y G. Meil, *La Política familiar en España*, Barcelona, Ariel, 2001; J. Iglesias de Ussel, *La familia y el Cambio Político en España*, Barcelona, Tecnos, 1998.

[199] W. Dumon, *Family Policy in EEC. Countries,* Office for Official Publications of the European Communities, 1990, Luxemburgo.

[200] L. Flaquer, *Las políticas familiares en una perspectiva comparada,* Barcelona, Fundación «La Caixa», 2000.

[201] J. Iglesias de Ussel, «Análisis de la política familiar desde la transición», en *V Informe Sociológico sobre la Situación Social en España*, Madrid, F. FOESSA, 2000.

[202] Asamblea General de las Naciones Unidas, por Resolución 44/82, de 8 de diciembre de 1989, declaró 1994 Año Internacional de la Familia. *www.un.org*.

[203] Asociación Familias Numerosas de Aragón 3 y más. 4.ª trimestre 2002, núm. 7. II Jornadas de Familias Numerosas y Políticas Familiares. Aragón. www.tresymas.com/revista.pdf.

que tener un hijo». Una familia con dos hijos que decide tener un tercero y declara una renta de 20.000 euros, tendría que pagar a Hacienda 1297,8 euros. Si en lugar de tener un hijo deciden invertir los 3.846 euros que les costaría su crianza en un fondo de pensiones, la cuota del IRPF solo sería en este caso de 879,6 euros. Un segundo aspecto se refiere a las familias numerosas. En España hay actualmente 1,5 millones de familias numerosas, que suponen 8 millones de personas, el 20% de la población y el 10% de los hogares españoles. Estos ciudadanos constituyen el grupo de población que más contribuye al desarrollo económico y social del país porque son los que más capital humano aportan, los que garantizan el relevo generacional, los que más consumen, los que más impuestos pagan, los que más jóvenes aportan al sistema educativo y los que más PIB generan. Y, sin embargo, tienen ayudas limitadas.

Gerardo Meil, en su análisis del sistema de protección social y su vinculación con la familia, parte de una idea básica y es la de que como consecuencia de los cambios producidos en la familia tanto en su concepción como en su funcionamiento, el papel de la familia en el sistema de protección familiar empieza a cambiar. Se ha pasado desde el ideal de familia tradicional entendida como proyecto de convivencia con carácter público para toda la vida y con segregación radical de los *roles* y de los ámbitos de decisión en función del sexo, a un modelo ideal menos fijado, que se distingue, sobre todo, por la pérdida de legitimidad del control social sobre este aspecto de la vida de los individuos y la creciente libertad de conformación individual de los proyectos de convivencia[204]. La situación posmoderna de la familia se caracteriza por una pluralización de los modos de entrada, permanencia y salida de la vida familiar, con una mayor libertad individual para definir el proyecto conyugal y familiar que en el pasado, lo que significa que el modelo tradicional de familia está cada vez menos presente en las generaciones, y esto trae consecuencias para el sistema de protección social[205]. La presencia, por tanto, de nuevas formas familiares plantea una heterogeneidad de situaciones y de nuevas necesidades a las que hay que hacer frente (familias monoparentales, hogares unipersonales etc.). Estos cambios llevan aparejados tres desafíos[206]: el *derivado de la caída de la natalidad*, el *de la incorporación de la mujer al trabajo extradoméstico* y el *derivado del divorcio*.

En el régimen franquista la familia fue una de las grandes beneficiarias del sistema de protección social, aunque en realidad se vivieron dos períodos: un primer momento de gran importancia en el que la familia junto a la vejez fueron las más beneficiarias, y una decadencia de la ayuda prestada a la familia, desde los años 60. En esta fecha se producen cambios sociales (modernización, secularización, desarrollo económico), que repercutieron en la propia familia (baja natalidad, edad al matrimonio, mayor permisividad etc.). En 1963 se empieza a desarrollar el sistema de Seguridad Social, lo que pone en marcha el impuesto sobre la renta y la reorientación de la política familiar. A finales del régimen en 1975, a pesar del aumento en términos absolutos de las ayudas a la familia, su importancia respecto al PIB pasó de 2,6% en 1965 a 1,3% en 1975[207].

---

[204] Cita de Lüsche (1998) en G. Meil, «Los desafíos del sistema de protección social derivados de la postmodernización de la familia», *Revista Arbor*, núm. 685, t. CLXXIV, Madrid, 2003.

[205] G. Meil, «Los desafíos del sistema de protección social derivados de la postmodernización de la familia», *Revista Arbor*, núm. 685, t. CLXXIV, Madrid, 2003.

[206] Análisis de Meil en S. del Campo, y M. Rodríguez-Brioso, «La gran transformación de la familia española durante la segunda mitad del siglo XX», *REIS*, núm. 100, Madrid, CIS, 2003.

[207] J. Iglesias de Ussel y G. Meil, *La política familiar en España*, Barcelona, Ariel, 2001, pág. 61.

Este descenso respecto al PIB, colocaba a España en una situación intermedia, junto a Dinamarca e Irlanda, en relación con los demás países europeos. Bélgica y Francia eran los que más contribuían (2,6 y 2,7, respectivamente) frente a Alemania, Reino Unido y Noruega (0,4, 0,5 y 1, respectivamente).

A partir de 1978 se empiezan a diversificar los órganos impulsores de medidas, al descentralizarse las competencias a las Comunidades Autónomas y a los Ayuntamientos. Esto tiene gran importancia en lo que hace a la legitimidad y aprobación de las medidas democráticas, porque el Ayuntamiento es el ámbito de poder más cercano al ciudadano.

El análisis de la política familiar en España debe hacerse distinguiendo las etapas de gobierno de los diferentes períodos políticos[208]. La primera toma de decisión respecto a los instrumentos heredados del franquismo fue el denominado Libro Blanco de la Seguridad Social (1977), que puso en evidencia la ineficacia protectora de las prestaciones familiares y la necesidad de supresión de las asignaciones por cónyuge a cargo. Respecto a lo primero, se centró en la pérdida de capacidad protectora por la falta de revalorización de las pensiones y, respecto a lo segundo, se pretendió eliminar las ayudas por cónyuge a cargo por el papel social atribuido a la mujer y su potencial de desincentivar el trabajo. Cuando la mujer trabajaba, cotizaban los dos (ella y su cónyuge) y, se estableció la posibilidad del «salario como sustitución», es decir, cuando la mujer optase por permanecer en el hogar para criar y educar a sus hijos como pasa en Suecia, Alemania y Francia. Este Libro Blanco, aunque no contenía una política familiar concreta, sí proporcionó una buena base para adoptar lo que procedió del franquismo a los nuevos valores democráticos, pero faltó voluntad política[209]. El nuevo IRPF de 1978 consideró a la familia como unidad contribuyente y acarreó importantes efectos negativos para numerosas familias españolas ya que el matrimonio implicaba una carga fiscal mayor que las «uniones de hecho».

En la etapa del Gobierno del PSOE la familia fue la gran olvidada por parte de los poderes públicos. Las medidas adoptadas fueron orientadas al individuo, con olvido de la familia como grupo social, lo que dio un carácter desintegrador a la política familiar. Algunas de sus actuaciones fueron: la supresión de todas las prestaciones sociales que se recibían hasta entonces (maternidad, matrimonio, etc.) que eran universales y la aprobación en 1990 de la nueva modalidad de prestación por hijo a cargo, que sólo se aplicaba a quienes contaban con un nivel de ingresos mínimos. También se llevó a cabo la Reforma de la Ley del IRPF, optando por generalizar la tributación individual, ya que la denominada tributación conjunta consistió, casi exclusivamente, en aplicar una tarifa más reducida a las familias que optaron por este sistema, básicamente aquellas en las que solamente trabajaba uno de los cónyuges. La Ley optó por desconocer los diversos mecanismos de corrección de los denominados «efectos indeseables» de la tributación conjunta. La ley de junio de 1991 del IRPF, en vez de afrontar estas deficiencias con respecto a la familia, lo que hace es simplemente posibilitar la declaración separada del impuesto sobre la renta.

---

[208] Instituto de Política familiar, *www.ipf.org*.

[209] J. Iglesias de Ussel, «Análisis de la política familiar desde la transición», en *V Informe Sociológico sobre la Situación Social en España*, Madrid, F. FOESSA, 2000.

A mitad de los años 80 las partidas a las que más ayuda se atribuyeron fueron Vivienda e Invalidez[210]. Centrándonos en la partida familiar, las ayudas percibidas son de diferente naturaleza (directas o fiscales). Disminuyeron las prestaciones directas y aumentaron las fiscales. Respecto a las primeras, la maternidad fue la beneficiaria de este grupo, que pasó de 55.662 en 1980 a 57.781 ptas. en 1990 y disminuyeron considerablemente las prestaciones y asignaciones por hijo y las subvenciones a guarderías infantiles, alimentación infantil y otros servicios, (116.997 a 48.108). Respecto a las prestaciones fiscales, éstas aumentaron tanto por matrimonio como por hijos.

Desde 1980 a 1996, el porcentaje de ayuda por hijos respecto al PIB pasó de 0,7 a 0,3, reduciéndose a más de la mitad. Actualmente, estas ayudas únicas a la natalidad, han ido perdiendo importancia como se muestra en la tabla anterior. Algunas prestaciones que han aumentado son la guardería, el alojamiento y la ayuda a domicilio, ésta última muy relacionada hoy día con la atención a las personas mayores. Distinguiendo entre con condición o sin condición de recursos, las primeras han pasado del 10 al 36%. Han disminuido las prestaciones en dinero y las asignaciones por hijo a cargo (que han pasado del 24% al 17%), y han aumentado las prestaciones en especie y el alojamiento (de 10 a 18% y de 2 a 9%, respectivamente) (véase Tabla 3.29).

TABLA 3.29.—*Evolución en porcentajes de los gastos destinados a la protección función «familia, hijos» (1980-1996)**

	1980	1985	1990	1994	1995	1996
Total	100	100	100	100	100	100
Sin condición de recursos	90	86	85	61	65	64
Prestaciones en dinero	85	79	74	54	57	57
Mantenimiento renta maternidad	7	13	21	21	23	28
Asignación por hijo a cargo	66	51	29	16	17	18
Otras prest. periódicas	1	0	0	0	0	1
Natalidad	1	1	0	0	0	0
Otras prest. únicas	11	14	24	17	0	11
Prestaciones en especie	5	8	11	7	7	7
Bajo condición de recursos	10	14	15	39	35	36
Prestaciones en dinero	-	-	-	24	21	17
Asignación por hijo a cargo	-	-	-	24	21	17
Únicas. Otras prestaciones	-	-	-	-	-	-
Prestaciones en especie	10	14	15	14	14	18
Guarderías	1	1	2	1	2	1
Alojamiento	2	3	3	3	3	9
Ayuda a domicilio	0	0	0	0	0	0
Otras prestaciones	7	10	10	10	10	8

* Con arreglo a la metodología SEEPROS, versión 1995, que combina las asignaciones familiares y maternidad, pero sin incluir los gastos sanitarios.

Fuente: Iglesias y Meil, *La política familiar en España,* Ariel, 2001, pág. 120.

---

[210] S. del Campo, y M.ª del Mar Rodríguez-Brioso, «La gran transformación de la familia española durante la segunda mitad del siglo XX», *REIS,* núm. 100, Madrid, CIS, 2003.

Iglesias de Ussel[211], ha resumido perfectamente esta época socialista: «La consecuencia real de este tratamiento fragmentario es restar cualquier protagonismo a la propia familia. No es sólo eliminar sus derechos o los beneficios con que cuenta en todas las sociedades; se hace patente la concepción accesoria de la institución. Así, se consolidan las imágenes sociales de la sociedad como agregado exclusivo de individuos, sin considerar para nada a la familia como grupo.»

El gran impulso de la política familia surge en los años 90 por diversos motivos[212]. El crecimiento de los problemas sociales y de su eco en la opinión pública, convirtió a la familia en un grupo imprescindible. Por otra parte, con la lejanía temporal del franquismo, la población española empieza a disociar las ayudas a las familias del franquismo. Y podemos añadir que a mediados de los años 90, el Partido Popular ganó las elecciones generales. Este partido ha sido el más afín en la defensa de la familia y ha mostrado la intención desde el principio de la democracia, de establecer una ley que regulara los asuntos familiares.

Según Hertfelder, las medidas adoptadas por el PP han sido las siguientes:

1. Modificación de la Ley de Familias Numerosas en la que se amplió el concepto de familia numerosa a aquellas familias con dos hijos, uno de ellos minusválido o incapacitado laboral, pero sin abordar ninguna promoción o ayuda, para dichas familias numerosas.

2. Ley 40/1998 de Reforma del IRPF: creación del mínimo personal y familiar por cada ascendiente mayor de 65 años (100.000 ptas./año) y por cada descendiente soltero menor de 25 años (200.000 ptas/año), se quitan los gastos por enfermedad o gastos de custodia de hijos y se limitan las deducciones por adquisición de vivienda habitual.

3. Ley 39/1999 de 5 noviembre para promover la conciliación de la vida familiar y laboral de las personas trabajadoras, en la que se amplía el período de descanso por maternidad en dos semanas para partos múltiples así como los derechos de excedencia y

4. Aprobación del RD Ley 1/2000 de 14 de enero sobre determinadas medidas de mejora de la protección familiar de la Seguridad Social, en el que se revisan los importes de las prestaciones por hijo a cargo menor de 18 años y, se conceden nuevas prestaciones por nacimiento del tercer hijo y parto múltiple. Esta ley sigue teniendo los mismos defectos (cuantías irrisorias y para unidades familiares con rentas muy bajas) que la aprobada por el PSOE unos años antes.

La situación económica de las familias una vez percibidas las ayudas y las ventajas fiscales en 1997, se recogen en la Tabla 3.30. El número de familias que vivían con la mitad del salario medio es de 1.289.400. Y, el número de familias que vivían con dos salarios medios alcanzó la cifra de 5.157.600. Respecto a las diferencias entre las varias formas familiares, podemos deducir que de las familias que vivían con menos del salario medio, las que se encontraban en peor situación eran las separadas o divorciadas. En el otro extremo, los que más se beneficiaban eran los matrimonios con cuatro hijos y las parejas casadas. Respecto a las familias que estaban en una situación intermedia, los menos beneficiarios eran los solteros sin hijos y las parejas cohabitantes sin hijos.

---

[211] J. Iglesias de Ussel, *La familia y el Cambio Político en España*, Barcelona, Tecnos. 1998.
[212] *V Informe Sociológico sobre la Situación Social en España*, Madrid, F. Foessa, 2000.

En el 2004 se aprobó el Plan Integral de Apoyo a la Familia y se desarrolló a través de las siguientes líneas estratégicas: Política Fiscal y de Rentas; Mejora de las prestaciones de Seguridad Social por hijo a cargo; Conciliación de la vida familiar y laboral; Política de Vivienda; Favorecer el acceso de las familias a las nuevas tecnologías; Revisión del Derecho de Familia; Desarrollo de los servicios de orientación y/o mediación familiar; Apoyo a las familias en situaciones especiales; Fomento de la participación social y el acceso a la cultura de las familias y Nueva ley de protección a las familias numerosas. Esta reforma introduce algunas mejoras con respecto a la anterior para las rentas más bajas y una ligera mejoría por hijo a partir del segundo. Y empeora porque aumenta la penalización de las familias con un perceptor frente a los que tienen dos. Según el Gobierno[213], esta reforma beneficiaría a 6,5 millones de familias, al aplicar rebajas que varían desde un 38,8% para familias con ingresos de hasta dos millones de pesetas, al 9,7% para las que cuenten con rentas superiores a los cinco millones.

TABLA 3.30.—*Renta disponible después de impuestos y transferencias familiares en 1997 según distintas situaciones familiares y de renta, en pesetas*

Ingresos	Salario medio (por 0,5)	Salario medio	Salario medio (por 1,5)	Salario medio + salario medio (por 0,66)	Dos salarios medios
Salario bruto	1.289.400	2.578.800	3.868.200	4.280.800	5.157.600
% renta neta/bruta					
Soltero sin hijos	92,9	83,7	80	79	77,2
Matrimonio sin hijos	96,8	88,4	83,9	85,4	83,7
Unión de hecho sin hijos	92,9	83,7	80	85,4	83,7
Matrimonio con 2 hijos	100,6	90,2	85	86,5	84,5
Unión hecho 2 hijos	95,2	85,4	81,2	86,5	84,5
Sep/divorciada 2 hijos	100,6	90,2	85	79,5	81,4
Matrimonio con 4 hijos		92,4	86,5	87,8	85,7
Aumento respecto a un soltero (%)					
Matrimonios sin hijos	3,9	4,8	3,8	6,4	6,5
Unión hecho sin hijos	0	0	0	6,4	6,5
Matrimonio con 2 hijos	7,7	6,5	5	7,5	7,3
Unión hecho 2 hijos	2,3	1,7	1,1	7,5	7,3
Sep/div con 2 hijos	7,7	6,5	5	0,5	4,2
Matrimonios con 4 hijos		8,8	6,5	8,8	8,5

Fuente: J. Iglesias y G. Meil, *La política familiar en España,* Barcelona, Ariel, 2001.

Sin embargo, desde el Instituto de Política Familiar se apuntan ciertas deficiencias en el Plan[214]: No se ha definido qué se entiende por familia, no se ha diferenciado en-

---

213 *ABC*, 11de abril de 2001.

214 D. Eduardo Hertfelder de Aldecoa. Secretario General del Instituto de Política Familiar, 7.ª Semana de la familia, 18 al 22 de febrero de 2002, REDEMPTOR HOMINIS, 2003. *[Diócesis de Córdoba]irhcordoba@planalfa.es.*

tre Política Familiar y Política Social, no se ha cuantificado la dotación económica destinada a su desarrollo, hay un desarrollo claramente insuficiente de las prestaciones sociales por hijo a cargo (casi el 90% de las familias con hijos no puedan acceder a dichas prestaciones y, además, la cuantía a recibir sería de 24,25 euros/mes), la política de vivienda es inadecuada al desarrollar medidas destinadas exclusivamente a ciertos colectivos familiares: familias con tres o más hijos (sólo beneficiaría al 25% de las familias con hijos) o con menores niveles de ingresos (sólo beneficiaría al 10-12% de las familias con hijos), etc.

En conclusión, aunque se empieza a abordar la protección de la familia, las cuantías y acciones son todavía muy pequeñas e insuficientes, y dirigidas, generalmente, a familias con algún tipo de desigualdad. No se ha hecho frente a todas las necesidades ni se ha superado el carácter asistencial, limitadas al tiempo que dure esa situación precaria.

Situación actual: a partir de la Constitución de 1978, se fueron creando diferentes organismos asistenciales para la familia. Éstos se pusieron a cargo, como consecuencia de la descentralización del poder, de los Ayuntamientos y de las Comunidades Autónomas. Son necesarias dos apreciaciones: en primer lugar, aunque las Comunidades Autónomas tengan competencias, dependerán algunas concesiones a la familia todavía del Gobierno central y, en segundo lugar, la protección a la familia no es igual en todas ellas, lo que supone que dependiendo de en qué comunidad se resida, tendremos más atenciones o no, conllevando a un problema de desigualdad y no respetando el artículo 39.1 de la Constitución en el que se garantiza «protección social, económica y jurídica de la familia».

La importancia atribuida a la familia puede evaluarse desde diferentes puntos de referencia: la existencia de organismos específicos de familia y de planes de familia, y la existencia e implantación de medidas (ayudas directas e indirectas)[215]. Con relación al primer punto, ninguna Comunidad Autónoma tiene una Consejería de Familia específica, seis la tienen compartida (Aragón, Castilla y León, Galicia, Madrid, Cataluña y La Rioja), y nueve (53%) no disponen de una consejería pero sí de organismos de rango inferior como Direcciones Generales (Castilla-La Mancha y Navarra) o Direcciones Generales compartidas (Andalucía, Asturias, Murcia, Extremadura, Canarias, Baleares y Comunidad Valenciana). En este sentido, son dos Comunidades, Cantabria y País Vasco, las únicas que no tienen organismos, aunque de las que tienen alguno, sólo cuatro (Aragón, Cataluña, Galicia y Comunidad Valenciana), tienen planes de crear un Observatorio de la Familia y seis cuentan con un Plan de Familia (Galicia, Comunidad Valenciana, Cataluña, Navarra, Andalucía e Baleares).

La Tabla 3.31 recoge las medidas implantadas por cada una de las Comunidades Autónomas y confirma las grandes diferencias. Las familias extremeñas y las asturianas son las más perjudicadas: no tienen ayudas directas o muy pocas en el IRPF. En una situación más privilegiada están Castilla y León, Cataluña, Galicia, Navarra, País Vasco y Comunidad Valenciana y en una situación intermedia encontramos a Andalucía, Aragón, Baleares, Canarias, Madrid y Murcia, que ofrecen ambos tipos

---

[215] Un análisis concreto de la Política familiar en España se puede ver en el Informe *Las ayudas a la familia de las Comunidades Autónomas*, realizado por el Instituto de Política Familiar. *www.ipfe.org/informe_2005.ccaa.pdf*.

de ayuda pero con limitaciones y en situaciones especiales. Por tanto, en España hay familias de primera y de segunda en función de la Comunidad Autónoma donde se resida.

Las ayudas directas se traducen en unas cuantías determinadas. Una familia en Navarra con dos hijos percibiría una ayuda anual de 3.967 euros frente a lo que recibe una familia valenciana o gallega (500-600 euros anuales). Esto aparte de que son muchas las Comunidades que no cuentan con ayudas directas. Esta pésima situación se debe a que la mitad de las Comunidades imponen límites en las ayudas directas y límites de renta cuando se efectúan las ayudas fiscales, lo que no cumple con la universalidad deseada: las ayudas se orientan a familias con situaciones específicas (el 50% en las ayudas directas). Por ejemplo, Baleares da ayudas para guarderías, Aragón y Canarias para partos múltiples a partir de trillizos, Castilla-La Mancha sólo a familias numerosas con límite de rentas, Murcia a partir de trillizos de familias con 6 hijos.

TABLA 3.31.—*Ayudas por CCAA*

	Partido	Ayudas directas	IRPF	
Andalucía	PSOE	X	X	
Aragón	PSOE	X*	X	
Asturias	PSOE- Coal	—	X*	
Baleares	PSOE- Coal	X*	X*	
Canarias	PP	X*	X*	
Cantabria	PP	X	—	
C.-La Mancha	PP	X	—	
Castilla y León	PP	X	X	
Cataluña	PP	X	X	
Extremadura	UPN	—	—	
Galicia	CIU	X	X	
Madrid	CC	X*	X	
Murcia	PNV-EA-IU	X*		X*
Navarra	UPN-PP	X	X	
País Vasco	PNV	X		X
La Rioja	PP	—		X
C. Valenciana	PP	X	X	

* Ayudas mínimas.

Fuente: Informe *Las ayudas a las familias en las Comunidades Autónomas*, IPF, 2005.

En el caso de las ayudas fiscales, el 85% de las que las dan, imponen algún tipo de límites de renta. Andalucía, Asturias, Baleares y Canarias limitan todas las deducciones y Aragón, Castilla y León, Galicia, Madrid y Comunidad Valenciana imponen límites de renta en algunas deducciones. Islas Baleares reconoce deducción por guarderías y libros de texto, Canarias sólo por hijos que estudien fuera de casa, Asturias por necesidades de acondicionamiento de necesidades en la vivienda.

En definitiva el *ranking* por orden de importancia de las ayudas a la familia por CCAA quedaría de la siguiente manera: Navarra, Cataluña, Galicia, Castilla y León, Madrid, Comunidad Valenciana, Aragón, Andalucía, País Vasco, La Rioja,

Baleares, Murcia, Cantabria, Castilla-La Mancha, Canarias, Asturias y Extremadura.

Según el Instituto de Política Familiar, no existe en España por parte de los partidos
políticos una sensibilidad especial hacia la familia y son precisamente las Comunidades gobernadas por el PSOE las que muestran menor interés y, como consecuencia de
ello, las que menos ayudas conceden a la familia. De las siete Comunidades lideradas
por el PSOE, dos dan ayudas directas, tres dan escasa ayuda y dos no dan ningún tipo
de ayuda. En el caso del PP, de las ocho Comunidades encabezadas por este partido,
sólo una no da ayuda directas, cuatro sí dan ayudas y en tres la ayuda es escasa. Con relación a las ayudas fiscales, las diferencias son mayores. Sin embargo, hay que considerar que en esta última legislatura socialista se han aprobado el Plan Concilia, la Ley
de Igualdad entre Hombres y mujeres y La Ley de Dependencia.

Respecto a la asistencialización de las ayudas, esta concepción asistencial está empezando a cambiar muy despacio. Navarra es la única Autonomía que ha empezado a
aplicar una política familiar integral concediendo ayudas directas a las parejas, independientemente de que sean ricas o pobres. El País Vasco aprobó el Plan Interinstitu-
cional de Apoyo a la Familia, con descuentos en el IRPF. La Comunidad Valenciana, el
Plan Integral de la Familia e Infancia 2002-2005, que incluye una mejora de la fiscalidad familiar y que cuenta con un buen presupuesto. En Castilla y León, en 2001, se
aprobaron ayudas para el fomento a la natalidad: ayudas por nacimiento o adopción,
ayudas para escuelas infantiles y guarderías, ayudas al padre o madre por pedir excedencia en el trabajo para el cuidado del recién nacido, cuya cuantía será el 100% del salario mínimo interprofesional.

A principios del mes de julio del 2007, el gobierno anunció conceder a cada familia con residencia legal en España 2.500 euros por cada hijo nacido o adoptado. Esta
medida, anunciada en un ambiente ya preelectoral, es buena como medida pero ha
suscitado polémica porque son las Comunidades Autónomas no sólo las que tienen las
competencias sino que ya se aplican medidas parecidas en algunas de ellas, aunque no
alcancen la cuantía de primera pero sí, si se suma la ayuda por los años percibidos.
Así, en Cataluña, las familias reciben por cada hijo 625 euros durante los tres primeros años de vida y, por familia numerosa, 730 euros hasta que el niño cumpla los seis
años. O en el País Vasco, donde se recibe de 400 a 900 euros por el primer hijo, 1.100
euros por el segundo y 1.100 euros por el tercero y siguientes hasta que el niño cumpla los 5 años[216].

6.2. *La Situación en Europa*[217]

La situación de España en comparación con los países de su entorno cultural merece ser analizada. La familia en la España democrática ha tenido escasa relevancia en la
Administración Central y, durante muchos años, no ha existido ningún organismo específico hasta 1994, cuando se le añade a la Dirección General de Acción Social y del
Menor la palabra Familia. Esto no ocurre en otros países europeos[218]. En ellos los asun-

---

[216] «Una medida ya extendida en el España autonómica», *ABC,* 05 de julio de 2007.

[217] Instituto de Política Familiar, *www.ipf.org*.

[218] En Alemania existe el *Ministerio de Familia, Ancianidad, Mujer y Juventud*. En Noruega, el *Minis-*

tos familiares dependen de la Dirección General de Empleo y Asuntos Sociales y ésta, a su vez, de una de las 19 Comisarías, la de *Empleo, Asuntos Sociales e Igualdad de Oportunidades*. Tampoco cuenta con un Observatorio específico sino que depende del *Observatorio sobre Demografía y Situación Social*.

Europa destina como media el 28% del PIB a Gastos Sociales y los más beneficiados son Vejez (41,1%) y Sanidad (28,3%). La partida destinada a «Familia e Hijos» supone el 8% de los gastos sociales, lo que se traduce en el 2,2% del PIB. Las diferencias entre países son considerables: las aportaciones del PIB en gastos sociales van desde Luxemburgo y Dinamarca (3,7 y 3,9%, respectivamente) a Italia y España (1 y 0,5%, respectivamente), y estas diferencias se intensifican más en las cuestiones familiares. La valoración de la aportación española es más negativa si tenemos en cuenta que se ha producido un decrecimiento del 1,8% en 5 años (1996) y de casi 4 puntos desde 1993. Paralelamente aumenta la diferencia con Europa que ha pasado de 5,5 puntos en 1980 a 7,2 puntos en el año 2000. Este protagonismo lo comparte España con Italia, Portugal y Grecia, siendo España el único país de no reciente incorporación que tiene una situación similar a los de nueva incorporación como Polonia o Lituania.

Concretando, podemos concluir que España es el país que menos aporta (35) del total de las prestaciones a la familia e hijos, muy por debajo de la media de los 15 y de los 25 que se sitúa en 7,8, y además, y ya se ha comentado, la contribución del PIB es de 0,7%, también la cifra más baja[219].

Las ayudas por hijo son diversas en cuanto a cantidades, número de hijos y límites de edad y de ingresos. España es el país de la Unión Europea que menos prestaciones sociales concede por hijo a cargo, tanto por sus cuantías como por las restricciones que imponen. En algunos casos, esta prestación consiste en una cantidad fija y una sola vez por hijo. En otros, la cantidad se gradúa en función de un límite de renta o se reparte de forma mensual. En este caso, nuestro país, junto a Italia, Portugal, República Checa, Malta, Polonia y Eslovenia, es de los pocos donde estas prestaciones no son de carácter universal, sino que sólo se contemplan para familias que no llegan al mínimo de rentas. Como ejemplo podríamos considerar que una familia con dos hijos en Luxemburgo recibiría una prestación de 611 euros/mes, en Alemania de 308 euros/mes, en el Reino Unido de 270 euros/mes y en Austria de 256 euros/mes. Esa misma familia en España recibiría una prestación de 49 euros, una situación mejor que la de Chequia que es de 38 euros/mes y la de Polonia 20 euros/mes[220].

Esta escasez queda también patente si se comparan las prestaciones por hijo a cargo con el salario neto en los Estados de la UE, en función del número de hijos. En este caso, España también está a la cola. Las prestaciones para una familia media española con tres hijos no llegan al 5% del salario medio. En las mismas condiciones, ese porcentaje se eleva al 12 % en Grecia y al 50% en Francia. La mayoría de los países de la UE dan ayudas familiares independientemente de los ingresos familiares, España no; la mayoría potencian la natalidad a partir del segundo hijo, España no, y la mayoría am-

---

terio de *Familia y Asuntos Infantiles*; en Eslovaquia, el *Ministerio de Trabajo, Asuntos Sociales y Familia*; en Eslovenia, el *Ministerio de Trabajo, Familia y AASS*; en Francia el Ministerio de *Sanidad, Familia y Discapacitados*; en Luxemburgo, el *Ministerio de la Familia, de la Solidaridad Social y de la Juventud* y en Bélgica, la *Secretaria de Estado de la Familia y Discapacitados*.

[219] J. Barea, *Las ayudas del estado a las familias,* FUNCAS, 2007.
[220] *Informe Evolución de la Familia Europea 2006*, IPF, 2007.

plían por estudios o desempleo el límite de edad, España no. De esta forma, el 89% de las familias con hijos menores de 18 años no tienen derecho a recibir esta prestación (sólo uno de cada 9 hijos menores de 18 años). Una familia española necesitaría tener 11 hijos y ganar menos de 1.581.319 ptas./año para tener las mismas prestaciones que una familia en Alemania, con dos hijos e independientemente de sus ingresos. Con respecto al Reino Unido, tendría que tener 10 hijos y 4 si la comparación es con Francia.

La Unión Europea defiende y lleva a cabo la universalidad a pesar de las diferencias entre los países. Durante algún tiempo, entre 1975-1997, algunos países la abandonaron (Dinamarca, Alemania, Italia, Grecia, España y Francia), pero Dinamarca, Alemania y Francia han vuelto a ella.

7. FAMILIA Y VIVIENDA

7.1. *Vivienda y dinámica familiar*

A priori podemos pensar que cuanta más población, mayor necesidad de efectivos de viviendas[221]. La demanda no ha dejado de aumentar y el número de viviendas ha crecido desde 1991 hasta el último censo de 2001 en un 21%[222]. Sin embargo, esto ha sido más consecuencia de las nuevas formas de familia y de convivencia surgidas en las sociedades occidentales (hogares unipersonales, familias monoparentales y reconstituidas, etc.), que del aumento de la población en términos absolutos.

Además, las necesidades de vivienda son variables a lo largo de la vida de los individuos y de las familias. Desde la constitución hasta la extinción de la pareja se alternan diversas fases, en las que no sólo varían el número de miembros que integran la unidad residencial sino también sus *roles* y relaciones interpersonales, sus posibilidades económicas, los objetivos de las personas que conviven y, por tanto, la necesidad de planificar el cambio o la reorganización del espacio de la vivienda. Las secuencias del ciclo de una familia nuclear son[223]: 1) Comienzo de la familia o de la pareja; 2) Familia con infantes, escolares y adolescentes (hasta que el hijo mayor tenga 20 años); 3) Familias como «plataformas de colocación» (desde que se va el primer hijo hasta que lo hace el último); 4) Familias maduras (desde el nido vacío hasta la jubilación); 5) Familias ancianas (desde la jubilación hasta el fallecimiento).

Actualmente, existe un número de situaciones de convivencia que no se corresponden con el estereotipo de familia nuclear descrita, y cada una de ellas genera demandas de alojamientos diferentes. El modelo de familia nuclear, compuesta por padres e hijos, suponen el 47% del total de los hogares y le siguen las parejas sin hijos (19%), que junto a los hogares unipersonales (14,0%), suponen un tercio de los hogares españoles. Las familias monoparentales abarcan el 5,4% de los hogares[224].

---

[221] Barber (1953); Maisel (1963) entre otros. Citado en P. Taltavull, «La estructura familiar en España y los demandantes actuales de la vivienda», en *Familia y Vivienda*, Madrid, Fundación Argentaria, 2000.

[222] *España al comienzo siglo XXI. Censos de Población y Viviendas,* INE, 2004.

[223] S. del Campo, *La evolución de la familia española en el siglo XX*, Madrid, Alianza, 1982. Las fases intermedias han sido agrupadas.

[224] *Encuesta de Presupuestos Familiares 2005,* INEbase.

Podemos considerar dos fuentes principales de demanda residencial: la primera depende del modelo de formación de hogares y, por tanto, de la edad de emancipación, de la nupcialidad, del ritmo de destrucción de los hogares preexistentes, etc., y la segunda de las distintas etapas por las que atraviesa la familia: el número de hijos, la dimensión de la primera vivienda y otros factores relacionados con los gustos y los condicionantes económicos, la disolución de la familia, etc.[225].

7.2. Características de la Vivienda

Tamaño de los hogares. La caída de la natalidad se ha traducido automáticamente en el descenso del tamaño medio de los hogares, que ahora se sitúa en 2,9 miembros por hogar[226]. Se camina hacia hogares cada vez más pequeños y prueba de ello es que los que más han aumentado son los unipersonales, y los que más han descendido han sido los de 5 y más miembros, que suponen actualmente el 12,4%.

Tener cada miembro del hogar su propia habitación es muy valorado por la población española. El 58% considera que es necesario y el 30% que es deseable. Casi cuatro de cada diez hogares españoles tienen cinco habitaciones[227] por lo que no se caracterizan por un fuerte hacinamiento: el 84% de la población manifiesta tener una habitación por cada miembro y el 9% alude que no la tiene porque no puede hacer frente a los gastos[228].

Titularidad. El régimen de tenencia de la vivienda es un dato de alta significación sociológica. La propiedad significa estabilidad espacial y social, pero también y durante muchos años, esfuerzo compartido de varios miembros de la familia[229].

España es una sociedad de propietarios, el 82% de los españoles residen en una vivienda en propiedad. La propiedad es la tenencia más frecuente, sea cual sea la situación presupuestaria: entre los que tienen muchas dificultades son el 71,75% de propietarios, mientras los que tienen facilidad alcanzan el 89,67%[230].

La situación española es la siguiente: *a)* El 51% es propietario y tiene la vivienda totalmente pagada. Las comunidades más privilegiadas son País Vasco, La Rioja, Castilla y León, Cantabria, Castilla-La Mancha y Andalucía frente a Melilla, Ceuta, Canarias, Baleares y Galicia; *b)* El 22% la tiene en propiedad pero todavía tienen pagos pendientes. Una pareja tarda de media en España 20,80 años en comprar una vivienda de cien metros cuadrados, tomando como referencia el salario medio anual de dos personas que tienen contratada una hipoteca y dedican un máximo del 35% de sus rentas brutas a pagarla[231]; *c)* el 9% la tiene en propiedad por herencia y, *d)* el 11% de la población española vive de

[225] P. Taltavull, «La estructura familiar en España y los demandantes actuales de la vivienda», en *Familia y Vivienda*, Madrid, Fundación Argentaria, 2000.

[226] *Censo de Población y Viviendas 2001*, INEbase.

[227] Habitación: incluye, además de los dormitorios, todas aquellas estancias que tengan cuatro metros cuadrados o más, incluida la cocina y el salón.

[228] Estudio 2380, «Condiciones objetivas de vida, bienestar subjetivo y calidad de sociedad», enero de 2000, CIS.

[229] A. Durán, «Relaciones familiares y vivienda», en Salustiano del Campo (ed.), *La Familia Española, Revista Arbor*, t. CLXXIV, Madrid, 2003.

[230] *Encuesta de Presupuestos Familiares 1997*, INEbase.

[231] *http://www.consumer.es/web/es/vivienda/2006/05/15/151998.php.*

alquiler, un dato inferior a la media europea que se sitúa en el 32% y a Alemania con un 53% y a Países Bajos con el 45%. Por Comunidades Autónomas españolas, los mayores porcentajes se alcanzan en Melilla, Cataluña, Madrid y, por debajo del 8% se sitúan País Vasco y Castilla-La Mancha. Uno de los motivos, según Durán del poco éxito del alquiler es la baja proporción de viviendas públicas en el total de las viviendas en alquiler[232].

La titularidad se asocia al ciclo vital y a la edad. A medida que aumenta la edad, los índices de titularidad de la propiedad son mayores. En el caso del estado civil, es más frecuente que la esposa permanezca en el antiguo hogar conyugal con sus hijos y que los varones vuelvan temporalmente al hogar de los padres o que alquilen una vivienda. Esto no tiene por qué alterar la titularidad de la propiedad, que por lo general, queda arreglada en la sentencia de divorcio. Con relación al ciclo vital, el alquiler es más común en aquellas familias o personas que se encuentran en situación de transición (jóvenes, divorciados, parejas de hecho e inmigrantes), y con mayores dificultades económicas. El caso de la propiedad se produce cuando se ha acumulado una cierta cantidad de dinero, existen ingresos estables y altos y se desea un compromiso personal a largo plazo, aunque actualmente no se garantiza nada por los cambios que se están produciendo en las relaciones de pareja[233].

En nuestro país, la vivienda se considera un bien y una propiedad para toda la vida que pasará de generación en generación. Existe una cultura de la propiedad muy asentada como resultado del reciente pasado agrícola y la búsqueda de seguridad por encima de la flexibilidad y el riesgo[234]. Además, actualmente las diferencias entre los costes de un alquiler y una hipoteca no son muy pronunciadas por lo que la población prefiere comprar porque el esfuerzo se ve acompañado de una forma de ahorro y de inversión.

La vivienda es un derecho y el artículo 47 de la Constitución, establece que «los poderes públicos promoverán las condiciones necesarias y establecerán las normas pertinentes para hacer efectivo este derecho, regulando la utilización del suelo de acuerdo con el interés general para impedir la especulación». Ante la escasez de demanda de alquiler para hacer frente a las necesidades de los más jóvenes, se ha tenido que poner en funcionamiento políticas positivas tendentes a incrementar este tipo de viviendas en nuestras ciudades[235].

Segundas residencias. Las familias, parejas, personas etc. acuden al mercado de vivienda para conseguir su vivienda principal, es decir, aquella que constituye la residencia habitual del grupo. Del total de viviendas existente en España (22,9 millones), el 70% son viviendas principales y el 16% son residencias secundarias.

El 85% de la población no dispone de segunda residencia. Ávila es la provincia con mayor número de viviendas secundarias (42%), seguida de Guadalajara (38%), y Teruel (35%). En el lado opuesto, apenas llegan al 5% Ceuta, Melilla, Vizcaya y Guipúz-

---

[232] A. Durán, «Relaciones familiares y vivienda», en Salustiano del Campo (ed.), *La Familia Española, Revista Arbor,* t. CLXXIV, Madrid, 2003.

[233] T. Jurado Guerrero, «El creciente dinamismo familiar frente a la inflexibilidad del modelo de vivienda español», en *Cuadernos de Información Económica* núm. 193, julio-agosto, Madrid, Fundación de las Cajas de Ahorros, 2006, pág. 122.

[234] T. Jurado Guerrero, «El creciente dinamismo familiar frente a la inflexibilidad del modelo de vivienda español», en *Cuadernos de Información Económica* núm. 193, julio-agosto, Madrid, Fundación de las Cajas de Ahorros, 2006, pág. 117.

[235] J. Leal, «Comportamientos residenciales y necesidades de la vivienda», en *Familia y Vivienda,* Madrid, Fundación Argentaria, 2000.

coa. En relación con el lugar elegido, apenas dos de cada diez segundas residencias se encuentran situadas en el mismo municipio que la vivienda principal.

Movilidad. La población española no presenta altos índices de movilidad residencial. Casi la mitad de la población lleva en la misma vivienda más de 20 años o incluso desde que nació. La población que sí se ha cambiado de vivienda lo ha hecho como media 3 veces y, a corto plazo en los próximos dos o tres años, lo piensan hacer el 17%[236].

8. OBSERVACIONES FINALES

La estructura familiar que prevalece hoy en España es la que también impera aún en las sociedades occidentales, a saber, la familia nuclear o conyugal, y las fórmulas pretendidamente alternativas a ella han sido en no pocos casos experiencias temporales, puestas en práctica sobre todo por una minoría bastante reducida, generalmente de jóvenes. Ahora bien, es verdad que la familia en cuanto modelo universal está adaptándose a la diversidad creciente de las situaciones personales propias de nuestras complejas sociedades y está adquiriendo formas nuevas, que afectan tanto a las relaciones de pareja como a los hijos. A la vez aumenta el número de hogares por las nuevas formas familiares, pero en cambio disminuye su tamaño.

La primera adaptación perceptible tiene que ver con la liberalización de las relaciones de pareja y con la desvalorización o relativización de los formulismos o rituales. Así ha pasado, según hemos visto, con el noviazgo, pero algo análogo le sucede al matrimonio mismo, a causa de la extensión de las uniones consensuales que prescinden de todo vínculo legal. A pesar de que casarse siga siendo la forma ideal de convivencia, se abre la posibilidad de otras opciones de vida, como cohabitar o permanecer solteros, sin poner en duda la autenticidad de los sentimientos de la pareja.

Otra tendencia importante es el mayor número de los matrimonios estrictamente civiles, que ya superan un cuarto del total. Este aumento no debe atribuirse completamente al rechazo de la institución matrimonial religiosa. En primer lugar porque el matrimonio religioso sigue gozando de buena consideración en la población española y en segundo lugar, porque a la hora de computar los matrimonios civiles, éstos incluyen aquellos matrimonios contraídos en segundas nupcias de divorciados y los llevados a cabo por los homosexuales, ambos rechazados por la Iglesia. Además, la edad media al matrimonio se retrasa, principalmente por la situación social de los jóvenes, al mismo tiempo que empiezan a abundar los matrimonios mixtos.

Surge un nuevo tipo de relación: más entre iguales, democrática y satisfactoria porque dura lo que a ambas partes le interesa, y en ella las relaciones sexuales se constituyen como un componente clave para el funcionamiento y éxito de las relaciones de pareja y para el desarrollo y felicidad de los individuos. Por otra parte, la homosexualidad, que hasta hace relativamente poco tiempo ha sido legal, moral y socialmente rechazada por considerarla una conducta antinatural, empieza a gozar de las garantías jurídicas del matrimonio heterosexual aunque existen controversias en cuanto al derecho a la adopción.

A pesar de todos los cambios, hay aspectos que se mantienen: la fecundidad sigue siendo matrimonial, el matrimonio sigue teniendo prestigio en nuestra sociedad aunque

---

[236] Estudio 2423, «Barómetro Junio 2001», Datos de Opinión 27, CIS.

no se constituye como un paso imprescindible en la trayectoria vital de los ciudadanos, las bodas religiosas son importantes y, en el ámbito de las relaciones, también siguen siendo importantes el amor romántico, la fidelidad, la elección de cónyuge y el hecho de que los lazos matrimoniales son fundamentales en la forma de convivencia de las parejas.

La siguiente tendencia tiene que ver con la reducción del número de hijos. Todo hace pensar que la baja fecundidad de los matrimonios se va a mantener en el futuro, de modo que las familias contarán con uno o dos hijos a lo sumo y que aumentará o permanecerá igual el porcentaje de las que no tendrán ninguno. Además, aunque el acortamiento del período fecundo será la norma, se enriquecerá la gama de opciones, porque habrá parejas que seguirán teniendo su primer hijo en los dos años iniciales del matrimonio, mientras que otras decidirán retrasar su paternidad. Es decir, asistiremos a una generalización de la planificación familiar, que repercutirá sobre la diversidad de las situaciones familiares y que dependerá también del avance de las técnicas médicas que la favorezcan.

El fracaso matrimonial, que en la sociedad española ya es aceptado socialmente y resuelto por el divorcio, sigue todavía sometido a algunas limitaciones provocadas por las objeciones morales que se le formulan, pero se ve afectado sobre todo por sus consecuencias económicas para las partes y por la atención que hay que prestar a los hijos. El número de divorcios ha aumentado considerablemente por la utilización que de él hacen las parejas de clases sociales menos acomodadas y por la elevación del nivel de vida pero sobre todo por la nueva ley de divorcio exprés que suprime la separación previa, reduce los plazos y las causas para solicitarlo, y de que parte de éstos en el futuro se deberán a las parejas homosexuales.

El resultado se plasmará en el aumento del número de las familias monoparentales, que se nutre de las mujeres y de los hombres que no se han casado, así como de los que han visto rotos sus matrimonios por defunciones del cónyuge u otro motivo. Esto sugiere que la monoparentalidad se relaciona actualmente más con las mujeres separadas, divorciadas o solteras que con las nuevas formas de vida y está dejando de ser un fenómeno propio de las mujeres viudas, que hasta hace poco habían tenido el protagonismo en este tipo de convivencia.

Es probable, asimismo, que en el futuro ascienda aún más el número de las personas que viven solas, debido a tres situaciones diversas: la de los hombres y mujeres que deciden no casarse (con independencia del tipo de relaciones sexuales que puedan mantener); la de los hombres y mujeres que disuelven o ven truncados sus matrimonios sin haber tenido hijos y acuerdan no volver a casarse; y, por último, la de aquellas personas de la tercera edad —principalmente mujeres— que se han quedado sin familia.

Los problemas de la tercera edad, no sólo por sus repercusiones sobre la sociedad, sino también por sus efectos sobre las relaciones internas de la familia, condicionarán en alguna medida las futuras relaciones entre los padres y los hijos. Las tendencias a tener menos hijos y a dudar sobre si constituir una familia o no, pueden estar relacionadas con el hecho de que la vejez ha pasado como preocupación desde el ámbito familiar al social. Al restarle competencias en este aspecto, la familia se vacía aún más de funciones y pierde sentido para quienes no valoran en exceso las que aún le quedan.

Otros cambios posibles de la familia española dependerán de las venideras condiciones económicas, tecnológicas y sociales del país, si bien cabe apostar que favorecerán su democratización interna y, en especial, reforzarán el papel de la mujer, que se igualará más con el del hombre dentro del hogar, mediante la negociación del contenido de sus *roles* respectivos, viéndose menos discriminada en el mundo del trabajo, siquiera sea porque su nivel educativo cada día se acercará más al de los varones, o lo superará. A causa de todo ello y de otros factores a los que antes me he referido, es posible que suba la proporción de los hogares cuyo cabeza de familia sea una mujer. El estatus de la mujer en la sociedad y en la familia moderna ha experimentado una transformación muy apreciable. La mujer se ha incorporado, pero aún arrastra ciertos lastres (salario, horarios y las responsabilidades familiares) que hacen que sacrifique su carrera profesional, asumiendo el marido todavía el papel de principal aportador de los ingresos familiares sin facilitar una mayor participación de éste en las tareas del hogar.

Las relaciones de la familia se han alterado con todos los cambios sociales y familiares acaecidos, pero no por ello se han perjudicado. La igualdad teórica (ahora aprobada por ley) de la mujer y el hombre afianzará las nuevas pautas de negociación en la pareja y en la familia, confiando en que las responsabilidades del hogar sean asumidas por ambos miembros de la pareja, ya que para gran parte de la población la forma ideal de convivencia es aquella en la que ambos miembros de la pareja trabajan y asumen las responsabilidades familiares. A su vez, las relaciones entre padres e hijos son satisfactorias a pesar de que los hijos permanezcan en casa y de la dependencia económica de éstos. Parece como si ambos hubieran llegado a un acuerdo, aunque están surgiendo nuevos problemas con la manera de educar a los hijos, sobre todo por los nuevos estilos de vida que están adoptando algunos de ellos.

BIBLIOGRAFÍA

AAVV, *La cohabitación en España, un estudio en Madrid y Barcelona,* Estudios y Encuestas 8, Madrid, CIS, 1998.

ALBERDI, I., *Historia y sociología del divorcio en España,* Colección monografías, Madrid, CIS, 1978.

— *La nueva familia española*, Madrid, Taurus, 1999.

ALBERDI, I.; FLAQUER, L. e IGLESIAS DE USSEL, J., *Parejas y matrimonios*, Madrid, Ministerio de Asuntos Sociales, 1994.

ALBERDI, I.; ESCARIO, P. y MATAS, N., *Las mujeres jóvenes españolas*, Colección Estudios Sociales, Madrid, Fundación La Caixa, 1999.

BORRAJO INIESTA, S., *La ruptura matrimonial en España,* Madrid, Eudema, 1990.

Campo, S. del, *La «nueva» familia española,* Madrid, Eudema, 1992.

— *Familias: Sociología y Política,* Madrid, Ed. Complutense, 1995.

— «Las transiciones de la familia», *Arbor* CLXXVII, 702, Madrid, 2004.

CAMPO, S. del y NAVARRO, M., *Análisis Sociológico de la Familia española,* Madrid, M. de Cultura, 1985.

CAMPO, S. del y RODRÍGUEZ-BRIOSO, M.ª del Mar, «La gran transformación de la familia española en la segunda mitad del siglo xx», en *REIS* núm. 100, Madrid, CIS, 2003.

DELGADO, M., «Familia y fecundidad en España», en *La familia española, Revista Arbor*, núm. 685, t. CLXXIV, Madrid, 2003.

DELGADO, M. y BARRIOS, L., *Determinantes de la interrupción voluntaria del embarazo en España,* Monografía núm. 236, CIS, Fundación Schering, 2007.

DELGADO, M. y FERNÁNDEZ CORDÓN, J. S., *La fecundidad en España desde 1975*, Madrid, Instituto de Demografía, CSIC, 1989.

— *Análisis de las cifras de matrimonio en España desde 1975,* Madrid, Instituto de Demografía, CSIC, 1989.

DELGADO, M. y MARÍN, T., *Encuesta de Fecundidad y Familia,* Opiniones y Actitudes núm. 20. CIS, Madrid, 1989.

FRÍAS NAVARRO, M. D.; PASCUAL LLOBERL, Juan y MONTERDE I BORT, Héctor, «Familia y diversidad: hijos de padres homosexuales», IV Congreso Virtual de Psiquiatria: interpsiquis Facultad de Psicología, Universidad de Valencia, Valencia, 2003

FLAQUER, L., *El destino de la familia*, Barcelona, Ariel, 1998.

— *Permanencia y cambio en la familia española,* Estudios y Encuestas 18, Madrid, CIS, 1990.

— *La estrella menguante del padre*, Barcelona, Ariel, 1999.

— *Las políticas familiares en una perspectiva comparada,* Barcelona, Fundación La Caixa, 2000.

GIL CALVO, E. y GARRIDO, E., *Estrategias familiares*, Madrid, Alianza Editorial, 2002.

IGLESIAS DE USSEL, J., *El aborto: Un estudio sociológico sobre el caso español*, Monografía núm. 26, Madrid, CIS, 1979.

— *La sociología del noviazgo en España*, Granada, Caja General de Ahorros y Monte de Piedad, 1987.

— «Familia», en *V Informe sociológico sobre la situación social en España,* Madrid, Fundación FOESSA, 1994.

— *La familia y el cambio político en España*, Madrid, Tecnos, 1998.

— «Análisis de la política familiar desde la transición», en *V Informe sociológico sobre la situación Social en España (síntesis)*, Madrid, F. FOESSA, 2000.

IGLESIAS, J.; ALBERDI, I. y FLAQUER, L. *Parejas y Matrimonios: Actitudes, Comportamientos y Experiencias,* Madrid, Ministerio de Asuntos Sociales, 1994.

IGLESIAS, J. y MEIL, G., *La política familiar en España*, Barcelona, Ariel, 2001.

JURADO GUERRERO, T., «El creciente dinamismo familiar frente a la inflexibilidad del modelo de vivienda español», en *Cuadernos de Información Económica,* núm. 193, julio-agosto, Madrid, Fundación de las Cajas de Ahorros, 2006

KAUFFMAN, J., «Les menages d' une personne en Europe», *Population,* 4-5, 1994. págs. 935-958.

LEAL, J., «Comportamientos residenciales y necesidades de la vivienda», en *Familia y Vivienda*, Madrid, Fundación Argentaria, 2000.

MEIL, G., *La postmodernización de la familia española,* Madrid, Acento, 1998.

— *Imágenes de la solidaridad familiar,* Opiniones y Actitudes, núm. 30, Madrid, CIS, 2000.

— *Las uniones de hecho en España*, Madrid, CIS/Siglo XXI, 2003.

— «Los desafíos del sistema de protección social derivados de la postmodernización de la familia», *Revista Arbor*, núm. 685, t. CLXXIV, Madrid, 2003.

— *Padres e hijos en la España actual*, Colección Estudios Sociales, Madrid, Fundación La Caixa, 2006. *http://www.es.lacaixa.comunicacions.com/es/pfes.php?idioma=esp&llibre=19,*

REQUENA, M., «Formas de familia en la España contemporánea», en Luis Garrido Medina y Enrique Gil Calvo (eds.), *Estrategias familiares*, Madrid, Alianza Universidad, 1993, páginas 249-270.

— «Estructuras familiares complejas: La formación de familias múltiples en España», *RIS,* núm. 10, abril-mayo de 1995

RUIZ BECERRIL, D., *Después del divorcio. Los efectos de la ruptura matrimonial*, Monografía 169, Madrid, CIS, 1999.

SOLSONA, M. y TREVIÑO, R., *Estructuras familiares en España*, Madrid, MTAS, 1990, págs. 133-134.

TALTAVULL, P., «La estructura familiar en España y los demandantes actuales de la vivienda», en *Familia y Vivienda*, Madrid, Fundación Argentaria, 2000.

TOBÍO, C., «Conciliación o contradicción: cómo hacen las madres trabajadoras», *REIS*, núm. 97, Madrid, CIS.

VALERO, A., «El sistema familiar español: Recorrido a través del último cuarto de siglo», en *REIS,* núm. 70, Madrid, CIS, 1995.

VERDÚ, V., *Noviazgo y matrimonio en la burguesía española,* Madrid, Edicusa, 1974.

4

La mujer en España

Carlota Solé

1. Introducción

Cincuenta años atrás, en España se aceptaba que la mujer se definiera en términos de alteridad al hombre, como diferencia y, naturalmente, como dependencia del hombre, fuere el padre, marido, hermano. La tradición bíblica, griega, judeo-cristiana, avalaban el papel complementario de la mujer respeto al hombre. Hoy, la mujer no se define con relación al hombre sino a la sociedad. Es decir, se define en función de lo que ella puede aportar a la sociedad. Debe dar y recibir de ella, como cualquiera de sus miembros o ciudadanos. En los últimos cincuenta años aproximadamente, se ponen de manifiesto las profundas transformaciones que han experimentado el *rol* social y la posición social de la mujer. Esas transformaciones se manifiestan en el cambio de valores en la sociedad española.

Tras la aprobación de la nueva Constitución Española en 1978, se asume la igualdad entre hombres y mujeres. El art. 14 de la Constitución proclama el derecho a la igualdad y a la no discriminación por razón del sexo. El art. 9.2. consagra la obligación de los poderes públicos de promover las condiciones para que la igualdad del individuo y de las agrupaciones en que se integre sean reales y efectivas. La Asamblea General de las Naciones Unidas de diciembre de 1979 emite una Declaración en este sentido, ratificada en España en 1983. La igualdad es un principio fundamental. Con el amparo del antiguo art.111 del Tratado de Roma, se desarrolla el acervo de la Unión Europea sobre igualdad de sexos, de gran amplitud y calado. De ahí derivan dos Directivas en materia de igualdad de trato. Por un lado, la 2002/73/CE de reforma de la directiva 76/207/CE, relativa a la aplicación del principio de igualdad de trato entre hombres y mujeres en lo que se refiere al acceso al empleo, a la formación y a la promoción profesionales y a las condiciones de trabajo. Por otro lado, la Directiva 2004/113/CE sobre la aplicación del principio de igualdad de trato entre hombres y mujeres en el acceso a bienes y servicios y su suministro.

En este contexto europeo, España promulga varias leyes sobre la situación de la mujer y sus derechos, que ayudan a transformar radicalmente la situación de discriminación y marginación en que se hallaba desde siglos antes. Una de las leyes de mayor impacto es la Ley Orgánica 1/2004, de 28 de diciembre, de Medidas de Protección Integral contra la Violencia de Género. La ley se hace eco de la Declaración de Naciones Unidas sobre la Eliminación de la Violencia sobre la Mujer, proclamada en 1993 por la Asamblea General, con motivo de la Conferencia Mundial de los Derechos Humanos. Recoge las resoluciones de la IV Conferencia Mundial sobre las Mujeres de 1995, en Pekín, que reconoció que la violencia contra las mujeres era un obstáculo para lograr objetivos de igualdad, desarrollo y paz. Asume las orientaciones del Parlamento Europeo que, en 1997, promueve la campaña de Tolerancia Cero frente a la violencia contra las mujeres. Desde la entrada en vigor del Tratado de Ámsterdam, el 1 de mayo de 1999, la igualdad de mujeres y hombres y la eliminación de las desigualdades son un objetivo compartido por muchos países occidentales. La Ley 1/2004 contra la Violencia señala que los poderes públicos deben garantizar los derechos fundamentales como la libertad, la igualdad, la vida, la seguridad y la no discriminación, proclamados en nuestra Constitución de 1978. Abunda en esa lucha por la igualdad la Ley Orgánica 11/2003 de 29 de septiembre, de Medidas concretas en materia de Seguridad Ciudadana, Violencia Doméstica e Integración Social de los Extranjeros, y la Ley 27/ 2003 de 31 de julio reguladora de la Orden de Protección de las de las Víctimas de la violencia doméstica, además de las leyes aprobadas por diversas Comunidades Autónomas españolas, dentro de su ámbito competencial. Estas leyes rebaten los planteamientos patriarcales de las sociedades occidentales que permitan que prevalezcan estructuras de subordinación y discriminación hacia la mujer, a través de un lenguaje androcéntrico, la confrontación de conceptos y valores que descalifican sistemáticamente a la mujer, sus actividades y opiniones, su exclusión mayoritaria de las estructuras de poder, y la formación y transmisión de una pensamiento según el cual lo masculino es siempre superior a lo femenino. En la exposición de motivaciones de la promulgación de estos textos legales se considera que el hombre agresor los vive como una transgresión a un orden natural que justifica la violencia de su reacción en contra de la mujer. La violencia se dirige a las mujeres por ser consideradas por sus agresores, carentes de los derechos fundamentales de libertad, respeto, capacidad de decisión, y sobre todo, derecho a la vida y a la integridad física.

Estos derechos se explicitan en la Ley Orgánica 3/2007 de 22 de marzo para la Igualdad Efectiva de Mujeres y Hombres. Por ella, se hace efectivo el principio de igualdad de trato y la eliminación de toda discriminación. Contiene un conjunto de medidas transversales en todos los órdenes de la vida política, jurídica y social. Se reconoce el derecho a la conciliación de la vida personal y laboral y el fomento de una mayor responsabilidad entre hombres y mujeres en la sunción de obligaciones familiares. Se promueve el equilibro entre ambos sexos en las Administraciones Públicas, Consejos de Administración, en las listas electorales, en el ámbito de salud, educación, vivienda y trabajo. Nos referiremos a esta Ley y sus consecuencias más adelante.

2. Participación laboral

En el área del trabajo, la incorporación de la mujer al mercado laboral se produce a ritmo acelerado a partir de los años 60. La expansión económica de aquella década facilita la contratación de servicios no cualificados que pueden ofrecer muchas veces estas mujeres. Muchas de ellas habían permanecido anteriormente en sus hogares. Paralelamente, se inicia en la misma época (años 60) la afluencia masiva de mujeres a los centros de educación mediana y superior. Comienzan a estar presentes en ocupaciones y actividades en sustitución o complementariedad con los hombres[1].

En los últimos seis años, desde 2001 a 2007 (segundo trimestre) los datos de población de 16 y más años, según su relación con la actividad económica, muestran un incremento de mujeres activas y mujeres ocupadas, un ligero descenso de mujeres inactivas y en paro, y una disminución algo más acusada de las mujeres que buscan el primer empleo. La comparación con los hombres las sitúa muy por debajo de ellos (Tabla 4.1). Igualmente, según nivel de estudios, las mujeres han experimentado en los últimos siete años un ligero aumento en educación superior y un incremento notable en formación e inserción laboral con título de secundaria (2.ª etapa), por encima del conjunto de la población (Tabla 4.2)[2].

TABLA 4.1.—*Población de 16 y más años. Clasificación según su relación con la actividad económica**

		2001	2002	2003	2004	2005	2006	2007	
								I Trim.	II Trim.
Datos absolutos: ambos sexos (en miles)	TOTAL	34.246,3	34.846,0	35.434,3	36.038,3	36.652,1	37.235,5	37.428,8	37.591,9
	Activas/os	18.292,0	19.037,2	19.811,7	20.447,5	21.155,5	21.812,4	21.925,3	22.127,3
	Ocupadas/os	16.348,2	16.825,4	17.559,7	18.288,1	19.314,3	20.001,8	20.069,2	20.367,3
	Paradas/os	1.943,8	2.211,8	2.252,1	2.159,4	1.841,3	1.810,6	1.856,1	1.760,0
	Buscan 1.er empleo	340,1	385,0	367,9	310,8	220,3	201,8	185,4	211,3
	Inactivas/os	15.931,5	15.808,9	15.622,6	15.590,8	15.496,6	15.423,1	15.503,5	15.464,6
	TOTAL	51,32	51,26	51,21	51,13	51,05	50,97	50,95	50,93
% Mujeres	Activas	39,35	40,09	40,73	41,27	41,52	42,26	42,28	42,21
	Ocupadas	37,32	38,00	38,79	39,43	40,20	40,85	40,93	41,04
	Paradas	56,49	55,97	55,89	56,86	55,40	57,82	56,89	55,64
	Buscan 1.er empleo	67,92	61,66	62,98	62,03	63,32	62,98	62,78	59,49
	Inactivas	64,50	64,72	64,50	64,07	64,05	63,30	63,21	63,41

* Nueva metodología EPA-2005. Del año 2001 a 2006: IV Trimestre.

Fuente: Elaboración propia a partir de la *Encuesta de Población Activa,* INE.

---

[1] En comparación con otros países occidentales, como Francia o Alemania, ambos procesos se producen en un período relativamente corto, según datos de la OCDE de 1991.

[2] La tasa de escolaridad según edad y nivel educativo es superior entre las mujeres que entre los hombres, de 15 a 19 años, en todas las modalidades de Bachillerato (presencial y a distancia). En cambio, los hombres de estas mismas edades cursan estudios de formación profesional en una pequeña mayor proporción.

TABLA 4.2.—*Población de 16 y más años, según nivel de estudio terminados**

| | | 2000 | 2001 | 2002 | 2003 | 2004 | 2005 | 2006 | 2007 | |
									I Trim.	II Trim.
Ambos sexos datos absolutos (en miles)	TOTAL	33.770	34.246	34.846	35.434	36.038	36.652	37.236	37.429	37.592
	Analfabetos/as	1.101	1.107	1.076	1.029	1.045	774	833	812	842
	Educación Primaria	12.952	12.885	12.674	12.317	12.018	11.224	11.327	11.358	11.371
	Educación Secundaria Primera etapa**	7.814	7.874	8.272	8.683	8.917	9.330	9.259	9.385	9.340
	Educación Secundaria Segunda etapa**	5.695	5.868	6.028	6.309	6.574	7.080	7.442	7.445	7.503
	Formación e inserción laboral con título de secundaria (2.ª etapa)	17	33	36	36	36	32	32	20	22
	Educación superior, excepto doctorado	6.120	6.409	6.666	6.972	7.345	8.043	8.174	8.228	8.339
	Doctorado	71	71	94	89	105	170	169	181	174
% Mujeres	TOTAL	51,37	51,32	51,26	51,21	51,13	51,05	50,97	50,95	50,93
	Analfabetas	69,63	68,06	68,40	68,03	67,96	69,29	68,44	68,89	69,47
	Educación Primaria	54,05	54,28	54,12	54,13	54,32	54,87	54,72	54,67	54,51
	Educación Secundaria Primera etapa**	47,38	46,86	47,09	47,19	46,98	46,55	46,59	46,88	47,09
	Educación Secundaria Segunda etapa**	50,36	50,04	49,97	50,19	49,61	50,19	50,04	49,44	49,37
	Formación e inserción laboral con título de secundaria (2.ª etapa)	24,85	41,16	44,20	44,38	43,94	58,73	44,55	43,15	61,61
	Educación superior, excepto doctorado	48,68	49,38	49,72	49,73	50,18	50,26	50,22	50,45	50,21
	Doctorado	35,86	35,25	32,41	37,20	35,15	34,47	32,86	34,00	34,25

* Nueva metodología EPA-2005. Del año 2001 al 2006: IV trimestre.
** Y formación e inserción laboral correspondiente.

Fuente: Datos de la *Encuesta de Población Activa,* INE.

En comparación con los hombres, la tasa de actividad femenina se ha acelerado significativamente. Sigue teniendo el papel de «ejército de reserva» si la coyuntura económica es desfavorable, especialmente entre las mujeres casadas. Las mujeres se ocupan mayormente a tiempo parcial, tanto si son asalariadas como si trabajan por cuenta propia. La razón son las obligaciones familiares. La Tabla 4.3 evidencia esta situación al mostrar la población ocupada, según situación profesional y tipo de jornada.

En consonancia, la tasa de paro afecta el doble a las mujeres que a los hombres. En el período de 1998 a 2.º trimestre del 2007 (Tabla 4.4) disminuye el paro de hombres y mujeres a la mitad, pero sigue siendo el doble entre las mujeres que entre los hombres. Paralelamente, la tasa de actividad y la ocupación de los hombres son claramente superiores a las de las mujeres. Éstas han experimentado un crecimiento importante en la tasa de ocupación, en el período señalado, no llegando a alcanzar las cotas masculinas en 2007. A pesar de ello, la creciente incorporación de la mujer al mercado de trabajo aumenta la población activa, contrarrestando los efectos de las tasas de fecundidad y natalidad a la baja y la disminución de la población en edad de trabajar, compensada por la inmigración extracomunitaria.

La comparación con décadas anteriores como las de los 70 y 80 muestran un incremento notable de la participación de las mujeres, especialmente en el sector de los servicios, disminuyendo en el sector de la industria y de la agricultura. La tendencia a ocuparse en los servicios de la Administración Pública como asalariadas, en detrimento del sector privado, se constata en estos datos y en investigaciones anteriores. La jornada laboral parcial es también mayoritaria entre las mujeres, a lo largo de los años, desde hace cincuenta años (Garrido, L., 1992). La razón principal es tener que compaginar las obligaciones familiares con las laborales no domésticas que se concentran en las mujeres.

TABLA 4.3.—*Población ocupada, según situación profesional y tipo de jornada**

		1998	1999	2000	2001	2002	2003	2004	2005	2006	2007 I Trim.	2007 II Trim.
Ambos sexos Datos absolutos (en miles)	TOTAL	14.122,00	14.959,80	15.782,30	16.348,20	16.825,40	17.559,70	18.288,10	19.314,30	20.001,80	20.069,20	20.367,30
	Trabajadores/as por cuenta propia	3.144,20	3.081,80	3.124,60	3.182,00	3.109,90	3.164,80	3.246,90	3.446,20	3.524,20	3.541,70	3.578,70
	Jornada completa	2.922,60	2.854,40	2.907,90	2.966,60	2.911,10	2.945,60	3.023,50	3.040,20	3.160,60	3.140,80	3.211,90
	Jornada parcial	221,20	227,40	216,70	215,40	198,80	219,20	223,30	406,00	363,60	401,00	366,80
	Jornada parcial por obligaciones familiares**	31,60	42,90	43,30	29,90	29,90	33,10	30,70				
	Asalariadas/os	10.958,70	11.860,20	12.640,90	13.148,00	13.698,80	14.374,60	15.022,40	15.841,60	16.466,20	16.514,50	16.779,40
	Jornada completa	10.092,20	10.926,90	11.653,20	12.066,50	12.555,50	13.130,00	13.654,50	13.943,10	14.458,30	14.423,20	14.708,20
	Jornada parcial	853,40	933,40	987,70	1.081,40	1.143,30	1.244,60	1.367,90	1.898,50	2.007,80	2.091,30	2.071,20
	Jornada parcial por obligaciones familiares**	52,90	73,10	95,30	88,10	110,10	116,00	126,30				
	Otra situación	19,20	17,80	16,80	18,30	16,70	20,30	18,80	26,40	11,50	13,00	9,30
% Mujeres	TOTAL	35,09	36,23	36,87	37,32	38,00	38,79	39,43	40,20	40,85	40,93	41,04
	Trabajadoras por cuenta propia	30,10	30,26	30,17	30,41	29,94	30,98	31,36	31,27	31,33	31,71	31,42
	Jornada completa	27,34	27,62	27,28	27,50	27,42	28,04	28,70	26,94	27,22	27,41	27,79
	Jornada parcial	66,55	63,46	68,90	70,52	66,85	70,48	67,35	63,65	67,05	65,39	63,17
	Jornada parcial por obligaciones familiares**	98,73	99,30	99,31	99,00	97,99	100,00	98,05				
	Asalariadas	36,48	37,77	38,53	38,98	39,81	40,51	41,15	42,14	42,89	42,92	43,09
	Jornada completa	32,98	34,12	34,99	35,31	35,97	36,56	37,06	36,79	37,50	37,38	37,66
	Jornada parcial	77,92	80,47	80,31	79,94	82,07	82,20	82,03	81,46	81,73	81,08	81,66
	Jornada parcial por obligaciones familiares**	94,90	99,73	98,74	99,55	99,46	98,45	99,05				
	Otra situación	56,25	43,26	37,50	44,81	49,70	37,44	52,66	40,91	34,78	30,00	46,24

* Nueva metodología EPA-2005. Del año 2001 al año 2006: IV trimestre.

** Cuidado de niños o de adultos enfermos o discapacitados.

Fuente: Datos de la *Encuesta de Población Activa*, INE.

TABLA 4.4.—*Tasas de actividad, paro y empleo por sexo (1976-2005)*

	*Tasas de actividad**						
	1976TIV	1980TIV	1985TIV	1990TIV	1995TIV	2000TIV	2005TIV
Ambos sexos	52,11	50,05	49,02	50,96	51,01	53,98	57,72
Hombres	77,57	73,93	70,44	68,43	64,97	66,88	68,95
Mujeres	28,53	27,77	28,96	34,56	37,86	41,76	46,96
	*Tasas de paro***						
	1976TIV	1980TIV	1985TIV	1990TIV	1995TIV	2000TIV	2005TIV
Ambos sexos	4,72	12,43	21,48	16,09	22,76	13,42	8,7
Hombres	4,64	11,59	19,71	11,74	18,03	9,29	6,64
Mujeres	4,94	14,54	25,52	24,17	30,41	19,68	11,61
	*Tasas de empleo****						
	1976TIV	1980TIV	1985TIV	1990TIV	1995TIV	2000TIV	2005TIV
Ambos sexos	49,65	43,83	38,49	42,77	39,40	46,74	52,7
Hombres	73,97	65,36	56,56	60,40	53,26	60,67	64,37
Mujeres	27,12	23,74	21,57	26,21	26,34	33,55	41,5

* «Tipo de tasa, tasas de actividad»: porcentaje de activos respecto de la población de cada grupo de edad.

** «Tipo de tasa, tasas de paro»: porcentaje de parados respecto de la población de cada grupo de edad.

*** «Tipo de tasa, tasas de empleo»: porcentaje de ocupados respecto de la población de cada grupo de edad.

Fuente: INE, Instituto Nacional de Estadística (España).

Por edad, la tasa de paro afecta igualmente más a mujeres que a hombres, habiendo disminuido para ambos sexos en el período 1998-2.º trimestre de 2007[3]. Por estudios terminados, se repite la misma pauta para el período 2000-2.º trimestre de 2007. La tasa de paro para las mujeres analfabetas, con educación primaria y secundaria dobla a la tasa de los hombres. Se acercan posiciones entre hombres y mujeres con formación e inserción laboral con título de secundaria. En estudios superiores y doctorado las posiciones entre ambos sexos se aproximan, siendo ligeramente menores las tasas femeninas.

Se produce un descenso del paro entre las mujeres en todos los sectores, especialmente en los servicios y construcción, mucho más acusado que entre los hombres, en el período 2002-2.º trimestre de 2007. El paro afecta más a las mujeres que a los hombres a lo largo de las últimas cuatro décadas, al contemplar los datos para 1980 y 2005 (Tabla 4.4). Si comparamos las cifras del paro de las mujeres españolas con las de otros países de la Unión Europea, España muestra una clara tendencia a la baja desde 1997 al 2003. Sin embargo, en 2003, la tasa de paro entre las mujeres en España es superior a los veinticinco países europeos de la entonces UE (Tabla 4.5)

TABLA 4.5.—*Tasas de paro en la Unión Europea****

		1997	1998	1999	2000	2001*****	2002	2003	2004	2005
	Unión Europea	10,7	10,2***	9,4****	8,4	7,3	7,6	8,0	9,3	9,0
	Bélgica	8,9	9,3	8,6	6,6	6,2	6,9	7,7	7,4	8,1
	República Checa*								8,2	7,8
	Dinamarca	5,3	5,1	5,1	4,5	4,2	4,3	5,4	5,2	4,8
	Alemania	9,8	9,8	8,9	7,9	7,8	8,5	9,8	10,7	11,3
	Estonia*								10,0	8,1
	Grecia	9,5	11,7	-	11,1	10,2	9,6	8,9	10,2	9,6
	España	20,9	18,9	15,7	14,0	10,4	11,1	11,1	11,1	9,3
	Francia	12,6	12,1	12,1	10,2	8,6	8,7	9,0	9,6	8,6
	Irlanda	10,2	-	5,7	4,3	3,6	4,3	4,5	4,5	4,2
Ambos sexos	Italia	12,3	12,0	11,7	10,8	9,6	9,2	8,9	7,9	7,5
	Chipre*								4,3	5,4
	Letonia*								9,9	9,2
	Lituania*								11,3	8,5
	Luxemburgo	2,5	2,8	2,4	2,2	1,6	2,6	3,7	4,8	4,5
	Hungría*								5,8	7,1
	Malta*								7,2	7,8
	Países Bajos	5,5	4,4	3,6	2,7	2,1	2,6	3,6	4,6	4,8
	Austria	5,1	5,5	4,7	4,7	4,0	4,9	4,7	5,3	5,2
	Polonia*								19,1	18,0
	Portugal	6,5	4,7	4,6	3,9	3,9	4,5	6,1	6,3	7,2
	Eslovenia*								6,0	5,7
	República Eslovaca*								18,6	16,3
	Finlandia	14,9	13,2	11,7	11,1	10,3	10,4	10,5	10,4	9,6
	Suecia	10,3	8,9	7,6	5,5	5,5	5,0	5,6	6,7	8,7
	Reino Unido	7,0	6,2	6,2	5,6	4,7	5,0	4,8	4,6	4,5

---

[3] En los intervalos de edades entre 16 a 39 años, las mujeres presentan tasas de paro mucho más elevadas que los hombres, en todos los años del período 1998 a 2006.

TABLA 4.5 *(cont.).—Tasas de paro en la Unión Europea***

		1997	1998	1999	2000	2001*****	2002	2003	2004	2005
Mujeres	Unión Europea	12,3	11,9***	10,9****	9,9	8,5	8,6	8,8	10,1	9,8
	Bélgica	11,5	11,7	10,2	8,3	6,9	7,8	8,0	8,3	9,0
	República Checa*								9,7	9,8
	Dinamarca	6,4	6,4	5,9	5,0	4,8	4,3	5,7	5,4	5,6
	Alemania	10,5	10,4	9,2	8,3	7,8	8,2	9,3	10,1	11,0
	Estonia*								8,7	6,3
	Grecia	14,8	17,5	-	16,7	15,4	14,6	13,6	15,9	15,2
	España	28,1	26,6	23,0	20,4	15,1	16,3	15,8	15,2	12,2
	Francia	14,4	14,1	14,0	12,2	10,5	9,8	9,9	10,7	9,5
	Irlanda	10,1	-	5,5	4,2	3,4	3,8	4,0	3,8	3,8
	Italia	16,7	16,3	16,3	14,9	13,0	12,6	11,9	10,2	9,6
	Chipre*								5,4	6,7
	Letonia*								10,4	8,7
	Lituania*								11,6	8,5
	Luxemburgo	3,6	4,2	3,3	2,7	2,6	3,8	4,6	6,9	5,8
	Hungría*								5,9	7,4
	Malta*								7,8	9,3
	Países Bajos	7,1	5,8	4,9	3,5	2,5	2,9	3,8	5,0	5,1
	Austria	5,2	5,6	4,8	4,6	4,1	4,5	4,3	5,3	5,4
	Polonia*								19,8	19,1
	Portugal	7,4	5,8	5,2	4,8	5,1	5,3	7,2	7,2	8,1
	Eslovenia*								6,4	6,1
	República Eslovaca*								19,6	17,1
	Finlandia	15,1	13,6	12,4	12,0	10,7	10,2	9,9	10,6	9,7
	Suecia	9,6	8,0	6,9	5,0	5,0	4,6	5,0	6,2	8,6
	Reino Unido	5,8	5,4	5,2	4,9	4,1	4,3	4,0	4,2	4,0
Hombres	Unión Europea	9,6	8,9***	8,2****	7,2	6,4	6,9	7,4	8,6	8,4
	Bélgica	7,0	7,6	7,5	5,3	5,6	6,2	7,4	6,6	7,4
	República Checa*								7,1	6,3
	Dinamarca	4,5	3,9	4,5	4,0	3,6	4,2	5,1	5,0	4,1
	Alemania	9,3	9,3	8,6	7,6	7,8	8,7	10,2	11,3	11,6
	Estonia*								11,3	10,0
	Grecia	6,2	7,9	-	7,3	6,7	6,2	5,7	6,3	5,8
	España	16,3	13,9	10,9	9,7	7,3	7,7	7,9	8,2	7,3
	Francia	11,0	10,4	10,5	8,6	7,0	7,8	8,2	8,6	7,8
	Irlanda	10,2	-	5,9	4,4	3,8	4,6	4,8	5,0	4,6
	Italia	9,7	9,4	8,8	8,3	7,4	7,0	6,9	6,3	6,1
	Chipre*								3,5	4,3
	Letonia*								9,5	9,7
	Lituania*								11,1	8,5
	Luxemburgo	1,8	1,9	1,8	1,8	1,8	1,7	3,0	3,3	3,5
	Hungría*								5,8	6,9
	Malta*								6,9	7,2
	Países Bajos	4,3	3,4	2,7	2,2	1,8	2,3	3,5	4,3	4,6
	Austria	5,0	5,5	4,7	4,8	3,9	5,2	5,1	5,3	5,1
	Polonia*								18,5	17,2
	Portugal	5,8	3,8	4,1	3,1	3,0	3,8	5,2	5,6	6,5
	Eslovenia*								5,7	5,4
	República Eslovaca*								17,7	15,7
	Finlandia	14,7	12,9	11,0	10,4	9,8	10,6	11,0	10,2	9,6
	Suecia	10,9	9,7	8,3	5,9	5,9	5,3	6,1	7,2	8,7
	Reino Unido	8,1	6,9	6,9	6,1	5,2	5,6	5,4	4,9	4,9

* Desde el 1 de mayo de 2004 son miembros de la Unión Europea.

** Las tasas están referidas a la población en edad laboral, considerando como tal 15 años y más.

*** Se ha calculado con datos referidos a la UE excepto Irlanda.

**** Se ha calculado con datos referidos a la UE excepto Grecia.

***** El avance de la Encuesta de Fuerzas de Trabajo 2001 recoge para Suecia los datos de 2000 y para España los datos de 2001 elaborados de acuerdo con la nueva metodología EPA-2002. Las cifras de la Unión Europea están afectadas por estas incidencias.

Fuente: Elaboración propia a partir del *Anuario de Estadísticas Laborales y de Asuntos Sociales,* Ministerio de Trabajo y Asuntos Sociales.

Varios factores inciden en la decisión de la mujer a la hora de incorporarse al mercado laboral. En comparación con otros países occidentales, la situación familiar tiene un peso muy importante. Las mujeres solteras, jóvenes o viejas, doblan en proporción a las casadas, en el mercado de trabajo. En las últimas décadas las mujeres jóvenes, con hijos, tienden a abandonar, durante décadas, el mercado laboral para criarlos. En ocasiones, no han tenido nunca un trabajo fuera de casa. Las cifras del paro por estado civil y por grupos de edad, reflejan esta realidad. En esta tendencia influye claramente el nivel de educación. Un nivel alto de formación se correlaciona con una tasa más alta de actividad femenina y con menos centralidad de la familia y el trabajo doméstico, en su vida. Las diferencias por estado civil, entre mujeres solteras y casadas, disminuyen. Las mujeres con un nivel elevado de estudios tienen más oportunidades de acceso a actividades profesionales y técnicas superiores. Persisten, sin embargo, grandes diferencias entre hombres y mujeres por lo que respecta al salario. El salario que perciben las mujeres es de un 22% de promedio, menor que el de los hombres, para la misma formación, actividad y responsabilidad.

La igualdad de oportunidades en el acceso a un nivel educativo elevado, deriva en una especialización «feminizada» en algunas profesiones que reproducen roles, supuestamente tradicionales, de la mujer. Es el caso de las tareas educativas, sanitarias, de cuidado de ancianos, niños, enfermos, o servicios de proximidad, donde se ha producido una feminización notable de las licenciaturas (pedagogía, medicina). En los últimos años aumenta, no obstante, la proporción de mujeres que eligen y terminan carreras universitarias técnicas como arquitectura o ingenierías. Es notable la proporción de mujeres profesionales en los niveles medios de las áreas de educación y sanidad. Es escaso, sin embargo, el número de mujeres que ocupan los puestos más elevados de la jerarquía. En el mundo de la empresa esta situación es flagrante.

Las diferencias entre hombres y mujeres son todavía más evidentes cuando se trata de mujeres con un nivel bajo de educación. Aquí influye la seguridad en la ocupación. Estas mujeres juegan el papel de «ejército de reserva». Cualquier recesión económica actúa expulsándolas del mercado formal de trabajo, induciéndolas a ganarse la vida o a complementar los ingresos familiares en la economía sumergida. En sectores tradicionalmente femeninos como el textil-confección, comercio, servicio doméstico; la proporción de trabajo femenino sumergido es muy superior a la masculina.

Las mujeres con bajo nivel educativo y actividad poco especializada, frecuentemente deben dejar el puesto de trabajo en el momento de criar los hijos. Por razones económicas, no pueden contar con ayuda externa. Aumenta el número de excedencias por cuidado de los hijos/as, en el primer lustro de los años 2000. El porcentaje de madres que piden estas excedencias, sobre el total, es muy elevado (casi el 100%). Del año 2000 al 2005 casi han doblado en números absolutos los permisos, pero son las mujeres quienes, en su práctica totalidad, piden y ejercen el permiso de maternidad. Sólo un 2% de los hombres se ocupaba de ello en los últimos cinco años. Esta situación se correlaciona con el aumento, en el período 2002 -2.º trimestre de 2007, ambos inclusive; del número de familias monoparentales cuya persona principal, o cabeza de familia, es mujer (Tabla 4.6). El incremento ha sido muy notable entre las mujeres solteras y ocupadas, probablemente por el aumento de adopciones y de maternidad biológica de mujeres solteras.

TABLA 4.6.—*Familias monoparentales cuya persona principal es mujer, según actividad económica y estado civil**

	2002	2003	2004	2005	2006	2007	
						I Trim.	II Trim.
Total	273	284,3	273,2	306,2	347,4	352,1	352,2
%Solteras	12,20	13,23	13,76	18,71	22,65	22,29	22,54
%Casadas	5,60	4,99	4,87	12,54	14,25	14,57	13,29
%Viudas	19,27	18,22	17,24	13,10	10,82	10,85	11,30
%Sep/Divorc.	62,93	63,52	64,13	55,62	52,30	52,29	52,87
Ocupadas	194,1	198,1	187,5	228	249,7	260,9	261,2
%Solteras	11,90	13,93	14,88	19,56	23,23	24,19	23,62
%Casadas	6,13	4,95	4,59	12,50	13,62	13,61	13,40
%Viudas	13,86	11,36	12,27	8,64	6,85	7,40	7,16
%Sep/Divorc.	68,11	69,71	68,27	59,34	56,23	54,81	55,82
Paradas	32,5	35,2	38,1	25,2	37,4	31,6	33,1
%Solteras	18,46	21,31	12,60	22,22	27,27	21,84	20,24
%Casadas	1,85	2,27	7,09	6,35	14,97	15,82	17,22
%Viudas	20,92	12,78	12,86	15,87	8,82	4,75	5,44
%Sep/Divorc.	58,77	63,64	67,45	55,16	49,20	57,59	56,80
Inactivas	46,3	51	47,6	53,1	60,3	59,6	57,9
%Solteras	9,07	4,71	10,50	13,56	17,41	14,09	19,00
%Casadas	6,05	7,25	4,20	15,63	16,25	18,12	10,54
%Viudas	40,82	48,63	40,34	31,07	28,36	29,19	33,16
%Sep/Divorc.	44,28	39,41	44,96	39,74	37,98	38,42	37,31

* 2002-2006 (IV Trimestre).

Fuente: Explotación específica de la *Encuesta de Población Activa*, INE.

En estas situaciones, la mujer da prioridad al trabajo del hombre y a su aportación a los ingresos familiares; precisamente porque los salarios de los hombres son, en conjunto, más elevados que los de las mujeres.

Atendiendo el carácter complementario que tienen los ingresos y el trabajo de la mujer en la economía sumergida, las mujeres se ocupan y dedican mucho más tiempo que los hombres a las tareas del hogar. Su relación casi permanente con el mercado de trabajo negro explica que estas mujeres no tengan posibilidad de adquirir niveles superiores de educación que les den opción a puestos de trabajo en el mercado formal, más cualificados y mejor remunerados. Esta situación puede paliarse por efecto de la Ley Orgánica de Igualdad 3/2007. Los sindicatos prevén la conciliación entre trabajo fuera del hogar (productivo) y doméstico (reproductivo), el permiso de paternidad de cuatro semanas, la universalización del subsidio de maternidad, el establecimiento de medidas encaminadas a mejorar el acceso y la promoción en el mercado laboral. Sin embargo, la conciliación de la vida familiar y laboral, poder disponer de más tiempo de permiso para el cuidado de las personas, están condicionados a tener acceso a un trabajo fijo y con derechos. Esto significa que al menos para un tercio de los hombres y casi un 40% de las mujeres, con contrato temporal y precario, la conciliación puede tener efectos negativos en su contratación laboral. La Ley de la Igualdad de 2007 puede tener el efecto perverso de ayudar a las mujeres en atender sus responsabilidades familiares, a la vez que restringe su participación en el mercado de trabajo; a pesar de que se prevé adoptar medidas por parte de las empresas para evitar la discriminación laboral de las mujeres.

La situación familiar está vinculada al logro de calificación y formación, además de un puesto de trabajo estable y de condiciones laborales aceptables. En el ámbito privado, muchas mujeres retrasan tener el primer hijo a fin de promocionarse laboralmente o reciclarse formativamente. El aumento del número de guarderías, de servicios de comedor y otros servicios municipales o estatales, de ayuda a las madres ha sido muy reciente y no ha cubierto la creciente demanda[4].

Se da una correlación negativa entre el número de hijos y el desarrollo de una actividad laboral externa al hogar por parte de las mujeres. En el contexto de la sociedad española actual, capitalista y patriarcal, las mujeres con muchos hijos pierden, al menos temporalmente, su capacidad para generar ingresos familiares. Aumenta así su dependencia económica del marido. Tener hijos limita la movilidad laboral y funcional de las mujeres, reduce los incentivos y voluntad para cambiar de trabajo, aun entre aquéllas que trabajan en condiciones salariales y laborales similares a las de los hombres. En las últimas cinco décadas, poder delegar en otras mujeres (inmigrantes interiores y exteriores) las tareas de reproducción social permite a las mujeres españolas de clase media y media-alta, entrar progresivamente en el mercado de trabajo, mantener la responsabilidad de la organización del hogar y el cuidado de los hijos. Desde los años 90, muchas tareas de reproducción social las asumen las mujeres inmigrantes extracomunitarias, como trabajadoras del servicio doméstico o servicios de proximidad, en régimen interno (veinticuatro horas) o externo (por horas).

La generalización de la «familia de dos salarios», el envejecimiento de la población y el consiguiente incremento de la necesidad de cuidar a personas dependientes (ancianos, enfermos, niños), la dificultad de conciliar su trabajo remunerado con las responsabilidades familiares, son los factores que explican la presencia de inmigrantes en muchos hogares monoparentales o de familias nucleares, donde la mujer autóctona cuenta con recursos educativos y mejores oportunidades laborales que antaño[5]. Así, la explicación no sólo es en razón de las estrategias de las inmigrantes (diferencial salarial respecto al país de origen, proyecto migratorio, etc.), sino también de los procesos discriminatorios, (según variables como el sexo, el grupo étnico o la nacionalidad); que operan a partir de estereotipos androcéntricos y etnocéntricos[6].

La delegación en las mujeres inmigrantes de las tareas reproductivas por las autóctonas es, además, beneficiosa para el Estado, puesto que permite la satisfacción de la creciente demanda de servicios sin tener que aumentar el gasto social, con la oferta de servicios (guarderías, hogares de ancianos, etc.) para atender las necesidades de una población cada vez más envejecida[7].

---

[4] Un estudio del Instituto de Política Familiar de 2006 señala que España es el país de la Europa de los Veinticinco que menos porcentaje del Producto Interior Bruto dedica a las subvenciones familiares (0.53%, frente al 2,24% de media europea); España sólo dedica 105 euros por persona y año a las ayudas a la familia, frente a la media europea de 518 euros.

[5] T. Torns y cols., 2007.

[6] S. Parella, 2005.

[7] Momsen, 1999, citado en T. Torns y otros, 2007.

3. Participación en la vida política y social

Uno de los elementos definidores de una sociedad democrática es la participación igualitaria de hombres y mujeres en las instituciones de poder. La Constitución Española de 1978 lo garantiza en el artículo 14. En realidad, en los últimos cincuenta años, se ha avanzado menos en el ámbito político, que en el laboral y social. La participación de las mujeres en las instituciones políticas, en las organizaciones sindicales, en las instancias de decisión y ejecución políticas, es minoritaria. Con la llegada al poder de José Luis Rodríguez Zapatero del Partido Socialista se promueve la paridad entre hombres y mujeres en el Gobierno y en diversos organismos públicos. Otros Gobiernos autonómicos como el de Cataluña de Pasqual Maragall, 2004-2006, también establecieron paridad de género entre los miembros del Gobierno y altos cargos de la Generalitat. Muchas listas electorales de muchos partidos políticos no incluyen candidaturas femeninas, exceptuando algunos partidos políticos de izquierda.

Justo es reconocer que, últimamente, los partidos políticos no optan por presentar a mujeres con finalidades meramente decorativas, sino que valoran su capacidad como gestoras o políticas. Algunos partidos políticos de izquierdas son partidarios de la discriminación positiva de las mujeres, estableciendo cuotas del 25% para ocupar determinados lugares de la Administración. Ahora bien, los estereotipos y prejuicios consideran la atribución de cargos políticos a las mujeres, más que a sus méritos, a las relaciones de tipo personal o a la necesidad de imagen, al cumplir con algún requisito formal igualitario.

Cabe decir que las mujeres muestran tradicionalmente poco interés por la política, exceptuando los últimos años. La afiliación de las mujeres a los principales partidos políticos españoles es muy inferior a la de los hombres (Tabla 4.7). Su papel en muchos movimientos sociales o asociativos, en grupos de presión, ha sido importante y efectiva, pero ha tenido un carácter informal. La participación de mujeres en cargos ejecutivos de los principales partidos políticos es prácticamente nula, a nivel de Presidencia o Secretaría General[8].

A las mujeres se les atribuye poca competitividad, agresividad, se las considera poco aptas por luchar en el mundo político. Ciertamente, éstas regulan la política en una sociedad capitalista de democracia formal[9]. Desde los años 70, en parte gracias a los movimientos feministas que ayudaron a expandir la idea de la emancipación femenina entre las mujeres de clase media y trabajadora, aumenta paulatinamente la participación de la mujer española en las elecciones a través del voto, incrementando su presencia en las instancias de poder y en la vida pública.

La Ley de Igualdad de 2007 aborda la presencia de las mujeres en los lugares de decisión, en todos los ámbitos de la sociedad. Trata la presencia o composición equilibrada por sexo en todas las instancias de poder (económico, social, político) para paliar el

---

[8] Igualmente ocurre con los cargos ocupados en los principales sindicatos, a pesar del aumento de la presencia femenina en las Comisiones Ejecutivas de los sindicatos mayoritarios en España, entre 1989 y 2006. Los datos para 2004 reflejan la nula presencia de mujeres en Ministerios y Secretarías de Estado y su presencia algo mayor en las Subsecretarías. Esta tendencia se ha corregido en los últimos tres años, con la presencia de mujeres a nivel ministerial, bajo el Gobierno socialista de J. L. Rodríguez Zapatero (2004-2008).

[9] Martínez-Ten, 1990.

TABLA 4.7.—*Afiliación a los partidos políticos*

		1996	2000	2001	2002	2005 .
Ambos sexos	PP	504.367	504.367	632.566		
	PSOE	365.445	365.445	419.155	484.321	486.334
	IU	-	57.000	67.802	67.802	
	PNV	31.830	31.830	30.442		
	CDC			44.002		
	Coalición Canaria (ATI)*			6.494		
		1996	2000	2001	2002	2005
% Mujeres	PP	29,70	29,70	32,76		
	PSOE	24,69	24,69	28,40	30,00	31,72
	IU	-	-	29,01	32,00	
	PNV	38,30	38,30	34,51		
	CDC			29,45		
	Coalición Canaria (ATI)*			32,58		

* El dato de Coalición Canaria corresponde a la Asoc. Tinerfeña Independiente, único partido de la Coalición que ha facilitado la información solicitada.

Fuente: IMU, *Mujeres en cifras* [www.mtas.es/mujer].

déficit democrático. La composición de candidaturas, equilibrada entre hombres y mujeres, implica según la Ley, que los candidatos de cada uno de los sexos representen como mínimo el 40% (a excepción de los municipios de menos de cinco mil habitantes) del total.

En la sociedad española, aun existiendo muchas formas de familia (monoparental, madres solteras, homosexuales, etc.), predomina la familia nuclear: pareja heterosexual con hijos, en cuyo seno la división sexual del trabajo se reproduce de generación en generación. En la institución de la familia, los hombres se orientan mayormente al trabajo productivo y la mujer al reproductivo. La normalización del divorcio de los matrimonios refuerza el papel autónomo de la mujer en el mundo social. Actualmente, la mujer divorciada, separada, soltera o sin la presencia habitual del marido o compañero, ya no se encuentra marginada. Los vínculos matrimoniales pierden peso social, aunque mantienen su importancia práctica, a efectos legales.

Por otra parte, se valora la pareja, legalmente instituida o no, como fundamento y expresión de la relación entre personas, en igualdad de derechos y obligaciones, para alcanzar las aspiraciones de realización personal y de reconocimiento social. De hecho, en la pareja, las mujeres de clase media y alta, alcanzan un nivel de autonomía relativamente elevado. La subordinación a las necesidades del marido y/o la dedicación exclusiva a criar y educar los hijos se concentra en un número considerable de mujeres trabajadoras o de clases sociales inferiores.

El matrimonio y la maternidad dejan de ser el único o principal objetivo en la vida de las mujeres. Se convierten en elemento de satisfacción, plenitud y autorrealización en la vida privada. Este enriquecimiento de la vida privada, a través de la maternidad, lo sienten muchas mujeres, paralelamente al enriquecimiento de alcanzar objetivos profesionales. La disponibilidad de métodos anticonceptivos seguros abre perspectivas de decisión personal para muchas mujeres. Pueden planificar el nacimiento de sus hijos y adaptarlo a sus necesidades profesionales y a otras circunstancias biográficas.

Ello se refleja en dos hechos demográficos: un fuerte descenso de la fecundidad, que apenas empieza a recuperarse y, en segundo lugar, una preferencia clara por una fecundidad reducida. Tanto el número de hijos considerado ideal, como el número de hijos deseado personalmente, se reduce, generalmente, a dos. Esta preferencia se da especialmente entre mujeres (y también hombres) menores de treinta y cinco años. Se produce una caída de la nupcialidad, a partir de los años 80, asociada a un ascenso de la edad media de casarse. Estas tendencias, aun siendo lógicamente fenómenos que implican a ambos sexos, muestran una creciente decantación de las decisiones reproductivas en manos de las mujeres, de acuerdo con sus circunstancias y necesidades personales.

Ahora bien, el coste social y económico de tener hijos sigue siendo muy alto para las mujeres. Excepto en algunos casos esporádicos, hay una correlación negativa entre el número de hijos y el desarrollo de una actividad laboral fuera de casa. Al contrario, como se ha señalado más arriba, las mujeres que tienen muchos hijos pierden, temporal o indefinidamente, su capacidad para generar ingresos; aumenta así su dependencia económica del marido. Los costes indirectos de la fecundidad influyen, por lo tanto, en la participación de la mujer en el mundo social y laboral. Prueba de ello es el escaso número de mujeres en la Presidencia y en los Consejos de Administración de las empresas, en comparación con los hombres, en todos los niveles (presidentas, vicepresidentas, consejeras, consejeras secretarias) (véase Tabla 4.8) .Se repite esta pauta en los últimos años 2004-2006, cuando la idea de paridad entre los sexos se promueve por las instancias políticas y parece ser aceptada socialmente en mayor proporción que en épocas anteriores[10].

TABLA 4.8.—*Mujeres en la Presidencia y en los Consejos de Administración de las empresas del IBEX-35**

		2004	2005	2006
Ambos sexos	Presidentes/as	37	37	35
	Vicepresidente/a	39	40	41
	Consejeros/as	417	388	379
	Consejeros/as secretarios/as	10	13	8
% Mujeres	Presidentas	5,41	0	2,86
	Vicepresidentas	2,56	2,50	2,44
	Consejeras	2,88	2,32	3,69
	Consejeras secretarias	0	0	0

* Datos provisionales. No se han contabilizado como cargo las personas jurídicas.

Fuente: Elaboración propia a partir de datos recogidos de la CNMV.

---

[10] Esta escasa presencia se convierte en nula para el caso del Banco de España.

En todo caso, la responsabilidad de la organización del hogar y el funcionamiento de la familia recae en general en la esposa y madre de familia. Por todo ello, las mujeres españolas se inclinan actualmente por el modelo de realización personal complementario entre el mundo afectivo privado, y el laboral, público.

4. CAMBIOS EN LAS RELACIONES DE GÉNERO; LOS VALORES

Las relaciones de género se han transformado como consecuencia de los cambios mencionados. En el contexto de la sociedad capitalista avanzada, la esfera pública y privada, el trabajo productivo y el reproductivo se encuentran claramente delimitados. La nuclearización de la familia y la generalización del trabajo asalariado estructuran las relaciones de género como una división de trabajo, en la cual el trabajo productivo, fuera del hogar es competencia del hombre. El trabajo de reproducción es de competencia exclusivamente privada. Tiene lugar en el seno de la familia. El trabajo femenino se identifica con las tareas reproductivas, que no reciben remuneración independiente. Por lo tanto, necesitan para su realización de los ingresos salariales de la pareja que está en condiciones de vender su fuerza de trabajo en el mercado laboral. De ello se encarga el hombre.

Los cambios en este modelo los inducen las normas legales sobre la igualdad jurídica de género. A partir de la Constitución de 1978 se establece la equiparación en derechos formales entre los sexos. Influyen en esta tendencia los debates sobre la vigencia de determinadas normas legales, en principio, sin relación directa con esta cuestión. Por ejemplo, la discusión sobre la armonización del Derecho Civil catalán con el Código Civil español, incluyendo las diferencias en el régimen matrimonial y sus consecuencias sociales (separación de bienes: cada miembro del matrimonio es propietario de lo que gana u obtiene por su cuenta; al contrario del Código Civil, que contempla el régimen de gananciales, es decir, todo lo que se obtiene en los años de matrimonio, es propiedad de los dos cónyuges, a partes iguales).

Institucionalmente, los agentes sociales que más se involucran en la promoción del cambio son el Instituto de la Mujer del Ministerio de Trabajo y Asuntos Sociales y los Institutos de la Mujer de algunas Comunidades Autónomas. Igualmente, cabe mencionar los Institutos y Seminarios de Estudios sobre las Mujeres, el Observatorio para la Igualdad de algunas Universidades españolas (la Universidad Autónoma de Barcelona, por ejemplo). Los sindicatos mayoritarios y los partidos políticos de izquierdas contribuyen a fomentar las políticas de igualdad. Desde 1987 se aplica el Plan de Igualdad. Desde 2007, la Ley de Igualdad contempla cuestiones, tan relevantes para las mujeres, como la conciliación del trabajo productivo y reproductivo, entre los sexos.

Las mujeres consiguen entrar en el mercado de trabajo, reducir el número de hijos, participar en la vida asociativa y política, etc., cambiar el sistema de valores y creencias. La ruptura generacional entre mujeres jóvenes y mayores, se manifiesta claramente en las cuestiones relativas a la sexualidad, matrimonio, natalidad, aportación a los ingresos familiares, independencia económica, etc.

Por otra parte, se reconoce socialmente que el trabajo doméstico es imprescindible para el desarrollo de la economía. Se valora, incluso, monetariamente. Compartirlo entre ambos sexos sigue siendo, sin embargo, una cuestión pendiente. Las mujeres siguen siendo responsables de la organización del hogar. De acuerdo con datos del CIS, participan durante muchas más horas que los hombres, en las tareas domésticas y de cuidado de los niños, ancianos y enfermos.

La transformación de las relaciones de género no solamente tiene su raíz en la voluntad e interés de las mujeres en adoptar nuevos valores e intentar llevarlos a buen término. Deben vencer muchos obstáculos sociales y no encuentran apoyo en los hombres. Actualmente, la redistribución de funciones entre los géneros, consiste en que las mujeres acceden a *roles* sociales tradicionalmente masculinos, mientras que los hombres no se aproximan a los *roles* femeninos. Continúan atribuyéndose la superioridad ante el género femenino. Resultado de ello son los obstáculos que deben afrontar las mujeres en su camino hacia la autonomía, a niveles (laborales, sociales y políticos) superiores. No están exentas de las responsabilidades del hogar, tienen doble jornada y sienten la «doble presencia», en términos de Laura Balbo[11]. Cuando alcanzan esos niveles superiores, tienen que afrontar los estereotipos y prejuicios sociales de ser tildadas como personas agresivas, dominantes, competitivas; en un entorno dominado por los valores atribuidos a la masculinidad.

Ello repercute en que tengan dificultades de movilidad ascendente por méritos propios, lo cual limita el desarrollo de valores alternativos. Generalmente se identifica a las mujeres con las pautas dominantes de esfuerzo y sacrificio ilimitados necesarios para conseguir sus objetivos. Consecuencia de esta situación es la falta de solidaridad colectiva, especialmente en el caso de mujeres que ocupan lugares de responsabilidad a nivel ejecutivo o empresarial. Considerando el esfuerzo que han hecho, se sienten privilegiadas o no perciben actitudes discriminatorias hacia ellas. En este sentido, no contribuyen a la transformación de las relaciones de género, por no desear igualar las condiciones y oportunidades de las mujeres en su conjunto.

Testimonio de este hecho es la iniciativa de algunas mujeres de entrar en el mundo empresarial, masculino por excelencia, impulsadas por los valores de autonomía (independencia, libertad, identidad), necesidad de reconocimiento social, voluntad de poder. Aparte son los problemas objetivos que tienen estas mujeres a nivel profesional: salarios inferiores a los de los hombres, por la misma actividad y responsabilidad, etc. Sin embargo, ellas consideran que mantienen una relación «simétrica», de colaboración mutua, con su pareja. En muy pocos casos la viven como una relación de «competencia, dependencia». En consecuencia, muestran un nivel aceptable de relaciones de género privadas, por lo que respecta a la actividad empresarial de la mujer, pese a manifestar falta de tiempo, de energía y de concentración en los recursos personales.

Ahora bien, la relación de pareja y la actitud de la pareja hacia el trabajo de la cónyuge es un hándicap real para el desarrollo profesional de las mujeres. En general, el hombre colabora, pero no impulsa el trabajo de la mujer. La transformación de las relaciones de género, por parte de las mujeres, se produce a nivel individual y personal. Así, el aumento de autonomía, de autorrealización y de autoafirmación en el ámbito extrafamiliar se consideran elementos personales, de escasa relación con las transformaciones sociales, a un nivel más abstracto.

La actuación del Gobierno español en los últimos años ha impulsado el cambio institucional a través de leyes que fomentan la igualdad. Pero el peso de la familia originaria, como fuente de valores, se mantiene con fuerza. La acción de las mujeres hacia

---

[11] Laura Balbo, 1979.

una mayor participación en la vida laboral y social se lleva a cabo, afrontando valores muy arraigados culturalmente, como por ejemplo, el valor de la familia, el de la maternidad responsable. Cambia, por otra parte, el enfoque y evaluación de la sexualidad femenina. La elaboración y el mantenimiento de nuevos valores femeninos siguen estando influidos por la familia originaria, en cuyo seno se elabora un proyecto personal identitario y vital.

Otro cambio es la progresiva no diferenciación entre hijos e hijas, en el seno de una familia, a la hora de proporcionarles los recursos educativos necesarios para abrirse camino en el mundo del trabajo. Hace cincuenta años aproximadamente, los hijos, varones, orientaban sus expectativas hacia un empleo; mientras que las hijas, se orientaban hacia el matrimonio. Esta estrategia de supervivencia las excluía de todo proyecto autónomo. La asignación diferenciada de recursos familiares afectaba la subordinación de las hermanas a las aspiraciones de los hermanos varones. Ello anticipa la estrategia de adaptación femenina y de movilización dependiente en el futuro matrimonio, en función de las necesidades y preferencias del marido. Así, la familia constituye como el ámbito de producción de una de las características de la tradicional identidad femenina: la capacidad de adaptación a los proyectos de los «otros».

La inserción laboral de las mujeres jóvenes se produce en función de la ayuda económica a la formación escolar o profesional de los hermanos o a las necesidades de reproducción material y/o social de la familia. Para las mujeres de las generaciones actuales, especialmente de las clases medias, la situación cambia profundamente. Sus proyectos de vida ganan en autonomía. Prevalece la perspectiva de la adscripción prioritaria de las hijas, de su futura familia y de la subordinación de su trayectoria laboral a la del marido y a la organización familiar. Se establece una nueva flexibilización anticipándose a condiciones futuras. La autonomía relativa de los proyectos de vida de las mujeres jóvenes se traslada de la familia originaria a la familia propia. Ello comporta limitaciones al proyecto propio, puesto que el planteamiento posmatrimonial obedece a una práctica de flexibilidad que intenta anticipar la futura incompatibilidad entre familia y trabajo. Por lo tanto, expresa más una estrategia laboral y de acción que un real proyecto profesional.

Asumir los valores de la autonomía, de la autorrealización y de la independencia, así como desarrollar proyectos de vida propios, orientados hacia la actividad profesional extradoméstica, colisiona necesariamente con la identidad femenina, en el sentido tradicional de la palabra. El mundo laboral no se rige por la constitución de esta identidad, sino por la competitividad y la jerarquización. Tiende, por lo tanto, a la desintegración de las identidades colectivas, conduciendo a la falta de solidaridad entre las mujeres en el mundo profesional. Estas desarrollan, a menudo, sentimientos de culpa y de frustración. Las mujeres tienen amplias responsabilidades laborales y obligaciones familiares simultáneas. El caso de las mujeres ocupadas en actividades empresariales es ilustrativo de ello. Refleja el conflicto entre roles (incompatibles, en la práctica) y la decisión de ganar autonomía y de defenderla. La contradicción se manifiesta en que el mundo privado, doméstico, se reconoce como ámbito importante, pero residual; mientras que el trabajo en la empresa proporciona un nivel de satisfacción y reconocimiento más elevado.

Los nuevos valores de satisfacción, reconocimiento, autorrealización son clave en el modelo de acción de la mujer como persona individual, con intereses propios. Los nuevos valores, los nuevos modelos de conducta y acción están todavía en proceso de desarrollo, son heterogéneos, a veces minoritarios. Tienen un coste sociocultural e individual aún elevado para las mujeres. Las mujeres asumen doble responsabilidad, fuera y dentro del hogar. Continúan organizando y llevando a cabo gran parte de las tareas de reproducción. Por otra parte, asumen la responsabilidad de un trabajo productivo, es decir, un trabajo remunerado (en muchos casos, como prueban las estadísticas, por menor salario que los colegas masculinos), venciendo obstáculos (discriminación en la promoción laboral, por ejemplo) y afrontando prejuicios (no deben ser «agresivas» cuando son sólo competitivas, etc.). Se produce un lento pero persistente cambio generacional entre los varones hacia una mayor colaboración en las tareas de reproducción familiar, hacia el reconocimiento de las mujeres como proveedoras económicas y hacia la toma de decisiones conjuntamente con la esposa o compañera. Persiste la discriminación salarial pero se avanza en la consideración social de las mujeres como productoras y contribuyentes al bienestar de la sociedad. A veces, la legislación va rezagada respecto a la realidad, pero siempre representa un soporte y apoyo definitivo para las iniciativas de quienes impulsan el cambio social. Las recientes leyes contra la Violencia de 2004, de Igualdad de 2007, entre otras, protegen y refuerzan las acciones que conducen a una de las transformaciones que más afectan a las mujeres españolas, tanto en el ámbito público como privado: la igualdad en derechos, en trato, en oportunidades; su equiparación con los hombres, como personas y como ciudadanas.

BIBLIOGRAFÍA

ALBERDI, Inés, «Los cambios en la institución familiar», *Panorama Social*, núm. 1, Madrid, Fundación de las Cajas de Ahorros, 2005.

ALBERDI, Inés y MATAS, Natalia, *La violencia doméstica. Informe sobre los malos tratos a mujeres en España*, Barcelona, Fundación La Caixa, 2002.

ANDERSON, Bonnie S. y ZINSSER, Judith P., *A history of their own Women in Europe from Prehistory to the Present*, Nueva York, Harper and Row Publisher, 1988.

ASTELARRA, Judith, «Marx y Engel y el movimiento de las mujeres. ¿Es posible una lectura feminista de ars?», *A priori*, núm. 0, abril-mayo, 1982.

BALAGUER, M.ª Luisa (2005), *Mujer y Constitución: La construcción jurídica del género*, Valencia, Universitat de València.

BALBO, Laura, «La dopia presenza», *Inchiesta*, 32, 1979.

— «Una ley para las horas» *Mientrastanto*, 42, Barcelona, 1990.

BALBO, Laura, *Tempo di vita*, Milán, Feltrinelli, 1991.

BORDERÍAS, Cristina, «Las mujeres, autoras de sus trayectorias personales y familiares a través del servicio doméstico», *Historia y Fuente Oral*, 6, 1991, págs. 105-121.

BORDERÍAS, Cristina; CARRASCO, Cristina y ALEMANY, Carmen, *Las mujeres y el trabajo: rupturas conceptuales*, Barcelona, FUHEM/Icaria, 1994.

CAMPMANY, María Aurelia, *La mujer a Catalunya*, Barcelona, Ediciones 62, 1965.

CAMPS, Victòria, *El siglo de las mujeres*, Madrid, Cátedra, 1998.

CAREAGA, Pilar, *La investigación en España. Mujer y educación,* Madrid, Instituto de la Mujer, 1987.

CARRASCO, Cristina y otros, *Trabajo con mirada de mujer*, Madrid, Consejo Económico y Social, 2004.

CARRASQUER, Pilar, «¿En los límites de la modernidad? Trabajo y empleo femenino precario en España», *Sistema*, núm. 167, Madrid, 2002.

CARRASQUER, Pilar y otros, «El trabajo reproductivo», *Papers. Revista de Sociología*, núm. 55, Barcelona, 1998, págs. 55-144.

CASTAÑO, Cecilia, *Las mujeres y las tecnologías de la información*, Madrid, Alianza Editorial, 2005.

CEA D' ANCONA, M.ª Antonia (2007), *La deriva del cambio familiar*, Madrid, CIS.

COLECTIVO IOE, *Mujer, inmigración y trabajo*, Madrid, Ministerio de Trabajo y Asuntos Sociales, 2001.

COMISIONES OBRERAS, *Sobre la Igualdad de oportunidades entre mujeres y hombres*, Plan de Acción para el Empleo en España, Madrid, 1999.

DURÁN, María Ángeles, *La jornada interminable*, Barcelona, Icaria, 1986.

GARCÍA DE CORTÁZAR, Marisa y GARCÍA DE LEÓN, María A., *Mujeres en minoría. Una investigación sobre las catedráticas en España*, Madrid, Centro de Investigaciones Sociológicas, 1997.

GARRIDO, Luis (1992), *Las dos biografías de la mujer en España*, Madrid, Instituto de la Mujer.

— *Las dos biografías de la mujer en España*, Madrid, Insituto de la Mujer, 1993.

IZQUIERDO, María Jesús, *Aguantando el tipo. La lucha contra la discriminación salarial*, Barcelona, Diputació de Barcelona, 1998.

MARTÍNEZ-TEN, Carmen, «La participación política de la mujer en España» en Judit Astelarra (ed.), *Participación política de las mujeres*, Madrid, CIS, 1990.

MOROKVASIC, Mirjana, «Birds of Passage are also women», *International Migration Review*, vol. 18, núm. 4, 1984, págs. 886-907.

PARELLA, Sonia, *Mujer, inmigrante y trabajadora: la triple discriminación*, Barcelona, Anthropos, 2003.

— «Reclutamiento de trabajadoras inmigrantes en las empresas de servicios de proximidad en el Área Metropolitana de Barcelona», *Revista Española de Investigaciones Sociológicas*, núm. 108, Madrid, 2005, págs. 179-197.

POAL, Gloria, *Entrar, quedarse, avanzar. Aspectos psicosociales de la relación mujer-mundo laboral*, Madrid, Siglo XXI, 1999.

RAMÍREZ, Elia, «Mujeres latinoamericanas en Europa: la feminización de la pobreza», *Revista Venezolana de Estudios de la Mujer*, vol. 2, núm. 4, 1997.

RECIO, Albert, «La segmentación del mercado laboral en Espala», en Fausto Miguélez y Carlos Prieto (coords.), *Las relaciones de empleo en España*, Madrid, Siglo XXI, 1999.

SEVILLA, Julia (2002), *Mujeres y ciudadanía: la democracia paritaria*, Valencia, Universitat de València.

SOLÉ, Carlota, *La mujer inmigrante*, Madrid, Instituto de la Mujer, 1994.

— «La immigració de les dones», en *Dona immigrant i Dret*, Barcelona, Cálamo, 2005.

SOLÉ, Carlota y FLAQUER, LLuís (eds.), *El uso de las políticas sociales por las mujeres inmigrantes*, Madrid, Instituto de la Mujer, 2006.

SOLÉ, Carlota y PARELLA, Sonia, «Discourses sur la maternitée transnational», *Mobilitées au feminin*, Université de Tanger, 2005.

— «Immigrant women in domestic service: the care crises in the United States and Spain», en Holger Henke (ed.), *Crossing Over. Comparing Recent Migration in the United Stateds and Europe*, Nueva York/Toronto/Oxford, Lexington Bools, 2005.

— «Dones immigrants no comunitàries al mercat de treball espanyol», en E. Bodelón (ed.), *La construcció del dret de les dones i dels conceptes generals de les polítiques locals*, Barcelona, Universitat Autònoma/Bellaterra, 2007.

TORNS, Teresa; BORRÁS, Vicens y CARRASQUER, Pilar, «La conciliación de la vida laboral y familiar ¿Un horizonte posible?», *Sociología del Trabajo*, núm. 50, 2004, págs. 111-137.

TORNS, Teresa, «¿De la imposible conciliación a los permanentes malos arreglos», *Cuadernos de Relaciones Laborales*, núm. 23, vol. 1, 2005.

TORNS, Teresa; CARRASQUER, Pilar; PARELLA, Sonia y RECIO, Albert, *Les dones i el treball a Catalunya: Mites i certeses*, Barcelona, Institut Català de les Dones, 2007.

5

La juventud española entre la negación y la mitificación

JOSUNE AGUINAGA y DOMINGO COMAS

1. LA INVESTIGACIÓN SOBRE JUVENTUD: UN TERRITORIO ABIERTO A LOS DEBATES

1.1. *La emergencia histórica de una nueva categoría social*

La investigación social en el área de juventud no posee un referente teórico y conceptual único y consensuado, ni tan siquiera mínimo. Más bien lo contrario, se trata de un territorio sobre el que concurren múltiples debates y en el que las distancias que separan las diversas interpretaciones son notables[1]. Se trata de una situación peculiar que puede atribuirse a dos grandes factores.

De una parte esta confusión tiene que ver con la absoluta modernidad de la propia categoría de «juventud», la cual, a pesar del recurso tradicional a la cita erudita de algún filosofo griego, se fue constituyendo como tal a lo largo del siglo pasado reflejando una representación social y una identidad administrativa cada vez más potentes y que a la vez engloban a una horquilla de edades que se amplía de forma progresiva. A principios del siglo XX la categoría «juventud» (y «los jóvenes»), eran conceptos débiles, que se limitaban a reflejar un estadio vital transitorio, corto y escueto, identificado por sus características biológicas y que era utilizado, por ejemplo en la literatura, para denotar el momento anterior a la «madurez» o a la «plenitud de fuerzas». Pero de manera creciente, según fue avanzando el siglo, en Norteamérica y en Europa, la categoría se fue enraizando, en paralelo al aumento del volumen de escolarizados y de la prolongación de la edad de escolarización[2].

Hacia mitad de siglo se consolidaron las primeras definiciones institucionales de

---

[1] En una reciente tesis doctoral cuyo objetivo ha sido describir «los componentes conceptuales y teóricos de la sociología sobre la juventud» se han identificado hasta once discursos distintos, la mayoría incompatibles entre sí. Juan Carlos Revilla (2001), «*La construcción discursiva de la juventud: lo particular y lo general*», en *PAPERS*, núms. 63-64.

[2] Domingo Comas, *Adolescentes en Hirusta: resultados de una evaluación*, Bilbao, Fundación Gizakia, 2004c.

«juventud»[3] (aunque limitadas a los 15-24 años, cifra que sigue siendo la «formal» para Naciones Unidas). A partir de la década de los años 60, en el mundo desarrollado comenzó a ampliarse esta horquilla definitoria hasta los 30 años (cifra que no toda la UE aún reconoce) y en el cambio de siglo algunos países, como por ejemplo España, aparecen intentos, que van cuajando, de ampliar la categoría hasta los 34 años. Esto significa que en la actualidad más de una cuarta parte de la población mundial está constituida por «jóvenes», también significa que es una categoría especialmente potente, al menos en términos de representación social[4].

De otra parte la confusión y la falta de consenso conceptual también puede atribuirse al rechazo que la categoría juventud ha generado diversos ámbitos sociológicos. Ocurre que los clásicos, como Marx, Durkheim o Weber por citar a la trilogía más reconocida de fundadores, apenas hablaron de «juventud» y no hay ningún «texto relevante» que introduzca la sociología de la juventud hasta épocas muy recientes. De hecho la primera oleada de trabajos se produjo en Estados Unidos en la década de los años 50, pero no fue hasta la década siguiente, en los años 60, cuando comenzó a recibir una cierta atención. A pesar de ello en la más conocida *Enciclopedia Internacional de las Ciencias Sociales*[5], publicada en 1968, entre casi 1.800 referencias no hay una entrada para «juventud» o para «jóvenes», salvo de manera indirecta (y negativa) en las entradas «delincuencia juvenil» y «desviación sexual»[6].

Pero el llamado «conflicto generacional» y la cuestión de la «rebelión juvenil» de la década de los años 60, abrió finalmente el camino para una sociología de la juventud, que se consolidó en torno a dos acontecimientos que propiciaron el apoyo institucional a los «Estudios de Juventud». De una parte, la oleada de reformas legales que emprendieron casi todos los países del mundo, en el período 1971-1973, para tratar de contener, desde una perspectiva judicial, aquella «rebelión juvenil»[7] y, de otra parte, la celebración del «Año Internacional de la Juventud» en 1984 que supuso pasar de «un discurso represivo» a un «discurso centrado en la atención a las necesidades de los jóvenes»[8].

---

[3] En parte estas definiciones, que aparecieron en los países democráticos en la década de los años 50 del siglo xx, suponían una respuesta al éxito de las políticas de encuadramiento de los jóvenes que habían sido una de las señas de identidad de las organizaciones totalitarias de masas, en los años 30 y hasta el fin de la guerra mundial.

[4] Constatamos la potencia de la representación social de la juventud hace ya unos años y, desde entonces, no ha hecho más que aumentar. Josune Aguinaga y Domingo Comas, *Infancia y adolescencia: la mirada de los adultos*, Madrid, MTAS, 1991.

[5] David Shills, *Enciclopedia Internacional de las Ciencias Sociales*, Madrid, Aguilar, 1968.

[6] Hemos explicado la emergencia de «la juventud como problema» y su relación con la «política de riesgos» en otros textos. Domingo Comas (2005a), «El doble vínculo en los procesos de socialización en la sociedad tecnológica», en J. F. Tezanos (dir.), *Tendencias en exclusión social y políticas de solidaridad*, Madrid, Sistema, 2005. Domingo Comas, «El canon generacional: una aproximación topológica», en *Sistema*, núm. 178, Madrid, Fundación Sistema, 2004a.

[7] La explicación sobre la trasformación de este discurso aparece en Domingo Comas, *Las políticas de juventud en la España democrática*, Madrid, INJUVE, 2007.

[8] Esta trasformación de la óptica política resulta muy evidente a partir de los documentos de las Organizaciones Internacionales, en particular Naciones Unidas, que pasó de considerar que «los jóvenes eran un problema» (Convención de Viena de 1971) a que «los jóvenes tenían problemas» (Declaración para el año Internacional de la Juventud de 1982). No conocemos ningún análisis que explique las razones por las que se produjo un cambio tan rápido y radical en la perspectiva de estos organismos.

A partir de este momento se vivió, en casi todo el mundo, una explosión de investigaciones sociológicas sobre juventud, hasta convertirlas en una de las áreas más prolíficas de la sociología y otras disciplinas como la psicología o la pedagogía[9]. Pero mientras en estas últimas fue una categoría comúnmente aceptada, en el ámbito de la sociología se produjeron numerosas resistencias[10] e incluso alguna negación radical. En ambos casos la idea central era, y sigue siendo, que juventud no es categoría sociológica válida, porque no forma, ni puede formar, parte del canon de la disciplina.

Este dogmatismo canónico adopta muy diversas formas, aunque en general y como veremos más adelante, se expresa una actitud radical, afirmando que juventud no puede ser una categoría sociológica porque «rompe» otras categorías más asentadas como clase social o grupo territorial. Esto supone otorgar a las viejas categorías sociales, creadas por los autores clásicos hace más de un siglo, un carácter inamovible a la hora de interpretar los cambios y las emergencias sociales[11].

1.2. *El debate entre políticas afirmativas y políticas de transición*

Asimismo se produce una cierta retroalimentación entre la controversia sociológica y los debates en las políticas de juventud. Existen tres modelos de políticas de juventud, de una parte el *modelo de la participación* que propugna nuestra Constitución (artículo 48) y sobre el que existe un cierto consenso en torno a su necesidad, aunque aparecen interpretaciones diferentes en cuanto a las metodologías y procedimientos adecuados para promocionar la participación.

Después aparece el *modelo de las políticas de transición* (que algunos llaman de emancipación) que visualiza la categoría juventud como un tránsito, más o menos prolongado, entre la dependencia familiar y la plena ciudadanía. Las políticas de juventud tienen entonces como misión principal «apoyar» a los jóvenes para que realicen esta transición hacia la plena autonomía. Una situación que suele interpretarse y valorarse en términos de empleo estable, vivienda propia y constitución de una nueva familia, lo que implica que las «políticas de juventud» son políticas de empleo y de vivienda[12]. En

---

[9] De hecho aún es frecuente recurrir a la psicología o a la pedagogía para intentar situar la noción de «juventud» sobre un campo de conocimiento ajeno, tratando de evitar así la emergencia de la correspondiente categoría sociológica. Resulta muy frecuente citar, por este motivo, a Erik Erikson, lo que resulta paradójico ya que entre las ocho etapas del desarrollo de la personalidad en la teoría psicosocial de Erikson no hay una etapa identificada como «juventud», porque se pasa directamente de la «adolescencia» a la «adultez temprana» que se extiende hasta los 40 años. Erik Erikson, *El ciclo vital completado*, Barcelona, Paidós, 2000. Por este motivo, el empeño por citar a Erikson nos parece una fórmula fallida para tratar de exilar la categoría «juventud» del ámbito de las ciencias sociales.

[10] No se trata en general de resistencias muy explícitas, sino más bien de silencios. Así, hasta fechas muy recientes, la mayoría de obras generales sobre la sociedad española y los diccionarios de sociología, eluden el tema de la juventud.

[11] En este sentido entre la emergencia de la categoría juventud y de la categoría género se pueden establecer numerosos paralelismos. Sin embargo, como tendremos ocasión de observar, ni juventud ha tenido muy en cuenta género, ni género ha tenido muy en cuenta juventud.

[12] Jorge Benedicto y María Luz Morán, *Aprendiendo a ser ciudadano*, Madrid, INJUVE, 2003. Luis Garrido y Miguel Requena, *La emancipación de los jóvenes en España*, Madrid, INJUVE, 1996.

España no suelen plantearse, en este ámbito y como en otros países, políticas de familia, quizá porque nuestra cultura ya es por sí sola «excesivamente familista».

En tercer lugar está emergiendo el *modelo afirmativo*, que algunos llaman de «condición juvenil», el más minoritario, pero el más activo y el que mejor se ajusta a las políticas institucionales reales, ya que su idea es la de impulsar políticas para los jóvenes en su condición de tales. Las políticas de transición son, desde la perspectiva del modelo afirmativo, políticas que responden a los intereses del «orden de los adultos» y que olvidan que durante una etapa de la vida, se es esencialmente joven y las Administraciones deben ocuparse de atender esta condición. Las políticas afirmativas hablan de socialización, educación, ocio proactivo y significativo, intercambios y campamentos internacionales, movilidad, solidaridad y creación juvenil, haciendo de esta etapa juvenil un tiempo para el aprendizaje en el que además se promocionan los valores positivos de una nueva cultura[13].

El modelo de las políticas afirmativas critica a las de transición porque no reconocen la existencia autónoma de la condición juvenil, así como las potencialidades y posibilidades ligadas a esta nueva, y cada vez más amplia, etapa de las trayectorias vitales. Entienden que el futuro se crea en el presente dotando a todos y cada uno de los jóvenes de las habilidades, las capacidades, las competencias y los valores que ejercerán en este futuro adulto, el cual no debe ser objeto de las previsiones e intervenciones de las políticas de la condición juvenil, sino de las políticas de ciudadanía, que no tienen edad y que deben optar más bien por medidas estructurales[14].

Por su parte el modelo de las políticas de transición critican a las políticas afirmativas porque «carecen de objetivo», porque no miran al futuro de la ciudadanía, sino a un presente para el que no ofrecen ninguna alternativa a largo plazo. Describen a unos jóvenes encallados en el «presentismo» que se adaptan a un mercado de trabajo inestable e insaciable, que no quiere ciudadanos responsables y con conciencia de clase, sino a sujetos frágiles que se conforman con el acceso al espectáculo del «ocio». En algunos casos se llega a señalar que «los servicios» públicos que se prestan a los jóvenes representan una compensación frente a la explotación laboral[15]. Lo que implicaría que las políticas afirmativas «subvencionan» al sistema capitalista.

En otro nivel de debate el modelo afirmativo indica que «las políticas de transición» no preparan a los jóvenes para afrontar el reto de la manipulación como inevitables consumidores[16], mientras que el modelo de transición indica que «las políticas afirmativas» no preparan a los jóvenes para afrontar la manipulación laboral como trabajadores[17].

Ambas políticas han sido descritas con la metáfora del «gran parque»[18], un parque

---

[13] Diputación de Barcelona, *Las políticas afirmativas de juventud, una propuesta para una nueva condición juvenil,* Barcelona, Ayuntamiento y Diputación, 1999.

[14] AAVV, *El ocio de los jóvenes: tendencias, políticas e iniciativas,* Madrid, Fundación Atenea GID/INJUVE, 2003. Accesible a través de *www.ateneagrupogid.org.* Asimismo puede verse el libro de Amparo Lasén, *A contratiempo: un estudio de las temporalidades juveniles,* Madrid, CIS, 2000.

[15] Joaquín Casal, M. García, R. Merino y M. Quesada, «*Aportaciones teóricas y metodológicas a la sociología de la juventud desde la perspectiva de la transición*», en *PAPERS,* núm. 79, 2006.

[16] H. A. Giroux, *La inocencia robada, Juventud, multinacionales y política cultural,* Madrid, Morata, 2003.

[17] Joaquín Casal, «Capitalismo informacional, trayectorias sociales de los jóvenes y políticas de juventud», en Lorenzo Cachón, *Juventudes y empleos, perspectivas comparadas,* Madrid, INJUVE, 2000.

[18] Domingo Comas (2005b), «¿Cómo y por qué percibimos el riesgo en jóvenes y adolescentes?», en AAVV, *El contexto de nuestros menores y sus familias,* Pamplona, Dianova, 2005.

con una sola puerta de entrada y una o varias puertas de salida. Para las políticas de transición, el parque tiene una sola puerta de entrada (la infancia y los estudios) y otra de salida (la vida adulta y la emancipación) y un único camino que hay que recorrer con una buena velocidad para salir por la puerta cuanto antes y tratando en el camino de evitar las distracciones y las desviaciones por senderos secundarios. Para las políticas afirmativas el parque es una oportunidad, con diversas puertas de salida y en el que uno puede demorarse y pasear por los diversos senderos para adquirir experiencias, antes de decidir cuál es la salida adecuada. Por su parte las políticas de participación entienden que los jóvenes se mueven de forma colectiva y colaboran mientras están en el parque, bien sea en el camino principal o por las sendas secundarias.

En los dos últimos años se ha comenzado a proponer un modelo integral de políticas complementarias[19] que contemplan un parque mixto, con muchas sendas, especialmente en la adolescencia, y caminos más formales en la madurez, para enfocar la ruta hacia aquellas puertas que conducen a la ciudadanía. Este modelo intenta también que tanto las sendas alternativas como caminos principales sean identificadas por los propios jóvenes mediante procedimientos colectivos de participación.

2. LA PRODUCCIÓN EN MATERIA DE SOCIOLOGÍA DE LA JUVENTUD

2.1. *Los Estudios de Juventud en España*

Un Estudio de Juventud se define como una investigación empírica, que utiliza técnicas de recogida de datos tanto cuantitativas como cualitativas o bien una combinación de ambas, referida a los jóvenes de un territorio concreto.

La referencia a los «jóvenes» puede entenderse como una simple argucia para aproximarse a determinados procesos sociales, pero para la sociología de la juventud representa una categoría social por sí misma. Una categoría que se explicita en términos funcionales ya que implica una serie de oportunidades, ventajas y opciones que se pierden cuando se deja de «ser joven». La existencia de una cierta pugna por alargar esta ubicación administrativa hasta una edad más avanzada para no perder estas posibilidades, escenifica muy bien el contenido de la categoría social «juventud». En este sentido, y a modo de ejemplo, podemos afirmar que «juventud» es una categoría social equivalente a «jubilado o pensionista» en su condición de tal. También es cierto que las definiciones administrativas (y las consecuencias sociales y culturales que conllevan) «construyen» las categorías sociales, pero a la vez ¿existe alguna categoría social que no responda a una construcción?.

En general el objetivo de los Estudios de Juventud se refiere a la realización de un balance, o un diagnóstico, sobre la situación social de los jóvenes, aunque también es muy corriente que incluyan información relacionada con percepciones, comportamientos o aspectos afectivos. En este sentido los contenidos de los Estudios de Juventud son, lo mismo que las correspondientes técnicas de recogida de datos que se utilizan en los mismos, bastante variados, pero todos ellos tienen en común el referente al segmento

---

[19] José María Patón, *Joves adults y politiques de joventut a Europa*, Barcelona, Secretaría General de Joventut, 2003. IARD, *Estudio sobre la situación de los jóvenes y la Política de Juventud en Europa*, Milán, IARD, 2001. Domingo Comas, 2007, ob. cit.

social de los jóvenes entendidos como un grupo de edad. Existen Estudios de Juventud en casi todos los países, los hay trasnacionales (en particular los realizados por EUROSTAT) e incluso mundiales[20].

En España existe una cierta abundancia de Estudios de Juventud, así en 1997, Manuel Martín Serrano realizó un censo de Estudios de *ámbito nacional* realizados hasta el año 1996; en dicho censo, que incluyó a las encuestas con muestras exclusivamente de jóvenes del CIS, se localizaron hasta 110 Estudios[21]. Una cifra impresionante aunque dicho censo no incluía los Estudios autonómicos y locales que son, al menos desde principios de los años 90, más abundantes que los de ámbito nacional. En los últimos 10 años el ritmo de realización de Estudios de Juventud ha aumentado y no es aventurado suponer que un censo completo de los mismos, superaría actualmente la cifra de unos 400 Estudios de Juventud realizados en España en el período democrático. Obviamente nos referimos sólo a los formalmente publicados, o que están en bases de datos y que cumplen unos requisitos metodológicos mínimos.

Como consecuencia de esta estimación, podemos afirmar que los Estudios de Juventud representan una inversión notable, con un alto volumen de información, conocimiento y trabajo acumulado. Una revisión de toda la literatura es una tarea ingente, pendiente, pero a la vez urgente. Aunque podemos realizar un primer esbozo y llegar a algunas conclusiones sobre la misma. De hecho, aparte del mencionado censo de Martín Serrano, la única aproximación sistemática a los Estudios de Juventud fue realizada por Juan Sáez en 1994[22].

No deja de ser paradójico que esta falta de sistematización de los Estudios de Juventud conviva con una notable continuidad así como con un fuerte impulso comparativo (en lo territorial y en lo temporal) de los mismos. En este sentido podemos asumir que los Estudios de Juventud realizados en España suponen un Programa de Investigación y que su vinculación directa con las políticas reales nos permite definirlo como *un Programa de I+D implícito*, consolidado desde hace al menos dos décadas y con un buen nivel de productividad, coherencia interna e influencia sobre la Planificación de las Políticas Públicas. Estamos hablando obviamente de políticas públicas en el área social aunque, como hemos visto, las Políticas de Juventud también poseen una cierta proyección sobre el área económica.

Si nos limitamos al ámbito nacional los Estudios de Juventud se inician en el año 1960, con la primera de las Encuestas de Juventud, el estudio social pionero en nuestro país[23]. Posteriormente en 1968 se realiza la segunda *Encuesta Nacional de Juventud,* en 1975 la tercera *Encuesta Nacional de Juventud,* acompañada de la «Encuesta de presupuestos mentales de la juventud española» cuyos resultados fueron publicados en el número 64 (abril de 1976) de la *Revista del Instituto de la Juventud.* Estas tres encuestas,

---

[20] Banco Mundial, *El desarrollo y la nueva generación. Informe sobre el desarrollo mundial 2007,* Washington, Banco Mundial, 2006. Naciones Unidas, *World Youth Report 2005*, Nueva York, Naciones Unidas, 2006.

[21] Manuel Martín Serrano, «Los estudios de juventud en España», en José Antonio Younis, *Ni diferentes ni indiferentes: los jóvenes en el mundo de hoy,* Maspalomas, Fundación Maspalomas, 1997.

[22] Este trabajo lo inicio Juan Sáez hace más de una década pero su temprana muerte trunco un proyecto más ambicioso en esta materia. Juan Sáez, «Los Estudios de Juventud en España: contextos de un proceso de investigación-acción», en *Revista Internacional de Sociología*, núm. 10, 1995.

[23] Las referencias bibliográficas correspondientes a los siguientes párrafos pueden consultarse en Domingo Comas, 2007, ob. cit.

en combinación con las del FOESSA (las de 1966, 1970 y 1975), y las del Instituto de Opinión Pública cuyas actividades comienzan en 1963, nos ofrecen, desde perspectivas complementarias, un buen diagnóstico de la sociedad española en los años 60.

Sin embargo, este diagnóstico conjunto de los estudios sociológicos de la década de los años 60, que despejaría muchos tópicos, está por hacer o quizá no se ha hecho para evitar que se produzca este despeje. En todo caso debemos quedarnos con un dato común en tales trabajos: La sociedad civil (y la participación social de los jóvenes) en el franquismo era escasa, fugaz y formal. Su presencia se debía más a la oposición ilegal, que utilizaba las pocas franquicias que ofrecía la dictadura, que a los propios esfuerzos institucionales.

Existen además una serie de Estudios «intermedios», los realizados en el período de la transición democrática y hasta la consolidación de los organismos de juventud, que establecen la continuidad entre las dos etapas, ya que se produjeron coincidencias de autores y temas, mientras que otros eran nuevos, presagiando la «serie de la democracia» que se inició, también, en el año 1984.

¿Podemos realizar una síntesis similar de los Estudios de Juventud para el período democrático? Pues en parte sí y en parte no. En parte sí, porque los Estudios están ahí y son fáciles de localizar, en parte no, porque no es fácil sintetizarlos por su propia abundancia y la variedad de cuestiones que tratan. Tampoco podemos obviar el hecho de que los Estudios de Juventud, que constituyen una de las áreas de investigación social más visibles en términos mediáticos, son a la vez muy invisibles para la sociología más institucional.

En el ámbito nacional los Estudios de Juventud de la democracia se estructuran en series entre las que destacan los realizados por el INJUVE. Se trata de los *Informes Juventud en España,* los conocidos como IJEs, que han aparecido con una periodicidad cuatrianual desde el año 1984. La otra serie de Estudios de ámbito nacional la ha realizado la Fundación Santamaría, con un trabajo previo y una posterior periodicidad similar a los IJEs. Ambas series se combinan con estudios monográficos, muy variados y con una media de seis estudios al año, en el caso del INJUVE y en el caso de la Fundación SM, más aislados (menos de uno al año) y referidos a cuestiones de interés para la propia institución, como la religión.

Desde el año 2001 el INJUVE ha completado sus Estudios a través de los sondeos de opinión que con carácter cuatrimestral realiza mediante un convenio con el Centro de Investigaciones Sociológicas (CIS). Cada sondeo funciona como un «microestudio» monográfico, del que no se realiza ningún análisis pero se ofrecen los resultados, así como las bases de datos para que puedan ser utilizadas por los investigadores. Los temas de los sondeos de opinión son muy variados desde drogas, familia, violencia, participación, inmigración, valores, ocio y tiempo libre, género, sexualidad, nuevas tecnologías, emancipación, problemas de salud, emancipación, identidad generacional, alcohol, vivienda, cultura política, consumo, voluntariado, empleo,…

En términos comparativos, muy generales y en razón a la finalidad de este texto, podemos afirmar que la serie de Informes del INJUVE, los IJEs, mantienen un contenido mucho más próximo a las políticas de transición, aunque los valores y la participación ocupan algunos capítulos a partir de 1992[24]. En el último IJE hay un cierto equilibrio en-

---

[24] Manuel Navarro y María José Mateo, *Informe Juventud en España 1992*, Madrid, INJUVE, 1993. M. Martín Serrano y O. Velarde, *Informe Juventud en España 2000*, Madrid, INJUVE, 2001.

tre los aspectos relacionados con la emancipación y el mercado de trabajo[25] y los identitarios[26]. También es cierto que es el primero de los IJEs que ciertos aspectos como ocio, educación, convivencia y género[27] son tratados desde la doble perspectiva de situaciones de transición e identidades propias de la juventud. Por su parte, la serie de la Fundación Santa María se orienta más hacia aspectos identitarios y de cuestiones relacionadas con las políticas afirmativas, quizá porque el tema central son siempre los valores, pero a la vez estos Informes adoptan una postura de complementariedad al asumir que los valores son un elemento central en la construcción de la personalidad adulta.

En el ámbito nacional debemos citar también la serie de Estudios realizados en colaboración entre la FAD y el INJUVE, que han optado por los temas afirmativos de la condición juvenil, en particular cuestiones muy identitarias como la música, los videojuegos, la política y el compromiso con lo colectivo, las relaciones grupales, las tecnologías de la información, la sexualidad y las distancias generacionales. Se trata de una serie muy reciente, que parece haber concluido en 2006, aunque el resultado obtenido a lo largo de seis años es el de una fotografía muy completa sobre estos temas.

A toda esta literatura podemos añadir otras perspectivas conceptuales más matizadas: por ejemplo la que se identifica con la «juventud liberta», que muestra a los jóvenes como un mosaico de fragmentos que se articulan sobre su propia diversidad y cómo estas identidades constituyen a la vez una condición juvenil más o menos homogénea[28]. Otro ejemplo lo puede constituir el de Amparo Lasén (una tesis doctoral dirigida por Michel Maffesoli y publicada en el CIS) que presenta poderosas evidencias las cuales ponen en duda algunas aseveraciones del modelo de las políticas de transición, mostrando los componentes subjetivos del proceso de emancipación[29].

En cuanto a las series regionales ¿Qué nos aportan?, pues de entrada una gran variedad de preferencias metodológicas y temáticas[30]. La mayoría de estos Estudios utilizan técnicas cuantitativas aunque también se utilizan metodologías cualitativas. Algo que es común en todos ellos, especialmente a partir de finales de los años 90, se refiere a su funcionalidad en relación con los correspondientes Planes de Juventud de Comunidades Autónomas y Municipios.

En todo caso el volumen de Estudios en el nivel autonómico y local es, actualmente mayor que el volumen de estudios de ámbito nacional. No es posible proporcionar un dato cuantitativo que requeriría un trabajo *ad hoc* pero la mera observación nos proporciona una clara evidencia. Incluso la Comunidad Autónoma de Cataluña, que es, tras el INJUVE, el segundo productor de investigaciones sobre juventud, ha realizado recientemente un censo, en el que ha valorado los trabajos realizados desde el año 2000[31]. Otras Comunidades aportan también un abundante número de Estudios y muchas de ellas conforman ya series más o menos estables. Aparte quedan los estudios locales,

[25] Lorenzo Cachón (2005), *Economía y empleo. Procesos de transición,* Madrid, INJUVE (IJE-2004).

[26] Jaime Andréu (2005), *Valores, participación y uso de tecnologías*, Madrid, INJUVE (IJE-2004).

[27] Josune Aguinaga (2005), *Las desigualdades de género entre los y las jóvenes*, Madrid, INJUVE (IJE-2004); Domingo Comas (2005c), *Las experiencias de la vida: aprendizajes y riesgos*, Madrid, INJUVE (IJE-2004); A. López Blasco (2005), *Familia y transiciones: individualización y pluralización de formas de vida*, Madrid, INJUVE (IJE-2004).

[28] Juan Ignacio Ruiz de Olabuénaga, *La juventud libera. Género y estilos de vida de la juventud urbana española,* Madrid, Fundación BBVA, 1998.

[29] Amparo Lasén, 2000, ob. cit.

[30] Domingo Comas, 2007, ob. cit.

menos sistemáticos, pero en España son muchos los Ayuntamientos que han realizado al menos un Estudio de Juventud.

En general, en los Estudios de Juventud se han tratado, con todas las metodologías y muestras posibles y con todos los temas que pueden afectar a la vida de los jóvenes. Los han segmentado en grupos, han cruzado variables muy diversas, han realizado constantes pruebas estadísticas, han establecido series continuas con más de 25 años de continuidad y han tratado de aplicar los resultados obtenidos a través de los Planes de Juventud. Se trata por tanto de un auténtico programa de investigación, seguramente el más antiguo y amplio de los programas de investigación realizados en España, al menos en el área de Ciencias Sociales, con un perfil consolidado de I+D+I.

En conclusión, los Estudios de Juventud en España no suponen un programa de investigación planificado, sino más bien implícito, pero muy completo aunque también se notan algunas carencias. Así, por ejemplo, apenas se ha abordado la cuestión de género, aunque esto es algo que tienen en común con los Estudios de Juventud en el resto de Europa[32]. Ello ocurre porque la cohesión final del Programa de Investigación se logra a través de mecanismos implícitos (entre los que debemos situar el origen de la financiación y la misión atribuida por los organismos de juventud a los Estudios de Juventud), lo que ha garantizado su continuidad y coherencia, pero, hasta ahora, esta condición implícita ha impedido afrontar de manera explícita algunas carencias. El tema del género es un buen ejemplo.

2.2. La «crítica nominalista» a los Estudios de Juventud

En una reciente publicación del CIS María Eugenia Cardenal ha agrupado las críticas a los Estudios de Juventud bajo la rúbrica de «nominalista» en referencia a la famosa atribución de mero «nombre» que realizó Pierre Bourdieu en el titular de una entrevista de 1978 («la juventud es sólo una palabra o un nombre»), cuestión a la que nos referiremos ampliamente más adelante. Lo cierto es que, por otros motivos, es una expresión muy acertada, porque se trata de críticas sustentadas en la máxima de la «Navaja de Ockham» y a fin de cuentas Guillermo de Ockham fue el más significativo de los nominalistas. Esta máxima establece que si un fenómeno puede explicarse sin suponer entidad hipotética alguna, no hay motivo para suponerla. Es decir, *«en igualdad de condiciones la solución más sencilla es probablemente la correcta»*, lo que traducido al ámbito concreto de los Estudios de Juventud, algunos han interpretado como que la solución más correcta en todos los debates es sostener que la «juventud no existe», aunque como veremos esto no es lo que dice Bourdieu.

En España la primera crítica consistente a los Estudios de Juventud se realizó en el período de euforia de las «políticas municipales de juventud»[33] y puede ser asumida sin complejos aunque con una cierta matización sociohistórica. En 1984 Salvador Cardus y Joan Estruch contaban con mucho gracejo, en plena fase de construcción del modelo

---

[31] P. París, P. Serracant, G. Pascual, E. Martorell, M. Tintoré, E. Cardeña y M. Gangolells, «La recerca sobre joventut a Catalunya», en *PAPERS,* núm. 79, 2006.

[32] Josune Aguinaga, «Juventud y género: la medida de la igualdad en Europa», en *Sistema,* núms. 197-198, 2007.

[33] Domingo Comas, 2007, ob. cit.

de políticas de transición, como se había construido un personaje de comedia, que comenzaba llamándose «la juventud tiene problemas», para en la siguiente escena ser «la
juventud es un problema» y en el tercer acto salir disfrazado de «los problemas son jóvenes». Además Cardus y Estruch señalaban los continuos errores metodológicos de
un conjunto de Estudios, la mayoría de ámbito municipal, realizados entre 1978 y
1983[34]. De hecho casi todas sus críticas eran bastante razonables, pero se olvidaban de
una cosa: aquellos estudios eran un producto de la acción política democrática (de izquierdas y situada masivamente en el área metropolitana de Barcelona) y por tanto su
rigor metodológico era, para una parte sustancial de sus autores, un asunto secundario,
porque de lo que se trataba era de abrir un espacio para una política municipal de juventud.

No pretendían, aquellos Estudios pioneros, poner en marcha proyectos de investigación en sentido estricto, sino más bien buscar argumentos para actuar y crear una
«cultura democrática» en el ámbito de la juventud. Hacer un Estudio de Juventud era
una manera de abrir la agenda política municipal a los temas de juventud. Por este motivo muchos estudios fueron realizados por grupos de jóvenes con escasa preparación,
pero capaces de planear la necesidad histórica de unas Políticas de Juventud democráticas y distintas a las de la dictadura.

Se generó así un malentendido entre, por una parte la funcionalidad práctica de los
Estudios de Juventud, que respondían más bien a un modelo de I+D, y, por otra parte,
el rigor académico (y la literatura científica y el ensayo internacional) que priorizaban
un conocimiento más preciso (y más abstracto) sobre el tema «juventud».

A partir de aquel momento la crítica nominalista fue siempre un tanto dispersa,
pero a partir de 1998 se sintetizó sobre las aportaciones de Enrique Martín Criado que
han seguido marcando la pauta de la misma. Enrique Martín parte de un argumento
central: La «juventud» no es un grupo social, ni una categoría homogénea, sino que
agrupa elementos heterogéneos que forman parte de otras categorías sociales verdaderas, como clase social, o la condición de trabajador. Así «juventud» es una categoría
construida o inventada, alrededor de una definición de los «problemas de los jóvenes»
con los que se pretende reemplazar el conflicto de clases y las reivindicaciones históricas de los trabajadores. A esta argumentación teórica le añade una cuestión metodológica: los Estudios de Juventud son trabajos realizados casi en exclusiva con una metodología cuantitativa, la encuesta, que permite «construir» los problemas y que formula
preguntas cerradas cuyas respuestas están preestablecidas para retroalimentar la propia
concepción de los supuestos problemas[35].

Se trata de una crítica correcta en sus aspectos más descriptivos, ya que como hemos tenido ocasión de ver, la categoría «juventud», lo mismo que la categoría «adolescencia», son construcciones históricas que responden a dinámicas sociales de «definición de problemas». Pero es que todas las categorías conceptuales son construcciones
históricas más o menos ajustadas a la realidad social. La categoría «clase social» es
también una categoría histórica muy ajustada a la situación social de la sociedad industrial. De la misma manera categorías como «adolescencia» y «juventud» responden a la
situación de la «sociedad del conocimiento», de la «sociedad tecnológica avanzada» o
de la «sociedad liberal de la precariedad laboral de los más jóvenes». Como además to-

---

[34] Salvador Cardús y Joaquín Estruch, *Las enquestas a la juventud de Catalunya*, Barcelona, Generalitat de Catalunya, 1984.

das estas sociedades se superponen, conceptos como clase social o juventud también se superponen. No se trata por tanto de una cuestión de elección entre ellas, sino de una utilización razonable de las mismas.

Obviamente esto significa que nadie con un poco de sentido común puede sostener que la categoría «juventud» es homogénea, de la misma manera que nadie sensato puede pensar que las diversas clases sociales representan también bloques homogéneos en términos sociológicos.

Llama la atención el hecho de que en todos estos debates sobre si existen o no ciertas categorías sociales, la de género brilla por su ausencia. De hecho apenas hay análisis de género en los Estudios de Juventud y la crítica a los mismos tampoco destaca el género como una categoría social que fracciona la categoría juventud.

La mención al carácter tautológico de los Estudios de Juventud más cuantitativos, es también una crítica correcta siempre que no se generalice, porque en los cerca de 400 Estudios de Juventud realizados en España «hay de todo». Una parte importante son sólo cualitativos y muchos combinan ambas metodologías, otros utilizan la encuesta como una estrategia reflexiva y otros, en fin, responden al estereotipo del «cuantitativismo ciego». En general las críticas nominalistas no atienden a la notable diversidad de los Estudios de Juventud realizados en España (así como a su posible complementariedad) sino que se limitan a mostrar un estereotipo general sobre las mismas.

Como consecuencia la crítica nominalista nos ha conducido hacia una cierta paradoja: está siendo asumida, de manera más o menos ritual, por muchos trabajos sobre «juventud» (en especial tesis doctorales que no pueden ignorarla), pero que luego se desempeñan como meros trabajos cuantitativos que manejan una categoría muy rígida de «juventud».

Para entender cómo ha ocurrido esto podemos recurrir al texto canónico de Pierre Bourdieu, que en realidad es una entrevista un tanto escueta, realizada por Anne-Marie Métailié y publicada en el libro *Les Jeunes et le premier emploi* (París, Association des Ages). En realidad el contenido principal de la entrevista es el título de la misma: «La Juventud no es más que una palabra», que no fue propuesto por Bourdieu sino por la entrevistadora y que ha acabado por convertirse en una de las frases comodín más celebres de la sociología. La entrevista tiene dos partes, en la primera (dos páginas y media) responde a dos preguntas conceptuales sobre «los jóvenes» y es el sostén conceptual de lo que hemos llamado crítica nominalista. El resto de las preguntas y las respuestas, que alcanzan las diez páginas, se refieren a otro asunto, también importante pero muy diferente: el potencial de equidad del sistema educativo y las estrategias de los jóvenes de clase obrera para evitar «caer en la trampa de la prolongación innecesaria de los estudios». Un tema muy poco tratado en España, aunque hay un estudio empírico sobre este asunto[36]. La hipótesis de Bourdieu sobre esta cuestión se condensa en una frase «Pienso... que para que las clases populares pudieran descubrir que el sistema escolar funciona como instrumento de reproducción era necesario que pasaran por él».

En cuanto a los argumentos de Bourdieu en las respuesta a las dos primeras preguntas relativas a la noción de «juventud», se sintetizan en dos ideas, la primera que la

---

[35] Enrique Martín Criado, *Producir la juventud. Crítica a la sociología de la juventud*, Madrid, Istmo, 1998.

[36] Domingo Comas y Octavio Granado, *El rey desnudo: componentes de género en el fracaso escolar*, Madrid, POI, 2001.

edad es una variable y no una categoría y la segunda que la noción de «juventud» es una categoría que agrupa varias categorías sociales «muy diferentes», aunque Bourdieu lo limita a dos, «aquellos que trabajan y aquellos que estudian, teniendo ambos la misma edad», los primeros son «los jóvenes» (aunque tengan apenas 16 años) y los segundos son «los adolescentes», aunque tengan 25 años. Tales argumentos son impecables y no vamos a apartarnos de los mismos en este texto.

Pero la crítica nominalista a los «Estudios de Juventud» sostiene que al definir la categoría «por edades», es decir los «jóvenes» son todos los que tienen entre 15 y 30 años, se crea una categoría social ficticia sostenida sobre una variable espuria. Pero en realidad los Estudios de Juventud sensatos utilizan la variable edad como un instrumento para establecer categorizaciones no etarias, a través de la combinación entre una visión evolutiva global y de la superposición de situaciones vitales en cada edad, los «Estudios de Juventud» son una respuesta perfectamente válida a las preocupaciones de Bourdieu. ¿Qué han hecho en este sentido los Estudios de Juventud españoles? Pues hay un poco de todo, algunos se limitan a hablar de «los jóvenes 15-30 años», otros establecen segmentos de edades y finalmente son cada vez más los que atribuyen a la variable edad biológica la capacidad de desbrozar las fronteras de las categorías sociales.

En realidad esta cuestión no tiene una respuesta lógica y aceptable para todos. La opción más sencilla es la de acudir ritualmente a Bourdieu para negar el valor de los Estudios de Juventud, pero con esto bloqueamos la posibilidad de ampliar nuestro conocimiento (lo mismo decía Kant de los filósofos nominalistas), porque, aunque parezca irónico, sin Estudios de Juventud la crítica nominalista se quedaría sin objeto. La salida más razonable es tratar de resolver el dilema entre edad y categoría social y para ello se requiere seguir planteándolo, de forma empírica, tanto cuantitativa como cualitativamente, en el programa de investigación de los Estudios de Juventud.

La demostración de que no va a ser una tarea fácil aparece en el propio Bourdieu. En la segunda parte de su famosa entrevista establece un modelo de relaciones generacionales un tanto simple (1+1); en este modelo la primera generación son los «jóvenes» y la segunda «los viejos». Extraña respuesta si «la juventud no es más que una palabra». En otro texto hemos explicado, acudiendo a una demostración algebraica (los anillos borromeos), cómo la topología de las relaciones generacionales es mucho más compleja [3 (1+1+1)+(1)] y cómo esta topología se construye por categorías y no por edades[37]. Si fuera coherente con sus propios argumentos Bourdieu no debería hablar de los «jóvenes» como una «generación» y mucho menos de los «viejos» como una totalidad social que agrupa a «la otra generación», a los que ya no son jóvenes.

Debe quedar además claro que la síntesis aportada en los párrafos anteriores (nominalismo versus Estudios de Juventud) es una entre una creciente complejidad de «maneras de aproximarse al tema de la juventud», ya que si admitimos la diversidad de los discursos sobre la juventud que describe Juan Carlos Revilla que se han citado al principio del texto, encontraremos una gran riqueza de hipótesis, metodologías y conclusiones. En todo caso, en este texto, nos vamos a limitar, por su carácter, a seleccionar algunas evidencias muy generales que vamos a presentar, de entrada, sin mencionar la variable género, para dedicarle un apartado posterior.

---

[37] Domingo Comas, «El canon generacional: una aproximación topológica», en *Sistema,* núm. 178, Madrid, Fundación Sistema, 2004a.

3. EVIDENCIAS SELECCIONADAS SOBRE LA EVOLUCIÓN Y EL PERFIL DE LA JUVENTUD ESPAÑOLA EN LA ETAPA DEMOCRÁTICA

3.1. *Efectivos demográficos: un colectivo decreciente*

En el momento de la transición democrática los jóvenes españoles no eran muy numerosos (el 22% en el *Censo de 1970),* pero su peso en el conjunto de la población española creció con rapidez en las primeras etapas del nuevo sistema político, lo que explica su creciente protagonismo (Tabla 5.1). La expansión se mantuvo hasta la primera mitad de la década de los años 90, para en la segunda mitad de esta misma década comenzar un descenso brusco en términos porcentuales, que se está acelerando en el nuevo siglo. Con la proyección para el año 2011 podemos observar cómo los «jóvenes 15-29 años» se convertirán en esta fecha, y a pesar de la inmigración, en un bien muy escaso.

TABLA 5.1.—*Evolución de la población juvenil (1970-2011)*

Año	Grupo de edad (15-29 años)	% respecto al total de población	Grupo de edad (15-34 años)	% respecto al total de población
1970	7.497.644	22,02	—	—
1981	8.756.929	23,23	—	—
1986	9.524.914	24,60	—	—
1991	9.681.264	24,90	—	—
1996	9.613.311	24,48	12.769.488	32,18
2001	9.363.750	22,77	12.769.474	31,05
2006	9.099.553	20,35	13.047.292	29,18
2011*	7.422.235	16,60	11.239.951	25,14

* Proyección cifras a partir de los datos de 2006.

Fuente: Censos de Población 1970, 1981, 1991. Padrón municipal de habitantes para el resto de los años.

Quizá por este motivo desde mitad de los años 90 algunas normas administrativas y algunos Estudios de Juventud han comenzado a incluir al grupo 30-34 años en la categoría «jóvenes», ésta ha sido la razón para incluirlos en la Tabla 5.1 a partir de estas fechas, lo que nos permite constatar que, a pesar de esta ampliación de la categoría, el declive demográfico se mantiene.

Aun en el supuesto de que en los próximos cuatro años la población inmigrante en España se duplicara, lo cual vistos los últimos datos sobre inmigración, parece improbable, la proporción de jóvenes estaría muy lejos de la cifra máxima de 1991, lo cual, mantendría la condición de «bien escaso».

3.2. *Evolución de la fecundidad y proyección demográfica de efectivos:
la generación premeditada*

Esta evolución demográfica se debe esencialmente a la reducción de las tasas de fecundidad a partir de 1978. Todos los jóvenes españoles del año 2007, que han nacido
entre 1987 y 1992, son el fruto de este proceso de reducción de la fecundidad que de
hecho se ha incrementado en los últimos años. Es por tanto la generación más deseada,
más planificada y menos abundante de toda nuestra historia. Aunque la siguiente generación aún será más escasa por la reducción porcentual del número de mujeres en
edad fértil.

TABLA 5.2.—*Tasas de fecundidad por 1000 mujeres (1975-2005)*

Año	Global	15-19 años	20-24 años	25-29 años
1975	79,19	21,94	135,67	189,16
1980	64,61	25,75	116,28	146,30
1985	49,74	18,47	73,72	117,35
1990	41,51	11,90	50,28	101,52
1995	35,74	7,77	28,23	80,23
2000	38,10	8,93	25,65	67,77
2005	41,92	11,59	31,04	64,30

Fuente: Movimiento Natural de la Población.

La reducción de la fecundidad nos llevó a calificar esta generación de predetermi-
nada[38], es decir un hijo supone un coste económico, emocional y de otros intangibles,
entre los que destaca sus consecuencias para la igualad de género, que es en sí mismo,
y en el contexto de su escasez, un «tesoro», cuya pérdida acarrea situaciones de crisis
sin precedentes. De hecho esta condición de bien escaso, de «tesoro», es lo que define,
por encima de cualquier otra consideración la actual generación y explica, en una gran
medida, la mayoría de los cambios sociales acaecidos en relación con el vínculo social
de los jóvenes.

Conviene también destacar que la reducción de la fecundidad ha sido especialmente llamativa entre las propias jóvenes. Hasta 1980 las adolescentes (15-19 años) poseían una tasa de fecundidad relativamente elevada que fue descendiendo con los años
hasta adquirir una condición residual. Por su parte las jóvenes de 20 a 24 años que aportaban una parte sustancial de la fecundidad pasaron por debajo de la tasa media global
en 1995 y allí siguen. Finalmente la tasa de fecundidad de las jóvenes adultas 25-29
años, que siempre fue muy alta, ha descendido en 2005 a un tercio de lo que era en
1975, mientras la fecundidad global descendía a casi la mitad.

En conjunto la proporción de madres jóvenes, y podemos suponer de padres, se ha
reducido a una cuarta parte, lo que implica que ésta es una situación minoritaria y rara.

---

[38] Josune Aguinaga y Domingo Comas, «La generación premeditada», en *Temas para el debate,* 2006.

En el año 2005 se ha producido un ligero incremento de la fecundidad de las adolescentes 15-19 años, que podemos atribuir en exclusiva a un cierto segmento de mujeres inmigrantes. Sin embargo aun siendo más, las inmigrantes 25-29 años no han modificado la tendencia global a la baja de este grupo de edad.

3.3. *Juventud inmigrante*

La cuestión de la inmigración se ha convertido en uno de los componentes esenciales de la actual sociedad española, y esto es especialmente cierto en el caso de los jóvenes, ya que en el *Padrón municipal* de 2006, la tasa global de «nacidos en el extranjero» era de un 11,55%, pero entre los jóvenes de 15-29 años alcanzaba un 15,02%. Por otra parte siendo la tasa global de «nacionalidad extranjera» de un 9,93% de los residentes en España, entre los jóvenes 15-29 años es de un 13,76%. La diferencia entre ambas tasas se debe a las nacionalizaciones que ya comienzan a ser importantes (en total hay 935.465 nacionalizados según el *Padrón municipal* de 2006), que restan puntos a la tasa de «nacionalidad extranjera»; asimismo hay que considerar a los nacidos en España de padres inmigrantes que reducen la cifra de «nacidos en el extranjero», aunque con esta condición y más de 15 años son todavía pocos.

El resultado de estos datos comparativos nos lleva a visualizar cómo los inmigrantes son, en un porcentaje elevado, jóvenes, aunque predominan los mayores de 25 años (Tabla 5.3). Si tomamos como dato los nacidos en el extranjero (la cifra más elevada) en el grupo de edad 15-19 años la proporción de jóvenes inmigrantes es de 9,3%, en el grupo de edad 20-24 es de 15,6% y en el grupo de edad 25-29 años es de 18,8%.

TABLA 5.3.—*Proporción de inmigrantes entre los jóvenes (2006)*

	Nacidos extranjero	Nacionalidad extranjera	Nacionalidad UE
15-19 años	217.361	212.901	27.988
20-24 años	446.673	399.699	41.567
25-29 años	703.577	640.199	70.091
Total	1.367.611	1.252.796	139.646
(%) respecto al total de jóvenes	15,02	13,76	1,53

Fuente: Padrón municipal de 2006.

En la Tabla 5.3 aparecen también las inmigrantes jóvenes procedentes de la UE, que en la fecha incluye países como Polonia, y podemos ver cómo el peso de jóvenes de otras nacionalidades de la UE es escaso, aunque en el conjunto de la población la cifra de «inmigrantes» de la UE supera el 3%. Esto significa que recibimos una «inmigración envejecida» de la UE y una «inmigración joven» de países menos desarrollados.

Manteniéndose la actual tendencia en los próximos años, al menos hasta 2010-2012, la proporción de inmigrantes entre los jóvenes aumentará, aunque estadísticamente ésta será una cifra difícil de establecer, porque cada día existirán más jóvenes de segunda generación hijos de inmigrantes pero nacidos en España y además aumentará el número de nacionalizados, especialmente entre el colectivo de latinoamericanos.

3.4. *Grado de escolarización y estudios superiores: prolongación y crisis*

Uno de los cambios más sustanciales protagonizados por los jóvenes en la etapa democrática ha sido el acceso y la prolongación de los estudios. En el *Censo de 1970,* un año antes de la Ley General de Educación, eran estudiantes el 19% de los jóvenes de 15-29 años. En aquel mismo censo entre la población adulta de 30 a 64 años, la proporción de españoles con algún titulo equivalente o superior al bachillerato elemental (14 años) era del 11,4% y la proporción de licenciados universitarios era de un 1,9%.

En 1984 la proporción de jóvenes estudiantes de 15 a 29 años se había más que duplicado hasta llegar al 43%, una cifra que fue aumentando hasta llegar al 55% en 1996, momento en el que se inició un lento declive (Tabla 5.4), que podemos atribuir al «creciente desinterés por la prolongación de los estudios» y una cierta fijación, en especial por los jóvenes de clase obrera, de comenzar a trabajar cuanto antes[39], lo cual vendría a confirmar la hipótesis de Bourdieu antes mencionada.

Tabla 5.4.—*Tasas de jóvenes escolarizados*

	1984	1988	1992	1996	2000	2004	2006
Estudian	43	51	54	55	49	45	44
Sólo estudian	—	33	42	41	33	31	29
Estudian y trabajan	—	18	12	14	16	14	15

Fuente: IJEs años citados y 2006 INJUVE/CIS.

En una cierta medida esta hipótesis se confirma si observamos la evolución de la proporción de estudiantes en la Encuesta de Población Activa (Tabla 5.5). Porque hasta los 19 años esta proporción sigue aumentando, a pesar de que ya casi todos son estudiantes. Se trata del creciente éxito de la Secundaria Obligatoria, el Bachillerato y la Formación Profesional, a pesar de que esto ha provocado numerosos problemas en el Sistema Educativo. En cambio en la población 20-24 años, edades casi exclusivamen-

Tabla 5.5.—*Tasas de estudiantes a ciertas edades*

Curso escolar	16-19 años	20-24 años	25-29 años
1980-1981	48,3	15,1	2,4
1985-1986	49,5	19,9	3,9
1990-1991	60,7	28,8	9,1
1995-1996	69,9	39,6	13,5
2000-2001	74,9	43,8	15,6
2002-2003	75,6	42,3	14,6
2005-2006	76,2	40,0	14,5

Fuente: EPA, IV Trimestre, de años citados.

---

[39] Domingo Comas y Octavio Granado, 2004, ob. cit.; Domingo Comas, 2005c, ob. cit.

te universitarias, el crecimiento fue muy acelerado hasta 2000-2001 y a partir de este momento se detuvo e incluso se inició un suave descenso. Finalmente los estudiantes de más de 25 años han visto aumentar sus efectivos y estabilizarse en una cifra casi inexplicable.

Si tomamos como base 100 para el curso 1988-1989 el número absoluto de alumnos universitarios, vemos en la Tabla 5.6 cómo se produjo una importante expansión seguida de una fase de retraimiento que coincide con los anteriores datos de la EPA. Sin embargo el mayor crecimiento en estos 20 años ha sido el de los estudiantes de doctorado. El curso 1999-2000 fue el de mayor número de matriculados en la universidad española con un total de 1.661.348 alumnos y desde entonces ha ido descendiendo hasta situarse en 1.510.072 alumnos en el curso 2005-2006, en este mismo año los alumnos de tercer ciclo ascendían a 77.056.

TABLA 5.6.—*Evolución de la población universitaria*

Curso	Total matriculados	Total doctorado
1988-1989*	100,00	100,00
1992-1993	125,61	185,14
1996-1997	151,66	232,87
2000-2001	153,51	239,36
2004-2005	144,61	291,88
2005-2006	143,38	294,96

* Base 100: 1988-1989.

Fuente: Estadísticas de la Enseñanza en España, INE, Elaboración propia.

Tales datos nos llevan a sostener que el potencial de equidad del Sistema Educativo parece haber tocado fondo. Ha conseguido prolongar los estudios de todos los jóvenes españoles al menos hasta los 18 años, cuando en 1970 apenas un 10% llegaban a estudiar a esta edad. Ha aumentado de manera notable el número de universitarios, pero cada vez son más los que desisten de esta vía, para inclinarse hacia la formación profesional y el trabajo. Pero a la vez la proporción de universitarios que prolongan sus estudios hacia el doctorado es mayor. Aunque faltan estudios para determinar el perfil de cada uno de estos colectivos, la relativa igualdad hasta los 18 años, parece dar paso a tres tipos de estrategias, una opción típica de clase trabajadora que prioriza la Formación Profesional y la experiencia en el trabajo, una segunda estrategia que se correspondería con las clases medias de optar por una licenciatura y una tercera estrategia, que requiere un apoyo familiar mucho más prolongado, que incluye másteres y doctorados. De hecho la reforma de los planes de estudios que se está realizando actualmente en Europa, refuerza esta tripleta de segmentaciones sociales.

Nuestros chicos y chicas jóvenes nos indican que ya no seremos nunca más un país de analfabetos sino que toda nuestra población tendrá al menos un título de secundaria, pero después de esto, esta misma población, se escindirá en tres «segmentos sociales» con formaciones muy distintas, la primera la que prioriza el trabajo, la segunda que «prioriza tener un título universitario» y la tercera que opta, o puede optar, por una especialización de tercer ciclo.

3.5. Empleo y mercado de trabajo: más empleos y mejores sueldos

En parte estas tres estrategias son posibles, e incluso resultan al menos aparentemente electivas por parte de los jóvenes, por las profundas trasformaciones que ha vivido el mercado de trabajo. Podemos observar en la Tabla 5.7 cómo el número de activos menores de 20 años ha descendido de manera llamativa, lo que es coherente con el incremento del número de estudiantes a estas edades. Entre 20 y 24 años la proporción de activos se mantiene igual, mientras que entre 25 y 29 años la proporción de activos se ha incrementado diez puntos a pesar de que, como hemos visto, el número de estudiantes en estas edades también se ha incrementado diez puntos en la misma EPA. La razón es obvia: la incorporación de la casi totalidad de las mujeres de estas edades al mercado laboral, lo que ha dejado prácticamente a cero la proporción de inactivos/as.

TABLA 5.7.—*Activos por edad (1987-2006)**

	1987	1991	1994	1997	2000	2003	2006
16-19	38,6	29,3	25,9	23,6	26,0	24,0	28,5
20-24	66,7	65,6	62,2	59,8	62,1	63,3	67,5
25-29	76,9	78,1	79,9	81,9	82,7	84,4	86,2

* Porcentaje sobre población total en cada edad.

Fuente: EPA, IV Trimestre, de años citados.

Pero a la vez también han cambiado las tasas de paro de los jóvenes, ya que desde cifras espectaculares en los años 80, que se dispararon en los 90 con la crisis económica, y que suponían un verdadero «problema estructural para la economía española» y la verdadera «seña de identidad» en forma de problema, de los jóvenes, se ha pasado a cifras mucho más discretas y asumibles (véase Tabla 5.8). La menor reducción se corresponde al grupo 16-19 años, pero como en este grupo los activos también han descendido los parados representan el 8,86% de los jóvenes de estas edades, mientras en 1984 representaban el 18,7%.

TABLA 5.8.—*Parados por edad (1987-2006)**

Edad	1987	1991	1994	1997	2000	2003	2006
16-19	48,7	34,8	53,6	49,7	33,7	31,8	31,1
20-24	38,6	30,6	42,7	34,5	23,3	19,7	14,1
25-29	24,8	22,9	31,5	25,4	17,0	14,1	9,8

* Porcentaje sobre población activa en cada edad.

Fuente: EPA, IV Trimestre, de años citados.

Un 25,7% de jóvenes del grupo de edad 20-24 años estaban parados en 1984 y actualmente la tasa de parados de estas edades es del 9,51%, finalmente para el grupo de 25-29 años el porcentaje de jóvenes de estas edades que estaban parados era del 19,07% en 1984 y ha pasado a ser del 8,4% en 2006.

Ciertamente este proceso ha sido posible por las sucesivas reformas laborales, a costa de un aumento de la temporalidad y facilitando tipos de contratación poco estables, pero a la vez (Tabla 5.9) las nuevas formas de contratación han supuesto una notable elevación de los salarios de los jóvenes, especialmente si los comparamos con los salarios de los adultos, que han sufrido en el mismo período un notable recorte en términos reales.

Así, entre 1995 y 2004 mientras el IPC aumentó un 29,0%, los salarios globales sólo crecieron el 8,4%, aunque es cierto que los contratos a tiempo parcial influyen mucho sobre el resultado de este salario medio. Pero lo cierto es que en estos mismos años la participación de las rentas del trabajo en la renta nacional pasó de un 61% en 1995 (tras haber alcanzado el máximo histórico de un 63,1% en 1993) a un 54,4% en 2005. Pero esta reducción tan espectacular no ha afectado a los salarios jóvenes ya que los menores de 20 años vieron cómo sus sueldos se duplicaban y entre 20 y 29 años aumentaban en un 42,6%. Lo que significa que en este período los jóvenes han visto aumentar sus salarios en términos reales entre un 80% y un 12%, mientras el conjunto de los salarios descendían alrededor de un 21%.

TABLA 5.9.—*Salario bruto medio anual por edades en euros (1995 y 2004)*

TOTAL	1995	2004	INCREMENTO 2004 RESPECTO A 1995 (%)
	16.772,09	18.182,44	8,4
Menos de 20 años	4.717,97	9.869,24	109,1
20 a 29 años	9.630,18	13.734,43	42,6

Fuente: INE, *Encuesta salarial,* años 1995 y 2004.

3.6. *Ocio y consumo: el centro de la vida*

Para la sociedad española el ocio, las actividades lúdicas y festivas siempre han sido muy importantes, aun en los períodos históricos más oscuros[40]. La transición a la democracia ha sido descrita por diversos autores como «una fiesta» o una «recuperación de la actividad festiva», aunque la eclosión de la industria turística en los años 60 ya había abierto muchas posibilidades en este sentido. En la actualidad las actividades económicas ligadas al ocio, que incluyen al sector potente turístico, son las que realizan una mayor aportación al PIB en España, estimadas en más del 20%, ya que no hay una cifra exacta porque no hay cuentas satélite específicas que agrupen las diferentes actividades de ocio. El conjunto de estas actividades podrían alcanzar el 25% del PIB si añadimos la parte de actividades indirectas vinculadas al ocio, como por ejemplo un determinado porcentaje del trasporte de viajeros.

El sector del ocio en España es además el que más empleo acumula (por encima incluso de la construcción) y un sector de acceso preferente al mercado de trabajo por parte de mujeres y varones jóvenes, ya que más de la mitad de los actuales menores de 30 años han tenido algún empleo relacionado con el ocio (en particular hostelería) en algún momento de su juventud[41].

---

[40] Luis González Seara, *El laberinto de la fortuna: juego, trabajo y ocio en la sociedad española*, Madrid, Biblioteca Nueva, 1998.

[41] Domingo Comas, «No es oro todo lo que dicen que reluce: ¿Qué hace la juventud el fin de semana?», en *Revista de Estudios de Juventud*, núm. 37, 1996.

Aunque el tiempo dedicado al ocio apenas ha aumentado a lo largo de la etapa democrática (e incluso ha disminuido levemente), chicos y chicas jóvenes han protagonizado una intensa dualización entre los tiempos de trabajo (días laborales) y ocio (fines de semana), lo que contrasta abiertamente con el modelo de los adultos que distribuían su ocio de una manera más uniforme a lo largo de ciclo semanal y anual[42]. Tal dualización (y la correspondiente concentración de tiempos y espacios) ha permitido la consolidación de un modelo de ocio más consumista, al que se dedica una parte creciente de los ingresos. Aunque sea aventurado enunciarlo en estos momentos, podemos comenzar a describir la noción de «salir» como un nuevo fenómeno que forma parte de la estructura social.

Este nuevo formato cultural se corresponde con la creciente importancia subjetiva a atribuida al ocio, que ha pasado a ocupar el lugar de una necesidad básica, a la cual incluso se le atribuye más importancia que otras necesidades básicas (quizá porque están cubiertas). Dicha centralidad subjetiva del ocio se corresponde con otras más objetivas, como la gran importancia atribuida al grupo de amigos y la consideración del ocio como un conjunto de experiencias clave para la socialización[43]. La centralidad del ocio para la vida es un fenómeno novedoso, presente en casi todos los países desarrollados, lo que en parte explica el inesperado éxito de las aportaciones a la psicología de Lev Semionovitch Vygotsky[44], sostenidas sobre el concepto de «experiencia vivida»[45].

3.7. *El acceso a la vivienda. La consolidación de una clase uniforme de propietarios*

La cuestión de la vivienda se ha convertido, en términos de representación social, en el «problema central» de la juventud española del siglo XXI de la misma manera que «el trabajo», o mejor dicho «el paro» fue el «problema central» en los años 80 del siglo anterior[46]. Desde una perspectiva sociológica se puede tratar de explicar esta «centralidad» desde tres puntos de vista muy diferentes: en primer lugar como una construcción social, es decir tratando de hallar la génesis de la afirmación «los chicos y chicas jóvenes necesitan una vivienda en propiedad para poder emanciparse», en segundo lugar como una realidad que se puede describir mediante variables como coste de la vivienda, edad de acceso y endeudamiento (y sus consecuencias indirectas) o en tercer lugar como un nuevo fenómeno social que combina ambos componentes.

---

[42] Domingo Comas, *Jóvenes y estilos de vida*, Madrid, FAD, 2003.

[43] Un ejemplo claro lo constituye la creciente importancia del grupo de amigos —articulado a través de las actividades de ocio—, como proveedor estratégico de informaciones y contactos para la búsqueda de oportunidades en el mercado de trabajo. Llama la atención cómo esto ha ocurrido en una sociedad tan familista como la española, en la que las oportunidades laborales se conformaban, al menos hasta los años 90, a partir del «contacto y la recomendación familiar». Josune Aguinaga y Domingo Comas, *Los jóvenes de Las Rozas*, Madrid, Fundación UNED, 2007.

[44] Vygotsky murió en 1934 y la mayor parte de su obra se sitúa en la década anterior. En 1936 fue condenado por el régimen soviético (por individualista lo que no deja de resultar paradójico) y sus obras no comenzaron a traducirse en occidente hasta después de 1970. Su difusión internacional se ha producido en los últimos 15 años. Sin duda se trata de un éxito que tiene que ver con la apertura de la caja negra conjunta de tres categorías que en apariencia pertenecen a campos de conocimiento antagónicos: aprendizaje, cultura y sociedad.

[45] William Frawley, *Vygotsky y la ciencia cognitiva*, Barcelona, Paidós, 1999.

[46] Domingo Comas, 2007, ob. cit.

Optamos por la tercera vía, porque si bien está claro que la vivienda ha adquirido este estatus por «el excesivo coste para los jóvenes», ya que su precio se ha venido incrementado en los últimos 20 años, también esta claro que en términos económicos estas dificultades no son una novedad y además, podrían conducir a estrategias alternativas. Es decir, de forma cíclica el acceso a la vivienda (especialmente a la vivienda en propiedad) ha sido problemática para la juventud y por este motivo se ha adoptado estrategias alternativas. En este momento se supone que las dificultades son extremas pero no se adoptan estrategias alternativas y sin embargo la opción por «adquirir una vivienda» es casi exclusiva, de tal manera que una parte muy minoritaria no se emancipa sin haber alcanzado este objetivo.

Veamos algunos datos. Entre 1987 y 2006 mientras el IPC crecía un 117% el precio medio de la vivienda aumentaba en un 310%. También es cierto que en el mismo período los alquileres crecieron «solo» un 211% a pesar de la reconversión de las «rentas antiguas», mientras el PIB per cápita pasaba de 9.061 euros en 1987 a 24.152 euros en 2006 (un incremento del 275%) y el precio del dinero descendía desde un 8,79% en diciembre de 1986 (aunque llegó casi al 13% en 1992-1993) hasta el 2,68% en abril de 2004, para volver a superar el 4% en 2007.

Pero a la vez se ha producido, en este mismo período, un notable crecimiento de la proporción de viviendas en propiedad, ya que por los datos de la Encuesta Financiera de las Familias del Banco de España de 2002 sabemos que el 84,5% de las familias españolas viven en un vivienda de su propiedad (y un 21,5% está pagando un crédito hipotecario por la misma) y un 30,1% posee al menos otra vivienda (un 6,5% de las familias está pagando un crédito hipotecario por este concepto).

Si atendemos a los censos de población en 1991 existían en España 17,1 millones de viviendas y un 15,2% de los españoles vivían en alquiler, mientras que en el censo de 2001 el número de viviendas ascendía a 20,9 millones y los españoles que vivían en alquiler eran un 11,5%. Aparte existían en 2001, más de 3,5 millones de viviendas vacías que no se utilizaban ni como principal ni como secundaria.

A mitad del año 2006 el Ministerio de Vivienda informó que según sus estimaciones se había alcanzado los 24 millones de viviendas construidas, lo que situaba a nuestro país en el primer lugar de la Unión Europea con 545 viviendas por cada 1000 habitantes. Las estimaciones del mismo Ministerio indican que, aun reduciendo el ritmo de construcción, en el censo de 2011 se habrán superado los 28 millones de viviendas, lo que nos mantendrá en un primer y destacado lugar en la proporción de viviendas por habitante, ya no en Europa sino en el mundo[47].

Todos estos datos sólo adquieren sentido si consideramos que la verdadera explicación reside en un cambio de prioridades de la sociedad española a partir de una trasformación de sus orientaciones culturales (así como de sus posibilidades económicas). Podemos observar (Cuadro 5.1) cómo los propietarios de viviendas de la generación que nació entre 1910 y 1920 y que tenían entre 30 y 40 años en el censo de 1950, habían trabajado, antes de adquirir la vivienda una media de 18 años los varones y 16 las mujeres. Los propietarios de viviendas de la generación que nació entre 1940 y 1950 y que tenían entre 30 y 40 años en el censo de 1970 habían trabajado una media de 11 años antes de adquirir dicha vivienda. Finalmente los propietarios de viviendas que tenían

---

[47] Aunque es cierto que una parte de tales viviendas son «viviendas secundarias» propiedad de ciudadanos europeos no españoles.

entre 30 y 40 años en el censo de 2001 y que habían nacido entre 1965 y 1975, habían invertido un tiempo de trabajo previo de cinco años las mujeres y siete los varones antes de adquirir la vivienda.

CUADRO 5.1.—*Años de inversión laboral previa para adquirir una vivienda en diversas generaciones*

Cohortes	Año	Inversión laboral previa
Nacidos 1910-1920	1950	Mujeres (16 años) Varones (18 años)
Nacidos 1940-1950	1970	Mujeres (11 años) Varones (11 años)
Nacidos 1965-1975	2001	Mujeres (5 años) Varones (7 años)

Fuente: Censos citados, elaborado por Domingo Comas, 2004b, ob. cit.

También es cierto que entre 1950 y 2001 la incorporación al mercado de trabajo se ha retrasado, por término medio, unos nueve años para los varones y diez años para las mujeres, básicamente por la prolongación de los estudios, por lo que la edad media de la «compra» se ha mantenido más o menos estable.

La relación entre vivienda y edad de emancipación se explica entonces por una transformación rígida de las opciones y las orientaciones culturales: mujeres y varones jóvenes acceden a la vivienda en propiedad de forma directa sin apenas practicar estrategias alternativas como casarse o emparejarse para seguir viviendo un tiempo con la familia de origen (para poder ahorrar para la vivienda) o vivir para siempre, o durante un tiempo, en una vivienda de alquiler. Esto significa que en el pasado la vivienda se adquiría a edades post-emparejamiento y como resultado de un largo proceso que para la mayoría incluía aparte del matrimonio previo, la convivencia con la familia de origen o el alquiler de una vivienda. En cambio en la actualidad la vivienda en propiedad se ha convertido, para la mayoría, en una condición previa para emanciparse o emparejarse.

TABLA 5.10.—*Proporción de jóvenes viviendo por su cuenta. Titularidad de la vivienda (2005)*

	15-19	20-24	25-29	30-34	Total
Viven por su cuenta*	5,9	20,0	51,1	78,3	47,7
Propia pagada**	-	3,5	8,3	14,2	10,7
Propia hipotecada**	10,0	23,3	45,2	55,9	47,6
Propia heredada o cedida**	-	10,5	10,5	6,7	7,0
Alquiler**	80,0	58,1	35,7	22,0	31,9
Otras**	10,0	4,7	3,6	0,8	2,4
NS/NC**	-	-	0,8	0,3	0,4

* Base: toda la población.
** Base: viven por su cuenta.

Fuente: INJUVE/CIS, marzo de 2005.

La tabla 5.10 muestra la proporción de jóvenes que viven fuera de la familia de origen por edad (al cumplir los 35 años son casi un 90% la cifra más alta de nuestra historia) y la titularidad de la vivienda de estos «emancipados residenciales». El alquiler es una opción sólo para los más jóvenes, la mayoría de los cuales vive, además «con amigos», mientras que el emparejamiento implica «vivienda propia» en un 76,4%. Entre 30 y 34 años el acceso a la vivienda en propiedad es masivo, una de cada tres no tiene hipoteca, pero dos sí. El tiempo medio de hipoteca restante es de 19,5 años con una desviación típica de 8,6 años. El coste medio de la hipoteca es de 460,8 euros por persona y el coste medio del alquiler es de 425,4 euros por persona.

Este cambio ha sido posible gracias al bajo coste de las hipotecas (al menos durante un cierto período), el crecimiento del PIB, los mejores sueldos de los jóvenes y la aceptación de esta estrategia por parte de las familias de origen[48] y por supuesto a la práctica inexistencia de diferencias en el coste entre alquiler y compra.

Como consecuencia tal orientación cultural ha provocado, a causa del incremento de la demanda un notable encarecimiento del precio de la vivienda y un fuerte auge de la construcción. Obviamente mientras no se modifique esta orientación cultural resulta difícil imaginar una pérdida de relevancia del tema de «la vivienda para las chicas y los chicos jóvenes». En todo caso, y en términos sociológicos, resulta igual de relevante la categoría «la orientación cultural hacia la vivienda en propiedad como condición previa para la emancipación». Conviene destacar el hecho de que una nueva trasformación en esta orientación cultural supondría una reducción importante en el precio de la vivienda (y la caída equivalente del PIB), y entonces, por ambas razones (precio y cambio de orientación cultural), el tema de la vivienda desaparecería de la agenda de los problemas juveniles.

3.8. *Convivencia: la vida en la familia de origen*

Se suele afirmar que produce, en el conjunto de la etapa democrática, un continuo retraso en la edad de emancipación de la familia de origen, que puede atribuirse a los factores analizados con anterioridad, en particular el alargamiento de la escolarización. Pero también hemos visto cómo este alargamiento de la edad de escolarización se compensa con la reducción del tiempo entre el acceso al primer trabajo y la emancipación residencial. Como consecuencia la finalización del ciclo de expansión del sistema educativo, ha estabilizado y después invertido, a partir del año 2000 este proceso. En 2006 las cifras de jóvenes emancipados del grupo de edad 15-29 años que viven fuera del núcleo residencial de la familia de origen son las más elevadas de toda la etapa democrática.

---

[48] Según los datos del IJE-2004, elaborados para este texto, un 42% de los jóvenes que viven en su propia casa no reciben ayudas familiares y un 58% sí las reciben. Para un 27% de los jóvenes que viven emancipados estas ayudas familiares superan sus propios ingresos. Para las propias familias estas «ayudas» son también «inversiones de futuro» en el sentido de la orientación cultural de las familias españolas hacia la vivienda. Aunque no hay estudios empíricos sobre el tema, podemos sostener la hipótesis de que una parte importante de los 3,5 millones de viviendas vacías tiene destinatarios definidos pero aplazados a futuro, sean «los hijos» o sean «los nietos»; de hecho hemos visto en la Tabla 5.10 la importancia de las «cesiones y donaciones», que suponemos pueden irse incrementando en los próximos años.

TABLA 5.11.—*Situación de convivencia**

	1984	1988	1992	1996	2000	2004	2006
Con familia de origen	69	72	75	77	77	71	64
Fuera familia origen	30	27	24	23	23	29	33

* Las diferencias con la Tabla 5.10 se deben a diferencias en las edades base.

Fuente: IJEs de años citados. 2006, INJUVE/CIS, febrero de 2006.

Hay que considerar que en estos resultados influye mucho la situación de convivencia de la población inmigrante ya que en el IJE-2004 se podía observar cómo sólo un 29% de los jóvenes extranjeros vivía con su familia de origen[49]. Pero aun contando con esta población, que recordemos representan entre el 13% y el 15% del conjunto de la juventud, está claro que el ciclo de alargamiento de la convivencia con la familia de origen ha concluido también para los jóvenes españoles de origen.

En todo caso, este proceso, en paralelo a la modernización de las actitudes, valores y costumbres, ha supuesto una profunda trasformación de las relaciones familiares. La idea de una convivencia obligada hasta edades avanzadas y manteniendo la condición de solteros/as, ha abierto la puerta hacia niveles de permisividad inimaginables en la transición democrática, especialmente para las mujeres jóvenes[50]. Tal permisividad ha modificado de manera ostensible las relaciones y el sistema de *roles* familiares, promocionando un modelo más horizontal e igualitario.

Por otra parte, la situación de una convivencia prolongada con la familia de origen también se relaciona con la centralidad del ocio para la vida, ya que el tiempo de ocio se vive como una «emancipación funcional de tipo parcial» que compensa el retraso hacia la emancipación real.

Finalmente se puede sostener que la modificación de la tendencia hacia una emancipación más temprana no parece que vaya a modificar de forma sustantiva los rasgos culturales adquiridos durante la etapa de la emancipación tardía.

3.9.   *El impacto de las tecnologías de la información y comunicación (TIC)*

La primera generación de la democracia apenas vio modificadas sus perspectivas vitales por las nuevas tecnologías, pero la segunda generación, la que surge a partir de los Informes Juventud que se producen desde 1996, ha visto como las TIC, en particular el ordenador personal, internet y la telefonía móvil (y sus complementos), cambian de una manera radical sus estilos de vida[51].

---

[49] Andréu López, 2004, ob. cit.

[50] Es un cambio relativo, porque en general y como ejemplo de cambio se alude a la «posibilidad de mantener relaciones sexuales» con la pareja en su habitación y con los padres en casa. Algo que goza un alto grado de permisividad entre los 25 y 29 años. Pero que no es tan diferente a la situación de la pareja casada de estas mismas edades que convivía con la familia de origen hace 30 años. Lo único que ha cambiado es la exigencia de «estar casados», en aquella época, además, «por la iglesia».

[51] Jaime Andréu Abela (2004), *Valores, participación y uso de tecnologías*, Madrid, INJUVE (IJE-2004).

La Tabla 5.12 nos muestra cómo las tres TIC mencionadas han alcanzado una condición de uso habitual muy mayoritario por parte de varones y mujeres jóvenes, con una clara tendencia a la unanimidad, que parece ya haberse alcanzado con el teléfono móvil, que además, dentro de las nuevas opciones tecnológicas incluye al conjunto de TIC en un solo aparato.

TABLA 5.12.—*Evolución en TIC (porcentaje de jóvenes de 15 a 24 años que utilizan ordenador, Internet y móvil)*

	1996	2002	2006
Ordenador	35,4	82,7	86,6
Internet	1,6	75,5	82,8
Móvil	9,1	73,7	96,7

Fuente: 1996 (IJE-2004); 2002 (IJE-2004); 2006 (INE, *Encuesta sobre TIC).*

La rapidez con la que se ha realizado este proceso, establece una identidad generacional muy precisa, casi una marca indeleble, cuyas consecuencias sociales y culturales aún nos resultan opacas. De hecho hay mucha literatura tipo ensayo o información periodística sobre este tema, pero por ahora la información sociológica se ha limitado a una descripción de la emergencia de los usos de las TIC[52].

Las imprevisibles consecuencias sociales a medio y largo plazo de este impacto, unidas a la condición de generación premeditada, nos permiten suponer una trasformación social mucho más intensa que las ocurridas en el pasado y protagonizada por esta generación.

3.10. *Valores sociales: solidaridad, presentismo y proyección del deseo*

Obviamente las características que adopte una trasformación tan radical tendrán mucho que ver con el tema de los valores. El estudio de los valores de los chicos y chicas jóvenes muestra una creciente confluencia hacia determinados «valores centrales» que adoptan mayorías muy cualificadas de jóvenes, entre ellos destacan dos positivos: tolerancia y solidaridad, que han adquirido además el carácter de valores de cohesión tanto en lo macro generacional, como en lo micro grupal, es decir la adscripción a tales valores es considerado «lo correcto» por una destacada, casi unánime, mayoría de jóvenes[53].

---

[52] El único debate sociológico abierto parece responder al eje de bondades/maldades, con acusaciones mutuas, desde un lado de sucumbir a la fascinación (que lo sería también del modelo económico neoliberal) y desde otro lado de refugiarse en la intolerancia por miedo al progreso (que lo es también de la incompetencia personal hacia las TIC). Se trata en todo caso de posiciones más ideológicas que empíricas que se limitan a mostrar lo elemental de muchas aportaciones, frente a los primeros trabajos mas precisos que muestran la complejidad del tema y la falta de fundamentación de estas descalificaciones mutuas. Ángel J. Gordo, *Jóvenes y cultura Messenger*, Madrid, FAD, 2006. Domingo Comas, *Videojuegos y violencia*, Madrid, Defensor del Menor de la CAM, 2004.

[53] P. González Blasco, López Pintor, J. M. González-Anleo, J. J. Toharia y J. Elzo, *Jóvenes españoles 2005*, Madrid, Fundación Santa María, 2006.

Tales valores calificados en su día de posmaterialistas, coexisten sin fisuras con otros valores que de forma tradicional fueron considerados como materialistas y están relacionados con el bienestar personal. Al margen se sitúa un nuevo valor, el presentismo, que algunos autores valoran como un «grave defecto adquirido en el proceso de socialización», mientras que otro sector lo ve desde la perspectiva de «los jóvenes como víctimas de la publicidad y la sociedad de consumo» y finalmente un sector minoritario lo considera un rasgo estructural y una adaptación positiva al actual modelo social.

La tolerancia se contrapone a intolerancia y la medida de la misma nos demuestra que si bien ha aumentado mucho el grado de tolerancia hacia determinadas figuras y conductas, en particular las relacionadas con la orientación sexual, ideológica o religiosa, se mantiene la intolerancia hacia aquellas conductas que implican «un riesgo», real o ficticio, para la propia persona joven. Los mayores niveles de intolerancia se identifican con el delito, los delincuentes y los ex delincuentes (y en una cierta medida con los adictos a drogas) y en cuanto al grupo social más rechazado siguen siendo los gitanos, en una gran medida porque se les relaciona con las dos conductas anteriores. El grado de rechazo hacia las personas inmigrantes es, a pesar del impacto de la inmigración en nuestro país y en particular entre la juventud, menos de la mitad que hacia los gitanos. Es cierto que se trata de los inmigrantes en abstracto, ya que los índices de rechazo hacia los inmigrantes musulmanes les aproximan a los gitanos aunque se sitúan por debajo de ellos. Tal distancia se mantiene aún en centros escolares en los que conviven las diferentes figuras.

Por su parte la solidaridad se expresa mediante acciones solidarias. Esto nos permite hacer presente una cierta paradoja, ya que chicas y chicos jóvenes que se declaran solidarios limitan, por regla general, esta solidaridad a un círculo reducido en el centro del cual se sitúa el propio grupo de iguales. Más allá los indicadores de solidaridad, como por ejemplo voluntariado, muestran una singular escasez.

Todo ello nos conduce hacia una actitud generacional caracterizada por un tono positivo en sus afirmaciones, liberal en el viejo sentido del término y muy pragmático. Una generación que abandona los viejos tópicos de la distinción y la diferencia social pero que se encasilla en un modelo de autodefensa, sobre el que resulta difícil hacer previsiones en caso de agresión.

3.11. *Creencias religiosas: el creciente rechazo hacia la Iglesia Católica*

La evolución de la religiosidad de los jóvenes españoles marca una tendencia muy profunda y muy evidente. En los primeros años de la democracia se expresó de forma simple el malestar minoritario contra la religión obligatoria. Más tarde, comenzó una fase de indiferencia religiosa en la que cuajó de forma mayoritaria la categoría de «católicos no practicantes». A partir de mitad de los años 90 el grupo de agnósticos, no creyentes y ateos comenzó a crecer de una forma acelerada y ya representa en 2007 casi una tercera parte de los jóvenes del grupo de edad 15-29 años, al tiempo que los católicos practicantes apenas suponen el 12% y las chicas y los chicos jóvenes que se identifican con otras religiones (y que en general practican) ya son el 5% (véase Tabla 5.13).

TABLA 5.13.—*Creencias religiosas de la juventud española (15-29 años)*

	1975	1982	1988	1992	1996	2000	2004	2007
Católicos pract.	37	34	26	28	28	28	14	12
Católicos no pract.	53	45	52	56	47	44	49	51
No creyentes	8	17	19	14	19	24	28	29
Otra religión	-	1	1	1	2	2	3	5
NS/NC	2	3	2	1	4	2	6	3

Fuente: 1975 (FOESSA-1975), 1982-2004 (IJEs de cada año), 2007 (Sondeos INJUVE).

Conviene también señalar que además no todos los efectivos del 12% de católicos practicantes aceptan la moral católica, especialmente en lo relacionado con la sexualidad y la contracepción[54], lo cual implica que, al menos entre los jóvenes españoles, la hegemonía histórica del catolicismo parece abocada a una crisis irreversible que los meros intentos por mantener controles educativos obligatorios no van a evitar.

3.12. *Participación política y social: más activos y más pragmáticos*

Uno de los componentes que muestran una cierta continuidad entre el Régimen de la Dictadura y la Democracia se refiere a «la debilidad de la sociedad civil y la desconfianza hacia las instituciones», que pusieron en evidencia los Estudios de Juventud realizados en los años 60 y 70.

En el último período del franquismo, aquel que se supone contempló «la movilización de los jóvenes a favor de las libertades», el interés del conjunto de los jóvenes por la política y la participación en organizaciones cívicas era muy escasa. Las encuestas de 1968, 1975 y 1977 sobre este tema nos ofrecen un panorama desolador: una minoría de jóvenes politizados, que lo están porque se oponen a la dictadura y una gran mayoría de jóvenes desconfiados frente a cualquier forma de participación.

En 1972 Salustiano el Campo, aprovechando estas fuentes de datos realizaba un análisis comparativo del compromiso político y la participación cívica de los jóvenes españoles con relación a italianos y franceses: en España los jóvenes «comprometidos» se aproximaban a las cifras europeas, en nuestro caso un 4% y en los países vecinos entre un 6-7%. Pero luego mientras en nuestro entorno democrático los que se consideraban interesados por la participación cívica y política se movían en torno al 38%, en España suponían un escaso 15%. Los poco interesados eran en España el 30% y en Francia e Italia el 44%. Pero la gran diferencia se encontraba en los que rechazaban cualquier tipo de activismo, en Europa se situaban en el 11% y en España representaban casi a la mitad de los jóvenes, concretamente el 40%[55].

Pero no acaban ahí las diferencias, en España no tenían interés en votar (o afiliarse

---

[54] Domingo Comas (2004d), «La transición religiosa en España: catolicismo, secularización y diversidad», en José Félix Tezanos, *Tendencias en identidades, valores y creencias*, Madrid, Sistema, 2004.

[55] José Ramón Torregrosa, *La juventud española: conciencia generacional y política*, Barcelona. Ariel, 1972.

a un partido político) el 52% de los jóvenes mientras que en Europa este rechazo descendía hasta el 19%. Por cierto, un 37% pensaba que debería haber más libertad (incluidas las libertades políticas) y un 49% pensaba que las libertades que otorgaba la dictadura eran suficientes. Claro que estos mismos datos se contemplaban de forma esperanzadora, en un capítulo en el que José Ramón Torregrosa los comparaba con las respuestas de los adultos que eran aún más desoladoras.

¿Ha conseguido la democracia resolver este déficit? Pues si atendemos a las conclusiones particulares de cada uno de los Estudios dedicados a este tema por parte de INJUVE parece que no, que la participación de la juventud sigue siendo tan escasa como siempre[56], lo que constituiría, en términos evaluativos, *un fracaso sin paliativos*, tras veinticinco años de inversiones públicas para promocionar la participación de los jóvenes por parte de las Políticas de Juventud en la España democrática.

Pero si nos aproximamos a este conjunto de Estudios de forma global y en perspectiva observamos dos cosas: la primera que los datos siguen una ligera curva ascendente, aunque por las diferencias en la metodología no son directamente comparables. La segunda se refiere a que si bien en un primer momento predomina en los análisis un tono optimista pero con cifras de participación discretas, en un segundo momento este tono se va volviendo pesimista a pesar de la mejora en las cifras, hasta que en la última etapa, con las cifras de participación juvenil más altas de toda nuestra historia se afirma como conclusión que estamos ante un «retraimiento egoísta y falta de interés por lo colectivo». El diagnóstico es cierto en términos de fracciones importantes de jóvenes, pero si tenemos en cuenta el punto de partida (Tabla 5.14) la conclusión debería ser justamente la contraria. El número de jóvenes motivados por la política (interesados y comprometidos) se ha duplicado y el de los que rechazan la acción política ha disminuido hasta casi una quinta parte.

TABLA 5.14.—*Comparación del grado de interés por lo colectivo (y la política) por parte de la juventud (1972 y 2005)*

	1972	2005
Apolíticos/rechazan	48	11
Escépticos/desinteresados	30	21
Indiferentes/desinteresados	—	28
Proactivos/interesados	15	18
De partido/comprometidos	4	21

Fuente: Torregrosa, 1972.

Por esto no podemos estar más de acuerdo con Javier Elzo, el cual a partir de los datos de una meta-evaluación de Estudios de Juventud llega a esta conclusión: «La teoría socrática de que la felicidad está aliada con la virtud recibe un empírico y claro refrendo en la juventud española, cuando por virtud se entiende la no discriminación del diferente, la aceptación del distinto y la preocupación por la "cosa pública". Es lo que

---

[56] Una descripción de los mismos aparece en Domingo Comas, 2007, ob. cit.

venimos llamando las virtudes o valores públicos, que tienen su máxima manifestación en el altruismo»[57].

Otro dato importante se refiere a la intensidad de la participación de las personas jóvenes comparado con las personas adultas (Tabla 5.15). Vemos cómo los jóvenes españoles muestran un mayor grado de movilización política que los adultos, aunque su grado de participación en las organizaciones políticas y sindicales es menor. También es, lógicamente menor, su grado de participación en actividades que implican recursos dinerarios o tener una vivienda en propiedad.

TABLA 5.15.—*Desviación sobre el conjunto de la población de las actividades o iniciativas en el último año*

Más que la media	(%)
Participar en una huelga	+22,9
Presentarse a algún puesto de representación publica	+19,2
Elaborar o firmar algún manifiesto público	+15,8
Acudir a alguna manifestación o acto de protesta	+8,5
Escribir alguna carta, e-mail o mantener alguna reunión con un representante público	+3,0
Igual que la media	(%)
Asistir a algún acto electoral	=
Presentarse candidato a algún puesto directivo de una asociación	=
Menos que la media	(%)
Acudir a alguna reunión de un Partido Político	–19,7
Acudir a alguna reunión de una asociación ciudadana	–23,4
Acudir a alguna reunión de un sindicato	–27,7
Contribuir con dinero a alguna campaña política	–41,4
Asistir a alguna reunión vecinal	–41,6

Fuente: GETS, *Encuesta sobre tendencias sociales 2006* (Villalón, 2007). Reelaboración propia.

De manera global podemos afirmar que la trasformación de un discurso optimista (con malos datos de participación) en otro pesimista (con mejores datos de participación), tiene mucho que ver con la proyección de un exceso de exigencias hacia los jóvenes a los que se atribuye la condición de portadores de una esperanza histórica. Hace veinte años la esperanza en la misión redentora dominaba el discurso, pero como la redención definitiva en forma de sociedad civil perfecta no ha llegado, ni parece que el milagro repentino se vaya a producir en los próximos decenios, la leve mejoría en las cifras de participación causa pesimismo.

Tenemos una sociedad civil débil, pero la imaginamos más débil de lo que es en realidad por una especie de criterio de autoexigencia extrema, fundado en la creencia de que participar consiste, necesariamente, en entregar la vida por la causa. Se trata de una

---

[57] Javier Elzo, *Los jóvenes y la felicidad*, Madrid, PPD, 2006.

manera de ver las cosas que ha estado muy presente en el propio Consejo de la Juventud de España, que en el Estudio pionero sobre sí mismo afirmaba: «la pertenencia a asociaciones es hoy una opción en la práctica social y no tanto una adscripción grupal. Nos gustaría dejar bien claro que esto último no tiene casi nada que ver con la concepción de que las asociaciones han de devenir servicios, prestos a competir con la discoteca y las salas recreativas. Ya hemos indicado claramente que la diferencia ha de establecerse no tanto en el tipo de oferta —o en la cantidad—, sino en el sentido de la misma»[58].

Hoy en día, aunque se parta de algún tópico sobre la fantasías de las movilizaciones del pasado, la posición de los analistas es muy diferente: «Respecto a la participación de sujetos y comenzando por los propios jóvenes, puede decirse que tras la intensa actividad desplegada durante la transición que fue cayendo en declive con la democracia, el asociacionismo juvenil ha ido levemente creciendo por la movilización de los líderes políticos y juveniles y merced —en cierta medida— al impulso institucional del INJUVE, si bien no cabe hablar de un elevado porcentaje de asociados. En todo caso, deben desempeñar un papel esencial en el policy making en general, dado el interés de las propias instituciones dedicadas a la juventud en su participación y por la legitimidad otorgada a sus representantes, dirección a la que cabe esperar se tienda en virtud de la progresiva maduración del entramado juvenil y del paulatino cambio de mentalidad de las cúpulas administrativas»[59].

3.13. *Estado de salud, mortalidad y riesgos: una nueva fase de autocontrol*

Tras una larga etapa, que se inició con la transición democrática, de incremento de los riesgos sobre la salud de las chicas y chicos jóvenes y cuyos principales componentes fueron primero las drogas, después el SIDA y en todo momento los accidentes de tráfico, así como, aunque en mucho menor volumen, las situaciones de violencia, se ha producido un cambio radical en relación con estos mismos riesgos. Las tasas de mortalidad asociadas al conjunto de «riesgos juveniles» citados han descendido a menos de una cuarta parte y además se está produciendo un retardo en la relación entre la conducta y sus consecuencias (Tabla 5.16).

Así hasta la primera mitad de los años 90, más de la mitad de las víctimas de todos estos riesgos tenían menos de 30 años, pero de forma progresiva este porcentaje fue descendiendo y en la actualidad la plasmación de la mayoría de las consecuencias se ubica mucho más allá de la juventud. Se trata del modelo tradicional del tabaquismo: prácticamente todos los fumadores comienzan a fumar antes de los 25 años, lo que convierte la prevención en un «problema exclusivo de jóvenes», pero las consecuencias para la salud del tabaco no comienzan a percibirse hasta después de los 40 años, aunque también es cierto que el 39% de los fumadores morirá como consecuencia directa de su hábito, con una pérdida media de 9 años de vida.

---

[58] Consejo de la Juventud de España, *El asociacionismo juvenil es España*, Madrid, CJE, 1987.
[59] Alemán y Martín, 2004.

TABLA 5.16.—*Evolución de fallecimientos entre la población joven*

Año	Fallecidos	% Fallecidos respecto al total de la población	% respecto al total de jóvenes
1980	6.040	0,0208	0,0689
1985	6.572	0,0210	0,0688
1990	9.273	0,0278	0,0957
1995	7.389	0,0213	0,0768
2000	5.533	0,0153	0,0590
2005	4.190	0,0116	0,0460

Fuente: INE, *Defunciones según la causa de muerte.*

El cambio producido no tiene tanto que ver con la reducción en sí misma de los riesgos, sino más bien es una consecuencia combinada de dos factores: de una parte, un mayor conocimiento de los mecanismos del riesgo, lo que ha facilitado el autocontrol aunque sin renunciar a la realización de muchas de estas conductas y, de otra parte, los avances en tecnología sanitaria y farmacológica que reducen de manera notable el impacto de las consecuencias de tales riesgos.

3.14. *Comportamiento sexual: un modelo razonable y consolidado*

La cuestión de la sexualidad era, por su ausencia, una de las señas de identidad de la sociedad española antes de la transición. La transición política supuso la irrupción del tema que ha pasado por tres fases diferentes, la primera supuso «una explosión de libertad» y se prolongó hasta mitad de los años 80, durante esta etapa los españoles en

TABLA 5.17.—*Método anticonceptivo utilizado por número de parejas en el último año según género**

	Una		Dos/Tres		Cuatro y más	
	Hombre	Mujer	Hombre	Mujer	Hombre	Mujer
Preservativo o condón	79,5	70,9	90,8	85,4	82,8	57,4
Píldora anticonceptiva	18,3	25,0	6,1	12,6	12,1	36,2
DIU o dispositivo intrauterino	0,9	1,8	0,7	—	0,9	2,1
Píldora del día siguiente	0,2	0,4	—	—	0,9	—
Coito interrumpido	0,2	0,4	0,7	0,7	—	—
Métodos naturales	0,2	—	—	—	—	2,1
Otro	—	0,8	—	0,7	0,9	—
NS/NC	0,8	0,8	1,5	1,5	2,6	2,1

* Pregunta: ¿Utilizó algún método anticonceptivo en su última relación sexual?

general y los chicos y chicas jóvenes en particular adoptaron un comportamiento sexual que se podría identificar como de «inversión de pautas» con relación al período anterior. Indicadores como el «número de parejas sexuales en una año» reflejan empíricamente este cambio que tiene su reflejo en los medios de comunicación (y en particular el cine) de la época. Aquella explosión se vivió sin temor a los «viejos riesgos», especialmente a partir de la legalización de los anticonceptivos en 1978 y el posterior uso masivo de la píldora anticonceptiva.

A partir de 1986 la irrupción del SIDA inició una segunda etapa de «lucha contra las conductas de riesgo», que en España (lo mismo que en la UE) se centró no tanto en un cambio en las pautas sexuales sino en la promoción del preservativo.

El éxito de estas políticas preventivas ha dado paso a una tercera etapa, que emerge en los Estudios sobre sexualidad realizados a partir del año 2000, los cuales muestran un estándar de comportamiento muy consolidado y al que se ajusta una mayoría muy amplia de jóvenes.

Las principales características de este estándar son una edad de inicio de las relaciones sexuales no demasiado precoz, entre 17-18 años para las chicas y entre 18-19 años para los chicos, con tasas de desviación relativamente pequeñas y con una auto-declaración que invierte por sexo dichas edades. Otra característica se refiere a un modelo de monogamia sucesiva, en el que se otorga un gran valor a tener novio/a, lo que implica que el tiempo sin pareja entre dos relaciones debe ser lo más corto posible, lo que produce una masiva situación de «emparejamiento» especialmente a partir de los 20 años. Este novio/a goza de un estatus cuasi-familiar y entre la pareja se valora, incluso por encima de otras épocas, el valor de la fidelidad. Priman las rupturas consensuadas sobre las traumáticas, aunque cuando existe un proyecto de emancipación conjunto las cosas pueden ser un poco más difíciles.

La mayor parte, casi la totalidad, de los embarazos no deseados, se producen antes de los 18 años de las chicas y parecen tener mucho que ver con la «urgencia» por mantener una primera relación sexual.

Se toman muchas precauciones con las Enfermedades de Transmisión Sexual (ETS), de tal manera que el uso del preservativo se ha generalizado en las relaciones esporádicas o entre aquellos que tiene relaciones con parejas distintas. Aunque el preservativo sigue siendo lo más utilizado, las parejas más estables pueden utilizar otros métodos, lo que a su vez se relaciona con la fidelidad y un cierto compromiso en torno a «otras relaciones» (Tabla 5.17).

No hay grandes diferencias de comportamiento sexual por ubicación religiosa, ideológica u otros valores. Incluso en el tema del aborto, más de la mitad de los menores de 30 años católicos practicantes mantienen una posición opuesta a la oficial de la Iglesia, especialmente si tienen más de 20 años.

4. La evolución de las desigualdades de género: un balance

El conjunto de evidencias aportadas en el apartado precedente requiere un análisis de género, ya que en todos los procesos descritos la variable sexo resulta básica tanto por tratarse del indicador que establece mayores diferencias en todas las cuestiones analizadas, como por el hecho de que añade un factor clave en la descripción del actual colectivo juvenil: la nueva lógica de la desigualdad.

Partiendo del tema de la actividad accederemos sin dilaciones a esta clave. En la tabla 5.18 podemos observar como en 1987 la tasa de actividad de varones y mujeres era similar y relativamente baja entre 15 y 19 años, para a continuación ir aumentando la tasa de los primeros mientras las segundas lo hacían de una forma más moderada e incluso descendía a partir de los 25 años cuando se casaban. Se trata de cifras que muestran una distancia importante entre mujeres y varones jóvenes aunque en 1987, diez años después de la transición, ya se había producido un cierto cambio y la diferencia era menor que en otras épocas[60]. En 2006 las cosas ya han cambiado, el volumen de activos ha descendido entre los 16-19 años, especialmente entre las mujeres, se mantiene la proporción de activos y activas entre 20 y 24 años y el volumen de mujeres activas entre 25-29 años se ha aproximado a los varones.

TABLA 5.18.—*Activos jóvenes por sexo (1987 y 2006)*

Año	1987		2006	
Sexo	Hombres	Mujeres	Hombres	Mujeres
16-19	39,9	37,3	33,0	23,7
20-24	72,0	61,1	72,0	62,8
25-29	92,7	60,8	90,8	81,2

Fuente: EPA, años citados.

Podemos leer estos datos como componentes de una tendencia hacia la igualdad e incluso proyectarlos hacia el futuro afirmando por ejemplo que «la proyección de los mismos para la edad 25-29 años nos indica que en 2015 se habrá alcanzado una plena igualdad en las tasa de actividad». Aunque analizado en otros términos, la igualdad en la tasa de actividad ya se ha alcanzado porque sencillamente la diferencia entre sexos no se puede atribuir a la inactividad sino a las diferencias en las tasas de escolarización.

En la tabla 5.19 vemos las diferentes tasas de logro escolar (y por tanto de escolarización) en ambos sexos. Según ascendemos en la escala la posición de las mujeres mejora y de hecho el 14,5% de estudiantes entre 25 y 29 años (Tabla 5.5), se compone

TABLA 5.19.—*Nivel de estudios terminados por sexo en el grupo de edad 25-29 años (2004)*

	Hombres	Mujeres
Sin estudios	0,1	—
Primaria	15,5	9,6
Secundaria Obligatoria	30,1	31,8
Secundaria Postobligatoria	29,1	30,6
Superiores	24,4	27,6
NS/NC	0,8	0,8

Fuente: Aguinaga, 2004.

---

[60] Hemos elegido 1987 porque es el año más antiguo en el que la EPA realiza esta presentación.

de un 19,3% de mujeres y un 9,2% de varones. Es decir las tasas de actividad de varones y mujeres se habrían igualado si no fuera por el éxito escolar y la consiguiente prolongación de estudios por parte de las mujeres.

¿Cuál es la razón de este éxito de las mujeres? ¿Quizá porque el sistema educativo les ofrece mejores condiciones de igualdad? Puede, pero aparece otro factor que debemos considerar. La Tabla 5.20 muestra las diferencias salariales entre mujeres y varones jóvenes. En la misma podemos observar cómo los varones españoles cobran por término medio un 40% más que las mujeres o desde otra perspectiva las mujeres cobran un 28,7% menos que los varones. En cierta medida una parte de la diferencia puede ser atribuida a factores indirectos como el tipo de contrato o las diferencias de formación. Pero el caso de las mujeres jóvenes nos demuestra que la razón es otra, porque estas mismas mujeres tienen una mejor formación que los varones de su edad y no hay razón alguna para que tengan contratos diferentes, sin embargo las diferencias salariales persisten aunque sean menores.

¿Qué significa esto? Que el mercado de trabajo discrimina mediante fórmulas intangibles a las mujeres jóvenes con relación a los varones de sus mismas edades y con un mayor nivel de formación. Lo que implica que para competir en el mercado de trabajo en igualdad de condiciones las mujeres tienen que realizar un mayor esfuerzo formativo e incorporarse más tarde al mercado de trabajo.

TABLA 5.20.—*Comparativa de salarios en euros entre sexos por grupos de edad (2004)*

	Mujeres	Hombres	%+ Hombres	%− Mujeres
< 20 años	8.131,24	10.836,53	33,2	25,0
21-29 años	12.200,23	14.985,18	22,8	18,6
Total	14.691,84	20.597,71	40,2	28,7

Fuente: INE, encuesta salarial.

Se trata de un mecanismo mediante el cual las viejas desigualdades formales han sido sustituidas por desigualdades estructurales, más sutiles pero igual de efectivas y que, al final, mantienen fórmulas de desigualdad en un contexto con apariencia de igualdad (de hecho tanto las chicas como una mayoría de chicos jóvenes no admiten ningún tipo de desigualdad formal), pero a la vez reproduce las condiciones de una sociedad asimétrica. La orientación cultural de tipo patriarcal se va contrayendo pero emergen, especialmente entre los jóvenes, nuevos estilos de desigualdad, más democráticos, pero que tratan de mantener la «diferencia» a partir de una supuesta «afinidad electiva» de los dos sexos.

Esta supuesta afinidad electiva, por ejemplo de las mujeres hacia la maternidad o hacia una mejor actitud por los estudios, es el factor clave que explica la pervivencia de las desigualdades que muestra la distribución salarial por sexos y que afecta a casi todos los aspectos tratados en los apartados precedentes. Se trata de una nueva lógica de la desigualdad, muy distinta de la vieja lógica formal pero que se muestra, de manera clara en las nuevas generaciones.

Así, por ejemplo, la reducción de la fecundidad tiene mucho que ver con las supuestas obligaciones que contraen en exclusiva las mujeres al procrear, quedando como las únicas responsables no sólo del parto sino de todo el proceso de crianza y educación de hijos e hijas, de las discriminaciones sutiles en el campo laboral y de la falta de infraestructuras y apoyos públicos para la crianza.

Por otra parte la OIT y el Consejo Económico y Social proporcionan auspiciados por las teóricas del feminismo la explicación a esta nueva desigualdad, que mantiene de forma persistente la brecha salarial entre hombres y mujeres, una brecha aparentemente imperceptible y que podría parecer benévola pero que es tan férrea como la anterior desigualdad, si bien encubierta bajo otro manto[61]. El Informe CES menciona que estas diferencias tienen su origen en viejas clasificaciones profesionales basadas en «categoría profesionales», pero que se observa en distintos convenios colectivos que esta clasificación está siendo sustituida por una definición de «grupo profesional».

Pero lo que en última instancia es determinante de las diferencias salariales entre hombres y mujeres es según el mencionado informe: «En particular, la segregación ocupacional, tanto horizontal como vertical, incide directamente en la discriminación salarial de las mujeres. De este modo, es característica la concentración en un mismo grupo profesional, categoría laboral o en concretos puestos de trabajo de un importante número de trabajadores del mismo sexo, constatándose que los puestos donde existe una mayor concentración de mujeres suelen estar menos valorados y por tanto peor remunerados. Por otro lado, es mayoritaria la concentración de mujeres en categorías profesionales de nivel más bajo, con posibilidades de promoción limitadas y con escaso acceso a la formación»[62]. A este fenómeno al que se le denomina «techo de cristal», no existe formalmente, no está racionalizado pero de una forma primaria se impide el ascenso de las mujeres, debido al poder corporativo masculino y patriarcal que existe en todas las sociedades.

Un último elemento que propicia la desigualdad es el hecho de que la mujer sea la cuidadora de las personas de su entorno y del hogar. Ello conlleva un tiempo de trabajo y de ocupación mental que necesariamente resta del dedicado al trabajo remunerado; a este fenómeno se le denomina la «barrera invisible», puesto que tampoco es explícito ni está racionalizado. Actualmente los Estudios de Empleo del Tiempo están contribuyen a esclarecer esta parcela de desigualdad encubierta[63].

5. EL FUTURO DE LA GENERACIÓN PREMEDITADA

Las proyecciones de futuro, especialmente cuando se refieren a las jóvenes generaciones, suponen siempre un riesgo de arbitrariedad. Porque de una parte conocemos ciertas tendencias estructurales, por ejemplo la disminución de efectivos demográficos y el creciente peso de la población inmigrante, pero otras, como por ejemplo la evolución del mercado de trabajo, dependen de factores que en este momento quizá no podemos siquiera imaginar. Esto es especialmente cierto si además este futuro se relaciona con variables como valores, percepciones y comportamientos.

Porque estamos además en un momento de euforia social, aunque una parte sustancial de los discursos sociológicos prefiere apostar por el pesimismo, especialmente

---

[61] Josune Aguinaga, *Las desigualdades de género entre los y las jóvenes*, Madrid, INJUVE (IJE-2004), 2005.

[62] CES, *Segundo Informe sobre la situación de las mujeres en la situación sociolaboral española*, Madrid, CES, 2003.

[63] Josune Aguinaga, *El precio de un hijo...*, Madrid, Debate, 2004.

cuando se habla de jóvenes. Pero ellos son una generación que expresa los mayores niveles de satisfacción general con la vida (88% en 2006) desde que esta pregunta se realiza bien por el CIS bien por el INJUVE y desde la transición democrática, es también la generación que más se identifica con la democracia como sistema político (79% en 2006), desde que ésta existe.

Tal euforia coincide con un momento dulce en cuanto a las expectativas de futuro. En este sentido los chicos y chicas jóvenes se sienten relativamente satisfechos y seguros por la situación actual y su proyección a un futuro más o menos inmediato, en el cual esta situación se consolidaría. Así, por ejemplo, podemos imaginar, un futuro caracterizado por una mayor pluralidad religiosa en el que la Iglesia Católica haya perdido su tradicional preeminencia. Esto representaría uno de los mayores cambios en la historia de este país y un mayor grado de tolerancia religiosa. Pero ésta es la mera proyección de los niveles de religiosidad de la actual generación (y la creciente preponderancia de los valores de la laicidad) que puede «cambiarse» si se producen cambios de orientación en la política de la «restauración vaticana». Porque, ¿cambiaría la actitud de los jóvenes españoles si la jerarquía católica modificara sus actuales posiciones en materia de contracepción, sexualidad y familia? Pues es posible que sí, lo cual podría modificar esta proyección religiosa para las próximas generaciones de jóvenes.

No parece que este cambio se vaya a dar, al menos a corto o a medio plazo, por lo cual, la proyección a futuro de una combinación equivalente de laicidad y pluralidad religiosa (en la que católicos y evangélicos representan los dos núcleos principales mientras que ortodoxos y musulmanes son dos minorías más o menos activas) parece la más razonable. Sin embargo acontecimientos políticos y religiosos, como los citados más arriba, pueden modificar de forma ostensible tal proyección.

Por este motivo el único elemento de relevancia que permite apoyar una proyección razonable se refiere a la condición de premeditación (y su correlato la baja tasa de fecundidad) que no parece vaya a sufrir grandes modificaciones en un plazo más o menos largo. Ciertamente la población inmigrante parece incrementar la tasa de fecundidad, pero también es cierto, que *incluso en la primera generación de inmigrantes*, modifica su estilo de fecundidad a un ritmo inesperado, adoptando rápidamente el estilo español de la premeditación, o al menos de una cierta planificación. Las actuales tasas de fecundidad de las personas inmigrantes tienen tanto que ver con el hecho de que casi todos se sitúan en edades fértiles como por la fecundidad diferencial.

¿Qué supone entonces el mantenimiento de la conciencia y el estilo de la premeditación? Pues que los jóvenes españoles seguirán siendo escasos, con un alto valor individual y familiar, acostumbrados a un cierto nivel de consumo, pragmáticos en sus valores, más moderadamente participativos, más progresistas (al menos en términos culturales), más solidarios e igualitarios y, finalmente, exigentes en su proyecto personal de futuro. Pero a la vez dispuestos a defender este estilo de vida de cualquier amenaza. En este sentido, España, por la vía de sus jóvenes, se sitúa en el siglo XXI en la vanguardia de la «modernidad europea», lo que la aleja tanto de su pasado tradicional y casticista, como de las modernidades más matizadas de Norteamérica y de algunos países europeos, que desde el siglo XVIII representaban este faro de «avance cultural».

BIBLIOGRAFÍA

AAVV, *El ocio de los jóvenes: tendencias, políticas e iniciativas*, Madrid, Fundación Atenea GID/INJUVE. Accesible a través de www.ateneagrupogid.org. 2003.

AGUINAGA, J., *El precio de un hijo: los dilemas de la maternidad en una sociedad desigual*, Madrid, Debate, 2004.

— *Las desigualdades de género entre los y las jóvenes*, Madrid, INJUVE (IJE-2005).

— «Juventud y género: la medida de la igualdad en Europa», en *Sistema*, núm. 197-198, 2007.

AGUINAGA, J. y COMAS, D., *Infancia y adolescencia: la mirada de los adultos*, Madrid, MTAS, 1991.

— *Cambio de hábitos en el uso del tiempo: las trayectorias temporales de los jóvenes españoles*, Madrid, INJUVE, 1997.

— *Estudio sobre los jóvenes de Las Rozas en el año 2005,* Madrid, Fundación General de la UNED, 2006.

ANDRÉU, J., *Valores, participación y uso de tecnologías*, Madrid, INJUVE (IJE-2004), 2005.

BENEDICTO, J. y MORÁN, M. L., *Aprendiendo a ser ciudadano*, Madrid, INJUVE, 2003.

BOURDIEU, P., «Juventud no es más que una palabra», en P. Bourdieu, *Sociología y Cultura*, México, Grijalbo, 1990.

CARDENAL, M.ª E., *El paso a la vida adulta: dilemas y estrategias ante el empleo flexible*, Madrid, CIS, 2006.

CARDUS, S. y ESTRUCH, J., *Les enquestes a la juventud de Catalunya*, Barcelona, Generalitat de Catalunya, 1984.

CASAL, J.; GARCÍA, M.; MERINO, R. y QUESADA, M., «Aportaciones teóricas y metodológicas a la sociología de la juventud desde la perspectiva de la transición», en *Papers*, núm. 79, 2006.

COMAS, D., «No es oro todo lo que dicen que reluce: ¿Qué hace la juventud el fin de semana?», en *Revista de Estudios de Juventud*, núm. 37, 1996.

— «Agobio y normalidad: una mirada crítica sobre el sector ocio juvenil en la España actual», en *Revista de Estudios de Juventud*, núm. 50, 2000.

— «El canon generacional: una aproximación topológica», en *Sistema,* núm. 178, Madrid, Fundación Sistema, 2004a.

— «Las familias con adolescencias prolongadas», en AAVV, *La familia en la sociedad del siglo XXI*, Madrid, FAD, 2004b.

— *Adolescentes en Hirusta: resultados de una evaluación*, Bilbao, Gizakia, 2004c.

— «La transición religiosa en España: catolicismo, secularización y diversidad», en J. F. Tezanos, *Tendencias en identidades, valores y creencias*, Madrid, Sistema, 2004d.

— «El doble vínculo en los procesos de socialización en la sociedad tecnológica», en J. F. Tezanos, *Tendencias en exclusión social y políticas de solidaridad,* Madrid, Sistema, 2005a.

— «¿Cómo y por qué percibimos el riesgo en jóvenes y adolescentes?», en AAVV, *El contexto de nuestros menores y sus familias*, Pamplona, Dianova, 2005b.

— *Las experiencias de la vida: aprendizajes y riesgos*, Madrid, INJUVE (IJE-2004), 2005c.

— «La generación premeditada y la sociedad tecnológica: el cambio social y la necesaria adaptación conceptual», en *Sistema,* núm. 197-198, 2007.

COMAS, D. (dir.); AGUINAGA, J.; ANDRES, F.; ESPINOSA, A. y OCHAITA, E., *Jóvenes y estilos de vida,* Madrid, FAD, 2003.

COMAS, D. y GRANADO, O., *El rey desnudo: componentes de género en el fracaso escolar,* Madrid, POI, 2001.

CONSEJO DE LA JUVENTUD DE ESPAÑA, *El asociacionismo juvenil es España*, Madrid, CJE, 1987.

DIPUTACIÓN DE BARCELONA, *Las políticas afirmativas de juventud, una propuesta para una nueva condición juvenil*, Barcelona, Ayuntamiento y Diputación, 1999.

ELZO, J., *Los jóvenes y la felicidad,* Madrid, PPC, 2006.

FRAWLEY, W., *Vygotsky y la ciencia cognitiva,* Barcelona, Paidós, 1999.

272   Josune Aguinaga y Domingo Comas

GARRIDO, L. y REQUENA, M., *La emancipación de los jóvenes en España*, Madrid, INJUVE, 1996.

GAVIRIA, S., «Retener la juventud o invitarla a abandonar la casa familiar: análisis de España y Francia», en AAVV, *Emancipación y familia*, Madrid, INJUVE, 2002.

GIROUX, H. A., *La inocencia robada, Juventud, multinacionales y política cultural,* Madrid, Morata, 2003.

GONZÁLEZ BLASCO, P.; LÓPEZ PINTOR, GONZÁLEZ-ANLEO, J. M.; TOHARIA, J. J. y ELZO, J., *Jóvenes españoles 2005*, Madrid, Fundación SM, 2006.

GORDO, A. J., *Jóvenes y cultura messenger*, Madrid, FAD, 2006.

IARD, *Estudio sobre la situación de los jóvenes y la Política de Juventud en Europa*, Milán, IARD, 2006.

LASÉN, A., *A contratiempo: un estudio de las temporalidades juveniles*, Madrid, CIS, 2000.

LÓPEZ BLASCO, A., *Familia y transiciones: individualización y pluralización de formas de vida*, Madrid, INJUVE (IJE-2004), 2005.

MARTÍN CRIADO, E., *Producir la juventud. Crítica a la sociología de la juventud*, Madrid, Istmo, 1998.

MARTÍN SERRANO, M., «Los estudios de juventud en España», en J. A. Younis (1997), *Ni diferentes ni indiferentes: los jóvenes en el mundo de hoy*, Maspalomas, Fundación Maspalomas, 1997.

MARTÍN SERRANO, M. y VELARDE, O., *Informe Juventud en España 2000*, Madrid, INJUVE, 2001.

— *Informe Juventud en España 1996*, Madrid, Instituto de la Juventud, 1996.

MIGUEL, A. de, «Significación de un hito sociológico: la iniciativa del Instituto de la Juventud», en A. de Miguel, *Dos generaciones de jóvenes 1960-1998*, Madrid, INJUVE, 2000.

NACIONES UNIDAS, *World Younth Report 2005, Young people today, and in 2015*, Nueva York, Naciones Unidas, 2005.

NAVARRO, M. y MATEO, M. J., *Informe Juventud en España 1992*, Madrid, INJUVE, 1993.

PATÓN, J. M., *Joves adults y politiques de joventut a Europa*, Barcelona, Secretaria General de Joventut, 2003.

REVILLA, J. C., «La construcción discursiva de la juventud: lo particular y lo general», en *Papers*, núm. 63-64, 2001.

RUIZ DE OLABUÉNAGA, J. I., *La juventud libera. Género y estilos de vida de la juventud urbana española*, Madrid, Fundación BBVA, 1998.

SÁEZ, J., «Los Estudios de Juventud en España: contextos de un proceso de investigación-acción», en *Revista Internacional de Sociologia*, núm. 10, 1995.

TORREGROSA, J. R., *La juventud española: conciencia generacional y política*, Barcelona, Ariel, 1972.

VILLALÓN, J. J., «Las identidades sociales de los jóvenes españoles: la edad como elemento clave de división», en *Sistema*, núm. 197-198, 2007.

6

La educación en España: su evolución entre dos siglos

Julio Iglesias de Ussel
Antonio Trinidad Requena

1. Introducción: La educación en la sociedad

El análisis de la educación puede afrontarse desde una perspectiva estática o dinámica. En el primero de los casos se realiza una radiografía descriptiva del Sistema Educativo en un momento concreto, como podría ser el caso del curso 2006-2007 o cualquier otro. Desde una perspectiva dinámica por el contrarío, se busca conocer la evolución y resultados del Sistema Educativo a lo largo de un período de tiempo, como una década o en períodos de regímenes políticos distintos. El trabajo que aquí se presenta se enmarca dentro de esa perspectiva dinámica con la intención de dar luz sobre la evolución y resultados del Sistema Educativo español a lo largo de los últimos años del siglo pasado y los inicios del siglo XXI.

Con este objetivo el capítulo se articula estudiando, en primer lugar, la evolución de los resultados del conjunto del Sistema Educativo español a lo largo de los últimos años, considerando como resultados el nivel de *capital humano* que ha alcanzado la población española mayor de 20 años. Resultados debidos a como ha ido evolucionando el Sistema Educativo español en las últimas décadas, de ese desarrollo y evolución hoy los españoles disfrutan de un determinado nivel de formación educativa, siendo necesario compararlos con los países de nuestro entorno para que nos sirvan de patrón de referencia. Además de conocer la evolución del Sistema Educativo español se hace necesario saber cómo esta funcionando hoy, ya que de los resultados de futuro dependerá el nivel con el que España afrontará la venidera sociedad del conocimiento. Razón por la que el Capítulo termina analizando el nivel de logro alcanzado por España en los objetivos estratégicos en materia educativa marcados por la Unión Europea en el Consejo Europeo de Lisboa de 2000, con la intención de convertir a Europa, antes de 2010, en la economía basada en el conocimiento más competitiva y dinámica del mundo.

El capital humano es un recurso productivo que no sólo contribuye al crecimiento económico, sino que es uno de los pilares básicos para conseguir la igualdad de oportunidades en nuestra sociedad. El adecuado funcionamiento y la calidad de los sistemas educativos son vitales para la formación del capital humano durante las diferentes etapas educativas. Con esta afirmación comienza el programa nacional de reformas de España en el eje «aumento y mejora del capital humano». Pero lo que se entiende por capital humano, según la OCDE, es el conjunto de conocimientos, cualificaciones, aptitudes y otras cualidades que un individuo posee y que interesan a la actividad económica. El capital humano constituye, por consiguiente, un bien inmaterial que puede hacer progresar o sostener la productividad, la innovación y el empleo. Por ello uno de los grandes objetivos de las sociedades postindustriales es la fácil accesibilidad a los servicios educativos. Se pretende que toda persona, cualquiera que sea su origen social, tenga la oportunidad de alcanzar el más alto nivel de educación que desee. Los beneficios que la sociedad obtiene con la inversión en educación son netamente superiores a los costes de formación que asume, como se ha comprobado, los beneficios calculados son más elevados que los costes de formación.

Beneficios que van más lejos que los del conjunto de la sociedad. Es bien conocido el hecho de que el nivel de formación/educación está correlacionado de manera positiva con los resultados individuales obtenidos en el mercado de trabajo. Aquellos individuos que tienen niveles de formación más elevados tienen mayores oportunidades para encontrar un empleo, corren menos riesgo de estar en paro, reciben remuneraciones más altas y están mejor preparados para afrontar los retos de la globalización. En este sentido, el mayor logro del Sistema Educativo español del siglo xx ha sido el erradicar el analfabetismo en España y eliminar el absentismo escolar. La sociedad española ha pasado de tener una población analfabeta a una con estudios secundarios —43,8% en el año 2000, incluido los obligatorios y postobligatorios—. Cambio que se puede apreciar en toda su magnitud al comparar los Gráficos 6.1 y 6.2, donde a medida que avanza el siglo va desapareciendo la población analfabeta y al mismo tiempo se incrementa la población con estudios universitarios. A principio del siglo xx, casi un 59% de la población con 10 años y más era analfabeta y, en el caso de las mujeres, la cifra se elevaba al 70%. Porcentajes que, en el año 1950 se habían reducido a más de la mitad, quedando un 17,3% de personas que no sabían leer y escribir y en el *Censo de 2001* la población analfabeta es del 2,6%.

GRÁFICO 6.1.—*Evolución del porcentaje de población analfabeta por sexo (1900-2001)*

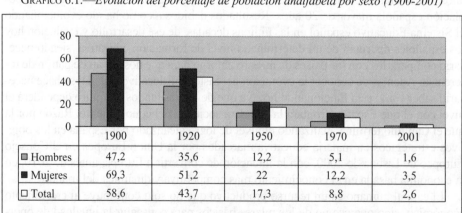

	1900	1920	1950	1970	2001
◼ Hombres	47,2	35,6	12,2	5,1	1,6
◼ Mujeres	69,3	51,2	22	12,2	3,5
☐ Total	58,6	43,7	17,3	8,8	2,6

Fuente: Elaboración propia a partir de los datos del INE (2002).

GRÁFICO 6.2.—*Evolución de la población de 16 y más años con estudios universitarios (1981-2001)*

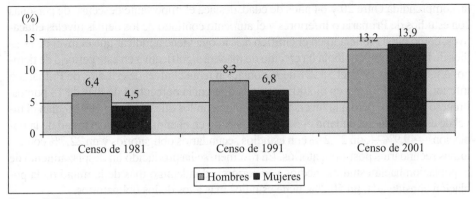

Fuente: INE (2004).

Pero si al siglo pasado le podemos atribuir dos grandes logros educativos, erradicar el analfabetismo y eliminar el absentismo escolar en España, ¿qué logros educativos (en términos de capital humano) se han conseguido en el último cuarto de siglo con un sistema democrático y con un conjunto de políticas activas de fomento de la educación? Para poder dar una respuesta acertada a tal pretensión se hace necesario hacer un análisis por tramos de edad, como el realizado por el Instituto de Evaluación Educativa —en adelante IEE— del Ministerio de Educación y Ciencia en 2006, donde se toma la cohorte de edad de los 20 a los 64 años para conocer la evolución del capital humano en nuestro país, con datos de 2005. Cohorte de edad que ha pasado por el Sistema Educativo de posguerra, transición y democracia, siendo la cohorte de edad de los mayores de 65 años los procedentes de una sociedad donde las altas tasas de analfabetismo era la nota más destacada (Trinidad, 2006); en definitiva, el estudiar una cohorte tan amplia nos permite comparar distintos períodos de tiempo con circunstancias muy distintas.

GRÁFICO 6.3.—*Evolución del nivel de estudios de la población adulta —de 20 a 64 años—*
(1991-2005)

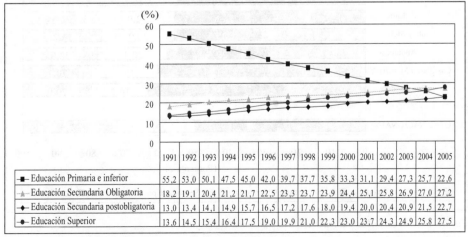

	1991	1992	1993	1994	1995	1996	1997	1998	1999	2000	2001	2002	2003	2004	2005
─■─ Educación Primaria e inferior	55,2	53,0	50,1	47,5	45,0	42,0	39,7	37,7	35,8	33,3	31,1	29,4	27,3	25,7	22,6
─▲─ Educación Secundaria Obligatoria	18,2	19,1	20,4	21,2	21,7	22,5	23,3	23,7	23,9	24,4	25,1	25,8	26,9	27,0	27,2
─◆─ Educación Secundaria postobligatoria	13,0	13,4	14,1	14,9	15,7	16,5	17,2	17,6	18,0	19,4	20,0	20,4	20,9	21,5	22,7
─●─ Educación Superior	13,6	14,5	15,4	16,4	17,5	19,0	19,9	21,0	22,3	23,0	23,7	24,3	24,9	25,8	27,5

Fuente: Sistema estatal de indicadores de la educación 2006, MEC.

De la evolución desde 1991 hasta 2005 del nivel educativo de la población española, comprendida entre 20 y 64 años de edad, destaca el importante descenso de personas con estudios de Primaria o inferiores y el aumento continuo de los demás niveles educativos, como queda reflejado en el Gráfico 6.3, lo que viene a indicar que el nivel de estudios de la población española ha crecido de manera significativa en este período de tiempo. Así, en el año 1991 el 55,2% de la población tenia el nivel de estudios de Primaria o inferior, frente al 22.6% en el 2005, con una diferencia porcentual de más de 18 puntos. Proceso parecido, pero a la inversa, ha sucedido con los que en el año 1991 tenían el nivel de estudios de Secundaria —31,2%— , siendo en el año 2005 casi la mitad de la población —49,9%—, un 27,2 % con estudios secundarios obligatorios y un 22,7% con estudios secundarios post-obligatorios. En resumen, se ha producido un desplazamiento de la población hacia estudios medios y superiores, donde algo más de la mitad de la población considerada, un 50,2%, tiene estudios más altos de los obligatorios.

GRÁFICO 6.4.—*Nivel de estudios de la población adulta de 20 a 64 años por Comunidades Autónomas (2005)*

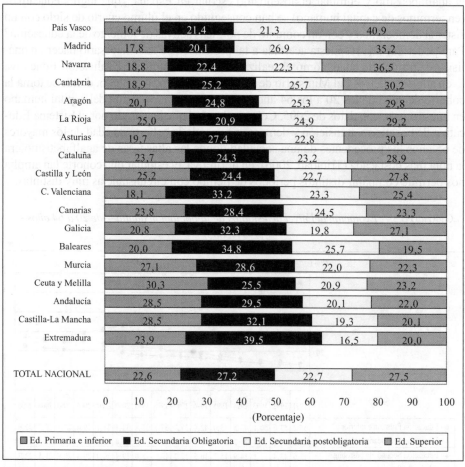

Fuente: Sistema estatal de indicadores de la educación 2006, MEC.

Pero el crecimiento del nivel de estudios de la población no es homogéneo en toda la sociedad española, siendo las diferencias porcentuales entre Comunidades Autónomas importantes. Uno de los indicadores que mejor mide el capital humano de una población es el número de personas con estudios universitarios. Pues bien, nueve Comunidades Autónomas están por encima de la media nacional en porcentaje de personas con estudios superiores a los obligatorios. Son: País Vasco, Madrid, Navarra, Cantabria, Aragón, La Rioja, Asturias, Cataluña y Castilla y León (Gráfico 6.4). En el País Vasco, destaca el alto porcentaje de población con estudios universitarios, un 40,9% de la población entre 20 y 64 años tiene un titulo universitario, siendo también la Comunidad con menor porcentaje de población con el nivel de estudios de primaria o inferior. En el otro extremo de la escala se encuentran las Comunidades de Extremadura y Castilla-La Mancha, con la mitad de la población con estudios terciarios que el País Vasco.

GRÁFICO 6.5.—*Variaciones del porcentaje de personas de 20 a 64 años con estudios superiores a los obligactorios (ed. secundaria post-obligatoria y ed. superior) en las diferentes Comunidades Autónomas (1991-2005)*

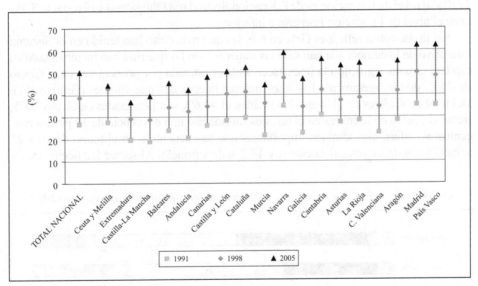

Fuente: Sistema estatal de indicadores de la educación 2006, MEC.

Para conocer el logro educativo de los últimos años, tanto del conjunto nacional como de las distintas Comunidades Autónomas nada mejor que comparar su evolución desde 1991 hasta el 2005, con un punto intermedio en el año 1998. El Gráfico 6.5 recoge la población con nivel de estudios superior a la educación obligatoria —Bachillerato y Estudios universitarios—, ordenados de menor a mayor crecimiento educativo entre 1991 y 2005, medido en el incremento porcentual entre ambos años, pero estudiando su evolución en tres momentos distintos. Así, en 1991 el 26,6% de la población española entre 20 y 64 años de edad tenía un nivel de estudios superior a educación obligatoria, en 1998 el porcentaje sube al 38,6% y en el 2005 el 50,2%, con una diferencia de 23,6 puntos porcentuales entre 1991 y 2005. En las Comunidades Autónomas el crecimiento ha sido importante en todas pero con diferencias notables entre ellas, siendo en nueve Comunidades Autónomas donde el incremento ha sido superior a la media nacional, en concreto en el País Vasco, Madrid, Aragón y Comunidad Valenciana el incremento porcentual ha superado los 26 puntos. En las que menos ha aumentado el porcentaje ha sido en Ceuta y Melilla y en Extremadura, con valores por debajo de los 20 puntos porcentuales.

Para seguir profundizando en los efectos sociales de la educación medidos en el incremento del capital humano en la etapa democrática de nuestro país se hace necesario dividir la población mayor de 20 años en los tramos 20-24 años, 25-34 y 35-64 años. Para tal objetivo nos interesan los nacidos a partir de 1969 que en el años 2005 tenían 36 años, son los españoles que en 1975 tenían 6 años y toda su escolarización ha transcurrido en democracia. Por tal razón nos interesa el tramo 25-34 años que le ha permitido terminar su educación universitaria y ha sido el beneficiario de las políticas educativas tomadas desde la transición democrática hasta nuestros días. El incremento de capital humano de esta generación de españoles ha sido muy destacable, donde el 63,9% ha alcanzado un nivel de educación superior a la obligatoria —24,2% con el nivel de Secundaria postobligatoria y el 39,7% de educación superior—, mientras el 27,8% su nivel de formación es de Educación Secundaria Obligatoria y el restante 8,3% tiene el nivel de Educación Primaria e inferior.

Sin duda, como refleja el Gráfico 6.6, las que más éxito han tenido en el Sistema Educativo de la democracia han sido las mujeres: son las que más han incrementado su capital humano, siguiendo la línea ascendente constatada por primera vez en el *Censo de 2001,* donde ligeramente hay más mujeres licenciadas que varones (Gráfico 6.2). Del total de mujeres en el tramo 25-34 años el 44,6% son licenciadas en el año 2005, frente el 35,1% de hombres en el mismos tramo, casi una diferencia de 10 puntos porcentuales; diferencias también importantes que se encuentran en el tramo de 20 a 24 años (26,6% de mujeres licenciadas y 17,2% de varones). Al sumar los licenciados y

GRÁFICO 6.6.—*Nivel de estudios de la población adulta por tramos de eded y sexo (2005)*

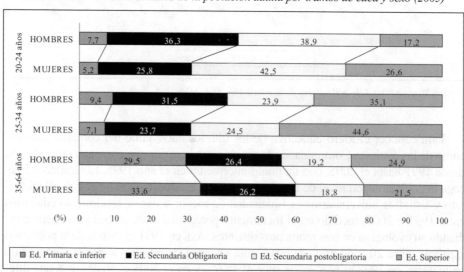

Fuente: Sistema estatal de indicadores de la educación 2006, MEC.

los que han terminado la Educación Secundaria postobligatoria en el tramo 25-34 años las mujeres que tienen estudios superiores a los obligatorios alcanza el 69,1%. Mientras en el conjunto de la cohorte 20-64 años las diferencias no son tan significativas, el porcentajes de mujeres licenciadas es de 28,2% y el de hombres 26,9%, algo parecido pasa en el tramos de mayor edad el comprendido entre los 35 y 64 años, donde las diferencias son a favor de los hombres. En resumen, el logro educativo de la etapa democrática de nuestro país ha sido el conseguir que algo más de la mitad de la población que ha pasado por sus aulas consiga un nivel de educación superior a la educación obligatoria, especialmente las mujeres.

La transformación del nivel educativo de los españoles se advierte al contextualizarlo con los países de nuestro entorno. Las crecientes necesidades de mano de obra cualificada de los mercados de trabajo, junto con unas mayores expectativas de formación y, en algunos casos, los esfuerzos de los Gobiernos, han desembocado en muchos países en un aumento significativo de la proporción de jóvenes que obtienen una titulación en Educación Terciaria. En el conjunto de la OCDE, una media del 31% del grupo de edad de 25 a 34 años son los que han completado el nivel de formación terciaria, mientras la media de la Unión Europea de los 19 es del 28% en 2003, último años del que se dispone datos —véase Gráfico 6.7—. Se trata de un avance significativo respecto al tramo de más edad, como lo refleja el hecho de que, por término medio, sólo un 23% del grupo de edad de 45 a 54 años ha alcanzado el nivel de educación terciaria. En Bélgica, España, Francia, Irlanda y Japón se ha observado un avance intergeneracional particularmente rápido en el nivel de Educación Terciaria, con porcentajes por encima de la media de la OCDE y de la UE de los 19. En el caso de España un 38% tienen estudios universitarios en el tramo 25-34 años en el 2003, con datos del 2005 el

GRÁFICO 6.7.—*Población que ha alcanzado el nivel de Educación Terciaria (2004)**

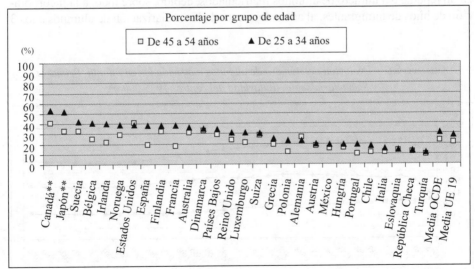

* Los países están clasificados en orden descendente según el porcentaje de adultos de 25 a 34 años que han alcanzado el nivel de Educación Terciaria.

** Año de referencia: 2003.

Fuente: Elaboración propia a partir de los datos de la OCDE.

porcentaje asciende al 39,7%. Solamente hay dos países en los que la proporción del grupo de edad de 45 a 54 años con titulación en educación terciaria es más alto que la del grupo de 25 a 34 años con esa misma titulación: Alemania y Estados Unidos. Los cuatro países que muestran un mayor avance entre la proporción del grupo de edad de 25 a 34 años con formación terciaria y la del grupo de 35 a 44 años con dicha formación son España, Francia, Irlanda y Polonia.

2.   LA EDUCACIÓN PRIMARIA Y SECUNDARIA

En el último año del siglo XX se celebraron los 100 años del Ministerio de Educación. Durante esa centuria el Sistema Educativo español, tanto en su marco legal como en su desarrollo y evolución, ha tenido una evolución no siempre lineal, al depender de los avatares sociales y políticos. La educación en España como escuela obligatoria y gratuita para todos, se inicia en el siglo XVIII, cuando se considera la necesidad de una educación pública para toda la sociedad. Pero será en el siglo XIX cuando se establece, por primera vez, un marco legal que le proporciona estabilidad al Sistema Educativo español.

Reflejo de esa evolución son los altos índices de escolaridad conseguidos a lo largo del siglo XX, donde el número de alumnos matriculados en la educación no universitaria, incluido Infantil, Primaria y Secundaria, no han dejado de crecer hasta el curso 1981-1982, rozando los 9 millones de alumnos matriculados, en este tipo de enseñanzas, concretamente 8.923.189 alumnos matriculados en toda la enseñanza no universitaria, como se puede apreciar en el Gráfico 6.8. Estabilizándose en torno a los 8 millones hasta el curso 1994-1995, donde se empieza a perder alumnados, debido a que afectan a la educación infantil y primaria el descenso de la natalidad de nuestro país, alcanzando los niveles más bajos en el curso 2001-2002. En el curso 2003-2004 empieza un repunte del número de alumnos matriculados, debido, sobre todo, a la incorporación de hijos de inmigrantes, al adelantamiento de la escolarización de alumnos a los 3

GRÁFICO 6.8.—*Evolución del número de alumnos matriculados en Infantil, Primaria y Secundaria según titularidad del centro (1975-2006)**

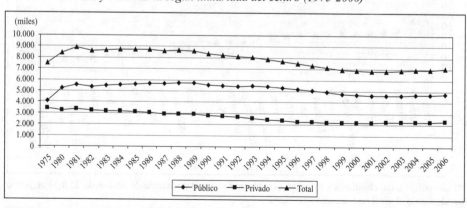

* No incluye el alumnado matriculado en educación a distancia.

Fuente: Elaboración propia a partir de los datos del INE.

años —en el curso 2004-2005 el 96,7% estaba escolarizado— y al repunte de la natalidad, cabe destacar el hecho de que en menos de una década se ha pasado de 365.193 nacidos en un año (año 1998) a 481.102 (año 2006), aumento derivado del incremento de los nacidos de madres extranjeras: en el año 2006 supusieron el 16,5% del total de nacidos según datos del INE. El número de alumnos de padres inmigrantes en el curso 2006-2007 alcanza la cifra de los 608.040 alumnos matriculados en la educación no universitaria, lo que representa el 8,4% del total.

La proporción del alumnado escolarizado en centros públicos y privados ha sufrido pocas variaciones a lo largo de los años analizados, permaneciendo constante con leves fluctuaciones. A pesar de ello, la evolución del alumnado de Infantil, Primaria y Secundaria, como se puede apreciar en el Gráfico 6.8, presenta varias tendencias significativas que merecen ser destacadas. En primer lugar, se aprecia un importante crecimiento del alumnado matriculado entre la década de los 70 y la de los 80. Los efectos de la transición democrática son notorios en el Sistema Educativo, incorporando a más alumnos y prolongando su continuidad. A lo largo de la década de los 80, tras el máximo alcanzado en el año 1981 con casi 9 millones de alumnos matriculados, continua un período de estabilización que apenas varía hasta la década de los 90. Es en 1981 cuando la tendencia se rompe y se inicia un descenso en las cifras de alumnos matriculados en estas etapas educativas. La tendencia a la baja se prolonga y agudiza en los años siguientes, llegando a finales de los 90 a unas cifras incluso inferiores a las registradas en el 1975, por debajo de los 7 millones de alumnos. Tendencia que acaba en 2002, observándose una leve recuperación del alumnado matriculado en el último quinquenio, según las previsiones realizadas por el Ministerio de Educación para el curso 2007-2008, se inicia el curso escolar con 8.587.639 de alumnos, lo que significa 100.063 alumnos más que en el curso 2006-2007 —un 12% más—. Las causas explicativas de estas variaciones pueden ser de dos tipos, estructurales y/o coyunturales. Estructurales en cuanto que la explicación la hallamos en la «estructura» demográfica de la población española, que dependiendo de su juventud o envejecimiento, aportará más o menos alumnos respectivamente al Sistema Educativo. La otra explicación es coyuntural en la medida que nos referimos a determinadas políticas públicas que favorecen más altas tasas de escolarización entre la población de esas edades, especialmente en ámbitos rurales.

Las causas estructurales se hallan en todos los períodos descritos, como consecuencia del aumento y rejuvenecimiento de población habido en la década de los 80 y del descenso de la natalidad en la década de los 90, hasta convertirse en una de las tasas de natalidad más bajas del mundo, cifra que no permite el relevo generacional y que ha provocado el envejecimiento a la población española. Sin embargo, un nuevo factor «estructural» interviene a partir del año 2000: la inmigración. La llegada de inmigrantes a nuestro país no supuso en un primer momento cambios en las cifras del alumnado, pero tras unos años de experiencia inmigratoria, las reagrupaciones familiares y los mayores índices de natalidad que presenta la población inmigrante, han supuesto un repunte en el número de alumnos matriculados.

En cuanto a las causas «coyunturales» debidas a determinadas políticas públicas implementadas, podemos pensar en un esfuerzo para erradicar el analfabetismo y el absentismo escolar en todos los períodos descritos, aunque posiblemente sea a partir de los 80 cuando esas medidas empiecen a tener mayor eficacia por el aumento del gasto público en educación, que se convierte en un importante campo de política social.

El asentamiento del sistema de bienestar y de todo el entramado de políticas socia-les que se desarrollan desde el Estado y posteriormente desde las propias Comunida-des, hace pensar que el descenso de alumnado matriculado a partir de los noventa tiene una única explicación, que es la demográfica, el envejecimiento de la población y el descenso de individuos en edades de escolarización. Este argumento queda reforzado al ver cómo a partir del año 2002, las cifras ascienden y no precisamente por un cambio de estrategia política en cada Comunidad Autónoma, sino por el simple hecho de que aumenta la población comprendida entre esas edades, por la llegada de inmigrantes que rejuvenecen la población y también por el ligero incremento de las tasas de natalidad entre la población española.

En relación con la evolución de alumnos matriculados en centros públicos y priva-dos no presenta grandes cambios en el conjunto de la educación infantil primaria y se-cundaria, pero sí que se aprecian cambios de tendencia como podemos observar en el Gráfico 6.8. Los datos de la Tabla 6.1 muestran los cambios debidos al aumento y des-censo de la población en edad escolar, pero a la vez encontramos las consecuencias de determinadas políticas educativas que han ido dirigidas a impulsar la educación de ti-tularidad pública. Hasta el curso 1975-1976, la educación pública reunía a poco más de la mitad del alumnado de primaria y secundaria, con lo que la educación privada, en su mayoría estaba en manos de instituciones privadas, con el 45% del alumnado escolari-zado entre esas edades. Las políticas educativas impulsadas durante la década de los 80, consiguieron uno de sus objetivos: favorecer el papel del Estado en el Sistema Educa-tivo con el fin de garantizar la igualdad de oportunidades para todos los alumnos en edad escolar al mismo tiempo que se reducía el papel socializador de los centros priva-dos, de la Iglesia y de otras instituciones, en los primeros años de escolarización.

TABLA 6.1.—*Evolución del número de alumnos matriculados en educación Infantil, Primaria y Secundaria según titularidad del centro (1975-2006)**

	1975	1980	1981	1982	1983	1984	1985
Público	4.100.013	5.221.037	5.543.052	5.361.932	5.472.714	5.541.975	5.612.525
Privado	3.417.448	3.217.845	3.380.137	3.227.573	3.168.845	3.153.085	3.086.322
% Privados	45,5	38,1	37,9	37,6	36,7	36,3	35,5
Total	7.517.461	8.438.882	8.923.189	8.589.505	8.641.559	8.695.060	8.698.847
	1986	1987	1988	1989	1990	1991	1992
Público	5.647.371	5.682.736	5.737.263	5.705.533	5.524.372	5.463.777	5.436.662
Privado	3.046.432	2.928.444	2.938.261	2.916.222	2.812.234	2.736.285	2.646.324
% Privados	35,0	34,0	33,9	33,8	33,7	33,4	32,7
Total	8.693.803	8.611.180	8.675.524	8.621.755	8.336.606	8.200.062	8.082.986

TABLA 6.1 *(cont.).—Evolución del número de alumnos matriculados en educación Infantil, Primaria y Secundaria según titularidad del centro (1975-2006)**

	1993	1994	1995	1996	1997	1998	1999
Público	5.481.745	5.398.629	5.288.344	5.180.936	5.042.841	4.875.766	4.725.022
Privado	2.534.891	2.433.377	2.344.967	2.267.405	2.212.102	2.194.742	2.186.643
% Privados	31,6	31,1	30,7	30,4	30,5	31,0	31,6
Total	8.016.636	7.832.006	7.633.311	7.448.341	7.254.943	7.070.508	6.911.665
	2000	2001	2002	2003	2004	2005	2006
Público	4.626.047	4.562.064	4.568.540	4.612.468	4.632.457	4.624.157	4.688.641
Privado	2.189.282	2.196.760	2.200.887	2.216.215	2.221.173	2.237.341	2.274.879
% Privados	32,1	32,5	32,5	32,5	32,4	32,6	32,7
Total	6.815.329	6.758.824	6.769.427	6.828.683	6.853.630	6.861.498	6.963.520

* No incluye el alumnado matriculado en educación a distancia para ningún nivel educativo, así como tampoco incluye el alumnado matriculado en educación especial ni en programas de garantía social.

Fuente: Elaboración propia a partir de los datos del INE.

Se observa, en la Tabla 6.1, el aumento paulatino del alumnado matriculado en centros públicos durante la década de los 80 y su descenso en los centros privados. A partir del curso 1999-2000 se invierte la tendencia en un contexto de descenso demográfico, ganando más alumnos los centros privados que los públicos, aunque manteniendo aún la brecha alcanzada en la década anterior. No sabemos si llegarán a converger o no ambas cifras, pero lo que sí se puede analizar es la diferente evolución que se ha producido en cada Comunidad Autónoma, especialmente una vez adquiridas las competencias en materia educativa. La complejidad de la interpretación de esos datos aumenta ya que cada Comunidad tiene una estructura demográfica diferente debido a su propia historia y a las diferentes políticas desarrolladas, tanto a favor de la natalidad, como de la inmigración, como de una mayor o menor intromisión del Gobierno en la educación, o en el fomento de las iniciativas privadas, etc.

La Tabla 6.2 recoge los datos de la evolución seguida desde el curso 1975-1976 hasta el curso 2006-2007 y tramos intermedios, en cada uno de los niveles educativos e itinerarios de la Educación Secundaria, además permite comparar la evolución del alumnado en varias momentos del Sistema Educativo, sometido a constantes reformas educativas, siendo algunas medidas de gran trascendencia como el aumento de la escolarización secundaria obligatoria hasta los 16 años, en vez de los 14 que obligaba hasta entonces la EGB. La puesta en funcionamiento de la ESO supuso la reducción de la Primaria en dos cursos y el aumento de la Secundaria en otros dos, aunque con una reducción del Bachillerato (BUP y COU) en esos otros dos cursos. La Primaria quedó con 6 niveles, la Secundaria con 4, y el Bachillerato con 2, sumando entre todos los 12 cursos que antes se repartían entre la EGB (8), BUP (3) y COU (1). Algo parecido sucede con la Educación Infantil, que también aumenta en su base, acogiendo a alumnos de menor edad, aunque esa variación no afecte a la contabilización de la Primaria y la Secundaria.

TABLA 6.2.—*Evolución del número de alumnos matriculados en Educación Infantil, Primaria y Secundaria (1975-1976 a 2006-2007)*

Nivel de Enseñanza****	1975-1976		1986-1987		1993-1994		1999-2000		2004-2005		2005-2006		2006-2007	
	Número	%	Número	%	Número	%	Número	%	Número	%	Número	%	Número	%
Preescolar/Infantil	920.336	12,2	1.128.348	12,9	1.077.792	13,5	1.132.976	16,3	1.427.519	20,5	1.483.190	21,4	1.552.628	22,1
EGB/Primaria	5.473.468	72,8	5.594.285	63,9	4.276.524	53,6	2.522.855	36,4	2.467.636	35,5	2.481.687	35,8	2.535.656	36,0
EEMM/Educación Secundaria	818.403	10,9	1.299.346	14,8	1.736.327	21,8	2.764.859	39,9	2.468.601	35,5	2.449.431	35,3	2.430.110	34,5
BUP y COU	818.403		1.265.894	14,5	1.473.974	18,5	283.259	4,1						
Bachillerato experimental			33.452	0,4	46.396	0,6		0,0						
Educación Secundaria Obligatoria					182.711	2,3	1.997.895	28,8	1.855.020	26,7	1.843.844	26,6	1.833.735	26,1
Bachillerato LOGSE					33.246	0,4	483.705	7,0	613.581	8,8	605.587	8,7	596375***	8,5
EEMM/Secundaria profesional	305.254	4,1	734.186	8,4	881.174	11,1	455.639	6,6	508.978	7,3	447.190	6,5	445.126	6,3
FP I			433.514	5,0	408.314	5,1	2.644	0,0						
FP II			300.672	3,4	441.562	5,5	146.547	2,1						
Módulos profesionales II					14.887	0,2	158.573	2,3	279.516	4,0	230.030	3,3	232.363	3,3
Módulos profesionales III					16.411	0,2	147.875	2,1	229.462	3,3	217.160	3,1	212.763	3,0
Educación Especial							25.876	0,4	28.145*	0,4	26.196	0,4	28.573	0,4
Programas de Garantía social							33.551	0,5	46051**	0,7	44.883**	0,6	46645**	0,7
Total	7.517.461	100,0	8.756.165	100,0	7.971.817	100,0	6.935.756	100,0	6.946.930	100,0	6.932.577	100,0	7.038.738	100,0

* No incluye los alumnos integrados.

** Incluye el alumnado de programas de garantía social impartidos en centros docentes y en actuaciones fuera de centros.

*** Incluye el alumnado de régimen ordinario y de régimen de adultos.

**** No incluye el alumnado matriculado en educación a distancia para ningún nivel educativo.

Fuente: Elaboración propia a partir de los datos del INE y del CES.

En la Tabla 6.2 en la fila primera de cada año se aprecia el impacto de las políticas y de la evolución demográfica, con sus diversos ciclos de crecimiento (70-80), descenso (90) y reciente y suave recuperación (2000). La tendencia de recuperación se mantendrá puesto que el aumento de alumnado tiene su origen en la base del Sistema Educativo y no en otros niveles. Esto es lo normal, que un aumento del alumnado total tenga su origen en un aumento de los niveles inferiores del sistema, pero podía haber sucedido de otro modo si hubiera aumentado la edad escolar hasta los 18, o si hubieran llegado en los últimos años inmigrantes con hijos entre 12 y 16 años que se hubieran incorporado directamente al Sistema Educativo.

Analizando la evolución de cada uno de los niveles de la educativos nos encontramos con el aumento paulatino que ha experimentado la *Educación Infantil* a lo largo de la etapa democrática de nuestro país, con un peso porcentual del 12,2% en el curso 1975-1976 al 22,1% en el curo 2006-2007. Según las previsiones para el curso 2007-2008, la Educación Infantil se incrementa con 67.887 alumnos más respecto al curso anterior y se distribuyen entre sus dos ciclos de la siguiente forma: 22.341 (+8,9%) en Primer Ciclo, 0-3 años, y 45.546 (+3,3%) en el Segundo Ciclo, 3-6 años. Esta fase no es obligatoria pero constata la tendencia de los Sistemas Educativos de los países desarrollados a ampliar la educación no obligatoria, tanto en la parte baja del sistema como en la alta, de hecho, la distinción que intentan marcar cada Sistema Educativo es la ampliación de la Educación Infantil y la Secundaria no obligatoria. Cabe señalar el alto porcentaje de centros privados que había en el curso 1990-1991 en el País Vasco y Madrid, superando la mitad del total. Le seguían Cataluña y Baleares que también estaban por encima del 50% del total. En el otro extremo varias Comunidades, como Andalucía y Extremadura, cubrían las tres cuartas partes del alumnado mediante centros públicos. Actualmente las tendencias son otras y tenemos el ejemplo de Navarra, que mantiene al mismo número de alumnos en centros privados mientras que en los centros públicos ha duplicado el número de matriculados en Educación Infantil. Un esfuerzo semejante se ha realizado en Cataluña, aunque compitiendo con los centros privados que también han experimentado un importante desarrollo. En situación contraria están Extremadura, Murcia y Castilla y León, que en esos años han permitido que sea la iniciativa privada la que dé solución a gran parte de las demandas de plazas de Educación Infantil.

En cuanto a la *Educación Primaria* es la que más ha notado los efectos demográficos con la perdida de alumnos, cuando en el 1975-1976 era la que tenia más alumnos, pasando a un peso mas equilibrado entre los distintos tipos de enseñanzas en el último curso analizado, pasando por momentos de descensos muy importantes y recuperándose en los últimos años, donde se va consolidando el cambio de tendencia que se ha producido en los últimos 3 años, rompiendo la continua disminución habida a lo largo de veinte años. Para el curso 2007-2008 se ha previsto un aumento de 67.519 (+2,7%) alumnos. Su distribución por la titularidad del centro sigue pautas muy similares al conjunto de toda la no universitaria y algo por debajo de la Educación Infantil. En el curso 1990-1991 el 34,58% de los alumnos matriculados en Primaria estaban en centros concertados/privados, porcentaje que desciende en dos puntos en el curso 2006-2007, situándose en el 32,8%. La *Educación Secundaria* obligatoria y postobligatoria es la que ha ido tomando protagonismo a lo largo de la etapa democrática de nuestro país; en el curso 1975-1976, un 10,9% del alumnado de la educación no universitaria estaba cursando estudios de Secundaria, mientras que en el curso 2006-2007 representan el 34,5% del conjunto de alumnos matriculados. El alumnado de las enseñanzas de Educación Secundaria Obligatoria, Bachillerato y Formación Profesional continúa estabilizado, debido a que los descensos de la población correspondientes a esas edades se han atenuado y a que están siendo compensados con la incorporación de alumnos extranjeros, principalmente en la Secundaria Obligatoria, donde, según el Ministerio de Educación, un 9,2% de la matricula es de nacionalidad extranjera. La distribución de los de alumnos matriculados por titularidad del centro en la Secundaria Obligatoria sigue pautas similares a la primaria; en el 2006-2007 el 33,6% de los alumnos están en centros privados.

Un dato relevante es el porcentaje de alumnos que continúan la *Educación Secundaria no obligatoria*, lo que antes era el BUP y el COU y ahora se llama Bachillerato LOGSE. Cuando estaban vigentes el BUP y el COU, el alumno con 14 años debía decidir si continuar sus estudios o no, pudiendo optar por la Formación Profesional o por iniciar su carrera laboral; y ahora esa decisión se toma con 16 años al menos. Como se observa en la Tabla 6.2, se ha producido un descenso del número de alumnos que siguen en el Sistema Educativo: en el curso 1993-1994 los alumnos de BUP y COU representaban el 18%, frente al 8,5% del 2006-2007 que están en Bachillerato. Sin olvidar que el 18% recoge 4 cursos, (1.º, 2.º y 3.º de BUP más COU) y que el Bachillerato sólo suma 2 cursos (1.º y 2.º). Aparte del dato numérico representan el porcentaje real de candidatos a la enseñanza universitaria, lo que explica la pérdida prevista de alumnos universitarios hasta el 2020. A pesar de ello, el indicador que mejor refleja la evolución de los alumnos matriculados en Bachillerato es la tasa de escolarización entre los 16 y 18 años, siendo en el curso 1995-1986 del 73,6% en España y del 76% en el curso 2006-2007, siendo el aumento en los 12 años trascurridos de tres puntos porcentuales.

En el *Bachillerato* un dato a considerar es el peso de la mujer entre su alumnado, siendo la feminización de las aulas de Bachillerato la característica dominante, en el curso 1990-1991 el 53,9% de los alumnos eran mujeres, porcentaje que se eleva al 54,8% en el curso 2006-2007, lo que nos viene a indicar, en principio, la continuidad mayoritaria de la mujer en la universidad española. En la Formación Profesional la situación se invierte y son los varones los que dominan; en el curo 1990/91 las mujeres representaban el 44,6% del alumnado y aumenta 3 puntos porcentuales en el curso 2006-2007. Las divergencias en el nivel de escolarización a favor de la mujer se incrementan al observar los resultados académicos. Así, el 77.5% de las mujeres obtienen el titulo de Graduado en Secundaria tras cursar la ESO, frente al 63,7% de los hombres, lo que significa unos 15 puntos de diferencia. Similar situación aparece en el porcentaje de población que obtiene el titulo de Bachiller (52,5% de mujeres y 36,7% hombres) y en el que obtiene titulación universitaria (mujeres: 21,0% Diplomadas y 22,0% Licenciadas; hombres: 11,9% Diplomados y 14,9% Licenciados). En el caso de la *Formación Profesional* también ha disminuido su porcentaje de alumnado, estabilizándose en los últimos años en torno al medio millón de alumnos. Es por tanto, muy posible, que nos encontremos ante un Sistema Educativo que queriendo garantizar un mínimo de educación para la mayor cantidad de población posible, haya perdido la batalla de la educación superior que es la que permite aumentar el capital humano de la población.

La evolución del alumnado de Bachillerato según titularidad del centro y Comunidad Autónoma destaca su desigual distribución. En el curso 1990-1991 las Comunidades con mayor porcentaje de alumnos de Bachillerato en centros privados eran el País Vasco y Madrid, con 40,6 y 41,9% respectivamente. Cataluña y Navarra les seguían en tercer y cuarto lugar. En el curso 2006-2007 se acrecientan esos valores; el País Vasco aumenta un 7,9% el alumnado en centros privados, como lo hacen en menor medida Madrid, Cataluña, Canarias y Asturias.

De todas maneras, no se puede olvidar que la transición de los alumnos a los niveles postobligatorios es una cuestión crucial para aumentar el capital humano de un país, sin olvidar el papel esencial de este tramo educativo para corregir las desigualdades sociales. Toda política basada en la equidad tiene que prestar toda su atención en la Educación Secundaria no obligatoria. El porcentaje de alumnos que acceden a Bachillerato y a los Ciclos Formativos de Grado Medio (CFGM) en España se sitúa por debajo de los países de nuestro entorno económico más inmediato (Calero, 2006). En este sentido, el porcentaje de población de 20 y 24 años que ha terminado la Educación Secundaría no obligatoria en España en el 2004 es del 62,5% —mujeres 70%, hombres 55,2%— frente al 91% de la República Eslovaca, la media de la Unión Europea de los 25 países es de 76,4% y de 73,5% la Unión Europea de los 15 países. Datos alejados del objetivo de la Unión Europea y del Gobierno español para 2010, fijado en que al menos el 85% de la población mayor de 22 años debe haber completado estudios de secundaria superior.

Otro tema relacionado con el aumento del capital humano es el del rendimiento del alumnado, en el caso de la Secundaria Obligatoria; según López Rupérez (2006), a lo largo de la década de los 90 se advierte una mejora continua cuyo ritmo medio se sitúa en torno a un punto porcentual por año, afirmando que «la mejora de este indicador a lo largo de los doce años (1989-2001) ha sido de 11,4 puntos porcentuales, es decir, ha tenido lugar a un ritmo medio anual de 0,95 puntos/año». Ahora bien, al correlacionar esa mejora con el incremento del PIB de España o lo que él denomina «efecto prosperidad» las cosas cambian. Mientras el PIB per cápita español ha crecido en términos porcentuales entre 1989 y 2001 más de siete veces, en los mismos términos ha crecido la tasa de éxito en la Educación Secundaria Obligatoria.

La distribución del alumnado de Educación Infantil, Primaria y Secundaria por Comunidades Autónomas es muy heterogénea, como era de esperar, al contar con un número de habitantes muy desigual las distintas Comunidades. En el curso 1990-1991 había matriculados en el conjunto de España 8.336.606 alumnos, concentrándose casi la mitad en Andalucía, Cataluña, Comunidad Valenciana y Madrid, en concreto 3.998.665 alumnos estaban matriculados en estas cuatro Comunidades Autónomas (véase Tabla 6.3). Situación que se mantiene después de 17 años, siendo de las pocas Comunidades que no han perdido alumnos en el curso 2006-2007 respecto al curso 1990-1991, siendo la Comunidad de Cataluña la que más alumnos ha aumentado, en concreto 74.973 alumnos, seguida de Madrid con 48.341 alumnos. En el extremo opuesto como Comunidades que más alumnos han perdido en estos 17 años se encuentra Castilla y León con 80.399 alumnos menos, seguida del País Vasco con 66.082 alumnos.

En relación con el peso que tiene la educación privada en cada Comunidad, de nuevo las diferencias son muy notables. Destaca el peso de la enseñanza privada en Comunidades como el País Vasco, Madrid, Cataluña y Baleares que en el curso 1990-1991 absorbían a casi la mitad del alumnado de esos niveles, e incluso en el caso del País Vasco, más de la mitad (53%). Estas Comunidades han seguido trayectorias diferentes en la siguiente década, encontrándonos casos como el del País Vasco en el que la enseñanza privada sigue teniendo más peso que la pública. Madrid, a diferencia de las otras dos regiones, aumenta el número de alumnos en la escuela privada con un 46,6% en el curso 2006-2007. Por el contrario Cataluña y Baleares ceden sus puestos y reducen el número de alumnos en la privada. Los aumentos más significativos en este período del alumnado en la escuela privada se localizan como hemos dicho en Madrid, Murcia, Asturias, Canarias y Galicia. Otras Comunidades como Andalucía o Castilla y León también ven crecer el porcentaje de la privada pero en menor medida.

TABLA 6.3.—*Evolución de los alumnos matriculados en Educación Infantil, Primaria y Secundaria por titularidad del centro y Comunidad Autónoma (% en horizontal)*

Comunidad Autónoma	Curso 1990-1991				Curso 2006-2007				Diferencia
	Total	Público	Privado	% Privado	Total	Público	Privado	% Privado	Curso 2006-2007 Curso 1990-1991
Andalucía	1.378.175	1.049.458	328.717	23,85	1.397.450	1.061.416	336.034	24,05	19.275
Aragón	186.679	112.675	74.004	39,64	186.320	120.044	66.276	35,57	-359
Asturias	181.289	132.815	48.474	26,74	122.580	84.721	37.859	30,89	-58.709
Islas Baleares	122.335	70.878	51.457	42,06	150.900	95.779	55.121	36,53	28.565
Canarias	309.988	253.760	56.228	18,14	31.9021	246.691	72.330	22,67	9.033
Cantabria	93.516	59.421	34.095	36,46	77.432	50.474	26.958	34,82	-16.084
Castilla y León	419.856	288.467	131.389	31,29	339.457	226.561	112.896	33,26	-80.399
Castilla-La Mancha	275.919	220.754	55.165	19,99	319.412	262.678	56.734	17,76	43.493
Cataluña	1.023.116	571.197	451.919	44,17	1.098.089	677.522	420.567	38,30	74.973
C. Valenciana	690.000	472.718	217.282	31,49	722.704	497.998	224.706	31,09	32.704
Extremadura	181.636	145.803	35.833	19,73	180.179	142.819	37.360	20,73	-1.457
Galicia	464.394	343.841	120.553	25,96	365.295	262.138	103.157	28,24	-99.099
Madrid	907.374	499.928	407.446	44,90	955.715	511.031	444.684	46,53	48.341
Murcia	209.515	160.555	48.960	23,37	247.804	181.699	66.105	26,68	38.289
Navarra	87.777	51.753	36.024	41,04	94.712	61.683	33.029	34,87	6.935
País Vasco	378.350	174.883	203.467	53,78	312.268	152.187	160.081	51,26	-66.082
La Rioja	43.809	28.884	14.925	34,07	43.354	28.871	14.483	33,41	-455
Ceuta	13.099	9.927	3.172	24,22	15.128	11.230	3.898	25,77	2.029
Melilla	11.024	8.719	2.305	20,91	15.700	13.099	2.601	16,57	4.676

Fuente: Elaboración propia a partir de los datos del INE.

3. La Educación Terciaria

La universidad española de las últimas décadas se ha caracterizado por el fuerte incremento del alumnado, del profesorado y por la creación de nuevas universidades, además de la incorporación de la mujer de manera significativa. El número de alumnos que cursan estudios universitarios ha experimentado un crecimiento espectacular, como queda reflejado en el Gráfico 6.9. En el curso 1939-1940 había 32.501 estudiantes matriculados en las universidades españolas, en 1975 había más de 400.000, y en el curso 1996-1997 pasan el millón y medio, siendo en el curso 1999-2000 cuando se alcanza la cifra más alta de alumnos matriculados en la Universidad española registrándose un total de 1.589.473 alumnos matriculados. Pese a este espectacular incremento del número de alumnos universitarios, como consecuencia de la caída de la natalidad desde 1975, el número de alumnos han empezado a descender desde el curso 1999-2000, a razón de un 1,5% anual.

En el curso 2006-2007 el total de alumnos matriculados asciende a 1.423.396, un 1.41% por debajo del curso anterior, previéndose para el curso 2007-2008 una reducción de 24.145 alumnos (-1,7%), lo que confirma el descenso de matrícula que se viene produciendo en las Universidades españolas en los últimos años, aunque no se puede olvidar que en los próximos años se contará con nuevos perfiles de universitarios, como personas mayores y estudiantes de otros países. Este aumento tan significativo refleja la política poco selectiva seguida en nuestro país en el acceso a la universidad, muy distinto al existente en la media de la Unión Europea. Según los datos de la OCDE, en 2004 el número de estudiantes universitarios por cada 1.000 habitantes era de 36,48, mientras que el de España es de 42,40; en países de nuestro entorno con mayor renta per cápita, Alemania cuenta con 28,26, Francia 35,49 y el Reino Unido 37,46. Sin embargo destaca el caso de Finlandia, que, considerado uno de los mejores Sistemas Educativos del mundo, tiene 57,17 alumnos por cada mil habitantes.

Gráfico 6.9.—*Evolución del número de matriculados universitarios en universidades públicas y privadas (1975-2005)*

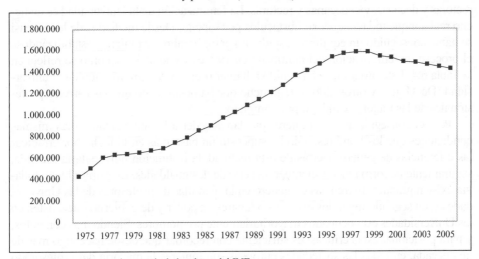

Fuente: Elaboración propia a partir de los datos del INE.

En la *Educación Terciaria* continua el descenso del alumnado: en el curso 2006-2007 el descenso ha sido de 18.685 estudiantes con respecto a los datos del 2005-2006 y en el curso 2007-2008 la reducción ha sido de 24.145 alumnos. La disminución es consecuencia del considerable descenso de la población del grupo de edad de 18 a 24 años (-2,7%), mientras que los alumnos de origen extranjero no lo compensan, siendo su peso del 2,1% en el curso 2006-2007. Según el Instituto Nacional de Estadística —INE— entre el curso 2000-2001 y el curso 2005-2006 se han perdido 164.000 estudiantes en el conjunto de la Universidad española, siendo las carreras de Derecho, Económicas, Graduado Social, Filología y Geografía e Historia la que más han perdido en términos absolutos. Descenso que se inició en la década de los 90, y desde el curso 1999-2000 se asiste a un paulatino descenso en la cifra de alumnos de primer y segundo ciclo universitario a razón, según el CES, de un 1,5% anual, debido principalmente al menor tamaño de las generaciones en edad de acceder a la Universidad.

El cambio que se ha producido en las Universidades, es un reflejo más de que las pautas tan marcadas sobre el ciclo vital de hombres y mujeres, típica de las sociedades tradicionales, se ha roto. El gran cambio que se produce en las sociedades modernas tras la Segunda Guerra Mundial tiene como actor principal a las mujeres, su condición ha cambiado de forma profunda, aunque todavía su realidad se presenta fragmentada. Mucho se ha escrito sobre cómo ha evolucionado el estatus y los *roles* de las mujeres en las sociedades occidentales a lo largo del siglo pasado, pero poco se sabe de cómo estos cambios han penetrado en la universidad o, si por el contrario, esta institución ha sido uno de los motores que han impulsado este cambio. El hecho es que, desde mediados del siglo pasado hasta hoy, la incorporación de la mujer a las aulas universitarias ha sido masiva. La presencia mayoritaria hoy de la mujer en la universidad española y europea ha sido el hecho más destacado de las últimas décadas. La universidad que conocemos hoy es heredera de una larga historia que se remonta a finales del siglo XII. Esta institución ha pasado por diversas etapas, aunque la mayoría de los autores coinciden en señalar, sólo, tres grandes épocas: la medieval, la decimonónica o burguesa y la actual. En ninguna de ellas, la mujer ha desempeñado, ni cualitativa, ni cuantitativamente, un papel relevante. Pero desde mediados de los 70 del siglo pasado las cosas han cambiado, dando espacio a la mujer, no sólo como alumnas, sino como docentes, directoras y decanas, vicedecanas y rectoras. La feminización de la Universidad es un hecho real aunque todavía quedan obstáculos por superar. Desde mediados de los 80 casi se había conseguido un equilibrio estudiantil entre hombres y mujeres, estabilizándose el proceso de feminización del alumnado en 1997en torno al 53%, como se refleja en la Tabla 6.4. Este proceso, se ha venido a llamar proceso de feminización de la universidad (De Miguel y otros, 2001), fenómeno que ha posibilitado que las carreras profesionales de las mujeres cambien por completo.

Pero el conseguir que las mujeres puedan acceder a la universidad en las mismas condiciones que los hombres, sólo ha supuesto un paso más en la lucha por erradicar las diferencias de género. Detrás de esta realidad, la institución universitaria esconde, seguramente de forma inconsciente, otra serie de desigualdades. En primer lugar, todavía existen grandes diferencias de género en la plantillas de profesores de las Universidades y, en segundo lugar, los espacios o lugares de poder y de gobierno que existen en las Universidades está ocupados mayoritariamente por hombres. Siendo más concretos, y para posicionar estas críticas, es suficiente con recordar que desde hace algo más de una década, en todas las sociedades europeas son mujeres la mayoría del profesorado del nivel primario de la enseñanza, bajando esa proporción a medida que se asciende en el nivel educativo. Amando de Miguel (1994), estima que ya en 1975 se había superado el 50% de profesorado femenino en la enseñanza primaria y, a finales de la década de los 80 sucedía lo mismo en los cursos de Bachillerato. En la Universidad las cosas son muy distintas; en el curso 2006-2007 la mujer representaba sólo el 33,1% del profesorado de las Universidades públicas españolas con diferencias muy importantes en función de la categoría profesional: Catedráticas un 13,7%, Catedráticas de Escuela 32,9%; Titulares de Universidad 35,9% y Titulares de Escuela 40,8%.

TABLA 6.4.—*Evolución del número de alumnos matriculados en Universidades públicas y privadas y porcentaje de mujeres (1975-2007)*

Curso	1975-1976	1976-1977	1977-1978	1978-1979	1979-1980	1980-1981	1981-1982	1982-1983
Alumnos	429.124	504.349	601.364	630.319	639.288	649.098	669.848	692.152
% Mujeres	33,2	35,2	40,3			41		46,8
Curso	1983-1984	1984-1985	1985-1986	1986-1987	1987-1988	1988-1989	1989-1990	1990-1991
Alumnos	744.115	788.168	854.104	902.284	969.508	1.027.018	1.093.086	1.140.572
% Mujeres	48,1	48,4	49,5	50,1	50,5	50	50,7	51
Curso	1991-1992	1992-1993	1993-1994	1994-1995	1995-1996	1996-1997	1997-1998	1998-1999
Alumnos	1.209.108	1.274.444	1.365.737	1.415.612	1.471.441	1.536.409	1.570.588	1.580.158
% Mujeres	51	51,5	51,3	52,3	52,8	52,9	53,9	53,3
Curso	1999-2000	2000-2001	2001-2002	2002-2003	2003-2004	2004-2005	2005-2006	2006-2007
Alumnos	1.582.698	1.540.596	1.529.357	1.488.161	1.485.993	1.462.897	1.442.081	1.423.396
% Mujeres	53,7	53,4	53,3			54	54,3	54,0

Fuente: Elaboración propia a partir de los datos del INE.

Si algo caracteriza a las sociedades contemporáneas es que se hallan inmersas en un mundo de profundos cambios sociales: globalización, riesgo, incertidumbre y complejidad. El subsistema educativo como una parte importante del sistema social se ve alterado por estos procesos, por eso, el conocer en qué medida han repercutido tales cambios en la demanda de educación universitaria en España es fundamental. En líneas generales, las dos últimas décadas se han caracterizado por la expansión de la educación universitaria, aunque este crecimiento no se ha producido de modo constante y la distribución de los alumnos entre las distintas ramas de conocimiento tampoco ha sido homogénea, además en los últimos años han cambiado las preferencias del alumnado en cuanto a las ramas de conocimiento elegidas. La Tabla 6.5 recoge la evolución de la distribución de los alumnos matriculados por áreas de conocimiento, donde se constata los cambios en las preferencias del alumnado. Durante el período 1983-1984 y 1998-1999, destacan las preferencias del alumnado por las Ciencias Sociales y las Humanidades. En 1988-1989, el área de Humanidades y Ciencias Sociales era la elección mayoritaria en España (65%), seguida por Enseñanzas Técnicas (16,5%) y por Ciencias de la Salud (11,4%) y, en menor medida, por Ciencias Experimentales (7,7%), donde hasta los primeros años de los 90 su peso era poco destacado. En función del género, había una tradicional feminización de las carreras de Humanidades y Ciencias Sociales (74,6%) y Ciencias de la Salud (11,7%), en contraste con Ingeniería y Tecnología (4,7%).

TABLA 6.5.—*Evolución del alumnado matriculado por áreas de conocimiento (1983-2007)*

Curso	Ciencias Sociales y Jurídicas	Enseñanzas Técnicas	Humanidades	Ciencias de la Salud	Ciencias Experimentales
1983-1984	325.787	116.042	135.231	104.545	61.827
% total	43,8	15,6	18,2	14,1	8,3
1986-1987	421.648	148.304	158.710	103.019	69.754
% total	46,8	16,5	17,6	11,4	7,7
1989-1990	565.963	201.040	140.531	105.025	79.770
% total	51,8	18,4	12,9	9,6	7,3
1992-1993	681.673	265.152	137.921	107.803	97.972
% total	52,80	20,50	10,7	8,4	7,6
1995-1996	799.002	332.574	142.708	108.564	125.994
% total	53,0	22,0	9,5	7,2	8,4
1998-1999	802.007	371.267	161.188	113.529	134.734
% total	50,7	23,5	10,2	7,2	8,5
2000-2001	765.620	390.804	155.768	116.465	127.094
% total	49,2	25,1	10,0	7,5	8,2
2001-2002	749.317	392.285	148.838	115.692	119.527
% total	49,1	25,7	9,8	7,6	7,8
2002-2003	724.138	410.533	139.443	116.002	113.578
% total	48,2	27,3	9,3	7,7	7,6
2003-2004	725.872	394.832	140.976	115.532	108.781
% total	48,8	26,6	9,5	7,8	7,3
2004-2005	720.072	386.021	134.103	116.842	105.859
% total	49,2	26,4	9,2	8,0	7,2
2005-2006*	711.788	380.042	132.563	118.166	101.252
% total	49,3	26,3	9,2	8,2	7,0
2006-2007*	709.747	367.782	129.892	118.584	97.391
% total	49,9	25,8	9,1	8,3	6,8

* Datos provisionales.

Fuente: Elaboración propia a partir de los datos de la Memoria del CES de 2006.

Tendencia que empieza paulatinamente a cambiar a partir de los 90 y que se mantiene hasta el curso 2002-2003 a favor de las enseñanzas técnicas y disminución de los alumnos en enseñanzas no experimentales. En el curso 2006-2007 el alumnado que estudia enseñanzas técnicas representa el 25,8%, lo que significa en datos reales que 367.782 alumnos estén cursando este tipo de estudios, pero a pesar de todo lejos de los 709.747 que cursan los estudios de Ciencias Sociales y Jurídicas (49,9%), siendo estas disciplinas las que más alumnos han perdido en los últimos años. Las áreas que menos alumnos concentran son Humanidades (9,1%), Ciencias de la Salud (8,3%) y Ciencias Experimentales (6,9%). En función del sexo, las mujeres siguen predominando en la universidad española primordialmente en Ciencias Sociales y Jurídicas, aunque ha descendido la proporción de matriculadas en esta rama (62,6%), en Ciencias de la Salud (73,5%) y Experimentales (59,3%), al tiempo que ha ocurrido lo contrario en la rama Técnica (27,1%).

Además, el descenso de alumnos en el curso académico 2006-2007 repercute en todas las ramas de enseñanza, con la única excepción de Ciencias de la Salud, buena parte de cuyos títulos cuentan con plazas de matrícula limitada; posiblemente su aumento y el crecimiento del número de centros que ofrecen estas titulaciones explican el aumento en el número de alumnos. Un dato llamativo es el descenso de los alumnos en Ciencias Experimentales por su repercusión en los objetivos marcado en Lisboa, además por su poco peso el el conjunto de la Universidad española, un 6,8%, mientras que las Ciencias Sociales y Jurídicas acaparan el 49,9% del alumnado matriculado en la Educación Terciaria.

Al analizar la evolución de la distribución del alumnado por la duración de los estudios, la licenciatura sigue siendo la preferida por lo alumnos. El aumento del alumnado en las últimas décadas no se ha producido del mismo modo en todas las titulaciones, existiendo una preferencia tradicional por las licenciaturas. No obstante, en los últimos años, la disminución del número de alumnos está afectando al ciclo largo, mientras que en ciclo corto aumentan y ésta parece ser la tendencia futura según las estimaciones. En efecto, se observa la progresiva reducción del porcentaje de matriculados en ciclo largo desde el curso 1996-1997. En términos relativos, comparando este resultado con el del curso académico 1990-1991, el crecimiento ha sido especialmente destacado en Arquitectura Técnica, exceptuando el último año (del 9,1% al 10,9% en el período 1990-2003), en Ingeniería Superior (del 6,6% al 15,4%) y en las Diplomaturas (del 21,1% al 23,1%), mientras que en las Licenciaturas ha ocurrido lo contrario (del 63,2% al 50,2%). En resumen, en el curso 2006-2007 en la Universidad española el 60,3% ha estado matriculado en titulaciones de ciclo largo, siendo los matriculados en titulaciones de ciclo corto el restante 39,7%.

Como bien señala el CES la reducción del alumnado universitario ha posibilitado, por primera vez, el ajuste entre la oferta y la demanda de titulaciones a nivel nacional, permaneciendo los desajustes ente oferta y demanda en el caso de las Ciencias de la Salud. En Ciencias Sociales y Jurídicas la demanda está en el 90% de la oferta, en las Técnicas en el 70% y en las Humanidades en el 62%.

El desajuste entre oferta y demanda se explica, además de por los efectos demográficos, por la evolución de la oferta de titulaciones universitarias de los últimos años y su dispersión geográfica. No podemos olvidar que la tasa de urbanización de un país también se relaciona positivamente con la demanda de educación universitaria; la implantación de universidades en las ciudades y su mayor proximidad a la población repercute en el aumento de la demanda, así en el *Censo de 2001* la distribución de los licenciados por hábitat señalan diferencias importantes: en el medio urbano el 16,9% de la población tiene estudios universitarios, un 11,7% en núcleos de población semirrural y de un 11.4% en el medio rural. En España en los últimos años, las universidades se han acercado a casi todas las ciudades de tamaño medio y medio-grande, lo que ha provocado el aumento de nuevas titulaciones. Los datos que se recogen en la Tabla 6.6 son muy reveladores de esta situación, en el curso 1985-1986 el número de titulaciones ofertadas por el conjunto del sistema universitario eran de 57 titulaciones, 21 de ciclo corto y 36 de ciclo largo. Pues

bien, en el curso 2006-2007 la oferta se ha triplicado, siendo 140 las titulaciones ofertadas por la Universidad española, lo que supone un crecimiento del 145%. Por áreas de conocimiento las Humanidades han sido las que más han crecido un 333%, seguido de las
Técnicas un 168%; unos datos que permiten preguntarnos si ha sido la oferta o la demanda la que ha determinado el sentido del crecimiento. En el estudio realizado por Hernández (2007) analizando la evolución de la oferta en las distintas Comunidades Autónomas entre el curso 1996-1997 y el 2004-2005 se constata que en este período la demanda
ha ido disminuyendo y la oferta aumentando, especialmente en la Comunidad Valenciana (60%), Murcia (62%), Madrid (67%), Aragón (74%), Extremadura (122%), Castilla-
La Mancha (163%) y Asturias (172,9%), siendo el crecimiento de la oferta en el conjunto del sistema universitario español del 48%. Pero los datos de la Tabla 6.6 no reflejan la
totalidad de la oferta universitaria, al reflejar sólo el total de titulaciones ofertadas pero no
en cuántos centros universitarios se imparten; como señala J. Iglesias de Ussel (2004) su
crecimiento es todavía más rápido que el del número de centros universitarios. En sólo
una década, 1992-2002, se han multiplicado por cuatro el número de titulaciones que
ofrecen las Universidades públicas, pasando de las 1.142 titulaciones en el curso 1992-
1992 a las 4.514 del curso 2002-2003.

TABLA 6.6.—*Evolución de la estructura del catálogo de títulos universitarios oficiales por
ramas de enseñanza (1985-1986 y 2006-2007)*

Rama de enseñanza	Titulaciones universitarias*			
	Curso 1985-1986		Curso 2006-2007		Incremento entre 1985-1986 y 2006-2007 (%)
	Número	%	Número	%	
Humanidades	6	10,53	26	18,57	333,33
Sociales y Jurídicas	14	24,56	31	22,14	121,43
Experimentales	8	14,04	15	10,71	87,50
Técnicas	22	38,6	59	42,14	168,18
Salud	7	12,28	9	6,43	28,57
Total Titulaciones Universitarias	57	100	140	100	145,6

* Incluidas las titulaciones de Segundo Ciclo.

Fuente: Elaboración propia a partir de los datos del Consejo de Coordinación Universitaria, MEC.

El aumento de la oferta de las Universidades privadas ha sido uno de los elementos
novedosos del sistema universitario español, pero a pesar de ello, más del 90% del
alumnado universitario está matriculado en una Universidad pública, en concreto en el
curso 2006-2007 el 90,2% estaba matriculado en la Universidad pública, siendo 48 instituciones de educación superior las que en el curso 2006-2007 conforman el ámbito de
las Universidades públicas españolas, frente a las 22 de la oferta privada. Pese a su escaso peso en el conjunto del sistema universitario su evolución en los últimos años no
ha dejado de crecer; en el curso 1981-1982 sólo un 3,1% del total de matriculados en
estudios terciarios estaba en una Universidad privada, mientras 25 años después, en el
curso 2006-2007 el porcentaje asciende al 9,2%, que equivale a 139.775 alumnos matriculados en universidades privadas; desde el curso 1998-1999 es cuando empieza a

aumentar el peso de las privadas. Su distribución entre carreras de ciclo corto y largo se decanta por la de ciclo largo: el 37% esta matriculado en la de ciclo corto, con una presencia femenina del 48,1%, mientras el 62,3% esta matriculado en carreras de ciclo largo, con un nivel de feminización del 53,4%.

TABLA 6.7.—*Evolución del número total de matriculados en estudios universitarios y en estudios de ciclo largo por Comunidad*

Comunidad Autónoma	Total 1978-1979	% 1978-1979	Total 2004-2005	% 2004-2005	% 2005-2006*	% Variación 1995-1996/ 2005-2006*
Andalucía	88.374	15,1	232.432	15,1	18,4	-5,9
Aragón	25.876	4,4	33.637	2,2	2,5	-25,4
Asturias	25.856	4,4	31.605	2,1	2,3	-27,2
Baleares	3.778	0,6	13.621	0,9	1,0	-7,3
Canarias	17.620	2,10	46.706	3,0	3.6-2,1	
Cantabria	5363	0,9	11.532	0,7	0,8	-26,4
Castilla-La Mancha	—		28.497	1,8	2,2	-3,5
Castilla y León	34.177	5,8	79.316	5,1	6,8	-15,3
Cataluña	96.954	16,5	165.307	10,7	14,9	-4,8
C. Valenciana	47.549	8,1	130.369	8,5	11,3	4,2
Extremadura	8.441	1,4	24.854	1,6	1,9	0,2
Galicia	29.014	4,9	80.053	5,2	5,7	-18,8
Madrid	147.1532	5,1	195.447	12,7	18,9	-7,8
Murcia	14.381	2,4	33.006	2,1	3,1	10,5
Navarra	—		7.342	0,5	1,3	-27,8
País Vasco	23.671	4,0	49.901	3,2	4,8	-20,9
La Rioja			6.236	0,4	0,5	7,3
UNED			134.125	8,7		
Total U. públicas	569.074	96,9	1.407.181	91,5	1.283.621	
Total U. privadas	18.364	3,1	130.859	8,5	139.775	
Total Estatal	587.438	100	1.538.040	100	1.442.081	

* En el curso 2005-2006 y en la variación 1995-1996/2005-2006 sólo están incluidas las Universidades presenciales, tanto públicas como privadas, excluidas la UNED y la Oberta de Catalunya.

Fuente: Elaboración propia a partir de los datos del Ministerio de Educación y Ciencia.

Pero después de examinar la evolución del alumnado en el conjunto de España, así como su distribución por áreas de conocimiento, se hace necesario conocer su distribución en las distintas Comunidades Autonómicas. En la Tabla 6.7 se presentan la evolución seguida en la matricula de alumnos en cada Comunidad Autónoma, el número de alumnos matriculados en titulaciones de ciclo largo y el peso porcentual del total de matriculados de cada Comunidad en el conjunto del sistema universitario español. Lo primero que destaca es la heterogeneidad de la dispersión del alumnado, mientras la Comunidad Autónoma de Andalucía tenía 232.432 alumnos matriculados en el curso 2004-2005, la Comunidad de La Rioja tenía 6.236 alumnos (véase Tabla 6.7).

En los 27 años transcurridos desde el curso 1978-1979 al curso 2004-2005 el crecimiento del alumnado en las distintas Comunidades Autonómicas ha sido muy rápido. Como ha ocurrido en el conjunto del sistema universitario español, en la mayoría se ha duplicado el número de alumnos matriculados, como es el caso de Andalucía, Islas Baleares, Comunidad Valenciana, Extremadura, Galicia y el País Vasco, siendo las Comunidades más ricas, como era de esperar, las que menos han aumentado su alumnado en este período de tiempo, al contar ya en el curso 1978-1979 con un número importante de universitarios. Del crecimiento de los años 90 se ha pasado a un descenso considerable del alumnado en las distintas Comunidades Autónomas, descenso muy desigual entre ellas. Las Comunidades que han descendido en número de alumnos en los últimos 10 años (entre el curso 1995-1996 y el curso 2005-2006) han sido Navarra, Asturias, Cantabria, Aragón, País Vasco, Galicia, Castilla y León, con perdidas en puntos porcentuales entre el 20,9% del País Vasco y el 27,8% de Navarra y Asturias. Las únicas Comunidades que han experimentado crecimiento positivo son: en primer lugar Murcia (10,5%), donde se han creado dos Universidades nuevas: la Católica de San Antonio en 1996 y la Politécnica de Cartagena en 1998. También crece La Rioja (7,3%), con una Universidad de reciente creación (1992) y en expansión; en menor medida crecen la Comunidad Valenciana (4,2%) y Extremadura (0,2%). Resultados muy similares son los constatados por Hernández (2007) al analizar la evolución del tramo comprendido entre los cursos 1996-1997 y el curso 2004-2005, donde la mayoría de la Comunidades pierden alumnos, como consecuencia del descenso demográfico y de la movilidad de los estudiantes que se produce a partir del curso 2000-2001.

En cuando al grado de feminización, la mayoría de la Comunidades Autonómicas siguen la pauta del conjunto del sistema universitario español y se mueven en torno al 53% de mujeres en el curso 2004-2005. Las más feminizadas son las Islas Baleares, Canarias, Castilla León y Galicia. Cuando desagregamos por duración de los estudios en el conjunto nacional, las titulaciones de ciclo largo son las más feminizadas, siendo el 54,8% las mujeres matriculadas en este tipo de estudios, porcentaje que desciende en la Universidades privadas al 53,3%. Las Comunidades que tienen los estudios de ciclo largo más feminizados son las Islas Baleares (60,3%), y el País Vasco (58,9%); en el lado opuesto están las Comunidades de Navarra (45,5%), La Rioja (52,2%) y Castilla-La Mancha (53,8%), sin olvidar que en todas, menos en Navarra, pasan del 50% de feminización. En el caso de las titulaciones de ciclo corto el grado de feminización desciende y se establece en torno al 52,6% en el conjunto del sistema universitario, descendiendo en la Universidades privadas al 48,6%. Las Comunidades con el mayor porcentaje de mujeres en sus titulaciones de ciclo corto son Islas Baleares (59,4%), Castilla-La Mancha y Galicia (56,4%). Mientras que las Comunidades que cuentan con menor número de mujeres en las titulaciones de ciclo corto son la Comunidad Valenciana, Extremadura y La Rioja.

4. LA FINANCIACIÓN DE LA EDUCACIÓN

En el conjunto de las políticas educativas el tema de la financiación ocupa un lugar destacado, formando parte de las reivindicaciones de la comunidad educativa como de la oposición política de cada momento, de igual manera que suele formar parte de las promesas electorales de los partidos políticos. De hecho, tras el proceso de descentralización educativa, el incremento de la financiación educativa ha sido una de las preocupaciones de las Comunidades Autónomas, luchando por la mejora de sus sistemas educativos pero con resultados muy desiguales. Para conocer la evolución del gasto público y privado en educación en España, así como el modelo de financiación de los distintos niveles educativos se han utilizado los indicadores que la OCDE emplea en su análisis del panorama educativo mundial, siendo el gasto en educación en relación con el Producto Interior Bruto (PIB) de cada país, el porcentaje destinado a cada nivel de la enseñanza, las fuentes de la financiación y el gasto por alumno en relación con el PIB. Son indicadores desagregados para España, Comunidades Autónomas y por países que forman parte de la OCDE.

4.1. *El gasto en educación en España*

En España poseedora de un característico y secular retraso científico y tecnológico, y en vísperas de la consolidación de la Sociedad de la Información basada en la TIC, no debe extrañar que la educación aparezca como la institución más sensible a sus recursos financieros y humanos, y por sus relaciones activas y pasivas con el resto de las instituciones sociales. En ella se enfrentan dos valores consagrados por la modernidad: la libertad y la igualdad, de difícil armonía, sobre todo cuando se trata de asignar recursos y promocionar a determinados grupos o categorías de personas. Y en sus niveles más altos, la Universidad, la sociedad se juega la baza definitiva de la innovación, la ciencia y tecnología. La creación de conocimiento implica un gasto considerable, siempre escaso y rentable para contribuir en el bienestar social de los ciudadanos, por lo que bien pudiera considerarse una inversión.

Para contribuir al desarrollo de ese bienestar social a través de la creación del capital humano se hace preciso contar con unos recursos económicos, en unos casos procedentes del sector público y en otras ocasiones de fondos privados. Pero qué se ha gastado en España en el conjunto del Sistema Educativo en los últimos años. Como puede verse en el Gráfico 6.10, el gasto en educación en relación con el PIB muestra una tendencia progresiva a la baja, tanto en el montante total como en su reparto entre el gasto ejercido por el sector público y el soportado por el sector privado, esto es, las familias. Si en 1995 el gasto total no llega a un 5,8% del PIB, en el año 2005 este porcentaje ha caído seis décimas, situándose en el 5,2%. Desciende pues en términos del PIB pero no en cifras absolutas, pues en ese período crece significativamente el PIB.

GRÁFICO 6.10.—*Evolución del gasto público y privado en educación en relación con el PIB*
(1995-2005)

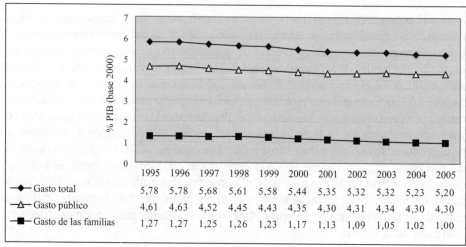

	1995	1996	1997	1998	1999	2000	2001	2002	2003	2004	2005
Gasto total	5,78	5,78	5,68	5,61	5,58	5,44	5,35	5,32	5,32	5,23	5,20
Gasto público	4,61	4,63	4,52	4,45	4,43	4,35	4,30	4,31	4,34	4,30	4,30
Gasto de las familias	1,27	1,27	1,25	1,26	1,23	1,17	1,13	1,09	1,05	1,02	1,00

Fuente: Sistema estatal de indicadores de la educación 2006, MEC.

Los gastos público y privado muestran tendencias similares a la baja, con algunos picos en determinados años, pero con similar estabilidad en los últimos años. Mientras el gasto público desciende poco más de tres décimas del porcentaje del PIB, pasando de un 4,61% a un 4,3%, el gasto privado baja más en términos porcentuales, al descender desde un 1,27% hasta un 1%. Ambos tipos de gastos notaron sus mayores caídas en los años 2000 y 2001, aunque la mayor diferencia entre ellos es que el gasto público ha remontado en algún año la tendencia decreciente aumentando la proporción porcentual. Nótese que el último dato, perteneciente a 2005, coincide con el reflejado en el año 2001, 4,3%, y cómo esta cifra, entre 2001 y 2005, ha experimentado leves subidas y bajadas. El gasto de las familias, sin embargo, es siempre decreciente y sólo muestra estabilidad en los primeros años del período estudiado.

El gasto público por tipo de enseñanza muestra tendencias diferentes. Para empezar, el porcentaje de gasto total en relación con el PIB muestra una inicial y suave caída para empezar desde el año 2002 una recuperación que está a expensas de confirmarse para el año 2006, como se refleja en el Gráfico 6.11, ya que el dato de 2005, provisional, muestra una nueva tendencia a la baja, con una recuperación según datos provisionales del curso 2006-2007 donde el gasto público en educación es del 4,47% en relación con el PIB.

Por otro lado, los gastos en educación universitaria muestran una estabilidad en el tiempo que provoca que, entre las cifras de 1995 y de 2005, haya una diferencia de apenas dos centésimas porcentuales (0, 86% y 0,84%, respectivamente). Entre dichos años, la proporción del PIB destinada al gasto universitario oscila, con picos máximos en los años 1997 y 2004. El dato provisional de 2005 nos habla de una significativa caída en este tipo de gastos, pero, por esa provisionalidad que mencionamos, hay que tomar con cautela este último dato. En los gastos en educación no universitaria se aprecia también cierta estabilidad, pero sólo en los últimos años, pues hasta 2001 la tendencia es claramente descendente, y sólo a partir de dicho año las cifras se estabilizan en torno al 3%. Entre 1995 y 2001, y en sólo 7 años, este tipo de gasto pierde casi 3 décimas porcentuales, pasando de un 3,22% a un 2,95%. Para los siguientes años, la cifra se estabiliza en torno al 3%, aunque con tendencia a subir, si hacemos caso de la última cifra de 2005.

GRÁFICO 6.11.—*Evolución del gasto público por tipo de enseñanza en relación con el PIB (1995-2005)*

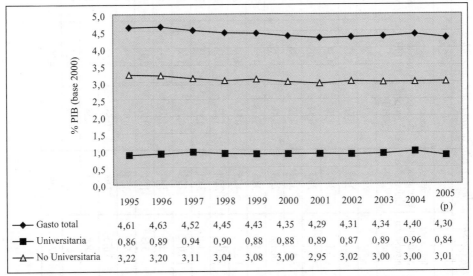

	1995	1996	1997	1998	1999	2000	2001	2002	2003	2004	2005 (p)
Gasto total	4,61	4,63	4,52	4,45	4,43	4,35	4,29	4,31	4,34	4,40	4,30
Universitaria	0,86	0,89	0,94	0,90	0,88	0,88	0,89	0,87	0,89	0,96	0,84
No Universitaria	3,22	3,20	3,11	3,04	3,08	3,00	2,95	3,02	3,00	3,00	3,01

Fuente: Sistema estatal de indicadores de la educación 2006, MEC.

¿Qué gasta cada Comunidad Autónoma en educación? La respuesta es clara, las diferencias son importantes entre lo que gastan unas y otras Comunidades. A nivel estatal el gasto público en educación, medido como proporción del PIB, es del 4,47% en el curso 2006-2007, cuando en el curso 1995-1996 era del 4,5%, situándose en ambos casos por debajo de la media de la Unión Europea que se sitúa por encina del 5%. En la Tabla 6.8 se comparan diversos indicadores del gasto público en educación por Comunidades Autónomas en dos años, 2002 y 2004. Las tres primeras columnas de cada año recogen los respectivos porcentajes del gasto en educación universitaria y no universitaria, así como el gasto total, en relación con el PIB, en cada una de las Comunidades españolas. Como puede verse, no han variado demasiado las cifras en dos años.

El gasto en educación no universitaria muestra una tendencia general decreciente. Sólo 7 de las 17 Comunidades aumentan su proporción de gasto en educación, y aunque aumentan escasamente dicho porcentaje (el máximo crecimiento corresponde a Baleares, que aumentan un 0,17%), es reseñable que sean las Comunidades que están en los últimos puestos con los porcentajes más bajos: Baleares, Cantabria, La Rioja, Cataluña y Madrid. Esta característica parece mostrar cierto deseo por parte de estas Comunidades de intentar equipararse con el resto de Comunidades o, al menos, de acercarse a la media española.

El resto de Comunidades decrecen a distintos niveles, desde Andalucía, que apenas modifica su cifra al disminuir tan sólo un 0,05%, hasta Extremadura, que, a pesar de

TABLA 6.8.—*Evolución de diversos indicadores del gasto público en educación por Comunidades*

Comunidad Autónoma	Año 2002					Año 2004				
	Gasto en educación no Universitaria (% PIB)	Gasto en educación Universitaria (% PIB)	Gasto total (% PIB)	Gasto por estudiante no universitario (euros)	Gasto por estudiante universitario (euros)	Gasto en educación no Universitaria (% PIB)	Gasto en educación Universitaria (% PIB)	Gasto total (% PIB)	Gasto por estudiante no universitario (euros)	Gasto por estudiante universitario (euros)
Andalucía	3,66	1,04	4,70	2.459	3.375	3,61	1,11	4,73	2.429	4.061
Aragón	2,63	0,83	3,46	3.250	4.232	2,55	0,86	3,43	3.238	5.553
Asturias	3,18	1,04	4,22	3.497	3.551	3,00	1,01	4,34	3.523	4.361
Baleares	2,50	0,36	2,86	3.077	3.789	2,67	0,34	3,03	2.802	4.477
Canarias	3,60	0,82	4,46	3.139	4.279	3,52	0,82	4,38	3.333	4.867
Cantabria	2,79	0,79	3,58	3.086	4.498	2,93	0,81	3,75	3.016	5.478
Castilla y León	3,19	1,02	4,21	3.380	3.442	3,05	1,07	4,14	3.268	4.446
Castilla-La Mancha	4,33	0,73	5,06	3.339	3.932	4,25	0,71	4,96	2.917	4.752
Cataluña	2,19	0,79	2,98	2.798	4.671	2,30	1,22	3,51	2.675	5.520
Comunidad Valenciana	3,00	1,11	4,13	3.001	3.840	3,06	1,15	4,23	2.828	4.581
Extremadura	5,47	0,81	6,33	3.389	3.072	4,78	0,78	5,60	3.067	3.575
Galicia	3,66	1,02	4,69	3.397	3.303	3,40	1,03	4,44	3.297	4.026
Madrid	1,87	0,93	2,83	2.535	4.533	1,91	0,97	2,91	2.792	5.248
Murcia	3,68	0,99	4,67	2.709	3.595	3,54	0,97	4,53	2.547	4.287
Navarra	2,96	0,54	3,58	4.269	5.675	2,98	0,55	3,57	4.012	7.130
País Vasco	3,27	0,62	3,96	4.723	4.566	3,15	0,58	3,80	4.453	5.434
La Rioja	2,57	0,61	3,19	3.249	4.036	2,60	0,56	3,17	3.053	4.431
Media nacional	*2,97*	*0,91*	*3,97*	*2.977*	*3.975*	*2,94*	*1,01*	*4,06*	*3.218*	*4.751*

Fuente: INE y MEC (2007). Elaboración propia.

disminuir su proporción de gasto en prácticamente un 0,7%, mantiene la primera posición como la Comunidad que mayor porcentaje de gasto destina a la educación no universitaria (5,47% en el 2002, 4,78% en el 2004). No obstante, como apuntamos, la tendencia general es a que esta cifra disminuya sus valores paulatinamente.

Sin embargo, y al contrario de lo que ocurre con la anterior variable, el gasto en educación universitaria refleja cierta tendencia al alza. La mitad de las Comunidades aumentan su cifra en el 2004 y las que no lo hacen, varían muy poco su cifra con respecto a 2002 (por ejemplo, La Rioja, que es la que más decrece, lo hace en un ínfimo 0,05%). Destaca sobre el resto el aumento producido en Cataluña, de un 0,43%, que le proporciona el acceso al primer puesto del *ranking* de gasto en educación universitaria de todas las Comunidades (partía del puesto 12), mientras que las otras Comunidades que le siguen no pasan de un aumento de un 0,07% (correspondiente a Andalucía). Las Comunidades en los últimos puestos en el año 2002 repiten puesto en 2004. Nos referimos a, en este orden, País Vasco, La Rioja, Navarra y Baleares.

Es, por tanto, reseñable que el aumento se registre en la educación universitaria y no se produzca en la no universitaria, puesto que las cifras referidas al origen de su financiación (del último informe sobre financiación universitaria elaborado por la Comisión de Financiación del Consejo de Coordinación Universitaria en el año 2007) nos hablan de importantes incrementos en los recursos patrimoniales o propios de las Universidades, que se elevan en tan sólo dos años desde un mínimo 0,85% en el año 2002 (el resto se repartían entre el origen público, un 78,36%, y privado, un 20,79%) hasta un espectacular 9,74% en el 2004 (71,02% privado, 19,24% público), lo que quizá enmascare la verdadera situación hasta 2004: que las Universidades aumentaban cada vez más la proporción de financiación de origen público en sus arcas y disminuían las cifras de la financiación de origen privado.

Lo mismo ocurre con el gasto total en términos del PIB. Este indicador permanece más o menos estable, con cierta tendencia también hacia el incremento muy moderado. 7 Comunidades registran aumentos importantes, como Cataluña (que aumenta un 0,53%), Cantabria (0,17%), Baleares (0,16%), Asturias (0,12%), Comunidad Valenciana (0,11%), Madrid (0,9%) y Andalucía (0,3%). En el *ranking* total, los primeros puestos permanecen invariables: Extremadura, Castilla-La Mancha y Andalucía, en este orden, son las tres Comunidades que en sendos años muestran los mayores porcentajes de gasto público destinado a educación, con cifras de 5,6%, 4,96% y 4,73% (en el 2004), respectivamente. La Rioja (3,17%), Baleares (3,03%) y Madrid (2,91%) son las tres Comunidades que ostentan el dudoso honor de ser las que menos destinan de su presupuesto público a educación.

No obstante, es reseñable de nuevo, como ocurría en el caso de la educación no universitaria en particular, que sean las Comunidades en los puestos más bajos las que aumentan su proporción para intentar equipararse con la media nacional y, a la vez, que sean las Comunidades en los puestos más altos en 2002 las que experimenten los mayores descensos. Es decir, aunque hablamos de una tendencia moderadamente al alza, la verdadera tendencia entre Comunidades es a la homogeneización de cifras y la aproximación a la media nacional, al disminuir la dispersión y aumentar la concentración de las cifras autonómicas.

Las cifras nacionales, mostradas en la última línea de la tabla, en negrita, corroboran las tendencias declaradas. El gasto en educación no universitaria decrece ligeramente (de 2,97% a 2,94%) y el gasto en la no universitaria aumenta bastante (de 0,91%

a 1,01%). Como resultado, el incremento en el gasto total destinado a la educación aumenta moderadamente al pasar de un 3,97% a un 4,06%. Por otro lado, si observamos ahora las dos últimas columnas de cada año, vemos que están referidas al gasto por estudiante no universitario y universitario. Aunque las cifras relativas a la educación no universitaria no están aún disponibles desagregadas por Comunidades Autónomas, se observa, no obstante, en el resto de años que la cifra destinada a los alumnos universitarios siempre supera el gasto medio por estudiante no universitario.

En el gasto por estudiante universitario se observa una importante similitud: los tres últimos puestos, las tres Comunidades que menor gasto medio por estudiante tienen, son, en ambos años, las mismas: Andalucía, Galicia y Extremadura. Estas dos últimas muestran buenas cifras en lo concerniente a la educación no universitaria en el año 2002, pero Andalucía confirma su papel marginal en las cifras de gasto medio por estudiante. Por encima de la media nacional, casi siempre las mismas Comunidades: Navarra, Cataluña, País Vasco, Aragón, Madrid y Cantabria. Asimismo, por debajo de la media, el resto de Comunidades, aunque cambien sus posiciones de un año a otro, incrementan sus cifras de gasto medio, pero no como para superar el listón marcado por esa media nacional.

4.2. *El gasto en educación en los países de la OCDE*

El gasto en educación como porcentaje del PIB muestra las prioridades educativas de un país en relación con el reparto general de sus recursos. Este indicador muestra el gasto en centros escolares y universidades y en otras instituciones públicas y privadas implicadas en la oferta de servicios educativos y en el apoyo a los mismos. El gasto en instituciones no se limita al gasto en servicios de enseñanza, sino que también incluye

GRÁFICO 6.12.—*Gastos en instituciones educativas como porcentaje del PIB para todos los niveles de la educación (1995 y 2003)*

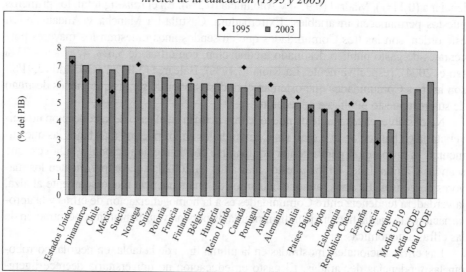

Fuente: Elaboración propia a partir de los datos de la OCDE.

el gasto público y privado en servicios complementarios para alumnos y familias, cuando se ofrecen a través de instituciones educativas. Todos los países de la OCDE invierten una proporción importante de sus recursos nacionales en educación. Teniendo en cuenta las fuentes de financiación pública y privada, el conjunto de los países de la OCDE invierten un 6,3% de su PIB colectivo en instituciones educativas de los niveles de educación preprimaria, primaria, secundaria y terciaria. Los países con gasto más elevado en instituciones educativas son Dinamarca y Estados Unidos en 2003, donde al menos el 7% del PIB se destina a inversiones públicas y privadas en instituciones educativas, como se aprecia en el Gráfico 6.12, donde los países están clasificados en or-

TABLA 6.9.—*Gasto en instituciones educativas como porcentaje del PIB para todos los niveles de la educación (1995, 2000, 2003)*

	1995			2000			2003		
	Pública*	Privada**	Total	Pública*	Privada**	Total	Pública*	Privada**	Total
Alemania	4,4	0,9	5,4	4,2	1	5,2	4,4	0,9	5,3
Austria	5,8	0,3	6,1	5,3	0,3	5,6	5,2	0,3	5,5
Bélgica	~	~	~	~	~	~	5,9	0,2	6,1
Canadá	6,2	0,8	7	5,1	1,2	6,4	4,6	1,3	5,9
Dinamarca	6	0,2	6,2	6,4	0,3	6,6	6,7	0,3	7
Eslovaquia	4,6	0,1	4,7	3,9	0,1	4,1	4,3	0,5	4,7
España	4,5	0,8	5,3	4,2	0,6	4,8	4,2	0,5	4,7
Estados Unidos	5	2,2	7,2	4,8	2,2	7	5,4	2,1	7,5
Finlandia	6,2	~	6,3	5,6	0,1	5,7	6	0,1	6,1
Francia	~	~	~	~	~	~	5,8	0,5	6,3
Grecia	2,9	~	3	3,7	0,2	4	4	0,2	4,2
Hungría	4,8	0,6	5,4	4,4	0,6	5	5,5	0,6	6,1
Irlanda	4,7	0,5	5,2	4,1	0,4	4,5	4,1	0,3	4,4
Italia	4,8	~	~	4,5	0,4	4,9	4,6	0,4	5,1
Japón	3,5	1,1	4,7	3,5	1,2	4,7	3,5	1,2	4,8
Luxemburgo	~	~	~	~	~	~	~	~	~
México	4,6	1	5,6	4,7	0,8	5,5	5,6	1,2	6,8
Noruega	6,8	0,4	7,1	~	~	~	6,5	0,1	6,6
Países Bajos	4,4	0,2	4,7	4,2	0,4	4,5	4,6	0,4	5
Polonia	5,3	~	~	4,9	~	5,1	0,8	0,7	6,4
Portugal	5,3	~	5,3	5,6	0,1	5,7	5,8	0,1	5,9
Reino unido	4,8	0,7	5,5	4,5	0,7	5,2	5,1	1	6,1
República Checa	4,8	0,3	5,1	3,8	0,4	4,3	4,3	0,4	4,7
Suecia	6,1	0,1	6,2	6,2	0,2	6,4	6,5	0,2	6,7
Suiza	5,3	~	~	5,2	0,4	5,6	6	0,6	6,5
Turquía***	2,3	~	2,3	3,4	0	3,4	3,6	0,1	3,7
Media OCDE	~	~	~	~	~	~	5,2	0,7	5,9
Total OCDE	~	~	~	~	~	~	4,9	1,3	6,3
Media UE19	~	~	~	~	~	~	5,2	0,4	5,6
Media de países OCDE con datos de 1995, 2000 y 2003	4,8	0,6	5,4	4,7	0,6	5,3	5	0,7	5,7
Chile***	2,9	2,2	5,1	3,2	1,4	4,6	3,5	3,3	6,8

* Incluye ayudas públicas a la familia imputables a instituciones educativas así como el gasto directo de fuentes internacionales en instituciones educativas.

** Deducidas las ayudas públicas para instituciones educativas.

*** Año de referencia.

Fuente: Elaboración propia a partir de los datos de la OCDE.

den descendente según el gasto total en instituciones educativas procedente de fuentes públicas y privadas en 2003. En segundo lugar se encuentran México, Noruega, Suecia, Suiza, y el país asociado Chile, con más del 6,5%. No obstante, seis de los países de la OCDE de los que se disponen datos invierten menos del 5% del PIB en instituciones educativas, y en el caso de Grecia, Irlanda y Turquía esta cifra tan sólo oscila de un 3,7% a un 4,5%.

En el caso de España el gasto en educación está por debajo de la media de los países de la OCDE (5,9%) y de la media de la Unión Europea (5,6%), con un 4,7% del Producto Interior Bruto del país. El aumento del gasto en educación entre 1995 y 2003 tendió a ser inferior al crecimiento de la renta nacional en un tercio de los países de la OCDE y países asociados de los que disponemos de datos. Las diferencias más notables se observan en Austria, Canadá, España y Noruega, donde la proporción del PIB invertido en educación disminuyó en 0,4 o más puntos porcentuales entre 1995 y 2003 como refleja la tabla siguiente. Por ultimo, el hecho de que existan considerables diferencias entre los países de la OCDE en cuanto a su PIB implica que similares porcentajes de inversión educativa con relación al PIB sean en realidad cantidades absolutas muy diferentes por alumno.

El origen de la financiación en la mayoría de los países procede del sector público. Estando la media de los países de la OCDE por debajo del 1%. Tan sólo hay 6 países que superan la media de la OCDE, como es el caso de Estados Unidos, Canadá, Japón y el Reino Unido, un caso llamativo los constituye Chile con el 3,3% del PIB de su gasto en educación en el 2003 procede de la financiación privada, siendo el país con el porcentaje más elevado. El Gráfico 6.13 muestra el gasto privado en instituciones educativas como porcentaje del gasto total en instituciones educativas, donde los países están clasificados en orden descendente según el porcentaje del gasto privado en instituciones educativas de educación terciaria. Más del 90% de la educación primaria y secundaria en los países de la OCDE, y nunca menos del 80% (excepto en el país asociado Chile), se cubre con fondos públicos. Sin embargo, en la educación terciaria existe una gran variación en esta proporción, desde menos del 5% en Estados Unidos y Japón, y

GRÁFICO 6.13.—*Proporción del gasto privado en instituciones educativas (2003)*

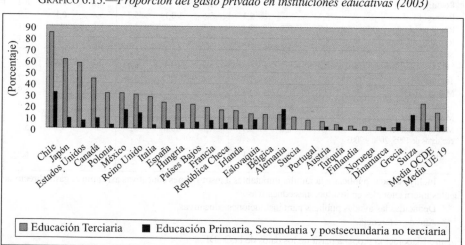

Fuente: Elaboración propia a partir de los datos de la OCDE.

más del 75% en el país asociado Chile. En el caso de España el gasto privado en la ecuación primaria y secundaria es del 0,2% como porcentaje del PIB, situándose por debajo de la media de la OCDE (0,3%) y en igual porcentaje de la media de la Unión Europea, lo que supone en el menos del 10% en el gasto total en educación. Mientras que en el gasto privado en la Educación Terciaria el porcentaje asciende hasta al 0,3% del PIB, siendo su peso en el total del gasto en Educación Terciaria superior al 20%.

El tamaño de la población en edad escolar determina la demanda potencial de educación y formación inicial y, por tanto, afecta al gasto en instituciones educativas. Si se ajustara la estructura de la población de cada país a la media de la OCDE, el gasto total en educación como porcentaje del PIB previsiblemente sería un 15% más elevado en Alemania, Italia y Japón, mientras que sería aproximadamente un 30% más bajo en México y Turquía. El gasto en educación terciaria como porcentaje del PIB disminuiría un 25% en Turquía y aumentaría hasta un 18% en Suecia. En el Gráfico 6.14 se muestra el gasto anual en instituciones educativas por alumno en dólares estadounidenses convertidos mediante las paridades de poder adquisitivo (PPA), a partir del número de alumnos en equivalente a tiempo completo, donde los países están clasificados en orden descendente según el gasto en instituciones educativas por alumno. El conjunto de los países de la OCDE invierten anualmente 7.471 dólares por alumno desde la educación primaria hasta la educación terciaria. Los países que más gastan por alumno son Suiza y Estados Unidos, que en ambos casos pasan los 12.000 dólares, frente a los 1.200 dólares de Turquía. La media de OCDE está en 6.827 dólares y la media de los países de la Unión Europea es de 6.519 dólares. España en 2003 gastó 6.346 dólares por alumno, próximo a la media de la OCDE y de la Unión Europea pero por debajo de ambas, estando por encima de España, Alemania, Francia, Reino Unido, Países Bajos y Finlandia entre otros.

GRÁFICO 6.14.—*Gasto anual en instituciones educativas por alumno desde la Educación Primaria hasta la Terciaria (2003)*

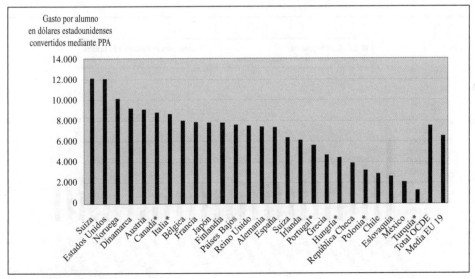

* Sólo instituciones públicas.

Fuente: Elaboración propia a partir de los datos de la OCDE.

No obstante, aunque el gasto global por alumno es bastante similar en algunos países de la OCDE, la forma de asignar los recursos en los diferentes niveles educativos varía enormemente, como se puede ver en el Gráfico 6.15. El conjunto de países de la OCDE invierte 5.055 dólares por alumno en educación primaria, 6.936 dólares por alumno en educación secundaria y 14.598 dólares por alumno en educación terciaria. En educación terciaria, estas medidas se ven influidas por el elevado gasto en algunos

GRÁFICO 6.15.—*Gasto anual en instituciones educativas por alumno para todos los servicios, por niveles educativos (2003). En dólares estadounidenses convertidos mediante PPA, a partir del número de alumnos equivalente a tiempo completo**

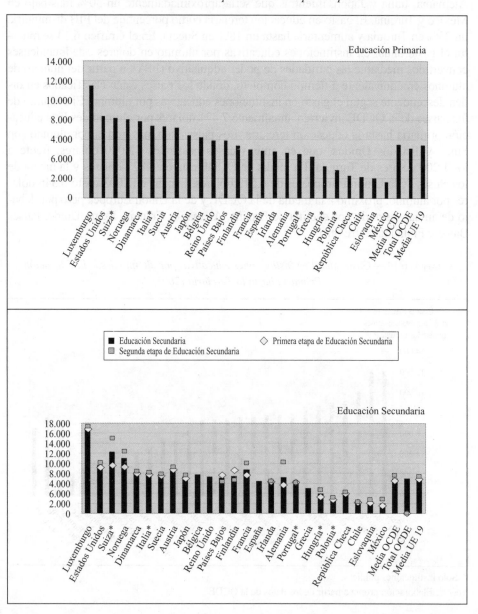

GRÁFICO 6.15 *(cont.).—Gasto anual en instituciones educativas por alumno para todos los servicios, por niveles educativos (2003). En dólares estadounidenses convertidos mediante PPA, a partir del número de alumnos equivalente a tiempo completo***

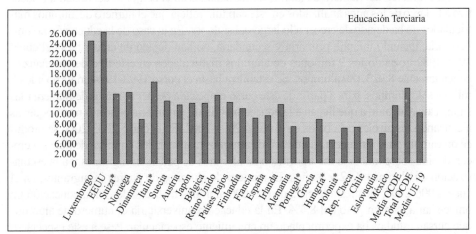

*   Sólo instituciones públicas
** Los países están clasificados en orden descendente según gasto por alumno en Educación Primaria.

Fuente: Elaboración propia a partir de los datos de la OCDE.

países grandes de la OCDE, y más concretamente Canadá y Estados Unidos. El gasto en educación por alumno en un país típico de la OCDE (representado por la media simple de todos los países de la OCDE) asciende a 5.450 dólares en educación primaria, 6.962 dólares en educación secundaria y 11.254 dólares en educación terciaria. España gasta 6.418 dólares por alumno en la educación terciaria.

5. TENDENCIAS DE FUTURO

Abordar el tema de las posibles tendencias de futuro en educación no es una tarea sencilla cuando nos encontramos en una realidad cambiante y son múltiples los factores que intervienen en la realidad educativa de cada momento, por tal motivo, como dice Fernando Savater, en *Política para Amador*, «tenemos que conocer el pasado, ocuparse mucho del presente y sólo un poco del futuro. Lo contrario suele ser charlatanería contraproducente», siguiendo este sabio consejo, este epígrafe sobre las tendencias de futuro tan sólo ha intentado estudiar el pasado, conocer el comportamiento del presente y sólo dice un poco del futuro, para evitar lo que decía Kafka en uno de sus cuentos «por favor, deja que el futuro siga todavía durmiendo como merece. Ya que si uno lo despierta antes de tiempo, tiene entonces un presente dormido».

5.1. *Las tendencias cuantitativas*

La evolución del número de alumnos matriculados en el conjunto del Sistema Educativo a lo largo de los años analizados en este capítulo refleja que el número de alumnos matriculados no ha dejado de crecer a lo largo del siglo xx. En el caso de la educación no universitaria, incluido infantil, primaria y secundaria, no han dejado de crecer hasta el curso 1981-1982, rozando los 9 millones de alumnos matriculados en este tipo de enseñanzas, concretamente 8.923.189 alumnos. Se estabiliza hasta el curso 1993-1994 en torno a los 8 millones de alumnos, para a partir de este curso empezar a perder alumnos de manera más significativa, debido a que llegan a la educación infantil y primaria cohortes más pequeñas alcanzando los niveles más bajos en el curso 2001-2002. En el curso 2003-2004 se produce un cambio en la tendencia, el número de alumnos matriculados empieza de nuevo a crecer, debido sobre todo a la incorporación de alumnos de padres inmigrantes y a la escolarización de alumnos de 2 y 3 años. El número de alumnos de padres inmigrantes, en el curso 2006-2007, alcanzará la cifra de 600.000 alumnos matriculados en la educación no universitaria, con un peso del 8.4%. En la educación universitaria el número de alumnos que cursan estudios ha experimentado un crecimiento espectacular. Pese a este espectacular incremento del número de alumnos universitarios, como consecuencia de la caída de la natalidad desde 1975, el número de alumnos ha empezado a descender desde el año 2000, aunque no se puede olvidar que en los próximos años se contará con nuevos perfiles de universitarios, como personas mayores y estudiantes de otros países.

Pero ¿cuál será el escenario demográfico escolar de 2020 en cuanto al total de población comprendida entre los 0 y 22 años? Como se recoge en la Tabla 6.10, en el conjunto del territorio nacional la población de 0 a 17 aumentará, especialmente los tramos de 6 a 11 años y de 12 a 15 años, que son los que corresponden con educación obligatoria, lo que implica que el número de alumnos a escolarizar en 2020 es superior a los que hay en la actualidad. No ocurre lo mismo con la educación universitaria, donde desciende el número de personas con edad de estar en la universidad.

En el caso de los jóvenes comprendidos entre los 18 y 22 años, que corresponden con la educación universitaria, la disminución es importante, pasamos de 546.805 jóvenes en 2005 a 395.632 en 2020, lo que supone una disminución potencial de pérdida de alumnos, en concreto 151.173 menos. Esto naturalmente no implica la reducción real del número de alumnos matriculados en la educación universitaria en 2020, ya que se admite que aumentará el porcentaje de población de este tramo que pase por las aulas universitarias, sin olvidar, los de otras edades, como las personas mayores.

TABLA 6.10.—*Población total por tramos de edad en España en 2005 y estimaciones para 2020*

	0-2 años	3 a 5 años	6 a 11 años	12 a 15 años	16 a 17 años	18 a 22 años
2005	1.252.578	1.247.662	2.441.150	1.777.741	926.923	2.691.829
2020	1.324.308	1.427.722	3.028.765	2.039.748	997.267	2.370.272
Diferencia 2005-2020	71.730	180.060	587.615	262.007	70.344	–321.557

Fuente: Elaboración propia a partir de los datos del INE 2006.

La presencia de alumnos de padres inmigrantes esta jugando un papel decisivo en el aumento de la demografía escolar para el año 2020. Un ejemplo más de esta nueva realidad social es su crecimiento, donde su evolución en los últimos años lo ha convertido en una de las respuestas más importantes a las que tiene que responder el Sistema Educativo. Los alumnos matriculados de hijos de inmigrantes pasan de 36.661 en el curso 1991-1992 a los 554.082 del curso 2005-2006, siendo su peso sobre el total de alumnos matriculados del 7,4 %, con un reparto desigual entre los centros públicos (8,9%) y los centros privados (4,2%). En la Tabla 6.11 se puede apreciar el cambio tan importante que se ha producido en muestro Sistema Educativo, donde la variación porcentual de alumnos extranjeros entre el curso 1996-1997 y el curso 2001-2002 ha sido espectacular, especialmente en las Comunidades Autónomas de Murcia, Navarra, Extremadura y La Rioja —columna 2—. Sin embargo, como recoge en la columna 3, las Comunidades con el mayor número de alumnos de origen extranjero son

TABLA 6.11.—*Evolución y peso de los alumnos extranjeros en la enseñanza no universitaria*

	Total alumnos extranjeros no Universitarios	Variación porcentual respecto a	Total alumnos extranjeros	(%)	Porcentaje de alumnado extranjero en la enseñanza no universitaria
	2001-2002	(1996-1997)	2003-2004	2003-2004	2005-2006
España	207.252	230,5	402.116	100	7,4
Andalucía	22.749	371,6	44.240	11	4,2
Aragón	5.214	437,5	11.762	2,9	8,6
Asturias	1.661	228,3	3.236	0,8	3,1
Baleares	8.712	294,7	15.591	3,9	12,2
Canarias	14.185	169,3	21.996	5,5	7,5
Cantabria	1.097	306,3	2.609	0,6	4,6
Castilla y León	6.274	170,4	12.318	3,1	4,8
Castilla-La Mancha	5.801	446,7	13.419	3,3	6,0
Cataluña	36.308	97,7	77.273	19,2	10,2
C. Valenciana	23.139	278,5	52.831	13,1	9,9
Extremadura	1.950	537,3	3.156	0,8	2,1
Galicia	3.497	140,2	6.539	1,6	2,4
Madrid	57.573	263,7	98.020	24,4	11,4
Murcia	8.370	913,3	18.740	4,7	10,3
Navarra	3.611	805	7.101	1,8	8,8
País Vasco	4.723	195,2	8.618	2,1	4,0
La Rioja	1.520	569,6	3.472	0,9	11,2
Ceuta	135	462,5	182	0	1,6
Melilla	733	439	1.013	0,3	5,2

Fuente: Elaboración propia a partir de los datos del MEC (2006).

Madrid con 98.020 alumnos, Cataluña con 77.273 y Andalucía con 44.240 alumnos. Pero el dato que mejor refleja la diversidad de cada Comunidad es el de la columna 5, donde se indica el porcentaje de alumnos de padres extranjeros sobre el total de cada Comunidad. En este sentido, es en Islas Baleares donde el peso de los alumnos extranjeros es más importante, un 12%; le sigue Madrid con el 11,4%; luego La Rioja y Murcia, con el 11,2% y el 10,3%, respectivamente.

La presencia de la inmigración en España explica las diferencias en la tendencia de la demografía escolar de nuestro país con los países de la OCDE. Para medir las tendencias de las cifras de la población en los próximos diez años y estudiar el impacto que dichas tendencias pueden tener sobre el tamaño de la población escolar y poder hacer la provisión correspondiente de servicios educativos en los distintos países, la OCDE ha realizado una estimación para 2015. Estableciendo tres cohortes de edad correspondientes con los tres niveles educativos: primaria, secundaria y terciaria. El Gráfico 6.16 muestra el cambio previsto entre 2005 y 2015 en la población de 5 a 14 años, que corresponde en términos generales a la edad de los alumnos en educación primaria y primera etapa de secundaria. Se prevé que el tamaño de la población de 5 a 14 años, en general equivalente a la población de la enseñanza obligatoria, disminuya en 21 países de la OCDE, y en Chile como país asociado, en los próximos años. Estas tendencias pueden tener implicaciones significativas para la organización y asignación de recursos de los servicios educativos, presentando difíciles retos de gestión, como la capacidad excedente en los centros escolares, la reorganización de los centros e incluso su cierre. Los países en los que estos retos serán mayores en la próxima década son Alemania, Austria, Hungría, Suiza, Polonia y Eslovaquia, donde se espera que el número de alumnos en educación primaria y primera etapa de secundaria descienda casi un 20%.

Tan solo 5 países presentan tendencia diferente a la perdida de alumnos en la edu-

GRÁFICO 6.16.—*Cambios demográficos esperados de la población de 5 a 14 años en el decenio 2005-2015*

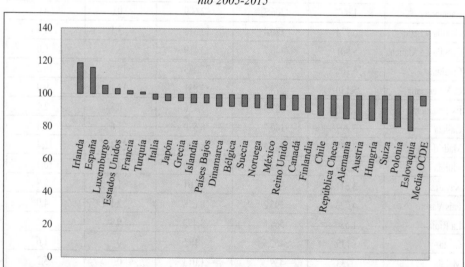

Fuente: Elaboración propia a partir de los datos de la OCDE.

cación obligatoria, como son Irlanda, España, Luxemburgo, Estados Unidos, Francia y Turquía. No obstante, Irlanda y España presentan notables excepciones a esta tendencia. En estos dos países, la disminución del número de niños en edad escolar, que había sido característica de su demografía, se ha invertido y ahora se espera que la población en edad de acudir a la enseñanza obligatoria aumente un 16% y un 19% respectivamente en el decenio 2005-2015.

En el caso de la población de 15 a 19 años, que en términos generales corresponde a la edad de la población de segunda etapa de Educación Secundaria, las tendencias son similares: la población desciende globalmente como se refleja en el Gráfico 6.17, pero

GRÁFICO 6.17.—*Cambios demográficos esperados de la población juvenil de 15 a 19 años y de 20 a 29 años en el decenio 2005-2015*

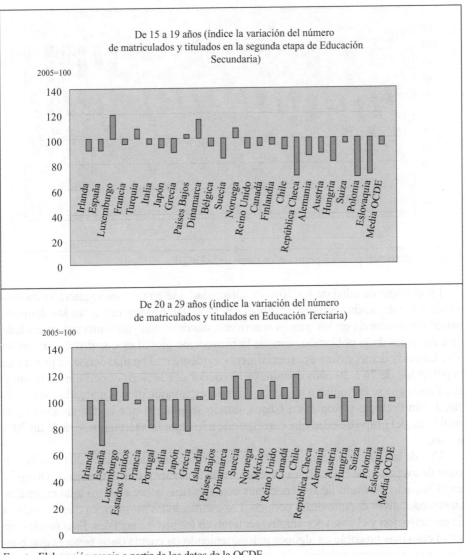

Fuente: Elaboración propia a partir de los datos de la OCDE.

con diferencias según el ciclo demográfico de cada país. Eslovaquia, Polonia y República Checa, se enfrentan a las mayores reducciones de población correspondiente a la segunda etapa de educación secundaria en el decenio 2005-2015, con una disminución de alrededor del 30% o más en cada caso. En esta cohorte de edad, según la OCDE, en España hay una perdida de población, que en principio parecería una contradicción con las previsiones del INE, pero al no coincidir el tramo de edad en ambas previsiones se explican las diferencias.

GRÁFICO 6.18.—*Impacto estimado de las tendencias demográficas sobre el total en instituciones educativas en el decenio 2005-2015, suponiendo los actuales índices de participación y gasto por alumno*

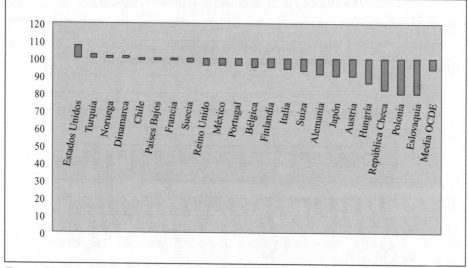

Fuente: Elaboración propia a partir de los datos de la OCDE.

En el tramo de edad de los 20 y 29 años, edad que en términos generales corresponde a la educación terciaria, la tendencia no es tan homogénea entre los distintos países como ocurría en los tramos anteriores, dándose una panorama más mezclado de tendencias de la población, aunque la proyección global es que disminuirá en un 3%. La caída demográfica es especialmente evidente en España, donde se prevé que la población de 20 a 29 años disminuya alrededor del 34% en el período de referencia. Países que se enfrentan a tendencias similares, aunque menos marcadas, son Grecia, Japón Portugal y República Checa, donde se anticipa que la disminución de la población del grupo de edad que corresponde a los estudios terciarios será de un 20% o más.

Una de las consecuencias derivadas de la perdida de alumnos para 2015 en la mayoría de los países de la OCDE es su repercusión financiera. Así, el Grafico 6.18 muestra el impacto estimado de las tendencias demográficas sobre el gasto total en instituciones educativas durante dicho período. Las estimaciones presuponen que los índices de participación y el gasto por alumno seguirán en los niveles actuales. Esto puede o no ser el caso más probable en algunos países, teniendo en cuenta otros factores que pueden variar, pero estas estimaciones pueden ayudar a ilustrar las decisiones de financiación y otras medidas políticas que los países deben tomar. De acuerdo con estos razonamientos, las tendencias de la población en el período de referencia implicarían una reducción en el nivel del gasto educativo en todos los países de la OCDE, salvo en cuatro, así como en el país asociado Chile, posiblemente ofreciendo más oportunidades de aumentar los índices de participación o el gasto por alumno en estos países. Las tendencias de la población conllevarían la mayor oportunidad en este aspecto para Eslovaquia, Hungría, Polonia y República Checa. En contraste, las proyecciones de la población de Estados Unidos indican un crecimiento relativamente fuerte en la próxima década y, si esto se traduce en un aumento similar del número de alumnos, es posible que Estados Unidos se enfrente a presiones en la financiación.

En resumen, nos encontramos con una pérdida de población en los tramos de edad de 5 a 29 años en el conjunto de los países de la OCDE, lo que implica una pérdida de alumnos en todos los niveles educativos y una estabilidad en el gasto destinado a educación. En el caso de España presenta algunas diferencias importantes, como el aumento de alumnos en la educación primaria y secundaria, mientras se perderán alumnos en la segunda etapa de la educación obligatoria y en la universitaria.

5.2. *Los retos de 2010*

Si en las sociedades modernas la inversión en capital humano es importante, en la que se ha venido en llamar la sociedad del conocimiento es crucial, sobre todo por tres razones: 1.ª) Cada vez se producirá más conocimiento: se estima que el volumen de conocimiento se dobla actualmente en menos de cinco años. 2.ª) La media de edad del conocimiento está bajando rápidamente. 3.ª) La economía que regirá en esta sociedad es la economía del conocimiento. Ante esta nueva realidad social, el Consejo Europeo de Lisboa del año 2000 se marcó el objetivo estratégico de convertir Europa antes de 2010 en la economía basada en el conocimiento más competitiva y dinámica del mundo, capaz de crecer económicamente de manera sostenible con más y mejores empleos y con mayor cohesión social. Para responder a este reto, se establecieron objetivos comunes para los sistemas de educación y formación europeos, con arreglo al principio del *aprendizaje permanente*, a fin de: 1.º) Mejorar la calidad y la eficacia de los sistemas de educación y formación en la Unión Europea, para que se conviertan en una referencia de calidad mundial. 2.º) Facilitar el acceso de todos a los sistemas de educación y formación y 3.º) Abrir los sistemas educativos y de formación a un mundo más amplio.

Pero son los Estados miembros los que tienen la responsabilidad sobre el contenido y la organización de sus sistemas educativos. Por tanto, los Estados miembros son los que deben adoptar medidas para seguir los objetivos del Consejo Europeo de Lisboa. Para el seguimiento de estos objetivos se han fijado unos indicadores de referencia, agrupados en seis áreas: inversión en educación; abandono escolar prematuro (no superar el 10%); titulados en matemáticas, ciencia y tecnología (al menos el 15%); población que ha terminado la enseñanza secundaria superior (el 85% de los mayores de 22 años); competencias en matemáticas, lectura y ciencias (reducir a menos de un 20%) y, por último, el aprendizaje permanente (aumentar al 12,5%). Con ello, como se recoge en las conclusiones de la Presidencia del Consejo Europeo de Lisboa «las personas constituyen en Europa el principal activo, por lo que deberían convertirse en el centro de las políticas de la Unión».

El avanzar en esta línea se ha convertido en uno de los retos actuales y de futuro de las políticas educativas en cada uno de los países de la Unión. Por eso, se hace necesario conocer la posición en la que se encuentra España en ese conjunto de indicadores de referencia que está marcando el hacer educativo del presente y del futuro. Así, una de las partidas en los Presupuestos Generales del Estado recibe el nombre de «Capital Humano y Tecnológico». En los presupuestos del 2007 esa partida contó con 8.917 millones de euros, siendo el 31% del gasto total del Estado y en los presupuestos del 2008 esa partida ha sido incrementada en un 16,4% y asciende a 10.510 millones de euros, mientras que a educación se destinan 2.831 millones de euros. Ahora bien, qué nos queda por hacer hasta el 2010 para situar a la economía española en una de las economías basadas en el conocimiento más competitivas y dinámica del mundo. La Tabla 6.12 recoge los logros conseguidos hasta 2005, elaborada por el Consejo Económico y Social en su memoria de 2006.

Respecto al abandono escolar prematuro sigue una tendencia decreciente en todos los países de la Unión Europea, la media de la Unión Europea de los 25 ha pasado del 17,3% en 2000 al 12,6% en 2005. En el caso de España existe un elevado porcentaje de población de 18 a 24 años —29% en 2000 y del 30,8% en 2005— que no ha completado la Educación Secundaria de segunda etapa, siendo de las más altas de la UE junto con Portugal y Malta, aunque el avance desde 1992 ha sido significativo, una reducción de 12 puntos porcentuales. En cuanto a los países de reciente incorporación, con una media del 8,4%, todos tienen tasas inferiores a la media de la Europa de los 15, excepto el caso de Letonia. La diferencia por Comunidades Autónomas del abandono educativo es bastante homogéneo, excepto el caso del País Vasco con tan sólo el 12%; en el otro extremo nos encontramos con Baleares y Murcia, que superan el 45% de población entre los 18 y los 24 años con tan sólo el nivel de educación secundaria obligatoria. Lo destacable de este hecho social es la evolución positiva que ha experimentado en los 11 años transcurridos desde 1991 al 2002, con un promedio de 14 puntos porcentuales en su reducción.

Respecto a la medición de la comprensión lectora de los jóvenes, el indicador comparativo más fiable para medir el rendimiento de los alumnos a los 15 años en las aptitudes de lectura, matemáticas y ciencias es la encuesta PISA (2003) de la OCDE. En matemáticas los países con mejores resultados oscilan desde los 550 puntos de Hong-Kong y Finlandia a los 356 de Brasil. España ocupa el puesto 26 con 485 puntos de media, por debajo de la media de los países de la OCDE. Se encuentran por encima de la media nacional las Comunidades Autónomas de Castilla y León, País Vasco y Cataluña. En el caso de la comprensión lectora, según estimaciones realizadas por el CES en 2005 España tiene un 21,1% de jóvenes que no tienen el mínimo requerido. En cuanto al porcentaje de población que alcanza al menos el nivel de la Educación Secundaria en el conjunto de la UE no se ha progresado mucho; en 2005 era del 77%, ocho puntos porcentuales por debajo del objetivo fijado para 2010, objetivo difícil de conseguir para el conjunto de la UE al tener que aumentar 1,5 puntos porcentuales anualmente, pero para el caso de España la situación aún es peor en 2005 ya que sólo el 61,3% tenia el nivel de secundaria superior. En el mejor indicador posicionado el conjunto de la UE, incluido España, es en el porcentaje de trabajadores que participan en formación continua.

En resumen, como bien señala el CES en términos comparativos, España destaca por ser de los países que más esfuerzos debe realizar para alcanzar los objetivos de Lisboa en materia educativa y formación. Al registrar una de las más elevadas tasas de abandono escolar prematuro, un elevado porcentaje de jóvenes que no superan los co-

TABLA 6.12.—*Evolución de los países de la UE-25 respecto a los puntos de referencia 2010 en educación y formación*

Países	% de la población de 25 a 64 años que participa en educación y formación		% de la población entre 20 y 24 años que ha completado al menos el nivel de E. Secundaria 2ª etapa**		% de jóvenes con abandonos escolar temprano***		Graduados en Ciencia y Tecnología****		Jóvenes que no poseen el mínimo requerido en lectura (PISA 2000-2005)*****	
	2000	2005	2000	2005	2000	2005	2000	2005	2000	2005
UE25	7,9*****	11,0	76,3	77,3	17,3******	15,2	10,4*****	12,6	—	—
Alemania	5,2	8,2	74,7	71,0	14,9	13,8	8,2	9,0	22,6	22,3
Austria	8,3	13,8	84,7	85,9	10,2	9,0	7,2	8,7	14,6	20,7
Bélgica	6,8	10,0	80,9	80,3	12,5	13,0	9,7	11,2	19,0	17,9
Chipre	3,1	5,6	79,0	80,7	18,5	18,1	3,4	4,2	—	—
Dinamarca	20,8	27,6	69,8	76,0	11,6	8,5	11,7	13,8	17,9	16,5
Eslovenia	—	17,8	87,0	90,6	—	4,3	8,9	9,3	—	—
España	5,0	12,1*	65,9	61,3	29,1	30,8	9,9	12,5	16,3	21,1
Estonia	6,0	5,9	83,6	80,9	14,2	14,0	7,0	8,9	—	—
Finlandia	19,6*	24,8	87,8*	84,8	8,9*	9,3	16,0	—	7,0	5,7
Francia	2,8	7,6	81,6	82,8	13,3	12,6	19,6	—	15,2	17,5
Grecia	1,1	1,8	79,3	84,0	18,2	13,3	0,0	8,0	24,4	25,3
Hungría	3,1	4,2	83,6	83,3	13,8	12,3	4,5	5,1	22,7	20,5
Irlanda	—	8,0	82,4	86,1	—	12,3	24,2	23,1	11,0	11,0
Italia	5,5	6,2	68,8	72,9	25,3	21,9	5,7	10,1	18,9	23,9
Letonia	—	7,6	76,8	81,8	—	11,9	7,4	9,4	30,6	18,0
Lituania	2,8	6,3	77,9	85,2	16,7	9,2	13,5	17,5	—	—

TABLA 6.12 (cont.).—*Evolución de la UE-25 respecto a los puntos de referencia 2010 en educación y formación*

Países	% de la población de 25 a 64 años que participa en educación y formación		% de la población entre 20 y 24 años que ha completado al menos el nivel de E. Secundaria 2ª etapa**		% de jóvenes con abandonos escolar temprano***		Graduados en Ciencia y Tecnología****		Jóvenes que no poseen el mínimo requerido en lectura (PISA 2000-2005)*****	
	2000	2005	2000	2005	2000	2005	2000	2005	2000	2005
Luxemburgo	4,8	8,5	77,5	71,1	16,8	13,3	1,8	—	35,1	22,7
Malta	4,5	5,8	40,9	48,1	54,2	41,2	3,4	—	—	—
Países Bajos	15,6	16,6	71,7	74,6	15,5	13,6	5,8	7,9	—	11,5
Polonia	—	5,0	87,8	90,0	—	5,5	6,6	9,4	23,2	16,8
Portugal	3,4	4,6	42,8	48,4	42,6	38,6	6,3	11,0	26,3	21,9
Reino Unido	21,0	29,1	76,4	77,1	18,4	14,0	18,5	18,1	12,9	—
República Checa	—	5,9	91,1	90,3	—	6,4	5,5	7,4	17,5	19,3
República Eslovaca	—	5,0	94,5	91,5	—	5,8	5,3	9,2	—	—
Suecia	21,6	34,7	85,2	87,8	7,7	11,7*	11,6	15,9	12,6	13,3

* Ruptura de serie

** Según la correspondencia CNED-2000 – ISCED-97, este nivel nivel incluye segunda etapa de Educación Secundaria (general-bachillerato- y grado medio de enseñanzas profesionales y de régimen especial) y enseñanza para la formación e inserción laboral que precisan de una titulación de estudios secundarios de primera etapa para su realización

*** Porcentaje de jóvenes entre 18 y 24 años que no han completado la E. Secundaria (2ª etapa) y no siguen ningún tipo de estudio-formación.

**** Graduados por 1.000 habitantes entre la población de 20 y 29 años.

***** Datos estimados.

Fuente: Elaboración propia a partir de los datos de la Memoria de España 2006 del CES.

nocimientos mínimos de lectura, uno de los más bajos niveles de población joven que culmina la educación secundaria superior y uno de los porcentajes de gasto público en educación (respecto al PIB) más reducidos.

Además de seguir impulsando la mejora de la posición de España en los indicadores establecidos como punto de referencia para el 2010, se hace necesario otra serie de cambios importantes del Sistema Educativo, siendo necesario rediseñar toda la educación y formar personas con un alto nivel de educación y una gran adaptabilidad, como dice Manuel Castells (1997) «¿Qué tipo de individuo necesitamos? Quien quiera vivir bien tendrá que reunir dos condiciones: un alto nivel de educación y una gran adaptabilidad personal. Una educación no tanto técnica como general, que es la que se puede reprogramar, y que se basa en la capacidad de combinación simbólica: filosofía, matemáticas, historia y geografía, lengua y literatura, es decir, lo tradicional. Deberán aprender que los ordenadores cambian; de hecho, el ordenador personal está dejando de existir a favor de un mundo con decenas de pequeños instrumentos de comunicación conectados en red y esparcidos por todos los ámbitos de la vida. Por tanto, lo esencial será la capacidad de adaptación a un mundo de cambio constante, tanto en lo tecnológico como en lo personal. Hace falta inteligencia y capacidad de aprendizaje porque siempre estaremos aprendiendo».

Los sistemas educativos son producto de un largo recorrido socio-histórico de la era industrial. Las formas de entender la educación y de analizar las prácticas educativas y organizaciones varían en espacio y tiempo. Actualmente nos encontramos en un momento clave de la historia, donde se están produciendo vertiginosos cambios e innovaciones científicas, tecnológicas y capitales, trasformaciones demográficas y sociales en los diferentes campos de la economía y la política. Como sostiene Edgar Morin (2000) en el libro *Los siete saberes necesarios para la educación futura,* el conocimiento humano no pude ser ciego, deberá de ser capaz de abordar los problemas globales y fundamentales para inscribir los conocimientos parciales y locales. Asimismo advierte que «los grandes desafíos de la enseñanza contemporánea deben originar mentes bien ordenadas antes que bien llenas, enseñar la riqueza y la fragilidad de la condición humana, iniciarse en la vida y afrontar la incertidumbre». La educación tiene la misión de permitir desarrollar los talentos y todas sus capacidades de creación, lo que implica que cada uno pueda responsabilizarse de sí mismo y realizar su proyecto personal.

Ante los desafíos planteados por Castell y Morin, el Sistema Educativo español debe afrontar retos que mejoren cualitativamente el sistema y permita afrontar el futuro en buena posición de partida. Entre los cambios destaca el reto de la calidad, disminuir el abandono escolar, disminuir la violencia escolar, optimizar su papel como instrumento de integración social, equilibrar las desigualdades intra e interregionales, implantar de forma efectiva las nuevas tecnologías, fomentar el liderazgo comunal de las escuelas y atenuar la incidencia escolar de las desigualdades sociales.

La trasversalidad de la calidad, considerada de un modo integral, debe ser un objetivo referido a todas las funciones y actividades principales del Sistema Educativo: calidad de enseñanza, de formación y de investigación, lo que implica necesariamente calidad de las personas y de los programas presentes en el proceso de aprendizaje. Este concepto será el clave en las próximas décadas. El artículo III-282-1 del fallido proyecto de Constitución Europea dice: «La Unión contribuirá al desarrollo de una educación de calidad fomentando la cooperación entre Estados miembros y, si es necesario, apoyando la acción de éstos. Respetará plenamente la responsabilidad de los Estados miembros en cuanto a los contenidos de la enseñanza y la organización del Sistema Educativo, así como su diversidad cultural y lingüística». Muy próximo a la calidad está el invertir en el talento, adaptándonos a las necesidades de los alumnos. Esto significa que desde la escuela se inculque el gusto o el placer por aprender, se desarrolle la capacidad de sorprendernos, de aprender a aprender, la curiosidad del intelecto, etc. Una forma de descubrir talentos y potenciar las capacidades.

En consonancia con el aprendizaje permanente se debe fomentar la flexibilidad en la estructura de los Sistema Educativos. La Unión Europea ha puesto de manifiesto algunas de las preocupaciones y propuestas que institucionalmente se han formulado con respecto a la educación del futuro. Considera que la educación debe funcionar en un mundo de mutación rápida. Hace falta un sistema de enseñanza que sea capaz de responder rápidamente a las demandas de una sociedad centrada sobre la información y cuyas estructuras sean lo suficientemente flexibles para facilitar una puesta al día constante y permitan a todos continuar estudiando a lo largo de la vida. Estamos hablando de un Sistema Educativo sostenible, con niveles flexibles y diversidad de estudios, donde prime la innovación intelectual. La educación futura debe permitir ordenar etapas, preparar transiciones y diversificar para evitar procesos de exclusión. Precisamente, para evitar la exclusión social urge socializar en las nuevas tecnologías. Ya que para muchos alumnos el manejo y uso de las nuevas tecnologías es algo consustancial con su vida cotidiana, mientras que para otros es algo que está alejado de su realidad, se hace por lo tanto necesario a medio y corto plazo realizar una política diana para los sectores sociales más vulnerables y los que residen en el medio rural, y de esta forma poder evitar los riesgos que provoca la sociedad de la información. La rápida incorporación de las nuevas tecnologías al entorno laboral y cotidiano está exigiendo un alto nivel de asimilación por parte de los usuarios. El Sistema Educativo tiene que socializar en las nuevas tecnologías. Pero estas nuevas tecnologías, aparte de producir unos cambios en el Sistema Educativo, producen un cambio en el entorno. Cambios a los que tiene que hacer frente la educación no para acoger a las nuevas tecnologías, sino porque la sociedad cambiará a consecuencia de las nuevas tecnologías. Estamos pasando de la sociedad industrial a la sociedad del conocimiento.

Para finalizar, nada más sugerente que las reflexiones de autores como Aurelio Peccei al considerar que «se debe dar una verdadera revolución humana que coloque al individuo en el centro de todo desarrollo, incrementando la calidad, la capacidad y la percepción de las responsabilidades. Además de una evolución político-estructural de la sociedad y de los sistemas humanos para asegurar la gobernabilidad y la adopción de políticas y estrategias globales para la mediación de las coaliciones voluntarias de naciones, establecidas sin esperar a que puedan ser sistemáticas o generalizadas» (Peccei, 1981, pág. 166). En definitiva la educación debe desempeñar el papel de corrector contra numerosas deformaciones del hombre y de la sociedad.

BIBLIOGRAFÍA

BELL, D., *Las contradicciones culturales del capitalismo*, Madrid, Alianza Universidad, Ciencias Sociales, 1982.
CASTELLS, M., *La era de la información*, vol. 1 «La sociedad red», Madrid, Alianza, 1996.
— *La era de la información*, vols. I, II y III, Madrid, Alianza, 1998.

DELORS, Jacques, *La Educación Encierra un Tesoro,* París, Ediciones UNESCO, 1996.

CALERO, *Financiación de la educación superior en España: su implicación en el terreno de la equidad,* Bilbao, Fundación BBVA, 1996.

— *Desigualdades tras la educación obligatoria: nuevas evidencias,* Documento de trabajo 83/2006 de la Fundación Alternativas, 2006.

CES, *Memoria del 2006: economía, trabajo y sociedad,* Madrid, Consejo Economico y Social, 2006.

HARGREAVES, A., *Profesorado, cultura y postmodernidad,* Madrid, Morata, 1996.

HERNÁNDEZ, J., «La financiación de las universidades públicas presenciales. Análisis por Comunidad Autónoma», *Revista de Estudios Regionales,* núm. 78, 2007.

IGLESIAS DE USSEL, J., «Una reflexión sobre la Universidad», págs. 469-483 en *Proyectos para la Universidad española,* Madrid, *Anales de la Real Academia de Ciencias Morales y Políticas, vol 53,* núm. 78, curso académico 2000-2001.

— «La universidad y la constitución», *Anales de la Real Academia de Ciencias Morales y Políticas*, Año LVI, núm. 81, 2004.

IGLESIAS DE USSEL, J. y TRINIDAD REQUENA, A., «La mujer en el sistema educativo e investigador de Andalucía», *Revista De Estudios Regionales,* núm. 46, 1996.

— *Leer la sociedad. Una introducción a la sociología general*, Tecnos, 2006.

LÓPEZ RUPÉREZ, F., *El legado de la LOGSE,* Madrid, Gota a gota, 2006.

MEC, *Estadísticas de la educación en España,* Madrid, Ministerio de Educación y Ciencia, 2004.

— *Datos y cifras, curso escolar 2006/07*, Madrid, Ministerio de Educación y Ciencia, 2006.

— *Sistema estatal de indicadores de la educación,* Madrid, Ministerio de Educación y Ciencia, 2006.

— *Datos y cifras, curso escolar 2007/08*, Madrid, Ministerio de Educación y Ciencia, 2007.

MIGUEL, Amando de, *Diagnóstico de la Universidad*, Madrid, Ediciones Guadarrama, 223 págs., 1994.

MIGUEL, J. M. de y otros, *Excelencia. Calidad de las universidades españolas*, Madrid, CIS, 2001.

MORIN, Edgar, *Los siete saberes necesarios a la educación del futuro*, Caracas, IELSAC/UNESCO, 2000. Trad. Mercedes Vallejo-Gómez.

— *La mente bien ordenada*, Barcelona, Seix Barral, 2000.

OCDE, *Panorama de la educación 2006. Indicadores de la OCDE,* Madrid, Santillana, 2006.

PECCEI, A., *One Hundred Pages for the Future*, Pergamon Press, 1981

SAVATER, F. (2001), *Política para Amador,* Barcelona, Ariel, 2001.

TRINIDAD REQUENA, A., *La educación superior en Andalucía*, Madrid, Tecnos, 2005.

— *Sistema educativo y cualificación de recursos humanos: el escenario 2020 en Andalucía,* 2007.

7

Trabajo y ocupaciones

RODOLFO GUTIÉRREZ

En los últimos treinta años la sociedad española, coincidiendo con la etapa democrática y con una plena transición a la era postindustrial, ha transformado profundamente todas las dimensiones relevantes de la actividad laboral.

En primer lugar, la participación en el mercado de trabajo ha evolucionado de modo fuertemente cíclico, pasando por la crisis industrial de los 70, la expansión iniciada a mediados de los 80 y la corta pero intensa crisis de los primeros 90. Por ese ritmo cíclico, la sociedad española ofrecía en 1995 una cifra de 12,5 millones de empleos, que resultaba algo inferior a la que se había conseguido ya veinte años antes, en 1976. La fase más reciente, de intenso crecimiento del empleo, parece haber corregido uno de los problemas consustanciales a la sociedad industrial española: el permanente «déficit» de empleo extradoméstico. Si se mantuviera hasta el final de esta primera década del siglo XXI un ritmo de creación de empleo similar al de los últimos años, España estaría cerca de haber duplicado en quince años su cifra de ocupados. Aun con una desaceleración en el ritmo de creación de empleo, algo que ya presenta señales claras en 2007, no se andará lejos de un saldo próximo a los 10 millones de empleos entre 1995 y 2010. Este cambio ha tenido lugar en una etapa de creciente terciarización del empleo, de intensa globalización de la economía y de profundos cambios en las formas de organización del trabajo. El balance de los últimos diez-doce años tendría que hacer pensar a quienes en su inicio argumentaban con profecías sobre el «fin del trabajo».

Ese logro en cantidad de trabajo ha producido cambios en todos los perfiles básicos del empleo y las ocupaciones. El grueso de estas transformaciones se relacionan con los aumentos de la población potencialmente activa, que pasa de 25,5 millones en 1976 a 37,6 millones en 2007 y, sobre todo, con los cambios en su composición por sexo y edad, en la transformación de la estructura educativa de dicha población, y en la cuantiosa y rápida presencia de la población inmigrante. El grueso de este capítulo se dedica a describir, en el primer apartado, los cambios en la evolución y composición del empleo, y en el segundo apartado, a los cambios en la estructura de las ocupaciones. En ambos casos, la atención se centra especialmente en la fase más reciente, la que va de la mitad de los años 90 a la actualidad, por ser la etapa que ha producido transformaciones más profundas en esas dimensiones y, también, porque las etapas anteriores están ya suficientemente estudiadas.

En segundo lugar, estos treinta años de contexto democrático han permitido una renovación del marco institucional del trabajo. Aunque este aspecto no sea objeto de atención de este capítulo, no se puede obviar que ese marco se ha modificado sustancialmente a través de sucesivas reformas de todos sus piezas principales (Segura, 2004), con una pauta en la que predominan las reformas pactadas (Guillén, Gutiérrez y González, 2007). La primera de estas reformas la constituye el Estatuto de los Trabajadores de 1980, que adapta todo el entramado institucional de las relaciones laborales al nuevo marco constitucional (Ruesga, Valdés y Zufiaur, 2005). Después le siguen reformas de diferente calado normativo; la reforma de 1984, que abre la puerta a la contratación temporal; la de 1994 que afecta o todos los componentes básicos del mercado de trabajo (las modalidades de contratación, con la revisión de los contratos temporales y el impulso a los de aprendizaje y a tiempo parcial, las causas de despido, la flexibilización de la jornada y la movilidad funcional, la ampliación de contenidos de la negociación colectiva y la regulación de nuevos intermediarios del mercado de trabajo como las empresas de trabajo temporal); la posterior reforma de 1997 volvió a hacer una revisión de la contratación, con el intento de impulsar la contratación indefinida, reduciendo para alguna figura los costes de despido y haciendo más estricta la causalidad de la contratación temporal, al tiempo que estableció algunas nuevas formas de extensión y articulación de la negociación colectiva. El más reciente ciclo de reformas, el de 2006, ha arrancado con varios acuerdos sociales tripartitos, y se ha dirigido, otra vez más, a impulsar la conversión de empleo temporal en fijo a través de nuevos incentivos financieros para los empresarios y a limitar la utilización sucesiva de contratos temporales.

Una tercera dimensión de las transformaciones del trabajo en España puede referirse a cambios problemáticos en la posición o los logros relativos de grupos sociales específicos. Las indiscutibles mejoras en todas las magnitudes básicas del empleo en España, sí como la modernización, en buena medida pactada, del marco institucional del mercado de trabajo, no han podido evitar que algunos problemas se hayan configurado o permanezcan de un modo casi crónico. Una buena parte de ellos han sido estudiados ya con profusión: sin duda, el primero de ellos el excesivo peso de los contratos temporales, fuente de una persistente segmentación del mercado de trabajo y rasgo más común a diferentes formas de empleo atípico o precario (Polavieja, 2003; Toharia y otros, 2005; Laparra, 2006).

La temporalidad es también la situación más extendida entre grupos con problemas específicos de participación o logro laboral en España, principalmente los jóvenes (Garrido y Requena, 1996; CES, 2005) y las mujeres (CES, 2003; Tobío, 2005). Algunas nuevas formas de organización productiva conllevan riesgos de intensificación del trabajo que han sido estudiados en diferentes sectores u ocupaciones (Castillo, 2005);

En este capítulo se opta por seleccionar uno solo de estos desarrollos más problemáticos, en contraste con los evidentes logros del mercado de trabajo español: la extensión y los perfiles de los trabajadores pobres. En este asunto, poco atendido hasta ahora en los panoramas del trabajo en España, confluyen dos tipos de preocupaciones: de una parte, el interés por un posible aumento de la desigualdad de los salarios en la etapa más reciente; de otra parte, la atención a las consecuencias sobre los hogares de la proliferación de formas precarias de participación laboral.

1. LA EVOLUCIÓN Y COMPOSICIÓN DEL EMPLEO

La evolución del empleo ha respondido a un patrón fuertemente cíclico en las décadas más recientes en España. A mediados de los años 70 España transitaba desde una muy reciente industrialización a una fase de brusca desindustrialización (Toharia, 2003, Garrido y González, 2005). La crisis industrial de esa época coincidía, además, con el inicio de la transición a la democracia, lo que restó capacidad a la sociedad española para responder puntualmente a los efectos de dicha crisis. Sus efectos sobre el mercado de trabajo se prolongaron hasta la mitad de los años 80. La fase posterior de recuperación tuvo una corta duración, desde 1985 hasta 1991, y fue seguida por una nueva fase de crisis en los primeros años 90.

La intensidad cíclica es bien visible en los datos de evolución del empleo en cada fase (Gráfico 7.1): entre 1976 y 1985 se perdieron 1,8 millones de empleos, un 14% del total de los existentes y más de un millón de los perdidos eran empleos no agrarios; el volumen de empleo de 1976, en torno a 12,8 millones de empleos, no se recupera hasta 1990, pero en esa corta fase expansiva, de 1985 a 1991, se crearon más de 2 millones de puestos, en su mayoría puestos medios y altos en el sector de servicios; la intensa crisis de los primeros años 90 se llevó por delante una cifra de más 800.000 empleos, con lo que en 1995, al inicio de la nueva fase de crecimiento, el volumen de empleo total en España era de 12,5 millones, una cantidad que no superaba la registrada veinte años antes.

GRÁFICO 7.1.—*Cifras básicas de la actividad, el empleo y el paro en España (1976-2007)*

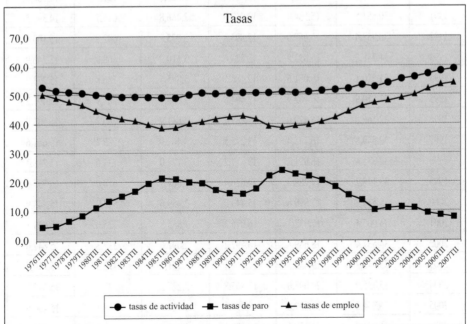

Fuente: INE, *Encuesta de Población Activa.*

TABLA 7.1.—*Cifras básicas de la actividad, el empleo y el paro en España (1976-2007)*
(Cifras absolutas en miles)

	Población de 16 y más años	Activos	Ocupados	Parados	Parados que buscan primer empleo	Inactivos
1976TIII	25.479,2	13.366,3	12.777,3	589,0	190,4	11.811,8
1977	25.691,9	13.211,7	12.580,3	631,4	200,8	12.147,8
1978	26.012,2	13.279,2	12.401,6	877,6	296,1	12.402,1
1979	26.329,5	13.299,2	12.212,7	1.086,5	388,3	12.698,0
1980	26.691,7	13.380,1	11.892,7	1.487,5	523,6	12.986,0
1981	27.067,2	13.408,4	11.579,2	1.829,2	656,3	13.323,8
1982	27.430,8	13.555,0	11.477,4	2.077,6	795,5	13.553,6
1983	27.788,0	13.734,2	11.415,8	2.318,4	922,6	13.720,4
1984	28.149,9	13.842,0	11.119,3	2.722,6	1.029,3	13.994,0
1985	28.547,1	13.952,9	10.949,2	3.003,7	1.141,2	14.307,0
1986	28.855,2	14.119,4	11.151,0	2.968,5	1.174,5	14.498,2
1987	29.265,1	14.650,0	11.690,3	2.959,7	1.073,3	14.371,6
1988	29.740,2	15.065,1	12.110,3	2.954,7	1.019,3	14.431,5
1989	30.124,2	15.194,0	12.571,0	2.623,0	830,4	14.675,4
1990	30.407,8	15.410,4	12.906,8	2.503,6	701,5	14.767,8
1991	30.651,5	15.534,4	13.067,6	2.466,8	615,7	14.899,5
1992	30.953,4	15.669,0	12.893,3	2.775,7	602,9	15.100,0
1993	31.238,2	15.833,8	12.323,6	3.510,2	669,9	15.246,9
1994	31.520,1	16.081,6	12.186,1	3.895,5	786,8	15.273,2
1995	31.810,9	16.162,9	12.494,8	3.668,1	809,9	15.495,2
1996	32.166,0	16.429,0	12.787,1	3.641,9	780,7	15.583,0
1997	32.549,8	16.745,4	13.275,5	3.469,9	783,2	15.657,6
1998	32.835,4	16.991,2	13.814,2	3.177,0	731,6	15.718,3
1999	33.148,2	17.288,3	14.626,4	2.661,9	618,0	15.735,6
2000	33.534,2	17.899,8	15.440,2	2.459,6	512,9	15.543,9
2001	34.007,4	17.932,1	16.076,3	1.855,8	325,0	16.029,1
2002	34.537,4	18.689,8	16.597,2	2.092,6	337,3	15.847,6
2003	35.142,2	19.432,3	17.241,1	2.191,2	372,3	15.710,0
2004	35.735,0	20.093,0	17.865,8	2.227,2	337,2	15.642,0
2005	36.334,6	20.839,6	18.894,9	1.944,7	258,1	15.494,9
2006	36.931,2	21.530,1	19.693,1	1.837,0	210,5	15.401,1
2007	37.591,9	22.127,3	20.367,3	1.760,0	211,3	15.464,6

Fuente: INE, *Encuesta de Población Activa*, II Trimestre.

El ciclo de crecimiento económico que se inicia a mediados de la década pasada es el más prolongado e intenso de la historia reciente. En este ciclo todas las magnitudes básicas del mercado de trabajo han variado de un modo que mejora sustancialmente todo lo observado en el ciclo de crecimiento de los años 80.

Este ciclo se produce en un contexto sociodemográfico en el que sobresalen claramente dos tendencias: el importante aumento de la población potencialmente activa y la transformación, no menos importante, de la estructura educativa de esa población. La población de 16 y más años aumenta en casi 5,5 millones de personas entre 1996 y 2007[1], lo que supone un 17% de incremento; este aumento es debido fundamentalmente a la aportación de la inmigración extranjera, que da cuenta de algo más de las dos terceras partes de ese aumento, que llegaría incluso a las cuatro quintas partes si se tuviera en cuenta los cerca de medio millón de nacionalizaciones habidas en el período (Garrido, 2005).

El cambio en la composición educativa de la población activa es una tendencia de largo recorrido en España, que se venía observando ya en las dos décadas anteriores, pero que desde mediados los 90 muestra, sobre todo, el efecto de las salidas de actividad de las cuantiosas cohortes de muy bajo nivel educativo nacidas en las décadas de los años 30 y 40 del siglo pasado y la llegada a las edades activas de las cohortes nacidas en los 60 y 70, beneficiarias de una extraordinaria expansión de la educación universitaria. Un par de cifras son suficientes para mostrar la importancia de este cambio: el volumen de personas activas españolas (excluidos los extranjeros) que no superaban el nivel educativo primario se redujo algo más de la mitad entre 1996 y 2007, pasando de 5,5 a 2,7 millones; la de los activos nacionales con nivel educativo superior aumentó en un 150%, de los 2,5 a los 6,3 millones. La transformación de los niveles educativos ha sido de tal magnitud que se ha calificado como de un «vuelco formativo» de la población activa española y está en la base de todos los cambios más relevantes en la participación laboral de este período, ya que, por un lado, motiva el «hueco» que los nacionales de bajo nivel educativo han dejado libre para la entrada de inmigrantes y, por otro lado, explica el espectacular aumento de la ocupación femenina al ser las mujeres las principales protagonistas de ese «vuelco formativo» (Garrido y Chuliá, 2005).

El crecimiento del empleo ha sido intenso y mantenido durante todo este ciclo, con tasas interanuales que han oscilado entre el 3 y el 6% anual. Como resultado de ello, la cifra de ocupados se incrementó en algo más de 7,5 millones entre 1996 y 2007, casi un 60% más de los que había en el año inicial y dos millones más de lo que aumentó la población mayor de 16 años en ese período. Esta evolución ha hecho que varíe sustancialmente el histórico déficit de empleo de la sociedad española y con ello también la distancia en esa situación respecto a los países europeos de más temprana modernización. La tasa de empleo se incrementó en 14,4 puntos y la de paro se redujo en una cifra muy similar, pasando de 22,2 a 8%. Eso supuso que la cifra total de parados se redujera en cerca de 1,9 millones de personas, más de la mitad de los que había en 1996; además, un tercio de la reducción del volumen de paro afectó a los parados de primer empleo, entre los que en 2007 había dos tercios menos de personas

---

[1] El ciclo se inicia en 1995 pero los datos recogidos en la Tabla 7.2 se refieren a 1996 porque eso permite recoger una serie más homogénea de la EPA; en concreto la serie de 1996-2004 reconstruida con la metodología de la EPA 2005; que será la serie de la EPA que se utilizará en este trabajo siempre que no se indique otra cosa.

que en 1996; de ese modo el paro ha llegado a afectar sólo al 4,7% del total de población mayor de 16 años.

TABLA 7.2.—*Cifras básicas de la actividad, el empleo y el paro en España (1996 y 2007)*
(Cifras absolutas en miles, tasas en porcentajes)

	1996	2007	Diferencia	Dif. en %
Ambos sexos				
Población de 16 y más años	32.166,0	37.591,9	5.425,9	16,9
Población extranjera de 16 y más años	403,7	4.118,2	3.714,5	920,1
Activos	16.429,0	22.127,3	5.698,3	34,7
Activos españoles con estudios primarios	5.539,7	2.712,0	-2.827,7	-51,0
Activos españoles con estudios superiores	2.524,4	6.301,9	3.777,5	149,6
Ocupados	12.787,1	20.367,3	7.580,2	59,3
Parados	3.641,9	1.760,0	-1.881,9	-51,7
Parados que buscan primer empleo	780,7	211,3	-569,4	-72,9
Inactivos	15.583,0	15.464,6	-118,4	-0,8
Tasa de actividad	51,1	58,9	7,8	
Tasa de empleo	39,8	54,2	14,4	
Tasa de paro	22,2	8,0	-14,2	
Tas absoluta de paro	11,3	4,7	-6,6	
Varones				
Población de 16 y más años	15.609,6	18.446,5	2.836,9	18,2
Población extranjera de 16 y más años	190,8	2.050,8	1.860,0	974,8
Activos	10.142,0	12.788,3	2.646,3	26,1
Ocupados	8.359,5	12.007,7	3.648,2	43,6
Parados	1.782,4	780,6	-1.001,8	-56,2
Parados que buscan primer empleo	291,7	85,6	-206,1	-70,7
Inactivos	5.313,7	5.658,2	344,5	6,5
Tasa de actividad	65,0	69,3	4,4	
Tasa de empleo	53,6	65,1	11,5	
Tasa de paro	17,6	6,1	-11,5	
Tasa absoluta de paro	11,4	4,2	-7,2	
Mujeres				
Población de 16 y más años	16.556,4	19.145,4	2.589,0	15,6
Población extranjera de 16 y más años	212,9	2.067,4	1.854,5	871,1
Activas	6.287,1	9.338,9	3.051,8	48,5
Ocupadas	4.427,6	8.359,6	3.932,0	88,8
Paradas	1.859,5	979,3	-880,2	-47,3
Paradas que buscan primer empleo	489	125,7	-363,3	-74,3
Inactivas	10.269,3	9.806,5	-462,8	-4,5
Tasa de actividad	38,0	48,8	10,8	
Tasa de empleo	26,7	43,7	16,9	
Tasa de paro	29,6	10,5	-19,1	
Tasa absoluta de paro	11,2	5,1	-6,1	

Fuente: INE, *Encuesta de Población Activa*, II Trimestre.

El tradicional déficit de empleo español había afectado especialmente a las mujeres. En esta fase de crecimiento, la creación de empleo ha beneficiado de manera singular a las mujeres, que han mejorado todas las magnitudes de su participación laboral más que los varones, tanto en términos absolutos (actividad y ocupación) como relativos (tasas respectivas). Esa evolución ha servido para reducir el fuerte diferencial entre las tasas de varones y mujeres, pero la distancia sigue siendo aún muy apreciable a fa-vor de los hombres: de más de 20 puntos en la tasa de actividad, de casi 22 en la de em-pleo, y de menos de 4 puntos en la de paro.

Los logros de empleo de este período han permitido un rápido proceso de con-vergencia de las magnitudes básicas del mercado de trabajo de España con el con-junto de la UE. En los años más recientes, España ha tenido mejoras en la tasa total de empleo y en la tasa de empleo de mujeres superiores a los promedios de la UE-25, con mejoras de similar nivel al del conjunto de la UE en la tasa de empleo de los ma-yores de 25 años (CES, *Memoria 2006,* págs. 268 y sigs.). En 2006 ya la tasa de em-pleo española era ligeramente superior a la de la UE-25, la tasa de empleo de las mu-jeres está sólo a 4 puntos de diferencia y que las tasas de paro se aproximan marcadamente (Tabla 7.3). España, que todavía mantiene una distancia apreciable con los objetivos de empleo de la Estrategia de Lisboa para 2010, podría alcanzar en esa referencia temporal los objetivos en tasa de empleo de mujeres, pero será más im-probable que alcance el objetivo de tasa de empleo global y la de mayores. Sin em-bargo la convergencia está lejos de llevar a España a los niveles de empleo de los pa-íses de la UE con niveles más altos de empleo, como lo indican las distancias con los «tres mejores» países de la UE-25.

TABLA 7.3.—*Indicadores de empleo y paro en España y en la UE (2006)**

	España	UE-25	Media 3 mejores UE-25	Diferencia España/ UE-25	Diferencia España/ 3 mejores UE25	Diferencia España/ objetivos UE 2010**
Tasa de empleo	64,8	64,7	74,9	0,1	–10,1	–5,3
Tasa de empleo mujeres	53,2	57,3	70,6	–4,1	–17,4	-2,7
Tasa de empleo mayores 55 años	43,1	43,6	62,9	0,5	–18,8	–6,4
Tasa de paro	8,5	7,9	4,1	0,6	4,4	
Tasa de paro mujeres	11,6	9,0	4,3	2,6	7,3	
Tasa de paro jóvenes 15-24 años	17,9	17,3	7,6	0,6	10,3	
Tasa de paro larga duración (% respecto al total parados)	21,7	44,9	18,4	–23,2	3,3	

* La población se refiere al grupo de edad 15-64 años cuando no se indica otra edad.
** Los objetivos son los fijados en la Cumbre de Lisboa de 2004, que corresponden a tasas de empleo gene-ral de mujeres y de mayores de 55 años de, respectivamente, 70, 60 y 50.

Fuente: EUROSTAT, *Labor Force Survey.*

Un aspecto importante de este ciclo más reciente es que la mejora en la participación laboral se ha extendido a todos los grupos de edad y sexo, aunque de manera muy espe-cial entre las mujeres adultas y, en algo menor medida entre los jóvenes de ambos sexos (Gráfico 7.2). Puede observarse que, incluso en el corto período que supone el primer quinquenio de este siglo, las mujeres de los grupos de edad entre 30 y 49 años han incrementado su tasa de actividad en cifras que rondan o superan los diez puntos; aunque también han mejorado en niveles apreciables las mujeres jóvenes y, en algo menor medida, las mujeres mayores y los varones jóvenes. Pero hay que tener en cuenta que, en el caso de los varones, el grueso de las ligeras mejoras en sus tasas de actividad están motivadas principalmente por los inmigrantes jóvenes (de 16 a 30 años), mientras que las mejoras de las mujeres son debidas tanto a las mujeres españolas como a las inmigrantes.

GRÁFICO 7.2.—*Tasas de actividad por edad y sexo en España (2001 y 2006)*

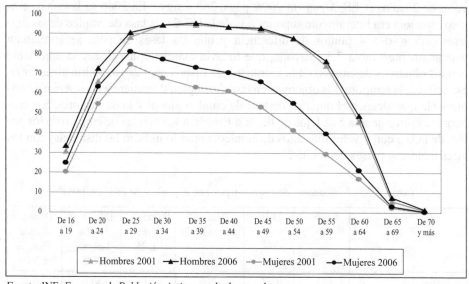

Fuente: INE, *Encuesta de Población Activa*, resultados anuales.

GRÁFICO 7.3.—*Tasas de paro por edad y sexo en España (1996 y 2007)*

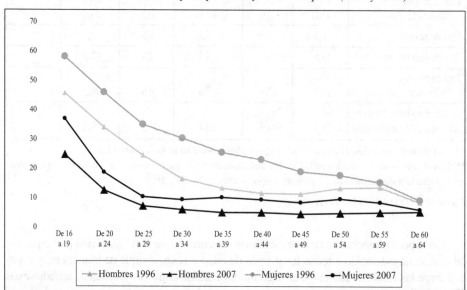

Fuente: INE, *Encuesta de Población Activa*, II Trimestre.

Los cambios en los perfiles del paro presentan un patrón muy similar (Gráfico 7.3). Por un lado, la reducción de la tasa de paro en los últimos diez años ha sido muy considerable para todos los grupos de edad y sexo, hasta llegar a que ningún grupo por encima de los 25 años tenga tasas que superen el 10% de los activos. Por otra parte, es bien evidente que esa rebaja del paro ha afectado especialmente a los jóvenes, sobre todo a los grupos entre 20 y 35 años, y en mayor medida aún a las mujeres en esos grupos de edad. Pero también es cierto que el paro sigue teniendo perfiles juveniles y femeninos, de modo que puede decirse que es un problema fuertemente relacionado con la inserción laboral y más con la inserción laboral femenina. En las edades adultas el paro afecta muy por igual a todos los grupos de edad, en un nivel en el que se mantiene constante esa diferencia de 3-4 puntos entre las tasas masculinas, de 5-6% y las femeninas de 8-9%.

La presencia de la inmigración extranjera ha supuesto la transformación más importante del empleo en España (Tabla 7.4). Su peso relativo en todas las magnitudes básicas del mercado de trabajo supera al observado en cualquiera de los países de tamaño similar de la UE. La población extranjera potencialmente activa equivalía ya, a mediados de 2007, el 11% del total de población mayor de 16 años, el 14,1% de la población activa, el 13,5% de los ocupados y el 21,3% de los parados. La relación población extranjera respecto a población española, que será una forma más precisa de aproximar su peso relativo, daría, lógicamente, cifras más altas, de manera que, por mencionar sólo una de ellas, habría 27 ocupados extranjeros por cada 100 ocupados españoles; si se tomara en cuenta sólo las edades en las que se concentra la presencia de extranjeros, por ejemplo entre 25 y 50 años, se encontraría que esa relación se acerca a un extranjero por cada tres nacionales.

TABLA 7.4.—*Población según relación con la actividad y nacionalidad en España (2007)* (*Cifras absolutas en miles*)

	Población 16 años y mas		Activos		Ocupados		Parados	
Total	37.591,9	100 (%)	22.127,3	100 (%)	20.367,3	100 (%)	1.760,0	100 (%)
Española y doble nacionalidad	33.473,7	89,0	18.999,0	85,9	17.613,5	86,5	1.385,5	78,7
Total extranjera	4.118,2	11,0	3.128,3	14,1	2.753,8	13,5	374,5	21,3
UE*	1.297,8	3,9	918,8	4,2	816,1	4,0	102,7	5,8
Resto Europa	174,1	0,5	126,7	0,6	115,4	0,6	11,3	0,6
América Latina	1.764,2	4,7	1.460,1	6,6	1.298,6	6,4	161,5	9,2
Resto extranjera	882,1	2,3	622,7	2,8	523,7	2,6	99,0	6,2

* Desde el primer trimestre de 2007 incluye los 27 países de la UE, excepto España.

Fuente: INE, *Encuesta de Población Activa*, II Trimestre.

Es bastante frecuente suponer que la participación laboral de los inmigrantes es muy superior a la de los nacionales. Es cierto que su participación global es algo más alta, pero eso es debido fundamentalmente a su diferente composición por edades, de manera que al pesar más en su pirámide de edades las cohortes intermedias, las de más probabilidad de estar ocupadas, sus tasas de empleo globales son más altas. Si se aísla ese efecto de composición por edad, se observa que la tasa de empleo de los inmigrantes es muy poco diferente de la de los nacionales. En los Gráficos 7.4 y 7.5 se reflejan las tasas de empleo de nacionales e inmigrantes de los grupos de edad entre 20 y 49 años para reducir ese efecto de composición por edad; además se reflejan las tasas de empleo de los principales grupos de inmigrantes según su origen y según el tiempo de estancia en España, para poder ver también si su participación laboral varía mucho con la antigüedad en el país. Se puede ver con claridad que entre los hombres las tasas de empleo de los inmigrantes son muy similares a las de los españoles, y también que son muy similares entre los diferentes grupos de inmigrantes, aunque los de origen africano tienen tasas de empleo algo en menores, pero esa diferencia suele desaparecer entre los que ya tienen una estancia más larga en España. No es menos importante el hecho de que las altas tasas de participación laboral de los inmigrantes se consigan ya entre los de llegada muy reciente, de modo que apenas se observa un ligero aumento con los años de estancia. Pero es posible que en esto influya una posible dificultad de la EPA para captar adecuadamente a los recién llegados y con menos probabilidad de estar ocupados.

La participación laboral de las mujeres inmigrantes presenta un panorama bastante desigual: las diferencias con las españolas son más marcadas, también lo son las diferencias entre sus grupos de origen y es más claro que el mayor tiempo de estancia eleva la probabilidad de estar ocupada. Las inmigrantes de la Europa no-UE y de América Latina tiene ya desde su llegada tasas de empleo superiores a las de las españolas, mientras que las de origen africano, aunque mejoran sus tasas de empleo cuando llevan más tiempo en el país, tienen una participación laboral que se aleja muchísimo de la de las nacionales y de otras inmigrantes. Sólo este dato es suficiente para advertir con nitidez que los mayores problemas relacionados con el empleo y la integración social de los inmigrantes van a girar en torno a las mujeres africanas, y muy probablemente también a sus hogares.

GRÁFICO 7.4.—*Tasas de empleo* en España de hombres españoles y extranjeros de 20-49 años según origen y años de residencia (2006)*

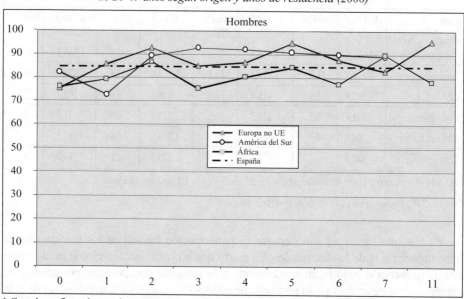

* Cuando no figura la tasa de empleo es porque la muestra de la EPA es insuficiente.

Fuente: Elaboración propia sobre microdatos de INE, *Encuesta de Población Activa*, II Trimestre.

GRÁFICO 7.5.—*Tasas de empleo* en España de mujeres españolas y extranjeras de 20-49 años según origen y años de residencia (2006)*

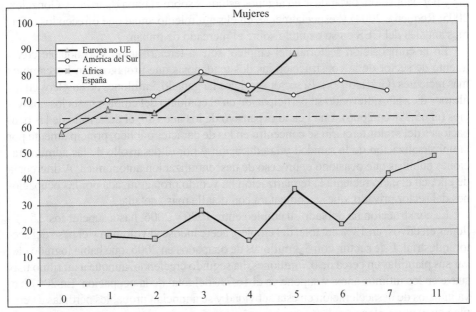

* Cuando no figura la tasa de empleo es porque la muestra de la EPA es insuficiente.

Fuente: Elaboración propia sobre microdatos de INE, *Encuesta de Población Activa*, II Trimestre.

Los análisis sobre la asimilación laboral de los inmigrantes en España (Fernández y Ortega, 2007; Miyar, 2007) empiezan a mostrar que los superiores niveles de desempleo inicial de los inmigrantes empiezan a converger suavemente con los de los autóctonos a partir de los cinco-seis años posteriores a su llegada, pero que sus más altos niveles de temporalidad y sobreeducación (por ocupar empleos por debajo de su nivel educativo) permanecen constantes y apenas reducen su diferencial con los trabajadores españoles. Esos análisis confirman también que son los inmigrantes de la Europa no comunitaria los que mejores indicadores presentan de progreso laboral, aunque también son los que encuentran que sus mayores niveles educativos les recompensan comparativamente menos, mientras que los de origen africano son los que menos corrigen su malos logros iniciales y sus diferencias con los nacionales.

2. EL CAMBIO EN LA ESTRUCTURA DE LAS OCUPACIONES

El grueso de las tendencias de cambio en la estructura de las ocupaciones prolongan las que se venían registrando ya en las últimas décadas del siglo pasado, aunque el intenso y prolongado ciclo de crecimiento reciente ha profundizado y matizado relevantes aspectos de esas tendencias, ahora afectadas singularmente por especialización sectorial del crecimiento y por la presencia de la mano de obra inmigrante y su fuerte concentración en determinadas ocupaciones. Todavía no hay estudios suficientes para valorar y analizar adecuadamente los cambios tan recientes en la estructura ocupacional asociados a este ciclo de crecimiento económico. Aquí se van a describir los principales rasgos de la evolución sectorial, por ramas de actividad, por situación profesional y por ocupación, basándose en algunos estudios sobre el tema (Garrido y González, 2005; Requena, 2004) y, especialmente, en el seguimiento anual que ofrecen los informes anuales del CES en su capítulo sobre el mercado de trabajo[2].

En la composición sectorial del empleo, son la terciarización y el notable crecimiento de sector de la construcción las dos tendencias que protagonizan los cambios más recientes (Gráfico 7.6.). El sector servicios ha ganado 5 millones de empleos en los últimos diez años, llevando su participación en el conjunto del empleo hasta los dos tercios (el 65,7% en 2006). En el ciclo expansivo de los años 80, el desarrollo de las ocupaciones del sector terciario se concentró en las de carácter público, principalmente por la universalización de la sanidad y la educación y por el desarrollo de las administraciones públicas que ocasionó el proceso de descentralización autonómica. A diferencia de ello, en el ciclo reciente la terciarización ha venido protagonizada por las ocupaciones del sector privado, que se comentará con detalle más adelante.

La construcción ha doblado su empleo entre 1996 y 2006, hasta superar los 2,5 millones efectivos, un 13% del total del empleo, acercándose al volumen y el peso del sector industrial. Este sector, con 3,3 millones de ocupados en 2006, que había logrado elevar sus plantillas en cerca de 0,7 millones, ha seguido creciendo, aunque a un ritmo más suave en los últimos años, y supone ya el 16,7% del total de la ocupación. En 2007 hay ya indicios de desaceleración en esta actividad y se anuncian probables pérdidas de empleo en el corto plazo.

La desagrarización de la estructura ocupacional se ha prolongado a un ritmo suave pero constante. El sector primario ha perdido alrededor de 150.000 empleos desde mitad de los años 90 y ya sólo ocupa a un 4,8%. Si en los 80 la desagrarización estuvo protagonizada casi a partes iguales por los ayudas familiares y los titulares de pequeñas explotaciones, en la fase más reciente son estas últimas situaciones las que han predominado en el abandono de esa actividad.

La presencia del empleo inmigrante matiza estos cambios sectoriales (CES, *Memoria 2005,* págs. 274 y sigs.). La terciarización ha sido protagonizada a partes casi iguales por ocupados nacionales y por inmigrantes, ya que éstos han copado dos quintas partes del total del empleo creado en este sector, algo más incluso las mujeres inmigrantes. También en el sector de la construcción el protagonismo del empleo corresponde a los inmigrantes, sobre todo de los hombres, que dan cuenta de dos terceras partes de su crecimiento, aunque el empleo de nacionales también ha crecido ligeramente. En la industria sólo ha crecido el empleo extranjero, tanto el de varones como el de mujeres, mientras que el de nacionales se redujo inicialmente y se mantiene en similares niveles en los dos o tres últimos años. En la agricultura parece mucho más probable que los inmigrantes hayan «sustituido» a los ocupados nacionales, ya que la reducción de éstos se corresponde con un aumento constante de ocupados de origen extranjero de ambos sexos.

---

[2] Estos informes se publican desde 1993 bajo el título *Economía, trabajo y sociedad. Memoria sobre la situación socioeconómica y social de España* y el año respectivo (CES, 1994-2007); a partir de ahora se citarán CES, *Memoria* y el *año* correspondiente.

GRÁFICO 7.6.—*Empleo por sectores de actividad en España entre 1996 y 2006*
(Miles de personas, promedios anuales)

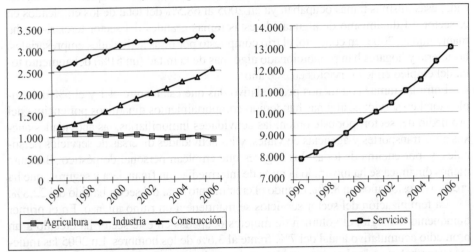

Fuente: INE, *Encuesta de Población Activa* (www.ine.es/inebase).

El intenso proceso de terciarización de la estructura ocupacional se acompaña de dos rasgos singulares: por un lado, el protagonismo de un conjunto de ramas de actividad en las predominan las que pueden caracterizarse como de «baja productividad» y, consiguientemente, con mayor peso de ocupaciones de bajo nivel; por otro lado, el patrón de feminización de este sector de actividad (Gráfico 7.7).

Si se toma como criterio las ramas de actividad que han contribuido en más de un 5% al crecimiento del empleo en el sector servicios entre 2001 y 2005, las ramas que muestran un comportamiento más dinámico son, por este orden, las siguientes (CES, *Memoria 2006,* pág. 270); la denominada «otras actividades empresariales» (CNAE93 74)[3], que ha proporcionado un 13,2% de dicho crecimiento; la salud y los servicios sociales (CNAE 93 85), que se ha llevado un 12,3% de ese crecimiento total de los servicios; la hostelería (CNAE93 55), con un 11,7%; el empleo doméstico (CNAE93 95), que ha dado cuenta de un 9,7% del aumento del empleo terciario; la educación (CNAE93 80), con un 8,7%; la administración pública (CNAE93 75), con un 8,5; y el comercio al por menor (CNAE93 52), con un 7,7%. De las tres ramas «mayores», cuyo volumen de empleo superaba el 10% del empleo total en el sector en 2001 (comercio, hostelería y administración pública), la hostelería es la rama que más ha crecido en términos relativos en los cinco primeros años de estos dos quinquenios, un 26,2%, elevando su peso en el sector del 10,2 al 10,5%. De las otras cinco ramas de peso «medio» en los servicios, que alcanzaban en 2001 una participación entre el 5 y el 10% del volumen total de empleo en el sector, sólo dos de ellas, la de otras actividades empresariales, y la de sanidad y servicios sociales, se han comportado con un suficiente como para aumentar también su peso en el conjunto del sector, los que han hecho hasta representar, respectivamente, el 10,3 y el 9,2%.

---

[3] Ésta es una rama bastante «dual» en cuanto se refiere su productividad y calidad de los empleos, ya que se compone en dos mitades de ocupaciones de alto nivel de cualificación relacionadas con los servicios de apoyo a la gestión empresarial y de ocupaciones de bajo nivel en los servicios de seguridad y limpieza.

En las ocupaciones de ese conjunto de siete ramas de mayor peso y dinamismo se ubica el 80% del crecimiento del empleo terciario en el primer quinquenio de esta década; esas mismas ramas ocupaban ya en 2005 al 68,5% del total de los empleados en el sector. El dinamismo de algunas de estas ramas grandes del sector terciario se ha mantenido en 2006: en concreto, el trío compuesto por otras actividades empresariales, hostelería y hogares han proporcionado algo más de la mitad (un 51%) del aumento total del empleo en los servicios en este año.

Entre las ramas con menos peso relativo, las que están entre el 1 y el 5% del empleo total en servicios, algunas han tenido comportamientos dinámicos por encima del promedio del sector; por este orden, las actividades inmobiliarias, las actividades anexas a los transportes y agencias de viajes, y las actividades diversas de servicios personales, y, por encima de todas, los hogares que emplean personal doméstico. Bastante menos dinámica se ha mostrado la rama de intermediación financiera y seguros, que ha crecido en estos años un 8,2%, cuando el crecimiento total del sector ha sido del 22,8%.

La feminización del sector servicios se mantiene a un ritmo intenso. En el primer quinquenio del siglo, el volumen de mujeres ocupadas en este sector ha crecido a un promedio acumulativo anual del 7%, frente al 3,6% de los hombres. En 2005 las mujeres superaban ya a los hombres en presencia en el sector, con un 52%. Pero la concentración de las mujeres en ramas con ocupaciones de menor cualificación y productividad es bien patente. Fijándose en las ramas de servicios que tiene el mayor volumen de empleo en cada uno de los sexos (Grafico 7.7), en todas ellas el empleo femenino crece a mayor ritmo que el masculino; pero al tiempo se observan hechos tan significativos como los siguientes; por ejemplo, que, en 2005, había casi tantas mujeres ocupadas en servicios domésticos como en educación; que se empleaban muchas más en aquella rama que en Administraciones Públicas; o que casi una de cada cinco mujeres se ocupa en el comercio al por menor, casi tres veces más que las que se ocupan en la rama otras actividades empresariales. Pero, en otra dirección más positiva, también es cierto que el empleo femenino crece a mucho ritmo en sanidad y servicios sociales y a un ritmo algo más lento en otras actividades empresariales, aunque en este caso las mujeres aumentan su presencia a un ritmo algo menor que los varones en estas ocupaciones.

Por su parte, el crecimiento del sector industrial ha venido situándose ligeramente por debajo del 1% acumulativo desde el inicio de la década, lo que ha hecho que sólo haya agregado a sus efectivos 116.000 personas entre 2001 y 2006. Entre las ramas «grandes» del sector (con un volumen de empleo equivalente al 5% o más en el total), las que destacan por su mayor dinamismo son la industria alimentaria (CNAE93 15), la de fabricación de productos metálicos (CNAE93 28) y la de construcción de maquinaria y equipos mecánicos (CNAE93 29); estas tres ramas industriales crecieron a un ritmo bastante más elevado que el del promedio del sector, con lo que sus aumentos dan cuenta de cerca del 60% del saldo positivo total del empleo industrial desde 2001. Por el contrario, las ramas de la confección (CNAE93 18), la industria del automóvil (CNAE93 34) y la del cuero y calzado (CNAE93 19) fueron las ramas con un comportamiento más negativo entre 2001 y 2005, de manera que sólo estas tres ramas han ocasionado más del 75% en el total del empleo perdido en este quinquenio.

Desde la perspectiva temporal de todo el ciclo de crecimiento, se puede ver que la estructura de la industria manufacturera española se concentra en ramas de contenido tecnológico bajo, aunque la evolución de los últimos años mejora el peso de las de contenido medio. (Gráfico 7.8). Las ramas de contenido tecnológico bajo vienen acogiendo la mitad de la ocupación industrial, y en los últimos diez años su peso en el conjunto se ha reducido sólo unos pocos puntos, del 49,2 al 43,8%; mientras que las del escalón tecnológico medio-bajo, que representaban un 23% del empleo manufacturero en 2006 han pasado al 26,8%, un aumento superior a las del grupo tecnológico medio-alto han crecido poco más de un punto y las de alto contenido tecnológico siguen en torno al 3%.

GRÁFICO 7.7.—*Empleo en el sector servicios por sexo y ramas de actividad desde 1996 a 2005 (Ramas con un 5% o más sobre el total del sector en cada sexo en 1996, promedios anuales)*

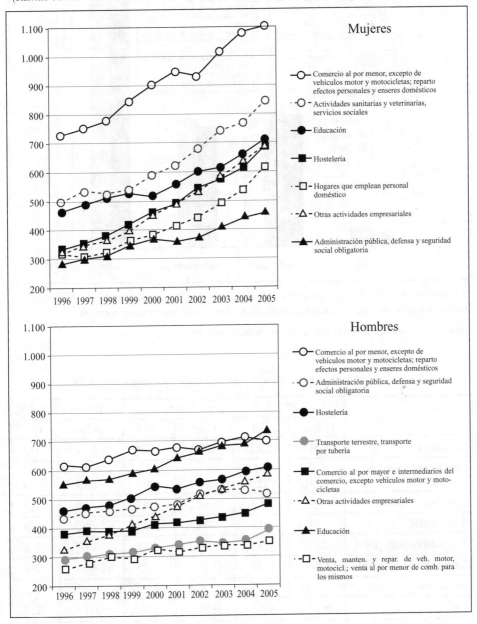

Fuente: INE, *Encuesta de Población Activa* (www.ine.es/inebase).

GRÁFICO 7.8.—*Empleo industrial manufacturero por nivel de contenido tecnológico en España*, en 1996, 2000 y 2006 (Porcentaje de cada rama sobre el total. Promedios anuales)*

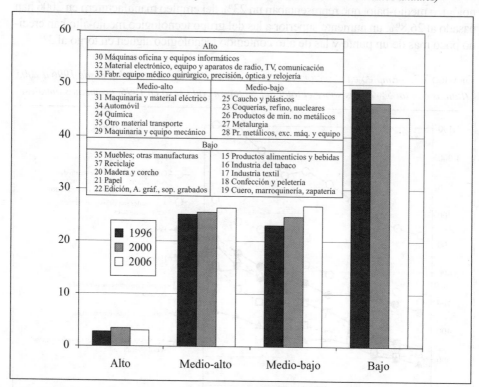

* Clasificación de la OCDE: según gasto en I+D en porcentaje sobre el valor de la producción y sobre el valor añadido de cada rama. La clasificación establece los niveles a partir de esos dos porcentajes.

Fuente: INE, *Encuesta de Población Activa* (www.ine.es/inebase).

TABLA 7.5.—*Ocupados por situación profesional en España (2001 y 2006)*

	2001		2006		Diferencia 2001-2006	
	(miles)	(%)	(miles)	(%)	(miles)	(%)
Empleadores	849,1	5,2	1.080,8	5,5	231,7	27,3
Empresario sin asalariados o autónomo	1.932,4	12,0	2.084,7	10,6	152,3	7,9
Miembro de cooperativa	93,2	0,6	92,2	0,5	–1,0	–1,1
Ayuda familiar	302,7	1,9	264,5	9,2	–38,2	–12,6
Asalariados del sector público	2.505,7	15,5	2.882,2	14,6	376,5	15,0
Asalariados del sector privado	10.443,7	64,7	13.325,9	67,5	2.882,2	27,6
Otra situación	19,5	0,1	13,4	0,1	–6,1	–31,3
Total	16.146,3	100	19.747,7	100	3.601,4	22,3

Fuente: INE, *Encuesta de Población Activa* (www.ine.es/inebase).

En lo que se refiere a la situación profesional de los ocupados se mantiene la tendencia a la asalarización, aunque en esta etapa es evidente que esa tendencia se concentra en el sector privado, que ha proporcionado el 80% del incremento del empleo entre 2001 y 2006 y que supone ya el 67,5% del total de la ocupación. Otras situaciones profesionales también siguen aumentando la cifra de ocupados de manera significativa, especialmente los empleadores, los asalariados del sector público y los autónomos, pero sólo los primeros aumentan su peso relativo en el conjunto, con una ligera variación desde el 5,2% en 2001 al 5,5% en 2006.

La evolución de la pirámide ocupacional muestra señales claras de que el ciclo de crecimiento del empleo ha tenido como efecto una ampliación tanto de las posiciones medias-altas como de las más bajas (Tabla 7.6). Los dos grupos ocupacionales que han registrado los mayores aumentos relativos son el 2 y el 3, según la CNO94, los que corresponden a técnicos superiores y medios; ambos grupos han sumado 2,5 millones de ocupados y han elevado 5 puntos su peso relativo en el conjunto, del 19,5% en 1996 al 24,5% en 2007. Tras esos grupos, son las posiciones de trabajadores de los servicios

TABLA 7.6.—*Empleo por grupos de ocupaciones en España (1996 y 2007)*

	1996		2007		Diferencia	
	(miles)	(%)	(miles)	(%)	(miles)	(%)
Total ocupaciones CNO94	12.787,1	100,0	20.367,3	100,0	7.580,2	59,3
1 Dirección de las empresas y de la Admón. Pública	1.080,5	8,4	1.500,5	7,4	420,0	38,9
2 Técnicos y profesionales científicos e intelectuales	1.457,9	11,4	2.539,2	12,5	1.081,3	74,2
3 Técnicos y profesionales de apoyo	1.037,0	8,1	2.447,3	12,0	1.410,3	136,0
4 Empleados de tipo administrativo	1.303,4	10,2	1.867,0	9,2	563,6	43,2
5 Trabaj. de servicios de restauración, personales, protección y vendedores de comercio	1.768,1	13,8	3.144,3	15,4	1.376,2	77,8
6 Trabajadores cualificados en agricultura y pesca	804,0	6,3	500,8	2,5	-303,2	-37,7
7 Artesanos y trabaj. cualific. de indus. manufactureras, construcc. y minería, excepto operadores	2.164,7	16,9	3.348,8	16,4	1.184,1	54,7
8 Operadores de instalaciones y maquinaria; montadores	1.348,3	10,5	1.872,5	9,2	524,2	38,9
9 Trabajadores no cualificados	1.761,7	13,8	3.059,9	15,0	1.298,2	73,7
0 Fuerzas Armadas	61,5	0,5	87,1	0,4	25,6	41,6

Fuente: INE, *Encuesta de Población Activa* II trimeste (www.ine.es/inebase).

(grupo 5) y de obreros no cualificados (grupo 9) los que mejoran sus cifras absolutas de manera significativa y sus cifras relativas por encima del promedio del total de las ocupaciones: los primeros, con un incremento del 77,8%, han conseguido llegar a representar el 15,4 % del empleo, con lo que se alcanzan un peso relativo muy similar al de los obreros industriales y superior ya al de los obreros no cualificados. Los obreros cualificados de la industria han crecido a un peso muy similar al del conjunto y con ello reducen sólo muy ligeramente su participación en el total.

Todos los demás grupos ocupacionales, a excepción del formado por los trabajadores del sector primario, que ha perdido más de la mitad de sus plantillas, han aumentado apreciablemente, en torno al 40%, pero este incremento es menor que el del conjunto y reducen, por tanto, su peso relativo en la pirámide ocupacional.

La estructura ocupacional de España está fuertemente afectada por el cambio tan reciente e intenso en la ocupación de mujeres y de inmigrantes, que presentan patrones de ocupación específicos. Por esto, conviene ver los perfiles de esa estructura que corresponden a cada uno de estos grupos, con sus correspondientes patrones de concentración y segmentación ocupacional (Gráfico 7.9). Algunos grupos de ocupaciones tienen una frecuencia muy similar entre los hombres españoles y los extranjeros, y más en concreto, los trabajadores cualificados en la industria y la construcción; sin, embargo, entre los extranjeros tiene también un peso muy alto el grupo de trabajadores no cualificados, cuando para los españoles son los grupos de directivos y técnicos los que tienen una presencia también alta. Las ocupaciones cualificadas de la industria y del sector primario apenas tienen peso en la estructura del empleo de las mujeres españolas, que también se ocupan como directivas en menor proporción que sus compatriotas hombres; estas últimas tienen, en cambio, una mayor proporción en las ocupaciones técnicas, las de tipo administrativo y las del grupo de «trabajadores de servicios de restauración, personales, protección y vendedores de comercio», así como en las ocupaciones sin cualificación. Por su parte, las mujeres extranjeras se ocupan con una estructura aún más desequilibrada que la de los hombres de su grupo de nacionalidad, con un 53% en ocupaciones no cualificadas y cerca de otro 31% en el grupo de trabajadores en servicios de restauración, probablemente más asociado a la actividad hostelera que al resto de las que comprende el citado grupo.

La evolución de la estructura ocupacional durante este período más reciente puede analizarse en una perspectiva temporal algo más larga, comparando con lo acontecido en ciclos anteriores, y dentro de las tendencias de transformación de la estructura de clases en España (Garrido y González, 2005). Las tendencias de este tipo que han predominado durante las décadas finales del siglo pasado han sido, básicamente, las tres siguientes: la desagrarización, la asalarización y la formación de las nuevas clases medias de servicios.

La desagrarización es una tendencia de largo plazo, que ha venido produciéndose de un modo lineal desde hace ya varias décadas. Pero resulta destacable el patrón de esa reducción en relación con las diferentes fases del ciclo económico; los ocupados agrarios por cuenta propia (tanto los titulares de explotaciones como las ayudas familiares) descienden tanto en las fases de recensión como en las de expansión, mientras que los asalariados agrarios descienden en las primeras y se estabilizan en las segundas. En el ciclo más reciente es muy probable que este patrón, propio de la fuerte capacidad de adaptación a los contextos de empleo de la agricultura familiar, se añada la disponibilidad de la mano de obra inmigrante para incrementar el trabajo por cuenta ajena en el sector.

GRÁFICO 7.9.—*Estructura del empleo por sexo, grupos de ocupaciones y nacionalidad, en España, en 2005 (Porcentajes sobre el total del empleo en cada sexo y nacionalidad, promedios anuales)*

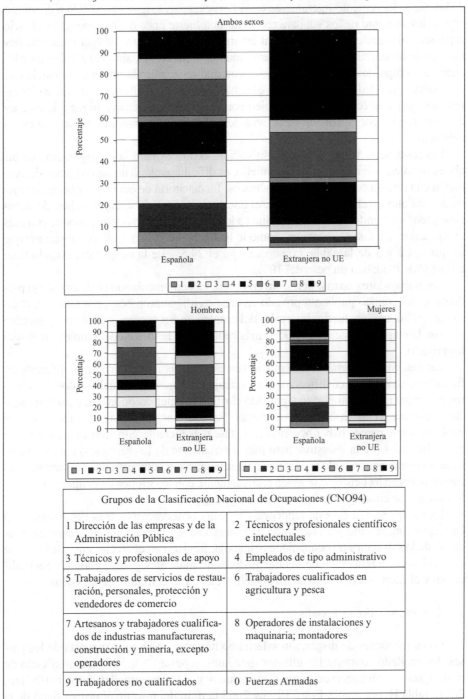

Grupos de la Clasificación Nacional de Ocupaciones (CNO94)

1 Dirección de las empresas y de la Administración Pública	2 Técnicos y profesionales científicos e intelectuales
3 Técnicos y profesionales de apoyo	4 Empleados de tipo administrativo
5 Trabajadores de servicios de restauración, personales, protección y vendedores de comercio	6 Trabajadores cualificados en agricultura y pesca
7 Artesanos y trabajadores cualificados de industrias manufactureras, construcción y minería, excepto operadores	8 Operadores de instalaciones y maquinaria; montadores
9 Trabajadores no cualificados	0 Fuerzas Armadas

Fuente: INE, *Encuesta de Población Activa* (www.ine.es/inebase).

La tendencia hacia la asalarización del empleo no agrario se muestra mucho más «procíclica». De hecho, la tasa de asalarización no agraria descendió durante la crisis industrial en casi 20 puntos, desde el 80% en la mitad de los 70 hasta el 60% a mitad de los 80, se incrementó ligeramente en la fase expansiva siguiente, volvió a disminuir en la primera mitad de los 90, para recuperar una fuerte línea de incremento en el ciclo expansivo más reciente hasta llegar al entorno del 85%. Dentro de esta tendencia hay un aspecto de singular interés en el caso español: la relativa estabilidad a lo largo de los ciclos del grupo de los autónomos, que tiene que ser explicada por la combinación de estrategias que pueden haberse hecho efectivas simultánea o alternativamente en los diferentes ciclos: el recurso al autoempleo como estrategia defensiva frente a la escasez de empleo o la reorganización de actividades productivas a través de formas de externalización.

Las tendencias respecto a la cualificación, centrales para la configuración de las clases sociales, son más dispares y, por ello, es difícil apuntar a un único patrón de evolución en relación con los ciclos económicos. La categoría de ocupados por cuenta ajena de más alto nivel de cualificación, el que suele denominarse como «clase de servicio», viene creciendo de manera continua a lo largo de todos los ciclos, aunque con más intensidad en las fases expansivas, como lo ha hecho en la más reciente; obsérvese que los grupos 2 y 3 de la Tabla 7.6 suponen ya el 24,5% de la ocupación, cuando hace treinta años rondaban un peso del 10%.

Los trabajadores no manuales, sin embargo, vienen vinculando su desarrollo al predominio del empleo público o privado en cada ciclo; ganaron peso, por tanto, en el ciclo de los 80, con un fuerte desarrollo del empleo en los servicios públicos, y pierden peso en la etapa más reciente, mucho más centrada en la mejora del empleo en el sector privado.

Las categorías obreras se han movido en esta estructura con un patrón diferente en función de su nivel de cualificación. Los trabajadores manuales cualificados, los obreros tradicionales, se comportan siguiendo el ritmo del ciclo económico, perdiendo mucha presencia en las fases de crisis y estabilizándose en las de crecimiento, y eso es también lo que parece haber ocurrido en la fase más reciente. Sin embargo, los obreros no cualificados (de la industria, pero mayoritariamente de los servicios) parecen mantener una tendencia estable a reforzar su presencia, especialmente en las coyunturas expansivas, como ha ocurrido también recientemente con los grupos de ocupaciones 5 y 9 (en los que se encuadraría el grueso de esta categoría).

La interpretación de esta tendencias necesita observaciones más detalladas, pero hay algún fundamento para hablar de un proceso de «polarización» en la evolución reciente de la estructura de ocupaciones española, fundado en el crecimiento de la «clase de servicios», la reducción de los trabajadores no manuales y de la clase obrera tradicional y el fuerte crecimiento de un posible «nuevo proletariado» de servicios.

3. LOS TRABAJADORES POBRES

Los indicadores de dispersión salarial no han mejorado en la mayoría de los países desarrollados durante los últimos diez años, a pesar de haber vivido un ciclo de prolongado e intenso crecimiento económico y de aumento del empleo (OCDE, 2007, Tabla H, pág. 268). Entre 1995 y 2005 la ratio del noveno al primer decil de la distribución de salarios (que expresaría la dispersión entre quienes están en el nivel más alto de salario y quienes están en el nivel más bajo) se elevó de 3,12 a 3,39 en el conjunto de países de la OCDE; la ratio del quinto al primer decil (la distancia entre salarios medios y salarios bajos) también aumentó, aunque ligeramente, entre esas fechas, de 1,70 a 1,72. La proporción de trabajadores con bajo salario (menos de dos tercios de la mediana del salario promedio) se mantuvo casi en la misma cifra, con el 17% en 1995 y el 17,1% en 2005. Aunque también es cierto que el incremento observado en la desigualdad salarial durante la última década ha sido compensada por el impacto redistributivo resultante de las ganancias de empleo de este período, siendo más dudosa la mejora general del efecto redistributivo de los impuestos y las transferencias sociales. Como resultado de ambas tendencias, la desigualdad en renta disponible ha cambiado poco en la última década, excepto en un pequeño grupo de países (OCDE, 2006, págs. 42 y sigs.). Se observa que los indicadores de dispersión de la renta disponible han aumentado en la mayoría de los países en las dos últimas décadas, aunque ese aumento ha sido menor que el observado en las rentas primarias, como resultado de que los sistemas de bienestar han incrementado su esfuerzo en respuesta a esa tendencia hacia mayor desigualdad en los mercados de trabajo, aunque la magnitud y eficacia de ese esfuerzo es muy diferente por países (Esping-Andersen, 2007). Estos análisis de la evolución reciente de la desigualdad muestran que la atención al nivel de los hogares es imprescindible para captar el efecto determinante que los cambios en la formación y la composición de los hogares están teniendo sobre la distribución de las rentas.

En ese contexto internacional, España es uno de los pocos países del área de la OCDE en los que se redujo la dispersión salarial en la última década. Sin embargo, los indicadores de distribución de la renta de los hogares, así como los de pobreza relativa no muestran una tendencia clara en esa dirección de menor desigualdad.

Desde el punto de vista de las políticas sociales públicas el asunto de los trabajadores pobres está en el centro de los debates sobre el futuro de las políticas de empleo y de las políticas de inclusión social. La UE ha definido una estrategia en la que la participación en el trabajo constituye la vía prioritaria de inclusión social. Uno de los supuestos centrales de la Estrategia de Lisboa es la complementariedad entre el crecimiento económico, la calidad del empleo y la cohesión social. El estudio de la relación entre ocupación y pobreza sirve para comprobar si se produce esa supuesta interacción positiva entre los objetivos de crecimiento económico y de mejora de la calidad del empleo.

En el campo académico, el tema ha formado parte, desde los años 80, de las preocupaciones por las «nuevas formas de desigualdad», la «nueva pobreza» o las «infraclases» (Tezanos, 2001), aunque ese interés no ha dado lugar a una corriente sistemática de estudios empíricos comparados, en parte por la carencia de fuentes estadísticas internacionales que informen simultáneamente de la ocupación y de las rentas del hogares. Desde hace unos pocos años empieza a haber un grupo de trabajos, predominantemente descriptivos, en el ámbito europeo (Peña Casas y Latta, 2004) y alguno también en el ámbito español (Ramos-Díaz, 2004).

El año 2005 (Gráfico 7.10) es el más reciente para el que se puede disponer de un panorama amplio y comparable basado en la *European Survey on Income and Living Conditions* (EU-SILC). En ese año, un 8% de los ocupados del conjunto de la UE-25 estaban en la situación de riesgo de pobreza, lo que suponía una cifra de 15,5 millones de ocupados viviendo en hogares por debajo del referido umbral de pobreza. Con algunas excepciones, las diferencias en este indicador entre países parecen asociarse a las variantes de regímenes de bienestar, con los países escandinavos en los niveles más bajos de pobreza de ocupados, en torno al 4%, los países de la variante continental en niveles intermedios del 6-7%, y los países mediterráneos, junto a la mayoría de los nuevos miembros, en los niveles más altos, siempre del 9% o más. Las excepciones a este patrón son pocas pero relevantes: los países anglosajones (Reino Unido e Irlanda) se sitúan en valores similares a los países de la variante continental, y Alemania en valores propios de los países escandinavos.

GRÁFICO 7.10.—*Tasa de riesgo de pobreza de ocupados en la Unión Europea (2005)**

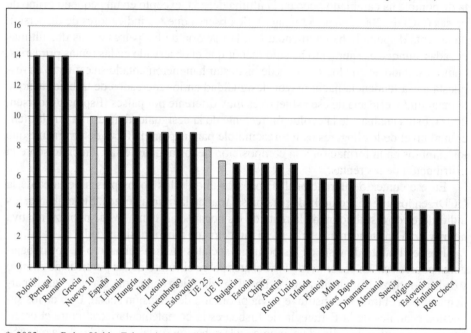

* 2003 para Reino Unido, Eslovenia y Rumanía; 2004 para Bulgaria.

Fuente: web EUROSTAT, *EU-SILC* y otras fuentes nacionales para algunos países.

El hecho más notable es que este indicador de riesgo de pobreza de ocupados, a pesar de ser el que mejor debería representar el «espíritu de Lisboa», no muestra un tendencia a descender a lo largo del período para el que está disponible, que coincide con el ciclo expansivo de 1995 hasta 2005 (Tabla 7.7). En el conjunto de la UE-15, la tasa de riesgo de pobreza de ocupados se ha mantenido en los últimos diez años entre el 7 y el 8%. En la mayoría de los países se observó una ligera reducción de ese indicador en los años finales de la década de los 90, pero ha retornado a cifras algo más altas en los años más recientes. De entre los quince, tan sólo en Bélgica y Grecia se ha observado una reducción de la tasa superior a un punto, aunque desde niveles de partida muy diferentes en cada caso. En el caso de España, se aprecia claramente una tendencia hacia una menor tasa de riesgo de pobreza de ocupados en los años finales de los 90, pasando del 11% en 1997 al 8% en el año 2000, para subir de nuevo al 10-11% en todos los años posteriores.

TABLA 7.7.—*Tasa de riesgo de pobreza de ocupados en la UE-15 (1995-2005)*

	1995	1996	1997	1998	1999	2000	2001	2002	2003	2004	2005
UE-15*	8	8	8	7	7	7	8	8	8	8	7
Bélgica	6	6	5	4	5	5	4	:	6a	4	4
Dinamarca	:	:	:	:	:	:	3	:	5a	5	5
Alemania	6	5	5	4	5	4	4	:	:	:	5a
Irlanda	5	5	5	5	5	7	7	:	7a	7	6
Grecia	15	15	15	13	14	13	13	:	14a	13	13
España	10	10	11	10	9	8	10	10a	10a	11a	10
Francia	7	7	7	7	7	8	7a	7	:	5a	6
Italia	11	11	11	9	9	10	10	:	:	10a	9
Luxemburgo	8	6	7	7	9	8	8	:	7a	8	9
Países Bajos	7	6	6	6	6	6	5	5	6	:	6a
Austria	8	7	7	7	7	6	6	:	8a	7	7
Portugal	16	15	14	14	14	14	12	:	:	13	14
Finlandia	:	3	4	4	5	5	4a	4	4	4a	4
Suecia	:	:	:	:	:	:	5	:	:	6a	5
Reino Unido	7	7	5	6	7	6	7	7	7	:	8a

* Estimación de EUROSTAT; : No disponible; a Cambio en la serie.

Fuente: web EUROSTAT, 1995-2001 *ECHP*; 2001-2002; fuentes nacionales; 2003-2005 *EU-SILC*.

La variedad de factores que pueden afectar al nivel de pobreza de ocupados pueden ser agrupados en cuatro tipos, referidos a las características de los individuos, de los empleos, de los hogares. Basándose en los estudios ya disponibles sobre la cuestión y en las desagregaciones de los principales indicadores disponibles en EUROSTAT, se puede trazar un panorama descriptivo y comparado de la incidencia y perfiles de la pobreza de ocupados en España. La comparación se hace sólo con el conjunto de la UE-15 con tres países que representan las variantes de regímenes de bienestar: Alemania, Reino Unido y Suecia.

3.1. *Factores individuales en el riesgo de pobreza de ocupados*

La característica individual que más claramente parece relacionarse con el riesgo de ser trabajador pobre es el nivel educativo, aunque también el sexo y la edad. Hombres, jóvenes, mayores y personas con bajo nivel educativo tienen, de manera muy general, tasas de pobreza de ocupados más altas que, respectivamente, mujeres (excepto en Alemania), adultos y personas con niveles educativos medios y altos (Tabla 7.8). Las diferencias por sexo suelen ser muy pequeñas, de un solo punto tanto en el conjunto de la UE-15 como en la UE 25; es fácil suponer que esa diferencia tiene que ver con la mayor presencia de mujeres en hogares de más riesgo (monoparentales, principalmente) y en empleos de menor tiempo de trabajo o de menor salario.

Las diferencias por edad son también ligeras para el conjunto de la UE, aunque varían en mucha mayor medida en los cuatro países comparados. Estas diferencias suelen adoptar la forma de «U», con tasas más bajas en el amplio grupo de edad entre 25 y 54 años, aunque las diferencias entre este grupo y el de los ocupados mayores en edad activa, los de 55-64 años, suelen ser mucho menores que las diferencias con los más jóvenes (18-24 años) y con los que sobrepasan la edad activa; se supone que en estos dos grupos se dan también situaciones más frecuentes de intensidad menos en la participación laboral.

De todos modos, el rasgo individual que más variación proporciona en el riesgo de pobreza de los ocupados es el nivel educativo, y de tal manera que la tasa de los ocupados que no superan el nivel educativo obligatorio suele doblar la de los de nivel secundario y triplicar la de quienes tienen nivel educativo superior. Suecia es una excepción a esta pauta, ya que las diferencias en riesgo de pobreza por niveles educativos son mínimas e, incluso, para el nivel secundario la tasa es ligeramente más alta que para el nivel primario.

La situación comparada de España en cuanto a las diferencias de riesgo de pobreza por características individuales es un tanto singular, especialmente en lo referido a la edad. En España, a diferencia de los otros tres países y del conjunto de la UE, el riesgo de pobreza de ocupados varía muy poco con la edad y, además, el riesgo más bajo corresponde al grupo más joven. Eso hace que los jóvenes sean el único grupo, por características individuales, en el que España tiene un riesgo de pobreza inferior al de los otros países.

TABLA 7.8.—*Tasa de riesgo de pobreza de ocupados según características individuales (2005)*

	UE-25*	UE-15*	Alemania	España	Suecia	Reino Unido
Total	8	7	5	10	5	8
Hombres	9	8	5	11	6	9
Mujeres	7	7	6	9	5	8
Edad						
18-24 años	9	9	9	8	20	11
25-54 años	8	7	5	10	5	7
55-64 años	8	8	6	11	3	10
65 y más años	11	12	11	11	4	14
Nivel de estudios						
Primario (ISCED 0-2)	14	14	11	16	5	16
Secundario (ISCED 3-4)	7	7	6	9	6	9
Superior (ISCED 5-6)	4	4	4	4	4	5

* Estimación de EUROSTAT.

Fuente: web EURSOTAT, *EU-SILC.*

3.2. *La influencia de las características del empleo*

Las características en relación con el empleo marcan diferencias mucho más fuertes en el riesgo de pobreza (Tabla 7.9). En primer lugar, el hecho más destacable es que el riesgo de pobreza de ocupados es siempre muy inferior al de cualquier otra de las situaciones en relación con la actividad. Para el conjunto de la UE-25, esa tasa, que era del 8% en 2005, equivale a una quinta parte de la tasa de los parados (40%), la mitad que la de las personas jubiladas (16%) y un tercio de la de las personas en otras situaciones de inactividad.

Por otra parte, el riesgo de pobreza es sensiblemente más alto entre los ocupados por cuenta propia (empresarios y autónomos) que entre los asalariados (con la excepción de Alemania), hasta el punto de que en 2001 la tasa de pobreza de aquel grupo es tres veces superior a la tasa de los asalariados[4]. Desde Eurostat se reconoce que la fia-

TABLA 7.9.—*Tasas de riesgo de pobreza según características del trabajo (2005)*

	UE-25*	UE-15*	Alemania	España	Suecia	Reino Unido
Situación de actividad						
Ocupados	8	7	5	10	5	8
Parado	40	37	43	35	26	50
Jubilado	16	17	14	25	10	28
Otra inactividad	24	24	18	28	23	26
Total población	15	15	12	19	9	15
Situación profesional (2001)						
Asalariado	**	6	4	7	4	6
Cuenta propia	**	18	5	20	24	17
Tipo de contrato						
Indefinido	4	4	4	5	4	4
Temporal	11	11	9	11	10	8
Jornada						
Completa	7	6	4	10	4	6
Parcial	11	10	7	13	7	13
Tiempo trabajado						
Año completo	7	7	5	10	5	7
Menos de 12 meses	15	15	11	14	13	27

* Estimación de EUROSTAT.

** Dato no disponible o no fiable.

Fuente: web EUROSTAT, *EU-SILC.*

---

[4] EUROSTAT todavía no ha ofrecido desagregación por situaciones profesionales para los datos más recientes, obtenidos de la EU-SILC.

bilidad de los datos de renta de los ocupados por cuenta propia es menor que el de los asalariados y que hay un problema de infraestimación en las fuentes estadísticas de encuesta como la ECHP y EU-SILC (Bardone y Guio, 2005). Pero también es conocido que la categoría de ocupados por cuenta propia agrega situaciones de empleo muy variadas, con un peso importante de ocupaciones de baja calidad. En algunos países eso puede estar relacionado con la mayor presencia de categorías por cuenta propia en ocupaciones de bajo nivel de renta, como la agricultura tradicional. Un nivel alto de autoempleo suele responder también a una mayor presencia de ocupaciones de personas que tienen una empleabilidad muy baja en mercados de trabajo con exceso de oferta. En relación directa con la alta incidencia del riesgo de pobreza de estos grupos, en algún país se ha visto que una parte de los autoempleados son inmigrantes recientes que tienen dificultades para el acceso al mercado regular por cuenta ajena.

En tercer lugar, en todas las formas de empleo «atípicas» se eleva considerablemente el riesgo de vivir en un hogar pobre; así ocurre con los ocupados con contrato temporal y en cualquiera de las modalidades que no son «a tiempo completo», sea a tiempo parcial o por no haber trabajo todo el año.

En situación comparada, y teniendo en cuenta las características del empleo, España destaca por un rasgo relacionado con las situaciones de actividad y por otro relacionado con el tiempo de trabajo. En cuanto al primero, parece claro que España presenta un riesgo de pobreza más alto entre los ocupados pero no entre otras situaciones de actividad: en cualquiera de las situaciones que no son de ocupación, siendo altas las tasas de riesgo de pobreza españolas, no son las más altas de entre los cuatro países; entre los parados las tasas del conjunto de la UE, de Alemania y del Reino Unido son superiores; entre los jubilados también es más alta la de este último país; y entre el resto de inactivos sí es más alta, pero no mucho más que la del conjunto de la UE o que la de países como el Reino Unido o Suecia. En cuanto al tiempo de trabajo, hay que destacar que España es el país en el que el trabajo a tiempo completo, sea en jornada o a lo largo del año, reduce relativamente menos que en otros países el riesgo de pobreza respecto a quienes trabajan a tiempo parcial o durante menos de un año. Tal es así, que en España el riesgo de pobreza de quienes trabajan a jornada o año completo es del 10%, sólo tres o cuatro puntos menos que quienes trabajan a tiempo parcial o durante menos de doce meses.

El que el riesgo de pobreza en España sea alto en «los extremos» de las situaciones profesionales, junto con el peso relativo que tienen esas situaciones en el conjunto de la población, hace que la composición de la pobreza esté muy «polarizada» en las situaciones de ocupación y de inactividad, aunque esa «polarización» responda a perfiles muy diferentes para hombres y mujeres por sus desiguales niveles de ocupación (Tabla 7.10). Para ambos sexos, los inactivos suponen el 39,7% de las personas en riesgo de pobreza y los ocupados el 27,7%, repartidos éstos casi a partes iguales entre asalariados y ocupados por cuenta propia. Sin embargo, las situaciones a las que se supone más riesgo de pérdida de rentas, las de parados y jubilados, aportan en conjunto menos de un tercio al total de personas bajo ese riesgo, un 13,3% y un 19,3%, respectivamente. Pero esa distribución es muy diferente para cada sexo, ya que entre los hombres, los ocupados dan cuenta de dos quintas partes del total de personas en riesgo de pobreza, mientras que las mujeres ocupadas sólo son un 16,3% de la población femenina en esa situación; por el contrario, entre las mujeres pobres casi tres quintas partes son inactivas, y entre los hombres pobres, los inactivos no llegan a una quinta parte de los pobres.

Tabla 7.10.—*Distribución de la población de 16 años y más, según situación profesional en España (2005)*

	Población en riesgo de pobreza (%)	Población total (%)
Ambos sexos		
Ocupado	27,7	50,8
Asalariado	14,1	42,6
Empresario	13,6	8,2
Parado	13,3	7,2
Retirado	19,3	14,9
Otra inactividad	39,7	27,1
Hombres		
Ocupado	41,7	63,6
Asalariado	19,7	52,0
Empresario	22,0	11,6
Parado	13,2	5,5
Retirado	29,1	19,9
Otra inactividad	16,0	10,9
Mujeres		
Ocupado	16,3	38,4
Asalariado	9,6	33,5
Empresario	6,7	4,8
Parado	13,3	8,9
Retirado	11,3	10,0
Otra inactividad	59,1	42,7

Fuente: INE, *Encuesta de Condiciones de Vida 2005.*

Otra característica del empleo que se supone asociada con el riesgo de pobreza de ocupados es el nivel del salario, aunque esta característica ha sido descartada como parte del grupo de indicadores europeos sobre calidad del empleo o sobre inclusión social. Sin embargo, la relación no es fácil de establecer, ya que el salario es una característica del individuo y la pobreza lo es del hogar: es la composición del hogar y el conjunto de las rentas que aportan todos los miembros lo que hace que un individuo que percibe un bajo salario viva en un hogar en riesgo de pobreza.

En el caso español, parece clara una escasa coincidencia entre bajo salario y hogar pobre (Tabla 7.11). En España un 6,6% del total de los asalariados vivían en un hogar pobre en 2005, pero tan sólo un 1,7% de ese total tenía un salario bajo. Expresado con otras cifras, eso significa que la mayoría de quienes tenían un salario bajo no son pobres (el 78,3%), ya que sus hogares no lo son; y la mayoría de los asalariados que viven en hogares pobres no los son por su salario (74,3%), ya que no entran en la categoría de bajo salario.

TABLA 7.11.—*Distribución de los asalariados ocupados en España (2004)*

	Salario no bajo	Salario bajo*	Total (%)	Total asalariados ocupados
Hogar no pobre	85,6	7,8	93,4	11.241.530
Hogar pobre	4,9	1,7	6,6	789.791
Total	90,5	9,5	100	12.031.321

* <60% del salario promedio

Fuente: Elaboración propia sobre microdatos de INE, *Encuesta de Condiciones de Vida 2004.*

3.3. *La influencia de las características de los hogares*

La composición de los hogares de los ocupados afecta de manera muy clara al riesgo de estar bajo el umbral de pobreza, mucho más aún cuando la composición del hogar se relaciona con la intensidad de la participación laboral del conjunto del mismo (Tabla 7.12). El riesgo más alto de pobreza afecta a los hogares monoparentales, hasta el punto de que el 15% de los mismos en la UE-15 estaban en 2005 en esa condición; aunque también es relativamente alto el riesgo de los hogares de un solo adulto, que alcanza a uno de cada diez ocupados que viven en hogares unipersonales. Ese riesgo suele ser menor cuando en el hogar hay dos adultos, y sensiblemente menor cuando la presencia de dos adultos no se acompaña de niños dependientes.

De todos modos, lo más interesante es observar como varía el riesgo de pobreza en función de la composición de los hogares y de la intensidad de su participación laboral conjunta. Puede decirse que no hay diferencias nacionales cuando se trata de hogares sin niños y con la más alta participación laboral: las tasas de los cuatro países, para los hogares sin niños, son muy similares, oscilando sólo entre el 5 y el 7%, y las de los hogares sin niños, con participación laboral «completa» (intensidad = 1 en la Tabla, que significa todos los meses de todos los activos del hogar») alcanza el mismo valor en todos los países, un 5%. Parece claro, pues, que cualquiera de los factores propios de características nacionales de los mercados de trabajo (calidad del empleo, salarios relativos u otros factores) o del sistema de protección social (importancia de la protección a la familia) son neutrales respecto al riesgo de pobreza de los hogares sin niños que tienen alta participación laboral.

No ocurre de igual modo para los hogares con niños. En estos hogares, la no participación laboral (intensidad = 0) se asocia a un riesgo muy alto de pobreza, que alcanza casi a la mitad de este tipo de hogares en el conjunto de la UE-15, al 46%. Y lo que es más relevante, en los hogares en los que la participación laboral es completa (intensidad = 1) o alta (intensidad = 0,5-1) las diferencias nacionales son mucho más apreciables: en Alemania y en Suecia, el riesgo es muy bajo, lo que significa que los hogares con niños tienen muy poco riesgo de pobreza cuando la participación laboral es alta; sin embargo, en el Reino Unido y España, el riesgo de pobreza es moderado, del 9%, aun con una participación completa en el trabajo, y aumenta considerablemente, alcanzando, respectivamente, el 19 y al 18 % de los hogares con niños que tienen un participación incompleta pero que es superior a la mitad de la dedicación potencial de todos los adultos del hogar. Cuando la participación laboral está por debajo de la mitad de la participación potencial (intensidad = 0-0,5) el riesgo de pobreza alcanza ya niveles mucho más altos, cerca de un tercio de los hogares en la UE y con menores diferencias entre los países de la comparación.

TABLA 7.12.—*Tasa de riesgo de pobreza de ocupados según composición e intensidad laboral del hogar (2005)*

	UE-25*	UE-15*	Alemania	España	Suecia	Reino Unido
Tipo de hogar						
Adulto solo	10	10	10	8	12	13
Monoparental	16	15	14	24	11	18
Dos o más adultos con niños	9	8	6	14	4	10
Dos o más adultos sin niños	5	5	3	7	3	5
Hogares sin niños	6	6	5	7	6	7
Intensidad laboral = 1	5	5	5	5	5	5
Intensidad laboral entre 0,5 y 1	7	7	4	8	10	15
Intensidad laboral entre 0 y 0,5	15	15	10	22	15	30
Intensidad laboral= 0	9	11	:	:	:	:
Hogares con niños	10	9	6	14	4	10
Intensidad laboral= 1	6	6	4	9	4	9
Intensidad laboral entre 0,5 y 1	15	14	7	19	6	18
Intensidad laboral entre 0 y 0,5	32	31	22	30	20	:
Intensidad laboral = 0	43	46	:	:	:	:

* Estimación de EUROSTAT; : Dato no disponible o no fiable.

Fuente: web EUROSTAT-EUSILC.

Con esas referencias ya se advierte el perfil de la pobreza en España en lo relativo a composición de los hogares, caracterizado por un riesgo de pobreza apreciablemente superior en los hogares con menores dependientes, con una diferencia mayor aún en los hogares monoparentales. Un matiz más en este perfil comparado: ese mayor riesgo de pobreza de los hogares con niños en España afecta a los hogares con alta participación laboral —aunque en este aspecto las tasas de España y del Reino Unido son muy similares—, pero afecta aún en mucha mayor medida a los hogares con baja participación laboral.

Este perfil del riesgo de pobreza en España proporciona una composición de la pobreza en la que tiene un peso alto en los hogares con hijos dependientes, aun cuando tienen una participación laboral que supera el umbral de la mitad de la participación potencial de todos sus adultos (Tabla 7.13). Un 11,3% de la población en riesgo de pobreza en España vive en hogares con una intensidad laboral completa (IL=1), y cerca de dos de cada cinco personas bajo ese riesgo, el 36,8%, en hogares en los que la mitad o más de la capacidad laboral de sus adultos esta efectivamente ocupada; ambos grupos suman casi la mitad de las personas en riesgo de pobreza.

TABLA 7.13.—*Tasa de riesgo de pobreza y distribución de la población según intensidad laboral (IL) del hogar en España (2005)*

	Población total (%)	Población en riesgo de pobreza (%)
IL= 0 (hogares sin hijos dependientes a cargo)	5,8	13,6
IL entre 0 y 1 (hogares sin hijos dependientes a cargo)	21,9	15,7
IL= 1 (hogares sin hijos dependientes a cargo)	14,7	4,4
IL= 0 (hogares con hijos dependientes a cargo)	2,1	7,6
IL entre 0 y 0.5 (hogares con hijos depend. a cargo)	4,9	10,7
IL entre 0,5 y 1 (hogares con hijos depend. a cargo)	28,5	36,8
IL=1 (hogares con hijos dependientes a cargo)	22	11,3

Fuente: INE, *Encuesta de Condiciones de Vida 2005.*

4. Conclusión

La profunda transformación del empleo y las ocupaciones en España en la era postindustrial desbarata una de las preocupaciones dominantes en la sociología del trabajo de los años 80: que el paro y la escasa participación laboral extradoméstica de las mujeres eran problemas endémicos de España. Sin embargo, otra de las preocupaciones también frecuentes, la de una tendencia hacia una estructura ocupacional más polarizada, no debería despreciarse. La cuestión necesita estudios más detallados sobre la evolución más reciente del empleo en España, pero hay indicios en esa dirección, provenientes, sobre todo, del crecimiento de un «nuevo proletariado de los servicios» y de la persistencia y los perfiles de las situaciones de pobreza relativa entre ocupados.

De todos modos, no debería olvidarse que la sociedad española tiene todavía un margen importante para la extensión de la participación laboral. Si se tomara como objetivo igualar el promedio de tasa de empleo de los tres países de la UE con la tasa de empleo más alta, una referencia que usa la Estrategia de Lisboa, este indicador tendría que aumentar en 10 puntos en España, lo que supondría, manteniéndose la población potencialmente activa actual, un incremento de 2,5 millones de empleos; la misma referencia para las mujeres equivaldría a un aumento de 17 puntos en su tasa de empleo y un total de 1,5 millones de puestos de trabajo. Estas cifras muestran la relevancia de mantener como objetivo el aumento de la cantidad del empleo, más aún al iniciarse un período ya con señales claras de desaceleración económica.

De los cinco millones de empleos creados en España desde el año 2000, la mitad han sido ocupados por trabajadores extranjeros. Los flujos migratorios siguen manteniéndose en niveles muy similares a los que ha habido desde el inicio de esta década. La diferencia entre los efectivos de las cohortes de población autóctona que llega a las edades de jubilación y las cohortes que llegan a la edad laboral hace pensar que seguirán necesitándose entradas de inmigrantes. No hay que reclamar mucha capacidad de predicción para apuntar que la integración laboral de los inmigrantes será uno de los asuntos más importantes en la esfera del trabajo en la España del siglo XXI. Además, de mantenerse las pautas actuales de composición por niveles educativos de la inmigración (tan sólo un 14% de quienes han entrado entre 2001 y 2005 tienen educación post-secundaria) y de predominio de la irregularidad como forma de entrada y acceso al empleo, tampoco será difícil advertir los riesgos para una adecuada integración laboral.

La España del siglo XXI enfrenta retos conjuntos de cantidad y calidad de trabajo. Es difícil imaginar una perspectiva de progreso en ambos objetivos que no suponga a su vez una mejora de todas las capacidades para competir en la economía globalizada con una productividad más alta. Pero esta mejora va a requerir seguramente alguna renovación del entramado de instituciones y políticas del mercado de trabajo. La Unión Europea viene promoviendo en este sentido una orientación estratégica en la dirección denominada de «flexiseguridad». En el caso de España esa estrategia tiene como punto crítico el reducir la segmentación y el conjunto de asimetrías en las condiciones de trabajo producidas por la excesiva temporalidad. Las opiniones bien informadas suelen coincidir en que ese camino hacia la «flexiseguridad» hace urgentes ciertas reformas en la contratación laboral, en la articulación de la negociación colectiva y en las políticas activas de empleo.

BIBLIOGRAFÍA

BARDONE, Luca y GUIO, A.-C., «In-work poverty», Eurostat, *Statistics in focus,* núm. 5, 2005.

CASTILLO, Juan J. (dir.), *El trabajo recobrado. Una evaluación del trabajo realmente existente en España*, Madrid, Miño y Dávila, 2005.

CONSEJO ECONÓMICO Y SOCIAL, *Segundo informe sobre la realidad sociolaboral de la mujer española,* Madrid, CES, 2003.

— *Informe sobre el papel de la juventud en el sistema productivo español*, Madrid, CES, 2005.

— *Economía, trabajo y sociedad. Memoria sobre la situación socioeconómica y social de España (1994-2007),* Madrid, CES.

ESPING-ANDERSEN, Gösta, «More Inequality and Fewer Opportuinities? Structural Determinants and Human Agency in the Dynamics of Income Distribution», en D. Held y A. Kaya (eds.), *Global Inequality*, Cambridge, Polity Press, 2007, págs. 216-251.

FERNÁNDEZ, Cristina y ORTEGA, Carolina, «Asimilación laboral de los inmigrantes en España. ¿Trabajo a costa de malos empleos?», en Juan J. Dolado y Pablo Vázquez (eds.), *Ensayos sobre los efectos económicos de la inmigración en España*, Madrid, Fedea, 2007 (edición electrónica: *www.fedea.es*).

GARRIDO, Luis, «La inmigración en España», en Juan Jesús González y Miguel Requena (eds.), *Tres décadas de cambio social en España*, Madrid, Alianza Editorial, 2005.

GARRIDO, Luis y REQUENA, Miguel, *La emancipación de los jóvenes en España*, Madrid, Instituto de la Juventud, 1996.

GARRIDO, Luis y CHULIÁ, Elisa, *Ocupación, formación y el futuro de la jubilación en España*, Madrid, Consejo Económico y Social, 2005.

GARRIDO, Luis y GONZÁLEZ, Juan J., «Mercado de trabajo, ocupación y clases sociales», en Juan Jesús González y Miguel Requena (eds.), *Tres décadas de cambio social en España*, Madrid, Alianza Editorial, 2005.

GUILLÉN, Ana; GUTIÉRREZ, Rodolfo y GONZÁLEZ, Sergio, «Pactos sociales en España: Impacto sobre el mercado de trabajo, las relaciones laborales y el modelo de protección social», *Empleo Activo,* núm. 2, 2007, págs. 52-63.

LAPARRA NAVARRO, Miguel, *La construcción del empleo precario: Dimensiones, causas y tendencias de la precariedad laboral*, Madrid, Fundación FOESSA, 2006.

Miyar, María, «Inmigración y logro ocupacional en España», Comunicación al IX Congreso Español de Sociología, Barcelona, 2007.

OECD, *Employment Outlook 2006*, París.

— *Employment Outlook 2007*, París.

Peña-Casas, Ramón y Latta, M., *Working poor in the European Union*, Dublín, European Foundation for the Improvement of Living and Working Conditions, 2005.

Polavieja, Javier, *Estables y Precarios: Desregulación Laboral y Estratificación Social en España (1984-1997)*, Madrid, Siglo XXI/Centro de Investigaciones Sociológicas, 2003.

Ramos-Díaz, Javier, «Empleo precario en España: una asignatura pendiente», en V. Navarro (coord.), *El Estado de Bienestar en España*, Madrid, Tecnos-UPF, 2004, págs. 97-119.

Requena Santos, Félix, *La estructura ocupacional española. Un análisis de la Encuesta de Calidad de Vida en el Trabajo*, Madrid, Ministerio de Trabajo y Asuntos Sociales, 2005.

Ruesga, Santos; Valdés, Fernando y Zufiaur, José M.ª (eds.), *Las transformaciones laborales en España. A XXV años de la promulgación del Estatuto de los Trabajadores*, Madrid, Ministerio de Trabajo y Asuntos Sociales, 2005.

Segura, Julio, «Una guía de las reformas del mercado de trabajo en España», *Papeles de Economía Española*, núm. 100, 200, págs. 102-111.

Tezanos, José Félix, *La sociedad dividida*, Madrid, Biblioteca Nueva, 2001.

Tobío, Constanza, *Mujeres que trabajan. Dilemas y estrategias*, Madrid, Cátedra, 2005.

Toharia, Luis, «El mercado de trabajo en España, 1978-2003», *Información Comercial Española*, núm. 11, 2003, págs. 203-220.

Toharia, Luis y otros, *El problema de la temporalidad en España: un diagnóstico*, Madrid, Ministerio de Trabajo, 2005.

8

Desigualdades y estratificación social en España

JOSÉ FÉLIX TEZANOS

El extraordinario dinamismo de la sociedad española en el período comprendido entre 1977-2007 no hace fácil caracterizar el sistema de estratificación social de España a partir de esquemas unívocos. Durante estos años, la sociedad española ha evolucionado desde unos modelos de estratificación propios de sociedades industriales parcialmente desarrolladas hacia paradigmas propios de las sociedades postindustriales, en las que el aumento del sector servicios y la dinámica de la robotización han dado lugar a nuevas formas y parámetros estratificacionales.

La concurrencia, en pocos lustros, de diversos procesos de cambio, que no siempre han operado de manera homogénea en toda la geografía española ni en todos los ámbitos sociales, se ha traducido en un sistema de estratificación social complejo, formado por diferentes subsistemas y modelos, en el que junto a dinámicas que se corresponden con situaciones propias de las sociedades tecnológicas avanzadas[1] persisten residuos y conformaciones propias de otras condiciones socioeconómicas y de otras etapas de evolución social.

Al mismo tiempo que amplios sectores de la sociedad española han ido progresando en sus condiciones de bienestar y en oportunidades vitales, se pueden constatar también nuevas tendencias de movilidad social descendente entre los hijos de determinados sectores de clases medias, así como la presencia de nuevos elementos y factores de la desigualdad. Entre dichos factores nuevos hay que destacar la problemática de la exclusión social, que afecta de manera especial a los jóvenes, a las mujeres y a las personas con menos cualificaciones, y se ve afectada, a la vez, por los nuevos rasgos estratificacionales que se derivan de la presencia de un volumen considerable de inmigrantes, que se ven forzados a trabajar en condiciones bastante precarias, con niveles salariales peores que la población de origen[2] y, en general, en actividades laborales de poca cali-

---

[1] Véase, en este sentido, José Félix Tezanos, *La sociedad dividida. Estructuras de clases y desigualdades en las sociedades tecnológicas,* Madrid, Biblioteca Nueva, 2001.

[2] El Informe de la Oficina Económica del Presidente del Gobierno de España de noviembre de 2006 consignaba, por ejemplo, salarios un 30% más bajos, tasas de temporalidad del 61% y niveles de sobrecualificación en los trabajos realizados del 43% de los inmigrantes. Oficina Económica del Presidente, *Inmigración y Economía Española 1996-2006,* noviembre, 2006, pág. 17.

dad que no quieren ser realizadas por otros sectores de población: en el servicio doméstico, en la construcción, en la recogida de productos de temporada en la agricultura, en hostelería de temporada, etc. Todo ello da lugar a que el sistema de estratificación social español tienda a presentar rasgos de dualización, que conforman un modelo compuesto, en el que las condiciones de origen, raza, etnia y diferencia cultural tienden a operar también como importantes variables de la estratificación social.

1. EL ANÁLISIS DE LA ESTRATIFICACIÓN SOCIAL

El primer requisito que debe cumplirse en el análisis de un sistema de estratificación social concreto es ofrecer una imagen general de la realidad que sea objetiva y objetivable. Pero, ¿qué aproximaciones objetivas son posibles en las sociedades del siglo XXI a una cuestión tan compleja como la estratificación social? Algunos analistas han intentado dar respuesta a esta pregunta, recurriendo a lo más elemental y visible, es decir, a las diferencias de rentas e ingresos y, por lo tanto, a los niveles de vida y de consumo. En todas las sociedades desarrolladas disponemos de informaciones sobre este particular, de forma que en poco tiempo es posible presentar un buen número de tablas estadísticas y representaciones gráficas que permiten fijar una idea básica del grado de desigualdad existente y sus características. Pero, evidentemente, esta información, por sí sola, no es suficiente para entender la naturaleza de un sistema de estratificación social, ni la forma en la que está evolucionando. Por lo tanto, son necesarias otras informaciones y análisis.

En una perspectiva de aproximación compleja a la cuestión, lo primero que debe hacerse es perfilar las grandes líneas de la diferenciación social y los alineamientos básicos a que dan lugar, por ejemplo, analizando las barreras de la pobreza y de la exclusión social. Esta tarea ha venido siendo realizada en España, en los últimos años, por un buen número de investigadores e instituciones, como el equipo EDIS, la Fundación FOESSA, Cáritas, el Consejo Económico y Social, el Grupo de Estudio sobre Tendencias Sociales[3], etc.

Un segundo paso analítico consiste en situar la problemática de la desigualdad y la exclusión social en un contexto más complejo de variables y referencias sociológicas objetivables. En este caso, se trata de completar la imagen estratificacional de la realidad, atendiendo a un mayor número de indicadores económicos y sociales y utilizando instrumentos de medida más sofisticados, de forma que sea factible relacionar variables objetivas, subjetivas y conductuales, que permitan perfilar modelos más generales de explicación social.

Sin embargo, por esta vía no es fácil llegar a establecer imágenes precisas de un sistema de estratificación social complejo, que pueda dar cuenta de las interdependencias y asimetrías sociales que se desprenden de la lógica relacional establecida en la propia estructura social. Por ello, antes de pasar al plano de las interpretaciones teóricas de más amplio calado, las posibilidades de una aproximación cuantitativa y objetivable aún permiten considerar informaciones significativas que nos sitúan en el propio cora-

---

[3] Una aproximación detallada a la problemática específica de la exclusión social puede verse en José Félix Tezanos (ed.), *Tendencias en desigualdad y exclusión social* (2.ª edición revisada y ampliada), Madrid, Sistema, 2004.

zón de los sistemas sociales. En esta perspectiva hay que empezar por considerar las estructuras ocupacionales y, por lo tanto, la misma forma en que los sistemas de producción se organizan y funcionan; y, en segundo lugar, hay que atender a las percepciones públicas sobre la lógica de la desigualdad, las identidades de clase y los antagonismos sociales. Precisamente éstos serán los aspectos que vamos a considerar aquí, en una aproximación necesariamente esquemática y sucinta a la problemática de la estratificación social en España.

2. ESTRATIFICACIÓN SOCIOECONÓMICA Y OCUPACIONAL

Los análisis clásicos de la estratificación social en las sociedades industriales solían prestar bastante atención a la dimensión ocupacional, por entender que los alineamientos socio-económicos y ocupacionales que se dan en los sistemas productivos son la matriz básica que permite entender los grandes agrupamientos sociales. De esta manera, la propia condición de propietario o asalariado, junto a la ocupación concreta desempeñada y la naturaleza particular de la posición en el mercado se considera que conducen —según diversas interpretaciones — a tipos específicos de relaciones sociales, que estimulan —o determinan— diferentes formas de conciencia social y política, que tienden a plasmarse en acciones colectivas más o menos predecibles.

Pero, lo cierto es que, cuando algunos esquemas interpretativos tienen que ser contrastados con los datos empíricos concretos, las cosas se revelan mucho más complicadas. Sin embargo, la necesidad de recurrir a explicaciones sociales más complejas y elaboradas, no nos exime de empezar situando el análisis de la estratificación social a partir de los aspectos más básicos y elementales: es decir, lo que concierne a aquello que hace la gente, a la forma en la que se gana la vida. Cuestión que en las sociedades desarrolladas continúa conformando, más o menos matizadamente, uno de los elementos de identidad social básicos, y en la mayor parte de los casos constituye una de las instancias principales de inserción social de los ciudadanos adultos. Y, en sentido inverso, puede representar también uno de los mayores problemas de integración en aquellos casos en los que se producen serios déficits de incorporación laboral (en jóvenes inempleables, excluidos, parados de larga duración, etc.)

2.1. *La evolución de la población activa y su distribución*

La manera en la que se distribuye la población activa proporciona una primera referencia insuficiente, por sí sola, para comprender una estructura de clases determinada, pero con un valor aproximativo bastante útil que, además, permite captar el momento de evolución de los sistemas productivos; dato éste que hace posible identificar con más precisión el tipo de estructura social correspondiente a cada momento de la evolución social.

Las tesis que sostienen que los sistemas productivos evolucionan conforme a unos patrones históricos, en los que se va desplazando el mayor peso social de la agricultura a la industria y de ésta a los servicios apenas requieren mayor esfuerzo argumentativo en nuestros días. La formulación moderna de esta tesis fue realizada por Colin Clark, que sostenía que «según transcurre el tiempo y según las comunidades se desarrollan económicamente, tiende a disminuir el número de individuos ocupados en la agricultura en relación con el ocupado en servicios»[4]. Por supuesto, éste es un fenómeno derivado no sólo de la influencia del aumento de la renta sobre las inclinaciones del consumidor, que saturado de productos agrícolas y luego de productos industriales demandará crecientemente prestación de servicios, sino también de la influencia de factores muy diversos, entre los que el desarrollo tecnológico desempeña un papel importante.

En esta perspectiva, el proceso de desarrollo económico en España ha implicado importantes reajustes en la estructura de la población activa durante los últimos lustros del siglo xx y los primeros años del siglo xxi. El primer dato que debemos tener en cuenta en el análisis de la población activa española es la proporción que ésta representa respecto al total de población en edad de trabajar.

Desde principios del siglo xx la tasa de actividad en España se ha incrementado en casi veinte puntos, llegando a ser en 2006 un 58,3% (véase Tabla 8.1). Esta proporción, no obstante, puede considerarse aún algo baja en términos comparativos internacionales, respecto a otros países de la OCDE, debido básicamente a que las mujeres no se han incorporado completamente a la población activa, aunque se ha acentuado notablemente su papel económico desde los años 80. En concreto, desde el censo de 1970 hasta 2006 el porcentaje de mujeres en la población activa se ha incrementado 34,5 puntos hasta llegar a un 47,9% en 2006.

Sin embargo, a pesar de estos avances tan notables, la mayor incidencia del paro entre las mujeres da lugar a que las tasas de ocupación femenina en España permanezcan algo rezagadas respecto a otros países europeos que en 2005 se situaban por encima del 65% e incluso del 70% (Dinamarca, Finlandia, Islandia, Noruega, Suiza, Suecia, Reino Unido, Alemania), mientras que dicha tasa en España era del 51,9% (véase Tabla 8.2).

TABLA 8.1.—*Evolución de las tasas de actividad total y de mujeres en la población activa española (1900-2005)*

Año	Población activa total (%)	Mujeres (%)
1900	40,0	14,2
1910	37,8	9,9
1920	36,6	9,2
1930	36,6	9,1
1940	35,6	8,3
1950	38,6	11,8
1960	38,7	15,1
1970	35,0	13,4
1981	34,0	16,5
1991	39,6	26,6
1995	51,0	37,7

---

[4] Colin Clark, *Las condiciones del progreso económico*, Madrid, Alianza Editorial, 1967, pág. 514.

TABLA 8.1*(cont.).—Evolución de las tasas de actividad total y de mujeres en la población activa española (1900-2005)*

Año	Población activa total (%)	Mujeres (%)
1996	51,3	38,2
1997	51,6	38,9
1998	52,0	39,2
1999	52,5	39,9
2000	53,6	41,3
2001	46,6	36,8
2002	54,3	42,2
2003	55,5	43,8
2004	56,4	45,2
2005	57,3	46,4
2006	58,3	47,9

Fuente: Hasta 2001 Censos de población en Alberto Carreras y Xavier Tafunell (coords.), *Estadísticas históricas de España*, volumen I, Fundación BBVA, Madrid, 2005. De 1995 a 2000 y de 2001 a 2006, *Encuestas de población activa* del INE, varios años..

TABLA 8.2.—*Evolución de las tasas de ocupación femenina en algunos países de la OCDE (mujeres de 15-64 años)*

	1957	1962	1968	1973	1979	1983	1990	1993	1996	1998	2001	2003	2005
Suecia	46,4	49,5	48,9	60,8	71,1	75,5	81,8	72,9	70,6	69,4	73,5	72,8	71,8*
Dinamarca	47,6	48,4	49,3	61,2	64,1	65,2	71,5	69,7	67,8	70,3	71,4	70,5	70,8
Suiza	47,8	48,4	45,1***	54,1	52,8	54,7	59,3	68,3	66,0	71,0	70,7	70,7	70,4
Reino Unido	48,0	47,9	46,6	52,7	56,1	55,3	63,7	62,8	64,1	64,2	66,0	66,4	66,8
Alemania	48,6	47,3	44,3	49,7	49,9	47,8	52,8	55,6	54,3	56,0	58,7	58,7	59,6
Noruega	41,8	40,6	40,0	49,3	60,2	70,1	71,6	66,1	68,9	73,6	73,8	72,7	72,0
Francia	45,0	42,2	41,5	47,9	49,5	49,7	50,6	51,4	52,1	52,3	52,2	56,4	56,9
Bélgica	40,3	40,3	39,8	39,9	40,4	36,1	41,0	45,1	45,8	47,5	50,7	51,4	54,1
Grecia	42,9*	43,3**	43,2***	31,2	31,7	36,1	38,5	37,4	39,1	40,3	41,2	44,5	46,2
Italia	45,8	42,1	37,9	29,9	33,6	34,4	36,9	36,5	36,5	37,1	41,1	42,7	45,3
España	39,6	38,6	38,4	32,5	29,5	27,6	32,0	31,4	33,4	35,7	43,8	46,8	51,9

* 1951
** 1961
*** 1967

Fuente: Para los años 1957 a 1968: OCDE, *Labour force statistics, 1957-1968,* París, 1970, pág. 64 y sigs. De 1973 a 2005: OCDE, *Perspectivas del Empleo,* Ministerio de Trabajo, Madrid, 1996, varios años, última referencia, 2006, págs. 388-389.

Junto a estos rasgos, lo más importante a efectos de nuestro análisis es la distribución sectorial de la población activa. Así, en España, desde principios de siglo a 1930 (véase Tabla 8.3 y Gráfico 8.1) se produjo un importante descenso en la población activa agrícola, pasando de representar un 66,3%, a un 45,5%. Este proceso de descenso quedó truncado como consecuencia de la guerra civil, constatándose incluso incrementos en la población activa agrícola en el censo de 1940 (50,5%). Sin embargo, a partir de 1950, se inició un proceso irreversible de disminución de la población activa agrícola, que tuvo sus momentos de más intensidad a lo largo de las décadas de los años 60, 70 y 80 del siglo xx. Así, a mediados de los años 70 sólo poco más del 20% de la población activa española estaba ocupada en el sector agrícola, continuando su reducción en los años 90, hasta situarse en parámetros en torno al 5% en los primeros años del siglo xxi (véase Tabla 8.3).

Tabla 8.3.—*Evolución de la distribución sectorial de la población activa en España desde principios del siglo XXI*

Año	Agricultura	Industria y construcción	Servicios
1900	66,3	16,8	17,7
1910	66,0	15,8	18,2
1920	57,2	22,0	20,8
1930	45,5	26,5	28,0
1940	50,5	22,2	27,3
1950	47,6	26,5	25,9
1960	36,6	29,6	28,4*
1970	22,8	37,7	37,4**
1981	13,9	35,5	47,2***
1991	8,8	35,6	55,2
1992	10,1	33,3	57,5
1993	10,1	30,7	59,2
1994	9,8	30,2	59,8
1995	8,8	30,1	61,0
1996	8,4	29,7	61,9
1997	8,1	30,1	61,9
1998	7,8	30,6	61,6
1999	7,1	31,0	61,9
2000	6,6	31,2	62,3
2001	4,7	30,0	64,6
2002	5,9	31,2	62,9
2003	5,7	30,7	63,6
2004	5,7	28,8	60,8
2005	5,3	28,5	62,3
2006	5,1	28,1	63,2

  * Actividades mal especificadas: 4,8%
 ** Actividades mal especificadas: 1,4%
*** Actividades mal especificadas: 1,7%

Fuente: Censos de Población (de 1900 a 1970 y 1981, 1991 y 2001) *y Encuestas de Población Activa* del INE; Alberto Carreras y Xavier Tafunell (coords.), *Estadísticas históricas de España*, ob. cit., volumen I, pág. 150; *Encuestas de población activa* del INE, varios años.

Paralelamente en el sector industrial se produjo un importante proceso de crecimiento de la población activa en la década de los años 20 y 30, en que se pasó de un 15%/16% de población activa industrial a casi el doble (26,5%) en 1930. Esta proporción disminuyó en los años posteriores a la Guerra Civil (22,2% en 1940) y sólo empezó a alcanzar un volumen superior al registrado en el *Censo de 1930* en la década de los años 60 del siglo xx, de forma que la población activa de la industria y la construcción se situó en este período en torno al 35%/37%. A partir de este momento los datos reflejan una tendencia de estancamiento a la baja en la proporción de población activa industrial, registrándose en el *Censo de 2001* una proporción del 30% y en los primeros años del siglo xxi porcentajes por debajo del 29%.

GRÁFICO 8.1.—*Evolución de la estructura sectorial de la población activa en España (1900-2006)*

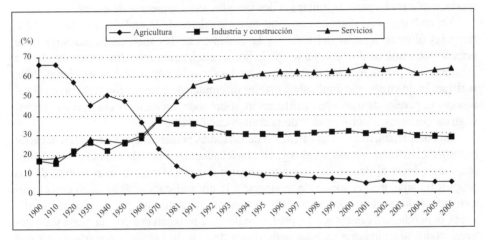

En lo que se refiere a la población activa ocupada en el sector servicios, la pauta ha sido una evolución desde un escaso peso en las primeras décadas del siglo xx (17%/18%), hasta el fuerte crecimiento experimentado en las últimas décadas de dicho siglo, superando primero la población activa industrial a partir de la segunda mitad de la década de los años 70, para alcanzar en los últimos años del siglo xx proporciones superiores al 60%, con cifras en torno al 63%/64% en los primeros años del siglo xxi.

En consecuencia, las previsiones de Colin Clark respecto a la dinámica evolutiva de la población activa en las sociedades industriales se han cumplido también en el caso concreto de España. Por supuesto, esta evolución presenta muchos matices y particularidades referidas a los diversos subprocesos de los que es un resultante general, pero en su conjunto podemos decir que refleja el proceso de cambio global al que antes hemos hecho referencia, que implica un desplazamiento de la importancia y el mayor peso económico y social de unos sectores económicos a otros. En este contexto, la realidad socioeconómica de España a principios del siglo xxi es la típica de una economía de servicios.

2.2. *Las transformaciones en la estructura ocupacional*

Algunos analistas han sostenido que, en el curso del desarrollo de las sociedades industriales, la dinámica económica llevaría, cada vez más, a una homogeneización de las condiciones de vida de la clase trabajadora y a una agudización de las contradicciones y diferencias con la burguesía. Carlos Marx, por ejemplo, llegó a considerar irreversible la proletarización de algunos sectores de clase media. «Nuestra época —afirmó—, la época de la burguesía, posee, sin embargo, este rasgo distintivo: ha simplificado los antagonismos de clase. La sociedad se divide cada vez más en dos grandes grupos hostiles, en dos grandes clases que se enfrentan directamente…: la burguesía y el proletariado»[5]. En esta perspectiva, diversos textos de Marx, y de otros autores de la época, podrían hacer pensar que el simple papel de dependencia o independencia en el proceso productivo bastaba para delimitar los dos grandes agrupamientos de clases.

Sin embargo, en contraste con estas tesis, los datos de la realidad revelan que durante las últimas décadas del siglo XX la dinámica de las sociedades industriales se orientó por caminos diferentes a los de la homogeneización inicialmente augurada. La creciente complejidad de los sistemas productivos exigió, para su funcionamiento, de la realización de tareas que implicaban niveles diferentes de preparación técnica; en algunos casos, niveles de muy alta cualificación, sobre todo, en sectores clave, como las industrias químicas, electrónicas, y de la comunicación, etc.

Tal complejización y diversificación de las tareas productivas generó diferencias de remuneración entre los asalariados y, en consecuencia, estilos de vida también distintos, dando lugar al desarrollo de ciertos niveles de estratificación en el ámbito de los propios trabajadores. A su vez, la tendencia a la diversificación se agudizó con el crecimiento de los sectores de «nuevas clases medias», compuestos por empleados de oficinas, dependientes del comercio, profesionales que trabajan por cuenta ajena y, en general, todos aquellos que realizan actividades de «cuello blanco y corbata». En estos sectores de trabajadores no manuales, las diferencias de estilos de vida y prestigio acabaron operando en el sentido de reforzar la tendencia hacia una mayor diversificación entre los distintos grupos y sectores asalariados en los procesos productivos.

Quizá la consecuencia más importante de estos procesos de diversificación de tareas ha sido la forma en la que ha venido influyendo en los comportamientos no estrictamente laborales de los trabajadores. Así, mientras en el marco de las unidades de producción hay un factor de identificación compartido —el hecho de trabajar por cuenta ajena—, en cambio, en el ámbito más amplio de la vida social (extralaboral) la diversificación de estilos de vida ha llevado a una mayor acentuación de las diferencias. En tal sentido, durante las últimas décadas del siglo XX se pudo constatar que en muchas sociedades desarrolladas tendía a producirse un importante fenómeno de escisión en las experiencias vitales de muchos asalariados en dos ámbitos diferentes: el ámbito de las experiencias como trabajadores en sus empresas y el de sus experiencias como ciudadanos en sus entornos sociales extralaborales.

En consecuencia, las transformaciones que han tenido lugar en las estructuras ocupacionales de la población activa en países como España tienen una importancia básica en el análisis de la estratificación social, en tanto en cuanto las diferencias educati-

---

[5] Carlos Marx y Federico Engels, *El manifiesto comunista*, Progreso, pág. 29.

vas, económicas y de prestigio entre los diferentes «papeles» ocupacionales trascienden más allá de lo estrictamente laboral, obligando a revisar algunos esquemas tradicionales de análisis de clase excesivamente esquemáticos.

En el caso de España, lo primero que hay que destacar es la intensidad de todos los cambios que tuvieron lugar a partir de la década de los años 60 del siglo XX y que se concretaron básicamente en un doble proceso paralelo de industrialización y desruralización. Así, desde 1964 —año en que se realizó la primera Encuesta de Población Activa— a 2006 se pueden identificar varias transformaciones muy importantes en la estructura socio-ocupacional de la población activa española (véase Tabla 8.4).

La evolución de los datos permite identificar un progresivo afianzamiento de un núcleo de empresarios y patronos, cuya proporción se ha duplicado en dicho período, pasando de un 2,8% en 1964 a un 5,4% en 2006. De igual manera persiste un nutrido sector de pequeños empresarios y trabajadores independientes que, sin embargo, han seguido una evolución peculiar. En 1964 este sector era bastante numeroso (22,1%) y respondía en su mayor parte a la estructura social de un país «básicamente agrícola», como se decía en aquellos tiempos, con una proporción muy abultada de pequeños propietarios agrarios, que vivían en su mayor parte en condiciones bastante precarias. Sin embargo, a lo largo de las décadas de los años 70, 80 y 90 del siglo XX este sector cambió por completo, quedando reducido a una mínima proporción el número de los pequeños propietarios agrícolas, al tiempo que el viejo mundo de los pequeños talleres cuasi-artesanales se transformaba y era reemplazado por toda una pléyade de técnicos, profesionales y trabajadores autónomos, sobre todo en el sector servicios. Lo cual explica la persistencia de una notable proporción de autónomos prácticamente a lo largo del siglo XX, con unas proporciones situadas entre el 14% y el 15% en los primeros años del siglo XXI. Así, en 2006 la proporción de autónomos en España era de un 14,6% de la población activa; unos parámetros aún importantes, pero que tienden a ser más próximos a los de otras sociedades de su entorno (véase Tabla 8.4).

TABLA 8.4.—*Evolución de la estructura socio-ocupacional de la población activa española (porcentajes)*

	1964	1970	1976	1981	1983	1991	1997	1998	2001	2006
Patronos y empresarios	2,8	3,7	3,6	4,1	3,3	5,3	5,4	5,2	4,7	5,4
Empresarios sin asalariados y trabajadores por cuenta propia	22,1	15,1	20,0	16,2	18,8	14,6	15,7	15,0	15,6	14,6
Asalariados	59,2	73,5	70,9	74,4	70,2	77,5	75,5	76,8	77,9	78,5
Trabajadores familiares no remunerados	13,7	6,3	8,7	4,4	7,5	2,6	2,6	2,8	1,8	1,3

Fuente: INE, *Encuestas de Población Activa,* varios años. Los datos de 1970, 1991, 1981 y 2001 corresponden a los *Censos de población.*

Por su parte, los trabajadores asalariados han venido creciendo de una manera constante, más allá de algunos de los matices que pueden detectarse en los datos procedentes de los *Censos de Población* (1970, 1981, 1991 y 2001) y que, como es sabido, obedecen a las diferencias que presentan respecto a los datos de las *Encuestas de Población Acti-*

va. En cualquier caso, la pauta de evolución es de una progresiva acentuación de la tasa de asalarización, incluso durante los primeros años del siglo XXI (véase Gráfico 8.2).

GRÁFICO 8.2.—*Evolución de la tasa de asalarización de la población activa española*

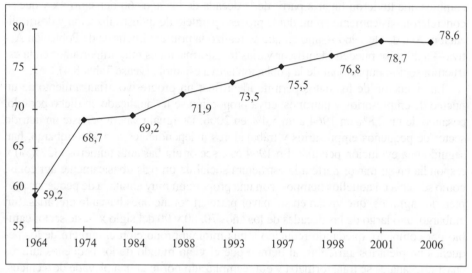

Un rasgo específico en la situación española es la presencia de una notable proporción de asalariados en el sector público, que pasaron de representar un 12% del total de asalariados en 1964 y un 14,2% en 1974, a un 23% en 1984; proporción que prácticamente permaneció en un nivel similar hasta bien avanzada la década de los años 90 del siglo XX experimentándose una inflexión descendente a partir de 1998, hasta alcanzar una proporción del 17,8% en 2006 (véase Gráfico 8.3).

GRÁFICO 8.3.—*Evolución de la proporción de asalariados del sector público y privado en España*

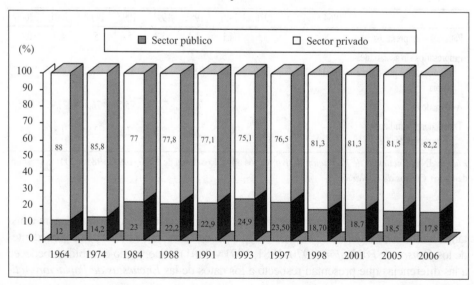

Finalmente, el sector de «trabajadores familiares no remunerados» prácticamente se ha ido diluyendo a lo largo de los últimos años del siglo XX, pasando de parámetros que estaban en torno al 13,7% de 1964, y que eran propios de una sociedad tradicional y muy ruralizada, a sólo un 2,8% en 1998 y un 1,3% en 2006 (véase Tabla 8.4).

Desde una perspectiva diferente y más compleja, que va más allá de la distinción entre asalariados y no asalariados, los datos proporcionados por las *Encuestas de Población Activa* permiten perfilar una estructura de conjunto que ofrece una imagen detallada de los distintos sectores socio-ocupacionales que en el año 2006 integraban la población activa española (véase Tabla 8.5).

TABLA 8.5.—*Estructura de la población activa ocupada española en 2006*
(Situación profesional y ocupacional)

	Número	Porcentaje	
1. Bloque de clases propietarias			
1.1. Sector empresarial capitalista			
1.1.1. Empresarios agrarios con asalariados	31.200	0,2	
1.1.2. Empresarios con asalariados de la industria y los servicios	938.000	5,2	7,4
1.1.3. Gerentes y directores	358.700	2,0	
1.2. Sector de autopatronos e independientes			
1.2.1. Profesionales y técnicos por cuenta propia	358.800	2,0	
1.2.2. Empresarios sin asalariados y trabajadores independientes	1.561.300	8,6	12,5
1.2.3. Propietarios agrícolas sin asalariados	343.800	1,9	
2. Bloque de clases asalariadas			
2.1. Empleados			
2.1.1. Profesionales y técnicos asalariados	3.650.200	20,2	
2.1.2. Personal administrativo y comercial	2.510.600	13,9	56,5
2.1.3. Contramaestres y capataces	179.400	1,0	
2.1.4. Personal de servicios	3.878.100	21,4	
2.2. Obreros			
2.2.1. Obreros especializados	2.888.700	16,0	
2.2.2. Obreros no cualificados	968.300	5,3	23,1
2.2.3. Obreros agrícolas	327.900	1,8	
3. Otros y no clasificables	105.800	0,6	0,6

Fuente: INE, *Encuesta de población activa,* resultados detallados, 2006. Reelaboración propia.

En su conjunto, los datos sobre la situación profesional y ocupacional de la población activa española (véanse Tablas 8.5, 8.6 y 8.7, así como en el Cuadro 8.1 y los Gráficos 8.4 y 8.5), nos ilustran sobre algunos de los rasgos básicos de la orientación de esta evolución desde 1964 a 2006:

— Un proceso de *desruralización* de la población activa muy intenso a partir de la década de los años 60 y primeros años de la década de los 70 del siglo XX, con una cierta amortiguación a partir de los últimos años de dicha década, como consecuencia del impacto de la crisis económica y del aumento del paro, que dio lugar a una tendencia

TABLA 8.6.—*Evolución de la estructura de la población activa ocupada en España (Porcentajes)*

	1964	1970	1976	1983	1988	1991	1993	1995	1996	1997	1998	2002	2004	2006
1. Bloque de clases propietarias														
1.1. Sector empresarial														
1.1.1. Empresarios agrarios con asalariados	0,8	0,3	0,6	0,3	0,3	0,3	0,4	0,3	0,3	0,3	0,3	0,3	0,2	0,3
1.1.2. Empresarios con asalariados de la industria y los servicios	2,6	2,6	2,4	2,5	3,3	4,1	4,5	4,6	4,7	5,0	4,7	4,6	5,2	5,6
1.1.3. Gerentes y directores	0,2	0,2	2,0	1,9	1,2	1,2	1,2	1,6	1,7	1,6	1,8	1,6	2,0	1,9
1.2 Sector de autopatronos e independientes														
1.2.1. Profesionales liberales	0,6	0,4	1,0	1,0	1,3	1,4	1,5	2,4	2,8	2,7	2,7	2,6	2,0	2,4
1.2.2. Empresarios sin asalariados y trabajadores independientes	11,6	11,2	9,8	12,0	13,6	12,1	12,5	11,6	10,9	10,5	10,0	8,4	8,6	8,6
1.2.3. Propietarios agrícolas sin asalariados	22,7	22,0	13,8	12,3	8,4	5,7	5,8	5,2	4,6	4,7	4,3	2,9	1,9	1,7
2. Bloque de clases asalariadas														
2.1. Empleados														
2.1.1. Personal administrativo, comercial y técnico	13,1	16,7	20,1	22,3	24,3	28,3	29,7	29,2	30,8	30,4	31,0	33,4	34,1	34,0
2.1.2 Contramaestres y capataces				0,8	1,1	1,2	1,3	1,0	0,9	1,0	1,0	1,1	1,0	0,6
2.1.3. Personal de servicios	5,7	6,1	9,3	10,7	10,7	10,5	11,3	14,3	14,2	14,1	14,2	14,7	21,4	22,2
2.2. Obreros														
2.2.1. Obreros especializados	22,7	23,6	28,6	25,5	23,5	24,1	22,1	20,4	20,2	20,0	21,0	21,4	16,0	15,3
2.2.2. Obreros sin especializar	10,0	8,7	4,6	4,6	5,1	5,2	4,2	4,9	4,5	4,8	5,0	5,2	5,3	4,9
2.2.3. Obreros agrícolas	10,0	8,5	6,6	4,9	4,3	3,2	3,0	2,5	2,5	3,6	2,7	2,6	1,8	1,6
3. Otros y no clasificables	0,3	0,3	1,0	1,1	2,9	2,6	2,5	1,9	1,9	1,5	1,5	1,1	0,6	0,5

Fuente: INE, *Encuestas de Población Activa*, varios años.

de mayor *mantenimiento* de la población en las zonas rurales, para alcanzar después una mayor intensidad durante las décadas de los años 80, 90 y los primeros años del siglo XXI. A su vez, la desruralización de la población activa ha dado lugar a cambios importantes en su estructura interna, con una sustancial disminución de la proporción de obreros agrícolas, que han pasado de ser un 10% de la población activa ocupada en 1964, a un 2,7% en 1998 y en 1,6% en 2006. De igual manera entre los propietarios agrícolas sin asalariados, primero se produjo una acusada fase de emigración, hasta mediados de la década de los años 70 del siglo XX, que afectó básicamente a los propietarios más pobres y con menos y peores tierras, teniendo lugar posteriormente una cierta desaceleración de esta tendencia hasta mediados de la década de los años 80, cayendo al 4,3% en 1998, para alcanzar una cifra de 1,7% en 2006.

— Un proceso intenso de *industrialización* de la población activa hasta mediados de la década de los años 70 del siglo XX. En este contexto los obreros manuales llegaron a alcanzar una proporción del 33,2% de la población activa ocupada en 1976, disminuyendo posteriormente hasta situarse en un 26% en 1998 y un 20,2% en 2006. En concreto, los obreros especializados pasaron del 28,6% del 1976 al 20,2% en 1996, y al 15,3% en 2006, al tiempo que de manera paralela la proporción de obreros *no cualificados* descendió hasta situarse en el 4,9% en 2006.

— Un proceso de *terciarización* de la población activa que se inicia a mediados de la década de los años 70 del siglo XX y que experimenta una acusada aceleración durante la década de los años 80 y 90, de forma que el conjunto de población activa ocupada en este sector pasó de ser un 36,5% en 1970, a situarse por encima del 60% en la década de los 90, alcanzando una proporción del 63,2% en 2006. Resulta significativo, en esta perspectiva, el aumento del personal de servicios, que creció desde 1964 hasta 1996 en un 177,8%, y del personal administrativo comercial y técnico, que en el mismo período creció en un 162,9%, pasando de ser el 13,1% del conjunto de la población activa en 1964, a un 30,8% en 1996 y un 34% en 2006. Igualmente, resulta espectacular el aumento de la proporción de profesionales y técnicos por cuenta propia experimentada durante el período 1964-2006 (415,2%), así como la de empresarios, gerentes y directores, aunque en su conjunto representan una proporción bastante acotada en el conjunto de la población activa (véase Tabla 8.7).

En el período 1996-2004 se mantienen y se intensifican estas tendencias (véase tabla 8.8), hasta el punto, por ejemplo, de que el personal de servicios aumenta un 109,8% y el personal administrativo comercial y técnico un 53,5%.

TABLA 8.7.—*Evolución de los sectores ocupacionales de la población activa española de 1964 a 1996*

	1964		1996		Variaciones en el período	
	Número	Porcentaje	Número	Porcentaje	Número	Porcentaje
Sectores que han aumentado						
Profesionales y técnicos por cuenta propia	70.300	0,6	362.200	2,8	+291.900	+415,2%
Personal de servicios	665.600	5,7	1.848.800	14,1	+1.183.200	+177,8%
Personal administrativo, comercial y técnico	1.531.500	13.1	4.026.900	30,8	+2.495.400	+162,9%
Empresarios, gerentes y directores	415.600	3,5	871.000	6,4	+455.400	+109,6%
Sectores que apenas han variado						
Empresarios sin asalariados y trabajadores independientes	1.364.300	11,6	1.430.000	10,9	+65.700	+4,8%
Obreros cualificados	2.644.200	22,6	2.643.200	20,1	-100.000	-3,7%
Sectores que han disminuido						
Propietarios agrícolas sin asalariados	2.662.900	22,7	595.500	4,6	-2.067.400	-77,6%
Obreros agrícolas	1.169.200	10,	342.000	2,6	-827.700	-70,7%
Obreros sin especializar de la industria y los servicios	1.171.500	10,0	625.100	4,7	-546.400	-46,6%

Fuente: INE: *Encuestas de población activa*, varios años. Elaboración propia.

TABLA 8.8.—*Evolución de los sectores ocupacionales de la población activa española de 1998 a 2004*

	1998		2004		Variaciones en el período	
	Número	Porcentaje	Número	Porcentaje	Número	Porcentaje
Sectores que han aumentado						
Personal de servicios	1.848.800	14,1	3.878.100	21,4	+2.029.300	109,8%
Obreros no cualificados	625.100	4,7	968.300	5,3	+343.200	+54,9%
Personal administrativo, comercial y técnico	4.026.900	30,8	6.160.800	34,1	+2.133.900	+53,0%
Empresarios Gerentes y Directores	871.000	6,4	1.327.900	7,3	+456.900	+52,5%
Obreros especializados	2.643.200	20,1	2.888.700	16,0	+245.500	+9,3%
Empresarios sin asalariados y trabajadores independientes	1.430.000	10,9	1.561.300	8,6	+131.300	+9,2%
Sectores que apenas han variado						
Profesionales y técnicos por cuenta propia	362.200	2,8	358.800	2,0	-3.400	-0,9%
Sectores que han disminuido						
Propietarios agrícolas sin asalariados	595.500	4,6	343.800	1,9	-251.700	-42,3%
Obreros agrícolas	342.000	2,6	327.900	1,8	-14.100	-4,1%

Fuente: INE: *Encuestas de población activa*, varios años. Elaboración propia.

— Un proceso de *consolidación de un apreciable sector de autónomos y de trabajadores independientes de la industria y los servicios*, que se mantuvieron en torno al 11% durante las décadas de los años 60 y 70 del siglo XX, experimentando un significativo crecimiento durante la década de los años 80, hasta alcanzar una proporción del 13,6% en 1988, con un ulterior descenso hasta situarse nuevamente en torno al 10-11% en los años finales del siglo XX y en torno al 8-9% en los primeros años del siglo XXI.

En la persistencia del sector de autónomos en la estructura socioeconómica española influyeron inicialmente factores heredados del período de la autarquía, en el que se produjo un desarrollo subsidiario de cierta lógica de producción subindustrial y cuasi-artesanal, que luego encontró una base de sostenimiento con la extensión de la práctica de la subcontratación de mercancías y piezas, sobre todo por parte de la industria del automóvil, en su fase de máxima expansión. Sin embargo, el crecimiento de los autónomos y trabajadores independientes en la década de los años 80 y su mantenimiento en cotas bastante importantes durante la década de los 90 y primeros años del siglo XXI, obviamente, responde a razones distintas; entre otras, a la mayor demanda de prestación de servicios y a la influencia de nuevos factores económicos y tecnológicos, que permiten una mayor viabilidad de las empresas pequeñas y familiares, tal como está ocurriendo también en otros países europeos. Sin olvidar, claro está, la incidencia de los mismos factores de configuración dual de los sistemas productivos, con un importante fenómeno de economía sumergida. En cualquier caso, el hecho es que en 2006 el conjunto total de activos ocupados no asalariados en España (contando propietarios agrícolas) representaba un 20% total de la población activa. Es decir, eran un total de 3.967.600 personas, sobre un total de cerca de veinte millones de activos ocupados. Ni que decir tiene que la incidencia de tan amplio bloque de *no asalariados* en el sistema de estratificación español es extraordinariamente importante.

— Desde una perspectiva analítica distinta, los datos de evolución de la población activa en España reflejan el mantenimiento, primero, y el progresivo crecimiento, después, de una proporción apreciable de asalariados que en los primeros años del siglo XXI superó la barrera del 78% (véase Gráfico 8.2). Es de destacar, igualmente, el hecho de que una proporción importante de asalariados lo sean del sector público (véase Gráfico 8.3), sector que pasó de emplear entre un 12% y un 14% de los activos durante las décadas de los años 60 y 70 del siglo XX a situarse entre el 22% y el 25% en las dos décadas posteriores. La evolución de los datos revela que durante los primeros años de gestión de los Gobiernos del PSOE en la década de los años 80 no se produjo inicialmente un suficiente dinamismo del sector privado en la generación de empleo asalariado, de forma que, en su conjunto, el impacto del paro hubiera sido *mayor* si no se hubiera creado otro tipo de empleo en el *sector público,* en buena parte debido a la expansión de los servicios sociales durante este período, así como en las *pequeñas empresas familiares o individuales.* Sin embargo, a partir del último lustro del siglo XX el fuerte dinamismo de la economía española dio lugar a una mayor generación de empleo en el sector privado, al tiempo que se hacía notar el impacto de los procesos de privatización de empresas públicas impulsados por los Gobiernos del PP, con el resultado final de una inflexión en la tendencia apuntada. En cualquier caso, los últimos datos disponibles revelan que en 2006 todavía —y esto es bastante importante— un 17,8% de la población activa española estaba empleada como asalariada en el *sector público.*

GRÁFICO 8.4.—*Evolución de los principales sectores socioocupacionales en España (1964-2006)*

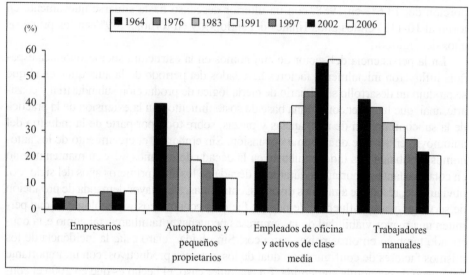

Fuente: INE, *Encuestas de población activa,* ob. cit., varios años. Elaboración propia.

GRÁFICO 8.5.—*Evolución de los grandes sectores de clase (1964-2006)*

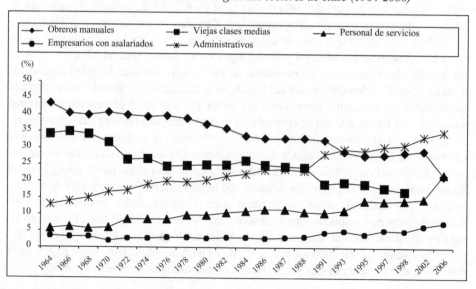

En resumen, pues, los grandes núcleos en torno a los que actualmente podemos situar el sistema de estratificación español, con los datos disponibles, son los siguientes:

— Un gran sector de *clases trabajadoras manuales*, que representaban en 2006 un 23,1% de la población activa, formado básicamente por trabajadores manuales especializados de la industria y los servicios (un 16%) y en mucho menor medida por trabajadores sin especializar (5,3%) y por obreros agrícolas (1,8%). Estos grupos ocupacionales se encuentran en retroceso, habiendo disminuido su peso en la estructura ocupacional española desde un 32,5% en 1991 a un 23,1% en 2006, es decir, nueve puntos menos.

— Un amplio núcleo de activos de *«nueva clase media»*, es decir, de empleados de oficina, técnicos, profesionales y vendedores, que realizan un trabajo no manual asalariado. Este sector en 2006 representaba un 34,1% del total de la población activa ocupada, respecto a un 28,3% en 1991 y sólo un 16,7% en 1970. Evidentemente, este sector, por sí solo, constituye una fracción bastante importante de la población asalariada, superior ya a los de trabajadores especializados de la industria y los servicios. Pero si a este sector le añadimos el personal de servicios llega a sumar un 56,5% de la población activa ocupada, es decir, casi tres veces más que el conjunto de las clases trabajadoras manuales de la agricultura, la industria y los servicios.

— Un tercer grupo significativo lo forman las *«viejas clases medias»*, es decir, los pequeños propietarios y autónomos de la agricultura, la industria y los servicios, que suman un 12,5%. Los pequeños propietarios agrícolas todavía representaban en 1970 un 22% de la población activa, habiendo experimentando un apreciable decrecimiento hasta situarse en 2006 en sólo un 1,9% de la población activa. Pero, sin embargo, el sector de autónomos de la industria y los servicios, como ya hemos indicado, se ha mantenido en torno al 10-11% durante la década de los años 90, y al 8-9% durante el primer lustro del siglo XXI.

— Finalmente, los sectores de empresarios con asalariados y gerentes y directivos, aun siendo reducidos, se han incrementado muy notablemente en los últimos años, en paralelo al propio desarrollo económico de España, sumando en 2006 un 7,4% del total de la población activa, en comparación con un 5% en 1976.

La evolución futura de todos estos grandes sectores ocupacionales es difícil de prever, ya que en su dinámica influyen una serie de variables económicas, sociológicas, políticas y tecnológicas que resulta prácticamente imposible calibrar con la suficiente antelación. De hecho, aun considerando los datos de una manera estática, durante las últimas décadas del siglo XX y primeros años del siglo XXI la evolución de los principales sectores ocupacionales presenta unos perfiles diferenciados en los *cuatro grandes ciclos políticos* indicados en el Cuadro 8.1. Lógicamente en tal evolución han incidido no sólo las variables políticas, sino también un conjunto muy diverso de factores exógenos y endógenos de naturaleza económica, sociológica y tecnológica.

CUADRO 8.1.—*Evolución de los sectores ocupacionales de la población activa durante diversos ciclos políticos (porcentajes)*

	Ciclo franquista de industrialización (1964-1976)	Ciclo de transición democrática con Gobiernos suaristas (1976-1982)	Ciclo de Gobiernos socialistas (1982-1996)	Ciclo de Gobiernos del PP (1996-2004)
Sectores ocupacionales que aumentan	– Gerentes y directivos (+193,1%) – Personal administrativo, comercial y técnico (+74,9%) – Personal de servicios (+62,8%) – Obreros especializados de la industria y los servicios (+23,7%)	– Gerentes y directivos (+38,3%)	– Profesionales asalariados (+212,1%) – Personal administrativo comercial y técnico (+81,7%) – Empresarios, gerentes y directivos (+57,6%) – Personal de servicios (+55,6%) – Obreros sin especializar de la industria y los servicios (+8,5%) – Autónomos y trabajadores independientes (+7,2%)	– Personal de servicios (+109,8%) – Obreros no cualificados de la industria y los servicios (+54,9%) – Personal administrativo, comercial y técnico (+53,0%) – Empresarios, gerentes y directivos (+52,5%) – Obreros especializados (+9,3%) – Empresarios sin asalariados y trabajadores independientes (+9,2%)
Sectores ocupacionales que disminuyen	– Obreros sin especializar de la industria y los servicios (-50,4%) – Pequeños propietarios agrícolas (-35%) – Obreros agrícolas (-29%) – Empresarios con asalariados (-4,8%) – Autónomos (-3,1%)	– Obreros agrícolas (-32,9%) – Pequeños propietarios agrícolas (-22,7%) – Obreros especializados de la industria y los servicios (-22,5%) – Empresarios con asalariados (-13,3%) – Obreros sin especializar de la industria y los servicios (-10,9%) – Personal administrativo, comercial y técnico (-6,8%) – Personal de servicios (-3,2%) – Autónomos (-2.3%)	– Propietarios agrícolas sin asalariados (-53,2%) – Obreros agrícolas (-45.3%) – Obreros especializados de la industria y los servicios (-13,4%)	– Propietarios agrícolas sin asalariados (-42,3%) – Obreros agrícolas (-4,1%) – Profesionales y técnicos por cuenta propia (-0,9%)

Así, durante el *período de industrialización franquista* se produjo un importante descenso de los activos agrarios en general, así como de los obreros sin especializar de industrias muy elementales y arcaicas, al tiempo que los asalariados aumentaron en su conjunto del 59,2% de la población activa al 69%. Durante este período fue especialmente acusado el incremento de la proporción de activos de «nueva clase media» (administrativos, técnicos, profesionales, personal de servicios, etc.). Es decir, los rasgos distintivos de este período fueron: «desruralización», «asalarización» y «mesocratización». Sin embargo, no deja de resultar curioso que el proceso de *mesocratización* (predominio de las clases medias), tan «ansiado» por el régimen franquista, no se produjera en la forma en la que había sido deseada por algunos. De hecho en los primeros tiempos del franquismo llegó a crearse un singular Instituto de Clases Medias que postulaba su superioridad moral, ¡e incluso estadística! *(sic)*. Pero la dinámica social no evolucionó en la manera en la que el mismo General Franco había pensado, con un crecimiento de las viejas clases medias[6], sino que en realidad éstas acabaron decreciendo de manera importante, aumentando en cambio unas «nuevas clases medias» urbanas, que desempeñaron un cierto papel impulsor y dinamizador de los procesos ulteriores de modernización y de cambio social y político.

El *período suarista* tuvo un cierto significado de parón general en todos los niveles, como consecuencia de los efectos del momento más álgido de la crisis económica y de los propios «costes» económicos y sociales del proceso de transición democrática. En cualquier caso, durante estos años se agudizó la dinámica de desruralización y descendió de manera importante la proporción de trabajadores manuales de la industria y los servicios.

A su vez, en el *período socialista* de 1982 a 1996 se produjeron rasgos más equilibrados: continuó la desruralización y se apuntó más débilmente el descenso de la proporción de trabajadores manuales de la industria y los servicios (paro técnico-estructural), al tiempo que inicialmente se incrementó ligeramente la proporción de autónomos y trabajadores independientes (como reflejo del incremento de la demanda y también como signo de la recuperación económica), aumentando igualmente las «nuevas clases medias», en un contexto general de crecimiento del sector servicios. De igual manera, resultó espectacular el aumento de la proporción de profesionales y de gerentes y directivos, como exponentes de una economía más tecnificada y profesionalizada.

Finalmente, durante el período de Gobiernos del PP de 1996 a 2004 continuaron disminuyendo los activos agrarios en general, tanto propietarios como asalariados, a partir de una dinámica general que ha tendido a situar a la agricultura en parámetros bastante similares a los de otros países europeos. Al mismo tiempo, durante estos años aumentó fuertemente el personal de servicios, así como los empresarios y directivos y el personal administrativo, comercial y técnico, como reflejo de la propia evolución y desarrollo de la economía española en una dirección cada vez más técnica y de servicios. Sin embargo, no deja de ser significativo que en estos últimos años se apunte un cierto aumento —en números absolutos—, tanto de los obreros cualificados, como de

---

[6] Franco había declarado al *Chicago Daily Tribune* del 27 de julio de 1936 que uno de los objetivos sociales de su régimen era «la parcelación de los grandes dominios en pequeñas propiedades agrícolas y la creación de una burguesía agraria». Diversos elementos de la política agraria franquista ulterior —planes de colonización, etc.— se orientaron a intentar desarrollar, fallidamente, este objetivo de «mesocratización rural» de fuerte carga «ideológica».

los no cualificados, de la industria y los servicios, lo que refleja la expansión de algunos sectores económicos en conexión a una presencia creciente de trabajadores emigrantes.

Lógicamente, todos los procesos y tendencia indicadas deben ser entendidos como un resultante general que encierra muchas complejidades y matices. En este sentido, hay que tener presente que la realidad sociológica y económica española dista de ser una realidad completamente plana y homogénea y que los procesos de transformación en la estructura ocupacional que reflejan las estadísticas reseñadas son solamente la punta final y visible del iceberg. Por lo tanto, si se profundiza debajo de la superficie se pueden encontrar diferentes subprocesos de cambio y distintas tendencias particulares que afectan a unos y otros subsectores productivos en áreas geográficas concretas y en contextos singulares de adaptación y ajuste a condiciones económicas muy específicas y, sobre todo, en el último período, a las condiciones de los nuevos mercados globalizados. Por ello, lo que aquí estamos indicando debe interpretarse en términos de un balance o resumen global, que sirve para proporcionar un marco elemental y sumario de aproximación al análisis de la estratificación social.

* * *

3. Tendencias sobre desigualdad y estratificación social en España

Cuando hablamos de estratificación y de clases sociales en última instancia estamos hablando de desigualdad. Por ello, en la consideración de estas cuestiones un referente analítico fundamental es la manera en la que dicha desigualdad es captada y valorada por la opinión pública.

Una de las perspectivas de futuro que aparecen delineadas con más fuerza en la investigación sobre *Tendencias Sociales* que venimos realizando desde 1995 un amplio grupo de profesores de la UNED y de otras Universidades españolas[7] es la que se refiere, precisamente, a la acentuación de las desigualdades sociales. Tanto las percepciones de la opinión pública, manifestadas a través de amplias Encuestas de opinión, como los juicios de los expertos, reflejados en los *Estudios Delphi* efectuados, apuntan en la misma dirección.

---

[7] La investigación sobre *Tendencias Sociales* ha supuesto hasta 2007 la realización de veintiún grandes encuestas de opinión, treinta estudios Delphi, así como más de una docena de estudios sectoriales. Algunos resultados de esta investigación se han recogido en José Félix Tezanos, J. M. Montero y J. A. Díaz (eds.), *Tendencias de futuro en la sociedad española*, Madrid, Sistema, 1997; José Félix Tezanos y Rosario Sánchez Morales (eds.), *Tecnología y sociedad en el nuevo siglo*, Madrid, Sistema, 1998; José Félix Tezanos (ed.), *Escenarios del nuevo siglo,* Madrid, Sistema, 2000; José Félix Tezanos (ed.), *Clase, estatus y poder en las sociedades emergentes,* Madrid, Sistema, 2002; José Félix Tezanos (ed.), *Tendencias en desvertebración social y en políticas de solidaridad,* Madrid, Sistema, 2003; José Félix Tezanos (ed.), *Tendencias en desigualdad y exclusión social*, Madrid, Sistema, 2004 (2.ª edición actualizada y ampliada); José Félix Tezanos (ed.), *Tendencias en identidades, valores y creencias,* Madrid, Sistema, 2004. Sobre el tema específico de la estratificación se puede ver también José Félix Tezanos, *Tendencias en estratificación y desigualdad social en España*, Madrid, Sistema, 1998.

3.1. *Percepciones sobre la evolución de las desigualdades*

Los españoles tienen una percepción general de inquietud ante la evolución de las desigualdades sociales, asociando sus imágenes de futuro a una visión crítica de las cuestiones sociales. El hambre, la pobreza, el desempleo y las desigualdades son vistos como los problemas más importantes del mundo en una perspectiva tendencial de futuro inmediato (en una década).

La percepción sobre los principales problemas de España, también en una perspectiva tendencial de diez años, se sitúa en esta misma óptica con algunas particularidades específicas. Así, el paro es la preocupación más prioritaria y mayoritaria (véase Tabla 8.9), apareciendo el problema del terrorismo en segundo lugar, seguido por la vivienda —cada vez más priorizada—, la inmigración —con todos sus componentes sociales—, la pobreza, y los problemas ecológicos y la delincuencia y la violencia, cuestiones sociales todas ellas que tienden a aumentar en los últimos años. Lógicamente el orden de prelación en el que aparecen estos problemas y la mayor intensidad con la que son reseñados forman parte de singularidades propias de la situación española y de su propia evolución, incluso en relación con la emergencia de nuevos problemas, como la inmigración, que hace unos pocos años ni eran siquiera mencionados (véase Gráfico 8.6).

GRÁFICO 8.6.—*Evolución de la percepción de los españoles sobre los grandes problemas de España*

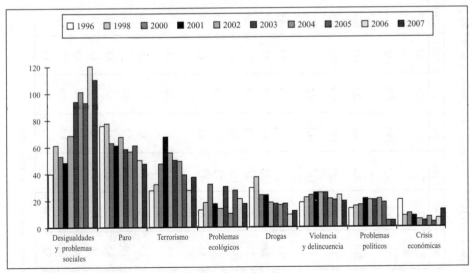

Fuente: GETS, *Encuestas sobre Tendencias Sociales,* varios años.

La consideración del tema de las desigualdades en el contexto de una serie de tendencias sociales permite trazar una perspectiva evolutiva más amplia y compleja. En este contexto, el número de españoles que hacen previsiones sobre un aumento de las desigualdades sociales se mantiene por encima del 40% a partir de 1995, llegando al 52% en 2007, con un ascenso apreciable respecto a períodos anteriores (véase Gráfico 8.7).

TABLA 8.9.—*Evolución de las percepciones de los españoles sobre los principales problemas de España dentro de diez años (porcentaje)*

	1996	1997	1998	1999	2000	2001	2002	2003	2004	2005	2006	2007	Tendencias
El paro, tener un puesto de trabajo	75,3	75,2	77,3	72,4	62,3	60,9	66,7	57,6	55,7	61,0	50,2	47,4	Menos, pero con priorización destacada
La vivienda	–	–	–	–	–	–	5,3	23,9	29,5	24,1	36,2	43,1	Aumento considerable
El terrorismo	26,6	36,8	31,3	19,0	47,0	67,2	55,4	49,9	48,8	39,2	27,1	37,1	Aumento con oscilaciones
La inmigración	–	–	–	–	–	–	23,9	27,6	29,3	33,4	18,1	34,9	Aumento considerable
Las drogas	29,0	33,7	36,6	31,4	23,5	23,8	18,3	17,1	16,3	16,9	9,2	11,6	Menos, con oscilaciones
La pobreza y las desigualdades sociales	3,9	7,3	20,7	17,2	14,9	10,5	11,5	13,1	13,0	8,8	10,4	14,0	Más, con oscilaciones
La delincuencia	9,2	10,2	13,1	14,3	12,5	15,7	17,7	17,1	12,7	13,0	16,5	12,3	Menos
La crisis económica, los problemas económicos	19,4	13,2	8,1	6,9	9,9	7,9	5,5	4,6	7,0	3,7	6,5	12,3	Aumento
La violencia	8,6	7,5	8,3	9,1	10,9	9,8	7,2	7,7	8,4	7,0	6,9	6,8	Moderadamente estable con oscilaciones
El agua	2,7	2,5	2,0	7,5	10,4	2,3	2,1	2,6	2,2	15,8	9,6	5,4	Oscilaciones, con relativo aumento reciente
Las pensiones	7,5	9,1	11,6	9,8	10,0	6,6	10,5	9,7	8,7	4,8	5,2	5,2	Menos
La contaminación atmosférica	4,9	7,6	7,2	13,1	8,8	7,1	6,2	4,6	3,4	4,0	5,6	5,2	Oscilaciones, con descensos desde 2000
La destrucción de la naturaleza	5,1	6,2	9,2	8,8	7,8	4,1	4,3	3,4	2,7	5,7	3,9	4,7	Más, con oscilaciones
La crisis política, los problemas políticos	6,6	8,0	4,8	3,5	2,9	2,6	1,7	3,0	2,6	1,5	3,9	4,4	Más, con oscilaciones
La crisis de valores y la deshumanización	4,3	4,7	9,0	5,7	7,2	2,9	1,0	1,4	1,5	1,7	3,3	3,9	Menos, con oscilaciones
El hambre	11,0	11,5	7,8	7,7	5,4	5,3	5,6	4,1	5,5	2,9	3,2	3,5	Menos
El racismo y la xenofobia	4,5	5,5	6,3	5,1	9,1	8,1	4,0	3,4	3,2	4,7	3,3	3,2	Menos, con oscilaciones
La amenaza de guerras	5,6	3,4	2,6	4,2	3,8	4,5	3,9	4,7	4,7	3,1	1,8	2,6	Menos, con oscilaciones
La falta de solidaridad	3,4	5,2	7,9	7,9	4,8	5,0	3,1	2,9	3,9	3,0	2,6	2,0	Menos, con oscilaciones
Los nacionalismos	2,2	3,2	4,3	3,7	4,0	3,7	3,0	2,9	2,3	2,7	4,1	2,3	Menos, con oscilaciones
Las enfermedades víricas	5,1	6,6	6,5	9,3	5,1	4,9	3,7	2,9	1,9	3,4	1,6	1,5	Menos

Fuente: GETS, *Encuestas sobre Tendencias Sociales*, varios años

GRÁFICO 8.7.—*Evolución de la proporción de españoles que creen que en el futuro habrá más diferencias sociales y económicas que hoy*

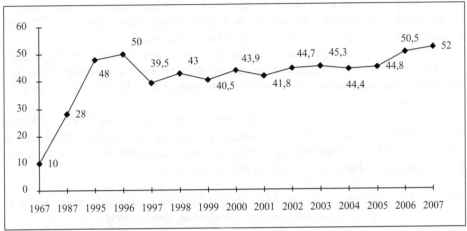

Fuente: José Félix Tezanos y Julio Bordas, *Tendencias Sociales 1996, Madrid, 1996,* pág. 101 y GETS, *Encuestas sobre Tendencias Sociales,* varios años.

3.2. *La dinámica de la desigualdad y la estratificación social*

En la sociedad española, al igual que ocurre en otras sociedades occidentales, las pautas generales de identificación de clase tienden a debilitarse y a transformarse de manera profunda, como veremos en el epígrafe siguiente. Sin embargo, esta tendencia contrasta con el hecho de que algunos de los problemas de futuro más enfáticamente reseñados por la mayoría de la población están relacionados, como hemos visto, con el aumento de las desigualdades y los problemas sociales. Es decir, se manifiesta una cierta contradicción o desajuste entre la conciencia de los problemas y su traducción social. Aparentemente existe una fuerte conciencia social, entendida como percepción de que se están acentuando las desigualdades sociales, pero, sin embargo, esta sensibilidad no se traduce en una conciencia de clase directa y clara que interprete dichos problemas desde la pertenencia particular de los que así piensan. O, al menos, que la interprete a partir de las nociones convencionales al uso. Tal situación revela que estamos ante una nueva configuración y definición social de los problemas de la desigualdad, que no pueden ser entendidos, ni analizados, solamente a partir de los esquemas tradicionales hasta ahora utilizados en las ciencias sociales. De ahí la necesidad de profundizar en la comprensión de las nuevas tendencias sociales.

Desde una perspectiva general, los datos de dos investigaciones específicas realizadas en 1997 y 2007, permiten entender la manera en que la opinión pública española valora las perspectivas existentes ante diferentes planos de la desigualdad, desde las desigualdades interpersonales de renta y riqueza y de consumo, hasta las desigualdades interregionales en España y las desigualdades internacionales (entre países pobres y ricos), junto a las propias desigualdades básicas entre hombres y mujeres (véase Tabla 8.10).

Los datos disponibles en torno a estas cuestiones permiten perfilar las siguientes tendencias:

— La mayoría de la población cree que en una perspectiva tendencial de futuro (en diez años) serán mayores las desigualdades interpersonales, las interregionales y las internacionales, habiendo aumentado notablemente en la última década la proporción de los que así piensan. Sólo una minoría que no llega en ningún caso a superar el 17% considera que en el futuro habrá menos desigualdades sociales que ahora.

— Existe una cierta graduación en las opiniones sobre la evolución de las desigualdades, estando más arraigada la percepción de que tienden a aumentar más las desigualdades internacionales, seguidas por las interpersonales, las interregionales y las de consumo.

— Como contrapunto a estas percepciones, la impresión es que las desigualdades entre hombres y mujeres tenderán a aminorarse y que las desigualdades de niveles de consumo en un futuro próximo serán similares a las actuales, con una mayor tendencia a la desigualdad, sobre todo en las percepciones de 2007.

TABLA 8.10.—*Opiniones de los españoles sobre las diferencias y desigualdades de riqueza y renta que existirán dentro de diez años (porcentajes)*

	Desigualdades interpersonales de renta e ingresos		Desigualdades interpersonales en el nivel de consumo de bienes y servicios		Desigualdades interregionales		Diferencias entre países pobres y ricos		Diferencias entre hombres y mujeres	
	1997	2007	1997	2007	1997	2007	1997	2007	1997	2007
Más que ahora	41,8	54,3	35,3	44,7	39,8	46,8	43,4	57,6	11,1	20,1
Menos que ahora	14,6	13,6	14,4	13,7	16,8	15,0	15,7	9,8	49,4	36,8
Igual que ahora	39,7	27,2	41,1	33,6	37,9	32,7	33,7	26,8	35,4	33,6
NS/Duda	3,7	4,3	8,3	7,0	5,3	4,7	7,0	4,9	3,6	5,6
NC	0,2	0,6	0,8	1,0	0,3	0,8	0,2	0,9	0,4	1,0

Fuente: GETS, *Encuesta sobre Tendencias en estratificación y desigualdad social 1997* y *Encuesta sobre Tendencias Sociales 2007.*

En general, estas apreciaciones están más arraigadas entre los españoles más jóvenes, más urbanos y más formados, lo cual revela que estamos ante tendencias fuertes y consistentes, que en las investigaciones sobre esta materia aparecen recurrentemente, tanto en preguntas cerradas, como en preguntas abiertas, en las que es mayor el margen de espontaneidad de las respuestas.

No es extraño, por lo tanto, que cuando se pide un balance u opinión general sobre si España es un país donde existen muchas o pocas desigualdades sociales, la opinión mayoritaria es que existen muchas (véase Tabla 8.11). Incluso, si comparamos los datos de las Encuestas sobre Tendencias Sociales con los resultados de una Encuesta del CIS de 1993, en la que se formuló la misma pregunta, se constata un progresivo afianzamiento de esta impresión hasta llegar a sumar un 65,7% en 2007 los que piensan que España es un país en el que existen grandes desigualdades sociales, en comparación con el 52% que así pensaban en 1993.

TABLA 8.11.—*Percepciones de la opinión pública española sobre la existencia actual de desigualdades en España (porcentajes)*

	Encuesta CIS 1993	Encuesta Tendencias 1997	Encuesta Tendencias 2002	Encuesta Tendencias 2003	Encuesta Tendencias 2004	Encuesta Tendencias 2005	Encuesta Tendencias 2006	Encuesta Tendencias 2007
Existen grandes desigualdades	52	55,9	56,4	58,9	59,1	60,2	61,2	65,7
Existen pocas desigualdades	9	12,9	17,9	15,4	16,8	18,7	19,1	15,7
Regular	—	9,6	11,7	7,7	20,3	10,7	10,2	8,2
Existen en algunos aspectos, pero no en otros	34	13,7	12,2	13,9	10,1	8,7	7,8	7,0
NS/Duda	4	2,5	1,7	3,3	0,9	1,5	1,1	1,8
NC	1	5,5	0,2	0,8	0,8	0,3	0,5	1,1

Pregunta: En general, ¿cree Ud. que España es actualmente un país donde existen grandes desigualdades sociales, pocas desigualdades sociales, o desigualdades en unos aspectos, pero en otros no?

Fuente: CIS, *Actitudes ante la Igualdad,* Encuesta núm. 2.046, enero 1993 y GETS, *Encuestas sobre Tendencias Sociales,* varios años.

La imagen sobre la manera en la que ha evolucionado, y evolucionará en el futuro, la estructura general de las desigualdades refleja una dirección de menor desigualdad. En concreto, en torno a un 49%/46% de los españoles creen que había mas desigualdades en el pasado, al tiempo que un 32,3%/30% piensan que habrá menos desigualdades dentro de diez años (véase Tabla 8.12). No obstante, en el período 1997-2003 se ha producido una cierta modulación de estas percepciones en el sentido de apuntarse en mayor grado hacia tendencias de más desigualdad futura.

TABLA 8.12.—*Evolución de las desigualdades sociales en España según la opinión pública (porcentaje)*

	En el pasado (hace 10 años)		En el futuro (dentro de 10 años)	
	1997	2003	1997	2003
Más desigualdades que ahora	49,0	45,9	25,7	29,3
Menos desigualdades que ahora	20,9	21,0	32,3	30,0
Igual que ahora	25,4	28,1	32,8	29,0
NS/Duda	4,4	4,8	8,1	11,1
NC	0,4	0,2	1,1	0,3

Fuente: GETS, *Encuesta sobre Tendencias en estratificación y desigualdad social 1997*, ob. cit., y *Encuesta sobre Tendencias Sociales 2003*.

Cuando se particulariza la indagación sobre las perspectivas de evolución de las desigualdades en una serie de aspectos más concretos (véase Tabla 8.13), las opiniones se manifiestan de manera mucho más matizada. Así, existe una clara graduación sobre la existencia de igualdad de oportunidades en los diferentes aspectos considerados. En la escalera de igualdad de oportunidades así dibujada (Gráfico 8.8) se pueden constatar dos niveles bien diferenciados: en primer lugar, en torno al 44-50% piensa que en España existe igualdad de oportunidades para conseguir una buena educación, o tener una buena asistencia sanitaria, o para poder denunciar un abuso o una injusticia, mientras que prácticamente la otra mitad de la población cree que esto no es así. Hay que tener en cuenta que en estos casos se trata de conquistas básicas asociadas a la propia lógica de los Estados democráticos (igualdad ante la ley para denunciar injusticias), o a las posibilidades sociales ofrecidas en el Estado de bienestar (acceso a educación y sanidad). Por ello, no deja de llamar la atención que prácticamente la mitad de los españoles tenga una percepción crítica o negativa sobre estos aspectos, incluso que en algunos aspectos estén aumentando en los últimos años tales percepciones, lo que modula de alguna manera las expectativas sobre menores desigualdades futuras. Los datos revelan, por lo tanto, que cuando se concretan los aspectos referidos a la igualdad-desigualdad, las valoraciones críticas tienden a manifestarse más acusadamente incluso en torno a aspectos relacionados con conquistas sociales y políticas aparentemente asentadas.

TABLA 8.13.—*Percepción de la opinión pública española sobre la existencia de igualdad de oportunidades en España en una serie de ámbitos sociales (porcentajes)*

| | Encuesta CIS 1993 | | Encuesta GETS 1997 | | | | Encuesta GETS 2007 | | | |
| | | | España actualmente | | España dentro de diez años | | España actualmente | | España dentro de diez años | |
	SI hay igualdad	NO hay igualdad	SI hay igualdad	NO hay igualdad	SI hay igualdad	NO hay igualdad	SI hay igualdad	NO hay igualdad	SI hay igualdad	NO hay igualdad
Para conseguir un trabajo	13	83	14,0	84,0	27,6	59,4	24,6	72,4	31,7	53,1
Para aumentar los ingresos	13	81	13,4	81,8	26,0	59,0	19,1	76,5	27,2	56,7
Para conseguir una buena educación	41	54	48,9	47,7	55,1	33,1	44,6	51,5	44,8	39,7
Para tener una buena asistencia sanitaria	35	60	51,7	45,3	56,1	56,8	49,0	47,1	48,0	37,0
Para denunciar un abuso o una injusticia	39	53	42,6	51,1	49,6	35,7	44,6	50,4	45,7	38,6

Fuente: CIS, *Actitudes ante la Igualdad,* Encuesta núm. 2.046, enero 1993 y GETS, *Encuesta sobre Tendencias en estratificación social,* ob. cit., septiembre 1997 y *Encuesta sobre Tendencias Sociales,* 2007.

Sin embargo, lo más ilustrativo es que cuando se ascienden algunos escalones más en la concreción de las dimensiones de la igualdad, encontramos apreciaciones más pesimistas y negativas, aunque con una ligera mejoría en 2007 respecto a 1997. Esto es lo que ocurre, por ejemplo, cuando se considera la igualdad de oportunidades para «conseguir un trabajo» o «aumentar los ingresos». En la medida que el binomio «trabajo-ingresos» se encuentra referido a las dimensiones más inmediatas y básicas de lo social, no deja de resultar significativo que solamente en torno a un 20-24% de los españoles piensen que en 2007 existe igualdad de oportunidades en estos aspectos. A su vez, cuando estas perspectivas se proyectan en el horizonte temporal de una década, encontramos una escala de igualdad de oportunidades ordenada de la misma manera, aunque con ciertas mejoras para los dos aspectos menos afianzados (trabajo e ingresos) y una continuidad bastante ajustada para los otros tres (sanidad, educación e igualdad ante la ley). No obstante, en ninguno de esos aspectos se llega a superar la barrera del 56% de opiniones optimistas o positivas.

GRÁFICO 8.8.—*Imagen sobre la escala de igualdad de oportunidades en España (porcentaje de españoles que creen que existe igualdad de oportunidades)*

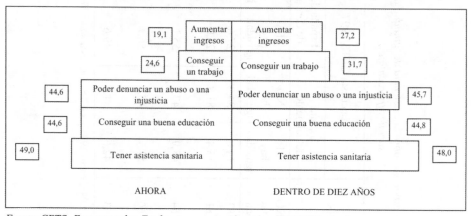

Fuente: GETS. *Encuesta sobre Tendencias en estratificación social 2007,* ob. cit..

3.3. *Conciencia de clase e identidades sociales básicas*

En sociedades cada vez más complejas y diversificadas como las actuales, muchos ciudadanos no suelen tener ámbitos de identificación unívocos y exclusivos, sino que tienden a manifestar su conciencia de pertenencia de acuerdo a factores de proximidad o simpatía bastante complejos. Por esta razón, en la investigación sobre *Tendencias Sociales* estudiamos los ámbitos de pertenencia más relevantes en función del grado de identificación expresada, constatando que los españoles diversifican sus identidades entre un conjunto de grupos bastante amplio (véase Tabla 8.14). En primer lugar, la referencia identitaria más fuerte es la que concierne a las personas de la misma edad (44,4%), en segundo lugar, la de aquellos que tienen las mismas costumbres, gustos, aficiones y modas (33,7%), en tercer lugar, a una diferencia muy notable, los que pertenecen al mismo sexo (15,8%), los que viven en el mismo municipio (14,9%), o en la misma región o nacionalidad (8,6%), los que pertenecen a la misma clase social

(8,5%), y en séptimo lugar los que tienen la misma profesión o trabajo (6,9%). Finalmente, a cierta distancia, se sitúan aquellos que se identifican prioritariamente con las personas que tienen las mismas ideas políticas o religiosas.

TABLA 8.14.—*Grupos sociales de identificación de los españoles (con quiénes se sienten más identificados los encuestados)*

	En primer lugar (%)	En segundo lugar (%)	Frecuencia acumulada (%)
Con las personas de la misma edad	28,6	15,7	44,4
Con las personas de las mismas aficiones, gustos, costumbres, modas, etc.	13,3	20,5	33,7
Con las personas del mismo sexo	9,9	5,9	15,8
Con las personas que viven en el mismo municipio	5,9	9,0	14,9
Con las personas de la misma región o nacionalidad	4,7	3,9	8,6
Con las personas de la misma clase social	3,8	4,7	8,5
Con las personas de su misma profesión y trabajo	1,8	5,1	6,9
Con las personas de las mismas ideas políticas	1,9	3,9	5,8
Con las personas de las mismas ideas religiosas	0,8	1,6	2,4
Con ninguno	1,0	0,3	1,2
Con todos por igual	27,1	4,8	29,7
No contestan	1,1	24,7	1,0

Fuente: GETS, *Encuesta sobre Tendencias Sociales 2007.*

No deja de ser llamativo —como signo de inespecificidad— que una proporción apreciable de encuestados (27,1% en primera referencia) manifiesten que se identifican por igual con todos los ámbitos y/o grupos considerados. Lo cual, en la práctica, viene a suponer que no se identifican con ninguno en particular.

Desde un punto de vista estático, los datos revelan que los españoles tienden a identificarse prioritariamente con ámbitos grupales laxos y de escaso contenido ideológico o político. Es decir, se sienten más próximos a las personas de su generación, y a los que tienen los mismos gustos, modas y aficiones. Debe destacarse que estos dos ámbitos son los que concitan —a muy notable distancia— las mayores identificaciones. En un segundo bloque aparecen las personas del mismo sexo y los que viven en el mismo municipio y en la misma región o «nacionalidad», seguidos por el grupo socio-ocupacional y la clase social. En estos casos, cada uno de estos grupos se sitúa entre el 16% y el 8% de referencias, es decir, entre tres y seis veces menos que la primera. Asimismo, la región o Comunidad Autónoma es citada cinco veces menos que el primer ámbito de identificación. Finalmente, en proporciones aún bastante inferiores, las identidades de carácter religioso y político son referidas por el 5,8% y el 2,4% de la población, es decir, ¡entre ocho y dieciocho veces menos que la primera!

Tabla 8.15. *Evolución de las identificaciones de los españoles con los principales grupos de referencia (frecuencias acumuladas) (porcentajes)*

	1985	1987	1989	1991	1995	1996	1997	1998	1999	2000	2001	2002	2003	2044	2005	2006	2007	Tendencia
Identificación generacional	38,5	37,2	43,5	40,2	46,1	42,7	39,9	52,0	47,5	49,2	49,7	49,3	49,5	46,9	46,7	49,7	44,4	Ascenso, con modulación
Identificación sociocultural	39,4	45,6	39,7	37,7	36,5	31,3	35,4	37,9	31,6	39,2	35,2	30,9	31,6	34,7	37,2	40,3	33,7	Destacada con oscilaciones
Identificación con el mismo sexo	5,0	8,0	6,5	8,1	11,3	10,2	10,7	14,0	11,1	14,8	17,8	16,3	17,7	15,1	14,1	12,4	15,8	Creciente con oscilaciones
Identificación local	17,0	11,4	16,0	14,7	16,4	10,6	14,9	17,1	14,7	17,3	15,0	16,5	12,7	17,6	14,1	14,4	8,6	Fuerte descenso
Identificación regional / CCAA	12,9	9,0	12,0	6,7	7,8	8,8	6,8	8,6	5,9	9,5	8,6	7,7	8,2	9,8	6,5	9,0	8,6	Descenso con repuntes
Identificación de clase social	24,6	16,6	17,1	15,2	10,7	13,2	10,8	13,4	10,1	9,6	10,2	9,5	8,6	8,8	7,3	7,4	8,5	Fuerte descenso
Identificación ocupacional	—	20,6	18,1	18,4	15,3	11,9	9,6	12,5	8,4	10,7	7,2	8,8	7,8	8,4	8,7	7,4	6,9	Fuerte descenso
Identificación política	11,7	9,5	7,5	8,5	3,3	4,8	4,0	4,8	2,9	4,4	2,9	2,3	3,4	5,9	4,0	3,9	5,8	Descenso
Identificación religiosa	12,2	12,2	10,1	9,5	6,4	4,4	3,6	3,4	2,7	3,7	2,5	1,7	2,4	2,4	1,8	2,4	2,4	Fuerte descenso

Fuente: GETS, *Encuestas sobre espacios políticos y Encuestas sobre Tendencias Sociales*, ob. cit., varios años.

Desde un punto de vista dinámico, la evolución de estas pautas de identificación a lo largo de los últimos años (véase Tabla 8.15) perfilan las siguientes tendencias:

— Un número muy apreciable de personas tienden a identificarse prioritariamente con su grupo generacional y con las personas que tienen los mismos gustos, aficiones, modas, etc.

— La identificación con las personas del mismo sexo tiende a aumentar significativamente, aunque de manera más selectiva —sobre todo entre las mujeres— y sin alcanzar una proporción tan alta. Pero de mantenerse el ritmo actual, dentro de una década este tipo de identificación se podría ubicar entre las primeras.

— Algunos de los elementos fundamentales de identificación típicos de las sociedades de hace unas pocas décadas, como la clase social, las ideas políticas y las concepciones religiosas, se encuentran en una crisis muy radical, habiéndose reducido en dos décadas en más de tres veces los que mencionan la clase social, en dos veces los que priorizan las ideas políticas y en cinco veces los que se refieren a las ideas religiosas.

— Existe una significativa modulación, con algunas oscilaciones, de los que priorizan la identificación con su región o nacionalidad, habiendo descendido bastante apreciablemente desde 1985 a 2007 (del 12,9% al 8,6%).

Desde un punto de vista también dinámico, las percepciones que tienen los españoles sobre la manera en la que van a operar estas pautas de identificación grupal en la perspectiva tendencial de una década dibujan un panorama que, con algunas variaciones, está ordenado de manera similar al actual, con claro predominio del grupo genera-

TABLA 8.16.—*Proyecciones de la opinión pública sobre de los grupos sociales con los que se identificarán más la mayoría de la gente dentro de diez años*

	En primer lugar (%)	En segundo lugar (%)	Frecuencia acumulada (%)	Tendencia
Con las personas de la misma edad	25,4	14,5	39,9	Menos que ahora, pero prioritario
Con las personas de las mismas aficiones, gustos, costumbres, modas, etc.	12,2	16,5	28,7	Menos que ahora, pero destacado
Con las personas que viven en el mismo municipio	6,7	9,9	16,6	Más que ahora
Con las personas del mismo sexo	9,0	5,4	14,4	Poco menos que ahora
Con las personas de la misma clase social	4,1	5,2	9,3	Casi igual que ahora
Con las personas de la misma región o nacionalidad	4,3	4,0	8,2	Casi igual que ahora
Con las personas de su misma profesión y trabajo	2,3	5,0	7,3	Casi igual que ahora
Con las personas de las mismas ideas políticas	3,2	3,9	7,1	Algo más que ahora
Con las personas de las mismas ideas religiosas	0,9	1,2	2,1	Casi igual que ahora
Con ninguno	1,5	0,6	1,8	—
Con todos por igual	23,4	4,0	25,6	—

Fuente: GETS, *Encuesta sobre Tendencias Sociales 2007.*

cional y el grupo sociocultural, situándose a continuación el municipio y las personas del mismo sexo, seguidas en quinto lugar por la clase social (9,3%). En general, las apreciaciones ante estas preguntas proyectivas dan lugar a niveles medios de identificación relativamente inferiores a los que se obtienen en el planteamiento anterior (véase Tabla 8.16). Por ello, amén del ya referido orden de prelación, las principales tendencias que perfilan las proyecciones en este campo son: una previsión de mayor prevalencia futura de las identificaciones locales y de clase social, aunque manteniéndose en parámetros bastante bajos, y una cierta mayor debilidad en casi todas las identidades consideradas.

En general, las tendencias de evolución refuerzan la percepción de que nos encontramos ante transformaciones sociales y actitudinales muy profundas, que llevan a los ciudadanos a primar cada vez más las dimensiones microscópicas y laxas de lo social y lo actitudinal, al tiempo que pierden vigencia los elementos más globales de identificación, dotados de fuertes componentes valorativos y asociados a concepciones e interpretaciones generales de la vida o de la religación social, como la clase social o la profesión, desde una perspectiva más sociológica, y las ideas políticas y religiosas, desde una perspectiva más cultural y valorativa.

En este marco resulta especialmente significativo el declive que ha experimentado en pocos años la identidad de clase. A mediados de la década de los años 80, la clase social era referida como ámbito primario de identificación en total por un 24,6% de los españoles. Sin embargo, en sólo dos décadas esta proporción ha descendido a un tercio, siendo en 2007 solamente un 3,8% los que se identifican con su clase social en primer lugar (en comparación con el 12,6% que así lo hacía en 1985).

Por otra parte, es preciso tener en cuenta que a principios del siglo XXI la identificación de clase no es unívoca, ni tiene la misma orientación en todas las personas. Así, los que en mayor grado refieren una identificación prioritaria con la clase social son los obreros manuales y los empleados de oficina, pero en unas proporciones bastante bajas entre sí, que casi no varían respecto a otros sectores activos y no activos (véase Tabla 8.17). De igual manera, el tipo de identificación de clase que existe entre los trabajadores manuales no tiene en todos los casos una significación específica coincidente, como identidad de clase trabajadora u obrera, ya que entre todos los que priorizan esta dimensión aquellos que se identifican concretamente como tal clase obrera o trabajadora son solamente un 7,9%. Por el contrario, la identificación prioritaria de clase es bastante más alta entre los que se consideran como clase alta y media-alta (18,2%), y similar entre los que lo hacen como clase media y media-baja (9,2%).

Es decir, la complejidad cruzada de las identidades de clase, como veremos a continuación, y el propio declive del valor de tales identidades como referencias prioritarias, parece que tiende a convertir la variable «clase social», en su formulación tradicional, en un elemento cada vez menos destacado y más difícil de interpretar y de valorar en el marco de las teorías clásicas sobre la estratificación social.

TABLA 8.17.—*Identificaciones prioritarias de clase entre los españoles, por ocupación y por autoidentidad de clase (porcentajes)*

		Ocupación					Identificación subjetiva de clase		
	Total	No activos	Parados	Propietarios y empresarios	Empleados de oficina, técnicos, etc.	Obreros manuales	Alta y Media alta	Media y Media baja	Trabajadora, obrera
Se identifica con su clase social en primer lugar	3,8	2,6	4,7	5,3	5,7	3,8	12,1	4,0	2,5
Se identifica con su clase social en segundo lugar	4,7	5,4	5,6	3,8	3,7	4,1	6,1	5,2	3,6
Total de identificaciones de clase	8,5	8,0	10,3	9,1	9,4	7,9	18,2	9,2	6,1

Fuente: GETS, Encuesta sobre Tendencias Sociales 2007.

4. LAS IDENTIFICACIONES DE CLASE

Los procesos de identificación de clase y de formación de una conciencia de clase específica forman parte de dinámicas sociales complejas, en las que intervienen muchos factores y cuyo estudio requiere de informaciones y de metodologías que no siempre son accesibles a través de investigaciones empíricas. Por esa razón, debe tenerse en cuenta que los datos aquí considerados se refieren a informaciones sociológicas de carácter básico, que proceden de encuestas en las que se pide a los entrevistados que indiquen a qué clase social consideran que pertenecen, sin sugerir ninguna respuesta concreta. Se trata, por lo tanto, de identificaciones directas y espontáneas que no van acompañadas de otras informaciones o precisiones particulares.

Como es habitual, cuando se plantean así las cosas, una gran mayoría de los entrevistados tiende a situarse en la *clase media,* aún con diferentes tipos de graduaciones y matices. Dentro de la heterogeneidad de percepciones detectadas en este sentido hay que destacar que los principales polos de identificación existentes entre la población española dibujan una pirámide de estratificación social mesocrática que se asemeja bastante a lo que los especialistas califican como *«estructura en forma de diamante»,* con una base social inferior más reducida, una parte intermedia más amplia y una punta de la pirámide más estrecha (véase Gráfico 8.9).

GRÁFICO 8.9.—*Percepciones de las pirámides de estratificación social según identificaciones de la población española (porcentajes)*

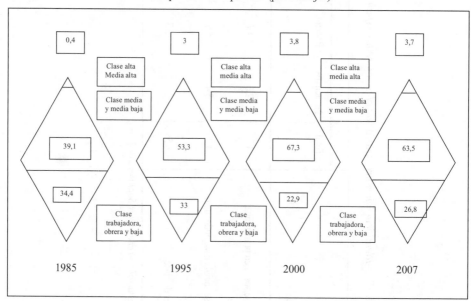

Fuente: GETS, *Encuestas sobre Tendencias Sociales* y sobre *Espacios políticos,* varios años.

Posiblemente, una de las diferencias más significativas entre estas pirámides y las que han sido referidas por algunos teóricos de la estratificación social estriba en la poca extensión —aunque en ascenso— de la parte superior; lo que revela que en España existe la percepción de una menor porosidad social por arriba, con unas posibilidades de movilidad social ascendente aparentemente más limitadas.

Desde un punto de vista evolutivo (véase Tabla 8.18), pueden identificarse varias tendencias significativas en las identificaciones subjetivas de clase de los españoles:

— Un aumento importante a medio plazo de los que se autoidentifican como clase media en su conjunto, con ciertas inflexiones puntuales y diferentes matices. Tal aumento ha tendido a acentuarse progresivamente desde el 39,1% de 1985 al 66,8% de 2007. Esta pauta, aunque aparece débilmente declinante, sin embargo, no coincide totalmente en intensidad con diversas tendencias detectadas en el período considerado en algunos otros estudios[8], por lo que resulta necesario valorar estos datos en sus contextos precisos, y analizar atentamente su evolución futura, considerando, entre otros aspectos, las hipótesis que empiezan a plantear algunos estudiosos sobre la posibilidad de que nos encontremos ante el inicio de una compleja tendencia de movilidad social descendente entre las clases medias[9].

— Un descenso importante de los que se autoidentifican utilizando expresiones de más fuertes referentes socio-políticos, tales como «clase obrera», «clase trabajadora» y «proletariado». En concreto esta última expresión ha entrado prácticamente en desuso, y las tres en su conjunto sólo son mencionadas por un 18,7% de los encuestados en 2006 y un 23,1% en 2007.

— Finalmente, los que no se identifican con las categorías posicionales anteriores (y las relacionadas con ellas), o no responden a esta cuestión, representan una proporción bastante significativa, que oscila en el período considerado entre el 12% y el 7%, con algunos puntos de inflexión más acusados, como el 25% de 1985 y el 6,1% de 2007. Lo que parece reflejar las dificultades de cierto número de personas para ubicarse en estos esquemas tradicionales.

Aunque en un capítulo de esta naturaleza no es posible profundizar en esta problemática en toda su complejidad, es preciso llamar la atención sobre la importancia de los componentes básicos que influyen en las diferentes percepciones y autoubicaciones de clase. A título de ejemplo, y para destacar uno de los factores estratificacionales más decisivos, los datos de la investigación sobre Tendencias Sociales permiten comprobar hasta qué punto las identificaciones de clase están influidas por la ocupación (véase Tabla 8.19). En concreto, los empresarios y autónomos y los «activos de nueva clase media», es decir, los profesionales, técnicos asalariados, funcionarios y empleados de oficina, son los que de manera más amplia se identifican como clase media (81,9% y

---

[8] Véase, por ejemplo, José Félix Tezanos, «Socialismo y clases medias», *Sistema* núm. 123, Madrid, 1994, págs. 5-37. En dicho artículo se utilizaron básicamente datos de autoidentificación procedentes del Banco de Datos del CIS.

[9] Véase, en este sentido, José Félix Tezanos, *La sociedad dividida,* ob. cit., capítulo 8; y Máximo Gaggi y Eduardo Narduzzi, *El fin de la clase media*, Madrid, Lengua de Trapo, 2006. Un Informe del Centro de Desarrollo, Conceptos de Doctrina del Ministerio de Defensa británico de 2007 ha llegado a plantear la posibilidad de que el deterioro de las clases medias pueda hacer de ellas uno de los sectores que lidere futuras protestas sociales (*The DCDC Global Strategic Trends Programme 2007-2008*, http://www.mod.uk/NR/rdonlyres/5CB29DC4-9B4A-4DFD-B363-3282BE255CE7/0/strat_trends_23jan07.pdf). Lo cual enlaza con algunas de las viejas teorías sobre el fenómeno del radicalismo potencial de las clases medias (véase, por ejemplo, Frank Parkin, *Middle Class radicalism,* Manchester, Manchester University Press, 1968).

TABLA 8.18.—*Evolución de las principales identificaciones de clase entre los españoles (porcentajes)*

	1985	1987	1989	1991	1995	1996	1997	1998	1999	2000	2001	2002	2003	2004	2005	2006	2007
Clase alta	0,4	3,0	0,6	0,3	0,3	0,2	0,1	0,4	0,2	0,1	0,4	0,2	0,5	0,2	0,2	0,8	0,4
Clase media	39,1	49,4	46,9	50,7	56,0	62,2	58,7	68,1	69,2	71,0	61,8	69,0	65,1	68,3	70,7	70,6	66,8
Clase baja	12,2	13,9	12,1	8,4	7,1	7,2	5,5	7,2	4,2	5,4	6,3	6,6	5,4	4,4	3,8	3,2	3,7
Clase trabajadora, obrera.	22,2	20,6	28,0	29,9	25,9	21,9	27,1	16,8	20,1	17,5	25,5	19,4	20,4	21,1	18,5	18,7	23,1
Gente común	2,4	2,2	2,3	4,5	3,6	2,2	2,7	2,9	2,1	2,9	2,1	1,3	3,0	2,4	2,2	1,8	2,4
A ninguna.	3,2	1,7	1,8	2,7	1,6	1,5	1,8	1,5	1,8	1,1	1,5	1,0	2,4	0,8	1,0	1,0	0,6
Otras respuestas	8,9	3,6	3,7	1,2	1,1	0,4	0,8	1,0	0,3	0,2	0,4	0,1	–	0,1	0,5	–	0,2
No sabe/No contesta	10,5	5,6	4,6	2,3	4,4	4,5	3,2	2,1	2,1	1,8	1,9	2,5	3,2	2,6	3,1	3,8	2,9

Pregunta: Y Ud. personalmente, ¿A qué clase social considera que pertenece?

Fuente: GETS, *Encuestas sobre Tendencias Sociales*, varios años y José Félix Tezanos, *Encuestas sobre espacios políticos*, varios años.

78,6%, respectivamente). A su vez, los obreros manuales son los que en mayor grado se identifican como clase obrera, trabajadora o proletariado (32,7%), aunque sin llegar a superar la propia proporción de obreros que se identifican como clase media en su conjunto (59,2%). A pesar de que una parte de los trabajadores manuales utilizan la expresión de clase media-baja (12,8%), lo cierto es que estos datos reflejan una de las dimensiones fundamentales de la tendencia hacia una amplia identificación de las poblaciones de los países desarrollados como clase media. El fenómeno de «aburguesamiento social», o de «mesocratización» de los trabajadores manuales ha sido objeto de una amplia atención en la literatura sociológica[10], viniendo nuestros datos a corroborar una pauta de más amplio calado.

TABLA 8.19.—*Identificación de clase por ocupación en 2007*

	Total (%)	No activos (%)	Parados (%)	Obreros manuales (%)	Funcionarios y empleados de oficina (%)	Empresarios, propietarios y autónomos (%)
Clase alta	0,4	0,3	—	—	0,9	1,5
Clase media	66,8	64,2	55,2	59,2	78,6	81,9
Clase baja	3,7	5,7	5,6	3,1	0,9	0,8
Clase trabajadora/obrera/proletariado	23,1	22,0	33,7	32,7	16,2	10,6
Gente común	2,4	3,0	2,8	1,5	1,4	3,8
Ninguna, no cree en las clases	0,6	0,5	—	1,0	0,6	0,7
Otras respuestas	0,2	0,1	—	0,3	—	—
No sabe/No contesta	2,9	4,3	2,8	1,8	1,4	0,8

Fuente: GETS, *Encuesta sobre Tendencias Sociales 2007.*

Una de las variables que parece incidir de manera especial en la delimitación de las identidades de clase en las sociedades avanzadas de principios del siglo XXI es la edad. Así, en el caso de España cada uno de los grupos de edad delimita prácticamente un marco diferente de identidades de clase (véase Tabla 8.20). Por encima de los 60 años, se hace presente en mayor grado una cultura de identidad de clase obrera-trabajadora (31,6%). En cambio, entre los más jóvenes y los grupos de edad intermedios predominan más destacadamente las autoidentificaciones como clase media. Asimismo, entre los más jóvenes se apunta —comparativamente— una cierta tendencia a autoidentificarse en mayor grado como clase alta y media-alta y, al mismo tiempo, a no manifestar ninguna identificación específica de clase, lo que también ocurre entre los mayores de 60 años, en gran medida debido al influjo ejercido por la salida del mercado laboral de los jubilados.

---

[10] Puede verse, en este sentido, sobre los trabajadores españoles, José Félix Tezanos, *¿Crisis de la conciencia obrera?*, Madrid, Mezquita-Alhambra, 1982.

TABLA 8.20.—*Autoidentificación de clase por edad*

	Total (%)	De 18 a 29 años (%)	De 30 a 45 años (%)	De 46 a 60 años (%)	Más de 60 años (%)
Clase alta y media-alta	3,7	6,4	3,4	3,4	2,5
Clase media y media-baja	63,5	65,5	66,1	64,2	58,3
Clase trabajadora, obrera, baja	26,8	21,7	26,0	26,7	31,6
Ninguna duda o sin posición	3,5	4,1	2,4	3,1	4,6

Fuente: GETS, *Encuesta sobre Tendencias Sociales 2007.*

En cualquier caso, parece evidente que tales modelos diferenciados de autoidentificación directa de clase están asociados a distintos tipos de trayectorias sociales y experiencias vitales, que responden a distintas fases de evolución de la sociedad española durante el ciclo histórico que va de 1977 a 2007.

5. ANTAGONISMOS Y CONFLICTOS SOCIALES

Un análisis detallado de los antagonismos y los conflictos sociales requeriría unos desarrollos que desbordan con mucho las posibilidades de un escrito como éste. Por ello, aquí sólo se apuntan esquemáticamente algunas de las líneas principales de referencia que se desprenden de la investigación sobre Tendencias Sociales a la que nos estamos refiriendo. Los diferentes instrumentos de análisis empleados en dicha investigación (Encuestas de opinión, Estudios Delphi, análisis cualitativos, etc.), proporcionan una información bastante amplia, pero no suficientemente consistente entre sí; de forma que los datos sólo permiten establecer previsiones generales sobre la eventual dinámica general de los conflictos y los antagonismos sociales en España en un futuro inmediato, con la excepción de una coincidencia amplia en la previsión de que en un futuro próximo habrá una mayor sensibilización ante los problemas de la desigualdad

CUADRO 8.2.—*Cuadro de discrepancias y coincidencias sobre las tendencias sociales en estratificación entre la opinión pública española y los expertos en estratificación social*

Coincidencias (relativas)	Diferencias de grado	Discrepancias
– Habrá mayores movilizaciones y protestas de los más infraposicionados. – Existirán mayores posibilidades de movilidad social.	– Mayor sensibilización y preocupación por las desigualdades sociales. – Mayor papel de amparo y de apoyo social de la familia. – Crecimiento del movimiento «okupa». – Mayores oportunidades educativas para todos.	– Los jubilados y pensionistas vivirán comparativamente peor que hoy.

Fuente: José Félix Tezanos, *Tendencias en estratificación y desigualdad social en España,* ob. cit., pág. 124.

social y una cierta tendencia al aumento de las protestas y movilizaciones entre aquellos que se encuentran en peores condiciones económicas y sociales.

En algunos aspectos de la dinámica de la desigualdad existen significativas discrepancias de apreciación entre la opinión pública y los expertos en estratificación social, y en torno a otras se produce una cierta indeterminación, o solamente diferencias de grado (véase Cuadro 8.2).

Desde una perspectiva más concreta, el tipo de conflicto social que es considerado por la opinión pública como más prevalente, tanto en sí como en el horizonte de una década, es el que tiene lugar entre directivos y empresarios, por un lado, y trabajadores por otro. A continuación, y a cierta distancia de los restantes, se menciona el conflicto entre pobres y ricos, con lógicas conexiones con el anterior y con una clara tendencia a ser enfatizado en mayor grado en 2007 (véase Tabla 8.21).

Tanto en su plasmación actual, como en su perspectiva de futuro, existe una clara graduación en la intensidad estimada de los conflictos (véase Gráfico 8.10). En su conjunto, se identifican cuatro órdenes de conflictos diferentes: en un primer nivel se encuentran los conflictos ubicables en el marco de los antagonismos de clase tradicionales (entre pobres-ricos y entre trabajadores-empresarios), que tienen una raíz económica conectada a diferentes situaciones de propiedad y poder, y que son estimados como los de más intensidad, especialmente en lo que se refiere a la divisoria «pobres-ricos». En un segundo nivel se sitúan los nuevos conflictos sociales relacionados sobre todo con el género, que tiende a aumentar; con la generación, que también aumenta significativamente; y con el hecho de tener o no tener trabajo, en conexión implícita y explícita con lo anterior. No deja de ser significativo, en este sentido, que los conflictos entre jóvenes y adultos sean considerados en cuarto lugar entre los que se estiman como fuertes o muy fuertes. En un tercer nivel se sitúan los antagonismos referidos a lo que en la jerga tradicional se calificaba como «conflictos secundarios», es decir, aquellos que tienen lugar entre distintos núcleos de la población asalariada (como los obreros y la cla-

GRÁFICO 8.10.—*Imágenes públicas sobre la intensidad de los conflictos sociales y sus tendencias en 2007 (Conflictos fuertes o muy fuertes)*

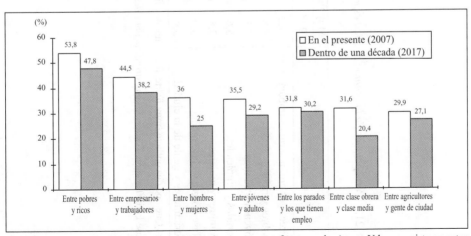

Pregunta: ¿Qué tipo de conflicto (muy fuerte, fuerte, no muy fuerte, no hay) cree Ud. que existe en estos momentos entre…?

Fuente: GETS, *Encuesta sobre Tendencias Sociales 2007.*

TABLA 8.21.—*Percepciones de la opinión pública española sobre la intensidad de los conflictos que existen actualmente entre diferentes grupos y sectores sociales*

	Muy fuerte (%)		Fuerte (%)		No muy fuerte (%)		No hay (%)		NS/NC (%)	
	1997	2007	1997	2007	1997	2007	1997	2007	1997	2007
Entre directivos/empresarios y trabajadores	11,2	11,5	40,0	33,0	29,9	38,1	13,1	11,7	5,7	5,8
Entre pobres y ricos	9,8	17,0	33,9	36,8	33,2	28,8	18,4	13,1	4,7	4,4
Entre jóvenes y adultos	5,3	6,6	26,2	28,9	41,5	36,9	22,6	22,3	4,3	5,3
Entre parados y empleados	5,6	9,5	24,8	22,3	34,1	35,3	30,4	27,5	5,0	5,4
Entre hombres y mujeres	3,8	5,4	21,0	25,6	42,5	41,0	28,5	23,3	4,3	4,8
Entre clase obrera y clase media	3,0	9,9	21,5	21,7	39,0	40,8	30,7	22,5	5,8	5,1
Entre agricultores y gente de la ciudad	3,4	6,5	16,3	23,4	31,5	36,6	42,0	30,1	6,8	5,8

Pregunta: ¿Qué tipo de conflicto (muy fuerte, fuerte, no muy fuerte, no hay) cree Ud. que existe en estos momentos entre...?

Fuente: José Félix Tezanos, *Tendencias en estratificación y desigualdad social*, ob. cit.,1997 y GETS, *Encuesta sobre Tendencias Sociales, 2007.*

TABLA 8.22.—*Percepciones comparativas internacionales de los conflictos que existen entre diferentes grupos y sectores sociales (porcentaje que opina que existen conflictos fuertes o muy fuertes)*

	Estados Unidos	Reino Unido	Alemania	Austria	Países Bajos	Italia	España		
							Encuesta CIS 1993	Encuesta Tendencias 1997	Encuesta Tendencias 2007
Entre ricos y pobres	58,9	51,5	35,9	43,0	77,4	58,8	26	43,7	53,8
Entre directivos/empresarios y trabajadores	52,7	54,1	51,5	50,5	57,6	51,1	45	51,2	44,5
Entre los parados y los que tienen trabajo	45,9	38,8	36,2	45,7	48,2	57,2	18	30,4	31,8
Entre la clase obrera y la clase media	20,4	24,5	12,9	17,6	21,9	45,2	14	24,5	31,6
Entre los agricultores y la gente de la ciudad	36,0	26,1	10,8	42,2	31,5	24,2	15	19,7	29,9

Fuente: GETS, *Encuesta sobre Tendencias en estratificación y desigualdad social 1997*, ob. cit., e Inés Alberdi y Ángeles López, *La percepción de las desigualdades entre los españoles*, en Fundación Argentaria. *I Simposio sobre igualdad y distribución de la renta, Vol VI*, pág. 28 y GETS, *Encuesta sobre Tendencias Sociales 2007*.

se media), o entre las personas vinculadas a distintos sectores del sistema productivo (como los agricultores y la gente de la ciudad). En estos dos últimos casos, la impresión general es que se trata de conflictos de menor intensidad, aunque con una tendencia a aumentar apreciablemente en 2007.

En la perspectiva tendencial de una década, la apreciación de la opinión pública es que todos los conflictos referidos bajarán de intensidad y, además, de una manera significativa. Sin embargo, si seguimos la ordenación de antagonismos que acabamos de referir, no se prevé que todos los conflictos se aminoren con la misma intensidad. En concreto, el conflicto que se considera que quedará amortiguado en un futuro cercano en mayor grado es el que enfrenta a hombres y mujeres (sólo un 25% piensan que estos conflictos serán fuertes o muy fuertes en la perspectiva de una década). Por el contrario, los conflictos que en mayor grado se estima que tenderán a intensificarse son los que existen entre quienes tienen un empleo y quienes se encuentran en paro, así como los que existen entre la clase media y la clase obrera y entre la gente del campo y la ciudad.

Desde una perspectiva internacional (véase Tabla 8.22) nuestros datos, en principio, parecen más «comparables» con los disponibles sobre otros países que los obtenidos en la Encuesta del CIS efectuada en 1993, que en su conjunto están más desviados de las pautas internacionales. Sin embargo, aparte de estas «atipicidades», la evidencia empírica parece indicar que en España existen percepciones de menor intensidad en todos los antagonismos considerados, aunque éstos se hayan visto más acentuados en 2007 respecto a 1997. Así, la proporción de encuestados que en España valoran el conflicto entre ricos y pobres como fuerte o muy fuerte ha sido situado entre los niveles más bajos, junto a países con una importante trayectoria de corte socialdemócrata y socialmente integradora, como es el caso de Austria y, en menor grado, de Alemania. Igual ocurre en lo que se refiere al antagonismo entre empresarios/directivos y trabajadores, en donde Italia también aparece entre los países con cotas perceptivas más bajas.

En el caso del antagonismo entre «parados y personas con empleo», España se sitúa de manera más neta a la cabeza de los países en los que existe menos conciencia de la intensidad de este conflicto.

6. POBREZA Y EXCLUSIÓN SOCIAL

El análisis de la pobreza y la exclusión social nos remite a los extremos de un sistema de desigualdad social. Sin embargo, hay que tener en cuenta que dichos conceptos se relacionan con procesos y realidades de distinto carácter (véase Cuadro 8.3).

Con el concepto de pobreza se pretende subrayar la situación carencial de rentas de aquellos sectores de la sociedad que tienen menores ingresos en relación al promedio de población de un país. Por lo tanto, se trata de realidades más relativas, e incluso cambiantes, que pueden tener distintos efectos en unas y otras zonas del país y en unos u otros contextos familiares. Por ejemplo, no es lo mismo vivir con unos ingresos por debajo del nivel de pobreza en una gran ciudad, sin tener vivienda propia y padeciendo las carestías propias de los grandes núcleos urbanos, que residir en un entorno rural o semirrural, con casa propia, e incluso con posibilidades de generar determinados recursos alimenticios.

CUADRO 8.3.—*Diferencias entre las nociones de pobreza y exclusión social*

Rasgos de diferenciación	Pobreza	Exclusión Social
Situación	Es un estado	Es un proceso
Carácter básico	Personal	Estructural
Sujetos afectados	Individuos	Grupos sociales
Dimensiones	Básicamente unidimensional (carencias económicas)	Multidimensional (aspectos laborales, económicos, sociales, culturales)
Ámbito histórico	Sociedades industriales (o en su caso tradicionales)	Sociedades postindustriales y/o tecnológicas avanzadas
Enfoque analítico aplicable	Sociología de la desviación	Sociología del conflicto
Variables fundamentales	Culturales y económicas	Laborales
Tendencias sociales asociadas	Pauperización	Dualización social
Riesgos añadidos	Marginación social	Crisis de los nexos sociales
Dimensiones personales	Fracaso, pasividad	Desafiliación, resentimiento
Evolución	Residual. Estática	En expansión. Dinámica
Distancias sociales	Arriba-abajo	Dentro-fuera
Variables ideológico-políticas que influyen	Liberalismo no asistencial	Neoliberalismo desregulador

Por ello, junto al concepto de pobreza, en el análisis de las situaciones más carenciales y más marginales socioeconómicamente se tiende a recurrir también a la noción de exclusión social. La creciente utilización de este concepto para el análisis de contextos carenciales ha corrido paralelo al intento de dotarlo de mayor precisión teórica. Los elementos comunes en la mayor parte de las aproximaciones al tema tienden a coincidir en que la exclusión es un fenómeno *estructural* (y no casual o singular), que está *aumentando*, que tiene un cariz *multidimensional* (y, por lo tanto, puede presentar una acumulación de circunstancias sociales desfavorables), y que se relaciona con *procesos sociales* que conducen a que ciertos *individuos* y *grupos* se encuentren en situaciones que no permiten que sean considerados como miembros de pleno derecho de la sociedad[11]. Es decir, la exclusión social connota carencias no atendibles —ni resolubles— a partir de la lógica «espontánea» del mercado, al tiempo que da lugar a la difusión de sensaciones de «vulnerabilidad social», «apartamiento» y «pérdida de sentido de pertenencia social».

Así, la exclusión social es explicada en referencia a la «imposibilidad de gozar de los derechos sociales sin ayuda, en la imagen desvalorizada de sí mismo y de la capacidad personal de hacer frente a las obligaciones propias, en el riesgo de verse relegado de forma duradera al estatus de persona asistida y en la estigmatización que todo ello conlleva para las personas y, en las ciudades, para los barrios en que residen»[12]. Se trata, por tanto, de «un concepto dinámico» y mucho más amplio que la pobreza. «Más

---

[11] Véase, en este sentido, Comisión de las Comunidades Europeas, *Hacia una Europa de la solidaridad. Intensificación de la lucha contra la exclusión social y la promoción de la integración*, Bruselas, 1992, pág. 7.

[12] Ibíd, pág. 9. Sobre este particular véase también José Félix Tezanos, *Tendencias en exclusión social en las sociedades tecnológicas. El caso español*, ob. cit.

claramente que el concepto de pobreza —se recalca en un informe del Parlamento Europeo de 1998—, que con demasiada frecuencia... hace referencia exclusivamente a los ingresos, señala también el carácter multidimensional de los mecanismos en virtud de los cuales los individuos y los grupos quedan excluidos de tomar parte en el intercambio social, de las prácticas que componen los derechos de integración social y de identidad; al subrayar los riesgos de que aparezcan fracturas en el tejido social, sugiere algo más que desigualdad social y lleva consigo el riesgo de una sociedad fragmentada»[13]. Podemos decir, pues, que existe una cierta convergencia en torno a la idea de que la exclusión social debe ser entendida básicamente como «negación de derechos sociales» y «oportunidades vitales fundamentales»[14].

De esta manera, las nuevas manifestaciones del paro estructural, que afectan especialmente a los sectores menos «integrados», está confiriendo perfiles diferentes a la «cuestión social». En los países desarrollados el problema social central hoy en día ya no son las malas condiciones específicas del trabajo de la mayoría de los obreros, sino las malas condiciones sociales generales en las que se encuentran muchos de los que no tienen trabajo o tienen un mal empleo (precario, inestable, mal remunerado, etc.). El reto actual, por lo tanto, no estriba solamente en lograr una mejor inserción social de los asalariados por medio de mejoras en las condiciones laborales y económicas del trabajo, sino en lograr también una inserción social de quienes no tienen trabajo, y quedan fuera de las oportunidades del sistema. De ahí la plasticidad expresiva del concepto de «exclusión social», frente al que complementariamente algunos autores, como Robert Castel, han propuesto utilizar el concepto de «*desafiliación*», por entender que el problema que subyace a esta situación es el de una «desligación» social más profunda que quiebra la idea de una «sociedad de semejantes» e impugna la propia noción de ciudadanía, olvidando que ésta no se basa —no se puede basar— «en la inutilidad social»[15]. Por ello, la noción de exclusión social ha ido deslizándose desde una utilización primigenia más genérica referida a los hándicaps de determinados individuos particulares, hasta adquirir una significación más global, como «exclusión» de la plena condición ciudadana.

La persistencia de niveles significativos de desempleo entre determinados sectores de población (jóvenes, mujeres, inmigrantes, etc.), junto a la precarización laboral, da lugar a situaciones que no sólo postergan a un número apreciable de individuos en el plano económico y social, sino que ponen en cuestión el papel básico del trabajo como mecanismo de inserción social global, tendiendo a infraposicionar, y segregar, a determinados individuos en el plano cívico y político.

En lo que a la pobreza se refiere, los datos de España muestran una clara persistencia durante los últimos años de una tasa de pobreza que se han mantenido en torno al 20% de la población, con ligeras variaciones interanuales de apenas un punto (véase Gráfico 8.11).

---

[13] Parlamento Europeo, *Pobreza y exclusión social en la Unión Europea*, serie Asuntos Sociales, Luxemburgo, 1998, págs. 8 y 9. En una resolución del Parlamento Europeo de marzo de 1996 se llegó a calificar a la exclusión social como «una violación de los derechos fundamentales de las personas que puede acabar —se decía— debilitando nuestra democracia», por lo que es necesario combatirla —se añadía— «con una política de fomento del empleo y de desarrollo social» (Documento de la Comisión de Asuntos Sociales y Empleo, apartados F y G).

[14] Véase la revisión del tema de Isabel Yepes del Castillo, «El estudio comparativo de la exclusión social: consideraciones a partir de los casos de Francia y Bélgica», *Revista Internacional del Trabajo,* vol. 113, núm. 5-6, 1994, págs. 699-721.

[15] Véase, Robert Castel, *La metamorfosis de la cuestión social,* Barcelona, Paidós, 1997.

GRÁFICO 8.11.—*Evolución de las tasa de pobreza en España*

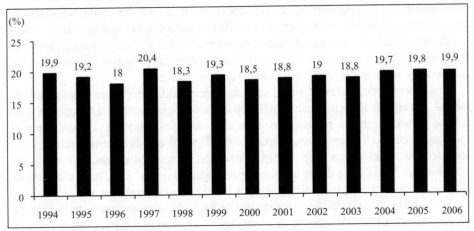

Fuente: INE, *Panel de hogares,* varios años. *Sistema de indicadores* del Plan Nacional de Inclusión Social del Reino de España y *Encuestas sobre condiciones de vida.*

No todas las familias españolas se encuentran ante los mismos riesgos de situarse por debajo del nivel de la pobreza, sino que la incidencia de la pobreza es más alta en los hogares donde viven personas mayores de 65 años, donde vive sólo un adulto con un hijo a su cargo (generalmente madres solteras) y en las familias con tres o más hijos (familias numerosas) (véase Gráfico 8.12). El hecho de que en estos tres casos la proporción de población pobre se sitúe por encima de la cifra del 34%, y que en los jubilados se aproxime al 50%, muestra que la pobreza —de ingresos— aún es un problema importante en la sociedad española, que, además, incide de manera especial en determinadas zonas y regiones del país. Lo cual denota carencias de las políticas sociales en aspectos tan importantes como la protección a la familia y la infancia, así como la insuficiencia de las pensiones para un número apreciable de personas mayores.

A su vez, en lo que se refiere a la exclusión social es preciso señalar que en la me-

GRÁFICO 8.12..—*Tasas de pobreza relativa por tipo de hogar*

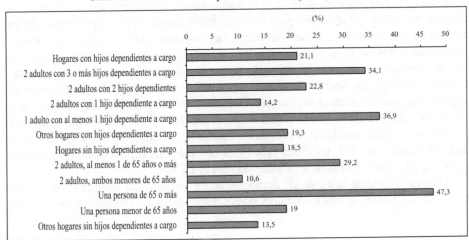

Fuente: INE, *Encuesta sobre condiciones de vida, 2005.*

dida que esta problemática se refiere a procesos sociales muy complejos, que afectan al pleno disfrute de la condición ciudadana, especialmente en sus dimensiones sociales, lo único que resulta posible indicar en un texto de esta naturaleza es que los mayores riesgos de verse afectados por una dinámica de vulnerabilidad y exclusión social los están sufriendo los jóvenes, en general, así como las mujeres, las personas con menos cualificaciones y, últimamente, un buen número de inmigrantes.

Los procesos de exclusión social se están padeciendo, especialmente en el ámbito laboral, por aquellos que no tienen empleo, o que sólo logran acceder a trabajos de poca calidad y pocos ingresos, por no mencionar el abusivo fenómeno de la «becarización» que está afectando a tantos jóvenes, muchos de ellos con estudios universitarios, y que son «seudocontratados», a veces por grandes empresas muy prósperas, en condiciones que vulneran buena parte de las leyes laborales vigentes (en salarios, seguridad, formalidades de contratación, ausencia de seguros y de vacaciones pagadas, etc.).

La carestía de la vivienda y otros riesgos de fragilidad concurrentes dan lugar a que un número apreciable y creciente de españoles —sobre todo entre las nuevas generaciones— se encuentren en una situación práctica de ciudadanía de segunda categoría, con unos derechos sociales y unas oportunidades laborales mermadas. Lo cual tiende a generar brechas y diferencias sociales entre unas y otras generaciones, planteando serios déficits de integración social global, a través del empleo, la vivienda, las oportunidades de autonomía personal, etc. Lo cual resulta paradójico y contradictorio en sociedades que tienen un buen ritmo de crecimiento económico y que, por esta vía, corren el riesgo de acabar convirtiéndose en sociedades dualizadas.

7. LAS DESIGUALDADES REGIONALES EN ESPAÑA

Las desigualdades sociales tienen también una importante proyección territorial. En España, los componentes de desigualdad territorial han tenido históricamente un notable relieve, debido a que España ha sido uno de los países europeos donde mayores han sido las desigualdades territoriales. Por ello, el objetivo de los «reequilibrios territoriales» ha sido una constante en el pensamiento progresista e ilustrado.

Durante la etapa desarrollista de la dictadura no era infrecuente que se hablara incluso de «regiones proletarias», para destacar los componentes desigualitarios de un modelo de crecimiento en el que la riqueza y la población tendía a concentrarse en determinadas zonas del país, mientras que las provincias más pobres llegaban a registrar saldos negativos financieros, contribuyendo con sus ahorros al crecimiento de las regiones más prósperas. Basta señalar, en este sentido, que en 1975 más de un tercio de la población activa industrial se concentraba en las provincias de Madrid y Barcelona y que el 60% del total de inversión registrada en el período 1966-1973 se efectuó en diez provincias, mientras que las diez provincias menos favorecidas sólo tuvieron el 1,55% de la inversión. En 1973, las cinco provincias con más alta producción concentraban el 44,6% y las cinco con menos producción sólo el 1,7%[16].

Durante el ciclo de la transición democrática, y especialmente durante el período de Gobiernos socialistas, se produjeron importantes reequilibrios territoriales y mejoras de los

---

[16] Véase, en este sentido, José Félix Tezanos, *Estructura de clases y conflictos de poder en la España postfranquista,* Madrid, Edicusa, 1978, págs. 432-447.

niveles de cohesión social, debido, especialmente, a tres razones: en primer lugar, al crecimiento económico general, que permitió cobrar impulso a las regiones españolas más rezagadas históricamente; en segundo lugar, debido a las políticas sociales y de bienestar en educación, sanidad y pensiones (las tres «universalizaciones» básicas), que dieron lugar a transferencias de recursos a las familias en todo el territorio; y, en tercer lugar, gracias a las inversiones públicas en carreteras, aeropuertos y otras infraestructuras básicas, que se beneficiaron también, de manera compensatoria, de los fondos de cohesión europeos.

Después de dicho ciclo, en la sociedad española se han apuntando tendencias regresivas y perspectivas diferentes de cara al futuro, en lo que a cohesión social se refiere. Por ejemplo, en el retroceso de cuatro puntos en el porcentaje del PIB dedicado a Gastos Sociales, en la pérdida de 5,6 puntos en la masa salarial y en la ya referida persistencia de una tasa de pobreza del 19%/20%. Pero es, posiblemente, en el plano territorial donde las perspectivas de retrocesos se hacen notar con mayor crudeza, debido tanto a que, en la segunda mitad de la primera década del siglo XXI, España se encuentra en la fase final del ciclo en el que se ha podido beneficiar de los «fondos estructurales» europeos, como al desarrollo de unos modelos autonómicos que cuestionan los criterios redistributivos y solidarios en la asignación de recursos y cargas fiscales. La pretensión, por ejemplo, de que algunas de las Comunidades más ricas reciban recursos públicos en función de su contribución general al PIB y no de acuerdo a patrones de redistribución equilibradora, implicará inexorablemente un hándicap para las inversiones compensadoras y acabará traduciéndose en crecimientos más desajustados, que dejarán más retrasadas comparativamente a algunas regiones españolas.

Si esta dinámica política, de hondo alcance económico y social, se une al final de los fondos de cohesión europeos —que se calcula que aportan un crecimiento compensatorio de 0,56 puntos del PIB— lo previsible es que aumenten las desigualdades entre las dos Españas de la desigualdad y el bienestar social.

GRÁFICO 8.13.—*PIB por regiones españolas respecto a la Unión Europea en 2006**

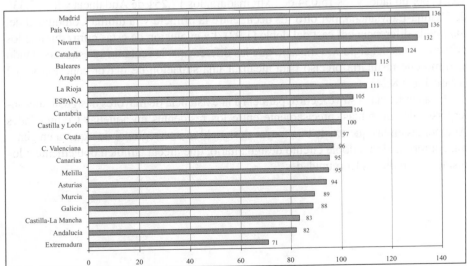

* UE 27: 100

Fuente: INE y Eurostat, 2006.

La convergencia que está alcanzando España con el promedio de renta de la Unión Europea no debe ocultar que, mientras regiones como Madrid se sitúan ya en un 131% del promedio europeo, otras Comunidades, como Extremadura, apenas superan el 65%.

A mitad de la primera década del siglo XXI nueve Comunidades se encontraban por encima de la media europea: Madrid, País Vasco, Navarra, Cataluña, Baleares y, en menor grado, Aragón, La Rioja y Cantabria; mientras, Extremadura se sitúa casi 30 puntos por debajo, Andalucía y Castilla-La Mancha casi veinte puntos por debajo y Galicia y Murcia 12 y 11 puntos (véase Gráfico 8.13). El problema es que desde 1999 el diferencial de renta se ha ampliado en algunas Comunidades, como es el caso de Extremadura y de Madrid que han experimentado un aumento de la diferencia de renta de 6,7%.

Pero, no estamos sólo ante un problema de desigualdades generales de renta, sino que en las Comunidades menos ricas se dan también mayores desigualdades de renta y peores oportunidades de bienestar y calidad de vida. Por ejemplo, mientras en Navarra hay 551,8 médicos por 10.000 habitantes, en Castilla-La Mancha sólo hay 346,9 y en Andalucía 400,6. Mientras en Cataluña se dispone de 45,7 camas hospitalarias por 10.000 habitantes, en Castilla-La Mancha hay 28 y en Andalucía 28,9. O, mientras en Madrid se dispone de 80,2 km. de autovías por 10.000 km^2, y en el País Vasco de 57,9, en cambio en Extremadura sólo tienen 7,7, en Castilla-La Mancha 12,2 y en Andalucía 21,8 (véase Tabla 8.23).

La persistencia de notables desigualdades interterritoriales y las perspectivas de su agudización evidencian que, en países como España, la desigualdad social tiene una importante proyección interterritorial. De ahí que el análisis de las desigualdades deba situarse en una perspectiva más amplia de comprensión, que exige tener en cuenta las desigualdades de oportunidades y de contexto, en lo que se refiere a dotaciones de recursos sociales y a niveles generales de crecimiento y riqueza.

De acuerdo a los últimos datos disponibles cuando se escribe este texto, las diferencias de renta por habitante entre la Comunidades Autónomas más ricas y las menos prósperas estaban en 2006 entre los 28.850 euros de Madrid y los 28.346 euros del País Vasco, por un lado, y los 15.054 de Extremadura, los 17.251 de Andalucía y los 17.330 de Castilla-La Mancha, por otro. Es decir, entre la primera y la última Comunidad del *ranking* la diferencia era casi del doble (1,92). La evolución de estas cifras durante los primeros años del siglo XXI muestra que las diferencias de renta no se están acortando al ritmo que resultaría preciso para alcanzar una situación de mayor cohesión social (véase Tabla 8.24).

Esta tendencia, a su vez, corre paralela a la existencia de mayores desigualdades interpersonales de rentas, precisamente entre los residentes en aquellas Comunidades Autónomas en las que existe una mayor desigualdad interregional de riqueza en general, conformando un doble círculo desigualitario, que afecta también doblemente a los residentes en dichas Comunidades[17].

---

[17] Véase, Zenón Jiménez-Ridruejo, «Desigualdades personales y territoriales en España», en *Temas para el debate,* núm. 153-154, agosto-septiembre de 2007, págs. 37-40.

TABLA 8.23.—*Indicadores comparativos de bienestar*

Comunidad Autónoma		Médicos por 10.000 habitantes	Enfermeros por 10.000 habitantes	Camas hospitalarias por 10.000 habitantes	Oficinas de crédito por 10.000 habitantes	Kms. de autovías por 1.000 km²	Salas de cine por 100.000 habitantes	Vehículos por 1.000 habitantes	Pensiones contributivas por cada 100 personas mayores de 65 años	Suicidios por 100.000 habitantes
Madrid	La España más próspera	542,1	590,1	34,0	98,7	80,2	11,3	637,1	60,8	2,2
Navarra		551,8	885,3	41,5	130,4	22,5	11,8	626,9	62,1	3,5
País Vasco		483,7	583,2	39,0	82,1	57,9	11,4	527,3	61,5	5,4
Cataluña		463,6	583,3	45,7	120,7	29,9	11,9	642,7	75,0	5,6
Andalucía	La España menos próspera	400,6	448,1	28,9	83,9	21,8	9,5	546,7	60,4	5,6
Extremadura		404,8	550,8	36,0	108,9	7,7	8,7	543,1	54,5	5,3
Galicia		401,9	450,7	36,5	87,3	54,8	7,1	578,7	75,3	8,7
Castilla-La Mancha		346,9	454,6	28,0	105,5	12,2	7,5	572,8	53,9	8,7

Fuente: INE, *Indicadores Sociales de España 2005* (datos refereidos a 2003). Madrid, 2007, págs. 241, 243, 304, 305, 329, 369 y 376.

TABLA 8.24.—*Índices de PIB per cápita de las Comunidades Autónomas en paridad de poder adquisitivo UE25=100*

	2000	2001	2002	2003	2004	2005
UE-25	100,0	100,0	100,0	100,0	100,0	100,0
España	92,7	93,4	95,8	98,0	98,3	98,6
Madrid	126,0	126,3	128,0	129,7	129,0	131,0
País Vasco	113,6	114,8	118,0	121,5	122,9	126,5
Navarra	118,0	118,0	121,3	123,9	124,6	126,2
Cataluña	113,0	113,9	116,2	118,3	117,8	118,8
Islas Baleares	114,2	113,5	113,6	112,3	110,9	111,6
La Rioja	105,6	104,4	105,3	108,0	106,8	107,0
Aragón	96,9	97,4	101,8	104,7	105,1	106,8
Cantabria	86,7	88,8	92,7	97,9	96,5	98,1
Castilla y León	83,9	84,6	88,0	90,8	92,1	94,6
Comunidad Valenciana	89,4	90,1	91,5	92,4	91,5	91,9
Canarias	87,9	88,2	90,1	91,6	90,7	90,8
Asturias	77,5	78,7	81,3	83,6	85,3	88,2
Murcia	77,8	78,3	80,8	82,8	82,4	83,6
Galicia	72,0	72,3	74,8	77,1	78,5	81,4
Castilla-La Mancha	72,9	72,9	75,0	76,6	76,7	78,4
Andalucía	68,3	69,1	71,7	74,6	75,7	77,6
Extremadura	59,0	59,4	61,8	64,2	65,2	67,6

Fuente: INE y EUROSTAT, varios años.

8. ALGUNAS CONCLUSIONES: NUEVOS MODELOS DE ESTRATIFICACIÓN SOCIAL

Aunque no es fácil sintetizar en pocas líneas la amplia información sociológica derivada del análisis de la evolución de los parámetros básicos de estratificación social que aquí hemos considerado, podemos resaltar, sin embargo, algunas tendencias fundamentales que afectan al modelo español de estratificación social, como paradigma propio de las sociedades industriales desarrolladas en transición hacia nuevos sistemas de producción[18].

La revolución tecnológica que está teniendo lugar en nuestra época —con la microelectrónica, la microgenética, los nuevos materiales, la explotación de nuevas fuentes de energía, etc.— está abriendo una nueva etapa en la historia de la humanidad. La aplicación de múltiples conocimientos y posibilidades técnicas en los sistemas de producción, junto al desarrollo de nuevas concepciones organizativas y la apertura de pers-

---

[18] Una información más amplia sobre este particular puede encontrarse en las obras indicadas en las notas 1 y 7 y especialmente en José Félix Tezanos, *Tendencias en estratificación y desigualdad social en España*, ob. cit.

pectivas sociopolíticas globales, están conduciendo a un nuevo modelo de sociedad al que se ha calificado como «sociedad postindustrial», «sociedad informacional», «sociedad tecnológica», etc. Aunque los expertos no se han puesto todavía de acuerdo en cómo conceptualizar el nuevo tipo social emergente, todos coinciden en que estamos ante un nuevo paradigma que está sustituyendo a la sociedad industrial, de la misma manera que ésta reemplazó en su día a las formas de organización agrarias[19].

En la medida en que en la primera década del siglo xxi estamos aún en una fase de transición hacia el nuevo paradigma social, los rasgos del modelo emergente no se han manifestado todavía en todas sus posibilidades, produciéndose muchas complejidades y opacidades, con mezclas y solapamientos de elementos propios de las viejas y las nuevas configuraciones. Por ello, cuando ciertos analistas sostienen que las clases sociales han desaparecido y que algunos de los ideales, los conflictos y los elementos de dinamismo nacidos en la era industrial han quedado periclitados, en realidad están haciendo una simple transposición analítica.

La celeridad con la que algunos teóricos del fin de la historia se precipitan a repicar un prematuro toque fúnebre sobre las clases sociales, contrasta, sin embargo, con algunas percepciones públicas sobre la evolución de las desigualdades. Los datos publicados en los últimos Informes de organismos internacionales como la OIT, el PNUD, la OCDE y el Banco Mundial vienen alertando sobre el aumento de las desigualdades internacionales. A su vez, la persistencia de importantes tasas de paro de larga duración, especialmente entre jóvenes y mujeres, junto a las tendencias de precarización del trabajo, de acentuación de pobreza y de la exclusión social y de pérdida de capacidad adquisitiva entre los jubilados y algunos sectores de trabajadores, perfilan un panorama que no se compadece bien con las teorías sobre el fin de las clases sociales y sobre el afianzamiento de un modelo de estratificación social ampliamente mesocratizado e indiferenciado.

Los datos de la realidad, más bien, parecen mostrar que, al igual que ocurre con la materia, las clases sociales y las estructuras de estratificación, en cuanto referentes de desigualdad, no desaparecen, sino que se transforman. Por ello, las dificultades interpretativas y predictivas de algunas teorías deben entenderse como una consecuencia derivada, no de la disolución de los problemas de la desigualdad y el antagonismo de intereses en las sociedades de nuestro tiempo, sino como un efecto de la transformación de los sistemas sociales en su conjunto; lo que da lugar a nuevos perfiles desigualitarios que acabarán traduciéndose —lógicamente— en nuevos modelos de identidad social y de acción colectiva. Es decir, estamos ante el surgimiento de nuevos modelos de estratificación social, propios del tipo de sociedad tecnológica emergente, en el que la problemática de la desigualdad, de la exclusión social y de la precarización adquiere nuevas dimensiones. Por lo tanto, debemos entender que, de la misma manera que las sociedades industriales tuvieron unos paradigmas de estratificación social que acabaron dando lugar a nuevas manifestaciones del antagonismo social y político, a principios del siglo xxi estamos inmersos en procesos de cambio que acabarán conduciendo a nuevos conflictos, tensiones y reajustes sociales.

De momento, y desde la perspectiva de principios del siglo xxi, el modelo de estra-

---

[19] Véase, en este sentido, José Félix Tezanos y Rosario Sánchez Morales (eds.), *Tecnología y sociedad en el nuevo siglo,* Madrid, Sistema, 1998; José Félix Tezanos y Antonio López (eds.), *Ciencia, Tecnología y Sociedad*, Madrid, Sistema, 2000; José Félix Tezanos (ed.), *Los impactos sociales de la revolución científico-tecnológica,* Madrid, Sistema, 2007.

tificación emergente, puede ser caracterizado por unos rasgos de dualización social, que he analizado más detalladamente en otros lugares, y que dibujan una evolución histórica de las pirámides de estratificación social como las que se representan en el Gráfico 8.14. En esta perspectiva evolutiva, en la realidad concreta española de principios del siglo XXI se solapan rasgos propios de los dos últimos modelos, incluso con residuos e inercias características de otras fases más típicas de las sociedades industriales clásicas.

GRÁFICO 8.14.—*Evolución de los perfiles de las pirámides de estratificación en las sociedades industrializadas*

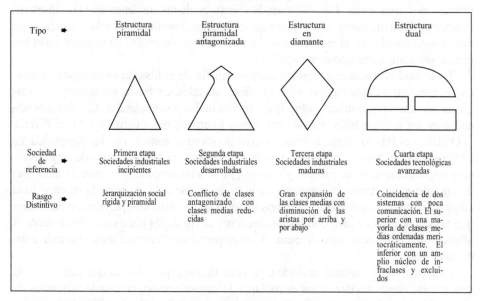

Tipo ➡	Estructura piramidal	Estructura piramidal antagonizada	Estructura en diamante	Estructura dual
Sociedad de ➡ referencia	Primera etapa Sociedades industriales incipientes	Segunda etapa Sociedades industriales desarrolladas	Tercera etapa Sociedades industriales maduras	Cuarta etapa Sociedades tecnológicas avanzadas
Rasgo Distintivo ➡	Jerarquización social rígida y piramidal	Conflicto de clases antagonizado con clases medias reducidas	Gran expansión de las clases medias con disminución de las aristas por arriba y por abajo	Coincidencia de dos sistemas con poca comunicación. El superior con una mayoría de clases medias ordenadas meritocráticamente. El inferior con un amplio núcleo de infraclases y excluidos

Los datos empíricos muestran que en el ciclo de transición del siglo XX al XXI los españoles contemplan el problema de la desigualdad y la estratificación social con ciertas dificultades y complejidades perceptivas. En general, existe una valoración bastante positiva de los avances sociales y las mejoras económicas alcanzadas a partir de 1977. Sobre todo considerando que España ha sido históricamente uno de los países más desigualitarios de Europa. Pero, a su vez, existen visiones y lecturas complejas sobre el actual curso social. Por una parte, se constata una preocupación notable por el aumento de las desigualdades y el desempleo y, a su vez, se prevé una agudización de las brechas sociales en una perspectiva tendencial. Sin embargo, cada vez menos personas interpretan la realidad en los mismos términos conceptuales considerados por las teorías tradicionales sobre las clases sociales. Es decir, existe una dificultad expresiva que revela un desfase entre las vivencias sociales y las imágenes colectivas. En este contexto, las principales tendencias que pueden apuntarse sobre el nuevo modelo emergente de estratificación social en España son las siguientes:

En primer lugar, se detecta una cierta acentuación de tendencias dualizadoras, con definición de experiencias sociales y laborales que perfilan «dos mundos», «dos condiciones diferentes de ciudadanía». La propia noción de «exclusión social» —que tiende a generalizarse en el análisis de estas cuestiones— remarca la existencia de una barrera interna que delimita el espacio social de la «inclusión» y el de la «exclusión». Igual ocurre con el concepto de «infraclases» que hace referencia a «aquellos que quedan fuera de la estructura interna de oportunidades»[20]. El aumento de los sectores «infraposicionados», y la persistencia en la sociedad española de unas tasas de pobreza que, como hemos visto, se mantienen en torno al 20%, plantean evidentes riesgos de fractura social.

En segundo lugar, se denota una creciente preocupación por varias tendencias sociales regresivas, con riesgos de una mayor desprotección social, una mayor desregulación laboral, una precarización del trabajo —sobre todo entre jóvenes, mujeres, inmigrantes y nuevos trabajadores— y una tendencia de pérdida de capacidad adquisitiva entre jubilados y algunos sectores de trabajadores menos cualificados (se habla incluso de «infratrabajadores» y de «trabajadores pobres», es decir, aquellos trabajadores de «bajos salarios» que se sitúan por debajo del nivel de la pobreza y cuya cifra representaba, en el primer lustro del siglo XXI, un 27% del total de la población pobre).

En tercer lugar se apunta una transformación en la situación de las clases medias y en sus modelos de identidades sociales. La pérdida de capacidad adquisitiva y las incertidumbres laborales que afectan a algunos sectores de clase media y, sobre todo, la fragilización de las oportunidades ocupaciones de muchos de sus hijos, están dando lugar a crisis de identidad, con dificultades crecientes para transmitir de padres a hijos muchos de los valores y creencias en que se ha venido sustentando la cultura y la mentalidad tradicional de clase media. Lo cual abre la perspectiva de nuevas hipótesis de movilidad social descendente entre diversos núcleos de los hijos de las clases medias.

En cuarto lugar, se constata una creciente complejización de los elementos que afectan la estratificación y la diferenciación social. En contraste con algunos enfoques tradicionales, que ponían el acento casi exclusivamente en la propiedad de los factores de producción, la dinámica social está revelando, por una parte, que la situación de la propiedad como tal se ha complejizado enormemente y, por otra parte, que en las sociedades de principios del siglo XXI intervienen una gran variedad de factores estratificadores de carácter cultural y formativo, de carácter biológico (edad y sexo), de naturaleza social (contextos relacionales), de origen y etnia (inmigrantes) y, por supuesto, de carácter laboral, incluido el mismo hecho de no tener empleo, o tener empleos de mala calidad. Las circunstancias laborales se están convirtiendo, de facto, en una variable fundamental en la definición de las oportunidades vitales y sociales. Tener trabajo o no tenerlo y el tipo de trabajo que se tiene, en unos u otros tipos de empresas y sectores productivos, y con unas u otras condiciones laborales, deviene, así, en un factor fundamental de estratificación social (véase Cuadro 8.4).

La dinámica de la desigualdad social presenta hoy en día muchas facetas y complejidades de carácter internacional, político, sindical y cultural. En las sociedades de principios del siglo XXI, los factores de dualización y antagonismo no operan sólo a partir de un único eje, sino que se conectan con distintas dimensiones de lo social (arriba-abajo; dentro-fuera; centro-periferia; nativos-foráneos, etc.). Y todo esto se traduce en términos de una gran complejidad de las estructuras de clase, con sistemas compuestos bastante heterogéneos (véase Cuadro 8.5), con nuevos factores interdependientes de estratificación y con situaciones diferentes de asimetría social, en donde se hace notar la presencia de nuevos sujetos débiles, fragmentados y grupos vulnerables que tienen dificultades para salir de su situación de postergación y necesidad social.

---

[20] Véase, José Félix Tezanos, *La sociedad dividida,* ob. cit., capítulo 6.

CUADRO 8.4.—*Nuevos perfiles estratificacionales*

Estratificación por la propiedad	Estratificación por el empleo
– Grandes propietarios prósperos con asalariados. – Propietarios sin asalariados y profesionales en actividades emergentes. – Copropietarios en actividades lucrativas en expansión. – Autoempleados en actividades punta en la industria y los servicios. – Autoempleados en actividades tradicionales. – Autónomos de la agricultura. – Propietarios en actividades secundarias y en declive. – Propietarios pobres o con perspectivas de empobrecimiento.	– Empleados ejecutivos, técnicos y de alto nivel. – Empleados de alta cualificación en empresas con futuro. – Empleados formales en trabajos estables. – Empleados a tiempo parcial (escaso y poco remunerado). – Empleados precarios en la economía formal. – Subempleados con ingresos insuficientes. – Empleados precarios y esporádicos en la economía sumergida. – Parados con cualificaciones y oportunidades laborales. – Parados sin experiencia laboral previa y sin cualificaciones. – Parados de larga duración en actividades poco demandadas.
– No propietarios.	– Inempleables, excluidos.

CUADRO 8.5.—*Algunos factores actuales de estratificación social*

Factores configuradores	Clases sociales/referentes de desigualdad	Mecanismos de defensa y afirmación social de intereses
Propiedad/Control	Clases dominantes	– Poder e influencia social – Grupos de presión.
Cualificaciones/Estatus	Clases medias	– Cultura – Partidos de centro
Trabajo "normal"	Clases trabajadoras	– Sindicatos – Partidos de izquierda
Trabajos precarios, paro de larga duración, marginación social	Infraclases Excluidos	– Movimientos de protesta

El hecho de que algunos sectores sociales nutran de manera creciente las filas de los parados, de los excluidos y de los grupos más vulnerables, tiende a conferir importantes matices particulares a la problemática de la desigualdad y la asimetría social. Por ello, se habla de una «juvenalización» del paro, de una «feminización» y «etnización» de la pobreza, de una creciente segmentación de las desigualdades, etc. La cuestión es que algunas de estas tendencias pueden agudizarse con el tiempo, abriendo la perspectiva de un nuevo ciclo histórico en el que se plantee la contradicción de que las grandes posibilidades económicas, culturales y científicas que se abren con la revolución tecnológica no se traduzcan a corto plazo en una nueva expansión del bienestar social y de las oportunidades de calidad de vida para todos.

BIBLIOGRAFÍA

ALONSO, Luis Enrique, *La crisis de la ciudadanía laboral,* Barcelona, Anthropos, 2007.

ÁLVAREZ-URÍA, Fernando y otros, *Desigualdad y pobreza hoy,* Madrid, Talasa, 1995.

AYALA, Luis y otros, *Las condiciones de vida de la población pobre en España,* Madrid, FOES-SA, 1998.

CACHÓN, Lorenzo, *¿Movilidad social o trayectorias de clase?,* Madrid, CIS, 1989.

CAMPO, Salustiano del, *La sociedad de clases medias,* Madrid, Espasa Calpe, 1989.

CASADO, Demetrio, *La pobreza en la estructura social de España,* Madrid, Ayuso, 1976.

CASTELLS, Manuel, *La era de la información,* 3 vols., Madrid, Alianza Editorial, 1997-1998.

FEITO, Rafael, *Estructura social contemporánea. Las clases sociales en los países industrializados,* Madrid, Siglo XXI, 1995.

GARCÍA SAN MIGUEL, Luis, *Las clases sociales en la España actual,* Madrid, CIS, 1980.

GARCÍA SERRANO, C. y otros, *La pobreza en España,* Madrid, Ministerio de Trabajo, 2001.

GONZÁLEZ, Juan Jesús, *Clases sociales: estudio comparativo de España y la Comunidad de Madrid 1991,* Comunidad de Madrid, Consejería de Economía, 1992.

LACALLE, Daniel, *El conflicto laboral en profesionales y técnicos,* Madrid, Ayuso, 1975.

MORENO, Luis (ed.), *Pobreza y Exclusión,* Madrid, CSIC, 2002.

NAVARRO, Vicenç (ed.), *La situación social de España,* Madrid, Biblioteca Nueva, 2007.

PÉREZ DÍAZ, Víctor, *Clase obrera, partidos y sindicatos,* Madrid, Fundación INI, 1979.

RENES, Víctor, *Luchas contra la pobreza hoy,* Madrid, Ediciones HOAC, 1993.

SEVILLA GUZMÁN, Eduardo, «El campesinado en el desarrollo capitalista español», en Paul Preston (ed.), *España en crisis,* Madrid, FCE, 1978 (original en inglés de 1976), págs. 183-216.

TEZANOS, José Félix, *Estructura de clases y conflictos de poder en la España post-franquista,* Madrid, Edicusa, 1978.

— *¿Crisis de la conciencia obrera?,* Madrid, Mezquita-Alhambra, 1982.

— «Clases sociales», en S. Giner y otros, *España, Sociedad y Política,* Madrid, Espasa Calpe, 1990, págs. 109-142.

— *Tendencias en estratificación y desigualdad social en España,* Madrid, Sistema, 1997.

— *La sociedad dividida. Estructuras de clases y desigualdades en las sociedades tecnológicas,* Madrid, Biblioteca Nueva, 2001.

— *El trabajo perdido. ¿Hacia una civilización postlaboral?,* Madrid, Biblioteca Nueva, 2001.

— *La democracia incompleta. El futuro de la democracia postliberal,* Madrid, Biblioteca Nueva, 2002.

— *Clase, estatus y poder en las sociedades emergentes,* Madrid, Sistema, 2002.

— *Tendencias en desigualdad y exclusión social* (2.ª edición actualizada y ampliada)*,* Madrid, Sistema, 2004.

9

La sociedad de consumo española. De la uniformidad a la variedad de estilos de vida

José Castillo

1. Introducción

Hasta no hace mucho, la vida cotidiana, en su variada expresión, apenas alcanzaba notoriedad pública. Sólo solía ser objeto de atención en la charla familiar, en la conversación amistosa o en el vulgar desahogo chismoso. La prensa periódica la recogía habitualmente en el discreto género del artículo de costumbres; y los estudiosos de la sociedad, bajo la poco científica forma de la anécdota ilustrativa. Esto nos indica el escaso —por no decir nulo— relieve social de que gozaba el ordinario quehacer humano. Por lo común, sólo se tomaba nota destacada de los grandes acontecimientos de tipo político, religioso, económico, cultural o semejantes. Lo demás no contaba. Justo esto es lo que le acontecía a esa sustancial actividad humana, consistente en la adquisición de mercancías para uso privado, a la que por brevedad solemos dar el nombre de consumo de bienes. Hasta ahora eran pocos los que se habían fijado en ella con la atención debida, y, si lo hacían, lo era bien para cantar sus excelencias, bien para quejarse de sus perniciosos efectos; y en todo caso sin salirse de la esfera que le es propia. Cuando lo cierto es que el susodicho consumo de objetos no es un género de actividad que se agote en sí mismo, sino que influye en otras actividades humanas entendidas por lo general como de mayor peso y entidad. Se comete, pues, una tremenda equivocación, cuando se cree que la sociedad humana está dividida en dos grandes compartimentos estancos: uno, relativo a los aspectos trascendentales de la vida, y otro, a los insignificantes. Por el contrario, lo que la compleja realidad nos muestra a las claras es que ambos aspectos componen un conjunto de ideas, creencias, sentimientos, valores y acciones, en constante y recíproca relación; de tal suerte, que tratar de disociar una y otra esfera es empeño inexorablemente estéril.

En concreto, la sociedad española ha experimentado una honda transformación en el último cuarto de siglo. Uno de los aspectos que más ha evolucionado ha sido justamente el consumo de bienes superiores. Baste fijarse en el copioso número de aparatos que atestan hoy día nuestros hogares, cuando hace bien poco reinaba en ellos la austeridad más estricta. Pero con ser llamativa esta mayor comodidad en la que se desenvuelve nuestra vida, no es la única novedad que la caracteriza, ya que casi todos los demás aspectos que la definen también han experimentado cambios sustanciales. Y cabe sostener que en tales cambios —demográficos, familiares, religiosos, culturales, morales, etcétera— ha influido de modo capital el generalizado disfrute de los objetos propios de la llamada sociedad de consumo masivo. O, dicho con otras palabras, que un cambio aparentemente de tan poca entidad como el acaecido en nuestros hábitos de consumo ha repercutido, a su vez, de forma considerable en otros ámbitos de nuestra existencia, tenidos usualmente por más significativos: la sociedad de consumo no se distingue sólo por un elevado bienestar material, sino por una determinada forma de entender la vida. Sobre este importante fenómeno —en su plasmación española— paso a hacer unas consideraciones sociológicas.

2. DE LA IDEA A LA REALIDAD DEL BIENESTAR MATERIAL ESPAÑOL

Para representarse siquiera vagamente la naturaleza del proceso histórico que ha desembocado en el establecimiento en España de la llamada sociedad de consumo, hay que remontarse a la década de los años 60, y vicisitud tras vicisitud, llegar hasta nuestros días: por aquel entonces, nos dio por consumir —o nos incitaron a ello, que de todo hubo— la idea del consumo de bienes superiores, mucho antes de que éste se plasmara en una realidad tangible; por los años 70, nos inventamos —o nos inventaron— la idea del consumidor inconforme, mucho antes de que existieran consumidores a secas; por esos mismos años, se nos hizo creer en el bienestar material de los españoles, cuando sólo se había difundido la posesión de unos pocos bienes y el disfrute de algunos servicios; de modo, que, durante largos años, no hemos hecho otra cosa que ir, anhelosamente, tras huidizas y engañosas quimeras. Paradójicamente, en la década de los años 80, en el preciso momento en que la sociedad de consumo empezaba a cuajar entre nosotros, surgió la grave crisis económica que —con mayor o menor fuerza— sacudió a la generalidad de estas sociedades, justo cuando a amplios sectores de la sociedad española se les había despertado un apetito desordenado por el consumo de mercaderías de toda especie, y, justo, cuando los hacedores del desarrollo económico comenzaban a procurárselas con largueza. Con lo que éstos se sentían satisfechos y un poco benefactores de la patria, y aquéllos encandilados y más alegres que unas pascuas: para muchos, quedaban ya muy lejanos los días en que se llevaban la sobriedad, la austeridad y la continencia como ideales vitales. Y, así, llegamos al momento presente en el que el consumo se ha desbordado y empieza a surgir el tedio por los estilos de vida perdurables, y se anhela la fugacidad y transitoriedad en nuestros actos cotidianos; hasta el extremo de que también por aquí, como no podía ser menos, comienza a despuntar la antojadiza figura del *transumer*[1].

_____

[1] El término *transumer*, que comenzó a circular hace un lustro en el mundo internacional del diseño, está compuesto por las palabras inglesas *transient* (transitorio) y *consumer* (consumidor). Hace referencia a los pasajeros de aerolíneas en tránsito de un lugar a otro; por tanto, *transumer* es todo viajero que aprovecha el tiempo de espera en los aeropuertos internacionales para dar satisfacción a sus antojos consumistas. Este estricto significado inicial se ha ampliado a todo consumidor, transite por aeropuertos o no, al que le satisfagan más las sensaciones fugaces deparadas por el consumo que los productos en sí. Para el *transumer*, el consu-

3. EVOLUCIÓN DE LA SOCIEDAD DE CONSUMO ESPAÑOLA

A principios de los años 60, la sociedad española comenzaba a dar señales de crecimiento económico[2]. Lo que significaba que el español medio podía ya disponer de bienes y servicios que hasta entonces habían estado fuera de su alcance. Al punto que, durante el primer lustro, casi todas las viviendas —salvo las de las zonas rurales— disfrutaban de luz eléctrica, así como una amplia mayoría de ellas, de agua corriente; se duplicaba el número de teléfonos y repuntaba la disponibilidad de agua caliente; en 1964 ya disfrutaba de receptor de televisión el 13% de los hogares, a pesar del escaso alcance de las emisiones iniciales de Televisión Española (Tabla 9.1.)[3]. Lo mismo sucedía por estas fechas con la posesión de otros muchos objetos domésticos y personales que crecía, a veces de modo asombroso (frigoríficos, lavadoras, planchas eléctricas, ollas a presión, colchones de muelles, tocadiscos, plumas estilográficas, entre otros enseres, registraban notables aumentos) y que cuando disminuía lo era porque se sustituían aquellos que habían quedado anticuados por otros más modernos —como era el caso de la sustitución de la cuchilla de afeitar por la afeitadora eléctrica— (Tabla 9.1.).

La mejora afectó singularmente al cuidado del cuerpo: los españoles nos decidimos a ocuparnos en serio de nuestro aseo personal, y con ello a olvidar viejas prevenciones de orden higiénico, moral y religioso —empezaba a ponerse en entredicho, pongo por caso, que la limpieza corporal tuviera algo que ver con el afeminamiento o con la condenación del alma—. Aunque el cambio de costumbres se fue materializando poco a poco y con distinciones (Tabla 9.1): primero, respecto de productos de tocador elementales y de uso común por ambos sexos —jabón, pasta dentífrica y agua de colonia—; después, respecto de los productos de cosmética femenina, con un lento movimiento centrífugo desde los labios a otras zonas del rostro y del cuerpo. Baste fijarse en el considerable crecimiento que se produjo en apenas un lustro —de 1960 a 1964— en el empleo de los siguientes productos de tocador: en lo relativo al jabón, se pasó de un 59% que lo usaba en 1960 al 66% que lo hacía en 1964; en la pasta dentífrica, del 49 al 64%; en el agua de colonia, del 39 al 60%; en los desodorantes, del 3 al 15% (Tabla 9.1.)[4]. Parece como si, hace cuatro decenios, a gran parte de la población española le hubiera entrado una súbita pasión por la limpieza corporal.

---

mo de objetos transitorio es preferible al permanente: aquél le ahorra disgustos, como los provocados por el deterioro, robo o pérdida del objeto que posee; al tiempo que le procura el disfrute de lo más nuevo y lujoso por efímero que sea. A estos efectos, el *transumer* prefiere la provisionalidad de la cesión en alquiler del objeto deseado a la perdurabilidad que confiere la propiedad del mismo.

[2] Como advierten Alonso y Conde, en el decenio de los años 60 «...se van a generar un *nuevo modelo de consumo* y un *nuevo modelo de consumidor* en clara *ruptura* con el modelo desarrollado a lo largo de las décadas de los cuarenta y cincuenta, tanto en lo que se refiere a sus cambios de comportamiento como en sus actitudes, motivaciones, personalidad, psicología y predisposición a consumir» (Luis E. Alonso y Fernando Conde, *Historia del consumo en España: una aproximación a sus orígenes y desarrollo,* Debate, Madrid, 1994, pág. 162).

[3] José Castillo Castillo, «¿Es España sociedad de consumo de masas?», en *Anales de Sociología*, junio de 1966, pág. 10.

[4] José Castillo Castillo, *Sociedad de consumo a la española,* Eudema, Madrid, 1987, págs. 58-59.

TABLA 9.1.—*Distribución porcentual de los hogares españoles según la posesión de determinados bienes (1960-1964)*

Clases de bienes	1960 (%)	1963 (%)	1964 (%)
Instalaciones del hogar			
Teléfono	12	28	25
Luz eléctrica	94	—	96
Agua corriente	52	79	67
Agua caliente	—	26	—
Ascensor	3	—	6
Calefacción	5	7	10
Aparatos electrodomésticos			
Frigorífico	4	9	16
Lavadora	19	33	33
Plancha eléctrica	66	84	80
Aspiradora	2	5	6
Enceradora	1	—	2
Manta eléctrica	1	—	7
Menaje de cocina			
Cocina de gas	7	30	33
Cocina eléctrica	3	8	7
Batidora eléctrica	4	15	14
Tostador de pan	1	—	3
Cafetera eléctrica	5	—	11
Olla a presión	11	24	27
Molinillo eléctrico	—	14	—
Efectos del hogar			
Máquina de coser	59	72	67
Máquina de escribir	7	—	15
Colchón de muelles	4	—	18
Aparatos electrónicos			
Receptor de radio	64	84	—
Tocadiscos	3	8	11
Receptor de televisión	1	8	13
Efectos de uso personal			
Cámara fotográfica	8	17	12
Máquina de afeitar eléctrica	14	30	39
Pluma estilográfica	27	—	48
Reloj de pulsera	54	—	78
Vehículos de locomoción			
Automóvil	4	8	12
Motocicleta	7	8	12
Bicicleta	—	16	16

TABLA 9.1 *(cont.).—Distribución porcentual de los hogares españoles según la posesión de determinados bienes (1960-1964)*

Clases de bienes	1960 (%)	1963 (%)	1964 (%)
Productos de tocador			
Crema de belleza	7	—	17
Polvos de la cara	13	—	25
Lápiz de labios	23	—	37
Laca de uñas	7	—	22
Maquillaje de ojos	1	—	14
Maquillaje compacto	4	—	18
Perfume	4	—	18
Productos de aseo personal			
Jabón de tocador	59	—	66
Pasta dentífrica	49	—	64
Agua de colonia	39	—	60
Cremas o jabón de afeitar	35	—	32
Cuchillas de afeitar	46	—	37
Polvos de talco	22	—	33
Desodorantes	3	—	15
Total de entrevistados	(1.697)	(1.188)	(1.898)

Fuente: José Castillo Castillo, *Sociedad de consumo a la española,* 1987, págs. 58-59

Y así ha proseguido este cuidado por la higiene personal, hasta el punto de que, a principios de los años 90, los varones españoles solían consumir como promedio cinco pastillas y media de jabón de 150 gramos al año, y sólo un 8% se lavaba el pelo menos de una vez a la semana; como también sucedía que el 49% de ellos —según propia confesión— gustaba cambiarse de calzoncillos todos los días frente al 45% de los alemanes y al 56% de los franceses que así decían hacerlo; y, aunque el dato tampoco es como para echar las campanas al vuelo —¿qué pasaba con la otra mitad?—, al menos en este delicado asunto íbamos por delante de los precitados alemanes, que ya es digno de admiración; y no digamos las mujeres, quienes al respecto se mostraban decididamente aseadas: según revelación personal, el 96% de las españolas se mudaba a diario de prenda íntima frente al 94% de las francesas y al 70% de las alemanas[5]. Este apasionamiento por el aseo corporal ha llegado entre nosotros a tanto que, según una reciente encuesta internacional, los españoles somos los europeos que más cuidados dedicamos a nuestra envoltura carnal; o dicho sin eufemismos, que somos los más limpios de Europa. Como éste es un dato comparativo y subjetivo, no tengo muy claro si hay razón fundada para el alborozo: los resultados de la consulta también pueden entenderse como que los demás europeos son más sucios —o más sinceros—, que nosotros, lo que es cosa bien distinta.

Es mucho, pues, lo que se ha avanzado en España en el ámbito material y en usos sociales, y en muy poco tiempo: todo empezó a suceder, de un modo importante y eficaz —como ya he dicho—, en la década de los años 60 para paulatinamente consoli-

---

[5] Dominique Léonie y Régis Bertet, *Las cifras récord del cuerpo humano,* Editorial Paidotribo, Barcelona, 1995, págs. 60-61.

darse en el último cuarto del siglo xx: de hecho, la sociedad de consumo de masas —
guste o no guste su existencia y aún su mera denominación— se establece propiamente en España por esos años[6]. Baste ahora citar —a título ilustrativo— tres avances de
distinto signo que evidencian el particular relieve de ese período finisecular (Tabla 9.3):
Primero, en el período que va de 1974 a 2001, el consumo medio por persona aumentó un 22%; si bien, con un variado reparto: un fuerte crecimiento en comunicaciones,
esparcimiento, ocio y cultura; un notable aumento en transporte y en alquiler y gastos
de vivienda; y un descenso en alimentación; con el llamativo contraste entre la disminución del gasto en el consumo de bebidas alcohólicas dentro del hogar y el aumento
del gasto en hostelería, bares y restaurantes. Lo que en conjunto refleja no sólo el acre-
centamiento del bienestar material de los españoles en dicho cuarto de siglo, sino también una notable evolución de formas de vida: la sociedad española por esos años había empezado decididamente a adaptarse a la modernización de costumbres,
poniéndose en línea con los países avanzados de la Unión Europea[7].

---

[6] Las llamadas sociedades de consumo de masas europeas comenzaron a dar señales de vida a mediados
del siglo pasado para consolidarse un cuarto de siglo después, como se puede observar en la tabla siguiente
(Angus Maddison, *Economía mundial: una perspectiva milenaria*, Ediciones Mundi-Prensa, 2002):

TABLA 9.2.—*PIB por habitante (dólares internacionales de 1990) y tasa de crecimiento
del PIB por habitante de determinados países europeos, 1870-1998*

	PIB/habitante			PIB/habitante 1870-1913 *(orden liberal)**	PIB/habitante 1950-1973 *(edad de oro)**	PIB/habitante 1973-1998 *(orden neoliberal)**
Países	A 1870	B 1998	B/A			
Nórdicos						
Dinamarca	2.003	22.123	11,04	1,57	3,08	1,86
Finlandia	1.140	18.324	16,07	1,44	4,25	2,03
Noruega	1.432	23.660	16,52	1,30	3,19	3,02
Suecia	1.664	18.685	11,22	1,46	3,07	1,31
Meridionales						
España	1.376	14.227	10,34	1,15	5,79	1,97
Grecia	913	11.268	12,34	1,30	6,21	1,56
Italia	1.499	17.759	11.85	1,26	4,95	2,07
Portugal	997	12.929	12,97	0,52	5,66	2,29

* Estas denominaciones son de A. Maddison.
Fuente: Elaboración propia con datos de Angus Maddison, *Economía mundial: una perspectiva milenaria*, pág. 186.

En ella se advierte que la fase de mayor crecimiento relativo, tanto en los países nórdicos como en los
meridionales, fue la comprendida entre 1959 y 1973 —denominada acertadamente como edad de oro por
Maddison—; segundo, que, en ese cuarto de siglo, el desarrollo favoreció, en términos comparativos, ante
todo a las economías del Sur, que habiendo partido de posiciones económicas inferiores, comenzaron a sen-
tar las bases para la expansión del fenómeno del consumo; tercero, que, en la fase neoliberal, se moderó la
tasa de crecimiento de los dos grupos de países, aunque a un nivel superior al de la fase liberal

[7] Instituto Nacional de Estadística, *La sociedad española tras 25 años de Constitución*, Madrid, 2003,
págs. 229-231.

TABLA 9.3.—*Evolución del gasto medio por persona a precios de 2001 en euros (1974-2001)*

	1974 %	2001 %	Variación 2001/1974
Gasto total	100,0	100,0	22,1
Alimentación y bebidas no alcohólicas	30,9	22,4	–11,3
Bebidas alcohólicas dentro del hogar	2,6	0,9	–58,4
Tabacos	1,9	2,1	37,5
Vestido y calzado	8,9	9,4	29,0
Alquileres y gastos de vivienda	9,3	11,4	49,7
Muebles, electrodomésticos y otros gastos	6,2	6,1	–8,6
Salud	2,9	2,7	15,8
Transporte	10,1	14,5	74,9
Comunicaciones	0,5	2,7	510,5
Esparcimiento, ocio y cultura	4,6	7,6	100,7
Enseñanza	2,8	1,5	36,4
Hostelería, bares y restaurantes	11,1	11,2	22,9
Otros	6,2	7,5	47,9

Fuente: Extracto de la tabla 8.1., Instituto Nacional de Estadística, *La sociedad española tras 25 años de Constitución*, 2003, pág. 230.

Segundo, las desigualdades en el consumo se habían reducido notablemente: si se tiene en cuenta, por ejemplo, el gasto medio por persona en relación con el nivel de estudios del sustentador principal del hogar, sucede que, mientras la capacidad de gasto de los que poseían estudios superiores en 1974 era casi cuatro veces mayor que la de los analfabetos o sin estudios, en 2001 la diferencia había descendido a poco más del doble a favor de los titulados superiores[8].

Y tercero, en el ámbito de la electrónica doméstica, se manifiesta un fuerte crecimiento, tanto en la posesión de cadenas de música y equipos de sonido como en el de ordenadores. En el primer caso, su posesión se ha duplicado: se ha pasado del 35% de hogares que disponía de ellos en 1975 al 70% en 2001. En el segundo caso, el crecimiento ha sido notablemente más rápido: en sólo un lustro, de 1996 a 2001, la proporción de hogares que dispone de ordenador ha ascendido de la quinta parte a más de un tercio[9]. Para darse cuenta exacta del creciente poder de este artefacto, baste fijarse en que sus principales usuarios son los jóvenes —entre 16 y 24 años—: mientras que en 2006 el 87% de éstos hacía ya uso del ordenador, no llegaban a la cuarta parte las personas con edades comprendidas entre los 55 y los 64 años que lo utilizaban. Y lo que llama aún más la atención: su uso por parte de los niños —entre 10 y 14 años—, en la misma fecha, alcanzaba proporciones insólitas —en torno al 90%—, ya fuera en juegos, ocio y música, o para trabajos escolares (Tabla 9.4.)[10].

---

[8] Ibíd., pág. 241.

[9] Instituto Nacional de Estadística, *Encuesta sobre equipamientos y uso de tecnologías de la información y comunicación en los hogares*, INEbase, Madrid, 2007.

[10] Ibíd. Para un conocimiento más completo de la evolución experimentada por los bienes duraderos en las dos últimas décadas, véase el epígrafe de este Capítulo «A modo de síntesis».

TABLA 9.4.—*Distribución porcentual de usuarios (en los últimos tres meses) de ordenador e Internet, por grupos de edad (2006)*

Grupo de edad	Usuarios de ordenador (%)	Usuarios de Internet (%)	Compradores por Internet (%)
De 10 a 14 años	89,1	89,1*	90,2**
De 16 a 24 años	86,6	82,8	13,1
De 25 a 34 años	72,6	66,7	16,9
De 35 a 44 años	63,6	54,3	12,4
De 45 a 54 años	47,5	39,6	7,6
De 55 a 64 años	23,3	17,9	3,9
De 65 a 74 años	7,5	5,0	0,6

* Usos del ordenador en la vivienda: para ocio, música, juegos.
** Usos del ordenador en la vivienda: para trabajos escolares.

Fuente: Elaboración propia con datos de *Encuesta sobre Equipamiento y Uso de Tecnologías de la Información en los hogares, 2006,* INE.

Con lo dicho queda claro el extraordinario desarrollo del consumo privado en España: no hay objeto, otrora sólo al alcance de los boyantes consumidores de los países avanzados, que hoy día resulte difícil de conseguir por parte de una gran mayoría de españoles. Como señal expresiva de esta nueva capacidad del consumidor español, resalta el continuado aumento del llamado *dinero de plástico* y de su uso: en el breve lapso que va del año 2000 al 2006, el número de tarjetas de crédito ha pasado de 16 millones de unidades a 38 y medio, y el importe de las operaciones con ellas efectuadas, de cerca de 47.000 millones de euros en 2002 a más de 79.000 millones en 2006 (Tabla 9.5.)[11]. Señal clara de que las tarjetas de crédito han venido cumpliendo, con creciente pujanza, para con los consumidores españoles, la decisiva función de facilitarles la satisfacción inmediata de sus deseos de compra, lo que ciertamente ha resultado ventajoso para la expansión de la sociedad de consumo; aunque no es tan evidente que lo haya sido también para los propios consumidores[12].

---

[11] En 1985 el número de tarjetas de crédito en España era aproximadamente de tres millones y medio (José Castillo Castillo, «Consumo y bienestar», en José Vidal Beneyto (ed.), *España a debate: II La sociedad,* Editorial Tecnos, Madrid, 1991, pág. 64).

[12] A juicio del crítico radical de la sociedad de consumo estadounidense George Ritzer, la tarjeta de crédito no sólo no le reporta al consumidor ninguna ventaja, sino que constituye un medio eficaz para su explotación: «Las tarjetas de crédito favorecen la capacidad de los nuevos medios de consumo de explotar a los consumidores al llevarles a consumir más. Las tarjetas de crédito, además, son explotadoras en sí mismas en el sentido de que inducen a la gente a contraer deudas de las que a muchos les resulta difícil escapar y a pagar tasas de interés usurarias que sirven para alargar el endeudamiento durante años, si no décadas. Se puede decir que los consumidores son explotados por los nuevos medios de consumo en cuanto que son incitados a comprar más de lo que necesitan, a pagar precios más elevados de lo necesario y a gastar más de lo que debieran» (George Ritzer, *Explorations in the Sociology of Consumption. Fast Food, Credit Cards and Casinos,* Sage Publications, Londres, 2001, pág. 112.

TABLA 9.5.—*Número de tarjetas de crédito, operaciones e importes de compras en terminales de punto de venta*

Año	Tarjetas de crédito*	Operaciones **	Importes ***
2000	16,06		
2001	17,75		
2002	20,95	991.564	46.828,92
2003	23,86	1.070.162	53.403,00
2004	28,96	1.235.093	62.515,42
2005	33,25	1.372.055	71.468,43
2006	38,49	1.571.046	79.115.03

* Unidades en millones.

** Operaciones en miles (realizadas en dispositivos situados en España con tarjetas emitidas por entidades adheridas a redes españolas).

*** Importes en millones de euros.

Fuente: Elaboración propia con datos de *www.bde.es/sispago/estadisticas.pdf*

4. LA DESIGUALDAD EN LA SOCIEDAD DE CONSUMO ESPAÑOLA

Las cifras del apartado anterior se refieren a un supuesto español medio que sólo existe en la mente de estadísticos, economistas, sociólogos y otros estudiosos habituados a resumir realidades complejas en conceptos simples —cuando no simplistas—. Conviene, pues, adentrarse algo en las complejidades que encierra toda sociedad, atendiendo al desigual reparto de los beneficios del crecimiento económico.

Los datos sobre la desigualdad en el consumo de bienes en los comienzos de la sociedad de consumo española nos los facilitaba prestamente la publicación *Nuevo retrato de dos familias*[13]. De tal retrato se desprende que, si se compara, en torno a 1965, el consumo corriente de las capas *instruidas*[14] con el del consumidor medio de aquel entonces, se advierte que aquéllas habían abandonado ya el tradicional colchón de lana, o de borra, por los más modernos de espuma de caucho o de muelles; también que superaban en mucho a la generalidad de los españoles en cuanto a la posesión de receptor de televisión y tocadiscos —como cuatro veces más—; que, en lo tocante a efectos de uso personal, eran objetos muy difundidos entre tales familias bien situadas el reloj de pulsera, el bolígrafo y la máquina de afeitar eléctrica; que de coche disfrutaba una privilegiada tercera parte del susodicho sector familiar, lo que venía a representar tres veces más que la media nacional; que, respecto de la posesión de libros, doblaban al resto de sus conciudadanos; que, asimismo, se mostraban mucho más propensas a introducir en sus hábitos gastronómicos todo género de alimentos preparados[15]; como también, bastante más solícitas con su higiene que la gran masa de los españoles, lo que

---

[13] Selecciones del Reader's Digest, *Nuevo retrato de dos familias,* Madrid, 1965, *passim.*

[14] En este caso, las formadas por los lectores de Selecciones del Reader's Digest.

[15] Como señal del cambio de estilos de vida entre una y otra época, las capas *cultas* de hoy en día repudian este género de alimentos industriales, mostrando sus preferencias por los alimentos *naturales.*

se reflejaba en su generoso uso de pasta dentífrica, jabón de tocador y papel higiénico. En resumen, a mediados de los años 60, eran todavía muchos los españoles —sobre todo en las pequeñas ciudades y en el campo— que no habían abandonado la España menesterosa y atrasada: planchas de hierro, hornillas económicas, colchones de borra —cuando no de farfolla—, fresqueras, neveras, braseros, badilas, mesas camilla, jabón de cocina, papel higiénico de estraza, baldes, lebrillos, soplillos, navaja de afeitar, traje dominguero, fajas, refajos, ligueros, alpargatas, toquillas… formaban su mundo, un mundo que comenzaba a desaparecer.

Hacia 1975, eran mayoría los objetos domésticos que estaban todavía lejos de un disfrute generalizado. Salvo el receptor de televisión, el frigorífico y la lavadora, los llamados bienes de consumo duraderos eran poseídos por menos de la mitad de la población española[16]. Por tanto, había aún base suficiente para alimentar las notables diferencias sociales que de antiguo marcaban el destino de los españoles. Y esto sin abandonar el específico ámbito del consumo, lo que supone desatender otras fuentes de desigualdad de mayor peso y trascendencia, como es el caso de la riqueza, el poder y la educación. Así, en tal año, regiones como la vasco-navarra y la catalana poseían *grosso modo* el doble de lavadoras, frigoríficos y televisores que regiones como Galicia y Extremadura, por mencionar objetos de una elevada difusión[17]. Lo que de por sí constituye una desigualdad cuantitativa considerable, que se acrecienta aún más si se tienen en cuenta las desigualdades de naturaleza cualitativa que de la específica función de los aparatos en cuestión se derivan. Se entiende que los bienes de consumo doméstico han de satisfacer necesidades del consumidor: algunos se encaminan a ahorrarle esfuerzo; otros, a facilitarle la expresión de su personalidad. El lavaplatos, la aspiradora, la lavadora y la batidora pertenecen al primer grupo; el tocadiscos, el magnetófono, el teléfono y la máquina fotográfica al segundo. La posesión simultánea de unos u otros aparatos configuran dos tipos diferentes de consumidor: uno liberado de gran parte de las servidumbres de las faenas domésticas; otro, con posibilidades de auto-expresión. Hechos los correspondientes cálculos, resulta que los consumidores acomodados de Madrid —por poner un ejemplo relevante— disponían en 1976 de una autonomía física dos veces y media superior que la de los consumidores modestos, y una capacidad de expresión personal algo más de tres veces superior[18].

Alrededor de 1980, nace la primera generación formada en la sociedad de consumo española. A partir de esta fecha, a un número creciente de niños españoles le fue dado vivir en un ambiente de extendido bienestar material: la gran mayoría de ellos pudo asearse en un cuarto de baño, como también almacenar sus bebidas preferidas en un frigorífico, y, ante todo, permanecer absorta durante horas ante la pantalla del receptor de televisión; cerca de la mitad pudo ocupar su plaza en el automóvil familiar nada más hacer acto de presencia en este mundo, así como deleitarse con los batidos caseros preparados con la batidora eléctrica; igualmente, a una tercera parte de ellos le fue posible iniciarse en el uso del teléfono y en el del tocadiscos. No en vano, por aquel entonces, todos los aparatos mencionados habían experimentado, un cuantioso, cuando no sensacional, crecimiento (Tabla 9.6.): de 1966 a 1976, los hogares con cuarto de baño o du-

---

[16] José Castillo Castillo, *Sociedad de consumo a la española,* ob. cit., pág. 113.

[17] Alfonso Rebollo, «La transformación del consumo privado en España», en Manuel Navarro (dir.), *La sociedad de consumo y su futuro: el caso de España*, Instituto Nacional de Consumo, Madrid, 1978, pág. 111.

[18] José Castillo Castillo, *Sociedad de consumo a la española,* ob. cit., págs. 115-116.

cha se habían multiplicado por dos; de 1960 a 1976, por cuatro, los hogares con teléfono; por más de diez, los que disponían de tocadiscos, batidora y automóvil; por más de veinte, los que contaban con frigorífico; y por noventa, los que disfrutaban de receptor de televisión[19].

TABLA 9.6.—*Distribución porcentual de los hogares españoles según la posesión de determinados bienes (1960 y 1976)*

Bienes poseídos	% 1960	% 1976
Receptor de televisión	1	90
Frigorífico	4	87
Baño o ducha	44*	86
Automóvil	4	49
Batidora eléctrica	4	44**
Tocadiscos	3	39
Teléfono	12	44***

   * 1966
  ** 1973
*** 1975

Fuente: José Castillo Castillo, *Sociedad de consumo a la española,* pág. 111.

Se establecían, así, por la sola presencia en el hogar de abundantes aparatos electrodomésticos, diferencias formativas entre la infancia de una y otra época, que influirían transcurrido el tiempo, en la distinta actitud de jóvenes y mayores ante los productos de consumo; en particular, en lo relativo a los aparatos electrónicos. En efecto, los españoles adultos, educados en los sencillos principios de la electromecánica, no pudieron menos que presenciar con asombro —no exento de inquietud— la formidable irrupción de la electrónica a mediados de los años 60. En cambio, sus hijos se introducían de buenas a primeras y como la cosa más natural del mundo en el enigmático universo de los ingenios electrónicos. Baste recordar el decisivo influjo que las calculadoras y los magnetófonos ejercieron sobre las particulares circunstancias de su pequeño mundo: a partir de este crucial momento, ni el trabajo escolar ni el esparcimiento infantil volvieron jamás a ser mera reproducción de los imperantes en la infancia de sus padres.

El comienzo de los años 80 se nos presentó a los españoles bajo el signo de la incertidumbre económica: de un lado, se había logrado la consolidación de los hábitos de consumo generados en el anterior decenio; de otro, persistían las graves dolencias desencadenadas —entre otras causas— por la crisis energética de 1973. En cuanto al primer punto, destacaba el continuo mejoramiento material de los hogares, aunque logrado a costa de grandes esfuerzos y sacrificios, recurriendo al ahorro privado: antes que renunciar al consumo, se prefería ahorrar menos, vivir al día, o incluso entramparse; tres actitudes distintas que, al conllevar diversos grados de sacrificio, se repartían desigual-

[19] Ibíd., pág. 111.

mente según se tratara de sectores sociales de economía desahogada o modesta[20]. Por otro lado, durante estos años, como contrapunto doloroso del bienestar de gran parte de españoles, destacaba el grave problema del paro laboral de otra apreciable porción de conterráneos. Jóvenes, universitarios y mujeres, tres sectores sociales que habían adquirido especial relieve con el progresivo bienestar material de nuestra sociedad, sufrían irónicamente el rechazo de la misma en el momento en que más esperaban de ella.

Sin embargo, el paro revestía un carácter singular en esta etapa de la sociedad de consumo española (Tabla 9.7.). La posesión de bienes de consumo doméstico llegaba incluso a los parados: en 1981, casi todos poseían receptor de televisión y frigorífico; más de la mitad, lavadora automática; y más de las dos quintas partes, coche[21]. Situación de relativa comodidad material, que en 1985 se mantenía aproximadamente en los mismos términos[22]. Por tanto, a estos efectos, el parado medio no se diferenciaba gran cosa del consumidor medio, o, lo que es lo mismo, el español —dispusiera de empleo o no— poseía en ambos casos un menaje similar. Ciertamente no se le podía catalogar como indigente. Incluso no siempre salía mal librado en su comparación con el rentista medio, otrora aspiración máxima de todo español que se preciara[23].

TABLA 9.7.—*Distribución porcentual de hogares españoles que disponen de determinados bienes, según la situación de parado o rentista del sustentador principal (1981)*

Bienes poseídos	Parado (%)	Rentista (%)	Total (%)
Frigorífico	91	85	91
Televisor en blanco y negro	80	65	72
Televisor en color	15	30	27
Aparato de radio	61	69	67
Lavadora automática	59	52	64
Lavadora no automática	20	26	15
Máquinas de coser	55	58	58
Automóvil	43	31	52
Magnetófono, radio-cassette	37	16	39
Tocadiscos	18	12	20
Aspiradora	9	24	18
Motocicleta	20	5	13
Bicicleta	7	3	8
Lavavajillas	1	5	6

Fuente: José Castillo Castillo, *La sociedad de consumo a la española*, pág. 153

---

[20] Juan Gimeno Ullastres, «Los presupuestos familiares», en *Estudios sobre consumo*, núm. 1, abril, 1984, págs. 45-47.

[21] Instituto Nacional de Estadística, *Encuesta de presupuestos familiares, 1980-81: equipamiento y condiciones de las viviendas familiares,* tomo II, Madrid, 1983, pág. 219.

[22] José Castillo Castillo, *La sociedad de consumo a la española,* ob. cit., pág. 152.

[23] Instituto Nacional de Estadística, *Encuesta de presupuestos familiares, 1980-81: equipamiento y condiciones de las viviendas familiares,* ob. cit., pág. 219.

Con todo, estos datos no se deben tomar como señal de que la difusión de los bienes de consumo fuera ya tan amplia que se hubiera alcanzado la igualdad en su reparto. Si, por las fechas ya indicadas, se agrupaba a los españoles según la diferente cuantía de sus ingresos, resultaba lo siguiente: había bienes —como el aparato de radio y el frigorífico— muy difundidos que apenas discriminaban entre los consumidores; había otros bienes mucho menos difundidos —como la máquina de coser o la motocicleta— que tampoco establecían diferencias importantes entre ellos, cualquiera que fuera su renta; por el contrario, había otros aparatos que eran poseídos por el grupo de renta superior en una proporción mucho mayor que la que se daba en el de renta inferior —tal era el caso de la cámara fotográfica, el magnetófono, el automóvil, la aspiradora, el tocadiscos y el lavavajillas; de muy variada difusión en cada caso—. Por último, empezaba a manifestarse el fenómeno, consustancial a toda sociedad de consumo, de emprender una nueva diferenciación distributiva una vez conseguido el reparto equitativo de un determinado producto, como acontecía ya con el televisor en color que, con su aparición, daba al traste con la igualdad lograda por el televisor en blanco y negro: los españoles acomodados disponían del nuevo aparato en una proporción seis veces mayor que sus congéneres de inferior posición[24]. Eran, pues, muchas las disparidades que, hace tres décadas, se establecían entre los españoles en lo tocante a la posesión de los seductores objetos de la sociedad de consumo: algunas puede que se debieran a razones económicas —no era lo mismo adquirir un aparato de radio que un coche, por muy utilitario que éste fuera—; otras, a razones culturales —el mayor o menor deseo por un tocadiscos o un magnetófono no obedecería sólo a razones de precio.

Pero, cualesquiera que fueran las razones en cuestión, el resultado era la persistencia de desigualdades en muchos aspectos de la vida cotidiana del consumidor español, aunque evidentemente a partir de un nivel superior de comodidad material que en el inmediato pasado. Lo que, dicho de otra manera, significa que por aquella época se había modificado el concepto mismo de pobreza. Si se compara la posesión de bienes superiores por las capas medias en 1964 y por el sector *pobre* en 1984, se comprueba que los *pobres* de los años 80 habían mejorado su situación con respecto a la de sus antecesores de veinte años antes, llegando en un lento y esforzado proceso a igualarse con la clase media de los años 60. Aunque no resulta menos evidente que esta última, por su parte, había progresado a un ritmo mayor, con lo que persistía una importante desigualdad entre estos dos sectores sociales[25]. A la sociedad de consumo le es consustancial este doble juego de nivelación y diferenciación: la igualdad universal le está negada.

Por otro lado, de conformidad con los nuevos valores de la incipiente sociedad de consumo española, comenzaba a alcanzar notoriedad el fenómeno que Francisco Murillo bautizó con el nombre del *síndrome del nuevo rico*. En nuestra recién estrenada sociedad de la abundancia —advertía éste por aquel entonces— comparecen dos riesgos: el celo del neófito y por tanto la desmesura en el goce, perdidos los resortes éticos, hasta que la sociedad cree sus propios mecanismos de contención; y la pérdida de elegancia que supone una sociedad de nuevos ricos excitados, entendiendo por elegancia un

---

[24] Ibíd., pág. 222.
[25] Así, por ejemplo, tanto el sector *pobre* en 1984 como el sector de clase media en 1964 poseían lavadora y teléfono en proporción similar (en torno al 25%, en el primer caso, y en torno al 40%, en el segundo). (José Castillo Castillo, *Sociedad de consumo a la española*, ob. cit., págs. 167-168).

síndrome de maneras y comportamientos sociales que pueden llegar hasta los linderos éticos de la conducta; elegancia es algo más que la raya de los pantalones. Y esto, ya se sabe, dura hasta que el uso haga perder sus aristas a las nuevas cosas y a los nuevos usuarios, de suerte que el tacto social no las palpe como diamantes sino como guijarros[26]. A más de un cuarto de siglo de esta amarga, aunque atinada, observación de Murillo —agrego por mi cuenta—, no parece que los sectores aludidos hayan ganado en elegancia moral, aunque ciertamente hayan mejorado en desenvoltura textil y cosmética, ni tampoco que la sociedad española haya creado sus propios mecanismos de contención o esté en trance de lograrlo.

No obstante, con el paso del tiempo, algo se fue ganando, si no en elegancia moral, sí al menos en el esquivo terreno de la igualdad social: en la década de los años 80, empezaba a insinuarse tímidamente, la igualación de los papeles de hombre y mujer; por una parte, era ya un hecho el progresivo ingreso de la mujer en la esfera del trabajo, tradicionalmente reservada al hombre, aunque todavía se produjera en pequeña proporción y en tareas y puestos de inferior categoría que los del varón; por otra, era perceptible la gradual incorporación del hombre a las tareas caseras, entendidas por lo usual como propias de la mujer, si bien no era menos claro que el varón español las asumía con mucho comedimiento y por partes. Pero, con independencia del grado de voluntariedad con que el hombre se introducía en los proverbiales dominios de la mujer, la compra de productos alimenticios —por citar un hábito de compra por lo común poco placentero— ya no era asunto exclusivamente femenino. El hombre había empezado a hacer la compra de tales productos, sin que por ello sufriera su masculinidad. Aunque no la llevaba a cabo en cualquier caso y circunstancia, sino sólo cuando se cumplían ciertas condiciones: se prestaba a semejante tarea siempre que se realizara en establecimientos modernos (hipermercados, principalmente), se hiciera de vez en cuando, fuera acompañado y acudiera en coche. Por el contrario, la compra efectuada en la consabida tienda de ultramarinos, realizada a diario, en solitario y a pie quedaba reservada, como de costumbre, a la mujer[27]. O, lo que viene a ser lo mismo, la rutinaria e innoble tarea de la mujer era enaltecida al rango de ocupación seria y digna por medio del concurso del varón. Como ya sentenciara Thorstein Veblen hace más de un siglo, el hombre no puede ocuparse, sin que sufra su decoro, sino de proezas. Y, puesto que el mundo actual se presta muy mal a la ejecución de hazañas, la parte masculina de la sociedad se cuida de que cualquier actividad que emprenda, por este solo hecho, sea ya elevada y noble. De aquí, que la afirmación de que la sociedad de consumo propicia la igualación de papeles entre el hombre y la mujer haya de ser tomada con mucha reserva, pues era grande la desigualdad que aún persistía. Si bien, no se puede dejar de reconocer que se habían abierto brechas en la rígida separación entre ambos sexos en España, y que éstas ya daban señales de existencia hace tres decenios. Quizá, debido a ello, en el específico campo del consumo, la relativa equiparación de cometidos entre hombre y mujer no esté lejos hoy día de alcanzarse: por lo menos, a ello alude el revelador hecho —dada la significación del aparato en cuestión— de que, en 2006, en cuanto al uso del ordenador personal en el hogar, las diferencias entre uno

---

[26] Francisco Murillo, «La batalla del hedonismo», en *Filosofía y Derecho: Estudios en honor del Profesor José Corts Grau,* Universidad de Valencia, 1977, pág. 87.

[27] Amando de Miguel, *Comprar en España: el punto de vista del consumidor,* Instituto de la Comunicación Pública, Madrid, 1983, págs. 18-29.

y otro sexo no fueran exorbitantes: en torno a la mitad de ambos sexos (el 58% de los hombres y el 50% largo de las mujeres) recurría a él; como tampoco lo fueran en la utilización de Internet para hacer compras (el 12% de los hombres frente al 8% de las mujeres)[28].

5. Desigualdades regionales en España

Comencemos por la vivienda. En el año 2004, ocho de cada diez españoles eran poseedores de vivienda en propiedad (83%); sólo una pequeña parte, algo más del diez por ciento, la tenía en régimen de alquiler[29]. Este peculiar fenómeno, tan español, de rotundo predominio de la propiedad sobre el alquiler, hace que nos asemejemos a griegos (85%) e irlandeses (82%) y nos diferenciemos de alemanes (44%), holandeses y austriacos (52%)[30]. En 2004, la máxima proporción de vivienda en propiedad se daba en el País Vasco (89%); y el mínimo, en las Islas Baleares (71%), donde se producía, junto con Ceuta y Melilla, la mayor difusión del alquiler de vivienda (21 y 26%, respectivamente). Como era de esperar, el régimen de tenencia de la vivienda en propiedad dependía de la cuantía de los ingresos anuales (Tabla 9.8): frente al 75% de hogares con ingresos no superiores a 9.000 euros que poseía la casa en propiedad, estaba el 92% de los que ingresaban más de 35.000 euros[31].

TABLA 9.8.—*Distribución porcentual de tenencia de vivienda principal por tramos de ingresos (2004)*

Ingresos (euros)	(%)
Hasta 9.000	75,2
De 9.000 a 14.000	78,6
De 14.000 a 19.000	82,9
De 19.000 a 25.000	83,9
De 25.000 a 35.000	87,2
Más de 35.000	92,2

Fuente: Extracto de *Encuesta de condiciones de vida,* 2006, Instituto Nacional de Estadística.

A comienzos del siglo XXI, la comodidad de la vivienda daba señales claras de progreso. Así, en el año 2002, la gran mayoría de los hogares españoles (97%) disfrutaba ya de agua caliente (aunque, en casi todos los casos, individual)[32] Para hacerse una mejor idea de lo que esto suponía de avance, baste fijarse en que en 1963, cuando ya se había puesto en marcha lo que se ha dado en llamar bombásticamente el *milagro económico* español, sólo disponía de dicho servicio la cuarta parte de los hogares españoles,

---

[28] Instituto Nacional de Estadística, *Encuesta sobre equipamiento y uso de tecnologías de la información y la comunicación en los hogares,* 2007.

[29] Instituto Nacional de Estadística, *Encuesta de condiciones de vida,* Madrid, 2005.

[30] Eurostat, *Consumers in Europe. Facts and Figures,* 2005, pág. 113.

[31] Instituto Nacional de Estadística, *Encuesta de condiciones de vida,* Madrid, 2005.

[32] Instituto Nacional de Estadística, *Encuesta de condiciones de vida,* INEbase, Madrid, 2005.

que descendía al seis por ciento en las zonas rurales[33]; en cambio, en el año 2002, la carencia de agua caliente central se circunscribía a las Islas Baleares, Ceuta, Melilla, Canarias, Comunidad Valenciana y Murcia: en estos lugares, favorecidos por un clima templado, a los residentes les bastaba con disponer en el hogar de calentadores individuales[34].

En cuanto a calefacción, el panorama cambia radicalmente: en el citado 2002, sólo contaba con calefacción, predominantemente individual, algo más de las dos quintas partes de las viviendas españolas (44%); el resto, esto es, más de la mitad (56%) carecía de ella. A este respecto, no obstante, la situación ha avanzado considerablemente —pero no lo que cabría esperar— si la comparamos con la del año 1963: entonces, sólo la tenía un desolador 7%[35]. Mejora, pues, pero insuficiente, sobre todo en lo que respecta a zonas tópicamente tenidas por templadas como Andalucía, donde sólo la décima parte de los hogares contaba con calefacción en el susodicho año[36].

En lo referente a la posesión de teléfono fijo, en el año 2004, la casi totalidad de los hogares se había hecho con este ya familiar aparato (97%)[37]. De nuevo, conviene pararse a pensar que en 1963 sólo disponía de él un privilegiado 25% residente en la España urbana de entonces; con lo que, por aquellos tiempos, el teléfono fijo procuraba a su poseedor una notoriedad muy superior a la que hoy en día pueda conferirle el teléfono móvil: la sociedad de consumo masivo, al igualar a los individuos en posesiones materiales, hace cada vez más difícil el lograr distinguirse de los demás. ¿Cómo conseguirlo en el caso del teléfono móvil, dado el anhelo universal —o poco menos— de comunicación telefónica puesto de manifiesto por la rapidez y magnitud de su difusión? Cuando viene a suceder —según nos es dado observar— que todo género de gente, cualquiera que sea su edad, posición social, credo político, estado civil, grado de instrucción, estilo de vida, identidad sexual, grado de religiosidad, o lo que sea, se ha encontrado de repente con un teléfono portátil en la mano y no deja de utilizarlo: recurre a él en cualquier sitio, en presencia de los demás o a solas, y a cualquier hora del día y de la noche. ¿A qué obedece esta repentina devoción general por semejante artefacto?[38] Las causas son de problemática —o tópica— averiguación: en todo caso, al ubicuo teléfono móvil no le es dada la ambicionada propiedad de establecer distinciones entre sus múltiples poseedores. Lo cierto es que, por un lado, en 2006 el teléfono móvil había superado ampliamente al fijo: el 88% de los hogares españoles estaba ya equipado de teléfono móvil, frente al 83% que lo estaba todavía con el tradicional teléfono fijo (Tabla 9.9.); y, por otro, que su manejo era, sobremanera, cosa de jóvenes: frente al 97% de jóvenes (con edades comprendidas entre los 16 y los 24 años) que hacían uso del móvil, sólo recurrían a él el 45% de los ancianos (con edades comprendidas entre los 65 y 74 años)[39]. No obstante, tal pujante expansión del teléfono móvil no impedía que, en dicho año, se dieran notables diferencias regionales en cuanto a su posición respec-

---

[33] José Castillo Castillo, *Sociedad de consumo a la española,* ob. cit., pág. 65.

[34] Instituto Nacional de Estadística, *Encuesta de condiciones de vida,* INEbase, Madrid, 2005.

[35] José Castillo Castillo, *Sociedad de consumo a la española,* ob. cit., pág. 58.

[36] Instituto Estadístico de Andalucía, *Equipamiento y condiciones de las viviendas,* 2003.

[37] Instituto Nacional de Estadística, *Encuesta de condiciones de vida,* Madrid, 2005.

[38] Véase, Amando de Miguel y Roberto-Luciano Barbeito, *El impacto de la telefonía móvil en la sociedad española,* Ericsson Radio, S. A., Madrid, 1997.

[39] Instituto Nacional de Estadística, *Encuesta sobre equipamiento y uso de tecnologías de la información y la comunicación en los hogares,* 2007.

to del teléfono fijo: frente a la superioridad de éste en el País Vasco (92%), en Navarra (91%) y Aragón (90%)[40], destacaba la del teléfono móvil en la Comunidad de Madrid (el 92% de hogares con móvil, frente al 90% con fijo), en Murcia (el 90%, frente al 76%) y en Cataluña (el 90%, frente al 86%) (Tabla 9.9)[41].

TABLA 9.9.—*Distribución porcentual de las viviendas según posesión de teléfono fijo y teléfono móvil, por Comunidades Autónomas (2006)*

Comunidad Autónoma	Viviendas con teléfono fijo (%)	Viviendas con teléfono móvil (%)
Andalucía	75,7	86,2
Aragón	90,3	65,8
Asturias	87,5	87,0
Baleares	83,5	89,4
Canarias	81,1	88,2
Cantabria	84,9	87,7
Castilla y León	86,5	84,0
Castilla-La Mancha	78,2	87,0
Cataluña	85,8	90,1
Extremadura	77,7	85,5
Galicia	84,0	82,0
Madrid	90,5	92,2
Murcia	76,1	90,4
Navarra	91,5	87,5
País Vasco	92,1	91,6
La Rioja	85,8	83,4
C. Valenciana	77,7	88,4
Ceuta	73,4	87,4
Melilla	73,9	84,5
Total nacional	83,3	88,1

Fuente: Instituto Nacional de Estadística, *Encuesta sobre equipamiento y uso de tecnologías de la información y la comunicación en los hogares,* 2007.

Respecto del menaje de bienes duraderos, es de resaltar que los hogares españoles han prosperado mucho, habiéndose llegado hace ya tiempo en el caso de algunos de ellos (el televisor, la lavadora automática y el frigorífico) a la saturación, circunstancia que no por conocida deja de resultar sintomática, al indicar las preferencias básicas del

---

[40] En aquellas Comunidades Autónomas donde, por su elevado desarrollo, se dispone de altas tasas de posesión de teléfono fijo, la superación de éstas por las del teléfono móvil se lleva por este simple hecho un lapso de tiempo mayor.

[41] Instituto Nacional de Estadística, *Encuesta sobre equipamiento y uso de tecnologías de la información y la comunicación en los hogares,* 2007.

consumidor español. Con respecto al resto de los bienes de consumo, su distribución entre las diferentes Comunidades españolas es todavía muy dispar. Reparemos en algunas de estas particularidades referidas al año 2002: Andalucía estaba por debajo de la media nacional (31%) en la posesión de aparatos congeladores (27%); Cataluña, por el contrario, destacaba en el número de congeladores poseídos, disponiendo de más del doble que Andalucía (66%); Madrid sobresalía en lavavajillas (47%), cadenas de alta fidelidad (77%), vídeo (87%), y ordenador (57%); el País Vasco, en microondas (90%)[42]. Los demás aparatos se distribuían con mayor o menor desigualdad entre todas las regiones, sin que ninguna descollara por su particular preponderancia al respecto. En esta llamativa variedad en la distribución regional de bienes domésticos influyen —como no era de esperar otra cosa— factores tan diversos como el nivel económico, los estilos de vida, los usos sociales, el clima y los gustos personales, entre otros; pero no deja de maravillar que ninguno de ellos haya sido tan fuerte como para impedir la ya aludida supremacía del televisor en color en los hogares españoles (el 99% de ellos, dispone de él)[43]; como anteriormente la de su predecesor, el televisor en blanco y negro: de modo que se puede sostener sin pecar de exageración que no hay español que no disfrute desde hace tiempo de su subyugante compañía, salvo que le repugne[44].

Los seres humanos racionalizamos nuestras decisiones de las maneras más peregrinas; o dicho con otras palabras, solemos pasar por alto sin el menor reparo nuestras propias contradicciones; es lo que ocurre, como no podía ser menos, con el consumidor español: preguntado, en el susodicho año 2002, si el momento era adecuado o no para realizar compras importantes, los que entendían que el momento no era oportuno, eran justo quienes disfrutaban de más enseres en su casa, en claro contraste con los que sostenían que era un buen momento[45]. O, dicho de otra manera, de significado más general, para todo consumidor que se precie, el momento en que él lleva a cabo la compra es siempre el adecuado; al contrario de lo que sucede cuando la compra la efectúan los otros, que nunca aciertan: su racionalidad queda ante sí salvaguardada, en franca oposición con la notoria irracionalidad de los demás. Para enredar aún más esta curiosa contradicción —o desenredarla, si se prefiere, por lo que se verá a continuación— del comportamiento del consumidor español, cuando se compara el grupo de los que declaran tener dificultades para llegar a fin de mes con el de los que afirman no tenerlas, el resultado adquiere una apariencia razonable, fácil de entender: en este caso, los del primer grupo son claramente aventajados por los del segundo en cuanto a equipamiento doméstico, especialmente en lo relativo a bienes de reciente introducción como es el caso del ordenador (el 31% de los del primer grupo, frente al 67% del segundo)[46].

En suma, de conformidad con los datos precedentes, resulta evidente que la racionalidad o, su contraria, la irracionalidad del consumidor, no es un atributo que se pue-

---

[42] Instituto Estadístico de Andalucía, *Equipamiento y condiciones de las viviendas,* 2003.

[43] Instituto Nacional de Estadística, *Encuesta de condiciones de vida*, Madrid, 2005.

[44] El entusiasmo de los españoles por el fenómeno televisivo ya daba muestras de vida en 1933, ya que en este año apareció en Madrid la revista *Radio Televisión*, cuando las emisiones regulares brillaban por su ausencia en todo el mundo, incluida España.

[45] Con un menaje nutrido resulta menos enojoso considerar el momento presente de inoportuno. Instituto Estadístico de Andalucía, *Equipamiento y condiciones de las viviendas,* 2003.

[46] Instituto Nacional de Estadística, *Encuesta de condiciones de vida*, Madrid, 2005.

da predicar sin más de él, sino una variable que depende para su plasmación concreta de las particulares circunstancias que la rodean. Valga como ilustración de lo que digo, y referido al año 2002, el dato de que la posesión de horno de microondas resultaba ser algo más del doble que la de lavavajillas (64% frente al 29%, respectivamente)[47]. ¿Por qué se da preferencia al primero sobre el segundo, cuando en el fondo el cometido de ambos artefactos consiste en ahorrar tiempo al ama de casa —o amo de casa, en el muy improbable caso de que éste coopere en las faenas del hogar—? ¿Por qué se considera más importante la función de calentar alimentos que la de lavar platos? ¿Tiene algo que ver con el hecho de que se suele desayunar en casa y no tanto almorzar? ¿O con el hecho añadido de que el varón se prepare el propio desayuno y que almuerce fuera de casa? Lo que aquí interesa, o al menos a mí me lo parece, es percatarse de que la diversa composición del menaje de la vivienda es reflejo de un característico estilo de vida. O, dicho más sucintamente, la posesión de objetos no es consecuencia indefectible de un mero afán de consumir, como se suele afirmar; por el contrario, los valores, los usos, los prejuicios, las aspiraciones, el nivel de vida, el grado de instrucción, las relaciones sociales y familiares son factores, entre otros, que intervienen en el complejo proceso de compra de un determinado objeto. Tal es el caso, por ejemplo, del diferente papel social que se adjudica al hombre y a la mujer y sus consecuencias en el equipamiento del hogar: la mayor desigualdad entre uno y otro sexo se da precisamente en lo concerniente a las tareas del hogar; frente al 70% de varones que decía en 2002 ocuparse de las mismas, estaba el 93% de mujeres que se encargaba de ellas, con el no desdeñable dato de que éstas dedicaban a los quehaceres domésticos un promedio de casi cinco horas al día mientras que ellos sólo aportaban dos horas de su tiempo[48]. No es aventurado conjeturar que la actual composición del equipamiento doméstico tiene mucho que ver con esta disparidad de cometidos entre el hombre y la mujer. Conforme se vaya incorporando el hombre, más o menos forzadamente, a las faenas caseras, es de esperar que el hogar alcance un superior grado de automatización: de hecho, ya comienza a cobrar cuerpo la especialidad técnica de la *domorrobótica* o automatización de la casa[49].

---

[47] Instituto Estadístico de Andalucía, *Equipamiento y condiciones de las viviendas*, 2003.

[48] Ibíd.

[49] Para referirse a este proceso, Santiago Lorente acuña la expresión *hogar intermático* (de *interactivo y automático*). Esto es, el hogar o casa que, gracias a los avances tecnológicos, adquiere las capacidades de *interactividad* y *automatización* de sus servicios. Por un lado, el hogar deja de ser un elemento aislado para formar parte de un conjunto conectado tanto con otros hogares como con las fuentes productoras de información, diversión, servicios y trabajo. Y, por otro, adquiere, mediante los correspondientes dispositivos electrónicos, la capacidad de automatizar las tareas más penosas y rutinarias de la actividad doméstica; así, el microprocesador, presente ya en tantas viviendas, supone un aumento notable de *inteligencia distribuida* en el hogar: las futuras estaciones de trabajo permitirán *centralizar la inteligencia* y descargar a sus habitantes de muchas tareas de control y de acción doméstica (Santiago Lorente, *La casa inteligente. Hacia un hogar interactivo y automático*, Fundesco, Madrid, 1991, pág. 37).

6. A MODO DE SÍNTESIS

Los múltiples aparatos que conforman el menaje del hogar —elemento central de este capítulo— experimentan en el transcurso del tiempo, desde su introducción en el mercado hasta su salida del mismo, muy diversas vicisitudes, ya sean de índole técnica, económica o social. Todas ellas, sin embargo, acaban desembocando en la distinta apreciación social que los bienes reciben en uno u otro momento de su existencia: en un principio pueden ser considerados bienes superfluos o lujosos para más adelante alcanzar la condición de bienes básicos o necesarios, o viceversa: un ejemplo de lo primero lo representa el caso del automóvil, transmutado de objeto de lujo en útil de trabajo; de lo segundo, el caso de los ordinarios productos de huerta tornados en estimables productos ecológicos. De modo, que los estilos de vida, basados en el consumo, se corresponden con la variable valoración temporal de los objetos: si la presencia de éstos en nuestras vidas no estuviera sujeta a la volubilidad de los deseos del consumidor ni a sus antojadizas apreciaciones, resultaría imposible la elección de un determinado estilo vital; no habría sino necesidades que se satisfarían mecánicamente. Mas, la realidad es bien otra. La evolución experimentada, a este respecto, por la sociedad de consumo española —dicho sea a modo de síntesis de este capítulo—, se refleja en la Tabla 9.10[50]. En ella, se muestran las variaciones acaecidas en su última etapa, de 1983 a 2005, respecto de un conjunto de enseres domésticos, distribuidos en tres categorías: *básicos*, *secundarios* y de *lujo*[51].

Como se puede observar en la tabla, destacan los siguientes puntos: del año 1983 al 2005 aumentan ampliamente los bienes considerados como *básicos*; algunos antiguos, como la calefacción, que pasa del 31% al 74%, y otros surgidos al comienzo de la década de los años ochenta, como el vídeo, que se multiplica por ocho. También se amplían los *secundarios*, aunque a distinto ritmo, el lento del lavaplatos —tarda dos décadas en alcanzar el 41%— y el vertiginoso del DVD, que se introduce en una gran parte de los hogares —62%—, apenas aparecido[52]. Asimismo, se amplía el número de objetos que entran en la categoría de *lujo*: en 1998 —año para el que se dispone de datos suficientes— se presenta una nutrida gama de bienes duraderos —desde la secadora de

---

[50] Los datos proceden de la elaboración, llevada a cabo por Gaspar Brändle Señán —como material para su tesis doctoral sobre el equipamiento de los hogares españoles—, de la información aportada por una serie de encuestas realizadas por el Centro de Investigaciones Sociológicas entre los años 1983 y 2005.

[51] Gaspar Brändle se atiene a un criterio *objetivo* de clasificación de los diversos bienes domésticos en cada una de las tres categorías. La solución que ha adoptado es distribuirlos según el porcentaje de posesión de los mismos. La categoría *básica* agrupa a aquellos bienes duraderos de los que dispone la gran mayoría de los hogares españoles: el porcentaje mínimo para formar parte de este grupo lo ha fijado por encima del 70%. La categoría *secundaria* engloba a aquellos objetos que se sitúan en un nivel medio de difusión; esto es, los que están presentes entre un 25% y un 70% de los hogares españoles. La categoría *lujo* incluye los aparatos de uso minoritario, presentes en menos del 25% de los hogares.

[52] Otro aparato que ha cautivado últimamente al consumidor español es el representado por la cámara fotográfica digital. En 2005 ya la poseía el 26% de ellos; y, lo que es más significativo, su difusión se producía sobre todo entre los jóvenes: en dicha fecha, disponía de cámara digital el 36% del tramo de edad comprendido entre los 20 y los 24 años, frente al 8% de los que tenían 65 o más años de edad. Además, no establecía diferencias entre hombres y mujeres: algo más de la cuarta parte de uno y otro sexo la poseía en dicho año (Asociación para la Investigación de los medios de comunicación, *Estudio sobre el consumo, el ocio y los medios*, Madrid, 2005).

TABLA 9.10.—*Distribución porcentual del equipamiento doméstico de los hogares españoles (1983-2005)*

	1983	1991	1998	2005
Frigorífico	96,1*	97,6*	95,8*	98,5*
Radio	94,2*	97,2*	—	92,9*
Lavadora	90,0*	94,1*	92,8*	98,0*
Televisión	97,9*	98,5*	95,9*	99,3*
Horno	—	—	77,8*	—
Teléfono	62,7**	—	82,9*	83,1*
Coche	61,8**	69,6**	—	—
Tocadiscos	35,5**	—	—	—
Calefacción	31,3**	27,4**	23,7**	74,1*
Microondas	—	—	49,4**	—
Vídeo	9,0***	53,4**	65,6**	74,7*
Equipo de música con CD	—	47,3**	49,8**	70,9*
Teléfono móvil	—	—	21,5***	77,1*
Ordenador personal	—	13,6***	28,0**	49,5**
Lavaplatos	10,8***	15,1***	23,8***	41,0**
DVD	—	—	—	62,0**
Aire acondicionado	1,6***	4,0***	8,5***	25,5**
Acceso a Internet	—	—	5,2***	33,0**
Cocina de vitrocerámica	—	—	—	43,4**
Cámara de vídeo	—	—	16,9***	—
Antena parabólica de TV	—	3,6***	10,6***	—
Secadora de ropa independiente	—	—	10,0***	22,4***
Abono plataforma digital	—	—	8,4***	—
Arcón de congelados	—	—	16,8***	—
Teléfono inalámbrico	—	—	17,0***	—

 * Equipamiento básico: >70%.
 ** Equipamiento secundario: entre 25 y 70%.
*** Equipamiento de lujo: <25%.

Fuente: Gaspar Brändle Señán, «Consumo y cambio social en España: evolución en el equipamiento doméstico (1983-2005)», *Revista Española de Investigaciones Sociológicas,* núm. 120, págs. 75-144.

ropa al arcón de congelados, pasando por la antena parabólica de TV o el teléfono ina-
lámbrico— con los que puede satisfacerse el anhelo de distinción de una minoría. Finalmente, en 2005, destaca la rápida expansión de un conjunto de aparatos y servicios
electrónicos domésticos —ordenador personal, DVD, aire acondicionado, internet, vi-
trocerámica— que apuntan a la incipiente formación de la llamada, a falta de mejor
nombre, *casa inteligente*[53].

7. Consumos particulares

Y, para terminar con la exposición de la conducta consumidora de los españoles de
una manera desenfadada, aunque no por ello menos ilustrativa, traigo aquí el consumo
preferente —llamémoslo así, que los valores e ideales de la sociedad de consumo an-
dan de por medio— del nombre propio, aquel con el que justo pretendemos distinguirnos de los demás. Sea dicho por orden alfabético de poblaciones, tan sólo de unas cuantas, y según me ha parecido; el caso es traer a colación un ejemplo más del
moldeamiento de la voluntad humana por el estilo típico de la sociedad a la que se pertenece. Empiezo por el nombre de los hombres, que por alguno habrá que empezar. Los
tres nombres masculinos más frecuentes son: en Badajoz, Manuel, Antonio y Francisco; en Barcelona, José, Antonio y Francisco; en Cádiz, Manuel, Antonio y José; en La
Coruña, Manuel, José y Antonio; en Gerona, José, Josep y Jordi; en Granada, Antonio,
José y Manuel; en Guipúzcoa, José, Mikel y José Luis; en Madrid, Antonio, Manuel y
José; en Murcia, Antonio, José y Francisco; en Navarra, Francisco, Javier y Jesús; en
Sevilla, Manuel, Antonio y José; en León, Manuel, José y Antonio; en Teruel, José,
Manuel y Antonio; en Vizcaya, José Luis, José y Javier; en Ceuta, Mohamed, Antonio
y Manuel; en Melilla, Mohamed, Antonio y José. En cuanto a los de las mujeres, por
no resultar prolijo, en el conjunto nacional de nombres, presiden la lista los de María,
María del Carmen y Carmen, que se reparten por este u otro orden, con alguna que otra
inclusión y exclusión, por todas las provincias de España. Demasiado uniforme se me
representa esta relación nominal, tanto en uno como en el otro sexo: los nombres propios creados para distinguirnos los unos de los otros resulta que acaban confundiéndo-
nos; no parece sino que fueran producto de un decreto normalizador. Aunque no hace
falta llegar a tanto: basta con la rutinaria aplicación de los ritos familiares típicos de una
sociedad tradicional, como lo ha sido la española hasta no hace mucho. De aquí que, en
cuanto nuestra sociedad ha sido transformada por las fuerzas de la modernidad, alenta-
das por la sociedad de consumo, las nuevas familias se han puesto a tono con los tiem-

---

[53] Véase, nota 49. José Félix Tezanos y Julio Bordas plantean, a este respecto, el retraso que se produce
en la introducción de los avances tecnológicos en el ámbito del hogar en comparación con el ámbito del trabajo: En las viviendas —señalan— la introducción de las nuevas posibilidades tecnológicas es más lenta y limitada que en los lugares de trabajo. Este desfase está ocasionando que muchas personas vivan experiencias
duales; por una parte, en el trabajo se encuentran con entornos propios del siglo XXI, pero cuando vuelven al
hogar —concluyen— se sitúan en un medio que se corresponde aún con los niveles tecnológicos de las últimas décadas del siglo XX. No obstante, Tezanos y Bordas —en su estudio Delphi sobre la casa del futuro—
se hacen eco de las previsiones expresadas por los expertos, que indican que, en un período de una o dos décadas, los equipamientos tecnológicos de las viviendas pueden convertirse en uno de los elementos más dinámicos en las economías de países como España (José Félix Tezanos y Julio Bordas, *Estudio Delphi sobre
la casa del futuro*, Editorial Sistema, Madrid, 2000, págs. 12-13).

pos en este delicado asunto de escoger nombre para sus vástagos: entre los niños nacidos en 2005, los diez nombres de chico más frecuentes en el conjunto de España son
los de Alejandro, Daniel, Pablo, David, Adrián, Javier, Álvaro, Sergio, Carlos y Marcos; entre las chicas, prevalecen los de Lucía, María, Paula, Laura, Marta, Alba, Clau-
dia, Carla, Andrea y Sara. En el País Vasco, predominan en niños, Iker, Unai y Ander;
en niñas, Lucía, María y Paula. En Cataluña, los primeros puestos masculinos los ocupan Marc, Alex y Pau; y los femeninos, Paula, Carla y Laia. En Ceuta y Melilla, por último, los de Mohamed, Adam y Hamza para ellos, y los de Salma y Mariem para
ellas[54]. En suma, toda una deslumbrante variedad de nombres. De donde se desprende
que la lógica de la sociedad de consumo de masas, con su inagotable diversificación de
la oferta de bienes, ha llegado al ámbito personal del nombre propio.

8. CONCLUSIÓN

Como se ha podido comprobar, el español actual manifiesta un fuerte apego a los
fugaces placeres de la sociedad de consumo. Lo que contrasta con la sobriedad, austeridad y ascetismo que reinaban hace unas pocas décadas por estos pagos. No puede menos que provocar extrañeza la definición que del carácter del español nos regalara Menéndez Pidal en el Prólogo a su *Historia de España*, hace sesenta años. Escribía
categórico, por aquel lejano y sombrío entonces: «El español, duro para soportar priva-
ciones, lleva dentro de sí el *sustine et abstine*, "resiste firme y abstente fuerte", norma
de la sabiduría que coloca al hombre por cima de toda adversidad; lleva en sí un particular estoicismo instintivo y elemental; es un senequismo innato… En virtud de ese senequismo espontáneo, el español, por lo mismo que soporta con fuerte conformidad
toda carencia, puede resistir las codicias y la perturbadora solicitación de los placeres;
le rige una fundamental sobriedad de estímulos que le inclina a cierta austeridad ética,
bien manifiesta en el estilo general de la vida: habitual sencillez de costumbres, noble
dignidad de porte notada aun en las clases más humildes, firmeza en las virtudes familiares»[55]. ¿Qué pensaría don Ramón Menéndez Pidal, si le fuera dado ahora abandonar
su última morada y pasearse siquiera por unos instantes por esta España en la que cam-
pea el placer más ramplón y la codicia más mezquina?

Porque ésta es quizá una de las más graves dolencias de nuestra sociedad de consumo: que las pasiones que gobiernan nuestras vidas son de poca entidad. Yerran, pues,
aquellos críticos que, al observar el ridículo pavoneo del consumidor español, lo paran-
gonan sin pensárselo dos veces con el consumo ostentoso estudiado por Veblen. Con lo
que no caen en la cuenta de que el sociólogo norteamericano se refería al vanidoso
comportamiento de los magnates de la industria y de la banca estadounidenses de hace

---

[54] Instituto Nacional de Estadística, *Los nombres más frecuentes*, Madrid, 2006.
[55] Ramón Menéndez Pidal, *Los españoles en la Historia*, Espasa-Calpe, S. A., Madrid, 1982, pág. 75. El
juicio de Menéndez Pidal queda debidamente puntualizado por una advertencia previa sobre la permanencia
de los caracteres del *hombre español* a lo largo de la Historia: «… el que los veamos mantenidos a través de
los siglos —escribe— no significa que sean inmutable: No se trata de ningún determinismo somático o ra-
cial, sino de aptitudes y hábitos históricos que pueden y habrán de variar con el cambio de sus fundamentos,
con las mudanzas sobrevenidas en las ocupaciones y preocupaciones de la vida, en el tipo de educación, en
las relaciones y en las demás circunstancias ambientales» (Ibíd., pág. *72*)

más de un siglo. Y no podía ser de otra manera. Pues la sociedad que tan sarcástica-
mente nos pintó Thorstein Veblen en su más famosa obra no era una sociedad en la que
dominaba la abundancia sino la escasez[56]. Una particular circunstancia histórica que le
permitió a Veblen colocar en el centro mismo de su teoría sociológica el mentado concepto del consumo ostentoso. Ya que esta singular expresión de la vanidad humana sólo
destaca sobre el negro fondo de una sociedad menesterosa. De aquí, que, al difundirse
el bienestar material por todas las capas sociales —como ocurre en la sociedad de consumo de masas— este peculiar concepto vebleniano se queda corto, ya que le falta el
fundamental elemento de la altanería. O, lo que es lo mismo, para que el sentimiento de
altivez persista con toda su fuerza se requiere una acusada desigualdad en el reparto de
la riqueza; cuando, por el contrario, la desigualdad se reduce, el afán de emulación se
debilita. El consumidor conspicuo de Veblen —el enriquecido *self-made man* de la clase ociosa— no se guiaba por el parecer ajeno, sino por su propio y firme criterio: le movía un ímpetu de superación constante, a tono con lo encumbrado de su posición social,
tan esforzadamente adquirida. En tanto que los consumidores de la nueva clase media
de nuestros días se dejan llevar mansamente por la opinión de los demás, careciendo de
ideas propias. El paso de la clase ociosa a la sociedad de consumo masivo entraña, por
consiguiente, un empequeñecimiento de las pasiones que mueven a los hombres: a la
poderosa arrogancia le ha sustituido la mezquina ansiedad. El consumidor vebleniano
ambicionaba ser más, mientras que el consumidor contemporáneo sólo aspira a no ser
menos. De esta menguada guisa, hemos advenido los españoles a la sociedad de consumo masivo.

Pero tampoco hay que desanimarse, que la posesión de los objetos de consumo no
sólo engendra sentimientos despreciables, sino que también puede ser fuente de ventu-
ra y fruición. No en vano los objetos que concurren en nuestras vidas con toda su aparente insignificancia y simplicidad, se reconocen por su valor simbólico. Los objetos o
cosas corrientes, al entrar en nuestra vida, la nuestra particular, adquieren con el tiempo vida propia, alcanzando significados y valores que se extienden más allá de su mera
condición material; pues es oficio de toda vida, en su singularidad, el de despojar a los
objetos con los que se encuentra de su naturaleza puramente corpórea para conferirles
la sugestiva índole de elementos configuradores de mundos personales. Lo que nos
mueve y nos sujeta a las cosas no son ellas mismas en cuanto tales, sino los deseos y
fantasías con que las abrazamos: las cosas, por insignificante que resulte su apariencia,
lo son en la medida en que son capaces de sugerirnos mundos particulares de nuestra
propia creación[57].

BIBLIOGRAFÍA

ALONSO, Luis E. y CONDE, Fernando, *Historia del consumo en España: una aproximación a sus
    orígenes y desarrollo,* Madrid, Debate, 1994.
ASOCIACIÓN PARA LA INVESTIGACIÓN DE LOS MEDIOS DE COMUNICACIÓN, *Estudio sobre el consu-
    mo, el ocio y los medios,* Madrid, 2005.

---

[56] Thorstein Veblen, *Teoría de la clase ociosa,* Fondo de Cultura Económica, México, 1974 (1899).
[57] Ernst Cassirer, *An Essay on Man. An Introduction to a Philosophy of Human Culture,* Doubleday &
Company Inc., Garden City, Nueva York, 1944, pág. 43.

BRÄNDLE SEÑÁN, Gaspar, «Consumo y cambio social en España: evolución en el equipamiento doméstico (1983-2005)», en *Revista Española de Investigaciones Sociológicas,* núm. 120, págs. 75-144

CASSIRER, Ernst, *An Essay on Man. An Introduction to a Philosophy of Human Culture,* Nueva York, Doubleday & Company Inc., Garden City, 1944, pág. 43.

CASTILLO CASTILLO, José, «¿Es España sociedad de consumo de masas?», en *Anales de Sociología,* junio, 1966. págs. 7-18.

— *Sociedad de consumo a la española,* Madrid, Eudema, 1987.

— «Consumo y bienestar», en José Vidal Beneyto (ed.), *España a debate: II La sociedad,* Madrid, Tecnos, 1991, págs. 55-69.

ESTADÍSTICAS DEL BANCO DE ESPAÑA, *www.bde.es/sispago/estadisticas.pdf*

EUROSTAT, *Consumers in Europe. Facts and Figures,* European Commission, Luxemburgo, 2005.

GIMENO ULLASTRES, Juan, «Los presupuestos familiares», en *Estudios sobre consumo,* núm. 1, abril, 1984, págs. 39-54.

INSTITUTO ESTADÍSTICO DE ANDALUCÍA, *Equipamiento y condiciones de las viviendas,* 2003.

INSTITUTO NACIONAL DE ESTADÍSTICA, *Encuesta de presupuestos familiares, 1980-81: equipamiento y condiciones de las viviendas familiares,* tomo II, Madrid, 1983.

— *La sociedad española tras 25 años de Constitución,* Madrid, 2003.

— *Encuesta de condiciones de vida,* INEbase, Madrid, 2005.

— *Los nombres más frecuentes,* INEbase, Madrid, 2006.

— *Encuesta sobre equipamientos y uso de tecnologías de la información y comunicación en los hogares,* INEbase, Madrid, 2007.

LÉONIE, Dominique y BERTET, Régis, *Las cifras récord del cuerpo humano,* Barcelona, Paidotribo, 1995.

LORENTE, Santiago, *La casa inteligente. Hacia un hogar interactivo y automático,* Madrid, Fundesco, 1991.

MADDISON, Angus, *La economía mundial: una perspectiva milenaria,* Madrid, Centro de Desarrollo de la Organización de Cooperación y Desarrollo Económicos, Ediciones Mundi-Prensa, 2002.

MENÉNDEZ PIDAL, Ramón, *Los españoles en la Historia,* Madrid, Espasa Calpe, 1982.

MIGUEL, Amando de, *Comprar en España: el punto de vista del consumidor,* Madrid, Instituto de la Comunicación Pública, 1983.

MIGUEL, Amando de y BARBEITO, Roberto-Luciano, *El impacto de la telefonía móvil en la sociedad española,* Madrid, Ericsson Radio, 1997.

MURILLO, Francisco, «La batalla del hedonismo», en *Filosofía y Derecho: Estudios en honor del Profesor José Corts Grau,* Universidad de Valencia, 1977, págs. 79-87.

REBOLLO, Alfonso, «La transformación del consumo privado en España», en Manuel Navarro (dir.), *La sociedad de consumo y su futuro: el caso de España,* Madrid, Instituto Nacional de Consumo, 1978, págs. 73-118.

RITZER, George, *Explorations in the Sociology of Consumption. Fast Food, Credit Cards and Casinos,* Londres, Sage Publications, 2001

SELECCIONES DEL READER'S DIGEST, *Nuevo retrato de dos familias,* Madrid, 1965.

TEZANOS, José Félix y BORDAS, Julio, *Estudio Delphi sobre la casa del futuro,* Madrid, Sistema, 2000.

VEBLEN, Thorstein, *Teoría de la clase ociosa,* México, Fondo de Cultura Económica, 1974 (1899).

10

Religión y religiosidad

JAVIER ELZO

1. INTRODUCCIÓN: LA COMPLEJIDAD DE LA RELIGIOSIDAD DE LA POBLACIÓN ESPAÑOLA

Cuando hablamos desde la sociología, de la religión y la religiosidad de un colectivo determinado, y concretamente de la sociedad española contemporánea, son varias las hipótesis que se señalan. Hipótesis no necesariamente excluyentes, aunque perfectamente diferenciables y que parten desde presupuestos, teóricos y no teóricos, diversos. Señalemos algunas.

1.ª La hipótesis de la pérdida de lo religioso en la sociedad actual. Es la más extendida pero la menos original. Uno recuerda que en su juventud también se hablaba de la pérdida de valores, particularmente en los jóvenes. Por lo demás esta perdida de lo religioso se inscribiría en una corriente mayoritaria de la sociología de la religión hasta hace un par décadas en Europa, aunque aún persistente en España, mas en la sociedad (como lo muestran las encuestas), sobre todo a lomos de las diferentes acepciones y abordajes del proceso de secularización. Pero esto supone olvidar lo que ya dijera Ignacio Sotelo al inicio de su contribución al colectivo «Formas modernas de religión» señalando que «el pensamiento ilustrado diagnosticó el futuro de la religión: su desaparición. Sin embargo —continua Sotelo—, el análisis sociológico actual y los análisis de otras ciencias sociales han demostrado el incumplimiento de este pronóstico»[1]. En efecto, hace tiempo ya que la secularización, en varias, si no en todas sus diferentes manifestaciones ya definidas por Shiner ha mostrado sus límites. El binomio religiosidad *versus* secularidad o, si se prefiere, tradición ligado a religión *versus* modernidad ligado con secularidad, no soporta el veredicto de los hechos. La cuestión religiosa, incluso limitándonos al ámbito occidental, exige otros planteamientos para su cabal comprensión.

2.ª La hipótesis del «bricolaje» de lo religioso[2], del mercado de lo sagrado en todas

---

[1] «La persistencia de la religión en el mundo moderno», capítulo 2.º en Díaz-Salazar, Giner y Velasco (eds.), *Formas modernas de religión.* Alianza Universidad, 1994.

[2] Por ejemplo Krüggeler, pag. 103 en Campiche Roland y otros, *Croire en Suisse,* Lausana, L'Age de l'Homme, 1992.

sus manifestaciones ante lo que cada cual coge, sin propiamente escoger, aquello que, o bien simplemente le «apetece» en cada momento concreto, o bien responde a una necesidad sentida como tal en una circunstancia determinada. Lo religioso formaría parte del conjunto de símbolos y signos diversos que encuentra en el supermercado de la vida a su disposición y de los que hace uso en búsqueda de su utilidad puramente pragmática (lo que no quiere decir necesariamente materialista). Una forma parcial de este bricolaje de lo religioso sería lo que González Anleo llamó hace años la «religión *ligth*» de los jóvenes[3] .

3.ª Una variante de la hipótesis anterior sería la que propugna la hipótesis de la reconstrucción de lo religioso, particularmente ante la evidencia de encontrarnos en un mundo pluralista. La diferencia formal con la hipótesis anterior vendría del hecho de que mientras en la hipótesis anterior será una especie de «religión a la carta» retirando del mercado de lo sagrado aquello que resulte útil en cada momento, según la presente hipótesis habría un intento, más o menos explicito, más o menos tematizado, de construcción o elaboración de un universo de lo religioso. Esta hipótesis es perseguida por prácticamente todos los investigadores que trabajamos en este campo en un intento de dar coherencia a un conjunto de datos —no tan numerosos por otra parte— que no siempre van en la misma dirección. Obviamente el carácter tan genérico de la hipótesis hace que las subhipótesis en este punto sean muy numerosas. He aquí algunas:

— Recomposición de lo religioso en un constructo en búsqueda de identidad emocional en un grupo de pares bajo el paraguas protector de una Iglesia como comunidad. Esta dimensión emocional de lo religioso ha sido estudiada en Francia, limitándonos a espacios socioculturales que tienen cierto paralelismo con la realidad española[4]. En el ámbito juvenil, una manifestación la encontramos en la demanda de no pocos jóvenes de una Iglesia (parroquia, asociación, colegio, etc.) donde se sientan acogidos, comprendidos, seguros, atendidos, sin traumas ni confrontaciones. Al límite nos encontraríamos con una especie de narciso cristiano[5], o abriendo la interpretación al ámbito juvenil en su conjunto, no solamente el religioso, al narcisismo como caracterización de una generación de jóvenes que ya indicara hace años Amando de Miguel [6], que estimamos, sin embargo, abusiva para todo el conjunto juvenil.

— La presencia estadísticamente significativa de nuevas confesiones religiosas en España en los últimos años ha dado paso, en algunos casos, a un sincretismo del tipo «todas las religiones valen» dando lugar a un constructo con referencias trascendentes de signo diverso: creer al mismo tiempo en la reencarnación de los muertos y en la resurrección cristiana, por dar un ejemplo.

— Reconstrucción de lo religioso en una especie de religión inmanente, por ejemplo de signo político. Un caso paradigmático, bien que extremo, lo encontramos en el País Vasco. Sostenemos como explicación *parcial* de la fortísima secularización en el País Vasco el traslado de objeto de culto en «Dios y tradición católica» hacia «Euskadi

---

[3] Juan González Anleo, «Los jóvenes y la religión ligth», en *Cuadernos de Realidades Sociales,* número 29-30, enero de 1987, pags. 5-34.

[4] Francoise Champion y Danielle Hervieu-Leger (codirs.), en *De l'emotion en religion,* París, Editions du Centurion, 1990.

[5] Javier Martínez Cortes, «Qué hacemos con los jóvenes?», en *Cuadernos Fe y Secularidad,* Madrid, 1989.

[6] En *Los Narcisos,* Barcelona, Kairós, 1979.

y la revolución marxista-comunista» en colectivos importantes del País Vasco en las décadas de los 60 y los 70 con prolongación hasta nuestros días[7].

4.ª La hipótesis de la edad viene a decir que la religiosidad de los jóvenes es un paréntesis en su vida y que en todas las épocas los jóvenes han sido menos religiosos que los mayores. Parece claro que, al menos en la tradición cristiana, hasta el momento presente siempre los jóvenes han dado valores más bajos que los mayores en los parámetros sociorreligiosos. También en la actualidad, como lo prueban todos los estudios sincrónicos realizados[8]. Pero esta hipótesis de la edad hay que manejarla con tiento, pues más allá de la lógica evolución de cada persona que le hace ser más receptivo y apto para aprehender determinadas dimensiones de lo religioso a medida que se avanza en años, no hay que olvidar la imbricación de la religión con una sociedad y contexto determinados. Hoy, por ejemplo, en España la práctica religiosa dominical es menor de la que se daba hace 30 años como veremos mas adelante. Pero es menor tanto en los jóvenes como en los adultos. Esto es, la dimensión cultural dominical —ir a misa los domingos— ha descendido notabilísimamente en España, como en todo el Occidente cristiano, dato este que no puede explicar la hipótesis de la edad.

Por otra parte, la hipótesis de la edad puede verse infirmada en determinados casos. Por ejemplo, en jóvenes inmigrantes de confesiones religiosas diferentes a las del país de acogida (judíos o musulmanes en España o Francia) quienes pueden buscar un reforzamiento de determinadas practicas religiosas, en proporciones superiores a las de sus progenitores a quienes pueden incluso acusar de ceder ante la presión ambiental, el referente de identidad originario. Esta realidad, ya se ha dado en Francia, como es bien sabido[9], es ya más que incipiente en España y no dudamos en emitir la hipótesis de que puede ser más evidente en un futuro próximo.

5.ª La hipótesis de la religiosidad experiencial, difusa, sin normas y alejada, o paralela, a toda institucionalización en una confesión determinada, lo que en el contexto español quiere decir, obviamente, católica en la práctica totalidad. Esta hipótesis al poner el acento en la distinción entre la religiosidad institucionalizada y la religiosidad experiencial, plantea la crisis de las grandes instituciones religiosas como agentes englobadores de las demandas religiosas en una sociedad individualista. En el seno y en los aledaños de estas iglesias, o en los huecos que han dejado por mor de una desacralización postsecular, han aparecido nuevos movimientos religiosos (no siempre fáciles a distinguir de las sectas) en los que sus miembros han optado por practicas y creencias religiosas con acomodos individuales al margen de la doctrina oficial, caso de la Iglesia Católica, o en franca independencia de los encuadramientos oficiales en las demás. La

---

[7] Javier Elzo y Félix Arrieta, «Historia y Sociología de los movimientos juveniles encuadrados en el MLNV», en *Ayer, Revista de Historia Contemporánea*, núm. 59, 2005 (3), págs. 173-197. Editan Asociación de Historia Contemporánea y Marcial Pons, Madrid, 2005. Véase también Javier Elzo, «Nacionalismo, nacionalidad y religión en Euskalerria», en Juan Díez Nicolás y Ronald Inglehart (ed.), *Tendencias mundiales de cambio en los valores sociales y políticos,* Fundesco, 1994, págs. 529-550 (770 páginas).

[8] Véase, por ejemplo en Juan González-Anleo y Pedro González Blasco, «Religión: valores, ritos y creencias» en Fr. Andrés Orizo y J. Elzo (dirs.), *España 2000, entre el localismo y la globalidad. La Encuesta Europea de Valores en su tercera aplicación, 1981-1999,* Madrid, Universidad de Deusto/Ediciones SM, 2000, 397 páginas, la bibliografía indicada.

[9] Véase, por ejemplo, Gilles Kepel, *La revancha de Dios,* Madrid, Alianza Editorial, 1991.

importancia social de este fenómeno reside en la incapacidad de las instituciones históricas en encuadrar las demandas religiosas de los ciudadanos que a veces derivan en manifestaciones seudorreligiosas, tales como la quiromancia, horóscopos, creencia en poderes especiales, amuletos, para religiones etc. La religión se ha individualizado lo que
no quiere decir, necesariamente que se haya privatizado, pues sigue teniendo, en grupos
y grupúsculos numerosos, «controlados» e «incontrolados», una evidente incidencia en
la sociedad como elemento identificador de personas aportándoles determinados valores
que acaban traduciéndose en comportamientos y modos de estar en la sociedad.

6.ª Señalemos también la cuestión del pluralismo religioso y de su lectura por los
responsables de las iglesias o confesiones religiosas establecidas. Más allá del hecho innegable de diferentes religiones compartiendo el mismo espacio geográfico, situación
que irá en aumento con la globalización y los desplazamientos de personas e ideas, la
cuestión estriba en saber cómo los responsables de las iglesias van a entender la «verdad» de su dogma. ¿Cómo cabe entender, en este contexto, en el mundo católico, que
«fuera de la iglesia no hay salvación», o en el ámbito islámico que «Alá es el único
Dios»? La cuestión va mucho más allá de querellas teológicas pues toca la vida relacional de las personas, por ejemplo en el espinoso y no resuelto tema de los matrimonios
interreligioso, cada día evidentemente más numerosos. El dilema se plantea en estos términos que adopto de un prestigioso teólogo católico, Jacques Dupuis, profesor emérito
de la Universidad Gregoriana de Roma y durante muchos años también profesor en la
India: «La cuestión es si simplemente hay que aceptar o tolerar el pluralismo religioso
como una realidad *de facto* en nuestro mundo actual o si, por el contrario, puede ser visto teológicamente (y sociológicamente añado yo) como realidad existente *de iure*. En el
primer caso, la pluralidad de las religiones que caracteriza el panorama del mundo actual— y que, según todas las previsiones humanas, se mantendrá también en el futuro—
es vista como un factor con el que es necesario contar, más que como un fenómeno gra-
to…En cambio, en el segundo caso, la misma pluralidad será acogida como un factor
positivo que atestigua al mismo tiempo la sobreabundante generosidad con que Dios se
ha manifestado de muchos modos a la humanidad y la multiforme respuesta que los seres humanos han dado en las diversas culturas a la auto revelación divina»[10].

El propio Dupuis, años después en una conferencia en el Forum Deusto remachó
estas ideas de innegable valor anticipativo, con estas palabras: «el mundo pluri-étnico,
pluri-cultural y pluri-religioso de nuestro tiempo requiere, de todas partes un "salto de
calidad" proporcional a la situación si deseamos mantener relaciones mutuas positivas
y abiertas, caracterizadas por el diálogo y la colaboración entre los pueblos, las culturas y las religiones del mundo. Es imprescindible una auténtica conversión de las personas y de los grupos religiosos para conseguir la paz entre las religiones, sin la cual,
como hemos recordado anteriormente, no puede haber paz entre los pueblos»[11].

Desde la sociología, sin invadir el campo de las creencias religiosas y manteniendo la
autonomía científica de la disciplina, decimos que las diferentes manifestaciones religiosas
no son sino respuestas que los hombres y mujeres han dado a las cuestiones primeras y úl-

[10] Jacques Dupuis, en *Hacia una teología cristiana del pluralismo religioso*, Santander, Sal Terrae,
2000, págs. 276-277.

[11] Jacques Dupuis, «Le dialogue interreligieux dans une société pluraliste», en *Movimientos de personas e ideas y multiculturalidad,* vol. I, Forum Deusto, Bilbao, Ediciones Universidad de Deusto, 2003, página 51.

timas, según sus contextos y capacidades. Ahora se trata de saber si los líderes de las confesiones religiosas hacen una lectura excluyente de sus dogmas o si, aun manifestando la legitimidad de sus principios, se muestran abiertos a otras confesiones religiosas en diálogo ecuménico. La respuesta a esta pregunta es clave para superar las guerras y conflictos de religión así como la justificación, no sea más que dialéctica, de esas guerras y conflictos en base a religiones que se consideran las únicas verdaderas, excluyentes o, a lo sumo tolerantes, con los «infieles» en espera de que se conviertan a la «única religión verdadera». Esta cuestión teológica tiene una trascendente consecuencia sociológica y política.

Imposible en el marco de este capítulo tratar de confirmar o infirmar estas hipótesis o más modestamente, abordar con cierta profundidad estas cuestiones que hemos retenido entre las que nos parecen capitales para dar cuenta de la realidad y evolución religiosa de la sociedad española estos últimos años. Pero hemos querido enumerarlas para resaltar y remarcar la complejidad y amplitud del campo religioso, más allá de algunos clichés al uso.

En las primeras páginas del análisis de la dimensión religiosa de la población española, en el estudio que recoge la tercera aplicación en España de la Encuesta Europea de valores, sus autores, Juan González-Anleo y Pedro González Blasco subrayan la complejidad de los diferentes indicadores de la religiosidad de la comunidad española. Basándose en datos de las tres investigaciones y tras una somera distinción en *alejados, practicantes y católicos festivos* concluyen afirmando que «ni la declaración personal de pertenencia a una confesión religiosa presupone religiosidad, ni la declaración contraria de no pertenencia implica en todos los casos ausencia de religiosidad»[12].

Pretendemos mostrar a lo largo de estás páginas esta complejidad de la religión y religiosidad de los españoles, dentro de unas líneas fuerza. Por ejemplo, a través de sus creencias religiosas, de la religiosidad interior, de las practicas religiosas, de los sentimientos de pertenencia, de la confianza en la Iglesia, el peso de los diferentes agentes de socialización juvenil, del asociacionismo religioso, la fuerza (aún declinante) de lo religioso en los ritos de paso (bautismo, matrimonio y funerales), el impacto de la inmigración con la mayor presencia de otras confesiones y sensibilidades religiosas, la nueva conciencia en la mujer de su papel social y, todo ello, sin olvidar la historia de la secularización en las diferentes regiones españolas, auténtico telón de fondo cuando se aborda la religiosidad de los españoles estos últimos treinta años.

Normalmente los estudios sociorreligiosos se inclinan por los datos más institucionales, en gran medida porque son los más fáciles de detectar, amén de que, cuando las investigaciones son solicitadas tanto por las confesiones religiosas como por entidades civiles, son estos los datos prioritariamente requeridos. Nosotros también vamos a utilizar algunos indicadores institucionales pero sin limitarnos a ellos. Tendremos particular cuidado en presentar la nueva realidad española, aunque aún minoritaria en número, importante por su novedad y reconfiguración del panorama religioso español: nos referimos, evidentemente, a la existencia cada vez mayor entre nosotros de personas con otras confesiones religiosas distintas a la católica.

En no pocos aspectos haremos uso de datos de la religiosidad juvenil, ya que, en gran medida, es el ámbito donde más información existe. Pero desbordaremos el ámbi-

---

[12] Juan González-Anleo y Pedro González Blasco, «Religión: valores, ritos y creencias», en Fr. Andrés Orizo y J. Elzo (dirs.), *España 2000, entre el localismo y la globalidad. La Encuesta Europea de Valores en su tercera aplicación, 1981-1999*, ob. cit., págs. 183 y sigs.

to meramente juvenil para mostrar la falla de la socialización religiosa familiar; compararemos la evolución de algunos indicadores clave (el autoposicionamiento religioso) en los adultos y en los jóvenes y constataremos que lo que ha sucedido en España en relación con Europa es un cambio que afecta a todas las edades. Sin embargo no podremos detenernos, por falta de espacio, en la presentación y análisis de la diversidad religiosa en base a tipologías socio religiosas que, hay que decirlo, solamente existen para el universo juvenil tanto a nivel español como europeo[13].

No podremos cerrar el texto sin decir algo sobre la espinosa cuestión actual del espacio público de lo religioso en España y su posible evolución en los próximos años.

2. EL AUTOPOSICIONAMIENTO RELIGIOSO

Los ciudadanos españoles ¿se dicen personas religiosas o personas no religiosas cuando se les pregunta por su identidad en ese campo? Más en concreto, ¿se dicen católicos, musulmanes, evangélicos, etc., o más bien se sitúan entre los no creyentes, los indiferentes, los ateos, etc. A estas cuestiones vamos a responder en este epígrafe. En primer lugar nos detendremos en el conjunto poblacional para, con uno de los indicadores, el más elaborado, contrastar los datos con los de los más jóvenes.

TABLA 10.1.—*Se considera o no una persona religiosa*

	1981	1987	1993	2001	2001-1981
Una persona religiosa	61	69	46	40	–21%
Una persona no religiosa*	30	24	40	55	+25%
Un ateo convencido	4	3	3	2	–2%
NC	4	4	1	3	–1%
N	2.306	2.499	2.500	2.846	
Estudio núm.	1263	1703	2062	2001 (¿)	

* En el estudio de 1981 el ítem decía «No una persona religiosa». En el estudio de 1987 «una persona no religiosa (agnóstica» y en los estudios de 1993 y 2001 distinguía cuatro categorías: una persona «muy», «bastante», «poco» y «no» religiosa. He adicionado las dos primeras y las dos últimas para mostrar la serie.

Fuente: Estudios del CIS.

[13] Para el ámbito español las dos últimas tipologías sociorreligiosas se pueden consultar en los siguientes estudios de la Fundación Santa María: J. Elzo (dir.), Fr. Andrés Orizo, J González-Anleo., P. González Blasco, M. T. Laespada y L. Salazar, *Jóvenes Españoles 99,* Madrid, Fundación Santa María/Ed. S.M. 1.999, 492 págs. Véase capítulo 5.º; «Jóvenes 2000 y Religión». González Anleo Juan (dir.), González Blasco Pedro, Elzo Javier, Carmona Francisco. Fundación Santa María. Editorial SM, Madrid, 2004, 349 páginas + Cuestionario, véase capítulo 3.º; Para el ámbito europeo *Cultures jeunes et religions en Europe,* obra colectiva bajo la dirección de Roland J. Campiche, París, Ed. du Cerf, 1997, 386 págs. Este libro es consecuencia de un trabajo de dos años que comenzó con una semana de trabajo en Monte Verità en Ascona, en el Ticino suizo, trabajando temas relacionados con las culturas jóvenes y la religión en Europa, a cargo de una Fundación privada, laica, suiza, cosa impensable en España. Las tres tipologías que aquí referenciamos han sido elaboradas por quien suscribe estas páginas

La Tabla 10.1 es suficientemente clara y exige pocas explicaciones para su lectura. El año 2001 había más personas que se decían no religiosas en España que personas religiosas. Exactamente lo contrario de los que sucedía 20 años. El vuelco es patente y habremos de encontrarnos con él a lo largo de esas páginas, y con más detalle, que nos ayudarán a explicar las cifras. Añadamos aquí que la baja proporción de ateos, incluso descendente, lo que otros datos que presentamos a continuación con preguntas mas elaboradas infirmarán, muestra que muchos ateos se han situado en el ítem de «persona no religiosa», máximo cuando a partir del estudio de 1.993 el ítem persona no religiosa se desdoblaba en dos: «poco religiosa» y «no religiosa».

La Tabla 10.2, con mayor número de respuestas posibles, y formulada desde los tiempos de los estudios FOESSA de los años 60, nos ofrece una información más rica de la evolución de los españoles en el autoposicionamiento religioso estos últimos 30 años.

Las diferencias con los datos de la Tabla 10.1 son, al menos, tan dignas de ser resaltadas como las similitudes. Comenzando con éstas es evidente el descenso en la autoidentificación como católicos que desciende cerca de 14 puntos porcentuales a la par que aumenta en algo más del 12% quienes se posicionan como indiferentes, agnósticos, no creyentes o ateos, según las diferentes formulaciones que se han propuesto en los estudios del CIS a lo largo de estos años y que hemos mantenido para control de los investigadores. El descenso de españoles que se dicen católicos es constante y sostenido a lo largo de estos treinta últimos años, a la par que aumentó quienes se dicen no católicos, sin olvidar al 2% que acaba posicionándose como creyente de otra religión.

Nótese también, entre los católicos, el paulatino descenso de los que se dicen católicos practicantes y el aumento de quienes se posicionan como católicos no practicantes que ya en el año 1988 son más que los practicantes. A partir del año 1996 se rompe la serie que distingue los católicos practicantes de los no practicantes pero podremos

TABLA 10.2.—*Evolución del autoposicionamiento religioso de los españoles mayores de 18 años (1978-2007)*

	1978	1980	1982	1984	1986	1988	1990	1992	1994
Católico practicante	59,5	52,6	51,0	50,7	44,6	43,1	40,7	39,8	41,8
Católico no practicante	31,0	37,2	38,0	38,9	44,3	44,6	46,6	47,6	45,9
Total Católico	90,5	89,8	89,0	89,6	88,9	87,7	87,3	87,4	87,7
*Creyente de otra religión**	0,6	0,5	1	0,7	0,7	0,7	0,7	0,9	1,5
No creyente	2,5	4	4	3,4	4,2	4,4	4,6	5,2	4,3
Indiferente	5,1	4,4	5	4	5	5,5	5,6	4,6	5,6
Agnóstico, otros…									
Ateo									
Total Ateo, No creyente, Indif., …	7,6	8,4	9	7,4	9,2	9,9	10,2	9,8	9,9
NC	1,2	1,3	2	2,3	1,2	1,8	1,7	1,8	1
N	5.706	1.191	4.985	1.193	8.281	2.441	2.489	2.498	2.487
Estudio Núm.	1154	1236	1305	1417	1542	1751	1876	2015	2087

TABLA 10.2 *(cont.).—Evolución del autoposicionamiento religioso de los españoles mayores de 18 años (1978-2007)*

	1996	1998	2000	2002	2004	2006	2007	2007-1978
Católico practicante								
Católico no practicante								
Total Católico	83,3	85,9	83,3	80,8	79,1	77	76,7	−13,8
Creyente de otra religión*	1,2	1,3	1	1,6	1,2	1,9	1,5	+1,0
No creyente	4,3	6,1	8,7	11,2	11,9	12,4	13,1	
Indiferente	6,5							
Agnóstico, otros...	2,0	2,6						
Ateo	2,3	3,2	4,9	4,6	5,8	6,9	6,6	
Total Ateo, No creyente, Indif., ...	15,1	11,9	13,6	15,8	17,7	19,3	19,7	+12,1
NC	0,5	0,9	2,2	2	2,1	1,8	2,1	+0,9
N	2.492	9.985	958	10.476	2.479	2.478	2.472	
Estudio núm.	2214	2286	2390	2455	2568	2649	2672	

* Hasta abril de 1994 «otras religiones».

Fuente: Estudios del CIS.

mostrar en el capítulo siguiente, que el descenso de la practica religiosa, luego de los católicos practicantes, sigue hasta nuestros días.

La serie de los indiferentes, agnósticos, no creyentes y ateos muestra, además de la dificultad de mantener un mismo ítem en la formulación de las preguntas a lo largo de treinta años,— probablemente por búsqueda de acomodo a la evolución de la reálidad española—, el claro arraigo de la «no creencia» (en fórmulas diversas) en porcentajes importantes de la población española. Cerca de una de cada cinco personas en el año 2007, en formulaciones menos *light* que «persona no religiosa» que veíamos en la tabla Tabla 10.1, se dicen no creyentes (13%) o ateos (7%).

Pero, a la inversa, estos datos nos hablan también de la persistencia de la «marca» católico en la sociedad española: en el año 2007, el 77% de los españoles, tres de cada cuatro en números redondos, se sitúan en la escala de posicionamiento y autoidentificación religiosa como católicos. A pesar de la prolongada secularización, todavía la gran mayoría de españoles se dicen católicos. Y lo hacen en una escala en la que, según los ítems propuestos estos treinta años, han podido situarse como indiferentes, ateos, no creyentes o agnósticos. La cifra es importante y segura. Otras investigaciones de ámbito europeo, con trabajo de campo español, lo confirman. Una encuesta del año 1998 de un Instituto de estudios francés cifra el porcentaje de españoles que se dicen católicos en un 94% para los mayores de 60 años y en un 76% entre los que tienen entre 18 y 29 años de edad[14].

---

[14] Pierre Bréchon, «L'évolution du religieux», en *Futuribles,* enero de 2001, núm. 260, págs. 44-45. El Instituto que realiza la encuesta es el ISSP de la Universidad de Grenoble.

En la tercera encuesta para España del European Values Study del año 1999[15] la cifra de españoles de más de 18 años que dicen pertenecer a una religión se cifra en el 82% siendo, como sabemos, los creyentes de otra religión una exigua minoría que no llega al 2%.

Esta cifra del 2% de personas que se dicen creyentes de otra religión merece un comentario propio. Es una cifra que se repite en diferentes encuestas realizadas por equipos diferentes con escasas variaciones que entran en los límites estadísticamente aceptables. Sin embargo, nos atrevemos a decir que la cifra es superior y lo mostraremos más adelante con otros datos, pero no de encuestas. Aquí nos encontramos, en efecto, ante uno de los límites de las encuestas— incluso las domiciliarias— con un universo general: determinados colectivos sistemáticamente quedan infrarrepresentados. Es lo que sucede, por diversas razones en las que aquí no podemos entrar, con los colectivos de emigrantes.

Veamos, por último, en este apartado la evolución del autoposicionamiento religioso en los jóvenes. Los datos pueden consultarse en la Tabla 10.3.

TABLA 10.3.—*Evolución de la autoidentificación religiosa de los jóvenes españoles en edades comprendidas entre los 15 y los 24 años (1960-2005)*

	1960	1970	1975	1982	1984	1989	1994	1999	2002	2005	2005 (b)
Muy buen católico	6,7	5,1	2		3	2	2	1,6	2,5	1,6	9,8
Católico practicante	68,7	27,4	17		16	17	16	11,2	9,6	7,8	
Católico no muy practicante	15,8	29,4	26		26	26	27	21,8	22,3	39,0	43,1
Católico no practicante	7,7	18,3	23	45	29	29	32	31,9	29,3		
Total católicos	98,9	80,3	68		74	74	77	65,7	63,7	48,4	52,9
Indiferente	—	19,7	21	11,7	19	18	11	14,9	16,8	18,4	19,2
Agnóstico	—	—	—	—	—	—	4	6,1	7,0	6,7	
Ateo (no creyente)	—	—	8	5,2	6	6	7	10,6	10,3	21,3	20,0
Total no creyente, indif., ateo	—	19,7	29	16,9	25	24	22	31,6	34,1	46,4	39,2
Otra religión	0,1	0,1	1	1	1	1	1	1,5	2,1	1,9	3,3
NC	1	—	1	3,1	—	—	—	0,3	—	3,2	4,7
N	1.316	3.347	3.268	3.654	3.343	4.548	2.028	3.853	935	4.000	1.200

Fuente: 1960-1982, Fundación FOESSA; *2005(b), Valores Sociales y Drogas*[16], FAD; Resto años: Estudios de la Fundación Santa María.

---

[15] Andres Orizo y Javier Elzo (dirs.), ob. cit., págs. 186 y sigs.

[16] Eusebio Megías (dir.), Domingo Comas, Javier Elzo, Ignacio Megías, José Navarro, Elena Rodríguez y Oriol Romaní, *Valores sociales y drogas,* Madrid, Edita FAD, 2001, 382 págs.

De nuevo, entre los jóvenes, el descenso en el autoposicionamiento religioso católico es constante y prácticamente lineal. De todas formas, hay una aceleración en los últimos años realmente llamativa. Especialmente en el aumento de los jóvenes que se dicen no creyentes/ateos, pero este fenómeno no es solamente juvenil sino que se da en toda la población española. En la Tabla 10.4 resaltamos los datos resumidos de la evolución del posicionamiento religioso en el conjunto poblacional español (más de 18 años) y en el universo juvenil (15 a 24 años) con la máxima comparabilidad que nos permite los datos que poseemos: entre los años 1978 y 2007 en el caso de la población adulta y entre los años 1975 y 2005 en la juvenil.

TABLA 10.4.—*Evolución del autoposicionamiento religioso en jóvenes y en el conjunto poblacional*

	Toda la población (más de 18 años)			Jóvenes (15-24 años)		
	1978	2007	2007-1978	1975	2005*	2005-1975
Católicos	91	77	−14	68	51	−17
No creyente, Indiferente, agnóstico, ateo….	8	20	+12	29	43	+14
Creyente otra religión	0,6	1,5	+0,9	1	3	+2

* Media de las dos investigaciones de 2005.

Fuente: Véanse Tablas 10.2 y 10.3.

Dos notas a destacar. En primer lugar remachar que, en todo tiempo, en un análisis sincrónico de la sociedad española moderna, las personas mayores han dado unos valores sociorreligiosos más elevados que los jóvenes, lo que todo el mundo reconoce. Pero en el análisis diacrónico constatamos que, en el tiempo, la evolución va par en el conjunto poblacional y en el segmento juvenil con apenas diferencias que, por otra parte, tienen una explicación evidente. En el conjunto poblacional español, como ya hemos reseñado más arriba, el porcentaje de los que se dicen católicos, en los treinta años que separan los años 2007 y 1978 ha descendido un 14%. Esta cifra en la población juvenil en los treinta años que separan, esta vez de 2005 a 1975, ha descendido un 17%.

Si nos detenemos en las cifras de los que se declaran no creyentes, indiferentes, ateos o agnósticos, llegamos a similares conclusiones. Aumenta en un 12% en el conjunto poblacional y en un 14% entre el sector juvenil. La explicación, además del hecho de que estos jóvenes también están en el cálculo del universo global, está en que, ya en los últimos años, no pocos se han socializado sea en la «no creencia» sea en una «creencia *ligth»*, de tal suerte que no pocos nunca han sido socializados religiosamente. Volveremos a este punto más adelante cuando analicemos la cuestión de la socialización religiosa en España.

La conclusión de todo esto va más allá del ámbito exclusivamente religioso. Muestra, aquí con este indicador concreto, que la evolución de valores y sistemas de legitimación en la sociedad española de los últimos treinta años ha afectado al conjunto poblacional, luego también a los jóvenes; que no hay ruptura generacional sincrónica y que, de haberla, hay diacrónica; que es falso decir que la juventud actual «ha perdido valores» (afirmación que siempre quiere decir que los valores asignados a un colectivo concreto, son diferentes a los del enjuiciador) y que lo que en realidad ha sucedido es que toda la sociedad española ha evolucionado hacia otro sistema de valores, cuestión en la que aquí no podemos entrar.

Volvamos para terminar este punto a la población juvenil. Algunos estudiosos europeos hablan, de un renacer de lo religioso en los jóvenes. Así, por ejemplo, tenemos al sociólogo francés Ives Lambert, estudioso de estos temas, en una reciente publicación[17] que ha titulado «Un regain religieux chez les jeunes d'Europe», que traduzco por «un aumento de lo religioso en los jóvenes de Europa». Una lectura detallada de su texto, sin embargo, además de constatar que la salida de la pertenencia religiosa (decirse miembro de las Iglesias) no se ha detenido y que lo que aumenta es la dimensión de una religiosidad no institucionalizada, concluye señalando que el posible aumento (por ejemplo, en conceder importancia a la religión e incluso en valorar las respuestas institucionales en las necesidades morales y religiosas de las personas) se da, además de en Italia y Portugal, en la Alemania protestante, en Suecia, en Dinamarca, donde, añado yo, religión en los jóvenes estaba ya bajo mínimos. Este aumento es prácticamente ausente, ya lo constata Lambert en Irlanda y en España en la misma publicación páginas adelante. Además en una entrevista que le hicieron en Le Monde, con motivo de las Jornadas Mundiales de la Juventud en Colonia, recién elegido papa Benedicto XVI, donde defendía las mismas tesis, va mas lejos y señala que «en España e Irlanda incluso hay que hablar de retroceso». Añade que «la situación particular de Irlanda y de España se debe a un fenómeno de modernización acelerada sobre un fondo de catolicismo que se ha mantenido durante mucho tiempo muy tradicional»[18]. Lambert, que desconoce los estudios sobre la juventud de la Fundación Santa María (no lee el español), trabaja con datos de los estudios de las Encuestas de valores, segmentando los referidos a jóvenes. Así y todo da en el clavo en un punto concreto: en España la dimensión religiosa de la juventud, en su dimensión eclesial, está en franco retroceso. Más adelante abordaremos la cuestión de la lectura que la población española en general y los jóvenes en particular hacen de la Iglesia Católica.

3. LA PRÁCTICA RELIGIOSA

Así como hace treinta años se concedía, incluso en la propia iglesia institucional, escasa importancia a la práctica religiosa en detrimento de otros indicadores, ya desde comienzos de los años 90 del siglo pasado, en los estudios de sociología religiosa de ámbito europeo, la práctica religiosa aparece como uno de los mas potentes predictores y delimitadores de la dimensión religiosa con su traslado en los comportamientos diarios de los jóvenes y adultos.

La razón es evidente, particularmente en el caso de España, cuando hemos pasado de una sociedad en la que el referente religioso, y su visualización social era muy grande, a otra en la que lo es menor, por decirlo suavemente. Sin apenas exageración, cabe decir que hemos pasado de una España con muy fuerte acentuación social católica a otra socialmente no creyente, aunque los datos de la catolicidad, (los españoles individualmente considerados), siguen siendo importantes, como hemos comprobado en el

---

[17] Lambert Yves, «Un regain religieux chez les jeunes d'Europe de l'Ouest et de l'Est», en O. Galland y B. Roudet (dirs.), *Les jeunes Européens et les valeurs,* París, La Decouverte, 2005. Véase págs. 65 y sigs.

[18] Lambert Yves, Entrevista en *Le Monde,* 17 de agosto de 2005.

apartado anterior. De ahí que el acto publico de la asistencia a la misa dominical y a otros actos religiosos (excluidos los bautismos, bodas y, sobre todo funerales en los que a la significación religiosa hay añadir la meramente social) adquiera otra importancia como indicador de la religiosidad de las personas. Esta reflexión es particularmente pertinente en el caso de los jóvenes. Los que tenemos ya mas de sesenta años, sin necesidad de investigaciones, sabemos la presión existente cuando éramos jóvenes para asistir a la misa dominical a la par que constatamos que, en la actualidad, tal presión ha desaparecido por completo, hasta el punto de que el joven que vaya a misa parece como un «raro» en el entorno juvenil y en el de no pocos adultos. De ahí, entre otras razones, la importancia sociológica del indicador.

En las Tablas 10.5, con detalle para información de investigadores y 10.6, de forma más resumida, presentamos la evolución de esta práctica, ir a misa u otros oficios religiosos, excluidos bodas, bautismos y funerales, en el conjunto poblacional español de 18 y más años de edad desde 1984 hasta nuestros días.

TABLA 10.5.—*Evolución de la asistencia a misa u otros oficios religiosos, excluidos bautizos, bodas y funerales*

	jun-84	jul-86	jun-88	oct-92	oct-94**	Jun-96	may-98	mar-00	dic-02	jun-04	Jun-06
Nunca / Casi nunca*	28,4	32,4	29,1	28,5	32,1	37,8	39,7	40,3	48,6	48	51,7
Varias veces al año	22,4	26	27,6	30,1	23,4	21,8	21,2	21,5	17,4	17,7	18,3
Alguna vez al mes	11,6	11,7	13,7	12,8	13,7	13,5	13,8	13,5	11,1	14	10,5
Casi todos los domingos y festivos	14,8	13,2	14,2	13,6	25,5	24	21,7	21,1	18,1	16,8	15,4
Todos los domingos y festivos	17,6	13,4	12,2	9,3							
Varias veces a la semana	1,7	1,8	1,9	1,9	4,9	2,7	2,9	2,9	2,4	2,3	2,7
NC	3,3	1,4	1,3	3,7	0,5	0,2	0,6	0,7	2,4	1,2	1,3
N	1.183	8.286	2.466	2.499	2.243	2.260	8.684	2.122	2.038	1.989	1.954
Estudio Núm.	1417	1542	1751	2024	2118	2214	2286	2387	2474	2568	2649

* Nunca hasta octubre-92. Casi nunca de esa fecha en adelante.
** A partir de ese año solamente se formula la pregunta a quienes han indicado, previamente, que son católicos, creyentes o indiferentes, excluyendo a los que se dicen no creyentes o ateos. De ahí que el porcentaje de 24,8% de practicantes semanales, o casi semanales en el año 1992 salte al 30,4% en el año 1994.

Fuente: Estudios del CIS.

TABLA 10.6.—*Resumen evolutivo de la asistencia a misa, excluidos bautizos, bodas y funerales*

	1984	1986	1988	1992	1994 ****	1996	1998	2000	2002	2004	2006	2006 (-) 1984
No practicante*	28	32	29	29	32	38	40	40	49	48	52	+24
Practicante irregular**	34	38	41	43	34	35	35	35	29	32	29	–5
Practicante regular***	34	28	28	25	30	27	25	24	21	19	18	–16
NC	3,3	1,4	1,3	3,7	0,5	0,2	0,6	0,7	2,4	1,2	1,3	–2
N	1.183	8.286	2.466	2.499	2.243	2.260	8.684	2.122	2.038	1.989	1.954	
Estudio núm.	1417	1542	1751	2024	2118	2214	2286	2387	2474	2568	2649	

  * Suma de los dicen que no van nunca o casi nunca a la iglesia.
  ** Suma de los que dicen que van varias veces al año o alguna vez al mes.
  *** Suma de los que dicen que van todos o casi todos los domingos y festivos o varias veces a la semana.
  **** A partir de ese año solamente se formula la pregunta a quienes han indicado, previamente, que son
católicos, creyentes o indiferentes, excluyendo a los que se dicen no creyentes o ateos.

Fuente: Estudios del CIS.

Antes de nada hay que advertir que desde el año 1994 solamente se formula la pregunta a quienes han indicado, previamente, que son católicos, creyentes o indiferentes, excluyendo a los que se dicen no creyentes o ateos. De ahí, como indicamos al pie de la Tabla 10.5, que el porcentaje de 24,8% de practicantes semanales, o casi semanales, del año 1992 salte al 30,4% en el año 1994. En consecuencia las diferencias de práctica religiosa que presentamos en las tablas son inferiores a las reales.

En todo caso, la lectura de las tablas nos muestra el evidente descenso en la práctica religiosa dominical de los españoles, que de un 34% que señalan una práctica regular durante el año 1984, bajamos al 18% el año 2006 que, si tenemos en cuenta la advertencia del párrafo anterior, podemos decir que ha descendido a la mitad, como poco. La práctica religiosa con motivo de acontecimientos concretos (festividades locales, Navidad, Semana Santa, etc.) permanece estable, si bien con fluctuaciones a lo largo de estos últimos años, lo que nos impide pronosticar el futuro, aunque apuntaríamos a un descenso en la practica meramente irregular, un domingo al mes por ejemplo y un reforzamiento e incluso aumento en relación a festividades concretas, Semana Santa y Navidad en especial, así como las de raigambre popular, en cada localidad o comunidad concreta.

Donde no hay duda tampoco es en el aumento de personas que no van nunca o prácticamente nunca a la iglesia, que ha subido 24 puntos porcentuales. Del 28% que dicen no ir nunca a los oficios religiosos el año 1984 hemos pasado al 52% el año 2006, porcentaje que es bastante superior si se tiene en cuenta que para el cálculo de este porcentaje están ya excluidos los que, en una cuestión precedente no se dicen creyentes.

En definitiva, una aproximación numérica nos permite decir que la práctica religiosa semanal o casi semanal debe rondar el 15% de la población española mayor de 18 años, la inasistencia total o casi total muy cercana al 60% y con una práctica puntual, con motivo de acontecimientos concretos de signo diverso, del orden del 25%. ¿Cabe aplicar a España lo que Touraine dijera de Francia hace años, no recuerdo donde, de «la France ex catholique»? Si no fuera por la persistencia de tres de cada cuatro españoles en decirse católicos, como hemos visto en el epígrafe precedente, estaríamos tentados en responder por la afirmativa como ya hicimos hace años hablando del segmento juvenil.

Segmento juvenil del que traemos, aquí también, de forma resumida, la evolución de la práctica religiosa en el mismo período de tiempo (2005-1984) que hemos contemplado en el conjunto poblacional español. Véase la Tabla 10.7.

TABLA 10.7.—*Evolución resumida de la práctica religiosa (ir a la iglesia) de los jóvenes españoles (15-24 años), excluyendo bodas, bautizos, funerales (En %. Respuestas múltiples)*

	1984	1989	1994	1999	2002	2005	2005–1984
Semanalmente	20	21	17	12	13	6	–14
Una vez al mes	10	10	9	9	6	5	–5
En determinadas ocasiones o festividades	25	32	33	32	34	24	–1
Nunca, prácticamente nunca	43	37	50	53	57	69	+26
N	3.343	4.585	2.028	3.853	935	4.000	

Fuente: Estudios de juventud de la Fundación Santa María.

Al igual que en el análisis del autoposicionamiento religioso, quizás lo mas relevante a señalar sea la constatación de que la evolución de la práctica religiosa de la juventud española sigue paralela a la del conjunto de población, aunque siempre con una menor practica religiosa, sea el que sea el período de tiempo considerado. Este dato básico nos confirma, una vez más, que la evolución sociorreligiosa en España estos últimos veinte o treinta años lo ha sido del conjunto poblacional con proyecciones estadísticas diferentes según las edades, pero en una evolución que ha ido siempre en paralelo: descenso en todos los segmentos de edad de la práctica religiosa aunque, siempre, los más jóvenes han presentado unas tasas de práctica religiosa inferiores a las de los adultos y mayores.

Los análisis nos detallan que la práctica religiosa semanal está disminuyendo paulatinamente, así como la mensual. En la sociología europea ya se entiende como persona practicante la que, al menos una vez al mes, va a la iglesia, a misa o a un oficio religioso, según la diferente confesión religiosa. En España, entre los jóvenes de 15 a 24, si en el año 1984 iban a misa al menos una vez al mes el 30%, esta cifra se sitúa el año 2005 en el 10%. Básicamente el descenso se produce en la misa semanal. En una generación, y ya la secularización siendo historia, la práctica religiosa semanal en los jóvenes puede ser residual. En un primer momento, y teniendo en cuenta los datos del estudio de SM de 2002, nos preguntábamos si no habría un repunte de la práctica religiosa «más de una vez a la semana» que en los adolescentes de 13 y 14 años (no recogidos en la tabla para homologar las cifras a las de años anteriores) llegó al 4%. Hipotetizamos que podría tratarse de los adolescentes de los nuevos movimientos religiosos, Legionarios de Cristo, Focolares, Comunión y Liberación, Kikos así como del

Opus Dei. Los datos de 2005 no confirman, en absoluto, esta hipótesis, indicando más bien que el peso estadístico de estos jóvenes en el conjunto, no solamente juvenil sino incluso, religioso entre los jóvenes, son claramente minoría, como mostramos en el *excursus* siguiente.

Excursus *sobre el peso de los nuevos movimientos religiosos en la juventud española*

Traemos aquí los resultados del asociacionismo religioso juvenil español con un brevísimo comentario que el lector interesado puede profundizar acudiendo a la fuente[19].

TABLA 10.8.—*Pertenencia a asociaciones religiosas de los jóvenes españoles. En números absolutos y en porcentajes sobre el total de jóvenes*

	Absoluto	En %
Comunidades parroquiales	50	1,2
Scout católicos	25	0,6
Fraternidades o Asociaciones vinculadas a una congregación religiosa como Franciscanos, Marianistas	19	0,5
Acción católica (JOC, JAC, JEC)	12	0,3
Cooperadores salesianos	11	0,3
Cofradía/Hermandad	8	0,2
Comunión y liberación	7	0,2
Neocatecumenales	6	0,2
Opus Dei	5	0,1
Comunidades Cristianas de Base	4	0,1
Focolares	3	0,1
Legión de María	2	0,1
Legionarios de Cristo	1	0,0
Otras	6	0,2
Ninguna	3.821	95,5
No Contesta	40	1,0
Pertenecen	159	4,0
A más de una	20	0,5
A solamente una	139	3,5
N	4.000	104,0*

* Respuestas múltiples.

Fuente: Jóvenes Españoles 2005, Fundación Santa María

---

[19] Pedro González Blasco (dir.), Juan González-Anleo, Javier Elzo, Juan M.ª. González-Anleo Sánchez, José Antonio López Ruiz y Maite Valls Iparraguirre, *Jóvenes Españoles 2005,* Madrid, Fundación Santa María/Editorial SM, 2006, 427 páginas. Para la tabla y comentarios véase las págs. 72 y sigs.

Nótese que se trata de una pregunta con respuestas múltiples, pues un joven puede pertenecer a más de una asociación religiosa. De hecho el 4% de los jóvenes españoles pertenecen a alguna asociación religiosa de los que un escaso 0,5% a más de una. Solamente haremos un comentario. Así como ya indicamos en el estudio de SM referido al conjunto asociativo juvenil español, de que no son las asociaciones que más salen en los medios de comunicación (feministas y antiglobalización por ejemplo) las que más adeptos concitan, aquí tampoco, al referirnos a las específicas asociaciones religiosas, no son las que están en los medios de comunicación las que tienen el mayor porcentaje de jóvenes asociados.

No pasan del 0,1%, con valores absolutos escasísimos, los jóvenes que dicen pertenecer al Opus Dei, a la Legión de María o a los Legionarios de Cristo. Solamente el 0,2% dicen pertenecer a los movimientos neocatecumenales, o a Comunión y Liberación. Los porcentajes de asociacionismo más elevados los encontramos en las comunidades parroquiales, en los *scouts* católicos o en asociaciones vinculadas a alguna congregación religiosa, normalmente a través de sus centros educativos. Pero esos jóvenes rara vez, por no decir nunca, son noticia. De ahí la distorsión en la percepción general sobre el peso de esos movimientos en el segmento juvenil y sospechamos, pero no tenemos información para avalarlo, también en el conjunto poblacional eclesial.

4. LAS CREENCIAS RELIGIOSAS

Juan González Anleo comentando los datos de la evolución de las creencias de los españoles a tenor de las tres aplicaciones en España de la Encuesta Europea de Valores (con datos muy similares a los que nos ofrece el CIS y que son los que optamos por trasladar más abajo pues abarcan un período mas amplio)[20] trae a colación una reflexión de la socióloga británica Grace Davis a propósito de la Gran Bretaña cuando afirma que «el perfil general de la vida religiosa está cambiando. Parece, efectivamente, que un número creciente de ingleses eligen las creencias, pero rehúsan al mismo tiempo las prácticas. Con otras palabras, ciertos aspectos del comportamiento de la clase obrera en el terreno religioso (en particular el rechazo de una práctica religiosa dominical) —considerados hasta ahora como una excepción a la regla general— se están convirtiendo en características de la sociedad»[21].

Algo similar está sucediendo en la sociedad española, como subraya el propio González Anleo y, ya años antes, Andrés Orizo[22]. Pero los datos van más allá y apuntan, a un descenso, también en las creencias religiosas. Veámoslo en la Tabla 10.9.

Ciertamente la creencia en Dios sigue manteniéndose con fuerza (69% de españoles dicen creer en Dios el año 2002) y a un nivel muy superior al de la práctica religiosa que, como hemos constatado en el capítulo precedente, desciende al 15% en la frecuencia dominical. Pero también la creencia en Dios ha descendido (17 puntos porcentuales desde 1981), como lo hace la creencia en una vida después de la muerte, en el alma, en el cielo y el infierno, sin olvidar al pecado. González Anleo, en el texto

[20] En Andrés Orizo y Javier Elzo (dirs.), «España entre el localismo…», ob. cit., pags. 199 y sigs.

[21] Grace Davies, *La Religion des Britanniques*, Ginebra, Labor et Fides, 1996, pág. 147.

[22] Francisco Andrés Orizo, *Sistemas de Valores en la España de los 90*, Madrid, CIS/Siglo XXI, 1996, pág. 185.

recién referenciado, avanza la hipótesis de que la no aceptación de creencias puede indicar, no tanto la caída sustancial de las «tasas de fe», como la «extinción progresiva de la sumisión a la doctrina de la Iglesia», citando a su vez a Sequeiros[23]. Más adelante señala González Anleo que es muy probable que ciertas formas del catolicismo popular están contribuyendo al mantenimiento de la memoria histórica tradicional, como la Semana Santa sevillana, el Rocío, la Virgen de los Desamparados en Valencia, el Pilar en Zaragoza, las fiestas de moros y cristianos y en general no pocas de las advocaciones marianas, como Monserrat en Catalunya, por citar alguna.

TABLA 10.9.—*Evolución de las creencias religiosas de los españoles (en porcentaje)*

	1981	1987	1992	1993	2002	2002 – 1981
Dios	86	75	80	80	69	−17
Vida después de la muerte	55	47	43	43	37	−18
Un alma	64	58	66	64	52	−12
El demonio	33	28	34	34	24	−9
Infierno	33	27	33	33	24	−11
Cielo	49	45	52	52	40	−9
Pecado	57	51	56	56	43	−12
Reencarnación	25	26	28	28	20	−5
N	2.306	—	2.486	2.500	2.493	
Estudio núm.	1263	1703	2001	2062	2442	

Aunque más en el orden de las credulidades que en el de las creencias, cabe hablar de la creencia en la telepatía (21% de españoles creen en ella el año 1999), en la reencarnación el 25% y el 11% llevan consigo un amuleto de la suerte, mascotas o talismanes[24]. Más llamativo aún nos parece el éxito que tienen las novelas y obras de ficción de carácter para o pseudo religioso. En julio de 2006, merced a la huelga de pilotos del SEPLA y con el consabido retraso de Iberia tuve una demora de tres horas en Barajas. Me acerqué a un expositor de libros en el aeropuerto y anoté la lista de títulos de libros que, en la estantería de «los más vendidos», tuvieran como tema alguna cuestión religiosa o pararreligiosa. Estos eran los títulos: *La Biblia de barro, La Sombra de Dios, La conspiración de Asís, Los pecados de la Biblia, El Código da Vinci, La Rosa de David, El Himno de los demonios, La Cena secreta, Al Sur de la resurrección, El último ritual, A la sombra del Templo, El Evangelio de Judas, Caballeros de la Vera-Cruz, Las Puertas del Paraíso, Vaticano 2.035, La sombra de la catedral* y *Las chicas del rosario*. Diecisiete libros de temática religiosa o seudorreligiosa, en una estantería de los libros más vendidos de un aeropuerto, en una sociedad que se tiene por laica y secularizada es, como poco, algo sorprendente y llamativo. Cada día me pregunto con más fuerza si no tendremos que hablar de un entorno social postsecular y resacralizado.

---

[23] Leandro Sequeiros, «Fe, cultura e increencia en la juventud actual», en *Proyección*, 35, 1988, páginas 297-300.

[24] Andres Orizo y Javier Elzo (dirs.), «España entre el localismo…», ob. cit., págs. 204-206.

En este marco general de creencias, la postura de la juventud sigue el mismo perfil que acabamos de constatar en la población española, con un descenso en las creencias religiosas estos últimos años. Lo mostramos en la tabla 10.10.

TABLA 10.10.—*Evolución de las creencias religiosas de los jóvenes españoles en edades comprendidas entre 18 y 24 años (en porcentaje)*

	1981	1984	1989	1999	2002	2005	2005/2002 – 1981/1999
Dios	78	71	71	65	68	55	–23
Vida después de la muerte	44	42	42	43	46	32	–12
Infierno	20	15	16	21	23	—	+3
Cielo	34	27	32	34	35	—	+1
Pecado	41	36	38	36	38	28	–13
Resurrección de los muertos	—	—	—	24	23	17	–7
Reencarnación	—	—	—	27	27	18	–9
Resurrección de Jesucristo	—	—	—	—	—	27	
N	543	2.239	3.079	2.665	786	4.000	

Fuente: Para 2005, 2002, 1999, 1989 y 1984, los trabajos de juventud de la Fundación Santa María. Para 1981, la submuestra de 18-24 años de la primera encuesta de valores europea[25].

Hasta el año 1999 y con la excepción de la creencia en Dios hasta el año 2002, la estabilidad de las cifras es, posiblemente, el dato más significativo. Pero, después, como sucediera en el colectivo adulto, el descenso se hace significativo. Es particularmente llamativa la cifra del 55% de jóvenes que dice creer en Dios en el año 2005, poco más de uno de cada dos, cuando esta cifra era del 78% en el año 1981.

Por otra parte, la afirmación de que «Dios existe y se ha manifestado en Jesucristo» era aceptada por el 70% de los jóvenes en el año 1994, pero la cifra se queda en el 42% en el año 2005, proporción superada (44%) por quienes sostienen que «hay fuerzas y energías que no controlamos en el universo que influyen en la vida de los hombres y mujeres», modo de religión cosmovitalista presente en nuestra sociedad. Es preciso no olvidar que si bien el 42% de los jóvenes dicen no rezar nunca o prácticamente nunca en su vida (y la cifra va en ligero aumento), el 54% sí lo hacen bajo la modalidad de rezar el padre nuestro, una oración libre y espontánea, oración de petición, meditación, oración parroquial, acción de gracias, etc. No hay que olvidar tampoco que la penetración de las sectas en España es escasa. Otra cosa será la cohabitación con otras confesiones religiosas y, en este orden de cosas, quiero saludar el enorme acierto de que haya sido una editorial católica, SM, quien haya ofrecido sus servicios a la comunidad islámica para el primer libro de texto en España, «Descubrir el Islam», sobre la religión islámica. Como no hay que olvidar, en estos tiempos de sequía de vocaciones religiosas, que ya tenemos cuatro investigaciones coincidentes que nos hablan del orden de

---

[25] Francisco Andrés Orizo, *España entre la apatía y el cambio social,* Madrid, Mapfre, 1983

40.000 jóvenes que en algún momento de su vida se han planteado, con seriedad, la eventualidad de la vocación religiosa. Y una quinta investigación que publicada por la FAD en diciembre de 2006[26] en la que preguntados los jóvenes por las cuatro profesiones que más le gustaría desempeñar en el futuro el 0,8% de jóvenes españoles señalan que sacerdotes, religiosos, religiosas, rabinos, imanes, etc., cifra aplicable en mas del 90% de los casos a curas, religiosos o religiosas católicos, cifra que supera a los 40.000 de las estimaciones anteriores. Por qué esta querencia no fructifica es cuestión a la que dediqué, hace tres años, un largo estudio y al que remito al lector interesado[27].

5. LA RELIGIOSIDAD INTERIOR

Los indicadores de religiosidad interior registran también un descenso, aunque menor al observado en las practicas y creencias religiosas, como se muestra en la Tabla 10.11. Así cae la importancia de Dios en la vida de uno, la obtención de consuelo y fortaleza de la religión; y no tanto, pero también, la oración, meditación o contemplación (en parte porque aquí puede haber lugar a una meditación no cristiana).

TABLA 10.11.—*Indicadores de religiosidad interior*

	1981	1990	1999
Importancia de Dios en su vida (media 1-10)	6,39	6,25	5,97
Obtiene consuelo y fortaleza en la religión (%)	57	53	49
Tiene momentos de oración, meditación, contemplación (%)	69	60	61
N	2.303	1.510	1.200

Fuente: Banco de datos de la Universidad de Deusto en base a las encuestas europeas de valores. Elaboración propia

En el último estudio del grupo europeo de valores del año 1999 ya referenciado, constatamos que un 39% reza a Dios al menos una vez a la semana (con lo que queda un 42% que cree en Dios pero al que no se dirige demasiado). La cifra es casi idéntica a la del 40% de los que creen en una vida después de la muerte.

En la medida en que vaya descendiendo la referencia personal del Dios en que se cree, en esa misma medida se hará más difícil el dirigirse a Él por la oración y el rezo. Abriéndose espacios para lo que sea meditación o contemplación, que bucea en el interior más profundo de uno mismo, más allá de la explicita referencia cristiana, dato este que, hipotetizamos, veremos confirmado en el próximo estudio europeo de valores, cuyo trabajo de campo tenemos previsto realizar en abril de 2008.

Pensando en los jóvenes podemos dar algún paso más. La demanda pre-religiosa (que algunos denominan ya religiosa), sigue vigente, con acentuaciones diversas, en no

---

[26] Eusebio Megías y Javier Elzo (codirs.), Elena Rodríguez, Ignacio Megías y José Navarro, *Jóvenes, valores, drogas,* Madrid, Edita FAD, 2006.

[27] Javier Elzo, *Jóvenes Españoles y Vocación,* en Seminarios sobre los ministerios en la Iglesia, núm. 172-173, vol L, abril-septiembre de 2004, págs. 151-400. (núm. completo con una introducción de Alonso Morata).

pocos jóvenes, como mostramos en las Tablas 10.12, 10.13 y 10.14, con datos de los jóvenes españoles de 2002 a los que hemos añadido los de una investigación propia de 2003 para los universitarios de Deusto[28].

TABLA 10.12.—*¿Te planteas a menudo los grandes problemas (cuestiones) de la vida: el fracaso, la felicidad, el dolor, la violencia, el sentido de la vida, el mal...? (Datos en porcentajes)*

	Jóvenes Españoles	Universitarios	
		España	Deusto
Son temas que me preocupan, a menudo pienso en ellos	30	35	70
Algunas veces pienso en ellos, pero con poca frecuencia	45	46	25
No me preocupo de esos temas, nunca o casi nunca	25	19	4
N	1.072	222	804

Fuente: Jóvenes 2000 y religión» y *«Jóvenes de Deusto y religión.* Elaboración propia.

TABLA 10.13.—*¿Con quién compartes esas inquietudes? (Respuestas múltiples. En porcentajes)*

	Jóvenes Españoles	Universitarios	
		España	Deusto
Con tus amigos	70	77	71
Con tus padres/tu familia	36	43	50
Con tu pareja (si la tienes)	29	27	38
Con algún sacerdote o religioso/a	4	7	6
Con algún profesor	2	2	2
No lo compartes con nadie	15	16	15
N (sólo los que se plantean esas cuestiones)	803	180	764

Fuente: Jóvenes 2000 y religión y *Jóvenes de Deusto y religión.* Elaboración propia.

Los datos son extremadamente interesantes. Además del 10% de jóvenes que manifiestan «mucho» interés y otro 25% «bastante» interés por la religión «en su vida personal», (Tabla 10.14) las cifras muestran que hay un número importante de jóvenes a quienes les importan las grandes cuestiones de la vida, el fracaso, la felicidad, el dolor, la violencia, el sentido de la vida, el mal etc. Son algunas de las grandes cuestiones previas y concomitantes con las religiones a lo largo y ancho de la historia y del mundo entero. Esas preguntas, esas inquietudes no han desaparecido, en absoluto, en la juventud actual. Además en proporciones altamente significativas. El 30% de los jóvenes espa-

---

[28] González Anleo Juan (dir.), González Blasco Pedro, Elzo Javier y Carmona Francisco, *Jóvenes 2000 y Religión,* Fundación Santa María, ob. cit.; y J. Elzo, M.ª T. Laespada y T. L. Vicente, *Jóvenes de Deusto y religión,* ob. cit.

ñoles en edades comprendidas entre los 13 y los 24 años afirman plantearse «a menudo» esas cuestiones, el 45% se lo plantean «a veces» y solamente uno de cada cuatro jóvenes se dicen completamente ajenos a estas cuestiones. Cifras importantes, cifras que, como era lógicamente esperable, son superiores entre los universitarios. Es miopía ideológica seguir sosteniendo que las cuestiones religiosas son cosa de gente sin formación. Otra cosa es decir que las respuestas que se den a esas cuestiones serán, evidentemente, atendidas con mayor aparato crítico por quienes su formación se lo permita y que la respuesta se vaya a decantar, necesariamente, por la fe religiosa.

TABLA 10.14.—*¿Qué importancia tiene la religión para ti, en tu vida personal? (En porcentajes)*

	Jóvenes Españoles	Universitarios	
		España	Deusto
Mucha	9	10	10
Bastante	24	22	25
Poca	40	43	38
Ninguna	26	23	25
N	1.072	222	804

Fuente: Jóvenes 2000 y religión y *Jóvenes de Deusto y religión.* Elaboración propia.

Los datos de Deusto, muy llamativos y que analizamos en el estudio correspondiente y al que remitimos al lector interesado, los explicamos, al menos parcialmente, por lo que venimos denominando como el propio *efecto Deusto.* Aquí nos limitamos a resaltar un hecho. Una vez dentro de la universidad, la demanda de presencia cristiana por parte del alumnado supera incluso el posible rechazo a un exceso de presencia de tal suerte que si algo habría que cambiar en la Universidad de Deusto, estiman los alumnos, habría de hacerse en el sentido de una mayor presencia o visibilidad de la dimensión cristiana. Este dato muestra que, aunque la secularización ha sido brutal y rápida en la sociedad vasca la demanda religiosa, y explícitamente cristiana en la Universidad de Deusto, no ha desparecido en absoluto. A más abundamiento hay que añadir que entre el alumnado de fin de carrera esta demanda se hace aún más patente a la par que disminuye el porcentaje de los que la estiman excesiva[29]. La conclusión se impone: entre los universitarios de Deusto a más formación, más demanda religiosa.

Pero, a continuación hay que leer con suma atención los resultados que nos ofrece la Tabla 10.13 pues nos va a dar una de las claves para entender la desafección institucional de lo religioso, de la búsqueda de «una religión a la carta» y hasta de la inconsistencia cognoscitiva de muchos de los planteamientos religiosos juveniles. Nos interrogamos con quién comenta la juventud sus inquietudes sobre el sentido de la vida, sobre el fracaso, la felicidad, el dolor, la violencia, el mal, etc. La respuesta que nos dan los propios jóvenes es sumamente importante. Estas cuestiones las comentan, en primer y destacado lugar, con los amigos, con la familia en segundo lugar y con su pareja (los

---

[29] Javier Elzo, M.ª Teresa. Laespada y Trinidad L. Vicente, *Jóvenes de Deusto y religión,* ob. cit., páginas 41 y sigs.

que la tienen) en tercer lugar. (Pero si el porcentaje lo hiciéramos solamente sobre los que tienen pareja subiría al primero o segundo lugar, dejando atrás a los padres). En el furgón de cola, encontramos a los sacerdotes o religiosos y, en menor proporción aún, a los profesores. Este dato es clave y muestra a la evidencia, que, incluso en temas de este calado, los amigos y la pareja (cuando la tienen) ocupan el primer lugar de socialización, de referencia, de persona donde encontrar ayuda. Insistimos en que nos estamos refiriendo en compartir inquietudes sobre los temas centrales de la vida, no simplemente sobre sus cosas de todas los días, las clases para los estudiantes, el trabajo para lo que están ya en ese mundo, las chicas para los chicos y los chicos para ellas, etc.

6. ACTITUDES ANTE LA IGLESIA CATÓLICA

Ya hemos visto en los capítulos anteriores el alto porcentaje de población española que se dice católica, incluso en nuestros días. Consecuentemente parece obligado preguntarse por la valoración que les merece la Iglesia como institución. Tema sobre el que hay abundante material (pero como siempre mucho más entre el colectivo juvenil) del que retendremos algunas cuestiones básicas. Comenzando, en la Tabla 10.15 por la evolución de los niveles de confianza en la Iglesia, según las encuestas del CIS.

TABLA 15.—*Niveles de confianza en la Iglesia Católica de los españoles de más de 18 años de edad (1981-2005)*

	1981	1996	1997	1998	2001	2003	2003	2004	2005
Mucha	24	19,4	22,3	19,5	17,3	16,0	16,6	10,5	15,2
Alguna	25	33,1	31,4	30,7	32,2	26,5	29,1	24,4	27,3
Poca	32	26,4	23,2	24,8	26,2	27,2	26,6	31,2	25,7
Ninguna	18	18,5	20,4	22,5	22,0	28,8	25,6	30,3	29,7
NS/NC.	—	2,7	2,7	2,5	2,3	1,4	2,2	3,6	2,0
Media 2,5 (4: mucha, 1; ninguna)	2,53	2,55	2,57	2,48	2,46	2,30	2,38	2,16	2,28
N	2.306	2.481	2.476	2.492	2.496	2.484	2.495	2.491	3.033
Estudio núm.	1263	2218	2270	2312	2417	2476	2540	2571	2620

Fuente: Estudios del CIS.

El deterioro en la confianza que los españoles manifiestan hacia la Iglesia Católica ha sido constante y continuado, aunque con vaivenes a lo largo de los últimos 25 años. Uno de cada dos españoles señalaban el año 1981 tener mucha o bastante confianza en la Iglesia Católica cifra que se sitúa el año 2005 en el 43%. Para una España en la que en el año 2007 más de dos de cada tres ciudadanos se dicen católicos, como hemos mostrado en la Tabla 10.2 de este capítulo, estas cifras suponen cierto varapalo para la Iglesia Católica. Además si se miran las cifras con detenimiento se observará que ha disminuido el porcentaje de los que manifiestan tener «mucha» confianza en la Iglesia al par que aumenta los que manifiestan no tener «ninguna».

Estos datos hay que ponerlos en relación con la evolución de la sociedad española en sus indicadores de confianza hacia otras instituciones, además de la Iglesia Católica. Y aquí los tres estudios de la aplicación a España de la Encuesta Europea de Valores, ya varias veces referenciados en estas páginas, nos son de gran ayuda. Los datos pueden consultarse en la Tabla 10.16.

TABLA 10.16.—*Evolución de la confianza en diferentes instituciones. Suma porcentual de los que dicen tener «mucha» y «bastante» confianza. Ordenados por* ranking *descendente de confianza el año 1999*

	1981	1990	1995	1999
Sistema de enseñanza	50	61	—	65
Sistema de sanidad	—	—	—	64
Seguridad Social	—	39	—	62
Policía	63	57	61	54
Unión Europea	—	51	48	45
Parlamento	48	42	35	44
Fuerzas Armadas	41	41	42	42
Sistema de Justicia	48	45	-	41
La Iglesia	50	53	49	41
Prensa	46	51	42	40
Admón. Pública	38	36	40	38
ONU	—	—	44	36
Grandes empresas	37	48	44	32
OTAN	—	23	—	27
Sindicatos	31	39	30	25
N	2.303	1.510	1.211	1.200

Fuente: European Values Study para 1981,1990, 1999 y Worlwide Values Study para 1995.

Con algunas excepciones, siendo la más notoria el sistema de enseñanza, la sociedad española ha perdido confianza en sus instituciones en estos casi 20 años de los que tenemos esta información. La confianza en la Iglesia Católica, medida esta vez con la serie de estudios del EVS (equipo europeo de estudio de los valores) al que hemos añadido datos del estudio de 1995 del WVS (equipo mundial de estudios de los valores que lidera Ron Inglehart, en EEUU y en España Juan Díez Nicolás) se inscribe en esta tendencia a la baja en la confianza de los ciudadanos españoles. Además, con cifras prácticamente similares a las que obteníamos de las encuestas del CIS. En el momento actual cabe hablar, con bastante seguridad, que la cifra 40% refleja bien el porcentaje de españoles que manifiestan tener mucha o bastante confianza en la Iglesia Católica en España.

En el *ranking* de confianza en instituciones se posiciona en la zona media, claramente por debajo de la enseñanza, la sanidad, la seguridad social y la policía, pero bien por encima de los sindicatos y la OTAN, seguidos por las grandes empresas que son las instituciones que menor confianza suscitan entre los españoles mayores de 18 años.

Ahora bien, estos valores son netamente inferiores entre los más jóvenes que acaban situando a la Iglesia Católica como la institución, de entre las consultadas, que suscita la menor confianza entre ellos. Dato este que ya desde al año 1999 describí como el divorcio asimétrico entre los jóvenes y la Iglesia Católica, la Iglesia desviviéndose para entrar en contacto con los jóvenes, o no perder los que ya tenía, y los jóvenes dándole ostensiblemente la espalda[30].

Juan González Anleo, al abordar el punto de las relaciones de la juventud con la Iglesia en su capítulo «Jóvenes y religiosidad» del último estudio de la Fundación Santa María en 2005, refiere que «uno de los datos más estremecedores del presente Informe es la penosa imagen juvenil de la Iglesia Católica como institución, y la consiguiente negativa a concederle una confianza que, desde el punto de vista de no pocos, se merece por su dedicación a los pobres y marginados, estilo sencillo y modesto de vida, etc.» Añade líneas abajo: «se ha dicho con frecuencia, hasta convertirse en un tópico bastante desgastado, que la Iglesia perdió a los intelectuales en el siglo XVIII, a la clase obrera en el XIX, y a las mujeres en el XX. En el siglo XXI está perdiendo a la juventud, hasta ahora la gran reserva del idealismo, de los sueños utópicos, del sano descontento con el mundo y de la promesa de cambios hacia un nuevo paradigma, idealismos y sueños que muchas veces encontraron un hogar privilegiado en la vida sacerdotal, religiosa y misionera. Los datos de este Informe no ofrecen demasiadas razones para el optimismo sobre esta pérdida eclesial. Esta pérdida se ha ido fraguando lentamente desde los años 60». Ofrece como datos esenciales que guían la elaboración de su capítulo los que reproducimos en la Tabla 10.17.

TABLA 10.17.—*Algunas actitudes y valoraciones de los jóvenes ante la Iglesia Católica*

Aspectos positivos de la Iglesia Católica	(%)
Creen que la Iglesia ayuda a pobres y marginados	51
Creen que las normas de la Iglesia ayudan a vivir más moralmente	35
Aspectos negativos de la iglesia católica	
Creen que es demasiado anticuada en materia sexual	82
No confían en la Iglesia	80
Creen que la Iglesia es demasiado rica	79
No se consideran miembros de la iglesia	7
Creen que se mete demasiado en política	69
N	4.000

Fuente: Jóvenes españoles 2005.

Pensamos que la tabla no precisa mayores comentarios pero quizás valga la pena remontarnos a la evolución de algunos indicadores, no tanto a los años 60 pues el con-

---

[30] «Los jóvenes españoles y la Iglesia: una relación asimétrica», en *Sal Terrae,* abril de 1999 (t. 87/4, núm. 1.022), págs. 289-307.

texto sociopolítico era muy distinto y su análisis escapa a las posibilidades de este texto pero si, cuando sea posible, al año 1984, ya la transición política básicamente asentada y, siempre en base a los estudios de la Fundación Santa María. Es lo que ofrecemos en la Tabla 10.18.

TABLA 10.18.—*Evolución de Indicadores juveniles (15-24 años) acerca de la Iglesia Católica (en porcentaje)*

	1984	1989	1994	1999	2005	2005-fecha más lejana
Tiene mucha o bastante confianza en la Iglesia	28	33	32	29	21	–7
En la iglesia se dicen cosas importantes en cuanto a ideas e interpretaciones del mundo	—	16	4	3	2	–14
En general, estoy de acuerdo con las directrices de la jerarquía de la Iglesia	—	—	36	28	17	–19
Soy miembro de la Iglesia Católica y pienso continuar siéndolo	—	—	64	51	29	–35
Soy católico practicante	16	17	16	11	8	–8
Pertenece a asociaciones religiosas	6	4	4	3,5	2,5	–3,5
Asiste semanalmente a misa	17	17	15	11	4	–13
Piensa casarse por la Iglesia	53	63	64	57	43	–10
N	3.343	4.548	2.028	3.853	4.000	

Fuente: Estudios de la Fundación Santa María.

En todos los indicadores observamos un innegable descenso, una pérdida de confianza en la Iglesia Católica, una peor valoración, una visión más crítica hacia la Iglesia Católica. Hay datos sangrantes. La absoluta irrelevancia de la Iglesia para la inmensa mayoría de la juventud como espacio donde se dicen cosas importantes para orientarse en el vida, el vertiginoso descenso del sector joven que se manifiesta miembro de la Iglesia Católica y que piensa «seguir siéndolo», que el año 2005 no llega al 30%, menos de la mitad que diez años arriba. Solamente el 17% señala que «en general» están de acuerdo con las directrices de la jerarquía de la Iglesia. He entrecomillado «en general» pues en determinadas cuestiones el desapego es brutal. En nuestro trabajo sobre la población universitaria de Deusto mostramos cómo, para el 86% de sus alumnos, la Iglesia tiene una postura anticuada sobre las libertades sexuales en general. En el conjunto de la población universitaria española esta cifra sube al 93%. Si tenemos en cuenta al porcentaje de los que no contestan a la cuestión, no llegamos al 5% de jóvenes españoles que estén de acuerdo con los planteamientos de la jerarquía católica en estos puntos vitales. La práctica religiosa dominical es ya casi inexistente y sólo se mantiene el matrimonio «por la iglesia» en un 43% de casos pero ya hay Comunidades en España donde el número de matrimonios no canónicos supera al de los canónicos. En fin, la confianza (mucha y bastante confianza) en la Iglesia nunca ha sido muy grande entre los jóvenes españoles pero en el año 2005 apenas supera a uno de cada cinco jóvenes.

No podemos en estas páginas introducirnos en la interpretación de estos datos y nos permitimos remitir al lector interesado a las publicaciones que acabamos de referenciar así como a uno de mis últimos trabajos donde, además de pasar revista, de forma resumida pero bastante completa a los datos sociorreligiosos de la juventud española, ofrezco algunos elementos interpretativos, particularmente en lo que a sus relaciones con la Iglesia Católica se refiere[31].

Pero volvamos, todavía, al conjunto poblacional español y sus actitudes y valoraciones de la labor de Iglesia Católica. Es lo que mostramos en la Tabla 10.19.

TABLA 10.19.—*Considera que la Iglesia Católica está dando respuestas adecuadas a estas cuestiones (Conjunto poblacional español, personas de 18 y mas años de edad)*

	1981	1987	1993*	2002	2002 – 1981
Los problemas morales y necesidades de los individuos	38	25	31	19	–19
Los problemas de la vida familiar*	33	26	29	20	–13
Las necesidades espirituales del hombre	44	29	—	27	–17
Los problemas de sobrepoblación en los países en vías de desarrollo	—	—	22	—	
Los problemas relacionados con el desarrollo científico y técnico (biotecnología, ingeniería genética, etc...)	—	—	18	—	
N	2.306	2.499	2.500	2..493	
Estudio núm.	1.263	1.703	2.062	2.442	

* En 1993 «los problemas de la pareja y de la vida familiar». No se pregunta por «necesidades espirituales del hombre» pero se añaden otros ítems no recogidos posteriormente.

Fuente: Encuestas del CIS.

Quizá en esta tabla, por su concreción, se hace más visible la merma en la valoración de los españoles hacia la Iglesia católica. Apenas llega al 20% quienes estiman que la Iglesia da una respuesta adecuada a «los problemas morales y necesidades de los individuos» así como a «los problemas de vida familiar». Esta cifra representa la mitad de los que en la actualidad manifiestan tener confianza en la Iglesia Católica y claramente menos de una tercera parte de quienes se dicen católicos. De nuevo encontramos que la marca «soy católico», está mucho más presente en la sociedad española que la confianza que les merece la propia Iglesia Católica en su ejercicio como tal, especialmente en su dimensión moral. De hecho Fernando Sebastián, en la actualidad Arzobispo de Pamplona-Tudela en el resumen final de su trabajo valorando el trabajo de la

---

[31] Javier Elzo, *Los jóvenes y la felicidad*, Madrid, PPC, 2006. Véase el capítulo 3, «La dimensión religiosa de los jóvenes», págs. 79-135.

Conferencia Episcopal Española entre los años 1975 y 2000 señala, entre otras cosas, que a su juicio «*no llega al aprobado* en la tercera tarea, también muy importante, de ofrecer a la democracia española un subsuelo de firmes convicciones morales»[32].

Para terminar este epígrafe y con el objeto de contextualizar la realidad religiosa española presentamos en la Tabla 10.20 algunos datos sociorreligiosos en comparación con los de determinados países europeos a tenor de la última encuesta europea aplicada hasta el momento presente.

TABLA 10.20.—*Datos religiosos de la población española en relación con la de 9 países europeos. Datos de 1999, en porcentajes*

	España 1999	Irlanda 1999	Italia 1999	Francia 1999	Alemania del Oeste 1999	Gran Bretaña 1999	Nueve países 1999	Nueve países (-) España
Pertenece a una Religión	82	90	82	57	76	82	75	–7
Sin religión	18	10	18	43	24	18	25	+7
Religión aporta fuerza, reconforta	49	80	68	32	45	33	45	–4
Religión es muy o bastante importante	42	61	71	36	34	37	43	+1
Importante transmitir la fe a los niños	20	38	31	9	13	18	17	–3
Participa en obras religiosas	4	7	7	3	6	6	6	+2
Tiene confianza en su Iglesia	41	52	66	44	37	33	43	+2
Importante bautismo	75	89	86	60	62	55	66	–9
Importante boda religiosa	72	91	82	64	66	64	68	–4
Importante funeral	77	95	86	70	71	74	74	–3

Fuente: Encuesta Europea de Valores. Tabla elaborada por Ives Lambert[33].

[32] Fernando Sebastián, «La aportación de la CEE», en AAVV, *La Iglesia en España: 1950-2000,* edición a cargo de Olegario González de Cardenal, Madrid, PPC, 1999, págs. 149-176 (429 págs.). Las otras dos tareas a las que hace referencia el autor son la difusión y aplicación del Concilio Vaticano II, que valora con un notable, y el servicio a la reconciliación de los españoles y a la transición política de forma pacífica, que lo hace con un sobresaliente

[33] Ives Lambert, «Religión: l' Europe à un tournant», en *Futuribles,* julio-agosto de 2002, número 277, págs. 134-135. El autor retiene en su tabla los nueve países de los que tenemos información en los estudios de 1981 y 1999. Nosotros nos limitamos, por razones de espacio, a seis países y solamente para el estudio de 1999.

El nivel de religiosidad de la población española se sitúa acorde al de la media de Europa Occidental, ya fuera del «pelotón de cabeza», donde se encuentran Irlanda e Italia y aproximándose en diferentes indicadores a Francia, Gran Bretaña y Alemania (del Oeste cuando se administró la encuesta). España, como dejara de serlo hace ya décadas, si no siglos Francia, ya no se distingue en la media de los países europeos por sus elevados signos de religiosidad. Incluso en algunos indicadores se sitúa por debajo de la media. Así, en España hay un menor porcentaje de personas que participan en obras religiosas o de caridad, de signo religioso. También es algo menor la confianza de los españoles en la Iglesia Católica que la media europea en sus Iglesias. Por el contrario, todavía son más los españoles diciéndose pertenecientes a una religión (la marca católico, lo decimos por enésima vez, guarda su fuerza) así como en la importancia de los ritos de paso (bautismo, boda y funeral), aunque los dos primeros parecen ir perdiendo su importancia, lo que se prueba claramente en las encuestas juveniles. Probablemente, en adelante, habremos de distinguir el bautismo y el matrimonio religioso, al que acudirán cada vez menos personas, de los funerales, que se mantendrán con gran fuerza y capacidad de convocatoria, incluso entre los no creyentes. Es lo que parece darse, por ejemplo en Francia[34].

7. LAS OTRAS RELIGIONES EN ESPAÑA

Para conocer la presencia en España de entidades religiosas distintas a las católicas podemos dirigirnos al Registro de Entidades Religiosas del Ministerio de Justicia. Pero el desglose es tan exhaustivo, por Comunidades Autónomas y ciudades, que hemos preferido servirnos de quienes ya han hecho el trabajo recopilatorio por nosotros y a ellos vamos a seguir mayoritariamente. Nos referimos a la Embajada de los EEUU en España. Así en su página web podemos leer[35] que en enero de 2005, «según el Registro de Entidades Religiosas del Ministerio de Justicia incluía 12.453 entidades creadas por la Iglesia Católica. Hay 1.388 Iglesias, confesiones y comunidades no católicas, entre ellas 1.064 entidades protestantes. Entre las entidades protestantes había 305 Iglesias carismáticas, 128 Asambleas de hermanos, 228 Iglesias baptistas, 125 Iglesias pentecostales, 38 Iglesias presbiterianas, una Iglesia evangélica de Filadelfia, 10 entidades de la Iglesia de Cristo, una entidad del Ejército de Salvación, 18 Iglesias anglicanas, 63 Iglesias interconfesionales, 35 Iglesias para la atención a los extranjeros, 4 Iglesias Adventistas del Séptimo Día, 3 Iglesias adventistas de reforma y otras 121 Iglesias evangélicas. Además, había también 10 entidades ortodoxas, 4 entidades de Cristo científico, una entidad de los Testigos de Jehová, una entidad de la Iglesia de Jesucristo de los Santos del Último Día (mormones), una entidad de la Iglesia de Unificación, 10 entidades de otras confesiones cristianas, 16 entidades del judaísmo, 254 del Islam, 11 de la fe baha'i, 3 del hinduismo, 21 del budismo y 3 de otras confesiones. La Iglesia de la Cienciología está presente en el país, aunque el Ministerio de Justicia le ha denegado la inscripción como organización religiosa».

Añade el documento de la Embajada estadounidense que «el número de Iglesias y comunidades religiosas no católicas presentes en el país es probablemente mucho ma-

---

[34] Jean-Paul Guety, «Le succès des obsèques religieuses dans une "France païenne"», en *Esprit,* marzo-abril de 2007, «Effervescences religieuses dans le monde», págs. 122-125.

[35] En *www.embusa.es/religiousfreedomsp2005,* lleva el titulo de «Informe internacional sobre la libertad religiosa» consultado el 15 de marzo de 2006.

yor (pues) algunos grupos religiosos optan por inscribirse como organizaciones culturales en los registros de los gobiernos autonómicos en lugar de hacerlo en el registro de entidades religiosas nacional porque el proceso de inscripción en el ámbito nacional puede durar hasta seis meses y requiere muchos trámites».

Siempre según el informe de la Embajada de los EEUU, «el director de la Federación de Entidades Religiosas Evangélicas (FEREDE) declaró que la FEREDE representa a 400.000 cristianos evangélicos y otros protestantes, pero calcula que el 30% de sus miembros son inmigrantes de Latinoamérica y África. La FEREDE también calcula que hay 800.000 protestantes extranjeros, en su mayoría europeos, que residen en el país al menos seis meses al año. Hay poca información exhaustiva sobre la comunidad musulmana residente en el país, y se estima que el número de sus miembros se cifra entre 500.000 y 1.000.000 de personas. La Federación Española de Entidades Religiosas Islámicas (FEERI) calcula que los musulmanes se aproximan al millón, incluyendo a los inmigrantes legales y a los ilegales. Los recientes cálculos del gobierno apoyan los informes de fuentes locales de que en el país hay entre 40.000 y 50.000 judíos. Hay aproximadamente 9.000 budistas practicantes».

Según la última actualidad de la página web de la Embajada de los EEUU en noviembre de 2006 leemos que «la mayoría de los musulmanes eran inmigrantes de Marruecos recién llegados, pero también había argelinos, paquistaníes e inmigrantes de otros países árabes o musulmanes, así como españoles convertidos al islam». Por el contrario, la mayoría de los cristianos ortodoxos procedían de países de Europa del Este y los inmigrantes protestantes evangélicos de África o de Latinoamérica. Las mayores ciudades del país, Madrid y Barcelona, albergaban el mayor número de confesiones religiosas, según fuentes oficiales. El último censo realizado por el Gobierno, en 2002, indicaba que las mayores comunidades de inmigrantes de países predominantemente musulmanes se encontraban en las Comunidades Autónomas de Cataluña, Andalucía, Madrid, Valencia, Murcia y los enclaves españoles de Ceuta y Melilla, en el norte de África. Las mayores comunidades cristianas ortodoxas se encontraban en Aragón y Valencia. Según Teofilo Moldovan, párroco de la Iglesia Ortodoxa Rumana de Madrid habría alrededor de 600.000 ortodoxos en España[36]. Y su crecimiento se debe a la inmigración de Rumania, Bulgaria y Rusia. En el país también hay misioneros extranjeros cristianos evangélicos, mormones, ortodoxos, budistas y musulmanes.

En definitiva tendríamos unos 3 millones de personas con una religión diferente a la católica, lo que viene a suponer aproximadamente el 7% de la población española, porcentaje claramente superior al que encontramos en las encuestas de opinión, por razones que ya hemos apuntado mas arriba.

8.   APUNTANDO AL FUTURO

En España la cuestión religiosa todavía no se ha desembarazado de la memoria histórica del nacional catolicismo. Además, la fortísima secularización que ha tenido lugar en un brevísimo espacio de tiempo, no ha facilitado la lectura sosegada de la dimensión religiosa o espiritual, pero esta cuestión va a tener en el futuro inmediato urgencia y co-

---

[36] Según refiere M. R. Sahuquillo en *El País,* de 31 de marzo de 2007.

tidianidad insospechada hace no más de 10 años. No pienso sólo en la cuestión del Islam y su relación con la modernidad, en el famoso choque de civilizaciones de Huntington y en la lectura fundamentalista que algunos hacen del Islam, sin olvidar la añoranza del estado de cristiandad en no pocos cristianos, católicos y protestantes. Me refiero aquí a otra cuestión, no por doméstica, menos importante.

En la sociedad española de comienzos del siglo XXI hay otro riesgo consistente en abordar la cuestión religiosa como una confrontación entre progresistas y conservadores, entre izquierdas y derechas, laicistas y confesionalistas reproduciendo, de alguna manera, la situación de la Segunda República con las consecuencias bien sabidas. En ámbitos próximos al partido Socialista (y no digamos de Izquierda Unida) han surgido colectivos influyentes que quisieran que la dimensión religiosa quedara en el solo ámbito de la privacidad, de las individuales convicciones personales sin traslado institucional, por ejemplo en la enseñanza. Así a la par que se sostiene, con toda razón a nuestro juicio, una nueva asignatura, la «educación para la ciudadanía» se ponen mil remilgos y reparos para la de religión. Pero también es cierto que cuando se leen las declaraciones de determinados Obispos parecería que España se está paganizando y, en sus declaraciones, conferencias y algún que otro documento, se vislumbran añoranzas de tiempos en los que se pretendía hacer de la moral católica la moral del Estado. Asimismo se está produciendo de facto una colisión entre el Partido Popular y la jerarquía más visible de la Iglesia española que, además, ha entregado su radio a manos de personas próximas al PP haciendo que aflore lo que algunos denominan el neonacionalcatolicismo.

Afortunadamente, esta visión de las cosas que resumimos telegráficamente aquí no es trasladable al conjunto de los militantes del PSOE (ni siquiera de IU) así como al conjunto de los católicos ni al conjunto de los votantes al PP. En el ámbito del PSOE hay que señalar la presencia de cristianos socialistas, algunos con cargos importantes en el PSOE, que intentan superar esta situación. Entre los católicos, también próximos a la propia jerarquía (e incluso miembros de la misma) no ven con buenos ojos esta polarización y trabajan por establecer puentes desde lo que algunos llaman el «sano laicismo» (así el propio Presidente de la Conferencia Episcopal[37]), otros simplemente la laicidad y el socialismo laicista no excluyente. En el PP la pluralidad es menor y, en todo caso, menos publica pero manifiestamente existe.

El profesor Rafael Díaz-Salazar ha reflexionado recientemente sobre esta problemática[38]. Díaz-Salazar distingue entre el laicismo inclusivo y el laicismo excluyente. «Existe *laicismo inclusivo*, afirma, cuando un gobierno asegura el libre desarrollo de todos los universos simbólicos que existen en una sociedad y el despliegue de las acciones de todas las instituciones y grupos sociales que se inspiran en ellos, aunque en sus leyes no siempre pueda acoger las demandas de todos cuando son antagónicas entre sí.

Existe *laicismo excluyente* —continua Díaz-Salazar— cuando un Gobierno impide o dificulta la expresión de un universo simbólico, apoya desde aparatos del Estado la hegemonía de uno determinado y persistentemente discrimina o rechaza las demandas de algunas instituciones y grupos sociales que contribuyen al bien común de la sociedad.» Aplicando esta distinción al caso español señala Díaz-Salazar cómo, en la actualidad, están viviendo esta situación la Iglesia como institución y los partidos de iz-

---

[37] Así en el Discurso Inaugural de Ricardo Blázquez en la LXXXIX Asamblea Plenaria de la Conferencia Episcopal Española el 23 de abril de 2007.

[38] Rafael Díaz-Salazar, *El factor católico en la política española,* Madrid, PPC, 2006, 332 págs.

quierda, PSOE e IU. Ante la Iglesia razona señalando que «a la institución católica le cuesta admitir que la pluralidad de los mundos de vida social conlleva, entre otras cosas, un pluralismo de éticas. La ética católica, ante esta pluralización no es ya la única que modela todo el *ethos* sociocultural del país. Al no terminar de aceptar que ya no existe un único código cosmovisional y moral que regule de modo unánime la sociedad, identifica y confunde el *laicismo excluyente,* que detecta bien porque le afecta a ella y la trata indebidamente, y el *laicismo inclusivo,* que incorpora a la vida pública y a las leyes planteamientos de instituciones y grupos que tienen universos simbólicos y morales distintos al suyo y que durante la dictadura franquista habían sido excluidos con su consentimiento directo o indirecto» (páginas 290-291).

Mirando a los partidos políticos subraya que «…el PSOE es uno de los pocos partidos de la izquierda europea que no tiene una política específica hacia el mundo cristiano y mantiene en su interior como partido — mucho mas que como gobierno— un laicismo con muy poca sensibilidad por el mundo religioso. Algo que lo diferencia de la izquierda alemana, italiana, británica o sueca…El PCE e IU han abandonado la política hacia el mundo católico que iniciaron en la década de los 70 y mantuvieron en los 80. Ahora tienen el laicismo radical, y en ocasiones antirreligioso, como una de sus principales señas de identidad para diferenciarse del PSOE. (…). Me parece que ambos partidos han decidido "regalarle" el mundo católico al PP y a los partidos nacionalistas…» (página 296)

Estando básicamente de acuerdo con el diagnóstico del profesor Díaz-Salazar, sin embargo —amén de una apostilla que sería mas prolongada en otro texto y aquí queda como una nota a pie de página, sobre la referencia a los partidos nacionalistas[39]— es preciso no limitar las relaciones entre la Iglesia y el poder político en esas únicas coordenadas y con esos solos protagonistas por muy relevantes que sean, como ya hemos apuntado mas arriba: hay cristianos socialistas, católicos más que lejanos de plantea-

---

[39] La referencia a los partidos nacionalistas es incorrecta por varios motivos. Mentemos algunos. En el País Vasco, tanto el PNV como EA (y no digamos HB) están muy lejos de ser asimilables, ni siquiera en su catolicidad, con el PP. HB presenta los valores mas bajos en la dimensión sociorreligiosa de los vascos (Véase nuestros trabajos sobre los valores de los vascos más nuestro texto en la revista *Ayer* ya referenciado). Además, ya desde el estudio de Juventud Vasca 1986, aparece claro que los jóvenes vascos que descienden de la inmigración española presentan en los indicadores sociorreligiosos valores superiores a los de los autóctonos vascos. La afirmación «euskaldun, fededun» (decir vasco equivale a decir persona que tiene la fe) hace muchos años que no se sostiene empíricamente. Además, en el País Vasco, IU tiene un líder, Javier Madrazo que no oculta su condición de cristiano practicante y en el ejercicio de su parcela de poder, IU es extremadamente respetuosa con las convicciones religiosas y con el pluralismo religioso.

Algo similar cabe decir de Catalunya. No puede decirse que en los largos gobiernos de CIU haya habido manifestación de priorización institucional alguna ante la Iglesia Católica y arrinconamiento de otras confesiones religiosas así como lo contrario tampoco es cierto en los años que están en el poder los dos gobiernos tripartitos de PSC, Ezquerra republicana e IC.

No podemos entrar ahora en el detalle y pormenores de cada Comunidad Autónoma que exige un espacio que aquí disponemos. Pero sí cabe traer una constatación que, tras reflexión, hace pensar. Del estudio de la religiosidad de los jóvenes españoles por Comunidades Autónomas, cuando se trata de aquellas de las que tenemos una base muestral suficiente constatamos que en dos Comunidades donde más tiempo lleva gobernado el PSOE (Andalucia y Extremadura) encontramos los mas elevados registros sociorreligiosos en los jóvenes y allí donde han tenido el poder partidos teóricamente demócrata-cristianos y con líderes de sensibilidad religiosa (Catalunya, Euskadi y Navarra), encontramos la mayor proporción de jóvenes que se dicen no creyentes. Con lo que todas las simplezas sobre las relaciones entre el poder político y la religiosidad de las personas se diluyen. Hay más factores en juego.

mientos que apunten a un neonacionalcatolicismo, movimientos eclesiales, por citar solamente uno, la importante FERE (Federación de religiosos de la Enseñanza), y la lista sería muy larga, no cabe encasillar, en absoluto, en los planteamientos extremos que aquí evocamos.

Si en el futuro se pone el acento en los colectivos y perfiles extremos de ambos planteamientos la confrontación ideológica está servida con consecuencias sociopolíticas imprevisibles con una España, de nuevo, fracturada en dos. La responsabilidad de los mentores de estos radicalismos extremistas es enorme. Solamente un laicismo inclusivo y una religiosidad internamente respetuosa del no creyente puede liberarnos de conflictos y disputas que creíamos ya superados. Un análisis lúcido y ponderado de las relaciones de los Gobiernos con la Iglesia Católica en los años de la transición y hasta el cambio de siglo lo tenemos en un trabajo del historiador de la Universidad de Comillas Juan Mari Laboa[40]. El historiador aborda también cuestiones que rara vez son retenidas, como la presencia social y caritativa de tantos organismos eclesiales como Cáritas o Manos Unidas, sin olvidar a las parroquias y las congregaciones religiosas que encuadran a tantas personas, jóvenes, adultos y jubilados, en el voluntariado social hacia los colectivos más marginados de la sociedad, especialmente en las horas y días en las que el resto de los ciudadanos descansamos o nos divertimos. Esta realidad de la dimensión pública de la Iglesia rara vez aparece en los medios de comunicación social.

En España todavía no hemos salido del modelo «Iglesia y Estado» como el de las relaciones entre un Estado que, obviamente es neutro en materia religiosa y una Iglesia, muy pendiente aún en su dimensión institucional, de los Acuerdos con la Santa Sede del año 1976 a la hora de proyectar su «estar en la sociedad española». Incluso esta realidad es poco dependiente del color político del Gobierno de turno. Por ejemplo la espinosa cuestión de la financiación de la Iglesia Católica vía el IRPF, quedó inconclusa tras ocho años de gobierno del PP, aunque recientemente, con el PSOE en el poder, parece haberse llegado a un acuerdo. La cuestión de la clase de religión no se resolvió más que al final de esos ocho años de gobierno del PP. Pero la decisión adoptada fue rápidamente cuestionada por el PSOE nada mas llegar al poder y al día de hoy todavía no se ha llegado a una solución satisfactoria.

Parece excesivo el peso de las relaciones institucionales que mantiene la Iglesia institución y el Estado, especialmente cuando estas relaciones se llevan a cabo al amparo de los Acuerdos con la Santa Sede. Para muchos, también católicos, esos Acuerdos son ya un anacronismo y, desde una perspectiva de evangelización, incluso un obstáculo al papel de la Iglesia en una sociedad que ya no es una sociedad de cristiandad. Cabe traer aquí las palabras que utiliza Claude Dagens, Obispo de Angulema refiriéndose, obviamente, a la Iglesia de Francia: «Emerge hoy una situación relativamente nueva para la religión cristiana en nuestras democracias occidentales. Hemos salido o estamos saliendo del sistema de relaciones institucionales de fuerza que han dominado durante mucho tiempo las relaciones entre la Iglesia y el Estado. Traduzcamos esto para Francia: la Iglesia Católica ya no tiene una posición hegemónica. La Iglesia ya no pretende cuadricular la sociedad, pero no se resigna a la privatización de la fe. Desea que la propuesta cristiana, el Evangelio de Cristo, contribuya a la vida de nuestra sociedad… El

---

[40] «Los hechos fundamentales ocurridos en la vida de la Iglesia Española en los últimos treinta años (1966-1998)», en AAVV, *La Iglesia en España: 1950-2000,* edición a cargo de Olegario González de Cardenal, Madrid, PPC, 1999, 429 págs.

desafío ante el que nos encontramos es relativamente nuevo: se trata de inscribir nuestra experiencia cristiana en el interior del tejido social, deseando que esta voluntad pueda ser reconocida, no en razón de un poder institucional, sino a partir de nuestra fe vivida y libremente propuesta»[41].

Este planteamiento, no excluye las relaciones institucionales entre la Iglesia y el Estado pero las sitúa, con todas las salvedades y peculiaridades que se quieran, en las que existen en el seno de una sociedad moderna entre sociedades y entidades que agrupan a diferentes personas con sensibilidades religiosas diversas y el Estado, en el marco de la autonomía de las realidades terrestres, por seguir la terminología de «Gaudium et Spes» del Concilio Vaticano II, como una realidad que debe ser aceptada por la Iglesia institución[42]. Por otra parte, parece claro que el Estado democrático (que no se pretenda militantemente ateo, o que sostenga el carácter exclusivamente privado de lo religioso, como a veces dan a entender algunos altos cargos del poder socialista) no puede no reconocer, respetar y procurar satisfacer la voluntad de millones de sus ciudadanos que quieren, por ejemplo, una determinada educación para sus hijos. Pero esa negociación debe hacerse, no en virtud de anacrónicos acuerdos interestatales sino como respuesta de un Estado, que se pretenda democrático, a las exigencias de sus ciudadanos creyentes agrupados, en este caso de forma mayoritaria, en los diferentes organismos y entidades de la Iglesia Católica. Lo que no supone que no deba atender a las demandas de las personas de otras confesiones religiosas. También si son inmigrantes, obviamente. Y por supuesto las de los no creyentes.

El fenómeno religioso forma parte de la historia de la humanidad. Pretender imponer una religión (con su moral correspondiente) al Estado o pretender reducir la dimensión religiosa a la esfera de lo privado es, como poco, falta de realismo. Y llevado al extremo, la historia lo muestra[43], es la vía directa a la teocracia o a la dictadura.

9. Algunas sucintas notas como resumen conclusivo

Siguiendo, al menos parcialmente, las hipótesis con las que abríamos este largo texto, presentemos rápidamente algunos de los resultados mayores obtenidos.

Ciertamente la hipótesis de la pérdida de lo religioso recibe una confirmación indiscutible en no pocos indicadores retenidos. Así la práctica religiosa dominical cae fuertemente que queda limitada a un 15% de españoles (todas las edades comprendidas). Asimismo las personas que se consideran religiosas descienden de un 61% en el año 1981, al 40% en el año 2001. Pero ya estos dos datos básicos, y otros que daremos a continuación, nos muestran que no hay un solo indicador sociorreligioso que abarque la totalidad de lo que religión y religiosidad significa en los propios sujetos.

La hipótesis del «bricolaje» de lo religioso, al menos en algunas de sus diferentes variantes, se confirma también a tenor de los datos que hemos ido presentando en el

---

[41] Claude Dagens, *La nouvauté chrétienne dans la société française. Espoirs et combats d'un évêque,* París, Ed. du Cerf, 2005, pág. 158.

[42] Un texto reciente que aborda las relaciones Iglesia-Estado con especial incidencia en España nos lo proporciona Alfonso Álvarez Bolado en su contribución «Al servicio de la dimensión pública de la Iglesia», en el colectivo *Jesuitas: una misión, un proyecto,* Bilbao, Ediciones de la Universidad de Deusto, 2007.

[43] Véase, por ejemplo, los trabajos del historiador Paolo Prodi, *Christianisme et monde moderne: cinquante ans de recherches,* París, Seuil/Gallimard, 2006, 446 págs.

cuerpo del trabajo. Lo que no quiere decir necesariamente que no se confirme en las otras variantes presentadas. Sencillamente no disponemos de información suficiente para validarlas, especialmente en el conjunto poblacional.

Así, el sincretismo religioso aparece claramente en colectivos que, por ejemplo, al mismo tiempo que dicen creer en la resurrección de los muertos, creen también en la reencarnación. Lo mismo sucede, aunque estos datos no los hemos incluido aquí, con los que dicen creer en un Dios personal así como en una especie de fuerza vital que influye fuertemente en nosotros.

La manifestación de la religión política la hemos ejemplificado con el caso del País Vasco.

La hipótesis de la edad (a más edad, mayores índices de religiosidad) hay que analizarla con tiento, como ya señalábamos en la introducción al presentar las hipótesis. Ciertamente la personas mayores siempre presentan (entre la población autóctona española) indicadores mas fuertes de religiosidad, si hacemos la comparación de forma sincrónica pero, al privilegiar, como se hace en este trabajo, la dimensión diacrónica, lo relevante que se debe señalar es que es el conjunto poblacional español el que presenta variaciones en el tiempo en sus índices de religiosidad (a la baja ya lo hemos dicho), mayores y jóvenes comprendidos. A veces con descensos porcentuales idénticos en los mayores y en los jóvenes, a veces con pocas diferencias siendo más pronunciado en el caso de los jóvenes, en gran medida porque sus padres (sus madres habría que decir mas precisamente) ya se han secularizado y es esa secularización la que transmiten a sus hijos (e hijas particularmente, de nuevo, aunque este dato no lo hemos presentado en el cuerpo de trabajo).

La hipótesis de la religiosidad difusa la hemos mostrado con la presentación de la lista de libros entre los más vendidos en la terminal T4 en julio de 2006, aunque podríamos poner otros ejemplos como la importancia de los amuletos, horóscopos, quiromancias, etc. La ilustración de los libros mas vendidos en la T4 la repetimos un año después (junio de 2007) con resultados aún mayores: 25 libros, en lugar de los 17 reseñados en julio de 2006 (que presentamos en el cuerpo del presente texto) y ninguno repetido el año 2007, nos confirma lo que Thomas Luckman señaló al final de su intervención en una Mesa Redonda que tuve el placer de compartir con él en Sevilla en junio de 2007: la religión sigue muy presente en nuestras sociedades aunque en formas muy diversas (la cita no es textual).

En efecto una línea clave para entender la dimensión religiosa en la alta modernidad, o posmodernidad que dicen otros, estriba en lo que señalábamos en la introducción al presentar esta hipótesis como la distinción entre la religiosidad institucionalizada y la religiosidad experiencial o interior. A este respecto cabe decir:

La religiosidad interior «resiste» bien al paso del tiempo, tenido por secularizado, en indicadores importantes como «si, en su vida, se tiene momentos de oración y meditación fuera de la iglesia» (69% el año 1981 y 61%, veinte años después) así como «si obtiene consuelo y fortaleza en la religión» que apenas desciende 8 puntos porcentuales (el 49% lo señalan el año 1999), así como «la importancia de Dios en su vida» que en una escala de 1 a 10 (valor máximo) baja de 6,39 en el año 1981 a 5,97 veinte años después.

Donde observamos un descenso más acusado es en la valoración que se concede a la Iglesia Católica. Ya desciende el porcentaje de los que dicen confiar en ella: el 49% de españoles en el año 1981 frente al 43% en el año 2005, con fluctuaciones interesantes a lo largo de este cuarto de siglo. Pero donde el descenso es mas notable es en indicadores más concretos. Por ejemplo, si bien el año 1981 el 38% de españoles sostenía que la Iglesia Católica responde satisfactoriamente a los problemas morales y a las necesidades de los individuos, esta cifra desciende al 19% el año 2002. En este orden de cosas hay que señalar que el desapego de los jóvenes con la Iglesia Católica es fortísimo. Por ejemplo, poco mas del 2% dicen encontrar en ella (en la Iglesia como institución no en los sacerdotes, religiosos y religiosas como personas concretas) ayuda para orientarse en la vida.

Dicho lo anterior, debemos subrayar con fuerza que la «marca» católico, decirse y autodenominarse católico es señalado en el año 2007 por el 77% de la población española de toda edad. Ciertamente en el año 1978 esta cifra era del 91%, luego aquí en este indicador de la autodenominación religiosa también encontramos un descenso pero, a nuestro juicio, tan importante como el descenso, si no más, es que el suelo, el «humus» de la catolicidad está muy presente en la sociedad española actual. Dato este que no hay que olvidar en ningún caso y que explica, al menos en parte, entre otras cosas, las disputas político-religiosas que estamos viviendo estos últimos años a las que hacemos mención en el séptimo apartado de nuestro texto.

No queremos cerrar este elemental resumen sin hacer referencia a la presencia, cada día mayor, de personas de otras religiones diferentes a la católica, entre nosotros, a las que hemos dedicado un epígrafe. Hemos avanzado, teniendo en cuenta diferentes fuentes, la cifras de cerca de 1.000.000 de personas de comunidad musulmana, 400.000 evangélicos y otros protestantes de los que el 30% procederían de Latinoamérica y África a los que hay añadir otros 800.000 protestantes, en su mayoría europeos, que residen en España al menos seis meses al año. Cabe citar también a los 40.000 o 50.000 judíos y 9.000 budistas. Este punto es mucho más importante que el de la presencia de las sectas y nuevos movimientos religiosos, distinción no siempre fácil a establecer.

En resumen. Los indicadores hablan de un innegable descenso, mas notable en unos casos que en otros, de diversas manifestaciones y modalidades de la religiosidad de los españoles autóctonos, pero el suelo de la catolicidad es firme aunque vivida más de forma personal y experiencial que a través de la institucionalización en la Iglesia Católica, que sufre un desgaste fuerte, máxime cuando se formulan las cuestiones de manera concreta. Esto ocurre en el conjunto poblacional, pero de forma más marcada entre los jóvenes. Añadamos que el riesgo de confrontación por motivos religiosos (en algunos indicadores sociorreligiosos España se divide en dos) está latente, aunque, esperemos, no con la radicalidad y violencia de otros tiempos no lejanos: Hacemos votos para que el diálogo intra-religioso e inter-político se impongan, en nombre la tolerancia que presidió a España en otros tiempos, éstos sí lejanos, tolerancia que (sin angelismos) debe presidir también la acogida de personas de otra confesión católica que vienen a la actual España, hoy tierra de inmigrantes.

Bibliografía

Álvarez Bolado, A., «Al servicio de la dimensión pública de la Iglesia», en AAVV, *Jesuitas: una misión, un proyecto*, Bilbao, Ediciones de la Universidad de Deusto, 2007.
Andrés Orizo, F., *España entre la apatía y el cambio social*, Madrid, Mapfre, 1983.
— *Sistemas de Valores en la España de los 90*, Madrid, CIS, Siglo XXI, 1996.
Bréchon, P., «L'évolution du religieux», en *Futuribles*, enero, 2001, núm. 260, pags. 44-45.

CAMPICHE R. y otros, «Croire en Suisse», Lausana, Ed. L'Age de l 'Homme, 1992.

CAMPICHE, R. J., *Cultures jeunes et religions en Europe*, París, Ed du Cerf, 1997.

CHAMPION, F. y HERVIEU-LEGER, D. (codirs.), *De l'emotion en religion,* París, Editions du Centurion, 1990.

DAGENS, C., *La nouvauté chrétienne dans la société française. Espoirs et combats d'un évêque,* París, Ed du Cerf, 2005.

DAVIES, G., *La Religion des Britanniques*, Ginebra, Labor et Fides, 1996.

DÍAZ-SALAZAR, R., *El factor católico en la política española,* Madrid, PPC, 2006.

DUPUIS, J., *Hacia una teología cristiana del pluralismo religioso*, Santander, Sal Terrae, 2000.

— «Le dialogue interreligieux dans une société pluraliste», en *Movimientos de personas e ideas y multiculturalidad,* vol. I, Forum Deusto, Bilbao, Ediciones Universidad de Deusto, 2003.

ELZO, J. (dir,); ANDRÉS ORIZO, Fr.; GONZÁLEZ-ANLEO, J.; GONZÁLEZ BLASCO, P.; LAESPADA, M. T. y SALAZAR, L., *Jóvenes Españoles 99*, Madrid, Fundación Santa María/Ed. SM, 1999.

ELZO, J. «Nacionalismo, nacionalidad y religión en Euskalerria», en J. Díez Nicolás y R. Inglehart, *Tendencias mundiales de cambio en los valores sociales y políticos,* Fundesco, 1994, págs. 529-550.

— «Los jóvenes españoles y la Iglesia: una relación asimétrica», *Sal Terrae*, abril de 1999, (tomo 87/4, núm. 1.022).

— «Jóvenes Españoles y Vocación», en *Seminarios sobre los ministerios en la Iglesia*, núm. 172-173, vol. L, abril-septiembre de 2004, págs. 151-400.

— *Los jóvenes y la felicidad,* Madrid, PPC, 2006.

ELZO, Javier y ARRIETA, Félix, «Historia y Sociología de los movimientos juveniles encuadrados en el MLNV», *Ayer, Revista de Historia Contemporánea*, núm. 59, 2005 (3), Madrid, Asociación de Historia Contemporánea/Marcial Pons, 2005, págs. 173-197.

GONZÁLEZ ANLEO, Juan (dir.); GONZÁLEZ BLASCO, Pedro; ELZO, Javier y CARMONA, Francisco, *Jóvenes 2000 y Religión,* Madrid, Fundación Santa María/Editorial SM, 2004.

GONZÁLEZ ANLEO, Juan, «Los jóvenes y la religión ligth» en *Cuadernos de Realidades Sociales*, núm. 29-30, enero de 1987, págs. 5-34

GONZÁLEZ BLASCO, P. (dir.); GONZÁLEZ-ANLEO, J.; ELZO, J.; GONZÁLEZ-ANLEO SÁNCHEZ, J. M.ª; LÓPEZ RUIZ, J. A. y VALLS IPARRAGUIRRE, M., *Jóvenes Españoles 2005,* Fundación Santa María/Editorial SM.

GONZÁLEZ-ANLEO, J. y GONZÁLEZ BLASCO, P., «Religión: valores, ritos y creencias» en Fr. Andrés Orizo y J. Elzo (dirs.), *España 2000, entre el localismo y la globalidad. La Encuesta Europea de Valores en su tercera aplicación, 1981-1999,* Madrid, Universidad de Deusto/Ediciones SM, 2000.

GUETY, J. P., «Le succès des obsèques religieuses dans une "France païenne"», *Esprit*, marzo-abril de 2007.

KEPEL, G., *La Revancha de Dios,* Madrid, Alianza Editorial, 1991.

LAMBERT, Y., «Un regain religieux chez les jeunes d'Europe de l'Ouest et de l'Est», en O. Galland y B. Roudet, *Les jeunes Européens et les valeurs*, París, La Decouverte, 2005.

MARTÍNEZ CORTÉS, Javier, «¿Qué hacemos con los jóvenes?», en *Cuadernos Fe y Secularidad*, Madrid, 1989.

MEGÍAS, E. (dir.); COMAS, D.; ELZO, J.; MEGÍAS, I.; NAVARRO, J.; RODRÍGUEZ, E. y ROMANÍ, O., *Valores sociales y drogas,* Madrid, Edita FAD, 2001.

MIGUEL, Amando de, *Los Narcisos,* Barcelona, Kairos, 1979.

PRODI, P., *Christianisme et monde moderne: cinquante ans de recherches,* París, Seuil/Gallimard, 2006.

SEBASTIÁN, F., «La aportación de la CEE», en AAVV, *La Iglesia en España: 1950-2000,* Madrid, PPC, 1999.

SEQUEIROS, L., «Fe, cultura e increencia en la juventud actual» , en *Proyección*, 35, 1988, págs. 297-300.

SOTELO, I., «La persistencia de la religión en el mundo moderno», capítulo 2.º en Díaz-Salazar, Giner y Velasco (eds.), *Formas modernas de religión,* Alianza Universidad, 1994.

11

Urbanización y vivienda

Jesús Leal

1. El sistema inmobiliario y su reparto

En el último Censo de Vivienda, realizado en España en el año 2001, se expresa la existencia de un parque total de viviendas de 20.946.554 unidades, lo que supone que en un período ligeramente superior a los cuarenta años (1960-2001) el número de viviendas se había multiplicado por 2,5, con un incremento del espacio construido bastante mayor. Pero si tenemos en consideración las viviendas construidas desde el último recuento censal hasta final de 2006, podemos afirmar que el parque de viviendas español puede llegar en esa fecha a superar los 23,5 millones de viviendas, ya que en estos años de la década actual, la producción de nuevas viviendas ha alcanzado cotas que nunca antes se habían dado, ni siquiera en la gran expansión urbana producida en los años 60.

Por su parte la población española ha experimentado un cambio importante a lo largo de los últimos años como consecuencia de los cambios económicos y sociales que se han ido dando de forma bastante acelerada. Los cambios en la composición étnica, con la venida de un elevado número de inmigrantes, la reducción del tamaño de los hogares y el desarrollo de formas de convivencia que antes eran minoritarias, han contribuido a impulsar el desarrollo espacial de las ciudades españolas. La dispersión de los asentamientos ha llegado a convertirse en un fenómeno preocupante por lo que supone de ocupación extensiva de suelo y el desarrollo de zonas segregadas plantea la existencia de un espacio dividido en la sociedad urbana española.

Por una parte asistimos a un crecimiento más que elevado de la población[1], pero ese crecimiento es aún mayor en el número de hogares constituidos y éste a su vez es superado por el número de viviendas. El incremento del espacio construido supera con

---

[1] Existen una serie de contradicciones en las cifras globales de población, por lo que vamos a recoger la serie de la población censal como referencia para analizar la evolución reciente. Esta elección tiene que ver con el hecho de que la fuente de la que procede contiene más información que el Padrón municipal de habitantes que es el que indica la dimensión oficial de la población española.

mucho el aumento de la población y de los hogares que con sus características expresan algunos elementos importantes sobre la forma de convivencia (véase Tabla 11.1).

Este punto de partida es importante porque expresa que la sociedad española es más rica desde el punto de vista de su patrimonio residencial. Hay más viviendas y además su precio ha crecido muy por encima del Índice de Precios al Consumo; todo ello implica un enorme crecimiento del patrimonio inmobiliario residencial en manos de los hogares. Pero ese aumento del patrimonio no ha sido homogéneo, desarrollando paralelamente otras formas de desigualdad en las que las diferencias de origen y de edad juegan un papel importante frente a las tradicionales de clase social y distribución de la renta.

TABLA 11.1.—*Evolución censal de población, hogares y viviendas en España en millones (1960-2001)*

	Años					Aumento (1960-2001) (%)
	1960	1970	1981	1991	2001	
Población (millones)	30,5	34,0	37,7	38,9	40,8	34
Hogares (millones)	7,8	8,5	10,4	11,9	14,3	82
Viviendas	8,2	10,7	14,7	17,2	20,8	154

Fuente: Censos de Población y Vivienda, varios años.

2. CRECIMIENTO URBANO Y DESARROLLO DEL PARQUE DE VIVIENDAS

A lo largo de los últimos sesenta años el crecimiento de las ciudades españolas ha sido ininterrumpido, aunque su distribución por municipios tiene ciertas variaciones. El aumento de población de las ciudades tiene su máxima expresión con el desarrollo de la industrialización. En los años 50 y 60 crecen sobre todo las ciudades industriales, especialmente las de Cataluña, País Vasco y Madrid, al mismo tiempo, aunque con algo menos de intensidad la población se concentra en las capitales de provincia donde el desarrollo de los servicios y sobre todo de la administración pública, impulsa un proceso de crecimiento que va a servir para reforzar las ciudades capitales.

La casi totalidad de las ciudades de más de 100.000 habitantes son capitales de provincia, exceptuadas los municipios de las grandes aglomeraciones y ciertas ciudades industriales: Vigo, Gijón, Cartagena, Jerez de la Frontera, etc. Posteriormente en los años 70 y 80 se produce un nuevo fenómeno que es el crecimiento de las ciudades de ocio de la costa, así asistimos a crecimientos espectaculares en los que la urbanización y el parque residencial supera con mucho la dimensión de la población estable. Algunos municipios de la costa mediterránea desde Playa de Aro hasta Marbella e incluso de la costa atlántica sur tienen un fuerte desarrollo basado en el turismo que con diversos avatares han seguido creciendo hasta la actualidad, con frecuencia hasta saturar su propia capacidad de expandirse, irrumpiendo en los municipios limítrofes del interior.

Finalmente, las ciudades de mayor dimensión han experimentado el crecimiento más elevado a lo largo del último lustro, debido a los desarrollos terciarios y a la implantación de empresas de nuevas tecnologías y de la comunicación, especialmente el caso de Madrid, Valencia y Barcelona.

Pero ese crecimiento más tardío no se evidencia en el reparto de la población por municipios. Las grandes ciudades tienen una población central estabilizada o incluso en regresión mientras que los municipios de la periferia incrementan su población en un proceso de una progresiva dispersión que lleva a veces a distancias considerables, apoyados en las infraestructuras de transporte, como las autovías y autopistas, el tren, y especialmente el tren rápido.

El resultado de ese crecimiento muestra, como puede verse en la Tabla 11.2, el paso de un país de una distribución rural en el año 1940, con más de la mitad de la población habitando en municipios menores de 10.000 habitantes, hasta la situación actual con la mitad de los habitantes en municipios que superan los 50.000 habitantes. Actualmente es un país con una gran concentración urbana, aunque el propio crecimiento de las grandes ciudades y las facilidades de transporte supongan hoy un proceso centrípeto de crecimiento de la población dispersa en torno a las grandes aglomeraciones.

TABLA 11.2.— *Evolución de la distribución proporcional de la población española por tamaño de municipios (1910-2001)*

Tamaño municipal	Año									
	1910	1920	1930	1940	1950	1960	1970	1981	1991	2001
(0-2.000 hab)	27,5	25,5	23,2	20,5	16,7	14,5	11,0	8,6	7,8	7,3
(2.000 -10.000 hab)	40,3	39,5	38,1	36,6	31,2	28,7	22,5	18,2	16,7	16,3
(10.000-50.000 hab)	18,6	20,0	20,8	22,6	21,4	21,1	22,4	21,8	23,0	25,7
(50.000-500.000)	7,8	9,0	11,1	12,0	18,6	21,6	26,1	31,6	33,7	33,5
(>500.000)	5,8	5,9	6,8	8,3	12,1	14,1	17,9	19,7	18,8	17,1
Total población	100,0	100,0	100,0	100,0	100,0	100,0	100,0	100,0	100,0	100,0

Fuente: INE y elaboración propia.

Aunque en términos absolutos el crecimiento producido a lo largo del siglo XXI lo haya superado, el gran crecimiento del parque residencial en términos proporcionales se experimentó sobre todo a lo largo de los años 70 en los que se alcanzaron cifras de producción inmobiliaria elevadas. Fue una época marcada por la emigración de unas zonas rurales en declive hacia las ciudades y en especial hacia las grandes ciudades, que acapararon buena parte del crecimiento residencial experimentado.

A lo largo del período 1971-1981 crecen las grandes áreas metropolitanas aunque en una proporción inferior al período anterior ya que se da un agotamiento del éxodo rural que había empezado dos décadas antes y una canalización de las migraciones hacia el extranjero. Pero en esta década toman el relevo las ciudades medias, en especial las capitales de provincia junto con las áreas costeras, donde se concentra una buena parte de la expansión de las viviendas secundarias, que tienen un aumento en el conjunto del país del 138%, mientras que el crecimiento de las viviendas primarias alcanzó a lo largo de la década el 22,7%, nunca hasta esas fechas se había dado un aumento tan elevado del parque residencial. Pero lo más importante es que esos años marcan una forma de crecimiento ligado al aumento de las segundas residencias, con una participación importante de la inversión extranjera, un modelo que con diversos altibajos va a continuar hasta nuestros días, con indicios de saturación en la capacidad de desarrollo de los municipios que se alinean a lo largo de la costa mediterránea.

En la década siguiente entre 1981-1991 el crecimiento es más complejo porque está marcado por la crisis económica derivada de la crisis del petróleo que sacudió a España fuertemente con un cierto retraso con respecto al resto de los países europeos. Pero es a partir de la mitad de los años 80, coincidiendo con la entrada de España en la Unión Europea y con los resultados de un saneamiento económico inducido por el advenimiento de la democracia, cuando se vuelve a activar el crecimiento de la economía y con ella retoma nuevo vigor el modelo de desarrollo apoyado en las viviendas secundarias. La construcción de estas viviendas se concentra en una serie de zonas muy determinadas, especialmente en la costa levantina, en donde el aumento de este tipo de viviendas vuelve a superar el 100%. Sin embargo, en esos años se da un crecimiento más moderado de las viviendas primarias que en la década precedente con un reparto de dicho crecimiento más disperso por todo el territorio, aunque algunas Comunidades como Andalucía, Madrid, Murcia y la Comunidad Valenciana siguen manteniendo elevados índices de crecimiento. En realidad más allá del aumento de las viviendas secundarias, el crecimiento inmobiliario de la segunda mitad de los 80 fue debido a un ajuste de precios al alza y no tanto a un incremento digno de mención de las viviendas primarias. En estos años la demanda de vivienda creció en solvencia pero no tanto en capacidad, en parte porque el aumento progresivo de los precios fue reteniendo a una parte de esa demanda, lo que se manifestó en un aumento del retraso en la edad de emancipación de los jóvenes en relación con sus homólogos europeos (Grafico 11.1).

GRÁFICO 11.1.—*Proporción de jóvenes entre 18-29 años que viven con sus padres en varios países europeos (2000)*

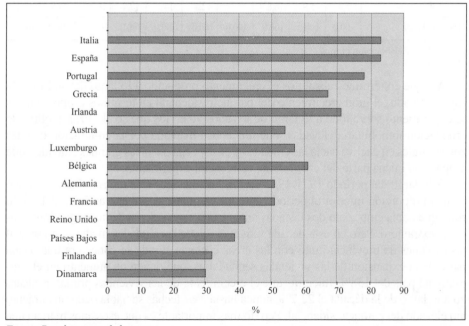

Fuente: Panel europeo de hogares.

En la última década del siglo XX el crecimiento expresado por el aumento del parque residencial se concentra sobre todo en las ciudades intermedias, especialmente en las ciudades entre los 50.000 y los 100.000 habitantes, un buen número de ellas localizadas en la periferia de las grandes capitales y en concreto en las Áreas Metropolitanas de Madrid, Barcelona y Valencia.

España junto con Irlanda es el país de la Unión Europea (15) que tiene una mayor expansión inmobiliaria en la década de los 90. Dicha expansión tiene una estrecha relación con la disminución del tamaño medio del hogar tal como puede verse en la Tabla 11.2. A pesar de lo cual sigue siendo el país junto con Irlanda que tiene el tamaño del hogar más elevado, lo que en cualquier caso puede significar una capacidad de crecimiento elevada para los años siguientes, algo que ha venido produciéndose en la primera mitad de la presente década.

GRÁFICO 11.2.—*Evolución de las viviendas terminadas en España según régimen de protección (visados de fin de obra) entre 1991 y 2006*

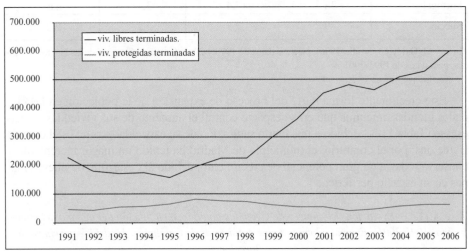

Fuente: Ministerio de Vivienda.

TABLA 11.3.—*Crecimiento del parque de viviendas y tamaño medio del hogar en varios países de la UE (1970-2001)*

País	Crecimiento del parque de viviendas		Tamaño medio del hogar	
	1970-1991	1993-2001	1991	2001
Alemania	28	10,6	2,3	2,2
Austria	9	8,1	2,5	2,4
Dinamarca	25	4,5	2,2	2,2
España	36	21,3	3,3	2,9
Finlandia	16	9,1	2,4	2,2

TABLA 11.3 *(cont.).—Crecimiento del parque de viviendas y tamaño medio del hogar en varios países de la UE (1970-2001)*

País	Crecimiento del parque de viviendas		Tamaño medio del hogar	
	1970-91	1993-01	1991	2001
Francia	31	5,6	2,6	2,4
Gran Bretaña	16	6,3	2,5	2,4
Grecia	12	n.a.	3,1	2,8
Países Bajos	54	9,6	2,4	2,3
Irlanda	42	24,8	3,3	2,8
Italia	11	n.a.	2,8	2,8
Luxemburgo	13	n.a.	2,6	2,5
Portugal	38	17,4	3,1	n.a.
Suecia	9	2,5	2,2	2,2

Fuente: M. Oxley y J. Smith (1996), para los datos de 1970 y 2001; Comisión Europea de las Naciones Unidas, para datos de 1993-2001.

Este crecimiento forma parte del proceso de expansión de la población en las ciudades grandes, mientras que en su espacio central el aumento de sus viviendas es más escaso (Tabla 11.3), debido a una cierta saturación de su capacidad, como es el caso de Barcelona; por el contrario, el municipio de Madrid ha tenido un mayor incremento y conserva todavía un gran potencial de crecimiento, debido al desarrollo de nuevos planes en su espacio periférico.

TABLA 11.4.—*Evolución del número de viviendas familiares, en función del tamaño del municipio (1991-2001). España, Comunidades Autónomas de Cataluña y Madrid, y provincia de Barcelona*

Tamaño del municipio	Año	España	Cataluña	Barcelona	Madrid
Menos de 10.000 habitantes	1991	5.300.937	746.567	281.475	185.962
	2001	5.844.786	781.585	295.220	242.346
	Incremento	10,3	4,7	4,9	30,3
De 10.001 a 50.000 habitantes	1991	4.228.073	627.065	397.236	158.563
	2001	5.510.147	860.123	502.034	249.678
	Incremento	30,3	37,2	26,4	57,5
De 50.001 a 100.000 habitantes	1991	1.384.313	226.248	163.348	114.612
	2001	2.039.608	356.104	274.190	221.517
	Incremento	47,3	57,4	67,9	93,3
Más de 100.001 habitantes	1991	6.307.076	1.156.250	1.063.460	1.477.824
	2001	7.552.013	1.316.343	1.200.005	1.764.604
	Incremento	19,7	13,8	12,8	19,4

TABLA 11.4 (cont.).—*Evolución del número de viviendas familiares, en función del tamaño del municipio (1991-2001). España, Comunidades Autónomas de Cataluña y Madrid, y provincia de Barcelona*

Tamaño del municipio	Año	España	Cataluña	Barcelona	Madrid
Total	1991	17.220.399	2.756.130	1.905.519	1.936.961
	2001	20.946.554	3.314.155	2.271.449	2.478.145
	Incremento	21,6	20,2	19,2	27,9

Fuente: Elaboración propia y *Censos de Población y Viviendas 1991 y 2001,* INE.

En la primera mitad de los años 90 asistimos a un descenso en el ciclo de la construcción y a un estancamiento o paréntesis en la escalada de los precios que había comenzado con fuerza en la segunda mitad de los años 80. Los acontecimientos de 1992 con la Olimpiada de Barcelona y la Exposición Internacional de Sevilla marcan el fin de un crecimiento que venía de siete años atrás y que había contribuido a incrementar notablemente el precio de la vivienda. Entre 1992 y 1995 asistimos a un ligero descenso de los precios en términos constantes, lo que supone un cierto alivio para los adquirentes, ya que el esfuerzo en términos de coste mensual de las hipotecas, para la adquisición de una vivienda era tan elevado que, a pesar del posterior aumento de precio de las viviendas, no se ha vuelto a alcanzar esos niveles de esfuerzo. Hay que tener en cuenta que en esos años los costes financieros eran muy altos, superando el 15% y los plazos de amortización de los préstamos no solían superar los 10 años.

Pero a partir de la segunda mitad de la década de los 90 vuelve a cambiar el ciclo. El fuerte flujo migratorio que se da a continuación y la activación de la construcción tienen un impacto notable sobre el crecimiento urbano que repercute en la economía del país. Se crece a un ritmo elevado, por encima de la media europea, y sobre todo crecen las ciudades y las urbanizaciones localizadas en los municipios de la costa, reactivando de nuevo el modelo que se comenzó en los 70, con un fuerte desarrollo del parque inmobiliario residencial tanto de las viviendas primarias como de las secundarias, a lo que se añade una fuerte inversión en infraestructuras de transporte y en obra pública en general.

Este nuevo crecimiento rápido está marcado por el desequilibrio. Por una parte el precio de las viviendas crece desmesuradamente a lo largo de los primeros años del siglo XXI más que en ningún otro país europeo, con aumentos que llegan al 17% anual. Ese aumento está amparado en una mejora notable de la capacidad de endeudamiento de las familias a partir de una disminución de los tipos de interés de las hipotecas y del tiempo de reembolso de los capitales prestados. El esfuerzo para la adquisición de una vivienda desciende a lo largo de toda la década para estabilizarse al final de ella y remontar en la década siguiente (véase Gráfico 11.3). Al amparo de las facilidades financieras se dispara la demanda de vivienda y los precios suben. A diferencia de lo que sucedió en la segunda mitad de los 80, esta vez la producción aumenta considerablemente y la construcción anual de viviendas llega a cifras nunca vistas anteriormente. Ha habido años a comienzos del siglo XXI que en España se han construido más viviendas que en los tres países más poblados de la Unión Europea juntos.

La nueva expresión del crecimiento está condicionada esta vez por una elevada demanda de viviendas proveniente tanto de una reestructuración de los hogares españoles como del enorme aumento de los hogares extranjeros que inciden fuertemente en la demanda, aunque en ocasiones lo hagan de forma indirecta, ocupando viviendas en alquiler en el primer período de su estancia.

GRÁFICO 11.3.—*Evolución de esfuerzo bruto en proporción a la renta para un primer adquirente de vivienda, con hipoteca a 20 años*

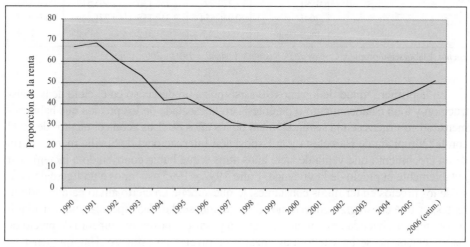

Fuente: Julio Rodríguez (2006).

Las grandes ciudades incrementan su población de forma notable y más aún su parque residencial, a la vez que se incrementa en ellas la tasa de actividad de sus habitantes. Madrid incrementa su población en un millón de habitantes en quince años y su extensión traspasa las fronteras de la Comunidad Autónoma. Barcelona y Valencia crecen también de forma notable, como gran parte de las ciudades costeras mediterráneas que observan como los pocos espacios libres que quedaban en el frente marítimo se van ocupando con nuevas construcciones.

La evolución de los ciclos de producción y precios de vivienda a lo largo de los últimos cincuenta años nos lleva a una serie de conclusiones de interés, tanto en lo que se refiere a su producción como a sus precios y a sus características. El crecimiento de las ciudades ha tenido intensidades muy diferentes según los últimos períodos, pero a lo largo de ellos se puede decir que las dimensiones de las ciudades no han hecho más que aumentar, que la población española está cada vez más concentrada en unas ciudades que cambian su forma para hacerse más extensas y que la vida cotidiana de los habitantes que residen en ellas ha experimentado un cambio notable inducido por las exigencias de los nuevos sistemas productivos.

3. EL PARQUE DE VIVIENDAS Y SUS COMPONENTES

Se trata de un parque de viviendas que en su dimensión absoluta, considerando la población existente, podría calificarse en términos comparativos, con el conjunto de los países de la Unión Europea como grande, ya que tiene una de las proporciones mayores de viviendas por 1000 habitantes. Pero las características del uso de las viviendas que lo componen nos pueden llevar a reconsiderar esta primera calificación, ya que del total de las viviendas existentes, las que se dedican a viviendas primarias son alrededor de dos tercios del total (68,8%), con lo que la distribución de dichas viviendas en términos reales es menor de la que inicialmente se plantea.

TABLA 11.5.—*Evolución del número de viviendas familiares, en función de la clase (1991-2001). España, Comunidades Autónomas de Cataluña y Madrid, y provincia de Barcelona**

		España	Cataluña	Barcelona	Madrid
Viviendas familiares	1991	17.206.363	2.755.115	1.904.727	1.934.697
	2001	20.946.554	3.314.155	2.271.449	2.478.145
	Incremento	21,7	20,3	19,3	28,1
Viviendas principales convencionales	1991	11.736.376	1.931.635	1.488.641	1.503.698
	2001	14.184.026	2.315.774	1.754.299	1.873.671
	Incremento	20,9	19,9	17,8	24,6
Viviendas secundarias	1991	2.923.615	468.971	189.237	172.178
	2001	3.360.631	514.943	193.595	275.705
	Incremento	14,9	9,8	2,3	60,1
Viviendas vacías	1991	2.475.639	345.492	222.026	250.100
	2001	3.106.422	452.921	307.859	306.556
	Incremento	25,5	31,1	38,7	22,6
Viviendas de otro tipo**	1991	84.769	10.032	5.615	10.985
	2001	295.475	30.517	15.696	22.213
	Incremento	248,6	204,2	179,5	102,2

* Cuestiones metodológicas: Las viviendas de otro tipo son viviendas no principales que no se pueden clasificar en ninguna de las dos categorías anteriores (ni como secundarias ni como desocupadas) porque sus características no se ajustan a ellas (viviendas de estudiantes, viviendas destinadas a alquileres de corta duración que están utilizadas todo o gran parte del año, etc.).
** Se han incluido las viviendas clasificadas como «alojamientos» por lo que el total de esta tabla no coincide con la anterior.

Fuente: Elaboración propia, y *Censos de Población y Viviendas 1991 y 2001,* INE.

El resultado de este crecimiento lleva a mantener las diferencias en el uso del parque residencial con el resto de los países europeos. España es el país de Europa con una proporción más elevada de viviendas vacías y secundarias, seguido de cerca de Grecia y a gran distancia de los demás. Las viviendas secundarias ocupan un lugar importante en la forma de vida de los españoles y contribuyen, a incrementar los desequilibrios existentes en los comportamientos residenciales. Mientras el 40% de los hogares formados por inmigrantes tienen que compartir sus viviendas con otras familias, el 15% de los hogares españoles disponen de una segunda vivienda, proporción que continúa incrementándose.

Pero aún existe una mayor diferencia entre los que no pueden disponer de una vivienda y se tienen que conformar con una habitación subarrendada y los que disponen de una vivienda vacía cuya proporción ha aumentado considerablemente en España, creciendo más que el conjunto del parque residencial. España es uno de los países con un volumen más elevado por habitante de viviendas vacantes (secundarias más vacías), que suponen alrededor de seis millones y medio de viviendas en el año 2001, el 31% del total del parque y junto con Grecia, es el país europeo que dispone de una proporción más elevada de viviendas secundarias.

Al considerar esta dimensión del volumen total de viviendas existentes en España, se plantea primeramente la adecuación de esta cantidad a las necesidades residenciales de los españoles, entendiendo éstas como los requisitos adecuados para cumplir el artículo 27 de la Constitución Española que plantea que todos los españoles tienen derecho a una vivienda digna.

Este artículo de la Constitución establece en primer lugar unos derechos individuales, ya que no expresa las necesidades en términos de unidades familiares, ni de hogares, sino en términos de individuos, lo que contrasta con el normal planteamiento de las formas de satisfacer las necesidades de residencia en colectivo, pero muy especialmente en familia. Esto es importante ya que se puede considerar a España junto con Irlanda como un país europeo con un tamaño del hogar elevado (2,9 en 2001) y con una proporción comparativamente baja de hogares unipersonales a pesar del incremento experimentado en el último período intercensal que pasan del 12% en 1991 al 20% en 2001.

La segunda parte del artículo 47 de la Constitución establece que los poderes públicos deben garantizar ese acceso a una vivienda digna, lo que supone de hecho el principal fundamento para una política de vivienda. Si bien, quedan dos incertidumbres que matizan dicho derecho. Una primera incertidumbre es la propia definición de una vivienda digna, en la que deberíamos incluir tanto las condiciones residenciales como la materialidad del estado de la vivienda; la cuestión no es solamente si la vivienda tiene humedades o está en malas condiciones; uno de los grandes problemas actuales es el hacinamiento de los hogares de los inmigrantes; no puede considerarse una vivienda digna aquella que tiene una superficie por habitante excesivamente reducida; esto lleva a acuñar categorías que ayudarían a determinar las condiciones residenciales indignas, una de ellas es la que establece Luis Cortés al tratar de la exclusión residencial.

La otra incertidumbre tiene que ver con la intervención pública que garantice el acceso a este bien que se considera necesario. Jurídicamente se trata de un derecho cuya exigencia viene dada únicamente a partir de las leyes que lo desarrollan; por desgracia no ha habido ninguna ley española que desarrolle este artículo en los términos que se hace en otros países en los que el derecho a la vivienda comporta la obligatoriedad de intervenir a los poderes públicos; eso supondría que acciones de desahucio tendrían que venir acompañadas obligatoriamente de una oferta residencial alternativa.

El hábitat urbano está compuesto por diferentes tipos de viviendas que se pueden distinguir en función de su uso. Las alternativas y las condiciones de esos usos y su evolución reciente nos ilustran de forma notable el cambio que se ha dado en las ciudades españolas en los últimos años. Según su uso, las viviendas se dividen entre primarias, secundarias y vacías.

3.1. *Las viviendas principales*

Las viviendas principales son aquellas que constituyen el domicilio principal de los hogares. Los censos no permiten la domiciliación de las personas en dos lugares simultáneos, por lo que los hogares tienen que determinar un domicilio cuyo sentido va más allá de un mero trámite. La importancia del domicilio viene dada porque la ciudadanía está asociada a la residencia, el reconocimiento de esa residencia por parte de la

Administración Local implica un cierto derecho de acceso a los servicios elementales como la sanidad, y la enseñanza. Los servicios públicos locales van asociados a ese domicilio que frecuentemente es también el domicilio fiscal y el espacio de referencia, es decir el lugar donde se puede dar razón de las personas que habitan en una localidad. Hay que tener en cuenta que uno de los grandes problemas que se plantean a las personas sin hogar es precisamente la carencia de un domicilio desde el que pueda recibir correspondencia y dar razón de su ciudadanía.

Las viviendas principales constituyen el domicilio habitual de los ciudadanos, pero su dimensión ha ido disminuyendo en proporción a lo largo de los últimos años y actualmente suponen una proporción alrededor de los dos tercios del total del parque residencial, lo que quiere decir que de cada tres viviendas existentes en la actualidad sólo dos de ellas tienen el uso permanente y continuado propio de las viviendas principales (Tabla 11.6).

TABLA 11.6.—*Evolución porcentual del parque de viviendas en España según su uso*

Uso	Distribución (%)			
	1970	1981	1991	2001
Principales	79,8	70,8	68,8	67,7
Secundarias	7,5	12,9	15,4	16,0
Desocupadas y otras	12,7	16,3	15,8	16,2
Total	100,0	100,0	100,0	100,0

Fuente: INE, Censos de Población y Vivienda (varios años).

En el orden simbólico la disposición de un domicilio determinado tiene grandes consecuencias. Con frecuencia se asigna a las personas el valor o el significado social del área en la que se reside, pero sobre todo el domicilio viene asociado a la propia identidad. La pérdida de una residencia fija, como es en el caso de los sin-hogar tiene consecuencias considerables, entre las que están la imposibilidad de poder recibir correspondencia o de poder tener un espacio de referencia de cara al resto de la sociedad.

Se asume socialmente que debe existir una correspondencia entre hogar y vivienda. El hogar es una unidad económica y espacial y sobre todo es la unidad básica de convivencia. En el *Censo de 1991* la definía a partir de dos variables principales que eran la existencia de un presupuesto económico común y la convivencia bajo un mismo techo, pero ese carácter económico desaparece en el último censo, posiblemente inducido por los cambios que se están dando en este aspecto en el que es cada vez más frecuente que los miembros adultos del hogar tengan presupuestos independientes del que asignan una parte para los gastos comunes. La constitución y los componentes del hogar, en la mayor parte de los casos coincide con la familia, pero en ocasiones hay personas que no son de la familia que comparten la vivienda. En ese sentido es normal que postulemos como base de partida para los análisis a realizar, la correspondencia entre familias, hogares y viviendas principales, relación que experimenta un proceso de recesión con el desarrollo de los procesos de hacinamiento que se están dando en la sociedad española, impulsados especialmente por los residentes extranjeros.

Las viviendas principales pueden tener formas de acceso diferenciadas según el régimen de propiedad de sus moradores. En ese sentido podemos plantear la existencia de una categoría de las mismas según su acceso sea en propiedad o en alquiler. España se caracteriza frente a otros países europeos por una proporción muy elevada de viviendas en propiedad (Tabla 11.7). Es el resultado de muchos años de una política de vivienda que ha favorecido esta forma de acceso a partir del abandono de la promoción pública en alquiler, de la penalización de los arrendatarios por una legislación restrictiva en lo que respecta a la actualización de los alquileres, a la escasa protección jurídica frente a impagos y finalmente a una concentración de las políticas en la desgravación fiscal de los adquirentes. En la actualidad, a pesar del cambio de modelo inmobiliario, con precios altos, todavía sigue siendo más rentable a medio y largo plazo la adquisición que el alquiler. El resultado ha sido una disminución paulatina de las viviendas en alquiler hasta proporciones que hoy en día resultan problemáticas por su escasez, dificultando la emancipación de los jóvenes y el asentamiento de los inmigrantes.

TABLA 11.7.—*Evolución y distribución del parque de viviendas en España por régimen de tenencia (1950-1996)*

Años	Propiedad	Alquiler	Otras	Total
1950	45,9	51,2	2,9	100
1960	51,9	41,3	6,8	100
1970	57,1	24,6	18,3	100
1981	74,9	18,7	6,4	100
1991	78,4	15,0	6,6	100
1996	79,9	13,6	6,5	100
2001	82,2	11,4	6,5	100

Fuente: INE, *Censos de Población y Viviendas* y *Encuesta continua de presupuestos familiares* (1996).

Pero la distribución de las formas de tenencia de las viviendas tiene un reparto bastante desigual, hasta el punto de que las diferencias internas entre las Comunidades situadas en los extremos pueden llegar a ser bastante elevadas, aunque sin llegar a la propia diferencia con otros países europeos. Entre el 74% de propietarios de las viviendas en las que habitan, que hay en las Baleares y el 89% del País Vasco, hay una distancia considerable. Esta diferencia se manifiesta en otros aspectos, como es la edad de emancipación y la movilidad residencial. La consecuencia de esa desigual distribución de las formas de acceso es que los jóvenes baleares y catalanes se van a vivir fuera de casa de sus padres a una edad más temprana que los del norte de España. Salvo algunas excepciones, la disponibilidad de viviendas en alquiler contribuye a reducir la edad de emancipación de los jóvenes porque permite que puedan emanciparse sin tener que comprar una vivienda (Teresa Jurado, 2003).

La existencia de un parque de viviendas en alquiler es básica para el primer asentamiento de los inmigrantes. El proceso de arraigo parte inicialmente de una vivienda o una habitación alquilada o realquilada. El realquilado de habitaciones fue una práctica que tuvo una cierta frecuencia en los años 50 en España pero que estaba prácticamente extinguida hasta que se ha vuelto a desarrollar como efecto de encarecimiento de la vivienda. La densidad de la distribución de las viviendas de inmigrantes se correlaciona con la proporción de viviendas en alquiler, el problema es que una vez que se ha saturado el parque residencial en alquiler, se dispersan por el conjunto del territorio a la búsqueda de unas condiciones asequibles que con demasiada frecuencia van unidas a un hacinamiento de las viviendas que ocupan, lo que se extiende por toda la ciudad.

TABLA 11.8.—*Proporción y crecimiento de la propiedad de la vivienda por Comunidades Autónomas (1970-2001)*

Comunidad Autónoma	Viviendas en propiedad	
	Proporción (2001)	Crecimiento % (1970-2001)
Andalucía	82,7	44,1
Aragón	84,7	48,1
Asturias	81,2	64,0
Baleares	74,3	33,2
Canarias	69,7	19,1
Cantabria	84,9	42,4
Castilla-La Mancha	84,9	38,3
Castilla y León	86,5	32,9
Cataluña	79,1	71,2
Extremadura	81,9	33,0
Galicia	77,5	17,4
Madrid	82,0	60,2
Murcia	85,0	33,0
Navarra	87,6	46,5
País Vasco	89,0	57,0
Rioja	86,5	49,4
Comunidad Valenciana	86,6	34,3
España	82,2	43,7

Fuente: Censos de Población y Viviendas y Precios de vivienda.

La evolución del mercado de vivienda durante los últimos años con una producción elevada junto con el alargamiento del plazo de las hipotecas, que se situaba en 2006 en 27 años de media, ha llevado a que la proporción de los que viven en una vivienda de su propiedad completamente pagada haya disminuido en los últimos años situándose por debajo del 50% del total de hogares. Pero lo más significativo es que se está dando un cambio en el sentido de la propiedad, ya que las condiciones de las hipotecas hace que algunos de los nuevos propietarios no estén tan distantes de los inquilinos. El he-

- cho de que el pago de la hipoteca se extienda más allá de los treinta años (la media supera ya los 27 años) y se cuente con un cambio de vivienda antes de la jubilación que prolongue la hipoteca otros años más, supone que la media de los adquirentes jóvenes estará pagando una hipoteca durante todo el tiempo de su vida laboral e incluso más allá. En ese caso la vivienda podría ser considerada como una especie de fondo de pensiones que se empieza a disfrutar en toda su plenitud, sin pagos pendientes cuando se ha entrado en el período de la jubilación. La ventaja respecto al alquiler es que al final del pago de la hipoteca el individuo se alza con la propiedad total y se constituye un patrimonio que podrá legarse a los descendientes. La desventaja es que esta propiedad puede fijar a su propietario a una localización que pasado el tiempo puede que no sea la más idónea para la organización de sus actividades laborales.

TABLA 11.9.—*Evolución de la distribución del régimen de tenencia de las viviendas españolas (1991-2001)*

Régimen de tenencia	Año	
	2001	1991
En propiedad	82,2	78,3
Por compra	73,5	68,3
totalmente pagada	50,7	52,7
con pagos pendientes	22,8	15,6
Por herencia o donación	8,6	10,0
Facilitada gratuita o semigratuita	2,6	4,5
En alquiler	11,4	15,2
Otra forma	3,8	2,0
Total	100,0	100,0

Fuente: Censos de Población y Viviendas, INE.

Pero lo que marca sobre todo la diferencia entre inquilinos y propietarios es la incapacidad creciente de los hogares españoles de afrontar los pagos que suponen el alquiler o las hipotecas. El pago de la hipoteca requiere unos ingresos adecuados en relación con la cantidad que se ha de pagar de forma periódica, además estos ingresos deben ser constantes para no perder lo ya pagado. Los usuarios de las viviendas en alquiler pueden tener el mismo problema, aunque su situación permite una mayor movilidad y adaptabilidad a un lugar de trabajo cambiante o a un proyecto de convivencia variable y por otro lado no requiere un patrimonio previo con el que afrontar el 20% del coste de la vivienda, ya que las entidades crediticias raramente prestan una proporción que supere el 80% del precio de tasación de la vivienda adquirida. Por eso, las viviendas en alquiler que salen al mercado están ocupadas en su mayoría por inmigrantes con una gran movilidad territorial, por jóvenes que pasan de un empleo a otro en los primeros años de su vida laboral y en general por aquellas personas que no tienen un proyecto definido de hogar o de trabajo, como son también algunas de las personas afectadas por rupturas de pareja.

Todo ello lleva a que la escasez de un parque asequible en alquiler afecte de forma más intensa a aquellos que tienen pocos recursos y que viven en situaciones laborales más precarias, además de tener una menor estabilidad en su proyecto de convivencia, es decir, a inmigrantes y a jóvenes que no disponen de un patrimonio propio o heredado. Es una situación que distingue a los países del sur de Europa como consecuencia de una política continuada de impulso al desarrollo de la propiedad (Sánchez Martínez, 2002). Los efectos sobre estos grupos son el mantenimiento de una proporción elevada de jóvenes viviendo con sus padres, muy por encima de la que se da en otros países de nuestro entorno, excepto Italia que tiene situaciones similares, y la existencia de condiciones precarias de vivienda en el caso de los inmigrantes, un 75% de los cuales vivían en Madrid en régimen de alquiler en 2003 (encuesta de demanda de vivienda).

3.2. *De las ciudades de ocio a la gran conurbación costera*

España es el país de Europa que dispone de la proporción más elevada de viviendas vacías y secundarias, seguido de cerca de Grecia; se trata de una situación propia de los países del sur de Europa, en lo que constituye un modelo diferenciado con el resto de los países (Allen, Barlow, Leal, Maloutas, Padovani 2004). Las viviendas secundarias ocupan un lugar importante en la forma de vida de los españoles y contribuyen, a incrementar los desequilibrios existentes en los comportamientos residenciales. Mientras el 40% de los hogares formados por inmigrantes tienen que compartir sus viviendas con otras familias, el 15% de los hogares españoles dispone de una segunda vivienda y continúan incrementándose.

Pero aún existe una mayor diferencia entre los que no pueden disponer de una vivienda y se tienen que conformar con una habitación subarrendada y los que disponen de una vivienda vacía cuya proporción ha aumentado considerablemente en España, creciendo más que el conjunto del parque residencial. España es uno de los países con un volumen más elevado por habitante, de viviendas vacantes (secundarias más vacías) que suponen alrededor de seis millones y medio de viviendas en el año 2001, el 31% del total del parque.

La extensión de la práctica de disponer una segunda vivienda, especialmente entre los habitantes de las grandes ciudades, lleva a que el crecimiento de las áreas metropolitanas españolas se haya visto acompañado de la expansión de una serie de ciudades típicas de España y en general del sur de Europa. Se trata de las ciudades de ocio, en las que la producción de bienes al igual que la proporción de trabajadores que residen en ellas, de forma esporádica o permanente, es escasa. Se trata de ciudades de ocio en las que se da una gran concentración de viviendas secundarias. Su morfología y tamaño puede variar notablemente, las hay que tienen una gran densidad o las que están formadas por un hábitat muy disperso, pero la realidad es que sus dimensiones inmobiliarias no han dejado de crecer durante los últimos años.

Las viviendas secundarias son aquellas que no son la residencia principal de los que disponen de ellas, ya sea en propiedad o en alquiler. Se caracterizan por tener un uso limitado temporalmente que por regla general se concreta en ciertos fines de semana y en las vacaciones. Estas viviendas pueden ser vistas de diversas maneras, como un espacio de ocio adicional e incluso en ocasiones como una inversión productiva. Los problemas de la distinción de su uso entre las que son usadas por sus propietarios o las que están destinadas solamente a ser alquiladas, llevan a ciertas dificultades en cuanto a su consideración. En principio, podemos partir de que las viviendas secundarias en propiedad o en alquiler usadas por sus propietarios o inquilinos de forma continuada, suponen una verdadera extensión de la vivienda principal en un país con fuertes disparidades climáticas y especialmente con un verano muy caluroso en una gran parte de su superficie.

Hay que tomar en consideración que en el pasado, en algunas zonas del sur y del Levante, no era extraño encontrar que las viviendas de los hogares con mayores rentas tenían dos espacios diferenciados: un espacio para el período del invierno y otro para el de verano. Cuando no era una duplicación de la casa, era al menos una duplicación de alguna de sus estancias. En ocasiones se separaban las residencias según las estaciones, pero la extensión de la práctica del veraneo que fue introduciendo la clase media española y el mantenimiento de la casa en el pueblo de origen que practicaron los inmigrantes de las zonas rurales, extendió considerablemente la disposición de una segunda vivienda.

El total de estas viviendas secundarias ascendía en 2001 a 3.323.000 pero probablemente su número era más elevado, pudiendo superar los 3 millones y medio, ya que una parte de las viviendas censadas como vacías son en realidad viviendas secundarias. Eso supone que su evolución en los últimos diez años experimentó un crecimiento menor que en las décadas precedentes en términos relativos. Aunque el incremento medio a lo largo de la década de 70.000 viviendas anuales, sigue siendo bastante elevado, ya que logra incluso superar en su proporción al aumento de las viviendas principales, lo que supone una mayor proporción en el conjunto del parque residencial.

TABLA 11.10.—*Evolución del parque de viviendas en España por usos (en miles de unidades) (1960-2001)*

Usos	Año					Cambio (%)			
	1960	1970	1981	1991	2001	70-60	81-70	91-81	91-01
Principales	7.827	8.504	10.431	11.825	14.271	9%	23%	13%	21%
Secundarias	255	796	1.900	2.629	3.323	212%	139%	38%	26%
Vacías		1.137	2.396	2.227	2.895		111%	-7%	30%
Alojamientos	129	54	23	12			-58%	-57%	-48%
Otro tipo		218		480	335				-30%
Total	8.211	10.710	14.727	17.173	20.823	37%	38%	17%	21

Fuente: Censos y elaboración propia.

La incógnita sobre la evolución futura de estas viviendas está sobre todo en el comportamiento de los demandantes extranjeros, ya que se plantea que la capacidad de demanda por parte de los hogares españoles será decreciente debido sobre todo al incremento generalizado de los precios de las viviendas en su conjunto. La práctica habitual de comprar una segunda vivienda cuando se acababa de pagar la hipoteca de la primera, va a ser difícil que continúe en el caso de los hogares que han adquirido una vivienda en los últimos años con plazos de amortización muy largos. Por otro lado, hay otro hecho que puede afectar también a un cierto descenso en la demanda de este tipo de viviendas como es el cambio en las pautas de comportamiento en las vacaciones de los habitantes de las grandes ciudades, con una disminución del tiempo real de las mismas y un mayor recurso a los viajes organizados y a la residencia en hoteles. Pero la opción por parte de otros países europeos de adquirir o de alquilar una vivienda secundaria en España depende de un gran número de variables difíciles de controlar como son: evolución de las tarifas aéreas, ofertas alternativas en otros lugares del Mediterráneo e incluso de América, comportamiento residencial de los europeos, en especial de los jubilados, etc.

La distribución proporcional de estas viviendas puede llamar a engaño. Por provincias, las que tienen una mayor proporción de ellas son las que circundan Madrid y Barcelona como Ávila, Tarragona, Guadalajara y Segovia, por el orden citado, aunque en términos absolutos sean las provincias de Levante las que tienen un parque mayor. Las provincias con una mayor cantidad de viviendas secundarias serían por orden: Alicante, Valencia, Barcelona, Madrid, Málaga,

El otro grupo de estas viviendas secundarias sería el compuesto por viviendas en zonas urbanas; en el caso de Madrid, el mayor crecimiento de las viviendas secundarias durante los años 90 se da precisamente en el distrito centro de la ciudad, lo que contrasta con un ligero descenso proporcional de las viviendas de este tipo en los municipios de montaña y agrarios. Esto nos abre a un proceso que ya existía pero que puede acelerarse, que es el de las viviendas secundarias en las zonas urbanas del interior del país, no sólo de las grandes ciudades sino también de las ciudades con un gran valor histórico y artístico.

Poseer y disfrutar de una vivienda en la zona central de una gran ciudad o de una ciudad monumental se ha convertido en un privilegio cada vez más extendido de los hogares con rentas o con patrimonio elevado. Aunque este tipo no podrá nunca constituirse en un fenómeno masivo, ya que si lo fuera destruiría su mismo objeto. Los centros de las grandes ciudades tienen un atractivo para aquellas personas que por razón de su trabajo viven fuera de ellas, o para las que tienen fijada su residencia en otro lugar y tienen que frecuentar la estancia en las ciudades por motivos de trabajo. Pero también se da el caso de que algunos de los propietarios de viviendas en las zonas centrales de la ciudad que se han trasladado a la periferia, siguen conservando estas viviendas que usan de forma esporádica.

Finalmente son de considerar también las viviendas secundarias en los municipios agrarios; una buena parte de ellas corresponde a las personas que emigraron desde el campo a la ciudad en los años 50 y 60 preferentemente y que o bien conservaron esas viviendas o bien las heredaron posteriormente, incluso en algunos casos se construyeron nuevas viviendas. La proporción de estas viviendas ha podido aumentar más por el despoblamiento de las zonas rurales que por un sustancial aumento de las mismas, a pesar de que en muchos pueblos se han construido nuevas viviendas para un uso secundario por parte de los habitantes de las ciudades.

Aunque en España no se ha llegado a medir la movilidad residencial producida con la jubilación, el caso francés ilustra bien cómo una proporción de recién jubilados de las grandes ciudades se traslada a vivir a las zonas rurales y turísticas, especialmente las costeras. Este fenómeno puede desarrollarse en un futuro en España, aunque exige una mejora de los sistemas de transporte colectivo y un progreso de la asistencia sanitaria en los municipios pequeños, provocando un cambio en las previsiones de crecimiento inmobiliario de las grandes ciudades, ya que las viviendas que dejan vacías los mayores serían ocupadas por otros hogares necesitados de vivienda, aminorando ligeramente la exigencia de nuevas construcciones. De hecho, el legar la vivienda a alguno de los hijos en la edad de la jubilación, para trasladarse a otra zona, es un fenómeno que ya existe en las grandes ciudades españolas, especialmente entre la clase trabajadora, pero su dimensión actual y más aún su futuro son dos incógnitas por el momento.

TABLA 11.11.—*Distribución territorial de los hogares que disponen de otra vivienda distinta de la principal (en relación con el total de hogares) y distribución proporcional del parque de viviendas secundarias (en relación con el total del parque) (2001)*

Comunidad Autónoma	Hogares que disponen de otra vivienda %	Proporción de viviendas secundarias
Andalucía	11	14,8
Aragón	20,6	18,2
Asturias	14,3	10,8
Baleares	14,2	19,9
Canarias	8,7	14,8
Cantabria	9,7	19,3
Castilla y León	14,8	23,3
Castilla-La Mancha	11,6	23,5
Cataluña	14,3	15,7
Comunidad Valenciana	19,8	22,5
Extremadura	8,5	17,1
Galicia	10,7	12,9
Madrid	22,1	11,2
Murcia	17,8	19,0
Navarra	13,3	12,2
País Vasco	17,5	5,4
Rioja	14,2	19,5
Ceuta	18,4	2,2
Melilla	13	3,6
Total	15	16,3

Fuente: Censo de Población y Vivienda 2001.

TABLA 11.12.—*Distribución de las viviendas secundarias de los habitantes de las provincias metropolitanas y proporción de los hogares que disponen de ellas (2001)*

Provincia metropolitana	Proporción de hogares con 2.ª vivienda	Localización de la 2.ª vivienda de la que se dispone		
		En propia provincia	En provincias limítrofes	Total
Barcelona	15,2	34,7	43,4	78,0
Madrid	22,1	21,1	27,2	48,3
Sevilla	12,4	30,7	62,7	93,3
Valencia	21,4	73,9	15,2	89,1
Vizcaya	20,6	19,5	39,9	59,4
Zaragoza	21,9	43,8	43,3	87,1

Fuente: Censo de población y viviendas de 2001.

3.3. *Las viviendas vacías*

La proporción de viviendas vacías que aparece en los datos censales alcanzaba en el 2001 el 16,2%, una cifra elevada que lleva a suscitar de vez en cuando, por parte de los poderes públicos, la necesidad de su inserción en el mercado. Esto supone la existencia de una cierta creencia de que España dispone de un amplio parque de viviendas vacías que sería conveniente ocuparlo, máxime cuando existe una fuerte presión de la demanda y una elevada proporción de personas que no pueden acceder a una vivienda porque carecen de recursos para ello.

Pero actualmente estamos en condiciones de afirmar que una parte importante de las viviendas censadas como vacías no son tales y entre las que están efectivamente sin uso, una cierta proporción son difícilmente integrables en el mercado de vivienda. Los escasos estudios que se han llevado a cabo sobre este tipo de viviendas han dado un resultado similar: existe una desviación censal que lleva a calificar como viviendas vacías a muchas viviendas que están ocupadas o a espacios construidos que no son habitables. Los motivos de esta desviación se pueden establecer en la forma de hacer los censos y en la dificultad de incluir en los mismos a personas que están ausentes durante todo el día de sus viviendas, a personas que rechazan su inclusión en el censo o finalmente a los que no tienen concedida la residencia. Entre este último grupo hay que considerar a los inmigrantes que suelen ocupar viviendas en alquiler en las grandes ciudades.

En la Comunidad de Madrid, la encuesta de viviendas vacías realizadas a partir de los datos del Padrón de 1996 revela que el 32% de las viviendas consideradas así, estaban ocupadas en la fecha del Padrón, en abril de 1996; esta proporción puede considerarse como error censal, fácilmente explicable por la forma como se realizó el Padrón, lo que es extensible a los Censos. El resto de las viviendas que realmente estaban desocupadas, en el momento de realización del Padrón, se dividen en dos grupos, las viviendas que estaban ofertadas para su ocupación en el momento del Censo y las que no se ofertaban. Si consideramos las primeras, tenemos el dato de las que fueron ocupadas en los seis meses siguientes y las que, habiéndose considerado como vacías, estaban realmente en oferta en el momento de realizar la encuesta; ambas categorías suponían la cantidad de 103.000 viviendas de las 193.000 que realmente se encontraban desocupadas en el momento de la realización del Padrón. Esta cantidad es importante porque suponía el 5% del total del parque de viviendas, proporción que expresa la cantidad de viviendas vacías por motivo de estar ofertadas en un momento determinado (mes de noviembre). La existencia de esas viviendas se considera necesaria para que pueda funcionar el mercado, más aún en un mercado que tiene una elevada proporción de viviendas en propiedad, como el español, ya que las viviendas destinadas a ser alquiladas suelen tener un tiempo de espera más corto entre un inquilino y otro. De todas formas, hay que tener en cuenta las especiales circunstancias del mercado madrileño, con un valor elevado, con una demanda de alquiler algo superior a la media española y con una baja proporción de viviendas secundarias, cuya comercialización es más lenta que la de las primarias, pudiendo permanecer más tiempo vacías.

Finalmente, según la citada encuesta, el resto de viviendas que estaban realmente vacías y que no se ofertaban en alquiler o venta, suponen el 42% de las realmente vacías y el 3,8% del conjunto del parque de viviendas de la Comunidad de Madrid. En estas viviendas no se quiso dar razón de cuál era el motivo de su situación o no se pudo encontrar explicación de la misma para dos tercios de ellas, mientras que el tercio restante tenía una casuística variada entre la que destacaba el caso de las viviendas que estaban vacías por obras de reforma. Eso lleva a que en el caso de Madrid, las viviendas realmente vacías sin explicación suponían, en la fecha de realización de este estudio una proporción inferior al 2,5% del parque residencial, quedando la duda sobre los motivos de su situación.

Por otra parte es de considerar que la proporción de viviendas vacías en las provincias con un elevado parque de viviendas secundarias es más elevada que la media, lo que nos lleva a establecer la existencia de un cierto desplazamiento de viviendas de segunda residencia a su calificación como viviendas vacías. El error censal en este caso sería más justificable que en el caso de las viviendas primarias, ya que no siempre se puede obtener información colateral sobre estas viviendas por la falta de informantes en su entorno.

Esto supone en primer lugar la complejidad interna de esta categoría de viviendas vacías, que induce a error en los Censos de viviendas. Pero desde luego nos lleva a considerar que la proporción de viviendas vacías en España, una vez considerada la corrección de los errores existentes, no era muy distinta de la media europea. La incógnita está en la evolución que hayan podido tener estas viviendas en los últimos años. Hay quienes apuntan a un crecimiento basado en la adquisición especulativa de viviendas por inversores sin ánimo de ocuparlas y con el fin de revenderlas posteriormente. Algunos expertos en ventas como los del Grupo i consideraban que en los momentos de mayor crecimiento del mercado, en el caso de Madrid, un 15% de las ventas de viviendas nuevas tenían un fin de inversión. Pero en buena lógica estas viviendas tampoco permanecerían mucho tiempo vacías, la mayor parte de ellas eran compradas en plano y vendidas después de edificadas, para con los beneficios que reportaban volver a repetir la operación. Muchas de ellas ni siquiera llegaban a ser escrituradas a nombre de sus primeros adquirentes, aunque cuando lo eran podían tardar algo más en venderlas, hasta el punto de poder revalorizar la retención que habían experimentado.

El resultado es que ha podido incrementarse la proporción de viviendas vacías en los últimos años, en términos reales, aunque su dimensionamiento se hace difícil de establecer porque exige una metodología compleja. La cuestión es importante si se tiene en cuenta que una parte de los objetivos de las sociedades públicas de alquiler que se han creado recientemente estaba precisamente en poner en el mercado una buena cantidad de ese parque vacío que detectaban los censos. Podría ser que los escasos resultados de algunas de estas empresas tuvieran su fundamento en que las dimensiones del parque de viviendas vacías fueran menores del que se planteaba.

4. CARACTERÍSTICAS DE LAS NUEVAS VIVIENDAS

Para el establecimiento del crecimiento del parque de viviendas español en el período 1991-2005 se ha partido en primer lugar de las viviendas construidas durante el período, deducidas de las estadísticas del Ministerio de Fomento, en concreto de los visados de fin de obra de los colegios de arquitectos técnicos. El resultado es muy dispar, la diferencia en el crecimiento que se da en los dos últimos quinquenios muestra que el aumento de la producción de viviendas durante el período 2001-2005 es diferente al que se da en el período precedente. A lo largo de los primeros años del siglo xxi el crecimiento de la producción de viviendas es positivo en todas las Comunidades, comparado con la producción del quinquenio precedente. Pero la mayor diferencia se concentra en los lugares de mayor expansión turística: Comunidad Valenciana, Murcia, Andalucía y Cantabria. El crecimiento reciente del parque inmobiliario residencial se ha concentrado sobre todo en la producción de viviendas en los lugares de mayor desarrollo turístico, aunque no hay que confundir ese crecimiento con el de viviendas secundarias ya que en algunos de esos sitios como en la Comunidad Valenciana, las viviendas primarias crecieron más que las secundarias. Lo que en realidad nos explica es un gran desarrollo de las ciudades de ocio, aunque en gran parte podemos afirmar que todo el litoral del Levante español se asemeja a un continuo urbano solamente interrumpido por aquellas zonas en las que la playa desaparece para dar lugar a una costa de acantilados o a raras calificaciones de protección respetadas por los promotores. A esto hay que añadir el reforzamiento de las ciudades de ocio con una continuación del crecimiento que ya tuvieron en la década precedente. Estas ciudades constituyen un fenómeno propio de todo el litoral del norte del Mediterráneo en el que España tiene los máximos exponentes en cuanto a las dimensiones.

Pero las viviendas que se construyen no son todas iguales y el parque de viviendas presenta notables diferencias en el tamaño y en las tipologías. En el caso de Madrid, las diversas zonas de la capital y la periferia presentan tamaños medios diferenciados, siendo mayor en el noroeste que en el sur, lo que expresa no sólo una calidad diferente en relación con el espacio cotidiano, sino también la existencia de un patrimonio residencial desigual, al que además de las diferencias en tamaño hay que añadir las diferencias en precio.

En primer lugar se constata una cierta polarización en la dimensión de las viviendas, de forma que frente a un incremento de tamaño de las viviendas individuales nos encontramos con una disminución de las dimensiones medias de las viviendas colectivas.

TABLA 11.13.—*Superficie media en m² de las viviendas principales en las grandes zonas de la Comunidad de Madrid y crecimiento de la superficie media en el período intercensal (1991-2001)*

Zonas	1991	2001	Crecimiento (%)
Total Comunidad	79,10	88,04	11,30
MADRID	75,88	80,96	6,69
Madrid: Almendra Central	82,62	87,48	5,88
Madrid: Periferia Noroeste	79,74	87,60	9,86
Madrid: Periferia Este	70,63	75,45	6,82
Madrid: Periferia Sur	67,05	70,88	5,71
Corona metropolitana	83,71	94,36	12,72
Corona metropolitana: Norte	88,87	101,37	14,07
Corona metropolitana: Este	82,50	90,75	10,00
Corona metropolitana: Sur	76,05	81,50	7,17
Corona metropolitana: Oeste	126,58	146,23	15,52
Municipios no metropolitanos	90,02	108,15	20,14

Fuente: Censo de Población y Vivienda de la Comunidad de Madrid, 2001.

Siguiendo el planteamiento inicial, el desarrollo de las características de las viviendas nos muestra otra manera de expresión de las desigualdades; la cuestión está en que las viviendas de los hogares con rentas más elevadas son de mayor tamaño que las viviendas de los que tienen menos recursos. Puede parecer algo obvio, pero en realidad se puede plantear la cuestión de forma inversa. Existe una desigualdad patrimonial en las grandes ciudades que se expresa por las diferencias en el tamaño y en los precios de las viviendas en las diferentes zonas de la ciudad. El caso de Madrid es evidente, en las zonas donde hay más concentración de hogares de rentas medias y altas y de clase alta, las viviendas son de mayor tamaño y los precios unitarios por metro cuadrado son más elevados. En la Corona metropolitana Oeste de Madrid el tamaño medio de las viviendas es de 146 metros cuadrados lo que contrasta con los 81,5 metros cuadrados de las viviendas de la Corona Sur. Esa diferencia se ve acrecentada por la diferencia de precios en términos de metro cuadrado, alrededor de un 30% más elevados en el Norte. El resultado es que un hogar medio del Norte dispone de un patrimonio que puede llegar a doblar el de un habitante del Sur del Área Metropolitana de Madrid. El mercado juega en este aspecto como un gran discriminador del asentamiento de los grupos sociales en el espacio a través del precio de la vivienda, dando como resultado un proceso de segregación que como revelan gran parte de los autores, va de arriba hacia abajo.

GRÁFICO 11.4.—*Precio de las viviendas nuevas y usadas en cada una de las zonas de la Comunidad de Madrid (2000) (Euros constantes)*

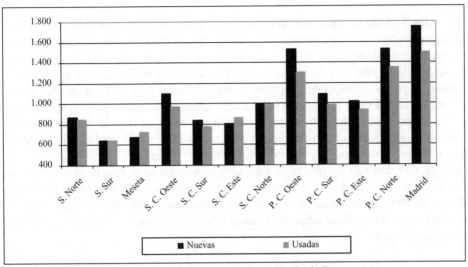

Fuente: Elaboración propia a partir de los datos del Ministerio de Fomento.

TABLA 11.14.—*Precio por metro cuadrado de las viviendas nuevas en cada una de las zonas de la Comunidad de Madrid (2004-2005) (Euros)*

	2004	Índices 2004 (Total CAM = 100)	2005	Índices 2005 (Total CAM = 100)
Total C. A. de Madrid	2.265	100	2.405	100
Sierra Norte	1.552	68,5	1.539	64,0
Sierra Sur	1.412	62,3	1.184	49,2
La Meseta	1.050	46,4	1.209	50,3
Segunda Corona Oeste	1.680	74,2	1.791	74,5
Segunda Corona Sur	1.472	65,0	1.479	61,5
Segunda Corona Este	1.197	52,8	1.404	58,4
Segunda Corona Norte	1.362	60,1	1.500	62,4
Primera Corona Oeste	2.275	100,4	2.362	98,2
Primera Corona Sur	2.044	90,2	2.151	89,5
Primera Corona Este	1.716	75,7	1.888	78,5
Primera Corona Norte	2.298	101,4	2.588	107,6
Municipio de Madrid	2.912	128,5	3.116	129,6

Fuente: Consejería de Medio Ambiente y Ordenación del Territorio.

4.1. *La tipología de las viviendas*

La tipología de las viviendas ha experimentado un cambio importante a lo largo de los últimos años, los crecimientos dispersos de baja densidad de las grandes ciudades tienen una elevada proporción de viviendas unifamiliares, ya sean adosadas o exentas. El desarrollo de este tipo de viviendas marca la aparición de formas que son bastante frecuentes en las ciudades de los países industrializados, pero que por razones diversas habían tenido poco impacto en las ciudades esapañolas, entre esas razones hay que contar las propias de la forma de urbanización que se da en España, inducida por las leyes del suelo que las han orientado. Vivir en una vivienda individual, sin contar el tipo y el lugar podía tener significados equívocos en los años 50 ó 60, ya que esta era la forma de habitar de los más ricos y los más pobres. En la medida en que las viviendas autoconstruidas y las viviendas obreras individuales de los años precedentes van desapareciendo, en esa medida se revaloriza la vivienda unifamiliar urbana como expresión de un cierto poder adquisitivo aunque la localización de la misma va a condicionar su imagen.

TABLA 11.15.—*Evolución de los tipos de vivienda en España (1992-2000)*

Año	Unifamiliar		En Bloque	Total
	Adosadas	Aisladas		
1992	19,0	11,2	69,7	100
1993	20,5	10,6	68,9	100
1994	22,3	10,0	67,7	100
1995	20,4	9,8	69,9	100
1996	20,2	11,4	68,4	100
1997	20,7	10,3	69,0	100
1998	20,7	11,2	68,1	100
1999	21,6	9,3	69,1	100
2000	22,6	8,5	68,9	100
Total	21,1	10,0	68,8	100

Fuente: Visados de dirección de obra nueva de los Colegios de Arquitectos Técnicos, *Boletín* núm. 27 (16 de julio de 2001), Ministerio de Fomento.

La realidad es que la proporción de este tipo de viviendas en España, permanece relativamente estable, siendo el país europeo que tiene una proporción más baja de viviendas unifamiliares con valores que oscilan para todo el país alrededor de un tercio del total, pero que desciende en las grandes aglomeraciones. Lo curioso es que a pesar de la percepción de un crecimiento de estas viviendas, la producción anual sigue manteniéndose bastante constante, con lo que todo hace prever que no se van a producir cambios notables al respecto.

GRÁFICO 11.5.—*Superficie media de las viviendas iniciadas en la Comunidad de Madrid (1992-2005)*

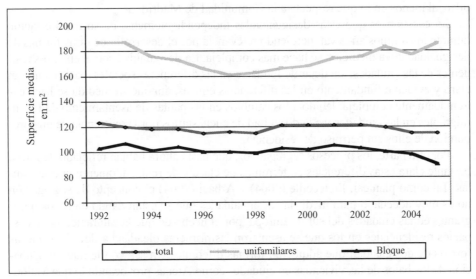

Fuente: Visados de dirección de obra. Ministerio de Fomento.

En el caso de la Comunidad de Madrid parece especialmente relevante el hecho de que mientras se da un descenso en el tamaño medio de las nuevas viviendas en los últimos años, aumenta la superficie de las viviendas unifamiliares, con lo que compensa parcialmente el tamaño medio, claro que al ser muchas más las viviendas colectivas que las individuales, su impacto sobre el tamaño medio es bastante mayor. Una interpretación de esa dinámica reciente es la de un aumento de las diferencias, el enorme trasvase de rentas que se da a través del crecimiento inmobiliario reciente hacia un grupo de rentas altas que se ha beneficiado expresamente de este crecimiento, se manifiesta también en las diferencias de tamaño del patrimonio residencial, con lo que la distancia en lo que respecta a al disposición de espacio habitable ha crecido, al igual que ha sucedido en términos de clase social o de renta.

5. CONCLUSIONES

El crecimiento urbano experimentado en España y en concreto el desarrollo inmobiliario de los últimos años, con un aumento notable de los precios y de la producción de viviendas, está influyendo considerablemente en la distribución de las desigualdades urbanas. En las décadas anteriores al hablar de desigualdades urbanas se partía de una distribución dispar de la renta cuyo reparto desigual se ha incrementado ligeramente a lo largo de los últimos años, tal como refleja la distribución territorial de la renta en la ciudad de Madrid (Leal, 2005). También se trataba de las desigualdades existentes en el grado de formación de los españoles cuya distribución desigual en las ciudades no ha dejado de incrementarse desde hace veinte años, a pesar de una notable elevación del nivel medio de formación (Leal, 2005). Finalmente la distribución de las desigualdades sociales en términos de distribución de la condición socioeconómica cambian de signo en los últimos años y pasan de una cierta convergencia en los 80 y primera mitad de los 90 a un aumento de las diferencias en cuanto a su distribución espacial en la actualidad, al menos en lo que respecta a la Comunidad de Madrid.

La cuestión es que estas desigualdades independientemente de su manifestación durante los últimos años van perdiendo relevancia por el desarrollo de otras formas de desigualdad cuya medición se hace más compleja. La desigualdad social entre los residentes de las ciudades, sin dejar de fundarse en las diferencias sociales, pasa a tener un claro y evidente fundamento en las diferencias étnicas, aunque su medida se hace extremadamente compleja debido a los cambios en las pautas de asentamiento de los inmigrantes en las ciudades y a la dificultad de encuestarlos por la existencia de una proporción de ellos sin permiso de residencia.

Por otra parte, los procesos segregativos, que hasta ahora habían reflejado de forma bastante clara estas diferencias en términos de clase y de renta, adquieren nuevas pautas. Tal como plantean Preteceille (2004) y Arbaci (2004) el concepto de segregación no es muy adecuado para medir las desigualdades que se están dando entre los inmigrantes en las ciudades del sur de Europa, por el hecho de que la saturación de los espacios residenciales en los que se asentaron las primeras oleadas ha llevado a nuevas formas de desigualdad que adquieren formas diferentes, ya sea con la masiva ocupación de los bajos de las viviendas en ciudades como Atenas provocando lo que Maloutas (1995) denomina segregación vertical, o tal como está sucediendo en las ciudades españolas, con una elevada proporción de hogares en situación de hacinamiento severo, en los que conviven varias familias en espacios muy reducidos, lo que se puede dar incluso en barrios de renta alta, aprovechando los pisos de gran tamaño que compensan el hecho de tener un alquiler más elevado.

En ese sentido se puede decir que las desigualdades que se producen por una distribución dispar de los ingresos de trabajo, pasan a un segundo plano ante las desigualdades que se dan por disposición de un patrimonio que permita alojarse en condiciones dignas. La importancia de una distribución desigual de los salarios se puede ver muy reforzada por la de una disposición dispar de un patrimonio que permite a algunos disminuir la fuerte carga que supone el pago de un alquiler o de una hipoteca cuyas características pueden ser similares en sus efectos a las de un alquiler, ya que su pago se puede extender por toda la vida laboral de los adquirentes. Estas circunstancias llevan a reforzar el concepto de renta real que desarrolla David Harvey (1977) en el que se incluirían toda una serie de circunstancias que afectan a la capacidad real de los individuos de afrontar la satisfacción de sus necesidades.

Es de destacar la existencia de nuevas formas de desigualdad a la que están sometidos otros grupos diferentes. Si en los años 70 y comienzo de los 80 el grupo de edad con mayores problemas era el de las personas mayores, porque tenían pensiones reducidas que en muchos casos no les alcanzaban para poder subsistir, en la actualidad son los jóvenes, ya se trate de los españoles que se han emancipado no hace mucho o de los inmigrantes que también son jóvenes en su mayoría, los que al no disponer de un patrimonio, no pueden afrontar el acceso a una vivienda más que con desembolsos muy elevados que merman considerablemente su capacidad adquisitiva.

Esta situación se deriva en parte de una política en la que el acceso a una vivienda con ayuda pública se convierte en una verdadera lotería, debido a que son muy pocos los que pueden disfrutar de una vivienda a un coste acorde con sus ingresos. En efecto, la proporción de viviendas de Protección Oficial ha ido disminuyendo a lo largo de los años 90, a medida que se incrementaba su necesidad, tanto por el flujo de inmigrantes como por la elevada precariedad de los contratos de los jóvenes que acceden a los primeros empleos.

Por otra parte, una elevada proporción de la ayuda a la vivienda, que es una ayuda fiscal, tiene una distribución que es desigual, porque aunque se pretenda un régimen de ayudas limitado y generalizado a los adquirentes de vivienda, la realidad es que la distribución de las ayudas fiscales favorecen más a los que tienen ingresos más altos, y no favorecen en absoluto a aquellos que no tienen nada que desgravar porque ni siquiera declaran sus ingresos a la Agencia Tributaria.

En esas circunstancias el desarrollo actual de las ciudades españolas viene marcado por una mayor diferenciación, con un reforzamiento de las desigualdades por zonas, acorde con una desigual distribución de los precios de las viviendas y de los alquileres que reflejan oportunidades diferentes de acceso al trabajo y a los servicios de calidad.

BIBLIOGRAFÍA

ALLEN, J.; BARLOW, J.; LEAL, J.; MALOUTAS, T. y PADOVANI, L., *Housing and welfare in Southern Europe*, Londres, Blackwel, 2004.

ARBACI, S., «Framing the urban and residential insertion of immigrants in Southern European multiethnic cities», *Comunicación del VII European Housing Congress,* Cambridge, 2-6 de julio de 2004.

HARVEY, D., U*rbanismo y desigualdad social,* Madrid, Siglo XXI, 1977.

JURADO, T., «La vivienda como determinante de la formación familiar en España desde una perspectiva comparada», *Reis*, núm. 103, 2003, págs. 113-158.

LEAL, J., «La segregación urbana y el impacto de los mercados de vivienda», *Revista Economistas,* núm. 103, año 2005.

MALOUTAS, T., «Ségrégation Urbaine et relations familiales dans deux villes grecques: Athènes et Volos», *Societés Contemporaines*, núm. 22, 1995, págs. 89-106.

OXLEY, M. y SMITH, J., *Housing policy and rented housing in Europe*, Londres, E. and FN Spon, 1996.

PRETECEILLE, E., «Segregation in Paris», *The Greek Review of social research,* 2004, pág. 113.

RODRÍGUEZ, J., «Mercado de vivienda», *Ciudad y Territorio*, núm. 148, 2006.

SÁNCHEZ MARTÍNEZ, M. T., *La política de vivienda en España. Análisis de sus efectos redistributivos*, Universidad de Granada, 2002.

12

Medios de comunicación social

BERNARDO DÍAZ NOSTY

1. TRES DÉCADAS DE TRANSFORMACIONES

Al finalizar la dictadura, los medios de comunicación jugaron un papel relevante en la formación de una opinión pública nutrida desde el ejercicio de la libertad de expresión. Fue una etapa de predominio de la función político-cultural, en la que los medios públicos, que constituían el núcleo central del sistema, junto con algunos diarios de nueva planta y distintos semanarios, contribuyeron a la socialización en los valores de la democracia y al desarrollo del debate plural. Sin embargo, las expectativas de la comunicación como escenario de negocio partían de una realidad en extremo debilitada y vulnerable. En su conjunto, los medios generaban, en 1976, una actividad económica cercana a los 400 millones de euros e ingresaban, según cifras de JWT, 31.000 millones de pesetas en concepto de publicidad (unos 186 millones de euros).

Las empresas periodísticas sobrevivían gracias a las subvenciones y acumulaban deudas de difícil solución, al tiempo que partían de estructuras industriales tecnológicamente obsoletas. En 1976, los ingresos de los diarios, en concepto de ventas y publicidad, se estimaban en 21.000 millones de pesetas (126 millones de euros). Entre 1979 y 1980, en dos años de dura crisis sectorial, desaparecieron 20 títulos, entre ellos siete con menos de cinco años de vida y ocho de la antigua prensa del Movimiento. De los 85 diarios editados en España en 1979, sólo 15 eran rentables, 20 cubrían gastos y 50 resultaban deficitarios. De la prensa del Estado, con más de 30 títulos, sólo cinco producían beneficios: *Levante* de Valencia, *Alerta* de Santander, *Sur* de Málaga, *Información* de Alicante y *La Nueva España* de Oviedo (Díaz Nosty, 1988, pág. 171). En 1983, los diarios acumulaban una deuda vencida y exigible a la Seguridad Social y a la Hacienda Pública de 5.000 millones de pesetas.

No será hasta el Gobierno de Felipe González cuando se sienten las bases de la ampliación del sistema en términos de modernidad o acercamiento a otros modelos europeos, al tiempo que se empiecen a formar las estructuras empresariales que protagonizarán su expansión en las dos décadas siguientes. Hasta comienzos de los años 80, el sector privado, con predominio de estructuras empresariales de carácter familiar, se encontraba centrado en la prensa y en algunas cadenas y emisoras radiofónicas. Junto a estas empresas competían iniciativas nacidas durante la transición o en los primeros años de la democracia, que vinieron a renovar la escena mediática, como los diarios *El País*, *Diario 16* o *El Periódico*. Aparecido en 1976, *El País* registró ese mismo año unas ventas cercanas a los 130.000 ejemplares, que le situaron como cuarto diario en difusión, con un crecimiento muy rápido hacia el liderazgo nacional (en 1980 alcanzó 235.000 ejemplares y, siete años más tarde, 375.000).

Durante la administración socialista se producen, entre otros, cuatro hechos que movilizaron las inversiones y sanearon el sector de los medios. El primero fue el apoyo a la reconversión tecnológica de la prensa, sin recursos para acometer los procesos de edición informatizada y la transformación de las plantas impresoras —las ayudas entre 1983 y 1987 ascendieron a 14.200 millones de pesetas—, al tiempo que se condonaron o dieron soluciones permisivas al pago de las elevadas deudas de las empresas periodísticas a la Tesorería del Estado. En 1980, más de la mitad de los diarios españoles seguían componiéndose en plomo, esto es, con desconocimiento de los procesos de fotocomposición y de los nuevos sistemas de edición, circunstancia que hacía inviable su futuro. Esta situación cambió radicalmente a partir de 1983, con la generalización de la reconversión tecnológica, circunstancia que, junto a la mejora de la economía y la inversión publicitaria, transformó la estructura mercantil del medio. Entre 1982 y 1987, según JWT, la inversión publicitaria en la prensa diaria se multiplicó por 2,9.

Un segundo hecho relevante fue la privatización, mediante subasta pública (1984), de la prensa del Estado, esto es, de los antiguos diarios del Movimiento. En el proceso se conocieron soluciones embrionarias para la formación de los futuros grupos de comunicación privados, como fue el caso de Prensa Canaria, la actual Prensa Ibérica, con 15 cabeceras en 2007, que adquirió entonces, entre otros, diarios de la importancia de *La Nueva España* de Oviedo, *Levante* de Valencia e *Información* de Alicante. *Sur* de Málaga, que inicialmente fue adquirido por sus trabajadores, pasó años después al grupo Correo, actual Vocento, nacido de la cercanía accionarial de los diarios *El Correo Español* y *Diario Vasco*, que encontró su cantera de negocio en la compra de cabeceras de la desaparecida Editorial Católica *(La Verdad* de Murcia, *Ideal* de Granada, *Hoy* de Badajoz), a las que se unieron posteriormente otras como *Diario Montañés* de Santander y *El Norte de Castilla* de Valladolid. Tras la compra de Prensa Española *(Abc),* Vocento pasó a ser, con 14 periódicos, el primer grupo español por el volumen de circulación de prensa de información general.

El tercer hecho destacado consistió en la ampliación del espectro de la radio (1989), mediante la concesión de 350 nuevas licencias de emisión en frecuencia modulada, que vendrían a fortalecer, mediante la migración de las emisiones hacia la FM, a los cuatro grupos en presencia: SER, Cope, Antena 3 Radio y Rato.

Pero la decisión política más importante en este período fue la liberalización de la televisión, con la ruptura del monopolio público de TVE. A la apertura del sistema (1989), con tres cadenas explotadas por la iniciativa privada, se unió la ampliación del ya incipiente espacio de canales autonómicos, que se fue extendiendo a la mayoría de las Comunidades con emisoras públicas adscritas a la geografía de sus territorios. La desregulación del sector audiovisual y el fin del monopolio público no sólo permitió la ampliación del número de canales disponibles y la aparición de nuevos actores económicos, sino que marcó un antes y un después en la formación de las corporaciones mediáticas.

Estos cuatro cambios habrían de tener una influencia significativa en la creación de un sistema de medios semejante, en términos de proyección industrial, a los que se iban consolidando en Europa tras la liberalización de los medios audiovisuales y la aparición de sistemas mixtos constituidos por emisores públicos y privados.

2. EL SISTEMA DE MEDIOS EN EL SISTEMA POLÍTICO

En apariencia, cuando se observan los datos sobre la industria de la cultura y los medios en España, la inversión publicitaria y los rasgos generales de las prácticas de consumo, no se aprecian diferencias significativas entre la realidad española y la de las naciones de su entorno europeo. Sin embargo, en una mirada más cercana a la huella que sedimentan los medios, el análisis comparado revela claras diferencias nacionales, a pesar de los vectores de concentración y estandarización que se perciben en el conjunto de la Unión Europea.

Los sistemas de medios guardan una estrecha relación con los sistemas políticos, con los que comparten amplias zonas de interacción y establecen dependencias mutuas. Esta cohabitación en espacios de la esfera pública, en procesos de construcción de la realidad, en la formación de la opinión ciudadana, en la regulación de las relaciones de poder, etcétera, no sólo marca la divisora entre los regímenes autoritarios, donde los medios se convierten en instrumentos de propaganda, y las democracias, sino también dentro de las propias democracias. En una geografía supranacional como la europea, cada vez más homogénea en términos económicos y estándares de vida aparentes, el análisis, desde la óptica de las libertades públicas, descubre intensidades muy distintas en las prácticas cotidianas de las naciones. Sistemas en los que los medios se integran como una institución central de la democracia, donde la actividad de la industria está sujeta a regulaciones que impiden la excesiva presión del mercado sobre los resguardos democráticos del espacio público, conviven con otros en los que los medios operan en ambientes de mayor opacidad y donde existe una interlocución directa entre el poder político y el poder mediático, sin mecanismos de regulación o autorregulación e independencia arbitral en la concesión de licencias, otorgamiento de títulos habilitantes, etcétera. Estos contrastes fueron entendidos, en una resolución del Parlamento Europeo de 2004[1], como diferentes intensidades o grados de la libertad de expresión en las naciones de la UE. En el plano de las libertades, en el que convergen modelos políticos y mediáticos, Europa construye con nutrientes muy desiguales las distintas opiniones pú-

---

[1] Resolución de 22 de abril de 2004 sobre libertad de expresión e información en Europa. Las políticas europeas deben fortalecer, según se dice en el texto, los sistemas «independientes y libres de interferencias», evitando la gubernamentalización de las radios y televisiones públicas, como se advierte en algunas naciones del sur de Europa. Esto es, «que la financiación pública no se utilice bien para mantener en el poder al Gobierno en ejercicio ni para limitar las críticas al mismo». De modo que, en caso de interferencia por parte del Gobierno nacional, exista la posibilidad de recurrir a los tribunales. La importancia que la resolución confiere a los medios públicos no exime de responsabilidad a los privados, y no sólo en lo que se refiere a la relación propiedad-pluralidad, sino también a su obligación de atender el derecho a la información de las audiencias receptoras. «...el problema —se dice en la resolución— del pluralismo de los medios de comunicación incluye, además de los aspectos relativos a la propiedad, también los relativos a los contenidos, al derecho de los ciudadanos a ser informados de manera correcta, objetiva y completa, especialmente a través de la posibilidad de los diversos agentes sociales, culturales y políticos de acceder de modo equitativo y no discriminatorio a los medios de comunicación».

blicas y los imaginarios colectivos. El problema de la desigualdad empieza a ponerse de manifiesto en las expresiones políticas comunitarias que buscan una armonización en las bases legales de los Estados miembros, de modo que, en términos de libertades públicas y crecimiento cultural, también se definan objetivos de convergencia. En concreto, el futuro de las políticas públicas de la Unión Europea va a estar descrito no tanto por la regulación de los contenidos como por el énfasis en la *media literacy*, en la alfabetización mediática, que desarrolle el criterio selectivo y el espíritu crítico de las audiencias.

Hallin y Mancini (2004) sostienen la hipótesis de la coexistencia en Europa de tres modelos de sistemas de medios, disección que hacen a partir de la relación que éstos mantienen con los sistemas políticos. La franja mediterránea, que se corresponde con el territorio de las naciones más orientadas al ocio y el entretenimiento en los consumos dominantes de los medios es definida como modelo de «pluralismo polarizado», con una prensa de baja circulación y políticamente orientada, intervención gubernamental en los medios, escasa profesionalización y «desregulación salvaje». Una segunda franja, en la que se inscribe un modelo «democrático corporatista», que incluye a la mayoría de las naciones europeas, con mayor circulación de la prensa, medios profesionalizados, autorregulación institucionalizada, neutralidad informativa y consenso amplio en la defensa de la libertad de expresión. Y un tercer estadio, descrito en el espacio de las naciones del Atlántico Norte, que relaciona al Reino Unido e Irlanda con Canadá y Estados Unidos, bajo el rubro de «liberal».

En esta clasificación, el modelo español aparece en el apartado de «pluralismo polarizado», que es identificado como el de menor recorrido democrático, el más sujeto a las inercias de los regímenes autoritarios previos, donde los mecanismos de regulación y autorregulación son prácticamente ignorados, al tiempo que, en el ámbito de la producción de contenidos informativos, la organización profesional es más débil y alejada de los códigos éticos imperantes en el centro y norte de Europa.

2.1. *La polarización mediática*

La polarización de los medios presenta la realidad política desde ópticas tan contrastadas que prácticamente ofrece una doble carga argumental de la información, con una agenda dominada por la subjetividad editorial. Se trazan visiones opuestas, extremas, construcciones que buscan más cierta eficacia en la influencia política que un ejercicio neutral y objetivado en la narración e interpretación de la realidad.

Las causas que llevan a la cristalización del modelo están relacionadas con un escaso desarrollo de la cultura democrática, aunque su consolidación se produce, paradójicamente, cuando la democracia había vivido en España unas primeras fases de pluralidad informativa y editorial nacidas de la transición, que sufrieron más adelante un proceso degenerativo por la progresiva complicidad y connivencia interesada de Gobiernos y grupos mediáticos.

Durante la transición política y en los primeros años de la democracia, la recuperación del discurso libre, después de casi cuatro décadas de dictadura, cobró una importancia central. Aparecieron nuevos medios y el periodismo ejerció la pedagogía del debate y la acción crítica, la implantación de los nuevos códigos cívicos, etcétera. Nacieron diarios que marcaron la diferencia con el pasado y, al tiempo, se manifestaron en términos de calidad, estructura informativa y credibilidad comparables con la mejor prensa mundial, como fue en aquel momento el caso de *El País* y de otras cabeceras diarias y semanales. Sin duda, el nuevo periodismo contribuyó de manera decisiva —algo que también hizo la televisión pública en los primeros años del cambio— a la socialización de los valores cívicos de la democracia. Esto es, a la normalización política y la europeización del país. Las emisoras públicas de radio y televisión vivieron los mejores momentos, tanto por su compromiso cívico como por el protagonismo y la calidad de las prácticas profesionales. Sin embargo, el ente público RTVE, dotado de un estatuto para la democracia en 1980, no encontró en las políticas públicas las mejores condiciones para liderar la transición audiovisual hacia un sistema mixto de corte europeo. Un papel, si cabe, más necesario que en otros países, en la medida que España requería un acompañamiento mediático en el cultivo de los valores democráticos y en el ejercicio público de las libertades.

Las bondades que se atribuían a la ausencia de regulaciones sirvieron para amparar la interlocución exclusiva administraciones-grupos mediáticos en la orientación y gestión de las políticas relacionadas con la comunicación, al tiempo que las audiencias y los profesionales de los medios perdían protagonismo. Se acentuaba además el uso partidista de los medios públicos, los sesgos políticos en las concesiones, el aplazamiento sistemático de la creación de mecanismos de regulación, la oposición al establecimiento de garantías relativas al derecho efectivo a la información, las trabas a los procesos de colegiación de los periodistas, etcétera.

La polarización mediática divide el sistema de medios en dos grandes bloques. En uno, los afines al Gobierno, que acompañan editorialmente su gestión y se benefician de la proximidad en la obtención de concesiones de frecuencias, hasta extremos en los que la intensidad política y económica de la interlocución llevó a la creación de estructuras y estándares tecnológicos que el propio mercado no pudo absorber. En el polo contrario, los medios que marcan líneas de afinidad con la oposición política y argumentan en paralelo el discurso de su acción parlamentaria. La estructura autonómica del Estado hace que los frentes de poder y oposición político-mediáticos varíen de un territorio a otro, con construcciones periodísticas de la realidad en las que las variables de noticiabilidad, contraste de la información e integración de fuentes plurales describen respuestas, afines o contrarias, predeterminadas por la orientación política dominante.

Los excesos en el uso partidista de las televisiones públicas, más atenuado en las emisoras estatales a partir de 2003, han impedido la existencia de un referente de gestión independiente de la información. La editorialización en la selección y el tratamiento de los contenidos, la orientación intencionada de la realidad construida desde objetivos partidistas, la pérdida de respeto institucional, pero también la inhibición de los resortes democráticos ante las transgresiones y la suplantación simbólica de las instituciones mediante el periodismo justiciero y autorreferente, son algunos de los aspectos que se han acentuado a partir de los años 80.

Pero si todas estas expresiones se amparan habitualmente bajo el paraguas de la libertad de prensa, no basta entonces, para evaluar la salud democrática del sistema, con medir el volumen del caudal transmitido y conviene conocer la calidad de los contenidos que sedimentan las visiones de la realidad que alimentan la opinión pública, así como la atención que, en términos de derecho a la información, reciben las audiencias.

3. Características generales del sistema de medios

Desde la perspectiva del negocio, el sistema de medios en España presenta unas características parecidas a las de otras naciones europeas, con un volumen de actividad específica que superará los 10.000 millones de euros antes de 2010. Como existe una estrecha relación entre crecimiento e inversión publicitaria, la bonanza económica se traslada al plano de los medios en la difusión comercial de la oferta de bienes y servicios, pero también se refleja en una mejora en la capacidad adquisitiva de las soluciones de pago. Los datos hablan de la evolución sufrida por el sector, ya que en los primeros compases de la democracia, mediados los años 70 del siglo pasado, la cifra de negocio apenas alcanzaba los 400 millones de euros.

En 2006, la inversión en soportes de gran público —prensa y revistas, radio, televisión e internet— fue de 6.260 millones de euros, un 42,9% del total publicitario en todo tipo de estímulos comerciales[2]. Sin embargo, la propia distribución de la inversión advierte del progresivo predominio del audiovisual, en términos mucho más acentuados de lo que se observa en la mayoría de las naciones europeas.

La radiografía tomada en 2006 permite conocer los valores estructurales que describen el sistema y sus tendencias. No obstante, cabe advertir que ha sido el audiovisual el motor que ha ampliado el negocio mediático en los últimos 15 años. La televisión, que en 1976 captaba el 30% de la inversión publicitaria, según JWT, pasó, en 1988, al 32,6%, y hoy es receptora del 50,8%, con 3.181 millones de euros (sólo 57 millones en 1976), lo que supone situarse 19,2 puntos por encima de la prensa diaria y sus suplementos. La prensa, que recoge 1.914 millones, esto es, el 30,6%, cuando tres décadas atrás alcanzaba el 39,5% (en 1976, 73 millones de euros). La más baja orientación publicitaria hacia los soportes impresos se aprecia hoy, asimismo, en la debilidad comercial de las revistas de gran público o de quiosco, muy segmentadas en torno a grandes líneas comerciales, ya que los 368,1 millones de euros que ingresaron en 2006 apenas supusieron un 5,9% del total, una cuota que podría ser sobrepasada por la creciente inversión en internet antes de 2010. La cuota de mercado de la radio supera a las revistas, con un 10,2% del total (636,7 millones de euros) y es ligeramente más alta de la que presentaba en 1976 (10,0%), con unos ingresos de 18 millones de euros.

La estructura industrial del sistema descubre el volumen de la producción y la tipología de sus agentes, pero no aporta datos significativos acerca de los procesos de recepción o de la sedimentación mediático-cultural que dejan los medios en la sociedad. El sistema español podría definirse por su limitada intensidad periodística en relación con otros referentes comunitarios, por el fuerte componente audiovisual de los consumos y por el bajo perfil de los mecanismos constructivos del mensaje (regulación y autorregulación, códigos éticos, organización profesional, etcétera). A la vez, por una escasa diversificación en los contenidos, ya que el audiovisual, como solución dominante, está definido por las programaciones generalistas con claros signos de contraprogramación encubierta. Los contenidos disponibles son redundantes en las parcelas del espectáculo y el entretenimiento, pero escasamente plurales y diversos en cuanto a

---

[2] Infoadex, *La inversión publicitaria en España 2006*, Madrid, 2007.

las orientaciones y formatos de presentación y debate de la actualidad. Este modelo es ventajoso para la difusión masiva de mensajes comerciales destinados al gran público, gracias al bajo grado de segmentación de las audiencias, pero, por esta misma razón, los anunciantes no encuentran vías de llegada selectivas y dirigidas a los distintos componentes del mercado.

La fortaleza audiovisual reduce la diversidad de los nutrientes en la dieta mediática, pero pone bajo el foco de los anunciantes y de otras expresiones de interés amplios núcleos de audiencia. Esto explica una mayor disposición a la intervención sobre los medios por parte de los Gobiernos, porque es fácil llegar a audiencias masivas sólo a través de la televisión, aunque ésta esté sujeta a las fragmentaciones producidas por la multiplicidad de soluciones generalistas. Iniciado el nuevo siglo, la escasa tematización de la oferta audiovisual, incluidos los nuevos escenarios en abierto de la televisión digital terrenal (TDT), ha limitado la migración del medio hacia soluciones de lo que se ha dado en considerar el punto de partida de la postelevisión.

Al tiempo que soporta una mayor influencia política, la televisión pública está regida por planteamientos de programación que no difieren mucho de las cadenas privadas. La ausencia de un referente público más definido afecta al conjunto del sistema audiovisual. «... si se quiere realmente garantizar la calidad de la televisión generalista —escribe Wolton (1999, pág. 109)— hay que preservar el estatuto y el papel de la televisión pública, a saber, un sistema audiovisual equilibrado en la competencia entre lo público y privado». La escasa voluntad política de reforma se ha puesto de relieve en los aplazamientos en la creación de un Consejo del Audiovisual, que aparece desde hace años en los programas de todos los partidos políticos y despliega el trabajo de comisiones parlamentarias, pero que una y otra vez se vence con el cierre de las legislaturas. En 2004, tras el cambio de Gobierno, se anunció con más énfasis que en ocasiones anteriores la regulación por ley de una autoridad audiovisual independiente, pero esta solución legal sigue, cuatro años después, fuera del paisaje mediático, pese a la insistencia de las instituciones europeas en la necesidad de resolver la excepción española.

El binomio audiovisual-comercial impregna el sistema, sin los contrapesos lógicos de las regulaciones y mecanismos de autorregulación existentes en el conjunto de las naciones de la Unión Europea. Un binomio que no marca distinciones claras entre el comportamiento de los medios privados y públicos, de modo que sus programaciones son similares e intercambiables y sus rasgos distintivos suelen responder a las estrategias de lucha por el mercado. Por ello, la mayor distancia del modelo español con los europeos de su entorno comunitario radica en la acentuada orientación comercial de las televisiones públicas, tanto estatales como autonómicas. Esta característica impide la existencia de referentes audiovisuales no tan sujetos a las pautas del mercado, donde el sentido de servicio público encuentre una expresión adecuada, al tiempo que deje de validar al conjunto del sistema por su alejamiento de la cultura audiovisual europea. La televisión pública, con algunas expresiones autonómicas donde se orientan políticamente sus contenidos informativos y se ejerce una modalidad de gestión autoritaria que cercena la pluralidad, ha venido a blindar un modelo no contributivo a la convergencia europea, en el plano de las libertades públicas, la comunicación y la cultura.

Entre los aspectos distintivos del sistema español de medios, deben destacarse los siguientes[3]:

3.1. *El peso del emisor*

La polarización del poder mediático en torno a los emisores es una de las notas diferenciales del sistema español respecto de los europeos, donde existen contrapesos normativos relacionados con el desarrollo de las libertades públicas o derivados de los procesos de autorregulación de sus actores. Los profesionales de la mediación y las audiencias, como sujetos de derechos, aparecen en un segundo plano, mientras las esferas institucionales del poder político describen una aparente no injerencia que encubre su interlocución privilegiada con las corporaciones mediáticas, ajena a la tipología más extendida de las relaciones de poder propias de la cultura democrática. Esta realidad ha sido analizada bajo el enunciado de la *hipótesis de la pre-agenda* (Díaz Nosty, 1995, págs. 17-43), entendiendo por pre-agenda el conjunto de relaciones e intereses que unen al emisor con sus entornos (políticos, financieros, accionariales, comerciales, etcétera) y que, en términos de supuesto teórico, marca el perímetro de la agenda de los medios, esto es, una modalidad restrictiva o de censura relacionada con los intereses del emisor o propietario. Los valores de pre-agenda se manifiestan en la selección de las noticias con las que se construye la realidad y, lógicamente, en las ocultaciones y silencios acerca de aspectos cuya publicidad dañaría los intereses del emisor y su entorno. También, en el relieve dado a los contenidos, esto es en la magnificación interesada o en la atenuación del eco de lo noticiable.

Esta modalidad subjetiva de la construcción informativa desarrolla una lógica que va consolidando, a través de los hechos consumados, formas caprichosas de acomodo en el sistema de libertades públicas, o simples modos de operar prescritos en el resto de Europa, como la progresiva confusión entre información y publicidad en los medios audiovisuales, incluidos los públicos, y la ambigüedad profesional de los periodistas en el cruce frecuente de esta frontera ética. El espacio público sufre aquí una transformación radical que lo acerca en exceso al mercado, algo que afecta, cuando no existen contrapesos, al régimen de libertades mediante el control de los mecanismos de creación de opinión, interacción política y representación pública (Mattelart, 2002, pág. 72). El problema más grave que atañe a la pluralidad de los medios radica en la falta de distinción entre la titularidad privada de éstos y el carácter excepcional de la actividad informativa que desarrollan, que está asociada a planos de la esfera pública y de la cultura democrática de la diversidad.

---

[3] Los planteamientos y datos que se recogen han sido abordados en estos términos o más ampliamente por el autor en *El déficit mediático: donde España no converge con Europa*, Barcelona, Bosch, 2005; «La huella es el mensaje», en *Medios de comunicación/Tendencias*, Madrid, Fundación Telefónica, 2006. Esta reflexión se inscribe en el marco de las expresiones del Proyecto SEJ2006-14561 del Plan Nacional de I+D.

3.2. *Televisión y gran público.*

La existencia de un sector amplio de población en España que tiene en la televisión su única vía de acceso a los medios sugiere que la opinión, el cultivo cultural y los hábitos de esa audiencia adquieren una importancia que, en términos de estrategia mercantil, supera el valor de su huella demografía. Este amplio sector de población, que, sin embargo, no es mayoría social, desarrolla una corriente colectiva en formas genéricas de pensar y entender la vida que realimenta el discurso de los medios, al tiempo que puede llegar a actuar como un vector de aculturización extensiva sobre el conjunto de la audiencia. La audiencia central impone sus preferencias al resto de los públicos (Gerbner, 1996, págs. 35-66; Gitlin, 2000, pág. 574); es lo que Victoria Camps califica como «las tiranías de la audiencia» (2006, pág. 331).

El público que sólo consume televisión se divide en España en dos grupos. El de aquellos que, a pesar del tiempo elevado de exposición, no se interesan por los espacios informativos, y el de los que siguen la actualidad a través de la televisión pero no lo hacen de forma habitual por otros medios. Ambos colectivos, en una cuantía de difícil precisión estadística, se sitúan en dos núcleos parecidos en número, cada uno de ellos en torno a un tercio de la población total del país. La corriente central de la audiencia está descrita por una mayoría que tiene en común no consumir habitualmente otro medio que no sea la televisión. Éste es un hecho distintivo en las prácticas mediático-culturales españolas que, si bien se reproduce en otras naciones del sur, se diferencia de las de los países del centro y del norte de Europa.

La fuerza del llamado *gran público*, como factor de opinión con cierto grado de autonomía, tiende a expandirse al conjunto de la sociedad por la lógica de la mayor fluidez de los contenidos menos complejos. Quienes quedan fuera del perfil de la audiencia dominante, en cierta manera se marginan, se excluyen, se distancian de la referencia. Pero aún se desarrollan otros mecanismos de reforzamiento de la posición central, descrita por el peso demográfico de la población dependiente de la televisión. La estrategia comercial que opera sobre esta audiencia contamina en ocasiones a la lógica política, que encuentra en las estratificaciones mediático-culturales códigos lingüísticos de interlocución y acceso a la ciudadanía, claves de una comunicación eficaz mediante una retórica más cercana al espectáculo.

La teoría clásica del doble flujo o flujo de comunicación en dos fases, que supone que la influencia de los medios de referencia desarrolla una doble mediación, ya que crean opinión entre quienes son, a la vez, líderes y creadores de opinión, tiene aquí una lectura distinta. El público que define la corriente central de la televisión adquiere una fuerte capacidad de presión, ya que favorece el movimiento más rápido del pensamiento menos denso. La referencia de la audiencia central se impone sobre los líderes de opinión, que ajustan sus códigos de comunicación a esos valores. Se hace visible así la paradoja de Neuman (2002, 1992) acerca de los medios y las actitudes políticas, según la cual quienes más informados están y mayor interés cívico muestran, esto es, los que albergan las expectativas políticas más amplias, son también los más disconformes con la realidad que presentan los medios. Aquellos individuos que tienen un mayor conocimiento, capacitación, interés e, incluso, compromiso político resultan ser los más frustrados por la mediocridad de la interlocución pública de los políticos. El *gran público*, que las encuestas de opinión asocian a una más baja preocupación por la cosa pública, aparece asociado al núcleo central de la decisión democrática y, consiguientemente, de la interlocución política. Neuman no hace una crítica elitista o meritocrática de la democracia, sino de la degradación política y del reduccionismo de la innovación como consecuencia del marketing político. La relación de dependencia entre medios y política, a través de los códigos socioculturales de las audiencias, dificulta el progreso de la democracia, en la medida en que ésta gira preferentemente en torno a unos valores concretos ya existentes.

El sedimento mediático-cultural del *prime-time* y, en general, del conjunto de los consumos del *gran público* permiten conocer algunas facetas de interés social, así como aspectos de la cultura cívica de un país. Según Neuman (2002, 1992), la sociedad está sujeta a un proceso de segmentación complejo, descrito por el grado de interés o compromiso político. El *gran público* se convierte en el referente que limita la potencialidad innovadora de los medios, en el protagonista central de los llamados *fenómenos sociológicos* derivados del espectáculo audiovisual. La televisión se apropia de los rasgos culturales y estéticos de su núcleo de audiencia mayoritario o, por lo menos, concuerda con esos valores centrales en las horas del *prime time*. Gitlin (2000, páginas 574-594) habla de la ideología del *prime time* como estrategia conservadora que se construye a partir de la hegemonía conferida al público menos comprometido políticamente. De ahí que en naciones como España, con un valor cultural de la expresión televisiva bajo, la crítica al medio no provenga tanto de los sectores intelectuales o se exprese con argumentos elitistas, sino que refleje el malestar de los excluidos del *gran público* y la insatisfacción que en éstos producen las soluciones generalistas. Insatisfacción que acentúa las contradicciones cuando el agente estandarizador es la televisión pública.

El público cuya única práctica mediático-cultural consiste en ver la televisión no es homogéneo, ni pierde su condición crítica de audiencia activa real o potencial, pero cabe definirlo no sólo por los sedimentos que en él deja el medio, sino por su condición de *no público* del resto de los medios del sistema. Este núcleo central —el 65% de la población española no lee habitualmente la prensa de información general y un tercio no se informa por ningún medio—, define perfiles y estructuras socioculturales latentes. La cosmovisión, la imagen del mundo, la riqueza comunicativa y de interlocución del *gran público* se convierte en una referencia de la fachada cultural del país.

La preponderancia del *gran público* recompone la representación de la centralidad social y, con ello, de las posiciones estratégicas de la seducción política. La cortina mediática, hoy en el primer plano del espacio público, crea una soberanía de opinión, una sensación de libertad o autonomía que no está relacionada necesariamente con las fuentes de poder o con los poderes reales de la sociedad. Hay, en el goce mediático del *gran público*, una sensación de semisoberanía, empleando el término de Elmer Schattschneider. Una apariencia de centralidad y protagonismo autorreferente, a la que rinden tributo los emisores, pero cuya proyección real de interlocución política, económica y cultural es muy baja, aparece constreñida o es ajena a las instancias estratégicas donde se toman las grandes decisiones.

El escenario español difiere de los del centro y norte de la UE, donde quienes ven televisión participan de unas prácticas mediáticas más diversificadas. La población con un perfil cultural equivalente al núcleo del *gran público* español se corresponde, en países como Dinamarca, Suecia o Finlandia, con una minoría marginal o residual. De ahí que en estas naciones el código de la televisión sea más elaborado, especialmente en el apartado de la construcción periodística, y posea una credibilidad que se sitúa a la cabeza del conjunto de los medios.

3.3. Ratingnación *del periodista*

Cuando el valor periodístico se mide por su rendimiento en términos de audiencia, independientemente de la calidad o de la naturaleza ética y el rigor profesional de las propuestas informativas o de opinión, nos encontramos ante lo que podría calificarse de *ratingnación*. El valor del periodista lo establece su *rating* o índice de audiencia, en correspondencia con los objetivos comerciales que relacionan los soportes periodístico y publicitario. Una deriva que supone que la selección informativa, la jerarquización y el relieve de las noticias no siempre contemplen el derecho a la información y los principios de pluralidad, sino por el dictado de la mayoría.

Este fenómeno es más frecuente en los medios audiovisuales, donde el entretenimiento se adorna en ocasiones de los símbolos de la información. Personajes de muy pobre perfil ético se apropian de supuestos quehaceres periodísticos y convierten en centralidad mediática aspectos marginales de la realidad. Actuantes que se presentan como periodistas y demandan, bajo esa etiqueta, una peculiar forma de ejercer la libertad de expresión.

En un sistema de baja orientación informativa como el español, la *ratingnación* aleja al periodista del plano de la responsabilidad social, del periodismo de corte social y cívico, y lo sumerge en la lógica comercial. El periodismo se supedita al mercado y el periodista se convierte, en ocasiones, en animador y conductor del espectáculo. «...el prestigio asociado al género "información" conduce a menudo a hinchar exageradamente» para realzar «la sorpresa, la diversión o la emoción» (Heinderyckx, 2003, página 77). Otro factor añadido a la *ratingnación* es la proletarización de la profesión periodística. El ámbito de negociación entre el emisor y el mediador desconoce, en la práctica, el marco público y el plano ético en el que se inserta el periodismo y se reduce al ámbito de las relaciones laborales. La escasa organización profesional y la debilidad de los sindicatos hacen posible que la precariedad se inicie ya en los períodos de prácticas de los nuevos profesionales.

3.4. *Abandono del papel fundacional de la televisión pública*

Es una consecuencia de las transiciones incompletas o inadecuadas del medio en diferentes momentos de su historia reciente. En los primeros años de la democracia, bajo el monopolio estatal de la televisión, TVE animó el debate plural, contribuyendo a la habilitación de una opinión pública que salía de cuatro décadas de dictadura. Jugó un papel de referencia mediática, si bien desde la posición de única estructura emisora, circunstancia semejante a la de otros monopolios audiovisuales de la mayoría de las naciones europeas.

Fue años más tarde, en los 90, con la coexistencia del medio público con los canales privados, cuando las emisiones de TVE acentuaron el sesgo comercial de sus programas y la orientación política de los contenidos informativos, circunstancias que la alejaron excesivamente de los principales modelos de televisión pública en Europa.

Durante años, la audiencia de las cadenas estatales y autonómicas en abierto fue superior que la de las privadas, una relación que hoy se ha invertido. Pese a la ventaja de las televisiones públicas desde que se configuró el sistema mixto público-privado, nunca se advirtió en esa posición favorable para lo público una ventaja para avanzar en el cambio en los estándares de calidad o en los códigos mediáticos. Éstos se han mantenido alejados de las referencias europeas. Se puede decir que las televisiones públicas han jugado, por abandono de su espíritu fundacional, un papel decisivo en el empobrecimiento general del sistema.

La estrategia de las cadenas públicas españolas no se ha basado en la consecución de amplias audiencias en determinados programas de interés social, cultural, informativo, etcétera, sino en la competición por la mayor audiencia en el conjunto de las franjas horarias. Sólo ese planteamiento permite entender que, durante muchos años, la orientación hacia el *gran público*, como espacio nuclear de la oferta comercial, haya significado desatender los intereses plurales de la sociedad, tanto por el olvido de públicos específicos, incluidos los menores, como por el desarrollo de soluciones temáticas concordantes con la diversidad de la realidad social. Desatención que esteriliza, en gran medida, su razón fundacional, al replegar el escenario de la televisión pública sobre el mercado y en competencia directa con los actores mercantiles. Además de no asumir su papel fundacional, en su lucha por la audiencia las televisiones públicas han perdido la primacía que tenían.

En 2004, el Gobierno presidido por Rodríguez Zapatero manifestó como prioridad en su gestión la reforma del modelo de televisión pública, lo que de hecho supuso la apertura de un debate inédito hasta la fecha. Esta iniciativa ha alcanzado, a los cuatro años de su formulación, un primer resultado: la neutralización del sesgo gubernamental en los telediarios, a pesar de haberse vivido uno de los períodos de mayor polarización política desde la transición. Un cambio significativo que, sin embargo, no ha alcanzado aún la definición de un modelo que sea un referente para el conjunto de los medios, por cuanto en los criterios de lo noticiable siguen dominando los sucesos y el espectáculo de la actualidad.

El debate, probablemente inducido por estrategias interesadas, se centró en un marco muy concreto: el de la televisión hertziana y en abierto. Esto es, en un espacio convencional generalista, cuya vigencia estaba condicionada por la transición digital y el desarrollo de la nueva televisión temática. Es precisamente en el escenario de la televisión temática donde parece más fácil identificar los modelos narrativos que distinguen los intereses públicos de los privados. Una vez que el mercado ha definido el perímetro de su actividad, que excluye de su lógica muchos objetivos de índole social y cultural, la televisión pública encuentra aquí un terreno de actuación diferenciado por las soluciones de tematización abiertas por la tecnología digital, soluciones no tanto para el *viejo* concepto de *gran público* como para la pluralidad y diversidad de los públicos.

3.5. *La «doble privatización» del audiovisual público*

Durante las últimas décadas se ha ido consolidando un modelo audiovisual donde el componente público se diluye en las huellas que deja en la cultura social y política. En las emisiones se ha producido un progresivo y peculiar proceso de privatización, hoy más visible en las emisoras autonómicas a través del sesgo gubernamental de los contenidos informativos, con el descuido de funciones democráticas como la atención al derecho a la información, la construcción de la pluralidad y el debate de las ideas. Las televisiones públicas, todas ellas con programaciones de corte comercial, han transferido prácticamente sus espacios no informativos al mercado audiovisual, abandonando la producción propia, sin ningún interés aparente en establecer líneas más acentuadas de servicio público en los contenidos de la producción contratada[4].

Si en las programaciones informativas de algunas emisoras públicas puede hablarse de una tácita privatización gubernamental, gran parte del tiempo restante de las emisiones está cubierto por producciones externas, lo que constituye un segundo proceso de privatización indirecta. A las productoras no se les exige generalmente la adaptación de los contenidos a las claves propias de un modelo de servicio público. Muchos entes estatales y autonómicos reducen parte de su actividad a la condición de antenas emisoras de contenidos de corte y estética comerciales. Todo ello hace que el sistema audiovisual español se configure en la práctica como el escaparate de un conjunto de productoras, cada vez más reducido, que hacen programas perfectamente intercambiables entre las emisoras públicas y privadas.

La inexistencia de una autoridad independiente en el campo del audiovisual ha desarrollado en los Gobiernos, con intensidades distintas, una cultura de abuso en su posición de dominio. En un período caracterizado por las aperturas de nuevos estándares técnicos de emisión y distribución, mediante concesiones y habilitaciones, éstas han estado habitualmente relacionadas con la afinidad gubernamental de los concurrentes. El correlato entre signo político y orientación del emisor se comprueba de una manera casi mecánica en la mayor parte de las concesiones autonómicas de licencias de radio y televisión.

La historia reciente de la televisión está jalonada por el incumplimiento ocasional o habitual del marco legal, como así ha ocurrido con la trasposición a la legislación nacional de las directivas europeas sobre *televisión sin fronteras*, que frecuentemente se percibe como una imposición extraña a la idiosincrasia audiovisual española. La reiteración en los incumplimientos, el escaso eco de las denuncias hechas por algunas organizaciones de consumidores y usuarios y la esporádica intervención sancionadora de la Administración han convertido en hecho frecuente la saturación publicitaria, el desconocimiento de las cuotas de contenido europeo previstas, la desatención de las recomendaciones sobre protección de la infancia y la juventud, etcétera. Conductas que han ocasionado diversas advertencias a España por parte de la Comisión Europea. En marzo de 2001, la entonces comisaria de Cultura y Política Audiovisual, Viviane Reding, acusó al Gobierno de tolerar una abusiva «saturación publicitaria ilegal» en las cadenas de televisión nacionales, amenazando con llevar el procedimiento de infracción hasta la denuncia contra el Estado español ante el Tribunal de Justicia de la Unión Europea. El incumplimiento generalizado en los tiempos autorizados para la emisión de publicidad ha alcanzado, en ocasiones, a la propia TVE.

El sistema, por consiguiente, ha estado sujeto a dos vectores fuerza dominantes —el poder político y las expresiones comerciales—, sin otras consideraciones evaluadoras

---

[4] En muchos casos, son las cadenas de titularidad pública las que exigen el requisito de la impronta comercial, mediante la firma de contratos con dichas empresas donde el pago se condiciona a la consecución de una determinada cuota de audiencia.

sobre su impacto en la sociedad, la cultura, la democracia y sobre la misma calidad del ocio de los españoles. En la ya citada resolución del Parlamento Europeo, referida a la libertad de expresión e información en las naciones de la UE, se hacía una advertencia a España, país en el que «aún no existe una autoridad independiente de control de los medios audiovisuales».

No debe extrañar, a la vista de las expresiones centrales del sistema, que en su periferia afloren medios locales ajenos y hasta opuestos a la cultura del audiovisual europeo, como si esa dimensión de la comunicación estuviese autorizada a subvertir las prevenciones legales en materia de publicidad, contenidos, protección de la infancia y la juventud, etcétera. La televisión local surgió como fenómeno amplio en los años 90 con aparente espontaneidad, al margen de asientos legales definidos, a través de soluciones empresariales que solían ignorar la dimensión local de la comunicación y se caracterizaban, en muchas ocasiones, por emisiones de un continuo comercial, con muestras de publicidad engañosa o directamente fraudulenta, cuando no apelaban al curanderismo, la magia o la brujería con destino a las clases sociales más deprimidas. A partir de 2000, grandes grupos de comunicación como Prisa, Vocento, Prensa Ibérica o Cope, han dado el relevo a buena parte de estas instalaciones precarias, mediante la creación de cadenas de amplia cobertura que propenden al ámbito nacional de cobertura a partir de las emisoras locales.

La debilidad del sistema se ha hecho asimismo patente en la ineficacia y politización de los escasos mecanismos de control existentes. Los consejos de administración de las televisiones públicas no han pasado de ser simples reflejos de las mayorías políticas, destinados exclusivamente a refrendar las prácticas gubernamentales de los medios. Un espacio de confrontación donde un mismo partido puede mantener al mismo tiempo, en dos lugares distintos, un criterio y el contrario. Otro tanto ha ocurrido con las comisiones parlamentarias de seguimiento y control, cuya actividad, a pesar de la intensidad de la crisis de la televisión pública, ha pasado prácticamente inadvertida para la opinión pública.

3.6.   *Medios y públicos desprotegidos*

Uno de los cambios más acusados en el paisaje mediático de las últimas tres décadas se ha producido en los mecanismos de captación de audiencia como requerimiento del negocio de la explotación publicitaria. Ello ha llevado, por ejemplo, al desplazamiento o supresión de los programas infantiles, cuyo rendimiento económico es mucho más limitado que otras propuestas de la narración audiovisual. La falta de compromiso de las administraciones a la hora de asumir su responsabilidad ante un fenómeno estrechamente relacionado con la formación de opinión, la defensa de la pluralidad, la difusión del conocimiento y la cultura, el derecho a la memoria, la intimidad y el honor, la protección de la infancia, etcétera, han dejado estos baluartes estratégicos del espacio público en una situación de relativa fragilidad.

Dentro del complejo escenario en el que los medios ejercen su influencia, destacan dos aspectos por su relevancia en el equilibrio y la coherencia ideológica de los proyectos sociales. El primero hace referencia al espacio de los menores, por el alcance formativo que los nutrientes mediático-culturales tienen en los períodos de conformación psicológica, cognitiva y cívica. El segundo, se refiere al estadio, cada vez más amplio, de la tercera edad, ya que la ampliación de las expectativas de vida desarrolla espacios de ocio nuevos, en gran medida dependientes de los medios.

El consumo audiovisual de los niños españoles aparece, en términos cuantitativos, entre los más elevados de Europa. Numerosos estudios y recomendaciones denuncian las irregularidades percibidas en nuestro sistema, con muchas carencias en la programación infantil y una filosofía de las emisiones que no toma en consideración la presencia masiva de menores ante el receptor. El desarrollo del sistema, nacido de una desregulación que prometía diversidad y riqueza, ha dado como resultado, en términos cualitativos, la sobreabundancia de la pobreza. Una de las primeras medidas del Gobierno nacido de las elecciones de 2003 buscaba la protección eficaz de la infancia mediante un acuerdo de autorregulación de los operadores, en virtud del cual no se emitirían contenidos contraindicados en los horarios de consumo habitual de los menores. Se trataba de reforzar un espacio previa y ampliamente regulado por las normativas de matriz europeas, vigentes en la legislación española. Sin embargo, este compromiso público se diluyó en la práctica, sin que desaparecieran aquellas expresiones que llevaron a una apuesta del Ejecutivo calificada de necesaria y urgente por razones de salud pública.

La ausencia de estándares, criterios de servicio público u obligaciones derivadas de la concesión, así como el predominio de la explotación comercial en las cadenas públicas, ha acentuado el problema de las relaciones entre la televisión y los menores. No sólo se recorta la sensibilidad en cuanto a los contenidos, sino que las cautelas en las programaciones, destinadas a evitar influencias no deseables, se aminoran o se ignoran, al tiempo que los contenidos específicos dirigidos a los menores se devalúan en aras de la explotación comercial intensiva de las distintas franjas horarias.

El desplazamiento de los programas infantiles, cuando no su supresión de las parrillas, ha cambiado la naturaleza de los consumos, especialmente en los hogares de más bajas rentas, que son los que tienen menor capacidad de acceso a canales temáticos de pago. Las emisiones vespertinas, dominadas por las telenovelas y los *all talk, all the time*, característicos de la televisión sensacionalista, se convierten, en muchos casos, en el menú disponible en los horarios del ocio infantil, de modo que la experiencia audiovisual del menor suele legitimarse por la presencia ante el televisor de miembros adultos de la familia.

Las cautelas protectoras, fijadas para los horarios de exclusión de contenidos no aptos para menores, no sólo se incumplen por la naturaleza de las emisiones, sino por la escasa sensibilidad en el diseño de la oferta dirigida a niños y adolescentes. Sensibilidad que se acentúa, de manera notable, en los países nórdicos, donde las cautelas alcanzan también al mundo de la publicidad, tanto en lo que se refiere al uso de los menores en los anuncios como a los anuncios dirigidos a los menores.

El *Libro blanco* del Consejo Superior del Audiovisual de Cataluña sobre televisión y educación describe claramente el escenario en el que se desenvuelve el consumo de los menores y la influencia que dicho consumo ejerce. En sus conclusiones, los tres primeros puntos establecen claramente la naturaleza y las bases de esa relación:

1. Los medios audiovisuales construyen una especie de *medio ambiente* constante en la vida de los niños y jóvenes. Son un factor innegable de la socialización y también de la educación o formación de la infancia.

2. El entorno audiovisual no es un hecho natural, sino el producto de unas prácti-

cas, instituciones y rutinas humanas y sociales. Por tanto, es transformable y posibilita imaginar políticas de comunicación con el objetivo de adecuarlo a las necesidades y valores sociales.

3. Ha de ser posible conseguir que los valores de la industria y del mercado audiovisual no contradigan los valores del civismo y de la sociedad democrática. Especialmente, la televisión pública, que bajo ningún concepto puede inhibirse de la obligación estatuaria de amparar, sostener y financiar contenidos acordes con estos valores[5].

Pero si el consumo audiovisual de los menores y, en general, los nutrientes mediático-culturales aparecen como factores de influencia relevante entre públicos especialmente sensibles, no cabe la menor duda de que, en lo sucesivo, la relación televisión-tercera edad va a cobrar una importancia cultural y social hasta ahora inédita. En sociedades como las europeas, con unas expectativas de vida elevadas y crecientes, pudiera parecer una contradicción con el progreso que avala el alargamiento de la existencia, la realidad de poblaciones que vegetan, sin apenas estímulos culturales específicos, seis o más horas diarias ante el televisor. Según TNSofres, en 2006 los españoles mayores de 65 años dedicaron, por término medio, más de 300 minutos diarios a ver televisión. Esto es, sobre unas expectativas de vida de 85 años, un español pasa, entre los 65 años y su fallecimiento, cerca de cinco años frente a la televisión.

3.7. *Ausencia de garantías*

Las iniciativas tendentes a la regulación de los medios suelen producirse cuando la reiteración de los excesos es sus prácticas informativas chocan con los valores de la cultura democrática. Esto es, cuando se advierte una clara posición dominante de los medios que puede derivar en formas de intoxicación, manejo o desinformación de la opinión pública; tergiversación de la realidad con desatención de la capacidad de respuesta y rectificación; invasión del terreno de la privacidad o de espacios reservados por el Estado de derecho, como el asignado al poder judicial, por ejemplo.

Generalmente, a todo anuncio de una intervención reguladora del Estado sigue una manifestación de fe autorreguladora de los actores industriales del sistema, que actúa a modo de escudo protector frente a la intervención pública y, a la vez, como un instrumento de recuperación de la credibilidad, el prestigio y la solvencia de los medios[6]. En España, a pesar de una historia reciente jalonada por ciertos excesos tipificados como transgresiones de la ética periodística en la mayoría de las naciones europeas, la autorregulación de la prensa no parece urgente porque no existe una amenaza regulatoria. Pero también, por otras razones. El sector profesional de los medios, que en otros países tiene un protagonismo determinante, aparece aquí mal organizado y con escasa capacidad de intervención. La sociedad civil y las representaciones de los consumidores no han desarrollado una conciencia crítica y argumental que active su interlocución y

---

[5] *Libro blanco: la educación en el entorno audiovisual*, Barcelona, CAC, 2003, pág. 63.

[6] Ante el debate suscitado en España a raíz del anuncio de la creación de un Consejo del Audiovisual por el Gobierno, en septiembre de 2004, el consejero delegado de Tele 5, el italiano Paolo Vasile, hizo un llamamiento a la atenuación de la denominada telebasura y a la autorregulación. La razón expuesta para un cambio tan significativo entre los emisores privados fue: «si no nos autorregulamos, nos regulan».

la defensa de los derechos de las audiencias a través de procesos de alfabetización mediática. Prevalece una creencia que sitúa la autorregulación en equivalencia con la censura y consagra, como solución asociada a la libertad de expresión, la idea de que la mejor regulación es la que no existe y, en consecuencia, la autorregulación no es necesaria. También, en fin, la inexistencia de una prensa escrita sensacionalista no pone en tela de juicio tan fácil y frecuentemente las prácticas constructivas de los periodistas. Esta circunstancia ha ido cambiando, no obstante, en los últimos diez años como consecuencia del amarillismo audiovisual.

Es previsible que el sistema y sus interlocutores no sientan la necesidad de autorregularse si no existen presiones externas. Sin embargo, frente a esas negaciones que ocultan temores o simple desconocimiento del valor ético y de credibilidad que introduce la autorregulación en el sistema, cabe apuntar que es en las naciones europeas que poseen consejos de prensa u otras formas de autocontrol donde los índices de difusión de la prensa son más elevados.

Es habitual asociar el desarrollo de la prensa, en cualquiera de sus soportes, a la calidad de vida democrática. Los editores norteamericanos han apelado frecuentemente a la idea de la prensa como socializadora de los valores cívicos frente al mayor descompromiso de los medios audiovisuales. No es imaginable, sin garantías que defiendan la libertad de expresión en términos compatibles con el derecho a la información, una base ética de la actividad periodística. Gardner (2001) ha trabajado en el ámbito de las prácticas profesionales de los periodistas y asocia la excelencia profesional a la ética, que aparece como condición necesaria para la recuperación de la credibilidad e interlocución de la prensa. (Meyer, 2004; Rosenstiel, 2007).

Sin embargo, desde la transición política española, la libertad de prensa ha pasado a ser patrimonio de los editores, que más allá de definir sus líneas de opinión, administran el juego de las inclusiones y los silencios de la agenda, en una escena política cada vez más orientada hacia la representación mediática de la realidad. En todo caso, se trata de prácticas que revelan la lenta convergencia de España con la Unión Europea en esta materia, ya que acusan un diferencial en la expresión de la cultura democrática que inspiran la actividad de los medios.

3.8. *La degradación mediática de la lengua*

Desde el campo académico se ha hecho hincapié en la degradación del patrimonio cultural de la lengua española como consecuencia del empleo que de ella hacen algunos medios de comunicación. Los usos incorrectos alcanzan una influencia mayor al ser magnificados por los altavoces mediáticos, ya que tienen una muy fuerte incidencia potencial en los ámbitos más desprotegidos: sobre los menores y los jóvenes, pero también sobre los sectores que poseen menos elementos de defensa de un capital lingüístico. Héroes urbanos populares, deportistas y animadores de la farándula constituyen la referencia simbólica del éxito personal y social, al tiempo que elevan al valor de moda su forma de expresión. En ocasiones, se produce una apropiación de la lengua para una mayor eficacia del espectáculo. No ocurre así en naciones como el Reino Unido y Francia, por ejemplo, donde no se pretende reivindicar un lenguaje culto para los medios, sino hacer una defensa básica del idioma, depurándolo de las contaminaciones que proceden de la ignorancia, el atrevimiento y la incorrección. En Francia, una de las misiones del Consejo Superior del Audiovisual consiste en velar por el buen uso de la lengua francesa en las emisiones de la televisión y de la radio[7]. Preocupaciones semejantes se observan en el Reino Unido, especialmente por el empeño que la BBC pone en la calidad lingüística en sus programas para las audiencias nacionales y extranjeras; en Alemania, con normas estrictas de vigilancia en la ARD y ZDF, y en otras naciones europeas.

3.9. *Escasa organización profesional y ciudadana*

Con la llegada de la democracia, las viejas estructuras profesionales de la dictadura, en las que, durante los años de la transición, se albergaban amplios núcleos contrarios al régimen franquista, perdieron gran parte de su razón de existir, muy relacionada con aspectos asistenciales. La apertura del mercado arruinó, asimismo, soluciones como las *Hojas del Lunes*, que soportaban en buena medida las necesidades económicas de estas entidades. Sin que hayan surgido alternativas relevantes a las Asociaciones de la Prensa, a no ser algunos colegios profesionales como los de Cataluña y Galicia, tres décadas no han sido suficientes para dinamizar la vida del asociacionismo y devolver protagonismo a una profesión forzosamente sometida durante la dictadura. La posición dominante del emisor y la degradación del papel del periodista, así como la escasa o nula presencia de las audiencias en el debate de los medios —aspectos singulares del déficit español—, pueden ser entendidas en parte por la escasa cultura reivindicativa de la organización profesional y la ausencia de asociaciones de usuarios de los medios con capacidad real de interlocución.

La realidad española contrasta con el alto nivel de colegiación o sindicación que se conoce en el conjunto de las naciones europeas. En general, el peso de las organizaciones profesionales atenúa el protagonismo creciente de las corporaciones mediáticas y salvaguarda los principales valores éticos, culturales y políticos de la comunicación periodística. La capacidad de interlocución de los mediadores se advierte en su presencia en distintas instancias de autorregulación de los medios impresos y en las instituciones reguladoras del audiovisual. En el conjunto de la Unión Europea se estima que la colegiación y la sindicación profesionales de los periodistas superan el 75%, un valor que contrasta con las cifras mucho más bajas de España. Según una encuesta realizada en 2004, entre jóvenes periodistas licenciados durante los cinco años anteriores en la Facultad de Ciencias de la Información de la Universidad Complutense, sólo uno de cada cuatro pertenecía a un sindicato o asociación, aunque más de un 80% consideraba que una organización fuerte serviría para mejorar las condiciones profesionales (Díaz Nosty, 2004, págs. 53-63).

Las dificultades en España son evidentes y, a pesar de la crudeza con la que se manifiestan algunos indicadores sobre el empleo, las modalidades degradadas de

---

[7] Corresponde al CSA velar «por la defensa y la ilustración de la lengua francesa» en la comunicación audiovisual. Se muestra especialmente atenta a la «calidad de la lengua empleada en los programas de las diferentes sociedades de televisión y de radio». Mensualmente, el Consejo, a través del boletín *La lettre du CSA*, publica la sección «Langue française», donde se recogen las incorrecciones más frecuentes y significativas en el uso mediático del idioma.

contratación y las bajas retribuciones, ciertos sectores de la élite profesional actúan de freno sobre las iniciativas de autorregulación con argumentos en muchos casos coincidentes con los de las empresas. El peso dominante del emisor en España ha sido posible, entre otras razones, gracias a la inexistencia de una definición del espacio profesional, a su escasa fuerza organizativa y a la aparición de un influyente núcleo de periodistas cuya actividad está más vinculada a la gestión o a la propiedad de los medios.

Las organizaciones profesionales europeas basan su protagonismo, por regla general, en su alta representatividad y en la defensa del prestigio y la credibilidad frente a posibles injerencias que pudiesen desvirtuar el papel asignado a los medios en el espacio público. Pero no sólo participan en las instancias de autorregulación y regulación, sino que promueven la interlocución social, crean estructuras para la formación continua de los periodistas y estimulan el debate acerca de la responsabilidad social de la profesión en la vida democrática. En todo caso, con un horizonte mucho más amplio que el de las debilitadas asociaciones de la prensa en España, donde suele primar un carácter meramente asistencial sobre otras formas de fortalecimiento de la profesión periodística.

4. LAS DOS ESPAÑAS MEDIÁTICAS

Las diferencias entre las prácticas mediático-culturales de las naciones del centro y norte de Europa respecto de las del sur marcan amplios contrastes. El primero se refiere a los hábitos de lectura. En el Gráfico 12.1 se refleja el índice de difusión de la prensa, expresado en ejemplares por mil habitantes, que sitúa España en una posición muy

GRÁFICO 12.1.—*Índice de difusión de la prensa diaria en Europa*

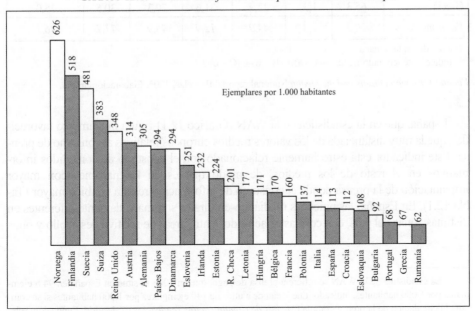

Fuente: WAN, *World Press Tend 2006,* págs. 1-27. Elaboración propia.

rezagada. Pero estos contrastes no comparan realidades homogéneas. En las naciones con los indicadores más pobres, se acentúan las desigualdades internas, entre las clases sociales, según el hábitat o en función de las realidades regionales.

TABLA 12.1.—*Índice de consumo de información de actualidad en las naciones de la UE-15*

País	TV		Radio		Prensa		Índice sintético multimedia**
	A diario	Nunca	A diario	Nunca	A diario	Nunca	
	(A)	(a)	(B)	(b)	(C)	(c)	
Suecia	75,9	0,1	54,4	5,4	77,7	0,5	67,3
Finlandia	84,2	1,0	47,7	6,0	77,8	0,9	67,3
Dinamarca	79,6	0,6	65,0	5,4	56,3	4,8	63,4
Luxemburgo	70,4	1,4	63,4	5,4	62,7	6,8	61,0
Austria	62,4	1,2	62,6	1,9	61,4	2,0	60,4
Irlanda	67,5	1,0	62,5	3,5	53,0	2,7	58,6
Alemania	67,9	1,2	52,8	4,8	65,5	5,6	58,2
Países Bajos	78,0	1,0	44,9	11,2	56,2	9,9	52,3
Reino Unido	76,6	1,4	42,4	16,5	56,6	8,3	49,7
Italia	78,3	1,0	21,4	26,1	32,6	15,4	29,0
Bélgica	57,2	3,2	36,1	11,5	31,2	22,9	29,0
Francia	55,4	1,9	33,3	17,4	32,2	16,3	28,4
Portugal	70,1	0,6	25,1	21,3	25,1	25,5	24,3
España	*64,6*	*0,8*	*24,3*	*25,4*	*24,8*	*23,4*	*21,4*
Grecia	65,3	1,3	22,9	31,6	20,3	30,5	15,0
Valor medio	*70,2*	*1,3*	*43,9*	*12,9*	*48,9*	*11,7*	*46,1*

* 5 a 7 días a la semana.
** Índice sintético multimedia = (A – a) + (B – b) + (C – c)/3.

Fuente: European citizens and the media, National reports, Bruselas, 2003. Elaboración propia.

España, que en la estadística de la WAN (Grafico 12.1) figura ligeramente favorecida[8], queda muy distanciada de los valores medios europeos relativos al consumo de prensa. Este indicador está estrechamente relacionado con el consumo de contenidos informativos en el resto de los medios, de modo que es en las naciones con mayor implantación de la prensa donde el consumo de información resulta también mayor (Tabla 12.1). En España, las prácticas mediático-culturales son marcadamente diferentes en distintas zonas del país, con contrastes acusados entre áreas de relativo desarrollo y otras

---

[8] La estadística de la WAN se refiere a prensa de pago, que en 2006 se situó en España en 94,6 ejemplares por 1.000 habitantes, indicador que asciende a unos de 140 ejemplares por 1.000 habitantes si se computa la circulación de la prensa gratuita (*Medios de Comunicación/Tendencias 07*, Madrid, Fundación Telefónica, 2007).

más deprimidas. Las diferencias son especialmente significativas en términos de hábitos de lectura y reflejan la estela histórica de las desigualdades económicas y culturales (Tabla 12.2). Así, en cuando a la prensa diaria, en la franja septentrional formada por Asturias, Cantabria, País Vasco, Navarra y La Rioja, con una población de 4,7 millones de habitantes, circulaban 654.000 copias al día en 2005, cifra que contrasta con las del amplio territorio integrado por Andalucía, Castilla-La Mancha, Extremadura y Murcia, poblado por 12,4 millones de habitantes, 2,6 veces más que las Comunidades del norte, donde la circulación de la prensa era de 780.000 ejemplares diarios. Las diferencias en los consumos entre el norte y el sur de España no conllevan necesariamente una lectura pesimista de escenarios cerrados, ya que a finales del pasado siglo y comienzos del presente se han apreciado lentos cambios tendentes a la disolución o a la reducción de las desigualdades territoriales. Salvo en el caso de la televisión, en su expresión generalista, que sigue pautas distintas, por la universalidad de los consumos, los medios alcanzan sus mejores valores entre la población joven, activa y urbana, con formación y poder adquisitivo.

TABLA 12.2.—*Índice de difusión de la prensa en las Comunidades Autónomas (2005)*

Comunidad Autónoma	Prensa de información general (ejemplares /1.000 habitantes)	Total prensa diaria* excluida la gratuita (ejemplares/1.000 habitantes)
Navarra	149,9	167,3
País Vasco	131,6	148,1
Baleares	116,5	136,0
Cantabria	111,1	132,7
Asturias	106,2	125,3
Galicia	98,1	115,7
Madrid	88,2	111,2
La Rioja	81,5	107,6
Cataluña	80,4	106,2
Castilla y León	81,5	98,4
Aragón	75,8	92,9
Canarias	70,2	85.5
C. Valenciana	54,2	72,3
Andalucía	52,7	67,7
Murcia	47,6	61,7
Extremadura	46,8	59,6
Castilla-La Mancha	37,9	53,6
España	74,7	94,6

* Prensa de difusión general más diarios de información especializada (economía, deportes).

Fuente: OJD. Estimación para diarios no controlados. Elaboración propia.

La convergencia en las prácticas mediático-culturales entre las Comunidades del norte y las del sur tiene un componente generacional bastante definido. En la población más joven se reducen las distancias en los indicadores que marcan a las poblaciones adultas, herederas de diferencias económicas y culturales más acentuadas. En el proceso de recepción de internet en España, cuyo grado de penetración ha sido, durante su primera década y media de vida, uno de los más bajos de Europa (Tabla 12.3), se descubren matices más optimistas, que pueden arrojar alguna luz sobre el futuro compor-

GRÁFICO 12.2.—*Prensa + revistas + internet en la dieta mediática diaria (2005)*

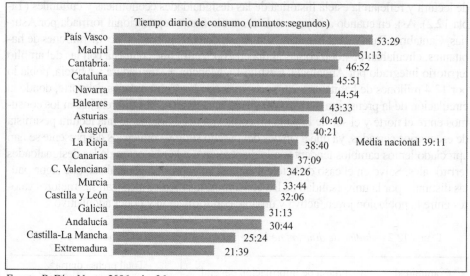

Tiempo diario de consumo (minutos:segundos)

País Vasco	53:29
Madrid	51:13
Cantabria	46:52
Cataluña	45:51
Navarra	44:54
Baleares	43:33
Asturias	40:40
Aragón	40:21
La Rioja	38:40
Canarias	37:09
C. Valenciana	34:26
Murcia	33:44
Castilla y León	32:06
Galicia	31:13
Andalucía	30:44
Castilla-La Mancha	25:24
Extremadura	21:39

Media nacional 39:11

Fuente: B. Díaz Nosty, 2006, pág. 26.

tamiento de los consumos de las nuevas generaciones en el escenario digital multimedia. A más edad, se registra un menor grado de acceso a internet, lógica similar a la que se ha dado en otras naciones europeas, pero en España es mucho más acusada la polarización generacional. En la implantación de internet, se reproducen las desigualdades entre el norte y el sur, aunque se advierten circunstancias que explican las diferencias entre los consumos de las áreas septentrional y meridional del país como la expresión de retardos culturales persistentes.

TABLA 12.3.—*Penetración de internet en Europa (2007)*

País	Porcentaje de usuarios
Suecia	75,6
Países Bajos	73,3
Dinamarca	69,2
Luxemburgo	68,0
Finlandia	62,3
Reino Unido	62,3
Alemania	61,2
Austria	56,6
Eslovenia	55,5
Estonia	51,8
Italia	51,7
Francia	50,3

TABLA 12.3 *(cont.).—Penetración de internet en Europa (2007)*

País	Porcentaje de usuarios
Irlanda	50,2
R. Checa	50,0
Bélgica	48,5
Eslovaquia	46,5
Letonia	45,2
España	43,9
Portugal	36,0
Lituania	35,9
Grecia	33,5
Hungría	30,4
Polonia	29,9
Bulgaria	28,7
Rumanía	23,4

Fuente: Internet World Stats, 2007. Elaboración propia.

En los últimos diez años, ese lento proceso de convergencia también alcanza a los consumos de la prensa, aunque el acortamiento de las diferencias se debe no tanto a la mejora de los indicadores en los territorios meridionales como al relativo debilitamiento de los valores de lectura en el norte. En la Tabla 12.4, se advierte la evolución en un período en el que los medios han sufrido un cambio significativo derivado de la aparición de la prensa gratuita, que ha tenido en España una incidencia muy superior a la registrada en otras naciones europeas y ha modificado la tipología de la población lectora. En la segunda columna de la tabla (A), se ofrecen datos de 2005 comparables a los de diez años atrás, ya que se han excluido los indicadores de los diarios gratuitos. Nueve Comunidades Autónomas, de las que cuatro partían de una situación muy favorable (País Vasco, Navarra, La Rioja y Baleares), dos estaban en el rango intermedio (Cataluña y Aragón) y otras tres peor situadas (Comunidad Valenciana, Andalucía y Extremadura), redujeron los niveles de lectura, siendo el más acusado el de Extremadura, que ha pasado de una población lectora del 32,2 al 26,8%. En el conjunto nacional, la caída es de nueve décimas, y la audiencia de la prensa se sitúa en el 37,2% de la población. Estos datos, como se ha señalado, no incluyen los lectores de los diarios gratuitos, que han alcanzando en las grandes ciudades una penetración elevada.

En Madrid y Barcelona, a cuyas poblaciones se dirigen las ediciones gratuitas desde hace más tiempo, los porcentajes de lectores se sitúan en el 20 y el 12,5%, respectivamente, del conjunto de los habitantes de las comunidades en las que se insertan. En el caso de la comunidad autónoma de Madrid, la audiencia de la prensa ha pasado del 37,8%, en 1995, al 48,7, en 2005, con un incremento de 10,9 puntos. En Cataluña, el valor negativo en la evolución de la audiencia de los diarios de pago se convierte, al sumar la prensa gratuita, en un crecimiento de 5,8 puntos, con lo que la población lectora pasa, en el período considerado, del 41,1 al 46,5%.

TABLA 12.4.—*Variación en la población lectora de prensa diaria (1995-2005)*

	1995	2005 (A)	2005 (B)
País Vasco	58,9	57,0 ▼	[4,2] 58,9 =
Asturias	49,9	57,0 ▲	58,9 ▲
Navarra	62,3	57,8 ▼	57,8 ▼
Cantabria	51,5	52,2 ▲	52,2 ▲
Madrid	37,8	38,6 ▲	[20,0] 48,7 ▲
Cataluña	41,1	38,9 ▼	[12,5] 46,9 ▲
Galicia	40,5	44,7 ▲	[4,2] 46,0 ▲
Aragón	38,3	37,9 ▼	[10,6] 43,4 ▲
La Rioja	43,7	43,3 ▼	43,3 ▼
Islas Baleares	46,1	41,8 ▼	[1,8] 42,9 ▼
Castilla y León	40,6	41,9 ▲	[0,1] 41,9 ▲
Canarias	40,3	40,3 =	40,3 =
C. Valenciana	35,3	30,2 ▼	[4,3] 32,8 ▼
Murcia	26,3	31,4 ▲	[1,3] 32,0 ▲
Andalucía	28,9	27,8 ▼	[4,3] 30,4 ▲
Extremadura	32,2	26,8 ▼	26,8 ▼
Cast.-La Mancha	24,6	25,8 ▲	[1,2] 26,5 ▲
Total España	38,1	37,2 ▼	41,1 ▲

(A) Total prensa de pago. (B) Total prensa incluida la gratuita. Entre corchetes, penetración de la prensa gratuita.

Fuente: AIMC, Estudio General de Medios, acumulado febrero-noviembre de 1994 y octubre de 2004-mayo de 2005. Elaboración propia. (Tomada de B. Díaz Nosty, 2006, pág. 29).

Considerando el valor conjunto de todo tipo de diarios (columna B de la Tabla 12.4), el porcentaje de lectores creció en España durante los últimos diez años, pese al fuerte incremento poblacional, en tres puntos y se situaba en 2005 en el 41,1%.

Los extremos interterritoriales se han acortado en más de cinco puntos entre 1995 y 2005. Como en el caso de internet, los factores generacional y urbano son determinantes en el proceso. La convergencia generacional se aprecia en los promedios de edad de los lectores de los diarios, que son entre 3 y 5 años más bajos en los perfiles de audiencia de las cabeceras del sur. En la Tabla 12.5, se comparan las audiencias de los diarios en dos tramos de edad, 20 a 24 y 65 y más años. Las diferencias entre la lectura de los mayores en de Castilla-La Mancha y el País Vasco es de 35,9 puntos, esto es, 3,7 veces superior en el caso de la comunidad vasca. Sin embargo, entre la población más joven (20 a 24 años) la diferencia se reducen sensiblemente y el diferencial cae a 1,5.

Los factores generacionales de convergencia relativa también se observan en el consumo de la televisión. En 2005, se registró uno de los valores más alto en el consumo de televisión desde que existe memoria estadística, con 217 minutos por individuo y día (TNSofres 2006), el tiempo de exposición de los adolescentes y los jóvenes

TABLA 12.5.—*Diferencias entre la lectura de jóvenes y mayores (2005)*

	20 a 24 años**	65 y más años***	Dif. (%)****
Andalucía	35,8	17,8	101,1
Canarias	44,3	27,3	62,3
Castilla y León	53,3	23,4	127,8
Castilla-La Mancha	34,0	13,4	153,7
Cataluña	53,2	31,7	67,8
C. Valenciana	35,1	22,3	54,7
Galicia	54,4	21,5	153,0
C. de Madrid	49,2	35,8	37,4
País Vasco	52,3	49,3	6,1
*Total España**	*44,5*	*27,1*	*64,2*

* Incluye las Comunidades consideradas en la tabla y las restantes del país, de las que no se poseen datos desagregados.

** Porcentaje de lectores de 20 a 24 años respecto a la población total de este grupo de edad.

*** Porcentaje de lectores de 65 y más años respecto a la población total de este grupo de edad.

**** Diferencia entre el grupo de 20-24 años y el grupo de 65 y más años (en %).

Fuente: AIMC, Estudio General de Medios, acumulado octubre 2004-mayo 2005. Elaboración propia. (Tomada de B. Díaz Nosty 2006, pág. 29).

(de 13 a 24 años) cayó a su punto más bajo, con una distancia respecto a la media de 74 minutos, con un descenso real de la audiencia del 13,9%. Mientras que el consumo general de televisión entre la población de 45 a 64 años ha aumentado en 14 minutos diarios desde 1996, entre los adolescentes y los jóvenes de 13 a 24 años, la caída ha sido de 23 minutos al día en el mismo período. Esta es la expresión de un desplazamiento en la economía de la atención hacia nuevos consumos mediático-culturales, en los que se advierte la presencia creciente de internet, pero también de formas personales de comunicación basadas en las nuevas extensiones tecnológicas del escenario digital multimedia.

5. ORIENTACIONES GENERALES DEL SISTEMA

Hay un empeño, compartido en la retórica política de los Gobiernos europeos, de erradicación de la intolerancia, la violencia de todo tipo, las actitudes racistas, xenófobas, las expresiones agresivas en las conductas de los jóvenes, la incultura y la ignorancia. No es frecuente en España, sin embargo, que se vincule la solución de estos problemas a la influencia de la televisión. Pippa Norris (2000) ha estudiado el contraste existente entre las naciones que mantienen un elevado interés por el conocimiento del tiempo presente y aquellas donde los públicos masivos orientan su exposición mediática hacia el espectáculo y el entretenimiento. Observa claramente dos hemisferios mediático-culturales, que se corresponden con la división geográfica entre el norte y el sur.

En España, el reforzamiento del entretenimiento en los medios es una solución que cristaliza tras la desregulación del audiovisual. Las carencias propias de la dictadura se tornaron, en los primeros años de la democracia, en una notable vitalidad de los recursos del periodismo, aunque limitados a la población política y culturalmente activa, sin que los índices de lectura ganasen las cotas de normalidad europea. El posterior desarrollo del sistema de los primeros años 90 no buscó tanto extender esos recursos al conjunto de la sociedad como activar desde el audiovisual nuevas estructuras comerciales destinadas al entretenimiento y el ocio. Incluso, dentro de las amplias audiencias de la televisión, el consumo de la información y los noticiarios se reduce a un conjunto más limitado.

TVE mantuvo hasta comienzos de los años 90 algunos de los rasgos distintivos que constituían la cultura europea del audiovisual público, cuyo paradigma siempre había sido la BBC británica. En toda Europa cambiaron los marcos tecnológicos y normativos de la televisión, pero es difícil encontrar hoy un solo país donde la televisión pública se aproxime tanto a los estándares de las emisoras privadas como en España. Si se intentan disociar, en la oferta mediática española, los ingredientes genéricos relativos a las competencias clásicas de la televisión —informar, formar y entretener—, el entretenimiento basado en el espectáculo aparece en el centro de las emisiones, como núcleo de la estrategia comercial del medio, con un poder expansivo que despliega espacios seudo-informativos —sucesos y *corazón*—, más propios del periodismo sensacionalista. La orientación del sistema español hacia el entretenimiento y el ocio se advierte en el peso relativamente menor que la información tiene en la oferta. Los espacios noticiosos de la televisión se han espectacularizado en los primeros años del siglo XXI, lo que supone un empobrecimiento en sus contenidos, rigor y variedad temática, sólo en parte paliado por una mejora de la oferta pública estatal a partir de 2004 y la aparición de dos nuevas cadenas generalistas nacionales (Cuatro y La Sexta).

TABLA 12.6.—*Audiencia de los informativos en la televisión (1995-2004)*

	1995	1996	1997	1998	1999	2000	2001	2002	2003	2004
TVE1										
Mediodía	11,2	10,0	8,9	8,6	7,9	7,8	7,8	7,7	7,6	7,5
Tarde-noche	9,6	9,8	9,6	9,6	9,2	8,9	8,8	8,5	8,1	7,8
Antena 3										
Mediodía	9,0	7,9	6,9	6,1	6,4	6,2	6,1	6,1	6,5	6,7
Tarde-noche	6,9	6,5	6,0	6,0	6,2	6,0	6,4	6,5	6,1	6,6
Telecinco										
Mediodía	4,5	4,7	4,9	4,9	5,7	6,1	5,9	5,5	5,8	5,7
Tarde-noche	6,7	5,9	5,5	5,0	5,3	5,6	4,8	4,8	4,9	4,9
TV nacionales	47,9	44,8	41,8	40,2	40,7	40,6	39,8	38,8	39,0	39,2
Autonómicas*	9,8	9,3	9,7	9,5	8,4	8,1	8,6	9,1	9,8	9,7
Total	57,7	54,1	51,5	49,7	49,1	48,7	48,4	47,9	48,8	48,9

* Suma de las audiencias sobre el conjunto de la población española de los informativos de mediodía y tarde-noche de las televisiones autonómicas.

Fuente: TNS, *Anuario de Audiencias de Televisión,* años 1995-2004. Elaboración propia. (Tomada de Díaz Nosty, 2006, pág. 21).

Entre 1995 y 2004, se advirtió una caída continuada del consumo de noticias en televisión (véase Tabla 12.6). La audiencia conjunta de los informativos del mediodía y de la tarde-noche pasó del 57,7% (1995) al 48,9% (2004), con una pérdida, en términos poblacionales de 2004, de 3,6 millones de espectadores diarios, de acuerdo con los datos de TNS[9]. Los espectadores españoles, según esta fuente, dedicaban en torno al 14% de su exposición al medio a los espacios convencionales de información de actualidad. Un valor determinante en la dieta mediática, superior por su alcance demográfico al de la prensa diaria y de los espacios informativos de la radio. De las más de seis horas diarias que cada español dedicaba a los medios, según datos de 2005, algo menos de 60 minutos están relacionados con la información general de actualidad. En términos de economía de la atención, la televisión proporciona el mayor aporte temporal (51,7%), seguido de la radio (27,4), la prensa diaria (16,1) y la aún menor contribución de internet (4,4) (véase Tabla 12.7).

Aunque los datos no amparan plenamente la descripción estadística acerca de cómo se informan los españoles, sí cabe hacer aproximaciones orientativas sobre sus prácticas habituales en este aspecto. En la Figura 12.1 se hace una aproximación a los comportamientos generales de los grandes grupos de audiencia en España (2005). Se advierten tres círculos prácticamente semejantes, donde el primero de ellos (b) representa aproximadamente un tercio de la población que habitualmente se informa a través de la prensa escrita. Se podría estimar, de acuerdo con la hipótesis de la complementariedad mediática y la universalización del consumo audiovisual, que los lectores de prensa son también espectadores de los espacios de información de actualidad general (noticiarios). Un segundo círculo (c) representa los espectadores que ven noticias de actualidad a través de la televisión, pero que no leen diarios. Ambos círculos definen un espacio de complementariedad flexible (a), que se expande cuando el interés de la actualidad crece. Una noticia extraordinaria mueve a la compra de diarios entre quienes, informándose a través de la televisión, no consumen habitualmente prensa escrita, pero también modifica el comportamiento de quienes leen periódicos y apenas consumen noticiarios televisivos, que en este caso de excepción buscan complementos informativos en la televisión. Son estos sectores los que, por la orientación de su interés, acceden en mayor número a los programas informativos de la radio (e). Queda un último estadio, el núcleo (d), constituido por los consumos monomediáticos de televisión-entretenimiento, esto es, los que se excluyen del acceso a otros medios, pero también de los programas informativos de la propia televisión. En casos excepcionales, los no consumidores de actualidad se ven atrapados por la mayor densidad de la información en televisión, que invade franjas de emisión ocupadas por el entretenimiento en situaciones de normalidad informativa.

---

[9] Si bien es cierto que el registro de 2004 sitúa el valor conjunto de audiencia de los informativos en un 48,9%, cabe suponer, no obstante, que entre un 15 y un 20% de esos espectadores son consumidores de más de un telediario (mediodía y tarde-noche, dos noticiarios en la misma franja horaria, etcétera), por lo que el porcentaje real de población que diariamente adquiere información por televisión podría situarse en torno al 40%.

TABLA 12.7.—*Tiempo de consumo y porcentaje sobre el total de información por medios*

Medio	Tiempo consumo	% sobre el total información
Televisión	29:21	51,7
Radio generalista*	11:04	19,5
Radio informativa	04:30	7,9
Prensa diaria	09:18	16,1
Internet**	02:30	4,4
Total	*56:43*	*100,0*

* Al carecer de datos precisos, se ha estimado el tiempo de información en un quinto de la exposición total al medio.
** Calculado sobre usuarios del día anterior (habituales).

Fuente: AIMC, Estudio General de Medios, acumulado octubre 2004-mayo 2005. Elaboración propia. (Tomada de B. Díaz Nosty, 2006, pág. 22).

FIGURA 12.1.—*Estructura del consumo informativo en España*

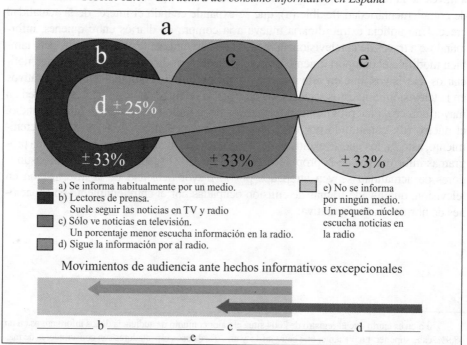

Fuente: Durán y Díaz Nosty, 2005, pág. 178.

6. ESTRUCTURA TERRITORIAL Y MEDIOS: LA PARADOJA DE LA ABUNDANCIA

El mayor cambio operado en el sistema de medios durante los últimos treinta años, desde que se instaura la democracia en España, es, sin duda, el de su estructuración territorial. Los medios, en exceso centrales, despliegan amplias soluciones en los planos autonómico y local, reproduciendo el mapa de la España de las Autonomías. Pero no todas las Comunidades Autónomas van a desarrollar soluciones que puedan ser definidas como verdaderos sistemas regionales de medios. Así, por ejemplo, en Cataluña se advierte una estructuración muy definida, que despliega las primeras instancias de regulación audiovisual (Consell de l'Audiovisual de Catalunya), crea entidades asociativas de los periodistas (Col·legi de Periodistes de Catalunya) y cuenta con una sólida estructura de medios cultural y políticamente orientados hacia la realidad catalana, con diarios de referencia como *La Vanguardia* y *El Periódico*, una gama de medios comarcales bien definida, una amplia red de soluciones radiofónicas y una televisión pública (TV3) que es, en términos de programación, la que más se acerca al modelo de servicio público en España. Frente al modelo catalán, dotado de autonomía propia, el de Andalucía, en el polo opuesto, podría ser definido como sistema dependiente, por cuanto sus expresiones mediáticas no construyen una respuesta diferenciada de la realidad, sino que aparecen como extensiones de grupos mediáticos nacionales y desde la televisión pública no se despliega el liderazgo de modernidad que pudiera marcar la referencia distintiva.

Hoy, la estructura del sistema es especialmente rica por el elevado número de medios que la configuran, esto es, por su pluralidad cuantitativa, aunque los núcleos de propiedad estén descritos por una concentración progresiva en torno a cuatro o cinco grandes opciones. Sobre la concentración, en 2007 se advertía que cerca del 80% de la propiedad de la prensa escrita se encontraba en los grupos Vocento —principal editor desde la fusión del grupo Correo y Prensa Española—, el italiano RCS (Unedisa y Recoletos), Prisa, Planeta, Zeta, Godó y Prensa Ibérica. Junto a los medios de ámbito nacional, en algunas Comunidades Autónomas aparecen verdaderos sistemas regionales, dotados de soluciones públicas y privadas muy orientadas a la realidad territorial.

Esta compleja trama de medios pudiera ofrecer como resultante visiones de la realidad mejor construidas en el plano de lo autonómico, pero deficitarias en cuanto a la mirada integrada y plural de la realidad nacional. Una verdadera paradoja de la abundancia mediática. No se conocen estudios sobre el papel de los medios en la formación de un imaginario común de lo español y acerca de la reducción de la incertidumbre en términos de identidad, cultura y diversidad. No está claro que la abundancia de soluciones nacionales, autonómicas y locales conduzca a una mejor comprensión de la realidad del país a través de una información contrastada. Tampoco se ha analizado cómo un sistema tan amplio y diverso ha contribuido a vertebrar la realidad compleja de la España nacida de la democracia.

Hay un hecho constatable, en términos de visibilidad cultural, que diferencia el paisaje español de comienzos del siglo XXI de épocas anteriores y es que los medios han jugado un papel relevante en la homogeneización de las costumbres y los estilos de vida. Nunca como ahora los jóvenes de Andalucía, Cataluña o Galicia han estado aparentemente más cerca en hábitos, modas, gustos y expresiones culturales. Sin embargo, en cuanto a la construcción simbólica del espacio nación, no aparecen definidos esos rasgos de convergencia, vertebración o articulación en el discurso de los medios.

Los vectores informativos más evolucionados del sistema —la prensa de referencia— no tienen un alcance masivo o generalizado sobre la población, donde aparecen, como se ha visto, amplias zonas de sombra en el acceso a los contenidos de actualidad periodística. En un escenario de fuertes contrastes en cuanto a los consumos, son las capas política y culturalmente más activas las que demandan con mayor intensidad información. No obstante, esta relación con los medios entre quienes muestran más interés por la cosa pública suele variar en función de la posición geográfica de las audiencias. En el supuesto de una audiencia radicada en una comunidad con identidad fuerte y dotada de medios muy dirigidos hacia su territorio, el lector o espectador tipo emplea una óptica diferencial de la realidad que le dan, entre otros, su entorno y los instrumentos de información. Un espectador en el norte del país, por ejemplo, podría percibir el siguiente paisaje:

1. Los diarios y grandes cadenas de radio de Madrid, polarizados en sus posiciones políticas, que suelen ser portadores de nutrientes retóricos de crispación y apreciaciones de tensiones ajenas a la normalidad de la vida cotidiana.
2. Unos medios autonómicos más cercanos, que juegan un papel gratificante, con soluciones retóricas autocomplacientes, que ensalzan las virtudes locales y acentúan el hecho diferencial respecto del espectáculo nacional, con el pensamiento tácito de «aquí no somos así…». «Ser así» puede sedimentar en la opinión, sin más debate, la idea de lo políticamente vergonzante y desarrollar la pátina del localismo refractario y excluyente.
3. Los medios autonómicos reflejan, por regla general, dos planos narrativos. El primero, que es la cabecera más frecuente de los informativos, magnifica lo local; el segundo, trata de lo nacional, pero no como resultado de una mirada al conjunto del país y a sus partes, sino, casi de manera exclusiva, al Gobierno y a la política que se hace en Madrid.

Las Autonomías se ignoran entre sí. En Andalucía no se informa de la normalidad cotidiana en el País Vasco, ni en el País Vasco se sigue la realidad andaluza, con una barrera de incomunicación mayor de la que muestran determinadas cercanías de la agenda internacional. Los medios elevan a categoría simples gestos, eluden la interlocución y pueden desplegar una visión maniquea reversible, donde lo bueno y lo malo varían ante la opinión pública según el punto geográfico desde el que se produce la mirada.

En general, en el norte, donde la difusión de la prensa triplica en algunas provincias los valores del sur, los medios locales son mucho más autorreferentes y la circulación de los diarios nacionales es relativamente limitada. También es aquí donde, a pesar de los altos consumos de televisión, el perfil de las audiencias es menos dependiente del audiovisual y, cabe suponer, cuestiona relativamente más la baja calidad de los contenidos que se emiten desde Madrid, donde se aprecia el predominio, en la construcción narrativa, de sesgos sureños. Algunos estrategas de la televisión comercial, cuando tratan de explicar la lógica de los programas que buscan *gran público*, suelen referirse a la *clave andaluza*, consistente en ganar la máxima audiencia en la Comunidad que, por razones demográficas, mayor aporte numérico proporciona a los programas. Esa clave la dan determinadas acentuaciones de humor y espectáculo, que no destacan por su brillantez, ni se corresponden siquiera con la realidad que parodian. Circunstancia que produce, además, un efecto llamada que confiere un protagonismo acusado de los andaluces que responden a ese estereotipo —el más empobrecido de su entorno social— en los programas de la radio y la televisión.

Entre los sectores culturales y políticos más activos del país, que son los que tienen mayor capacidad crítica, las narraciones audiovisuales podrían desplazar el mero rechazo de estos productos de bajo perfil hacia una denuncia y autoexclusión de lo pudiera entenderse como pobreza cultural de España. Esto es, se confundiría una programación poco afortunada con el capital cultural y humano de una nación. Aquí radica la paradoja de un sistema que hace más visible diferentes formas narrativas de las realidades locales, pero que no integra el todo. La no visibilidad de un sustrato cultural común, que proyecte los valores de modernidad y progreso del país, las referencias internacionales que reconocen la profunda transformación de España, ha podido jugar en favor del desarraigo y la búsqueda de un acomodo cívico-cultural en el plano de la identidad local. Pudiera darse así una respuesta frente al ruido mediático de la crispación política, pero también frente a la banalidad de las expresiones audiovisuales más frecuentes que irradian desde el centro sobre el conjunto del país. Hay, cabe advertir, una sobrecarga del espectáculo en el eje que vertebra lo español, que no se compadece con la descripción compleja y rica del país; una sobrecarga histriónica de cierta realidad marginal.

7. La dieta mediática

Las diferencias entre las prácticas mediático-culturales de las distintas Comunidades Autónomas se puede medir por la cuota temporal o exposición que se hace ante cada medio (Tabla 12.8), lo que permite un acercamiento al conocimiento de los nutrientes que integran la dieta cotidiana. Desde el punto de vista cuantitativo, Andalucía destaca como el territorio donde se dedica el mayor tiempo al consumo de los medios, con un valor diario de 389 minutos, esto es, seis horas y media. Esta marca no puede calificarse, sin embargo, de extraordinaria, por cuanto Madrid, La Rioja y País Vasco muestran cifras muy cercanas, a las que se aproximan a Asturias, Cataluña, Aragón, Baleares y Castilla y León, mientras las nueve Comunidades restantes se sitúan a más de 20 minutos de Andalucía, siendo Galicia la que muestra el valor de exposición menor, con 312 minutos diarios.

En el norte del país, aparecen los consumos de televisión relativamente más bajos, pero también los más complementados por el tiempo empleado en otros medios, mientras que, en las Comunidades del sur, es mayor la dependencia de la televisión. En Extremadura y Castilla-La Mancha, la televisión supone más del 65% del tiempo dedicado a los medios; entre el 60 y el 65%, aparecen Andalucía (63,4), Comunidad Valenciana (61,5), Baleares (61,0), Galicia (60,9), Aragón (60,5) y Castilla y León (60,4). El componente audiovisual disminuye en el resto del país y muestra los valores más bajos en el área cántabro-vasco-navarra, así como en Madrid. En el País Vasco, por ejemplo, la cuota de la televisión (51,8) es 14 puntos inferior a la de Extremadura (65,8), mientras que la suma de los tiempos dedicados a los soportes impresos más internet, que en la comunidad norteña supone el 13,9% del total, en Extremadura desciende al 5,9.

El *share* multimedia de las Comunidades Autónomas da una visión cuantitativa de la temporalidad de los consumos, pero no permite descender al plano real de los contenidos, esto es, a la naturaleza de éstos, lo que posibilitaría conocer detalles sobre los nutrientes mediático-culturales o acerca del mayor o menor grado de orientación hacia la información de actualidad y el entretenimiento en los valores de uso de los medios.

TABLA 12.8.—Share *multimedia de las Comunidades Autónomas (2005)*

	Diarios	Suplementos	Revistas	Radio	Televisión	Internet	Total
ANDALUCÍA							
Audiencia (%)	30,4	18,8	48,3	55,4	91,5	15,2	
Consumo per cápita (min:s)*	07:23	00:47	00:50	111:44	247:00	21:35	389:19
Share multimedia diario	1,9	0,2	0,2	28,7	63,4	5,5	100,0
ARAGÓN							
Audiencia (%)	43,4	36,2	56,9	54,2	88,1	19,1	
Consumo per cápita (min:s)*	10:33	01:31	01:10	107:22	226:00	27:07	373:43
Share multimedia diario	2,8	0,4	0,3	28,7	60,5	7,3	100,0
ASTURIAS							
Audiencia (%)	58,0	42,2	60,5	58,3	80,0	16,6	
Consumo per cápita (min:s)*	14:05	01:46	01:15	115:29	221:00	23:34	377:09
Share multimedia diario	3,7	0,5	0,3	30,6	58,6	6,3	100,0
BALEARES							
Audiencia (%)	42,9	28,0	62,6	51,5	87,6	21,6	
Consumo per cápita (min:s)*	10:25	01:10	01:18	102:01	228:00	30:40	373:34
Share multimedia diario	2,8	0,3	0,4	27,3	61,0	8,2	100,0
CANARIAS							
Audiencia (%)	40,3	16,8	61,4	54,8	85,8	17,9	
Consumo per cápita (min:s)*	09:47	00:42	01:15	103:34	208:00	25:25	353:43
Share multimedia diario	2,8	0,2	0,4	30,7	58,8	7,2	100,0
CANTABRIA							
Audiencia (%)	52,2	47,5	53,5	64,1	83,7	21,9	
Consumo per cápita (min:s)*	12:41	01:59	01:06	126:50	193:00	31:06	366:51
Share multimedia diario	3,5	0,5	0,3	34,6	52,6	8,5	100,0
CASTILLA Y LEÓN							
Audiencia (%)	41,9	33,4	54,4	58,3	89,7	13,6	
Consumo per cápita (min:s)*	10:10	01:24	01:13	115:29	225:00	19:19	372:35
Share multimedia diario	2,7	0,4	0,3	31,0	60,4	5,2	100,0
CASTILLA-LA MANCHA							
Audiencia (%)	26,5	16,1	48,3	51,4	93,2	12,2	
Consumo per cápita (min:s)*	06:26	00:40	00:59	101:49	249:00	17:19	367:13
Share multimedia diario	1,7	0,2	0,3	27,7	65,4	4,7	100,0

Tabla 12.8 *(cont.)*.—Share *multimedia de las Comunidades Autónomas (2005)*

	Diarios	Suplementos	Revistas	Radio	Televisión	Internet	Total
Cataluña							
Audiencia (%)	46,0	28,8	59,5	57,3	88,5	22,7	
Consumo per cápita (min:s)*	11:11	01:12	01:14	113:31	217:00	32:14	376:22
Share multimedia diario	3,0	0,3	0,3	30,2	57,7	8,6	100,0
Comunidad Valenciana							
Audiencia (%)	32,8	22,0	53,6	53,9	87,7	17,8	
Consumo per cápita (min:s)*	07:58	00:55	01:06	106:47	227:00	25:17	369:03
Share multimedia diario	2,2	0,2	0,3	28,9	61,5	6,9	100,0
Extremadura							
Audiencia (%)	26,8	20,6	45,2	52,8	92,8	9,4	
Consumo per cápita (min:s)*	06:30	00:52	00:56	104:36	243:00	13:21	369:15
Share multimedia diario	1,8	0,2	0,3	28,3	65,8	3,6	100,0
Galicia							
Audiencia (%)	46,0	34,0	48,4	50,4	87,4	12,4	
Consumo per cápita (min:s)*	11:11	01:25	01:00	99:50	190:00	17:37	312:03
Share multimedia diario	3,6	0,5	0,3	32,0	60,9	5,7	100,0
Madrid							
Audiencia (%)	48,7	34,8	63,3	61,3	87,6	25,8	
Consumo per cápita (min:s)*	11:50	01:27	01:18	121:26	213:00	36:38	385:39
Share multimedia diario	3,1	0,4	0,3	31,4	55,1	9,5	100,0
Murcia							
Audiencia (%)	32,0	24,8	50,8	57,6	88,1	16,8	
Consumo per cápita (min:s)*	07:47	01:02	01:03	114:07	200:00	23:52	347:51
Share multimedia diario	2,2	0,3	0,3	32,8	57,5	6,9	100,0
Navarra							
Audiencia (%)	57,8	50,7	52,1	53,4	85,9	19,5	
Consumo per cápita (min:s)*	14:03	02:06	01:04	105:47	192:00	27:41	342:41
Share multimedia diario	4,1	0,6	0,3	30,8	55,9	8,1	100,0
País Vasco							
Audiencia (%)	58,9	54,3	54,2	66,4	88,8	25,2	
Consumo per cápita (min:s)*	14:19	02:16	01:07	131:32	199:00	35:47	384:01
Share multimedia diario	3,7	0,6	0,3	34,3	51,8	9,3	100,0
La Rioja							
Audiencia (%)	43,3	40,4	57,4	58,8	92,1	17,8	
Consumo per cápita (min:s)*	10:31	01:41	01:11	116:29	229:00	25:17	384:09
Share multimedia diario	2,7	0,4	0,3	30,3	59,6	6,6	100,0
Total España							
Audiencia (%)	41,3	28,9	55,0	56,4	89,9	18,8	
Consumo per cápita (min:s)*	09:59	01:12	01:18	108:48	221:00	26:42	368:49
Share multimedia diario	2,6	0,3	0,3	29,5	59,9	7,2	100,0

* En suplementos y revistas, el tiempo de lectura (semanal, quincenal o mensual) se traduce a valores diarios. Para internet, consumo habitual (en el día anterior).

Fuente: AIMC, Estudio General de Medios, acumulado octubre 2004-mayo 2005. Elaboración propia. (Tomada de Díaz Nosty, 2006, pág. 33).

Cabe suponer que esos matices, con ser reales y previsibles, no ofrecen contrastes tan acusados como los que se marcan en los análisis comparados de las naciones europeas. La televisión, por su consumo masivo, que en las 17 Comunidades Autónomas ocupa más de la mitad del tiempo mediático, tiene una irradiación nacional y está trazada por un mismo modelo comercial, que es el que reproducen, con distinta intensidad, las televisiones autonómicas. Los contrastes internacionales arrojan mayores diferencias, tanto por la naturaleza de la oferta, como por la proyección cultural de la regulación audiovisual, la orientación informativa del discurso narrativo, etcétera.

Dentro de un panorama sin excesivos contrastes en los valores genéricos de la oferta, como es el que se da en el conjunto de las Comunidades Autónomas, las posibles segmentaciones pueden hallarse en la mayor o menor polarización de los públicos ante las pequeñas variaciones de una programación muy homogénea. Pero la verdadera diferencia la marca el grado de diversificación multimedia de la dieta y la menor dependencia del discurso más estandarizado de la televisión. En la Tabla 12.9 se segrega el tiempo dedicado a la televisión del total ocupado por los medios, lo que permite ver el grado de complementariedad y la diversidad de los nutrientes.

TABLA 12.9.—*Dieta mediática diaria sin TV* (2005)*

Comunidad Autónoma	Cuota**	Tiempo diario
País Vasco	48,2	185,01
Cantabria	47,4	173,51
Madrid	44,7	172,39
Navarra	43,9	150,41
Galicia	43,7	131,03
Murcia	42,5	147,51
Cataluña	42,4	159,22
Asturias	41,4	156,09
Canarias	41,3	145,43
La Rioja	40,3	155,09
Media nacional	*39,9*	*147,59*
Castilla y León	39,6	147,35
Aragón	39,5	147,43
Islas Baleares	39,0	145,34
Comunidad Valenciana	38,5	141,13
Andalucía	36,5	142,28
Castilla-La Mancha	34,6	127,13
Extremadura	34,2	126,15

* Incluye prensa diaria, revistas, radio e internet
** Porcentaje del tiempo mediático total de cada Comunidad.

Fuente: AIMC, Estudio General de Medios, acumulado octubre 2004-mayo 2005. Elaboración propia. (Tomada de B. Díaz Nosty, *Medios de Comunicación/Tendencias 06,* Madrid, Fundación Telefónica, 2006, pág. 35).

Mientras que, en el País Vasco, la no-televisión supone un 48,2% en la dieta mediático-cultural, en Extremadura, ese componente desciende al 34,2%. En general, se reproducen los ya repetidos matices diferenciales entre las regiones del norte y del sur, con la excepción de Murcia, cuya posición está reforzada por el tiempo de la radio, en el que predominan aquí las programaciones musicales. A los valores ya conocidos, que refieren unos índices de lectura mucho más amplios en las Comunidades del norte, se añade un comportamiento parecido en los consumos de internet (véase Tabla 12.10), por lo que, a grandes rasgos, se puede hablar de una relación aparente entre los valores de lectura de prensa y el acceso a los recursos de la Red.

TABLA 12.10.—*Evolución de los usuarios de internet por Comunidades Autónomas (2000 y 2006)*

Comunidad Autónoma	Año 2000	Año 2006
Madrid	16,3	46,4
País Vasco	14,0	44,9
Cataluña	18,6	44,1
Baleares	13,7	43,8
Canarias	11,7	40,7
Asturias	10,7	37,9
Cantabria	9,3	37,9
Aragón	12,2	36,8
Navarra	13,8	34,9
Comunidad Valenciana	12,5	34,5
La Rioja	17,3	33,9
Andalucía	10,1	32,9
Murcia	8,0	31,7
Castilla y León	8,8	31,4
Galicia	8,2	31,2
Castilla-La Mancha	8,3	28,5
Extremadura	6,9	20,0

Fuente: AIMC/EGM. Elaboración propia.

8. NUEVOS ESCENARIOS, NUEVOS MEDIOS, NUEVOS PÚBLICOS

Los medios en España han evolucionado durante los últimos treinta años no sólo por causas relativas a la creación de un sistema de libertades públicas plenamente democrático o a la modernización social y cultural, sino también como consecuencia de las profundas transformaciones tecnológicas. Iniciadas en los años 70 en la prensa diaria, afectaron asimismo a los estándares de la radio y la televisión. En general, durante las tres últimas décadas los modos de producción y difusión de contenidos han evolucionado mucho más en el plano de la técnica que en los sustratos culturales y políticos en los que se asientan los medios. En este período se ha fraguado la progresiva migración de los medios convencionales hacia el desarrollo de las soluciones multimedia, la explotación digital intensiva y la aparición de nuevos paradigmas que sitúan a la comunicación entre los mitos fundacionales de la sociedad de la información y el conocimiento. Hasta 1995, internet no alcanza una penetración reseñable en España y su despegue será, en sus diez primeros años de vida, más lento que en la mayoría de las naciones de la Unión Europea.

El factor generacional ha estado muy relacionado en España con el proceso de recepción cultural de la Red. No es posible deslindar aquí el diferencial de acceso a internet de otros diferenciales previos con Europa, como el de la lectura de prensa diaria, semanarios, libros, etcétera, siempre muy por debajo de los referentes comunitarios, ni tampoco de la posición absorbente que alcanza el audiovisual en la economía de la atención de la población española.

En la mayoría de las naciones del centro y el norte de la UE, las cifras de acceso a internet superan en 20 y 30 puntos porcentuales a las españolas (Tabla 12.11). Y más que hablar de una barrera económica que dejase a dos de cada tres españoles fuera de la red, se trata, en muchos casos, de una privación voluntaria, de una ausencia de necesidad relacionada con lo que se ha dado en llamar *brecha del conocimiento*; esto es, de una cuestión cultural. A esta brecha se unen otros factores que retardan el crecimiento de internet y, especialmente, su uso en la plenitud de sus posibilidades. Por un lado, el escaso aporte de la lengua española a la sedimentación del conocimiento en la red; por otro, la baja competencia bilingüe de los españoles, que abre una *brecha lingüística* por el uso predominante del inglés en los contenidos de internet. A pesar de la posición natural de España en el espacio cultural y lingüístico iberoamericano, la producción de contenidos de valor añadido, el fortalecimiento del capital informativo y académico, es aún muy tenue. Es difícil, incluso, distinguir la dirección dominante de los flujos transoceánicos, cuando la mayor visibilidad en los escenarios compartidos la prestan en ocasiones las telenovelas, la información deportiva y el mundo del espectáculo, que alcanzan consumos masivos.

Podrían relacionarse múltiples estadísticas paralelas a las del diferencial mediático-cultural relacionadas con las tasas de escolarización y el éxito escolar, calidad del conocimiento, inversión en investigación y cultura, etcétera, que describen el contraste entre España y las naciones centrales de la UE, probablemente reflejo de una clara desigualdad, pero también de un *gap* generacional que hace más lenta o aplazada en el tiempo la convergencia cultural respecto de la económica. Este diferencial alerta, también, sobre los riesgos que se perciben en la transición española hacia el horizonte de la sociedad de la información y el conocimiento. En cualquier caso, el progreso cultural parece estar más vinculado a pautas generacionales y a las políticas públicas de acompañamiento del proceso.

Entre las novedades no imaginadas en décadas pasadas está el surgimiento del periodismo digital, expresión temprana de nuevas soluciones trazadas por la versatilidad constructiva de las amalgamas multimedia y el uso de las redes como infraestructura dominante de la difusión. Las ediciones digitales de los diarios son hoy una de las fuentes más sólidas y continuadas de los depósitos de contenidos en lengua española en la red. Si bien aún no han alcanzado un nivel de audiencias que las aproxime a sus matri-

TABLA 12.11.—*Densidad Web, países UE (2007)*

	Población usuaria %	PWV* (miles)	Población (millones)	PWV per cápita	PIB (PPA)**	PWV/PIB***
Países del norte						
Países Bajos	71,0	484.000	16,5	29,3	573,3	844,2
Suecia	73,1	241.000	9,0	26,8	312,8	770,5
Dinamarca	72,0	141.000	5,6	25,2	198,4	710,7
Países del sur						
Francia	50,3	863.000	60,8	14,2	1.934,7	446,1
España	43,1	351.000	44,6	7,9	1.214,9	288,9
Italia	51,7	401.000	58,1	6,9	1.790,9	223,9
Países del este (ampliación UE)						
R. Checa	50,0	202.000	10,2	19,8	236,5	854,1
Polonia	31,0	393.000	38,6	10,2	566,9	693,2
Hungría	34,0	115.000	10,0	11,5	197,1	583,4

* Páginas web visibles por Google (enero de 2007).
** Producto Interior Bruto en paridad de poder adquisitivo (PPA), en millones de US$.
*** Páginas web/millón de dólares de PIB.

Fuente: Google, búsquedas selectivas sucesivas (6 a 14 de enero de 2007). Fondo Monetario Internacional, *World Economic Outlook Database, 2007.* Elaboración propia.

ces impresas, en 2007 era ya fuerte la migración hacia el nuevo soporte y la aparición de nuevos usuarios que acceden al medio exclusivamente a través de internet.

Cuando las ediciones digitales comenzaban a erosionar el consumo de las impresas, desde el propio soporte papel ha surgido una apuesta que, en los primeros años del siglo XXI, ha conseguido una fuerte penetración y la captación de recursos publicitarios. La aparición de la prensa gratuita de relativa calidad, que prácticamente cubre las grandes ciudades y la mayoría de los 60 núcleos españoles de población con más de 100.000 habitantes, ha venido a paliar en parte el déficit con Europa en cuanto al consumo del medio. Las nuevas cabeceras tienen, en general, un perfil de contenidos ajustados a los valores de noticiabilidad del periodismo de información general, distinto y sensiblemente menos estridente que el de la prensa amarilla británica o germana. A comienzos de 2007, las cuatro grandes cabeceras gratuitas editadas en España —*Metro, 20 Minutos, Qué!* y *ADN*— sumaban un aporte diario auditado de 3,6 millones de ejemplares, a los que hay que añadir otros títulos locales de menor difusión. Esto ha permitido que en un período de fuerte crecimiento demográfico, en gran medida debido a los flujos migratorios, el índice de difusión haya variado de 104,5 ejemplares por 1.000 habitantes (2000) a 154,4 en 2006, con una caída de la prensa de pago a 94,6 ejemplares, lo que supone que casi 60 puntos del índice corresponden a la prensa gratuita. Los diarios gratuitos tienen la virtud de haberse convertido en una herramienta útil para la integración de los amplios núcleos de emigrantes en las grandes concentraciones urbanas y, a pesar del crecimiento demográfico, las cotas de lectura de la prensa han alcanzado un récord histórico, situándose en torno al 42% de la población. En general, el medio ha acentuado su carácter urbano, ya que es en las grandes ciudades donde la circulación de diarios de todo tipo llega a alcanzar los 200 ejemplares por 1.000 habitantes.

9. A MODO DE CONCLUSIÓN

La transición en España desde un sistema de medios escasamente desarrollado y sujeto a censura a otro de naturaleza democrática, con una estructura industrial muy evolucionada, no se compadece con la aparición de una cultura mediática con mayor arraigo en el escenario de las libertades públicas. La dominante comercial y la orientación hacia el espectáculo, factores que no son ajenos a otros modelos europeos, carecen aquí de los necesarios mecanismos de control democrático que impidan que el mercado suplante, en el plano de las libertades públicas, competencias que radican en la matriz constitucional del Estado de derecho. Una de las razones que justifica la existencia del Estado democrático es precisamente el mantenimiento de las libertades, por lo que los mecanismos de autorregulación y, en su caso, de regulación son expresiones garantistas de la pluralidad y no modalidades de censura, como se ha planteado en el debate de los medios en España.

El desarrollo del sistema de medios, incluida su vertiente mercantil, requiere del restablecimiento de unas bases éticas, muy difuminadas hoy en el modelo español, lo que aportaría no sólo mayor credibilidad a sus expresiones, sino argumentos para un mejora de la fachada cívica y cultural del país, al tiempo que habilitaciones complementarias en la transición hacia la llamada sociedad del conocimiento. No obstante, teniendo en cuenta el fuerte incremento de la formación en las nuevas generaciones en España, la lógica cultural parece indicar que los retardos en la convergencia mediático-cultural con Europa se corregirían mediante un cambio progresivo en la demanda, esto es, a partir de una transformación del perfil cultural del llamado *gran público*.

BIBLIOGRAFÍA

BUSTAMANTE, E., *Radio y televisión en España*, Barcelona, Gedisa, 2006.

CAC, *Libro blanco: la educación en el entorno audiovisual,* Barcelona, 2003.

CAMPS, Victoria, «Las tiranías de la televisión», en B. Díaz Nosty (dir.), *Medios de comunicación/Tendencias 06*, Madrid, Fundación Telefónica, 2006, págs. 331-336.

DEBRAY, Régis, *L'obscénité démocrátique*, París, Flammarion, 2007.

DÍAZ NOSTY, B. y otros, *La nueva identidad de la prensa. Transformación tecnológica y futuro*, Madrid, Fundesco, 1988.

— «La *preagenda* de los medios, expresión de la matriz mercantil de la comunicación», en *Comunicación social 1995/Tendencias*, Madrid, Fundesco, 1995, págs. 17 y sigs.

— *El déficit mediático. Donde España no converge con Europa*, Barcelona, Bosch, 2004.

— «La huella es el mensaje», en B. Díaz Nosty (dir.), *Medios de comunicación/Tendencias 06*, Madrid, Fundación Telefónica, 2006. págs. 15-66.

GARDNER, H. y otros, *Good Work: When Excellence and Ethics Meet*, Nueva York, Basic Books, 2001.

GERBNER, G., «Crecer con la televisión: perspectivas de aculturización», en J. Bryant y D. Zillmann, *Los efectos de los medios de comunicación*, Barcelona, Paidós, 1996.

GITLIN, T., *Inside Prime Time*, Berkeley, University of California Press, 2000.

GLYNN, K., *Tabloid Culture*, Durham, Duke University Press, 2000.

HALLIN, D. y MANCINI, P., *Comparing Media Systems. Three Models of Media and Politics*, Nueva York, Cambridge University Press, 2004.

HEINDERYCKX, F., *La malinformation. Plaidoyer pour une refundation de l'information*, Bruselas, Labor, 2003.

IMBERT, G., *Los discursos del cambio*, Madrid, Akal, 1990.

MATTELART, A., *Historia de la utopía planetaria. De la ciudad profética a la sociedad global*, Barcelona, Paidós, 2000.

MEYER, Ph., *The Vanishing Newspaper: Saving Journalism In The Information Age*, University of Missouri Press, 2004.

MORAGAS, M. y PRADO, E. (eds.), *La televisió pública a l'era digital*, Barcelona, Portic, 2000.

NEUMAN, W. R. y otros, *Common Knowledge: News and the Construction of Political Meaning*, Chicago, The University of Chicago Press, 1992.

— *El futuro de la audiencia masiva*, Fondo de Cultura Económica, Santiago de Chile, 2002.

PALACIO, M., *Historia de la televisión en España*, Barcelona, Gedisa, 2001.

ROSENSTIEL, T., *The Elements of Journalism: What Newspeople Should Know and the Public Should Expect*, Nueva York, Three Rivers Press, 2007.

TEZANOS, J. F. y otros, *La transición democrática española*, Madrid, Sistema, 1989.

WOLTON, Dominique, *Sobre la comunicación*, Madrid, Acent, 1999.

13
Cultura y ocio

Antonio Ariño Villarroya y Manuel García Ferrando

En los últimos cuarenta años, al tiempo que una transición política, asentada sobre una modernización económica y social, que normaliza el país de acuerdo con los cánones europeos, España ha experimentado también una transformación cultural. En primer lugar, esta transformación se ha de entender como una superación del aislacionismo y la autarquía históricos que caracterizaban a la sociedad española y también como una convergencia o normalización con las pautas europeas; y, en segundo lugar, una inmersión relativamente acelerada en la cultura que se deriva del nuevo paradigma comunicativo audiovisual digital: la cibercultura.

También en estas últimas cuatro décadas, la sociedad española ha ido adquiriendo, de forma progresiva y en algunos aspectos incluso acelerada, las características civilizatorias que Dumazedier anticipara en su conocida propuesta *Hacia una civilización del ocio* (Dumazedier, 1964). Los avances del bienestar material y del tiempo libre en amplios segmentos de la población española han propiciado cambios importantes en el sistema de valores sociales, de tal manera que el ocio en tanto que diversión, descanso y cultivo de la personalidad, ha comenzado a configurar uno de los espacios idóneos para satisfacer amplias y variadas demandas de la población.

En este último sentido, el ocio, desde una perspectiva social, se encuentra cada vez más reconocido en estos comienzos del siglo xxi en España como una necesidad (que se plantea una vez cubiertas las necesidades básicas), y como un derecho humano básico que corresponde a la persona por el hecho de ser tal (Ispizua y Monteagudo, 2002, pág. 251). Debido a ello, el ocio en España, al igual que en otras sociedades avanzadas, se ha convertido también en un derecho político, en su sentido de derecho de los ciudadanos a que las Administraciones Públicas ejerzan un papel activo en su facilitación y promoción de oportunidades y equipamientos (Ruiz Olabuénaga, 1994, pág. 1.890).

Dado el amplio abanico de fenómenos que se aborda en este capítulo, conviene advertir desde el principio que generalmente el adjetivo cultural lo utilizaremos con un significado inclusivo, para referirnos al conjunto de dimensiones de la vida humana que van desde la práctica artística propiamente dicha hasta la actividad deportiva; desde la lectura literaria y la asistencia a conciertos hasta la visita a parques temáticos y centros de ocio; desde la profesión de unos valores, creencias y normas a la adopción de determinados hábitos y costumbres; desde las prácticas artísticas de aficionado hasta la afición por el juego, la fiesta y el ritual.

A diferencia de lo que sucede para otras épocas, el investigador social tiene a su disposición una amplísima batería de fuentes y materiales, de encuestas y bancos de datos; pese a ello, existe un obstáculo serio para trazar series rigurosas, dada la falta de homogeneidad y consistencia en los criterios de recogida y confección de los datos.

El capítulo se ha estructurado en tres partes: en la primera se estudia la evolución de los recursos necesarios para la práctica cultural y en consecuencia para la expansión de la demanda cultural; en la segunda, se trazan las principales líneas de evolución de un amplio abanico de valores y de prácticas culturales; en la tercera, a modo de conclusión, se recapitulan las tendencias experimentadas por la cultura en España durante el período de referencia. Y, en consecuencia, se esbozan los trazos más sobresalientes de los caminos por donde transitará el futuro próximo.

1. LOS RECURSOS

Sostienen Chantepie y Le Diberder en su análisis de la revolución digital que la demanda de productos culturales es como un avión con cuatro reactores: «el primero es sencillamente la demografía; el segundo, el desarrollo de la educación; el tercero, el crecimiento de los gastos referidos al entretenimiento y ocio; y el cuarto, el tiempo libre» (2005, pág. 102). En la medida que la oferta, no sólo condiciona sino que tiende a crear la demanda, habría que añadir un quinto factor como impulsor de ésta: la oferta tanto pública como privada. Por tanto, estando de acuerdo en lo sustancial con dicho planteamiento, también nosotros consideramos que las prácticas deportivas y de turismo, de ocio y culturales, requieren una serie de recursos como tiempo, dinero, competencias y equipamientos, para poder desarrollarse. Y en consecuencia el estado y evolución de éstos constituye una condición necesaria de la evolución de las prácticas culturales. A continuación, se ofrece una panorámica básica de la evolución experimentada por dichos recursos durante el período estudiado.

Dado que la demografía y la educación han sido abordadas en otros capítulos, no les dedicamos un apartado específico aquí, si bien es necesario señalar la indudable incidencia de ambas. Y es que por lo que se refiere a la demografía, durante el período estudiado la población española no sólo ha crecido notablemente sino que ha modificado su estructura interna y se ha vuelto más compleja en un doble sentido: *a)* intergeneracionalmente (como consecuencia del alargamiento de la esperanza de vida y la transformación de los ciclos de edad) y *b)* multiculturalmente (como resultado de la inversión de los flujos migratorios y la creciente importancia de los nuevos ciudadanos, procedentes de un amplio espectro de países).

En cuanto a la educación, debe señalarse que éste es el período en que, como consecuencia de la escolarización obligatoria hasta los 16 años, se produce una universalización de la educación formal y una generalización de las competencias letradas básicas. Por otra parte, si sumando la totalidad de carreras de la universidad española en 1960 se estaba lejos de alcanzar la cifra de 100.000 estudiantes, en la actualidad hay en torno a un millón y medio y cursando el tercer ciclo son más de 70.000. No sólo se ha producido una democratización de la enseñanza y un incremento general del capital educativo, sino sobre todo una diversificación de éste como consecuencia de la articulación de los distintos niveles de la educación formal y de su heterogeneidad interna (trayectorias y ramas). Por tanto, el bagaje competencial para el consumo cultural se ha modificado y diversificado como en ninguna otra etapa de la historia de España.

Pero la importancia de la educación no se halla solamente en la creación de determinadas competencias que catapultan para la práctica cultural, sino también en su papel como fuente de legitimidad. En tanto que entrena a los individuos para sustentar sus creencias y visiones del mundo sobre la autoridad de la ciencia y de la razón, opera como factor de deslegitimación de la autoridad tradicional. Y en tal sentido, es evidente que hacia 1970, como han sostenido diversos autores, el franquismo había perdido el control sobre la cultura dominante: Fusi destaca cómo en los 60 convergían tres dinámicas opuestas al régimen franquista: la recobrada tradición liberal, la cultura crítica crecientemente influida por el avance de ciencias sociales como la economía y la sociología, y el renacimiento de las culturas regionalistas (1999, págs. 135 y sigs.); por su parte Emilio Lamo subraya que la primera transición «antes de salir a las calles», se dio en la Universidad española, de manera que aunque Franco en el momento de su muerte aún gozaba de gran popularidad, su régimen ya carecía por completo de legitimidad (Lamo, 2006); por otra parte, la cultura popular o de masas se hallaba crecientemente determinada por la difusión de la televisión y por el contacto con el turismo extranjero. El cambio cultural precedía al cambio político y no al revés. No obstante, la transición política a la democracia, al suprimir determinados encorsetamientos, liberó energías y favoreció la libertad de expresión y la creatividad cultural.

Efectuadas estas precisiones, vamos a detenernos en la evolución del tiempo libre, de los equipamientos y de los gastos de los hogares, de los equipamientos y los gastos de la administración.

1.1. *El tiempo libre*

Antes de entrar en la descripción de los datos relativos a la evolución y ocupación del tiempo libre en España, conviene hacer una breve referencia a la transformación radical experimentada por el calendario. Éste aunque todavía tiene una estructura básica subyacente de carácter cristiano, basada en la distribución en semanas y cuyas grandes festividades, que marcan las intensidades y emociones del tiempo social son de raigambre católica, *de facto* es vivido desde una perspectiva radicalmente profana. El cumplimiento del precepto dominical sólo es seguido por una reducida minoría (en torno a un 19%[1]) cuando en 1973 iba a misa casi todos los domingos o con mayor frecuencia un 68% de la población[2]; también han desaparecido la mayoría de las festividades que jalonaban el curso del año, quedando reducidas a las Navidades o la Semana Santa, que son vividas desde una perspectiva esencialmente poscristiana, y poco más.

Pero tal vez la transformación mayor del calendario y la vivencia correlativa del mismo se halle relacionada con la consolidación de un sistema de vacaciones en una so-

---

[1] Según el barómetro de marzo de 2007 del CIS: 19% es el resultado de sumar los que van a misa varias veces a la semana y casi todos los domingos y festivos.

[2] Véase Pérez-Agote y Santiago, 2005, pág. 11.

ciedad terciaria, que combina la extensión de las vacaciones de verano con otros momentos de intensidad relativa a lo largo del año, como son las vacaciones de Navidad, Semana Santa y los «puentes» y salidas de fines de semana. Las revitalizadas y vigorosas fiestas mayores distribuidas por toda la geografía española se han concentrado en estos períodos vacacionales, que para unos son ocasión para la participación en rituales de identidad colectiva, para otros una oportunidad para el turismo cultural, y para muchos constituyen una huida reparadora de la ciudad y del trabajo hacia zonas de descanso y de ocio privados.

Aunque posteriormente trataremos más en detalle este aspecto del disfrute de vacaciones, baste señalar por el momento, que según las diversas encuestas realizadas por el Instituto de la Opinión Pública y el INE entre 1965 y 1973, la experiencia vacacional en aquel momento era minoritaria (en 1965, el 54% no tenía vacaciones y en 1973, sólo un 20% de la población entrevistada afirmaba haber salido de vacaciones fuera del hogar). En cambio, en la actualidad, las encuestas que viene realizando el Instituto de Estudios Turísticos desde 1996, muestran que la experiencia de las vacaciones se ha generalizado, de manera que en torno al 94% tiene vacaciones no sólo en verano, sino también en Navidad y Semana Santa. A su vez, en verano viaja el 56% de la población; en Semana Santa lo hace un 24% y en Navidad un 14%[3].

Para conocer las magnitudes relativas al tiempo libre y a su empleo por parte de la población española podemos acudir como vamos a hacer aquí a la Encuesta de Empleo del Tiempo[4] y a otras como la serie dedicada al estudio de los hábitos deportivos de los españoles (García Ferrando, 2006). La encuesta de Empleo del Tiempo, permite siuar el tiempo libre en el marco de las diversas actividades que pueden realizarse durante un día y que incluyen actividades necesarias como los cuidados personales que ha de realizar el 100% de la población; y actividades obligatorias como el trabajo remunerado, el estudio y el trabajo doméstico que delimitan el tiempo comprometido de distintos segmentos de la población; y finalmente, actividades de tiempo libre, que incluyen todas las demás: vida social, trabajo voluntario, medios de comunicación, actividad deportiva, etc.

El estudio de la distribución del tiempo en un día tipo permite captar la importancia atribuida a cada tipo de actividades en función de la proporción de personas que realizan cada actividad y del tiempo medio dedicado por las personas que la realizan (véase Tabla 13.1).

---

[3] Véase Martín, 1967, págs. 209-231; *REOP*, núms. 34, 35 y 36 de 1973; *Encuesta de Vacaciones* (1973), INE, Madrid, 1976. Para el período actual, véase Hábitos turísticos de los residentes en España, 2007, del IET, que se basa en datos de una encuesta específica de 2004 (*http://www.iet.tourspain*).

[4] Las actividades se organizan y codifican de acuerdo con una lista armonizada de Eurostat, que distingue 10 grandes grupos: cuidados personales, trabajo, estudios, hogar y familia, trabajo voluntario y reuniones, vida social y diversión, deportes y actividades al aire libre, aficiones y juegos, medios de comunicación, y trayectos y empleo del tiempo no especificado.

TABLA 13.1.—*Porcentaje de personas que realizan la actividad en el transcurso del día y promedio de tiempo diario dedicado a la actividad por dichas personas (2002-2003)*

Actividades principales	Ambos sexos		Hombres		Mujeres	
	% de personas realiza	Duración media diaria (Horas:minutos)	% de personas realiza	Duración media diaria (Horas:minutos)	% de personas realiza	Duración media diaria (Horas:minutos)
Cuidados personales	100,0	11:22	100,0	11:24	100,0	11:21
Trabajo	34,1	7:47	43,3	8:22	25,2	6:51
Estudios	13,7	5:13	13,3	5:18	14,0	5:09
Hogar y familia	81,6	3:39	70,0	2:08	92,7	4:45
Trabajo voluntario y reuniones	12,4	1:49	9,5	1:54	15,1	1:46
Vida social y diversión	66,8	2:14	66,2	2:18	67,4	2:09
Deportes y actividades al aire libre	40,3	1: 58	42,7	2:12	38,1	1:43
Aficiones y juegos	17,9	1:50	23,0	1:59	13,0	1:35
Medios de comunicación	86,4	2:38	86,8	2:48	86,0	2:28
Trayectos y tiempo no especificado	83,9	1:24	86,9	1:27	81,0	1:21

Fuente: INE, *Encuesta de empleo del tiempo, 2002-2003, www.ine.es.*

Una vez descartadas las actividades de cuidados personales que obviamente realiza el 100% de la población, las actividades de tiempo libre aparecen en segundo lugar: son realizadas por el 98% de la población y le dedican cinco horas y media diarias. Por su parte, el trabajo doméstico es realizado por el 82% de la población y dedica cerca de 4 horas diarias al mismo; mientras que el trabajo remunerado es realizado solamente por el 34%, pero dedica algo más de 8 horas diarias; y el 14% que estudia dedica a dicha actividad unas seis horas diarias.

Dentro de la categoría de tiempo libre se distinguen cinco tipos de actividad: ayuda a los hogares, voluntariado, cultura y ocio, actividades deportivas y al aire libre y tiempo de vida social. Una somera aproximación a la importancia relativa de cada una de ellas, muestra que las actividades de vida social son las más numerosas, mientras que las de altruismo son realizadas por un número menor de personas. Las diferencias son muy abultadas, puesto que el 98% dedica tiempo cada día a la vida social, el 72% a actividades culturales y de ocio y el 71% a deportivas, mientras que a ayuda a terceros hogares sólo sucede en el 19,5% de los casos y el trabajo voluntario en organizaciones es una actividad que ocupa solamente al 11% de la población española.

Estas actividades presentan algunos rasgos diferenciadores de perfil sociodemográfico. En concreto, los hombres realizan en mayor medida que las mujeres actividades deportivas y de aire libre, de cultura y de ocio así como trabajo voluntario en organizaciones, mientras las mujeres participan más en las de tipo social y en ayuda a otros hogares. Pero las diferencias más significativas, a nuestro juicio, son las de carácter estratificacional: a mayor nivel de renta, mayor participación en las diversas actividades, aunque las diferencias se acentúan especialmente en el caso de las actividades culturales y de ocio, como puede constatarse en la Tabla adjunta (Tabla 13.2).

TABLA 13.2.—*Porcentaje de personas que realizan actividades de tiempo libre según el nivel de renta per cápita*

Tipo de actividad	Total	Bajo	Medio	Alto
Ayuda a otros hogares	19,5	17,7	19,4	21,4
Trabajo voluntario	10,6	9,8	10,1	12,2
Cultura y ocio	71,8	67	67,6	80,7
Deporte y aire libre	70,6	66,1	70,2	75,6
Vida social	97,7	96,5	97,8	98,7

Fuente: IERM, *Encuesta de Empleo del Tiempo,* 2005, pág. 29.

Con la finalidad de conocer la evolución en el empleo del tiempo libre, en función de una referencia amplia a diversas actividades, hemos confeccionado la Tabla 13.3 que aprovecha los datos de la serie de encuestas dedicadas al estudio de los hábitos deportivos de los españoles en las últimas dos décadas (García Ferrando, 2006, págs. 35-39).

Aunque el objetivo original de este indicador era el análisis de los hábitos deportivos de la población española en el marco más amplio del empleo del tiempo libre, en el presente trabajo nos permite obtener una visión de conjunto de la evolución de las actividades realizadas con mayor frecuencia en dicho marco del tiempo social. Unas actividades que se han venido diversificando desde que se introdujera este indicador en la encuesta de 1985 con un listado de 18 prácticas de tiempo libre, que ya fueron 27 en la encuesta de 2005, habida cuenta de la incorporación o transformación de actividades que ha tenido lugar en las dos décadas que abarca esta serie estadística. Una ampliación con un evidente interés sociológico ya que actividades tales como ir de compras a centros comerciales, ir de copas, acudir a establecimientos de comida rápida, el ocio digital y la asistencia a actos culturales tenidos en tiempos pasados como culturalmente elitistas (exposiciones, conciertos, ópera), han introducido nuevos significados a las prácticas y vivencias del tiempo libre y del ocio entre la población española.

TABLA 13.3.—*Empleo del tiempo libre de la población española (2005-1985)*

Tipo de actividad	2005	2000	1995	1990	1985
Estar con la familia	85	76	76	67	79
Ver televisión	78	69	69	57	52
Pasear	67	—	—	—	—
Estar con los amigos/as	65	56	54	43	54
Escuchar música	55	44	42	26	40
Leer libros, revistas	53	44	45	36	4
Oír la radio	47	37	43	31	53
Ir de compras a centros comerciales	42	—	—	—	—
Ir al cine	39	33	27	21	35
Salir al campo, ir de excursión	39	30	40	21	35
Ver deporte	38	29	33	22	34
Ir de copas	33	—	—	—	—

TABLA 13.3 *(cont.).—Empleo del tiempo libre de la población española (2005-1985)*

Tipo de actividad	2005	2000	1995	1990	1985
Hacer deporte	33	31	32	27	31
Ocio digital*	31	—	—	—	—
Salir con mi novio/a o algún/a chico/a	26	16	18	12	17
No hacer nada especial	21	15	16	9	16
Ir a bailar	19	18	17	14	21
Hacer trabajos manuales	18	14	18	8	17
Ocuparse del jardín	13	8	10	4	8
Asistir a actos culturales (conferencias, exposiciones)	13	9	—	—	—
Asistir a conciertos, ópera	12	9	—	—	—
Frecuentar establecimientos de comida rápida	11	—	—	—	—
Ir al teatro	11	7	8	6	11
Ir a alguna asociación o club	9	7	10	6	12
Otras respuestas	6	6	—	—	—
Tocar un instrumento musical	5	4	4	3	5
Ir a reuniones políticas	2	1	2	1	—
N	8.170	5.160	4.271	4.625	2.008

* La categoría «ocio digital» corresponde a la suma lógica de las actividades: navegar por Internet (25%), intercambiar MSM Móvil (17%), conversar por correo electrónico y chatear (14%), actividades incluidas por primera vez en la encuesta de 2005.

Fuente: García Ferrando, *Encuestas sobre hábitos deportivos de los españoles 2005,* Madrid, CIS, Consejo Superior de Deportes, 2006.

De acuerdo con la propuesta de Roger Sue (1982) de distinguir entre actividades de ocio y tiempo libre de naturaleza cultural, física, práctica y social, se pueden avanzar las siguientes conclusiones de la lectura de los resultados que se presentan en la anterior Tabla 13.3:

— Las actividades de tiempo libre, potencialmente vividas como ocio, que tienen un carácter social en sentido estricto, esto es, que contienen un elemento asociativo y grupal de cooperación y colaboración en contextos específicos entre los individuos que las llevan a cabo, son las más frecuentes y las que han experimentado un crecimiento mayor en los últimos veinte años. Se incluye en este apartado el estar con la familia y con amigos —las más frecuentes—, ir de copas, salir con la pareja, ir a bailar, acudir a establecimientos de comida rápida, ir a una asociación o a un club, y asistir a reuniones políticas —la más minoritaria.

— Las actividades de carácter cultural incluyen a todas aquellas que están dirigidas, en un sentido amplio, al desarrollo intelectual individual, y son las más practicadas a continuación de las actividades de carácter social. Se pueden distinguir dos grandes grupos según su mayor o menor modernidad, lo que permite diferenciar entre actividades tradicionales tales como la lectura de libros y revistas, y la asistencia a actos culturales, conciertos y teatro, así como tocar un instrumento musical por un lado, y actividades modernas, por otro lado, que utilizan un soporte electrónico u óptico sobre el que se construye la propia actividad (Zaragoza, 1988). Entre las actividades modernas destacan la televisión, la radio, el cine, la fotografía y todas aquellas que van surgiendo, imparablemente, en torno al ocio digital.

— Las actividades de tiempo libre de carácter físico están menos diversificadas, siendo el paseo la actividad que realiza un mayor porcentaje de la población española, el 67% en 2005, sólo por detrás de estar con la familia y ver televisión. La amplia difusión del hábito del paseo entre la población española es un factor que, junto con los hábitos alimentarios y la sanidad pública, contribuye de manera destacada a su elevada esperanza de vida, una de las más altas del mundo. Ya a mayor distancia porcentual se encuentra el salir al campo e ir de excursión, que es practicada, y deseada, por un número creciente de ciudadanos, quizá como actividad compensatoria de la sedentaria y estresante vida urbana y metropolitana que se ha ido desarrollando rápidamente en España en las últimas décadas. La tercera actividad de índole física incluida en la Tabla 13.3 es hacer deporte, que está porcentualmente estabilizada desde los años 90, después de un rápido crecimiento a lo largo de los años 80 y 90.

— En cuarto lugar se encuentran las actividades de tiempo libre con una orientación práctica, esto es, con una finalidad utilitaria, entre las que destacan la realización de trabajos manuales y el ocuparse del jardín, que también han experimentado un crecimiento moderado en las últimas décadas.

Aunque no está claro en general si el tiempo libre de la población ha crecido o no, puesto que su magnitud varía sustancialmente en función de las distintas etapas del ciclo vital y de las condiciones de los sujetos, resulta indudable que ha experimentado una profunda transformación: se ha producido una reorganización del calendario y la democratización de las vacaciones; los fines de semana se han convertido en marcos específicos de la privacidad individual y familiar; la heterogeneidad de prácticas va en aumento; y sobre todo, se está transformando el significado de las actividades de ocio, que no solamente contienen implícita una función instrumental (de descanso y reparación), sino que de manera creciente actualizan una dimensión expresiva y emancipadora: el tiempo libre aparece como un tiempo preñado de oportunidades para la realización personal.

1.2. *Los equipamientos culturales*

Una mirada a la evolución de los equipamientos de los hogares españoles y más en concreto de los equipamientos culturales, muestra una transformación de gran envergadura en las condiciones de habitabilidad de las viviendas principales en España. En 1975 todavía había un 13,2% de los hogares españoles que no disponía de agua corriente y un 17,6% carecía de cualquier servicio de aseo, hasta el punto que sólo un 57,3% de las viviendas principales disponía de instalación de baño y ducha. En la actualidad, casi la totalidad de los hogares principales dispone de agua corriente y de agua caliente, de retrete inodoro y de instalación fija de baño o ducha. También cuenta la mayoría con frigorífico, lavadora, televisor(es), teléfonos y algún tipo de reproductor musical y de radio[5].

---

[5] La *ratio* de cobertura en los hogares en 1975 en el caso del frigorífico era de un 70%, la lavadora de casi un 40% y el lavavajillas, que empezaba a darse a conocer, de un 2%.

En la Tabla 13.4 hemos confeccionado una serie relativa a la evolución de los equipamientos culturales en función de diversas encuestas. En 1968, año en que el INE realiza una primera encuesta sobre equipamientos culturales de los hogares, sólo el 38% tenía televisor; el crecimiento de la *ratio* de cobertura de este equipamiento fue espectacular, pues en 1975 ya había alcanzado al 79% de los hogares y diez años después su cobertura era casi universal. En la actualidad ya no es relevante estudiar la evolución de dicha *ratio*, sino la del número de televisores por hogar. Pues bien, según el reciente barómetro del CIS de marzo de 2007, en torno a tres de cada cuatro de los hogares tiene más de un televisor.

TABLA 13.4.—*Evolución de los equipamientos culturales de los hogares españoles (porcentaje de viviendas que tienen el equipo referido) (1968-2006)*

	1968	1975	1978	1985	1990	2002-2003	2005	2006
TV	38	79	63,6	96,0	97,8	99,5	99,4	99,7
Radio	76	76	59,7	63,0	76,4	97,1	87,4	89,4
Tocadiscos	8	19	17,7	19,0	12,0	—	—	—
Magnetófono	—	—	23,6	9,0	9,5	—	—	—
Cámara fotográfica	—	—	29,4	48,0	51,3	78,8	—	—
Proyector film	—	—	5,3	—	2,8	—	—	—
Cámara de vídeo	—	—	—	1,4	3,7	20,4	—	—
Vídeo	—	—	—	10,0	42,0	74,1	68,6	72,0
Cadena musical o equipo de sonido	—	—	—	15,0	36,8	75,0	63,9	69,5
Ordenador sobremesa	—	—	—	—	5,1	40,8	47,8	52,0
Ordenador portátil	—	—	—	—	—	—	13,5	16,4
Algún tipo de ordenador	—	—	—	—	—	—	51,9	57,2
Internet	—	—	—	—	—	21,6	33,9	39,1
Teléfono fijo	19	34	—	—	—	—	84,6	83,3
Teléfono móvil	—	—	—	—	—	—	80,9	88,1
DVD	—	—	—	—	—	—	62,9	71,6
Conexión banda ancha	—	—	—	—	—	—	22,4	29,3

Fuente: Elaboración propia a partir de encuestas citadas en Tabla 13.1. Para 2005, datos de *Encuesta TIC,* 2.º semestre 2005; para 2006, 1.er semestre, *Encuesta TIC,* INE. Algunos datos de 2006 presentan ligeras discrepancias con los que ofrece el Informe de Telefónica de 2006..

Un estudio relativamente detallado de la evolución de los equipamientos culturales de los hogares permite extraer las siguientes conclusiones:

— la difusión generalizada a casi todos los hogares de ciertos equipamientos electrónicos y la ampliación del número de terminales, hasta alcanzar en algunos casos una cobertura universal, siendo ocho de ellos paradigmáticos de ese proceso: televisor, teléfono fijo, radio, vídeo, cámara fotográfica, cadena musical, DVD y teléfono móvil;

— El teléfono móvil, que cada vez es menos un teléfono y más un aparato multimedia, dada la importancia de los SMS y sus potencialidades de uso para la descarga inalámbrica, ha experimentado una incorporación extraordinaria y comienza a desplazar al teléfono fijo, que se halla en retroceso.

— Aunque todavía goza de una implantación reducida, hay que incluir también en este paquete de equipamientos tendencialmente universales el ordenador personal y la conexión a Internet, que tanto por su ritmo de progresión como por su creciente portabilidad muestran una tendencia hacia la cobertura universal. El hogar es ya, desde 1998, el principal lugar de acceso a Internet y el protagonismo de esta navegación corresponde a las generaciones jóvenes, verdaderos nativos digitales.

— El multiequipamiento electrónico y su difusión por las estancias del hogar, que generan la progresión de una individualizada cultura del cuarto (frente a la cultura de la sala de estar en la época de la televisión de canal único).

— La creación de colecciones de diversos tipos de materiales (libros, enciclopedias, discos, casetes, CD, DVD, discos duros externos), de manera que cada hogar es un almacén de una extraordinaria cantidad de información.

— Al trasluz de estos datos se esbozan los procesos de individualización creciente del consumo cultural, favorecidos por la portabilidad y la capacidad de almacenamiento.

— Y sobre todo la creación de la *domus conexa* y el *homo conexus*, conectados a la cultura global mediada.

La Encuesta de Equipamientos y Usos de las Tecnologías de la Información y de la Comunicación (TIC) en los hogares, y el anteriormente referido barómetro del CIS de marzo de 2007 permiten ahondar con algo más de detalle en la penetración de las nuevas tecnologías. En este último se observa (véase Tabla 13.5), que el 74% de los hogares cuentan con más de un televisor; un 27% con televisión digital terrestre; un 20% con televisión por cable y un 19% con antena parabólica.

TABLA 13.5.—*Equipamientos de TIC en los hogares españoles (2007)*

TIC	(%)
Teléfono móvil	81,2
Teléfono fijo	78,9
Cámara fotográfica	74,4
Más de un TV	73,5
DVD	71,6
Vídeo	67,2
Equipo de música con lector de compactos	65,6
Algún tipo de ordenador personal	58,4
Internet	46,1
MP3/MP4/iPOD	38,3
Grabadora de CD/DVD	32,0

TABLA 13.5 *(cont.).—Equipamientos de TIC en los hogares españoles (2007)*

TIC	(%)
Videoconsola	31,7
Cámara de vídeo	31,4
Televisión digital terrestre (TDT)	26,9
Televisión por cable	20,0
Antena parabólica de TV	19,2
Fax	7,4

Fuente: Barómetro CIS, marzo de 2007.

Por otra parte, también se constata que los teléfonos móviles han desplazado a los fijos; que las cámaras fotográficas se están universalizando, al igual que el DVD y el vídeo. Además, el barómetro registra los últimos datos sobre ordenadores y la penetración de Internet y recoge como novedad los datos relativos a equipamientos como consolas y microelectrónica digital (mp3/mp4).

Esta penetración de la microlectrónica en los hogares y en la vida cotidiana de los individuos esboza un nuevo paradigma de percepción y apropiación cultural. Al transportar la cultura a los hogares, sostiene Donnat, los aparatos electrónicos han permitido la emergencia de nuevas formas de apropiación de las imágenes, de los sonidos y más recientemente de los textos, generando nuevas vías de acceso al saber, y ofertando nuevos horizontes de consumo cultural en los que los obstáculos simbólicos son menores que en el caso de la frecuentación de los equipamientos culturales (Donnat, 2003). Ciertas prácticas culturales no quedan restringidas a un espacio (infraestructuras culturales) y a un tiempo (horarios), se desvinculan de dichas constricciones, de sus nichos sociales precedentes, y son relocalizadas en un espacio nuevo (el hogar cibernético) y en tiempos vitales o calendarios que se construyen a medida. De ello, sin embargo, no se deriva un rechazo sistemático a las actividades realizadas fuera del hogar, pero sí la existencia de un factor de diversificación, mediante la personalización.

1.3. *El gasto de los hogares en actividades de consumo cultural y de ocio*

La Encuesta Continua de Presupuestos Familiares, elaborada por el INE, permite confeccionar una serie histórica desde principios de los años 70 hasta la actualidad sobre la evolución del gasto de las familias y la importancia relativa dentro del mismo de la partida destinada a consumo cultural y de ocio. De esta manera, conocemos la disponibilidad de los hogares a gastar dinero en determinados bienes y servicios. Y en tal sentido, no cabe la menor duda que las familias españolas han efectuado grandes esfuerzos para incorporarse a la cultura mediada.

En la Tabla 13.6 se ofrecen los datos para el período 1974 a 2003 por partidas de gasto, de tal manera que es posible establecer el peso de cada partida en cada momento. El dato más relevante se halla en el importante incremento experimentado por los gastos relativos a las dos partidas más específicamente culturales: comunicaciones, por un lado, y esparcimiento, ocio y cultura, por otro.

TABLA 13.6.—*Evolución del consumo medio por persona en 1974 y en 2003*

	1974	(%)	2003	(%)	Variación 2003/1974
Gasto total	4.425,9	100,0	5.782,9	100,0	30,6
Alimentación y bebidas no alcohólicas	1.366,8	30,9	1.316,7	22,7	–3,7
Bebidas alcohólicas , tabaco y narcóticos	197,5	2,6	169,5	2,9	–14,2
Vestido y calzado	394,5	8,9	513,2	8,9	30,0
Alquileres y gasto de vivienda	410,7	9,3	717,3	12,4	74,6
Muebles, electrodomésticos y otros gastos	363,1	8,2	351,7	6,1	–3,2
Salud	126,3	2,9	158,8	2,7	25,7
Transporte	448,8	10,1	742,3	12,8	65,3
Comunicaciones	23,7	0,5	181,6	3,1	666,2
Esparcimiento, ocio y cultura	205,1	4,6	438,1	7,6	113,6
Enseñanza	124,2	2,8	84,8	1,5	–31,8
Hostelería, bares y restaurantes	490,8	11,1	657,9	11,4	34,0
Otros	274,4	6,2	450,6	7,8	64,2

Fuente: Elaboración propia a partir de datos de INE.

En el caso de los bienes y servicios relacionados con esparcimiento, ocio y cultura, mientras que en 1974 dicho sector representaba el 4,6% del gasto total por persona, en el 2003 ha llegado a ser el 7,6% . Por su parte, en comunicaciones se ha pasado del 0,5 al 3%. Lo destacable aquí no es la magnitud, sino la tendencia.

TABLA 13.7.—*Gasto de los hogares en bienes y servicios culturales por tipo de bienes y servicios (2000-2005)*

	2000	2001	2002	2003	2004	2005
Gasto Total (en millones de euros)	6.984	7.632	7.680	8.339	9.481	10.460
Libro no de texto	741	848	858	856	1.115	1.175
Publicaciones periódicas	1.635	1.725	1.756	1.922	1.981	1.855
Servicios culturales	1.923	2.110	2.230	2.271	2.563	3.003
Equipos y accesorios audiovisuales de tratamiento de la información	1.884	2.054	1.915	2.353	2.816	3.441
Soporte para el registro de imagen, sonido y datos	584	672	673	628	635	665
Reparaciones de accesorios audiovisuales	123	122	117	125	124	139
Otros bienes duraderos para el ocio y la cultura	96	100	131	185	247	183

Fuente: Elaboración propia a partir de los *Anuarios de Estadísticas Culturales* de 2005 y 2006, que utilizan como base la *Encuesta Continua de Presupuestos Familiares*.

La Tabla 13.7 permite constatar la evolución seguida por las partidas más específicamente culturales desde el año 2000 al 2005.

Durante el período recogido en la Tabla 13.7, el gasto total de los hogares en biernes y servicios culturales ha pasado de 6.984 millones de euros a más de diez mil millones. Pero no todos los componentes de esta partida de gasto, experimentan la misma evolución, siendo especialmente significativa la evolución de las publicaciones periódicas en los dos últimos años, puesto que en un contexto de alza indiscutible de los servicios audiovisuales, se hallan en retroceso.

Por su parte, el gasto cultural medio por persona en los hogares españoles, entre el año 2000 y el 2005 ha experimentado un crecimiento importante, pasando de 172 euros por persona en el año 2000 a 243 en el año 2005.

1.4.   *El gasto público en la promoción de la cultura*

En la sociedad contemporánea, de acuerdo con Hannerz, existen cuatro marcos fundamentales de flujo cultural: el mercado, el Estado, los movimientos sociales y las formas de vida. De una manera especial, subraya Hannerz el papel que juega la administración pública no sólo en la producción de legitimidad (ciudadanos, identidades nacionales), sino también en la promoción del *welfare* cultural (Hannerz, 1992) mediante la creación de estándares intelectuales y estéticos. Por ello, antes de abordar el gasto público en cultura, presentaremos el sistema público de intervención cultural que se implanta en la España contemporánea.

1.4.1.   «El sistema de intervención»

En las sociedades modernas que han desarrollado, con posterioridad a la Segunda Guerra Mundial, el Estado de bienestar y han creado los derechos de ciudadanía, se ha ido tomando mayor conciencia del carácter minoritario y elitista de la alta cultura, y en consecuencia se ha tratado de extender al conjunto de la población, no sólo la educación y la sanidad, sino también la cultura.

Éste es afortunadamente el caso de España. En los preámbulos de las diversas estadísticas españolas que en los años 70 comienzan a explorar la demanda cultural, subyace esta concepción, tímidamente inspirada en las políticas de André Malraux, ministro de cultura francés, que en 1959 se había marcado como objetivo «hacer accesibles a todo el mundo las obras capitales de la humanidad…, asegurar la más amplia audiencia a nuestro patrimonio cultural y favorecer la creación de obras de arte y del espíritu». Pero sobre todo, dicha orientación queda reflejada en diversos lugares de la Constitución de 1978. El acceso a la cultura se define como un derecho vinculado a la dignidad personal y la calidad de vida; por su parte, en el artículo 44.1 se afirma que es tarea del Estado proteger dicho derecho y también «proteger a los pueblos de España» en el ejercicio de los derechos humanos, sus culturas y tradiciones, lenguas e instituciones. Por tanto, aparece una doble lógica, en términos de los paradigmas culturales dominantes: la de la democratización (garantizar al mayor número posible el acceso a los bienes y servicios culturales, a las grandes obras de la cultura); y la de la democracia cultural (proteger los derechos culturales de los pueblos de España).

Pero, además, la sociedad española a principios de los años 70 presenta otra peculiaridad respecto al contexto europeo: la falta de libertades. Por tanto, podemos convenir con Juan Pablo Fusi que a partir de 1977 se producen tres procesos determinantes: *a)* la cristalización de un régimen de libertades en el ámbito de la edición, la prensa, el teatro, la cinematografía y las bellas artes; *b)* la intensificación de la acción del Estado al servicio de la difusión social de la cultura; y *c)* el resurgimiento de las culturas de las comunidades autonómicas, como expresión de una nueva idea de España basada en el reconocimiento de la pluralidad cultural y lingüística (Fusi, 1999, págs. 149-150). Veamos estos aspectos, con un poco más de detalle.

En 1976-1977, los primeros Gobiernos de la monarquía emprenden reformas decisivas en el ámbito informativo: supresión del Ministerio de Información, cierre o venta de los periódicos del Estado y fin del monopolio informativo de Radio Nacional. Fue un primer paso. Con el fin de la censura, del control y del monopolio, de la represión ideológica y del imperio del nacional catolicismo, se produjo una explosión de manifestaciones culturales y se despertó la ilusión por recuperar el tiempo perdido. Brotaron nuevos periódicos, nuevas emisoras de radio, nuevas televisiones y canales, hasta el punto de que puede sostenerse que entre 1975 y 1990, se produjo «una verdadera revolución» en los medios de comunicación españoles. En ellos se plasmaría el nuevo clima cultural de la democracia, un clima en el que el rasgo más definitorio fue la pluralidad o la ausencia de *establishment* cultural (Fusi, 1999, págs. 151 y 168).

Por otra parte, en agosto de 1977 se creó, no sin desconfianza hacia el dirigismo y recelos hacia el centralismo, el Ministerio de Cultura, mediante la convergencia en el mismo de las políticas de patrimonio y bellas artes, de un lado, procedentes del Ministerio de Educación, y, de otro, las políticas de espectáculos (cine, teatro, música y danza), que habían estado radicadas con anterioridad en el Ministerio del Interior y en ese momento dependían del Ministerio de Información y Turismo. De esta manera, se institucionalizaba al máximo nivel, al menos en teoría, un marco para la política de protección, difusión y dinamización cultural.

Decimos que dicha institucionalización tenía una connotación teórica, porque con la progresiva implantación posterior del Estado de las Autonomías, fueron los Gobiernos de las Comunidades Autónomas los que pasaron a ostentar la hegemonía de la acción cultural. De acuerdo con el marco normativo, refrendado por el Tribunal Constitucional, la política cultural debía moverse en un marco de plena concurrencia competencial entre las diversas instancias y niveles de la Administración, pero si nos atenemos a lo que indica la evolución del gasto público en cultura no hay duda del papel creciente y central de la Administración Autonómica.

De hecho, en 1981 existían notables desequilibrios territoriales en la distribución del gasto cultural. Según afirma Colosio, Madrid retenía el 74% de los gastos de difusión cultural, el 34% del gasto para bibliotecas y el 71% de la partida relativa a museos. Por otra parte, el 60% del gasto cultural lo efectuaba el Ministerio, un 39% correspondía a la Administración Local y quedaba un 1% para la Administración Autonómica (en *Cultura en Cifras*, 1996, pág. 53). Este panorama había cambiado sustancialmente en 1987, puesto que la Administración Central había reducido su peso en el gasto cultural total hasta un 22%, las Comunidades Autónomas habían crecido hasta un 18%, y el resto correspondía a la acción local. Desde ese momento, las Comunidades Autónomas han seguido ganando participación, pero a costa de la intervención local, puesto que la del Ministerio se ha mantenido en torno al 20%.

La articulación del sistema autonómico ha comportado un activismo cultural no sólo de las Comunidades Autónomas que gozaban del reconocimiento de nacionalidades históricas y que contaban con elementos diferenciados (lengua, instituciones o derecho foral propio), sino de todas ellas, que han desplegado una acción intensa para recuperar (o construir) símbolos de la identidad colectiva, han creado una estructura administrativa notable y diversificada, y han desarrollado programas de política cultural orientados a la promoción de la identidad colectiva y de las industrias culturales propias en el contexto de la globalización. Así, de una primera fase centrada en la construcción identitaria (promoción de la cultura local, redes asociativas, patrimonio, fiestas, etc. lengua, medios de comunicación propios, creación de museos y exposiciones, como *Las edades del hombre* o *La luz de las imágenes*) se ha pasado a una segunda de atracción turística y de proyección internacional, basada en la creación de grandes equipamientos emblemáticos y la celebración de macroeventos. Dentro de ésta pueden destacarse por citar algunos ejemplos el *Museo Guggenheim*, de Bilbao la *Ciudad de las Artes y las Ciencias* de Valencia o *La Ciudad de la Cultura* de Galicia; la Expo de Sevilla, el Encuentro de las Culturas de Barcelona o la Expo del Agua de Zaragoza.

No obstante, por debajo de este papel hegemónico central de las Comunidades Autónomas, se halla la acción soterrada y próxima al ciudadano, de la administración local, vinculada a los tejidos asociativos que actúan como una especie de vanguardia de la agitación cultural. En este sentido, debe notarse que la Administración Local (Diputaciones y Ayuntamientos) sigue concentrando en torno al 50% del gasto en cultura. Pero, igualmente se ha de señalar la enorme heterogeneidad de situaciones: de un lado, las grandes y medias ciudades (Madrid, Barcelona, Valencia, Bilbao, Sevilla, Salamanca, Córdoba, Oviedo o Santiago), que pueden desarrollar planes de gran envergadura tanto en infraestructuras como en programas y eventos, y de otro los pequeños y medianos municipios, donde la acción cultural suele concentrarse en torno a las fiestas patronales y los programas respaldados o financiados por la respectiva diputación.

1.4.2. «La evolución del gasto público»

Durante las últimas décadas, todos los países han venido incrementando de una manera significativa sus presupuestos en cultura, si bien de una manera creciente este incremento se produce mediante alianzas diversas con grandes corporaciones y la práctica de la esponsorización. En España, según los datos que proporciona el informe *Cultura en cifras* de 1996, los presupuestos homogenizados experimentaron un crecimiento sostenido tanto en términos monetarios como reales entre 1978 y 1984 (pasaron de 11.350 a 29.793 millones de pesetas). Una vez producidas las transferencias a las Comunidades Autónomas, también se observa que el gasto cultural conjunto del Estado, de las Comunidades Autónomas y las Corporaciones Locales, se duplicó entre 1986 y 1994 (pasando de 168.687 millones de pesetas a 422.617).

En cuanto al peso en el PIB del gasto cultural agregado era de 0,57 en 1985 y en 1992, había llegado a ser de 0,64 (véase Tabla 13.8).

TABLA 13.8.—*Distribución porcentual del gasto cultural en relación con el PIB total entre 1985 y 1994, en cada Administración Pública*

Año	Administración Central	Administración Autonómica	Administración Local
1985	0,14	0,11	0,32
1986	0,12	0,10	0,34
1987	0,12	0,11	0,33
1988	0,14	0,12	0,41
1989	0,14	0,14	0,35
1990	0,13	0,17	0,35
1991	0,13	0,19	0,35
1992	0,12	0,21	0,31
1993	0,12	sd	0,30
1994	0,18	sd	0,32

Nota: no hay datos para CCAA en 1993 y 1994

Fuente: Elaboración propia a partir de datos de *Cultura en Cifras,* 1996.

Dado que a partir del año 2000 las magnitudes referidas al gasto se ofrecen de acuerdo con la armonización de la estadística europea y se refieren a presupuestos liquidados, resulta difícil establecer una continuidad y, por tanto, es imposible la comparación con las series precedentes. Por ello, hemos procedido a presentar una tabla, la número 13.9, dedicada a la distribución del gasto en relación con el PIB total para el período 2000-2004.

TABLA 13.9.—*Distribución porcentual del gasto cultural en relación con el PIB total entre 2000 y 2004 en cada Administración Pública*

Año	Administración Central	Administración Autonómica	Administración Local
	% del PIB	% del PIB	% del PIB
2000	0,09	0,15	0,26
2001	0,09	0,15	sd
2002	0,09	0,15	sd
2003	0,10	0,16	0,34
2004	0,09	0,16	0,32

Fuente: Cultura Base, Ministerio de Cultura. *Estadística de Financiación y Gasto Público en Cultura.* Ministerio de Economía y Hacienda. *Estadísticas de Liquidación de los Presupuestos de las Comunidades Autónomas y de las Entidades Locales.*

Así, en el año 2000, la parte de la Administración Central sería de un 0,09 y se habría reducido en comparación con períodos anteriores, mientras que la de las Comunidades Autónomas se sitúa en el 0,15 y la de la Administración Local, que es la más alta, en el 0,26. En 2004, se mantienen casi idénticas las cuotas de la Administración Central, pero ha crecido la correspondiente a las Corporaciones Locales.

Dada la dificultad para fijar una serie homogénea durante todo el período, no es posible concluir con rigor cuál ha sido la evolución del gasto cultural en relación con el PIB. No obstante, parece indudable que ha experimentado un cierto crecimiento; del mismo modo que las pesetas y euros per cápita gastadas por cada Administración en cultura.

Por otra parte, el período estudiado ha sido pródigo en la creación de grandes infraestructuras emblemáticas y la organización de grandes eventos. Sin pretensiones de exhaustividad, citaremos las siguientes: en la década que va de 1986 a 1996, como recoge el Informe del Real Instituto Elcano, «culminan una serie de actuaciones que proporcionan gran visibilidad a la política cultural, como la inauguración de museos o auditorios»: Centro de Arte Reina Sofía y Museo Nacional de Arte Romano de Mérida, 1986; Auditorio Nacional de Música de Madrid, 1988; Instituto Valenciano de Arte Moderno y Centro de Arte Moderno de las Palmas, 1989; Palacio de Festivales de Cantabria, 1991; *Centro Galego de Arte Contemporáneo* y colección Thyssen-Bornemisza, 1993; Museo de Arte Contemporáneo de Barcelona y Museo Domus de A Coruña, 1996. Y la dinámica ha seguido en todas las Comunidades Autónomas.

Entre los eventos de este período cabe citar los Juegos Olímpicos de Barcelona, la Exposición Internacional de Sevilla y el V Centenario del Descubrimiento, o las capitalidades europeas de la cultura de Madrid (1995), Santiago de Compostela (2000) y Salamanca (2002).

Esta política de grandes infraestructuras y macroeventos ha continuado su dinámica ascendente y constituye un reflejo de las nuevas tendencias y desplazamientos de las políticas culturales hacia una reconciliación entre cultura y fiesta o arte y entretenimiento, y que muchos consideran una espectacularización banalizadora de la cultura al servicio de la diferenciación marginal de las grandes ciudades, con el fin de captar los flujos turísticos de carácter internacional.

En general, puede decirse que España ha tratado de aproximarse a las pautas y corrientes imperantes en su entorno, si bien dado el carácter tardío de este proceso, por el camino se han quemado etapas con demasiada celeridad y se ha pasado a la política espectacular, sin haber consolidado las infraestructuras y políticas necesarias para la democratización cultural (como por ejemplo, la red de bibliotecas o el fomento de las enseñanzas artísticas no regladas).

Otra laguna a señalar se halla en los nuevos desequilibrios generados por lógica derivada de la hegemonía de las Comunidades Autónomas, sin la consiguiente coordinación y cooperación central para atenuar las desigualdades en el gasto per cápita en cultura. Según los datos publicados por el Ministerio de Cultura sobre los valores medios por habitante del gasto liquidado en cultura por la Administración Autonómica, en 2004, la Comunidad Foral de Navarra ofrece el valor más alto, 73,7 euros, mientras que Baleares o Canarias cuentan con el más bajo, inferior a 20 euros (véase Tabla 13.10).

TABLA 13.10.—*Gasto liquidado en cultura por la Administración Autonómica por Comunidades Autónoma (2004)*

	Valor medio por habitante
Andalucía	23,5
Aragón	27,5
Asturias	32,3
Islas Baleares	11,9
Canarias	17,2
Cantabria	42,5
Castilla y León	48,8
Castilla-La Mancha	33,8
Cataluña	32,5
Comunidad Valenciana	24,4
Extremadura	38,9
Galicia	48,5
Madrid	26,1
Murcia	22,7
Navarra	73,7
País Vasco	35,3
La Rioja	37,9
Ceuta	35,4
Melilla	69,0
TOTAL	30,8

Fuente: Ministerio de Cultura, *Anuario 2006.*

2. VALORES Y PRÁCTICAS CULTURALES Y DE OCIO

En este apartado vamos a ofrecer información sobre la evolución de los valores y creencias de la población española y de las prácticas culturales y de ocio más significativas en su tiempo libre.

2.1. *Evolución de los valores y costumbres*

Los valores, hábitos y costumbres de la sociedad española se han modificado sustancialmente durante el período aquí contemplado. Ha sido precisamente en estas últimas décadas cuando ha comenzado a efectuarse sondeos periódicos extensos en un amplio número de países de todo el mundo, incluida España (J. Díez Nicolás y R. Inglehart, 1994), sobre los valores sociales. Entre tales estudios destacan los que han seguido la línea de investigación iniciada por Inglehart a finales de los años 70 (Inglehart, 1977) con su tesis de que los valores de los públicos occidentales se estaban desplazando desde unas preferencias netamente materialistas de bienestar, orden y seguridad, hacia un mayor énfasis en valores posmaterialistas de calidad de vida. Tesis que fue posteriormente ampliada al considerar que el giro desde los valores materialistas a posmaterialistas era sólo un componente de un cambio general, al que denominó posmodernización (Inglehart, 1998).

Del amplio número de dimensiones del cambio de valores que se vienen estudiando siguiendo esta línea de trabajo, hemos seleccionado tres campos de observación que pueden ser especialmente reveladores del intenso proceso de cambio cultural y de los valores sociales y prácticas culturales, que ha tenido lugar desde los inicios de la transición democrática en la sociedad española: el religioso, el de la sexualidad y la transformación de relaciones de autoridad en el seno de la familia. En el primero, no sólo cabe hablar de un proceso de secularización, sino de una radicalización de ésta siguiendo parámetros difícilmente parangonables en Europa, o incluso podría hablarse de una segunda secularización; en el terreno de la sexualidad reina la tolerancia más amplia; y en el seno de la familia, la toma de decisiones suele ser negociada.

2.1.1. «La radicalización de la secularización»

En las últimas décadas, en los países europeos que han pasado por un proceso de secularización se asiste a un período de radical individualización que afecta a la religión y a las formas de vivir la experiencia religiosa. Los rasgos más significativos del mismo serían los siguientes: radicalización del relativismo y la tolerancia, que penetra en el interior de los propios creyentes asiduos; componencialidad del sistema de creencias (que se articula de manera selectiva a modo de puzzle individualizado); pragmatismo, en vez de confrontación con la autoridad eclesiástica; difusión de una religiosidad difusa al margen de la institución (aneclesialidad)[6].

GRÁFICO 13.1.—*Las creencias y prácticas religiosas de la población valenciana (2000)*

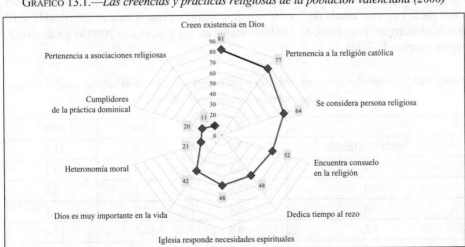

Fuente: Encuesta Mundial de Valores, 2000, Comunidad Valenciana.

---

[6] Véase Arroyo, 2004.

En el Gráfico 13.1 se ofrece de una manera sintética el diferente grado de adhesión que suscitan determinadas creencias o prácticas. El gradiente oscila desde la creencia en Dios, mayoritaria, del 81% de la población entrevistada, hasta la pertenencia a asociaciones religiosas, una práctica que sólo sigue el 11%.

El elevado porcentaje de población que dice creer en Dios, contrasta significativamente con el de quienes afirman que Dios sea importante en su vida y con el de quienes se basan en las normas religiosas para orientar su conducta (heteronomía moral). Mientras que en la *Encuesta Mundial de Valores* (muestra de la Comunidad Valenciana) hallamos todavía un 81% que dicen creer en Dios, solamente afirma que éste es importante en su vida un 42% y apenas un 20% dice seguir las normas religiosas en el gobierno de su existencia. Todavía es mayor el abismo entre creencia y comportamiento en los datos que ofrece para España el estudio de Pérez-Agote y Santiago, donde sólo un 6% dice que considera importante tener en cuenta sus creencias religiosas cuando ha de tomar decisiones de trascendencia (2004, pág. 97). Por tanto, la religión ha perdido su poder de nexo cultural que mantuvo durante la época del nacional catolicismo y, además, se ha producido un notorio distanciamiento respecto a las pautas normativas dictadas por la Iglesia Católica.

2.1.2.   «La liberalidad y tolerancia en las costumbres»

Esta dimensión podría analizarse en una gran variedad de aspectos, pero tal vez el más revelador se halle en la valoración de la homosexualidad. La progresiva aceptación de ésta se ha traducido recientemente en la aprobación de la legislación relativa a las uniones homosexuales. En la Tabla 13.11, se ofrecen los resultados relativos a la evolución de la valoración de la homosexualidad en la *Encuesta Mundial de Valores* entre 1981 y 2000. El porcentaje de quienes nunca la consideran justificable ha ido reduciéndose desde un 54% hasta un 12%, mientras que el de quienes siempre la consideran justificable ha pasado del 5% al 24%. Todavía más significativa es la evolución del valor medio en esta escala de 1 a 10, donde 1 significa que nunca es justificable y 10 que lo es siempre: pues bien, en 1981 se situaba en 3,4 y en el año 2000 lo hacía en 6,2, según muestra la Tabla 13.11.

TABLA 13.11.—*Distribuciones porcentuales e indicadores medios de la valoración de la homosexualidad en España (1981-2000)*

	1981	1990	2000
Nada justificable	53,7	34,9	11,6
2	6,1	4,4	4,1
3	5,8	3,7	4,8
4	3,9	2,9	6,1
5	9,8	14,7	17,4
6	2,8	5,7	7,6
7	2,7	3,3	7,8
8	3,1	4,2	7,7

Tabla 13.11 *(cont.).—Distribuciones porcentuales e indicadores medios de la valoración de la homosexualidad en España (1981-2000)*

	1981	1990	2000
9	0,6	4,1	5,1
Siempre justificable	5,0	14,0	24,0
NS/NC	6,4	8,1	3,8
N	2.303	1.510	1.209
Media	3,4	5,5	6,2

Fuente: Encuesta Mundial de Valores 1981, 1990 y 2000.

En la encuesta del INJUVE de 2006 sobre *Percepción Generacional, Valores y actitudes, calidad de vida y felicidad,* el 86% considera la homosexualidad como una opción sexual más; dicha aceptación es mucho más pronunciada entre las chicas que entre los chicos (89,5% frente a 76%); además, el 78% justifica el matrimonio homosexual. Sólo el 10% se considera católico practicante, y ello pese a que un 17,5% estudió en un colegio religioso.

Algo parecido se observa al comparar la evolución de las distribuciones de las valoraciones dadas a la eutanasia, entendida como el acto de poner fin a la vida de un enfermo incurable (véase Tabla 13.12).

Tabla 13.12.—*Distribuciones porcentuales e indicadores medios de la valoración de la eutanasia en España (1981-2000)*

	1981	1990	2000
Nada justificable	50,2	33,4	18,2
2	6,8	5,4	6,9
3	5,8	3,6	5,1
4	3,3	2,6	5,3
5	8,1	12,2	18,6
6	3,5	3,8	5,8
7	4,0	4,0	7,8
8	3,5	4,7	7,0
9	1,4	3,5	4,3
NS/NC	6,9	12,0	7,6
N	2.303	1.510	1.209
Media	3,1	4,5	5,2

Fuente: Encuesta Mundial de Valores 1981, 1990 y 2000.

En 1981 el 50% de los entrevistados era de la opinión de que la eutanasia nunca estaba justificada, mientras que dos décadas más tarde, en 2000, dicha opinión tan sólo la mantenía el 18% de la población entrevistada. En el extremo opuesto, la población que consideraba siempre justificable la eutanasia alcanzaba en 1981 el 6,4%, mientras que en 2000 dicha opinión era compartida por el 13,4%. Se trata de una variación menos fuerte que en la opinión contraria, pero en todo caso representa en términos relativos un crecimiento superior al 100%. Con los valores medios se registra igualmente un incremento estadísticamente significativo, pues se ha pasado del 3,1 de media en 1981 a 5,2 en 2000.

2.1.3. «La transformación del sentido de la autoridad»

En un estudio publicado por la Fundación BBV y dirigido por José I. Ruiz de Olabuénaga se define el género de vida de la juventud española actual como liberto. El liberto es aquel joven que poseyendo un potencial de autonomía y decisión mayor que nunca, derivado de la desaparición de los modelos tradicionales de comportamiento, homogéneos y universales, encuentra, sin embargo, limitado el desarrollo de ese potencial por ciertas condiciones económicas, sociales y culturales que lo atan y sujetan, entre otras, a la institución familiar. Esta condición de liberto puede generar un síndrome de Peter Pan, en el caso de producir un retraso relativamente voluntario de la emancipación dadas las transformaciones experimentadas por las relaciones intrafamiliares.

Ciertamente, ésta es una cuestión relevante: ¿cómo son hoy las relaciones intergeneracionales en el seno de la familia? ¿qué queda del autoritarismo patriarcal? Para empezar llama la atención la extraordinaria satisfacción de los jóvenes con su vida actual y, muy especialmente, con su familia. Esto es al menos lo que reflejan sistemáticamente las encuestas del INJUVE. Cuando, además, se les pregunta por su valoración de los padres, por el grado de libertad que experimentan en el hogar o por los asuntos que suelen ser conflictivos, los resultados que se obtienen muestran que nos hallamos ante un modelo familiar negociado, si no democrático. En concreto, sólo el 7% considera muy estricto a su padre y el 5% a su madre; para la inmensa mayoría ambos son poco o nada estrictos (el 60% considera que el padre es poco o nada estricto y el 68% piensa lo mismo de la madre)[7].

Para explorar el grado de libertad en el hogar, se les ha preguntado si podrían hacer en su casa sin dificultad las cosas que aparecían en una tarjeta o si por el contrario disgustarían a sus padres y serían fuente de conflicto. En el Gráfico 13.2 se ofrecen los resultados:

---

[7] INJUVE, 2002.

GRÁFICO 13.2.—*El grado de libertad en el hogar*

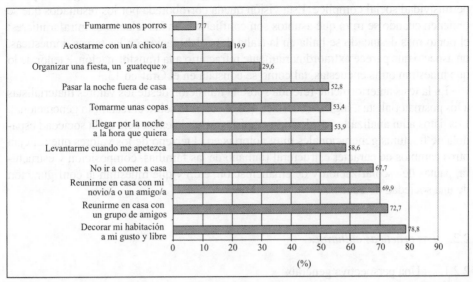

Nota: La pregunta estaba formulada de la manera siguiente: Dime si podrías hacer en tu casa las cosas que voy a leerte y cuál sería la actitud de tus padres en cada caso: 1 Podría hacerlo sin ningún problema, 2. Podría hacerlo sin dificultad, pero se disgustarían, 3 Podría hacerlo si se empeña, pero tendría una bronca familiar, 4. No podría hacerlo, no le dejarían.

Fuente: INJUVE, 2000.

Los dos aspectos que suscitan una mayor oposición familiar son fumar porros (70% podría hacerlo pero con bronca) y acostarse con un chico/a (55,3 tendría bronca). Lo que observamos es un extraordinario grado de libertad y, por tanto, una notable eman-

GRÁFICO 13.3.—*Razones que motivan discusiones. (Fundación Santamaría, 1999)*

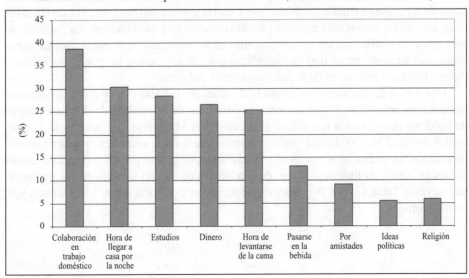

Fuente: INJUVE, 2000.

cipación moral y normativa, dado el amplio margen de libertades conseguidos, y una permisividad social cómplice. Esta visión queda corroborada por los resultados que se obtienen cuando se mira qué asuntos son conflictivos en las relaciones intrafamiliares: el punto más destacado se halla en la (falta de) colaboración en las tareas domésticas, un aspecto que parece extraordinariamente refractario a la transformación, a tenor de lo que muestran otras encuestas, tal como se constata en el Gráfico 13.3.

En la tesis anteriormente referida sobre la transición desde los valores materialistas a los posmaterialistas, Inglehart destaca que se sustenta sobre el recambio generacional. Los datos aquí analizados evidencian empíricamente la existencia en la sociedad española de fracturas generacionales muy notorias en el terreno de los valores que reflejan otros cambios de carácter estructural (tamaño de las familias, composición y estructura, pautas de escolarización y de emancipación, etc.) y que muestran la configuración de una sociedad de edades.

2.2. Las prácticas culturales

2.2.1. «Una perspectiva general»

Dadas las dificultades que plantea la confección de tablas longitudinales donde pueda analizarse con rigor la evolución de las prácticas culturales, hemos optado por estudiar la evolución de las dos categorías que menores dificultades plantean: las personas que contestan que nunca realizan una actividad concreta y las que dicen realizarla con mayor frecuencia.

En la Tabla 13.13 se observa que todas las actividades para las que disponemos de datos en ambas fechas (1978 y 2003) han experimentado una reducción de la categoría «los que nunca la realizan»; por tanto, puede hablarse de un incremento en todas ellas del porcentaje de practicantes y una consiguiente expansión de las prácticas culturales. Lamentablemente, no tenemos datos para estudiar la evolución de actividades definidas como de alta cultura (música clásica, ópera, danza o zarzuela) para un período tan dilatado, pero la evolución más reciente permite concluir que incrementan sus públicos, si bien son minoritarias no sólo en el conjunto de la población, sino entre aquellas categorías que supuestamente más se identifican con ellas, y pese a las generosas subvenciones directas e indirectas de la Administración Pública.

Una forma de aproximarnos al grado de difusión de todas ellas y a una perspectiva comparativa entre ellas, la proporciona la confección de un *ranking* de difusión a partir de los datos de asistencia que ofrece la encuesta del Ministerio de Cultura y la Fundación Autor de 2002-2003. Este *ranking* permite constatar la clara hegemonía de la cultura mediada y audiovisual y, más específicamente, de la televisión. En contraste, como hemos indicado, las típicas prácticas de alta cultura continúan siendo elitistas y minoritarias (véase Tabla 13.14). Por tanto, existe un divorcio notorio entre la alta cultura y la cultura popular.

TABLA 13.13.—*La evolución de las prácticas culturales entre 1978 y 2003*

	1978		2003	
	Nunca (%)	Frecuencia alta (%)	Nunca (%)	Frecuencia alta (%)
Acudir a bibliotecas	92,5	5,1	75,2	13,1
Lectura de libros	63,6	18,0	50,9	22,4
Lectura de periódicos	35,0	33,8	30,3	40,9
Ir a discotecas	81,2	14,2	75,5	14,1
Visitar museos	79,7	15,5	62,7	27,4
Ir al teatro	89,3	3,2	67,7	2,8
Ir al cine	53,7	33,8	37,9	31,1
Escuchar la radio	44,2	39,7	21,4	59,6
Escuchar música	76,3	23,7	17,0	71,2
Música en directo	99,3	3,9	86,4	—
Ir a conciertos de música clásica	—	—	86,4	8,4
Ir a conciertos de música actual	—	—	67,2	24,9
Ver la televisión	12,1	79,6	2,0	98,0
Ir a la ópera	—	—	93,9	2,7
Ir a la zarzuela	—	—	94,1	2,4
Danza	—	—	91,3	4,6
Usar el ordenador	—	—	68,7	28,3
Conexión a internet	—	—	77,3	19,6

Fuente: Encuesta de *Demanda Cultural en España*, Ministerio de Cultura, 1978 y *Encuesta de hábitos y prácticas culturales en España 2002-2003*, Ministerio de Cultura y Fundación Autor.

TABLA 13.14.—Ranking *de actividades culturales en 2003 según grado de difusión*

Grado de difusión	Actividad	(%)
Difusión general (el porcentaje de población que las realiza se sitúa próximo al 100%)	Ver televisión	CU
Difusión alta o muy alta (el porcentaje de población que las realiza supera el 60% y puede aproximarse al 90%)	Escuchar música Lectura de prensa y revistas Ir al cine Ver el vídeo	86,2 69,7 62,1 51,7
De difusión media (el porcentaje de población que las realiza oscila entre el 35% y el 59%)	Lectura de libros Visita a museos y monumentos	49,1 37,1

TABLA 13.14 *(cont.)*.—Ranking *de actividades culturales en 2003 según grado de difusión*

Grado de difusión	Actividad	(%)
De difusión media baja (el porcentaje de población que las realiza oscilaría entre 15% y 34%)	Espectáculos musicales en vivo	32,5
	Ir al teatro	31,9
	Utilizar el ordenador	31,3
	Ir a bibliotecas	24,5
	Prácticas de *amateur*	24,5
	Espectáculos deportivos	20,0
De difusión minoritaria (el porcentaje de población que las realiza es inferior al 15%)	Visitar la casa de cultura	14,1
	Ir a conciertos de música clásica	13,3
	Ir a conferencias	9,3
	Ir a los toros	8,6
	Ir al ballet	8,3
	Práctica de artes plásticas	7, 7
	Ir a la ópera	5,7
	Ir al circo	4,8

Fuente: Elaboración propia a partir de *Encuesta de hábitos y prácticas culturales en España 2002-2003*, Ministerio de Cultura y Fundación Autor.

Vamos a analizar a continuación la evolución de algunas de estas prácticas y a indagar en el perfil sociodemográfico de los practicantes.

2.2.2. «La hegemonía de la cultura audiovisual»

Ver *televisión* se ha convertido durante este período en la actividad hegemónica, tanto por la cantidad de personas que la realizan diariamente (cobertura universal) como por la cantidad de tiempo diario que se le dedica: en 1990 eran 184 minutos por persona; pasaron a 211 en 1995 y han seguido creciendo hasta 217 en 2005. Ahora bien, establecidos estos datos básicos, rotundos, conviene detenerse con algo más de atención en la evolución de las prácticas televisivas, porque entre la oferta disponible en 1975 y la de 2007 y los modos de ver televisión entonces y ahora hay diferencias sustantivas.

En primer lugar, no sólo se ha producido una proliferación de cadenas y canales, una privatización de las emisiones (y por tanto una pluralidad de emisores); además, no solamente se asiste ahora a la posibilidad de captación global de emisiones (como por ejemplo CNN u otras), sino que el multiequipamiento o la disponibilidad de aparatos complementarios para seleccionar en el acto o para grabar emisiones y verlas en diferido, han transformado la práctica de ver televisión y fomentan la individualización y la fragmentación de públicos. En tal sentido, toda la artillería lanzada hace unas décadas contra el potencial homogeneizador de la televisión se ha ido disipando progresivamente, apareciendo ahora una nueva retórica apocalíptica contra la fragmentación. Indudablemente, la diferenciación entre cadenas generalistas que emiten en abierto y que ofrecen contenidos de baja calidad (cuando no directamente de mal gusto) y cadenas de pago, especializadas, produce rupturas entre las audiencias y posiblemente genere brechas socioculturales significativas.

En tanto se difunde la televisión por Internet y en los teléfonos móviles, los datos más relevantes se hallan en los casi tres millones y medio de hogares abonados a canales de pago; y en el 20% que recibe televisión codificada. La clase social es, sin duda, una variable que incide en la explicación de estos datos. De hecho, ver la televisión genérica se convierte cada vez más en una actividad de personas mayores y de escaso nivel cultura (véase Tabla 13.15), mientras que las clases acomodadas se decantan por emisiones codificadas y especializadas, tratando de poner coto al tiempo dedicado a la audiencia televisiva, de manera que la práctica que en los 60 pasaba por ser un índice de modernización es vista ahora como un signo de alienación. Por otra parte, para las cohortes jóvenes Internet y las otras pantallas proveedoras de entretenimiento se están convirtiendo en rivales con éxito frente al televisor.

TABLA 13.15.—*Evolución del tiempo dedicado a ver televisión por cohortes de edad*

	2003	2004	2005
4-12 años	146	151	142
13-24 años	143	144	143
25-44 años	191	195	195
45-64 años	253	259	258
65 y más	302	310	306
Media	213	218	217

Fuente: Anuarios de Audiencias de televisión (Fundación Autor-SGAE, 2006, págs. 418 y sigs.).

Más allá de los contenidos sustantivos que ofrece la televisión, no puede olvidarse que es el principal medio de difusión de publicidad y, por tanto, de sustentación del consumo. Pues bien, en 1995 se emitieron 948 millones de *spots* que ocuparon 332.937 minutos; en 2005 han sido 2.264.813 *spots* los que han ocupado 755.479 minutos de publicidad en TV.

El *cine* logró difusión popular generalizada antes que la televisión, pero se ha visto transformado con la implantación de ésta y con la difusión de los sucesivos artefactos de grabación y reproducción. Pero a lo que se asiste no es una reducción del interés y fascinación por el cine, sino a una redefinición de la práctica que de centrarse esencialmente en la salida fuera del hogar para asistir colectivamente a la visión de películas en salas específicas, se ha pasado a la visión confortable en el hogar (el *home cinema*). No obstante, como vamos a ver en el Gráfico 13.4, tras una impresionante caída de la asistencia a salas entre 1968 y 1988, se está produciendo una cierta recuperación a finales de los 90, protagonizada esencialmente por las cohortes adolescentes y por una renovación de la calidad de las salas.

En el referido gráfico puede observarse cómo en 1968 se vendían 377 millones de entradas, que habían pasado a ser 70 millones en 1988, mientras que en 2005 han ascendido hasta 124, esto es, casi el doble que en 1988, pero todavía menos de la mitad que en 1968.

GRÁFICO 13.4.—*Evolución del número de espectadores de cine en sala (1968-2005)*

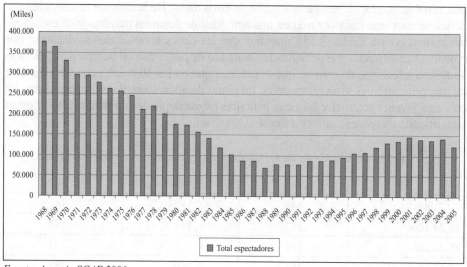

Fuente: Anuario SGAE 2006.

GRÁFICO 13.5.—*Evolución del número de pantallas de cine en España (1968-2005)*

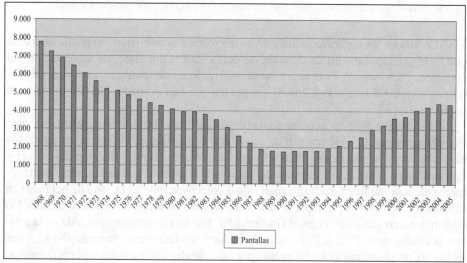

Fuente: Anuario SGAE 2006.

A su vez el Gráfico 13.5 ofrece información sobre la evolución de las pantallas de cine durante el período de referencia. La fase de crisis del cine en sala ha comportado el cierre de numerosas salas (han desaparecido en casi todos los pueblos) y, por tanto, una reducción notable del número de pantallas; sin embargo, a partir de 1994 se aprecia un incremento del número de salas. Se trata del fenómeno conocido como multicines, que comporta concentración en espacios comerciales y de ocio de numerosas salas de tamaño reducido y con mejores condiciones de recepción (con frecuencia en las periferias de las grandes ciudades).

Como hemos comentado, este resurgimiento del cine en sala tiene un perfil esencialmente juvenil, mientras que a medida que se constituyen familias y se hallan en fase reproductiva, con hijos pequeños, se produce un retraimiento hacia el consumo hogareño y la consiguiente utilización del vídeo (véase Gráfico 13.6).

GRÁFICO 13.6.—*Perspectiva comparada de la audiencia del cine, la televisión y el vídeo*

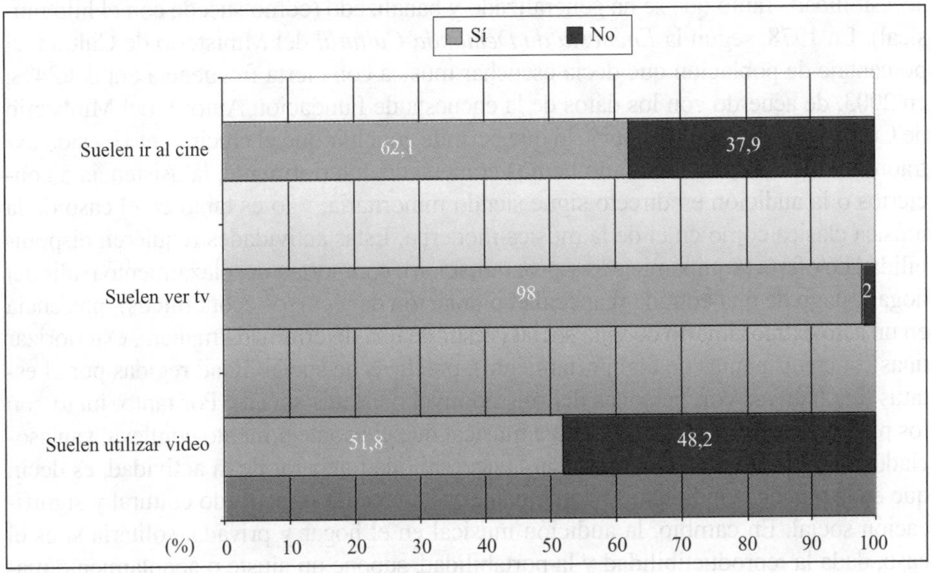

Fuente: Anuario SGAE, 2006.

Mientras que en 1991 sólo el 42% de los hogares poseía equipamiento de *vídeo*, en el 2005 se había generalizado en tres de cada cuatro hogares. De hecho, constituye el segundo canal para ver películas después de la televisión. En torno al mismo, se concitan dos públicos bien diferentes: uno exigente y selectivo que practica el coleccionismo y reserva los momentos adecuados para la visión de las películas; otro, el de los niños y jóvenes, que tiene dificultades de acceso al cine en sala por movilidad o accesibilidad económica. La relación del vídeo con el cine es compleja, puesto que más que un sustituto de la asistencia a salas, constituye un complemento[8]. De todas formas, el consumo de cine en casa mueve ya más dinero que la venta de entradas para ver cine en sala.

Todos estos datos, más los referidos a la difusión del ordenador personal e Internet, de los teléfonos móviles, de las consolas y videojuegos, ponen ante nuestra mirada la incuestionable hegemonía de los flujos culturales que circulan por las pantallas.

___

[8] La constante obsolescencia del equipamiento de grabación y reproducción producida por la convulsión tecnológica genera problemas económicos a los hogares. En poco tiempo hemos visto sucederse sistemas VHS, DVD, HD-DVD y BD.

2.2.3.   «La explosión de la audición musical»

La audición de música es, sin duda, la práctica que ha experimentado una progresión mayor en un período de tiempo más breve como consecuencia de las sucesivas innovaciones tecnológicas que permiten la audición mediada y modifican los patrones de accesibilidad. Tanto que se ha generalizado y banalizado (como sucede con el hilo musical). En 1978, según la *Encuesta de Demanda Cultural* del Ministerio de Cultura, el porcentaje de población que decía escuchar música con cierta frecuencia era del 24%; en 2003, de acuerdo con los datos de la encuesta de Fundación Autor y del Ministerio de Cultura, ha ascendido al 86%, lo que permite concluir que el crecimiento ha sido extraordinario. No obstante, como hemos comentado anteriormente, la asistencia a conciertos o la audición en directo sigue siendo minoritaria, y lo es tanto en el caso de la música clásica como en el de la música moderna. Estas actividades requieren disponibilidad de oferta (equipamientos y programación), comportan desplazamiento (salir del hogar), pago de una entrada (capacidad o dotación de recursos económicos), presencia en un acto extraordinario de vida social (vestir de una determinada manera, exteriorizar unas concretas pautas de comportamiento), prácticas de sociabilidad regidas por el estatus (encontrarse con personas del mismo nivel o estatus social). Por tanto, junto con los placeres estéticos y la experiencia musical que el acontecimiento conlleva, van asociados otros factores que determinan la accesibilidad general de la actividad, es decir, que en la práctica en directo se combinan explícitamente significado cultural y significación social. En cambio, la audición musical en el hogar y privada, solitaria si es el caso, dada la reproductibilidad y la portabilidad, supone un ajuste o acoplamiento mayor entre los gustos y la realización de las preferencias.

De hecho, en el caso de la música clásica, se observa que categorías sociales de reducido nivel educativo, edad avanzada y bajo estatus, escuchan música con cierta frecuencia, sin que se den porcentajes correlativos de asistencia a auditorios. Por tanto, la audición mediada facilita el acceso a la música clásica a categorías sociales que, por distintas razones, no pueden concederse el placer de acudir a conciertos en directo.

Esta omnipresencia y generalización de la audición musical, con frecuencia como actividad secundaria (como acontece cuando se conduce el coche o se está trabajando), ha ido acompañada del entronamiento de determinados géneros musicales, que son hegemónicos como el *rock* y el *pop* (véase Tabla 13.16), mientras que otras músicas que también han expandido sus públicos, se encuentran sin embargo difundidas por enclaves más diferenciado.

TABLA 13.16.—*Preferencias musicales de quienes escuchan música con frecuencia mensual en 1999*

Tipo de música	% que escucha respecto a quienes escuchan varias veces al mes
Música clásica	25,9
Ópera	2,0
Zarzuela	3,2
Música popular folclórica, española	19,7

TABLA 13.16 *(cont.).—Preferencias musicales de quienes escuchan música con frecuencia mensual en 1999*

Tipo de música	% que escucha respecto a quienes escuchan varias veces al mes
Música ligera melódica	24,7
Música moderna *(rock, pop,* etc.)	58,6
Jazz	5,3
Flamenco	9,2
NC	1,3
N	1569

Fuente: CIS, Estudio núm. 2.324, barómetro del mes de abril, 1999.

2.2.4.   «Las prácticas letradas y de alta cultura»

Los lamentos sobre la reducida extensión de la práctica lectora entre la población española son reiterados y lacónicos. Por ejemplo, Mercadé en una síntesis de la situación de la cultura a principios de los 90 afirmaba: «Algo falla en la sociedad española. Los libros no se leen y la prensa tiene escasa difusión; las bibliotecas están poco concurridas; los cines se quejan de un progresivo descenso de público, y el teatro no tiene el éxito que le corresponde en una sociedad desarrollada. Si realizamos un promedio, los españoles varones dedicamos en 1988 tan sólo diez minutos diarios a los libros y once a la prensa, frente a cuarenta a la radio y doscientos a la televisión; las mujeres tan sólo dos minutos a la prensa, en cambio escuchan la radio ochenta minutos y ven la televisión casi ciento noventa minutos» (Mercadé, 1990, págs. 579-580). Podrían encontrarse muchas lamentaciones como ésta en distintos momentos de la historia reciente. Pero ¿qué nos dicen los datos?, ¿la lectura se halla acorralada y asediada por el audiovisual?

Tanto la evolución de los datos de compra de publicaciones como los relativos al equipamiento bibliotecario doméstico y de asistencia a bibliotecas públicas, indican que la accesibilidad y contacto con los materiales escritos han crecido muy notablemente durante este período. Ahora bien, de ello no se desprende inmediata y automáticamente que quienes tienen competencia lectora y quienes tienen acceso a los libros, vayan de hecho a realizar prácticas habituales de lectura, ni que quienes leen lo hacen tomando como objeto las grandes obras de la cultura universal.

El análisis de los resultados de diversas encuestas pone de manifiesto que durante este período ha crecido significativamente el número de personas que leen, y que también han incrementado su porcentaje los lectores asiduos (según el último barómetro, enero de 2006, del gremio de Editores y Libreros, el índice de lectura se hallaba en el 55,5%[9]). Pero no es menos cierto, que la mayoría de los libros son leídos por un número reducido de lectores (que son lectores intensos[10]) y que hay un porcentaje relativa-

---

[9] En la Encuesta de Fundación Autor y Ministerio de Cultura de 2002-2003, este porcentaje era del 49%.

[10] El 10% lee más de 12 libros al año y un 21,7% entre 7 y 12 libros; el resto, menos de 7 o ninguno (Editores y Libreros, *http://www.federacioneditores.org/News/Noticia_250107.asp,* 2006).

mente elevado que no leen y que no tienen interés por la lectura. Y todo ello se produce, como hemos dicho, en un período en que no sólo se ha generalizado la competencia lectora, sino que ha madurado el proceso de secundarización y terciarización del capital educativo.

2.3. *El deporte como actividad lúdica y de consumo masivo*

A lo largo de las tres últimas décadas, el deporte en España, como actividad de tiempo libre, se ha convertido para amplios segmentos de población en un pasatiempo muy apreciado e incluso en bastantes casos dominante, y para la totalidad de la población es ya un importante producto de consumo de masas, en su doble manifestación de espectáculos deportivos omnipresentes en los medios de comunicación en la vida cotidiana de pueblos y ciudades, y como consumo de artículos deportivos —vestido, calzado, equipamiento— para su uso personal y familiar.

Por lo que se refiere a las prácticas deportivas de la población, el rápido crecimiento que experimentaron en los primeros años de la transición democrática, se ha ido ralentizando de tal manera que en estos primeros años del siglo XXI todavía no se ha logrado alcanzar los niveles de práctica deportiva de los países nor- y centro europeos (véanse Tablas 13.17 y 13.18).

TABLA 13.17.—*Evolución de la práctica deportiva de la población española**
(1975-2005)

Practica deporte	1975	1985	1995	2005
Sí	22	34	39	40
No	78	66	61	60
N	2.000	2.008	4.271	7.190

*Población entre 15 y 65 años.
Fuente: García Ferrando, 2006.

A pesar de que se ha casi duplicado el porcentaje de población que realiza algún tipo de práctica deportiva en el período considerado —el 40% en 2005 frente a sólo el 22% en 1975—, todavía continúa siendo más numerosa la población que no practica deporte alguno, el 60% en 2005. Para hacernos una idea más precisa de lo que significa este último porcentaje como indicador de la cultura deportiva de la sociedad española en los tiempos presentes, baste señalar que en los países europeos de nuestro entorno los porcentajes de practicantes de deporte sobrepasan a los correspondientes porcentajes de no practicantes. Así, por citar algunos ejemplos, en Finlandia sólo el 19% de la población no practica deporte, en Suecia el 30%, en el Reino Unido el 34% y en los Países Bajos el 37% (COMPASS, 2000).

La ralentización de la práctica deportiva en España como actividad de ocio y tiempo libre desde mediados de la década de los 90 se debe, en buena medida, a que la socialización en la práctica deportiva que se había convertido en prácticamente obligatoria desde comienzos de los años 80 mediante su incorporación como materia del currículum escolar (Educación Física y Deporte), se ha visto alterada por el abandono de las prácticas deportivas a edades cada vez más tempranas por parte de los jóvenes una vez finalizada la educación obligatoria. Un abandono que se hace todavía más acusado por razones de estudio, trabajo y situación familiar a partir de los 25 años de edad, de tal modo que sólo es a partir de los 55 años de edad cuando se registran mayores y más regulares niveles de práctica deportiva en la población española en 2005 con respecto a décadas anteriores.

En estos comienzos del siglo XXI el deporte, en su manifestación de práctica personal, se encuentra sometido, al igual que ocurre en otros países de las economías desarrolladas, a una fuerte competencia por parte de otras actividades de tiempo libre con mayor reclamo publicitario y consumista, entre ellas el propio espectáculo deportivo. De este modo, la práctica deportiva encuentra cada vez mayores dificultades para disponer de un tiempo social propio desde el que se pudiera hacer frente con mayor nivel de éxito que en la actualidad, a la creciente y poderosa oferta de actividades hedonistas y consumistas que dificultan, cuando no impiden, la consolidación de hábitos deportivos estables entre los segmentos más jóvenes de la población.

Con todo, la práctica deportiva continúa teniendo un fuerte atractivo como actividad deseada de tiempo libre, esto es, como la actividad que se desearía practicar si no fuera por otros factores que constriñen su práctica (véase Tabla 18).

TABLA 13.18.—*Actividades en las que le gustaría a la población emplear su tiempo libre (2005-1990) (porcentajes)*

Tipo de actividad	2005	2000	1990
Estar con la familia	51	39	26
Pasear	44	—	—
Estar con los amigos/as	42	31	20
Ir al cine	38	31	22
Ver televisión	34	24	15
Salir al campo, ir de excursión	33	28	22
Hacer deporte	31	28	23
Escuchar música	30	19	11
Leer libros, revistas	29	21	15
Ir a bailar	23	19	13
Ir al teatro	22	16	14
Oír la radio	22	12	8
Ir de compras a centros comerciales	22	—	—
Ir de copas	22	—	—
Ver deporte	20	13	8
Navegar por Internet	15	—	—

Fuente: García Ferrando, 2006, pág. 42.

Es de destacar, a la vista de los resultados que se presentan en la Tabla 2, que amplios segmentos de la población desearían ocupar su tiempo libre, si sólo de ellos dependiera, en actividades más exigentes físicamente como pasear y hacer deporte, o también más exigentes intelectualmente como leer libros y revistas, ir al teatro o ir a bailar, o más favorecedoras de las relaciones de sociabilidad con familiares y amigos, aunque no deja de ser un deseo que parece difícil de cumplir, pues los resultados apenas han variado en las dos últimas décadas cuando se comparan las actividades de tiempo libre que realmente hacen con las que se desearía hacer.

Y es que la realidad social no suele ajustarse demasiado bien a la esfera social de los deseos colectivos, ya que en el caso del deporte la realidad es que es más elevado el porcentaje de población que «ve deporte» como actividad de tiempo libre que la que «hace deporte». A la difusión de la popularidad de los espectáculos deportivos han contribuido todos los medios de comunicación de masas aunque ha sido la televisión el que ha ejercido y continúa ejerciendo un impacto más decidido, entre otras cosas porque quizá sea de entre todos los medios el que más se beneficia de los espectáculos deportivos como el medio más eficaz, sencillo y asequible para incrementar y fidelizar audiencias.

Pero no se trata tan sólo de que el deporte haya penetrado en los hogares españoles a través de los medios de comunicación, especialmente la televisión, ya que también lo ha hecho a través de artículos deportivos que se integran en el equipamiento de los hogares, contribuyendo de este modo a configurar pautas de consumo y estilos de vida propios de sociedades deportivizadas como lo son todas las sociedades más desarrolladas en estos comienzos del siglo XXI (véase Tabla 13.19).

TABLA 13.19.—*Porcentaje de hogares en los que hay al menos un artículo deportivo de los más usuales para ejercitarse físicamente y practicar deporte (1990-2005)*

Artículo deportivo	1990	2000	2005
Bicicleta de adulto	52	64	63
Balón de fútbol	60	62	62
Juego de ajedrez	54	56	55
Raqueta de tenis	55	53	50
Balón de baloncesto, voleibol o balonmano	37	38	40
Tienda de campaña	25	38	40
Bicicleta de niño	40	37	38
Patines	29	36	35
Equipo de pesca (caña, red)	26	27	28
Aparatos de musculación (pesas, máquinas de discos)	9	19	21
Aparato de ejercitación (bicicleta o remos estáticos)	11	19	24
Equipo de bucear (gafas, aletas)	17	17	18
Escopeta de caza	18	15	13
Útiles de montañismo	11	14	16
Equipo de esquiar	8	10	11

TABLA 13.19 *(cont.).—Porcentaje de hogares en los que hay al menos un artículo deportivo de los más usuales para ejercitarse físicamente y practicar deporte (1990-2005)*

Artículo deportivo	1990	2000	2005
Mesa de ping-pong	7	6	6
Moto deportiva	6	5	5
Equipo de navegación (vela, tabla, canoa)	4	3	4
Palos de golf	2	2.5	2

Fuente: García Ferrando, 2006, pág. 42..

El ascenso de la bicicleta a la primera posición del *ranking* de los artículos deportivos que existen en los hogares españoles, es la consecuencia inmediata del resurgir del ciclismo recreativo, familiar y deportivo en los últimos años del siglo XX, que ha conducido a que exista al menos una bicicleta en el 63% de los hogares españoles, once unidades porcentuales por encima del resultado de 1990.

El balón de fútbol, que a principios de la década era el artículo más frecuente, con el 60%, ha experimentado un ligero incremento de dos unidades porcentuales, pero no ha sido suficiente para mantener la primera posición de artículo más popular, ya que con el 62% de los hogares que lo poseen en 2005, pasa a ocupar la segunda posición.

Los juegos de ajedrez, las raquetas de tenis y los balones de baloncesto, voleibol y balonmano vienen a continuación, aunque sus respectivos porcentajes, 55%, 50% y 40%, son bastante similares a los que había en 1990, lo que indica que se trata de actividades que han permanecido relativamente estables a lo largo de la década. Más han aumentado las tiendas de campaña, los patines, los aparatos de musculación (pesas, máquinas de discos) y aparatos de ejercitación (bicicleta o remos estáticos), como consecuencia de que cada vez hay más gente que sale al campo y hace turismo rural, que patina en las ciudades y que se ejercita muscularmente en su casa. En cambio, ha disminuido ligeramente el porcentaje de bicicletas de niño, 40% en 1990 y 38% en 2005, lo que refleja el preocupante descenso de natalidad que ha tenido lugar en España en estos años, y que lo han convertido en uno de los países con las tasas de natalidad más bajas del mundo.

Se ha incrementado también la posesión de útiles de montañismo, de equipos de esquiar y de palos de golf, y se ha mantenido estable o ha disminuido ligeramente la posesión de equipo de pesca, equipo de bucear, escopeta de caza, mesa de ping-pong, moto deportiva y equipo de navegación. Si tenemos en cuenta que en los comienzos del siglo XXI había en España más de 12 millones de hogares, no resulta difícil comprender el fuerte impacto económico que tiene en la actualidad el mercado de artículos deportivos de uso personal y familiar, mercado que era mucho más reducido hace tres décadas.

2.4. *Prácticas turísticas y visita a museos y monumentos*

En el número 34 de la Revista Española de Opinión Pública (1973) editada por el IOP, se presentaban los primeros resultados de una encuesta sobre el turismo interior en España realizada en 1972. En la introducción, el autor se hacía eco de la creciente trascendencia del turismo y del impacto que sobre las nuevas prácticas viajeras de los españoles tenían los importantes flujos de turismo extranjero. Aunque la mayoría de los entrevistados consideraba ya las vacaciones como un bien «muy necesario» (59%), y en torno al 47% había disfrutado de ellas, no todos lo hacían mediante viajes turísticos, sino sólo el 19% de quienes habían tenido vacaciones.

En la actualidad, en cambio, no sólo las vacaciones y las excursiones de fin de semana sino también la experiencia viajera, se han generalizado. De acuerdo con la encuesta *Familitur*, realizada en 2004 por el Instituto de Estudios Turísticos sobre hábitos turísticos de la población española, prácticamente la totalidad de los individuos residentes en España ha viajado alguna vez fuera de su municipio (98%); el 95% lo ha hecho fuera de su provincia; el 89% fuera de su Comunidad Autónoma y un 50% ha salido alguna vez fuera de España. De éstos, el 82% lo ha hecho para hacer turismo.

La experiencia viajera al extranjero forma parte, pues, del bagaje cultural de la mitad de la población española y, además, se halla relacionada con el conocimiento de idiomas, otro aspecto íntimamente vinculado con la dimensión simbólica y las transformaciones culturales. De hecho, el 79% de quienes conocen un idioma extranjero a nivel de conversación (21,4% para el inglés) ha viajado fuera de España en algún momento; pero también lo ha hecho un 39% de quienes no tienen dominio de un segundo idioma además del propio.

Por otra parte, España sigue ocupando un lugar destacado a nivel mundial como destinatario de los flujos turísticos procedentes del extranjero. En 2006 ha recibido 58 millones y medio de visitantes, según la Encuesta de Movimientos Turísticos en Fronteras, lo que supone un 4,5% más que el año anterior. El 90% de las llegadas se concentran en seis Comunidades Autónomas (Cataluña, Baleares, Canarias, Andalucía, Comunidad Valenciana y Madrid) y un 61% de los viajeros proceden de tres países próximos como son Reino Unido, Alemania y Francia.

El turismo, pues, en toda su complejidad constituye un fenómeno cultural de primera magnitud. Pero lo es también económico, social y político.

Mención especial debe merecer en este apartado el denominado turismo cultural, a cuyos lomos avanza extraordinariamente la creación de museos, de espectáculos y eventos y la inauguración de exposiciones, así como las políticas de desarrollo cultural y de diferenciación marginal de las grandes urbes.

De acuerdo con los datos que proporciona el IET y elabora el Ministerio de Cultura, en el año 2004, un 14% de la población española realizó viajes basados en motivos de turismo cultural explícito y estos viajes suponen en torno al 13% de los viajes realizados. Dentro de ellos está adquiriendo creciente importancia el fenómeno del turismo basado en alojamientos rurales, mientras que estaría descendiendo el de *camping* y caravanas.

Como hemos comentado, con este fenómeno se halla relacionada, al menos parcialmente, la creciente importancia de los museos y su proliferación. En la Tabla 13.20 se ofrecen datos de los visitantes de museos en los años 2000 y 2004, pudiéndose apreciar un notable incremento en el total de visitas, fenómeno que se reproduce en casi todos los tipos que se han diferenciado, con la salvedad de las casas-museo y los denominados museos especializados.

Entre los distintos tipos de eventos que se han consolidado estos años pueden destacarse los festivales de teatro (como Almagro, Mérida, Iberoamericano, Titirimundi, etc.) y los de música. Entre estos últimos los hay de todo tipo de música, pero destacan especialmente los estilos modernos: *pop, rock, indie,* electrónica, *reggae...* En su memoria anual, la SGAE diferencia entre macrofestivales (FIB de Benicàssim, Espárrago Rock, Festimad, Viña Rock, etc.), festivales de asistencia masiva (Sónar, Son Latinos, etc.) y festivales de larga duración (Pirineos Sur y La Mar de Músicas). En conjunto, en 2003 congregaron a 644.000 personas.

TABLA 13.20.—*Visitantes a museos por tipo de museo*

	2000	2004
TOTAL	42.455.484	49.727.694
Arqueológico	3.162.978	3.377.920
Arte Contemporáneo	4.459.192	4.660.438
Artes Decorativas	734.809	939.599
Bellas Artes	11.263.801	13.153.316
Casa-Museo	2.046.152	1.545.836
Ciencia y Tecnología	1.200.273	4.671.163
Ciencias Naturales e Historia Natural	1.362.115	1.601.034
De Sitio	1.092.291	1.981.366
Especializado	5.472.554	2.459.682
Etnografía y Antropología	1.540.825	2.263.043
General	4.895.208	6.599.057
Historia	2.392.692	3.247.581
Otros	2.832.594	3.227.658

Fuente: Ministerio de Cultura, Estadística de Museos y Colecciones Museográficas .

3. TENDENCIAS DE LA PARTICIPACIÓN CULTURAL Y LA EXPERIENCIA DEL OCIO

La evolución del panorama cultural, recreativo y deportivo de la sociedad española de las últimas décadas es resultado de numerosas tendencias. Pero tal vez merezca la pena subrayar algunas, que por otra parte no dejan de tener un significado paradójico: cuando hemos conseguido cierta convergencia y normalización con los cánones europeos, es justamente cuando la cultura se ha visto desbordada por las tendencias globales y por tanto cuando, como dice Donald Sasson (2006) para referirse al caso europeo, la cultura ha dejado de ser autárquica y ha pasado a ser dependiente de los mercados globales. Así pues, convergencia y dependencia son sin duda dos tendencias a tener en cuenta, como factores explicativos de la situación actual. Junto a ellas, destacaremos otras, como la pluralidad interna de la España autonómica y su lógica de concurrencia competitiva, la mercantilización de la cultura, el multiculturalismo creciente o las diferencias intergeneracionales.

3.1. *La convergencia y normalización de la cultura española*

Sin lugar a dudas, el cambio más relevante de este período, desde una perspectiva histórica dilatada, radica en la superación del aislamiento y el aislacionismo histórico de la cultura española y su convergencia con los países europeos y con la modernización, hasta el punto de desbordar en algunos aspectos a la propia modernidad circundante. Así del famoso «el liberalismo es pecado» decimonónico, hemos pasado a portaestandartes de liberalidad en las costumbres. No obstante, también se debe señalar que la referida convergencia, consumada en lo sustancial, presenta asimetrías indiscutibles y no ha eliminado otras pautas, que en un contexto histórico modificado, proclive al reconocimiento de las diferencias, no son vistas ya como signos de atraso, sino de singularidad histórica (el caso anecdótico puede ser la práctica saludable de la siesta, pero también hay otros relativos a las formas de sociabilidad y de familismo, y sobre todo a la vitalidad de las fiestas populares).

Entre las asimetrías más relevantes tal vez merezca destacarse la reducida implantación de los hábitos lectores. El hecho de que la universalización de la cultura letrada a través del sistema escolar haya ido en paralelo con la difusión masiva de la cultura audiovisual mediante el mercado, tiene indudables consecuencias respecto a una débil consolidación de prácticas lectoras, cuya debilidad puede hacerse más notoria cuando la hegemonía de los medios de comunicación audiovisual se ha tornado indiscutible y éstos ponen en circulación un tipo de cultura cuando menos banal y acomodaticia, basada en el predominio del entretenimiento.

Otra de las diferencias que nos siguen separando (irremediablemente quizá) de algunos países europeos deriva de la ausencia de una verdadera política de democratización, hegemonizada de manera decidida por una élite cultural dispuesta a difundir la alta cultura en el tejido social y no solamente a recrearse en la endogamia esteticista y formalista que afirma, más que diluye o aminora, las distinciones y el aristocratismo. El acelerado proceso de modernización de la sociedad española no solamente ha llevado a consumir etapas en un período breve de tiempo, sino a no consumar metas de política cultural de hondo alcance.

3.2. *Dependencia y autonomía de los flujos globales*

La denominada cultura popular, que tiene su centro de gravedad en las prácticas musicales y audiovisuales (cine, televisión, vídeo, videojuegos), es una cultura global y del mercado. Lo es por su fuente de producción y de procedencia y lo es de manera creciente por sus contenidos. Afirmar que sea una cultura global no presupone sostener que proceda de cualquier lugar del planeta, sino que los media han difuminado las fronteras típicamente decimonónicas del Estado-nación que imaginaban como coextensivos los componentes de la sagrada trinidad Estado-sociedad-cultura. En verdad, los flujos simbólicos son controlados de manera creciente por un número cada vez más reducido de grandes conglomerados que imponen su lógica de mercado como puede verse en la exhibición de películas en sala o en su ciclo vital, y la mayoría de ellos tienen sus centros de poder fuera de nuestras fronteras.

En este sentido, y por lo que a los contenidos se refiere, como se sostiene en las conclusiones del informe dirigido por Bustamante sobre las industrias culturales en España, existe «un predominio aplastante del producto extranjero», que es especialmente clamoroso en la boyante industria del videojuego, pero también en las más clásicas de la música y el cine. Y ello pese a que en los años recientes se observa una tendencia más positiva de orientación de ciertos grupos hacia la creación local, basada en el «atractivo de los repertorios nacionales» (2002, pág. 311).

De aquí no se desprende, como por una especie de automatismo, la americanización, macdonalización o disneylandización cultural de la sociedad española. Estas tesis difícilmente dan cuenta de la complejidad de los fenómenos de hibridación y mestizaje en curso y de las nuevas formas de interacción multimedia que se están produciendo con las tecnologías de la denominada web social. Si los mercados de signos son globales, las audiencias no pueden dejar de ser locales y los estilos de vida, lejos de ser crecientemente homogéneos, se hallan cada vez más diferenciados.

En este sentido, España también ha proyectado y cuenta con capacidad de proyectar su cultura hacia el exterior. No es ahora el momento de hacer un análisis de las transacciones económicas dependientes de los productos culturales, pero sí de señalar que durante este período han obtenido el premio Nobel de literatura figuras como Vicente Aleixandre o Camilo José Cela; que en la arquitectura internacional brillan con luz propia figuras como Moneo o Calatrava. Igualmente sobresalen nombres de la cultura popular y del deporte: como Almodóvar (en el cine) o Paco de Lucía (en la guitarra), Ferran Adrià (en la gastronomía), Fernando Alonso (en automovilismo), Rafa Nadal (en tenis) y Sergio García (en golf). Y sin embargo el principal activo de la cultura española al encarar el siglo XXI se halla, de un lado, en la lengua castellana, una de las lenguas más habladas del mundo y con creciente poder comunicativo; y, de otro, en su rico patrimonio histórico-cultural, aspecto este que cobra singular importancia en una época que combina proyección tecnológica al futuro y nostalgia por ese «país extraño» o paraíso perdido que es el pasado[11].

3.3. *La mercantilización de la cultura*

La cultura tiene necesaria e ineludiblemente una dimensión económica. En tal sentido, es un factor de creación y desarrollo, una fuerza productiva, una fuente de empleo y ocupación y, sin duda, puede (y debe) estudiarse su contribución al PIB (como han hecho los estudios pioneros de la Fundación Autor[12] y el más reciente del Ministerio de Cultura[13]).

Pero no es este hecho básico el que queremos subrayar, sino la tendencia creciente a tratar los bienes culturales como mercancías y más específicamente dirigidas al entretenimiento masivo y, en consecuencia, como mercancías «ligeras». Esta orientación tiene un carácter general y se plasma no sólo en la proliferación de los populares parques temáticos (Port Aventura, Terra Mítica, Isla Mágica o Warner Bross), sino en la redefinición de otros equipamientos y bienes culturales previos desde tal perspectiva: así sucede con la programación televisiva, pero también con la museística, cuyas exposi-

---

[11] En la lista del patrimonio mundial, España ocupa el segundo país con lugares reconocidos después de Italia, con 39 lugares de una lista de 830. Puede consultarse la lista del patrimonio mundial en *http://whc.unesco.org/en/list/*

[12] Véase García y otros, 1997

[13] Puede descargarse dicho informe en *http://www.mcu.es/estadisticas/MC/VecE/Presentacion.html*

ciones tratan de convocar audiencias masivas, o con las políticas públicas basadas en eventos tan magnos como efímeros.

Pero incluso vista así, la cultura no es una mercancía como otra cualquiera. Es portadora igualmente o de una manera mucho más radical de valores simbólicos que son irreductibles. Todo bien cultural constituye una fuente de placer, pero es al mismo tiempo un factor de estatus y de prestigio, y un referente de identidad personal y social (lo que resulta especialmente visible en el caso de la música o en el cine y las afinidades electivas que se producen entre la pluralidad de géneros y determinadas categorías sociales). En consecuencia, si una mera consideración de la cultura como mercancía puede llevar a subrayar los procesos de estandarización en curso, al observarla desde la perspectiva de su valor simbólico destaca la diferenciación, la individualización y la pluralidad de estilos de vida.

3.4. *Las múltiples fuentes de la pluralidad cultural*

No es necesario acudir a esta creciente pluralidad de estilos de vida que se gestan en el mercado para enfatizar el carácter plural de la cultura española. Ésta ha sido intrínsecamente plural en toda su historia y todo parece indicar que lo será aún más en el futuro, porque emergen nuevos factores estructurales de pluralidad. Como hemos mostrado, la proliferación de los aparatos culturales de las diversas Administraciones Autonómicas ha operado como motor de diversidad cuando no de disparidad.

Diversidad en tanto que actores centrales de las políticas de democracia cultural, que consisten en potenciar el reconocimiento de las diferencias, en este caso mediante políticas de normalización lingüística allí donde existían lenguas autóctonas diferentes y mediante políticas de afirmación identitaria etnoterritorial en todas ellas. Estas políticas han propiciado la recuperación de un rico patrimonio que se hallaba deteriorado, expoliado o en proceso de extinción, y han creado una visión más compleja de España. Pero igualmente han fomentado irredentismos segregacionistas, de manera que hoy la cultura en España es más rica, más heterogénea, más densa, pero también han surgido nuevas fuentes de malentendidos.

Junto a la diversidad derivada de las formas etnoculturales, otros dos factores merecen especial mención por su incidencia actual y futura: la conformación de una sociedad de edades, derivada del alargamiento de la esperanza de vida, de la maduración demográfica y de la consiguiente sucesión de generaciones que son muy diferentes en sus pautas de valor; y el creciente carácter multicultural derivado del incremento del número de inmigrantes y las consiguientes comunidades de diáspora. Cada una de ellas obedece a lógicas diferentes, pero ambas nos enfrentan a nuevas necesidades de mediación intercultural y demandan socialización en pautas de tolerancia y negociación.

3.5. *La apertura del sistema social del deporte*

El dinamismo económico experimentado por el conjunto de la sociedad española en las tres últimas décadas ha favorecido, por un lado, la construcción de nuevos equipamientos deportivos, de los que tan necesitado estuvo el sistema deportivo español durante los largos años del franquismo, lo que ha sido un decidido factor de estímulo para la expansión del deporte popular, mientras que, por otro lado, la nueva riqueza ha favorecido el desarrollo del deporte profesional y espectáculo de masas, que en el caso del fútbol ha convertido la liga española en una de las «más caras» del mundo, con una política de fichajes de jugadores estrella que ha disparado hasta cotas impresionantes los presupuestos de las sociedades anónimas deportivas de fútbol.

Por lo que se refiere al deporte de alta competición, el deporte español ha cosechado sus resultados más brillantes con el éxito organizativo de los Juegos Olímpicos de Barcelona de 1992, en los que la participación española fue tan excelente que logró situar al deporte español de alta competición entre la élite mundial. Desde entonces, son muchos los equipos deportivos y los deportistas individuales españoles que han venido manteniendo unos resultados de tal brillantez, que resultaba sencillamente impensable en los primeros años de la transición democrática.

No es fácil precisar cuál ha sido y continuará siendo el impacto de este proceso de internacionalización del deporte español de alto nivel y comercial en las prácticas deportivas de los españoles, más allá de su consumo de espectáculos deportivos en directo o, lo que es más frecuente, a través de la televisión. Porque aunque es cierto que la práctica de deporte se encuentra entre las diez actividades de tiempo libre realizadas con mayor frecuencia por la población española, no deja de ser un tanto preocupante que los niveles de práctica se encuentren todavía por debajo de los que tienen los ciudadanos europeos de nuestro entorno y referencia, con los que por otra parte, sí se compite en igualdad de condiciones y, con cierta frecuencia, con ventaja en muchos deportes de alto nivel.

Por eso resulta conveniente concebir el deporte contemporáneo en España, al igual que en otros países con economías avanzadas, como un sistema abierto en que continúa siendo un elemento central el deporte federado de carácter competitivo de alto nivel y aficionado, y el conjunto de clubes deportivos que lo sustentan, pero al que acompañan otros tres modelos: *a)* las prácticas deportivas populares, poco organizadas y sometidas a procesos constantes de innovación y diversificación; *b)* las prácticas asociadas a empresas comerciales que cuentan con máquinas sofisticadas para el cultivo del cuerpo —un sector que según datos de Fitness 2007, el Salón de la Industria del Gimnasio celebrado en Ifema, mueve cada año en España más de 2.000 millones de euros—; y *c)* el denso y abigarrado complejo social de practicantes y seguidores que gira alrededor del espectáculo deportivo —fútbol, baloncesto, esquí, motociclismo, automovilismo, ciclismo, navegación, etc.—, que es al auténtico protagonista del deporte en los medios de comunicación de masas.

3.6. *La deriva de las políticas culturales*

Como se ha comentado, las políticas de democratización cultural nunca han tenido en España el fuste, la hondura y alcance de otros países próximos. Durante los años 80, cuando podrían haberse implantado sobre la base de una carta constitucional avanzada, surgieron y se difundieron las políticas de reconocimiento y democracia cultural, espoleadas por la lógica de la configuración del Estado autonómico; en los 90, han irrumpido en escenas políticas de desarrollo cultural, de la mano de programas internacionales de la UNESCO, del Consejo de Europea, y de la competencia entre las grandes ciudades en el plano global; en la primera década del siglo XXI se impone furiosamente la lógica global de la comunicación móvil. Todos estos paradigmas políticos conviven hoy problemáticamente en un horizonte dominado por la globalización y la multiculturalidad.

Pero si los modelos políticos de la acción cultural pueden resultar confusos y si, de otro lado, España adolece de una política decidida de inmersión autóctona y creativa en la cibercultura, no es menos cierto que también se vienen desarrollando, desde los distintos niveles de la Administración, lógicas de institucionalización, de profesionalización y de planificación rigurosa: comienza a vislumbrarse la consolidación de figuras profesionales como los gestores culturales o los mediadores interculturales y algunas Comunidades Autónomas y Ayuntamientos de grandes ciudades han empezado a elaborar planes estratégicos especializados o, más recientemente, a crear observatorios para fundamentar sobre bases empíricas sólidas el gobierno de la cultura. Son pasos tímidos, sin duda. Insuficientes. Esperemos que tras ellos vengan otros más decididos y persistentes.

BIBLIOGRAFÍA

ALONSO, Luis. E., *La era del consumo*, Siglo XXI, 2005.
ÁLVAREZ MONZONCILLO, José María, *El futuro del ocio en el hogar*, Fundación Autor, 2004.
ARIÑO, A. (dir), *La participación cultural en España*, Madrid, SGAE, 2006
ARROYO, M., «Hacia una espiritualidad sin Iglesia», en J. F. Tezanos, *Tendencias en identidades, valores y creencias. Séptimo foro sobre tendencias sociales*, Madrid, Sistema, 2004, páginas 409 y sigs.
BUSTAMANTE, Enrique, *Radio y televisión en España. Historia de una asignatura pendiente de la democracia*, Gedisa, 2006.
BUSTAMANTE, Enrique (coord.), *Hacia un nuevo sistema mundial de comunicación. Las industrias culturales en la era digital*, Gedisa, 2003.
— *Comunicación y cultura en la era digital*, Barcelona, Gedisa, 2002.
COMPASS, *Sports participation in Europe*, Estrasburgo, Council of Europe, 2000.
DÍEZ NICOLÁS, J. e INGLEHART, R. *Tendencias mundiales de cambio en los valores sociales y políticos*, Madrid, Fundesco, 1994.
DONNAT, Olivier, «La question de la démocratisation dans la politique culturelle française», *Modern and Contemporary France*, 11, núm. 1, 2001, págs. 9-20.
DUMAZEDIER, J., *Hacia una civilización del ocio*, Barcelona, Estela, 1964.
FUNDACIÓN AUTOR, *Informe SGAE sobre hábitos de consumo cultural*, Fundación Autor, 2000.
FUNDACIÓN AUTOR y MINISTERIO DE CULTURA, *Encuesta de hábitos y prácticas culturales en España 2002-2003*, resultados detallados, 2005.
FUSI, Juan Pablo, *Un siglo de España. La cultura*, Marcial Pons, 1999.
GARCÍA FERRANDO, M., *Posmodernidad y Deporte: Entre la individualización y la masificación. Encuesta sobre hábitos deportivos de los españoles 2005*, Madrid, Centro de Investigaciones Sociológicas/Consejo Superior de Deportes, 2006.
HANNERZ, U., *Cultural Complexity. Studies in the Social Organization of Meaning*, Columbia University Press. 1992.
INGLEHART, R., *The Silent Revolution. Changing values and political styles among Western publics*, Princeton University Press, 1977.
— *Modernización y posmodernización. El cambio cultural, económico y político en 43 sociedades*, Madrid, CIS/Siglo XXI, 1998.
INSTITUT D'ESTUDIS REGIONALS I METROPOLITANS, *Uso del tiempo libre. Análisis de la Encuesta de Empleo del Tiempo 2002-2003*, Madrid, Insituto Nacional de Estadística, 2005.

Ispizua, M. y Monteagudo, M. J., «Ocio y deporte: nuevas claves para el desarrollo humano», en M. García Ferrando y otros (comps.), *Sociología del Deporte,* Madrid, Alianza, 2002, págs. 249-282.

Lamo de Espinosa, E., «De la contra-reforma a la contra-cultura. Cambio social y cambio cultural en España», en AAVV, *El cambio social en España. Visiones y retos de futuro,* Sevilla, Centro de Estudios Andaluces, 2006, págs. 283-312.

Linz, Juan J., «Reflexiones sobre la sociedad española», 1990, págs. 657-686.

Martín Martínez, J. L., «Turismo interior y vacaciones», en *REOP,* núm. 7, 1967, págs. 209-231.

Mercadé, Francesc, «Vida cotidiana, valores culturales e identidad en España», en Salvador Giner, *España. Sociedad y política*, Espasa Calpe, 1990, págs. 569-591.

Ministerio de Cultura, *La realidad cultural de España 1978*, Madrid, 1978.

— *Demanda cultural en España*, Madrid, 1978.

— *El niño y sus hábitos culturales*, 3 vols., Secretaría General Técnica, 1980.

— *Encuesta de Comportamiento Cultural de los Españoles*, Ministerio de Cultura, 1985.

— *Equipamientos, prácticas y consumos culturales de los españoles*, Madrid, Ministerio de Cultura, 1991.

Puig, Toni, *Se acabó la diversión. Ideas y gestión para la cultura que crea y sostiene ciudadanía,* Paidós, 2004.

Real Instituto Elcano, 2004, *La política cultural en España*, en *http://www.realinstitutoelcano.es*

Rodríguez Morató, Arturo (ed.), *La sociedad de la cultura*, Barcelona, Ariel, 2007.

Rodríguez Morató, Arturo; Bouzada, Xan y Ariño, A., «Políticas culturales en España», en *Cultura y globalización: entre el conflicto y el diálogo,* Universidad de Alicante, 2005, págs. 435-472.

Ruíz de Olabuénaga, J. I., «Ocio y estilos de vida», en M. Juárez (dir.), *Informe sociológico sobre la situación social en España,* Madrid, Fundación FOESSA, 1994, págs. 1882-2073.

— *La juventud liberta,* Bilbao, Fundación BBV, 1998.

Sasson, Donald, *Cultura. El patrimonio común de los europeos*, Barcelona, Crítica, 2006.

Sue, R., *El Ocio,* México, FCE, 1982.

Zaragoza, A. : «El ocio en España», en *Sistema*, marzo de 1989, Madrid, págs. 15-34.

14

La Sociedad de la Información en España

ADOLFO CASTILLA y JOSÉ ANTONIO DÍAZ

1. INTRODUCCIÓN

La liberalización total de las telecomunicaciones españolas tuvo lugar el primero de diciembre de 1998. Como es natural, nada distinto ocurrió en esa fecha en las calles de las ciudades españolas, ni ese día, al alba, el cielo surgió distinto al de cualquier otro. De hecho, un gran porcentaje de la población española desconocía tal efeméride y muchos de los que la conocían la recibieron sin prestar demasiada atención, acostumbrados como estaban a un proceso de liberalización paulatina iniciado años atrás. Sin embargo, a algunos de los estudiosos de la liberalización del sector en el ámbito nacional e internacional, el día nos pareció especial y el acontecimiento memorable.

Desde el año 1984 en que Estados Unidos decidió desmantelar el poderoso monopolio de las telecomunicaciones explotado por la empresa AT&T[1], habían transcurrido 14 largos años en los que los países más agresivos habían conseguido destacadas posiciones y preciosas ventajas en los mercados internacionales. Las dificultades diversas con que se encontró la liberalización en nuestro país, hicieron temer una pérdida de oportunidades y una preparación tardía para la competencia de nuestras empresas y de nuestros empresarios. Al fin y al cabo, el libre mercado y la competencia son instrumentos ideados por la sociedad humana no sólo para conseguir eficiencia, sino para crear oportunidades, impulsar el crecimiento económico y crear actividad general en la sociedad.

Muchos analistas y estudiosos de las telecomunicaciones interpretamos su liberalización en ese sentido positivo, aunque haya que reconocer que al principio todos tuvimos problemas, incluso para concebir cómo introducir competencia en unos servicios

---

[1] Durante años Estados Unidos había creado el más poderoso y avanzado sistema de telecomunicaciones del mundo llamado Sistema Bell. Se basó en el la interrelación de tres componentes destacados: la empresa de servicios, AT&T; la empresa de fabricación de equipos; Western Electric; y los Laboratorios BELL dedicados a la actividad de I+D en todo lo relacionado con las telecomunicaciones.

prestados a través de redes únicas, a las que el viejo concepto de monopolio natural parecía irles como anillo al dedo. La tecnología vino a dar soluciones decisivas, pero también la teoría económica, el derecho e incluso los nuevos vientos liberales que trajo la política al principio de los 80.

En conjunto, las décadas de los años 80 y 90 del pasado siglo constituyen una época revolucionaria, especialmente respecto al sector de las telecomunicaciones y a los sectores cercanos de los servicios de información y los medios de comunicación. Se han producido cambios radicales cuya importancia se incrementará con el paso del tiempo. A poco más de nueve años de la liberalización generalizada en España, se nos ocurre que el estudio y la revisión de los acontecimientos vividos adquieren cierta relevancia, y de ahí surge la idea de este trabajo. El lector encontrará aquí un análisis de los cambios acontecidos en el sector de las telecomunicaciones y una aproximación a la lógica, principalmente económica, que subyace en este fenómeno. Algo también podrá encontrarse sobre las tendencias de evolución y sobre el futuro previsible de lo que hoy denominamos Sociedad de la Información y del Conocimiento.

Desde los años 1993 y 1994 en los que se asignaron las primeras licencias públicas para la explotación de redes de radio búsqueda, primero, y telefonía móvil celular, después, se han producido cambios radicales en el sector de las telecomunicaciones español. En menos de cuatro años desde que se concedió al consorcio Airtel la segunda licencia de telefonía móvil en diciembre de 1994, tres nuevas licencias públicas fueron asignadas: la segunda licencia de telecomunicaciones fijas, realizada mediante la venta de la compañía pública Retevisión, al final del primer semestre de 1997; la tercera licencia de telecomunicaciones fijas a últimos de 1997 que dio lugar a la empresa Uni2; y la tercera licencia de móviles a mediados de 1998 que permitió la creación de la empresa Amena de servicios móviles. A finales de ese año, como se ha dicho anteriormente, la liberalización fue total y como consecuencia de ello, desapareció el monopolio anterior de Telefónica, un número bastante elevado de nuevas compañías operadoras de telecomunicaciones comenzaron a ofrecer servicios, una nueva legislación y una nueva regulación fue implementada, desaparecieron importantes instituciones anteriores y nuevas y destacadas instituciones fueron creadas, añadiéndose a la Comisión del Mercado de las Telecomunicaciones (CMT), constituida a mediados de 1996.

Aunque la Sociedad de la Información como tal se había ido abriendo camino con anterioridad a esas fechas, sobre todo en los países más desarrollados, fue a partir de la liberalización total de las telecomunicaciones cuando más propiamente se puede hablar de su desarrollo acelerado. En poco más de nueve años el panorama español de las telecomunicaciones, de los ordenadores y el procesamiento de la información, y de los medios, ha variado de una forma impresionante. Baste sólo decir como explicación previa, que las interpretaciones más básicas que sobre dicha Sociedad se hacían en 1998, entre ellas las recogidas por denominaciones alternativas tales como Sociedad Red, Sociedad Informacional y las de Nueva Economía, Economía Electrónica, e-Economy o N-Economía, que recogían su impacto económico, están siendo rápidamente superadas por nuevas denominaciones y nuevas interpretaciones.

Para hablar de la Sociedad de la Información en España y de su futuro previsible, a lo que se dedica este Capítulo, habrá que detenerse un tanto en el origen y en el significado del término, tema que se aborda en al apartado que sigue a esta introducción. También habrá que referirse, en lo que constituye el marco de referencia que subyace o soporta los cambios diversos traídos consigo por dicha Sociedad, a aspectos tales como:

cambios y avances en la tecnología digital; aparición de numerosos nuevos servicios relacionados con las TIC (Tecnologías de la Información y Comunicación); expansión de la telefonía móvil, primero, y de las telecomunicaciones sin hilos, después, y surgimiento y desarrollo de Internet. Habrá que referirse también, y por encima de todo, al fenómeno de la convergencia entre las tres grandes áreas de actividad de las telecomunicaciones, los ordenadores y los servicios de información y los medios de comunicación, que es lo que de verdad da lugar a una nueva economía.

Lo mejor para analizar todos esos fenómenos con la intención de obtener una buena visión de conjunto del proceso de cambio tecnológico —o de revolución tecnológica si se prefiere— y a la vez detenerse en los detalles, es la de seguir cuatro líneas paralelas de análisis histórico.

a) La revisión histórica de hechos, acontecimientos, personajes y circunstancias debe comenzar en 1847 con el nacimiento en Edimburgo de Alexander Graham Bell[2], y, sobre todo, con la emigración de este personaje con su familia a Canadá en 1870 y con su obra diversa en Boston hasta que el teléfono fue patentado en el año 1876.

b) La historia de la tecnología relacionada con el teléfono, primero, con las telecomunicaciones, después, y con la tecnología digital y la Sociedad de la Información en su conjunto, finalmente.

c) La historia de los fenómenos económicos surgidos de los avances tecnológicos mencionados. Dos aspectos fundamentales deben revisarse: uno, la estructura económica del sector y sus magnitudes, en función del volumen de producción, crecimiento, empleo y otras variables, y, el otro, la lógica o teoría económica que justifica una manera concreta de organizarse, ya sea, monopolio, oligopolio o libre mercado.

d) El cuarto, por último, en el que se deben estudiar los aspectos organizativos y de gestión y la legislación y regulación públicas necesarias para que la «nueva sociedad» se haya hecho realidad. Son estos últimos los que han permitido atender eficazmente tanto a los mercados como a los usuarios de los servicios de telecomunicación; a los aspectos jurídicos que acompañan a la liberalización de las telecomunicaciones: a la legislación, las normas y reglamentos que los distintos países adoptan, a los organismos reguladores, etc. Y también, los que informan de las consecuencias y el impacto social que la «nueva revolución» genera en la sociedad.

Se hará uso en lo que sigue de estas líneas de análisis aunque teniendo en cuenta la limitada extensión de este trabajo se mezclarán entre sí y se interrelacionarán con otros aspectos del fenómeno al que hemos dado en llamar Sociedad de la Información.

2. Definición, origen y evolución de la Sociedad de la Información

El principio de los años 70 del pasado siglo se toma normalmente como fecha de aparición del concepto mismo de Sociedad de la Información, al cual se han añadido con el transcurso de los años otras denominaciones y conceptos, tales como Sociedad del Conocimiento, Nueva Economía, Sociedad Red o Economía en la Red, o la más re-

---

[2] El telégrafo, una industria que era poderosa en la época en la que se introduce el teléfono es, desde luego, anterior. Surge en 1836 con la instalación de la primera línea telegráfica en Inglaterra.

ciente, Economía Wiki, sobre los cuales se harán consideraciones diversas a lo largo de este trabajo. Se considera que será un fenómeno vivido por las sociedades más desarrolladas de nuestros días que tendrá, siguiendo el símil de la Revolución industrial, una duración aproximada de un siglo corto. Según recientes consideraciones existirá un apogeo, hacia los años 15 y 20 del presente siglo, seguido de un suave declinar, época en la que otras revoluciones y otras sociedades estarán ocupando los lugares de preeminencia en nuestro mundo[3].

La convergencia tecnológica de las llamadas TIC (Tecnologías de la Información y las Comunicaciones) puede señalarse como causa principal de dicho fenómeno, ya que las revoluciones tecnológicas profundas que llevan aparejadas la aparición de una nueva economía y de una nueva sociedad, con sus múltiples implicaciones, es siempre resultado de la combinación o simbiosis de tecnologías, productos y servicios diversos. La tecnología digital constituye el sustrato sobre el que tal convergencia está teniendo lugar y será imprescindible referirse a ella con cierto detalle.

El padre más probable de la denominación «Sociedad de la Información», puede que sea el sociólogo japonés Yoneji Masuda, nacido en 1905 y fallecido en 1995, cuya actividad profesional y académica tuvo una importancia decisiva en la definición estratégica de un modelo de sociedad tecnológica para Japón. Llenó de contenido además la idea de «sociedad de la información» en trabajos diversos realizados para los ministerios de Trabajo y Educación nipones destinados a mejorar y racionalizar las prácticas de producción y formación de la población japonesa. Fue director del Instituto para el Desarrollo de los Usos de los Computadores en Japón. Fundador y presidente del Instituto para la Informatización de la Sociedad. Profesor de la Universidad de Aomuri y director de la Sociedad Japonesa de Creatividad.

A partir de un informe del Ministerio de Industria y Comercio (MITI) elaboró para el instituto JACUDI un Plan para la «Sociedad de la Información. Un objetivo nacional para el año 2000», conocido como Plan JACUDI.

Autor de diversos libros sobre tecnología y sociedad, en 1968 publicó el libro *Una introducción a la Sociedad de la Información*, precursor de su libro más conocido, *La Sociedad de la Información como sociedad post-industrial*[4], traducido a numerosas lenguas, entre ellas al portugués *A sociedade da Informaçao como Sociedade Post-Industrial*, Rio/Embratel, Río de Janeiro, 1980, y al español con un título en el que se cambia «información» por «informatizada»: *La sociedad informatizada como sociedad post-industrial*, Fundesco-Tecnos, Madrid, 1984.

2.1. *Emergencia de la Sociedad de la Información*

La perspectiva social de la relación Tecnología-Sociedad ha girado alrededor de la idea de modernización. Ésta ha ido unida al proceso de difusión de la ciencia y la tecnología en la sociedad, y todo lo que ello comporta: nuevos valores, actitudes, pautas de comportamiento, etc.

---

[3] La llamada convergencia NBIC es la que probablemente le sucederá como nueva base del desarrollo y evolución humanas.

[4] Yoneji Masuda, *Una introducción a la Sociedad de la Información*, Tokio, Perikan-Sha, 1968 y, *La Sociedad de la Información como sociedad post-industrial*, Tokio, Institute for the Information Society, 1980.

Es precisamente la dimensión social y cultural del cambio indicado lo que permite hablar con razón de revolución tecnológica. La tecnología moderna se ha liberado del estrecho marco del sistema productivo en el que estaba enclaustrada antaño, para difundirse en el ámbito, mucho más amplio, de la vida social en su conjunto.

Hasta el momento, la última etapa de transformación socioeconómica ha configurado la llamada Sociedad Industrial Avanzada, caracterizada por la automatización del sistema productivo y la aplicación generalizada de las tecnologías de la información, tanto en el ámbito de la economía como en el ámbito de lo social. Así, sin dejar de valorar la importancia de las innovaciones en el ámbito de la ingeniería genética, nanotecnología y cognotecnología que parecen ser las revoluciones del futuro, las tecnologías de la información representan un importante salto cualitativo en la transformación de la sociedad y de la economía, hasta tal grado que algunos autores hablan de un nuevo paradigma tecno-económico[5] y de la emergencia de la sociedad informacional. Dos razones justifican básicamente la utilización de este último término: la importancia estratégica de las tecnologías de la información y el valor de la información y el conocimiento en la sociedad moderna. Daniel Bell ya puso de manifiesto este hecho al señalar que el papel que jugaban las materias primas en la era preindustrial, o la energía en la industrial, lo jugaba la información en la postindustrial[6]. Acorde con esta realidad se potenciaban nuevos sectores económicos (educación, investigación), nuevas ocupaciones (profesionales y técnicos científicos) y nuevas instituciones (universidad, instituciones académicas y corporaciones de investigación).

La información y el conocimiento se van percibiendo así como el elemento estratégico en la sociedad emergente. Masuda consideró al respecto que el símbolo social de la nueva era será la «unidad productora de información», una infraestructura universal basada en el ordenador que permitirá la innovación tecnológica y el desarrollo social[7]. En esta sociedad informatizada, que Castells llama «ciudad informacional», es el procesamiento de la información la actividad central y fundamental para el condicionamiento de la efectividad y productividad, distribución, consumo y gestión[8].

Castells establece una clara distinción entre el término «sociedad de la información» y «sociedad informacional». Sostiene que la información ha sido un elemento común a todas las sociedades estructuradas en torno al escolasticismo, y por lo tanto, no es algo específico de las sociedades modernas avanzadas. Por ello, prefiere el término informacional para señalar el «atributo de una forma específica de organización social en la que la generación, el procesamiento y la transmisión de la información se convierten en las fuentes fundamentales de la productividad y el poder, debido a las nuevas condiciones tecnológicas»[9]. Esta terminología trata de establecer un paralelismo con la distinción entre industria e industrial: «una sociedad industrial (noción habitual en la tradición sociológica) no es sólo una sociedad en la que hay industria, sino aquella en

    [5] Carlota Pérez, «Structural change and the Assimilation of New Technologies in the Economic and Social System», *Futures*, vol. 15, núm. 5, octubre de 1983, págs. 357-375; y Chr. Freeman, «The case for Technological Determinism», en R. Finnegan y otros (eds.), *Information Technology: Social Issues*, Londres, The Open University/Hodder and Stoughton, 1990, págs. 5-18.

    [6] Daniel Bell, *El advenimiento de la sociedad postindustrial*, Madrid, Alianza, 1976.

    [7] Yoneji Masuda, 1984, ob. cit.

    [8] Manuel Castells, *La ciudad informacional*, Madrid, Alianza, 1995.

    [9] M. Castells, *La era de la información. Economía, Sociedad y Cultura*, vol. 1, La Sociedad Red, Madrid, Alianza Editorial, 1997, pág. 47.

la que las formas sociales y tecnológicas de la organización industrial impregnan todas las esferas de la actividad, comenzando con las dominantes y alcanzando los objetos y hábitos de la vida cotidiana»[10]. De aquí se deduce que de la misma forma que la etapa industrial caracteriza a un estadio de la evolución de la sociedad humana, la etapa informacional supone el surgimiento de una realidad social: la sociedad informacional.

La teoría de Castells, matiza las aportaciones de Bell y Masuda cuando afirma que «lo que caracteriza a la revolución tecnológica actual no es el carácter central de conocimiento y la información, sino la aplicación de ese conocimiento e información a aparatos de generación de conocimiento y procesamiento de la información/comunicación, en un círculo de retroalimentación acumulativo entre la innovación y sus usos»[11].

Cuando se dice que la información se ha convertido en un recurso estratégico para lograr y mantener el bienestar de las sociedades más avanzadas, se hace referencia a un tipo de información que, lejos de representar un conocimiento especulativo de la realidad, representa un conocimiento necesario para transformar la realidad en el sentido deseado por los actores sociales, por lo tanto, es la aplicación de la información, convertida en conocimiento e innovación, lo destacable. Es el proceso de innovación acelerada el determinante de la revolución tecnológica actual.

Esa innovación nos ha traído hasta aquí y la tecnología culminará la nueva etapa de evolución de la humanidad a la que estamos llamando Sociedad de la Información. Algunos avances adicionales previsibles de las TIC para los próximos años serán responsables de ello. Por ejemplo:

- *La velocidad*, incrementos muy notables en los Anchos de banda a través del acceso masivo al ADSL, Acceso a satélites y las tecnologías PLC (Power Line Comunication), de transmisión de datos a través de la red eléctrica.
- *La facilidad de acceso* con Redes inalámbricas en amplios espacios. Sistemas Wi-Fi.
- *La movilidad* con la convergencia integrada de telefonía móvil, ordenador e Internet.
- *La racionalidad e Inteligencia* de los sistemas mediante el Lenguaje XML y sindicación de contenidos RSS; web semánticas como método de clasificación, descripción y estructuración de la información.
- *Y la capacidad* derivada a su vez de un conjunto de avances muy diversos como: los *blog,* el *software* abierto, sistemas de edición electrónica, redes de sensores o la nanotecnología…

3. LA LIBERALIZACIÓN DE LAS TELECOMUNICACIONES:
   IMPACTOS ECONÓMICOS Y SOCIALES

En 1984 culminó en los Estados Unidos un largo proceso de confrontación judicial entre ATT y diversas compañías privadas que se atrevieron a poner en duda la legalidad y conveniencia para el país del monopolio. El famoso juez Greene había ordenado con anterioridad lo que se denominó «divestiture», o desmembramiento, de ATT, y su pues-

---

[10] Ídem.
[11] Ibíd., pág. 58.

ta en práctica comenzó en dicho año. Se crearon siete compañías regionales, totalmente independientes unas de otras, a las que se les asignó la licencia de explotación del monopolio regional; se autorizó inicialmente a tres grandes compañías (ATT, MCI y GTE Sprint) a operar servicios de larga distancia y se abrieron a la competencia una amplia lista de servicios de telecomunicación.

La liberalización introducida por Estados Unidos fue rápidamente adoptada por países como el Reino Unido, Japón, Australia, y Nueva Zelanda y obligó a muchos otros a plantearse la conveniencia de llevar adelante cambios en la dirección marcada por ellos. En Europa en particular, la necesidad de desmantelar sus rígidos y bien asentados PTT constituyó desde entonces un tema de gran controversia sobre el que hoy, casi quince años después, todavía no se ha actuado con rotundidad. La liberalización de las telecomunicaciones está ciertamente aceptada y planificada en la UE, pero todavía queda un largo camino por recorrer, en el que son previsibles actuaciones diversas de los órganos reguladores.

La decisión adoptada por Estados Unidos fue considerada de gran trascendencia por la dinámica de cambio que introdujo en las sociedades industrializadas. Poderosas causas contribuyeron a que Estados Unidos tomara la decisión de desmantelar el potente entramado de empresas del avanzado sistema Bell de telecomunicaciones nacionales. El desencadenante formal pudo ser la decisión del juez Greene como respuesta a las impugnaciones de MCI y de otras compañías americanas al monopolio de ATT, pero existieron otras causas que habían ido adquiriendo carta de naturaleza a lo largo de los años. La evolución y transformación de las telecomunicaciones producto del vigoroso avance de la tecnología y la aparición de innumerables nuevos servicios pueden ser mencionadas entre las más destacadas.

La simbiosis o integración de las *telecomunicaciones* y la *informática* también debe ser citada a este respecto, ya que del intenso choque entre el primer sector, fuertemente monopolista, y el segundo, profundamente liberalizado, surge en gran manera el nuevo equilibrio en el que nos movemos en la actualidad[12].

Los avances tecnológicos, los nuevos servicios y la integración entre sectores, entre otras causas, han traído consigo lo que históricamente había parecido imposible: hacer de las telecomunicaciones un sector explotable bajo el sistema de libre mercado en el que la competencia entre empresas juega un papel destacado.

Todos los viejos y nuevos servicios de este gran sector de actividad se ofrecen hoy a través de las mismas infraestructuras básicas, contribuyendo esta circunstancia a que se interrelacionen y se entrecrucen unos con otros, difuminándose las fronteras entre los propios servicios, entre las infraestructuras a través de las que se suministran y entre las empresas encargadas de proporcionarlos. Cuando eso ocurra extensa y masivamente se habrá creado un gran sector económico o «hipersector», el cual, de hecho, nos llevará —nos está llevando ya— a una nueva sociedad, la «Sociedad de la Información», y a una nueva economía o, ¿quien sabe?, a una «hipereconomía»[13].

Los niveles europeos de liberalización son algo más bajos que los americanos, aunque se supone que la liberalización es hoy total en una amplia mayoría de países de la

---

[12] A. Castilla y M. C. Alonso, *Telecomunicaciones y desarrollo en España e Iberoamérica,* Madrid, Fundesco, 1989.

[13] Las actuales denominaciones «eEnterprise», «eBusiness» y «eEconomy» introducidas y popularizadas en EEUU apuntan en esa dirección.

Unión Europea. Las telecomunicaciones españolas, por ejemplo, accedieron al nivel de liberalización total el primero de diciembre de 1998, como ya se ha dicho, encontrándose en la actualidad en una etapa en la que no hay prácticamente ninguna dificultad para obtener una licencia de explotación de servicios de telecomunicación.

El resultado inicial de la liberalización de las telecomunicaciones fue la creación de tres grandes operadores nacionales de telecomunicaciones fijas y alguno regional de tamaño más pequeño (Telefónica, Retevisión, UNI2 y Euskaltel); tres operadores de telecomunicaciones móviles celulares (Telefónica, Vodafone y AMENA); dos grandes empresas de radio-búsqueda de ámbito nacional; varias redes de grupos cerrados de usuarios; 33 empresas locales de empresas de cable y más de 20 con licencias concedidas directamente por la Comisión del Mercado de las Telecomunicaciones (CMT), órgano regulador del sector, desde primeros de diciembre de 1998. Además de multitud de empresas de servicios de valor añadido, revendedores de capacidad y empresas de acceso a Internet, entre otras. Sobre ese panorama, vigente, diríamos que en los años 1999 y 2000, se superpuso la concesión de licencias de acceso por cable a los hogares y empresas, que pronto constituyó un fenómeno importante de las telecomunicaciones superpuesto al primero. Las compañías de cable concebidas inicialmente como servicios regionales se han transformado en compañías de telecomunicación normales que de hecho han adquirido o se han fusionado con algunas de las surgidas en la etapa inmediatamente posterior a la liberalización total.

Lo que más ha cambiado en los últimos cinco años en términos empresariales han sido las compañías de telecomunicaciones fijas, aunque el término de fijas y móviles puede estar difuminándose en la actualidad. Diversos procesos de fusión y adquisición, como decimos, han llevado al siguiente panorama empresarial en el mercado español:

TABLA 14.1.—*Telecomunicaciones fijas*

Operador de telecomunicaciones fijas	Porcentaje de participación
Telefónica	78,6
Grupo Ono	9,1
France Télécom	3,1
Euskaltel	1,3
Comunitel	1,2
BT España	1,1
Jazz Telecom	1,1
Tele2	1
R Cable	0,8
Xtra Telecom	0,5
Telecable Asturias	0, 3
Resto	1,8

Fuente: CMT, *Informe anual 2005.*

TABLA 14.2.—*Telecomunicaciones móviles*

Operador de telecomunicaciones fijas	Porcentaje de participación
Telefónica Móviles España	49,5
Vodafone España	33,4
Amena	17,1
Total	100

Fuente: CMT, *Informe anual 2005.*

Y hay más cambios en marcha, como por ejemplo, la marca Orange aplicada a los servicios de móviles que hasta hace poco prestaba Amena.

4. ETAPAS IDENTIFICABLES EN EL DESARROLLO DE LA SOCIEDAD DE LA INFORMACIÓN

La liberalización mundial de las telecomunicaciones a cuya etapa inicial se ha hecho mención en el apartado anterior, es una de las causas de la aparición de la Sociedad de la Información y de la Nueva Economía actualmente en plena evolución en el mundo desarrollado. Los cambios tecnológicos, como hemos visto, constituyen a su vez la causa de esa liberalización, ya que el modelo de monopolio natural bajo el que las telecomunicaciones se explotaban no era posible a partir de primeros de los años 70 cuando la transmisión de datos comenzó a ser una realidad a través de las redes telefónicas y cuando las telecomunicaciones se hicieron digitales, fenómeno que dio comienzo a lo largo de esa década y con incidencia destacada, por lo que se refiere a España, desde mediados de la década siguiente.

La digitalización, proceso tecnológico por el que toda transmisión y comunicación de información se hace digital, y por el que se homogeneizan, por tanto, los tres grandes sectores a los que venimos haciendo referencia — Telecomunicaciones, Información/Informática/Ordenadores y Medios de Comunicación — habría que situarla en otro lugar destacado en lo que se refiere al advenimiento de la Sociedad de la Información. Dicha digitalización, como se sabe, tiene además un efecto de gran relevancia que es el de la «penetración» o utilización en multitud de sectores de actividad incluyendo los más tradicionales.

La utilización de fibras ópticas en los años 80 es otro acontecimiento destacable ya que su difusión y su empleo en las grandes redes de larga distancia a lo largo de los 90 contribuiría decisivamente en esos años y especialmente en los primeros 2000 a la bajada drástica de los precios de las telecomunicaciones de larga distancia, último escollo para que las telecomunicaciones se popularizaran y permitieran la conexión masiva a Internet y a los servicios, y negocios, diversos sobre ella surgidos.

Internet y su difusión es sin duda otro de los elementos básicos de la Sociedad de la Información, para cuyo desarrollo fue necesario que se difundiera la banda ancha y los accesos tipo ADSL proporcionados en régimen de tarifa plana. A lo cual hay que unir la progresión paralela de los ordenadores y del software en general utilizado de múltiples formas.

Sin olvidar, por supuesto, a las comunicaciones móviles y a su fuerte difusión en nuestras sociedades, a las comunicaciones por satélite, a los recientes avances en el terreno de los accesos sin hilos como el WiFi, WiMax y otros, que están generalizando y desarrollando la Sociedad de la Información hasta extremos inimaginables hace sólo unos cuantos años.

Un proceso, en definitiva, múltiple, simbiótico, convergente, de interconexión, masivo por la incorporación plena de la sociedad a él, lleno de creatividad, generador de valor económico, y de oportunidades y basado en un cambio tecnológico generalizado al que nuestras sociedades han respondido, y están respondiendo, con los cambios institucionales adecuados.

Un proceso, que en sus etapas más recientes se está orientado a la utilización de Internet como sustrato básico de la actividad humana en relación con la información, la comunicación y los conocimientos y que permite una Economía en la Red que lo afianzará y lo desarrollará adicionalmente.

4.1. *Economía en la Red e Internet como sustrato*

Por lo que se refiere a la etapa a la que actualmente nos enfrentamos, se podría decir, para entendernos, que una cosa es la Nueva Economía, Economía Electrónica o «Economía Informacional», vivida en el mundo desarrollado desde los años 70 hasta ahora, y otra la «Economía en la Red» que se desarrolla desde hace unos años en los Estados Unidos y que apenas comienza a surgir en Europa en la actualidad.

Es la economía, para dejarlo más claro todavía, no de los Microsoft, Apple o Dell Computer, sino la economía de los Google, e-Bay, Second Life, YouTube, MySpace, la de Linux, la de Wikipedia, la de los *bloggers* y vídeo-bloggers y la de, por citar algunos proyectos españoles, Tendencias21, Neurona o eConozco. La economía también de los *podcasts* y RSS, la de la tecnología móvil 3G y los millones de ojos de los teléfonos celulares, que tanto está amenazando a los medios de comunicación tradicionales. Y, por supuesto, la de las plataformas y comunidades, la del *e-Learning,* los *Webinars* y los *Webcasts,* la del *marketing one-to-one* y el *blog marketing,* que tanto puede transformar los métodos tradicionales de gestión empresarial. Es, en definitiva, la economía alrededor de la Web 2.0.

Es un mundo en el que todos los ciudadanos tienen la posibilidad de hacerse oír, pueden producir directa e instantáneamente las noticias más variadas, dar rienda suelta a su imaginación, diseñar, crear e innovar casi sin límite, y comunicarse con otros sin barreras de ningún tipo. Un mundo profundamente participativo que puede cambiar las estructuras más básicas de nuestras sociedades.

Sólo queda, como es lógico, que ese mundo pueda perdurar y desarrollarse y eso sólo ocurrirá si todas esas nuevas actividades surgidas alrededor de la Red terminan echando raíces económicas. Es decir, si el intercambio económico se produce y la gente consigue tener ingresos netos por el hecho de disponer de terminales, acceder a Internet y ser ingeniosos.

Esto no es, como sabemos, una utopía, pues, a diario y ante nuestros ojos, los negocios en la Red producen millonarios y muchos pequeños negocios florecen y evolucionan. Cada vez son más los que interpretan Internet como un terreno apto para los negocios, empezando por las grandes compañías tradicionales que están comenzando a vender sus servicios a los avatares de Second Life y a los participantes en muchas otras plataformas.

El mundo de las telecomunicaciones, la información y los medios terminará configurándose como una Red de Redes mundial cada vez más compleja. A ellas estarán conectadas miles de millones de plataformas de todo tipo generando actividad económica y «valor neto» para todos los habitantes del planeta[14].

4.2.   Etapas de evolución

De una manera general y por lo que se refiere al desarrollo de la Sociedad de la Información en los Estados Unidos, la evolución puede interpretarse en forma de olas de avance tecnológico en las que primero se producen grandes innovaciones y posteriormente se perfecciona y refinan los procesos de aplicación. Un posible esquema puede ser el siguiente:

Primera Ola
   Etapa 1 (1956-1966): Innovación y Crecimiento
   Etapa 2 (1966-1976) : Perfeccionamiento y Diseño
Basada en los ordenadores *mainframe*
Caracterizada por fuertes inversiones en electrónica
Con una aportación al PIB de entre el 1 y el 1,5 %
El transistor Intel 8086 se introduce al final del período

Segunda Ola
   Etapa 3 (1976-1984): Innovación y Crecimiento
   Etapa 4 (1984-1992): Perfeccionamiento y Diseño
Basada en los ordenadores personales
Fuertes inversiones en ordenadores y en software en general
Aportación al PIB entre 1,5 y 3,5 %
El ordenador personal surge y se difunde a mediados de los 70
El primer Browser aparece al final de la segunda etapa de este período

Tercera Ola
   Etapa 5 (1992-2000): Innovación y Crecimiento
   Etapa 6 (2000-2008): Perfeccionamiento y Diseño
Basada en la aparición de grandes redes globales, empresas en la Red y aplicaciones de Internet
Es el período de despegue de grandes avances económicos
Grandes inversiones en redes de todo tipo
Aportación al PIB entre el 3,5 y el 5,5 %
Redes globales de fibra óptica, banda ancha e Internet como motores

---

[14] Los últimos párrafos tomados en parte de Adolfo Castilla, «Democracia y Economía en la Red», *Temas par el Debate,* núm. 148, marzo de 2007.

Cuarta Ola (El futuro)
 Etapa 7 (2008-2016): Innovación y Crecimiento
 Etapa 8 (2016-2024): Perfeccionamiento y Diseño
TIC en todos los sitios y pleno desarrollo de la Sociedad de la Información
Web 2.0 y Web 3.0 como base de este período
Aportación al PIB entre el 5,5 y por encima del 7 %
Grandes inversiones en contenidos, vídeo en la Red y mundos virtuales.

4.3. *El caso español*

De forma, quizá muy esquematizada y estereotipada, se considera que Europa sigue los mismos pasos que los Estados Unidos pero con diez años de retraso. España, por tanto, sufriría al menos ese retraso y se encontraría muy al principio de la última etapa referenciada.

Desde el punto de vista económico y con particular referencia al sector electrónico, que puede utilizarse como indicador, se han establecido en España una serie de etapas que damos por válidas en este trabajo[15]:

> *Estabilización (finales de los 70-1984).*
> *Despegue (1984-1987).*
> *Crecimiento (1987-1990).*
> *Crisis (1990-1992).*
> *Recuperación (1993-1995)*

A partir de esa se puede decir con cierta propiedad que comienza en España la Nueva Economía. Su primera expansión llega a nivel internacional en el 2001 y tras la crisis y corrección de 2002 y de 2003 aparece una etapa de expansión poderosa en la que nos encontramos en la actualidad.

4.4. *El mundo Digital*

El resultado de ese proceso de avance tecnológico, junto con las modificaciones legislativas y regulatorias necesarias, ha dado lugar a una fuerte convergencia o interconexión de los tres grandes sectores de las telecomunicaciones, la informática y los servicios de información y los medios en general. Su expresión más clara puede ser analizada en las estadísticas proporcionadas por diversas instituciones. En lo relativo a España y con la denominación del Hipersector de las TIC, AETIC en su último informe anual proporciona los siguientes datos:

---

[15] Juan Soto, Jorge Pérez y Claudio Feijoo, «Veinticinco años de Sociedad de la Información en España. Evolución Tecnológica, Globalización y Políticas Públicas», *Revista Economía Industrial*, núm. 349-350, 2003.

GRÁFICO 14.1.—*El Hipersector TIC en 2006. Composición y crecimiento del sector (2006)*

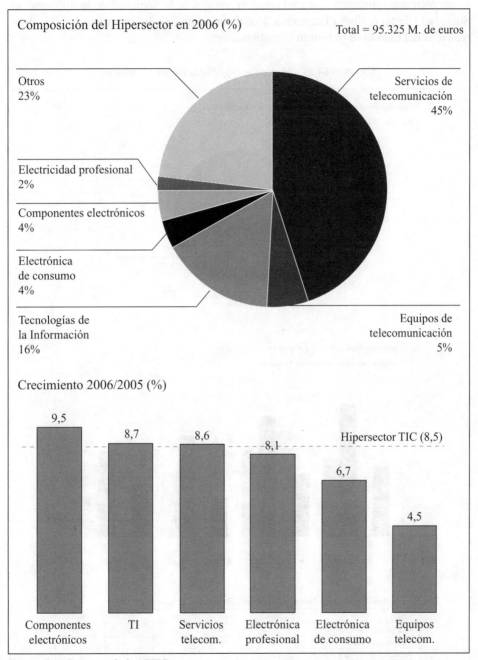

Composición del Hipersector en 2006 (%)

Total = 95.325 M. de euros

Otros
23%

Servicios de
telecomunicación
45%

Electricidad profesional
2%

Componentes electrónicos
4%

Electrónica
de consumo
4%

Tecnologías de
la Información
16%

Equipos de
telecomunicación
5%

Crecimiento 2006/2005 (%)

9,5
8,7
8,6
8,1
Hipersector TIC (8,5)
6,7
4,5

Componentes
electrónicos

TI

Servicios
telecom.

Electrónica
profesional

Electrónica
de consumo

Equipos
telecom.

Fuente: EnterData a partir de AETIC.

El informe DigiWorld de las instituciones IDATE (francesa) y ENTER (española), es también una referencia destacada para el análisis de la Sociedad de la Información, Sociedad Digital o Nueva Economía. Los datos relativos a las tres regiones más desarrolladas del mundo se muestran a continuación:

GRÁFICO 14.2.—*Mercados DigiWorld en Norteamérica*

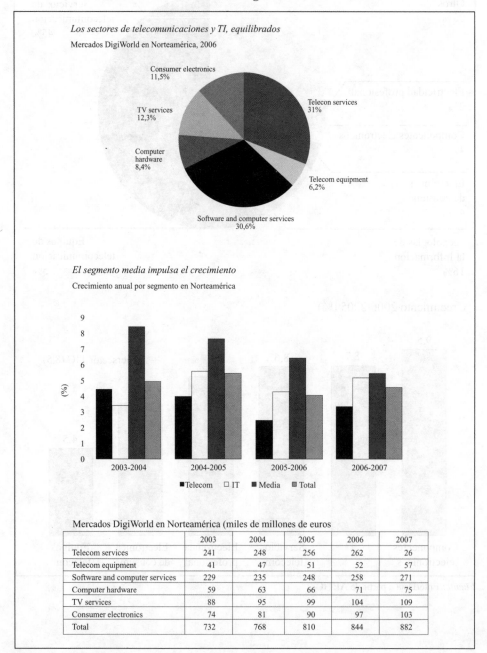

Los sectores de telecomunicaciones y TI, equilibrados

Mercados DigiWorld en Norteamérica, 2006

El segmento media impulsa el crecimiento

Crecimiento anual por segmento en Norteamérica

Mercados DigiWorld en Norteamérica (miles de millones de euros

	2003	2004	2005	2006	2007
Telecom services	241	248	256	262	26
Telecom equipment	41	47	51	52	57
Software and computer services	229	235	248	258	271
Computer hardware	59	63	66	71	75
TV services	88	95	99	104	109
Consumer electronics	74	81	90	97	103
Total	732	768	810	844	882

Fuente: DigiWorld 2007.

GRÁFICO 14.3.—*Mercados DigiWorld en Europa*

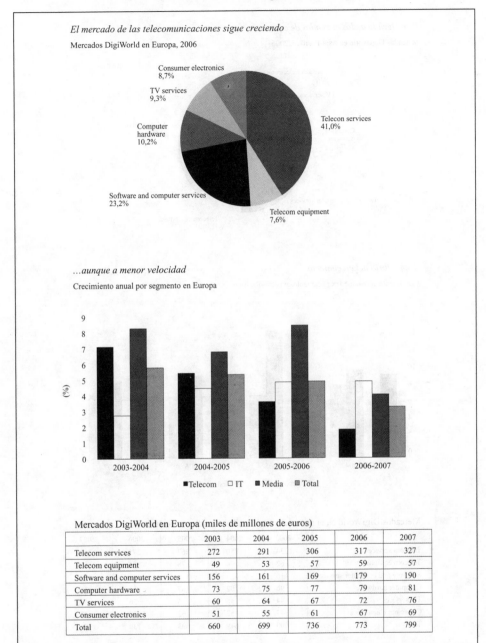

El mercado de las telecomunicaciones sigue creciendo

Mercados DigiWorld en Europa, 2006

Consumer electronics
8,7%

TV services
9,3%

Computer
hardware
10,2%

Telecon services
41,0%

Software and computer services
23,2%

Telecom equipment
7,6%

…aunque a menor velocidad

Crecimiento anual por segmento en Europa

■Telecom □ IT ■ Media ▣ Total

Mercados DigiWorld en Europa (miles de millones de euros)

	2003	2004	2005	2006	2007
Telecom services	272	291	306	317	327
Telecom equipment	49	53	57	59	57
Software and computer services	156	161	169	179	190
Computer hardware	73	75	77	79	81
TV services	60	64	67	72	76
Consumer electronics	51	55	61	67	69
Total	660	699	736	773	799

Fuente: DigiWorld 2007.

GRÁFICO 14.4.—*Mercados DigiWorld en Asia-Pacífico*

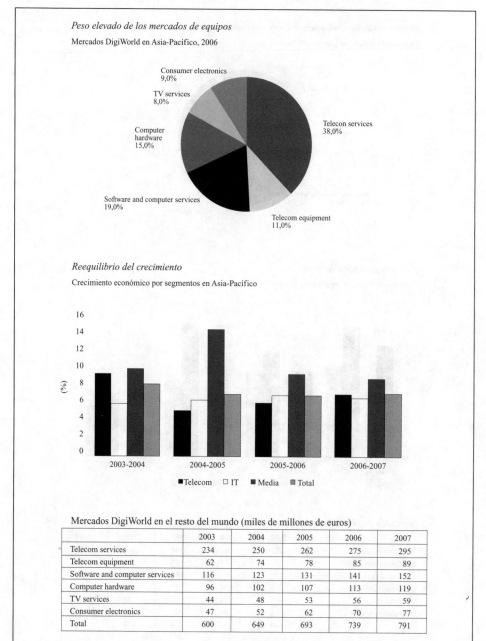

Peso elevado de los mercados de equipos

Mercados DigiWorld en Asia-Pacífico, 2006

Consumer electronics 9,0%
TV services 8,0%
Computer hardware 15,0%
Telecon services 38,0%
Software and computer services 19,0%
Telecom equipment 11,0%

Reequilibrio del crecimiento

Crecimiento económico por segmentos en Asia-Pacífico

■Telecom □ IT ■ Media ■ Total

Mercados DigiWorld en el resto del mundo (miles de millones de euros)

	2003	2004	2005	2006	2007
Telecom services	234	250	262	275	295
Telecom equipment	62	74	78	85	89
Software and computer services	116	123	131	141	152
Computer hardware	96	102	107	113	119
TV services	44	48	53	56	59
Consumer electronics	47	52	62	70	77
Total	600	649	693	739	791

Fuente: DigiWorld 2007.

5. SITUACIÓN ACTUAL DE LA SOCIEDAD DE LA INFORMACIÓN EN ESPAÑA

La revolución tecnológica actual esta liderada por las Tecnologías de la Información y las Comunicaciones. Desde principios de los años 70 hasta la actualidad se ha pasado de una etapa caracterizada por la difusión de este tipo de tecnologías en la sociedad al inicio de una nueva etapa caracterizada por del desarrollo de aplicaciones y la transformación de la estructura social, por lo tanto, nos encontramos en un momento crítico. Las economías más competitivas tienen indicadores de TIC positivos. Los informes disponibles sitúan a nuestro país en una posición intermedia en el contexto internacional «con preponderancia de las empresas de menor tamaño y con un *mix* sectorial donde la aplicación plena de las TIC llegará durante la fase de despliegue que se desarrollará en los próximos años. Será entonces cuando España podrá alcanzar el máximo aprovechamiento de estas tecnologías por lo que debería producirse una convergencia con otros países que se han beneficiado de una composición sectorial más proclive»[16].

GRÁFICO 14.5.—*Usuarios habituales de Internet en Europa (2006)*

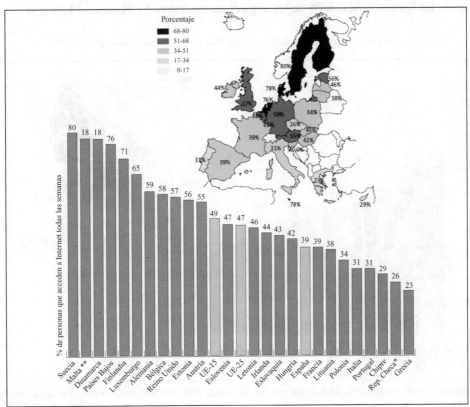

*   Datos de 2005.
** Datos de 2004

Fuente: Telefónica, *La sociedad de la información en España 2006*, Madrid, Ariel y Fundación Telefónica, 2007.

---

[16] Telefónica, *La sociedad de la información en España 2006,* Madrid, Ariel y Fundación Telefónica, 2007.

España ocupa una posición intermedia en los indicadores que miden el grado de desarrollo de la Sociedad de la Información en los países más avanzados[17]. Según el porcentaje de usuarios de Internet, en Europa, la sociedad de la información está más desarrollada en los países nórdicos (Suecia, Dinamarca, Países Bajos y Finlandia) y en Malta, con tasas entre el 80% y el 70%. En segundo lugar, se sitúan países como Luxemburgo, Alemania, Bélgica, Reino Unido, Estonia y Austria, entre el 55% y el 59%. La media en la Europa de los 15 es el 49%, y en la Europa de los 25 es ligeramente inferior, 47%. España se sitúa en las posiciones finales entre los países de la «Europa de los 25», con el 39% (Gráfico 14.5).

5.1. *Las TIC en los hogares españoles*

El ordenador personal es la herramienta utilizada para acceder a Internet, por lo que su grado de penetración en la sociedad es el indicador fundamental para analizar el avance hacia la nueva Sociedad de la Información. Ya hay países como Dinamarca, Países Bajos o Suecia en los que el ordenador está disponible en más del 80% de los hogares. En España, casi el 60% de los hogares tienen ordenador (Gráfico 14.6).

GRÁFICO 14.6.—*Disponibilidad de ordenador en los hogares europeos (2006)*

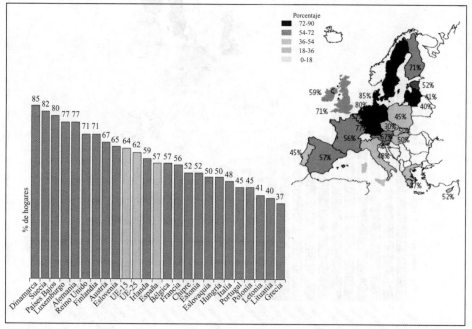

Fuente: Telefónica, *La sociedad de la información en España 2006*, Madrid, Ariel y Fundación Telefónica, 2007.

[17] En el informe de la Fundación Telefónica se recoge información de los siguientes índices: «ICT difussion index» de la UNTAC, «Network Readiness Index» del World Economic Forum, «eReadiness Index» de la Economist Intelligence Unit, «Information Society Index», elaborado por IDC/World Times, «Digital Opportunity Index» de la UIT y «Knowledge Economic Index» del World Bank.

TABLA 14.3.—*Viviendas que disponen de acceso a Internet*

	2004	2005 (1ª ola)	2005 (2ª ola)	2006 (1ª ola)
Total Viviendas	33,6	35,5	37,0	39,1

Fuente: Instituto Nacional de Estadística, 2006.

En el año 2004, el 33,6% de las viviendas disponían de acceso a Internet, mientras que en el primer trimestre de 2006 ese porcentaje se eleva al 39,1%; es decir, se ha incrementado en 5,5 puntos porcentuales.

Según datos del INE, la evolución de los usuarios de Internet en los últimos años ha supuesto el incremento de los internautas en 7,5 puntos, desde el 40,4% en 2004 al 47,9% en el primer semestre de 2006. En buena medida este incremento se ha producido por el mayor crecimiento de las mujeres que han utilizado Internet. En 2004 lo utilizaba el 35,9%, mientras que en 2006 ascendía al 44,2%, 8,3 puntos porcentuales. La desigualdad de género en el uso de las nuevas tecnologías, en este indicador, se está estrechando. Se aprecia la desigualdad en el género de los internautas de los países de la

GRÁFICO 14.7.—*Desigualdad de género en los usuarios de Internet (2006)*

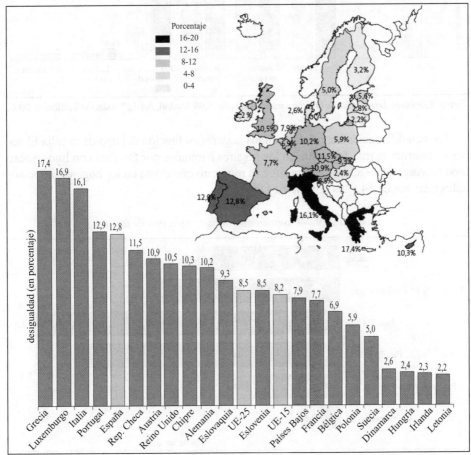

Fuente: Telefónica, *La sociedad de la información en España 2006*, Madrid, Ariel y Fundación Telefónica, 2007.

Unión Europea. España se sitúa en niveles altos, 12,8%, por debajo solamente de Grecia, Luxemburgo, Italia y Portugal (Gráfico 14.7).

Por ocupación, los datos del INE para 2006 indican que las personas que han incrementado en mayor medida el uso de Internet en los últimos 3 meses han sido los activos ocupados: 9,4 puntos porcentuales entre 2004 y 2006, al pasar del 50,3% al 59,7%; y otras situaciones laborales, que se ha incrementado en 12,9 puntos (27,6% y 40,5%, respectivamente). La proporción de estudiantes que utilizan Internet es muy alta, con valores muy semejantes a los que en el análisis por edad tenía el grupo de jóvenes. El colectivo de pensionistas muestra porcentajes muy bajos en el uso de Internet (Gráfico 14.8).

GRÁFICO 14.8.—*Internautas según ocupación*

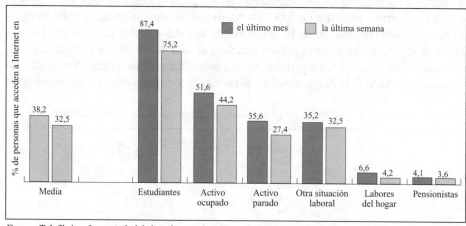

Fuente: Telefónica, *La sociedad de la información en España 2006*, Madrid, Ariel y Fundación Telefónica, 2007.

Existen diferencias importantes en los hogares en función del tipo de familia El acceso a Internet es más frecuente en los hogares habitados por familias con hijos, sobre todo mayores de 24 años; mientras que es muy raro que exista en los hogares unipersonales menores de 54 años (Gráfico 14.9).

GRÁFICO 14.9.—*Usuarios de Internet según tipo de familia*

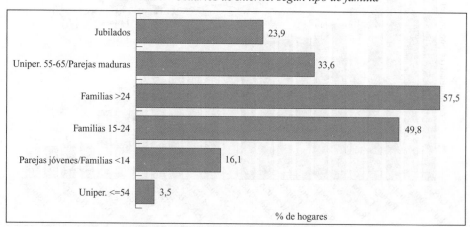

Fuente: Telefónica, *La sociedad de la información en España 2006*, Madrid, Ariel y Fundación Telefónica, 2007.

Respecto a la edad, lo más destacable es el dinamismo de las cohortes de 15 a 24 años, que se sitúan en el 88,4%, y de 25 a 34 años, que asciende al 72,8%. En el lado negativo, cabe señalar el práctico estancamiento de cohortes todavía activas, poco proclives al uso de Internet, como las personas que tienen entre 55 y 64 años, que llega al 21,1% de este colectivo; y las que tienen entre 65 y 74 años, con un total de usuarios del 5,2% (Gráfico 14.10).

GRÁFICO 14.10.—*Porcentaje de Internautas según tramos de edad*

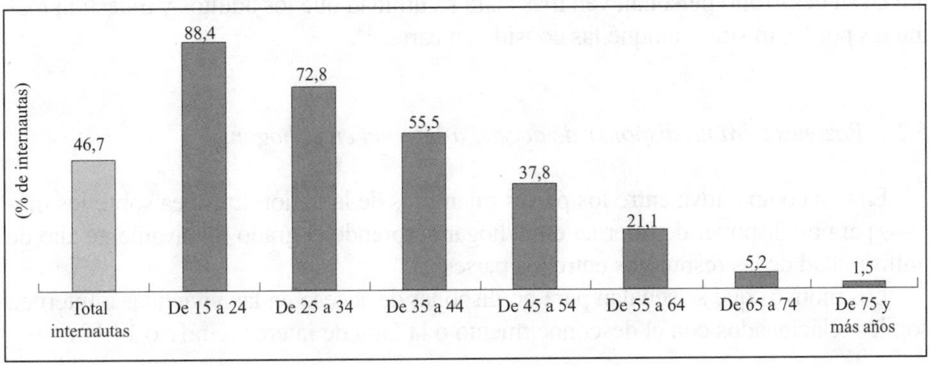

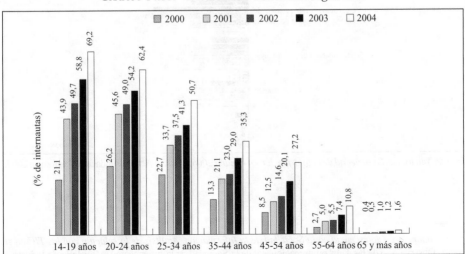

Fuente: Telefónica, *La sociedad de la información en España 2006*, Madrid, Ariel y Fundación Telefónica, 2007.

Los datos de la evolución del porcentaje de internautas según la edad entre el año 2000 y 2004 indican que es el colectivo más joven, entre 14 y 19 años (69,2%) y entre 20 y 24 años (62,4%), el más activo. El primer grupo, entre 14 y 19 años ha sido el que se ha incorporado a la nueva cultura tecnológica con más fuerza. En el año 2000 apenas llegaba al 21%, siendo superados por la cohorte de 20 a 24 años y de 25 a 34 años. Sin embargo, los datos de 2004 y los que hemos visto con anterioridad de 2006, indican claramente que es el colectivo protagonista del cambio (Gráfico 14.11).

GRÁFICO 14.11.—*Evolución de internautas según edad*

Fuente: Telefónica, *La sociedad de la información en España 2005,* Madrid, Fundación Telefónica, 2006.

Los incrementos anuales entre los mayores de 35 años son significativamente inferiores a los anteriores. Las nuevas generaciones representan la emergencia del nuevo paradigma tecnológico en nuestro país. La actitud general hacia las nuevas tecnologías es más positiva entre los jóvenes. Otros estudios inciden en esa realidad. Así, se indica que «los menores de 18 años muestran una actitud hacia las nuevas tecnologías más positiva que los adultos. Se ven más animados a probar los nuevos avances, se sienten más identificados con las tecnologías, a las que no consideran una barrera para la comunicación, y no les frena su posible complejidad de uso. Las consideran una herramienta útil en su desarrollo personal, ven más clara su utilidad que los adultos y muestran más interés por las mismas aunque las consideran caras»[18].

5.2. Razones para no disponer de acceso a Internet en el hogar

En una comparativa entre los países miembros de la Unión Europea sobre los motivos para no disponer de Internet en el hogar sorprende el grado relativamente alto de uniformidad de las respuestas entre los países.

Los motivos que se señalan para no disponer de acceso en las viviendas a Internet, son los relacionados con el desconocimiento o la falta de interés (Gráfico 14.12).

GRÁFICO 14.12.—*Razones para no disponer de Internet*

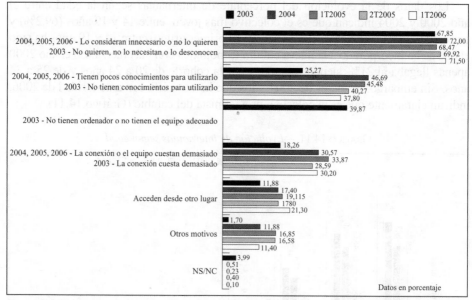

Fuente: Telefónica, *La sociedad de la información en España 2006*, Madrid, Ariel y Fundación Telefónica, 2007.

---

[18] *Infancia y Adolescencia en la Sociedad de la Información. Análisis de la relación con las TIC en el hogar*, Observatorio de las Telecomunicaciones y de la Sociedad de la Información, Ministerio de Industria, Turismo y Comercio, junio de 2005, pág. 9.

5.2.1. «La banda ancha»

Los mayores niveles de penetración de la banda ancha en la UE se experimentan en como Bélgica, Estonia y Dinamarca, con porcentajes entre el 80% y el 89%. España ocupa un lugar destacado con el 74% (Gráfico 14.13).

La extensión de la banda ancha en España está ligada fundamentalmente al despliegue del ADSL. Más de tres cuartas partes de los accesos de banda ancha en los hogares de nuestro país corresponden a la tecnología ADSL. Poco más del 20% de los accesos corresponden a módem de cable, mientras que el resto de tecnologías tienen una presencia mínima en términos porcentuales.

GRÁFICO 14.13.—*Penetración banda ancha en los países de la Unión Europea (EU 25)*

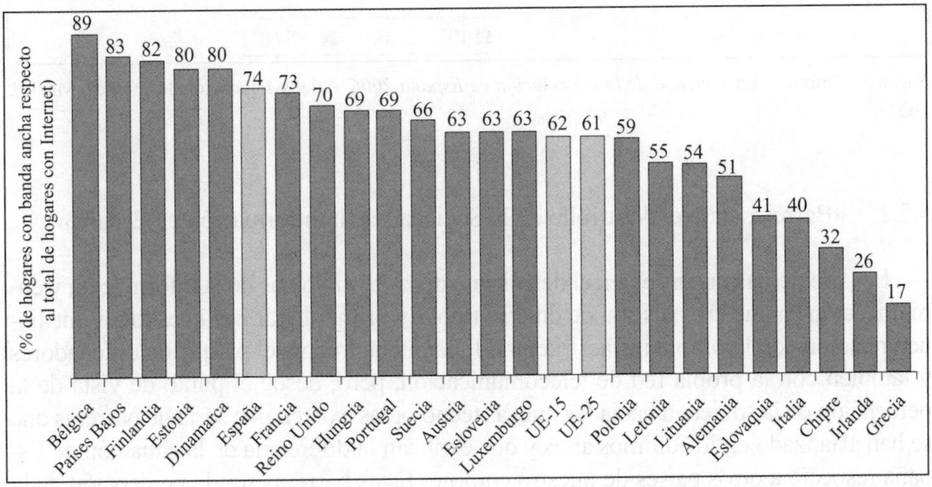

Fuente: Telefónica, *La sociedad de la información en España 2006,* Madrid, Ariel y Fundación Telefónica, 2007.

Un fenómeno destacable de los últimos años ha sido el considerable aumento de las conexiones de banda ancha (ADSL, RDSI, cable). Se han incrementado 14,6 puntos entre el año 2004 y 2006, lo que supone duplicar la cifra del primer año. Se ha pasado del 14,7% de las viviendas españolas con acceso a Internet por banda ancha al 29,3% (Tabla 14.4).

TABLA 14.4.—*Viviendas con conexión de banda ancha (ADSL, Red de cable)*

	2004	2005 (1ª ola)	2005 (2ª ola)	2006 (1ª ola)
Total Viviendas (%)	14,7	21,1	24,5	29,3

Fuente: Instituto Nacional de Estadística, 2006.

La banda ancha es menos frecuente en los hogares habitados por personas de mayor edad, que hacen un uso más esporádico de Internet que el resto de hogares (Gráfico 14.14).

GRÁFICO 14.14.—*Hogares españoles con banda ancha*

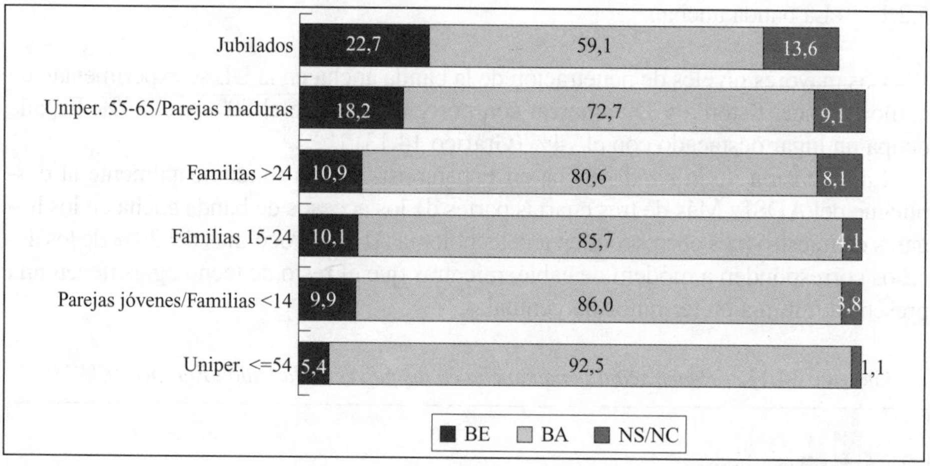

Fuente: Telefónica, La *sociedad de la información en España 2006*, Ariel y Fundación Telefónica, Madrid, 2007.

5.2.2. «Barreras para el desarrollo de la Sociedad de la Información en España»

Los problemas que impiden el despliegue de las tecnologías de la información y comunicación en nuestro país son de diverso tipo. En primer lugar hay cuestiones que tienen relación con la propia infraestructura, fundamentalmente el parque de ordenadores y también con la propia red de telecomunicación, pero, desde el punto de vista de la percepción de la sociedad hacia las nuevas tecnologías existen una serie de barreras que se han afianzado en los últimos años y que explican la diferencia de la situación de España respecto a otros países de nuestro entorno. Estas barreras son la percepción de la utilidad, el conocimiento, la resistencia al cambio, el coste y la seguridad.

En España hay 8,79 millones de viviendas que no disponen de acceso a Internet. La mayoría de ellas, el 71,5%, no lo consideran necesario o no lo quieren, mientras que una parte significativa de la población opina que tiene pocos conocimientos (37,8%) o es demasiado caro (30,2%). Un 21,3% acceden a Internet desde otro lugar (Tabla 14.5). No obstante, otra razón obvia sería la no disponibilidad de ordenador. El estudio del Observatorio de las Telecomunicaciones indica al respecto que «la razón principal de no uso de Internet es, en todos los segmentos, la no disponibilidad de ordenador en el hogar. La segunda razón en magnitud de porcentaje entre adultos y niños es "no lo necesito", que, unida a "no tiene interés para mí" (segunda razón entre los jóvenes), ponen de relieve la alta incidencia de actitudes reticentes o de rechazo a la incorporación de Internet a los hábitos individuales… Las razones relacionadas con incapacidad por desconocimiento del funcionamiento, sea del ordenador o del entorno Internet, adquieren mucho mayor peso entre los adultos que entre los menores»[19].

---

[19] *Niños y Tecnologías de la Información y de la Comunicación en el Hogar*, Observatorio de las Telecomunicaciones y de la Sociedad de la Información, Ministerio de Industria, Turismo y Comercio, junio de 2005, págs. 38 y 39 (datos de julio-septiembre de 2004).

TABLA 14.5.—*Motivos por los que las viviendas principales no disponen de acceso a Internet*

Unidades: Núm. de viviendas (con al menos un miembro de 16 a 74 años)					
	Total Viviendas que no disponen de acceso a Internet (en miles)	Falta de interés (no lo necesitan, no quieren, no les resulta útil) (%)	Tienen pocos conocimientos para utilizarlo (%)	La conexión o el equipo cuesta demasiado (%)	Acceden desde otro lugar (%)	Por otros motivos (%)
Total Viviendas	8.789	71,5	37,8	30,2	21,3	11,4

Fuente: INE, 2006.

En comparación con otros países europeos, las razones para no tener Internet en nuestro país nos equipara a la situación de Grecia y Portugal. El 41% de los griegos indican que no están familiarizados con Internet, porcentaje que se reduce al 38% en el caso de Portugal. En nuestro país, la falta de familiaridad con Internet asciende al 37%. En el polo opuesto se encuentran países como Países Bajos (14%), Irlanda (19%) y Suecia (20%) (Tabla 14.6).

TABLA 14.6.—*Razones para no tener Internet en países europeos*

	Si PC u otro medio de conexión en el hogar (%)		Falta de familiaridad con Internet (%)		Preocupación por el coste (%)		Tiene acceso en otro lugar (%)		Tiene planeado tener en los próximos 6 meses (%)	
	2003	2004	2003	2004	2003	2004	2003	2004	2003	2004
Total UE	40	41	32	31	16	17	8	9	8	9
Bélgica	40	45	28	31	21	11	6	6	6	8
Dinamarca	41	37	38	36	18	21	10	9	11	12
Alemania	37	39	30	27	23	23	8	9	7	8
Grecia	43	43	42	41	18	21	5	8	7	8
España	*40*	*41*	*40*	*37*	*10*	*13*	*10*	*10*	*9*	*6*
Francia	44	48	24	32	14	19	4	7	8	10
Irlanda	35	38	21	19	12	12	8	8	8	6
Italia	47	45	33	29	8	10	9	10	7	7
Luxemburgo	27	36	32	37	12	12	8	5	16	17
Países Bajos	26	17	38	14	17	5	7	5	8	33
Austria	33	35	28	32	19	20	13	14	10	8
Portugal	47	39	33	38	18	23	8	7	6	5
Finlandia	35	35	22	31	23	22	17	15	10	11
Suecia	33	43	25	20	17	14	11	17	14	10
Reino Unido	44	41	38	27	18	16	9	8	10	10

Fuente: Telefónica, *La sociedad de la información en España 2005*, Madrid, Fundación Telefónica, 2006.

El segundo motivo para no tener Internet es la preocupación por el coste. Aunque en nuestro país el porcentaje de las personas que se sienten preocupados por el coste ha aumentado entre el año 2003 y 2004 (10% y 13%), lo cierto es que no parece ser un problema fundamental a la hora de disponer o no de conexión a Internet. Otros países como Portugal (23%), Alemania (23%), Grecia (21%) o Dinamarca (21%) tienen porcentajes de población superiores con esta opinión.

La posibilidad de acceder a Internet desde un lugar diferente al hogar es argumentado por el 10% de la población en España, tanto en el año 2003 como 2004 para no tener Internet. Porcentajes que se elevan al 17% en Suecia, el 15 por ciento en Finlandia y 14% en Austria.

5.3. *El uso de las TIC en las empresas*

Las Tecnologías de la Información y las Comunicaciones son piezas fundamentales en el mundo económico y empresarial actual. De hecho, la media de la UE es muy elevada, 93 y 94%, y todas las empresas de más de 10 trabajadores de los países europeos más competitivos tienen porcentajes superiores al 90%. En este indicador, las empresas españolas con más de 10 trabajadores tienen un nivel de penetración de TIC muy significativo, el 93% (Gráfico 14.15).

GRÁFICO 14.15.—*Empresas con acceso a Internet (2006)*

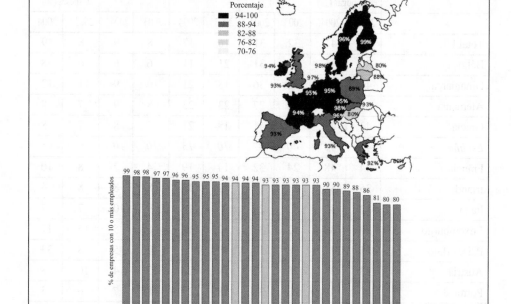

* Datos de 2005.

Fuente: Telefónica, *La sociedad de la información en España 2006*, Madrid, Ariel y Fundación Telefónica, 2007.

El uso que hacen las empresas de estas tecnologías son fundamentalmente las relacionadas con la búsqueda de información, relacionarse con entidades bancarias, la comunicación con clientes y proveedores, y relacionarse con la Administración. En los últimos años se han incrementado todos los usos de las TIC en las empresas (Gráfico 14.16).

GRÁFICO 14.16.—*Usos de las TIC en las empresas*

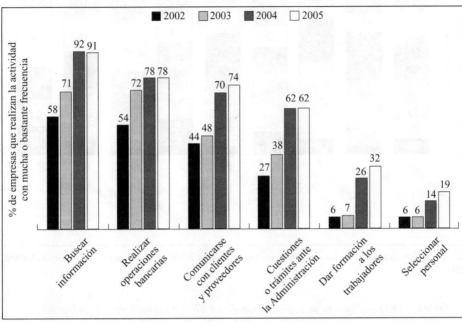

Fuente: Telefónica, *La sociedad de la información en España 2006*, Ariel y Fundación Telefónica, Madrid, 2007.

Respecto a la penetración de las TIC en la empresa española cabe señalar que la empresa *«desconectada»*[20] representa el 8% de las PYMES, mientras que para las microempresas la estadística sube hasta el 35%. En segundo lugar, las empresas *«conectadas»* representan en el caso de las PYMES el 33% y para las microempresas del 37%. Las empresas *«presentes»* suponen el 24% de las PYMES y el 10% de las microempresas. Las empresas *«activas»* son el 14% de las PYMES y el 4% de las microempresas. Por último, la empresa *«integrada»* representa el 17% de las PYMES, y el 13% de las microempresas (Gráficos 14.17 y 14.18).

Si tenemos en cuenta el sector empresarial, el que cuenta con un mayor porcentaje de microempresas desconectadas es el de hostelería (62%), las empresas de comercio minorista (43%), y las de transporte (37%). Sectores que tienen un peso importante en la economía española, lo que explica el relativo retraso que presenta España en cuanto a los indicadores de TIC en las empresas.

---

[20] Se define como empresa *«desconectada»* aquella que no tiene Internet y presenta una baja penetración del PC. Las empresas *«conectadas»*, se definen como las que tienen Internet pero no página web y no se anuncian en directorios *on-line*. Las empresas *«presentes»* son las que tienen web y la actualizan con una frecuencia menor que mensual. Las empresas *«activas»*, que actualizan su web mensualmente. La empresa *«integrada»* es aquella que compra o vende a través de Internet.

GRÁFICO 14.17.—*Proceso de implantación de las TIC en las PYMES*
por sectores empresariales (España)

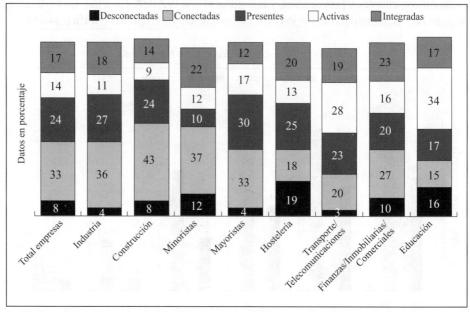

Fuente: Telefónica, *La sociedad de la información en España 2006,* Ariel y Fundación Telefónica, Madrid, 2007.

GRÁFICO 14.18.—*Proceso de implantación de las TIC en las microempresas por sectores empresariales (España)*

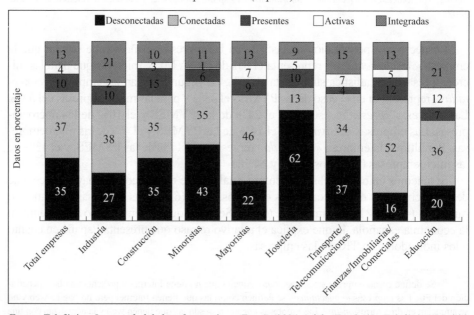

Fuente: Telefónica, *La sociedad de la información en España 2006,* Ariel y Fundación Telefónica, Madrid, 2007.

Los sectores financieros y de suministros (electricidad, gas y agua) destacan en cuanto al acceso a Internet. Los sectores relacionados con las TIC presentan niveles de acceso del 100%.

6. TENDENCIAS DE EVOLUCIÓN

Como hemos visto, el desarrollo de Internet es un elemento clave en la evolución de la sociedad de la información. En este sentido, las respuestas de los expertos de un estudio Delphi, realizado por el Grupo de Estudios sobre Tendencias Sociales de la UNED (GETS) en 2005, indican que son las transformaciones futuras de la red Internet lo que va a favorecer el desarrollo de nuevas aplicaciones sociales; sobre todo en el sistema de educación y para facilitar la relación de los ciudadanos con el Sistema de Salud, la Administración Pública y las empresas, desde el hogar[21].

En este estudio se preguntaba a los expertos en Tecnologías de la Información y Comunicación sobre las principales innovaciones de estas tecnologías en los próximos 10 años, destacando la «unificación de sistemas TV/Internet/radio/telefonía», «el reconocimiento de la voz humana para dar instrucciones a las máquinas», «los procesadores de imagen, voz y datos con mayores prestaciones» y la «integración en el hogar de las tecnologías»[22] (Tabla 14.7).

TABLA 14.7.—*Las ocho innovaciones en las Ciencias y Tecnologías de la Información y Comunicación más destacadas que tendrán lugar en el mundo en los próximos 10 años (2005)*

	Valor
1. Unificación de sistemas TV/Internet/radio/telefonía	25
2. Reconocimiento fiable de la voz humana para dar instrucciones a las máquinas, escribir textos, etc.	21
3. Procesadores de imagen, voz y datos con mayores prestaciones	21
4. Integración en el hogar de las tecnologías	21
5. Codificación eficaz y segura de las comunicaciones	18
6. Expansión de buscadores del modelo Google más selectivos, rápidos y accesibles	17
7. Desarrollo de sistemas inalámbricos que faciliten la ubicuidad de las conexiones	16
8. Mejora de los sistemas de almacenamiento de la información y de transmisión a muy alta velocidad	14

Fuente: J. F. Tezanos y otros, *Estudio Delphi sobre Tendencias Científicas-Tecnológicas 2005*, Madrid, GETS/Fundación Sistema, 2005, pág. 45.

---

[21] J. F. Tezanos y otros, *Estudio Delphi sobre tendencias Científicas-Tecnológicas 2005,* Madrid, GETS, Fundación Sistema, 2005, pág. 42.

[22] Ibíd., pág. 45.

Naturalmente estos desarrollos, y, sobre todo, su aplicación dependerá en buena medida de las circunstancias o limitaciones del entorno. El estudio indicado, señala, en primer lugar, la «Falta de cultura tecnológica de la población», «los problemas de seguridad y vulnerabilidad de estas tecnologías», «la escasa inversión privada en investigación y desarrollo», y «la falta de estímulos económicos a la inversión de las empresas en las TIC». Por el contrario, el estímulo principal para la expansión de las TIC es el «abaratamiento de equipos, la energía y las tarifas de uso de las tecnologías»[23] (Tabla 14.8).

TABLA 14.8.—*Principales limitaciones y estímulos al desarrollo de las Ciencias y Tecnologías de la Información y la Comunicación, en los próximos 10 años (2005)*

Principales circunstancias que retrasarán el desarrollo en esta área	Valor
1. Falta de cultura tecnológica en la población	24
2. Los problemas de seguridad y vulnerabilidad de estas tecnologías	23
3. La escasa inversión privada en investigación y desarrollo	19
4. La falta de estímulos económicos a la inversión de las empresas en las TIC	19
5. Falta de suficiente dedicación presupuestaria estatal	16
6. La evolución de la demanda	15
7. Los intereses comerciales de los posibles oligopolios/monopolios que están situados en el sector de las telecomunicaciones	14
8. La cultura empresarial de búsqueda de beneficios a corto plazo que predomina en el negocio actual en Internet y en las telecomunicaciones	12
Principales factores de estímulo que facilitarán el desarrollo en este área	
1. El abaratamiento de equipos, la energía y las tarifas de uso de las tecnologías	41
2. La globalización del comercio y los mercados tecnológicos	27
3. El deseo de las empresas por aumentar la productividad	20
4. La búsqueda de nuevos mercados	19
5. El éxito de las tecnologías inalámbricas	18
6. La implantación de la banda ancha	16
7. La demanda social de actividades de ocio	14
8. Las demandas sociales de las nuevas generaciones de ciudadanos	12
9. El desarrollo del comercio electrónico	12

Fuente: J. F. Tezanos y otros, *Estudio Delphi sobre Tendencias Científicas-Tecnológicas 2005*, Madrid, GETS, Fundación Sistema, 2005, pág. 46.

Las tendencias de cambios que tendrán lugar en nuestro país en las próximas décadas muestran un patrón de difusión de las tecnologías de la información que tendrá su

---

[23] Ibíd., pág. 46.

mayor impacto inicialmente en la Administración Pública, en segundo lugar en la empresa y por último en el hogar (Tabla 14.9).

De acuerdo con estas previsiones, la Sociedad de la Información en el horizonte del año 2015 será un modelo social en plena expansión, con un fuerte incremento de los usuarios de Internet entre la población y la oferta de servicios tanto públicos como privados.

En el horizonte temporal del año 2025 se alcanzará el nivel máximo de innovación de este tipo de tecnologías en ámbitos como la Administración Pública, y también un nivel alto entre las empresas. Ello hace previsible una transformación importante en las formas de relación entre los agentes sociales, impulsando considerablemente la profundización en el modelo de desarrollo característico de la Sociedad de la información. Pero todavía habrá que esperar otras dos décadas, en opinión de los expertos, hasta los años 50, para experimentar cambios generalizados en el ámbito de la vida privada, con el advenimiento de una cultura tecnológica diferente.

TABLA 14.9.—*Los horizontes temporales de la sociedad de la información en España*

		2015 (%)	2025 (%)	2050 (%)
Organizaciones	• La población será usuaria habitual de Internet	60	90	100
	• Los trabajadores trabajarán habitualmente una parte importante de la jornada conectados con su trabajo desde el hogar	10	20	38
	• Los hogares tendrán sistemas integrados electrónicos de los servicios del hogar	5	20	50
Tendencias principales	• Los hogares estarán conectados al Sistema de Salud Público	3	20	30
	• Las tramitaciones con las Administraciones Públicas se harán a través de Internet	30	70	90
	• Los Colegios tendrán un ordenador por cada dos alumnos	70	80	100
	• Los contenidos universitarios serán accesibles por Internet	45	55	80
Organizaciones	• Las PYMES contarán con una página web informativa	80	90	100
	• Las PYMES desarrollarán un servicio de venta por Internet	30	60	80
	• Las empresas utilizarán una firma electrónica en sus transacciones habituales	40	90	100
Tendencias secundarias	• Los pagos electrónicos se harán con tarjetas bancarias	60	80	85
	• Las consultas médicas se harán desde el hogar por Internet	5	20	30
	• Los usuarios estarán conectados para ocio más de tres horas diarias	20	30	40
	• Los turismos estarán equipados con GPS	20	60	100
	• Los semáforos serán puntos de vigilancia policial	10	25	40
Tecnologías	• Las empresas estarán equipadas con ADSL	90	100	100
	• Los municipios tendrán puntos de acceso a Internet gratuito	60	90	100
	• Los ordenadores portátiles no necesitarán cables	100	100	100
Tendencias secundarias	• La autonomía de las baterías normales de los ordenadores portátiles será de*	5h	15 h.	30 h.
	• Los móviles vendrán equipados con tecnología UMTS o superior	50	100	100
	• Los teléfonos móviles tendrán videocámara y transmisores de imágenes	50	90	100
	• La población utilizará una agenda electrónica	30	40	50
	• Los televisores serán un punto de acceso interactivo a Internet	10	60	80
	• Los libros serán publicados electrónicamente	10	20	35

* Dato en horas.

Fuente: J. F. Tezanos y otros, *Estudio Delphi sobre Tendencias Científicas-Tecnológicas 2005,* Madrid, GETS, Fundación Sistema, 2005, pág. 86.

Las tendencias probables a partir de estos datos, en la próxima década, son:

1. Incremento sostenido de los usuarios de Internet
2. Mejora del equipamiento de TIC, en lo relativo a capacidad, autonomía y portabilidad (potenciación del teléfono móvil y PDA
3. Las aplicaciones más relevantes estarán relacionadas con la salud, la educación, la seguridad vial, y la difusión de la información y el conocimiento.
4. Las instituciones protagonistas de estos desarrollos serán las educativas (escuela y universidad), las empresas (extensión de las potencialidades de las TIC a las PYMES), y la Administración (fuerte desarrollo de la administración electrónica).

6.1. *Escenarios probables*

Además de los escenarios temporales, podemos considerar tres factores que condicionarán el desarrollo futuro de la Sociedad de la Información en nuestro país como son la innovación, la producción y el consumo de TIC.

Por innovación entendemos la capacidad del sistema socioeconómico de llevar al mercado la investigación y los desarrollos tecnológicos.

En cuanto a la producción cabe preguntarse sobre dónde se van a producir tales innovaciones tecnológicas. Si el resultado es la importación de nuevas tecnologías, patentes, etc., nuestro país no pasará de ser un consumidor de nuevas tecnologías fabricadas y desarrolladas en otros países.

Por consumo entendemos la capacidad de la sociedad de integrar y utilizar adecuadamente las innovaciones y los cambios tecnológicos que se van produciendo. La sociedad española ha demostrado tener una gran capacidad de integrar la innovación tecnológica, asumiendo relativamente rápido determinadas nuevas tecnologías de la información y comunicación, sobre todo en las edades más tempranas. El uso de Internet, y en general de las TIC es muy destacado entre la población con menos de 35 años. Si a ello sumamos el uso que se viene haciendo y se va a potenciar en los centros educativos y de formación, es de prever que se va a intensificar este tipo de tecnologías en los próximos años.

En función de estos factores y su interacción tenemos diversos escenarios probables:

a) *Dependencia tecnológica/Débil Sociedad de la Información*: Poca innovación, algo de producción y alto consumo.
b) *Dependencia tecnológica/ Sociedad de la Información intermedia*: Poca innovación, alta producción y alto consumo
c) *Soberanía tecnológica/Sociedad de la Información fuerte*: Innovación media, alta producción y alto consumo

El factor clave y el punto débil de nuestro modelo de construcción de la Sociedad de la Información es la innovación. Así, desde hace una década se vienen implementando planes de desarrollo de la Sociedad de la Información basados en 3 pilares: incremento de los recursos de investigación, desarrollo de las aplicaciones sociales de las TIC y difusión de las mismas en la sociedad.

Con el objetivo de impulsar la Sociedad de la Información en nuestro país se ha impulsado el Plan Avanza que pretende desarrollar las TIC para contribuir al éxito de un modelo de crecimiento económico basado en el incremento de la competitividad y la productividad, la promoción de la igualdad social y regional, la accesibilidad universal y la mejora del bienestar y la calidad de vida de los ciudadanos. Para alcanzar este objetivo, el Plan pretende conseguir que el Gasto TIC sobre el PIB se sitúe en el 7% en el año 2010[24].

El Plan Avanza preveía una inversión para 2006 de 785,6 millones de euros, que unidos a las partidas del Ministerio de Industria, de 412,1 millones de euros, suman un total de 1.197,7 millones de euros.

Se estructura en 5 grandes áreas de actuación: Hogar e Inclusión de Ciudadanos, Competitividad e Innovación, Educación en la Era Digital, Servicios Públicos Digitales y Contexto Digital:

1. *Hogar e Inclusión de Ciudadanos*, pretende la extensión del uso de las TIC en los hogares y aumentar y potenciar la inclusión y la participación de la ciudadanía en la vida pública. Así, se prevé aumentar significativamente la proporción de hogares TIC, tanto en lo referido a conectividad como a equipamiento, teniendo como objetivo al final del período (en el año 2010) llegar al 62% de hogares con acceso a Internet, y al 45% de hogares con acceso a banda ancha.

2. *Competitividad e Innovación*, mediante el desarrollo del sector TIC en España, especialmente para las PYMES. El tejido empresarial español está compuesto en más de un 94 % por pequeñas y medianas empresas, con niveles de incorporación y uso de las TIC muy por debajo del que presentan las grandes empresas. Esto es especialmente cierto en el caso de las microPYMES, las empresas con menos de 10 empleados.

Las actuaciones previstas son[25]:

- Incrementar el grado de adopción de las TIC en las PYMES españolas. Al final del período de ejecución del Plan (2010), el porcentaje de empresas con conexión a Internet deberá alcanzar el 99% para empresas con más de 10 empleados (E>10) y 79% para las microempresas y autónomos (menos de 10 empleados, E<10). Además, un 98% de las de más de 10 empleados y un 68% de las de menos de 10 dispondrán de acceso de banda ancha.
- Aumentar la implantación del negocio electrónico, esto es, de la incorporación de las TIC en los procesos de negocio de las empresas. En este aspecto el objetivo para 2010 es que el 87% de las E>10 dispongan de sitio Web (39% para las E<10) y que el 55% realicen actividades de comercio electrónico (26% en las E<10).
- Impulsar la implantación de la factura electrónica, como uno de los resortes más eficaces para promover el uso eficiente de las TIC en las PYMES, facilitando el desarrollo del comercio electrónico, como promoviendo medidas de formación y asesoramiento continuado a la PYME; priorizar la divulgación y difusión de los beneficios asociados a la incorporación a la Sociedad de la Información.

---

[24] Ministerio de Industria, Turismo y Comercio.
[25] Ídem.

En relación con la innovación, las actuaciones previstas son:

- Fomentar la actividad innovadora del sistema Ciencia-Tecnología-Empresa (C-T-E).
- Promover la innovación en colaboración, en busca de la excelencia tecnológica, estimulando los procesos de transferencia de tecnología, la cooperación universidad-empresa y la creación de redes regionales, nacionales e internacionales.
- Mejorar el aprovechamiento de los resultados de la innovación en TIC, aumentando el número de patentes y otros derechos de propiedad intelectual.
- Potenciar el papel de las Administraciones Públicas como impulsoras del Sistema de Innovación, utilizando las compras públicas como palanca para impulsar la innovación empresarial y la industria TIC establecida en España.
- Fomentar la cooperación entre las distintas administraciones.
- Favorecer la dimensión internacional del sistema C-T-E del sector TIC español, creando un entorno de atracción de la inversión extranjera y mejorando la visibilidad de la tecnología española en el exterior.
- Incrementar los recursos humanos cualificados en TIC.

Como consecuencia de las medidas que se propone poner en marcha, se prevé que en 2010 el índice de empleo en el sector TIC sea de 1,63% de la población activa. El conjunto de las actuaciones pretenden conseguir, como hemos dicho, que, en 2010, el sector TIC suponga un 7% del PIB español.

3. *Educación en la Era Digital*, incorporando las TIC en el proceso educativo y de formación en general e integrando a todos los agentes que en él participan.

Las actuaciones previstas son:

- Aumentar la confianza de la comunidad educativa en la tecnología y en el uso de Internet, de tal forma que se consiga que en 2010 el 30% de los particulares utilicen Internet para fines de aprendizaje y docencia y se emplee el 50% del horario lectivo en actividades con equipamiento TIC.
- Formar y ofrecer asesoramiento permanente a docentes y familias. En 2010, al menos el 75% de los docentes universitarios y no universitarios dispondrán de formación tecnológica y metodológica en el uso de las TIC y el 75% de las familias tendrán acceso a formación y asesoramiento en el uso de las TIC.
- Incrementar la oferta de servicios y contenidos educativos digitales de calidad y utilidad de modo que en 2010 el 100% del currículum oficial no universitario esté soportado en dichos contenidos. Del mismo modo, al menos el 25% de las asignaturas correspondientes a titulaciones universitarias se deberán poder cursar íntegramente en línea.
- Reforzar el equipamiento existente con nuevas dotaciones dirigidas a la totalidad de las aulas de modo que en 2010 el 100% de los centros educativos disponga de acceso de banda ancha y de equipamiento TIC en los espacios docentes. Se buscará, además, el objetivo de 2 alumnos y alumnas por ordenador conectado a Internet de banda ancha.
- Sensibilizar, promocionar y dinamizar el uso de las TIC en el entorno familiar *y educativo*, logrando que en 2010 el 50% de los padres y madres utilicen Internet para comunicarse con el centro docente.

- Conseguir que las escuelas y los centros de formación se conviertan en centros locales de adquisición de conocimientos abiertos, plurales y accesibles a toda la comunidad educativa. En 2010, el 70% del alumnado con necesidades educativas especiales tendrá acceso a equipamiento TIC adaptado.

4. *Servicios Públicos Digitales*, mejora de los servicios prestados por las Administraciones Públicas a los ciudadanos y a las empresas.
Las actuaciones previstas son:

- Garantizar el derecho de ciudadanos y empresas a relacionarse electrónicamente con las Administraciones Públicas, para lo cual la totalidad de los servicios prestados por las Administraciones deberán ofrecer en 2010 como mínimo alguna de sus prestaciones a través de Internet. De todos esos servicios, al menos el 80%, deberá contar con interactividad total, pudiendo completarse íntegramente en línea.
- Establecer los mecanismos para que la oferta de servicios en línea se corresponda con la demanda existente. Se prevé que en 2010, el 40% de los particulares y el 75% de las empresas utilizarán Internet para obtener información Web, siendo un 15% y un 55% (de particulares y empresas, respectivamente) los que emplearán la Red para el envío de formularios cumplimentados.
- Garantizar la existencia de canales adecuados para que todos los ciudadanos y empresas puedan hacer uso de los servicios proporcionados por las Administraciones Públicas.
- Modernizar las Administraciones Públicas españolas y crear estructuras de cooperación entre las distintas Administraciones Públicas (AGE, CCAA y EELL).

5. *Contexto Digital,* con el despliegue de banda ancha y la creación de contenidos digitales.
Las actuaciones previstas son:

- Extensión de infraestructuras en áreas con demanda desatendida, con objeto de asegurar el acceso a los servicios de banda ancha a la totalidad de los ciudadanos y empresas, y específicamente a los ubicados en zonas cuya oferta actual es insuficiente o inexistente.
- Fomento de redes y servicios de banda ancha y móviles. Es preciso potenciar el despliegue de las redes adecuadas para la prestación de tales servicios. De este modo, además de asegurar que en 2010 el 100% de la población tenga posibilidad de disponer de acceso a banda ancha, deberá conseguirse que el 80% de la población pueda disponer de velocidades de transmisión de 2Mbps y que el 30% pueda alcanzar los 10Mbps. Así, el número de líneas de banda ancha por cada 100 habitantes debería pasar a 32 en 2010.

7. CONCLUSIONES

A modo de conclusión, queremos destacar algunos indicadores que describen el nivel de desarrollo de la sociedad de la información en nuestro país y sugerir algunos aspectos de su posible futuro.

Entre los indicadores más positivos nos parece especialmente interesante el número de cajeros por millón de habitantes y la extensión de la banda ancha en las empresas con más de 10 empleados que tienen acceso a Internet. También tenemos una situación muy buena en cuanto a las empresas que utilizan la banda ancha para acceder a Internet; el uso de Internet por los internautas para buscar información sobre servicios y bienes o para mandar y recibir *e-mails;* y la disponibilidad de e-administración (Tabla 14.10).

TABLA 14.10.—*Indicadores en los que España ocupa un lugar muy alto*

Indicador	Grado de desarrollo frente al mejor (%)	Mejor país	Valor del mejor país (%)
Número de cajeros por millón de habitantes	100	España	1928*
Empresas de 10 empleados o más que disponen de acceso en banda ancha sobre las que disponen de acceso a Internet	100	España	94
Empresas que utilizan aplicaciones de negocio SCM* (UE-10)	100	España	37
Internautas que utilizan programas de de mensajería instantánea	100	España	73,70
Empresas de 10 empleados o más que utilizan banda ancha para acceder a Internet	97,95	Finlandia	89
Empresas de 10 empleados o más que han tomado precauciones TIC	92,93	Finlandia	99
Internautas que han usado Internet en los últimos tres meses para buscar información sobre bienes y servicios	87,78	Luxemburgo	90
Empresas con acceso a Internet y de 10 empleados o más que no han sufrido uno de los siguientes problemas en el último año: acceso no autorizado, chantajes o amenazas, ataques de virus	85,39	Portugal	89
Empresas de 10 o más empleados que han instalado aplicaciones de seguridad en sus PC y las han actualizado en los últimos tres meses	84,27	Finlandia	89
Hogares que utilizan banda ancha para acceder a Internet sobre los que disponen de conexión a Internet	84,27	Bélgica	89
Disponibilidad de e-Administración (grado de sofisticación de los 20 servicios básicos)	83,16	Austria	95
Internautas que han usado Internet en los últimos tres meses para mandar o recibir emails	81,91	Países Bajos	94

* Cifra absoluta.
** Gestión de la Cadena de Suministro.

Fuente: Telefónica, *La sociedad de la información en España 2006*, Madrid, Ariel y Fundación Telefónica, 2007.

En otros indicadores nuestro país ocupa entre un 61% y un 78% del valor del mejor país. En esta situación tenemos el porcentaje de empresas con red de área local inalámbrica (UE-10), los servicios al cliente de la e-Administración; la búsqueda de información a través de Internet, el uso del ordenador por parte de los profesores, o la penetración de la telefonía móvil (Tabla 14.11).

TABLA 14.11.—*Indicadores de la Sociedad de la Información con grado alto de desarrollo en España*

Indicador	Grado de desarrollo frente al mejor (%)	Mejor país	Valor del mejor país (%)
Empresas con red de área local inalámbrica (UE-10)	78,26	Finlandia	46
«Liderazgo en el servicio al cliente» de la e-Administración	77,59	Dinamarca	58
Internautas que usaron Internet para buscar información acerca de enfermedades, tratamiento, nutrición	71,43	P. Bajos	56
Profesores que han usado ordenador en clase en los últimos doce meses en Europa	70,75	R. Unido	96,40
Disponibilidad en la e-Administración (disponibilidad de los 20 servicios básicos)	66,27	Austria	83
Líneas telefónicas móviles por 100 habitantes	62,53	Luxemburgo	145,83
Empresas que utilizan aplicaciones de negocio ERP* (EU-10)	62,16	Finlandia	37
Empresas que utilizan aplicaciones de negocio CRM** (EU-10)	61,76	Finlandia	34
Número de terminales de punto de venta (TPV) por millón de habitantes	61,26	Grecia	41,104

  * Planificación de los Recursos de la Empresa.
 ** Gestión de las Relaciones con el Cliente

Fuente: Telefónica, *La sociedad de la información en España 2006*, Madrid, Ariel y Fundación Telefónica, 2007.

TABLA 14.12.—*Indicadores de la Sociedad de la Información con grado medio de desarrollo en España*

Indicador	Grado de desarrollo frente al mejor (%)	Mejor país	Valor del mejor país (%)
Personas que han usado Internet en el último año que no han tenido problemas de seguridad con virus, resultando en pérdida de tiempo o información	57,78	Estonia	90
Personas que en su puesto de trabajo usan Internet en su rutina diaria, en empresas de 10 personas o más	57,38	Dinamarca	61
Empresas de 10 empleados o más que usan aplicaciones e-learning para la formación de sus empleados	56,82	Lituania	44
Empresas de 10 empleados o más que tienen sitios web	54,65	Suecia	86
Empresas que ofrecen formación TIC a sus empleados (UE-10)	52,63	Finlandia	38
Gasto en comunicaciones, porcentaje sobre el PIB de cada país	51,35	Letonia	7,40
Empresas de 10 empleados o más que tienen Internet	49,12	Lituania	57
Hogares con acceso a Internet	48,75	P. Bajos	80
Personas que acceden a Internet, al menos una vez por semana	48,75	Suecia	80
Empresas de 10 empleados o más que tienen extranet	46,43	Bélgica	28
Líneas de banda ancha por 100 habitantes	46,42	Dinamarca	29,30
Proporción de e-comercio, a través de Internet, sobre el total de facturación de las empresas en el último año	45,92	Irlanda	9,80
Hogares que utilizan banda ancha para acceder a Internet	43,94	P. Bajos	66
Internautas que en los últimos tres meses han utilizado Internet para enviar formularios rellenos en los sitios web de las autoridades públicas	40,54	P. Bajos	37

Fuente: Telefónica, *La sociedad de la información en España 2006*, Madrid, Ariel y Fundación Telefónica, 2007.

Determinados indicadores muestran un nivel de desarrollo intermedio, con un porcentaje entre el 40% y el 58% respecto al mejor país. Así, cabe señalar la situación de España respecto al porcentaje de personas que han usado Internet en el último año y no han tenido problemas de seguridad; el porcentaje de empresas de 10 empleados o más que usan *e-learning* o dan formación TIC a sus empleados. También nos parece importante el porcentaje de hogares con acceso a Internet o las líneas de banda ancha por 100 habitantes (Tabla 14.12).

Hay indicadores de desarrollo de la sociedad de la información en los que nuestro país tiene una posición claramente desfavorable, como el porcentaje de internautas para servicios financieros o actividades formativas; el número de ordenadores por cada 100 alumnos, o el comercio electrónico son algunos de nuestros puntos débiles en el desarrollo de la sociedad de la información (Tabla 14.13).

TABLA 14.13.—*Indicadores de la Sociedad de la Información con grado bajo de desarrollo en España*

Indicador	Grado de desarrollo frente al mejor (%)	Mejor país	Valor del mejor país (%)
Personas que han usado Internet en los últimos tres meses para servicios financieros	39,51	Finlandia	81
Facturación por comercio electrónico en el último año en empresas de 10 empleados o más	38,89	Irlanda	18
Gasto en tecnologías de la información, porcentaje sobre el PIB de cada país	38,64	Suecia	4,40
Intenautas que han comprado o encargado mercancías o servicios de uso privado por Internet en los últimos tres meses	36,21	R. Unido	58
Número de ordenadores por cada 100 alumnos en los colegios de Europa	34,80	Dinamarca	27,30
Número de ordenadores conectados a Internet por cada 100 alumnos en los colegios de Europa	32,32	Dinamarca	26,30
Empresas de 10 empleados o más que usan Internet para interactuar con las autoridades públicas (transacción completa)	30,26	Grecia	76
Empresas de 10 empleados o más que han realizado compras on-line en el último año	28,85	Irlanda	52
Internautas que han usado Internet para actividades formativas (escuelas y universidades)	25,73	Lituania	34,20
Empresas de 10 o más empleados que han recibido pagos on-line en el último año	25,53	Dinamarca	34
Ventas por comercio electrónico a través de redes distintas de Internet sobre el total de facturación de las empresas en el último año	23,08	Francia	13,00
Empresas de 10 empleados o más que han recibido pedidos on-line en el último año	22,86	Dinamarca	35
Empresas de 10 empleados o más en las que hay personas que usan parte de su tiempo de trabajo fuera de las instalaciones de la empresa utilizando las infraestructuras de telecomunicaciones de la misma	20,00	Dinamarca	55,00

Fuente: Telefónica, *La sociedad de la información en España 2006*, Madrid, Ariel y Fundación Telefónica, 2007.

Por último, Los peores indicadores son los referidos al porcentaje de internautas que usan Internet para actividades de formación o educativas (Tabla 14.14).

TABLA 14.14.—*Indicadores de la Sociedad de la Información con grado muy bajo de desarrollo en España*

Indicador	Grado de desarrollo frente al mejor (%)	Mejor país	Valor del mejor país (%)
Internautas que han usado Internet para actividades de posformación	16,34	Alemania	40,40
Internautas que han usado Internet para actividades educativas relacionadas con la mejora de la empleabilidad	15,38	Lituania	37,70

Fuente: Telefónica, *La sociedad de la información en España 2006*, Madrid, Ariel y Fundación Telefónica, 2007.

En cuanto al futuro de la Sociedad de la Información en España, las conclusiones alcanzadas de acuerdo con la situación actual, descrita en los indicadores anteriores, y después de la labor de análisis llevada a cabo son las siguientes:

- El máximo desarrollo de la Sociedad de la Información puede que alcance el nivel de los países más desarrollados hacía primeros de los años 2030.
- A partir de esos años la Sociedad de la Información seguirá estando vigente, como lo está en la actualidad la Sociedad Industrial, pero otras revoluciones tecnológicas y sociales estarán ocupando los lugares de preeminencia y otras economías estarán aportando valor y creando empleo.
- Respecto al relativo retraso actual de Europa y España en comparación con los países más avanzados en la Sociedad de la Información, las perspectivas son que se irá reduciendo en los próximos años.
- Las tendencias observadas son favorables al desarrollo adicional de la Sociedad de la Información en España.
- Será muy importante que la sociedad española se percate de las posibilidades de Internet para la creación de negocios y la aportación de valor económico.
- La aportación económica al PIB de todo el conjunto de las TIC, sinónimo de la Sociedad de la Información, superará ampliamente los porcentajes actuales, siendo probable que este hipersector, al que también hemos denominado «mundo digital» o DigiWorld, llegue a aportar por encima del 11% del PIB.
- La contribución al empleo, por otra parte, puede acercarse a porcentajes similares de la población activa, siendo de destacar el hecho de que muchas personas encontrarán en Internet ingresos adicionales a los de su fuente primaria de ingresos. Los negocios individuales en forma de *part-time* serán una característica de las nuevas etapas y evolución de la Sociedad de la Información.
- Será fundamental para todo ello que nuestra sociedad no pierda el nuevo tren que supone el desarrollo de la Web 2.0 y de la Web 3.0.
- La penetración de la banda ancha en los hogares es un componente fundamental del desarrollo de la Sociedad de la Información.
- Las políticas de actuación de la Comisión Europea y de las instituciones públicas españolas son correctas pero deberán ser reforzadas y cumplidas.
- Es previsible adicionalmente un debate social intenso sobre el papel de Internet,

su gobernanza y su relevancia para el mundo futuro, del que surjan nuevos «contratos sociales» similarmente a lo ocurrido con el gran «contrato social» de Rousseau del que surgió el Estado Moderno.

BIBLIOGRAFÍA

ALABAU. A., *La Unión Europea y su política para las comunicaciones electrónicas – Treinta años en perspectiva*, EU Institutions, Fundación Vodafone, 2006.

BANEGAS, Jesús, *La nueva economía en España*, Madrid, Alianza Editorial, 2003.

BARABÁSI, Albert-László, *Linked. The New Science of Networks,* Cambridge, Massachussets, Perseus Publishing, 2002.

BENKLER, Yochai, *The Wealth of Networks. How Social Production Transforms Markets and Freedom,* New Haven, Yale University Press, 2006.

BROCK, Gerald W., *Telecommunication Policy for the Information Age. From Monopoly to Competition,* Cambridge, Massachussets, Harvard University Press, 1994.

CASSIDY, John, *The Greatest Story Ever Sold,* Nueva York, Harper Collins Publishers, 2002.

CASTELLS, Manuel, *La Era de la Información. Economía, Sociedad y Cultura,* 3 vols., vol. 1: La Sociedad Red, vol. 2: El Poder de la Identidad, vol. 3: Fin de Milenio, Madrid, Alianza Editorial, 1996.

— *La Galaxia Internet*, Barcelona, Areté, 2001.

CASTILLA, Adolfo, «Tecnología: un panorama brillante para los servicios», en Antonio Alférez (ed.), *España 1999,* Madrid, Ediciones Temas de Hoy, 1990.

— «Metodologia per a l'Avaluació Social de la Tecnologia», en *Quaderns de Tecnologia. Innovació. Cultura. Societat,* núm. 6, octubre de 1992, Barcelona, 1992, págs 44-55.

— «Valores humanos y valores económicos: tendencias y contradicciones», en José Felix Tezanos, José Manuel Montero y José Antonio Díaz (eds.), *Tendencias de futuro en la Sociedad Española,* Madrid, Sistema, 1997.

— «El futuro de la sociedad post-industrial» en Conferencias, Ponencias, Comunicados y Conclusiones. VI Congreso de Ingenieros del ICAI. Tecnologías del siglo XXI. Consideraciones éticas y sociales. Asociación de Ingenieros del ICAI, 14,15 y16 de octubre de 1999, Madrid.

— «Control social de la técnica (Posibilidades ante un futuro post-humano del hombre), en A. Blanch (ed.), *Nuevas Tecnologías y Futuro del Hombre*, Madrid, Universidad Pontificia Comillas, 2003.

CASTILLA, Adolfo y otros, *El desafío de los años 90,* Madrid, Fundesco, 1986.

— *Comunicación, recursos naturales e industrias estratégicas,* Fundesco, Madrid, 1987.

— «Evaluación de la tecnología en países con un nivel medio de industrialización», en AAVV, *Problemas en torno al cambio de civilización*, Barcelona, El laberinto 31, 1988.

— *La economía de las telecomunicaciones, la información y los medios de comunicación*, Madrid, Fundesco, 1989.

CASTILLA, Adolfo y ALONSO, M. C., *Telecomunicaciones y desarrollo en España e Iberoamérica,* Madrid, Fundesco, 1989.

CASTILLA, Adolfo y DÍAZ , J. A., *Ocio, trabajo y nuevas tecnologías*, Madrid, Fundesco, 1989.

CASTILLA, Adolfo; ALONSO , M. C. y DÍAZ, J. A., *La sociedad española ante las nuevas tecnologías,* Madrid, Fundesco, 1987b.

DÍAZ, J. A., «Tendencias Tecnológicas emergentes de la sociedad informacional en España», en J. F. Tezanos y M. R. Sánchez (eds.), *Tecnología y sociedad en el nuevo siglo*, Madrid, Sistema, 1998.

— «Social trends of the information and communication technologies in Spain», *Futures*, vol. 32, Issue 7, Londres, 2000, págs. 669-678.

DÍAZ J. A. y TIRADO, C., «Usos civiles de los adelantos en Telecomunicación», *Revista Internacional de Sociología*, vol. 45, 1987, págs. 635-651.

DigiWorld 2005, 2006 y 2007, Idate y ENTER, Montepellier y Madrid.

Gates, Bill, *Los negocios en la Era Digital,* Barcelona, Plaza & Janés, 1999.

Lera, E. y Díaz, J. A., *El futuro de las Telecomunicaciones*, Madrid, Fundesco, 1987.

Liebowitz, Stan, *Re-Thinking the Network Economy,* Nueva York, AMACON, 2002.

McKnight, Lee W. y Bailey, Joseph P. (eds.), *Internet Economics,* Cambridge, Massachussets, The MIT Press, 2000.

Neef, Dale, *The Knowledge Economy,* Boston, Butterworth-Heinemann, 1998.

Ontiveros, Emilio, *La economía en la red,* Madrid, Taurus Digital, 2001.

Sáez Vacas, Fernando, *Más allá de Internet: la Red Universal Digital,* Madrid, Editorial Centro de Estudios Ramón Areces, 2004.

Soto, J.; Pérez, J. y Feijoo, C., «Veinticinco años de Sociedad de la Información en España. Evolución Tecnológica, Globalización y Políticas Públicas», *Revista Economía Industrial*, núm. 349-350, 2003.

Tapscott, Don, *Digital Economy,* Nueva York, McGraw-Hill, 1995.

Tapscott, D. y Williams, A. D., *Wikinomics. How Mass Collaboration Changes Everthing,* Nueva York, Portfolio, Penguin Books, 2007.

Tapscott, D.; Lowy, A. y Ticoll, D., *Blueprint to the Digital Economy,* Nueva York, McGraw-Hill, 1995.

Tapscott, D.; Ticoll, D. y Lowy, A., *Capital Digital,* Madrid, taurosesdigital, 2001.

Telefónica, *La Sociedad de la Información en España*, Madrid, Telefónica S. A., 2001.

— *La Sociedad de la Información en España 2004*, Madrid, Telefónica, S.A., 2005.

— *La Sociedad de la Información en España 2005,* Madrid, Fundación Telefónica, 2006.

— *La Sociedad de la Información en España 2006*, Madrid, Ariel y Fundación Telefónica, 2007.

Terceiro, J. B., *socied@d digital. Del homo sapiens al homo digitalis*, Madrid, Alianza Editorial, 1996.

Terceiro, José B. y Matías, Gustavo, *Digitalismo. El nuevo horizonte cultural,* Madrid, Taurus Digital, 2001.

Tezanos, J. F.; Tortosa, J. M. y Alamitos, A. (eds.), *Tendencias en desvertebración social y en políticas de solidaridad*, Madrid, Sistema, 2003.

Tezanos, J. F.; Díaz, J. A.; Sánchez, M. R. y López, A., *Estudio Delphi sobre Tendencias Científicas-Tecnológicas*, Madrid, GETS/Fundación Sistema, 1997.

Tezanos, J. F. y otros, *Estudio Delphi sobre tendencias científico-tecnológicas 2002*, Madrid, GETS/Fundación Sistema, 2003.

— *Estudio Delphi sobre Tendencias Científicas-Tecnológicas*, Madrid, GETS/Fundación Sistema, 2005.

Leslie Willcocks, Christopher Sauer and Associates, *Moving to e-Business*, Londres, Random House Business Books, 2000.

Wyatt, Allen L., *la Magia de Internet,* México DF, México, McGraw-Hill, 1995.

15

Violencia y delincuencia

Julio Bordas

1. Planteamiento de la cuestión

El crimen es un hecho social estadísticamente normal, como ya enunciara Durkheim[1] en 1895, tan inevitable como funcional para la sociedad que lo padece.

El crimen es inevitable por cuanto que se refiere a determinadas conductas legalmente tipificadas como desviadas, respecto de los patrones sociales dominantes, y que se manifiestan como faltas de educación, faltas de solidaridad, faltas administrativas, faltas penales o incluso delitos.

La conducta desviada puede ser funcional tanto desde el punto de vista de su potencial innovador como desde el punto de vista de la cohesión social que genera al reaccionar la sociedad, como una especie de sistema inmunológico, en defensa de sus valores, normas, instituciones y miembros.

Esta normalidad sistémica nos lleva a desdramatizar el estudio de la delincuencia en España y advertir que su evolución, durante la transición del siglo xx al siglo xxi, ha estado caracterizada por el incremento de las faltas contra el patrimonio, debido tanto a su aumento material como a su aumento formal, al haberse retipificado como faltas en lugar de delitos aquellos hurtos valorados por debajo de los 400 euros. Las faltas contra el patrimonio han pasado de un 30% de las infracciones en 1993 a un 43% en 2006. La mayoría de dichas faltas son cometidas por jóvenes varones residentes en Madrid, Cataluña, Comunidad Valenciana, Baleares, Canarias y Andalucía. El crecimiento de la criminalidad nos ha llevado a pasar de una tasa anual de 14 infracciones por 1.000 hab. en 1980, a otra de 39 infracciones por 1.000 hab. en 1993 y de ésta hemos llegado a las 51 infracciones por 1.000 hab. de 2006.

A pesar del incremento de las infracciones, sobre todo faltas contra el patrimonio (véase Gráfico 15.1), debemos señalar que España permanece en 2006 a 18 puntos por debajo de la media europea, que se sitúa actualmente en 69 infracciones por 1.000h.

---

[1] E. Durkheim, *Las reglas del método sociológico*, Barcelona, Orbis, 1982, pág. 77.

(véase Gráfico 15.2), nivel que en España sólo alcanzan las Comunidades de Madrid, Valencia y Baleares (véase Gráfico 15.3).

GRÁFICO 15.1.—*Evolución de las infracciones (1993-2006)*

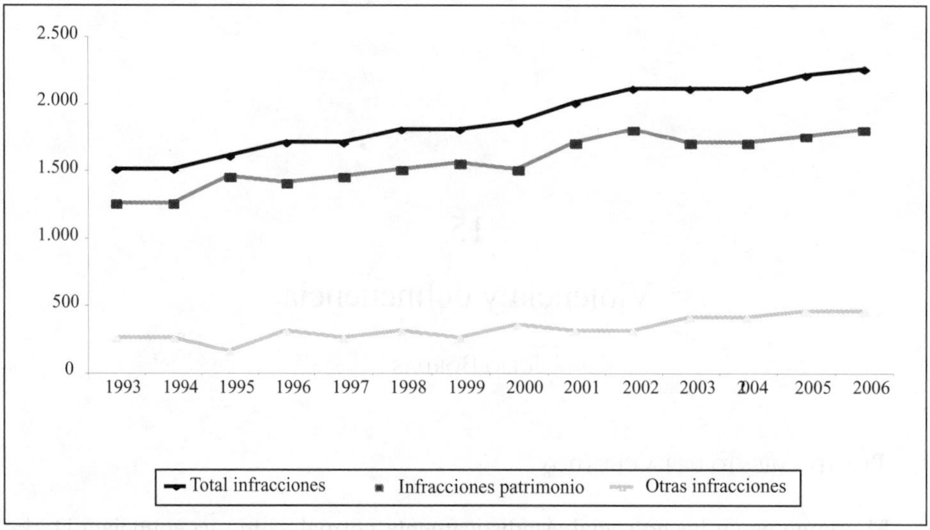

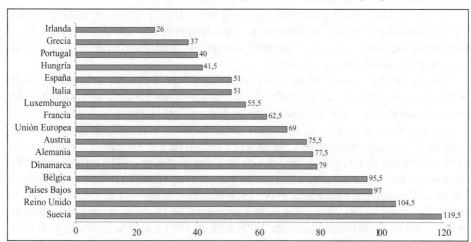

2.500
2.000
1.500
1.000
500
0
1993 1994 1995 1996 1997 1998 1999 2000 2001 2002 2003 2004 2005 2006
Total infracciones
Infracciones patrimonio
Otras infracciones

Fuente: Ministerio del Interior a partir de datos del CNP, GC Mossos, PAV y FORALES.

GRÁFICO 15.2.—*Tasa de infracciones por 1.000 hab. en 2006 por países*

Irlanda 26
Grecia 37
Portugal 40
Hungría 41,5
España 51
Italia 51
Luxemburgo 55,5
Francia 62,5
Unión Europea 69
Austria 75,5
Alemania 77,5
Dinamarca 79
Bélgica 95,5
Países Bajos 97
Reino Unido 104,5
Suecia 119,5
0 20 40 60 80 100 120

Fuente: Ministerio del Interior a partir de datos del CNP, GC Mossos, PAV y FORALES.

GRÁFICO 15.3.—*Tasa de infracciones por 1.000 hab. en 2006 por Comunidades*

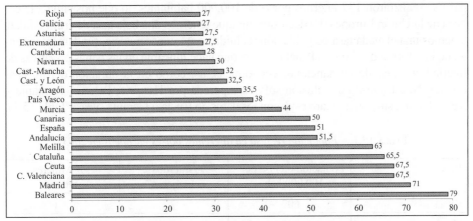

Fuente: Ministerio del Interior a partir de datos del CNP, GC Mossos, PAV y FORALES.

Como subraya Díez Ripollés y «de acuerdo a los últimos datos comparados disponibles, no es correcto afirmar que vivamos en un país con una delincuencia elevada, más bien procede la afirmación contraria, estamos ante uno de los países europeos con menores tasas de criminalidad en general, y de violencia —con la salvedad de los robos violentos— en particular»[2].

A pesar de esta baja y especializada tasa de criminalidad, el número de reclusos en España ha experimentado un constante crecimiento y se sitúa actualmente en los 64.000 internos (véase Gráfico 15.4).

GRÁFICO 15.4.—*Evolución del número de internos en prisión*

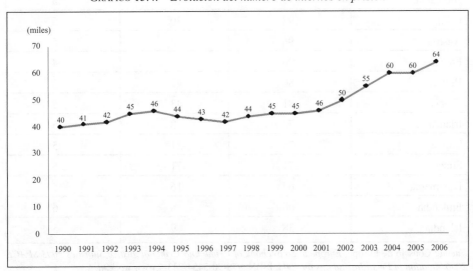

Fuente: Dirección General de Instituciones Penitenciarias.

---

[2] J. L. Díez Ripollés, «Algunos rasgos de la delincuencia en España a comienzos del siglo XXI», *Revista Española de Investigación Criminológica,* núm. 4, enero 2006. *www.criminologia.net,* pág. 5.

Como queda patente en el informe del WODC[3] de 2006, con datos de 2003, en España se registraron 137 internos por cada 100.000 habitantes, lo que nos sitúa a la cabeza de la Unión Europea. Es decir que, aunque tenemos una baja tasa de criminalidad, tenemos una elevada tasa de población recluida como consecuencia, fundamentalmente, de la reforma del Código Penal de 1995 que hace hincapié en las penas privativas de libertad en lugar de las sanciones económicas, así como en la duración del internamiento. Nuestra tasa de reclusión sólo es superada por Hungría, Polonia, Rumanía y Reino Unido, sin contar, claro está, con los datos de Rusia o Ucrania (véase Tabla 15.1).

TABLA 15.1.—*Población reclusa en diferentes países europeos en 2003*

País	Población reclusa por 100.000 hab.	% Internos extranjeros	% Mujeres internas
Rusia	607	2	6
Ucrania	395	2	5
Polonia	209	2	7
Rumanía	203	1	4
Hungría	169	4	6
Reino Unido	140	12	6
España	137	25	8
Bulgaria	133	2	3
Portugal	130	16	7
Países Bajos	100	56	9
Alemania	99	19	5
Italia	98	30	5
Austria	96	38	5
Francia	96	22	4
Bélgica	86	42	3
Grecia	81	43	5
Irlanda	75	8	5
Suecia	75	21	5
Suiza	71	71	6
Dinamarca	67	16	5
Finlandia	66	8	6
Islandia	38	9	5

Fuente: Consejo de Europa, *European Sourcebook of Crime and Criminal Justice Statistics 2003 SPACE 2006 Situation of Penal Institutions on 2003,* ISBN: 978-90-5454-733-4 *www.wodc.nl.*

---

[3] Consejo de Europa, *European Sourcebook of Crime and Criminal Justice Statistics 2003 SPACE 2006. www.wodc.nl*

En dicha tabla observamos la baja presencia de mujeres entre los internos españoles (8%), aunque resulta relativamente elevada respecto del resto de los países europeos. Asimismo, advertimos que en España el 25% de los presos son extranjeros, sobre todo inmigrantes, sobrerrepresentación que es aún mayor entre los países de nuestro entorno.

Como señala Díez Ripollés: «El período de estancia media en prisión del conjunto de la población penitenciaria española duplica las cifras promedio europeas (6,6 años de media en el Consejo de Europa y 13,4 años de media en España) (...) En la sociedad de consumo en la que vivimos, un desarrollo riguroso de la pena de multa, ajustada a los ingresos reales del culpable, puede afectar a su nivel y calidad de vida de un modo lo suficientemente aflictivo como para que la citada sanción adquiera un relevante significado preventivo (...) Frente al tosco recurso al encarcelamiento, un cumplimiento exigente y reforzado de penas de inhabilitación profesional o que priven la posibilidad de realizar determinadas actividades sociales, de sanciones que conlleven apreciables prestaciones personales, o de reacciones que impidan al ciudadano beneficiarse de ayudas, subvenciones u otro tipo de aportaciones sociales, puede convertirse en uno de los medios preventivamente más eficaces»[4].

2. EL PROBLEMA DE LOS DATOS

Adentrarse en el conocimiento de la criminalidad en España supone un esfuerzo grande y desalentador por cuatro motivos fundamentales:

a) Por la enorme carga ideológica que contiene cualquier información bibliográfica que relate la situación de la criminalidad en España.

b) Por los cambios ocurridos en la tipificación penal de la conducta desviada con la consiguiente modificación de los cuestionarios utilizados por la policía, los tribunales y las instituciones penitenciarias para recoger información sobre las Fuerzas de Seguridad, los delincuentes, los crímenes y sus víctimas. Se han eliminado tipos penales como el adulterio, el juego, la blasfemia, los trasplantes, algunos tipos de delito de aborto, el consumo de drogas o la insumisión y se han creado otros como la violencia de género, el impago de pensiones alimenticias, las escuchas telefónicas, el tráfico de influencias, la apología del genocidio y delitos informáticos, fiscales, medioambientales o de tráfico.

También ha ocurrido que idénticas conductas han cambiado de grado penal en función de la víctima, de la cuantía económica del daño causado o del *modus operandi* del delincuente.

c) Por la variedad de los sistemas de recogida, grabación, clasificación y análisis de la delincuencia, que han cambiado a lo largo del tiempo y en función de los diferentes cuerpos policiales autonómicos o nacionales. Además, algunas Policías Municipales presentan las denuncias en el Juzgado de guardia en vez de en la comisaría (véase Gráfico 15.5).

---

[4] J. L. Díez Ripollés, «Algunos rasgos de la delincuencia en España a comienzos del siglo XXI», *Revista Española de Investigación Criminológica*, núm. 4, ob. cit., págs. 24 y 25.

Por las diferentes conclusiones a que se puede llegar sobre la criminalidad: si utilizas las encuestas de victimación hay unos 3.000.000 de delitos al año, según la policía se conocen unos 2.000.000, según los detenidos existen unos 400.000 delincuentes; unos 130.000 procesados por los tribunales y tenemos unos 60.000 reclusos. (véase Gráfico 15.6).

GRÁFICO 15.5.—*Porcentaje de criminalidad registrada*

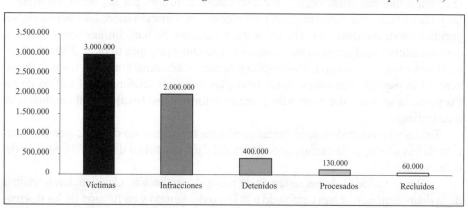

Fuente: Ministerio del Interior, GESI.

GRÁFICO 15.6.—*Diferentes registros, grosso modo, de la delincuencia en España (2006)*

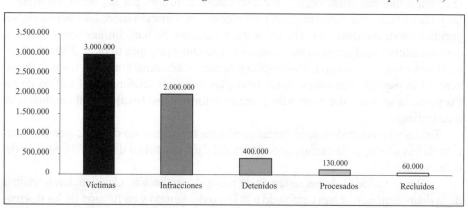

Fuente: Elaboración propia a partir de fuentes del Ministerio del Interior. Datos expresados en números redondos.

Estas diferencias en los registros se originan porque responden a hechos diferentes, tipificados como faltas de educación, de solidaridad, administrativas, penales o delitos y en función de éstos cobran sentido los *roles* de víctima, detenido, procesado o recluso.

Algunos de los problemas que tienen las *encuestas a víctimas* son los siguientes:

1. No conocemos el universo de víctimas por lo que no podemos calcular el error de una muestra.
2. Las víctimas de homicidios o delitos sexuales no están disponibles para una encuesta. Tampoco están disponibles los reclusos, aunque sepamos que muchos internos han sido víctimas alguna vez.
3. Resulta difícil seleccionar por rutas aleatorias a todo tipo de víctimas ya que muchos domicilios de víctimas se vuelven inaccesibles y un número indeterminado de víctimas no tienen domicilio o lo tienen irregular.
4. Los entrevistados no saben con precisión el tipo de infracción padecida considerando falta o delito penal lo que en realidad es una falta de educación o de solidaridad no sancionable ni administrativamente.
5. Hay entrevistados que no son conscientes de haber padecido un delito por considerarlo una conducta «normal» en campos como el sanitario, medioambiental, de consumo, administrativo, de tráfico, etc.
6. Hay personas que han sido víctimas de varios delitos el mismo año.
7. No resulta fácil distinguir entre víctimas prudentes, víctimas imprudentes y víctimas culpables a la hora de clasificarlas.
8. Los encuestados están influidos por el clima de opinión generado desde los medios de comunicación social y lo proyectan en sus respuestas.
9. Estas encuestas entrevistan a mayores de edad lo que genera problemas de proyección porque faltan las víctimas infantiles y porque sobran víctimas adultas al generalizar al universo lo que debería ceñirse a la población adulta, tal y como se hace respecto del censo electoral en las encuestas políticas o respecto de la población activa en las encuestas laborales.

Como resume Diego Torrente: «El mito de las encuestas a víctimas es que permite acercarse a la cifra real de delincuencia. Pero en realidad no soluciona el tema de la «cifra oscura» ni sustituye a otras fuentes. La razón es que las encuestas a víctimas detectan unos delitos más que otros y que lo que miden es distinto a lo que recogen las estadísticas oficiales o las de autoinculpación (…). Aunque las encuestas a víctimas detectan más delitos que los que registra la policía, no miden la delincuencia real por cinco razones. La primera es que sólo registran determinados tipos de delitos y no otros (…). La segunda razón es que las encuestas a víctimas suelen realizarse sobre una base muestral de hogares (…). El tercer motivo son los errores involuntarios que el entrevistado introduce (…). Una cuarta razón consiste en que algunos delitos son más confesables que otros a un entrevistador (…). Otro problema son los errores en las clasificaciones y recuento de delitos»[5].

Las encuestas de *autoinculpación* tienen los siguientes problemas:

1. Resulta difícil que seleccionando la muestra aleatoriamente encontremos un número de autoinculpados semejante al de delitos registrados. Si suele haber más víctimas que infracciones registradas, por el contrario, suele haber menos autoinculpados que infractores registrados.

---

[5] D. Torrente, *Desviación y delito*, Madrid, Alianza, 2001, pág. 155.

2. Hay una cierta infrarrepresentación de las clases más bajas en las encuestas de autoinculpación.

3. El relato de las infracciones cometidas es inexacto en los hechos e indeterminado en el tiempo.

4. Suelen faltar delitos sexuales más o menos vergonzosos y sobran otros delitos mejor aceptados por la sociedad.

5. Suelen faltar delitos juveniles porque los entrevistados, cuando son ellos los actores, los perciben como travesuras o gamberradas, mientras que cuando los padecen como víctimas tienden a considerarlos directamente como delitos.

Algunos de los problemas que tienen las *estadísticas policiales* son los siguientes:

1. Los cuestionarios policiales cambian en función de modificaciones legislativas en el ámbito penal o administrativo dificultando la formación de los policías y su reflejo adecuado en los formularios correspondientes.

2. Los cuestionarios policiales cambian siguiendo instrucciones gubernamentales que pueden influir en que los hechos se clasifiquen desde una perspectiva legal en vez de darle otra interpretación también legal, lo que influye en el número de infracciones registradas.

3. Algunas veces la cumplimentación de los cuestionarios es incorrecta, detectándose varios datos sociodemográficos en el epígrafe de «no sabe no contesta» y algunos motivos de la detención o el *modus operandi* incluidos en «otros» de tal forma que la ignorancia de la edad de la víctima, de la cuantía económica del daño o del procedimiento para cometer el delito dificulta su tipificación como falta o como delito.

4. Las estadísticas de la Guardia Civil, la Policía Judicial y la Policía Municipal han sido muy diferentes y de difícil homologación.

5. La mayor o menor eficacia policial repercute en los registros de infracciones por cuanto que permite conocer delitos que normalmente no son denunciados por los ciudadanos en las comisarías.

6. La mayor o menor diligencia policial repercute en los registros de infracciones y en la correcta clasificación de un conjunto de infracciones o de cada uno de ellos como falta o delito.

7. Las falsas denuncias para cobrar seguros o no pagar tasas por la renovación de documentos repercuten en los registros policiales.

8. La regularización de los inmigrantes está aumentando el registro de infracciones penales padecidas y denunciadas por ellos mismos.

Algunos de los problemas que tienen los *registros judiciales* son los siguientes:

1. Los jueces y fiscales registran su actividad laboral, de acuerdo con los procedimientos legales, de la que algunas veces se pueden deducir imprecisos e incompletos datos criminológicos.

2. Recoge los datos de los Juzgados de lo Penal y las Audiencias Provinciales pero no los datos de los Juzgados Centrales ni de la Audiencia Nacional.

3. Sólo recogen las penas más graves y no todas las correspondientes a cada uno de los delitos.

Como resume Díez Ripollés: «Los datos sobre penas impuestas por delitos tienen carencias: 1. Sólo se publican los datos desagregados de las Audiencias provinciales y Juzgados de lo penal, no así de los Juzgados centrales de lo penal ni de la Audiencia nacional, por lo que estos últimos órganos han de quedar fuera de nuestra consideración. 2. Sólo recogen las penas impuestas en sentencia, lo que supone que no se identifican las penas privativas de libertad suspendidas o sustituidas en la fase de ejecución de sentencia, ni las responsabilidades personales subsidiarias acordadas en la misma fase por impago de la pena de multa, ni consecuentemente las penas sustitutivas que se hayan podido dictar en los últimos casos. 3. El número de penas que efectivamente se impone en sentencia es considerablemente más elevado que el que recogen estas estadísticas, pues en ellas coinciden las cifras de delitos enjuiciados y penas impuestas, lo que significa que se computa una única pena por delito, la principal o la más grave. En consecuencia, quedan fuera del cómputo las penas acumulativas consideradas menos graves y las penas accesorias. 4. En las estadísticas de 2003 no se recogen expresamente las penas por delito que han podido imponer los jueces de instrucción desde la entrada en vigor el día 29 de abril de 2003 de la L.O. 8/2002, llamada de juicios rápidos»[6].

Algunos de los problemas que tienen los *censos penitenciarios* son los siguientes:

1. Los datos penitenciarios son censales y no muestrales porque se refieren al conjunto del universo de internos.
2. Los censos penitenciarios sólo incluyen presos que componen un grupo mucho menor y más peculiar que el conjunto de los delincuentes.
3. La población penitenciaria tiene una enorme sobrerrepresentación de jóvenes, varones e inmigrantes, relacionados con delitos contra el patrimonio y contra la salud pública, que han sido detenidos por la policía y condenados por los tribunales con las mismas garantías formales que el resto de la población, pero menores garantías simbólicas.
4. Como subraya Teodoro Hernández[7], hay mucha diferencia de clase social entre los autoinculpados y los reclusos. Los autoinculpados aparecen proporcionalmente en todas las clases sociales y, en cambio, sólo terminan en la cárcel los que pertenecen a las clases más bajas.
5. Los censos penitenciarios recogen lo peor jurídicamente de la conducta desviada: los delitos en lugar de las faltas.
6. Los registros estadísticos penitenciarios son muy pobres debido a cirsunscribirse a un universo muy pequeño y peculiar por lo que resulta imprescindible completarlos con investigaciones cualitativas *ad hoc*.

Algunos de los problemas que tienen los *análisis de contenido de noticias periodísticas* sobre la delincuencia son los siguientes:

---

[6] J. L. Díez Ripollés, «Algunos rasgos de la delincuencia en España a comienzos del siglo XXI» *Revista Española de Investigación Criminológica*, núm. 4, ob. cit., págs. 13 y 14.

[7] T. Hernández de Frutos, «Estratificación social y delincuencia», *Revista Internacional de Sociología*, núm. 45, Madrid, septiembre-diciembre de 2006, pág. 208.

1. Los medios de comunicación social cuentan los sucesos relacionados con el crimen de la forma que puedan alcanzar más notoriedad, mayor impacto en la población, mayor eco en los otros medios y provocar una mayor espiral de silencio que les proteja, independientemente de que el suceso sea cierto o falso, importante o trivial, frecuente o excepcional.
2. Hay medios de comunicación social que realizan campañas fabulosas sobre delitos insignificantes a fin de condicionar la política del Gobierno, influir en el electorado o distraer la atención de delitos realmente graves.

3. LA EVOLUCIÓN DE LA DELINCUENCIA REGISTRADA

La tasa de infracciones por 1.000 hab. ha experimentado en España un notable crecimiento desde 1980 hasta el año 2006, pasando de una tasa de 14 infracciones por 1.000 hab. a otra de 39 por 1.000 hab. en 1993, de aquí a otra de 50 infracciones por 1.000 hab en 2000 y de aquí a otra de 51 infracciones por 1.000 hab en 2006.

En el Gráfico 15.7 apreciamos la evolución de dicha tasa desde 1990, momento a partir del que disponemos de datos fidedignos como consecuencia de la creación en 1986 del Cuerpo Nacional de Policía que integraba al Cuerpo Superior y a la Policía Nacional, repartiendo sus funciones entre las Comisarías Generales de Policía Judicial, Información, Policía Científica, Seguridad Ciudadana y de Extranjería y Documentación.

GRÁFICO 15.7.—*Evolución de la tasa de delincuencia en España por 1.000 hab.*

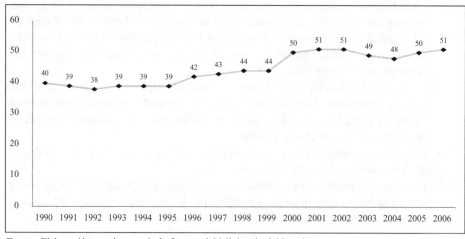

Fuente: Elaboración propia a partir de fuentes del Ministerio del Interior.

Las infracciones han evolucionado ascendentemente, describiendo su principal escalón durante el cambio de siglo, momento en el que además de producirse un aumento de los hurtos también se tipificaron penalmente algunas conductas que antes no lo estaban.

Para que el lector tenga un punto de referencia a la hora de observar los matices de la evolución de la criminalidad en España, hemos compuesto la Tabla 15.2 con los valores promedio de las infracciones ocurridas desde 1993 hasta 2005, distinguiendo los grandes grupos de delitos y faltas, entre los que destacan los relacionados con el patrimonio.

TABLA 15.2.—*Media de infracciones ocurridos en España entre 1993 y 2005**

	Conocidos	Esclarecidos	Detenidos
Delitos	980.548	268.415	213.885
Contra el patrimonio	825.920	138.700	108.566
Contra las personas	25.996	22.559	16.720
Contra la libertad e indemnidad sexual	7.590	5.410	4.302
Contra la seguridad colectiva	41.816	38.225	44.161
Otros delitos	74.977	63.131	40.136
Faltas	887.876	149.981	13.015
Contra las personas	173.975	143.559	2.985
Contra el patrimonio	703.132	126.881	9.152
Contra los intereses generales	2.604	2.019	29
Contra el orden público	8.397	7.882	849
Total (Delitos + Faltas)	1.864.514	500.368	236.509
Ley de Extranjería			56.538
Reclamados			18.456
Total detenidos			328.686

* A partir del año 2000 se incluyen datos de los Mossos. (Los datos de los Mossos sobre esclarecidos y detenidos son totales no pudiendo repartirse entre los distintos tipos penales). Los años 2004-2005 se incluyen datos de la Policía Foral. La PAV no facilita datos de esclarecidos. Los detenidos por reclamación judicial y Ley de Extranjería se incluyen desde el año 2000.

Fuente: Elaboración propia con datos de CNP-GC-PAV-Mossos-Policía Foral de Navarra.

En dicha tabla registramos, y conviene tenerlo en la cabeza, 1.864.514 infracciones de media, de las que el 53% son delitos y el 47% son faltas. El 82% de las infracciones son contra el patrimonio, el 2,6% de los delitos son contra las personas, el 27% de las infracciones están esclarecidas y los detenidos suponen el 22% de los delincuentes conocidos.

Con el marco de referencia que supone el promedio de infracciones, podemos comenzar a analizar la evolución de la delincuencia registrada policialmente en España por el año 1993 (véase Tabla 15.3), momento en el que se registraron 1.504.975 infracciones, un 62% delitos y un 38% de faltas, destacando las infracciones contra el patrimonio (83%). Los graves delitos contra las personas supusieron el 1,6% de los delitos.

TABLA 15.3.—*Infracciones registradas en 1993**

	Conocidos	Esclarecidos	Detenidos
Delitos	938.612	234.639	195.996
Contra el patrimonio	811.266	127.815	110.573
Contra las personas	15.144	10.563	7.126
Contra la libertad e indem. sexual	6.178	4.410	3.746
Contra la seguridad colectiva	34.872	34.426	45.063
Otros delitos	71.152	57.425	29.488
Faltas	566.363	135.388	11.887
Contra las personas	113.346	85.428	2.853
Contra el patrimonio	448.813	46.336	8.626
Contra los intereses generales	907	684	18
Contra el orden público	3.297	2.940	390
Total (Delitos + Faltas)	1.504.975	370.027	207.883

* La PAV no facilita datos de esclarecidos.

Fuente: Elaboración propia con datos de CNP-GC-PAV.

En 1993 había varios millones menos de población y setecientas mil infracciones menos que en 2005, aunque, eso sí, los delitos graves eran porcentualmente muy superiores a los actuales (62% en 1993 respecto del 46% en 2005); las infracciones esclarecidas sólo llegaron al 25%, cuando actualmente se llega al 29%; y los delincuentes detenidos se quedaron en el 21%, cuando en 2005 se alcanza el 27%. En definitiva, aunque en 1993 había una tasa de infracciones de 39 por 1.000 hab., menor que en la actualidad (51 por 1.000 hab.), también había un menor nivel de eficacia policial por lo que se refiere al esclarecimiento de los hechos y a la detención de los culpables de los delitos más graves.

En la Tabla 15.4, correspondiente a 1994, observamos que el 58% de las infracciones fueron delitos y el 42% faltas. El 83%, tanto de unos como de otras fueron contra el patrimonio y el 1,7% de los delitos fueron contra las personas. El 24% de las infracciones fueron esclarecidas y los detenidos alcanzaron el 21% de los delincuentes.

Dentro de la misma tendencia, como no podía ser de otra manera, observamos un significativo descenso de los delitos, compensado por un incremento de las faltas, especialmente las relacionadas con el patrimonio, que es el factor más explicativo de la evolución del crimen en España desde finales del siglo xx hasta principios del siglo xxi.

Debido al cambio de tendencia que supone que las faltas pasaran de un 38% a un 42%, conviene aclarar que, en términos generales, los niveles de criminalidad permanecen constantes, rondando el millón y medio de infracciones y una tasa de criminalidad de 39 infracciones por 1.000 hab., por lo que la explicación de sus variaciones bruscas descansa más en retipificaciones legislativas o administrativas que en una punta de actividad criminal.

En la Tabla 15.5, correspondiente a 1995, registramos 1.603.182 infracciones, que se reparten en un 57% de delitos y un 43% de faltas, semejante al año anterior. El 82% de las infracciones tuvieron que ver con el patrimonio y el 1,5% de los deli-

TABLA 15.4.—*Infracciones registradas en 1994**

	Conocidos	Esclarecidos	Detenidos
Delitos	901.696	223.992	193.083
Contra el patrimonio	771.978	117.144	107.636
Contra las personas	15.023	10.186	8.157
Contra la libertad e indem. sexual	6.344	4.489	4.082
Contra la seguridad colectiva	34.537	33.250	42.931
Otros delitos	74.114	58.923	30.277
Faltas	660.192	157.649	11.509
Contra las personas	130.412	100.024	3.042
Contra el patrimonio	525.291	53.696	7.962
Contra los intereses generales	1.054	807	28
Contra el orden público	3.435	3.122	477
Total (Delitos + Faltas)	1.561.888	381.641	297.737

* La PAV no facilita datos de esclarecidos.

Fuente: Elaboración propia con datos de CNP-GC-PAV.

TABLA 15.5.—*Infracciones registradas en 1995**

	Conocidos	Esclarecidos	Detenidos
Delitos	908.264	233.283	194.285
Contra el patrimonio	777.953	123.525	109.545
Contra las personas	13.838	10.283	8.169
Contra la libertad e indem. sexual	6.952	4.842	4.152
Contra la seguridad colectiva	35.901	34.526	42.387
Otros delitos	73.620	60.107	30.032
Faltas	694.918	179.052	11.918
Contra las personas	143999	114.120	3.127
Contra el patrimonio	545788	60.416	8.334
Contra los intereses generales	1289	1.006	33
Contra el orden público	3842	3.510	424
Total (Delitos + Faltas)	1.603.182	412.335	206.203

* La PAV no facilita datos de esclarecidos.

Fuente: Elaboración propia con datos de CNP-GC-PAV.

tos atentaron contra las personas. En 1995 el esclarecimiento llegó al 26% y las detenciones al 21%.

Al año siguiente, 1996, las infracciones volvieron a crecer, situándose en 1.695.248 (véase Tabla 15.6), que se repartían en un 55% de delitos y otro 45% de faltas. El 83% del conjunto de las infracciones seguían teniendo que ver con el patrimonio y, en el caso concreto de los delitos, podemos señalar que el 1,4% fueron cometidos contra las personas.

En 1996 se esclarecieron el 25% de las infracciones y el porcentaje de detenidos, respecto del nivel de delitos conocidos, se situó en un 22%.

TABLA 15.6.—*Infracciones registradas en 1996**

	Conocidos	Esclarecidos	Detenidos
Delitos	930.780	239.594	204.000
Contra el patrimonio	802.585	129.777	113.900
Contra las personas	13.081	9.680	8.346
Contra la libertad e indem. sexual	6.552	4.605	3.792
Contra la seguridad colectiva	42.381	41.194	48.059
Otros delitos	66.181	54.338	29.903
Faltas	764.468	192.301	12.067
Contra las personas	145.361	116.613	3.014
Contra el patrimonio	614.222	71.437	8.469
Contra los intereses generales	1.816	1.424	22
Contra el orden público	3.069	2.827	562
Total (Delitos + Faltas)	1.695.248	431.895	216.067

* La PAV no facilita datos de esclarecidos.

Fuente: Elaboración propia con datos de CNP-GC-PAV.

La Tabla 15.7 refleja los resultados del registro de las infracciones conocidas, esclarecidas y de los detenidos vinculados a las mismas, podemos comprobar que en 1997 hubo 1.726.346 infracciones, 53% delitos y 47% faltas, entre las que el 82% tienen que ver con el patrimonio de sus víctimas. El 1,5% de los delitos, las infracciones más graves, fueron cometidas contra las personas.

En 1997 el porcentaje de detenidos respecto de delitos conocidos se sitúa en el 21%, pero el nivel de esclarecimiento de las infracciones padecidas por los ciudadanos experimenta un significativo aumento, llegando al 27%.

En 1998, cuyos datos se clasifican en la Tabla 15.8, se inicia el camino del incremento de la criminalidad en España, no sólo porque ya está en vigor el nuevo Código

TABLA 15.7.—*Infracciones registradas en 1997**

	Conocidos	Esclarecidos	Detenidos
Delitos	924.393	249.917	195.734
Contra el patrimonio	788.691	132.493	104.119
Contra las personas	14.836	12.006	7.922
Contra la libertad e indem. sexual	6.963	4.922	3.578
Contra la seguridad colectiva	49.207	45.546	50.504
Otros delitos	64.696	54.954	29.611
Faltas	801.953	217.624	11.830
Contra las personas	161.233	132.065	2.489
Contra el patrimonio	628.876	74.780	8.596
Contra los intereses generales	3.037	2.356	23
Contra el orden público	8.807	8.423	722
Total (Delitos + Faltas)	1.726.346	467.541	207.564

* La PAV no facilita datos de esclarecidos.

Fuente: Elaboración propia con datos de CNP-GC-PAV.

TABLA 15.8.—*Infracciones registradas en 1998**

	Conocidos	Esclarecidos	Detenidos
Delitos	965.835	264.349	197.366
Contra el patrimonio	816.072	134.733	99.788
Contra las personas	20.010	17.215	10.600
Contra la libertad e indem. sexual	7.755	5.469	3.877
Contra la seguridad colectiva	50.172	46.309	50.425
Otros delitos	71.826	57.375	32.676
Faltas	856.928	235.141	11.920
Contra las personas	171.559	141.948	2.977
Contra el patrimonio	673.220	81.527	8.199
Contra los intereses generales	3.395	2.661	17
Contra el orden público	8.764	8.380	727
Total (Delitos + Faltas)	1.822.763	499.490	209.286

* La PAV no facilita datos de esclarecidos.

Fuente: Elaboración propia con datos de CNP-GC-PAV.

Penal de 1995, sino porque se produce un incremento bruto de unas cien mil infracciones en un año subiendo al peldaño de las 44 infracciones por 1.000 hab. Este año se registran 1.822.763 infracciones, que se reparte en un 53% de delitos (el 2,1% de los cuales son delitos contra las personas) y un 47% de faltas, sobre todo relacionadas con el patrimonio (82%).

En este año el nivel de esclarecimiento sigue subiendo por encima del 27%, aunque el porcentaje de detenidos respecto de delitos conocidos se queda este año en un bajo 20%.

1999 sigue la misma tónica que el año anterior registrándose 1.842.518 infracciones de las que el 52% son delitos y el 48% son faltas (véase Tabla 15.9).

TABLA 15.9.—*Infracciones registradas en 1999**

	Conocidos	Esclarecidos	Detenidos
Delitos	961.787	269.493	205.532
Contra el patrimonio	813.461	138.859	103.157
Contra las personas	20.217	17.922	11.290
Contra la libertad e indem. sexual	7.563	5.369	3.898
Contra la seguridad colectiva	49.580	46.625	50.834
Otros delitos	70.966	58.845	36.353
Faltas	880.731	250.216	11.607
Contra las personas	178.558	150.989	2.706
Contra el patrimonio	689.854	88.232	7.992
Contra los intereses generales	3.649	2.844	22
Contra el orden público	8.670	8.311	887
Total (Delitos + Faltas)	1.842.518	519.709	217.139

* La PAV no facilita datos de esclarecidos.

Fuente: Elaboración propia con datos de CNP-GC-PAV.

Entre el conjunto de las infracciones sobresalen las relacionadas con el patrimonio (81%) y entre los delitos observamos que el 2,1% están relacionados con las personas. El nivel de detenciones en 1999 se sitúa en un (21%) y el de esclarecimientos en el 28%.

En el año 2000, como puede observarse en la Tabla 15.10, se da el gran salto cualitativo en el crecimiento del crimen registrado por la policía, llegándose entonces a las 50 infracciones por 1.000 hab., que suponen 1.852.986 infracciones, 51% delitos y 49% faltas.

Las infracciones más frecuentes son las relacionadas con el patrimonio (81%) y los graves delitos contra las personas siguen en unos niveles bajos (2,1%).

Aunque la tasa de criminalidad aumenta éste año, también aumenta la eficacia policial llegando el porcentaje de infracciones esclarecidas al 27% y el de detenidos al 22%. El nivel de eficacia policial basado en las detenciones aumentó en 2000, no sólo por el montante de los infractores (272.519), sino porque a partir de este año se empiezan a registrar detenciones por infracciones administrativas de la Ley de Extranjería.

TABLA 15.10.—*Infracciones registradas en 2000**

	Conocidos	Esclarecidos	Detenidos
Delitos	960.678	258.114	211.018
Contra el patrimonio	816.952	135.891	105.535
Contra las personas	19.898	17.738	12.468
Contra la libertad e indem. sexual	7.622	5.188	3.991
Contra la seguridad colectiva	48.010	41.749	48.380
Otros delitos	68.196	57.608	40.644
Faltas	892.308	254.193	12.987
Contra las personas	189.926	151.140	3.255
Contra el patrimonio	688.691	84.567	8.760
Contra los intereses generales	3.812	2.498	41
Contra el orden público	9.879	8.584	931
Total (Delitos + Faltas)	1.852.986	512.307	229.795
Ley de Extranjería			27.772
Reclamados			5.539
Total detenidos			263.106

* A partir del año 2000 se incluyen datos de los Mossos. (Los datos de los Mossos sobre esclarecidos y detenidos son totales no pudiendo repartirse entre los distintos tipos penales). Los años 2004-2005 se incluyen datos de la Policía Foral. La PAV no facilita datos de esclarecidos. Los detenidos por reclamación judicial y Ley de Extranjería se incluyen desde el año 2000.

Fuente: Elaboración propia con datos de CNP-GC-PAV-Mossos-Policía Foral de Navarra.

Durante el año 2001, como puede apreciarse en la Tabla 15.11, superamos los dos millones de infracciones al año situándose en 2.044.978, que se reparten en un 51% de delitos y un 49% de faltas, generalmente relacionadas con el patrimonio (83%). Entre los delitos, los relacionados contra las personas se sitúan en un descendente 1,7%.

TABLA 15.11.—*Infracciones registradas en 2001**

	Conocidos	Esclarecidos	Detenidos
Delitos	1.058.470	268.304	218.438
Contra el patrimonio	921.939	150.817	115.823
Contra las personas	19.358	17.839	12.889
Contra la libertad e indem. sexual	7.554	5.235	4.006
Contra la seguridad colectiva	42.932	37.554	43.629
Otros delitos	61.654	56.859	42.091
Faltas	981.475	266.135	13.709
Contra las personas	194.763	156.360	3.060
Contra el patrimonio	775.953	90.317	9.633
Contra los intereses generales	3.551	2.474	38
Contra el orden público	10.208	9.714	978
Total (Delitos + Faltas)	2.044.978	534.439	232.147
Ley de Extranjería			44.139
Reclamados			6.618
Total detenidos			289.685

* Véanse aclaraciones en la Tabla 15.10.

Fuente: Elaboración propia con datos de CNP-GC-PAV-Mossos-Policía Foral de Navarra.

Durante el año 2001 se inicia una mala racha para la seguridad ciudadana por cuanto que las infracciones aumentan, la tasa de criminalidad aumenta y la eficacia policial se estanca en un porcentaje de esclarecimiento de infracciones del 26% y de detenciones de delincuentes del 20%. En este año, además, las detenciones motivadas por faltas administrativas relacionadas con la Ley de Extranjería pasan al segundo lugar, después de las detenciones debidas a delitos contra el patrimonio.

En la Tabla 15.12 reflejamos el peor de los años por lo que se refiere a la seguridad ciudadana, el 2002, por cuanto que se llega a los 2.148.469 infracciones, pero con el agravante de que al relacionar los datos con la población existente en la época nos colocamos en una tasa de criminalidad de 51 infracciones por 1.000 hab. Resulta también peculiar en este año que las infracciones (mayoritariamente relacionadas con el patrimonio, 83%) se repartan por primera vez proporcionalmente en un 50% de faltas y un 50% de delitos (los delitos contra las personas llegan al 1,9%).

TABLA 15.12.—*Infracciones registradas en 2002**

	Conocidos	Esclarecidos	Detenidos
Delitos	1.081.983	285.089	219.030
Contra el patrimonio	939.843	160.960	116.620
Contra las personas	21.865	19.694	14.039
Contra la libertad e indem. sexual	7.569	5.583	4.209
Contra la seguridad colectiva	41.774	36.357	40.230
Otros delitos	70.932	62.495	43.932

TABLA 15.12 *(cont.).—Infracciones registradas en 2002**

	Conocidos	Esclarecidos	Detenidos
Faltas	1.066.486	277.650	14.312
Contra las personas	197.983	161.574	2.955
Contra el patrimonio	852.788	92.847	10.421
Contra los intereses generales	3.020	2.230	45
Contra el orden público	12.695	11.642	891
Total (Delitos + Faltas)	2.148.469	562.739	241.831
Ley de Extranjería			53.662
Reclamados			7.963
Total detenidos			303.456

* Véanse aclaraciones en la Tabla 15.10.

Fuente: Elaboración propia con datos de CNP-GC-PAV-Mossos-Policía Foral de Navarra.

El nivel de esclarecimiento de infracciones se situó en el 26% y la detención de delincuentes en el 20%.

En 2003 entramos en una especie de meseta en las curvas que describen la criminalidad, situándonos en una tasa de 50 infracciones por 1.000h.

En el caso que nos ocupa y de acuerdo con los datos que aparecen en la Tabla 15.13, podemos reseñar que el 50% de las infracciones son delitos y el 50% son faltas. Las infracciones contra el patrimonio alcanzan el 83% y los delitos contra las personas llegan, y esto es relativamente significativo, al 3%. El nivel de esclarecimiento de infracciones se sitúa en el 26% y el porcentaje de delincuentes detenidos llega al 20%.

TABLA 15.13.—*Infracciones registradas en 2003**

	Conocidos	Esclarecidos	Detenidos
Delitos	1.013.428	279.434	206.811
Contra el patrimonio	857.908	150.954	102.967
Contra las personas	31.556	26.183	18.734
Contra la libertad e indem. sexual	8.263	5.932	4.518
Contra la seguridad colectiva	41.111	33.867	37.256
Otros delitos	74.590	62.498	43.336
Faltas	1.089.048	289.263	14.212
Contra las personas	211.438	170.376	2.996
Contra el patrimonio	860.878	90.872	9.884
Contra los intereses generales	3.060	2.111	32
Contra el orden público	13.672	12.319	1.300
Total (Delitos + Faltas)	2.102.476	547.103	231.737
Ley de Extranjería			66.793
Reclamados			9.534
Total detenidos			308.064

* Véanse aclaraciones en la Tabla 15.10.

Fuente: Elaboración propia con datos de CNP-GC-PAV-Mossos-Policía Foral de Navarra.

En la Tabla 15.14, correspondiente al año 2004, se estabiliza la criminalidad en 2.119.991 infracciones, mitad faltas y mitad delitos, eso sí, contando por primera vez con datos de todas las fuerzas policiales, y reflejando el incremento de la inmigración que llevó a realizar más de setenta mil detenciones en aplicación de la Ley de Extranjería.

En 2004 resulta significativo que las infracciones contra el patrimonio no pasen del 80%, que los delitos contra las personas, como consecuencia del agravamiento de la sanción de la violencia de género y del atentado terrorista del 11 de marzo, se aproximen al 6%; que el esclarecimiento de las infracciones ascienda hasta el 29% y que la detención de delincuentes suba hasta el 25%.

TABLA 15.14.—*Infracciones registradas en 2004**

	Conocidos	Esclarecidos	Detenidos
Delitos	1.070.853	331.283	262.024
Contra el patrimonio	813.050	149.925	111.210
Contra las personas	59.809	55.708	43.864
Contra la libertad e indem. sexual	9.263	6.897	5.820
Contra la seguridad colectiva	36.838	33.295	38.078
Otros delitos	97.846	85.458	63.052
Faltas	1.104.998	283.559	16.024
Contra las personas	204.719	169.430	3.493
Contra el patrimonio	885.193	100.453	11.114
Contra los intereses generales	2.639	1.969	26
Contra el orden público	12.447	11.707	1.395
Total (Delitos + Faltas)	2.119.991	614.842	278.048
Ley de Extranjería			77.338
Reclamados			41.359
Total detenidos			396.749

* Véanse aclaraciones en la Tabla 15.10.

Fuente: Elaboración propia con datos de CNP-GC-PAV-Mossos-Policía Foral de Navarra.

En el último año del que disponemos de datos detallados, 2005, vemos un incremento de la criminalidad (2.212.865 infracciones) en los territorios de todas las fuerzas policiales, autonómicas y nacionales, así como cierto cambio cualitativo en la misma, en el sentido de iniciarse el crecimiento de las faltas (54%), sobre todo relacionadas con el patrimonio (79%); por encima de los delitos (46%), especialmente los cometidos contra las personas, que llegan hasta un 7%.

Este incremento de las faltas por hurto y de los delitos contra las personas se ve contrapesado por un incremento de la eficacia policial que llega al 29% del esclarecimiento de las infracciones y a la detención del 25% de los delincuentes (véase Tabla 15.15).

TABLA 15.15.—*Infracciones registradas en 2005**

	Conocidos	Esclarecidos	Detenidos
Delitos	1.030.349	351.900	277.186
Contra el Patrimonio	805.261	150.213	110.491
Contra las personas	73.309	68.255	53.754
Contra la libertad e indem. sexual	10.086	7.384	6.259
Contra la seguridad colectiva	36.296	32.233	36.311
Otros delitos	108.934	93.815	70.371
Faltas	1.182.516	298.821	15.215
Contra las personas	218.374	177.413	2.836
Contra el Patrimonio	951.143	109.851	10.991
Contra los intereses generales	2.618	1.869	38
Contra el orden público	10.381	9.688	1.350
Total (Delitos + Faltas)	2.212.865	650.721	292.401
Ley de Extranjería			69.523
Reclamados			39.720
Total detenidos			401.644

* Véanse aclaraciones en la Tabla 15.10.

Fuente: Elaboración propia con datos de CNP-GC-PAV-Mossos-Policía Foral de Navarra.

El presente epígrafe lo comenzábamos con una tabla en la que se daba como punto de referencia el promedio de las infracciones ocurridas entre 1993 y 2005, para comprender la magnitud del fenómeno social del que estábamos hablando y matizar la posición de cada año respecto de la media. En cierta medida el promedio de los datos rebaja la tensión analítica sobre un hecho tan sensible como el crimen y nos permite encontrar los momentos en que se producen variaciones significativas, ya sea como consecuencia de un incremento de la criminalidad o como reflejo de alguna intervención legislativa o policial.

Sin embargo, ahora queremos terminar llamando la atención sobre los cambios habidos en la delincuencia desde 1993 hasta 2005 y que destacamos en la Tabla 15.16 en el bien entendido caso de que en 1993 no teníamos datos procedentes de los Mossos ni de los Forales y los que teníamos de la Ertzaintza no hacían referencia a la eficacia policial.

Desde 1993 hasta 2005 se ha producido un incremento de las infracciones del 47%, sobre todo motivado por el incremento en un 108% de las faltas, que actualmente suponen el 54% de las infracciones. La inmensa mayoría de las infracciones conocidas tienen que ver con el patrimonio (79%), que en tanto que faltas han sufrido un incremento del 112% en este período de tiempo.

Aunque los delitos han crecido mucho menos que las faltas, debemos subrayar el significativo incremento de los delitos contra las personas, que, aunque son muy pocos en términos absolutos, han ascendido, sobre todo en el escalón del cambio de siglo, en un 384% durante los trece años estudiados.

En definitiva, se ha registrado un incremento de setecientas mil infracciones más en trece años, sobre todo relacionadas con el patrimonio. La tasa de infracciones ha pasa-

TABLA 15.16.—*Variación de las infracciones ocurridas en España entre 1993-2005**

	1993	2005	Variación (%)	1993	2005	Variación (%)	1993	2005	Variación (%)
	Conocidos	Conocidos		Esclarecidos	Esclarecidos		Detenidos	Detenidos	
Delitos	938.612	1.030.349	9,77	234.639	351.900	49,98	195.996	277.186	41,42
Contra el patrimonio	811.266	805.261	-0,74	127.815	150.213	17,52	110.573	110.491	-0,07
Contra las personas	15.144	73.309	384,08	10.563	68.255	546,17	7.126	53.754	654,34
Contra la libertad e indem. sexual	6.178	10.086	63,26	4.410	7.384	67,44	3.746	6.259	67,08
Contra la seguridad colectiva	34.872	36.296	4,08	34.426	32.233	-6,37	45.063	36.311	-19,42
Otros delitos	71.152	108.934	53,10	57.425	93.815	63,37	29.488	70.371	138,64
Faltas	566.363	1.182.516	108,79	135.388	298.821	120,71	11.887	15.215	28,00
Contra las personas	113.346	218.374	92,66	85.428	177.413	107,68	2.853	2.836	-0,60
Contra el patrimonio	448.813	951.143	111,92	46.336	109.851	137,07	8.626	10.991	27,42
Contra los intereses generales	907	2.618	188,64	684	1.869	173,25	18	38	111,11
Contra el orden público	3.297	10.381	214,86	2.940	9.688	229,52	390	1.350	246,15
Total (Delitos + Faltas)	1.504.975	2.212.865	47,04	370.027	650.721	75,86	207.883	292.401	40,66
Ley de Extranjería								69.523	
Reclamados								39.720	
Total detenidos								401.644	

* Véase aclaraciones en la Tabla 15.10.

Fuente: Elaboración propia con datos de CNP-GC-PAV-Mossos-Policía Foral de Navarra.

TABLA 15.17.—*Variación de las infracciones ocurridos en España entre 2000 y 2005**

	2000 Conocidos	2005 Conocidos	Variación (%)	2000 Esclarecidos	2005 Esclarecidos	Variación (%)	2000 Detenidos	2005 Detenidos	Variación (%)
Delitos	960.678	1.030.349	7,25	258.114	351.900	36,34	211.018	277.186	31,36
Contra el patrimonio	816.952	805.261	-1,43	135.891	150.213	10,54	105.535	110.491	4,70
Contra las personas	19.898	73.309	268,42	17.738	68.255	284,80	12.468	53.754	331,14
Contra la libertad e indem. sexual	7.622	10.086	32,33	5.188	7.384	42,33	3.991	6.259	56,83
Contra la seguridad colectiva	48.010	36.296	-24,40	41.749	32.233	-22,79	48.380	36.311	-24,95
Otros delitos	68.196	108.934	59,74	57.608	93.815	62,85	40.644	70.371	73,14
Faltas	892.308	1.182.516	32,52	254.193	298.821	17,56	12.987	15.215	17,16
Contra las personas	189.926	218.374	14,98	189.926	177.413	-6,59	3.255	2.836	-12,87
Contra el patrimonio	688.691	951.143	38,11	688.691	109.851	-84,05	8.760	10.991	25,47
Contra los intereses generales	3.812	2.618	-31,32	3.812	1.869	-50,97	41	38	-7,32
Contra el orden público	9.879	10.381	5,08	9.879	9.688	-1,93	931	1.350	45,01
Total (Delitos + Faltas)	1.852.986	2.212.865	19,42	512.307	650.721	27,02	229.795	292.401	27,24
Ley de Extranjería							27.772	69.523	150,33
Reclamados							5.539	39.720	617,10
Total detenidos							263.106	401.644	52,65

* Véanse aclaraciones en la Tabla 15.10.

Fuente: Elaboración propia con datos de CNP-GC-PAV-Mossos-Policía Foral de Navarra.

do de 40 por 1.000h a 50 por 1.000 hab. y podemos destacar un pequeño pero significativo incremento de los delitos contra las personas, sobre todo en Comunidades como Madrid, Cataluña, la Comunidad Valenciana, Baleares y Canarias.

Junto al crecimiento de la criminalidad en España (cuya brusca disminución sería quimérica debido al incremento de población que estamos experimentando), tenemos que reseñar un significativo aumento de la eficacia policial, que se manifiesta en el aumento del porcentaje de esclarecimientos (76%), especialmente en el caso de las faltas contra el patrimonio (137%) y en el caso de los delitos contra las personas (546%).

En el mismo sentido, las detenciones, sin contar las realizadas por aplicación de la Ley de Extranjería, han subido un 40% en los años estudiados, especialmente en el caso de los delitos contra las personas que ha crecido un 654%.

La Tabla 15.17, que estudia las variaciones sucedidas en el hecho criminal desde el año 2000 hasta el 2005, ofrece una especie de «efecto lupa» y nos acerca a la naturaleza de los cambios experimentados por la delincuencia y nos permite apreciar que es en este período en el que las faltas se dispararon, relevando a los delitos en el liderazgo de la criminalidad.

De 2000 a 2005 las faltas contra el patrimonio subieron un 38%, partiendo de una cantidad enorme de sucesos, y los delitos contra las personas, que fueron pocos numéricamente hablando, experimentaron un crecimiento del 268%.

Según los datos ofrecidos por el Ministerio del Interior, podemos indicar que en 2004 se produjeron 2.119.991 infracciones, mitad faltas y mitad delitos; que en 2005 se registraron 2.221.865 infracciones, 54% faltas y 46% delitos; y que en 2006 se cometieron 2.267.723 infracciones, 55% faltas y 45% delitos. La mayoría de las infracciones son contra el patrimonio, aunque con cierto crecimiento de los delitos contra las personas. También debemos resaltar el incremento de la eficacia policial respecto al esclarecimiento de los delitos y a la detención de los delincuentes (véase Gráficos 15.8 y 15.9).

GRÁFICO 15.8.—*Porcentaje de infracciones esclarecidas por las Fuerzas de Seguridad del Estado*

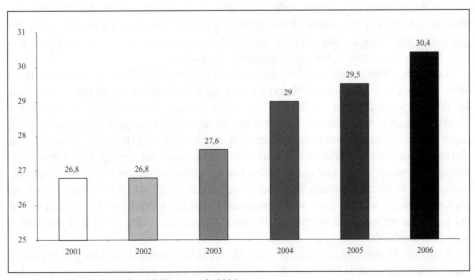

Fuente: Ministerio del Interior, GESI, marzo de 2006.

GRÁFICO 15.9.—*Evolución de la tasa de detenidos por cada 1.000 infractores penales*

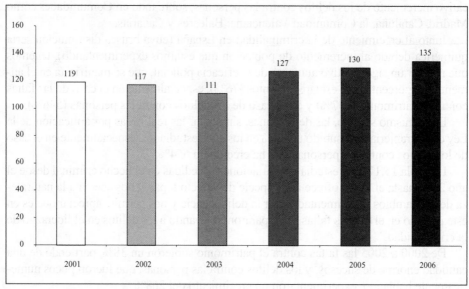

Fuente: Ministerio del Interior, GESI, marzo de 2006.

Las detenciones pueden ser administrativas, a efectos fundamentalmente preventivos (evitar o acabar con un altercado callejero, por ejemplo) o de identificación (permisos de residencia de extranjeros, por ejemplo), y penales, que son el paso siguiente al conocimiento de las infracciones esclarecidas o, más concretamente de los delitos, por cuanto que exige algunos indicios que hagan pensar a la policía que conoce al hipotético culpable de los hechos perseguidos y a quien, aun conservando la presunción de inocencia y garantizándole todos los derechos constitucionales y procesales, se le puede imputar e intentar probar ante los tribunales la comisión de un delito.

En el año 2005, cuyos datos reflejamos en la Tabla 15.18, registramos 391.144 detenciones, la mitad por razones administrativas y la mitad por motivos penales, entre los que destacamos, por su singularidad, los robos con fuerza en las cosas, los hurtos, tráfico de estupefacientes, robos con violencia y lesiones.

Los principales atributos de los detenidos son su edad: el 56% son menores de 30 años, y el sexo: el 88% son hombres; y no su lugar de nacimiento, ya que la mitad de los detenidos son españoles y la mitad son extranjeros, y de esta mitad de extranjeros el 50% no fueron detenidos por falta o delito penal alguno sino para información o por mera infracción administrativa. Además, en el epígrafe de extranjeros tenemos que distinguir entre los ciudadanos comunitarios, los turistas y los inmigrantes y dentro de los inmigrantes tenemos que clasificarlos por las grandes culturas que los han socializado, como la iberoamericana, la árabe, la de los países del este o la China, ya que dichas subculturas son las que van a permitirnos explicar y predecir la conducta de estas personas en interacción con la subcultura española y dentro de una estructura social determinada.

Después de analizar las características de las infracciones conocidas por la policía y de los detenidos por la comisión de delitos, podemos estudiar las características de los condenados en los tribunales, que en 2004 llegaron a 134.053 personas.

TABLA 15.18.—*Características de los detenidos en 2005*

Motivo de la detención	Menores de 18 años	18-20 años	21-30 años	31-40 años	41-50 años	51-64 años	Mayores de 64 años	Total
Robos con fuerza en cosas	3.553	3.796	8.321	6.249	2.041	408	71	24.439
Robos con violencia	3.501	2.684	4.872	3.485	1.009	196	43	15.790
Tirones	404	401	722	437	95	13	5	2.077
Sustracción en vehículos	1.217	1.545	3.140	2.635	724	99	12	9.372
Sustracción de vehículos	2.906	2.352	4.240	2.636	878	207	29	13.248
Hurtos	2.449	2.507	7.426	4.653	1.708	579	100	19.422
Otros contra el patrimonio	1.439	2.216	8.523	6.745	3.147	1.385	198	23.653
Homicidio-asesinato	100	137	494	357	223	96	36	1.443
Lesiones	1.169	1.840	5.082	3.375	1.775	682	217	14.140
Otros contra las personas	536	1.333	9.853	11.937	7.215	2.766	812	34.452
Estupefacientes	592	1.905	7.164	4.488	2.123	734	134	17.140
Contra la libertad sexual	347	411	1.736	1.529	895	503	215	5.636
Otros en general (incluye reclamados y Ley de Extranjería)	4.360	21.076	91.194	57.131	25.964	8.986	1.621	210.332
Total	22.573	42.203	152.767	105.657	47.797	16.654	3.493	391.144
Nacionalidad								
Españoles	16.503	19.783	57.151	56.039	32.204	12.955	2.972	197.607
Extranjeros	6.070	22.420	95.616	49.618	15.593	3.699	521	193.537

TABLA 15.18 (cont.).—Características de los detenidos en 2005

	Menores de 18 años	18-20 años	21-30 años	31-40 años	41-50 años	51-64 años	Mayores de 64 años	Total
Antecedentes								
Antecedentes	4.986	12.408	48.742	47.958	22.229	6.115	1.005	143.443
Sin antecedentes penitenciarios	17.587	29.795	104.025	57.699	25.568	10.539	2.488	247.701
Sexo								
Hombres	19.819	36.721	132.784	93.784	42.813	14.986	3.188	344.095
Mujeres	2.754	5.482	19.983	11.873	4.984	1.668	305	47.049
Nivel educativo								
Sin estudios	6.739	9.464	33.406	27.450	13.411	4.798	1.314	96.580
Educación Primaria	3.221	3.915	12.071	10.510	5.600	2.127	400	37.844
Secundaria-F. Profesional-Bachiller	1.852	1.891	5.467	1.741	2.451	1.053	167	17.328
Universitarios (diplomados-licenciados)	0	27	487	614	563	262	53	2.037
Se desconoce	10.758	26.881	101.336	62.636	25.771	8.414	1.559	237.355

Fuente: Ministerio del Interior a partir de datos del CNP, GC, Mossos, PAV y FORALES.

En los Gráficos 15.10, 15.11, y 15.12, ponemos de manifiesto las diferencias que hay entre los condenados por los tribunales y la población general debido a la enorme sobrerrepresentación de hombres (87%), que destacan sobre las mujeres en todos los tipos penales incluidos los delitos contra el patrimonio, donde hay una cierta representación femenina; a la importante sobrerrepresentación de los más jóvenes (58%), también vinculados a los delitos contra el patrimonio; y a una notable presencia de inmigrantes (17%), casi el doble de su peso relativo en el conjunto de la población, y ahora no estamos hablando de infracciones administrativas sino de condenas por delitos relacionados con homicidios, con el patrimonio o con la salud pública. Ni que decir tiene que estos condenados han po-

GRÁFICO 15.10.—*Condenados por los Tribunales en 2004 por delitos de sexo*

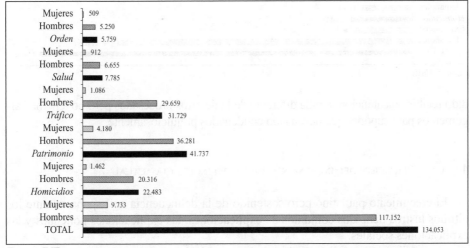

Fuente: INE.

GRÁFICO 15.11.—*Condenados por los Tribunales en 2004 por delito y edad*

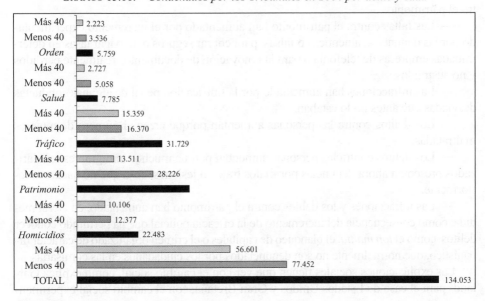

Fuente: INE.

GRÁFICO 15.12.—*Condenados por los Tribunales en 2004 por delito y nacionalidad*

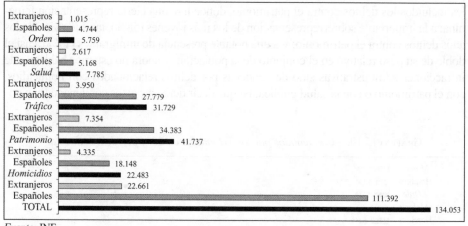

Fuente: INE.

dido recibir una atención letrada diferente de la de otros procesados pero no tenemos argumentos para suponer que hayan sido condenados prejuiciosamente.

4. LA EXPLICACIÓN DEL INCREMENTO DE LA DELINCUENCIA ACTUAL

El crecimiento paulatino pero sostenido de la delincuencia en España durante los últimos lustros tiene dos conjuntos de explicaciones: las explicaciones policiales y las explicaciones sociales.

Las explicaciones policiales tienen en cuenta los siguientes aspectos :

— Las infracciones han aumentado porque ciertamente han subido las faltas contra el patrimonio.

— Las faltas contra el patrimonio han aumentado por el incremento experimentado por las denuncias, auténticas o falsas, para cobrar seguros o no pagar tasas en determinadas empresas de telefonía o para la renovación de documentos realmente perdidos y no sustraídos.

— Las infracciones han aumentado por la tipificación penal de algunas conductas desviadas que antes no lo estaban.

— Los delitos contra las personas aumentan porque crece el número de mujeres maltratadas.

— Los delitos contra las personas aumentan porque muchos inmigrantes regularizados presentan ahora denuncias por malos tratos o lesiones, cosa que no hacían anteriormente.

— Las infracciones y los delitos contra el patrimonio han aumentado, en cierta medida, como consecuencia del incremento de la eficacia policial que ha permitido conocer delitos, como el *top manta,* el blanqueo de capitales o el crimen organizado de carácter urbanístico, que normalmente no son denunciados por los ciudadanos en las comisarías.

Las explicaciones sociales tienen que ver con el cambio social, como explica Garland[8] para el caso de Estados Unidos y Gran Bretaña, con el cambio social experimen-

---

[8] D. Garland, *La cultura del control,* Barcelona, Gedisa, 2006.

tado por España, con la prosperidad y con la libertad acompañadas de una disminución del control social informal y el aumento de las oportunidades para delinquir, y sus consecuencias para que la población actúe conformada o desviadamente.

De 1980 a 2005 la población ha crecido un 17%, la esperanza de vida ha subido un 5,4%, la población urbana también ha crecido un 24% y los inmigrantes han crecido en estos 25 años más de un 2.000%. Se ha construido un 48% más de hospitales en España y la edad media de maternidad ha pasado a ser los 30 años. Los parados han aumentado un 48%; el 20% de la población sigue estando bajo el umbral de la pobreza, a pesar de que la renta familiar disponible ha subido un 87%; y el salario mínimo interprofesional ha crecido un 274%.

Las viviendas familiares han aumentado un 52%, los teléfonos fijos un 49% y los teléfonos móviles o los ordenadores no tienen ni punto de comparación. El parque de vehículos ha aumentado un 152%, las infracciones penales han subido un 319% en estos años, los internos en prisión han crecido un 2.312% y el personal de las Fuerzas de Seguridad del Estado ha aumentado un 17%, igual que el conjunto de la población.

Como vemos, España ha cambiado mucho en 25 años y también ha cambiado en la criminalidad, que ha aumentado sensiblemente, aunque muy por debajo de la media europea y de una forma desigual entre las distintas Comunidades Autónomas.

En la Tabla 15.19 podemos observar que hay cuatro Comunidades Autónomas cuyo porcentaje de delitos es significativamente superior a su porcentaje de población general: Madrid, con el 13,52% de la población reúne el 16,34% de los delitos y una tasa de 68 infracciones por 1.000 hab.; Cataluña, con el 15,86% de la población alcanza el 19,69% de los delitos y una tasa de 56 infracciones por 1.000 hab.; la Comunidad Valenciana, que supone el 10,64% de la población padece el 14,96% de los delitos con una tasa de 67 infracciones por 1.000 hab.; y Baleares, que cuenta con el 2,22% de la población y con el 4,24% de los delitos, llega a una tasa de 81 infracciones por 1.000 hab.

Estas Comunidades, caracterizadas por su mayor urbanización, mayor producto interior bruto, menor tasa de paro y mayor presencia relativa de población inmigrante son aquellas en las que se cometen relativamente más infracciones que en otras zonas de España.

En definitiva, el contexto social ha sido y es determinante para el florecimiento de la delincuencia, su comprensión y su control institucional y nos sitúa en un mundo vertiginosamente desbocado, como lo describe Giddens[9], y esquizofrénicamente glocalizado como explica Robertson[10], con un conflicto social endémico, tal y como diagnosticaba Dahrendorf[11], en el que se superponen dos fuertes tendencias a la fragmentación social: una general, que procede del triunfo del anarquismo mercantil que denuncia U. Beck[12] a escala planetaria y otra particular, que brota de forma arborescente dentro de cada ecosistema generando la multisegmentación bipolarizada de la que habla Tezanos[13]; y dos fuertes tendencias a la homogeneización cultural.

---

[9] A. Giddens, *Un mundo desbocado. Efectos de la globalización en nuestras vidas*, Madrid, Taurus, 2000.

[10] R. Robertson, *Globalization: Social Theory and Global Cuture*, Londres, Sage, 1992.

[11] R. Dahrendorf, «Out of Utopia: Toward a Reorientation of Sociological Analysis», en *American Journal of Sociology*, núm. 64, págs. 126 y 127.

[12] U. Beck, *¿Qué es la globalización? Falacias del globalismo, respuestas a la globalización*, Barcelona, Paidós, 1998, págs. 16 y 17.

[13] J. F. Tezanos, *La sociedad dividida*, Madrid, Biblioteca Nueva, 2001, págs. 171 y sigs.

TABLA 15.19.—*Datos sociodemográficos relacionados con infracciones* (2005)

	Población total	Población hombres	Población mujeres	Extranjeros	PIB	Jóvenes	Urbanos	Tasa paro registrado	Infracciones	Delitos	Faltas	Infracciones (por 1.000 hab.)
TOTAL	44.108.530	21.780.869	22.327.661	3.3730.610		8.791.642	34.336.166	5,4	2.212.865	1.030.349	1.182.516	50
Andalucía	7.849.799 / 17,97	3.889.605 / 49,55	3.960.194 / 50,54	420.207 / 11,26	13,7	1.675.199 / 19,05	6.170.837 / 78,60	6,9	407.328 / 18,41	186.662 / 18,12	220.666 / 18,66	52
Aragón	1.292.027 / 2,88	632.148 / 49,81	636.879 / 50,19	96.848 / 2,60	3,1	229.459 / 2,61	863.808 / 68,1	3,5	46.124 / 2,08	19.676 / 1,91	26.448 / 2,24	36
Asturias	1.076.635 / 2,44	516.329 / 47,96	560.306 / 52,04	26.797 / 0,72	2,2	190.279 / 2,17	926.526 / 86,1	5,9	29.138 / 1,32	12.094 / 1,17	17.04 / 1,44	27
Castilla-La Mancha	1.894.667 / 4,30	950.976 / 50,19	943.691 / 49,81	91.318 / 2,45	3,4	373.033 / 4,24	973.235 / 51,4	5,8	60.276 / 2,72	26.818 / 2,60	33.458 / 2,83	32
Castilla y León	2.510.849 / 5,70	1.240.450 / 49,40	1.270.399 / 50,60	115.223 / 3,10	5,4	446.124 / 5,07	1.405.331 / 56,0	5,1	80.188 / 3,62	28.592 / 2,77	51.596 / 4,36	32
Cantabria	562.309 / 1,27	274.797 / 48,87	287.512 / 51,13	20.547 / 0,55	1,3	107.234 / 1,22	383.417 / 68,20	4,8	16.354 / 0,74	6.334 / 0,61	10.020 / 0,85	29
Canarias	1.968.280 / 4,46	988.230 / 50,21	980.050 / 49,79	222.260 / 5,96	4,1	423.945 / 4,82	1.736.519 / 88,20	7,9	101.341 / 4,58	47.623 / 4,62	53.718 / 4,54	51
Baleares	983.131 / 2,22	492.642 / 50,11	490.489 / 49,89	156.270 / 4,19	2,5	202.491 / 2,30	805.144 / 81,90	4,5	394.498 / 3,59	202.870 / 4,24	191.622 / 6,71	56
Ceuta	75.276 / 0,17	38.315 / 50,89	36.961 / 41,11	3.037 / 0,10	0,1	16.830 / 0,19	75.276 / 100	10,8	5.501 / 0,25	3.529 / 0,34	1.972 / 0,17	73
Comunidad Valenciana	4.692.449 / 10,64	2.332.283 / 49,70	2.360.166 / 50,30	581.985 / 15,60	9,7	945.232 / 10,75	3.853.301 / 82,10	4,9	316.307 / 14,29	154.119 / 14,96	162.188 / 13,72	67
Madrid	5.964.143 / 13,52	2.887.718 / 48,42	3.076.425 / 51,58	780.752 / 20,93	17,7	1.229.344 / 13,98	5.606.097 / 94,0	4,4	403.882 / 18,25	168.409 / 16,34	235.473 / 19,90	68

TABLA 15.19 (cont.).—Datos sociodemográficos relacionados con infracciones (2005)

	Población total	Población hombres	Población mujeres	Extranjeros	PIB	Jóvenes	Urbanos	Tasa paro registrado	Infracciones	Delitos	Faltas	Infracciones (por 1.000 hab.)
Extremadura	1.038.879 2,46	539.225 49,75	544.654 50,25	25.341 0,67	1,7	211.319 2,4	518.752 47,90	8,3	29.791 1,35	13.076 1,27	16.715 1,41	27
Galicia	2.762.198 6,26	1.330.703 48,18	1.431.495 51,82	69.363 1,85	5,1	517.759 5,89	1.846.200 66,80	7	77.349 3,50	33.551 3,26	43.798 3,70	28
Melilla	65.488 0,15	33.322 50,88	32.166 49,12	2.891 0,10	0,1	14.825 0,17	65.488 100	12,7	5.110 0,23	2.827 0,27	2.283 0,19	78
Murcia	1.335.792 3,03	677.049 50,69	658.743 49,31	165.016 4,42	2,5	298.091 3,39	1.247.234 93,40	3,9	59.293 2,68	28.980 2,81	30.313 2,56	44
Navarra	593.472 1,35	296.587 49,97	296.885 50,03	49.882 1,34	1,7	110.273 1,25	314.204 52,90	4,3	18.113 0,82	10.239 0,99	7.874 0,67	31
País Vasco	2.124.846 4,82	1.040.525 48,97	1.084.321 51,03	72.894 1,95	6,1	378.983 4,31	1.709.263 80,40	4,5	77.966 3,52	40.749 3,95	37.210.677 3,15	37
La Rioja	301.084 0,68	151.730 50,39	149.354 49,61	31.075 0,83	0,7	57.817 0,66	192.845 64,10	3,8	8.487 0,38	4.079 0,40	4.408 0,37	28

Fuente: Elaboración propia a partir de datos del INE. Anuario Social de la Caixa (tasa de paro) y de la Secretaría de Estado para la Seguridad Social (CNP-GC-PAV-Mossos-Policía Foral).

Hay una primera homogeneización cultural, de la que hablaba Malinowski[14], muy particular y ceñida a cada sociedad, que aprieta mucho pero respecto de pocos y fundamentales asuntos, como los relacionados con la lengua, la familia, la religión, el clima, la gastronomía, el sexo, la vivienda, el vestido, etc., y, en definitiva, todo lo relacionado con el folclore.

Hay una segunda homogeneización cultural mundial, la McDonalización[15] de la que habla Ritzer, muy laxa, que abarca mucho pero aprieta poco, que hace referencia a valores como la tecnología, la competitividad, el interés, el crédito, el hedonismo, el individualismo y el consumerismo, que se refiere al «estilo de vida americano», y que utiliza los medios de comunicación como canal de distribución para realzar los atributos de la sociedad de masas, que tanto despreciaba Ortega y Gasset[16], y conformar a sus miembros.

Esta doble homogeneización cultural choca con la heterogeneidad social de los actores que no sólo tienen distinto sexo, edad, hábitat, ocupación, ingresos, estudios, etc., sino que tienen distintas necesidades, estilos de vida y distinto sentido común, por lo que se genera un movimiento centrípeto, tendente a la homogeneización cultural de la población, y otro centrífugo, tendente a su jerarquizada estratificación social.

Esta centrifugación social roza con la centripetación cultural, que actúa como «fuerza de la gravedad», dando paso a tensiones sociales que generan cierta inseguridad debido a la desorganización social de la que hablaba Hirschi[17] en un contexto social desregulado, máxime en zonas de «cristales rotos» como las definían Wilson y Kelling[18], situadas en los antiguos ensanches de las ciudades como sostenían Park, Burguess y McKenzie[19], donde surgen oportunidades para delinquir como medio de promoción social tal y como advertían Shaw y Mckay[20], agudizado todo ello, como lamenta Touraine[21], por una situación de alto desarrollo económico moralmente descompensado; que lleva a los jóvenes varones y a los hijos de los inmigrantes[22], a una frustración relativa, en los términos de Gurr[23], en la que su alto narcisismo, tal y como lo enunció Freud[24], publicitariamente estimulado, se ve insatisfecho en una situación anómica, cargada de desmoralización y frustración, en los términos de Durkheim[25] y Merton[26], que les lleva a perder la confianza en los valores transmitidos por los padres, conduciéndoles al vacío y al descontrol, provocando una actitud destructiva con ellos

[14] B. Malinowski, *Una teoría científica de la cultura,* Madrid, Sarpe, 1984.

[15] G. Ritzer, *La McDonalización de la sociedad,* Barcelona, Ariel, 1999.

[16] J. Ortega y Gasset, *La rebelión de las masas,* Barcelona, Orbis, 1983, pag. 42.

[17] T. Hirschi, *Causes of Delinquency,* Berkeley, University of California Press, 1969.

[18] J. Q. Wilson y G. L. Kelling, «Broken Windows», *Atlantic Monthly,* núm. 249, Washington, 1980, págs. 29-38.

[19] R. Park, Burguess y McKenzie, *The City,* Chicago, The University of Chicago Press, 1928, pág. 51.

[20] C. R. Shaw y H. D. McKay, *Juvenile delinquency and urban areas,* Chicago, University of Chicago Press, 1942.

[21] A. Touraine, «La sociedad desestructurada», en M. Castells, A. Giddens y A. Touraine, *Teorías para una nueva sociedad,* Madrid, Fundación Marcelino Botín, 2002, págs. 30 y 31.

[22] J. Bordas, «La inmigración y la delincuencia en la España actual», en *Sistema,* núms. 190 y 191, enero de 2006, págs. 347-383.

[23] T. R. Gurr, *Why Men Rebel,* Princenton, Princenton University Press, 1970.

[24] S. Freud, *Introducción al narcisismo y otros ensayos*, Madrid, Alianza Editorial, 2005.

[25] E. Durkheim, *El suicidio,* Madrid, Akal, 1995, págs. 262 y sigs.

[26] R. K. Merton, *Teoría y estructura sociales,* México, FCE, 1984, págs. 241-247.

mismos, mediante las drogas, la anorexia, las sectas, etc., o contra los demás, rompiendo escaparates y mobiliario urbano por el mero desahogo de destruir los símbolos de una clase media que no les hace hueco para prosperar, estallando algunas veces en el vandalismo del que hablaban Cohen[27] y Beck[28] o, en el peor de los casos, dando paso, al fundamentalismo tal y como lo define Castells[29] y a la idiotez moral en los términos de Bilbeny[30], que facilita el tránsito de la delincuencia común al crimen organizado y de éste al terrorismo[31].

5. EL CRIMEN COMO NOTICIA Y EL MIEDO DE LA OPINIÓN PÚBLICA

El presente análisis de la criminalidad y su evolución en España no se compadece con las noticias difundidas por los medios de comunicación social que, con un estilo sensacionalista, pretenden hacernos creer que en España hay muchos más sanguinarios delitos contra las personas de los que se producen en realidad, generando miedo en las mujeres de más edad, cuyo perfil sociodemográfico, como explica Diego Torrente[32], no coincide con el de las víctimas de delitos reales, que a quien más se parece es al perfil sociodemográfico de los propios delincuentes: jóvenes, varones y urbanos.

La corriente de opinión actualmente dominante en España según la cual se sobreentiende que padecemos una elevada inseguridad ciudadana no es producto del crecimiento real pero paulatino y normal de las infracciones, sino de un clima de opinión insuflado deliberadamente por algunos partidos y medios de comunicación.

Como sabemos, hemos pasado de 2.212.865 infracciones en 2005 a 2.267.723 infracciones en 2006, incluyendo el conjunto de España, lo que supone un aumento del 2,5%. Lógicamente, la criminalidad es proporcional a la población en términos absolutos, pero no lo es en cuanto a su distribución territorial, concentrándose en las prósperas ciudades de Madrid, Baleares, Cataluña y de la Comunidad Valenciana y afectando fundamentalmente, como victimarios y como víctimas, a los jóvenes varones. Este volumen de infracciones hace referencia a faltas, en el 54% de los casos, mayoritariamente relacionadas con el patrimonio y en muy pequeña medida a delitos de homicidio o asesinato.

Sin embargo, los medios de comunicación social, como puede apreciarse en la Tabla 15.20, hablan frecuentemente de delitos graves contra las personas y de problemas de orden público.

También hablan, en tercer lugar, de infracciones contra el patrimonio, pero si leemos el contenido de los mensajes periodísticos veremos que esas infracciones contra el patrimonio no relatan faltas de hurto sino excepcionales delitos graves contra la propiedad.

---

[27] A. K. Cohen, *Delinquent Boys. The Culture of the Gang*, Nueva York, The Free Press, 1955.

[28] U. Beck, «La revuelta de los superfluos», *El País,* 27 de noviembre de 2005, pág. 15.

[29] M. Castells, *La era de la información: Economía, sociedad y cultura,* vol. I. La Sociedad Red, Madrid, Alianza, 1998, pág. 29.

[30] N. Bilbeny, *El idiota moral*, Barcelona, Anagrama, 1993.

[31] Julio Bordas, «La personalidad del terrorista en la sociedad calidoscópica actual», *Revista de Policía y Criminalística,* núm. 18, Buenos Aires, abril de 2007.

[32] D. Torrente, *Desviación y delito*, Madrid, Alianza, 2001, pág. 159.

TABLA 15.20.—*Evolución de las noticias sobre delincuencia aparecidas en prensa (en porcentajes)*

TIPO DE INFRACCIÓN	ene-06	feb-06	mar-06	abr-06	may-06	jun-06	jul-06	ago-06	sep-06	oct-06	nov-06	dic-06
Contra las personas	28	17	17	18	17	19	18	14	14	17	21	15
Terrorismo etarra	7	5	10	5	2	7	4	1	6	3	3	8
Contra el patrimonio	9	15	13	22	17	12	13	12	11	14	14	13
Contra la salud pública	7	7	5	6	8	6	4	5	5	4	4	5
Orden público	17	14	17	11	14	16	15	15	11	17	14	17
Inmigración	4	3	5	3	6	7	5	11	11	5	4	3
Violencia doméstica	5	8	9	4	5	3	4	9	7	7	5	6
Crimen organizado	1	2	2	2	11	10	1	1	1	1	3	2

Fuente: Centro de Cooperación Cultural y Prospectiva y de Policía.

No obstante, las faltas contra el patrimonio, que en realidad son las que justifican la sensación de inseguridad de algunas personas que se ven como víctimas propiciatorias de dichas infracciones, no tienen una presencia proporcional en los medios de comunicación.

Por ello, Susana Soto señala que: «el mayor número de noticias sobre sucesos se dedica a los delitos de menor incidencia, pero que causan mayor impacto social. Así, mientras que en las noticias de prensa los sucesos con mayor presencia cuantitativa son los homicidios y asesinatos, que representan cerca de un tercio del total de noticias sobre delincuencia, según las estadísticas policiales estos delitos alcanzan tan sólo el 0,06% de los hechos conocidos»[33].

La percepción de los hechos sociales en general y del crimen en particular está determinada por la forma de verlos, por la «carta de ajuste» valorativa que los sintoniza y da sentido, y por el esquema actitudinal, que como «sistema de navegación», produce respuestas, ante determinados estímulos, en forma de opiniones y acciones.

La «carta de ajuste», como elemento valorativo de la cultura, integrado por la ideología y por la conciencia, sintoniza y da sentido a los hechos, establece una jerarquía en los valores anteponiendo o subordinando valores positivos como la libertad, la vida, la propiedad, la sabiduría, la seguridad, la variedad, el ahorro, el hedonismo, etc.; y evalúa la posible conducta como buena, mala o regular.

El «sistema de navegación» que reacciona ante los estímulos produciendo opiniones y acciones está compuesto por los elementos operativos de la cultura, entre los que podemos destacar el sentido común y el esquema actitudinal. El sentido común no es el único ni el mejor, sino que es el reflejo cristalizado y la síntesis de la ideología dominante en una sociedad concreta y cuyas opciones no necesitan ser explicadas por sobreentendidas y sobrevaloradas; y el esquema actitudinal es el reflejo material de la conciencia y el que nos predispone efectivamente a opinar o actuar ante determinados estímulos[34].

Cuando estas opiniones y acciones se manifiestan colectivamente se produce un clima de opinión que facilita la elaboración de una ideología sobre la delincuencia, de la que se nutren determinadas «corrientes de opinión» concretas que actúan a modo de «sentido común» colectivo y tautológico, sentenciando los hechos sin mayor análisis y con la confianza de que «todo el mundo estará de acuerdo» porque, al fin y al cabo, la corriente de opinión sobre la inseguridad ciudadana es un producto ideológico del clima de opinión que sobre la delincuencia han creado los partidos políticos y los medios de comunicación.

El clima de opinión, en cuya transmisión intervienen los medios de comunicación social con su selección, difusión y reiteración de un orden del día concreto, realzando los aspectos que les parecen más interesantes o llamativos e ignoran los demás hasta que la «espiral del silencio» de la que hablaba Neumann[35] los haga desaparecer, consigue conformar una corriente de opinión sobre un suceso concreto, el crimen en nuestro caso.

---

[33] S. Soto Navarro, «La influencia de los medios en la percepción social de la delincuencia», *Revista Electrónica de Ciencia Penal y Criminología,* septiembre 2005, pág. 37. *www.criminet.urg.es.*

[34] G. Pastor Ramos, *Psicología social sistemática,* Salamanca, Universidad Pontificia de Salamanca, 1978, págs. 359 y sigs.

[35] E. N. Neumann, *La espiral del silencio,* Barcelona, Paidós, 1995.

De esta manera, la personalidad social, caracterizada por su perfil sociodemográfico, estilo de vida y estatus, y en función del *rol* que esté desempeñando en determinado escenario en un tiempo y lugar concretos, recibe algunos estímulos relacionados con el crimen y al filtrarlos culturalmente produce unas opiniones y unas acciones que no sólo dependen de los hechos materiales concretos, sino de la corriente de opinión dominante así como de las circunstancias de la personalidad de quien lo percibe.

Todo este procedimiento psicosocial nos permite comprender la importancia que la gente asigna a la inseguridad ciudadana en comparación con otros problemas sociales, dependiendo de la perspectiva que se adopte, puesto que no es igual de grave la inseguridad como problema político que la inseguridad como problema personal.

Efectivamente, como puede apreciarse en la Tabla 15.21, la inseguridad ciudadana ocupa una quinta posición entre los principales problemas políticos de España, precedida por el paro, la inmigración, la vivienda y el terrorismo. El terrorismo ha vuelto actualmente a la primera posición desde el atentado perpetrado por ETA en Barajas.

Sin embargo, cuando se pregunta por los principales problemas personales, tal y como refleja la Tabla 15.22, la inseguridad ciudadana asciende a la tercera posición, precedida por el paro y la vivienda y seguida por los problemas educativos.

Esta inseguridad ciudadana tiene más de miedo personal, como respuesta emocional y nerviosa en los términos de Ferraro[36], que de problema político.

Como señala Juan José Medina: «El miedo al delito, a diferencia de la delincuencia real, afecta a un mayor espectro de ciudadanos y sus consecuencias son prevalentes y severas (…). Efectivamente, el miedo al delito obliga a los individuos a cambiar sus estilos de vida. Aquellas personas especialmente temerosas del delito deciden refugiarse en sus hogares, protegiéndose con candados, cadenas, barras de seguridad y alarmas. Pero el miedo al delito también tiene importantes repercusiones sociales y económicas. Así, por ejemplo, se ha señalado que genera alienación, promueve el desarrollo de estereotipos nocivos y acelera la ruptura de las redes informales de control social.»[37]

El temor infundado a convertirse en víctima de un delito, como advierte García-Pablos de Molina, «implica desconfianza en el sistema mismo, conduce a la autoprotección y a los excesos defensivos al margen de la ley y las instituciones, modifica los estilos de vida de sectores de la población, genera continuos comportamientos insolidarios hacia otras víctimas y desencadena una política criminal emocional, basada en el desmedido rigor, que pone en peligro las conquistas liberales y humanitarias de nuestro tiempo (…). Concita la atención general y la orienta deliberadamente hacia unos objetivos llamativos; distrae o desvía aquella de otros problemas sociales, sin duda prioritarios, que pasan a un segundo plano; proyecta la agresividad y emociones colectivas sobre minorías y colectivos marginales, con el consiguiente refuerzo de la cohesión y la solidaridad social y, sobre todo, propicia reacciones hostiles y pasionales que impulsarán una política criminal rigurosa»[38], contra los que podríamos denominar, como ad-

---

[36] K. F. Ferraro, *Fear of Crime. Interpreting Victimization Risk*, Albany, State University of New Yok Press, 1995, pág. 8.

[37] J. J. Medina, «Inseguridad Ciudadana, Miedo al Delito y Policía en España», *Revista Electrónica de Ciencia Penal y Criminología,* marzo de 2003, pág. 3. *www.criminet.urg.es.*

[38] A. García-Pablos de Molina, *Manual de criminología*, Madrid, Espasa, 1988, págs. 97 y 98.

TABLA 15.21.—*Evolución de los principales problemas de España (en porcentajes)*

TIPO DE PROBLEMA	ene-06	feb-06	mar-06	abr-06	may-06	jun-06	jul-06	ago-06	sep-06	oct-06	nov-06	dic-06
Inmigración	32	27	33	30	44	38	36		59	49	40	42
Terrorismo	25	35	28	25	18	23	27		18	19	25	27
Drogas	4	7	6	5	5	6	6		5	6	5	6
Inseguridad	23	19	16	18	26	24	21		16	16	20	21
Violencia de género	4	4	4	3	2	2	2		3	2	4	3
Paro	49	49	52	50	46	43	47		42	41	40	42
Vivienda	18	18	19	25	26	24	26		21	30	25	30
Educación	4	4	4	3	3	3	3		4	4	7	3

Fuente: Centro de Investigaciones Sociológicas.

TABLA 15.22.—*Evolución de los problemas personales más importantes (en porcentajes)*

TIPO DE PROBLEMA	ene-06	feb-06	mar-06	abr-06	may-06	jun-06	jul-06	ago-06	sep-06	oct-06	nov-06	dic-06
Inmigración	11	7	9	10	15	12	12		18	15	12	12
Terrorismo	3	6	5	5	4	5	6		3	4	5	6
Drogas	2	3	3	2	2	2	2		1	2	2	2
Inseguridad	16	14	11	13	18	17	16		1	11	13	15
Violencia de género	1	1	1	1	1	1	0		1	0	1	1
Paro	26	21	25	24	2	20	23		21	20	19	22
Vivienda	17	14	17	20	21	21	21		17	23	20	24
Educación	7	5	5	6	4	4	4		5	4	6	4

Fuente: Centro de Investigaciones Sociológicas.

vierte Manero Brito[39], «chivos expiatorios», que la psicología moderna explica como un mecanismo proyectivo, por medio del cual se colocan en otros los vicios, defectos o errores que no soportamos en nosotros mismos.

Si el crimen es un hecho social normal, la violencia y el miedo que produce es una construcción social[40] al más puro estilo del Teorema de Thomas que explica la ruina del solvente Last National Bank, que explica como Orson Wells consiguió convencer, desde una emisora de radio de Nueva York, a millones de personas que, durante la noche de Halloween de 1938, la tierra estaba siendo invadida por extraterrestres, que explica la existencia de una Escuela de Cazadores de Dragones en Pekín y que explica como los discursos de Hitler o de Goebbels, quien consideraba que una mentira repetida mil veces podía alcanzar el estatus de verdad, producían un maremoto entre la arruinada, desmoralizada y aterrorizada masa popular de la Alemania de entreguerras.

La verdad es que la delincuencia, su percepción y la debida reacción policial no es un problema más grave que el paro, que la sequía, que la desatención de los discapacitados, que el «sida», que los accidentes de tráfico, que las epidemias de meningitis o que la dificultad de los jóvenes para encontrar empleo o vivienda; sin contar, claro está, con otros problemas como la falta de alimentos, de medicamentos y de libros en el tercer mundo.

La delincuencia es un hecho social normal, su análisis es una operación intelectual lógica y la respuesta policial debe ser reglada y normal; entre otras cosas porque cualquier sobrerreacción policial pondría en peligro la libertad que se pretende asegurar, como podría suceder con algunas interpretaciones del mal llamado «terrorismo casero»[41] que podría permitir a la policía de algunos países confundir a un conductor borracho con el conductor de un coche-bomba aplicándose así, a todos los delincuentes, la legislación antiterrorista.

Como concluye Luis Arroyo Zapatero: «la legislatura 2000-2004 se completó con un intenso proceso de reformas penales, en buena parte regresivas respecto del código de 1995, formuladas como una auténtica política criminal de telediario, es decir, actuando sobre lo simbólico y sobre las percepciones sociales, pero sin modificar la realidad en una mejora de la protección de los ciudadanos»[42].

BIBLIOGRAFÍA

BERGER, Peter (ed.), *Los límites de la cohesión social. Conflictos y mediación en las sociedades pluralistas*, Madrid, Círculo de Lectores, 1999.
BORDAS MARTÍNEZ, Julio, *El terrorismo yihuadista en la sociedad calidoscópica,* Madrid, Edisofer, 2006.

---

[39] R. Manero Brito, R. R. Villamil Uriarte y L. Orihuela, «La violencia de la sospecha. La construcción de la víctima en el planteamiento victimológico», *El Cotidiano*, México, septiembre de 2004, pág. 11.

[40] Julio Bordas, «La construcción social del crimen y el miedo subjetivo al delito», *Revista Égida*, núm. 1, Buenos Aires, mayo de 2007.

[41] R. Mueller, «Discurso sobre homegrown terrorism», Ohio, Club de la ciudad de Cleveland, el 23 de junio de 2006, *www.fbi.gov*

[42] L. Arroyo Zapatero, «Criminalidad y contexto urbano en España», en *Eleventh United Nations Congress on Crime Prevention and Criminal Justice,* Bangkok, abril de 2005, pág. 25. *www.defensesociale.org*.

CONSEJO DE EUROPA, *European Sourcebook of Crime and Criminal Justice Statistics* 2003 SPA-CE 2006. *http://www.europeansourcebook.org/esb3_Full.pdf.*

CORREA, Manuel y otros, *Estadísticas de criminalidad en la Unión Europea*, Madrid, Fundación de la Policía Española, 2002

DÍEZ RIPOLLÉS, José Luis y otros, *Delincuencia y Víctimas*, Tirant lo Blanch, 1996.

GARCÍA-PABLOS DE MOLINA, Antonio, *Tratado de Criminología,* Valencia, Tirant lo Blanch, 2003.

GARLAND, David, *The Culture of Control*: *Crime and Social Order in Contemporary Society*, Chicago, Chicago University Press, 2002.

— *La cultura del control,* Barcelona, Gedisa, 2006.

GARRIDO GENOVÉS, Vicente, *Delincuencia y sociedad,* Madrid, Mezquita, 1984.

GARRIDO GENOVÉS, Vicente y GÓMEZ PIÑANA, Ana M.ª, *Diccionario de Criminología*, Valencia, Tirant lo Blanch, 1998.

GONZÁLEZ RADÍO, Vicente, *Sociología Criminal*, Santiago de Compostela, Tórculo Editores, 1997.

HERRANZ DE RAFAEL, Gonzalo, *Sociología y delincuencia*, Granada, Alhulía, 2003.

HERRERO, César, *Criminología*, Madrid, Dykinson, 2001.

HORGAN, John, *Psicología del terrorismo,* Barcelona, Gedisa, 2006.

JEWKES, Ivonne, *Media and Crime*, Londres, SAGE, 2004.

LARRAURI, Elena, *La herencia de la Criminología crítica,* Madrid, Siglo XXI, 2000.

— *Criminología crítica y violencia de género*, Madrid, Trotta, 2007.

LÓPEZ-REY y ARROJO, Manuel, *Compendio de Criminología y Política criminal*, Madrid, Tecnos, 1985.

MASTRONARDI, Vicenzo, *Terrorist*, Roma, Newton & Compton Editori, 2005.

— *I Serial Killer*, Roma, Newton & Compton Editori, 2006.

MINISTERIO DEL INTERIOR, *Anuario Estadístico,* Madrid, Secretaría General Técnica, 2005.

REINARES, Fernando y ELORZA, Antonio, *El nuevo terrorismo islamista*, Madrid, Temas de hoy, 2004.

RESTREPO FONTALVO, Jorge, *Criminología. Un enfoque humanístico*, Bogotá, Temis, 2002.

ST. JEAN, Peter, *Pockets of Crime*: *Broken Windows, Collective Efficacy, and the Criminal Point of View*, Chicago, Chicago University Press, 2007.

SÁNCHEZ GARCÍA DE PAZ, Isabel, *La criminalidad organizada: Aspectos penales, procesales, administrativos y policiales*, Madrid, Dykinson, 2005.

SERRANO GÓMEZ, Alfonso, *Historia de la Criminología en España*, Madrid, Dykinson, 2007.

SERRANO MAÍLLO, Alfonso, *Introducción a la Criminología*, 4.ª ed., Madrid, Dykinson, 2005.

SERRANO MAÍLLO, Alfonso y VÁZQUEZ, Carlos (coord.), *Tendencias de la criminalidad y percepción social de la inseguridad ciudadana en España y la Unión Europea*, Madrid, Edisofer, 2007.

TAMARIT, José M.ª, *Estudios de Victimología (Actas del I Congreso español de victimología),* Valencia, Tirant lo Blanch, 2005.

TORRENTE, Diego, *La sociedad policial. Poder, trabajo y cultura en una organización local de policía,* Madrid, Centro de Investigaciones Sociológicas, 1997.

— *Desviación y delito*, Madrid, Alianza, 2001.

TURRADO VIDAL, Manuel, *La policía en la historia contemporánea de España (1766-1986),* Madrid, Dykinson, 2000

ZAFFARONI, Eugenio Raúl, *Criminología. Aproximación desde el margen,* Bogotá, Temis, 1993.

16

La participación de los españoles en asociaciones voluntarias

Rafael Prieto Lacaci

1. Introducción

La participación de los españoles en asociaciones dotadas de una organización formal y legalmente constituidas, también denominadas «asociaciones voluntarias», es el objeto de las siguientes páginas. En la medida en que lo permite la información disponible, mostraremos cuál ha sido su evolución en la España democrática, su composición tipológica y las principales modalidades de vinculación y participación de los ciudadanos en ellas. Por último, examinaremos la situación actual del campo asociativo y avanzaremos algunas hipótesis acerca de sus tendencias principales y de su evolución más probable.

Aunque a primera vista no lo parezca, el fenómeno asociativo es un objeto de investigación amplísimo, pluridimensional y de gran complejidad. Cualquier persona interesada por conocer el llamado «mundo asociativo» se encontrará de entrada con una gran variedad de asociaciones que persiguen todo tipo de objetivos y realizan las más diversas actividades: desde los partidos políticos a las asociaciones de padres de alumnos, pasando por las asociaciones culturales, vecinales, recreativas, benéficas, de consumidores y un largo etcétera que sería tedioso reproducir aquí. Verá también que las asociaciones se diferencian entre sí no sólo por sus objetivos y actividades, sino por muchas otras variables: su tamaño, su organización interna, el grado de profesionalización de sus dirigentes y cuadros técnicos (en el caso de que los tengan), su orientación hacia el medio social en el que actúan, las características socioeconómicas de sus asociados, las formas de vinculación asociativa que favorecen, etc. Si, además, pretende ir más allá del nivel descriptivo y encontrar una explicación del fenómeno asociativo, comprobará que éste no se deja reducir a un único esquema interpretativo sin violentar la realidad. Finalmente, podrá comprobar que, a pesar de las numerosas investigaciones sectoriales que se han publicado en los últimos 10 años, son muy escasos los estudios que pretenden ofrecer una visión general del fenómeno asociativo, como es el caso de este trabajo.

La «vida asociativa», o el «mundo asociativo», que examinaremos de aquí en adelante es, pues, el que tiene lugar en el campo de las asociaciones voluntarias. En un sentido amplio, sin embargo, la «vida asociativa» de los ciudadanos no se reduce a la participación en este tipo de entidades. De hecho, la mayor parte de los españoles no pertenece ni ha pertenecido nunca a ninguna asociación voluntaria, como veremos aquí con detalle, y, sin embargo, todos ellos disfrutan de una vida asociativa más o menos intensa. Ésta suele tener lugar en grupos sociales de reducidas dimensiones y con un cierto grado de estabilidad, como las redes de amigos, conocidos y vecinos, los grupos de compañeros de trabajo o estudio o las pandillas juveniles, por citar sólo algunos ejemplos de una larga lista. En la literatura sociológica se utiliza la expresión «asociacionismo informal» para referirse a este fenómeno asociativo, así llamado porque estos grupos carecen de una mínima organización formal y de personalidad jurídica. Décadas de investigación sobre los grupos y redes sociales informales han puesto de relieve el importante papel que juegan en la vida social y personal de los individuos, contribuyendo a generar y fortalecer los vínculos microsociales básicos[1]. Aunque el asociacionismo informal no sea el tema de este capítulo, debemos tenerlo siempre presente, pues la frontera entre éste y el formal es, en numerosas ocasiones, difusa y permeable. Aparte de que la sociabilidad es el objetivo principal de ciertas asociaciones voluntarias (recreativas y juveniles, entre otras), es un hecho bien documentado que ciertas asociaciones tienen su origen en redes sociales preexistentes que formalizan su situación y se dotan de una organización permanente para mejorar su eficacia[2].

2. Asociaciones voluntarias y sociedad democrática

¿Pero qué son las asociaciones voluntarias y por qué se crean? En la tradición sociológica, éstas se conciben como «un grupo organizado de personas que se forma con objeto de lograr algún objetivo común a sus miembros, en el cual la afiliación es voluntaria, en el sentido de que ni es preceptiva ni se adquiere por el nacimiento, y que es independiente del Estado»[3]. Esta definición, que podemos considerar mínima, suele completarse con, al menos, tres características: *a)* que exista algún tipo de codificación de los derechos y deberes de los miembros, los cuales se plasman administrativamente en los Estatutos de la asociación; *b)* que sus miembros contribuyan a su sostenimiento en alguna medida, ya sea aportando sus conocimientos, destrezas y su tiempo, ya sea mediante el pago de cuotas, o haciendo ambas cosas; y *c)* que la participación asociativa se proponga un fin distinto al de obtener beneficios económicos. A estas notas sociológicas debemos añadir una de carácter jurídico: las asociaciones voluntarias son entidades u organizaciones con personalidad jurídica sujetas en cada momento a un marco legal específico.

---

[1] Josepa Cucó i Giner, «Familia, amistad y cultura asociativa en el país valenciano», *Revista de Antropología Social,* núm. 1, 1992, Madrid, Editorial Complutense, págs. 9-27. Véase, también, Félix Requena, *Análisis de redes sociales*, Madrid, CIS, 2003.

[2] Elena Maza (coord.), *Asociacionismo en la España contemporánea*, Valladolid, Universidad de Valladolid, 2003; Rafael Prieto Lacaci, *Tendencias del asociacionismo juvenil en los años 90,* Madrid, Instituto de la Juventud, 1999.

[3] David L. Sills, (1974), «Asociaciones voluntarias: aspectos sociológicos», *Enciclopedia Internacional de las CC. Sociales*, Madrid, Aguilar, 1974, págs. 615-629.

Así definidas, las asociaciones voluntarias son una pieza esencial de las sociedades modernas y democráticas, ya que permiten a los ciudadanos satisfacer algunas de sus necesidades o conseguir ciertos objetivos que de otra manera no podrían alcanzar. Desde una perspectiva histórica, puede decirse que el asociacionismo voluntario surge como respuesta de la sociedad civil a las grandes transformaciones societarias originadas por la dinámica de la sociedad moderna. Esta idea se encuentra ya en los clásicos de la Sociología y se prolonga hasta nuestros días siguiendo un mismo hilo argumental. En líneas generales, lo que se viene a decir es que las asociaciones voluntarias son formas de asociación adaptadas a las necesidades del individualismo moderno. Émile Durkheim (1858-1917) pensaba que este tipo de entidades formaban parte de las «instituciones intermedias» de la sociedad industrial[4]. Según él, a medida que el orden social de la sociedad tradicional pierde vigencia y entran en crisis las instituciones encargadas que garantizar sus solidaridades básicas, aparecen nuevas instituciones y organizaciones civiles para cumplir una función societaria análoga. Las asociaciones voluntarias contribuirían así a la generación de la nueva «solidaridad orgánica». Max Weber (1864-1920), por su parte, iría más lejos aún, al considerar que las asociaciones voluntarias son las organizaciones «típicas» de la sociedad moderna, pues su constitución obedece a «una *unión* de intereses por motivos racionales» que satisface las necesidades de autoorganización social de determinados ciudadanos[5].

Hoy en día, en el umbral del siglo XXI, es un lugar común entre los científicos sociales que el desarrollo de la sociedad industrial y urbana, con su progresiva diferenciación interna, fue una condición necesaria para la aparición de nuevas modalidades de participación asociativa prácticamente desconocidas o infrecuentes en las sociedades preindustriales o «tradicionales». En las sociedades modernas, la probabilidad de aparición de las asociaciones voluntarias aumenta a medida que crece la pluralidad de grupos sociales que coexisten en ella, con necesidades y formas de vida diferentes. Pero si los procesos materiales de modernización social (industrialismo, urbanización) generaron las condiciones de existencia de las asociaciones voluntarias, éstos no son suficientes. El asociacionismo voluntario sólo puede desarrollarse y prosperar cuando el régimen político garantiza un orden de libertad e igualdad para las iniciativas ciudadanas o, lo que es lo mismo, cuando las reglas del juego democrático (libertad de expresión, de asociación, etc.) regulan la vida de la sociedad civil[6].

Esta idea se encontraba ya claramente expresada en la obra pionera de Alexis de

---

[4] Émile Durkheim, *La división del trabajo social*, Madrid, Akal, 1982. Durkheim intercambia constantemente los términos «instituciones intermedias» y «grupos secundarios» y acerca de éstos dice lo siguiente: «Una nación no puede mantenerse como no se intercale, entre el Estado y los particulares, toda una serie de grupos secundarios que se encuentren lo bastante próximos de los individuos para atraerlos fuertemente a su esfera de acción y conducirlos así al torrente general de la vida social», pág. 34.

[5] Max Weber, *Essais sur la théorie de la Science*, París, Plon, 1965, págs. 58-59; M. Weber *Economía y Sociedad*, México, FCE, 1977, pág. 39 y sigs.

[6] No es éste el lugar para examinar las teorías sobre la *sociedad civil*, pero creo necesario aclarar el significado que para nosotros tiene este término. Como ha señalado Víctor Pérez Díaz, el término fue utilizado primero en un *sentido amplio* como sinónimo de «sociedad política» y más tarde, debido al auge de las doctrinas liberales, cobró un significado más restringido, utilizándose para referirse al «entramado relativamente complejo de instituciones (mercados, asociaciones y esfera pública) (...) que están fuera, de forma plena o mitigada, del control directo por parte del Estado». Éste es el sentido que tiene «sociedad civil» en este texto. Véase Víctor Pérez Díaz, *La primacía de la sociedad civil*, Madrid, Alianza Editorial, 1993.

Tocqueville (1805-1859)[7]. Para él, el asociacionismo voluntario forma parte de lo que hoy en día llamaríamos una «cultura de la participación social» y es consustancial a la sociedad democrática liberal. En un marco de libertades, garantizadas constitucionalmente, los ciudadanos pueden asociarse libremente siempre que lo consideren necesario para perseguir un determinado fin común. En unas ocasiones este fin es de carácter económico, y entonces crean sociedades comerciales; en otras, el objetivo que se pretende alcanzar es de carácter no lucrativo, y es aquí cuando surgen las llamadas «asociaciones voluntarias». Estas entidades cubren un amplio espectro de necesidades e intereses, desde los más particularistas y egoístas a los más altruistas y filantrópicos. En cualquier caso, lo que Tocqueville destaca de la democracia americana es la capacidad de autoorganización de su sociedad civil y considera que el asociacionismo ciudadano, en sus distintas modalidades: político, cívico, religioso, etc., es su mejor expresión.

Los planteamientos anteriores van más allá de la tradición liberal en la que se apoyan. A lo largo del siglo XX, los más diversos autores han visto en las asociaciones voluntarias piezas esenciales para el fortalecimiento del tejido social de las sociedades democráticas. En general, se destaca de ellas su capacidad para promover todo tipo de iniciativas cívicas relacionadas con el bienestar de los ciudadanos y se las considera instrumentos insustituibles de participación social. El consenso es más débil a la hora de valorar la relación de las asociaciones voluntarias con las demás instituciones de la sociedad civil y con el Estado, tema polémico que por razones de espacio no podemos tratar aquí en toda su amplitud. Nos limitaremos a examinar brevemente una cuestión recurrente en los últimos años: la integración del asociacionismo voluntario entre las entidades del llamado *Tercer Sector*.

3. Asociaciones voluntarias y Tercer Sector

Durante la mayor parte del siglo XX, la reflexión sobre las iniciativas ciudadanas que surgen espontáneamente de la sociedad civil se centró en las asociaciones voluntarias. Sin embargo, en los últimos 20 años se ha producido un importante cambio de perspectiva. Cada vez con más frecuencia estas entidades no se estudia en sí mismas, sino formando parte de un heterogéneo conjunto de organizaciones al que se suele denominar *Tercer Sector* o *Sector no lucrativo*. Este cambio obedece, en gran medida, al intento de dar un sentido único a un hecho constatado empíricamente: el gran crecimiento que han experimentado en los últimos lustros las *organizaciones privadas sin fines de lucro* en la mayoría de las sociedades, especialmente en los países democráticos más desarrollados. Como veremos, España no es aquí una excepción y, tanto el número de asociaciones voluntarias como el volumen total de las entidades sin fines de lucro han experimentado un notable crecimiento.

El éxito mediático del término *Tercer Sector* no impide que siga sin haber un consenso científico acerca del mismo, tanto en lo que se refiere a su conceptualización como en cuanto a los tipos de entidades que en él se incluyen. Los más escépticos ven en este término «una mera convención carente de todo valor teórico y práctico»[8], pues

---

[7] Alexis de Tocqueville, *La democracia en América*, México, FCE, 1984, pág. 206-212 y 480-485, especialmente.

[8] Ugo Ascoli, «Estado de Bienestar y acción voluntaria», *REIS*, núm. 38, 1987, págs. 119-162, pág. 124.

en él caben todas las instituciones que operan en los límites del Estado y del Mercado, que serían los otros dos «sectores». Ciertamente, tal amplitud permite numerosas definiciones de su ámbito empírico, de modo que, en función de la perspectiva que se adopte, el *Tercer Sector* puede ampliarse o reducirse tanto como se quiera, fraccionándolo en subsectores o, incluso, concibiendo otros nuevos, por ejemplo, un cuarto sector[9]. Algunos autores, por ejemplo, consideran que el Tercer Sector se compone, fundamentalmente, de las asociaciones cívicas solidarias, de las ONG y de las Fundaciones; otros incluyen además a las entidades de la *economía social* (cooperativas, mutualidades), pero excluyen a las asociaciones que sólo prestan servicios a sus socios. En general, los autores interesados por la participación social de los ciudadanos suelen incluir en un lugar destacado a las asociaciones cívicas y al voluntariado, mientras que sitúan en un plano distinto a las Fundaciones, al no ser éstas el producto de una dinámica asociativa, sino de una voluntad personal (o institucional, en el caso de entidades con personalidad jurídica) de contribuir con un determinado patrimonio al bienestar social[10].

Los estudios realizados en el campo de la economía y, en especial, de la llamada «economía social», tampoco se salvan de esta incertidumbre. Entre nosotros, José Barea ha mostrado en varios de sus escritos las grandes diferencias teóricas y metodológicas que separan a los distintos enfoques actuales sobre «el sector no lucrativo»[11]. Así, por ejemplo, mientras que algunos estudios, como la conocida investigación internacional de la Universidad Johns Hopkins[12], excluyen a las cooperativas, mutualidades y grupos de autoayuda del ámbito de su investigación e incluyen, por el contrario, a los centros de enseñanza media, a las universidades privadas y a los hospitales, otros estudios —entre los que se cuentan los dirigidos por el profesor Barea— siguen un criterio opuesto.

Las consideraciones anteriores no impiden que exista un amplio acuerdo entre los investigadores acerca de la situación actual del complejo y diverso campo de las entidades sin fines de lucro. Como ya avanzamos, la idea común es que, en los últimos 15 años, se ha producido un crecimiento espectacular de *todas* las organizaciones no lucrativas (ONL), que diversos estudios han intentado cuantificar. Para Lester Salamon y Helmut Anheier, que hablan de «revolución asociativa mundial», las organizaciones del *Sector no lucrativo* han puesto de relieve que son capaces —sin desdeñar la colaboración con las Administraciones Públicas— de asumir y desarrollar por sí mismas algunas tareas que hasta ese momento se atribuían a la competencia exclusiva del Estado —en los campos, por ejemplo, de la sanidad, la asistencia social o la investigación— o que, por el contrario, se consideraban propias del mercado.

Véase también Luis Enrique Alonso, «La juventud en el tercer sector: redefinición del bienestar, redefinición de la ciudadanía», *Revista de Estudios de Juventud*, núm. 45, 1999, págs. 9-20.

[9] Rafael Prieto Lacaci, «El Tercer Sector como fenómeno social en auge», *Vincles*, núm. 5, abril de 2002, *http://vincles.caib.es/vincles_5_abril02/act8.htm*

[10] Ariel Jerez, *¿Trabajo voluntario o participación? Elementos para una sociología del Tercer Sector*, Madrid, Tecnos, 1997.

[11] José Barea, «La economía social en España», *Revista de Economía y Sociología del Trabajo*, núm. 12, 1991; José Barea y Antonio Pulido, «El sector de instituciones sin fines de lucro en España», *CIRIEC-España*, núm. 37, abril de 2001, págs. 35-49.

[12] El estudio, realizado en 25 países, incluye a España. Lester M. Salamon, Helmud K. Anheier y otros, *La sociedad civil global. Las dimensiones del sector no lucrativo*, Bilbao, Fundación BBVA, 2001. Véase también L. Salamon y H. Anheier, *The emerging Non profit Sector: An Overview*, Manchester, Manchester University Press, 1996.

Este intenso protagonismo de las organizaciones no lucrativas se explica, según ellos por la confluencia de una compleja serie de factores, entre los que destacan, en primer lugar, la incapacidad de los Estados modernos para atender directamente todas las demandas y necesidades introducidas en el sistema público de bienestar[13]. Un segundo factor sería de orden cultural, pues se refiere al creciente deseo de los ciudadanos de asumir mayores responsabilidades sociales en el ámbito público y de comprometerse personalmente con la mejora de la calidad de vida y el progreso de su sociedad, fenómeno que se extiende también a la solidaridad internacional y que explicaría buena parte del *boom* de las ONG y del voluntariado cívico.

Es muy probable que el diagnóstico anterior sea certero, pero creemos que sólo es aplicable a una parte del Sector no lucrativo y a una fracción de la ciudadanía con una alta motivación altruista y un gran deseo de participar e implicarse en la vida pública. Cuando se adopta una perspectiva más amplia y se considera al mundo asociativo globalmente, como lo hacemos aquí, lo que se observa es una gran diversidad de entidades, con objetivos heterogéneos y grados muy variables de implicación social y política. Pero si se nos pide que destaquemos el rasgo que caracteriza a la mayor parte de las asociaciones existentes, no podríamos decir que es la solidaridad ni el altruismo —que se encuentra, sin duda, en un sector creciente del asociacionismo voluntario— sino el deseo de mantener relaciones sociales gratificantes, practicar una determinada actividad en compañía de otras personas o recibir ciertos servicios que no se encuentran en el mercado o que se prefieren a los mercantilizados. Todo lo cual no tiene demasiado que ver con «el desmantelamiento del Estado de bienestar» ni con el deseo de una «mayor participación social o política»[14]. Así pues, trataremos en lo sucesivo de dar una visión general del «mundo asociativo» centrándonos en las asociaciones voluntarias que, en definitiva, son una parte cuantitativa y cualitativamente muy significativa del sector no lucrativo.

4.   EL ESTUDIO DEL ASOCIACIONISMO VOLUNTARIO: NOTA METODOLÓGICA

El asociacionismo voluntario es un fenómeno vivo y en continua transformación del que nos interesa conocer tanto su evolución, tamaño y estructura como la dinámica interna de las entidades y las características de la participación asociativa. Para abarcar esta amplia temática hemos utilizado principalmente tres fuentes de información:

a) La primera fuente la componen los distintos Registros oficiales de asociaciones, que nos han permitido trazar la evolución de las entidades asociativas en España y su tipología. El Registro Nacional de Asociaciones (RNA), dependiente del Ministerio del Interior, ha sido aquí nuestra principal fuente de información, aunque no el único[15].

---

[13] Esta idea se encuentra ampliamente difundida entre nosotros. Véase Gregorio Rodríguez Cabrero y Julia Montserrat Codorniu, *Las entidades voluntarias en España,* Madrid, Ministerio de Asuntos Sociales, 1996.

[14] Esta realidad es patente en el campo del asociacionismo juvenil, como puede verse en mi libro ya citado (cita 2); por lo que se refiere al asociacionismo en general, véase el interesante artículo de Antonio Ariño, «Asociacionismo, ciudadanía y bienestar social», *Papers. Revista de Sociología*, núm. 74, 2004, Barcelona, págs. 85-110.

[15] También hemos consultado los datos del Registro del Ministerio de Justicia (para las asociaciones religiosas) y las Memorias del Consejo Superior de Deportes (para las asociaciones y clubes deportivos federados).

b) En segundo lugar, hemos realizado un análisis secundario de los datos que aportan los estudios y monografías más relevantes que se han realizado en nuestro país sobre las asociaciones voluntarias, incluyendo las investigaciones sobre el sector no lucrativo, aunque no sea éste nuestro objeto de estudio.

c) Por último, hemos analizado los datos de encuesta que aportan información sobre la participación asociativa de la población española, como son los sondeos y barómetros del Centro de Investigaciones Sociológicas (CIS) y del Instituto de la Juventud (INJUVE), el panel de hogares del Instituto Nacional de Estadística y los resultados de los Eurobarómetros, al efecto de situar nuestra participación asociativa en el contexto europeo.

Vaya por delante que los resultados de este trabajo de síntesis son desiguales, pues las fuentes de información disponibles difieren en sus planteamientos teóricos y metodológicos, las categorías de clasificación y de análisis no coinciden plenamente en muchos casos y los períodos temporales de referencia también son muy variables. Por otra parte, la información disponible sobre los distintos tipos de asociación es muy desigual, lo que impide ofrecer aquí una visión equilibrada del «mosaico asociativo», hecho que ya hicimos notar, en el caso del asociacionismo juvenil, en un trabajo anterior[16]. Las investigaciones que se han realizado en los últimos diez años suponen, pero sólo para este período, una mejora en el conocimiento global de las asociaciones voluntarias y nos ayudarán a dibujar el panorama asociativo que pretendemos trazar.

Una de las fuentes de información utilizadas merece un comentario especial debido a sus peculiaridades. Nos referimos al Registro Nacional de Asociaciones, en adelante RNA[17], que nos ha permitido trazar la evolución de las asociaciones voluntarias en España. Creado a finales de 1964 (Ley 191/1964, de Asociaciones), el RNA es la única fuente que permite obtener información estadística a nivel nacional del movimiento asociativo durante los últimos cuarenta años[18]. No obstante, la información que facilita no abarca todo el campo asociativo, pues sólo están obligadas a inscribirse en él, al mero efecto de su publicidad, las asociaciones que se constituyen al amparo del artículo 22 de la Constitución y de la Ley Orgánica 1/2002, reguladora del régimen general de asociaciones, y cuyo ámbito estatutario de actuación sea el nacional[19]. Las asociaciones cuyo ámbito sea inferior a éste, se regulan por las normas equivalentes de sus respectivas Comunidades Autónomas y se inscriben en el Registro autonómico correspondiente. Igualmente, las asociaciones sometidas a leyes especiales suelen tener Re-

---

[16] Rafael Prieto Lacaci, «Del Frente de Juventudes al mosaico asociativo», en Carles Feixa (ed.), *Movimientos juveniles en la Península Ibérica*, Barcelona, Ariel, 2002, págs. 35-45.

[17] El marco normativo de las asociaciones que inscribe el Registro Nacional de Asociaciones lo forman la Ley Orgánica 1/2002, de 22 de marzo, reguladora del Derecho de Asociación y el RD 1497/2003, de 28 de noviembre, por el que se aprueba el Reglamento del RNA.

[18] Aunque el acceso a esta información no ha sido precisamente fácil para los investigadores durante muchos años, desde 1998 el Ministerio del Interior publica en su *Anuario Estadístico* los datos básicos de las asociaciones inscritas en dicho Registro.

[19] El Registro Nacional de Asociaciones se estructura, desde el año 2003, en cuatro Secciones. 1.ª *Asociaciones*, de personas físicas y/o jurídicas, sometidas al ámbito de aplicación de la Ley de Asociaciones; 2.ª *Federaciones de Asociaciones;* 3.ª *Asociaciones Juveniles* y 4.ª *Asociaciones extranjeras* con domicilio en España.

gistros específicos. Éste es el caso de los partidos políticos, los sindicatos y las organizaciones empresariales, las cooperativas, las confesiones y comunidades religiosas y las federaciones deportivas y sus clubes.

Por otra parte, los datos registrales no reflejan la situación real de las asociaciones. Esta limitación es un problema estructural que afecta a todos los registros de asociaciones, no sólo al RNA. Utilizando un símil demográfico, podría decirse que los registros ofrecen una buena información sobre la *natalidad asociativa*, pero sus datos de *mortalidad asociativa* son muy deficientes y no pueden tenerse en cuenta. La razón estriba en que las asociaciones no están obligadas a comunicar el cese de sus actividades al Registro correspondiente, por lo que los datos oficiales de asociaciones «en activo» incluyen también a las que han desaparecido sin dejar constancia de este hecho. Como veremos más adelante, todo parece indicar que las asociaciones que comunican su disolución son un pequeño porcentaje de las que cierran sus puertas realmente. En consecuencia, esta circunstancia impide saber con exactitud el número de asociaciones realmente existentes en un momento dado y, además, supone un obstáculo insuperable para conocer, con la información registral oficial, el ciclo de vida de las asociaciones.

Una última cuestión relevante. Los datos estadísticos del RNA eran de difícil acceso para los investigadores hasta que, en el año 1999, el Ministerio del Interior comenzó a publicarlos en su *Anuario Estadístico*[20]. Dichos datos incluían tanto a las entidades de ámbito nacional como a las que operaban en ámbitos territoriales inferiores. Sin embargo, a partir de 2004, dichos *Anuarios Estadísticos* sólo ofrecen información de las entidades asociativas de su exclusiva competencia, las de ámbito nacional y las entidades de *utilidad pública*. Con ello se trunca la serie temporal nacional del movimiento asociativo, iniciada en 1965[21], y la posibilidad de establecer comparaciones entre Comunidades Autónomas. Por esta razón, nuestro análisis de la evolución de las asociaciones voluntarias a nivel nacional finaliza en el año 2003.

A pesar de estas limitaciones, los datos registrales que recogen los *Anuarios Estadísticos* del Ministerio del Interior ofrecen una información insustituible para conocer la evolución de la creación de asociaciones en España desde 1965 hasta el año 2003.

5. EL RITMO DE LA VIDA ASOCIATIVA: LA CREACIÓN DE ASOCIACIONES VOLUNTARIAS

Como ya hemos comentado, la *natalidad asociativa* es un fenómeno que se puede estudiar a nivel nacional con bastante precisión hasta el año 2003 gracias a la información del Registro Nacional de Asociaciones, si bien éste no incluye datos de aquellas entidades asociativas que se rigen por una legislación específica. Veamos sucintamente cuál ha sido la evolución del asociacionismo voluntario en la España democrática.

A comienzos de 1978, año en que se promulga la Constitución, el número acumulado de asociaciones activas registradas en el RNA no superaba las 19.000, cifra que corresponde al período 1965-1977, mientras que de 1978 a 2003 se dieron de alta alrede-

---

[20] Los ocho *Anuarios* publicados hasta la fecha —1998 a 2005— pueden descargarse en la siguiente dirección: *http://www.mir.es/MIR/Publicaciones/publicaciones/catalogo/indice.html.*

[21] La serie histórica de las asociaciones registradas en España abarca, pues, 38 años, de 1965 a 2003. Si la situación no se remedia, la única forma de conocer el número de asociaciones que se han creado en España desde el año 2004 será de ahora en adelante consultar todos los Registros autonómicos.

dor de 258.000 asociaciones[22]. Esto significa que el 93% de las asociaciones activas registradas en 2003, unas 272.000, se han creado durante estos 25 años de vida democrática (véase Gráfico 16.1). Muy probablemente, ningún otro país de nuestro entorno europeo haya experimentado un crecimiento asociativo tan intenso en el mismo período de tiempo, aunque éste se deba en gran medida al bajísimo número de asociaciones con que finaliza la etapa franquista.

GRÁFICO 16.1.—*Evolución del número de asociaciones en España (1978-2003)*

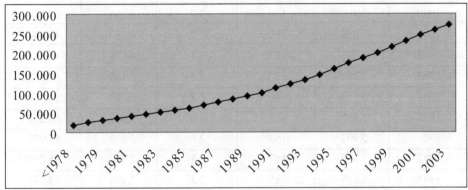

Fuente: Ministerio del Interior, *Anuario Estadístico 2000* y *Anuario Estadístico 2003*.

Con todo, el ritmo de creación de asociaciones ha sido muy considerable, constituyéndose en los últimos 25 años una media anual de 9.400 asociaciones, con un mínimo de 5.000 asociaciones inscritas en los años 1981 y 1982 y un máximo que supera las 15.000 en los años 2000 y 2001 (Tabla1). La tendencia actual es de crecimiento sostenido, por lo que es probable que a lo largo del año 2007 el número de asociaciones en España ronde las 300.000[23].

Los datos de *mortalidad asociativa,* sin embargo, no son fiables y, por ello, desconocemos el verdadero alcance del crecimiento asociativo observado. La cifra oficial de entidades disueltas hasta el año 2003 resulta sorprendentemente baja y no creemos que refleje en modo alguno la realidad: unas 7.800 asociaciones en total —3.400 desde la creación del RNA hasta 1978 y 4.400 desde entonces hasta 2003—, cifra que representa 2,8% de las entidades inscritas.

Los estudios empíricos que se han interesado por cuantificar el número de asociaciones realmente activas arrojan cifras de disolución muy superiores. Una investigación reciente realizada por el Instituto Aragonés de Estadística sobre las entidades no lucrativas en esa Comunidad mostraba que cerca del 40% de las entidades nominalmente en activo se habían disuelto de hecho sin notificárselo al Registro correspondiente[24]. Otras

---

[22] *Anuario Estadístico del Ministerio del Interior 2000,* pág. 65. y *Anuario Estadístico del Ministerio del Interior 2003,* págs. 116-119. Los datos de las series cronológicas de estos *Anuarios* no siempre concuerdan entre sí, aunque las diferencias no sean estadísticamente relevantes. Suponemos que son consecuencia de las depuraciones y actualizaciones informativas propias de un Servicio de Registro.

[23] En la hipótesis de que se hubiese mantenido el ritmo de crecimiento del trienio 2001-2003.

[24] Instituto Aragonés de Estadística, *Estadística del sector no lucrativo en Aragón. Año 2000.* 2.ª edición, octubre de 2003. Según este estudio, de las más de 20.000 entidades no lucrativas de Aragón sólo 7.900 seguirían en activo. *http://www.aragob.es.*

TABLA 16.1.—*Evolución de las entidades asociativas inscritas, disueltas y activas en el Registro Nacional de Asociaciones (1965-2003)**

	Inscritas	Disueltas	% Disueltas	Activas	Total acumulado
<1977	22.053	3.427	15,5	18.626	18.626
1978	6.065	311	5,1	5.754	24.380
1979	6.167	298	4,8	5.869	30.249
1980	5.400	199	3,7	5.201	35.450
1981	5.050	160	3,2	4.890	40.340
1982	5.050	172	3,4	4.878	45.218
1983	5.295	130	2,5	5.165	50.383
1984	6.153	146	2,4	6.007	56.390
1985	5.995	153	2,6	5.842	62.232
1986	5.991	153	2,6	5.838	68.070
1987	7.337	157	2,1	7.180	75.250
1988	8.179	185	2,3	7.994	83.244
1989	8.267	206	2,5	8.061	91.305
1990	9.070	172	1,9	8.898	100.203
1991	11.208	220	2,0	10.988	111.191
1992	11.060	198	1,8	10.862	122.053
1993	11.522	205	1,8	11.317	133.370
1994	12.946	233	1,8	12.713	146.083
1995	13.954	226	1,6	13.728	159.811
1996	14.709	233	1,6	14.476	174.287
1997	13.648	202	1,5	13.446	187.733
1998	13.472	155	1,2	13.317	201.050
1999	14.430	67	0,5	14.363	215.413
2000	15.087	23	0,2	15.064	230.477
2001	15.011	133	0,9	14.878	245.355
2002	13.427	45	0,3	13.382	258.737
2003	13.464	9	0,1	13.455	272.192
Total	280.010	7.818	2,8	272.192	

* En 1977 se acumulan las asociaciones desde 1965.

Fuente: Ministerio del Interior, *Anuario Estadístico 2000* y *2003*. Elaboración propia.

investigaciones dan cifras de inactividad incluso superiores, como es el caso de la dirigida por el economista José Luis García Delgado, ésta de ámbito nacional y realizada por un método de encuesta muestral, según la cual el 48,5% de las asociaciones estarían «sin actividad»[25]. A la luz de estos datos, podría plantearse como hipótesis que entre 100.000 y 130.000 asociaciones de las que aparecen registradas en el RNA como activas en el año 2003 habrían desaparecido de hecho.

5.1. Las fases de la evolución asociativa

Los datos de la Tabla 16.2 nos muestran, en valores absolutos, la evolución anual de las asociaciones voluntarias desde la constitución del RNA hasta el año 2003, distinguiendo tres modalidades de entidades: las asociaciones, las federaciones y las asociaciones juveniles. Lógicamente, el grupo de mayor tamaño en todo momento es el de las asociaciones, cuya tipología examinaremos detalladamente más adelante, seguido muy de lejos de las asociaciones juveniles y, por último, de las federaciones. Éstas últimas son un reducido grupo cuya importancia no puede medirse exclusivamente en términos cuantitativos, sino por su contribución a la cohesión e intercomunicación de sectores especializados del tejido asociativo. Su estudio merecería un capítulo específico —al igual que ocurre con las asociaciones juveniles[26]— que, por razones de espacio, no tiene cabida en estas páginas. Por tanto, nos centraremos a continuación en el análisis agregado de las entidades asociativas. Veamos ahora más detenidamente cómo ha evolucionado el campo asociativo español desde la transición democrática hasta el presente.

TABLA 16.2.—*Evolución de las entidades asociativas «activas» inscritas en el Registro Nacional de Asociaciones (1965-2003)**

	Asociaciones	Federaciones	Asociaciones juveniles	Total	Total Acumulado
1967	5.611	39	0	5.650	5.650
1968	810	5	0	815	6.465
1969	664	9	0	673	7.138
1970	620	4	0	624	7.762
1971	889	5	0	894	8.656
1972	1.105	5	0	1.110	9.766
1973	1.013	10	0	1.023	10.789

[25] José Luis García Delgado (dir.), *La cuentas de la economía social: el tercer sector en España,* Fundación ONCE, Madrid, Civitas, 2004, Cap. 3, «Asociaciones y Fundaciones», pág. 98.

[26] Rafael Prieto Lacaci, *Tendencias del asociacionismo juvenil en los años 90,* Madrid, Instituto de la Juventud, 1999.

TABLA 16.2 *(cont.).—Evolución de las entidades asociativas «activas» inscritas en el Registro Nacional de Asociaciones (1965-2003)**

	Asociaciones	Federaciones	Asociaciones juveniles	Total	Total Acumulado
1974	1.066	4	0	1.070	11.859
1975	1.090	4	0	1.094	12.953
1976	1.510	3	0	1.513	14.466
1977	4.204	17	1	4.222	18.688
1978	5.615	61	98	5.774	24.462
1979	5.635	43	211	5.889	30.351
1980	4.929	53	227	5.209	35.560
1981	4.630	50	218	4.898	40.458
1982	4.650	48	198	4.896	45.354
1983	4.924	62	193	5.179	50.533
1984	5.741	78	202	6.021	56.554
1985	5.488	93	270	5.851	62.405
1986	5.478	87	282	5.847	68.252
1987	6.555	95	553	7.203	75.455
1988	7.316	130	577	8.023	83.478
1989	7.221	142	718	8.081	91.559
1990	7.874	127	917	8.918	100.477
1991	9.824	134	1.068	11.026	111.503
1992	9.653	136	1.106	10.895	122.398
1993	10.047	151	1.171	11.369	133.767
1994	11.224	142	1.413	12.779	146.546
1995	12.374	164	1.279	13.817	160.363
1996	13.159	167	1.225	14.551	174.914
1997	12.275	178	1.016	13.469	188.383
1998	11.347	123	755	12.225	200.608
1999	13.270	195	972	14.437	215.045
2000	14.694	188	1.167	16.049	231.094
2001	13.773	153	950	14.876	245.970
2002	12.377	143	853	13.373	259.343
2003	12.592	134	729	13.455	272.798
Total	251.247	3.182	18.369	272.798	272.798

* Las cifras de 1967 acumulan las inscripciones de los dos años anteriores.

Fuente: Hasta 1998, *Anuario Estadístico 1998,* Ministerio del Interior, 1998; de 1998 a 2003, *Anuario Estadístico 2000* y *2003.* Elaboración propia.

Sin ánimo de profundizar en cuestiones que ya he tratado en otro lugar[27], creo que cualquier análisis evolutivo del asociacionismo español debe arrancar de la Ley de Asociaciones de 1964, con la que se inaugura una nueva etapa para las asociaciones voluntarias. La nueva Ley, pese a su espíritu limitativo e intervencionista, estableció un marco legal adecuado para favorecer la participación social de los españoles y propició el nacimiento de nuevas asociaciones. De hecho, durante los tres años siguientes a la promulgación de la Ley de Asociaciones[28], se registraron en España cerca de 5.700 asociaciones voluntarias. De ellas, unas 2.500 eran entidades constituidas anteriormente, al amparo del Decreto de 1941, regulador del derecho de asociación, que debieron adaptar sus estatutos a los preceptos de la nueva Ley. Las 3.200 asociaciones restantes son el fruto de la demanda asociativa existente en la sociedad española y que hasta ese momento carecía de un cauce legal para expresarse. Después de esta primera oleada de legalizaciones, el crecimiento asociativo se ralentizó y, entre 1968 y 1976, se mantuvo prácticamente estabilizado. Durante estos años se constituyeron anualmente una media de unas 1.000 asociaciones voluntarias (Tabla 16.2).

Con la llegada de la democracia surgirá un clima participativo más apropiado para la génesis de nuevas asociaciones. Los años 1977-1980 se caracterizan por un extraordinario dinamismo en la creación de asociaciones voluntarias, que rompe definitivamente con el modelo de crecimiento de la etapa anterior. En efecto, un hecho muy significativo del cambio de tendencia que se inicia es que sólo en el año 1977 se inscribieran en el RNA más de 4.200 asociaciones, cifra que supera las inscripciones de los cuatro años anteriores y casi triplica la del año 1976.

Los últimos años 70 supusieron la progresiva normalización del asociacionismo voluntario como consecuencia directa de la recuperación de las libertades básicas de una sociedad democrática. Todas las iniciativas asociativas se vieron favorecidas por el cambio democrático, pero, comparativamente, las más beneficiadas fueron las asociaciones de acción política y de influencia social, especialmente los partidos políticos y las organizaciones sindicales, prohibidos explícitamente durante la etapa franquista. Las reformas legislativas emprendidas por el primer Gobierno de la Transición —en especial, la Ley sobre el Derecho de Asociación Política, de 14 de junio de 1976— permitieron legalizar a estas organizaciones, esenciales para la vida democrática[29]. Además, es preciso recordar que buena parte del movimiento vecinal de aquellos años, reivindicativo y progresista, pudo también abandonar definitivamente la semiclandestinidad a la que vio forzada en los años anteriores.

Desde entonces, el asociacionismo español ha seguido una línea de crecimiento progresivo, aunque con ciertos altibajos y diferentes ritmos de creación de asociaciones. En la Tabla 16.3, puede verse con más detalle la evolución asociativa por quinquenios, lo que nos permite precisar aún más dicha evolución. Sólo el 11% de las asocia-

---

[27] Rafael Prieto Lacaci, «Asociaciones Voluntarias», en Salustiano del Campo (dir.), *Tendencias sociales en España (1960-1990)*, Madrid, Fundación BBV, 1994, vol. I, págs. 197-217.

[28] La larga vida de esta ley franquista, vigente hasta la Ley de Asociaciones de 2002. ha sido posible porque todos sus artículos inspirados en principios autoritarios e intervencionistas fueron derogados a raíz de la Constitución española de 1978.

[29] Sólo en 1977, año en el que se celebraron las primeras Elecciones Generales Legislativas, se constituyeron 204 partidos políticos, es decir, el 64% de todos los que se crearon (319) entre 1976 y 1980 (véase Prieto, 1993).

ciones inscritas en 2003 se crearon antes de 1980. Las más de 242.000 asociaciones voluntarias[30] que se dieron de alta entre 1980 a 2003 se distribuyen temporalmente de la
siguiente manera: el 22,4% surgieron en la década de los años 80, el 45,3% en los
años 90 y el 21,2% en los cuatro primeros años del presente siglo. Así pues, la década
más dinámica ha sido la de los años 90, cuando se crearon más de 123.000, 55.000 en
el primer quinquenio y más de 68.000 en el segundo. Y parece ser que esta tendencia
de crecimiento, aunque más atenuada, se ha mantenido en los primeros años del siglo
actual.

TABLA 16.3.—*Entidades asociativas «activas» inscritas en el Registro Nacional de Asociaciones por períodos quinquenales (1965 a 2003)*

	Total	Total acumulado	Media del periodo	(%)
1965-1969	7138	7.138	1.428	2,6
1970-1974	4.721	11.859	944	1,7
1975-1979	18.492	30.351	3.698	6,8
Años 70	*23.213*		*2.321*	*8,5*
1980-1984	26.203	56.554	5.241	9,6
1985-1989	35.005	91.559	7.001	12,8
Años 80	*61.208*		*6.121*	*22,4*
1990-1994	54.987	146.546	10.997	20,2
1995-1999	68.499	215.045	13.700	25,1
Años 90	*123.486*		*12.349*	*45,3*
2000-2003	57.753	272.798	14.438	21,2
Total	272.798		7.179	100,0

Fuente: Ministerio del Interior, *Anuario Estadístico de 1998, 2000* y *2003*. Elaboración propia.

A la vista de estos datos, cabe distinguir cinco fases en la evolución del asociacionismo voluntario en nuestro país, aunque sería posible distinguir otros períodos sobre
la base de criterios más cualitativos. Éstas serían las siguientes:

1.ª Fase. 1975-1976. Es un período muy breve, dos años, marcado por la incertidumbre política, durante el cual predomina el activismo de los movimientos políticos y
sociales reivindicativos ya existentes, que desarrollan una capacidad creciente de movilización. Sin embargo, el número de asociaciones voluntarias crece con moderación.

2.ª Fase. 1977-1979. Son los años centrales de la transición democrática, en los que
se amplifican las dinámicas anteriores y toma fuerza el movimiento asociativo, sobre
todo el de carácter político o sociopolítico, como es el caso, en aquellos momentos, del
movimiento vecinal. El auge asociativo de esos años incluye también a otras modalida-

---

[30] Recordamos que todos estos datos no incluyen las asociaciones que se han creado en los regímenes
asociativos especiales (organizaciones sindicales, asociaciones religiosas, etc.), como ya comentamos anteriormente.

des de asociación de orientación social, cultural, educativa, recreativa y juvenil, aunque su presencia no se notará tanto como la de las asociaciones anteriores.

3.º. Fase 1980-1986. En estos años se produce una ralentización en el ritmo de creación de asociaciones voluntarias, que afecta de modo desigual, como veremos más adelante, a los distintos tipos de asociación. Junto al estancamiento del asociacionismo sociopolítico, se empiezan a consolidar las entidades que cabe adscribir a los «nuevos movimientos sociales». En ningún caso puede hablarse de «crisis del asociacionismo» en general, ya que el ritmo de creación de asociaciones se mantiene en torno a las 5.400 asociaciones al año, con un crecimiento interanual negativo en los tres primeros años y positivo en los tres siguientes.

4.ª Fase. 1987-1994. A partir de 1987 se produce una reactivación generalizada del crecimiento asociativo, que se acentúa en los primeros años de la década de los 90. De 1990 a 1994, se constituyeron 55.000 asociaciones, 11.000 de promedio al año. En esta época, sobre todo a partir de 1992, se acentúa el crecimiento de ciertos tipos de asociación: las deportivas, las asociaciones de mujeres, el sector de acción social y las asociaciones de solidaridad y tiene lugar el despegue del voluntariado cívico, en sus distintas modalidades, y del llamado «movimiento de las ONG».

5.ª Fase. De 1995 en adelante. Continúa el ciclo de crecimiento del asociacionismo voluntario que prosigue hasta nuestros días. El último quinquenio de los años 90 es, sin duda alguna, el de mayor expansión del asociacionismo voluntario y toma cuerpo la idea del Tercer Sector. Entre 1995 y 1999, nacen 68.500 asociaciones, a una media de 13.700 al año y en los primeros cuatro años de nuestro siglo se constituyen otras 58.000, con un promedio anual de 14.400 asociaciones, aunque al final se observa una cierta tendencia a la baja.

Por último, cabe resaltar que el extraordinario desarrollo asociativo que tiene lugar desde los primeros años 90 refleja en nuestros días la juventud de la mayoría de las asociaciones voluntarias españolas, ya que, en el año 2003, el 66,5% de las de las asociaciones registradas en el RNA se constituyeron después de 1990, el 22,4%, durante los años 80 y las demás, el 11,1%, antes de 1980 (Tabla 16.3).

5.2. *El ámbito de actuación de las asociaciones*

El ámbito territorial de actuación que consta en los estatutos de las asociaciones es un indicador de sus pretensiones de orientar sus acciones a la población de un determinado territorio. Aunque estas pretensiones no siempre coinciden con el ámbito real de actuación, como sucede de hecho con numerosas asociaciones de «ámbito nacional», suelen reflejar con bastante exactitud el nivel de actuación de la mayoría de las asociaciones de ámbito autonómico, provincial, comarcal o local. Se trata, además, de un rasgo estructural del campo asociativo que no siempre se tiene en cuenta, y en el que se han dado cambios importantes.

Los datos de la Tabla 16.4 muestran el ámbito geográfico en el que las asociaciones voluntarias realizan sus actividades. Como puede verse, predominan en todo momento las asociaciones que desarrollan sus actividades en su medio local, seguidas muy de lejos por las de ámbito provincial. Sin embargo, se ha producido un cambio muy significativo, sobre todo a lo largo de los años 90, debido a un fuerte aumento del número de asociaciones de ámbito regional o autonómico, crecimiento que se ha hecho a costa, precisamente, de las asociaciones de ámbito local.

TABLA 16.4.—*Distribución porcentual de las asociaciones en activo inscritas en el Registro Nacional de Asociaciones, según su ámbito territorial de actuación (1983 a 2003)*

Ámbito territorial	1983	1985	1987	1990	1999	2003
Nacional	5,6	6,3	6,9	7,5	8,4	8,7
Inferior a Nacional	94,4	93,7	93,1	92,5	91,6	91,3
Regional	2,0	3,1	5,9	8,7	17,6	
Provincial	23,6	23,7	23,2	22,9	21,9	
Comarcal	5,1	5,1	4,9	5,0	5.5	
Local	63,1	61,8	59,0	55,9	46,6	
Total	100,0	100,0	100,0	100,0	100,0	100,0
N	52.183	59.188	67.121	85.869	215.418	272.798

Fuente: Para los años 1983 a 1990: *Resumen Estadístico de Asociaciones,* RNA del Ministerio del Interior, documentos no publicados. Para los años 1999 y 2003: *Anuario Estadístico 1999* y *2003,* Ministerio del Interior. Elaboración propia.

Si en 1983 las asociaciones de ámbito local representaban el 63% de todas las asociaciones registradas y las de ámbito autonómico sólo el 2%, en 1999, último año del que disponemos de información, las primeras habían pasado a representar el 46,6% y las segundas, el 17,6%. También han crecido moderadamente, pasando del 5,6% al 8,4%, las asociaciones de ámbito nacional[31]. Este cambio es en gran medida una consecuencia del desarrollo de las competencias autonómicas en el Estado español y del fomento del asociacionismo por parte de la Comunidades Autónomas. Pero creemos que este fenómeno es más complejo y que debería ser estudiado con más atención. Probablemente, un factor a tener en cuenta es la mejora general de las infraestructuras de la comunicación y del transporte, que están borrando las distancias físicas y posibilitando una sociedad más interconectada. Ciertamente, la mejora de la red de transporte y la irrupción de las nuevas tecnologías de la información y de la comunicación (TIC) mejoran las posibilidades de acción de las asociaciones y les permite ampliar su ámbito de actuación, pues éste ya no está necesariamente determinado por la ubicación de la asociación. Posiblemente, la nueva realidad emergente esté dejando anticuada la definición administrativa del «ámbito de actuación» de las asociaciones. Pero esto no significa que las asociaciones «locales» vayan a desaparecer, pues la relación personal «cara a cara» sigue siendo de la máxima importancia en la vida asociativa, sobre todo para el amplísimo sector de las asociaciones convivenciales o de sociabilidad (juveniles, recreativas, etc.) donde el contacto personal es uno de los principales alicientes para los asociados.

---

[31] Los *Anuarios estadísticos* del Ministerio del Interior no ofrecen sistemáticamente esta información. El *Anuario* de 1999 es el último en facilitar información completa del ámbito de actuación de las asociaciones.

5.3. *Las asociaciones voluntarias en las Comunidades Autónomas*

El gran desarrollo asociativo que se ha producido en España no ha sido homogéneo a nivel territorial. Ciertamente, no puede hablarse de una recomposición radical del sector asociativo a nivel nacional, pero la posición relativa de algunas Comunidades Autónomas se ha modificado significativamente. En todas ellas, la creación de asociaciones voluntarias se ajusta, aproximadamente, a las fases de desarrollo que ya hemos expuesto, variando en cambio la intensidad de sus respectivos ritmos de crecimiento.

En la Tabla 16.5, puede verse una síntesis del crecimiento asociativo entre 1980 y 2003 por Comunidades Autónomas. En ella se aprecia, en primer lugar, que las cuatro Comunidades con mayor número de asociaciones en el año 1980, a saber: Cataluña, Andalucía, Madrid y Comunidad Valenciana, se mantienen a la cabeza, pero Andalucía pasa a la primera posición, ocupada anteriormente por Cataluña. En conjunto, estas cuatro Comunidades sufren una ligera pérdida de su peso específico en el conjunto del asociacionismo voluntario español, pues si en 1980 concentraban el 54,3% de las asociaciones, en 2003 representan el 51,2%, distribuyéndose este porcentaje de la siguiente manera: Andalucía, el 16.6%; Cataluña, el 14,8%; Madrid, el 10,1% y la Comunidad Valenciana, el 9,9%.

Esquemáticamente, puede decirse que seis Comunidades Autónomas mejoran su posición relativa al final del período, mientras que otras tantas la empeoran y las cinco restantes permanecen en la misma posición:

— *Mejoran su posición*: Andalucía (que pasa de la 2.ª a la 1.ª posición), la Comunidad Valenciana (de la 4.ª a la 3.ª), Castilla y León (de la 7.ª a la 5.ª), Castilla-La Mancha (de la 9.ª a la 7.ª), Aragón (de la 11.ª a la 10.ª) y la Región de Murcia (de la 13.ª a la 11.ª).
— *Empeoran su posición*: Cataluña (que pasa de la 1.ª a la 2.ª posición), Madrid (de la 3.ª a la 4.ª), el País Vasco, que sufre el mayor retroceso (de la 5.ª a la 8.ª), Asturias (de la 10.ª a la 12.ª) y Extremadura (de la 12.ª a la 13.ª).
— *Mantienen su posición*: Galicia (6.ª), Islas Baleares (14.ª), Navarra (15.ª), Cantabria (16.ª) y La Rioja (17.ª).

Estos movimientos relativos se corresponden en buena medida con el grado de crecimiento asociativo absoluto de dichas Comunidades Autónomas. De hecho, cuatro de las cinco Comunidades que mejoran su posición relativa —todas salvo Andalucía— registran los mayores crecimientos durante el período, y las otras dos —Andalucía y la Comunidad Valenciana— se sitúan bastante por encima de la media nacional. Así, las mayores tasas de crecimiento asociativo se encuentran en las dos Comunidades castellanas, en la Región de Murcia y en Aragón. En la Comunidad Autónoma de Castilla-La Mancha dicho crecimiento, el mayor de los habidos, fue del 1.086% y el de Castilla y León, del 944%; en las Comunidades de Murcia y de Aragón, la tasa de crecimiento asociativo fue algo menor, pero también extraordinaria, el 822% y del 789%, respectivamente.

En general, todas las Comunidades que mantienen su posición también exhiben unas tasas de crecimiento considerables, incluso por encima del crecimiento medio nacional, como es el caso de las Comunidades uniprovinciales de La Rioja y de Navarra, que, por sus peculiaridades geográficas y demográficas mantienen su posición entre las

TABLA 16.5.—*Síntesis de la evolución de las asociaciones inscritas en el Registro Nacional de Asociaciones por Comunidades Autónomas (1980-2003)*

	Número de asociaciones creadas			Número de orden			Crecimiento 1980-2003 en 2003			Densidad asociativa**
	1980*	1990	2003	1980	1990	2003	V.A.	(%)	Orden	
Cataluña	6.696	17.034	40.123	1°	1°	2°	33.427	499	16°	6,0
Andalucía	5.464	15.451	45.184	2°	2°	1°	39.720	727	9°	5,9
Madrid	3.883	11.039	27.312	3°	3°	4°	23.429	603	12°	4,8
Comunidad Valenciana	3.197	8.488	26.808	4°	4°	3°	23.611	739	8°	6,0
País Vasco	2.588	6.243	14.130	5°	7°	8°	11.542	446	17°	6,7
Galicia	2.284	6.825	19.194	6°	6°	6°	16.910	740	7°	7,0
Castilla y León	2.207	8.118	23.033	7°	5°	5°	20.826	944	2°	9,3
Canarias	1.602	3.585	10.758	8°	9°	9°	9.156	572	15°	5,7
Castilla-La Mancha	1.319	4.871	15.638	9°	8°	7°	14.319	1.086	1°	8,6
P. Asturias	1.127	3.035	7.817	10°	11°	12°	6.690	594	13°	7,3
Aragón	1.116	3.501	9.918	11°	10°	10°	8.802	789	4°	8,1
Extremadura	876	2.889	7.381	12°	12°	13°	6.505	743	6°	6,9
Región de Murcia	874	2.869	8.062	13°	13°	11°	7.188	822	3°	6,4
Islas Baleares	697	1.859	5.201	14°	14°	14°	4.504	646	11°	5,5
Navarra	615	1.754	5.005	15°	15°	15°	4.390	714	10°	8,7
Cantabria	526	1.480	3.601	16°	16°	16°	3.075	585	14°	6,6
La Rioja	261	868	2.276	17°	17°	17°	2.015	772	5°	7,9
TOTAL	35.450	100.201	272.174				236.724	668		6,4

* Las Comunidades Autónomas están ordenadas por orden decreciente de su número de asociaciones en 1980.

** Densidad asociativa: número de asociaciones voluntarias por 1.000 habitantes.

Fuente: Ministerio del Interior, *Anuario Estadístico 2000 y 2003.* Elaboración propia.

Comunidades con menor número de asociaciones voluntarias, a pesar de haber tenido altas tasas de crecimiento, el 772% y el 714%, respectivamente. Por el contrario, las Comunidades Autónomas que han empeorado su posición relativa son las que registran las menores tasas de crecimiento, como es el caso de las Comunidades de Canarias (572%), Cataluña (499%) y el País Vasco (446%)[32].

Por otra parte, al calcular la densidad asociativa, se observa que no siempre las Comunidades Autónomas con mayor número de asociaciones voluntarias son las mejor dotadas de acuerdo con el tamaño de su población. Centrándonos en el año 2003, vemos que en España el número de asociaciones por 1.000 habitantes era de 6,4. Las Comunidades Autónomas con una relación más favorable entre el número de asociaciones creadas y su población de hecho eran las de Castilla y León, que encabezaba la lista con 9,3 asociaciones por 1.000 habitantes, la Comunidad Foral de Navarra (8,7) y Castilla-La Mancha (8,6), seguidas de las Comunidades de Aragón (8,1) y La Rioja (7,9). También están por encima de la densidad media nacional el Principado de Asturias (7,3), y las Comunidades Autónomas de Galicia (7,0), Extremadura (6,9), el País Vasco (6,7), Cantabria (6,6) y la Región de Murcia (6,4). Por debajo de la media nacional se encuentran las Comunidades más extensas y con mayor número de asociaciones, es decir, la Comunidad Valenciana (6,0), Cataluña (6,0) y Andalucía (5,9); las dos Comunidades insulares —Canarias (5,7) e Islas Baleares (5,5)— y, cerrando la tabla, la Comunidad de Madrid, con 4,8 asociaciones por 1.000 habitantes.

El *ranking* de densidad asociativa de las Comunidades Autónomas nos muestra una tendencia clara: en los primeros lugares se sitúan las regiones que, en general, tienen un elevado número de municipios y poca población, mientras que, por el contrario, las Comunidades más pobladas y urbanizadas ocupan las últimas posiciones. Este hecho es una consecuencia del desarrollo asociativo que ha tenido lugar en los municipios rurales que, al ser hábitats poco poblados, salen favorecidos al calcular su densidad asociativa, aunque su número de asociaciones sea muy inferior al de los municipios con mayor población.

No obstante, sería necesario contar con indicadores más precisos que el de densidad asociativa para captar la dimensión real del asociacionismo en las distintas regiones de España. Estos datos nos obligan a situar el desarrollo asociativo en el contexto territorial en el que tiene lugar, pero carecemos por ahora de investigaciones a nivel nacional que consideren la dimensión espacial del asociacionismo voluntario. Algunos estudios autonómicos, sin embargo, aportan información a nivel provincial, comarcal o por tamaño del hábitat y pueden servir de referencia, aunque sus resultados no puedan extrapolarse al conjunto de las Comunidades Autónomas[33].

---

[32] La información relativa a la Comunidad del País Vasco —y tal vez también la de Cataluña— podría ser incompleta, aunque el *Anuario Estadístico* del Ministerio del Interior, del que extraemos estos datos, no hace ningún comentario o salvedad al respecto.

[33] Véase el Estudio de la Comunidad de Aragón realizado por el Instituto Aragonés de Estadística (IA-EST), *Estadística del sector no lucrativo en Aragón. Año 2000*, 2.ª edición, octubre de 2003, Zaragoza. [Internet: *http://www.aragob.es*].

6. ¿ASOCIACIONES PARA QUÉ? LOS TIPOS DE ASOCIACIÓN

Hasta ahora hemos visto cómo han evolucionado en conjunto las asociaciones voluntarias en España durante el período democrático. En adelante nos centraremos en la composición tipológica del campo asociativo y examinaremos las características más notables de los principales tipos de asociación. Los propósitos que impulsan la creación de las asociaciones son extremadamente variados y originan una pluralidad de organizaciones que es preciso reducir a unos pocos tipos para poder orientarse en el mundo asociativo. Existen muchas formas de clasificar las asociaciones voluntarias, pero la más frecuente se basa en los objetivos o fines para las que fueron creadas, expuestos normalmente en sus estatutos, y que, al menos en teoría, orientan su acción, aunque no siempre es así. Ciertamente, no todas las asociaciones que se crean tienen unos objetivos claros y precisos, y otras, que sí los poseen, no se atienen estrictamente a ellos, unas veces por falta de medios para realizarlos y otras porque la propia marcha de la asociación los va modificando. En cualquier caso, la información estatutaria es la que utilizan los Registros de asociaciones para clasificar la multitud de organizaciones existentes en unos pocos grupos afines, y éste será aquí nuestro punto de partida.

La tipología elaborada por el Registro Nacional de Asociaciones, realizada con fines meramente estadísticos y de organización interna, se basa en el «fin social principal» declarado por la asociación en el momento de solicitar su alta. Se compone de diez grupos básicos, cada uno de los cuales integra cierto número de subcategorías, hasta un total de setenta y seis, algunas de las cuales bien podrían configurar un grupo propio. Este elevado número de subcategorías confirma la heterogeneidad de las entidades que componen el campo asociativo. Consideramos que esta clasificación no es la más adecuada desde una perspectiva analítica, pero tiene la gran ventaja de que se ha mantenido prácticamente invariable desde la creación del Registro, lo que garantiza la homogeneidad de la serie histórica entre 1965 y 2003[34]. En el Cuadro 16.1 se recoge en detalle esta clasificación.

A lo largo de los últimos 20 años, todos los tipos de asociación han visto crecer sus efectivos en gran medida, algunos espectacularmente. Puede decirse que se han operado importantes transformaciones del campo asociativo, pero se aprecia una tendencia constante a la concentración de la mayoría de las asociaciones voluntarias en ciertos campos de actividad.

El Registro Nacional de Asociaciones utiliza una clasificación propia de las asociaciones que ha mantenido inalterada durante toda su existencia. Se compone de nueve grandes grupos, más uno de «varios». Cada grupo, a su vez, integra varias subcategorías, cuyo número ha ido aumentando hasta las 76 que tiene hoy en día para dar cabida a nuevos tipos de fines sociales.

---

[34] Utilizaremos los datos del *Anuario Estadístico,* del Ministerio del Interior, de los años 1998, 2000 y 2003. *http://www.mir.es/MIR/PublicacionesArchivo/publicaciones/catalogo/indice.html*

CUADRO 16.1.—*Tipología de las asociaciones voluntarias según sus fines sociales. Registro Nacional de Asociaciones*

Grupo 1. Varias

Grupo 2. Culturales e ideológicas: Actividades cívico-políticas; Artes, humanidades y ciencias sociales; Ciencias; Clubes de los leones; Coleccionismo; Costumbristas y tradiciones históricas; De base religiosa; Defensa de la vida humana; Defensa del medio ambiente; Derechos humanos; Espectáculos; Etiológicas; Monumentales; Museos; Música clásica; Música popular y folclórica; Naturismo y medicinas alternativas; Otros medios de comunicación; Radio afición; Referidas a temas militares; Sobre animales y plantas; Socio-culturales (22 subgrupos).

Grupo 3. Deportivas, recreativas y jóvenes: Casas regionales; Clubes de automovilistas, motoristas y otros; De festejos; Deportivas en general; Deportivas especificas; Excursionismo; Jóvenes; Juegos de salón; Peñas y casinos; Recreativas en general; Referidas a los jóvenes (11 subgrupos).

Grupo 4. Deficiencias y enfermedades: Deficiencias de la inteligencia; Deficiencias físicas; Deficiencias psicológicas; Enfermedades y otras deficiencias (4 subgrupos).

Grupo 5. Económicas y profesionales: Cámaras comerciales; Extractivas, industria y construcción; Otras económicas; Otros profesionales; Otros profesionales titulados; Profesionales de la enseñanza; Profesionales de la sanidad; Profesionales de prensa radio y televisión; Sector comercio, transporte y otros servicios; Sector de agricultura, ganadería, caza y pesca; Turismo y hostelería (11 subgrupos).

Grupo 6. Familiares, consumidores y tercera edad: Afectados y perjudicados; Consumidores y usuarios; De protección y orientación familiar; Jubilados y pensionistas civiles; Padres de familia; Tercera edad (6 subgrupos).

Grupo 7. Femeninas: Amas de casa; Asistenciales; Diversas; Profesionales; Reivindicativas (5 subgrupos).

Grupo 8. Acción sanitaria, educativa y social: Amnistía y ayuda a penados; Asistenciales en general; Ayuda a los suburbios y promoción social de viviendas; De acción educativa; Dirigidas a la infancia; Donantes de sangre y órganos; Hogares, clubes, asilos y residencias de tercera edad; Humanitarias con proyección en el extranjero; Minorías y otros grupos; Movimientos migratorios; Prevención y rehabilitación de adicciones patológicas; Protección civil; Servicios sanitarios (13 subgrupos).

Grupo 9. Educativas: De alumnos; De ex alumnos; Padres de alumnos, amigos y protectores de centros escolares; Referidas a guarderías y jardines de infancia (4 subgrupos).

Grupo 10. Vecinos: De municipios y provincias; Desarrollo comunitario; Vecinos y comerciantes (3 subgrupos).

Fuente: Ministerio del Interior, *Anuario Estadístico 2005*, págs. 156-158. Elaboración propia.

Este hecho no es, por otra parte, una particularidad exclusiva del caso español, sino que, más allá de las inevitables peculiaridades de los campos asociativos nacionales, puede observarse en numerosos países a lo largo del mundo y en la mayoría de los europeos[35].

---

[35] Lester M. Salamon, Helmut K. Anheier y otros, *La sociedad civil global. Las dimensiones del sector no lucrativo*, Bilbao, Fundación BBVA, 2001.

GRÁFICO 16.2.—*Tipología asociativa en el año 2003*

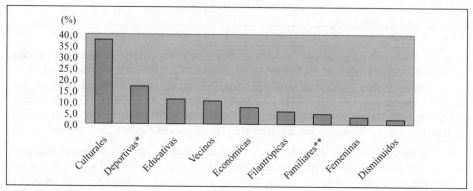

* Incluye las juveniles.
** Incluye las de consumidores.

Fuente: Ministerio del Interior, *Anuario estadístico 2000* y *2003.* Elaboración propia.

Así, a finales del año 2003, las tres cuartas partes de las más de 272.000 asociaciones registradas formaban parte de cuatro tipos, en la clasificación del Registro Nacional de Asociaciones (RNA): las asociaciones «culturales e ideológicas», que por sí solas representan el 37,6% del total, las asociaciones «deportivas, recreativas y juveniles», que suponen el 16,8%, las «educativas», con el 11%, y las de vecinos, con el 10,4%. Las dimensiones del sector deportivo mucho mayores de lo aquí expresado, igualando prácticamente a las asociaciones culturales puesto que faltan por contabilizar en las estadísticas del RNA los cerca de 70.000 clubes deportivos federados activos que había en España en el año 2003[36]. Como cabría esperar, estas asociaciones son, además, las que cuentan con mayor número de asociados, cuestión que veremos más adelante. Los demás tipos de asociación agrupan al 24,2% de las asociaciones, porcentaje que debemos valorar en relación con la situación de partida.

TABLA 16.6.—*Evolución del número de entidades asociativas, en activo, inscritas en el RNA, por grandes grupos de actividad (1977-2003)*

TIPO DE ASOCIACIÓN	<1977	1978-1979	1980-1984	1985-1989	1990-1994	1995-1999	2000-2003	Total
Culturales e ideológicas	4.651	2.779	10.056	14.776	21.050	28.032	21.114	102.458
Deportivas y recreativas*	4.289	987	2.625	4.322	9.463	12.853	11.233	45.772
Educativas	4.591	4.087	6.257	4.433	3.917	4.133	2.508	29.926
Vecinos	2.535	2.653	3.130	3.535	5.894	6.122	4.517	28.386
Económicas y profesionales	1.130	234	984	2.211	3.516	5.185	6.781	20.041
Filantrópicas	336	100	604	1.647	3.299	5.230	4.800	16.016
Familiares y tercera edad**	444	415	1.498	2.153	3.134	2.736	2.234	12.614

---

[36] Los Clubes deportivos federados deben darse de alta en la Federación correspondiente, dependiente del Consejo Superior de Deportes. El dato procede de la *Memoria de Licencias y Clubes 2003,* CSD. [*http://www.csd.mec.es/csd/documentacion/indices-y-estadisticas/*].

TABLA 16.6 *(cont.).—Evolución del número de entidades asociativas, en activo, inscritas en el RNA, por grandes grupos de actividad (1977-2003)*

TIPO DE ASOCIACIÓN	<1977	1978-1979	1980-1984	198519-89	1990-1994	1995-1999	2000-2003	Total
Femeninas	236	99	168	796	2.675	2.878	1.996	8.848
Disminuidos físicos y psíquicos	361	243	610	562	915	1.624	1.490	5.805
Varias	53	26	209	478	913	534	95	2.308
Total	18.626	11.623	26.141	34.913	54.776	69.327	56.768	272.174

* Incluye las juveniles.
** Incluye las de consumidores.

Fuente: Ministerio del Interior, *Anuario estadístico 2000* y *2003*. Elaboración propia.

En efecto, en los comienzos de la Transición democrática, el campo asociativo español se caracterizaba por sus reducidas dimensiones —unas 18.600 asociaciones voluntarias en 1977— y una escasa variedad tipológica, como puede observarse en las Tablas 16.6 y 16.7.

Cerca del 75% de las asociaciones se concentraban en tres grandes grupos de similar tamaño: las «culturales e ideológicas» y las «educativas», con 4.600 asociaciones cada uno, y las «deportivas, recreativas y juveniles», con unas 4.300. Estos tres grupos siguen teniendo una fuerte presencia en el mundo asociativo actual, pero su peso se ha

TABLA 16.7.—*Evolución del número de entidades asociativas, en activo, inscritas en el RNA, por grandes grupos de actividad. En porcentajes (1977-2003)*

TIPO DE ASOCIACIÓN	<1977	1978-1979	1980-1984	1985-1989	1990-1994	1995-1999	2000-2003	Total
Culturales e ideológicas	25,0	23,9	38,5	42,3	38,4	40,4	37,2	37,6
Deportivas y recreativas*	23,0	8,5	10,0	12,4	17,3	18,5	19,8	16,8
Educativas	24,6	35,2	23,9	12,7	7,2	6,0	4,4	11,0
Vecinos	13,6	22,8	12,0	10,1	10,8	8,8	8,0	10,4
Económicas y profesionales	6,1	2,0	3,8	6,3	6,4	7,5	11,9	7,4
Filantrópicas	1,8	0,9	2,3	4,7	6,0	7,5	8,5	5,9
Familiares y tercera edad**	2,4	3,6	5,7	6,2	5,7	3,9	3,9	4,6
Femeninas	1,3	0,9	0,6	2,3	4,9	4,2	3,5	3,3
Disminuidos físicos y psíquicos	1,9	2,1	2,3	1,6	1,7	2,3	2,6	2,1
Varias	0,3	0,2	0,8	1,4	1,7	0,8	0,2	0,8
Total	100,0	100,0	100,0	100,0	100,0	100,0	100,0	100,0
N	18.626	11.623	26.141	34.913	54.776	69.327	56.768	272.174

* Incluye las juveniles.
** Incluye las de consumidores.

Fuente: Ministerio del Interior, *Anuario estadístico 2000* y *2003*. Elaboración propia.

reducido en diez puntos y ahora representan aproximadamente el 65% de las asociaciones voluntarias. El cuarto grupo asociativo era el de las asociaciones de vecinos, que, con algo más de 2.500 asociaciones, representaban el 13,6% del total. El resto de las asociaciones sólo representaban el 14% del asociacionismo español, destacando entre ellas las asociaciones económicas y profesionales, con unas 1.100 entidades. Hay que resaltar la baja presencia de las asociaciones de acción social y de beneficencia («filantrópicas»), cuyas funciones había asumido tradicionalmente la filantropía privada y, muy especialmente, la Iglesia Católica, y que, en 1977, sólo congregaba a 336 asociaciones. Lo mismo puede decirse de las entidades especializadas en ayudar a los «disminuidos físicos y psíquicos» (360 asociaciones). Las asociaciones de mujeres eran las más escasas (236), junto con las de la tercera edad, que aparecen agrupadas con las asociaciones «familiares y de consumidores» (444).

La expansión del asociacionismo voluntario que se inicia entonces ha producido un reequilibrio tipológico del campo asociativo, como puede verse en las Tablas 16.7 y 16.8. En líneas generales, puede afirmarse que el desarrollo conjunto de las asociaciones voluntarias en España se ajusta a las fases que ya hemos señalado, a saber: auge asociativo en los últimos años 70; ralentización del ritmo de creación de asociaciones entre 1980 y 1986; reactivación en los años siguientes y, a partir de 1994, intensificación y consolidación del asociacionismo voluntario. Sin embargo, un examen atento de los datos revela que este modelo general no puede aplicarse a todas las asociaciones por igual, ya que cada tipo de asociación ha tenido su particular ritmo de crecimiento. Por falta de espacio, no podemos examinar aquí en extenso el desarrollo de todos los tipos

TABLA 16.8.—*Ritmo de creación de las entidades asociativas activas en 2003, inscritas en el RNA, por grupos de actividad y período. En porcentaje horizontal (1977-2003)*

TIPO DE ASOCIACIÓN	<1977	1978-1979	1980-1984	1985-1989	1990-1994	1995-1999	2000-2003	Total
Culturales e ideológicas	4,5	2,7	9,8	14,4	20,5	27,4	20,6	100
Deportivas y recreativas*	9,4	2,2	5,7	9,4	20,7	28,1	24,5	100
Educativas	15,3	12,6	20,9	14,8	13,1	13,8	8,4	100
Vecinos	8,9	9,3	11,0	12,5	20,8	21,6	15,9	100
Económicas y profesionales	5,6	1,2	4,9	11,0	17,5	25,9	33,8	100
Filantrópicas	2,1	0,6	3,8	10,3	20,6	32,7	30,0	100
Familiares y tercera edad **	3,5	3,3	11,9	17,1	24,8	21,7	17,7	100
Femeninas	2,7	1,1	1,9	9,0	30,2	32,5	22,6	100
Disminuidos físicos y psíquicos	6,2	8,9	10,5	9,7	15,8	28,0	25,7	100
Varias	2,3	1,1	9,1	20,7	39,6	23,1	4,1	100
Total	6,8	4,3	9,6	12,8	20,1	25,5	20,9	100

* Incluye las juveniles.
** Incluye las de consumidores.

Fuente: Ministerio del Interior, *Anuario estadístico 2000* y *2003*. Elaboración propia.

de asociaciones voluntarias, pero nos detendremos en algunos que ilustran la variedad de las trayectorias evolutivas existentes.

El grupo de las asociaciones educativas, por ejemplo, se distingue por su temprano desarrollo y un crecimiento posterior, a partir de 1984, algo más bajo que la media. A mediados de los años 70 ya era uno de los grupos asociativos más destacados, y su crecimiento prosiguió con fuerza durante la transición democrática, hasta el punto de que en el bienio 1878-1879 eran las entidades más numerosas, representando el 35% del campo asociativo.

En buena medida, este rápido incremento se debió a las asociaciones de padres de alumnos y se mantuvo alto hasta mediados de los 80, decreciendo progresivamente hasta nuestros días. Actualmente las educativas sólo suponen el 11% de las asociaciones inscritas en el RNA y es uno de los grupos asociativos de mayor antigüedad —junto a ciertas asociaciones asistenciales, recreativas y religiosas— ya que cerca del 50% de dichas entidades se constituyeron antes de 1985, frente, por ejemplo, al 17% de las culturales o de las deportivas. El patrón de crecimiento de las asociaciones educativas es un tanto peculiar y, en alguna medida, puede decirse que tiene un fuerte componente institucional, por su dependencia de las políticas educativas que condicionan la expansión de los Centros de Enseñanza y, en consecuencia, del asociacionismo relacionado con ellos[37].

Un segundo caso sería el de las asociaciones de vecinos, que también tienen un patrón de desarrollo particular. Éstas fueron las últimas organizaciones que se incorporaron al campo asociativo —si descontamos a los partidos políticos y a los sindicatos—, y lo hicieron partiendo prácticamente de cero. Desde la entrada en vigor de la Ley de Asociaciones de 1964, experimentaron un rápido crecimiento, que será aún mayor en los últimos años 70. Tanto es así que, en el bienio 1978-1979[38], cuando se llegaron a constituir cerca de 2.700 asociaciones de vecinos, más que en los 13 años anteriores, eran el tercer grupo asociativo de mayor tamaño, con el 22,8% de todas las entidades registradas en el RNA. En los años siguientes el asociacionismo vecinal sufrirá una profunda crisis de identidad como consecuencia del cambio político, que le obligará a readaptar sus planteamientos reivindicativos y sus formas de actuación, surgidos durante los años de lucha contra el franquismo, a la nueva situación democrática. Sin embargo, esta circunstancia no impide que la constitución de asociaciones de vecinos se mantenga durante los años 80, aunque a un ritmo más lento, y que éste se acelere de nuevo desde el comienzo de la década siguiente, como de hecho sucede con otros tipos de asociación. En el año 2003, el asociacionismo vecinal es el cuarto grupo asociativo en importancia, con más de 28.000 asociaciones, y representa el 10,4% de todas las asociaciones voluntarias registradas.

Otro patrón evolutivo se encuentra en un conjunto heterogéneo de asociaciones que comparten la característica común de ser las que han registrado un mayor crecimiento desde los años 90 hasta nuestros días, a saber: las asociaciones de mujeres, las que atienden a los disminuidos físicos y psíquicos, las económicas y profesionales y las de acción social (filantrópicas). Las dos últimas, además, son las que más han incrementado sus efectivos, en términos relativos, durante el primer trienio de la presente década.

---

[37] En el curso 2002-2003, había en España 21.385 Centros de enseñanza no universitaria, 15.464 públicos y 5.921 privados (MECD, *Estadística de la educación en España 2002-03. Estadísticas de las enseñanzas no universitarias,* Madrid, 2004). Las asociaciones voluntarias educativas se aproximaban a las treinta mil.

[38] Como curiosidad histórica, el año 1978 ostenta el récord en la creación de asociaciones de vecinos, con 1.430. Habría que esperar hasta 1995 para tener una cifra semejante (1.401).

Las asociaciones «filantrópicas», que agrupan a las entidades de acción social, sanitaria y educativa, conjugan la antigüedad de un reducido sector de sus entidades con la juventud de la mayoría. De hecho, cerca del 85% de estas asociaciones se ha constituido entre 1990 y 2003. La aceleración del crecimiento de estas entidades a lo largo de los años 90 se suele identificar con la llamada «explosión del sector social de las ONG» y del voluntariado, aunque sólo sean una parte de él, tal vez el más estudiado[39].

Por último, las asociaciones culturales, las deportivas y las recreativas, que por sí solas suponen el 55% de las entidades registradas en el año 2003, han seguido patrones evolutivos muy semejantes. En todos los casos, el crecimiento ha sido gradual y se ha mantenido algo por encima de la media. De ellas, el grupo de las asociaciones culturales siempre ha encabezado, desde el inicio de los años 80, el asociacionismo voluntario español. La amplia variedad de asociaciones que engloba y la polivalencia funcional de las mismas podrían encontrarse entre las claves de su éxito. En la práctica no siempre es posible diferenciar claramente a estas asociaciones de las recreativas, ya que un sector de las asociaciones culturales tiene un componente lúdico innegable y muchas de las actividades que realizan son semejantes.

Hemos dejado para el final a las asociaciones deportivas porque son un caso aparte. Las entidades que se inscriben en el Registro Nacional de Asociaciones bajo este nombre son sólo una pequeña fracción de las asociaciones y clubes deportivos, aquellos que organizan actividades de aire libre y juegos de carácter deportivo con una finalidad exclusivamente recreativa —en algunos casos, también educativa—, al margen de cualquier tipo de competición. Los clubes deportivos federados[40], por su parte, son los únicos que participan en competiciones regulares y su número es muy superior al de las anteriores. Si los tuviésemos en cuenta, entonces las entidades deportivas pasarían a ocupar el primer lugar en el asociacionismo español. A título ilustrativo, presentamos en la Tabla 16.9 los datos más recientes sobre el número de clubes y licencias federativas. En el año 2006, había en España más de tres millones de licencias y cerca de 87.000 clubes, de los cuales 25.000 se dedican a la práctica del fútbol y 18.000, al baloncesto. Pero, como se verá, el abanico de clubes deportivos, agrupados en más de 70 federaciones, es amplísimo.

TABLA 16.9.—*Número de licencias y clubes de las distintas federaciones deportivas (2006)*

	Licencias		Clubes	
	Número	(%)	Número	(%)
Fútbol	692.094	21,8	18.062	20,8
Caza	432.605	13,7	5.813	6,7
Baloncesto	317.282	10,0	24.879	28,7
Golf	278.430	8,8	498	0,6
Atletismo	111.037	3,5	702	0,8

---

[39] Un trabajo de síntesis sería el de Gregorio Rodríguez Cabrero (coord.), *Las entidades voluntarias de acción social en España*, Madrid, Fundación FOESSA, 2003.

[40] Éstos deben darse de alta en la Federación correspondiente, dependiente del CSD.

TABLA 16.9 *(cont.).—Número de licencias y clubes de las distintas federaciones deportivas* (2006)

	Licencias		Clubes	
	Número	(%)	Número	(%)
Judo	107.642	3,4	978	1,1
Montaña y escalada	105.264	3,3	1.395	1,6
Tenis	104.791	3,3	1.113	1,3
Balonmano	94.057	3,0	6.737	7,8
Pesca y Casting	71.503	2,3	1.694	2,0
Karate	63.865	2,0	1.088	1,3
Tiro olímpico	59.393	1,9	847	1,0
Ciclismo	57.183	1,8	1.840	2,1
Piragüismo	53.067	1,7	300	0,3
Voleibol	51.845	1,6	5.136	5,9
Natación	44.143	1,4	627	0,7
Vela	40.533	1,3	484	0,6
Act. Subacuáticas	39.737	1,3	1.376	1,6
Taekwondo	32.895	1,0	650	0,7
Patinaje	31.925	1,0	636	0,7
Subtotal	2.789.291	88,1	74.855	86,2
Resto Federaciones*	378.488	11,9	11.957	13,8
TOTALES	3.167.779	100,0	86.812	100,0

* Agrupa 45 federaciones deportivas.

Fuente: CSD, *Estadística de Licencias y Clubes de las Federaciones españolas, Año 2006.* Elaboración propia.

6.1. *La participación en asociaciones voluntarias y sus características*

La evolución de la participación de los españoles en asociaciones voluntarias no puede conocerse con precisión debido a la ausencia de estudios longitudinales y a las diferentes metodologías y cuestionarios que han utilizado los estudios que se han ocupado de esta cuestión. Para el largo período de tiempo que media entre el comienzo de la transición democrática y los primeros años 90, sólo contamos con algunos datos fragmentarios de encuesta que nos ofrecen una estimación de la tasa general de asociatividad y el porcentaje de afiliación a algunos tipos de asociación, principalmente a los partidos políticos, las organizaciones sindicales y a ciertas asociaciones ciudadanas[41].

Por lo que respecta a la tasa general de pertenencia asociativa, una encuesta reali-

---

[41] Este período se trata en un trabajo anterior, ya citado (Prieto Lacaci, 1993).

zada por el CIS en 1980 la situaba en el 23,3%, con diferencias significativas por sexo: el 27,7% de los varones y el 19,3% de las mujeres mayores de 18 años formarían parte de una asociación. Al final de los años 80, este porcentaje rondaría el 30%, según una encuesta de la Comunidad Europea, realizada en 1989, lo que situaba a España en esos momentos, a pesar del desarrollo asociativo que se había producido en términos de creación de asociaciones, entre los países de la Comunidad con una tasa más baja de asociatividad, sólo por delante de Portugal y de Grecia[42].

Desde mediados de los años 90, el creciente interés de las instituciones —y de los investigadores— por el fenómeno asociativo ha dado lugar a un buen número de encuestas sobre esta temática, por lo que hoy en día contamos con suficiente información para examinar su evolución reciente y trazar los perfiles generales de la participación asociativa.

Por la metodología empleada, una de las encuestas más fiables para conocer la tasa de afiliación de los españoles, entre 1996 y 2001, es el *Panel de Hogares de la Unión Europea (PHOGUE),* realizado por el INE, que, además, nos ofrece dicha información por edad, nivel de estudios e ingresos del hogar. Como puede observarse en la Tabla 16.10, la participación asociativa de los españoles se mantuvo durante esos años muy estable, alrededor del 25% de media, con ligeras oscilaciones de unos años a otros. Esto significa que un promedio de más de ocho millones de españoles, de 16 y más años de edad, formaban parte de una asociación voluntaria durante este período[43].

Para conocer la evolución posterior, es preciso recurrir a sondeos transversales, como los realizados por el CIS[44]. Pero los estudios de este Centro no suelen proporcio-

TABLA 16.10.—*Porcentaje de la población de 16 y más años de edad que pertenecen a alguna asociación, por grupos de edad (1996-2001)*

	1996	1997	1998	1999	2001	Promedio
Total pertenecen	24,6	25,6	25,4	24,6	26,0	25,2
De 16 a 29 años	25,8	25,9	25,5	25,5	23,9	25,3
De 30 a 44 años	29,0	28,9	28,6	28,4	28,0	28,6
De 45 a 64 años	29,2	28,2	28,6	30,0	30,5	29,3
De 65 años o más	16,1	17,0	17,4	16,1	17,6	16,8
Población Total*	31.610	32.319	32.497	32.647	32.867	32.388
Total pertenecen*	7.763	8.267	8.267	8.034	8.558	8.178

* Valores absolutos en miles.

Fuente: INE, *Panel de hogares de la Unión Europea (PHOGUE),* 1996-2001.

---

[42] CE, *Les jeunes européens en 1990*, Bruselas, Commission des Communautés Européennes, 1991. La encuesta se centra en los jóvenes, pero proporciona datos de las demás edades.

[43] El *PHOGUE* no facilita información sobre el tipo asociación de pertenencia, pero incluye una pregunta sobre pertenencia a asociaciones: «¿Es usted socio de algún club deportivo o de recreo, o de alguna organización, asociación de vecinos, partido político u otra organización social?». *http://www.ine.es/jaxi/ menu.do?type=pcaxis&path=%2Ft25%2Fp442&file=inebase&L=0*

[44] La *Encuesta sobre Condiciones de Vida (ECV)* que, a partir de 2001, prolonga el *PHOGUE* con su misma metodología, no ofrece datos sobre pertenencia a asociaciones.

nar información sistemática sobre la tasa general de pertenencia asociativa, ya que se limitan a facilitar porcentajes de afiliación a algunos tipos de asociación. Ahora bien, cuando sí los ofrece, éstos suelen ser algo mayores que los del *PHOGUE*, pues se acercan o superan el 30%[45]. Esta diferencia podría deberse a un crecimiento real de la tasa de afiliación, pero también a las diferentes metodologías utilizadas. En cualquier caso, no nos parece improbable que el porcentaje de población asociada, a mediados de la presente década, haya superado la barrera del 30%, contando con todas las modalidades de vinculación o pertenencia asociativa.

Volviendo al *PHOGUE,* éste estudio nos permite constatar que las variables que históricamente han condicionado la participación asociativa, como son, entre otras, la edad y la condición socioeconómica de los sujetos, siguen actuando en el presente. Por lo que respecta a la edad, sin embargo, se aprecia un cambio significativo con relación al período de la transición democrática y los años 80. Mientras que en los estudios de esa época los jóvenes eran el grupo con mayor participación asociativa, en la segunda mitad de los años 90 esta conducta parece trasladarse a los grupos intermedios de edad[46], los de 30-44 años y 45-64 años, cuya tasa de afiliación es la más elevada —el 29% en ambos casos—, mientras que la participación de los jóvenes (16-29 años) se sitúa en el 25,4% (Tabla 16.11). Difícil de interpretar, este hecho puede deberse en parte a la dinámica generacional, pues los jóvenes participativos de los años 70 y 80 son precisamente los que ahora se encuentran en esas edades intermedias.

TABLA 16.11.—*Porcentaje de población de 16 y más años que pertenecen a alguna asociación, por nivel de estudios y tramos de ingresos mensuales del hogar (1996-2001)*

	1996	1997	1998	1999	2001	Promedio
Total asociados	24,6	25,6	25,4	24,6	26,0	25,2
Nivel de estudios						
Primarios, sin estudios	19,5	20,8	20,5	19,1	20,7	20,1
Secundarios, 1.er nivel	23,7	24,2	22,8	22,4	23,2	23,3
F.P. 1º grado	25,0	23,9	29,0	24,4	25,2	25,5
F.P. superior	30,6	28,6	28,2	28,5	30,0	29,2
Secundarios, 2.º nivel	29,4	32,9	32,3	30,1	30,9	31,1
Universitarios, ciclo corto	37,9	39,1	34,0	37,1	37,8	37,2
Universitarios, ciclo largo	43,2	41,8	41,2	41,9	41,8	42,0

---

[45] En 2002, la encuesta del CIS «Ciudadanía, participación y democracia» (Estudio 2450, marzo, N=4.252) daba una tasa de afiliación del 31,5%. Véanse también las encuestas del CIS: Estudio 2572, «Ciudadanos ante la política» (II), septiembre, 2004, (N= 2.497) y Estudio 2620, «Latinobarómetro 2005» (VIII), octubre 2005, (N=3.033.).

[46] Rafael Prieto Lacaci, «Asociacionismo, ideología y participación», en *Informe Juventud en España 1992,* Madrid, INJUVE, págs. 177-216.

TABLA 16.11 *(cont.).—Porcentaje de población de 16 y más años que pertenecen a alguna asociación, por nivel de estudios y tramos de ingresos mensuales del hogar (1996-2001)*

	1996	1997	1998	1999	2001	Promedio
Ingresos del hogar						
Hasta 397 euros	14,2	14,3	12,8	14,5	15,8	14,3
De 398 a 793 euros	18,2	18,8	19,8	20,6	17,6	19,0
De 794 a 1.190 euros	23,0	23,0	21,1	18,9	22,9	21,8
De 1.191 a 1.587 euros	24,0	28,6	23,4	23,2	21,6	24,2
De 1.588 a 2.380 euros	27,2	28,0	29,6	26,8	28,5	28,0
Más de 2.380 euros	37,6	35,1	35,1	31,7	31,7	34,2

Fuente: INE, *Panel de hogares de la Unión Europea (PHOGUE),* 1996-2001.

La condición socioeconómica, en cambio, sigue influyendo claramente en la afiliación asociativa, favoreciendo a los miembros de las clases medias con más capital cultural y económico. Como puede verse en la Tabla 11, la probabilidad de pertenecer a una asociación aumenta gradualmente a medida que se elevan el nivel académico y los ingresos medios del hogar. Los españoles con estudios universitarios tienen el porcentaje más alto de afiliación —el 42%, los de ciclo largo y el 37% los de ciclo corto— y este va descendiendo paulatinamente, aunque no de forma lineal, hasta llegar a los que sólo poseen estudios primarios, cuya tasa de afiliación es del 20%. Lo mismo sucede con los ingresos del hogar: la tasa de afiliación es del 34% en el colectivo con la renta más alta y del 14% en la más baja.

6.2.   *La afiliación a los distintos tipos de asociación*

Las tasas de afiliación a asociaciones voluntarias han evolucionado positivamente a lo largo de todo el período considerado. No podría ser de otra forma, dado el gran número de asociaciones que se han creado. Como ya dijimos, no tenemos datos completos para seguir la evolución de la afiliación a todos los tipos de asociación, pero es posible observar las grandes tendencias del asociacionismo voluntario[47].

Como puede observarse en la Tabla 16.12, las asociaciones con mayor afiliación a lo largo los últimos 25 años son los clubes deportivos, las asociaciones recreativas y las culturales, los sindicatos y las asociaciones religiosas. También podrían incluirse en este grupo a las asociaciones de vecinos y a las de padres y madres de alumnos, aunque la información disponible no sea para ellas tan fiables. En el caso de las segundas porque no tenemos datos de afiliación para la mayor parte del período; y en cuanto a las primeras, porque las encuestas no siempre las consideran individualizadamente, sino integradas en la categoría «asociaciones ciudadanas». Todas las demás han tenido unos

---

[47] El CIS sólo ha realizado el seguimiento de algunas asociaciones muy específicas, como son los partidos políticos, las organizaciones sindicales, las asociaciones religiosas y también del amplio e indefinido grupo de las llamadas «asociaciones ciudadanas».

TABLA 16.12.—*Porcentaje de población de 18 y más años de edad que pertenece a cada tipo de asociación (1980 a 2005)*

TIPO DE ASOCIACIÓN	1980	1985	1989	1997	2000	2001	2002	2005
Club deportivo	13,1	14,1	13,6	s.d.	13,9	9,4	13,1	13,7
De padres de alumnos	s.d.	s.d.	s.d.	s.d.	11,2	s.d.	s.d.	8,4
Asociaciones cívicas*	s.d.	s.d.	10,4	10,8	10,9	s.d.	3,7	7,4
Recreativa	8,9	9,3	9,7	s.d.	10,2	11,2	s.d.	s.d.
Cultural o artística	5,2	9,2	8,5	s.d.	9,5	9,1	6,9	9,8
Sindicato	8,7	6,4	7,5	6,5	8,1	6,7	5,2	7,7
Asociación religiosa**	5,2	5,1	6,6	3,9	7,4	s.d.	7,4	5,7
Benéficas asistenciales	s.d.	s.d.	s.d.	s.d.	6,5	8,7	s.d.	4,7
De solidaridad u ONG	s.d.	s.d.	s.d.	s.d.	5,8	4,4	s.d.	5,9
Profesional	3,5	5,1	3,6	s.d.	5,2	s.d.	3,9	s.d.
Asociación juvenil	s.d.	s.d.	s.d.	s.d.	5,2	1,6	s.d.	s.d.
Organización empresarial	s.d.	s.d.	s.d.	s.d.	3,5	s.d.	s.d.	3,4
Partido político	6,6	2,6	3,4	3,2	3,5	2,2	2,3	3,1
Ecologista	s.d.	s.d.	1,4	s.d.	2	1,5	1,8	1,8
De consumidores	s.d.	s.d.	1,4	s.d.	1,7	s.d.	0,8	1,8
De derecho humanos	s.d.	s.d.	1,4	s.d.	s.d.	3,1	2,7	3
De mujeres	s.d.	s.d.	1,7	s.d.	s.d.	1,2	2,4	s.d.
Otras	s.d.	s.d.	2,9	s.d.	s.d.	s.d.	s.d.	4,2

* Esta categoría incluye un número indeterminado de entidades.
** El año 2000 incluye los «grupos parroquiales» y el 2002, las asociaciones benéficas.

Fuente: Encuestas del CIS: año 1980: E-1237; Año 1985: E-1461; Año 1989: E-1788; Año 1997: E-2240; Año 2000: E-2387; Año 2001: E-2419; Año 2002: E-2450 y Año 2005: E-2620.

porcentajes de afiliación notablemente más bajos. Esta distribución de las tasas de afiliación no es, por otra parte, exclusiva de España, sino que puede encontrarse actualmente en otros muchos países de nuestro entorno[48].

Ahora bien, si analizamos la evolución de cada una de ellas, vemos que sus respectivas trayectorias son diferentes. Los partidos políticos, por ejemplo, son las asociaciones que más afiliados perdieron durante los años 80. Si bien es cierto que nunca han contado con un número destacable de militantes, en 1989 sólo el 3,4% de los españoles mayores de 18 años formaba parte de uno, frente al 6,6% en 1980. En los años siguientes y hasta nuestros días, sus tasas de afiliación han oscilado entre un mínimo del 2,2% y un máximo del 3,5%.

---

[48] En Francia, por ejemplo, el 37% de los afiliados se orientaban hacia las asociaciones *deportivas o culturales*, el 36% hacia las asociaciones de *defensa de derechos e intereses comunes* y el 27% hacia las *asociaciones orientadas hacia la sociabilidad*. Véase Michèle Febvre y Lara Muller, *La vie associative en 2002*, Insee Première, núm. 946, febrero de 2004.

En cambio, las asociaciones que podríamos englobar en la categoría de nuevos movimientos sociales (ecologistas, pacifistas, feministas) tuvieron una trayectoria ascendente hasta bien entrados los años 90, siempre con cifras modestas de afiliación, para estabilizarse en los primeros años de la presente década. La influencia ideológica de estos movimientos en la sociedad actual está fuera de duda, pero la participación de los ciudadanos en dichas asociaciones no se corresponde con ella.

Por último, cabe destacar la trayectoria ascendente de la participación en asociaciones con una dimensión claramente altruista, como la que se encuentra en las entidades benéficas y asistenciales, de solidaridad internacional o de servicios sociales. En conjunto, este tipo de asociaciones, han superado ya la barrera del 10% de afiliación.

Este escueto resumen de la participación de la población española en asociaciones voluntarias se puede completar con la información aportada por las *Encuestas a la Juventud,* patrocinadas por el INJUVE, ya que uniformidad de su metodología a lo largo del tiempo garantiza la fiabilidad de los datos.

TABLA 16.13.—*Porcentaje de jóvenes españoles (15-29 años) que pertenece a los distintos tipos de asociación (1988 a 2005)*

TIPOS DE ASOCIACIÓN	1988	1992	1996	2000	2002	2003	2004	2005
Deportiva	17,8	16,8	15,4	18,0	17,9	20,5	12,6	18,4
Cultural	7,8	6,3	4,8	8,0	8,2	8,7	4,1	7,3
Club social/recreativa*	3,8	3,5	1,7	12,0	6,4	6,5	3,4	5,5
Estudiantil	s.d.	3,7	1,0	s.d.	6,3	6,2	2,4	5,7
Religiosa	4.8	4,7	4,3	5,0	5,8	5,4	2,8	4,7
Excursionista	2,8	s.d.	2,0	5,0	3,8	4,3	1,6	3,9
Benéfica o asistencial	s.d.	1,3	1,4	4,0	4,5	3,6	1,4	3,4
Musical	s.d.	s.d.	1,5	s.d.	4,7	4,8	2,0	2,9
Profesional	s.d.	1,8	0,5	s.d.	3,6	2,5	1,6	2,9
Ecologista**	1,6	2,3	1,7	2,0	2,5	3,0	1,5	2,2
Pro derechos humanos	s.d.	s.d.	0,6	2,0	1,4	1,5	1,1	2,0
Sindicato	1,3	3,0	0,6	2,0	2,1	1,6	1,8	1,7
Cívicas (De vecinos)***	1.4	1,6	0,6	s.d.	2,7	1,9	1,1	1,5
Partido Político	1.9	2,0	1,3	1,0	1,1	1,1	1,2	1,3
Pacifista	s.d..	s.d.	0,4	1,0	1,0	1,3	0,7	0,9
Feminista	s.d.	s.d.	0,2	s.d.	0,1	0,1	0,3	0,3
Otras	1,3	0,9	0.6	1,0	0,9	1,1	0,7	1,7
N	5.249	5.000	6.000	6.492	1.490	1.496	5.014	1.492

* La encuesta del año 2000 incluye «Peñas de fiestas y cofradías» y «grupos scouts».

** La encuesta del 92 engloba a los movimientos sociales (feministas, pacifistas).

*** La encuesta del año 2002 incluye a las asociaciones de consumidores.

Fuente: Informe Juventud en España, años 1988, 1992, 1996, 2000 y 2004; Sondeos realizados para el INJUVE por el CIS: E-2449, 2002; E-2482, 2003 y E-2596, 2005.

Como puede verse en la Tabla 16.13, las principales tendencias del asociacionismo juvenil se corresponden en gran medida con las ya vistas entre la población adulta. Al margen de ciertas especificidades (participación en asociaciones estudiantiles y juveniles) y de sus inferiores tasas de afiliación a las asociaciones de vecinos, a las organizaciones profesionales y sindicales y a los partidos políticos, la mayor parte de los jóvenes se concentran, al igual que los adultos, en las asociaciones deportivas (más importantes para los jóvenes), culturales y recreativas.

Por otra parte, su participación en asociaciones de acción social y en ONG se mantiene durante el primer quinquenio de 2000, en torno al 5%, cifra inferior, como hemos visto a la de los grupos intermedios de edad. Aunque las encuestas destacan la «buena voluntad» de los jóvenes para participar en dichas asociaciones, ésta no termina de materializarse.

7. EL FUTURO DE LAS ASOCIACIONES VOLUNTARIAS EN UN MUNDO GLOBALIZADO

A la vista de la evolución del asociacionismo que hemos expuesto en las páginas anteriores, ¿cuál podría ser su desarrollo más probable? En principio, todo parece indicar que la expansión de las asociaciones voluntarias de los últimos quince o veinte años continúa su curso y no se observan tendencias regresivas. Apoya este diagnóstico la constatación empírica de que el asociacionismo ciudadano goza actualmente de una buena consideración social y de apoyos institucionales para su sostenimiento. Sin embargo, más allá de esta observación general, la extrema heterogeneidad del mundo asociativo impide ofrecer un pronóstico sobre su futuro que sea aplicable a todos los sectores que lo componen. El examen detenido del mosaico asociativo revela una pluralidad de motivos para formar asociaciones o participar en ellas que desborda cualquier planteamiento unificador. El elemento común que hace posible la vida asociativa es la existencia de un orden social de libertad. Ahora bien, una vez que la legalidad democrática —simbolizada por la Constitución española de 1978— elimina los obstáculos que impiden o limitan el libre desarrollo de las asociaciones, éstas pueden constituirse, como de hecho así ha sido, para dar respuesta a las más variadas iniciativas ciudadanas: defender derechos individuales o colectivos, practicar un deporte o afición, atender a las necesidades de los colectivos excluidos, mejorar el medio ambiente, etcétera, todas ellas igualmente legítimas.

Por tanto, cualquier pronóstico de futuro debe partir de este hecho: el extraordinario crecimiento de las asociaciones voluntarias que se ha producido en nuestro país engloba varios fenómenos distintos, que obedecen a lógicas y dinámicas diferentes y cuya evolución discurre por cauces distintos[49]. Por razones de espacio, veremos a continuación sólo algunos de ellos, los más destacados a nuestro juicio por su mayor potencial de crecimiento o por jugar un papel relevante en la renovación y consolidación del tejido asociativo español. Simplificando mucho, hemos distinguido cuatro grandes secto-

---

[49] Una buena síntesis de la complejidad del entramado asociativo español puede verse en el artículo de Tomás Alberich, «Asociaciones y movimientos sociales en España: cuatro décadas de cambios», en Rafael Prieto Lacaci (coord.), «Jóvenes, Globalización y movimientos altermundistas», *Revista de Juventud*, núm. 72, marzo de 2007, págs. 71-90.

res o áreas relativamente homogéneas en cuanto a la actividad principal que desarrollan las asociaciones, pero su composición interna mantiene la diversidad de las entidades en todos los aspectos (objetivos y actividades, tamaño de la organización, modos de participación, etc.), y que serían los siguientes.

a) En primer lugar, nos encontramos con el gran grupo de las *asociaciones expresivas o de interés personal*, así llamadas porque sus objetivos y actividades se orientan principalmente a satisfacer las necesidades e intereses particulares de sus miembros y no pretenden influir en la sociedad o en los poderes públicos, lo que no impide que, ocasionalmente, puedan emprender acciones reivindicativas o de protesta por cuestiones que les atañen muy directamente. Son, en definitiva, asociaciones *autocentradas* y se crean para favorecer el desarrollo del individuo a través de su participación en actividades colectivas y convivenciales. El sector dominante es, con mucho, el integrado por las asociaciones deportivas, los grupos constituidos alrededor de una actividad de ocio concreta, las asociaciones recreativas y gran parte de las culturales. Estas asociaciones, que representan actualmente alrededor del 70% de las entidades registradas, son cada vez más numerosas y es previsible que sigan ocupando el primer lugar del asociacionismo español, como de hecho ocurre en otros países europeos[50]. Dos de sus características más visibles, a saber, su claro apoliticismo y la ausencia de una intencionalidad transformadora de la sociedad, las convierten en un objeto incómodo, cuando no banal, para muchos analistas del asociacionismo, pues no encajan ni en el discurso político dominante sobre la «nueva era de la participación ciudadana» ni se las puede considerar una alternativa a la llamada «crisis del Estado de bienestar».

b) La segunda área de actividad que distinguimos es también de una gran heterogeneidad interna. Se trata del amplio mundo de las entidades asociativas especializadas en prestar servicios a personas con carencias de algún tipo, a las que se suele integrar normalmente en el llamado Sector de *acción social* o *de objeto social.* La evolución de este sector, uno de los más estudiados en el último decenio[51], se ha acelerado con la incorporación creciente, desde los años 90, de voluntarios. Su propósito principal es desarrollar programas de ayuda a ciertos colectivos con problemas (ancianos desamparados, enfermos, niños maltratados, vagabundos, etcétera). Este tipo de asociaciones han jugado un papel esencial en todas las sociedades occidentales, ya que la mayor parte de las funciones de asistencia social del Estado moderno nacieron por iniciativa de asociaciones voluntarias de este tipo. En el caso de España, hay que tener presente el protagonismo histórico de la Iglesia Católica y el lento desarrollo del Estado de bienestar para entender la evolución de este sector hasta los años 80. Actualmente, las organizaciones que se inspiran en un ideario religioso mantienen su presencia, pero son también muy numerosas las asociaciones que se nutren de un voluntariado eminentemente laico.

Por otro lado, este sector se ha ido ampliando progresivamente para atender las necesidades de nuevos colectivos: enfermos de SIDA, drogodependientes, sectores sociales excluidos, mujeres maltratadas, etc. Durante los años 90, han surgido numerosas

---

[50] Martine Barthélemy, *Asociaciones: ¿una nueva era de la participación?*, Valencia, Tirant lo Blanch, 2003, págs. 81 y sigs.

[51] Gregorio Rodríguez Cabrero (coord.), «Las entidades voluntarias de acción social en España», Madrid, Fundación FOESSA, 2003; Demetrio Casado, «Organizaciones voluntarias de objeto social en España», *Economistas,* núm. 83, 2000, págs. 46-61.

asociaciones que cabe enclavar en este sector de acción social, entre las que destacan, por su novedad y proyección, las que se dedican a trabajar con la cada vez más numerosa población inmigrante.

c) En tercer lugar, creemos pertinente distinguir un área de actividad más homogénea que las anteriores debido a su importancia estratégica en el contexto asociativo de un mundo progresivamente globalizado. Se trata del área de la *solidaridad internacional,* espacio de confluencia de numerosas entidades y grupos asociativos cuya bandera es la lucha contra las desigualdades a nivel mundial y, especialmente, contra las diferencias económicas que separan a los países ricos del Norte de los países empobrecidos del Sur. Aunque esta problemática ya estuviera presente en asociaciones benéficas y filantrópicas anteriores, así como en ciertos movimientos sociales antiimperialistas, la expansión de este sector en España es muy reciente. Será a partir de los primeros años 90 cuando empiece a generarse un fenómeno asociativo nuevo y complejo que sigue evolucionando en nuestros días[52]. Me refiero al llamado *sin fronterismo* y a las ONGD (Organizaciones No Gubernamentales de Cooperación al Desarrollo) cuyo número y protagonismo sigue aumentando en nuestra sociedad. La afiliación a este tipo de entidades, como a otras de carácter humanitario, parece progresar ligeramente en sus modalidades más vinculantes y comprometidas, como es el caso del voluntariado, mientras que el número de socios y donantes crece a un ritmo superior.

d) Para finalizar hemos dejado al amplio grupo de las asociaciones de *influencia social* y de *acción política,* en el que incluimos a todos los grupos asociativos que se proponen realizar cambios más o menos drásticos en la sociedad o influir en los Gobiernos para que éstos tengan lugar. Por su peso institucional, los actores principales de este campo asociativo son sin duda los partidos políticos, pero junto a ellos encontramos a una multitud de asociaciones y colectivos ciudadanos que conforman las redes sociales de distintos movimientos alternativos. En general, dichos movimientos siguen la estela de los *nuevos movimientos sociales* (ecologistas, pacifistas y feministas, entre los más influyentes), cuyos principales valores y planteamientos comparten, pero en ellos se acentúa la dimensión global de los problemas de nuestro tiempo, como consecuencia de la mundialización o globalización, y la necesidad de hacerles frente en cada medio local pero actuando globalmente. Con este fin, reivindican una democracia más participativa y propugnan la extensión de una ciudadanía activa a nivel internacional.

En la actualidad, los movimientos altermundistas y los foros sociales son los que mejor representan esta nueva forma de entender la participación social y política de los ciudadanos en un mundo globalizado. Ciertamente, este nuevo asociacionismo «con vocación militante» registra hasta el momento una escasa afiliación. Como vimos anteriormente, las asociaciones de *acción política e influencia social* —incluyendo a los partidos políticos— sólo atraen a una pequeña parte de los ciudadanos, y el nuevo asociacionismo altermundista no es aquí una excepción. No obstante, creemos que su importancia en el mundo actual no debe medirse exclusivamente por el rasero de la afiliación. En líneas generales puede decirse que el movimiento alterglobalizador está

---

[52] El catalizador de este fenómeno asociativo se encuentra en las primeras movilizaciones, en los años 1993 y 1994, convocadas por la *Plataforma pro 0'7%* para exigir la condonación de la deuda externa de los países empobrecidos y la contribución de los países ricos a su desarrollo con el 0,7% de su PIB.

contribuyendo, entre otras cosas, a generar una nueva cultura de la participación y de la movilización que se apoya en la utilización intensiva de todos los recursos tecnológicos de la sociedad de la información (Internet, teléfonos móviles, etc.).

En efecto, el uso de las nuevas tecnologías de la información y de la comunicación (TIC) está potenciando extraordinariamente la eficacia comunicativa de una red asociativa que se encuentra fragmentada en multitud de organizaciones y colectivos distribuidos por todos los rincones del planeta. Gracias a las TIC este variopinto entramado de grupos ha podido alcanzar cierto grado de cohesión y ha conseguido desplegar formas no convencionales de participación política. Las TIC son también el principal instrumento de los foros sociales, lo que les permite convertirse en espacios transnacionales de discusión y participación ciudadana[53].

Evidentemente, el uso de las TIC no es ni puede ser patrimonio de ningún movimiento social específico. Su utilización se está extendiendo y generalizando rápidamente a todos los sectores asociativos, desde las asociaciones culturales o recreativas a las asociaciones de estudiantes, ampliando sus posibilidades comunicativas y su coordinación con otros grupos. Carecemos de una investigación específica, a nivel nacional, sobre la penetración de las TIC en el conjunto de las asociaciones voluntarias españolas, pero los estudios sectoriales muestran inequívocamente que su implantación en el medio asociativo se está realizando a un buen ritmo[54].

Creo que puede afirmarse, sin caer en la exageración, que estamos entrando en una nueva era del asociacionismo voluntario en la que se desplegarán nuevas formas de participación y vinculación asociativas, más horizontales, flexibles y personalizadas. Algunas de ellas ya se están experimentando entre nosotros en el campo del ocio doméstico, como es el caso de las *comunidades virtuales,* que tanto éxito están teniendo entre la población más joven, pero el estudio de este fenómeno todavía se encuentra en ciernes y no es posible saber con certeza en qué medida las *comunidades virtuales* son complementarias o sustitutivas de los grupos asociativos actuales o «grupos *off-line*», como se les denomina ahora.

En cualquier caso, las transformaciones del mundo asociativo que están por venir serán el fruto de decisiones humanas que aún desconocemos y no de un inexorable determinismo tecnológico.

Bibliografía

AAVV, «Mundo Asociativo», *Documentación Social,* núm. 80, Madrid, 1990.
Alonso, Luis Enrique, «La juventud en el tercer sector: redefinición del bienestar, redefinición de la ciudadanía», *Revista de Estudios de Juventud*, núm. 45, 1999, págs. 9-20.

---

[53] Rafael Prieto Lacaci (coord.), «Jóvenes, Globalización y movimientos altermundistas», *Revista de Juventud*, núm. 72, marzo de 2007; véase en especial los artículos de Sara López, «Jóvenes, Internet y Movimiento Antiglobalización: usos activistas de las Nuevas Tecnologías», págs. 183-200 y Gustavo Roig, «Hacktivismo: Hackers y Redes Sociales», págs. 201-224.

[54] Las encuestas nacionales a hogares o a población general no se ocupan de la dotación tecnológica de las entidades asociativas. Véase INE, *Encuesta a hogares españoles sobre Tecnologías de la Información y la Comunicación*, Instituto Nacional de Estadística, 2006; *E-España 2006. Informe Anual sobre el Desarrollo de la Información en España*, Fundación France Telecom España, 2006. *[www.francetelecom.es/fundación].*

ANHEIER, Helmut K., «Para una revisión de las teorías económicas del sector no lucrativo», CIRIEC-España, núm. 21, 1995, págs. 23-33.

ARIÑO, Antonio, «Asociacionismo, ciudadanía y bienestar social», Papers. Revista de Sociología, núm. 74, 2004, Barcelona, págs. 85-110.

ARIÑO, A.; ALIENA, R. y otros, El porvenir del altruismo, Valencia, Tirant lo Blanch, 2004.

ARIÑO, A. y CUCÓ, J., «Las organizaciones solidarias. Un análisis de su naturaleza y significado a la luz del caso valenciano», Revista Internacional de Sociología, núm. 29, 2001, págs. 7-34.

ARIÑO, Antonio y otros, «La ciudadanía solidaria. El voluntariado y las organizaciones de voluntariado en la Comunidad Valenciana», Valencia, Fundación Bancaixa, 2001.

ASCOLI, Ugo, «Estado de Bienestar y acción voluntaria», REIS, núm. 38, 1987, págs. 119-162.

BAREA, J., «La economía social en España», Revista de Economía y Sociología del Trabajo, núm. 12, 1991.

BAREA, J. y PULIDO, A., «El sector de instituciones sin fines de lucro en España», CIRIEC-España, núm. 37, abril de 2001, págs. 35-49. www.uv.es/reciriec.

BAREA, M. y VITTADINI, G. (dirs.), La economía del non profit.: libre expresión de la sociedad civil, Encuentro Ediciones, 1999.

BARTHÉLEMY, M., Asociaciones: ¿Una nueva era de la participación?, Valencia, Tirant lo Blanch, 2003.

CARPIO, M. (coord.), El sector no lucrativo en España. Especial atención al ámbito social, Madrid, Pirámide, 1999.

CASADO, Demetrio, «Delimitación del sector voluntario de objeto social en España», en Gregorio Rodríguez Cabrero (coord.), Las entidades voluntarias de acción social en España, Madrid, Fundación FOESSA, 2003, págs. 99-124.

— «Organizaciones voluntarias de objeto social en España», Economistas, núm. 83, 2000, páginas 46-61.

— «Visión panorámica de las organizaciones voluntarias en el ámbito social». Documentación Social, núm. 103, 1996, págs. 263-280.

DONATI, Pierpaolo, «El desarrollo de las organizaciones del tercer sector en el proceso de modernización y más allá», Revista Española de Investigaciones Sociológicas, núm. 79, 1997, págs. 113-141.

GARCÍA DELGADO, J. L. (dir.), La Economía Social en España, Madrid, Fundación ONCE, Volumen I: Un enfoque económico del Tercer Sector, Volumen III: Criterios y propuestas, 2004 y 2005.

— La cuentas de la economía social: el tercer sector en España, Fundación ONCE, Madrid, Civitas, 2004.

GINER, Salvador, «Lo privado público: altruismo y politeya democrática», Doxa. Cuadernos de Filosofía del Derecho, núm. 15/16, 1994, págs. 161-178.

JEREZ NOVARA, A., ¿Trabajo voluntario o participación? Elementos para una sociología del Tercer Sector, Madrid, Tecnos, 1997.

PÉREZ DÍAZ, V. La primacía de la sociedad civil, Madrid, Alianza, 1993.

PÉREZ DÍAZ, V. y PÉREZ NOVO, J. P., El tercer sector social en España, Madrid, MTAS, 2003.

PRIETO LACACI, R., «Del Frente de Juventudes al mosaico asociativo», en Carles Feixa (ed.), Movimientos juveniles en la Península Ibérica, Barcelona, Ariel, 2002, págs. 35-45.

— Tendencias del asociacionismo juvenil en los años 90, Madrid, Instituto de la Juventud, 1999.

PRIETO LACACI, R. «Asociaciones Voluntarias», en Salustiano del Campo (dir.), Tendencias sociales en España (1960-1990), Madrid, Fundación BBV, 1994, vol. 1, págs. 197-217.

PUTNAM, R. D., El declive del capital social. Un estudio internacional sobre las sociedades y el sentido comunitario, Barcelona, Galaxia Gutemberg, 2003.

RODRÍGUEZ CABRERO, G. (coord.), «Las entidades voluntarias de acción social en España», Madrid, Fundación FOESSA, 2003.

RODRÍGUEZ CABRERO, G. y MARBÁN GALLEGO, V., «El voluntariado: prácticas sociales e impactos económicos», *Revista del Ministerio de Trabajo y Seguridad Social*, volumen extra (Voluntariado), 2001, págs. 49-70.

RODRÍGUEZ CABRERO, G y MONTSERRAT CODORNIZ, J., *Las entidades voluntarias en España. Institucionalización, estructura económica y desarrollo asociativo*, Madrid, Ministerio de Asuntos Sociales, 1996.

RODRÍGUEZ-PIÑERO, M. (coord.), *El sector no lucrativo en España*, Madrid, Escuela Libre Editorial, 1993.

RUIZ OLABUÉNAGA J. I. (dir.), *El sector no lucrativo en España*, Bilbao, Fundación BBV, 2000.

— «El sector no lucrativo en España», *CIRIEC-España, Revista de Economía Pública, Social y Cooperativa*, núm. 37, abril de 2001, págs. 51-78. *www.uv.es/reciriec* o *www.ciriec.es*.

— *El sector no lucrativo de acción en la Comunidad Autónoma del País Vasco*, Bilbao, Edex, 2003.

— *El sector no lucrativo en España. Una visión reciente*, Bilbao, Fundación BBVA, 2006.

SALAMON, L. M. y ANHEIER, H. K., «In search of the non profit sector I: the question of definitions», *Voluntas*, núm. 2, 1992, págs. 125-151.

SALAMON, L. M.; ANHEIER, H. K.; LIST, R.; TOEPLER, S. S.; SOKOLOWSKI, W. y otros, *La sociedad civil global. Las dimensiones del sector no lucrativo*, Bilbao, Fundación BBVA, 2001.

SUBIRATS, J. (ed.), *¿Existe sociedad civil en España?*, Madrid, Estudios de la Fundación Encuentro, 1999.

17

Los nuevos movimientos sociales

Luis Enrique Alonso y Rafael Ibáñez Rojo

> *Lo cierto es que las identidades colectivas socialmente operantes se han construido invariablemente mediante lenguajes políticos dotados de una densa estructura narrativa.*
>
> Francisco Colom (2001, pág. 96)

1. Introducción: movimientos sociales para un nuevo contexto

No es el objetivo de estas páginas realizar una reconstrucción detallada de la situación de los movimientos sociales en España, pues si algo ha caracterizado su desarrollo en los últimos años ha sido precisamente la rapidez de su evolución, tanto en la variedad de sus formas organizativas como en la intensidad de su presencia en la sociedad española[1]. Si bien es evidente a estas alturas que la historia de los movimientos sigue estando atravesada por las singularidades de cada contexto estatal, resulta también más necesario que nunca pensarlos desde una perspectiva global. Por ello, tanto la heterogeneidad de experiencias colectivas contenidas bajo el referente de los nuevos movimientos sociales como la necesidad de situarlas en su contexto concreto, ahora no sólo estatal, sino mundial, convierte en inabarcable la tarea de sintetizar brevemente su situación actual. Estas páginas pretenden tan sólo recoger algunas de las dimensiones que permitan una mínima aproximación a su desarrollo en la España de comienzos del siglo XXI.

Después de la relativa decadencia de la literatura en torno a los movimientos sociales, el despertar mediático del llamado —por los propios medios de comunicación de masas— «movimiento antiglobalización»[2], ha supuesto también su renacer en el mun-

---

[1] Para una revisión exhaustiva de la evolución reciente de los nuevos movimientos sociales véanse los anuarios promovidos por el profesor de la Universidad del País Vasco, Pedro Ibarra, desde 1999; el último por ahora es Ibarra y Grau (2007).

[2] No pretendemos entrar en la polémica en torno a la denominación del movimiento que ha adquirido su

do académico. Sin embargo, los avances en las teorías de la *acción colectiva* —asentada en los planteamientos conocidos en torno a conceptos como los de estructuras de oportunidades políticas; movilización de recursos, repertorios de acción; y marcos discursivos e identitarios, etc. (Funes y Adell, 2003)— apenas están empezando a romper con el nacionalismo metodológico que denuncia Ulrich Beck (2004, pág. 87), habiéndose concentrado los esfuerzos teóricos más productivos en el intento —no podía ser de otra manera— por reconstruir este nuevo contexto (global y local) así como el nuevo marco ideológico que da sentido a las formas de resistencia contemporáneas. Esfuerzos, en último término, por concretar el todavía demasiado abstracto telón de fondo dibujado por la *globalización*.

El estado de euforia financiera, pero con crisis social permanente, del modelo de desarrollo del mercado mundial en las últimas décadas ha generado la imagen de una aceleración de los cambios y de los *escenarios internacionales*, representados casi siempre bajo la forma de amenazas y riesgos para la estabilidad del sistema en su conjunto. La línea que marca, por tanto, en primer lugar el nuevo contexto de desarrollo de los movimientos sociales, es la de un sistema económico que se ha visto en la necesidad de recurrir a una nueva fase de crecimiento en extensión (frente al crecimiento intensivo de la era dorada de la posguerra), tomando la forma extrema de las guerras neocoloniales emprendidas por la Administración Bush.

En este sentido, y desde el punto de vista de las sociedades más desarrolladas, algunas reflexiones sobre la situación actual de los movimientos sociales subrayan la importancia paralela a los fenómenos de globalización que ha adquirido la generalización y expansión de las dimensiones inestables y precarias del trabajo empleable, antes —en la era keynesiana— sólo incorporadas en la realización del valor en sectores minoritarios de la fuerza de trabajo. Puesto que dicho proceso, además de ser una de las condiciones que han hecho posible la recuperación cíclica de las tasas de beneficio, podría estar abriendo simultáneamente dinámicas contradictorias para el desarrollo del capitalismo al profundizar en la intercambiabilidad de la mayor parte de la fuerza de trabajo. Así para algunos teóricos de los movimientos de la alterglobalización actual se trata de aprovechar las opciones políticas abiertas por una expansión del trabajo que habría incorporado de modo generalizado en la ley capitalista de producción de valor «el trabajo intelectual, afectivo y técnico-científico» (Negri y Hardt, 2003, pág. 17). Nuevas posibilidades para el desarrollo de los movimientos resultado de la desaparición de las fronteras y los límites —siquiera simbólicos— que parecía imponer la estrechez de la concepción *productivista* del trabajo asociada a la condición obrera. Estas transformaciones habrían impuesto «nuevos procesos de constitución subjetiva: no fuera, sino *dentro de la crisis* que experimentamos, es decir, que la organización de las viejas subjetividades experimenta» (Negri y Hardt, 2003, págs. 19-20). Las nuevas formas de organización que parecen asociarse al *trabajo generalizado* harían posible un nuevo espacio para la expansión de los movimientos autónomos: «Cuando los sujetos se han tornado productores autónomos de riqueza, conocimiento y cooperación, sin necesidad de un poder de mando externo, cuando organizan la producción misma y la reproduc-

---

máxima expresión en las *contracumbres* a partir de Seattle: «Movimiento de resistencia global», «movimiento alterglobalizador», «movimiento de movimientos», etc. A lo largo del presente artículo nos referiremos a él como *movimiento antiglobalización* para subrayar su construcción externa, fundamentalmente mediática, y como *movimiento alterglobalizador* para recalcar su caracterización desde la propia militancia.

ción social, no hay razón alguna para un poder omniabarcante y soberano extrínseco a su propia potencia» (Negri y Hardt, 2003, pág. 139).

En la definición de las consecuencias sociales generadas por las dinámicas de globalización financiera y productiva, la cuestión que ha centrado buena parte de las discusiones en torno al cambio en los contextos de acción de los movimientos, ha sido el cambio en el papel del Estado. Con independencia de las posiciones sobre la mayor o menor pérdida de relevancia de los Estados nacionales como actores globales, parece indiscutible que ha tenido lugar una mutación en las relaciones interestatales consideradas como una totalidad. La estructura institucional que representa el Estado liberal se ha convertido en un marco demasiado estrecho para el despliegue de la racionalidad económica del capitalismo de comienzos del siglo XXI. En los términos de Arrigui y otros (1999) el cambio fundamental habría consistido en una intensificación de la densidad del sistema interestatal, de modo que las acciones emprendidas por los Estados se hayan cada vez más determinadas por el funcionamiento del sistema de Estados en su conjunto. Desde el punto de vista del contexto en el que se desenvuelven los movimientos lo relevante es que las relaciones entre los pueblos del mundo son cada vez más dependientes, no de la vieja *razón de Estado*, sino de la estabilidad y reproducción del *sistema interestatal* (Arrigui y otros, 1999, pág. 42). Tal y como plantea Fernández Buey (2002), la diversidad de interpretaciones en torno a la transformación del papel del Estado puede contenerse en dos posiciones relativamente enfrentadas. Por un lado, la que representarían autores como Hardt y Negri (2002), para quienes la hegemonía imperial es el resultado directo del progresivo desdibujamiento de los Estados-nación, disueltos en una red de relaciones sin centro ni periferia: la unidimensionalidad de las relaciones de poder dentro de la globalización económica hace posible la emergencia de un contrapoder igualmente unívoco, una nueva subjetividad antagonista contenida en el concepto de *multitud*[3]. Por otro lado, los que siguen moviéndose en la interpretación teórica de tipo histórico basada en autores como Wallerstein (reflexión que anima a buena parte de las interpretaciones en el interior de los movimientos) para quienes las relaciones interestatales contemporáneas reproducen una estructura tripartita diferenciada, con un centro, una periferia y una semiperiferia, a la que la estrategia global alternativa tendría que atender para respetar la especificidad de los distintos movimientos que componen el movimiento global y que se despliegan en las distintas zonas del planeta (Fernández Buey, 2005).

Desde el punto de vista del marco ideológico en el que se desenvuelven los movimientos sociales en la actualidad, probablemente la transformación fundamental se halla en la desaparición de la idea moderna de *progreso social*. En un primer momento, la ideología moderna del progreso había hecho posible desradicalizar —si bien mediante un proceso profundo de reforma social— el carácter antisistémico del movimiento obrero tradicional, conteniéndolo finalmente bajo la hegemonía socialdemócrata de la posguerra. En un segundo momento, en el contexto de emergencia de los nuevos movimientos sociales —en los años 1960-1970—, cuando la *sociedad opulenta* había logrado cotas de bienestar social —entre las clases medias— apenas imaginables unos años atrás, el evolucionismo clásico de la condición obrera fue sustituido, si no por el sueño de un cre-

---

[3] Un concepto que, como advierte Callinicos (2003, pág. 83), ha supuesto de momento más una declaración de buenas intenciones que un concepto analítico serio.

cimiento cero del sistema económico en su conjunto[4], sí al menos por la exigencia de una ralentización de la máquina —de acumulación de capital—, que salvaguardara el *mundo de la vida* de la instrumentalización de todas las relaciones sociales por la lógica del mercado, así como una redistribución de rentas y servicios hacia grupos especialmente vulnerables. La idea de progreso hacía posible pensar en un final —ya fuera desde la óptica conservadora del *fin de las ideologías* o desde la óptica radical de ecologismos, pacifismos y feminismos—. Sin embargo, en el contexto actual, a la vez que la idea evolucionista de *progreso* aparece reducida al absurdo, la posibilidad —dentro de los márgenes de la actual economía financiera en permanente huida hacia adelante— de unas relaciones sociales estables sin una aceleración permanente y global de la capacidad de acumulación de capital, resulta también cada vez más lejana. Ello ha transformado por completo el marco ideológico de los movimientos de resistencia, puesto que, tal y como señala Wallerstein (1995), la crisis del liberalismo —como resultado paradójico de su propia hegemonía— ha puesto fin a las posibilidades de reproducción aconflictiva del sistema capitalista, al haber eliminado «el último y mejor escudo político, su única garantía, como fue el hecho de que las masas creyeran en la certidumbre de un éxito del reformismo». La representación ideológica de la sociedad —occidental— es ahora la de una sociedad permanentemente amenazada, sometida a la tensión constante de que cualquiera de los *riesgos globales* que la acechan termine por conducirla al caos. De ahí la ambigüedad de un contexto como el actual, en el que por un lado tienen lugar estallidos de movilización —con los momentos simbólicos de las manifestaciones de Génova para Europa y del de las movilizaciones contra la guerra en España— y una expansión de la crítica radical al sistema asentada en la desconfianza en la reforma. Mientras, por otro lado, existe de modo simultáneo una tendencia intensa hacia el repliegue y la fragmentación de los movimientos por el carácter cada vez más represivo tanto de la violencia directa ejercida por los Estados como del propio contexto ideológico de una *sociedad del riesgo* o más directamente *del miedo*.

2. Dinámicas de movilización y desmovilización en España: asincronías y singularidades del modelo español

Si bien es cierto que la evolución reciente de los nuevos movimientos sociales en España ha experimentado una relativa *normalización* con respecto a la situación de las sociedades centroeuropeas, no lo es menos que sigue arrastrando las peculiaridades de una historia muy singular (Pastor, 1998; Alonso, 1994). En primer lugar, porque en España no hubo un tiempo histórico para la construcción de *otra política* a través de los nuevos movimientos sociales, por el contrario, las diferentes dimensiones de la acción política tendieron a *superponerse* en los años de la transición posfranquista, dando lugar a un tipo de movilización donde se mezclan y combinan la acción política directa, la lucha económica de clase y la lucha de los agentes que se enfrentaban a los «obstáculos a la modernización» sitiados por las barreras institucionales franquistas (Alonso 1991, pág. 78). Partidos, sindicatos y movimientos sociales formaban parte de un mis-

---

[4] Tal y como fue planteado desde su mismo origen por el movimiento ecologista y como recogía ya el famoso informe sobre *Los límites del crecimiento* elaborado por el Club de Roma en 1972.

mo *bloque contrainstitucional* pues de hecho los partidos políticos y los sindicatos no habían formado parte de la política institucional en el tiempo del primer gran desarrollo de los nuevos movimientos sociales en el mundo desarrollado.

Si bien la intensidad de las relaciones fue específica en España, no es posible entender el desarrollo de los nuevos movimientos sociales al margen del apoyo que el movimiento obrero les presta y del lugar que dicho movimiento ha ocupado en la conquista de una posición de clase tan favorable para las nuevas clases medias, precisamente la que les permitía adoptar una posición *contracultural*. Como señala J. Riechmann (1999), en los países donde el movimiento obrero o sindical es fuerte, y esta fuerza se articula dentro de un partido (el caso de países como España, Italia, Portugal o Grecia) los movimientos permanecen durante los años 1970 jugando a veces desde fuera y a veces desde dentro de los propios partidos. Desmintiendo así la imagen más tarde dominante —y que tiene como modelo el caso de los EEUU— según la cual los movimientos tienen una identidad propia que permanece al margen de los partidos. Precisamente la singularidad del modelo español en los años 1970 será la indefinición de lo que es el partido político y lo que es el movimiento. De hecho, a pesar de una situación en la que el Partido Comunista lideraba el bloque antifranquista, no sólo el partido tiene alianzas y se confunde muchas veces con los propios movimientos sociales sino que hay muchos movimientos sociales (es decir grupos no institucionalizados, etc.) que toman la forma de partido porque aspiran a convertirse en una referencia para toda la sociedad.

España, por tanto, participa de un modo muy especial del modelo de la Europa meridional, pues la crisis «europea» de los movimientos va a coincidir con el fin del franquismo y con la consolidación de unas instituciones de representación política construidas precisamente *a costa del protagonismo que los movimientos sociales* tienen a la hora de plantear un modelo alternativo de democratización política. La memoria del ciclo de movilizaciones de la transición posfranquista, marcada por la instrumentalización de los movimientos sociales por parte de los actores centrales de la institucionalización del nuevo marco democrático, sigue pesando hoy en día sobre las relaciones posibles entre partidos, sindicatos y movimientos sociales. Pues, como en el resto de Europa, el camino hacia la consolidación de los nuevos movimientos surgió en gran medida de la desafección con respecto a las posibilidades de reforma nacidas de la política institucional. Pero, en lugar de construirse sobre el contexto económico de crecimiento y expansión de las clases medias de los años 1960, su nacimiento en España estará profundamente definido por el contexto de la reconversión industrial y la racionalización económica liderada por el proyecto hegemónico del PSOE. Así, la relativa debilidad con la que emergieron los nuevos movimientos sociales en España estuvo determinada por un doble desencanto político: desencanto obrero resultado del paro estructural y la crisis; y desencanto militante tras la quiebra de las expectativas depositadas en la democratización posfranquista.

Cuando los nuevos movimientos sociales se conviertan en objeto de reflexión de la sociología española, será a través de su fundación en otra doble paradoja: primero porque su fuerza nació en gran medida de su relación con acciones y reivindicaciones muy lejanas del radicalismo de clase media que había sido la base social de los movimientos sociales europeos por el retraso del marco institucional y de los estilos de vida cotidianos en España; y, segundo, porque tales *nuevos* movimientos sociales tienen lugar cuando las condiciones sociales que les habían hecho posibles en el contexto occidental (crecimiento económico, distribución, Estado intervencionista) ya han pasado, y tampoco es posible una confluencia general con un movimiento obrero que ha entrado en una crisis muy profunda. De este modo, en plena ofensiva neoliberal, la primera generación de militantes —supervivientes de la desmovilización programada posfranquista— va a tener que desenvolverse en un contexto de máxima fragmentación social, dentro de un modelo socioeconómico cada vez más desregulado y socialmente agresivo. Estas transformaciones determinan el proceso de transición en España y contribuyen a configurar «una percepción bastante extendida de que gran parte de las expectativas que había provocado el cambio político habían quedado frustradas; un sentimiento que se hace especialmente fuerte entre aquellos sectores sociales que habían sido más activos en los movimientos de oposición de los últimos años del franquismo» (Morán 1997, pág. 379).

El conjunto de dinámicas que se superponen a comienzos de los años 1980, permite comprender que los movimientos sociales en España nacen con un fuerte carácter defensivo y «a la contra», orientados a detener el retroceso de los derechos adquiridos en cada sector concreto y particular ante las acciones de remercantilización, individualización y desafiliación derivadas de las políticas económicas y sociales, cada vez más privatistas. Esta debilidad asociativa que caracterizaría de modo crónico a nuestro país no es —tal y como parece considerarse en la concurrida contraposición de ésta con el dinámico mundo del asociacionismo cívico en los países de «cultura protestante»—, fruto de ninguna anomalía nacional de carácter cultural, sino más bien un producto de la historia conflictiva de desmovilización sucesiva de las tendencias sociales potencialmente progresivas. De ahí que una de las singularidades de las bases para la acción colectiva en nuestro país sea la propensión a la aparición de ciclos intensos pero esporádicos de movilización —resultado del carácter latente de los conflictos—. Pero ciclos, que lejos de permitir la cristalización de un tejido social sólido y permanente, tienden a desembocar en más o menos largos períodos de fragmentación y «focalización» de las protestas.

Los años 80 supusieron, por tanto, un período de fuerte desmovilización social. Durante la primera transición política las fuerzas que habían salido de la clandestinidad todavía conservaban parte de la energía que les había otorgado estar en un bloque amplio de oposición donde, debido a las características antidemocráticas del régimen franquista, se mezclaban las acciones sindicales, los movimientos políticos tradicionales, los movimientos ciudadanos y los nuevos movimientos sociales en un conjunto de demandas muy mezcladas que expresaban la tendencia al *conflicto total* que el estrechísimo marco de participación franquista había provocado. Las características específicas en las que se desarrolla el caso español para los nuevos movimientos sociales definen casi una anomalía histórica, puesto que no se habían separado de los partidos políticos en la clandestinidad debido al anacrónico y autoritario marco legal franquista, siendo, a su vez, elementos fundamentales en la expresión de demandas ciudadanas de servicios y consumos sociales debido a los estrechos cauces de participación cívica, el atraso en la constitución de un Estado benefactor en España y las carencias estructurales de los equipamientos colectivos provocadas por el enorme y desordenado crecimiento español de los años 60 (Alonso, 1991). A este hecho respondían fuertes movilizaciones urbanas a finales de los 60 y principios de los 70, sobre todo en el *movimiento vecinal*, que trataban de conseguir una modernización política y social ajustada a la transformación económica que se había producido desde finales de los años 50. Pero hasta incluso con sus características no convencionales, desde finales de los 60, se conoce durante más de un decenio en España un momento que podríamos incluir en la llamada *revolución de las «expectativas crecientes»* (Bobbio, 1991) —animada por el desarrollo económico y la mayor conexión con la economía y sociedad internacional— que creaba una cultura «a la contra» plagada de ritos, mitos y discursos (radicalismo, utopismo, liberación total…), importados o mimetizados de las prácticas de acción colectiva de los nuevos movimientos sociales occidentales.

3. LAS HUELLAS DE LA TRANSICIÓN POLÍTICA

El proyecto de transición política supuso en gran medida la normalización del proceso de expresión de las demandas por el sistema de partidos, en un primer momento tratando de romper la vieja situación de anquilosamiento político provocado por los herederos directos del franquismo. Aquí los partidos utilizaron las energías de los movimientos para lanzarse al terreno institucional y con ello establecer una posición capaz de lograr un reconocimiento de su figura imprescindible en un régimen de convivencia moderno. Justo en ese momento dio comienzo un proceso de desmovilización social apoyado en el argumento del necesario clima de consenso para lograr un ámbito democrático sólido dentro de la política institucional intentando evitar cualquier competencia en los canales de expresión y representación que no fueran los propios partidos, siempre con el miedo de que reivindicaciones no institucionalizadas rompieran el pacto consensual de la transición. Al entrar definitivamente los partidos políticos dentro del bloque institucional, el resto de las iniciativas ciudadanas tendían a ocupar su lugar habitual —contrainstitucional— en las democracias occidentales, pero con dos particularidades esenciales: en primer lugar, la base de actuación y demanda típica de los nuevos movimientos sociales, el Estado de bienestar, es mucho más débil y fragmentada que en el resto de Europa, lo que hace también que la fragmentación de expectativas sea mucho mayor; por otra parte, y en segundo lugar, el posible desarrollo autónomo de los movimientos sociales en España se va a poder realizar justo en un período de crisis y limitación de las perspectivas de crecimiento económico y de las posibilidades de intervención del Estado. La debilidad de los movimientos sociales en España, por lo tanto, va a ser proverbial, pues tienden a nacer a la vida autónoma —separados de la lucha plenamente política— en un momento en el que la política de pacto y consenso tiende a la desmovilización , y en el que la crisis y la reestructuración del Estado de bienestar tiende a limitar las posibilidades de lograr servicios y derechos sociales de ciudadanía.

Los 80 se convirtieron, pues, en un momento de desarticulación y crisis de los nuevos movimientos sociales en todo el mundo occidental. El pragmatismo, el individualismo y *la pérdida de energías utópicas de la sociedad occidental* (Habermas, 2002) se unieron al estrechamiento de las oportunidades políticas de acción de los movimientos al tenderse a tomar posturas más conservadoras y proinstitucionales por parte de los Gobiernos que de hecho o de derecho han adoptado una línea de actuación remercantilizadora y neoliberal en todo el occidente desarrollado. En España los movimientos ciudadanos tales como las asociaciones de vecinos (Castells, 1986), fueron fundamentales tanto para la movilización en pro de la democracia como para la expresión de demandas de bienes públicos, racionalización del espacio urbano y apertura de cauces de participación en ciudades donde el rápido crecimiento, la especulación y la falta de los mínimos canales democráticos habían creado conurbaciones infradotadas de servicios y máximamente desordenadas. Sin embargo, la política municipal institucional pronto tendió a desactivarlas u obviarlas entrando en un proceso de cierta marginalización del que sólo salen en contados casos y en contadas ocasiones, a pesar de mantener una mínima estructura organizativa incluso federativa. Los grandes negocios urbanos desde finales de los 80 y la liquidación de parte del suelo público las hace emerger esporádicamente, pero ya simplemente en un lugar reactivo y de protesta extrema como última, desesperada y minoritaria voz ciudadana contra la conversión del espacio urbano también en una máquina de máxima rentabilización financiera de los derechos de propiedad.

Por otra parte, la institucionalización democrática del conflicto en España también ha creado las bases lógicas de desmovilización y desradicalización de la acción colectiva mediante la institucionalización de agencias y servicios destinados a dar respuestas a las *necesidades concretas* que tradicionalmente han expresado los nuevos movimientos sociales. Estas agencias —típicas en materia de mujer, juventud, medio ambiente, etc.—, además de dar solución, más o menos efectiva, a problemas concretos han supuesto cauces de *expresión simbólica* para acciones que de no encontrarla ahí supondría mayor conflictualización de los temas, y por otra parte han supuesto la *profesionalización* —y su posterior paso a los cuadros de la política oficial— de muchos de los sujetos más activos y líderes carismáticos de los movimientos de los 60-70. Los nuevos movimientos sociales, por tanto, fueron evolucionando hacia un lugar defensivo, bastante fragmentado, tan sólo fortalecidos en momentos muy puntuales, pero espectaculares, como el referéndum OTAN o la Guerra del Golfo. Lo que indica que el modelo de movilización en España tiene un retardo con respecto al ciclo europeo pues el movimiento antiarmamentista de indudable presencia en las calles y la vida cotidiana española se constituye forzosamente tarde y cuando se había diagnosticado su crisis en otros ámbitos mundiales.

Iguales características tienden a tomar los movimientos juveniles y estudiantiles, muy desarticulados según avanzaba la transición, después de haber tenido un papel fundamental de socialización democrática en la clandestinidad y la posclandestinidad, han venido conociendo rebrotes muy esporádicos con alguna repercusión mediática, con tendencia a la fragmentación y la asociación a temas muy concretos y particulares (Pastor, 1998). Movilizaciones muy desarticuladas y en oleadas de rápido crecimiento y declive conflictivo (Laraña, 1999), en torno a temas siempre concretos: tasas, selectividad, política de becas, etc., pero que reflejan el lugar tremendamente contradictorio de los jóvenes en el modelo de sociedad ultracapitalista asentada desde los 80. Dichos movimientos se encontraron inevitablemente atravesados por una cultura de consumo obsesiva impuesta sobre los jóvenes como casi única manera de expresión social y por otra parte, por el fantasma del paro, como horizonte de planeamiento de una vida que sin posibilidades *adquisitivas plenas* pierde todo su sentido. Por esta brecha de expectativas vienen apareciendo movilizaciones que van del hedonismo más descarnado —protestas virulentas por el cierre anticipado de bares y locales musicales en varias ciudades españolas— hasta el compromiso más o menos amplio en defensa de la educación pública, pasando por el apoyo a acciones solidarias o de cooperación nacional o internacional; situaciones tan contradictorias como las propias contradicciones culturales del capitalismo que las animan y que, en la juventud, se hacen agudas debido al lugar especialmente débil y difuso que ocupa en las sociedades occidentales.

Pero estos temas culturales no tienden sólo a presentar esta contradicción entre las exigencias de la producción y las necesidades hedonistas de la reproducción —tal como lo presenta Daniel Bell (1977)— ya que a lo largo de los 80 el propio concepto de cultura ha tendido a disolverse en la dinámica de sobremercantilización de la sociedad financiera. La fascinación por lo epidérmico impuesto por el movimiento posmoderno o la cultura neobarroca, etc., ha hecho que uno de los ejes fundamentales de los nuevos movimientos sociales, la pretensión de fusionar lo cultural y lo político en una *cultura cívica* activa, se haya disgregado en dos esferas casi autónomas, por una parte una cultura política prácticamente electoral, por otra una práctica cultural que va de la cultura de masas más degradada a la simple retórica de las formas. Al perder el proyecto de transformación social que vertebraba el proyecto moderno, la llamada posmodernidad a partir los 80 deviene culto a la superficialidad, y de los movimientos se pasa a la *movida*, simple celebración de las nuevas clases medias ascendentes de su repliegue hacia el hedonismo y el ensimismamiento. Como Helena Béjar ha señalado en un par de importantes estudios cualitativos (Béjar, 1993 y 2001), es en los sectores más dinámicos y activos de nuestra sociedad —los que fueron en buena medida los fermentos culturales de la protesta colectiva—, donde la desafección hacia lo público, la supremacía de la cultura del éxito y del narcisismo y la absolutización del principio liberal de libertad de elección, de acuerdo con el poder económico, se ha hecho más evidente. Dando lugar esto, por lo tanto, a la percepción general de lo político no como el ámbito de lo colectivo, sino como el lugar donde se pueden recorrer carreras personales exitosas. El individualismo meritocrático se ha incrustado hasta en el sector de la asistencia social dándole a lo voluntario un valor por encima de las obligaciones institucionales de la sociedad en su conjunto.

Este cierre cultural de los 80 expresa los *compromisos cambiantes* en los que la sociedad occidental en general y la española en particular se ha desenvuelto. El desencanto por lo público, lo colectivo y lo solidario, después de un período en el que esta estrategia había dado resultados en el seno del Estado keynesiano del bienestar, ha supuesto la tendencia a privilegiar las *salidas* individuales frente a las *voces* colectivas como forma de conducta mayoritaria y socialmente sancionada. En España, donde el «encantamiento» colectivo y democrático fue a mediados y finales de los 70 tan fuerte, sin haber conseguido todavía la profundidad en los derechos sociales, económicos y culturales de la Europa desarrollada, el «desencanto» ha resultado, si cabe, mucho más fulminante pues las expectativas de cambio también eran mucho mayores y la fuerte individualización y desmovilización ha dejado una situación en la que las reivindicaciones colectivas, no simplemente laborales, han pasado a tener un lugar casi de *disidencia* en una sociedad donde el utilitarismo ultraconsumista ha impuesto su razón.

Esta desmovilización ha dejado socialmente enclaustradas a las fuerzas que se habían colocado a la «extrema izquierda» en el último franquismo y la primera transición y que como procesos de radicalización de las nuevas clases medias eran la forma característica que en España —donde la forma «partido» todavía quedaba fuera del bloque instituido— tomaron las acciones expresivas homólogas a los nuevos movimientos sociales europeos y norteamericanos. Iniciativas muchas de ellas que se han mantenido a flote reformulándose y reconvirtiéndose, siempre utilizando el discurso de lo *alternativo* como marcador simbólico que delimita un espacio de temáticas bien conocidas —feminismo, antimilitarismo, ecologismo, etc.—, pero que se retoman permanentemente a través de denuncias de situaciones concretas: problemas en sentencias judiciales sobre el tema de la mujer (malos tratos, violación, aborto, etc.,), acciones de protesta medio ambiental, insumisión, protesta antinuclear, etc. De los movimientos genéricos hemos ido pasando a los de un sólo tema de acción y de las movilizaciones sostenidas a las campañas esporádicas. Esta tendencia que se ha dado en todos los movimientos sociales mundiales se ha visto reforzada en España por la propia debilidad de su marco estructural. La *fragmentación defensiva* ha sido pues una característica clara de todos estos movimientos, cuyas acciones han tendido a ser más reactivas que proactivas, han sido más fruto de lo que se considera una agresión a los espacios de autonomía e interés de los sujetos afectados que de movimientos con capacidad de plantear una acción estable, teorizada y homogeneizada mínimamente, con organización, proyección y pervivencia en el tiempo. Sin embargo, su presencia, testimonial muchas veces, ha sido fundamental como última línea de contención en ocasiones dramática y pesimista, a la dura lógica expansiva y normalizadora de la expansión mercantilizadora de finales del siglo xx (Alonso, 2007).

Lo alternativo en España, por tanto, ha tenido un espacio especialmente fragmentado y segmentado después de los estragos del desencanto y la crisis de expectativas colectivas, pero su presencia se ha hecho notar y movilizaciones de mujeres, anti-SIDA, medioambientales, de insumisión, de derechos de minorías sexuales, se han visto reflejadas en los medios de comunicación de masas con una audiencia garantizada. Lo que sí ha resultado inviable, por el momento en España, es un partido alternativo, al modo de los Verdes, pues la novedad relativa del sistema democrático en España ha hecho que todavía los partidos tradicionales no se encuentren tan desgastados como los de algunas democracias Europeas —especialmente Francia y Alemania (Riechmann, 1999)—, lo que hace difícil que partidos verdes sean capaces de introducir el discurso alternativo en los espacios de la política convencional. Además temas típicos del discurso verde-alternativo todavía no han cobrado una presencia tan potente en la ciudadanía española como los problemas del hiperdesarrollo que estos partidos explotaban. Tanto la falta de tradición democrática y electoral, como la falta de tradición alternativa, en lo que se refiere a la formación de movimientos autónomos, a lo que habría que añadir el relativo atraso del desarrollo de la economía española y los problemas de características civilizatorias — algunos de ellos irreversibles—, han hecho que los partidos verdes no hayan dejado de ser todavía nada más que pequeñas anécdotas electorales.

El sistema político español se ha mostrado como un *filtro* (Pastor, 1998) demasiado potente como para poder ser traspasado por las semiorganizaciones de carácter alternativo o introductoras de nuevas temáticas en el ámbito de la política institucional. El escaso grado de proporcionalidad del sistema electoral español —que prima a las grandes formaciones políticas— y la todavía escasa tradición e implantación de canales de acceso directo a los espacios públicos de las demandas cotidianas —defensor o defensores del pueblo, grupos de presión más o menos instituidos, redes corporatistas de interés, etc.— han impuesto igualmente condiciones de entrada tan selectivas o tan estrechas a las demandas habitualmente expresadas por los nuevos movimientos sociales que éstos han tendido siempre a adoptar una forma más expresiva y conflictual antes que dotarse de una estructura política orgánica o institucional.

La democracia española de los 80 y 90 en plena fase de competencia por el «votante medio» ha tendido más a explotar las posibilidades electorales de las mayorías pasivas que a fomentar las acciones de participación de las minorías activas. Un discurso homogeneizador parece eliminar las alternativas sustanciales en la lucha política, el principio de realidad se impone y modernización, pragmatismo, antirradicalismo, interclasismo, eficacia, etc., tienden a conformar un núcleo de sentido del discurso político instituido a la que todos los partidos tienden a acudir, sean de la ideología tradicional que sean, si quieren pasar la barrera electoral. El centramiento de la política institucional deja casi automáticamente en un lugar radical a todos aquellos sujetos y movimientos descentrados que no están en la lucha competitiva por el voto, o por el beneficio, lo que no es convencional deviene así disidente. Finalmente los años 90 constituyeron una fase de transición, en la que las formas de protesta y acción colectiva de los movimientos de base españoles se fueron acoplando progresivamente a las líneas y repertorios de acción de las sociedades centrales europeas. Puesto que, a pesar del lastre histórico que para los movimientos supuso el doble legado del franquismo y el desencanto, el replanteamiento ideológico de las primeras fases de normalización de los movimientos sociales en España va a estar marcado por las mismas líneas de movilización a nivel europeo en torno a los nuevos riesgos percibidos por los ciudadanos de la era global posfordista. Riesgos civilizatorios, ecológicos, sociales y personales que son los que han tendido a enmarcar la acción de los nuevos movimientos sociales en su actual etapa (Beck, 2004).

4. CRISIS Y CAMBIO EN EL ASOCIACIONISMO VOLUNTARIO Y EL DISCURSO DE LA NO GUBERNAMENTALIDAD

La emergencia en el imaginario social de la movilización del llamado *Tercer Sector* y del discurso de la no gubernamentalidad merece una mención específica en el contexto ideológico que va a dar forma a la evolución de los movimientos sociales desde los años 1990. El referente del Tercer Sector tendrá su nacimiento y una rapidísima consolidación, convertido —en las interpretaciones más idealistas— en la esperanza para la refundación de una nueva sociedad civil —precisamente caracterizada en el caso español por unos movimientos sociales de base muy débiles—. Construido ideológicamente como un nuevo espacio de participación ciudadana al margen del Estado y el Mercado, tenderá a englobar un conjunto complejo de asociaciones herederas de ámbitos muy heterogéneos e incluso contrapuestos de participación ciudadana, que van desde las burocracias paraestatales y fundaciones empresariales, hasta viejas redes de movilización de base (especialmente religiosas) convertidas ahora en organizaciones no gubernamentales, pasando por la nuclearización y seudoinstitucionalización de movimientos sociales amplios ahora construidos en torno a repertorios temáticos mucho menos utópicos. A partir del proceso histórico comenzado en los años 1980 y al que nos hemos referido anteriormente, el modelo español va a hacer confluir dentro de este espacio de participación pautas de intervención social muy heterogéneas, ya que «pertenece a lo que podríamos llamar patrón latino de modernización que se traduce en el desarrollo de un sector voluntario fuertemente interrelacionado con el Estado sin un sistema definido de regulación de sus actividades, altamente segmentado y que se desarrolla en un continuo que discurre entre las *entidades no lucrativas* que son una extensión del Estado, hasta otras que mantienen una alta independencia» (Codorniú y Rodríguez Cabrero, 1996, pág. 26).

En cualquier caso, y desde una perspectiva muy general, la evolución de los conflictos sociales en España originados en la primera transición no ha hecho del Tercer Sector un espacio directo y de transformación en la expresión de la participación cívica como alternativa a la decadencia de los movimientos reivindicativos de los años 1970 y 1980, ni que esta decadencia haya sido sustituida por un gran auge de las asociaciones semiburocratizadas dedicadas a la gestión mercantil de los servicios colectivos y de la ayuda social para la población más o menos marginal. Más bien la consolidación se ha hecho en paralelo con la pervivencia de unos ya clásicos «movimientos sociales activos, mucho más difusos, desplegados generalmente contra los aparatos y formas jurídicas instituidas y más cercanos a la expresión global y la participación alternativa política y social, que a la canalización de demandas parciales, estables y perfectamente diferenciadas» (Alonso, 1996, pág. 105); la presencia de esta cara más radical de la movilización en la escena social se ha visto reducida durante un largo período a algunos momentos de movilización puntual, tras los cuales permanecen bajo la forma de *focos activos,* pero muy poco numerosos y en esos períodos de hibernación su articulación con el Tercer Sector es evidente.

El surgimiento y desarrollo del Tercer Sector como espacio (asociativo, corporativo, simplemente ciudadano, etc.) será idealizado como refundación de una sociedad civil opuesta a las lógicas que regulan la actuación tanto de los mercados como de la administración estatal. Su definición como referente unívoco y como realidad relativamente homogénea, obedece también a la posición simultáneamente funcional y subordinada con respecto a las racionalidades mercantil y burocrática en la que tenderá a quedar supeditado en la práctica. En tanto que discurso, y en tanto espacio para la participación, la eficacia simbólica de la noción de Tercer Sector —convertido en referente para la superación del monolitismo burocrático del «viejo» Estado de bienestar y la violencia racionalizadora del mercado— se asienta en su capacidad para presentarse como espacio aconflictivo y democrático. Es decir, por su papel en la denegación de los conflictos planteados por una etapa caracterizada por un Estado orientado a legitimar e impulsar la asunción y socialización de los costes disciplinarios de la crisis económica; del discurso de los conflictos se pasa así al de «la solidaridad», pero no tanto desde el concepto de una solidaridad macro, institucional, jurídica y anónima típica del pensamiento clásico de la reforma social sino el de una solidaridad micro, personal, aconflictiva y voluntaria.

Sin embargo, la propia evolución del contexto político e ideológico a nivel mundial desde los años 1990 y especialmente a comienzos del siglo XXI, ha ido construyendo una representación del aparato estatal cada vez más desligada de la atención a determinados colectivos y a determinadas problemáticas sociales, haciendo posible así una creciente autonomía ideológica y práctica para un sector importante de las ONG —si bien siempre relativa dada la dependencia económica y financiera que las sustenta—. Por ello en los últimos años hemos sido testigos de una creciente legitimidad social ganada por determinados espacios del Tercer Sector, lo que se debe considerar como un resultado, no sólo del prolongado y soterrado proceso de desformalización, empresarialización y privatización de servicios sociales, sino de la conquista de unas prácticas y una base organizativa, desde cuya ambigüedad política comienza a ser posible trascender en ciertos ámbitos los límites del discurso *asistencialista*; y es que el Tercer Sector en su evolución, hasta incluso el más asistencial, se ha convertido en un espacio de conflicto sobre prácticas de intervención que refleja la tensión ideológica a que se encuentra sometido el concepto mismo de lo social y su protección (Alonso y Jerez, 1998).

Aunque se trata de un fenómeno limitado y reciente, la internacionalización de los conflictos ha contribuido a la politización de las prácticas cotidianas de un relativamente amplio conjunto de ONG, especialmente de las organizaciones vinculadas a la cooperación al desarrollo, acercándolas en multitud de campañas concretas hacia movimientos sociales de base (Jerez, Sanpedro y López Rey, 2007). Ello en cierta medida obedece también a las propias singularidades del desarrollo de los movimientos sociales en España. Ya que, junto a las trayectorias de militancia que se mantuvieron fieles a los movimientos de base (bien dentro de los movimientos autónomos o bien dentro de las campañas y asociaciones tradicionales de los ejes del antimilitarismo, feminismo y ecologismo), las relaciones entre desmovilización política y emergencia del Tercer Sector, convirtieron a éste en refugio de una parte significativa de la militancia crítica. Por un lado, refugio para militantes de partidos políticos de izquierda, herederos directa o indirectamente del proyecto ideológico que representó el intento de construir Izquierda Unida como un movimiento político y social; y, por otro lado, refugio para un sector significativo de la militancia cristiana de base.

Ambas trayectorias de militancia y participación social —reflejo de la singular construcción del Tercer Sector en España— han sido protagonistas de una progresiva toma de conciencia en torno a los límites del modelo dominante de cooperación y construcción de una economía «social» en los estrechos y ambiguos márgenes del Tercer Sector. Como resultado de ello, ha sido creciente su coordinación con el espacio más abierto de los movimientos sociales, empujando a determinados sectores a trascender de modo organizativo o individual las estrategias de sensibilización y de realización de microproyectos, especialmente dentro del marco de la cooperación al desarrollo. En este sentido, resulta especialmente representativo del proceso la dinámica seguida por la plataforma constituida para la cesión del 0,7% del PIB para la cooperación al desarrollo. Nacida de grupos cristianos de base, logró la participación de miles de jóvenes en las acampadas organizadas a lo largo de todo el Estado en 1994, y constituidas a partir de la huelga de hambre de siete miembros de la Plataforma. Su evolución y mutación progresiva permitirá la coordinación cada vez más extensa de grupos y organizaciones hasta construir la Red Ciudadana para la Abolición de la Deuda Externa (RCADE) y elaborar la consulta paralela sobre la abolición de la deuda externa en las elecciones generales del año 2000. En gran medida, su convergencia con otras formas de participación, fue impuesta por el propio aparato institucional del Estado cuando la concentración para denunciar ante el Congreso la pasividad del Gobierno ante los resultados del referéndum se saldó con un nada despreciable número de heridos y contusionados entre los manifestantes. El Tercer Sector, parecía perder repentinamente su «inocencia» como espacio aconflictivo para la canalización de denuncias sobre las consecuencias sociales a nivel mundial del modelo de desarrollo económico.

5. CONVERGENCIA Y FRAGMENTACIÓN DE LOS MOVIMIENTOS:
    HACIA LA GLOBALIZACIÓN DE LAS RESISTENCIAS LOCALES

Las interpretaciones dominantes sobre la evolución de los movimientos sociales, tienden a coincidir en la existencia de un punto de inflexión a lo largo de los años 1990, a partir del cual se sientan las bases para lo que será la visibilización mediática de un «novísimo» movimiento social en la «batalla de Seattle» durante la tercera ronda de la OMC a finales de noviembre de 1999. La prensa no parecía poder evitar cierta sorpresa y desconcierto ante lo acontecido en Seattle, donde más allá de la unión de los sindicatos y el movimiento ecologista en la primera fila de la manifestación, parecía querer resaltar la presencia de la derecha reaccionaria, de miembros de Falun Gong o de «Los Menonitas por el Comercio Justo». Mientras decenas de jóvenes del movimiento *okupa* entraban en la bolsa de Barcelona en el mismo día de las manifestación en Seattle, el éxito que supuso la interrupción de la reunión de la OMC era interpretado como el resultado de las protestas de grupos ideológicamente incompatibles y, por lo tanto, simplemente antiglobalizadores. Y cuya convergencia casi espontánea en la *contracumbre* sólo había podido tener lugar gracias a las posibilidades que había abierto el uso de las nuevas tecnologías de la comunicación, difícilmente identificables todavía con la construcción sólida de movimientos sociales estables. La protesta parecía apuntar a una singularidad de los EEUU, y por ello mismo difícilmente podría reproducirse en sociedades con tejidos sociales radicalmente distintos del norteamericano. Sin embargo, podía leerse ya la continuidad que adquiriría el movimiento, la nueva dialéctica de conflictividad a la que apuntaba: «Los más molestos son los que al haber sido insurgentes cuando tocaba serlo, en el 68 por ejemplo, no toleran que algunos lo sigan siendo cuando no toca y además que lo sean por Internet. Hasta los indígenas de Chiapas utilizan Internet y es que tal vez sean pobres pero no tontos. Está históricamente demostrado que los insumisos se apoderan de los instrumentos y los códigos de las clases dominantes y los usan en su provecho si no las matan antes. Lo de Seattle o lo de Chiapas o la próxima reunión de los sin tierra en Brasil no es resaca de inconformismos obsoletos sino anuncio de la dialéctica entre globalizados y globalizadores» (Vázquez Montalbán en *El País*, 6 de diciembre de 1999).

Desde el interior de los propios movimientos sociales, las nuevas formas de acción colectiva suponían la emergencia de un nuevo movimiento *antisistémico*, que comenzaba a ser definido como equivalente histórico del movimiento obrero —especialmente para aquellos que se movían dentro del cada vez más influyente marco teórico elaborado por A. Negri y sus colaboradores (Alguacil, 2003)—. Y, en cualquier caso, el llamado movimiento antiglobalización —rápidamente descrito por su propio proceso de autoconstrucción como «movimiento de movimientos»— será a partir de entonces el *analizador* de la situación actual de los movimientos sociales. Con su desarrollo —señala Fernández Buey (2002 y 2005)— se puede considerar superada la anterior distinción entre viejos y nuevos movimientos sociales, pues en él concurren sindicatos y partidos políticos de izquierda, organizaciones ecologistas, pacifistas y feministas, asociaciones indigenistas, antirracistas y grupos de ciudadanos que ponen el acento en la defensa de los derechos humanos, de los derechos sociales y de los derechos civiles. Para algunos, a finales del siglo XX se iniciaba la tendencia a superar una de las principales limitaciones de los movimientos sociales alternativos de las décadas anteriores, al obligar a que el trabajo cotidiano de multitud de asociaciones críticas —que siguen dedicándose fundamentalmente a un solo asunto— se orientara de modo sistemático hacia un proyecto colectivo más amplio y de dimensión internacional. Incluso con la incorporación de una parte importante del espacio vinculado a la no gubernamentalidad, pues precisamente el significado político más concreto de la acción de las redes de ONG no ha sido abrir nuevas formas de política sino su capacidad para «transnacionalizar» la acción política (Revilla, 2002, pág. 19), si bien obviamente en la dimensión más burocratizada de la misma, pues su presencia concreta tiende a hacerse visible siempre a través de los foros institucionalizados (Teijo, 2002, págs. 212-213).

A partir de este momento, la evolución de los movimientos sociales deja de ser —más que nunca— una historia que pueda reconstruirse en términos estatales. Si bien es preciso seguir señalando el carácter específicamente nacional de estos *novísimos* movimientos sociales tanto por las singularidades de la cultura política de cada país como por un conjunto de factores que dan forma a los movimientos y que siguen teniendo un marcado carácter estatal: en primer lugar, el sello impuesto por el espacio territorial de la convocatoria, ya que con independencia de la presencia de activistas de distintos países, el grueso de toda la organización recae sobre los promotores locales; la importancia de los interlocutores con los que se negocia, es decir, con las autoridades estatales; y, en tercer lugar, las características de la legislación y las formas de represión (Echart y otros, 2005, págs. 70 y sigs.).

Sin embargo, es innegable que ha tenido lugar una convergencia del conjunto de movimientos y repertorios de acción a nivel internacional, aunque es preciso señalar que las condiciones concretas de su desarrollo y las bases sociales que los sustentan son sólo relativamente homogéneas en el interior del mundo desarrollado. En cualquier caso, el movimiento *alterglobalizador* se ha convertido en un punto de condensación de subjetividades plurales, al menos con la capacidad de generar marcos de reflexión conjuntos sobre las estrategias de acción en un contexto que está en permanente redefinición. No se trata de un nuevo paradigma capaz de monopolizar todas las formas de protesta, pero sin duda ha conseguido una relativa —y tal vez momentánea— capacidad de condensar las energías de una pluralidad de movimientos de base. Precisamente por su carácter de movimiento que nace de las fragmentaciones y tensiones geopolíticas generadas por el mercado mundial polarizador, su caracterización no es posible identificando un único discurso propositivo que unifique el proyecto ideológico en el que se desenvuelve. En este sentido, la situación actual de los movimientos sociales no puede ser definida a través de un proyecto político que jerarquice entre todo el conjunto de ejes que se mueven en su interior; ni tampoco a través de un esfuerzo por medir el peso que ocupan en su interior cada una de las plataformas reivindicativas que los constituyen en la actualidad y que son amplias y diversas: el cambio climático y el uso depredador de los recursos, la precariedad laboral, la pervivencia de las relaciones patriarcales, la defensa de la sexualidad no convencional, el respeto a la diversidad cultural e identitaria, los procesos migratorios, la pobreza, el incremento de las desigualdades, la multiplicación de los conflictos de baja intensidad y las relaciones neocoloniales, las consecuencias de la financiarización de la economía y el poder de las grandes corporaciones, y un largo etcétera. La relativa unidad y convergencia de los distintos movimientos hay que buscarla en todo caso a través de sus estrategias de acción. Estrategias en las que, al menos de momento, no están en posición de tomar la iniciativa en el juego de fuerzas a nivel mundial —muchas esperanzas se han depositado en el marco regional de América Latina—, pero en las que se enfrentan a un conjunto de desafíos y tensiones que, al igual que ocurriera en la emergencia del movimiento obrero, unifican su posición antagonista con respecto a la reproducción del modelo de desarrollo económico global actual (Callinicos, 2003, págs. 86 y sigs.), así como simultáneamente constituyen sus líneas de contradicción y fragmentación.

En esta situación, el primer desafío viene definido por la mutación en las relaciones de clase y el modo en que reconstituyen las relaciones Norte-Sur y el funcionamiento del sistema interestatal. El conjunto de los movimientos reconoce las interconxiones entre el desarrollo económico mundial y las tensiones bélicas permanentes, es decir, la estrategia del miedo desplegada para legitimar la intensificación de las relaciones neocoloniales, y el salto a una estrategia ofensiva por parte de los principales grupos de poder articulados en torno a las instituciones estatales y paraestatales de los Estados Unidos. Desde el punto de vista de los movimientos, el problema nace de las dificultades para hacer efectivo un *contrapoder* desde una disidencia que se construye sobre la fragmentación y descentralización de las acciones, no sólo por la renuncia intencionada en muchos casos a la toma del poder, sino por las distintas posiciones ocupadas por los movimientos en la geopolítica del mercado mundial. Y ello precisamente cuando está teniendo lugar una creciente concentración del poder en grupos cada vez más reducidos y articulados, representados de modo transparente por las élites empresariales de las grandes corporaciones multinacionales. Una de las respuestas de los movimientos —débilmente capacitados para actuar como contrapoder a nivel mundial— ha sido la *localización* de las resistencias (Hines, 2000). Sin embargo, desde otras posiciones, los efectos conjuntos de dichas resistencias para el despliegue de la racionalidad económica se ven muy limitados por la renuncia de los movimientos —especialmente en Europa— a ocupar el poder (Harvey, 2004, pág. 136; Amin, 2005 y 2007).

El segundo desafío —y la segunda línea divisoria— está planteado en la manera de ejercer la protesta en un entorno global, así como las estrategias de actuación con respecto a la visibilización de su aparición en el contexto de las cumbres y los encuentros de la alta política oficial o los encuentros empresariales que inmediatamente ha generado una política de contracumbres *ad hoc* o de foros sociales alternativos realizados a nivel multinacional. Los movimientos se encuentran en una reflexión permanente, agudizada por la estrategia de endurecimiento de la represión en torno a las cumbres, sobre las distintas estrategias de acción y los límites para la resistencia activa y violenta, manteniendo la eficacia comunicativa de la visibilización del conflicto. Los esfuerzos por subrayar el pacifismo y el rechazo de la violencia no dejan de desencadenar críticas a la organización de los foros por la separación aceptada entre reformistas y radicales, cuestionándose la representatividad de las «personalidades» que suelen atraer la atención de los medios[5]. La organización de las contracumbres es siempre el reflejo de una pluralidad de formas de enfrentamiento —visibilizadas a través de las «columnas» que abordan las zonas sitiadas— desde las acciones festivas del «Pink bloc», hasta las acciones violentas del «Black bloc»[6]. El campo intermedio abierto desde hace años por las acciones de los *tute bianchi* (monos blancos) —inspirado una vez más en el referente del zapatismo chiapateca—, basadas en la publicitación de los objetivos y recorridos, en estrategias no ofensivas —pero inevitables— de enfrentamiento y autodefensa, han mostrado también sus límites cuando el Estado decide desplegar toda su fuerza de choque. De ahí que la definición de estrategias conjuntas en torno a la desobediencia civil se haya convertido en otro de los desafíos fundamentales de los movimientos en la actualidad (Fernández Buey, 2005), tanto en los escenarios de internacionalización del conflicto como en las formas de resistencia que tienen lugar en el interior de cada Estado. En el caso de España, el modelo de acción

---

[5] Así lo señalaba por ejemplo muy críticamente James Petras: «La sobre-representación de grupitos de personalidades a expensas de los militantes ciertamente que atrajo a los medios, pero no aumentó el intercambio de ideas y la transmisión de experiencias a aquellos que se encuentran en la primera línea de la lucha» (2002, pág. 84).

[6] Una curiosa visión antropológica en torno al efecto mediático sobre la sociedad y sobre el propio movimiento de las acciones del «Black Bloc» en Génova puede verse en Juris (2005).

de los *tute bianchi* ha tenido una repercusión considerable sin llegar a adquirir las dimensiones que ha alcanzado en Italia[7].

El tercer desafío lo constituye la propia diversidad ideológica del movimiento, no sólo en sus modos de acción, sino también en su dimensión programática. Desde la perspectiva de los propios movimientos resulta difícil mantener una cierta coherencia (que a la vez sea eficaz en cuanto a sus propuestas transformadoras) cuando desde los propios actores implicados se ha definido el estado actual de los movimientos críticos de la globalización como una *nube de mosquitos* (Taibo, 2005 y 2007). No hay tampoco una respuesta uniforme a la cuestión de hasta dónde y con quién establecer canales de diálogo. En el caso del movimiento alterglobalizador, si la diversidad de estrategias de enfrentamiento quedaba patente en las «columnas» de las contracumbres, la diversidad ideológica se pone de manifiesto en su vertiente más institucionalizada, es decir, en los foros sociales. Y no tanto, como ya hemos señalado, desde el punto de vista de la definición de unas prioridades políticas consensuadas —aunque también—, sino por el hecho de que, desde su comienzo, una de las novedades de los nuevos movimientos sociales —si bien en grados diversos— ha sido su reflexión sistemática y autocrítica con respecto a los límites y los peligros de la cristalización de estructuras burocráticas en su interior. Desde ese mismo momento, es sin duda uno de los desafíos permanentes consolidar la capacidad transformadora de un movimiento sin las lógicas de división del poder de los modelos «representativos» tradicionales de democratización política —sean partidos o sindicatos—, muchas veces apelando a la capacidad conectiva y dialógica de las nuevas tecnologías y las redes informáticas utilizadas de manera alternativa. Un desafío que tiende a diluirse dentro de la tradición que subraya que a través del conflicto y la acción concreta las diferencias ideológicas se diluyen, pero, para otros, sigue representando un límite evidente para la convergencia y capacidad de transformación de los movimientos.

Para muchos observadores externos de los Foros, el III Foro Social representaría el definitivo «aterrizaje» de una izquierda tradicional que sólo había participado tímidamente y a título individual en los anteriores. Con más de 100.000 participantes y 5.000 periodistas acreditados haría visible la creciente división y tensión que introducía tanto entre los participantes como entre los organizaciones la participación de organizaciones políticas tradicionales ajenas a las luchas cotidianas del movimiento al que el Foro pretendía representar. Una tendencia similar atravesaría los foros regionales europeos. El más abierto y horizontal sería el primero de ellos, realizado en Florencia en 2002 alimentado todavía de la energía de movilización de base contra la guerra. El segundo Foro regional celebrado en París recibiría ya críticas por la excesiva presencia de AT-TAC y la impronta con que habría marcado toda su organización. El tercer Foro, celebrado en Londres, sería el primero en contar con la contraprogramación de talleres y debates alternativos organizados al margen de la agenda oficial de una reunión que había contado con la financiación del Ayuntamiento de Londres, de sindicatos mayoritarios y otras instituciones consideradas poco representativas del movimiento por buena parte de su militancia.

---

[7] Puede consultarse una revisión de su desarrollo e influencia en la evolución del MRG (Movimiento de Resistencia Global) en Madrid en el artículo de Iglesias (2007).

Estos desafíos no son obviamente una novedad, han marcado la historia de los movimientos sociales en tanto que han pretendido constituirse en movimientos antisistémicos. La única novedad reside en la forma particular que adquieren en la actualidad y el repertorio de respuestas con las que reaccionan los movimientos en cada momento histórico. Resultan significativos en la medida en que marcan los límites para que los movimientos consigan transitar hacia una etapa ofensiva y propositiva, capaz de evitar el repliegue de los movimientos hacia acciones fragmentadas políticamente con escasa capacidad de transformación social. La polémica, en cualquier caso, es ahora mismo patente en torno a la presencia de dos áreas diferenciadas dentro del movimiento alterglobalizador, que recogen los procesos históricos singulares vividos por los movimientos en cada país (Iglesias Turrión 2005, págs. 72 y sigs.): la vinculada a una estrategia soberanista, dependiente todavía de partidos políticos y organizaciones centralizadas, orientada ideológicamente hacia la reconstrucción de espacios regionales relativamente autónomos de las determinaciones del mercado mundial; y la vinculada a movimientos organizados en redes horizontales, más hegemónica en las protestas y acciones de resistencia concretas, y orientado a visibilizar las contradicciones del sistema y construir espacios autónomos alternativos. Después de todo, los Foros Sociales Mundiales y Regionales no son un movimiento, sino —como afirman sus documentos constitutivos— *un espacio abierto* institucional de intercambio de puntos de vista y análisis, pero su evolución ha tendido a ampliar la distancia que los separa de los movimientos y las acciones concretas de movilización, tal como refleja la distancia generacional que separa a participantes y ponentes en los FSM (Wallerstein, 2004).

6. Los nuevos movimientos sociales en la España del cambio de siglo

Pese al optimismo de determinadas interpretaciones en torno a la reconstitución de un nuevo movimiento antisistémico, una mirada al proceso histórico del medio plazo permite comprender las dificultades a las que deben enfrentarse los esfuerzos por conseguir la convergencia de los distintos espacios de resistencia. Si la internacionalización de los conflictos constituye el rasgo más distintivo del reciente ciclo de movilizaciones[8], dicha tendencia ha permanecido sin duda conviviendo con «dinámicas de protesta más locales, ancladas en muchos casos en las consecuencias de la mundialización neoliberal en lo que respecta al manejo de recursos públicos o al retroceso en materia de derechos sociales» (Calle, 2007, pág. 57).

Sin embargo, la situación de los movimientos sociales en España no deja de ser un reflejo del impacto del escenario creado por la dinámica de las acciones alterglobalizadoras. Por un lado, las agendas de los movimientos ya no sólo actúan con respecto a una escala nacional-estatal, tanto en los objetivos de las reivindicaciones como en su organización y coordinación. Y por otro lado, y es lo que a medio plazo puede resultar más determinante, sus lógicas de resistencia no se limitan a jugar dentro del marco de la democracia representativa, es decir, su interlocutor fundamental ha dejado de ser exclusivamente el Estado. Sin duda alguna la rápida evolución de los medios de comunicación, tanto «oficiales» como «alternativos» ha contribuido a una toma de conciencia

---

[8] Así lo considera, por ejemplo, Charles Tilly (2005) desde una perspectiva del medio plazo histórico.

por parte de los movimientos de las interrelaciones y el modo en que actúan las cadenas de impacto económico y social a nivel mundial (Teijo, 2002, pág. 183). Pero en la base de la internacionalización de las agendas de los movimientos se halla la denuncia de la existencia de un *déficit democrático* a nivel mundial, resultado de la incapacidad para intervenir, respetando el marco de la democracia liberal estatal, en las decisiones tomadas por instituciones mundiales y élites empresariales. Clubes como el G-8, encuentros como Davos, oligopolios de agentes empresariales transnacionales, instituciones como el FMI o la debilidad e impotencia de la ONU, habrían ido generando una creciente crisis de legitimidad en la que el «Estado» o la «ciudad» —convertida ahora en escenario del conflicto— no enfrenta ya a los legítimos representantes de la soberanía popular frente a un movimiento no integrado en la política institucional, sino a los defensores de agendas de intereses que trascienden el ámbito estatal con movimientos que pretenden actuar localmente sobre los efectos que el mercado mundial provoca en sus espacios sociales y territoriales concretos.

Este esfuerzo por una reorientación de los conflictos, para situarlos en una escala global, permite identificar una triple tendencia en la evolución reciente de los movimientos sociales en España, resultado de su propia convergencia y *normalización* con respecto a la evolución del conjunto de movimientos en Europa. En primer lugar, una tendencia a la «espectacularidad de la protesta», con la intención explícita de convertir todo pequeño escenario de protesta en *símbolo* de un conflicto global. La importancia del efecto comunicativo fue una lección del movimiento zapatista muy rápidamente aprendida en Europa[9]. La rebelión en Chiapas se convirtió muy pronto en ejemplo no tanto por situar el neoliberalismo como objetivo de toda estrategia emancipatoria y por su capacidad de resistencia militar, sino por su eficacia comunicativa. En segundo lugar, la tendencia a dirigir las reivindicaciones de los movimientos hacia agentes que se fugan de los canales institucionales del control democrático. Y, en tercer lugar, el esfuerzo sistemático por contribuir a la visibilización política de nuevas identidades colectivas, capaces de trascender los obstáculos de la geografía política fragmentada construida, paradójicamente, por el nuevo régimen de acumulación global (Della Porta y Mosca, 2005).

Este esfuerzo de imbricación sistemática del conflicto, desde el punto de vista simbólico y comunicativo, en una escala global es lo que permite interpretar que las acciones *glocalizadas* de multitud de movimientos forman parte de un repertorio relativamente homogéneo (Iglesias, 2005, pág. 81): desobediencia civil, ocupación del espacio urbano y confrontación, definición del mensaje en el propio desarrollo del conflicto, acciones espectaculares durante el desarrollo de manifestaciones masivas, etc. Dichas acciones, situadas al margen de las agendas locales e incluso estatales, pese a desarrollarse siempre como acciones localizadas y construidas sobre la base de un tejido social anclado en el territorio, nacen cada vez con más frecuencia a través de la cooperación con grupos a nivel internacional, y tienden a redefinir las ciudades espacio de la acción como representación de metrópolis globales. Los movimientos están obviamente condicionados por un marco geográfico estatal, e impregnados de una historia singular determinada por ese marco. Pero lo significativo es que cada vez es más difícil caracterizarlos a partir de ese marco: por un lado, porque sus objetivos son directa o indirec-

---

[9] Los «monos blancos» de los *Tute Bianchi* son la adaptación europea del pasamontañas zapatista.

tamente instituciones de control de la economía mundial o del sistema interestatal que están mas allá de las unidades nacionales; y, por otro lado, porque el territorio de expresión del antagonismo está más definido por las ciudades globales como condensaciones del espacio global que por el territorio estatal o local (Sassen, 2007).

Sin embargo, pese al efecto comunicativo de representación de una «comunidad global» en cada escenario de conflicto, todavía resulta evidente que las acciones cotidianas de los movimientos sociales en España se hallan fragmentadas políticamente. Como resultado de la desarticulación política, las acciones se traducen en multitud de resistencias parciales a las consecuencias de la racionalización extrema del sistema productivo y la descomposición de los Estados de bienestar: ocupación y autogestión de espacios, producción y consumo alternativo a pequeña escala, redes que trabajan contra la pobreza y la exclusión, opositores a la biotecnología, movimientos de educación popular, contra la precariedad laboral, en defensa de derechos sociales básicos, etc. Si bien dentro de un repertorio de modalidades de acción colectiva relativamente compartido ya a escala europea (Echart y otros, 2005, pág. 123): el pacifismo clásico, la acción directa, las acciones lúdicas y culturales del modelo británico de *Reclaim the Streets*, y las variantes de la desobediencia civil y social puesta en práctica por los *Tute Bianche*.

Otra de las paradojas de la situación actual de los movimientos sociales resulta de construir la cooperación y coordinación a nivel internacional sin pretenderla muchas veces a nivel estatal. Pese a la potencialidad que ha abierto el uso estratégico de las tecnologías de la comunicación, sigue siendo muy difícil confeccionar canales estables de participación más allá de las fronteras nacionales, de momento sólo las contracumbres demuestran su eficacia en este sentido —todavía hoy tras el reciente encuentro del G-8 en Alemania—. Pero el efecto contradictorio y ambiguo de la internacionalización de los movimientos es con frecuencia un repliegue hacia lo local en los ámbitos estatales. Ello puede fortalecer los movimientos si la experiencia que para muchos colectivos y militantes supone la participación en las contracumbres, logra desplazarse hacia la construcción de redes locales de cooperación. Es significativo por ejemplo, como señala Fernández Durán (2006), que buena parte de los colectivos y redes activos en el movimiento antiglobalización, tras su auge en el período 2001-2003, que políticamente se expresaron en una fuerte movilización contra la guerra de Irak (Prat, 2006), se hayan activos actualmente en las distintas plataformas de defensa del territorio.

Pero también es posible una interpretación más pesimista, según la cual el principal problema del movimiento antiglobalización en España es su excesiva *deslocalización*, es decir, su precario arraigo en redes o bases locales como resultado de un nacimiento fuertemente marcado por el mimetismo respecto a las corrientes movilizadoras provenientes de redes globales (Gil Calvo, 2007)[10]. Desde nuestro punto de vista, reconociendo el carácter ambiguo de los efectos a nivel local que conlleva la internacionalización de las protestas, lo característico de la situación actual es la tendencia a globalizar

---

[10] El argumento de Enrique Gil Calvo, que interpreta las redes altermundistas como el resultado de un capital social supletorio de jóvenes socialmente *deslocalizados* y, por tanto, con un cada vez más débil capital social heredado y adquirido en sus contextos cercanos, resulta muy interesante, pero tiene su límite al asentarse en una conceptualización homogénea de la juventud, precisamente cuando son sus propias fracturas internas una de las causas de la construcción de redes de movilización. Más apegado al estudio del desarrollo de los movimientos concretos, aunque circunscrito al caso del ecologismo, es el libro de Manuel Jiménez Sánchez (2005) en el que reconstruye la fragmentación local que tradicionalmente ha arrastrado el movimiento ecologista español.

las agendas de los movimientos, con independencia de que ello conlleve o no una más densa y estructurada red de cooperación entre los movimientos que trabajan en torno a las mismas problemáticas en cada ámbito estatal. La evolución del movimiento ecologista es, en este sentido, representativa de una progresiva convergencia de las agendas de los movimientos en dos direcciones: a nivel internacional, si no a través de la cooperación directa, sí en el sentido de las reivindicaciones —cuya significación política se construye siempre en referencia a la situación global—; a nivel estatal, con la progresiva integración de prácticamente todas las campañas directamente vinculadas al medio ambiente dentro de campañas y de movimientos de carácter más amplio.

Por lo tanto, en el caso español, el principal escollo en la convergencia de las movilizaciones, no se sitúa en la diversidad de reivindicaciones y la pluralidad de intereses que contienen, sino que probablemente haya que buscarlo en la disparidad de las trayectorias de militancia muy fragmentadas por la tardía y quebrada a nivel territorial constitución del espacio político institucional español. De modo paralelo a la descomposición ideológica y política de la fuerza de los movimientos en los años 1980, tuvo lugar en España una ruptura y fragmentación de las trayectorias militantes, cuya memoria sigue marcando hasta la actualidad las posibilidades de coordinación y cooperación entre distintos movimientos sociales del Estado. Quizá de un modo más agudo que en otros países, las dificultades —nacidas ya en la primera institucionalización de la historia de nuestros movimiento sociales en la época del primer gobierno socialista— para crear un espacio intermedio entre los movimientos que mantuvieron su autonomía e independencia política y los que adoptaron la vía de la institucionalización o la «subvención» —incluido un amplio espectro del espacio de las ONG—, siguen marcando los límites a la convergencia posible entre diferentes colectivos dentro del Estado español.

Pero incluso desde este punto de vista más concreto de las trayectorias militantes de los colectivos involucrados en los movimientos sociales, es posible sostener que el «ciclo de la antiglobalización» ha abierto espacios para la convergencia puntual en los últimos años. En el caso español, podríamos condensar el punto de inflexión en la redefinición de los proyectos y repertorios de acción —que ha hecho posible una relativa aproximación y entrelazamiento de base entre los colectivos—, en la consolidación a finales de la década de los años 1990 de tres movimientos representativos tanto de la herencia como del futuro de los movimientos sociales en España: la construcción de la Red Ciudadana por la Abolición de la Deuda Externa (RCADE); el desarrollo en España de ATTAC; y los Movimientos de Resistencia Global (MRG, Hemen eta Munduan en Euskadi). Herederos de tres trayectorias de militancia muy diferenciadas (desde los movimientos cristianos de base hasta los centros sociales ocupados, pasando por las minorías críticas de la vieja izquierda), sus respectivos procesos de convergencia y apertura hacia el conjunto de movimientos —en algunos casos, como hemos señalado, forzada por la propia estrategia de cierre de las arenas políticas institucionales— es lo que ha sentado las bases para el modo en que en el Estado español se han reflejado los ciclos de movilización global.

Como antecedentes de este proceso a nivel internacional parecen claros los desencadenantes inmediatos que tuvieron lugar durante la etapa de transición de los años 1990: primero el levantamiento zapatista en 1994, la constitución de Acción Global de los Pueblos (en 1998) y finalmente la explosión mediática que representó la «batalla de Seattle» en 1999. En el ámbito español, el principal antecedente de las formas de movilización de los últimos años estuvo representado por el *Movimiento contra la Europa de Maastricht y la Globalización Económica*, nacido en 1995 a raíz de los actos de protesta que se realizaron coincidiendo con la presidencia española de la UE, pero que tiene su inicio en la campaña contra el FMI, el BM y el GATT con motivo del 50 aniversario de la fundación de estas instituciones (en 1994), y con la preparación del foro alternativo «Las otras voces del planeta». En segundo lugar, con un origen radicalmente distinto, se inicia (por parte de Manos Unidas, Intermón, Cáritas y Justicia y Paz) la campaña «Deuda externa-¿deuda eterna?». Como síntoma del ambiente que comenzaban a vivir una creciente diversidad de colectivos, la capacidad de convocatoria de la campaña se ve completamente sobrepasada y da paso a la constitución de RCADE y de la nueva Campaña por la Abolición de la Deuda Externa.

Inmediatamente después, la intensificación de las movilizaciones y la coordinación creciente, se orientan ya de un modo sistemático hacia objetivos determinados por una agenda internacional. En el año 2000 se constituye definitivamente la coordinadora española de ATTAC (siguiendo el llamamiento realizado por la edición española de *Le Monde Diplomatique*), y se crea la primera gran coordinadora estatal de movimientos estrictamente enraizada en los movimientos alterglobalizadores de escala internacional. En la mayor parte del Estado, dicha coordinadora adoptará el nombre de Movimiento de Resistencia Global (MRG) y su primera tarea será coordinar la participación en las acciones de protesta de septiembre de 2000 contra la cumbre del FMI y del BM de Praga. La diversidad de sus formas organizativas internas expresaba las tensiones propias del movimiento emergente: en algunos sitios permaneció como plataforma de colectivos mientras en otros se redefinió como movimientos asamblearios formados únicamente por personas y sin representación formal de los colectivos[11]. El primer momento del ciclo era ya imparable, continuó en Niza y tuvo su máxima expresión en España en las movilizaciones contra la Conferencia anual del Banco Mundial que debía celebrarse en Barcelona en junio de 2001. Pero la reacción fue igualmente rápida, y la militarización de la ciudad de Génova ante las acciones de protesta contra la cumbre del G-8 marcan un nuevo punto de inflexión, pues la visibilización de un objetivo político que representan las cumbres internacionales, obliga a sus organizadores a desplazarlas a lugares apartados y de difícil acceso.

A partir del punto culminante que representó Génova, si bien hay un cierto repliegue en la presencia mediática del movimiento y en su capacidad de movilización, en tanto que movimiento antiglobalización, la agenda concreta abierta por las guerras de Afganistán e Irán darán lugar a lo que probablemente fue la convocatoria con mayor

---

[11] En cualquier caso, pese a su diversidad y relativo repliegue en los años siguientes, las coordinadoras y colectivos surgidos en este momento de auge de las movilizaciones se han convertido en un referente para los movimientos más clásicos, conscientes de que su renovación pasa por un acercamiento a las nuevas formas de movilización. Así lo refleja la historia de los Foros Sociales a la que ya hemos hecho referencia, y en este mismo sentido se expresaba el recién elegido Presidente de la Federación Regional de Asociaciones de Vecinos de Madrid (FRAVM), al señalar cómo el movimiento vecinal «es un movimiento que nació hace más de 35 años y que necesita, en algunos casos, abrirse, tomar aire fresco e incorporar nuevas temáticas, nuevas aspiraciones de la población que se han organizado en otros movimientos ciudadanos con los que hay que entrar en contacto. Necesita, también, ampliar su política de alianzas y lanzar una mirada a todas las expresiones de la población que sufren otros problemas y que plantean otras reivindicaciones y otras formas de luchar por alcanzarlas que no son las propias de la FRAVM» (Entrevista a Nacho Murgui, *Diagonal*, núm. 57, junio de 2007).

participación a nivel mundial, en el llamamiento contra la guerra realizado por el Foro Social Mundial para el 15 de febrero de 2002, y en la que se calcula participaron casi tres millones de personas en todo el Estado español, con casi un millón de participantes en la manifestación de Madrid.

En el plano doméstico, sin duda alguna, las decisiones y derivas internacionales del Gobierno del PP actuaron como un desencadenante específico de un nuevo ciclo de movilizaciones, redefiniendo una vez más las distancias de los movimientos sociales con respecto al modelo político de la democracia representativa; la enorme dureza descalificativa con respecto a las movilizaciones contra la intervención militar en Irak y la guerra subsiguiente animó una auténtico resurgir de las protestas antibélicas en España, otra vez expresadas con un carácter esporádico y reactivo, pero con una fuerte repercusión en la vida cotidiana de nuestro país. Las movilizaciones espontáneas tras los atentados del 11 de marzo y su influencia directa en el clima electoral (Sampedro, 2005), abrieron un nuevo espacio de legitimidad para la acción al margen de los mecanismos institucionales (a la vez que definía sus límites) y así un espacio de movilizaciones antibélicas primero y después contramovilizaciones programadas desde los espacios más conservadores del espacio político nacional (adquiriendo paradójicamente la forma de manifestaciones y movilizaciones en la vía pública, forma que se había criticado por los mismos actores hasta la ridiculización sólo unos años antes) han convertido a la protesta en la calle (y la guerra de cifras asociada a ella) en un curioso marco de expresión de los conflictos en los últimos años. Aunque resulte casi anacrónico la calle ha vuelto a ser un escenario para la política española en temas como el terrorismo, el orden mundial y la seguridad ciudadana en el primer decenio del siglo XXI.

De la misma manera que la primera transición a la democracia permitió un breve momento de superposición y fusión de espacios a través de la religación simbólica relativa que permite la participación electoral, las elecciones que se realizaron el 14 de marzo también mostraron su efectividad para la movilización de los imaginarios sociales de cambio, aunque la fragmentación y desmovilización tras el momento mítico de «unidad» que simbolizan las elecciones se volviese a producir sin hacerse esperar demasiado, pero eso sí con un carácter matizado y relativo debido a la amenaza del poder conservador protagonizada por un discurso político y una presencia social fuertemente retardataria[12]. En esta apertura de la arena política de izquierdas hacia sensibilidades cercanas a los movimientos sociales, el Gobierno del PSOE por una parte trata de institucionalizar las demandas de colectivos que han estado siempre en primera línea de movilización con leyes como la de violencia de género o del matrimonio homosexual, lo que indica una transformación de las temáticas de las movilizaciones colectivas en el reconocimiento jurídico de libertades individuales positivas o negativas; por otra parte se trata de abrir un período de tolerancia simbólica —siempre en tensión— para con las movilizaciones «antisistema» que conocen un relativo repliegue hacia actividades locales, con menor volumen de participación en términos cuantitativos, como la campaña contra la Constitución Europea, la continuación de las actividades por la abolición de la

---

[12] Iglesias (2005, pág. 86) se pregunta qué hubiera ocurrido si hubiera ganado las elecciones el PP. Las condiciones singularísimas creadas por los atentados y la política informativa del Gobierno de aquel tiempo provocaron una fuerte movilización de repulsa; pero probablemente, a medio plazo, el efecto desmovilizador de la convocatoria electoral hubiera sido el mismo, como lo fue en el hábil adelanto de las elecciones realizado por De Gaulle tras las movilizaciones de mayo de 1968.

Deuda Externa y la progresiva creación a lo largo de todo el Estado de las plataformas contra la especulación, la precariedad y por una vivienda digna. La presencia en muchos gobiernos e instituciones locales y regionales, la fuerza, los apoyos y la crudeza de las políticas y los discursos más conservadores en la España de principio del siglo XXI hacen que una cierta porosidad en la política institucional de izquierda trate de absorber las ideas y novedades de los movimientos —incluso los más radicales— para contener la fuerza del discurso y de las acciones de las fuerzas conservadoras de nuestro país, activas en una oposición muy dura presente no sólo en el ámbito político, sino también en la vida cotidiana (temas de enseñanza y laicidad, lucha antiterrorista, formas de convivencia, definición de la ciudadanía, etc.).

Las movilizaciones por una vivienda digna (mezcladas con las expresiones de protesta contra la precariedad laboral sobre todo juvenil) son representativas de la situación actual de los movimientos y de las contradicciones a las que se enfrenta su evolución en el interior de las sociedades desarrolladas. Pueden ser consideradas como síntoma de las dificultades para recomponer dentro de los límites estatales la fuerza que el movimiento ha adquirido en su dimensión altermundista. Dentro del marco democrático del capitalismo avanzado, la posibilidad de construir políticamente intereses —por muy evidente que resulten determinadas necesidades objetivas— al margen del marco institucional, sigue enfrentándose a la indiferencia general del grueso de la sociedad, y en particular de unas desestructuradas clases medias orientadas hacia modos de vida que permitan la salida individualizada de los peligros de la desestabilización laboral —y que, en este caso concreto, siguen percibiendo la vivienda en propiedad como anclaje social y como sueño de un posible enriquecimiento—. Y ello invita a repensar la capacidad del nuevo ciclo de movilizaciones para hacer converger una creciente diversidad de subjetividades antagonistas; contemplado desde el punto de vista del primer mundo europeo, parece al menos que se puede discutir su heterogeneidad a partir del perfil social de la mayoría de militantes implicada en ellos. Las escasas investigaciones en torno al perfil de los activistas implicados en las movilizaciones antiglobalización (Tejerina y otros, 2005; Caínzos, 2006; della Porta, 2003) no sólo muestran la presencia mayoritaria de jóvenes, sino que la inmensa mayoría de ellos tiene o se encuentra realizando estudios superiores (González y Barranco, 2007, págs. 275 y sigs.). De modo que, como resulta evidente para la mayor parte de los movimientos, sólo la profundización de la internacionalización del conflicto permitiría transformar las relaciones de clase en el interior de las sociedades avanzadas, y abrir un espacio para la convergencia real de la pluralidad de subjetividades contenidas en los viejos, los nuevos y los novísimos movimientos sociales.

7.   CONCLUSIÓN

Por todo ello, el cambio histórico obliga ya a pensar la distancia que separa las últimas expresiones de los movimientos sociales respecto de las interpretaciones realizadas sobre la emergencia del ecologismo, feminismo y pacifismo en los años 1960 y 1970. Muchas cosas han cambiado desde que los nuevos movimientos sociales fueran conceptualizados como procesos de visibilización social que iban más allá del conflicto institucionalizado regulado por el Estado social —centrado en torno a la distribución del poder político formal o del excedente económico e identificado con el «viejo» movimiento obrero—. Esa *gramática de las formas de vida*, como la denominara Habermas (1987, 556), sobre la que se construían los nuevos conflictos, si bien nunca fue plenamente autónoma con respecto a los problemas de *distribución*, parece haberse comenzado a reescribir en los últimos años resituando los procesos económicos en el centro[13].

Tal y como señalaba Alain Touraine refiriéndose al contexto de los años 1960-1970, justo cuando la vida política aparecía «cada vez más organizada alrededor de la elección de políticas económicas, los nuevos movimientos sociales tratan de problemas prácticamente excluidos de la vida pública y considerados como privados» (Touraine 1984, págs. 321-322). Sin embargo, los últimos años parecen apuntar a una cierta reintegración y una creciente concienciación de las interconexiones entre los espacios colonizados del «mundo de la vida» y las relaciones más estrictamente económicas. Por ello, si la energía de los movimientos en los años 1960 nacía de una cierta desafección respecto a la política institucional y la emergencia de una *política más allá* del Estado, ahora se trataría de una recuperación de la política no tanto en el espacio escindido de la vida privada como en el de una emergente ciudadanía —pública— global.

Los últimos años han puesto de manifiesto una progresiva confluencia de los espacios de conflictividad social, dentro siempre de una relativa autonomía de los ejes clásicos de los nuevos movimientos sociales. Desde la propia literatura animadora de los movimientos (Hardt y Negri, 2002, pág. 66) se subraya, quizá con demasiado optimismo, esta convergencia de las resistencias cotidianas pues «ahora las luchas son a la vez económicas, políticas y culturales y por lo tanto son luchas biopolíticas, luchas por la forma de vida. Son luchas constitutivas que crean nuevos espacios públicos y nuevas formas de comunidad». Sin embargo, frente a las formas organizativas adoptadas por el movimiento obrero tradicional, desde su origen en torno a los años 1960 las nuevas formas de movilización *no están centradas* en la organización de las subjetividades políticas que contienen; ni lo están en sus repertorios de acción y estrategias de actuación, ni lo están en los temas de su agenda, ni mucho menos aún en las subjetividades que expresan y reconstruyen con su propia acción reivindicativa. De hecho las interpretaciones sobre el surgimiento de los nuevos movimientos sociales, ya en su momento de primera reconstrucción en los años 1980, parecían poder realizarse como resultado del declive político de la subjetividad obrera, de tal forma que la hegemonía socialdemócrata en la construcción de los intereses a largo plazo, había quedado definitivamente bloqueada por el doble efecto histórico de la crisis del modelo de desarrollo y la reducción política de la clase obrera; de este modo, definidas en negativo, las nuevas formas de acción colectiva surgían dentro del hueco en la representatividad política creado por nuevos sujetos sociales, en particular por la emergencia de tres segmentos sociales in-

---

[13] Si bien no es representativo del heterogéneo conjunto de propuestas surgidas de los movimientos *alterglobalizadores*, sí es significativo el tipo de programa de acción inmediato contemplado por Alex Callinicos en su *Manifiesto anticapitalista*. En ese programa prácticamente todos los ejes de acción giran en torno a lo que podríamos considerar una redistribución política del poder económico: cancelación inmediata de la deuda del Tercer Mundo; introducción de la Tasa Tobin; restauración de controles al flujo de capitales; introducción de la renta básica; reducción de la jornada laboral; defensa de los servicios públicos y renacionalización de industrias privatizadas; fiscalidad progresiva; abolición de los controles a los flujos migratorios; actuación inmediata sobre degradación ambiental; disolución del complejo militar-industrial; y defensa de las libertades civiles (Callinicos, 2003, págs. 132-139).

frarrepresentados en el movimiento obrero tradicional de los países desarrollados: «los profesionales asalariados, los empleados del sector servicios «feminizado» y la fuerza de trabajo no especializada o semiespecializada *etnizada»* (Arrigui y otros, 1999, pág. 75).

Por ello, hasta la actualidad, los nuevos movimientos sociales mantienen la ambivalencia ideológica de su doble construcción social y política —expresada ahora más a escala mundial que estatal—, a la vez como expresión de límites y conciencia crítica de la izquierda tradicional, y como apertura a una condición social más plural no reducida a la redistribución económica. Sin embargo, es posible señalar que el carácter global que tiene actualmente la autoconstrucción de los movimientos, está conduciendo a una parcial y paulatina *rematerialización del conflicto*, difícilmente interpretable ya a través de las lecturas «culturalistas» que se hicieran sobre la «novedad» de los nuevos movimientos (Wallerstein 2007). Ello estaría haciéndonos entrar en una época de cierta recomposición en los movimientos de la brecha entre lo expresivo y lo instrumental al enlazar, en casi todas las formas de resistencia, la lucha en torno a viejas reivindicaciones de la izquierda —reinterpretadas ahora por los movimientos surgidos de la periferia del sistema—, con las reivindicaciones nacidas de los ejes —también ya clásicos— definidos por las nuevas subjetividades antagonistas de las sociedades centrales.

BIBLIOGRAFÍA

ALGUACIL, J., «La utopía de los nuevos movimientos sociales en marcha: "otro mundo es posible"», en *Sociedad y Utopía*, 22, 2003, págs. 135-153.

ALONSO, L. E., «Los nuevos movimientos sociales y el hecho diferencial español: una interpretación» en José Vidal Beneyto (coord.), *España a debate*, vol. 2 (La sociedad), 1991, páginas 71-98.

— «Crisis y transformación de los nuevos movimientos sociales en un entorno postfordista», en Pilar del Castillo (ed.), *Comportamiento político y electoral*, Madrid, CIS, 1994, págs. 576-606.

— «Nuevos movimientos sociales y asociacionismo», en M. Codorniú y G. Rodríguez Cabrero (coords.), *Las entidades voluntarias en España. Institucionalización, estructura económica y desarrollo asociativo*, Madrid, MTAS, 1996, págs. 89-112.

— *La crisis de la ciudadanía laboral*, Barcelona, Anthropos, 2007.

ALONSO, L. E. y JEREZ, A., «Hacia una repolitización del tercer sector», en A. Jerez (ed.), *¿Trabajo voluntario o participación? Elementos para una sociología del tercer sector*, Madrid, Tecnos, 1998, págs. 209-251.

AMIN, S., *Neoimperialismo en la era de la globalización*, Barcelona, Hacer, 2005.

— *Por la Quinta Internacional*, Barcelona, Montesinos/Viejo Topo/Papeles FIM, 2007.

ARRIGHI, G.; HOPKINS, T. K. y WALLERSTEIN, I., *Movimientos antisistémicos*, Madrid, Akal, 1999.

BECK, U., *Poder y contrapoder en la era global*, Barcelona, Paidós, 2004.

BÉJAR, H., *La cultura del yo*, Madrid, Alianza, 1993.

— *El mal samaritano*, Barcelona, Anagrama, 2001.

BELL, D., *Las contradicciones culturales del capitalismo*, Madrid, Alianza, 1997.

BOBBIO, N., *El tiempo de los derechos*, Madrid, Sistema, 1991.

CAÍNZOS, M., «La participación de los jóvenes españoles en manifestaciones. Comparación con los jóvenes europeos y análisis de sus determinaciones», *Revista de Estudios de Juventud*, 75, 2006, págs. 121-153.

CALLE, A., *Nuevos movimientos sociales. Hacia la radicalidad democrática*, Madrid, Editorial Popular, 2006.

Los nuevos movimientos sociales

729

CALLE, A., «Democracia Radical. La construcción de un ciclo de movilización global», *Revista de Estudios de Juventud*, 76, 2007, págs. 55-69.

CALLINICOS, Alex, *An anti-Capitalist Manifesto*, Cambridge, Cambridge Polity Press, 2003.

CASTELLS, M., *La ciudad y las masas*, Madrid, Alianza, 1986.

CODORNIÚ, J. M. y RODRÍGUEZ CABRERO, G., «Las entidades voluntarias en la construcción de un bienestar social», en M. Codorniú y G. Rodríguez Cabrero (coords.), *Las entidades voluntarias en España. Institucionalización, estructura económica y desarrollo asociativo*, Madrid, MTAS, 1996.

COLOM, F., «El multiculturalismo o los lenguajes políticos de la identidad», en J. M. Iranzo y R. Blanco (eds.), *Sobre las identidades*, Pamplona, Universidad Pública de Navarra, 2001, págs. 87-98.

DELLA PORTA, D., *New Global*, Bolonia, Il Mulino, 2003.

DELLA PORTA, D. y MOSCA, L (2005), «Globalización, movimientos sociales y protesta», *http://www.metapolitica.com.mx/43/breviario/crit_02.htm*.

ECHART, E.; LÓPEZ, S. y OROZCO, K., *Origen, protestas y propuestas del movimiento antiglobalización*, Madrid, Los libros de la Catarata, 2005.

FERNÁNDEZ BUEY, F. (2002), «Los movimientos sociales alternativos: un balance (julio, 2002), *http://www.edicionessimbioticas.info/artcle.phpid_article=162*.

— *Guía para una globalización alternativa: otro mundo es posible*, Barcelona, Ediciones B, 2005.

FERNÁNDEZ DURÁN, R. (2006), «El Tsunami especulador español y mundial», *http://www.ecologistasenaccion.org/article.4824*.

FUNES, M. J. y ADELL, R. (eds.), *Movimientos sociales, cambio social y participación*, Madrid, UNED, 2003.

GIL CALVO, E., «La deslocalización de la protesta juvenil», *Revista de Estudios de Juventud*, 76, 1997, págs. 147-161.

GONZÁLEZ GARCÍA, R. y BARRANCO, O., «Construyendo alternativas frente a la globalización neoliberal. Resistencias juveniles en Cataluña», *Revista de Estudios de Juventud*, 76, 1997, págs. 267-285.

HABERMAS, J., *Teoría de la acción comunicativa*, Madrid, Taurus, 1987.

— *Ensayos políticos*, Barcelona, Península, 2002.

HARDT, M. y NEGRI, A., *Imperio*, Buenos Aires, Paidós, 2002.

HARVEY, D., *El nuevo imperialismo*, Madrid, Akal, 2004.

HINES, C., *Localization: A Global Manifesto*, Londres, Earthscan, 2000.

IBARRA, P. y GRAU, E. (eds.), *La red en conflicto. Anuario de movimientos sociales,* Barcelona, Icaria, 2007.

IGLESIAS TURRÓN, P., «Un nuevo poder en las calles. Repertorios de acción colectiva del Movimiento global en Europa. De Seattle a Madrid», en *Política y Sociedad*, 42(2), 2005, págs. 63-93.

— «Algunos centenares de jóvenes de la izquierda radical: Desobediencia italiana en Madrid (2000-2005)», *Revista de Estudios de Juventud*, 76, 2007, págs. 245-265.

JEREZ, A.; SAMPEDRO, V. y LÓPEZ REY, J. A., *Del 0,7 a la desobediencia civil. Política e información del movimiento y las ONG de Desarrollo (1994-2000)*, Madrid, CIS.

JIMÉNEZ SÁNCHEZ, M., *El impacto político de los movimientos sociales. Un estudio de la protesta ambiental en España*, Madrid, CIS/Siglo XXI, 2005.

JURIS, J. S., «Violencia representada e imaginada. Jóvenes activistas, el Black Bloc y los medios de comunicación en Génova», en F. Ferrándiz y C. Feixa (eds.), *Jóvenes sin tregua. Culturas y políticas de la violencia*, Madrid, Anthropos, 2005.

LARAÑA, E. , *La construcción de los movimientos sociales*, Madrid, Alianza, 1999.

MORÁN, M. L., «¿Y si no voto, qué?. La participación política en los años ochenta», en Cruz R. y Pérez Ledesma (eds.), *Cultura y movilización en la España contemporánea*, Madrid, Alianza, 1997, págs. 359-386.

NEGRI, A. y HARDT, M., *El trabajo de Dionisos*, Madrid, Akal, 2003.

PASTOR, J., «La evolución de los movimientos sociales en el Estado español», en P. Ibarra y B. Tejerina (eds.), *Los movimientos sociales. Transformaciones políticas y cambio cultural*, Madrid, Trotta, 1998.

— «El movimiento "Antiglobalización" y sus particularidades en el caso español», *Revista de Estudios de Juventud*, 76, 2007, págs. 39-532.

PETRAS, J., «Una historia de dos foros», en R. Díaz-Salazar (ed.), *Justicia global. Las alternativas de los movimientos del Foro de Porto Alegre*, Barcelona, Icaria, 2002.

PRAT, E., *Movimientos por la paz*, Barcelona, Hacer, 2006.

REVILLA, M., «Zona peatonal. Las ONG como mecanismos de participación política», en M. Revilla (ed.), *Las ONG y la política*, Madrid, Istmo, 2002, págs. 15-65.

RIECHMANN, J., «Una nueva radicalidad emancipatoria: Las luchas por la supervivencia y la emancipación en el ciclo de protesta "post-68"», en *Redes que dan libertad. Introducción a los nuevos movimientos sociales*, Barcelona, Paidós, 1999, págs. 43-76.

SAMPEDRO, V. (ed.), *13-M Multitudes on line*, Madrid, Libros de la Catarata, 2005.

SASSEN, S., *Una sociología de la globalización*, Buenos Aires, Katz, 2007.

TAIBO, C., *Movimientos de resistencia*, Barcelona, Ediciones B, 2005.

— *Movimientos antiglobalización. ¿Qué son? ¿Qué piensan?¿Qué hacen?*, Madrid, Libros de la Catarata, 2007.

TEIJO, C., «Redes transnacionales de participación ciudadana y ONG: alcance y sentido de la sociedad civil internacional», en M. Revilla (ed.), *Las ONG y la política*, Madrid, Istmo, 2002, págs. 172-248.

TEJERINA, B.; MARTÍNEZ DE ALBÉNIZ, I.; CAVIA, B.; GÓMEZ, A. e IRAOLA, A., *Encuesta sobre el movimiento por la justicia global en España*, Bilbao, Universidad del País Vasco, 2005.

TILLY, Charles, «Los movimientos sociales entran en el siglo veintiuno», en *Política y Sociedad*, 42(2), 2005, págs. 11-35.

TOURAINE, A., *Le retour de l'acteur*, París, Fayard, 1984.

WALLERSTEIN, I., «La reestructuración capitalista y el sistema-mundo», Conferencia magistral en el XX Congreso de la Asociación Latinoamericana de Sociología, México, 2-6 de octubre, 1995.

— «El Foro Social Mundial en la encrucijada», en *América Latina en Movimiento*, págs. 385-386 (edición especial, Foro Social de las Américas), 2004. *http://www.fundanin.org/wallerstein15.htm*.

— *Geopolítca y geocultura*, Barcelona, Cairos, 2007.

18

Protección Social

Manuel Navarro López

1. Los orígenes de la protección social

En las sociedades occidentales nos hemos acostumbrado a la existencia de una serie de instituciones de asistencia y servicios públicos, y en menor proporción privados, que afectan a la vida cotidiana de los ciudadanos proveyéndoles servicios y prestaciones fundamentales; si bien en unas etapas de la vida más que en otras y a unos individuos más que a otros, dependiendo de sus condiciones particulares de vida. La salud, la pérdida del empleo, el nacimiento y la educación de los hijos, la salida del trabajo en una edad tardía, la protección frente a accidentes o catástrofes naturales o situaciones excepcionales como invalidez, discapacidad o pobreza, son todas ellas situaciones diversas en las que interviene ese conjunto de mecanismos de protección social que tienen como objetivo final hacer la vida más segura y confortable a los individuos. Son la parte visible y más importante de lo que se ha denominado Estado de bienestar, con cuya denominación se quiere hacer referencia a la calidad de vida de las sociedades en las que se ha evolucionado más en esa dirección. Entre ellas hay diferentes modalidades y particularidades que pasan por el papel del Estado y las peculiaridades de los mecanismos de protección social[1].

---

[1] El objetivo de este trabajo quiere ser un balance empírico de la evolución de los diferentes componentes que integran la protección social (más adelante definidos) en nuestro país a lo largo del período que se inicia con la transición democrática. Estos *mecanismos* de protección se organizan por el Estado y son el núcleo del denominado Estado de bienestar, al que se añade la educación. Desde los años 40 del pasado siglo la literatura sobre el EB ha sido profusa, generalmente en términos abiertamente ideológicos porque implica un modelo de sociedad alternativo al de una sociedad con un papel más residual del Estado. Lógicamente los matices ideológicos están presentes en toda forma de pensar sobre la sociedad, pero un *investigador* puede colocarlos en primer plano, creyéndolo su deber, o tratar de aportar hechos y puntos de vista alternativos para enriquecer la comprensión de un fenómeno social. Al igual que pasa con la religión si uno cree firmemente en la existencia de una verdad revelada nunca aceptará un hecho que vaya contra la misma, adaptando su interpretación a su propia creencia preestablecida. El EB se ha convertido, para algunos, en el centro del universo sociológico. Pero, los hechos, especialmente los económicos, parecen rebajar esa categoría.

Por todo ello, la literatura existente sobre el Estado de bienestar, *providencia o benefactor,* y sobre los

En todas las sociedades han existido formas de solidaridad con los más necesitados y con los que atraviesan situaciones personales especiales, vinculadas a la enfermedad, la discapacidad, la vejez o la pobreza; aunque a veces, incluso con frecuencia, se ha tratado con crueldad a las personas afectadas. En la mayoría de las sociedades del pasado la solución o remedio de esos problemas, hasta donde era posible, recayó en las instituciones familiares y de parentesco. En los orígenes de las sociedades occidentales en las que aparece el Estado moderno, se desarrollan las primeras instituciones asistenciales y benéficas públicas, que complementan la tutela familiar. Hospitales, asilos, escuelas, alojamientos, ayudas discrecionales económicas o en especie fueron creando con diversa eficacia un tejido de protección de los más necesitados, pero a veces de amplias capas de la población, desde una beneficencia en la que se aunaban los recursos de la monarquía, la nobleza y la Iglesia.

En los albores de las actuales sociedades industriales los individuos fueron arrojados a un mercado laboral, relegados a un núcleo familiar reducido, diluidos en poblaciones urbanas y quedaron solos e inermes ante situaciones sobrevenidas o acontecimientos inesperados. El siglo XIX ve generalizarse este modo de vida con la consecuencia de una nueva situación social que fue agravándose, en la cual es la totalidad de la familia la que queda inerme ante la adversidad. El capitalismo, en contra de conseguir la satisfacción de las necesidades y el bienestar de los individuos, tal como proponían los economistas clásicos, produjo en un principio situaciones extremas de explotación y de división social. La aparición de diferentes y sucesivas explicaciones y denuncias de ese modelo de sociedad, con la consiguiente aparición de movimientos sociales y partidos políticos, sindicatos y organizaciones a favor del proletariado fue creando una reacción tendente a paliar, si no a solucionar, esa problemática.

Paradójicamente, uno de los recursos que se mostraron más eficaces fue introducido por un aristócrata al servicio de una monarquía y de un Estado fuerte y conservador, el canciller Bismarck, que en 1881, anunció un programa de actuación, puesto en marcha en los años siguientes, que daba los primeros pasos hacia un sistema de protección social, predecesor del moderno Estado de bienestar[2]. De aquí brota la contraposición entre el Estado liberal de mínimos y aquel en el cual el Estado asume un papel intervencionista de diferentes niveles o intensidades. Sin embargo, se considera que el nacimiento del Estado de bienestar en los países occidentales se produce en la segunda mitad de los años 40, cuando se crea en Inglaterra una Comisión para el estudio de los seguros sociales, que conduce al Plan Beverigde (1942), el cual propuso la integración de todos ellos bajo una sola organización que dio origen a la Seguridad social moder-

---

temas aledaños (sanidad, pensiones, mercado de trabajo, familia, pobreza y exclusión social, etc.) es casi inagotable. En todo caso, este trabajo, enormemente laborioso por la cantidad de temas que encierra y la disparidad y complejidad del material estadístico que lo informa, tiene una ambición modesta y circunstancial, y, desde luego, ninguna finalidad personal o ideológica. Se centra en la descripción y análisis de los mecanismos de protección social, que no van a desaparecer, más que en un debate esencialista de fondo sobre su control, que parece más irrelevante de cara al siglo XXI.

[2] El compromiso ante el parlamento alemán se expresaba de manera muy concreta con las siguientes palabras definitorias: «se presentará por el gobierno un proyecto de ley sobre aseguramiento de los trabajadores contra los accidentes de trabajo (…) y un proyecto de ley de creación de un sistema, con base paritaria, de cajas de enfermedad. También se considerará la situación de quienes pierdan la capacidad de trabajo por edad o invalidez, pues tienen frente a la comunidad una pretensión fundada de mayor asistencia pública de la que hasta ahora se les ha dado».

na, con cuatro principios característicos: la ampliación del ámbito de cobertura, con la intención de que termine incluyendo a todos los ciudadanos; la creación de un órgano administrativo que gestione las prestaciones; la tendencia a la igualdad en las prestaciones para todos; y la intervención del Estado como garante y financiador

Así se ha forjado a lo largo del siglo xx el sistema de protección social que se ha generalizado en las sociedades desarrolladas: asistencia sanitaria, incapacidad temporal y permanente, pensiones de jubilación, viudedad y orfandad, seguro de desempleo, prestaciones familiares, asistencia social, y lucha contra la pobreza. Pero, ha habido diferencias tanto en el alcance y los contenidos, como en su financiación o en sus objetivos. No siempre el Estado benefactor alcanza a toda la población o incluye todo tipo de prestaciones, su financiación puede incluir una mayor o menor aportación de fondos públicos frente a las aportaciones de los trabajadores y puede perseguir las estrictas funciones de protección de los ciudadanos (Estado providencia o asistencial) o puede tener un explícito objetivo redistributivo y de igualitarismo; e, incluso, podría limitarse a un Estado de beneficencia dirigido sólo a los menos favorecidos.

En el caso de España algunos trabajos y documentos monográficos nos permiten remontarnos a los precedentes históricos de la protección social fundamentados en la beneficencia pública y privada, pero también podemos rastrear los primeros «sistemas de pensiones» (de militares y funcionarios civiles) y otros que aparecen ya definidos a mediados del siglo xix[3]. No obstante, los comienzos de las políticas de protección modernas nos remiten, como en el resto de Europa, a la penúltima década del siglo xix, aunque de un modo programático con la *Comisión de Reformas Sociales* (1883) creada para el «estudio de cuestiones que interesasen a la mejora y bienestar de la clase obrera». En parte por su influencia, pero también por el contexto europeo y las condiciones objetivas de la población van surgiendo diferentes legislaciones e instituciones, a principios del siglo xx, con graduales consecuciones: la primera ley de Accidentes de Trabajo (1900) que crea el primer seguro social, en 1908 el Instituto Nacional de Previsión (INP), que integrará las cajas que gestionan los diferentes seguros; el Ministerio de Trabajo (1920); y sucesivos seguros sociales, el Retiro Obrero, el Seguro Obligatorio de Maternidad, el Seguro de Paro Forzoso, el Seguro Obligatorio de Vejez e Invalidez (SOVI) y Mutualidades laborales diversas que van tejiendo unas estructuras de protección en la primera mitad del siglo xx, si bien no universales y muy heterogéneas que dieron lugar a agravios comparativos, dependiendo del lugar, sector y empresa de trabajo.

La protección social fue objeto relevante de atención política, en la Dictadura de 1923-1929, en la Segunda República (1931-1936) de una forma programática y bajo el régimen franquista que, por diversas razones, lo constituyó en objeto político de su interés. El INP, integrador de diferentes seguros sociales, se complementa con la organización de la sanidad pública a través del SOE (Seguro Obligatorio de Enfermedad), creado en 1942. A partir de los años 60, con el inicio del desarrollo económico, el incremento de la población asalariada y la necesidad de racionalización se proyecta la institución de la Seguridad Social como organismo encargado de establecer una asistencia sanitaria universal y unificar los distintos recursos de protección social, jubilación, in-

---

[3] Por ejemplo, entre otros, A. Barrada, *La protección social en España hacia 1845*, Fundación BBVA, Bilbao, 2001, 2 vols.; E. Maza, *Pobreza y beneficencia en la España contemporánea (1808-1936)*, Ariel Practicum, Barcelona, 1999; J. Álvarez Junco y otros, *Historia de la Acción Pública en España. Beneficencia y previsión*, Ministerio de Trabajo y Seguridad Social, Madrid, 1990

capacidad, desempleo, etc., que culmina con la Ley General de la Seguridad Social de 1966, que tiene rasgos actuales, pero que se enfrenta al menos a dos problemas esenciales: la financiación y la persistencia de seguros y mutuas que sobreviven, en ocasiones, para preservar intereses corporativistas.

Lo más característico ha sido la tendencia hacia un sistema público unitario e igualitario de protección social, pero también la supervivencia y, en algunos casos, fortalecimiento de instituciones privadas de asistencia social, que contribuyen de forma estimable a complementar los servicios públicos, en la medida en que son ineficientes y parciales. La tendencia es también hacia la profesionalización y la adscripción a empresas con poder de financiación. Hay todavía instituciones antiguas que sobreviven y que se integran actualmente en la contabilidad del sistema de protección social, aunque sean actividad privada asistencial sin fines de lucro. Entre ellas cabe citar expresamente por su imagen pública y tradición: Cáritas como órgano vertebrador de la asistencia social tradicional de la Iglesia católica, Cruz Roja Española, la «Obra social» de las Cajas de Ahorro y la Organización Nacional de Ciegos. Asimismo, se incluyen otras entidades como entidades de previsión social o mutualidades de profesiones liberales y empresas que realizan prestaciones directas básicas y complementarias de las de la Seguridad Social.

2. LA PROTECCIÓN SOCIAL EN LA ESPAÑA DEMOCRÁTICA

La evolución de la protección social en los últimos treinta años de la etapa democrática ha sido, como en el resto de Europa, de crecimiento a la par que la economía, de adaptación a los cambios económicos y sociales y de expectativa ante las consecuencias de nuevos cambios de los que la globalización es el eje. Podemos exponer a continuación la evolución de sus principales dimensiones estadísticas, en comparación con otros países, para después desmenuzar sus componentes de más relieve.

Al entrar a analizar datos estadísticos surgen problemas, más o menos importantes, según los casos. Primero, manejamos agregados de elementos individuales, que nos facilitan entender fenómenos cuantitativos que de otro modo sería inalcanzables; pero, esos agregados que nos representan la realidad, con harta frecuencia son tomados por la misma realidad, con lo cual las simplificaciones y deficiencias estadísticas se obvian, cuando no se manipulan. En segundo lugar, la elaboración de las estadísticas requiere conocer los recursos metodológicos utilizados, lo cual no siempre es posible, o son suficientemente complejos como para añadirlos a una explicación rápida de una cuestión. En tercer lugar, los objetos y su medición cambian a lo largo del tiempo y de una sociedad a otra, lo que dificulta las comparaciones temporales entre países, que son normalmente esenciales. En cuarto lugar, las estadísticas son realizadas por organismos oficiales y solamente recogen los registros de personas o acontecimientos de una forma selectiva y siempre los legales, por lo que pueden ignorar colectivos o agregados importantes, por ejemplo el trabajo irregular o la actividad privada de los profesionales sanitarios. Podríamos añadir algunas otras cuestiones, pero basten para alertar de la interpretación de datos como los que vamos a utilizar y para prevenir de algunas limitaciones que encontraremos.

El análisis de la protección social está especialmente enmarañado por la dispersión y complejidad de los servicios, prestaciones y *elementos* que incluye y la variedad de la población afectada y/o beneficiada, máxime cuando se trata de datos económicos. Si a ello añadimos comparaciones internacionales podemos entender las advertencias anteriores. Afortunadamente, los sistemas estadísticos de la Unión Europea facilitan esa labor a través de la homogeneización realizada en el denominado Sistema europeo de estadísticas integradas de protección social (SEEPROS). Los conceptos que incluye son fundamentalmente enfermedad y atención sanitaria, invalidez, vejez, supervivencia, familia e hijos, desempleo, vivienda y exclusión social no clasificada anteriormente[4]. Los tres grandes capítulos por volumen económico y número de personas afectadas son pensiones, sanidad y desempleo. El intervalo máximo de datos tratado de este modo va de 1990 a 2004[5] (aunque se dispone de datos más actuales en la mayoría de los países, pero sin homogeneizar).

Una forma de resaltar la importancia que tiene en nuestras sociedades la protección social es a través del montante de los gastos dedicados y su evolución[6]. En la Tabla 18.1 se recogen estos datos para algunos países europeos. Podemos observar que el gasto en euros por persona es superior a la media, en los más desarrollados, por este orden: Luxemburgo, Noruega, Suiza, Dinamarca, Suecia, Países Bajos, Austria, Bélgica y Alemania. Sin embargo, para valorar homogéneamente la evolución el criterio más comparable es el de las paridades de poder adquisitivo (PPA) cuyo incremento ha sido especialmente relevante en Portugal e Irlanda, que partían de niveles muy bajos. Pero, mientras en Irlanda se ha reducido el porcentaje del PIB dedicado a estos gastos, en Portugal ha subido 8 puntos.

Es evidente que el progreso de la protección social puede depender de diversos factores, pero ante todo y como es lógico, obedece a la riqueza o pobreza de las sociedades. Estarían en este último caso, la República Checa, Polonia y por detrás el resto de países del este europeo; y, en el opuesto, Luxemburgo, Suiza, Países Bajos, etc. Esta realidad contrasta la actualidad de los modelos tipificados de Estado de bienestar teóricos. Por ejemplo, el que distingue entre el continental, el nórdico, el anglosajón y el mediterráneo; o según los modelos sociales de capitalismo: el Estado social europeo, el igualitarismo sueco o el residual del mercado anglosajón. El modelo sueco sería el más avanzado, seguido del alemán y el más elemental el inglés y americano, con una situación intermedia de los países mediterráneos. Es cierto que hay otros componentes a considerar, pero lo más probable es que las diferencias se vayan diluido o sea esa la tendencia predominante. También, como veremos más adelante, aún persisten contrastes sustanciales en la forma de financiación, pero tienden también a igualarse[7]. Eso no es

---

[4] Consúltese la pagina web del Instituto Nacional de Estadística (*www.ine.es*) o bien la de Eurostat (*www.eurostat.com*). Las estadísticas básicas para España provienen indistinta y directamente de estas fuentes o del *Anuario de Estadísticas Laborales y de Asuntos Sociales* del Ministerio de Trabajo y Asuntos Sociales; salvo que se cite otra fuente diferente (*http://www.mtas.es/estadisticas/es/index.htm*). La web del INE y la del MTAS remiten al Eurostat. También, se han obtenido datos de la web del Ministerio de Sanidad y Consumo (*http://www.msc.es/estadEstudios/estadisticas/sisInfSanSNS/home.htm*)

[5] Para una descripción del sistema de protección social que abarca desde 1960 a 1990, véase E. Borrajo, «Sistema de protección social», en S, del Campo (ed.), *Tendencias Sociales en España (1960-1990)*, vol. II, Fundación BBV, Madrid, 1993, págs. 165-197.

[6] Sobre la distribución del gasto público global, N. Rueda, B. Barruso, C. Calderón, M. Herrador, «El grado de cobertura del gasto público en España respecto a la UE-15», FUNCAS, Documento de trabajo 328/2007.

[7] Una apreciación similar se puede encontrar en A. Millán García, «La protección social en la Unión Europea, ¿un modelo homogéneo?», ICE, enero-febrero de 2005, págs. 195-219.

óbice para plantear, por otro lado, una posible multiplicidad de modelos de protección social en el futuro como consecuencia de la incorporación de diversos países desde los latinoamericanos, los de Europa del Este o los asiáticos, donde el peso del sector público puede ser más reducido.

TABLA 18.1.—*Gasto total en Protección Social por países, período y valoración*

	1990			2004		
	PPA por persona	Euros por persona	Porcentaje del PIB	PPA por persona	Euros por persona	Porcentaje del PIB
UE 15	3.825,60	3.825,60	25,4	7.252,10	7.129,60	27,6
Euro área 12	..	3.834,60	25,5	6.886,70	6.874,40	27,7
Bélgica	4.230,40	4.107,80	26,4	7.889,80	8.131,20	29,3
Dinamarca	4.577,90	5.867,30	28,2	8.469,80	11.200,50	30,7
Alemania	4.500,90	4.744,50	25,4	7.238,80	7.893,20	29,5
Irlanda	2.120,90	1.955,50	18,4	5.232,20	6.164,10	17,0
Grecia	2.310,60	1.492,10	22,9	4.829,80	3.955,60	26,0
España	2.304,00	2.044,50	19,9	4.437,50	3.935,10	20,0
Francia	4.336,40	4.593,50	27,4	7.771,90	8.314,30	31,2
Italia	3.841,80	3.780,70	24,0	6.257,40	6.230,50	26,1
Luxemburgo	4.802,30	4.890,40	21,4	12.179,60	13.441,40	22,6
Países Bajos	4.963,00	4.834,80	31,1	8.055,50	8.576,60	28,5
Austria	4.445,40	4.406,50	26,0	8.062,10	8.409,50	29,1
Portugal	1.561,60	917,20	16,3	4.082,10	3.384,50	24,9
Suecia	5.286,20	6.993,00	33,1	8.756,30	10.315,50	32,9
Reino Unido	3.345,60	3.125,10	22,9	6.993,80	7.612,90	26,3
Noruega	4.196,10	5.643,10	26,2	9.153,90	11.750,00	26,3
Suiza	4.300,20	5.454,70	19,7	8.893,80	11.571,40	29,5
República Checa	—	—	—	3.130,70	1.670,40	19,6
Polonia	—	—	—	2.213,20	1.066,70	20,0

Fuente: EUROSTAT.

En lo que respecta a la sociedad española, el gasto por persona prácticamente se ha doblado (93% en PPA), durante los años considerados, si bien sólo alcanza el 61% de la media de los 15, dedicando el 20% del PIB, cifra también inferior en 7,6 puntos a la media europea. Es indudable que ese diferencial con Europa tiene consecuencias sobre el bienestar, pero hay que sopesar otros factores, a los que iremos aludiendo a continuación. Respecto a la totalidad del período desde la transición democrática hasta la actualidad, la protección social ha sufrido una transformación cualitativa y cuantitativa mayor, sobre todo en la extensión de la población protegida y en el aumento y mejora de las prestaciones[8]. Por las modificaciones detalladas de este intervalo de tiempo es

---

[8] La mayoría de los escritos sobre este tema recurren a la obviedad de que las prestaciones son insuficientes. La aportación original sería encontrar la fórmula de incrementarlas.

aún más difícil de estimar por las razones metodológicas aludidas. Podemos considerar, no obstante, algunos datos globales, y con prudencia, como el de trabajadores afiliados a la Seguridad social, el número de empresas o las pensiones en vigor:

TABLA 18.2.—*Afiliados a la Seguridad Social, empresas y pensiones contributivas (1976 y 2007)*

	1976	*2007*
Afiliados SS (miles)	10.286,1	19.358,8
Empresas (miles)	648,0	1.427,5
Pensiones contributivas	4.432,1*	8.268,7

* Dato referido a 1981.

Fuente: INE, Anuario estadístico de España.

3. LOS COMPONENTES DEL SISTEMA DE PROTECCIÓN SOCIAL

A continuación vamos a detenernos en la descripción de los avances de los elementos principales de la protección social, de los cuales los más relevantes por la población a la que se dirigen y el montante de gasto que representan, son sanidad, pensiones y desempleo (Tabla 18.2). Las ayudas a la familia, la vivienda o la lucha contra pobreza y exclusión social tienen obviamente una gran importancia y pueden crecer, pero por ahora absorben una proporción reducida del gasto social. Esta distribución es similar a la de la mayoría de los países europeos, salvo que los gastos dedicados al desempleo son superiores en nuestro país por motivos bien conocidos; y que los gastos destinados a familia y vivienda son sensiblemente más bajos. Finalmente, habrá que hacer referencia al recién introducido seguro de dependencia, del que hasta ahora hay ya algunas actuaciones, pero donde el grueso está por hacerse operativo.

TABLA 18.2.—*Distribución proporcional del gasto de Protección Social por países (2004)**

	Sanidad	Pensiones	Desempleo	Familia y vivienda	Otros
UE 25	28,27	53,95	6,51	9,80	1,46
UE 15	28,34	53,73	6,62	9,86	1,45
Euro área 12	28,23	53,73	7,42	9,10	1,52
Bélgica	27,74	50,91	12,47	7,28	1,60
Dinamarca	20,58	51,08	9,47	15,42	3,45
Alemania	27,16	51,28	8,56	11,33	1,67
Irlanda	42,13	28,55	8,26	18,80	2,26
Grecia	26,55	55,93	5,93	9,24	2,36
España	30,76	51,22	12,85	4,27	0,90
Francia	29,98	49,43	7,77	11,32	1,50
Italia	25,90	67,41	1,97	4,52	0,19
Luxemburgo	24,98	50,04	4,70	18,07	2,21

TABLA 18.2 *(cont.).—Distribución proporcional del gasto de Protección Social por países (2004)**

	Sanidad	Pensiones	Desempleo	Familia y vivienda	Otros
Países Bajos	30,37	52,54	6,26	6,11	4,72
Austria	24,98	56,49	5,96	11,12	1,45
Portugal	30,40	57,60	5,69	5,33	0,98
Finlandia	25,47	50,13	9,79	12,60	2,02
Suecia	25,39	54,85	6,21	11,39	2,15
Reino Unido	30,43	53,86	2,62	12,32	0,77
Noruega	33,14	48,67	3,14	12,51	2,55
Suiza	25,98	61,15	4,71	5,36	2,82
República Checa	35,27	49,04	3,92	8,87	2,91
Polonia	19,53	71,66	3,46	4,57	0,78

* Prestaciones de protección social son las transferencias, en dinero o en especie, de los planes de protección social a los hogares y las personas para liberarles de la carga de un determinado conjunto de riesgos o necesidades.

Fuente: EUROSTAT. Datos tomados de la web del INE

3.1. *Sanidad*

En la actualidad podemos afirmar que la sociedad española ha logrado tener un sistema sanitario que abarca a casi toda la población residente, de una forma razonablemente eficiente, tanto por proximidad de los centros asistenciales como por la calidad y especialización de la atención médica[9]. Esto ha sido un logro costoso, que equipara a nuestro país con el resto de Europa, aun cuando el gasto medio por persona sea inferior. Hay que tener en cuenta que la sanidad es prácticamente el único capítulo de protección social que se traduce en un servicio a los ciudadanos, casi homogéneo, y que como tal puede ser analizado en términos de productividad, esto es, relacionando los costes y los servicios prestados.

La asistencia sanitaria es la más importante medida de protección social que puede haber y su extensión a toda la población la práctica igualitaria más básica que se puede adoptar. De este modo se entendió en los primeros momentos de la etapa democrática por los partidos políticos firmantes de los Pactos de la Moncloa, que a partir del sistema de Seguridad Social existente, acordaron establecer unas bases sólidas que permitieran su extensión y progreso, mediante una cierta racionalización de su organización y una financiación pretendidamente estable y suficiente, con objeto de mejorar servicios y prestaciones e incorporar colectivos desfavorecidos hasta entonces[10].

---

[9] Solamente tienen derecho a la asistencia sanitaria gratuita los inscritos en la Seguridad social, el resto serán atendidos, pero facturando los servicios prestados. Igualmente, se extiende este derecho a toda la Europa Comunitaria, según los términos de una sentencia del Tribunal de Justicia de Luxemburgo de 2001, en la que se obligaba a reembolsar una atención hospitalaria prestada a un ciudadano en un determinado país, por al menos el coste de lo que hubiera supuesto esa asistencia en su propio Estado.

[10] De hecho, la población protegida se incrementó en 6,5 millones entre 1976 y 1980.

Desbordaría el objetivo de este trabajo hacer un análisis empírico de la sanidad española en la etapa democrática, por otra parte poco viable por la debilidad de las estadísticas, y tampoco una descripción exhaustiva en el momento actual. Desde mediados de los años 90 las estadísticas han ido mejorando, en algunos extremos, pero no contamos con datos comparables para seguir la evolución del sector. Por eso vamos a utilizar unos indicadores básicos con objeto de explicar sus dimensiones, algunas características de relieve y comprender su organización en términos de distribución sectorial y funcional de los recursos o la imbricación entre la sanidad pública y la privada. En primer lugar, el gasto sanitario ha aumentado en todos los países: entre 1990 y 2004, la media de la Europa de los 15 pasó a ser de 1.026 unidades de paridades de poder adquisitivo (PPA) por habitante, a 1.975; pero la proporción del total de gastos de protección no varió (Tabla 18.2). En cambio, España tuvo que aumentar en mayor medida estos gastos al pasar del 28,8 al 30,8% del total de la protección social, y de 647 a 1.329 PPA por habitante, con lo que multiplicó por 2,05 los recursos. En términos monetarios absolutos significó, por ejemplo, la suma de 52.713,2 millones de euros (2005), desde 26.789,6 millones en 1995[11]. Además, la población protegida con derecho a asistencia sanitaria, que como se ha citado, se dobló desde 1976, tuvo también un crecimiento fuerte en este período más reciente.

El gasto sanitario público ha sufrido primero un cierto proceso de concentración al integrar servicios dispersos y luego de descentralización al ceder la mayor parte a las autonomías, las cuales gestionan el 90% del total, quedando un gasto residual para el resto de las administraciones (Tabla 18.3). Esta estructura se ha mantenido casi constante en la última década, salvo por el papel del sistema de SS que alcanzaba en 2001, antes de la última cesión a las Comunidades Autónomas, el 33,7%; y no tendría mayor importancia si no fuese porque estas transferencias han abierto algunas dudas sobre la homogeneidad territorial de la asistencia sanitaria en el futuro.

TABLA 18.3.—*Distribución del gasto sanitario público por sectores de gasto (2004)*

Administración Central	1,38%
Sistema de Seguridad Social	3,18%
Mutualidades de Funcionarios	3,55%
CCAA gestión directa	89,99%
CCAA gestión no transferida	0,22%
Corporaciones locales	1,88%
Total gasto público	100,00%

Fuente: MSC. *http://www.msc.es/estadEstudios/estadisticas/inforRecopilaciones/gastoSanitario2004/home.htm.*

---

[11] Todos los datos referentes a España se pueden encontrar en el Ministerio de Sanidad y Consumo (*www.msc.es*) o en el INE.

Por otra parte, el gasto público se distribuye funcionalmente, es decir por el tipo de atención prestado u otros componentes, según las categorías que se detallan en la Tabla 18.4. Hay tres capítulos que concentran el gasto: los servicios hospitalarios y especializados que se llevan más de la mitad del presupuesto, el gasto farmacéutico y los servicios primarios de salud. De ahí, que todo intento de mejora de la productividad o de recorte de estos gastos debe prestar atención a esos capítulos y por eso la atención se ha puesto, de manera más acusada, en el coste de los fármacos que es el único que ha variado sustancialmente: ha crecido cinco puntos porcentuales en los últimos 17 años, a pesar de la presión ejercida para reducir su monto (se han sacado medicamentos del sistema de copago, se han introducido los genéricos y se ha recortado la factura de los laboratorios).

Al analizar el sistema sanitario español, al igual que en otros países, hay que tomar en consideración la distinción entre la sanidad pública y privada. Así, el 71% del gasto total en 2003, perteneció al sector público y el resto al privado (16.500 millones), pero el primero ha ido en constante disminución desde 1990, fecha en la que representó el 78,7%. Esta distribución, es parecida, no obstante, a la del resto de Europa (donde la sanidad pública supone un 76% del total), pero inferior a la de países como Reino Unido, Suecia, Luxemburgo y Dinamarca que está por encima del 80%; y superior a la de otros como Grecia, Países Bajos o Portugal.

Al gasto sanitario total que hemos referenciado antes habría que añadir el realizado por las familias, no contabilizado, que si bien siempre ha sido relevante, ha estado en constante aumento, a la par que el desarrollo económico. Baste señalar que las sociedades de asistencia médica suman un total de casi 9,4 millones de asegurados, con un montante por primas de 5.000 millones de euros, a finales de 2006[12]. Aún debe ser mayor el montante de los pagos adicionales y el dedicado a cuidados dentales, productos farmacéuticos y parafarmacéuticos, cirugías especiales (ocular, estética, etc.), acupuntura, fisioterapia, balneoterapia, reproducción asistida y otras.

No es, por tanto, la división publica-privada, como vamos a ver, un tema tangencial, más bien necesario para entender las prestaciones sanitarias. El Cuadro 18.1[13] explica, desde el punto de vista organizativo, las imbricaciones entre ambos sectores, público y privado de nuestra sanidad. Por diversos motivos existen unas estructuras institucionales y profesionales de larga tradición que se corresponden con una cultura de los usuarios que tiende a acomodarse a esa división y no parece que exista un cambio de tendencia en el futuro próximo o, en todo caso, a favor del sector privado.

En cuanto a los indicadores básicos de la sanidad, en los que se integran ambos sectores, se han sintetizado algunos datos en la Tabla 18.5 y de ellos podemos deducir algunas ideas básicas: que a pesar del aumento de la demanda de servicios sanitarios, las instalaciones (hospitales y camas) han ido descendiendo en términos relativos a causa del crecimiento importante de la población (pero, no así en términos absolutos). Lo que ha sucedido, también, es que se han utilizado más intensivamente y la duración media de hospitalización ha disminuido (menos estancias por 1.000 habs.), pero ha habido más actos quirúrgicos y una intensificación del uso de los quirófanos. Además, las consultas externas y las urgencias han ido en aumento.

---

[12] Datos del sector tomados de Expansión, 27 de junio de 2007, pág. 48

[13] Está tomado de N. Ahn, J.A. Meseguer y J. A. Herce San Miguel, *Gasto sanitario y envejecimiento de la población en España*, Fundación BBVA, Documento de Trabajo 7, 2003.

Cuadro 18.1.—*Esquema de la Financiación y provisión de servicios sanitarios públicos-priva-*

		PROVISIÓN	
		PÚBLICA	PRIVADA
FINANCIACIÓN	PÚBLICA	SNS (Servicios sanitarios autonómicos + INSSALUD) MUFACE ISFAS	Mutuas particulares de accidentes de trabajo Otras entidades concertadas con SNS: MUFACE, ISFAS
	PRIVADA	Mecanismos de copago y tasas o pagos por tratamientos específicos en los establecimientos públicos	Seguros médicos individuales o de colectivos para particulares y empresas Pago directo por asistencia pública

Por otra parte, según la entidad jurídica de quien dependen los centros hospitalarios, la sanidad privada representa una proporción relevante de la asistencia sanitaria en general y, en concreto en número de hospitales es superior a la pública (más de la mitad), aunque no así el número de camas y su utilización, porque el tamaño de los establecimientos es menor. Hay que tener en cuenta que aproximadamente un tercio de los privados son benéficos sin ánimo de lucro (Cruz Roja, Iglesia o la CECA[14]). En general, los centros privados son más reducidos, tienen menor actividad de atención en forma de consultas externas, pero efectúan casi el 40% de las intervenciones quirúrgicas, con una tasa de utilización de los quirófanos similar a la de los públicos. Sin embargo, el personal sanitario por cama es casi la mitad, pero obviamente puede no ser comparable, por la incidencia de la consultoría externa. Parecen ser más ahorradores en el gasto corriente, pero de nuevo la asistencia externa puede ser parte de la causa. Por último, mantienen un alto nivel de inversión, que ha ido creciendo en el conjunto del sector en los últimos años.

Este vigor del sector privado tiene algunas causas como las insuficiencias de la sanidad pública: demoras en consultas de especialistas e intervenciones quirúrgicas, la exclusión de la odontología y algunas otras actuaciones médicas; y por los gastos farmacéuticos y otros similares que han estado en constante aumento; en parte por la reducción del gasto público y también por una sanidad privada fortalecida por la adscripción secular de diversos colectivos (funcionarios o militares), la inscripción del personal de muchas empresas como un beneficio social, los conciertos de la sanidad pública y la especialización de una parte de entidades privadas en nuevas demandas sanitarias. Todo ello demuestra, una vez más, la dificultad de las comparaciones: por ejemplo, en este caso los gastos privados de los ciudadanos pueden ser mayores que en otros países con mayor gasto público y, sin embargo, su nivel de atención sanitaria real no muy inferior; o bien, que la productividad de la sanidad sea mayor, con el mismo efecto final.

---

[14] Obra Social de la Confederación Española de Cajas de Ahorro. Actualmente tiene 1.909 centros dedicados a asistencia social y sanitaria, con unos recursos de 489,2 millones de euros y 26,6 millones de beneficiarios. *Expansión*, 1 de agosto de 2007, pág. 14.

TABLA 18.5.—*Indicadores sanitarios, 1996 y 2004*

	1996	2004			
	Total	Total	INS	Otros públicos	No públicos
Centros hospitalarios					
Hospitales por 100.000 habs.	2,01	1,76	0,48	0,22	1,06
Camas por 1.000 habs.	3,91	3,42	1,88	0,37	1,17
Índices por 1.000 habs.					
Estancias causadas	1139,1	1008,95	564,56	113,39	330,99
Consultas externas	937,67	1267,75	826,27	140,73	300,76
Urgencias	432,32	554,07	356,45	50,9	146,73
Actos quirúrgicos	81,49	96,34	51,83	7,0	37,51
A. quirúrgicos/quirófano	953,84	1131,21	1135,27	1034,54	1145,53
Personal sanitario					
Total por 100 camas	1,66	2,06	3,73	2,5	1,55
Medicos por 100 camas	0,3	0,43	0,55	0,43	0,19
Índices economicos por hab.					
Compras y gastos en euros	373,3	596,97	424,55	56,33	116,1
Inversiones en euros	12,32	22,53	8,41	4,9	9,21

Fuente: INE, *Anuario Estadístico de España, 2000 y 2007.*

3.2. *Pensiones*

Las pensiones de jubilación, de discapacidad, de viudedad y de orfandad, constituyen la esencia de los sistemas de protección social. Surgen para resolver el problema de las personas que por motivo de edad o enfermedad quedaban indefensas, así como sus familiares. Son el capítulo más importante de los gastos sociales, pero con una peculiaridad añadida: la mayoría de esas pensiones tienen una vía de financiación que no viene del Estado, sino que se alimenta de las cotizaciones de trabajadores y empresarios (estas últimas como salario diferido), pero distribuidas a través del llamado sistema de reparto, de modo que las aportaciones del año en curso se destinan a pagar las pensiones en vigor. Éste ha sido el sistema generalizado en la mayoría de los países. Tiene la ventaja teórica de ser un auténtico seguro que garantiza el cobro de la pensión, en concordancia con las cotizaciones realizadas a lo largo de la vida laboral, pero en la práctica la dependencia de, llamémosles, avatares políticos ocasiona que funcione de una manera algo más compleja. De ahí su problemática: insuficiencia de recursos con la necesidad de aportaciones estatales, encarecimiento invisible de los costes laborales, regulaciones y excepciones que crean agravios comparativos, la exigencia de una costosa administración que solamente se ha aligerado y se ha hecho más transparente con la informatización; y la que resultará más espinosa en el futuro, su cimentación en una estructura demográfica tradicional.

Cuando se habla de Estado de bienestar la primera relación se establece con las pensiones, pero éstas tienen ese componente patrimonial que, incluso en el origen mutualista de algunas experiencias, revela una independencia y una diferencia respecto a otras prestaciones; si bien es cierto que progresivamente ambas se van diluyendo. De entrada, la primera clasificación de las pensiones que podemos considerar abunda en lo dicho: pensiones contributivas y no contributivas (siendo éstas las pagadas exclusivamente con fondos públicos). Entre las pensiones contributivas se diferencia entre regímenes: el general, el más universal, como es lógico, y otros ocho especiales: de la minería del carbón, el agrario por cuenta ajena y por cuenta propia, empleados del hogar, trabajadores autónomos, trabajadores del mar, el de accidentes de trabajo y enfermedades profesionales y el Seguro Obligatorio de Vejez e Invalidez (SOVI), que recoge una parte de los cotizantes de antes de 1967 (incluidos los del extinto y primitivo Retiro Obrero Obligatorio). Pero, la maraña legal de las pensiones no termina ahí porque habría que añadir las clases pasivas del estado, que alcanzan el medio millón y suponen un gasto del orden de los 8.000 millones.

La inconsistencia financiera de muchos de estos regímenes, con pensiones mínimas, en general, muy bajas, han obligado a completarlas con fondos públicos, pero con el resultado de una cierta opacidad, al menos estadística, en las cuentas de financiación de cada modalidad de pensión. Actualmente con una población ya jubilada o cercana a la misma, que tiene una vida laboral cierta y contabilizada, el sistema legal existente puede y de hecho provoca, con la amenaza de acentuarse en el futuro, desigualdades que desdibujan el mismo fundamento de este tipo de protección social.

Las pensiones contributivas, como es natural, son las más frecuentes en número y las que absorben la mayor parte de los gastos en protección social. El grueso de las mismas lo componen las pensiones de jubilación, pero también debemos considerar las de viudedad, orfandad y en favor de familiares y las de incapacidad permanente. En 2005 el total de pensiones se elevaba a 8.733.595 y las de jubilación ascendían a 4,85 millones (sumadas con las de viudedad superaban los 7 millones), las menos numerosas eran las de orfandad y a favor de familiares que juntas no llegaban a 300.000. Respecto a 1981, la cifra total se habían duplicado (Tabla 18.6). En 2005 el importe del gasto en pensiones de invalidez, jubilación y supervivencia fue de 89.000 millones de euros.

TABLA 18.6.—*Pensiones en vigor por tipo (enero 1981-mayo 2007)*

	1981	2007	Incremento porcentual
CONTRIBUTIVAS			
Jubilación	2190247	4851441	221,50
Viudedad	1026614	2222154	216,45
Orfandad	137819	258701	187,71
Favor familiar	19094	38317	200,68
Incapacidad	1024413	887109	86,60
TOTAL	4398187	8257722	187,75
NO CONTRIBUTIVAS	33921	475873	1402,89
TOTAL PENSIONES	4432108	8733595	197,05

Fuente: MTAS. INSS, *Evolución mensual de las pensiones del sistema de la Seguridad Social.*

En el Gráfico 18.1 se puede ver la evolución de los importes medios de las pensiones contributivas entre 1994 y 2003, en comparación con el índice de precios al consumo, y expresa el claro incremento en términos de poder adquisitivo de tales pensiones. Si esto lo enlazamos con los datos anteriores podemos evaluar el esfuerzo que se ha hecho en este campo que representa el grueso de la protección social. Es evidente que todavía hay muchas pensiones bajas, pero la comparación con otros países debe tener en cuenta esas cifras y las bases de cotización mínimas de la mayor parte de los cotizantes o la existencia de una gran cantidad de pensiones asistenciales.

La duplicación del número de pensiones desde 1981 ha coincidido con un aumento fuerte de la población activa a causa de la incorporación al mercado de trabajo de las generaciones numerosas que se mantienen hasta mediados de los 70 y la incorporación de las mujeres a la vida laboral, por lo que la financiación de las mismas, no sólo ha sido posible sino que ha tenido superávit al menos en los últimos años. Pero, ahora empieza a quebrarse esa relación porque ya no operan esos factores, si bien el crecimiento de la población ocupada y que cotiza se mantiene por la inmigración. Dado que el sistema de reparto requerirá mantener una población ocupada creciente es por lo que se ha abierto la duda sobre el futuro. Hay que tener en cuenta también el avance positivo de la pensión media, por la subida de las bases de cotización correspondientes a salarios medios superiores, efecto que es previsible que se vaya a ampliar en el futuro.

GRÁFICO 18.1.—*Evolución del importe medio de las pensiones contributivas del sistema de la Seguridad Social y del Índice de Precios al Consumo (1994-2003)*

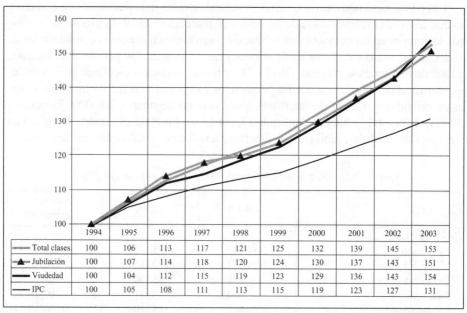

	1994	1995	1996	1997	1998	1999	2000	2001	2002	2003
Total clases	100	106	113	117	121	125	132	139	145	153
Jubilación	100	107	114	118	120	124	130	137	143	151
Viudedad	100	104	112	115	119	123	129	136	143	154
IPC	100	105	108	111	113	115	119	123	127	131

Fuente: Observatorio de personas mayores, *Informe 2004. Las personas mayores en España,* IMSERSO, Madrid, 2005, pág. 291.

En cuanto a las pensiones no contributivas hay tres tipos: las de la Seguridad Social, las asistenciales y las prestaciones de la LISMI (Ley de integración social de los minusválidos), aunque algunas de estas últimas son propias del nuevo derecho de dependencia. Todas ellas son ayudas destinadas a prevenir la exclusión social junto con otros subsidios que benefician a parados de larga duración, trabajadores eventuales agrarios, emigrantes retornados, excarcelados y algunos otros casos; o también, las pensiones asistenciales a emigrantes. Por su alcance y cuantía tienen una importancia económica menor, aunque su incidencia sobre los colectivos afectados sea grande. Sin embargo, han tenido un crecimiento espectacular: desde 1981 se multiplicaron por 14, llegando a casi medio millón. De ellas la casi totalidad son las de la Seguridad Social, siendo las de jubilación casi el 60% y el resto de incapacidad. Las pensiones asistenciales a cargo del Estado han quedado reducidas a sólo 28.000, la mayoría por enfermedad, quedando únicamente poco más de 5.000 de jubilación. Las de la LISMI no llegaban en 2006 a las 55.000, de las cuales la mayoría pertenecían al subsidio de ingresos mínimos y a asistencia sanitaria y farmacéutica[15].

3.3. *Desempleo*

Las prestaciones por desempleo constituyen una parte importante del Estado de bienestar que garantizan a los trabajadores un seguro frente a esa contingencia y que al igual que las pensiones harían inviable el mantenimiento del sistema económico si no existiesen. Comparten como característica el tener una base financiera basada en las contribuciones de los trabajadores, aunque existan también prestaciones no contributivas a cargo del Estado.

Bajo el franquismo se desarrolló un sistema económico derivado de una reconstrucción posbélica y una industrialización impulsada desde el Estado que creó unas estructuras laborales basadas en el nepotismo y en la adscripción política, muy improductivas, con una agricultura superpoblada y un escasísimo nivel de vida, que tuvo como consecuencia el retraso en la creación de un mercado de trabajo moderno y una cultura laboral, de la que aún sobreviven algunos vicios. En los 15 años finales del régimen, con el desarrollo económico, hubo un éxodo masivo desde el campo que era absorbido inmediatamente por la construcción, la industria y los servicios urbanos, con la válvula de regulación de la emigración exterior. Con todo ello el paro fue un fenómeno prácticamente inexistente.

Pero, con la llegada de la transición, que coincide con la primera crisis grave del petróleo y el regreso de muchos emigrantes, el desempleo comenzó un proceso de crecimiento que ha constituido uno de los problemas sociales más relevantes de todo el período democrático y que ha condicionado la formación del mercado de trabajo. Si en 1976 había poco más de 700.000 desempleados en 1980 se habían duplicado, hacia la mitad de los 80 se llegaba a los 3 millones y en 1994 se superaron los 3,7 millones. Entre medias de estas cotas máximas hubo fluctuaciones, pero durante mucho tiempo se mantuvieron tasas de paro entre el 15 y el 18%. Muy pronto, afectaron especialmente a los jóvenes, y más en particular a las mujeres, en su incorporación al trabajo, lo que ha tenido consecuencias determinantes sobre el retraso en la edad de emancipación y de matrimonio, descenso de la natalidad, estudios, elección de ocupación y otras diversas[16].

---

[15] INE, *Encuesta sobre Discapacidades, Deficiencias y Estado de Salud,* 2002. Consejo Económico y Social, *La situación de las personas con discapacidad en España,* Informe 4/2003, Madrid, 2004.

[16] M. Arellano, S. Bentolila y O. Bover, *Paro y prestaciones nuevos resultados para España,* Documentos Ocasionales núm. 0410, Banco de España, Madrid, 2004.

Dada la amplitud persistente del desempleo, el llamado «seguro de paro» ha representado una partida de cuantía en los gastos de protección social, a pesar de que un colectivo muy importante ha permanecido entre la economía informal, las prácticas laborales, becas, empleos temporales y similares, no teniendo derecho a la prestación o sólo por breves períodos. En el otro extremo, trabajadores mayores que perdían su empleo prolongaban esa situación hasta agotar el período máximo de la prestación[17]. De este modo, una proporción alta de desempleados ha quedado al margen de esta prestación. También es cierto que ha habido cierta picaresca en el cobro del «paro» por parte de trabajadores, por diversas motivaciones, en algunos casos en connivencia con el empresario; pero esas conductas se han controlado en una cierta mayor medida conforme la gestión del INEM (Instituto Nacional de Empleo) ha mejorado. En todo caso, el paro registrado ha sido siempre inferior al paro declarado en las Encuestas de población activa, por la propia lógica administrativa, pero los cambios legales y metodológicos dificultan la reconstrucción de las series estadísticas.

La dedicación de recursos económicos a paliar los efectos del paro ha sido, en consecuencia con sus dimensiones, mayor en términos relativos en España que en otros países europeos, aun cuando las prestaciones medias hayan sido menores, por obedecer a salarios inferiores. Por eso mismo, ha sufrido la misma variación temporal que el siniestro que cubría, aunque ha dependido además de la implantación y regulación que se ha consumado en los 80 y 90. La evolución de las prestaciones por este concepto se recoge en la Tabla 18.7, y nos informa de que llegaron a superar el millón y medio en 1994, para bajar hasta un millón en el año 2000 y subir a 1,3 millones en 2006. Los beneficiarios de menos de 24 años han ido descendiendo y los de más de 55 han permanecido casi constantes. En el primer caso, han aumentado las vías alternativas de inserción laboral, pero también la edad media de inserción. En el segundo, las constantes reconversiones labo-

TABLA 18.7.—*Prestaciones por desempleo, por tipo y edad del beneficiario en 1994, 2000 y 2006*

	1994	2000	2006
TOTAL	1532,2	1042,7	1330,4
De 16 a 19 años	36,1	9,7	7,2
De 20 a 24 años	198,5	76,8	74,5
De 25 a 54 años	1.024,40	706,5	794,9
De 55 y más años	273,1	249,6	268,9
DE NIVEL CONTRIBUTIVO	739,1	446,7	720,4
DE NIVEL ASISTENCIAL			
Subsidio	565,9	367,9	373,8
Trabajadores eventuales agrarios	227,2	224,2	184,9
RENTA ACTIVA DE INSERCIÓN		4,0	51,3

Notas: Unidades en miles de beneficiarios (media anual).
En el total no se incluye el subsidio para trabajadores eventuales agrarios.

Fuente: Boletín de Estadísticas Laborales, Ministerio de Trabajo y Asuntos Sociales. Elaboración propia.

---

[17] Véase, el estudio del INE con datos de la *EPA,* «Análisis de los flujos del mercado laboral a partir de datos de la *Encuesta de Población activa (EPA),* en *Indicadores sociales de España 2003,* www.ine.es.

rales, por cierre, jubilación anticipada y otras causas, han impedido que descienda el paro. Sin embargo, las prestaciones contributivas han pasado de un 48 a un 54%, en detrimento de las asistenciales, aunque menos del subsidio agrario. En 1999 se introdujo la renta activa de inserción que ha tenido una demanda en ascenso.

3.4. *Otras prestaciones*

Italia y España son los países de la UE que menos dedican a otras prestaciones (Tabla 18.2), categoría que en el caso español incluye las ayudas para corregir la exclusión social, a la que hemos añadido las prestaciones por familia e hijos y vivienda, a causa de esta baja aportación. Por ejemplo, la suma de la primera (1.500 millones de euros) y la tercera (1.300 millones), representan el 70% de los gastos administrativos de gestión del total de ayudas de protección social.

Las prestaciones familiares por hijos a cargo incluyen diversos conceptos y alcanzaron en 2005 la cifra de poco más de 5.700 millones de euros, lo que evidentemente no es una cantidad muy estimulante. Contrasta con el hecho de que cuando se empezaron a notar los efectos de la caída de la natalidad hasta ahora ha habido muchas demandas solicitando ayudas a la familia. Al principio, esta reclamación tuvo poco sustento en la opinión pública por connotaciones ideológicas del pasado y, posteriormente, lo que se ha discutido es la efectividad de prestaciones económicas directas, frente al esfuerzo por reducir la edad de inserción laboral de los jóvenes y su emancipación facilitando el acceso a una vivienda. El fracaso en ambas alternativas, como es sabido, ha sido rotundo. Solamente el apoyo de las familias ha logrado amortiguar un desastre social de envergadura. Pero, esa ayuda de padres a hijos no solamente no ha sido apoyada desde el Estado, sino que además ha sido obstaculizada por la vía fiscal.

Es cierto también que se han mejorado en los últimos años las ayudas a la familia y a la vivienda a través de deducciones fiscales, lo cual podría explicar en parte la escasa importancia de las prestaciones sociales de este tipo; y nos alerta sobre la ligazón de los análisis a la mera lectura de las estadísticas disponibles: no porque haya un mal dato en una prestación directa hay una insuficiencia en la ayuda, puede haber otro tipo de estímulos que no estamos considerando. Esto no evita que realmente en el caso de la familia las diferencias con la Europa más avanzada hayan sido abismales, si bien se están reduciendo[18]. La preponderancia de las ayudas intrafamiliares con una menor oferta de servicios por parte del Estado en los países mediterráneos, no parece que sea causa de ningún retraso en la evolución de la sociedad. La causa de las deficiencias en servicios sociales y ayudas no es otra que la pobreza. La convergencia actual que parece que se produce con las cifras ya atrasadas disponibles, avalaría esa afirmación. La familia tiene unas raíces culturales muy profundas y no hay una tendencia clara de desvanecimiento de su papel en el cuidado de hijos, nietos y ancianos, máxime si se instrumentan ayudas que tiendan a aligerar esas cargas más que asumirlas por las admi-

---

[18] En realidad, financieramente para el Estado las dos vías pueden ser neutrales. En un caso las familias obtienen beneficios fiscales por hijos o cuidado de ancianos y proveen sus propias soluciones, en el otro se pagan vía impuestos servicios estandarizados públicos que pueden adaptarse o no a las necesidades individuales. Este caso, no es el mismo de la educación o la sanidad, aunque la unicidad está cada vez más deteriorada.

nistraciones públicas; y todo parece señalar que el progreso social irá en esa dirección. Otra cosa distinta son las consecuencias sobre las familias, retraso en la emancipación y caída de la fecundidad, entre otras; porque el problema radicaría más que en la escasez de servicios asistenciales, en otras causas como el «mileurismo», por ejemplo.

3.5. *Seguro de dependencia*

Una cuestión que afecta a una gran parte de la sociedad y que puede representar un problema para casi todo el mundo a lo largo de su vida es el deterioro de la salud física o mental hasta el grado de no poder valerse por sí mismo y necesitar la ayuda de otras personas. Esto puede suceder en cualquier momento de la vida (un accidente, por ejemplo), pero tiene una mayor probabilidad de ocurrir en la ancianidad. Hasta ahora, era la familia la encargada de arrostrar toda la carga que representan las personas que se encuentran en esas situaciones de dependencia, constituyendo con frecuencia un deterioro serio de su bienestar. Salvo excepciones, la sociedad española no ha tenido una respuesta satisfactoria a estas situaciones. En el caso de grandes discapacidades hay algunas ayudas, administraciones locales y autonómicas han creado recientemente un sistema de ayudas a domicilio y hay algunas otras similares, siempre parciales y no universales. La reciente Ley de dependencia tiene por objeto habilitar algunas soluciones para lograr que ninguna situación de dependencia sea una situación difícil para las familias o que el propio sujeto quede abandonado. La operativa se concreta en el nuevo Sistema de Autonomía y Atención a la Dependencia (SAAD) que empezó a funcionar en 2007 y va a aportar ayudas económicas en ausencia de otras ayudas públicas, según una clasificación de la dependencia en tres grados: moderada, severa y grande. Se calcula que el total de «dependientes» puede estar en torno del millón de personas y que para 2020 lleguen al millón y medio. Las aportaciones previstas para la administración estatal van desde los 400 millones de euros para 2007 hasta los 2.200 millones en 2015[19].

Obviamente, el coste económico de estas ayudas es el problema central, por lo que la aplicación se prevé sea progresiva, comenzando por la gran dependencia. Los modelos de financiación en otros países son variados: con impuestos, como en Suecia y Dinamarca; con contribuciones sociales, Alemania y Francia; o vía seguros privados, Estados Unidos. Las prestaciones son económicas (Países Bajos, Austria), en servicios (Japón, Reino Unido) o mixtas (Alemania, Estados Unidos)[20]. La financiación en España correrá a cargo del Estado y de las Comunidades Autónomas. Pero, también los beneficiarios deberán cofinanciar los servicios en función de la renta. Queda por ver cuál será su aplicación y alcance en el futuro[21].

---

[19] *El socialista*, mayo de 2007, págs. 20-21.

[20] D. Hernández González, *El seguro privado dentro de la protección social de la dependencia: perspectivas y riesgos asociados»*, Escuela Universitaria de Estadística, UCM, 2001, *http://intranet.icea.es/pensiones/documentacion/Tesis_DHernandez.pdf*.

[21] De momento, la dotación primera de 400 millones de euros ha quedado reducida en 2007 a 220 millones.

4. LA FINANCIACIÓN DE LA PROTECCIÓN SOCIAL

El análisis de la financiación del sistema de protección social es importante por varias razones: la más obvia, por su cuantía, su suficiencia y su acción sobre el resto de la economía; pero, también, por las fuentes de donde procede y por su capacidad de redistribución de la renta y sus efectos igualitarios. La implantación del Estado de bienestar tuvo un origen complejo, pero una de sus funciones ha sido siempre la cohesión social. La oferta de servicios básicos a toda la sociedad y las rentas monetarias han tenido consecuencias igualitarias de primer orden, de forma que ha afectado a la distribución de la renta sustancialmente, corrigiendo desigualdades, que diversos trabajos han ambicionado cuantificar. Este efecto se multiplica, en teoría, cuando la financiación es predominantemente vía impuestos progresivos sobre la renta.

La demanda de los ciudadanos y la oferta correspondiente de los gobernantes hacia servicios públicos, como sanidad o educación, mejores y la ampliación de los mismos, o la subida de pensiones y subsidios, están detrás de los Estados de bienestar existentes, reforzando el desarrollo de la economía, se considere desde la perspectiva keynesiana clásica o desde la liberal, en cuanto que sirve para dinamizar la actividad económica, crear puestos de trabajo, empresas auxiliares, incremento del consumo, etc. Así, actuaciones que hace diez o veinte años parecerían imposibles hoy día se han logrado de una manera imperceptible, sin provocar ningún desequilibrio económico. De ahí que se hayan acumulado propuestas nuevas, de las cuales parecería la más difícil de lograr la de la renta básica para todos los individuos, con objeto de garantizar un mínimo vital y de bienestar, como un derecho social de los ciudadanos satisfecho por el Estado, mediante la recaudación de impuestos[22].

El otro aspecto es el de la financiación del sistema de protección social, es decir, quién costea esos gastos o de dónde obtiene el Estado los recursos. La fuente más importante son las cotizaciones a los sistemas de Seguridad Social de los agentes económicos; sin embargo, se está incrementando el peso de los impuestos en casi todos los países, con una tendencia a la homogeneidad entre ellos (Tabla 18.8). Las aportaciones de las Administraciones Públicas han aumentado en el período de referencia 1990-2004, y han disminuido las de empresarios y trabajadores, salvo en Dinamarca, Noruega y Suecia que partían de unos ingresos públicos muy elevados. Actualmente, en Bélgica, Alemania, Grecia, España, Francia, Suiza y en la media de la Europa del euro la protección social se basa preferentemente en aportaciones de empresarios y trabajadores, más del 60%. Sólo se nutre de fondos públicos en más del 60%, en Dinamarca e Irlanda. Además, hay que considerar que en el capítulo «Otros ingresos» se incluyen pagos de empresas y beneficiarios por conceptos varios en una proporción alta. El modelo que predomina es, pues, el de las aportaciones específicas de empleadores y trabajadores para cubrir la protección social *no asistencial*.

---

[22] Recientemente, un conocido empresario alemán G. W. Werner propuso asignar a cada alemán 800 euros al mes, pero financiándolo con el IVA cuyo tipo, según él, podría llegar al 50%, *5Dias,* 2 de mayo de 2007. Hay mucha literatura sobre la renta básica; una lectura sintética se encuentra en D. Raventós, «Renta básica: una invitación, definición, historia y relaciones»; éste y otros textos en internet: por ejemplo, *www.redrentabasica.es* y *www.rebelion.org*; también, L. Moreno, *Ciudadanía, desigualdad social y Estado del bienestar,* Unidad de Políticas Comparadas, CSIC, Documento de trabajo, 3 de agosto de 2003.

Que sean los propios beneficiarios quienes han mantenido directamente el sistema de protección social, al menos pensiones y desempleo, en sí mismo no tiene un objetivo redistributivo, como no lo tienen los fondos privados de pensiones. Además, la tendencia a la insolvencia de los ingresos de las cotizaciones sociales para hacer frente a unos gastos crecientes y la cobertura de otras prestaciones, es lo que está obligando al incremento de la financiación fiscal y con ello a borrar las posibles diferencias preexistentes entre los modelos teóricos del Estado de bienestar, que se han desdibujado bastante y aún se difuminaran más si persiste la tendencia hacia la homogeneización entre ellos, tanto en financiación como en gastos. Y esto no va a significar un ahondamiento en la redistribución, en principio, y más bien puede poner en cuestión el futuro el modelo actual de Estado de bienestar.

TABLA 18.8.—*Ingresos de Protección Social por países, período y naturaleza**

	1990				2004			
	Cotizaciones sociales		Aportaciones públicas	Otros	Cotizaciones sociales		Aportaciones públicas	Otros
	de empleadores	de personas protegidas			de empleadores	de personas protegidas		
UE 15	42,4	23,6	29,7	4,3	38,6	20,8	37,5	3,1
Euro área 12	46,2	24,8	24,7	4,3	40,6	22,4	33,7	3,3
Bélgica	41,5	25,5	23,8	9,2	49,3	21,8	27,0	1,9
Dinamarca	7,9	5,3	80,1	6,8	10,2	19,6	63,5	6,7
Alemania	43,7	28,4	25,2	2,7	36,3	27,6	34,5	1,7
Irlanda	24,5	15,6	58,9	1,0	23,1	14,5	60,8	1,6
Grecia	39,4	19,6	33,0	8,0	37,3	23,5	30,5	8,7
España	54,4	16,9	26,2	2,5	50,9	16,4	30,3	2,4
Francia	51,0	28,5	17,0	3,5	45,5	20,6	30,4	3,5
Italia	54,9	15,5	27,2	2,5	41,2	14,8	42,4	1,6
Países Bajos	20,0	39,1	25,0	15,9	34,0	34,7	19,2	12,1
Austria	39,3	24,8	34,7	1,2	37,2	26,8	34,6	1,4
Portugal	42,4	19,3	26,0	12,3	31,7	15,7	42,2	10,4
Suecia	38,6	2,0	50,8	8,6	40,8	8,6	48,7	1,9
Reino Unido	28,1	26,9	42,6	2,4	32,5	16,2	49,7	1,7
Noruega	24,0	12,5	63,1	0,5	29,6	14,1	56,3	0,1
Suiza	33,5	31,2	19,1	16,3	29,3	33,0	23,5	14,3
República Checa	—	—	—	—	53,2	25,9	19,6	1,2
Polonia	—	—	—	—	27,7	24,0	34,8	13,5

* Los datos están sujetos a actualización continua. La información más actual está disponible en la web de EUROSTAT. Los datos españoles proporcionados por EUROSTAT no siempre corresponden a la última actualización.

Fuente: EUROSTAT.

La financiación fiscal es vista, desde una perspectiva teórica como la más idónea para lograr el objetivo igualitarista o redistributivo del Estado de bienestar y la menos problemática para obtener los recursos necesarios. Se parte del presupuesto de haber logrado una fiscalidad sobre la renta y el patrimonio generalizada y equitativa, que permitirá erradicar la pobreza y la exclusión social. Desafortunadamente, el comportamiento real de esa fiscalidad no ha sido ejemplar, por más que muchos divulgadores y políticos se empeñen en ignorar, y se manifiesta en retroceso en casi todas las economías. Por otra parte, la pobreza extrema se ha desterrado en los países desarrollados y la pobreza relativa, por la propia metodología que la define como las rentas por debajo del 50-60% de la media, existirá siempre, salvo en situaciones de extrema igualdad, inimaginables en la sociedad actual. Los análisis empíricos, al respecto, se basan en informaciones estadísticas sujetas a errores e insuficiencias grandes, que han sido ya explicados en más de una ocasión. Los estudios que manejan datos de encuestas se alejan con frecuencia de la discusión metodológica, farragosa y comprometida, y plantean análisis estadísticos refinados sobre datos problemáticos, obteniendo conclusiones y afirmaciones categóricas que van acumulándose de un trabajo a otro; y han desterrado el análisis sociológico clásico más contingente o condicional y, por tanto, menos brillante. Por eso, nos encontramos con discursos muy difundidos y funcionales, que se asientan sobre realidades dudosas. El de la distribución de la renta y el de la fiscalidad progresiva se mueven en esas coordenadas[23].

Pero, la cuestión central sigue siendo la cuantía de la financiación, su capacidad para satisfacer las necesidades a corto o medio plazo y los efectos sobre el resto de la economía. Este último punto depende, como es lógico, de las dimensiones que alcance la protección social y los recursos que absorba, pero también de lo que suceda en el entorno económico. Pero, tanto la proporción de los gastos de protección social como su suficiencia, están cuestionados de cara al futuro inmediato; si bien el crecimiento económico ha ido permitiendo dedicar mayores recursos económicos. Éste es el caso de los gastos sanitarios, aun cuando se haya mantenido un constante control sobre ellos, por ejemplo en el gasto farmacéutico, y se hayan producido recortes puntuales. Igualmente, el seguro y el subsidio de desempleo han sobrevivido gracias a la modificación de los requisitos para su obtención y a la asignación de una alta proporción de los gastos sociales. También es cierto que otras prestaciones han aumentado tímidamente o se han creado nuevos derechos, como el de dependencia.

El caso de las pensiones representa bien la problemática de las prestaciones que se prevé que crezcan de forma superior a los recursos que se alleguen en el futuro. Básicamente por dos hechos: el crecimiento de la población mayor, el aumento de la esperanza de vida y el incremento medio de las rentas, por una parte; y, por otra, por el escaso crecimiento demográfico, producto de una fecundidad muy baja, que puede hacer inviable el sistema de reparto, por la gran carga que supondría para una menor población ocupada hacer frente a gastos crecientes; es decir, la *ratio* entre cotizantes y pensiones se reduce. Las correspondientes proyecciones calculan para 2050 que esa relación habrá bajado a 1,54 desde 3,51 en 2003; el incremento de la población en edad de jubilación pasaría igualmente desde esa última fecha al año 2050, desde 5,2 a 13 mi-

---

[23] Se pueden citar diversos estudios, pero basta hacer referencia a lo escrito y lo citado en M. Navarro, «Estilos y formas de vida: desigualdades y diferencias en las sociedades emergentes», en J. F. Tezanos (ed.), *Clase, status y poder en las sociedades emergentes*, Sistema, Madrid, 2002, págs. 263-285.

llones, mientras que la población activa crecería sólo de 17,2 a 19 millones[24]. Así, se calcula que el gasto en pensiones puede llegar a casi el 18% a mitad de siglo. Las consecuencias no sólo serán sobre el montante de las pensiones, también repercutirán sobre la demanda de servicios sanitarios de todo tipo, sobre el gasto farmacéutico, residencias y servicios ligados a la dependencia por aumento de la incapacidad.

Ante esta situación se han planteado diferentes observaciones y alternativas. En primer lugar, se ha discutido ese escenario o bien por manejar otras cifras menos agresivas (en el caso de unas proyecciones a tan largo plazo caben muchas hipótesis) o por entender que la inmigración puede corregir tal escenario por dos vías: el incremento de la población activa, con lo que aumentarían las cotizaciones; y a través del incremento poblacional que provocarían unas mayores tasas de natalidad de esta población (lo cual parece poco probable por la adaptación rápida a las pautas de fecundidad europeas[25]). Pero, aunque aceptemos variaciones en las cifras finales, lo cierto es que nos enfrentamos a un escenario de población envejecida, que no tiene precedentes y que tendrá efectos sobre la capacidad de financiación del sistema actual de pensiones.

Se han bosquejado distintas alternativas:

— Corregir la revalorización de las pensiones por un IPC que se adapte a los patrones de consumo de la población anciana.

— Prolongación de la edad forzosa de jubilación para todos los trabajadores, fórmulas de jubilación parcial, estímulos fiscales para los que retrasen su retiro y otras similares. Pero, el aumento de la edad de jubilación, que se justifica en la mayor esperanza de vida, no va a ser aceptado por la mayoría de la población[26].

— Incrementar el número de años cotizados hasta abarcar la totalidad de la vida laboral para calcular la pensión, lo cual se corresponde mejor con el fundamento de las cotizaciones de empresarios y trabajadores como salario aplazado. Esta opción ha sido rechazada con el incomprensible argumento de que los salarios de los primeros años eran más bajos y ello reduciría el monto de la pensión final. Pero, no contempla las injusticias que puede provocar en otras situaciones[27].

— Implantación de planes de jubilación de empresa, planes de empleo y asociados, que complementen la pensión pública y recomendaciones para suscribir planes individuales. En 2003 había 835.000 planes colectivos y 6,4 millones de individuales (una misma persona podría estar en varios), con un patrimonio total de más de 53.000 millones de euros[28].

---

[24] INE, «Consecuencias del envejecimiento de la población: el futuro de las pensiones», en *Indicadores sociales de España 2004, www.ine.es.*

[25] Empíricamente ése es el comportamiento experimentado por los inmigrantes entre 1998 y 2005, tal como han puesto de relieve M. Roig y T. Castro Martín, «Childbearing Patterns of Foreign Women in a New Immigration Country: The Case of Spain», sin publicar.

[26] Salvo por los que tienen un trabajo gratificante, que son los que lo proponen. Hay un error de base porque como muy bien ha visto Vicenç Navarro, lo que ha aumentado es la esperanza media de vida al nacer, pero a los 65 años ha sido menor, esto es las expectativas reales de vida. V. Navarro y A. Quiroga, «La desconvergencia social de España con la Unión Europea», *Sistema,* núm. 177, noviembre de 2003, págs. 3-37. Además, la mejora de las condiciones físicas y mentales no está asegurada.

[27] Por ejemplo, un trabajador con menos años de cotización y un sueldo menor podría recibir una pensión superior a la de otro que haya quedado en desempleo los últimos años laborales; y hay otras situaciones parecidas, con lo cual se pone en cuestión la legitimidad y coherencia del sistema actual.

[28] *Seguros y Fondos de pensiones, 2003,* Dirección General de Seguros y Fondos de pensiones, MEH, Madrid, 2004.

— Creación de un fondo de reserva con los superávits actuales del sistema y aportaciones del Estado y, eventualmente, inversión en bolsa de parte del mismo con objeto de mejorar la rentabilidad e incrementar su monto (en.2007 ha superado los 40.000 millones de euros)

— Copago de determinados servicios o la extensión del mismo. Ya existe en la farmacia y en algunas actuaciones sanitarias y se ha implementado en el seguro de dependencia. Lo que significa una reducción indirecta de las pensiones.

— Readaptación progresiva del sistema de reparto al de capitalización (el primer país que optó por esa vía fue Chile, pero hay varios casos similares, como en varios países de Europa del Este).

5. EL ESTADO DE BIENESTAR DEL SIGLO XXI ANTE LA GLOBALIZACIÓN

Hay una sensación generalizada entre los científicos sociales de que el Estado de bienestar está en crisis. En todo caso desde sus orígenes ha recibido objeciones diferentes, más o menos teóricas, técnicas o ideológicas, pero casi todas difícilmente contrastables. Desde una perspectiva económica se hace referencia a la problemática de su financiación, su repercusión sobre el déficit público o sobre la eficiencia y el crecimiento económico por la reducción de la economía de mercado, y la negación de la libertad de elección de los ciudadanos y su posible secuela en la esfera política. Merece consideración especial la valoración de sus efectos sobre la igualdad social: los liberales han criticado la asunción de esa función por el Estado, enlazando con la crítica de su restricción de la libertad económica y su tendencia hacia la reglamentación y la burocratización; los marxistas por entender que se trata sólo de una racionalización del capitalismo para sobrevivir. Se podrían citar algunas otras imputaciones, como la ausencia de evaluación de la gestión de las prestaciones sociales o las dudas sobre su eficacia, el fracaso de muchos programas sociales, los efectos sobre el esfuerzo y capacidad de trabajo de los sujetos, la preeminencia que adquiere el Estado frente a la sociedad civil y el individuo y otros similares. Pero, con ser todas ellas analizables por contener elementos objetivos, al final entramos en el terreno político-ideológico dónde entran posiciones preestablecidas, con sus correspondientes premisas[29].

Entre los argumentos para la defensa de la supervivencia de Estado de bienestar está el reclamo de las funciones que cumple para la sociedad y los individuos, dando a veces la sensación de que se pone el acento más en el Estado que en el bienestar. A la inversa, los detractores antepondrían la reducción del Estado y la defensa del mercado y del crecimiento económico *per se,* con independencia de que se mejorase el bienestar de los ciudadanos. Quizá, algunas de estas prédicas derivan de su ubicación en la Ciencia Política, desplazando así la viabilidad económica de la protección social a su necesidad política. Sin embargo, el planteamiento desde los Gobiernos y desde la economía, se hace en el terreno de los hechos nuevos que vienen determinados por el fenómeno de la globalización, por una parte, y el de la propia crisis del Estado, como resultante de la confluencia de diversos procesos.

---

[29] Puede ser indicativo, por ejemplo, J. Picó, *Teorías sobre el Estado de Bienestar*, Siglo XXI, Madrid, 1999.

La democratización ha llevado a la descentralización del Estado (caso de las Autonomías en España), al reforzamiento de la sociedad civil y a una mayor complejidad social (derechos de las minorías, multiculturalismo, pluralismo ideológico, etc.), una pluralidad de demandas de ciudadanos y grupos intermedios y una disminución de los recursos para hacerlas frente, entre otras consecuencias; por lo que los Gobiernos tienen problemas de legitimación y su imagen ante los ciudadanos se deteriora rápidamente. Pero todo ello no nos lleva a una actitud u opinión públicas contrarias a la protección social organizada desde el Estado. Hay en este sentido una estabilidad institucional. Otra cuestión diferente es la pérdida de soberanía hacia organizaciones supranacionales (caso de la Unión Europea, la ONU, Tribunales de Justicia internacionales, etc.) que enlaza directamente con la vertiente política de la globalización. En efecto, el desafío que late detrás de los procesos de globalización es realmente la amenaza real, no ideológica, que afecta a los Estados de bienestar. Han empezado a tener fuerza muchas tendencias que apenas se perfilaban hace una o dos décadas, con efectos concretos que pueden cambiar nuestras sociedades, que podrían no ser finalmente tan coactivos, pero que desde luego sería un error ignorarlos. No podríamos hacer un análisis detallado, ni plenamente coherente, ni predictivo: ¿quién podría? Tan sólo hacer unos apuntes.

La asunción por el Estado de la protección social se produce en el marco de unas sociedades y unas economías relativamente bien delimitadas, con un proceso de desarrollo económico que crea nuevas necesidades de la población; y con un marco institucional arraigado, en el cual la educación, la sanidad, las pensiones y, en general, el marco regulatorio de las relaciones sociales y económicas es aceptado como algo natural. Cumple también, desde una perspectivas empresarial y pragmática, unos lógicos objetivos: la formación de los trabajadores, la conservación de su salud, la regulación del mercado de trabajo a través del desempleo, la sustitución de los trabajadores más improductivos por enfermedad o vejez, etc.; y además permite mantener la cohesión social. Por tanto, el Estado de bienestar ha sido claramente funcional. Pero, ahora, en esa área se han abierto varias puertas a la vez.

La primera ha sido la deslocalización de empresas hacia países que estando aún en una pobreza relativa tienen infraestructuras y garantías políticas mínimas para desplazar la producción que no requiere mano de obra muy cualificada. Esto ha tenido efectos sobre el pleno empleo de los países de la matriz y una presión sobre los salarios de los trabajadores menos cualificados e indirectamente sobre todos, pero especialmente sobre el paro y sobre las «recalificaciones industriales» o remodelaciones, con despidos encubiertos masivos y jubilaciones anticipadas que han recaído en buena parte sobre el gasto público y sobre unos mayores costes y menores ingresos del sistema de protección social. Ha habido, no obstante, un cierto equilibrio porque el proceso se encadenaba: los países industrializados compensaban esa pérdida con la llegada de empresas de otros más desarrollados; y, a su vez, en las sociedades más atrasadas las inversiones exteriores servían para dinamizar sus economías creando mercados más sofisticados que eran alimentados por las producciones de los más industrializados, y éstos se beneficiaban, a su vez, de los costes más bajos de producción que les permitían liberar recursos, para el consumo o la inversión, y controlar la inflación. Pero, se esta en fase de establecer un mercado internacional de bienes, capitales y trabajadores universalizado (éste, como siempre, mucho más restringido).

La situación se ha complicado porque la globalización de las comunicaciones ha provocado desbandadas de trabajadores de los países periféricos buscando aumentar su nivel de vida, lo que coincide con una demanda de mano de obra poco cualificada que se nutre de servicios (hostelería, personales, comercio, etc.) o puestos en la industria, la construcción y la agricultura. Esto añade más presión a las condiciones objetivas y subjetivas del Estado de bienestar. Las demandas de protección social se multiplican y, en especial, las asistenciales. Los ciudadanos perciben un deterioro de los servicios públicos junto a un incremento del gasto[30]. Pero, este proceso cursa con tasas de crecimiento continuas, eleva el nivel de vida de los ciudadanos, permite generar mayores recursos públicos y no tiene más consecuencias sobre la cohesión social[31].

Ahora bien, en este esquema volvemos a la financiación de la protección social con sus nuevos requerimientos y algunas fisuras que vamos a explicar. La financiación como, hemos visto, depende de cotizaciones e impuestos. En el primer caso, la de los empresarios lejos de poder incrementarse tiende a reducirse, por su incidencia en los costes de producción y la pérdida de competitividad que acarrearía y con el riesgo de cierre o deslocalización. Las cotizaciones de los trabajadores tampoco se pueden incrementar por el menor poder adquisitivo que ocasionaría y la oposición de la opinión pública. Al mismo tiempo, el aumento de ambas cotizaciones serviría para incrementar el trabajo sumergido, con una caída mayor de la capacidad recaudatoria[32].

Por el lado de los impuestos la situación es también complicada. La tendencia actual a reducir los impuestos directos tiene mucho que ver con este esquema. El gravamen, en especial el progresivo, de las rentas del capital se hace cada vez más inviable. Los grandes grupos económicos siempre han tenido un trato de favor, como es «lógico y obvio», en la misma legislación para tener vías de evasión o elusión. Pero, conforme una parte creciente de la sociedad ha accedido, por el ahorro u otros medios, a pequeños, medianos o grandes capitales con sus correspondiente rentas, el apoyo social a su tasación ha descendido en la misma proporción y la capacidad de control e inspección se ha diluido. Pero, lo que es decisivo es que toda presión sobre esas rentas provocaría una salida de capitales que bloquearían el desarrollo económico; antes, por el contrario, asistimos a una rivalidad entre los Gobiernos por atraer capitales. De esta forma, los impuestos directos están recayendo sobre algunas rentas del trabajo, pero cada vez será más difícil su justificación: por una parte, los ciudadanos son más conscientes de la evasión y el fraude fiscal y del agravio comparativo con las del capital y con las del trabajo no gravadas en la práctica (trabajo irregular e ilegal, rentas en especie, las de colectivos especiales, etc.); y, por otra, comienzan a desconfiar de su finalidad y eficacia.

---

[30] Unido a la pérdida de empleo que se ve producto de esa competencia, pero que depende más del desarrollo tecnológico como por ejemplo explican M. Castells y P. Himanen, *El Estado de bienestar y la sociedad de la información. El modelo finlandés*, Alianza Edit., Madrid, 2002; o más recientemente sostiene tal tesis el informe del FMI, *Perspectivas de la economía mundial. Abril de 2007, www.imf.org*. El último capítulo está dedicado a la globalización de la mano de obra con un detenido análisis de sus efectos sobre los trabajadores de las economías avanzadas.

[31] Aportaciones concretas interesantes se encuentran en F. W.Scharpf, Globalization and the Welfare State. *Contraints, challenges and vulnerabilities, www.mpi-fg-koeln.mpg.de/people/fs*.

[32] Éste es un mal endémico de la economía española. Recientemente, el Secretario de Estado de la Seguridad Social reconoció que se habían perdido 75.000 afiliados en el régimen de empleados de hogar, que en su mayoría habrían ido a la economía sumergida, cuya dimensión está estimada en 200.000 millones de euros y, muy posiblemente, sea mayor. Desde otra perspectiva, Alañón Pardo, A. y M. Gómez de Antonio, *Estimación del tamaño de la economía sumergida en España. Un modelo estructural de variables latentes*, FUNCAS, Documento de trabajo núm. 184, Madrid, 2004

La fiscalidad directa también tiene una clara limitación por la vía empresarial, por la competitividad internacional. En definitiva, tiende a recaer sobre los impuestos indirectos[33], en especial, el IVA. Pero esto, tampoco está exento de problemas: puede producir inflación, una caída del consumo y afectan más a los niveles bajos de renta; además, la falta de armonización en la UE puede desplazar la demanda hacia países con gravámenes más bajos y, finalmente, puede provocar importaciones ilegales de terceros países. Así pues, nos encontramos de este modo, con una versión moderna y compleja de la crisis fiscal del Estado.

Otras tendencias que están emergiendo en relación a la fractura del Estado de bienestar tienen que ver con la movilidad social horizontal transnacional. De una parte, la incorporación en unos pocos años de varios millones de inmigrantes ha ejercido una presión sobre el sistema sanitario, que será mayor en el futuro, conforme vayan envejeciendo y vengan más, lo cual afectará también a otras prestaciones (desempleo, pensiones, ayuda familiar). En el caso de la asistencia sanitaria gratuita podemos encontrarnos con una fuente de fraude o deslegitimación de doble dirección: llegada de no residentes para recibir su atención; y, a su vez, la población autóctona puede soslayar las colas de espera y las deficiencias viajando a otros países, donde la sanidad mantiene patrones de calidad controlados, pero con un coste muy inferior; lo que ya se conoce por turismo sanitario[34]. Y también, si se deteriora la asistencia pública, habría un desplazamiento hacia la sanidad privada. Pero, también puede haber un incremento importante en la productividad de la sanidad merced a la tecnología, la simplificación de los tratamientos y la cultura.

La cadena de efectos e interrelaciones nos llevaría más lejos y sería inagotable. Baste señalar, como conclusión, que por encima de las posiciones doctrinarias nos encontramos a las puertas de una situación problemática que puede finalizar afectando seriamente al bienestar de los ciudadanos. No estamos ante un cambio social, sino ante un problema. La población, los Gobiernos y las empresas mantienen la defensa de las estructuras básicas de la protección, como servicios o como previsión social. La cuestión es si financieramente podrán mantenerse en el futuro, o quedarán reducidas como en otros tiempos a servicios asistenciales para los que tengan menos recursos, recurriendo el resto a servicios de pago o copago, o simplemente habrá una readaptación. Hay que tener en cuenta que conforme el nivel de vida de las poblaciones de las economías emergentes ascienda plantearán demandas paralelas, a las que probablemente se dará satisfacción con instituciones similares a las actuales y podremos volver a un relativo equilibrio. Pero, entretanto pueden ocurrir muchos otros cambios.

Otra cosa serán los objetivos de igualdad social, que las actuaciones de protección social han corregido poco, pues los logros han tenido más que ver con la mejora del nivel de vida que con las actuaciones asistenciales, salvo en casos extremos. El proceso de globalización parece que hará más difícil la consecución de un igualitarismo porque coloca en el mismo plano a todas las poblaciones, con sus grandes distancias en bie-

---

[33] Véase un informe sobre los impuestos indirectos en el mundo en PricewaterhouseCooper, *Indirect taxes. Shifting the balance. The evolution of the indirect taxes*, junio de 2007, *www.pvc.com*.

[34] Este nuevo fenómeno social que se está produciendo en lugares como Polonia o Tailandia, empieza a tener cierta frecuencia y podría quedarse en una moda pasajera o minoritaria, pero también podría ser una nueva brecha competitiva en un terreno hasta ahora imposible como es el de los servicios especializados de alta cualificación, lo cual parece lo más probable.

nestar, y ante las cuales los ciudadanos de los países del primer mundo se convierten en iguales entre ellos. En todo caso, es cuestión cada vez más compleja y en la que van a superponerse otras diferencias, como las generacionales, los estilos de vida y las tradiciones culturales, creencias, etc.

Bibliografía

Balmaceda, M.; Melguizo, A. y Taguas, D., *Las reformas necesarias en el sistema de pensiones contributivas en España*, Documento de trabajo, Servicio de Estudios del BBVA, 2005, *http://www.fundacion.gruposantander.com/files/Moneda_y_Credito/MyC_1105modificado.pdf*

Cabasés Hita, J. M. y otros, *La financiación del gasto sanitario desde la perspectiva de la experiencia comparada*, Madrid, Fundación BBVA, 2006.

Castel, R., *L'Insecurité social: Qu'est-ce qu'être protégé?*, París, Seuil, 2003.

Comisión Europea, La situación social en la Unión Europea, 2003. *http://ec.europa.eu/employment_social/publications/2003/ke5103261_es.pdf*

Esping-Andersen, G. (ed.), *Welfare States in Transition*, Londres, Sage, 1996.

Guerra, A. y Tezanos, J. F., *Políticas económicas para el siglo XXI,* Madrid, Sistema, 2004.

López Casasnovas, G.; C. Murillo y Ortún, V., *El sistema sanitario español: evolución reciente (1997-1998)*, Madrid, Fundación BBV, 2001.

Millán García, A., «La protección social en la Unión Europea. ¿Un modelo homogéneo?, *ICE*, núm. 820, enero-febrero de 2005, págs. 195-219.

Muñoz, S.; García Delgado, J. L. y González Seara, L., *Las estructuras del Estado del Bienestar en Europa. Propuesta de reforma y nuevos horizontes,* Madrid, Civitas, 2002.

Pène, D., *La civilización de los jubilados*, Madrid, Edciones Encuentro, 1999.

OCDE, *Cohésions sociales et mondialisation de l'économie*, París, 1988.

— *The Social Expenditure database: a interpretative guide*, febrero de 2007, *www.oecd.org/els/social/expenditure*.

Offe, C., *Contradicciones en el Estado del Bienestar*, Madrid, Alianza., 1994.

Temas para el debate: «Los déficits sociales», núm. 140, julio 2006; «El futuro de las pensiones», núm. 139, junio de 2006; «Equidad fiscal», núm. 131, octubre de 2005.

Tezanos, J. F. (ed.), *Escenarios del nuevo siglo*, Madrid, Sistema, 2000.

World Heath Organization, *The World Health Report 2000. Health systems: improving performance*, *http://www.who.int/whr/2000/en/index.html*

19

La vida cotidiana en la España del siglo XXI

Antono Alaminos y Clemente Penalva

1. El concepto de vida cotidiana

La vida cotidiana es un concepto teórico que expresa un conjunto de enfoques particulares sobre la realidad social. Estos enfoques, dentro de su diversidad, comparten el interés sobre la convivencia social, considerando tanto la interpretación interna que los individuos dan de sus actos (comprensiva-etnometodológica), como de las condiciones socioeconómicas y culturales que les facilitan un repertorio de formas históricas concretas. No todas las acciones y opciones vitales son factibles o pensables. El repertorio diario de problemas y soluciones es un conjunto cerrado sobre sí mismo por las convenciones y usos sociales, por las tradiciones. Y ello tanto referido a lo público, lo visible o socialmente deseable, como al ámbito de lo privado.

Precisamente esa cerrazón, la exposición de sus límites y limitaciones, así como de los ocasionales desbordes, es lo que hace viable reducir a un análisis integrado la vida cotidiana de millones de personas. Ciertamente, una de las características definitorias de la vida cotidiana de la España del siglo XXI son los espacios de libertad cada vez más amplios, que ocupan nuevas formas de convivencia e interacción. Los desgarros personales del divorcio o rupturas emocionales generan nuevas maneras de vivir: familias unipersonales, hijos viviendo con un solo padre o madre, o con otros parientes, etc. La acelerada emancipación de la mujer de sus *roles* tradicionales de género, la prolongación de la esperanza de vida biológica y su presión para que se expanda, la esperanza de vida social (dejar de ser «muertos» sociales no productivos)… estos y otros factores constituyen los motores de un cambio discontinuo de naturaleza tanto evolucionaria como revolucionaria.

La actividad de los investigadores de lo social ha efectuado diferentes esfuerzos para sintetizar en un adjetivo los rasgos esenciales definitorios de una sociedad en una época concreta. Los nombres se emplean como resumen sintético de la naturaleza de una sociedad. Sociedad de masas, sociedad postindustrial, sociedad posmoderna, sociedad del ocio, sociedad de consumo, sociedad tecnológica, etc. En los albores del siglo XXI, se han generado una serie de nombres que pretenden definir las transformaciones que las tecnologías de la comunicación e información han traído al mundo desarrollado. Así, las denominaciones como Sociedad de la Información o del Conocimiento destacan el impacto de lo tecnológico en la vida cotidiana; la Sociedad Red enfatiza un mundo cada vez más interconectado; la Sociedad Global acentúa la interacción entre lo local —el espacio habitual de lo cotidiano— y lo global —el ciberespacio—; y la Sociedad del Riesgo expresa la fragilidad de la interdependencia para el hombre moderno). No obstante, los resúmenes sintéticos carecen de dimensionalidad reduciendo en una sola etiqueta cambios estructurales muy diversos. En ese sentido, situar un análisis en el plano de la vida cotidiana obliga a una aproximación teórica que combine e integre lo microsociológico (que aporta el sentido) con lo macrosociológico (que facilita las formas).

Los contenidos concretos son necesariamente transversales. Ocupan todo el cuadro. Requiere de una labor de integración que permita una aproximación a lo figurativo. Que permita reconocer la vida que se vive, y no solamente mostrar un «homo sociológico» fragmentado, que tras hacer «mutis» se encarna en *homo* económico, *homo* político, *homo* comunicacional u *homo* urbano. Al mismo tiempo, otras disciplinas generan derivas metodológicas que aproximan la lupa sobre los conceptos más amplios de sociedad o grupo social. La microhistoria, con antecedentes en conceptos como *la intrahistoria* de Unamuno, se interesa por una historia social más próxima a lo cotidiano. En general son varias las disciplinas como la antropología (Geertz), la sociología (Foucault), la filosofía (Lefebvre), la historia (Levi, Cipolla), que bajo una denominación u otra han tomado como fuentes de información y referentes de interpretación a lo que sucede en la vida cotidiana de los individuos.

Lo cotidiano representa un espacio trasversal por excelencia, donde las especialidades se integran en tanto que primer nivel de la realidad. Así, ocupa y es ocupado por disciplinas muy diferentes. En ese sentido, lo cotidiano es por su naturaleza intersticial. Define un espacio de integración y contigüidad a partir del cual se intenta recuperar la coherencia de las partes. Un puzzle cuyas formas irregulares y únicas encajan, si bien el dibujo, la imagen que expresa, es una imagen donde se combinan varias perspectivas, ángulos de visión y contenidos. Al fin y al cabo, los espacios de la acción social que expresan coherencia entre sí son muy limitados. Como islas de sentido en un mar de incoherencias que no se reconocen entre sí. La no comparación evita la irrupción de esta inconsistencia. Así, la misma persona que calcula racionalmente los beneficios de una operación económica, pondrá perejil a un santo para que le toque la lotería. O expondrá que el corazón tiene razones que la razón no comprende. En ese sentido, es en los espacios de contigüidad vacíos entre disciplinas donde se definen los espacios conceptuales y metodológicos más interesantes y productivos desde una perspectiva heurística. Es evidente que la reconstitución multidisciplinar de la vida cotidiana obliga a una explicitación del objeto y método que lo define y considera.

La vida cotidiana, en cualquier comparación entre sociedades, destaca por su diversidad. La vida cotidiana en Suecia es evidentemente diferente a la vida cotidiana en España o Grecia, por ejemplo. En menor extensión, pero con elementos diferentes, podemos encontrar esa diversidad comparativa de la vida cotidiana en Galicia o en Andalucía, en grandes urbes como Madrid o Barcelona y localidades de menos de 5.000 habitantes. En todos esos ámbitos existen aspectos únicos y aspectos comparables. La distinción entre lo único y lo comparable, aquello que pueda considerarse como específico, o por el contrario general, fue propuesta inicialmente por Windelband a finales del siglo XIX para distinguir entre aproximaciones científicas: lo «nomotético» o lo «ideográfico». Lo ideográfico busca y estudia configuraciones únicas de eventos, condiciones o desarrollos en las formas sociales. La aproximación nomotética busca regularidades o leyes generalizables. Como es bien conocido, las ciencias sociales se han movido entre ambos enfoques. Por lo general, el estudio de la vida cotidiana[1] ha estado más cerca de lo ideográfico, donde la explicación de una sociedad sólo es factible desde «dentro», desde la comprensión del sentido.

La denominada etnometodología es un claro ejemplo de este enfoque metodológico. La sociología comprensiva es otra de las denominaciones en el mismo sentido. Esta distinción entre la explicación desde dentro o desde fuera (según la perspectiva analítica del investigador) ha sido denominada en Antropología[2] distinción *etic* (nomotética) o *emic* (ideográfica). En antropología, los sufijos han adoptado significado propio para distinguir entre lo único o especifico *(emic)* y aquello que pueda ser sometido a esquemas o clasificaciones, externas a la interpretación del individuo. Parece esencial diferenciar analíticamente los «bosques de los árboles». La posibilidad teórica de simplificar los problemas (bosques) introduciendo un hilo de coherencia entre la enorme diversidad de las respuestas (árboles). La búsqueda de constantes culturales (nomotético-etic), es decir, clasificaciones generalizables de los desafíos a los que deben responder las sociedades y los individuos que viven en ella es una línea teórica con evidente tradición y actualmente en fuerte expansión.

Hablar de vida cotidiana es hablar de las experiencias «inmediatas» vividas por los individuos en un entorno espacial próximo. Es en lo cotidiano donde se experimentan los desafíos y se reflejan las respuestas. Por ejemplo, entre las rutinas de los inmigrantes se encuentran las llamadas intercontinentales. Su efecto son los locutorios y los cibercafés como nuevos puntos de encuentro e información. En definitiva, individuos con problemas comunes en búsqueda de soluciones muy parecidas.

Desde la antropología, Kluckhohn (1962) sugería que «existe una estructura generalizable que subyace a los hechos más llamativos del relativismo cultural. Todas las culturas ofrecen respuestas distintas a las esencialmente mismas preguntas, planteadas por la biología humana y la sociedad. Todas las formas de vida social deben facilitar normas sobre cómo actuar ante las situaciones universales como son la existencia de dos sexos, la indefensión de los niños, la necesidad de satisfacer exigencias biológicas como el alimento o el sexo y la presencia de individuos de diferentes edades o capacidades físicas». Estas situaciones o desafíos universales han sido clasificados según diferentes modelos teóricos, tanto desde la antropología, como la sociología, la psicología social o la comunicación.

Parsons y Shils (1951)[3], mediante su teoría de la acción social propone inicialmente una clasificación multidimensional. De acuerdo a su modelo teórico, todas las actividades humanas están configuradas por cinco dimensiones estructurales, con dos valores posibles cada una de ellas: Afectividad/neutralidad afectiva, auto orientación/orientación a la comunidad, Universalismo/particularismo, adscripción/logro, especificidad/difusi-

---

[1] Existe una importante tradición interdisciplinar con autores de referencia como Simmel, Schutz, Berger, Luckmann, Goffman, Garfinkel, Lefebvre o Foucault.

[2] Conceptos tomados de la lingüística (phon-etic y Phon-emic) e introducidos en antropologia por K. Pike.

[3] Posteriormente Parsons prescindió de la variable autoorientado/orientado hacia la comunidad.

vidad. En esta propuesta, las cinco variables estructurales operarían en los diferentes niveles de análisis (individuo, sistema social y cultural). La vida cotidiana, en toda su heterogeneidad, se articularía como respuesta a las dimensiones anteriores.

Otras clasificaciones de problemas o desafíos generalizables proceden de la investigación comparada. Hofstede (2001) propone, asimismo, una clasificación en cinco dimensiones: el poder (como resolver la desigualdad), la evitación de la incertidumbre, la relación entre individuo y colectivismo (inserción en grupos primarios), la masculinidad o feminidad y las orientaciones en el tiempo, a largo y corto plazo. Esta clasificación, si bien operativa, carece de suficiente parsimonia. Las diferentes dimensiones son interdependientes y suponen un refinamiento que conduce a la confusión cuando se traslada el enfoque de los problemas etic (nomotético) a las respuestas emic (ideográfico).

Especialmente útil por parsimoniosa, es la clasificación basada en una aproximación intersubjetiva propuesta por Inkeles y Levinson (1997) en su revisión de los estudio sobre el carácter nacional. Proponen una desagregación analítica en tres temas estándar (nomotéticos). Así, uno de los temas que debe resolver la convivencia social es la relación con el poder y la autoridad. Un segundo desafío es el de la identidad o concepción del yo, incluyendo el género. Por último, el control de la violencia y gestión del conflicto dentro de la sociedad. La reducción de la variabilidad a tres dimensiones (integra las cinco de Hofstede) incluye una mayor capacidad explicativa (generalización) y de comprensión (abstracción).

GRÁFICO 19.1.—*Desafíos de la convivencia social. Inkeles y Levison*

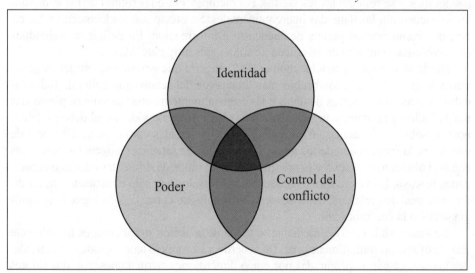

Fuente: Elaboración propia a partir de Inkeles y Levison (1997).

Estos aspectos, llamados desafíos por Inkeles y Levison, encuentran un correlato directo en las tres circulaciones estructurales que identifica Lévi-Strauss en las sociedades «sin historia». Lévi-Strauss (1964) destacaba cómo la organización social tribal respondía a tres circulaciones: la de mercancías, símbolos o lenguaje y la circulación de mujeres. La circulación de mercancías se refiere a la distribución de la riqueza. Los símbolos, a la identidad y la pertenencia. La circulación de mujeres respondía (en combinación con el «tabú del incesto») de la «cohesión» social. Es decir, del establecimiento de alianzas y lazos entre grupos, reduciendo la incertidumbre y el nivel de conflicto. En cierto modo, y focalizado en la mujer como dependiente, la lógica del matrimonio de conveniencia en la sociedad tradicional y rural española respondía al principio estructural de circulación de las mujeres y su capacidad para establecer alianzas sociales y económicas (independientemente del hecho familiar mismo). Ya en el matrimonio entre iguales o en matrimonio de conveniencia. Este hecho es claramente visible en los pueblos españoles, donde existen apenas una decena de apellidos y sus combinaciones. Precisamente, una de las características de la vida cotidiana en la España actual es la supresión definitiva de la «circulación de mujeres» mediante el matrimonio u otras fórmulas de convivencia, al menos para las clases medias urbanas. Ciertamente, esta interrupción se refiere al significado (como establecimiento de alianzas y cohesión social) de la «circulación de las mujeres», que no a su significante. Las élites y determinados grupos étnicos, los extremos, en definitiva, mantienen hasta cierto punto la endogamia de clase, emparejando «iguales», como mínimo, para formar entramado familiar. Sin embargo, la deseable y, en parte, alcanzada aspiración de igualdad en la mujer, junto a la familia nuclear urbana y las bajas tasas de natalidad, produce un nuevo y emergente, en cuanto a sus consecuencias, escenario de convivencia social.

En la actualidad, dada la situación del asociacionismo (Putnam, 2000) o de la religiosidad, no se vislumbran las alternativas que puedan complementar o sustituir la trama y el tejido social que suponían las relaciones de parentesco (entendidas como algo distinto a su expresión formal). En definitiva, la vida cotidiana, en sus actores y escenarios, reflejan una tendencia fuerte al aislamiento y a la fragmentación social (incremento del conflicto y la incertidumbre), una reestructuración y atomización del mercado de trabajo y de mercancías (precariedad e indefinición de profesiones y productos) y un enquistamiento simbólico de las ideologías en formas variadas (nacionalistas, ecologistas, feministas, pacifistas, etc.).

En ese sentido, esta investigación sobre la vida cotidiana en la España del siglo XXI intenta combinar, por una parte, la aproximación «nomotética» o «etic», que exige de una estructura de referencia que sustente las formas que adopta la vida cotidiana. Para ello nos basaremos sustantivamente en la propuesta de Inkeles y Levison. Por otra parte, las respuestas de la sociedad se consideran desde el enfoque metodológico «ideográfico» o «emic». Éstas expresan la diversidad o idiosincrasia del momento histórico de las formas que el acumulado histórico ofrece y hace disponibles.

CUADRO 19.1.—*Desagregación analítica del concepto teórico «vida cotidiana»*

VIDA COTIDIANA	
Desafíos y problemas	Respuestas sociales
Nomotético - etic	Ideográfico - emic
Estructural ahistórico	Acumulado histórico

Consideramos que la desagregación entre «causas» y «efectos», es decir, problemas comunes y respuestas especializadas, permite una visión panorámica, integrada e interpretativa de la vida cotidiana. Vamos a definir «vida cotidiana» como las formas históricas (usos, costumbres, rutinas, etc.) que adoptan tanto los problemas esenciales que deben resolver los individuos en la sociedad, como sus respuestas. Sin olvidar que «Las formas que adopta la cotidianidad es un acumulado de estilos conservados por la historia». En las respuestas sociales es donde encontramos la más amplia oferta teórica. Las opciones por lo comunitario o lo societario (Tönnies, 1979), por respuestas racionales (Weber, 1979) o irracionales (Pareto, 1987); la creciente diversidad y heterogeneidad social, la división del trabajo (Durkheim, 1987), los estilos de vida (Simmel, 1976) o la desigualdad (Marx, 1980) son reflexiones sociológicas que ayudaran a dar comprensión a la diversidad de respuestas.

2. UNA REALIDAD NO ESTACIONARIA

Evidentemente, la realidad española no ha sido estacionaria. Precisamente, una de las características de la vida cotidiana de los españoles es el proceso de asimilación del cambio acelerado que se ha experimentado. El cambio de la sociedad española ha sido notable en la mayoría de las dimensiones. Como indicara Marx (1980), los factores estructurales del cambio social son de dos tipos: exógenos (debidos a la influencia de transformaciones externas, como son los desarrollos tecnológicos o la situación geográfica, por ejemplo) y endógenos (que se generan internamente como parte de la estructura particular de la sociedad). En ese sentido, en la vida cotidiana española apreciamos los cambios endógenos que expresan la culminación, y en algunos casos crisis, de procesos internos iniciados en la segunda mitad del siglo XX: concentración urbana, terciarización económica, incorporación de la mujer al mercado de trabajo y la educación superior, precarización laboral, etc. Otros procesos no son particulares de la sociedad española. Con carácter exógeno, varios de los motores del cambio tienen que ver con procesos externos como son las dinámicas migratorias, las transformaciones tecnológicas o a la globalización e internacionalización de los mercados. En una perspectiva más amplia, los cambios experimentados en la sociedad española responden, para algunos autores como Daniel Cohen (2007), al capitalismo del siglo XXI, que se caracteriza por destruir los logros sociales alcanzados previamente y provocar la fragmentación y atomización de la sociedad. Este proceso destructivo se basaría, en términos de legitimación, en algunas de las rupturas producidas por fenómenos expuestos anteriormente.

De la misma manera que el siglo XXI alumbra la culminación de varios procesos internos, también se asiste a la aparición de otros nuevos. El panorama de cambios es extenso y variado. Además de los ya citados (la postindustrialización ha alterado la producción y el mercado de trabajo; el proceso de concentración urbana ha llevado a sustanciales modificaciones en las formas del consumo) se asiste a transformaciones paulatinas pero profundas en algunas dimensiones de la estructura social: la revolución en los *roles* de género, con el incremento de cualificación profesional y la exigencia de igualdad de la mujer en el mercado de trabajo; el ensanchamiento superior de la pirámide de población con el envejecimiento de la sociedad y la extensión temporal de la juventud; el surgimiento y reconocimiento social de nuevas formas familiares; la dualización económica y laboral y sus consecuencias de exclusión y desigualdad; la convivencia con población procedente de otros países y culturas; y las aplicaciones prácticas de las nuevas tecnologías. Todos estos cambios corren paralelos a transformaciones aceleradas en la esfera cultural: en la vida cotidiana y las costumbres, los estilos de vida, pautas de comportamiento, normas y estructura de valores que tienen incidencia, o que tienen su reflejo en las nuevas y variadas fuentes de identidad.

La actuación del Estado y de los poderes públicos y su relación con la sociedad civil también han sufrido una transformación en una doble dirección: por un lado se va retirando de la intervención directa en la economía y en el trabajo (hacia un grado de flexibilización y desregulación que se creían superados en el Estado Social), y de la tarea de regular y garantizar condiciones dignas para los colectivos más desfavorecidos y asegurar los servicios básicos (educación y sanidad); y, por otro, interviene legislativamente para asegurar las libertades y derechos civiles de la ciudadanía. Un aspecto especialmente interesante es la convergencia entre la modernización de la sociedad española (igualdad de género, divorcio, interrupción del embarazo) *(facto)* y la regulación normativa *(iure)* en el último cuarto del siglo XX. El Estado va reconociendo la diversidad de la sociedad, desarrollando tanto nuevos derechos como nuevas obligaciones y delitos. Se puede observar cómo progresivamente se va produciendo un acoplamiento normativo, que en ocasiones va más allá de los usos que ha generado el cambio social, y que se aproxima a la lógica del reformismo social. Son los casos, por ejemplo, del consumo de tabaco o la violencia de género.

2.1. *Las rutinas de la vida cotidiana*

Como demostrara Durkheim (1982), la vida cotidiana expresa una percepción y supone una construcción social del tiempo y del espacio. En términos precisos, la percepción predominante en la sociedad española corresponde con el tiempo lineal que postulara Max Weber (1967). Un tiempo lineal donde el pasado se ha diluido (debido a la borradura generacional de la memoria histórica de los españoles: no existió *guerra civil*, ni sus consecuencias económicas, sociales y políticas) y el futuro adquiere la inmediatez propia del consumo fungible (incluyendo la propia experiencia vital) procedente de la cancelación de la promesa de un futuro mejor que el capitalismo realizó en la segunda mitad del siglo XX. En lo referido al espacio, tanto el campo de acción de la vida cotidiana como las formas que adopta, se ha incorporado la dinámica (generada desde la revolución de las comunicaciones) de lo glocal. Especialmente en las formas que adopta la acción, en el sentido de compaginar patrones globales y locales: adaptando lo local a lo global (el turismo ha transformado el entorno natural —la urbanización desaforada del litoral y lo cultural autóctono —la fiesta como reclamo) o planteando estrategias de resistencia de lo local frente a lo global (la identificación con lo local, la valorización de lo rural y las tradiciones; y la reivindicación de lo comunitario y lo ecológico).

El lema «piensa global, actúa local» expresa con nitidez cómo se realiza la glocalización: estableciendo estrategias para la fácil adaptación a la creciente racionalización de la vida (en términos de racionalidad instrumental), y estrategias, más minoritarias, de resistencia hacia sus consecuencias «irracionales» (en términos de racionalidad con arreglo a fines). Así, tenemos ejemplos del mejor ajuste entre medios y fines —la macdonalización que explica Ritzer (1996)— sobre el espacio y el tiempo, con la introducción del cálculo para la mayor eficacia en los resultados: en el plano sanitario con la privatización, y el riesgo asociado de que los pacientes se empiecen a considerar como insumos; en la educación con la estandarización que provoca la convergencia europea y el establecimiento de indicadores de calidad de acuerdo a resultados; y en los hábitos y estilos de vida: comidas extradomésticas por la jornada intensiva; las relaciones personales, donde cada vez media más el dinero; y el ocio empaquetado del turismo, los parques temáticos y los centros comerciales. Hasta fenómenos presumiblemente espontáneos como el «botellón» supone el mejor ajuste entre el medio y el fin, minimizando los costes del alcohol y el tiempo necesario para lograr el objetivo de emborracharse, similar a las pautas de comportamiento con la bebida que llevan décadas practicando los anglosajones. Desde ese punto de vista, el botellón constituiría una perfecta conjunción entre la macdonalización y la glocalización. Así, la costumbre arraigada de vivir la calle y de celebrar con vino cualquier ruptura de lo cotidiano se adapta de tal manera que se practica como una primera etapa anterior a la fase de los foráneos *pub* y discoteca; y que supone una sustitución del vino por combinados de refrescos gaseosos con licores de origen externo. Y no son menos «macdonalizaciones» las alternativas que se plantean algunas corporaciones locales de implementar el «botellonódromo». Un nuevo «no-lugar» (Augé, 1993) donde realizar las actividades asociadas (beber, hablar, bailar, ver espectáculos) con las infraestructuras necesarias (urinarios, contenedores de residuos, tecnología audiovisual y escenario) sobre poca zona verde susceptible de ser destruida y vigilado discretamente por la fuerza pública.

En términos concretos, posiblemente, una de las líneas de aproximación más interesantes viene dada por el estudio del empleo del tiempo. En la superposición directa sobre qué hacen los individuos con su vida en el día a día es como podremos describir a escala 1:1 esta realidad cotidiana. Así, tras un listado descriptivo de las actividades posibles, se elabora su catalogación según contenidos teóricos. Por ejemplo, Lefebvre (1986) distingue entre tres tipos de empleo del tiempo al clasificar las horas (del día de la semana, del mes, del año) en tres categorías, el *tiempo obligado* (el del trabajo profesional), el *tiempo libre* (el del ocio) y el *tiempo forzado* (el de las exigencias diversas fuera del trabajo: transporte, gestiones, formalidades, etc.); En opinión de Lefebvre, y para el caso francés, el tiempo forzado aumenta. Y aumenta más deprisa de lo que crece el tiempo del ocio. Los desarrollos tecnológicos no parecen liberar al individuo del trabajo, sustituyéndolo por ocio. Más bien, tienden a exigir un incremento del tiempo forzado orientado a la recualificación profesional. El tiempo obligado se inscribe en la cotidianidad y tiende a definir lo cotidiano por la suma de las imposiciones (por su conjunto). En opinión de Lefebvre, escribiendo a mitad del siglo xx, la modernidad no terminaba de entrar en la era del ocio: «Es verdad que los «valores» unidos antiguamente al trabajo, al oficio, a lo cualitativo en la actividad creadora, se disuelven. Pero los valores unidos al ocio están aún en estado naciente. Que la gente piense en sus vacaciones durante todo el año no quiere decir que haya surgido un «estilo» de esta situación y que haya dado un sentido nuevo al ocio». Ya a principios del siglo xxi, podría continuar afirmándose que la existencia de una industria del ocio y de la comercialización del turismo no parece responder a las ideas de Lafargue (1998) sobre el tiempo libre.

En definitiva, entender lo cotidiano de la modernidad como un espacio lineal de obligaciones nos permite preguntarnos qué lugar queda para el ocio. La respuesta la podemos encontrar en las encuestas del empleo del tiempo. La mayoría de las clasificaciones y categorías empleadas como esquema conceptual para el estudio del uso del tiempo parten de la desarrollada por Alexander Szalai hace más de cuarenta años. Szalai (1972) reconoció la necesidad de codificar las actividades que desarrolla una persona durante el día. Su primera clasificación, para describir las actividades que es posible desarrollar contemplaba 96 empleos del tiempo, agrupados en 10 categorías principales. Junto a la actividad principal del individuo, se recoge con quién se encuentra, dónde se encuentra y si realiza alguna actividad simultáneamente. Los datos sobre España, muestran como característica diferenciada respecto a otros países europeos una variabilidad muy pequeña en las actividades que se pueden desarrollar sincrónicamente.

En línea con las propuestas de Lefebvre, Dagfinn Aas (1978;1982) propuso una categorización lógica del empleo del tiempo según las actividades efectuadas. Propone cuatro tipos de empleo del tiempo. El primer tipo es el *tiempo necesario*, en el que se incluyen las actividades que cubren las necesidades fisiológicas tales como dormir, comer, cuidados personales, aseo, salud o higiene. El segundo tipo es el *tiempo contratado*, que considera el trabajo remunerado y la educación. Las actividades que se desarrollan durante este tiempo contienen regulaciones y contratos explícitos que controlan los períodos de tiempo. Estas actividades, al suponer un tiempo regulado, limitan el tiempo disponible para las demás actividades durante el resto del día. En tercer lugar, el *Tiempo comprometido* describe las actividades con las que una persona se ha comprometido como consecuencia de decisiones previas (tener hijos, llevar una casa). Así, cuidar de los niños, comprar o ayudar a otros son actividades a las que el individuo se ha obligado personalmente. Muchas de estas actividades podrían ser realizadas por otros mediante pago o contratación de servicios. Por último, el *tiempo libre* es el que resta tras efectuar las actividades consideradas en las otras formas de tiempo.

El desarrollo de esta tipología de actividades ofrece una clasificación de la *actividad principal* que se subdivide en 10 grandes grupos: cuidados personales, trabajo, estudios, hogar y familia, trabajo voluntario y reuniones, vida social y diversión, deportes y actividades al aire libre, aficiones y juegos, medios de comunicación, y trayectos y empleo del tiempo no especificado. Esta clasificación de la *actividad principal* se define a partir de 176 actividades humanas.

La *lista de actividades* es uno de los elementos fundamentales en las encuestas de empleo del tiempo[4] que se realiza regularmente en gran número de países. En este país la lleva a cabo el INE. La forma de la vida cotidiana que la sociedad española adopta a través de las rutinas generalizadas —aquellas que se llevan a cabo de manera sincrónica— se puede observar a partir de la representación gráfica de los ritmos de actividad. Aquí se representa el porcentaje de personas que realizan la misma actividad principal en el mismo momento del día. En los gráficos siguientes podemos apreciar para España las actividades desarrolladas a lo largo del día.

---

[4] El diario de actividades constituye el instrumento más característico de la encuesta. Todos los miembros del hogar de 10 y más años deben cumplimentarlo en un día seleccionado. La parrilla de tiempo del diario ocupa 24 horas consecutivas (desde las 6:00 de la mañana hasta las 6:00 del día siguiente) y se divide en intervalos de 10 minutos. En cada uno de ellos, el informante debe anotar la actividad principal, la actividad secundaria que realiza al mismo tiempo (en su caso) y si en ese momento se encuentra en presencia de otras personas conocidas.

GRÁFICO 19.2.—*Ritmos de actividad. Porcentaje de personas (a partir de 20 años) que realizan la actividad principal en el mismo momento del día al inicio de cada hora*

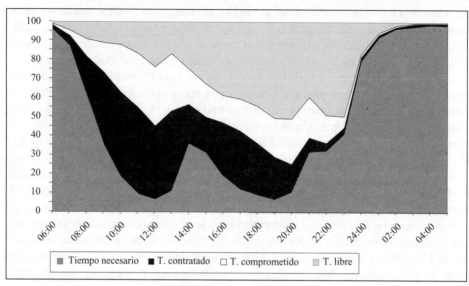

Para todas las categorías de grupos consideradas destaca la jornada partida, discontinuidad que afecta a gran parte de las actividades; no sólo al trabajo y no únicamente a las jornadas entre semana. Es un rasgo característico de la cultura mediterránea, y de España en particular, que se manifiesta en la quietud de los centros urbanos en la franja horaria que va entre las 15,30 y las 17 horas por la interrupción del trabajo y los estudios; y los establecimientos cerrados, marcados en inicio y fin por la intensidad del tráfico por el desplazamiento hacia el hogar y la vuelta al trabajo. La variabilidad entre las diferentes Comunidades es bastante limitada. Es decir, el patrón de rutina es bastante semejante, conservando las características básicas españolas, como es la siesta, por ejemplo. Las principales diferencias de ritmo de actividad se detectan en otro período de tiempo que marca la discontinuidad: el fin de semana. Es la variable a partir de la cual se pueden detectar mayores diferencias; pero también se perciben diferentes ritmos según sexo, edad y ocupación. Por ello, para todas las categorías, excepto para los más mayores —jubilados—, la franja horaria del descanso varía, en el inicio y la finalización, en la misma medida que se extienden en cantidad de tiempo y extensión horaria las actividades relacionadas con el ocio, pauta más marcada en la población más joven. Por otro lado, el hecho de que la mujer participe en menor medida en el trabajo asalariado y que se le asigne tradicionalmente la responsabilidad del trabajo en el hogar (y esto es independientemente de que esté empleada o no) hace que la forma de los ritmos de actividad cambian en menor medida para las mujeres que para los hombres según el día de la semana.

El fin de semana se aprovecha para dedicarse a las labores del hogar. Eso se observa tanto para las mujeres como para los hombres, pero en el caso de que fuera una división equitativa de tareas, sin asimetrías asociadas a diferencias de género, los varones tendrían que incrementarlo en mayor medida y eso quedaría manifiesto en una disminución de las tareas de las mujeres. Esto último no ocurre, pues el trabajo en el hogar se incrementa también para éstas los fines de semana. Precisamente, esta distribución desigual del tiempo dedicado a las tareas domésticas por razones de género, así como la diferente carga global del trabajo remunerado y no remunerado, ha sido intensamente analizado por Durán en sus diversos trabajos a partir del estudio de las encuestas sobre el uso del tiempo en España (Durán, 1997; 2000).

La mayor diversidad de itinerarios en el tiempo corresponde con la tipología de ocupación. Ésta es posiblemente la que mayor diferenciación produce en los usos del tiempo y las actividades que se desarrollan en el día. Los cambios en la ocupación, que-

GRÁFICOS 19.3.—*Tiempo necesario, contratado, comprometido y libre en España por sexo, menores de 25 años y día de la semana*

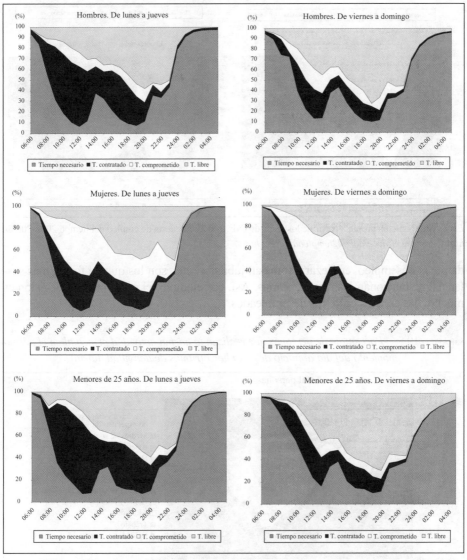

Fuente: Elaboración propia a partir de los datos de INE, 2004, «Encuesta de empleo del tiempo 2002-2003». http://www.ine.es/daco/daco42/empleo/dacoeet.htm

GRÁFICO 19.4.—*Tiempo necesario, contratado, comprometido y libre en España según ocupación*

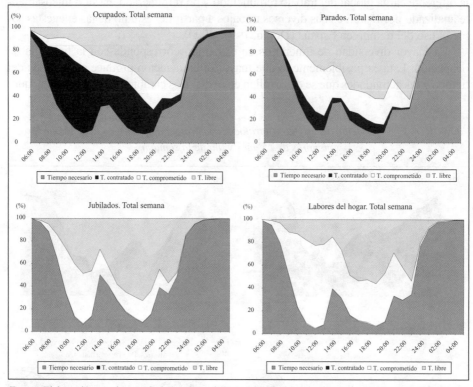

Fuente: Elaboración propia a partir de los datos de INE, 2004, «Encuesta de empleo del tiempo 2002-2003».
http://www.ine.es/daco/daco42/empleo/dacoeet.htm

dar en el desempleo, empezar a trabajar, jubilarse, etc., son los que de forma más sustancial revolucionan las rutinas diarias. Así, por ejemplo, el consumo de televisión es mucho más elevado entre los desempleados.

GRÁFICO 19.5.—*Porcentaje de personas que realizan la misma actividad principal en el mismo momento del día al inicio de cada hora (ritmos de actividad diaria)*

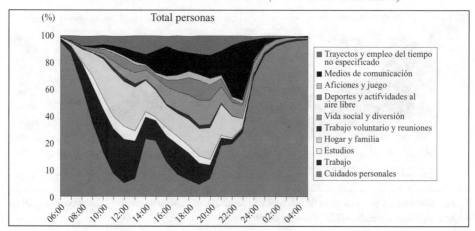

GRÁFICOS 19.6.—*Porcentaje de personas que realizan la misma actividad principal en el mismo momento del día al inicio de cada hora (ritmos de actividad diaria). Parados, jubilados y mujeres*

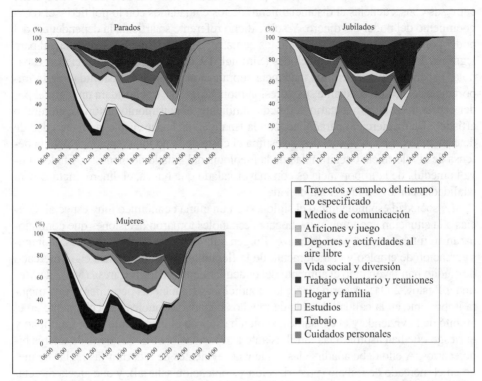

Fuente: Elaboración propia a partir de los datos del INE, 2004, «Encuesta de empleo del tiempo 2002-2003». *http://www.ine.es/daco/daco42/empleo/dacoeet.htm.*

3.   LA DESIGUALDAD Y LA DISTRIBUCIÓN DEL PODER

En la España del siglo XXI los españoles tienen identificado con bastante claridad quién ostenta el poder. Como concluye claramente la serie de encuestas del grupo GETS (Tezanos y Díaz, 2006), se produce una evidente «economización del poder». En 2005, un 92% de la opinión pública consideraba que los «bancos» tienen mucho o bastante poder. Las series temporales muestran que las instituciones financieras son, de forma estable en el tiempo, las que identifican claramente el poder. Esto es especialmente notorio dado el elevado grado de endeudamiento (sobre todo de créditos hipotecarios) de la sociedad española.

Identificar el poder con los actores económicos es simplemente el reconocimiento de las actuales y vigentes «reglas de juego». La economía capitalista, en sus términos de crecimiento y estabilidad, es el «tótem» que centra y referencia cualquier debate. Define los espacios de lo que es verosímilmente posible. En ese sentido, la opinión pública española está acostumbrada a las intervenciones de los ministros del Gobierno, siempre condicionadas, comentadas o matizadas por el Ministro de Economía.

En definitiva, la política predominante es la política económica, de forma que los superávits del Estado se celebran como grandes éxitos, independientemente de la situación o expectativas económicas de los ciudadanos. Este reduccionismo de la política, en sus dimensiones prácticas, a la política esencialmente macro económica, tiene entre sus consecuencias el distanciamiento de los ciudadanos con lo político y el reconocimiento del poder del dinero. Y sobre dicho referente se articula la dependencia del poder político (corrupción), así como los demás poderes. El dinero y su capacidad para legitimar las decisiones y actuaciones (Simmel, 1976) ha calado en la sociedad española. España se integra en una tendencia supranacional donde la visibilidad de la importancia se alcanza mediante su expresión monetaria. Así, se considera un logro el poder expresar el valor monetario del medio ambiente, el patrimonio histórico, cultural o artístico. En un ejercicio paradójico, con la finalidad de hacer visible la precariedad de determinados colectivos sociales, se estima el coste de la no intervención. No ya la defensa de la relevancia o legitimidad de la ideología del Estado de bienestar. En definitiva la medida de la importancia es con mayor calado que nunca, el dinero, incluso para cualidades como son la calidad de vida.

La sociedad española inició el siglo XXI en un clima económico muy especial. Gracias a la situación económica, los hogares españoles tomaron decisiones que condicionaran su futuro a corto y medio plazo. En general, «los bajos tipos de interés, la intensa creación de empleo y el incremento de la flexibilidad y competencia en el mercado de crédito han favorecido el aumento del endeudamiento de los hogares» (Malo de Molina y Restoy, 2004). A corto plazo, las condiciones financieras permitieron una mejora importante en la calidad de vida de muchos hogares españoles (especialmente en el ámbito de la vivienda y el consumo), si bien ha supuso el incremento de la fragilidad y el riesgo que han asumido las familias ante las fluctuaciones de los tipos de interés hipotecarios. A ello debe añadirse las tendencias evidentes de redefinir las reglas de juego en el mercado de trabajo (precarización y contención salarial), y que afecta directamente a los ingresos familiares. Esta mayor incertidumbre tiene implicaciones directas sobre los factores determinantes del consumo y la inversión de las familias, como muestran Malo de Molina y Restoy. Según el informe del Banco de España, estos apartados de consumo e inversión familiar explican casi las tres cuartas partes de la actividad económica.

La percepción social de los «bancos», identificados como los actores más poderosos de España, que mostraba Tezanos, se comprende en parte por el aumento de la deuda contraída por las familias, que ha elevado de forma sustantiva la dependencia y exposición de los ciudadanos a las entidades de crédito. Ciertamente, es una fragilidad en doble sentido, dado que la elevada deuda financiera de la sociedad española con éstas también hace que el conjunto del sistema financiero dependa de la evolución de los elementos condicionantes de la solidez patrimonial del sector de hogares. Una versión modernizada de la dialéctica hegeliana del «amo y esclavo» pues la eficacia del poder de las entidades financieras se basa en la «no quiebra» de las economías domesticas endeudadas. Un ejemplo de ello fue la crisis del mercado financiero norteamericano en el 2007 debido a las denominadas «hipotecas basura» (hipotecas y créditos de alto riesgo). En definitiva, el riesgo financiero es sólo el reflejo de la situación de «riesgo» en que se encuentra parte de la sociedad.

Precisamente, este contexto económico acoge en su seno un proceso cada vez más visible de dualización social. El proceso de dualización (Tezanos, 2003), apreciado especialmente en la concentración de riqueza, es cada vez más evidente en la sociedad española. El crecimiento económico, distribuido de forma especialmente desigual, con un mayor incremento de remuneración del capital y un estancamiento e incluso retroceso de los salarios, es un modelo altamente inestable a medio plazo para el conjunto de la sociedad. Para considerar la desigualdad y dualización en la sociedad española vamos a exponer algunos de los resultados de la Encuesta Financiera de las Familias (EFF)[5]. Estos datos son siempre relativos, dada la sensibilidad del tema objeto de la encuesta y especialmente por los segmentos de población que explícitamente quedan fuera de la muestra[6].

TABLA 19.1.—*Renta y riqueza neta de los hogares. Distribución por características de los hogares (2002)*

	% de hogares	Renta Mediana (miles de euros)	Media (miles de euros)	Riqueza neta (miles de euros)	
				Mediana	Media
TODOS LOS HOGARES	100,0	22,0	28,4	96,3	153,4
Percentil de renta					
Menor de 20	20,0	7,6	7,4	52,7	75,0
Entre 20 y 40	20,0	14,7	14,7	77,9	99,5
Entre 40 y 60	20,0	22,0	22,1	88,1	120,0
Entre 60 y 80	20,0	32,2	32,6	115,7	165,8
Entre 80 y 90	10,0	47,0	47,6	152,0	209,6
Entre 90 y 100	10,0	70,5	82,2	247,0	402,9
Edad del cabeza de familia					
Menor de 35 años	14,0	23,2	27,2	54,0	85,5
Entre 35 y 44 años	22,1	24,1	29,9	89,3	125,9
Entre 45 y 54 años	19,7	29,0	36,5	126,6	196,3
Entre 55 y 64 años	16,5	25,4	33,5	122,2	215,4
Entre 65 y 74 años	17,1	16,5	21,7	102,1	155,4
De 75 años y más	10,5	10,3	14,4	77,2	120,3
Situación laboral del cabeza de familia					
Empleado por cuenta ajena	45,7	26,8	33,8	92,3	130,0
Empleado por cuenta propia	11,4	30,2	38,0	184,5	327,3
Jubilado	25,4	16,8	22,4	103,1	156,7
Otro tipo de inactivo o parado	17,5	12,1	16,5	64,6	96,4
Educación del cabeza de familia					
Inferior a bachillerato	58,8	17,5	21,8	82,2	118,4
Bachillerato	26,0	25,9	31,4	107,5	160,2
Estudios universitarios	15,2	38,1	48,3	156,1	276,5

---

[5] Banco de España, «Encuesta Financiera de las Familias (EFF): descripción, métodos y resultados preliminares» *Boletín Económico 11/2004*.

[6] Uno de los datos metodológicos de la encuesta confirma la «opacidad» y rechazo a la ostentación pública de la riqueza en España. El porcentaje de hogares que no pudieron ser contactados fue de un 33,5% del total y la tasa de cooperación es, en conjunto, del 47,3%. La cooperación disminuye a medida que aumenta el estrato de riqueza, situándose entre el 53,6% para el estrato más bajo y el 29,4% para el más alto.

Tabla 19.1 *(cont.).—Renta y riqueza neta de los hogares. Distribución por características de los hogares (2002)*

	% de hogares	Renta Mediana (miles de euros)	Media (miles de euros)	Riqueza neta (miles de euros)	
				Mediana	Media
Régimen de tenencia de la vivienda principal					
Propiedad	81,9	23,4	29,9	116,4	180,2
Otros regímenes de tenencia	18,1	17,3	21,5	1,8	31,7
Número de miembros del hogar trabajando					
Ninguno	28,8	10,9	13,5	78,5	121,3
Uno	38,4	22,3	27,5	91,3	148,8
Dos	26,9	33,6	40,9	115,5	182,9
Tres o más	5,9	43,4	49,1	133,3	205,4
Número de miembros del hogar					
Uno	15,2	9,4	12,6	64,2	94,2
Dos	25,7	17,5	22,2	90,4	146,6
Tres	24,3	24,9	30,9	99,0	165,4
Cuatro	24,3	29,2	37,2	118,6	170,2
Cinco o más	10,6	33,2	39,8	112,9	188,4
Percentil de riqueza neta					
Menor de 25	25,0	15,9	18,9	7,7	12,7
Entre 25 y 50	25,0	19,0	23,0	68,0	68,3
Entre 50 y 75	25,0	23,2	27,7	126,8	131,7
Entre 75 y 90	15,0	29,9	35,9	232,7	239,3
Entre 90 y 100	10,0	45,5	56,0	476,7	642,0

Fuente: Banco de España (2004), «Encuesta Financiera de las Familias (EFF): descripción, métodos y resultados preliminares». *Boletín Económico 11/2004.*

De acuerdo con la EFF, la renta media de los hogares españoles en 2002 era de 29.300 euros, y una mediana de 22.100 euros. Considerando los grupos de edad, se puede apreciar el efecto de la antigüedad en los salarios, así como las nuevas modalidades de contratación entre los más jóvenes. Asimismo, es apreciable, entre los 55 y los 64 años, el efecto sobre la renta de las prejubilaciones. El salto cualitativo (en la medida que el nivel de renta afecta sensiblemente a los estilos de vida) más notable se recoge en el momento de la jubilación, a partir de los 65 años. Resulta evidente que en la actualidad la jubilación supone un cambio drástico con respecto al modo de vivir, especialmente por la perdida de poder adquisitivo. Por último, la mortalidad diferencial (mayor supervivencia de las mujeres, generalmente con pensiones de viudedad dada la generación de procedencia) así como la posible mayor incidencia de las pensiones no contributivas, hace descender la renta al mínimo entre las personas de 75 y más años.

En lo que se refiere al efecto de la cualificación sobre la renta (y repetimos sobre la capacidad de compra y los estilos de vida), el nivel educativo muestra un impacto notable, ya que la titulación universitaria supone un incremento sustantivo de la renta respecto aquellos que tienen menor nivel de estudios. Asimismo, como es bien conocido, la situación laboral muestra un impacto muy significativo sobre la renta. Las rentas más elevadas corresponden con los empleados por cuenta propia, seguidos de los empleados por cuenta ajena. Los jubilados y especialmente los inactivos y desempleados muestran una degradación importante en sus rentas medias.

Este deterioro de la calidad de vida (como reflejan las rentas medias) para los colectivos de jubilados, inactivos o desempleados expresa la debilidad de las políticas sociales en España. Como expresábamos anteriormente, los Gobiernos tienden a mantener la prioridad macroeconómica sobre la realidad de las economías domésticas de los españoles. De hecho, podemos observar cómo en el percentil de renta menor del 20%, la renta media es de 7.400 euros, mientras que la mediana es de 7.600 euros. Esta diferencia entre ambos coeficientes nos indica la asimetría en la distribución dentro de este intervalo de renta. Las rentas más bajas son sensiblemente más bajas, es decir, la desigualdad en el segmento de menores ingresos es elevada, con trabajadores con ingresos muy inferiores a los que expresa la media o mediana.

La renta responde a un cuadro dinámico de la economía y la sociedad española, permitiendo apreciar las desigualdades existentes. Sin embargo, una imagen más completa y realista la ofrece la consideración de la riqueza neta de los españoles. La riqueza, a diferencia de la renta media, muestra el efecto acumulativo de diferentes generaciones. Así, por ejemplo, las riquezas acumuladas en el período de la dictadura franquista (un sistema económico y de mercado distorsionado) se han transmitido como ventaja competitiva en el sistema democrático. Los diferentes intentos de implantar una carga impositiva sobre las sucesiones y donaciones para reequilibrar mínimamente las desigualdades originadas en la dictadura, han fracasado. La legitimidad del poder económico alcanza cotas tales en la España de inicios del siglo XXI que las fortunas se autonomizan de la legitimidad de su origen[7].

La riqueza neta mediana de las familias es de 95.900 euros. Este valor es bastante inferior al valor medio (153.900 euros) y refleja la asimetría en la distribución de la riqueza. En conjunto, la asimetría (desigualdad) en la distribución de la riqueza es muy superior a la que muestra la distribución de la renta. Esta mayor concentración observada de la riqueza neta obedece, como indicamos, a que es el resultado de la acumulación de los flujos de ahorro y de las transmisiones intergeneracionales. Así, la renta media del 10% de hogares con mayores ingresos es tres veces la del 50% de hogares con menores rentas; mientras que el patrimonio medio del 10% de hogares más ricos es dieciséis veces el del 50% de hogares con menos riqueza.

Ésta es, sin duda, una infraestimación, dada la resistencia a facilitar información de las grandes fortunas en España. Aun en términos de infraestimación, se puede apreciar la fuerte tendencia a la dualización.

---

[7] Paradójicamente, las argumentaciones para suprimir el impuesto de donaciones y sucesiones repiten los mismos esquemas de la especulación del régimen franquista. Así, la determinación de un precio de garantía en los productos agrarios se fijaban a partir de minifundios de baja productividad, con la finalidad supuesta de protección social. El beneficio del sobreprecio lo recibían los grandes latifundios con elevada productividad. Hoy en día, bajo pretexto de no gravar la transmisión patrimonial de las clases medias urbanas (esencialmente vivienda) se libera la transmisión de las grandes fortunas.

GRÁFICO 19.7.—*La España dual: la riqueza (media y mediana según percentiles de riqueza neta)*

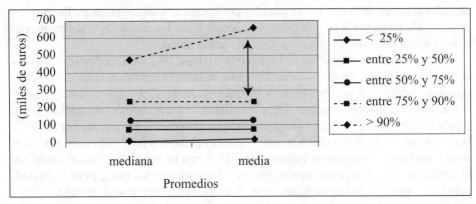

Fuente: Elaboración propia a partir de Banco de España (2004), «Encuesta Financiera de las Familias (EFF): descripción, métodos y resultados preliminares», *Boletín Económico 11/2004.*

En todo caso, renta y riqueza se encuentran en interacción, como muestra que las medias y las medianas de riqueza aumentan con la renta. Ya sea por una mayor facilidad de aquellos que poseen mayor riqueza para obtener posiciones laborales mejor remuneradas, o por la mayor disponibilidad de ahorro por parte de las familias de rentas altas.

Según la EFF la vivienda principal es el activo más importante de los hogares (66,5% del valor de los activos reales para el conjunto de hogares), seguido de otras propiedades inmobiliarias (24,1%) y de los negocios relacionados con actividades por cuenta propia de algún miembro del hogar (8,8%). Lógicamente, la vivienda pierde importancia relativa a medida que aumentan la renta y la riqueza neta a favor de otras propiedades inmobiliarias y negocios. Es decir, la vivienda es el principal patrimonio y ahorro de las clases medias y populares. El porcentaje de hogares propietarios de su vivienda principal (81,9% para el conjunto de hogares) aumenta con el nivel de renta, pero es destacable cómo alcanza un 73,7%, incluso para el 20% de los hogares con menores niveles de ingresos. Por edades, se debe destacar que el 68,3% de los hogares más jóvenes es propietario de su vivienda principal; mientras que para los hogares con cabeza de familia entre 55 y 64 años este porcentaje alcanza un 88,4%.

GRÁFICO 19.8.—*Evolución del porcentaje de hogares que pueden ahorrar*

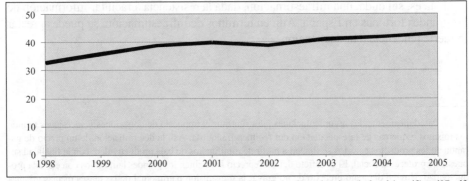

Fuente: INE, «Condiciones de vida», *España en cifras 2007,* http://www.ine.es/prodyser/pubweb/espcif/cond07.pdf.

En este contexto, de elevado endeudamiento de las familias, la capacidad de ahorro de los españoles es limitada. El porcentaje de hogares con capacidad de ahorro se encuentra desde 2000 en torno al 40%.

En conjunto, para la sociedad española, la tendencia de ahorro prevista es negativa. Según muestran los datos de la Comisión Europea. Muy posiblemente, la situación evolucione a empeorar, teniendo en cuenta las subidas de los tipos de interés hipotecarios durante el año 2007.

TABLA 19.2.—*Tendencia de ahorro prevista para los próximos 12 meses**

	Enero	Febrero	Marzo	Abril	Mayo	Junio	Julio	Agosto	Sept.	Octb.	Nov.	Dic.
2005	-25	-24	-20	-23	-22	-25	-25	-23	-27	-23	-23	-18
2006	-25	-30	-25	-20	-22	-27	-22	-28	-25	-23	-21	-20
2007	-26	-24	-24	-22	-26	-25	-23	-25				

* Corresponde a la pregunta «será posible ahorrar en los próximos 12 meses». Respuestas «seguro» (+1), «puede que si» (+0,5), «puede que no» (–0,5) y «no» (–1).

Fuente: Comisión Europea.

Como indica la EFF, la cantidad pendiente por el pago por la adquisición de la vivienda principal constituye el 56,6% de la deuda de los hogares. Esta proporción disminuye con la renta y la riqueza neta, incrementándose la parte de la deuda destinada a la compra de otras propiedades inmobiliarias. En España, al inicio del siglo XXI, un 43,6% de los hogares tiene algún tipo de deuda y el importe mediano pendiente es de 22.000 euros. Este endeudamiento se concentra en las clases medias fundamentalmente. Así, la menor probabilidad de tener deudas es para los hogares en los tramos inferiores de renta y riqueza. Las mayores deudas se observan en los más jóvenes y los hogares con dos miembros trabajando. El 21,5% de los hogares propietarios de su vivienda principal tiene deuda pendiente por la compra de dicho activo. En definitiva, es la clase media, y en especial los jóvenes que han formado unidades familiares nuevas, la que se encuentra más expuesta a posibles crisis financieras causadas por las fluctuaciones al alza de los tipos de interés. La deuda llega a afectar al 47% de los menores de 35 años. La segunda vivienda corresponde a un perfil de clase media-media y media-alta en una fase de ciclo vital más madura. Así, la deuda por la segunda vivienda se incrementa con la renta y con la riqueza y, por edades, es mayor en el grupo entre los 35 y los 64 años.

Esta situación, donde la vivienda es el principal activo de los hogares españoles, asociado a los compromisos hipotecarios y la subida en los tipos de interés, explica la razón por la que entre los problemas más importantes de España se encuentra la vivienda. Éste es uno de los tres problemas más importantes para el 37% de los españoles. Como problemas asociados encontramos los problemas de índole económica (17%) y el desempleo (36,5).

Precisamente, el trabajo y su nueva organización se encuentran entre los factores que perfilan la vida cotidiana en la España del siglo XXI. Especialmente en las formas que condiciona la emancipación y generación de nuevas unidades familiares. Desde un contexto más amplio, la situación española se aproxima a las tesis de Cohen (2007) cuando afirma, como rasgo distintivo actual, que el capitalismo del siglo XXI consagra la separación entre la producción y la protección. De tal manera que en «una inversión copernicana de los fundamentos mismos del trabajo asalariado, serán los trabajadores quienes sufran los riesgos, y los accionistas quienes busquen protección». Este proceso de búsqueda de protección y garantías por parte del capital se hace especialmente visible en el caso español. Un ejemplo es la ley que intenta regular la subcontratación en España. Resulta evidente que la estabilidad del *trabajo autónomo* no agrícola se explica en gran parte por la externalización de costes por parte de las empresas. En definitiva, supone una redefinición del vínculo laboral. El empresario no contrata trabajadores (con las obligaciones que supone) sino que contrata a supuestos empresarios (trabajadores autónomos), redefiniendo la relación en el mercado de trabajo y el estatus de trabajo dependiente.

TABLA 19.3.—*Los problemas más mencionados por los españoles (2007)**

Problema	Porcentaje de entrevistados que mencionan cada una de las respuestas
El terrorismo, ETA	44,10
La vivienda	36,70
El paro	36,50
La inmigración	31,50
Los problemas de índole económica	16,50
La inseguridad ciudadana	13,50
Los problemas relacionados con la calidad del empleo	12,70
La clase política, los partidos políticos	8,90
Las drogas	4,80
La sanidad	4,60
La educación	3,90
Las pensiones	3,70
Los problemas de índole social	3,60

* ¿Cuál es, a su juicio, el principal problema que existe actualmente en España? ¿Y el segundo? ¿Y el tercero?

Fuente: CIS, *Barómetro Julio 2007, http://www.cis.es/cis/opencms/ES/1_encuestas/estudios/ ver.jsp?estudio=7339.*

De esta manera, las dinámicas tradicionales de fragmentación del mercado de trabajo, sectores, especialidades, categorías, alcanzan un nivel de atomización (autónomo) que conducen al máximo de traslación de la responsabilidad al trabajador. La nueva ley (2007) considera la categoría de trabajador autónomo dependiente cuando su trabajo es contratado en un 75% o más por un único empresario. Con ello la ley desvela una realidad, una fragmentación extrema del mercado de trabajo, donde los trabajadores se convierten en autónomos (empresarios) sin dejar de ser trabajadores por cuenta ajena.

Esta estrategia se suma al deterioro de las condiciones laborales mediante el incremento de los tipos de *contratos laborales temporales* y poco retribuidos. El trabajador alcanza un máximo de precarización en su relación laboral con el empresario. En definitiva, como señalaba Max Weber (1987), es la reproducción del esquema de liberación de los esclavos en Roma, con todos los matices de contexto histórico necesarios. Es decir, se asiste a la ocultación y supresión de gran parte de los compromisos y deberes que los trabajadores obtuvieron de los empresarios y del Estado durante el siglo XIX y XX. En definitiva, la redefinición del papel del capital en el nuevo escenario mundial y sus consecuencias cotidianas se harán visibles tanto en la dualización como en la precarización de los proyectos de vida de parte de la sociedad.

El estudio de los proyectos vitales obliga a dirigir la atención sobre los sectores de menor edad: los jóvenes y sus estilos de vida. Se observa un retraso en el momento de emancipación por parte de los jóvenes. Como vemos en el siguiente gráfico (a partir del indicador de convivencia con personas de al menos 20 años superior) el 50% de los jóvenes menores de 30 años vive en casa de sus progenitores, un porcentaje que sigue siendo alto para los jóvenes de más de 30 años (casi el 20%). Son unas cifras inimaginables hace algunas décadas. Esto está directamente relacionado con los estilos de vida (trabajo, ocio, renta, familia, educación) de la sociedad española contemporánea que vienen caracterizados por la inmediatez y la búsqueda de anclajes patrimoniales e identitarios.

GRÁFICO 19.9.—*Porcentaje de personas de 20 a 35 años, solteras y que viven con alguien con una edad al menos veinte años superior*

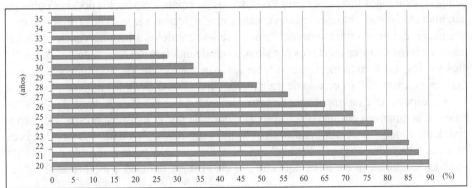

Fuente: INE: *cifras INE,* «Los cambios sociales en los últimos diez años» *2/2003,* http://www.ine.es/ revistas/cifraine/cifine_cen01.pdf.

Se detecta una doble exigencia relacionada con la inmediatez y la estabilidad a largo plazo. Los estilos de vida asociados socialmente al éxito impulsan a ser fan de lo efímero de las modas y conseguir signos externos de continua renovación. Lo inmediato en las pautas de consumo es coherente con una realidad en la cual la salida del hogar de los progenitores se va retrasando por el encarecimiento de la vivienda y la precariedad laboral. Una juventud envejecida que reside en un hogar donde existe mayor libertad y autonomía que en anteriores generaciones; concesión de unos padres situados dentro del sector primario del mercado laboral que favorecen la estabilidad temporal sin límite preciso y que permiten que los ingresos individuales de los hijos sean para disfrute exclusivo. Ingresos sobre los que no hay ningún acuerdo más o menos tácito para que sean depositados en la caja común de una familia que ha reducido considerablemente su tamaño. En definitiva, el domicilio familiar ha evolucionado hacia una estructura de convivencia semejante a la de los «pisos compartidos», pero con individuos vinculados con relaciones de parentesco. Sin embargo, resulta claro que los estilos de vida son claramente diferenciados generacionalmente.

Relacionado con el hecho señalado anteriormente de que la vivienda sea el activo más importante de los hogares de clase media y populares, están las expectativas de futuro de los jóvenes en algo que puede definirse como búsqueda de «anclaje patrimonial». Se explica porque, ante el panorama que se les presenta a los jóvenes de precariedad (laboral, conyugal, profesional e identitario) y transitorio (desde el punto de vista de las condiciones materiales el mismo concepto de juventud sólo puede definirse como tiempo intermedio entre la dependencia —niñez— y la independencia —adultez), se busca un anclaje material, representado por el patrimonio residencial. Éste queda reflejado en la propensión a la propiedad frente al alquiler (este último más acorde con los estilos de vida y las situaciones laborales y de pareja), aunque la propiedad constituya uno de los principales motivos de resistencia al cambio de domicilio por exigencias laborales o a la disolución de la convivencia en pareja. La hipoteca puede representar esta búsqueda de anclaje en un mundo líquido (Bauman, 2005) e inestable. Vendría a ser una orientación a largo plazo para un futuro incierto en el cual se han reducido la red de parentesco (pocos o ningún hermano) y las redes informales y de solidaridad, así como la protección del Estado.

Ante estos hechos de prolongación de la dependencia de los jóvenes y su relación con las condiciones favorables para los procesos de emancipación, los poderes públicos han iniciado un conjunto de medidas conducentes al acceso a la vivienda (principal preocupación del nuevo ministerio del ramo) que son paralelos a las intervenciones legales sobre otros sectores afectados por situaciones de indefensión social: dentro de los ciclos vitales; en el extremo opuesto tenemos la situación de los más mayores; y, por razones de exclusión (mercado de trabajo, violencia doméstica), las mujeres.

Un aspecto que ha impactado de forma notoria sobre la vida cotidiana de los españoles es la dinámica de intervención social adoptada por la legislación española. Especialmente aquellos aspectos ligados a la reforma y modificación de hábitos y costumbres bastante arraigados en la cotidianidad española. Un ejemplo evidente de ello es la ley de medidas sanitarias frente al tabaquismo[8], la cual estaba llamada a modificar sensible-

---

[8] «Las consideraciones expuestas hacen necesaria la adopción de nuevas medidas en una doble dirección. Por un lado, aquéllas que inciden sobre el consumo y la venta, con el aumento de los espacios sin humo, la limitación de la disponibilidad y accesibilidad a los productos del tabaco, especialmente a los más jóvenes y la garantía de que el derecho de la población no fumadora a respirar aire no contaminado por el humo del tabaco prevalece sobre el de las personas fumadoras. Resulta oportuno y necesario introducir nuevas medidas en la venta y consumo de tabaco para subsanar las limitaciones y deficiencias de la legislación existente que el paso del tiempo, la progresiva evidencia científica, la mayor sensibilización y concienciación social y la proliferación y diversificación de las estrategias de venta y promoción de los productos del tabaco han puesto de manifiesto.»

«Por otro lado, las medidas relativas a la publicidad y la promoción de los productos del tabaco, ya sea directa o indirecta, y el patrocinio de diferentes actividades, tienen una probada influencia sobre las conductas personales y los hábitos sociales, por lo que se convierten en un claro elemento de inducción y favorecimiento de su consumo, especialmente en el ámbito infantil y juvenil; por ello se hace necesario incidir limitativamente en todas las clases y medios de publicidad, ya sean impresos, radiofónicos, televisivos, electrónicos o cinematográficos.»

«Si bien el establecimiento de espacios sin humo es una actuación prioritaria de protección de la salud para la población en general, lo es en mayor medida en el caso de los menores. Cabe señalar la importancia del papel modélico de los profesionales docentes y sanitarios, en su labor educativa, de sensibilización, concienciación y prevención, fomentando *modos de vida sin tabaco.*» *LEY 28/2005, de 26 de diciembre, de medidas sanitarias frente al tabaquismo y reguladora de la venta, el suministro, el consumo y la publicidad de los productos del tabaco.*

mente la costumbre de fumar en espacios públicos, así como la publicidad y transmisión de estereotipos positivos asociados al tabaco. Otro aspecto que hay que reseñar es cómo la ley reconoce la interacción entre desigualdades, como es entre salud y género: «No se puede desconocer, por lo demás, que el fenómeno del tabaquismo no se manifiesta de igual manera en hombres y en mujeres. Se han advertido claras diferencias tanto en las causas que inducen al inicio del consumo, en las mismas pautas de consumo, en el mantenimiento de la adicción, en la respuesta a los tratamientos, en la dificultad de abandono y en las tasas en la recaída, y es evidente el mayor impacto negativo para la salud de las mujeres. Es por ello por lo que se hace necesario contemplar la perspectiva de género en todas y cada una de las estrategias que se desarrollen para el abordaje del tabaquismo, al objeto de eliminar aquellos factores que propician una situación desigual de oportunidades para disfrutar de salud, discapacitarse o morir por causas prevenibles.»

GRÁFICOS 20-24.—*Revolución de igualdad de género en España*

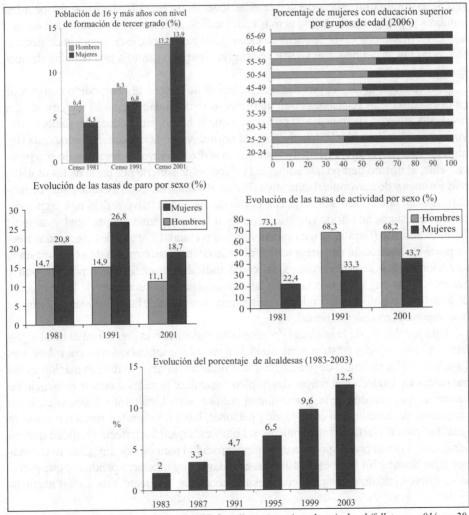

Fuente: INE, *España al comienzo del siglo XXI, http://www.ine.es/ prodyser/pubweb/folletocenso01/pags28-35.pdf;* INE, *Hombres y mujeres 2007, http://www.ine.es/prodyser/pubweb/myh07/myh07.htm.*

Posiblemente, el cambio más profundo y de mayor efecto a medio y largo plazo en la sociedad española ha sido el efectuado por las mujeres. Importante por su intensidad y extensión. El género es esencialmente una cuestión de poder. La reivindicación de iguales derechos es una reivindicación que poco tiene que ver con la identidad. Esta dimensión de poder es especialmente visible en su acceso al mercado de trabajo, en su incorporación al sistema educativo donde alcanzan cualificaciones más elevadas y en la redefinición de los *roles* de género dentro de la pareja y en la sociedad en general. Se puede observar cómo van paralelos el incremento de la cualificación y el acceso al trabajo, así como su participación en el poder político. La mujer se encuentra en proceso de potenciar su estatus dentro de la pareja a través de la viable mayor cualificación educativa y laboral. En ese sentido, la dinámica del doble salario con la mujer en inferioridad de condiciones (Dema Moreno, 2006), no parece haber transformado sustancialmente la relación de pareja. Sin embargo, la expectativa de mujeres con mayor calificación y salario intensificará, sin duda, la reestructuración del poder en las parejas. Se vislumbra un escenario donde ellas tendrán un nivel formativo superior a los hombres y, posiblemente, trabajos más cualificados. Así, la mujer, se ve cada vez menos identificada con el *rol* de «ama de casa». Con frecuencia, esta situación de dedicación a las tareas del hogar se vuelve transitoria y parea o camufla una realidad de búsqueda de empleo.

Las consecuencias del proceso de igualación de género se han podido comprobar en el estudio de las relaciones entre matrimonio y movilidad social. El incremento del nivel educativo de las mujeres ha provocado que la homogamia educativa (ambos cónyuges con el mismo nivel educativo) sea la norma; y que la minoritaria hipogamia (las mujeres con mayor nivel educativo que sus maridos) se vaya incrementando progresivamente, al mismo tiempo que aumenta la elección de soltería por parte de las mujeres más jóvenes y de mayor nivel educativo (Mayoral y Samper, 2006). Como pauta de modernización, la elección de pareja con el mismo nivel educativo refleja una preponderancia del estatus adquirido (incluso superior a la homogamia ocupacional y salarial) frente al adscrito (familia, origen social, religión o etnia). El hecho de detectar una nueva pauta en la elección de pareja refleja no solamente el incremento de exigencia en la selección en la sociedad de clases, tal como indicaba Simmel (citado por Mayoral y Samper, 2006, pág. 36), sino también las consecuencias estructurales de la revolución de género en cuanto a independencia, autonomía y repulsa de las relaciones asimétricas que impone el modelo patriarcal.

Esta revolución de la igualdad de género ha encontrado expresión en el nivel legislativo. Como expresa en su preámbulo la *Ley para la igualdad efectiva entre hombres y mujeres*[9]: «La violencia de género, la discriminación salarial, la discriminación en las pensiones de viudedad, el mayor desempleo femenino, la todavía escasa presencia de las mujeres en puestos de responsabilidad política, social, cultural y económica, o los problemas de conciliación entre la vida personal, laboral y familiar muestran cómo la igualdad plena, efectiva, entre mujeres y hombres, aquella «perfecta igualdad que no admitiera poder ni privilegio para unos ni incapacidad para otros». En palabras escritas por John Stuart Mill hace casi 140 años, es todavía hoy una tarea pendiente que precisa de nuevos instrumentos jurídicos. Resulta necesaria, en efecto, una acción normati-

---

[9] Ley Orgánica 3/2007, de 22 de marzo, para la igualdad efectiva de mujeres y hombres.

va dirigida a combatir todas las manifestaciones aún subsistentes de discriminación, directa o indirecta, por razón de sexo y a promover la igualdad real entre mujeres y hombres, con remoción de los obstáculos y estereotipos sociales que impiden alcanzarla».

Es difícil una descripción más ajustada de la realidad que la reconocida por la ley. En ese sentido, la igualdad de género alcanza la normativa, pero la normativa diagnostica al mismo tiempo las resistencias y las dificultades que el nuevo estatus de igualdad al que aspiran las mujeres en la sociedad. Si el nuevo papel social de la mujer fuese aceptado y formase parte del deseable social con plenitud, no sería precisa la protección legal frente a una realidad de determinados segmentos reacios al cambio. Como es reconocido desde la psicología social y la sociología, los estereotipos no se destruyen mediante leyes. En ese sentido, es previsible que la sociedad española requiera de un tiempo mayor de maduración para asumir y revisar los estereotipos de género tradicionales.

Precisamente, la producción legislativa asume la función parcial de *reformismo social* a la que aspira. Así, también en relación con la igualdad de genero, la *Ley de medidas de protección integral contra la violencia de género*[10] afirma que «La violencia de género no es un problema que afecte al ámbito privado. Al contrario, se manifiesta como el símbolo más brutal de la desigualdad existente en nuestra sociedad. Se trata de una violencia que se dirige sobre las mujeres por el hecho mismo de serlo, por ser consideradas, por sus agresores, carentes de los derechos mínimos de libertad, respeto y capacidad de decisión. *En la realidad española, las agresiones sobre las mujeres tienen una especial incidencia*, existiendo hoy una mayor conciencia que en épocas anteriores sobre ésta, gracias, en buena medida, al esfuerzo realizado por las organizaciones de mujeres en su lucha contra todas las formas de violencia de género. Ya no es un «delito invisible», sino que produce un rechazo colectivo y una evidente alarma social. Los poderes públicos no pueden ser ajenos a la violencia de género, que constituye uno de los ataques más flagrantes a derechos fundamentales como la libertad, la igualdad, la vida, la seguridad y la no discriminación proclamados en nuestra Constitución.»

Las transformaciones del papel de la mujer en la sociedad española alcanza a muchos de los ámbitos donde desarrollaba tradicionalmente una actividad que le era atribuida por los usos y normas sociales. Así, enlazando con otro aspecto de la desigualdad (las desigualdades por razón de edad) que afecta principalmente a las personas mayores, vemos cómo en el preámbulo que explicita la necesidad de una ley para proteger a los colectivos en situación de dependencia, se menciona expresamente el emergente nuevo reparto de funciones en la sociedad española. La ley de *Promoción de la Autonomía Personal y Atención a las personas en situación de dependencia*[11], tras describir inicialmente los cambios demográficos que la hacen necesaria advierte de la necesidad de una intervención de los poderes públicos «adaptada al actual modelo de nuestra sociedad. No hay que olvidar que, hasta ahora, han sido las familias, *y en especial las mujeres*, las que tradicionalmente han asumido el cuidado de las personas dependientes, constituyendo lo que ha dado en llamarse el «apoyo informal». Los cambios en el modelo de familia y la incorporación progresiva de casi tres millones de mujeres, en la última década, al mercado de trabajo introducen nuevos factores en esta

---

[10] Ley Orgánica 1/2004, de 28 de diciembre, de Medidas de Protección Integral contra la Violencia de Género, *BOE* núm. 313, de 29 de diciembre de 2004.

[11] Ley 39/2006, de 14 de diciembre, de Promoción de la Autonomía Personal y Atención a las personas en situación de dependencia.

situación que hacen imprescindible una revisión del sistema tradicional de atención para asegurar una adecuada capacidad de prestación de cuidados a aquellas personas que los necesitan». En ese sentido, la sociedad española aún tiene pendiente la tarea de acomodar las modificaciones de la vida cotidiana que implican la igualdad de género y la modificación de *roles*.

En la sociedad española, tradicionalmente, el envejecimiento ha supuesto la muerte social del individuo. Su invisibilidad. Esta situación se atenúa en parte por la atención a un segmento específico de mayores. Como describe la ley de dependencia: «En España, los cambios demográficos y sociales están produciendo un incremento progresivo de la población en situación de dependencia. Por una parte, es necesario considerar el importante crecimiento de la población de más de 65 años, que se ha duplicado en los últimos 30 años, para pasar de 3,3 millones de personas en 1970 (un 9,7% de la población total) a más de 6,6 millones en 2000 (16,6%). A ello hay que añadir el fenómeno demográfico denominado "envejecimiento del envejecimiento", es decir, el aumento del colectivo de población con edad superior a 80 años, que se ha duplicado en sólo veinte años.»

La realidad de este colectivo, cada vez más amplio y con una esperanza de vida progresivamente mayor, es diverso en lo referido a la calidad de vida. Así, ciertamente, una parte relevante experimenta circunstancias de discapacidad: «Asimismo, diversos estudios ponen de manifiesto la clara correlación existente entre la edad y las situaciones de discapacidad, como muestra el hecho de que más del 32% de las personas mayores de 65 años tengan algún tipo de discapacidad, mientras que este porcentaje se reduce a un 5% para el resto de la población.» Por el contrario, dos de cada tres personas mayores no experimenta discapacidad y refleja un segmento de población que busca una calidad de vida que no suponga su muerte social tras la jubilación.

GRÁFICO 19.11.—*Proyección de la población mayor española por grupos de edad (2001-2026)*

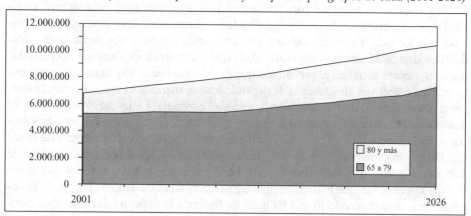

Fuente: INE, *Proyecciones de población calculadas a partir del Censo de 2001.*

«A esta realidad, derivada del envejecimiento, debe añadirse la dependencia por razones de enfermedad y otras causas de discapacidad o limitación, que se ha incrementado en los últimos años por los cambios producidos en las tasas de supervivencia de determinadas enfermedades crónicas y alteraciones congénitas y, también, por las consecuencias derivadas de los índices de siniestralidad vial y laboral. Un 9% de la población española, según la *Encuesta sobre Discapacidades, Deficiencias y Estado de Salud 1999,* presenta alguna discapacidad o limitación que le ha causado, o puede llegar a causar, una dependencia para las actividades de la vida diaria o necesidades de apoyo para su autonomía personal en igualdad de oportunidades»[12]. Realidades sociales discriminatorias que habían permanecido invisibles o aceptadas/impuestas por el deseable social, hacen inevitable su reconocimiento dada la magnitud que alcanzan. Si bien los programas de igualdad favorecen el reconocimiento social a las discapacidades y enfermedades crónicas, su capacidad para paliar o reducir las desigualdades que producen en el entorno familiar es una incógnita presupuestaria.

GRÁFICO 19.12.—*Estimación de la prevalencia de las situaciones de discapacidad, por edad y género. España (1999)*

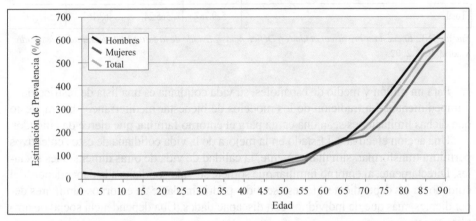

Fuente: INE, *Encuesta sobre Discapacidades, Deficiencias y Estado de Salud 1999.* Resultado detallado, Madrid, INE, 2002.

TABLA 19.4.—*Personas con alguna discapacidad severa o total para las actividades de la vida diaria por tipo de discapacidad y grupo de edad en España (1999)*

Actividad	6 a 64 años	65 a 79 años	80 y más años	Total mayores de 60 años
Cambiar y mantener las posiciones del cuerpo	150.083	183.163	157.194	490.440
Levantarse, acostarse.	210.557	273.534	228.315	712.406
Desplazarse dentro del hogar	143.445	220.507	231.573	595.525
Deambular sin medio de transporte	282.015	414.863	385.586	1.08.2464
Asearse solo: lavarse y cuidar su aspecto	149.542	182.279	260.695	592.516
Controlar las necesidades y utilizar solo el servicio	72.489	84.619	150.020	307.128

---

[12] Ley 39/2006, de 14 de diciembre, de Promoción de la Autonomía Personal y Atención a las personas en situación de dependencia.

TABLA 19.4 *(cont.).—Personas con alguna discapacidad severa o total para las actividades de la vida diaria por tipo de discapacidad y grupo de edad en España (1999)*

Actividad	6 a 64 años	65 a 79 años	80 y más años	Total mayores de 60 años
Vestirse, desvestirse y arreglarse	139.017	158.578	217.535	515.130
Comer y beber	54.415	52.599	91.639	198.653
Compras y control de los suministros y servicios	304.106	354.128	374.629	1.032.863
Cuidarse de las comidas	192.758	215.501	305.848	714.107
Limpieza y cuidado de la ropa	232.086	280.575	339.554	852.215
Limpieza y mantenimiento de la casa	279.068	354.102	367.442	1.000.612
Cuidarse del bienestar del resto de la familia	207.149	214.409	288.016	709.574
Total	519.787	565.247	462.161	1.547.195

Fuente: INE, *Encuesta sobre discapacidades, Deficiencias y Estado de la salud 1999, Resultados detallados,* Madrid, INE, 2002.

Para un millón y medio de españoles, su vida cotidiana es una lista de restricciones e impedimentos. La tradición de los modelos de bienestar mediterráneos ha impuesto que dichas limitaciones sean una carga para el entorno familiar que ejerce de cuidador.

Una acción efectiva del Estado en la mejora de la vida cotidiana de estos colectivos permitirá transformar, simultáneamente, la calidad de vida de otras dimensiones sociales. Directamente, al entorno familiar que somete su vida cotidiana a la dependencia del cuidado de los dependientes. En ese sentido, podría hablarse de entornos familiares dependientes, más que de individuos con discapacidades. Una dependencia social de amplio espectro.

4. IDENTIDAD SOCIAL

En la sociedad española de principios del siglo XXI, la identidad aparece formulada destacando su «valor de cambio» frente a su «valor de uso». Esta afirmación sobre la naturaleza de la identidad esperamos que venga aclarada lo suficientemente a continuación.

La identidad social se puede definir burdamente como el sentimiento de pertenencia a algo que los individuos perciben que los representa[13]. Como destacan Tezanos y Díaz (2006), la multidimensionalidad de *roles* que ofrece al individuo la sociedad actual lleva a que «las personas no suelen tener ámbitos de referencia e identificación social unívocos y exclusivos, sino que tienden a manifestar su conciencia de pertenencia a determinados ámbitos sociales de acuerdo a factores de proximidad, relación o sim-

---

[13] No hay lugar aquí para extenderse en la gran diversidad de dimensiones y nociones asociadas a un concepto sociológico con raíces en la psicología (identidad individual), la antropología cultural, la sociología política y la filosofía (identidad colectiva) con sus vinculaciones entre ellas y los desarrollos teóricos correspondientes.

patía». Esta realidad de identidad múltiple se aprecia con claridad en las series de encuestas del grupo GETS. Considerando las categorías que obtienen una mayor puntuación, destaca la identificación con *las personas de una misma edad* (46% en primera y segunda opción) y las personas con las *mismas aficiones, gustos y modas* (37% en primera y segunda opción) y con una relevancia menor como referencia de identificación, el *género* y el *municipio* (ambos con un 14% respectivamente). Como ya advierten los autores, las respuestas de identificación con la generación y con los estilos de vida y moda, proceden de un mismo segmento social. Ciertamente, la posibilidad de redundancia, es decir, de identificar una realidad profunda que se muestra en esas dos variantes, es bastante elevada. Por lo general, es muy posible que las aficiones, gustos o modas se solapen en mayor o menor grado siguiendo una pauta generacional.

De estos datos podemos concluir que *la identificación se desarrolla preferentemente en el ámbito del consumo y no en el de la producción*. La identificación con el ámbito profesional, por razones de desarrollar el mismo tipo de trabajo, y por clase social, es prácticamente inexistente. En ese sentido, las transformaciones del sistema capitalista han logrado en la España del siglo XXI girar las identificaciones desde el espacio de la producción, donde el capital es, en cierto modo, el elemento dependiente; hacia el espacio del consumo, donde lo es el trabajador. La disolución del sujeto social (clase social, trabajo) asocia lógicamente la desaparición de la identificación con las ideologías que hablan de él. La búsqueda de anclajes de identidad ha encontrado en las ofertas del mercado de consumo un repertorio, al parecer, válido.

Las fuentes de identidad se encuentran en la esfera del consumo. Esto incluye aspectos clave de identificación como son las marcas. La marca permite identificarte con los consumidores de la misma marca y diferenciarte de los consumidores de otra marca. La lógica que envuelve el proceso de identificación es la diferencia de otros (extragrupo) en un grado equivalente a la identificación con los propios (intragrupo). Consideremos un fenómeno que ha seguido una trayectoria inversa a la identificación con ideas y partidos políticos. Durante la transición, se interpretaba el fútbol como un equivalente al «opio del pueblo». Una distracción respecto a la realidad política, económica y social. En la actualidad, en correspondencia con la dinámica de consumo, el fútbol vuelve a convertirse en un referente de primera magnitud. En ese sentido, las trayectorias en el deseable social han sido inversas, aparejándose el desinterés por la política con el interés por el fútbol.

Los datos indican que a principios del siglo XXI, en España, dos de cada tres españoles (66,8%) afirmaba sentir simpatía por un equipo de fútbol[14]. Esta adscripción a un equipo u otro de fútbol no parece seguir un criterio de actuación o mérito. La afiliación encuentra sus razones[15] «por el lugar de nacimiento» (32%), «el entorno social y familiar» (20%), «afición desde la infancia» (13%) y otras razones con menor presencia social. Se trata de una elección «irracional» condicionada por el contexto (lugar o entorno) y no por una elección según resultados deportivos o composición de jugadores. El grado de identificación es tan elevado que se exterioriza a partir del uso de indicadores visibles. Un 42% afirma tener en su domicilio «banderas, escudos u objetos de su equi-

---

[14] «Independientemente de su mayor o menor interés por el fútbol profesional, ¿se siente Ud. cercano o tiene simpatía por algún equipo de este deporte?», CIS, 2007, *Barómetro de mayo 2007*.

[15] Pregunta filtrada. La base 100% de las respuestas corresponden a los que afirmaban afinidad a equipos de fútbol.

Antonio Alaminos y Clemente Penalva

po», y prácticamente el 30% compra objetos (relojes, ropa, llaveros, carteras, etc.) de uso personal. Esta identificación con una «marca», en ocasiones similar a la denominación de origen, es consonante con el universo de las adscripciones que predominan en la sociedad de consumo de principios de siglo. De hecho, esta identificación en el ámbito del consumo mediante la marca, no es exclusiva del ocio; incluso en el ámbito de la política el «mecanismo» de adhesión ha demostrado una capacidad de funcionamiento importante. Precisamente, el gran logro de la derecha española es haber creado y convertido al PP en una marca con la que identificarse sin referentes precisos, de contenido inespecífico u oculto.

En su vertiente de espectáculo masivo, saturado de símbolos e ídolos, salpicado de rituales que se manifiestan en los estadios y en los bares, a partir de los contenidos mediáticos específicos deportivos y paradeportivos, y que producen una especie de comunión entre seguidores; el fútbol ha sido considerado como una religión. Si el fútbol se ha sacralizado, la religión se ha secularizado.

La religión ha sido por mucho tiempo una de las referencias de identidad de la sociedad española. El catolicismo, y en la época reciente más oscura —el nacional catolicismo—, suponía una referencia identitaria fuerte, principalmente para sus partidarios, pero también para sus contrarios (en forma de anticlericalismo y ateísmo). La sociedad española ha experimentado una transformación importante en la línea mencionada. Actualmente, en la práctica, definirse como católico no se refiere a un conjunto de prácticas o creencias concretas, a unos contenidos específicos. Para una parte importante de la población española es esencialmente una «marca» difusa cuyos contenidos son esencialmente de conveniencia. Como señalan la mayoría de los estudios, el reemplazo generacional y la educación son las variables determinantes de este proceso. Tezanos

GRÁFICO 19.13.—*Evolución de las creencias religiosas de los españoles*

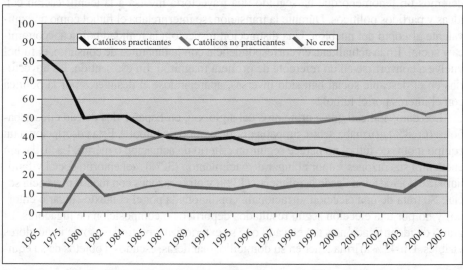

Fuente: Datos tomados de Díaz-Salazar (de 1965 a 1984) y Tezanos (de 1985 a 2005). R. Díaz-Salazar, «La transición religiosa de los españoles», en R. Díaz-Salazar y S. Giner (eds.), *Religión y sociedad en España*, Madrid, CIS, 1993.

muestra de forma concluyente el vaciado de contenido de la referencia religiosa católica mediante la diferenciación entre católico practicante y católico no practicante.

Son dos los aspectos especialmente interesantes de este estudio. El primero es el vaciado de contenidos de las creencias: definirse como católico no practicante, significa exactamente lo que se afirma. Se es católico, pero no se ejerce, entre otras cosas por que los contenidos son contrarios a los procesos de modernización y los principios liberales (castidad, procreación, intolerancia y persecución de la homosexualidad, etc.). A una conclusión semejante llegan Pérez-Agote y Santiago (1993)[16] al estudiar la determinación de las creencias en varios contenidos cognitivos de la fe católica. Así, en la encuesta por ellos analizada[17] mientras un 80% se declaraba directamente católico, sólo un 43% se definía como muy o bastante religioso. En ese sentido, el alejamiento de la práctica cotidiana se debe a las prescripciones de la ortodoxia católica.

Sin embargo, prescindir de los contenidos no implica la pérdida de potencia simbólica para generar identidades. Ser católico supone, para una parte importante de la sociedad, exteriorizar la negación de ser cualquier otra cosa. El funcionamiento de esta identificación es semejante al que permitía históricamente en España usar clasificaciones como las de «cristiano viejo» y «converso» o producir cambios en los hábitos culinarios (la preferencia del cerdo y otros alimentos proscritos por otras religiones). Ser católico, para ese 55% que se declaraba no practicante en 2005, no es seguir la doctrina de Roma. Ser católico es una respuesta que significa no ser musulmán, evangelista, agnóstico, ateo o cualquier otra cosa. En estos términos, la identificación como católico no practicante significa el empleo de la religión como «marca». «Marca» cuyo poder para generar identidad se basa en la distinción: no se vive la religión o se sufren crisis espirituales; sino que ser «católico no practicante» es esencialmente un sistema de identificación que presenta, ubica y relaciona al individuo con los demás y el mundo.

Un tercer aspecto relevante, en términos de identidad, es la creación de nuevos sujetos sociales, como es el denominado «género» (Tezanos y Díaz, 2006), con visibilidad suficiente para ofrecer un referente de identidad al 14%. Según los datos del grupo GETS, considerado en perspectiva longitudinal, se ha triplicado el porcentaje de personas que encuentran en el género una referencia de identidad. En 1985 era de un 5%, elevándose de forma paulatina al 14% de 2005.

Por último, un espacio de identificación emergente, como indican los datos del grupo GETS, es el ámbito local. Corresponde con la categoría para la que se espera una importancia mayor en el futuro de casi cinco puntos por encima de la actual. El localismo es una fuente de identidad con un elevado potencial. Si bien en 2005 los perfiles parecen identificar una presencia elevada de mayores de 60, con bajo nivel de estudios, las nuevas ideologías que reivindican lo rural y el grupo familiar como referente emocional pueden ayudar a que se experimente un fuerte desarrollo en otros grupos de edad.

Es interesante considerar la relevancia de lo local en términos de vinculación emocional, como aspecto complementario pero diferenciado al de identidad. Así, la pregunta estricta sobre identidad (Tezanos y Díaz, 2006) eligiendo entre opciones excluyentes, ofrece una preferencia por la identidad nacional en el 2005 del 44% de los

---

[16] A. Pérez-Agote y J. A. Santiago García, *La situación de la religión en España a principios del siglo XXI,* Opiniones y Actitudes, Madrid, CIS, 2005.

[17] Estudio CIS 2443, enero de 2002.

españoles; con su Comunidad Autónoma del 29%; un 11% con su municipio, pueblo o ciudad; el 9% con el mundo y un 3% con Europa. Sin embargo, los datos del CIS (Moral y Mateos, 1999), haciendo énfasis sobre la vinculación emocional mediante el fraseo «sentirse más ligado» (en una escala de 0 a 10 no excluyente para diferentes ámbitos), revela la importancia de lo local, como anclaje emocional, respecto a los demás espacios de identificación. La puntuación media más elevada es para el pueblo o ciudad, con un 8,4 (al igual que la provincia). En el caso de los más jóvenes, la vinculación con lo local alcanza la puntuación máxima, con el 7,8.

Este fenómeno emergente podría servir de contrapeso a la creciente tendencia a la fragmentación y desvertebración social propias de inicios del siglo XXI. Lo local puede coincidir con lo cercano como pauta de vida cotidiana que se resiste a las consecuencias más negativas de la globalización. El medio urbano ha dejado de ser un espacio de sociabilidad, un lugar donde la privacidad y autonomía permitía la libre adscripción a grupos y la libre discusión de los asuntos públicos en la plaza. Esa idea moderna asociada a la vida cívica, la instrucción y los valores de libertad, tolerancia e igualdad ha quedado en gran medida deshecha por la imposibilidad del contacto directo y frecuente con los demás, provocado por el crecimiento desordenado, el imperio del tráfico rodado privado y la dispersión de los lugares de encuentro, consumo y ocio (los ya mencionados «no-lugares» que definía Augé[18], espacios anónimos desprovistos de historia y señales de identidad ocupados por sujetos anónimos). El giro hacia lo local puede ser una estrategia para recuperar la sociabilidad perdida, un ejemplo más del denominado proceso de «glocalización».

Tras varias décadas no sólo se conservan, sino que cada vez se las ve más robustas las estructuras de la fiesta. En muchas localidades, donde el movimiento asociativo en términos de orientación sociopolítica es débil, se puede observar que la fiesta —aquello que tiene un lugar fijo en el calendario para romper con lo cotidiano— es uno de los

TABLA 19.5.—*Participación en la vida local**

	Sí	No	NC	N
Participar en alguna organización recreativa o fiestas del barrio	20,9	78,9	0,1	(2.494)
Participar en alguna actividad sindical o política del barrio	3,2	96,7	0,2	(2.494)
Participar en alguna acción de protesta contra algo que pudiera perjudicar al barrio	10,0	89,8	0,2	(2.494)
Participar en alguna acción a favor de algo que pudiera beneficiar al barrio	11,7	88,1	0,3	(2.494)

* La pregunta 21 hace referencia al «barrio» en los municipios de 10.000 habitantes o más, y al «pueblo» en los municipios de menos de 10.000 habitantes. Durante los dos últimos años, ¿recuerda haber hecho alguna de las siguientes cosas?

Fuente: Barómetro CIS, 2423, junio de 2001.

---

[18] Augé (1993) alude, como ejemplos, a los grandes almacenes, las autopistas, los medios de transporte, las terminales de éstos.

pocos eventos culturales que vertebran y cohesionan las sociedades locales. A pesar de su gran diversidad temática (de la Semana Santa al Carnaval) y sus diferentes niveles de participación, institucionalización, planificación y gasto, la fiesta con su indiscutible arraigo popular en este país crece porque se vive, se recupera, se inventa o se reinventa. Resulta asombroso la cantidad e intensidad del trabajo que comporta la fiesta en una comunidad local.

En este fenómeno global, las fracciones internas se establecen básicamente por criterios espaciales: la calle, la plaza, el barrio. La participación en fiestas es la principal actividad en el entorno local más próximo.

La fiesta proporciona cohesión social y articulación de la vida cotidiana, y debido a su tradicional asociación al rito religioso conecta con el proceso anteriormente descrito de secularización de la religión y la sacralización de otro fenómeno festivo: el fútbol. Es por ello por lo que en pleno proceso de secularización de lo religioso, la fiesta sea uno de los principales sustentadores de la práctica religiosa. Como indica Homobono (2006) «… Pero no parecen muy adecuadas las interpretaciones de la secularización como decadencia e incluso extinción de las prácticas religiosas. Aquella profecía racionalista de la modernidad, que predijo la pérdida de centralidad de la religión, su decadencia y privatización, ante el arrollador proceso secularizador, a impulsos de la hegemonía de la razón instrumental y del progreso científico, no concuerda con el escenario actual, donde se produce una revitalización y reaparición en la esfera pública de ciertas tradiciones religiosas (…). Como supo prever Durkheim, la religión no desaparece sino que se transforma, porque la sociedad necesita "conservar y reafirmar, a intervalos regulares, los sentimientos e ideas colectivos" que le confieren "unidad y personalidad" (…). Son las formas religiosas más tradicionales, clausuradas e institucionales las que acusan en mayor medida el impacto de la secularización, con la consiguiente merma de los cuerpos que las administran y representan, y la drástica reducción del número de sacerdotes y religiosos. Pero no sólo emergen nuevas formas religiosas que sustituyan a otras obsoletas, sino que algunas de las más tradicionales despliegan una neta capacidad de readaptación y supervivencia, como es el caso del *revival* de las principales rutas de peregrinación».

Esa identificación con lo local y lo próximo, muchas veces a través de las fiestas y ritos religiosos asociados, se complementa con el regreso al origen y la vuelta a lo rural. Para un anclaje firme no hay nada mejor que el regreso a las raíces. En el medio urbano crecen en número de socios, actividades y visitantes las casas regionales. En la historia más reciente ha sido muy común en las grandes ciudades que se mencionara el lugar de origen de los progenitores como «el pueblo» o «mi pueblo», pero quedaba como una referencia negativa, en el sentido de obligación (visita a parientes y propiedades de origen que impedían el desarrollo de otros planes más atractivos) y como contraste (el espacio social del cual se renegaba para aludir a las experiencias propias en un ambiente atrasado). Sin embargo, hoy en día, el pueblo ha pasado a ser un referente de vida ideal.

Lo rural deviene, paradójicamente, como espacio de libertad. Los procesos de concentración urbana, procesos asociados al anonimato y al desligamiento de la presión y control moral de los pueblos han supuesto (utilizando los conceptos elaborados por Tönnies) el sacrificio o precarización de lo *comunitario* en beneficio de lo *societario* (asociado a lo racional, lo formal y a la libertad en cuanto a ideas y comportamiento). Una vez rotos los vínculos emocionales y de control moral con las comunidades de origen, el regreso es una vuelta a lo comunitario, sin necesidad de atenerse, sufrir o respetar las limitaciones morales comunitarias del viejo pueblo. El regreso a la vida en el medio rural conlleva todas las ventajas de la vida en comunidad (cercanía, redes de apoyo, aire limpio, contacto directo con la naturaleza, vida tranquila) y contiene menos desventajas, ya que el recién llegado trae suficientemente rotas las vinculaciones con el origen para no sentir la presión del control social. Supone autonomía para elegir el grado de aislamiento, de vinculación emocional con el entorno social, de apertura de lo privado; de tal manera que un medio considerado como cerrado se convierte de alguna manera en un espacio abierto de libertad.

La intensidad del enganche al re-anclaje identitario puede diferir, pero en casi todas sus formas es la sociedad de consumo la que ofrece múltiples sucedáneos que funcionan de manera simbólica (idealizando lo rural): productos caseros, ecológicos (el medio rural junto al natural son el escenario de multitud de anuncios publicitarios que se exponen en TV, y no sólo de productos alimentarios sino también de vehículos a motor), casas rurales, turismo rural con actividades programadas deportivas (*rafting*, cicloturismo, circuitos a caballo, senderismo) y de contacto directo con la vida cotidiana (artesanía, matanza, cosecha, granjas y huertos).

Otro aspecto digno de consideración es la vida asociativa. Ésta, que tuvo su mayor grado de efervescencia durante la transición, ha ido languideciéndose. Aunque la creación de asociaciones ha ido en aumento, el grado de implicación (participación y vinculación no orgánica) ha disminuido. Tal como indicaban Suárez y Renes (1994) la tendencia va hacia un asociacionismo poco activo y nuevas formas de asociacionismo. Formas de asociación menos vinculadas a la acción política y más orientadas hacia otras esferas de lo público (deportivas, educativas, solidarias), exentas de partidismo, englobadas en lo que se ha denominado «los nuevos movimientos sociales», con importante componente asambleario, descentralizados, espontáneos en la acción y bajamente burocratizados.

Ejemplos de iniciativa popular estructurada en estos movimientos que han llevado a remolque a los partidos políticos de izquierda han sido las movilizaciones masivas que se produjeron durante los primeros años de 2000 con motivo de la Guerra de Irak, los desastres ecológicos producidos por el petrolero *Prestige* en aguas gallegas, las movilizaciones en pro de la ayuda al Tercer Mundo y por la alterglobalización[19].

Por otro lado, la creciente fuerza y tamaño del denominado «Tercer Sector» matizan el tradicional individualismo de este país. Este tercer sector (a mitad de camino entre el público y el privado) que actúa a través de una miríada de organizaciones sin ánimo de lucro y no gubernamentales, promueve entre otras finalidades la economía solidaria y el desarrollo social. Así, se asiste a una revitalización de la solidaridad, acorde con los denominados «valores posmaterialistas» dentro de la clasificación de Inglehart (1997). Esta solidaridad se manifiesta a partir de diferentes niveles de implicación individual que van desde la dirección más o menos visible, hasta la atracción y participación en las convocatorias de movilización, pasando por las aportaciones económicas a través de cuotas, el trabajo voluntario o las compras en establecimientos de «comercio justo». Un Tercer Sector que, como indica Alberich (2007), tiene una importante repercusión en la estructura del empleo y el PIB: «Unos 500.000 empleos remunerados

---

[19] Fenómeno inverso a las movilizaciones que ha desarrollado la derecha española. Iglesia, asociaciones defensoras de la familia y asociaciones de víctimas del terrorismo han sido convocadas a las manifestaciones promovidas por el Partido Popular.

dependen de las Organizaciones No Lucrativas (ONL), principalmente asociaciones y fundaciones, el conjunto del denominado Tercer Sector (en muchos casos con empleo precario, se excluye el empleo de cooperativas y sociedades laborales). Tres millones de personas se consideran "voluntarios" y practican el voluntariado (afiliadas o no), de las cuales algo más de un millón dedican al menos 20 horas al mes a su acción voluntaria (equivale a 253.599 empleos a jornada completa). El gasto total de las ONL supone el 4,6% del PIB español, el 5,9% si imputáramos el "trabajo" aportado por el voluntariado». Esto da la idea de que el tejido asociativo y el trabajo voluntario cubren gran parte de las funciones a las que el Estado ha renunciado.

No obstante, se puede afirmar que asistimos a una especie de atomización asociativa (un gran número de asociaciones con un nivel de participación mínima, aproximándose al hipotético extremo de una asociación por participante) consonante con la tendencia en el mercado de trabajo de convertir el trabajador asalariado en autónomo. Se trata de un doble proceso: por un lado una institucionalización, ya que el registro por parte de la Administración permite percibir recursos y, por otra, una despersonalización, pues se produce el paso de personalidad propia a personalidad jurídica. El resultado es un conjunto muy reducido de individuos que interactúan entre sí para conseguir un objetivo, teniendo como instrumento e imagen externa una organización formal. Este proceso explica, en parte, el proceso de crisis interna dentro de las grandes organizaciones de este Tercer Sector y que ha supuesto cierto descrédito de la actuación de las Organizaciones No Gubernamentales: excesivo aparato administrativo, división entre bases y núcleo burocrático-dirigente, despolitización de la solidaridad y excesiva dependencia de las subvenciones gubernamentales. La economía social, que designa una realidad muy próxima, pero que enlaza la autogestión con trabajo, y que puede suponer una resistencia a la precariedad y despersonalización del trabajo autónomo que se explicaba más arriba, ejemplifica este proceso de atomización.

GRÁFICO 19.14.—*Cooperativas constituidas. Sociedades y socios iniciales durante el período 1997-2006*

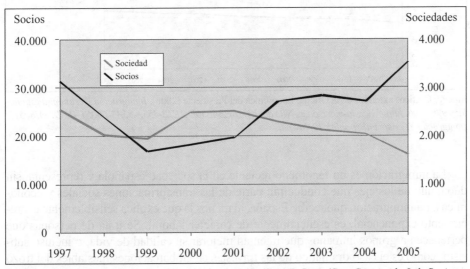

Fuente: MTAS, *http://www.mtas.es/Empleo/economia-Soc/BaseDeDatos/CoopConstituidasLaboRegistradas/2006/4trim/COOG1.pdf.*

Si observamos la tasa de crecimiento de la población de España, podemos apreciar un fuerte incremento a finales de la década de los 90. Este crecimiento rompe la tendencia decreciente que se aprecia en los años anteriores de una forma abrupta. Aunque la esperanza de vida se ha incrementado, dada la evolución de la natalidad en España, la respuesta evidente se encuentra en los fenómenos de inmigración: desde finales de la década de los 90 ésta se intensifica.

GRÁFICO 19.15.—*Tasa de crecimiento anual de la población de España y UE-15*

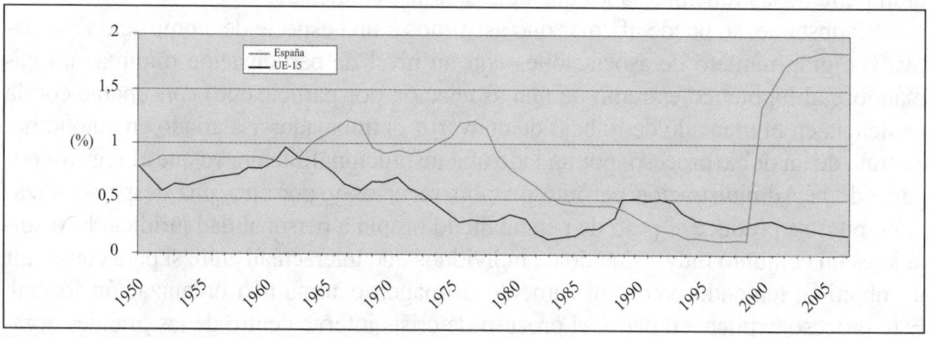

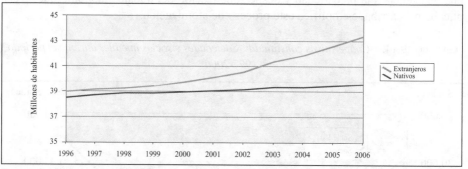

Fuente: Gráficos extraídos de la Oficina Económica del Presidente (2006), *Inmigración y economía española: 1996-2006, http://www.la-moncloa.es/NR/rdonlyres/62B6B50E-AE7B-455A-85A5-600EF4EA9281/80515/ InmigracionYEconomiaEspaniola12Nov.pdf.*

GRÁFICO 19.16.—*Evolución de la población española (1996-2006)*

Fuente: Gráficos extraídos de la Oficina Económica del Presidente (2006), *Inmigración y economía española: 1996-2006, http://www.la-moncloa.es/NR/rdonlyres/62B6B50E-AE7B-455A-85A5-600EF4EA9281/80515/ InmigracionYEconomiaEspaniola12Nov.pdf.*

La inmigración es un fenómeno reciente en la sociedad española y representa, sin duda, uno de los ejes que conducirán parte de las transformaciones sociales y económicas. La inmigración que recibe España, al menos la que explica sensiblemente el crecimiento exponencial, es esencialmente de carácter laboral. Se trata de personas que pertenecen a grupos humanos que intentan mejorar su calidad de vida, o incluso subsistir, como es el caso dramático de las travesías en embarcaciones inestables del trozo de mar que separa Europa de África. La inmigración supone como todos los cambios, un desafío y una oportunidad. Los inmigrantes con mayor capacidad de iniciativa han generado un nuevo tejido empresarial que ocupa un espacio muy localizado en sus contenidos. Con ello, incrementan el grado de independencia económica y abren cauces a las posibilidades de integración socioeconómica (Solé, Parella y Cavalcanti, 2007). En términos de estilos de vida, esto va conectado con el florecimiento en España de los establecimientos de comercio «justo», así como, en general, los de carácter étnico.

La identidad, por otro lado, tiene que ver con los diferentes modelos de convivencia. En este ámbito, los planteamientos normativos y la realidad social concurren nuevamente. Desde lo cotidiano, la práctica de la tolerancia de la sociedad española no ofrece una respuesta definida. A pesar de los discursos políticamente correctos que defienden la integración, la inmigración aparece como una de las principales preocupaciones del ciudadano reflejada en las encuestas de opinión, aunque las mismas encuestas muestran que el país no se considera racista. Además, los datos reflejan que esta contradicción se da también en la acción de los poderes públicos. Al mismo tiempo que se llevan a cabo medidas encaminadas a la regulación de la inmigración y el discurso político es el de reconocimiento de la aportación a la economía y a la diversidad, y de la importancia de la integración y de la legalización de la población inmigrante, las señales de intolerancia de lo que podríamos llamar racismo institucional se aprecian en las dificultades que establecen para la convivencia a raíz de la oposición de los entornos próximos (barrios, vecinos). Éste se manifiesta en las medidas contra la concentración espacial de establecimientos del mismo ramo, la desidia a la hora de establecer cuotas de escolares extranjeros en los colegios concertados, o los impedimentos para la construcción de mezquitas y otros lugares de rezo no cristianos.

En general, la inmigración, sobre el fundamento de la diversidad, contribuye a elevar la incertidumbre en la vida cotidiana. La generación de estereotipos como medio para su reducción y control ha sido una de las tareas más intensas en los inicios del siglo XXI.

5. LA GESTIÓN DEL CONFLICTO Y LA INCERTIDUMBRE

Toda sociedad debe articular procedimientos para solucionar los conflictos que se producen en la convivencia cotidiana. Sin perder de vista las funciones integradoras del conflicto en términos de cohesión social, identidad y delimitación del grupo social (Coser, 1961) y definiéndolo como la percepción de que otra parte afecta negativamente a los intereses del propio grupo (Robbins, 1994), se observa que algunos de los conflictos percibidos por la sociedad española son muy visibles, como la violencia terrorista o la delincuencia común. Sin embargo, otros son inverosímilmente invisibles, como es el caso de los accidentes laborales o de los conflictos capital/trabajo. Estos últimos, solamente en el caso de transformarse en protestas explícitamente violentas, permanecen como violencia latente y difusa y, en ocasiones, silenciada por la colaboración del Estado con las empresas para «suavizar» el conflicto mediante la puesta en funcionamiento de apoyos de diferente índole para mantener la paz social.

Sin embargo, la «alarma social», campaneada por los medios de comunicación pertenecientes a grandes grupos empresariales, fijan la atención pública en las inseguridades de la delincuencia, la amenaza terrorista, las mafias de extranjeros o la violencia de género. En términos de la teoría de la *Agenda Setting* (McCombs y Shaw, 1972), los medios hacen visibles unas realidades y ocultan otras al debate público. Así, desplazan de la «agenda» otras violencias que, causando un impacto mayor en muertes, enfermedades y discapacidades, son consideradas como «naturales» por el hecho de producirse en el ámbito del trabajo. La vida cotidiana de los españoles del siglo XXI está condicionada especialmente por la influencia de los medios. En conjunto, la opinión pública se percibe amenazada.

Al mismo tiempo, la incertidumbre, expresada en ocasiones como actitud hacia lo desconocido (sea en el presente o ante el futuro), es otra característica importante de la sociedad española. De acuerdo con los escalamientos de Hofstede, España y las sociedades mediterráneas se encuentran entre las que ofrecen mayor resistencia a lo «nuevo» y a enfrentar riesgos. Esto posiblemente se encuentre en fase de cambio para la España del siglo XXI. El barómetro europeo nos ofrece unos datos muy reveladores sobre la aceptación de la novedad en la vida cotidiana.

TABLA 19.6.—*Aceptación de la innovación según edad**

	Grupo de edad						Total
	15-24	25-34	35-44	45-54	55-64	65+	
Favorable (%)	80,1	66,1	60,0	50,4	31,4	18,4	51,5
Desfavorable (%)	19,9	33,9	40,0	49,6	68,6	81,6	48,5
Total (%)	100,0	100,0	100,0	100,0	100,0	100,0	100,0

* *Eurobarómetro 63.4,* «En general, ¿hasta que punto se siente usted atraído hacia productos o servicios novedosos, en otras palabras, productos nuevos o mejorados?»

Fuente: Comisión Europea (2005), *Eurobarómetro 63.4.*

Podemos apreciar, claramente, la eficacia de dos posibilidades: el reemplazo generacional o la maduración del entrevistado. De acuerdo a las conclusiones de Hofstede, nos encontraríamos ante un proceso de renovación generacional, por el cual, la sociedad española se hará más abierta y flexible a la novedad y la innovación.

La sociedad española de inicios del siglo XXI es una sociedad fuertemente anclada en el «grupo primario». En pequeños círculos de confianza. Aproximando la cuestión desde las encuestas de opinión pública, el 80% afirma estar «muy de acuerdo» o «de acuerdo» con la afirmación «Sólo hay unas pocas personas en las que puedo confiar totalmente»[20]. Asimismo, y ofreciendo un punto de vista complementario consistente con el anterior, un 74%, afirma que «Si no tienes cuidado, los demás se aprovecharán de ti». En definitiva, se produce una «compresión» de lo comunitario al entorno próximo, combinado con una «generalización» societaria en las relaciones extragrupo. La vieja cultura de «un apretón de manos es tan válido como un contrato», o «con mi palabra es suficiente», ha perdido vigencia de forma acelerada. La relación interpersonal extragrupo se «racionaliza» en el sentido de formalizarse mediante acuerdos firmados y contratos (no exclusivamente en el ámbito económico). Esa formalización se aprecia indirectamente en el incremento de las reclamaciones, denuncias y demandas por todo tipo de razones. Desde tropezar en una acera hasta conflictos con los vecinos. Son varias las

---

[20] «¿Hasta qué punto está Ud. de acuerdo o en desacuerdo con cada una de las siguientes afirmaciones?»

empresas de asesoría legal que brotan en España gracias a este nuevo clima social, de forma que la expresión «consultaré con mi abogado» ya no es solamente una expresión de *film* norteamericano. Salvando las diferencias en cuanto al peso del criterio de «confianza» entre partidos dentro del ámbito político, este hecho tiene cierta consonancia con la tenaz judicialización de la vida política. Aspecto que se manifiesta en los frecuentes recursos constitucionales contra leyes y proyectos legislativos.

El balance a esta formalización de lo extragrupal es, como apreciamos en las nuevas formas de familia y convivencia, la intensificación de la confianza en lo intragrupo. De ahí, el aumento de hijos extramatrimoniales, familias monoparentales, apoyo intergeneracional padres-hijos, etc. En definitiva, el incremento de la agresividad «societal» (situación precaria del mercado de trabajo, reducción del ahorro familiar y dificultades para llegar a fin de mes, inestabilidad en los estilos de vida, etc.) hace que la confianza interpersonal se contraiga al ámbito de lo primario, reorganizando los estilos de vida familiares e incrementando los aspectos comunitarios.

Asimismo, la percepción de riesgo e incertidumbre se extiende al entorno físico donde se desarrolla la vida social (Beck, 2002). Es el caso de la percepción subjetiva de riesgo, sobre todo en el mundo urbano. Mientras que en las sociedades urbanas las contingencias de la naturaleza están cada vez más controladas por el uso del conocimiento y la tecnología —pensemos como contraste en la dependencia del clima en las sociedades rurales, algo por otro lado controlado a través de los seguros para la producción agraria—, se incrementa la sensación del peligro provocado por las decisiones humanas y sus consecuencias sobre el medio físico. Así, los riesgos se relacionan con el cambio climático, la contaminación del aire, el desarrollo mal planeado de las ciudades en cuanto a zonas peligrosas (inundables e inestables, por ejemplo), la toxicidad de los alimentos por el uso intensivo de pesticidas. Por otro lado, el Estado, como hemos visto anteriormente, deja de ser la instancia protectora de la sociedad. Renuncia que se manifiesta en la desregulación del mercado laboral y desprotección de los sectores empobrecidos y dependientes.

Al mismo tiempo, la percepción de riesgo aparece orientada a fenómenos que mantienen una mayor distancia física pero que se perciben próximos y cotidianos por la presencia continua —amplificados y dramatizados— en los medios de comunicación. El terrorismo (de origen interno —ETA— y externo —Yihad islámica) aparece como una de las principales preocupaciones de los españoles, por encima de fenómenos que objetivamente causan mayor mortalidad: los accidentes de tráfico y los accidentes laborales. Como apreciábamos en la Tabla 19.3, el 44% de los españoles consideraban el terrorismo interno e internacional el principal problema de España, mientras que solamente el 12% mencionaban «problemas relacionados con la calidad del empleo». Sin minimizar la importancia de la incertidumbre de la amenaza terrorista (golpea en cualquier lugar y amenaza a todos), lo cierto es que el «terrorismo de carácter político» se mantiene como una amenaza permanente en la percepción social. Como indicábamos más arriba, otras violencias de carácter económico, como los «accidentes laborales», son poco percibidas a pesar de la magnitud y el drama social que producen. Más de 1.000 personas mueren anualmente en España victimas de accidentes laborales (falta de medios de protección así como de formación para emplearlos).

GRÁFICO 19.17.—*Víctimas mortales de ETA (1968-2006)*

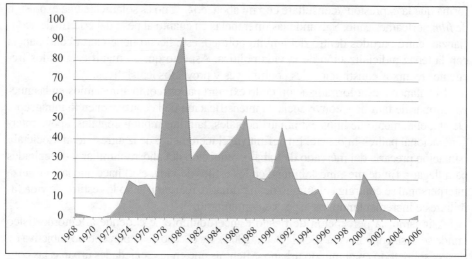

Fuente: Elaboración propia a partir de los datos del Ministerio de Interior *http://www.mir.es/ DGRIS/Terro-rismo_de_ETA/esp/p12b-esp.htm.*

GRÁFICO 19.18.—*Accidentes laborales (mortales) en España (1999-2006)*

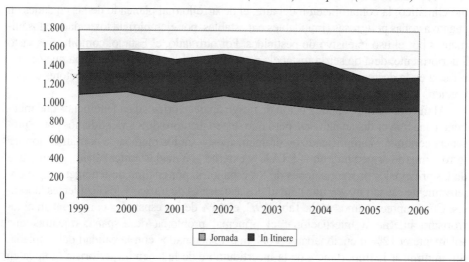

Fuente: Elaboración propia a partir de los datos del Instituto Nacional de Seguridad e Higiene en el trabajo. «Estadística de accidentes de trabajo y enfermedades profesionales (MTAS)».

En relación con una realidad tan evidente, se legisla para incorporar la prevención de riesgos laborales a la vida empresarial. Sin embargo, la falta de medios de inspección dejará en duda, como es habitual en España, los efectos sobre la realidad (como ya sucediera con la regulación sobre el uso del tabaco en los lugares públicos). Una constante en el caso español es la solución de los problemas mediante legislación sin dotación presupuestaria suficiente. Pero mientras que no se perciben cambios en los hábitos individuales para minimizar riesgos en la salud —los éxitos en la seguridad vial parece que sólo son posibles mediante medidas coercitivas (carné por puntos) y las medidas de autoprotección en el trabajo tardan mucho tiempo en ser adoptadas—, las conductas cambian en cuanto a la seguridad personal (sistemas de seguridad en los hogares, agentes privados para comercios y urbanizaciones), para no sufrir daños de la integridad física o en la propiedad. En definitiva, la relevancia de la amenaza viene más influida por los medios de comunicación que la experiencia directa del entorno próximo. Los espacios del entorno próximo cotidiano del individuo (trabajo, automóvil) generan menor incertidumbre y mayor confianza (lógica de lo *comunitario*) que la intervención de lo externo (delincuencia, terrorismo, vandalismo, etc.) con un grado de violencia y falta de control mucho más elevado (lógica de lo *societario*). El florecimiento de las compañías de seguridad y los artilugios asociados participan de esta visibilidad del riesgo en el espacio público.

Precisamente, la llamada sobre la *alarma social* que se advertía en el preámbulo de la ley de violencia de género, corresponde cognitivamente con la aberración que la violencia supone en lo que fue intragrupo (la pareja). La violencia como parte de la lógica organizativa de la familia patriarcal (con mujer dependiente) está en proceso de ser expulsada de la convivencia cotidiana. No es una situación de discontinuidad. Sin embargo, el proceso de cambio acelerado experimentado por la mujer y su *rol* social en España ha transformado a su vez, rápidamente, el espacio y los códigos de lo socialmente deseable. En primer lugar, en la relación asimétrica (de violencia estructural socialmente consentida) dentro de la pareja. En un futuro próximo, como anticipaba la ley de dependencia, modificando la dependencia intergeneracional (la violencia estructural socialmente consentida), donde la familia cuidadora se sacrifica en el cuidado de los padres. En ese sentido, la cesión por parte de la sociedad al Estado del monopolio de la violencia (Weber, 1979), adquiere un nuevo sentido no policial (violencia directa) al actuar éste en el control y la reducción de violencias «socialmente aceptadas» (violencias estructurales). Violencias en parte consagradas por la doctrina católica y que se asocian al ya tratado «descuelgue» de la sociedad de la práctica religiosa católica. Estos cambios tan sustanciales en el papel de la mujer o la inmigración reflejan una novedad sustancial. Por ejemplo, si consideramos dentro del ámbito de lo social los usos y costumbres que expresan los refranes, o chistes populares, podemos apreciar como no existe un contrapeso estructural que compense o exprese el cambio experimentado. Al igual que culturalmente los refranes se contradicen al expresar posiciones ideológicas diferentes, puede apreciarse que no existen refranes que definan o representen la nueva realidad de la mujer. Quizá, esta irrupción del Estado en la reducción de violencias aceptadas por las culturas mediterráneas sea una de las discontinuidades más interesantes en este inicio del siglo XXI. Sin duda, motorizadas por la revolución del género. Pero también reflejadas en la esfera formalizada de lo normativo.

Otro ámbito de conflicto ha sido tradicionalmente el laboral. En el transcurso de las dos últimas centurias se ha tenido bien presente que la acción colectiva y la solidaridad son un elemento de negociación y reducción de la incertidumbre que provocan las violencias estructurales. Las tensiones en el mercado de trabajo se mantienen, si bien las soluciones parecen expresar un mayor peso de la acción individual respecto a las acciones colectivas. La atractiva jubilación anticipada e indemnizaciones son el principal argumento de los ERE (Expedientes de Regulación de Empleo) para conseguir el consentimiento de los trabajadores ante una estrategia que conduce a una destrucción de empleo y a un deterioro de la condiciones de trabajo. El resultado de estos expedientes es el que mejor ilustra la dualización en el mercado de trabajo, pues facilita a las grandes empresas la sustitución del empleo estable de trabajadores con condiciones de trabajo dignas por trabajo precario y barato, desempeñado principalmente por mano de obra joven. La actuación del Estado muestra el fomento de esta práctica: por un lado, por su falta de rigor (laxitud a la hora de autorizar el expediente) y, por otro, la subvención de las indemnizaciones a los trabajadores despedidos.

Si las condiciones de trabajo son cada vez más duras para una parte del asalariado de este país (flexibilización del mercado de trabajo, desmantelamiento del sector público) la movilización de la clase obrera debería de ser mayor. Se observan los picos de acción sindical en los años precisos en los que se han producido una mayor conflictividad laboral, con huelgas generales incluidas, con una ligera tendencia a la baja. Pero llama la atención el desajuste que aparece en los últimos años entre número de jornadas no trabajadas y número de trabajadores participantes. Se trata de un síntoma de debilidad y fragmentación de los trabajadores consecuente con la progresiva segmentación del mercado de trabajo.

GRÁFICO 19.19.—*Huelgas en España (1982-2006)*

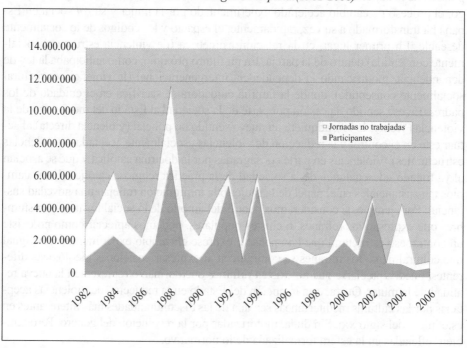

Fuente: Elaboración propia a partir de la base de datos del MTAS, *http://www.mtas.es/simbad/*

GRÁFICO 19.20.—*Expedientes de Regulación de Empleo en Empresas de más de 5.000 trabajadores*

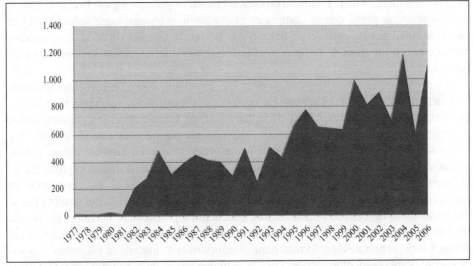

Fuente: Elaboración propia a partir de la base de datos del MTAS, *http://www.mtas.es/simbad/*

En lo referido a la inseguridad ciudadana, las transformaciones que experimenta la sociedad actual se refleja en una actividad normativa especialmente intensa en la tipificación de nuevas figuras delictivas. Estas reformas en el Código Penal persiguen explícitamente la implantación en nuestro ordenamiento de lo que se ha dado en llamar «el Código Penal de la seguridad». Especialmente, ante la visibilidad de determinados delitos en la nueva realidad social: «Junto a esta propuesta, que tiene por objeto, esencialmente, el régimen de penas y su aplicación, la reforma del Código Penal pretende la adaptación de los tipos ya existentes y la introducción de nuevas figuras delictivas, en los términos que se desprenden de las diferentes propuestas parlamentarias y de acuerdo con las más acuciantes preocupaciones sociales, con el fin de conseguir que el ordenamiento penal dé una respuesta efectiva a la realidad delictiva actual»[21]. Así, se definen nuevos tipos penales como los referidos a fraude en el *acceso condicionado a telecomunicaciones* (en general, manipulación de equipos de telecomunicación para acceder a radios y televisiones de pago o a servicios prestados vía electrónica), *protección de la propiedad intelectual, maltrato de animales* (se configura como delito cuando la conducta sea grave) y *violencia en el deporte* (eventos o espectáculos con asistencia de un gran número de personas). Mientras, otros delitos ya existentes, amplían su ámbito de protección, como es el caso de los delitos relativos a la *pornografía infantil,* el *narcotráfico,* el *acoso sexual*, el *blanqueo de capitales* y la *falsificación de moneda.*

Especialmente importante, en lo que supone de posibles desarrollos futuros, resultan las nuevas penas, como es la localización permanente del individuo. Tal como se refiere en la ley: «d) La pena de localización permanente es una importante novedad que trata de dar una respuesta penal efectiva a determinados tipos delictivos y que se basa en la aplicación de nuevas medidas que proporciona el desarrollo de la tecnología. La configuración de esta pena permite su aplicación con éxito para prevenir conductas tí-

---

[21] Ley Orgánica 15/2003, por la que se modifica la LO 10/1995, de 23 de noviembre, del *Código Penal.*

picas constitutivas de infracciones penales leves, al mismo tiempo que se evitan los efectos perjudiciales de la reclusión en establecimientos penitenciarios. En relación con su aplicación, se prevé que se cumpla en el domicilio o en otro lugar señalado por el juez o tribunal por un período de tiempo que no puede exceder de doce días, ya sean consecutivos o los fines de semana, si el juez o tribunal sentenciador lo considera más procedente»[22].

La población reclusa crece constantemente. En el año 2006, las cárceles españolas recluían en torno a 65.000 internos. La ventaja de la localización mediante tecnologías es evitar los efectos perjudiciales de la reclusión en establecimientos penitenciarios, pero ese reconocimiento explícito resulta trascendente porque cuestiona la función educacional y de reinserción social de la reclusión penitenciaria. De alguna manera, la masificación y hacinamiento de las prisiones ha producido una desvirtuación profunda de la legitimación del castigo. Una renuncia a la rehabilitación que alcanza la naturaleza misma de los delitos y las penas, quebrando la supuesta concepción del sistema penal moderno como función de rehabilitación, educación y potencial reinserción, sobre una idea de referencia: las condiciones sociales desfavorables son las que han favorecido el delito. Como expresan las reformas para el cumplimiento integro de las penas[23], la sociedad se desplaza ideológicamente desde la lógica social de la reinserción y la educación hacia la lógica del castigo y la venganza. En principio, la presión de los medios de comunicación y de la opinión pública se encuentra tras esta «deriva» en la legitimidad del sistema penal. No responde, por tanto, a una revisión jurídica, sino a un posicionamiento social visceral donde la Ley del Talión recupera presencia social en la opinión pública.

GRÁFICO 19.21.—*Población reclusa en España (1980-2006)*

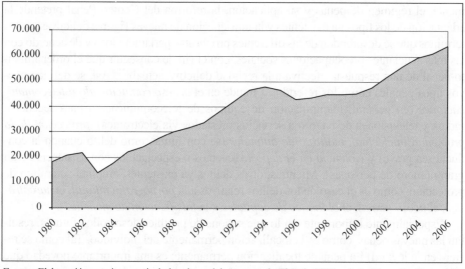

Fuente: Elaboración propia a partir de los datos del *Anuario de El País 2007* y de la Dirección General de Instituciones Penitenciarias. Ministerio del Interior. *http://www.mir.es.*

---

[22] Ley Orgánica 15/2003, por la que se modifica la LO 10/1995, de 23 de noviembre, del *Código Penal.*
[23] Ley Orgánica 7/2003, de 30 de junio, de medidas de reforma para el cumplimiento íntegro y efectivo de las penas. Modifica los artículos 36, 76, 78, 90, 91 y 93 del *Código Penal.*

Por otro lado, la percepción social de la delincuencia es «profesionalizada». Es decir, la actividad delincuente se toma como una forma de trabajo especializado «regular» y «estable». De acuerdo a la ley, casi podría considerarse como una profesión liberal atípica. Es interesante el hecho de que la imagen del delincuente no es sancionada según parámetros morales o éticos, sino estrictamente económicos. La economía se asienta como uno de los parámetros esenciales de referencia de la actividad social: «La realidad social ha puesto de manifiesto que uno de los principales problemas a los que tiene que dar respuesta el ordenamiento jurídico penal es el de la delincuencia que reiteradamente comete sus acciones, o lo que es lo mismo, la delincuencia profesionalizada. Son numerosos los ejemplos de aquellos que cometen pequeños delitos en un gran número de ocasiones, delitos que debido a su cuantía individualizada no obtienen una respuesta penal adecuada»[24]. En ese sentido, la inseguridad está asociada a la profesionalización de la delincuencia. No se considera como un acto localizado y coyuntural, sino como una actividad económica reiterada y previsible.

En todo caso, la flexibilidad de la legislación respecto a la realidad es cada vez más intensa. La vida cotidiana española ya incorpora como visibles y aceptadas las nuevas formas familiares. En 2005 se modificó el artículo 90 del Código Penal para permitir el matrimonio entre personas del mismo sexo y la adopción de niños y niñas por parte de dichas parejas. La asimilación social de conductas anteriormente sancionadas como socialmente desviadas, es un claro ejemplo de la reducción de conflictos latentes. Por último, la institucionalización de la pareja experimenta un grado importante de libertad. Entre las reformas introducidas por la Ley 15/2005 de 8 de julio se encuentra la modificación de las causas legales para la separación y el divorcio, y lo que coloquialmente se ha denominado *divorcio exprés*. Es decir, poder ejercer la acción de divorcio pasados tres meses después de la celebración del matrimonio sin tener que pasar previamente por la institución de la separación.

6. Conclusiones

A lo largo de las páginas de este capítulo se ha intentado mostrar las formas que adopta la vida cotidiana española ante los retos y desafíos que presenta el sistema social. Tras una mención a los principales agentes estructurales internos y externos que inciden en la dinámica del cambio, se ha puesto especial atención a la desigualdad en el poder, las diferentes fuentes de identidad, los conflictos y las incertidumbres del futuro y las diferentes respuestas sociales colectivas e individuales ante los mismos, así como el posicionamiento de los poderes públicos en el ámbito de la intervención social.

Los principales cambios sustantivos envueltos muchas veces en paradojas y que apuntan a procesos que marcan discontinuidades pueden ser expresados en el Cuadro 19.2. Una mirada horizontal permite ver una estructura coherente de los procesos y dimensiones, una mirada en vertical facilita la detección de las paradojas.

---

[24] Ley Orgánica 11/2003, de 29 de septiembre, de medidas concretas en materia de seguridad ciudadana, violencia doméstica e integración social de los extranjeros.

CUADRO 19.2.—*La vida cotidiana en la España del siglo XXI. Dimensiones y contradicciones*

Ámbito	Cambios y rupturas	Vida cotidiana	Poder	Escenarios Futuros
Económico-tecnológico	Dualización, precarización y desigualdad	No ahorro, inmediatez y anclaje patrimonial	Renuncia a la protección Sistema penal basado en el castigo y la venganza	Violencias estructurales: crisis, conflicto social
Género	Revolución de *roles* de género en el marco de una cultura patriarcal	Homogamia educativa. Violencia doméstica Nueva estructura familiar	Reformismo social. Incremento del poder de las mujeres	Feminidad cooperación, comunitario
Ciclo vital jóvenes	Envejecimiento, extensión y dependencia	Inmediatez y consumo «Embotellamiento»	Contención	Crisis (incremento de la presión)
Ciclo vital Mayores	Incremento de la esperanza de vida: Rejuvenecimiento y dependencia	Independencia y aislamiento	Reformismo social	Nuevo segmento específico de consumidores / marginalidad
Inmigración	Visibilidad y Multiculturalidad	Convivencia	Regularización y racismo institucional	Bolsas de marginalidad Intolerancia
Societario	Formalización e inseguridad	Privatización Movilización Tercer Sector	Simbiosis	Desapego a la política, deslegitimación
Comunitario	Aislamiento/solidaridad	Tercer Sector Localismo	Parasitismo	Progreso basado en el regreso
Estructura de valores	Secularización y sacralización	Nuevas fuentes de identidad (anclaje identitario)	iure/facto	Enfrentamiento Liberalismo *versus* conservadurismo

En este cuadro resumen los contenidos de las primeras columnas ya han sido explicados; por ello, prestamos mayor atención en esta exposición a los posibles escenarios que se pueden presentar respecto a la sociedad española. En primer lugar, se detectan las estructurales tensiones del sistema entre capital y trabajo que se pueden acentuar por la progresiva renuncia del Estado a mediar entre ambos mediante las medidas conocidas del Estado de bienestar. La dualización acompañada de polarización da como resultado la crisis: el estallido de violencia directa ante una situación de violencia estructural. No es algo exclusivo de este país: las transformaciones económicas y la retirada generalizada del Estado de bienestar ha provocado un incremento de la desigualdad en el interior de los países ricos.

Pero el factor de clase no es el único que produce rupturas. Una de las rupturas evidentes en la vida cotidiana del siglo XXI es la revolución en los *roles* de género. No es tanto una revolución identitaria, donde las mujeres buscan un *rol* de género no definido desde patrones masculinos; como una revolución igualitaria, de búsqueda y aspiración a los mismos «derechos» y «hechos», que estaban asimétricamente distribuidos en función del género. Ésta tendrá profundas consecuencias, especialmente asociadas a otras tendencias como son la desvinculación de los jóvenes del sistema educativo, especialmente de los hombres, asociado a la sobrecualificación en los trabajos. En una cultura patriarcal el incremento paulatino de la presencia pública de la mujer, de su cualificación y del reconocimiento social han podido provocar rupturas matrimoniales (con sus consecuentes formas cotidianas formales y no formales de disolver la unión y la diversidad de formas familiares) y una desorientación masculina reacia a asumir los cambios reforzados por un sustrato cultural machista reforzado y actualizado por los sectores más conservadores. La reacción del poder político, a través de una legislación que reconoce y promueve la libertad de las mujeres puede dar impulso a este cambio. En términos de Hofstede se puede asistir a una progresiva «feminidad» de la sociedad española, no sólo bajo el criterio de una mayor presencia femenina en asuntos considerados tradicionalmente como masculinos; sino también en la extensión de unos valores dominantes orientados menos a la competitividad y el dinero; y más orientados a la atención a otros y al incremento de la calidad de vida.

Otra ruptura procede de la recomposición de las unidades familiares y su influencia en los estilos de vida más inmediatos y visibles. Transformación que afecta en una doble dimensión: por un lado la desagregación (unidades monoparentales) y, por otro, la acumulación (retención de hijos o padres en la misma unidad familiar).

Otra dimensión a considerar es la relativa a los ciclos vitales. Se asiste simultáneamente a un envejecimiento de la juventud (la edad de dependencia se alarga) y a un rejuvenecimiento de la Tercera Edad (si la salud lo permite, se puede disfrutar de la ausencia de obligaciones tras la jubilación), atravesados ambos por la posición en la estructura social. Es importante, porque este factor da lugar a diferentes situaciones: de gran capacidad de consumo (la inmediatez y el vivir día a día de los jóvenes reflejada en el seguimiento de las modas y la innovación de los productos; y para los mayores, los planes de jubilación y el ahorro permite vivir de lleno el ocio como tiempo de consumo); y a estados de dependencia que pueden derivar en exclusión y marginalidad. Las medidas de protección y asistencia a las personas dependientes que ha desarrollado el poder político contribuyen a una atención básica de la población mayor, pero han de ser completadas por el sector invisible de la ayuda comunitaria y habrán de intensificarse ante las perspectivas demográficas para los próximos decenios.

Pero otro aspecto que hay que considerar y que condicionará la vida cotidiana de los españoles en el siglo XXI procede del incremento en calidad de vida y salud de las personas mayores. El incremento en la esperanza de vida asocia un previsible incremento en la esperanza de vida social. La muerte social ha sido durante mucho tiempo una de las características de los mayores. Tras la jubilación adquirían un estatus de dependencia y anulación de su vida productiva, aunque perfectamente disponibles para tareas domésticas o el cuidado de niños. En la actualidad, los mayores inician una trayectoria donde reúnen los atributos asociados «idealmente» a la noción de *joven*. La paradoja es que los jóvenes son los más dependientes: económicamente, de sus ambiciones, de sus expectativas, de las expectativas de los demás. Y, por el contrario, los que pueden realizar el ideal de ocio, libertad, independencia, son los mayores ya jubilados y aún operativos físicamente gracias al incremento de la esperanza de vida. Así, la exigencia de ser joven, dinámico, estar a la última, que se transmite con una serie de valores estereotipados relacionados con el ideal de vida, puede llegar a ser posible para los mayores por el incremento de su calidad de vida. En esa dirección se desarrolla parte de la publicidad de los planes de jubilación: «tu segunda y real juventud». La libertad, entonces, asociada tradicionalmente a la juventud, es posible alcanzarla en la tercera edad porque las ataduras se reducen. Además del cese como «activos», como sustentadores —sobre todo los varones— de la economía familiar; el apoyo doméstico (cuidado de nietos, labores del hogar) sigue realizándose pero ya no como imposición social, sino como aportación voluntaria. Y el mercado está atento a este estilo de vida introduciendo una gran diversidad de productos nuevos: ropa, paquetes vacacionales adaptados, fórmulas financieras específicas (plazos fijos, hipoteca inversa), asociados al «rejuvenecimiento» corporal mediante cosméticos y cirugía estética, centros de salud.

Por otro lado, el progresivo estrechamiento del sector primario del mercado de trabajo puede dar como resultado que las generaciones futuras de jóvenes ya no cuenten con el colchón familiar que les ha permitido permanecer con cierta comodidad en el hogar paterno. La realidad es la de una juventud que, ante un panorama incierto de futuro, se refugia en el consumo y en la relación entre iguales; aprovechando todas las posibilidades que ofrece el entorno urbano en cuanto a espacio y establecimientos públicos de ocio, alternándolos en la práctica del botellón. Fenómeno que, por otro lado, sirve de válvula de escape para una realidad latente de incremento de la presión. Por ahora, las medidas de los poderes públicos, básicamente locales, han sido —salvo alguna que otra iniciativa de ocio alternativo— represivas, destinadas a preservar los espacios públicos y la convivencia ante una práctica caracterizada por la suciedad y el ruido.

El concepto de «vivir al día» adquiere todo su significado en las pautas de comportamiento de la juventud española. Pero la inmediatez, como hemos explicado, convive con la búsqueda de «anclaje patrimonial», que aunque sirva de agarre a un futuro cierto («tener al menos una vivienda» frente a la precarización del empleo, la fragilidad de los proyectos de vida en común —separaciones— la postergación o renuncia de la descendencia) no deja de ser una nueva fuente de incertidumbre. Un temblor en el sector financiero que implique un incremento sustantivo de los tipos de interés hipotecarios incrementaría la sensación de vulnerabilidad de los jóvenes prestatarios condenados por vida a la cuota mensual. Aquí es donde mejor se contempla otro elemento de ruptura consistente en la disonancia existente en gran parte de la sociedad española entre la orientación a corto plazo y a largo plazo.

La crisis es un escenario probable. El grado de desvertebración de la sociedad en cuanto a nivel asociativo es una ventaja para el sistema, pero se atisba un cierto movimiento de fondo que emerge en ciertos momentos de convulsión social. La prueba está en la masiva participación de la población, con importante componente juvenil, en las movilizaciones de los últimos años sostenidas por un marcado peso de valores relacionados con la solidaridad con el tercer mundo, la paz y el ecologismo. Si a ello sumamos una fuerza contraria a la corriente principal impulsada por el consumismo, que se funda en una búsqueda de identidad mediante la vuelta al origen («el progreso basado en el regreso»), que valoriza lo comunitario y que tiene su versión institucional en el crecimiento constante del Tercer Sector, se puede perfectamente asistir a una resistencia bastante estructurada —desvinculada de los partidos políticos— a la organización actual del sistema social.

El análisis de este Tercer Sector lleva a la detección de una nueva contradicción en la relación entre sociedad civil y poder público, caracterizado por un lado por el *parasitismo* del Estado, pues el tercer sector —con un peso creciente en la economía española— ofrece el trabajo voluntario para cubrir los sectores que el Estado ha renunciado a proteger; y por la *simbiosis* entre ambos, pues a través de las subvenciones estatales se mantiene lo suficientemente floreciente ante una participación discontinua fuera de los cuadros administrativos y directivos.

No ha sido posible abordar la vida cotidiana sin atender a los valores socialmente vigentes en la sociedad española El poder político no tiene más solución que adaptarse al cambio cultural que tiene su reflejo en la vida cotidiana, adaptando la legislación en mayor grado a las nuevas realidades sociales (familia, género, esperanza de vida, libertad de opción sexual y de relación de convivencia) que a otras de carácter histórico (realidad plurinacional y relación capital/trabajo); y buscando nuevas formas de imbricarse con la sociedad civil. Sin embargo, hay un importante sector que es reacio a estos cambios y que tiene una variabilidad de instrumentos e instituciones que apoyan sus estrategias y amplifican su ideología (capital, medios de comunicación, Iglesia y Ejército). Es una fractura importante que sería interesante comprobar si da pie a dos formas opuestas de vida cotidiana.

BIBLIOGRAFÍA

AAS, D., «Studies of Time-Use: Problems and Prospects,», *Acta Sociologica,* vol. 2, 1978, páginas 125-141.
— «Designs for large scale time use studies of the 24 hour day», en Z. Staikov (ed.), *It's About Time: Proceedings of the International Research Group on Time Budgets and Social Activities*, Sofía, Sociological Association, Bulgarian Academy of Sciences, 1982.
ALBERICH, T., «Asociaciones y movimientos sociales en España: Cuatro décadas de cambios», *Revista Juventud,* núm. 76,2007. págs. 71-89.
ARANGUREN, J. L., *Moral de la vida cotidiana, personal y religiosa*, Madrid, Tecnos, 1987.
AUGÉ, M., *Los no-lugares. Espacios del anonimato*, Barcelona, Gedisa, 1993.
ARIES, Ph. y DUBY, G., *Historia de la vida privada*, Madrid, Taurus, 1992.
BAUMAN, Z., *Vida Líquida*, Barcelona, Paidós, 2005.
BECK, U., *La sociedad del riesgo global*, Madrid, Siglo XXI, 2002.
BERGER, P. L., *La dimensione sociale della vita quotidiana*, Bolonia, Il Mulino, 1977.
BRAUDEL, F., *Civilización material, economía y capitalismo, Siglos XV-XVIII*, vol. 1: *Las estructuras de lo cotidiano,* Alianza, Madrid, 1984.

Brown, B., *Marx, Freud y la crítica de la vida cotidiana*, Buenos Aires, Amorrortu, 1975.

Certeau, M. de, *La invención de lo cotidiano*, México, Universidad Iberoamericana, 1984.

Cohen, D., *Tres lecciones sobre la sociedad postindustrial*, Madrid, Katz, 2007.

Coser, L., *Las funciones del conflicto social*, México, FCE, 1961.

Dema Moreno, S., *Una pareja, dos salarios. El dinero y las relaciones de poder en las parejas de doble ingreso*, Madrid, CIS, 2006.

Devillard, M. J., *De lo mío a lo de nadie. Individualismo, colectivismo agrario y vida cotidiana*, Madrid, Siglo XXI/CIS, 1993.

Díaz-Salazar, R., «La transición religiosa de los españoles», en R. Díaz-Salazar y S. Giner (eds.), *Religión y sociedad en España*, Madrid, CIS, 1993.

Douglas, J. D. (ed.), *Understanding everyday life*, Chicago, Aldine, 1970.

Douglas, J. D.; Adler, P. A.; Adler, P.; Fontana, A.; Freeman, C. R. y Kotarba, J. A., *Introduction to the sociologies of everyday life*, Boston, Allyn & Bacon, 1980.

Durán, M. A., «La investigación sobre el uso del tiempo en España: algunas reflexiones metodológicas», *Revista Internacional de Sociología*, núm. 18, 1997, págs. 163-190.

Durán, M. A. (dir.), *La contribución del trabajo no remunerado a la economía española*, Madrid, Instituto de la Mujer, 2000.

Durkheim, E., *Las formas elementales de la vida religiosa*, Madrid, Akal, 1982.

— *La división del trabajo social*, Madrid, Akal, 1987.

Ferrarotti, F., *La historia y lo cotidiano*, Barcelona, Península, 1991.

Foucault, M., *Vigilar y castigar*, Madrid, Siglo XXI, 1992.

— *Historia de la sexualidad. I. La voluntad de saber; II El uso de los placeres; La inquietud de sí*, Madrid, Siglo XXI, 2005.

Freud, S., *Psicopatología de la vida cotidiana*, Madrid, Alianza, 1972.

Goffman, E., *La presentación de la persona en la vida cotidiana*, Buenos Aires, Amorrortu, 1993.

Heller, A., *La revolución de la vida cotidiana*, Barcelona, Península, 1982.

— *Sociología de la vida cotidiana*, Barcelona, Península, 1994.

Hofstede, G., *Culture's consequences*, Londres, Sage, 2001.

Homobono, J. I., «Las formas festivas de la vida religiosa. Sus vicisitudes en la era de la glocalización», en J. L. Homobono y R. Jimeno (eds.), *Formas de religiosidad e identidades*, núm. 28, 2006 (monográfico) de *Zainak. Cuadernos de Antropología-Etnografía*, págs. 27-54.

Inglehart, R., *Modernization and Postmodernization. Cultural, Economic and Political Change in 43 societies*, Princeton, Princeton University Press, 1997.

Juárez, M. (dir.), *Informe sociológico sobre la situación social de España. Sociedad para todos en el año 2000*, Madrid, Fundación FOESSA, 1991.

Ibáñez, J., *Por una sociología de la vida cotidiana*, Madrid, Siglo XXI, 1994.

Inkeles, A. y Levinson, D. J., «National Character: the study of modal personality and sociocultural systems», en A. Inkeles, *National Character: A psycho-social perspective*, New Brunswick, Transaction, 1997.

Kluckhohn, C., «Universal categories of culture», en S. Tax (ed.), *Anthropology today: selections*, University of Chicago Press Chicago, 1962, págs. 304-320.

Lafargue, P., *El derecho a la pereza*, Madrid, Fundamentos, 1998.

Lakoff, G. y Marc, J., *Metáforas de la vida cotidiana*, Madrid, Cátedra, 2001.

Le Goff, J., *Lo maravilloso y lo cotidiano en el Occidente medieval*, Barcelona, Gedisa, 1991.

— *El orden de la memoria. El tiempo como imaginario*, Barcelona, Paidós, 1991.

Lefebvre, H., *La vida cotidiana en el mundo moderno*, Madrid, Alianza, 1986.

Miguel, A. de, *Introducción a la sociología de la vida cotidiana*, Madrid, EDICUSA, 1969.

Lévi-Strauss, C., *El pensamiento salvaje*, México, FCE, 1964.

Parsons, T. y Shils, E. A., *Toward a general theory of action*, Cambridge, Harvard University Press, 1951.

Malo de Molina, J. L. y Restoy, F., «Evolución reciente del patrimonio de empresas y familias en España: implicaciones macroeconómicas», *Documento Ocasional*, núm. 0402, Madrid, Banco de España, 2004.

Marx, K., *El Capital. Crítica de la economía política*, Madrid, Siglo XXI, 1980.

Mayoral, D. y Samper, Ll., «Cambio social y homogamia educativa», *Revista Internacional de Sociología*, vol. LXIV, núm. 43, enero-abril de 2006, págs. 35-67.

McCombs, M. y Shaw, D. L., «The Agenda-setting function of the mass media», *Public Opinion Quarterly*, núm. 36, 1972, págs. 176-187.

Moral, F. y Mateos, A., *La identidad nacional de los jóvenes y el Estado de las Autonomías*, Madrid, CIS, 1999.

Pareto, W., *Escritos sociológicos*, Madrid, Alianza, 1987.

Pérez-Agote, A. y Santiago García, J. A., *La situación de la religión en España a principios del siglo XXI*, Madrid, Opiniones y Actitudes, CIS, 2005.

Pounds, N., *La vida cotidiana: historia de la cultura material*, Barcelona, Crítica, 1992.

Reyes, R., *Sociología y vida cotidiana*, Barcelona, Montesinos, 1992.

Putnam, R., *Bowling Alone. The collapse and revival of American community*, Nueva York, Simon Schuster, 2000.

Ritzer, G., *La McDonalización de la sociedad*, Madrid, Ariel, 1996.

Robbins, S. P., *Comportamiento Organizacional, Conceptos, Controversias y Aplicaciones*, Prentice Hall, 1994.

Simmel, G., *Filosofía del dinero*, Madrid, Instituto de Estudios Políticos, 1976.

Solé, C.; Parella, S. y Cavalcanti, L. *El empresario inmigrante en España*, Barcelona, Fundación La Caixa, 2007.

Szalai, A., *The use of time: Daily activities in urban and suburban populations in twelve countries*, Mouton, La Haya, 1972.

Tezanos, J. F., *La sociedad dividida*, Madrid, Sistema, 2003.

Tezanos, J. F. y Díaz, V., *Tendencias Sociales 1995-2006. Once años de cambios*, Madrid, Sistema, 2006.

Tönnies, F., *Comunidad y asociación*, Barcelona, Península, 1979.

Weber, M., *El político y el científico*, Madrid, Alianza, 1967.

— *Economía y sociedad. Esbozo de sociología comprensiva*, México, FCE, 1979.

— *Historia agraria de Roma*, Madrid, Akal, 1987.

Wolf, M., *Sociología de la vida cotidiana*, Madrid, Cátedra, 1979.

20

Los valores de los españoles

JUAN MANUEL CAMACHO GRANDE

El estudio de los valores no es tarea fácil, aunque la sociología española lo ha acometido con desigual fortuna desde hace tiempo. Poseemos un buen y extenso repertorio de material desde los años 60 debido al empeño y buen hacer de un nutrido grupo de investigadores que ha llegado hasta nuestros días[1]. Pero ese gran cúmulo de información no hace más sencillo describir cómo afrontamos nuestra vida, sobre qué la sustentamos para ser más o menos felices más allá de las circunstancias o los rasgos de la personalidad, o si nos alejamos mucho o poco de los estereotipos que, como un traje a medida, nos han confeccionado demasiadas veces sin conocer bien nuestra talla.

Cuando antiguamente nos describían desde fuera, ponían el acento en ciertos rasgos que, con el paso del tiempo, se han fijado indeleblemente a lo español. El particularismo español ha sido alimentado por descripciones que, si bien nos definían por lo exótico de nuestras costumbres, dejaban fuera gran parte de nuestra idiosincrasia, en el caso de que los españoles compartamos algo semejante. El carácter idealista a la antigua usanza que nos atribuía Bartolomé Benassar[2] era fiel reflejo del arquetipo quijotesco español. Quizá sea útil a nuestro propósito traer aquí la cita que utiliza este autor extraída del libro de Alejo de Venegas acerca de los pecados específicos de los españoles: «El primero es el exceso de trajes, cuales por exceder extraordinariamente al caudal ordinario de la renta o hacienda engendran ordinarios trapazos y pleitos. El segun-

---

[1] Me refiero tanto a los informes sociales con pretensiones de globalidad o estudios sociológicos globales iniciados en los años 60 como a las series de estudios específicos de valores, fundamentalmente el European Values Survey y el World Values Survey, en los que España participó desde el primer momento y que han dado lugar un gran número de publicaciones y monografías (véase Bibliografía). Sobre estos dos programas de investigación social comparada se puede consultar Juan Díaz Nicolás, «La escala de postmaterialismo como medida del cambio de valores en las sociedades contemporáneas», en Javier Elzo y otros, *España 2000, entre el localismo y la globalidad. La Encuesta Europea de Valores en su tercera aplicación 1981-1999,* Madrid, SM-Fundación Santa María-Universidad de Deusto, 2000, págs. 285-310. Un análisis pormenorizado aunque breve sobre los informes sociales y su evolución en los últimos treinta años se puede encontrar en Salustiano del Campo y Juan Manuel Camacho, *Social Reporting in Spain. A Recent Tradition,* EuReporting Working Paper, núm. 15, Madrid, 2000.

[2] Bartolomé Bennassar, *Los españoles. Actitudes y mentalidad*, Barcelona, Argos Vergara, 1978.

do vicio es que en toda España se tiene por señora el oficio mecánico, por cuya causa hay abundancia de holgazanes y malas mujeres, además de los vicios que a la ociosidad acompañan. El tercer vicio nace de la alcurnia de los linajes. El cuarto vicio es que la gente española ni sabe ni quiere saber.» El valor que damos a la apariencia y a la posición social, la ociosidad y la incultura parece que eran los rasgos que, desde el siglo XVI mejor definían a los españoles según algunos escritores y viajeros. Pero, como veremos en las páginas que siguen, no somos del todo como nos describían ni nos alejamos tanto de los países de nuestro entorno.

Los valores que aquí se reflejan remiten, ineludiblemente, a rasgos generales y a tendencias globales, formadas por las prioridades valorativas de los españoles que son, a su vez, fruto en parte de una cultura compartida y de la socialización a la que hemos sido expuestos y, en parte, son el resultado de nuestra experiencia única como individuos y de la época en la que nos ha tocado vivir. Nuestra labor, en este sentido, pasa por entresacar de la ingente información disponible, las actitudes y las conductas predominantes o mayoritariamente[3] compartidas por los españoles que, por los efectos sociales que producen, pueden ser estudiadas en su conexión con los valores[4].

En los últimos cuarenta años se han incorporado nuevos valores y ha variado la influencia de algunos de los que existían, removiendo prioridades y alterando su jerarquía. La preocupación por los valores ambientales de conservación y sostenibilidad, las consecuencias de la incorporación de las nuevas tecnologías de la información, la globalización o incluso los valores ligados a nuevos movimientos sociales han alterado, en mayor o menor medida, los valores de solidaridad, igualdad o justicia social.

1. LOS VALORES DE LOS ESPAÑOLES EN LOS ÚLTIMOS CUARENTA AÑOS: ¿CAMBIO O EVOLUCIÓN?

Manuel Martín Serrano[5], en su reflexión sobre la evolución de los valores en los jóvenes españoles entre 1960 y 1990, señalaba tres etapas axiológicas que él denomina de la siguiente forma:

• Utopismo: centrada en la elaboración de proyectos ideales.
• Dogmatismo: centrada en la ejecución de programas políticos.
• Pasotismo: centrada en la ocupación de actividades puntuales.

Estos tres períodos se pueden relacionar con tres momentos clave de la sociedad española de los últimos 40 años en clara correspondencia con tres generaciones: los últimos años de la dictadura, la transición y primeros años de la democracia y, por último la sociedad posmoderna y de consumo. Aunque esta concatenación de etapas nos

---

[3] Para Shalom H. Schwartz, la media de las prioridades valorativas de los miembros de una sociedad refleja las comunalidades de la socialización a que han sido expuestos. La variación individual en torno a esa media es reflejo de la personalidad y experiencia única de las personas. Nuria Ros y Shalom H. Schwartz, ob. cit.

[4] Enrique Martín López, *Familia y sociedad: una introducción a la sociología de la familia*, Madrid, Rialp, 2000, pág. 20.

[5] Manuel Martín Serrano, *Historia de los cambios de mentalidades de los jóvenes entre 1960 y 1990*, Madrid, Injuve, 1994.

muestra una tendencia general de cambio, no es menos cierto que dentro de cada una de ellas y, especialmente en la última, subyace una pluralidad de posiciones valorativas que responden, fundamentalmente, a una diversificación de los estilos de vida de los españoles y a un reemplazo generacional todavía no concluido.

Durante todo este tiempo hemos presenciado la transformación de nuestro país y de nuestra sociedad en un proceso que, probablemente, no tenga precedentes en nuestra historia. El movimiento que se ha producido ha afectado a todas las parcelas de nuestra vida. Hemos pasado de una sociedad tradicional, fundamentalmente agraria y preindustrial, a una sociedad que algunos llaman posmoderna (aunque a otros ese termino les produzca desazón[6]) y en la que los servicios y la economía del conocimiento ocupan ya a gran parte de la población. Lo peculiar de este proceso es que hemos pasado de lo pre- a lo postindustrial sin haber agotado la etapa industrial[7] o habiendo pasado por ella lo hemos hecho aceleradamente. Hemos conocido un cambio político desde un régimen autoritario, dirigista y autocrático hasta una democracia plenamente homologable a las europeas con la particularidad de la rapidez con la que se gestó y desarrolló y el sosiego con el que se afrontó lo que en otros lugares fue un cambio traumático y violento.

El despegue económico y la transición definieron aquella época, pero al hilo de ellos también se modificaron nuestro universo cotidiano, nuestro sistema de valores, nuestra forma de estar en sociedad y hasta de sentirnos y vernos en el mundo. Durante los años 60 y gran parte de los 70, parecía que todo estaba consolidado y que los valores en los que creíamos y que nos servían de referentes, eran uniformes y compartidos por la gran mayoría de españoles. Una falsa apariencia que nos permitía sentirnos seguros y afianzados en nuestras convicciones y creencias porque, como señalaba Rafael López Pintor[8], la mayor parte de los españoles tenían estilos de vida homogéneos y ofrecían escasas aristas.

Los cambios que entonces se empezaron a forjar, apenas perceptibles unos y difícilmente sofocados otros, emergieron con fuerza durante la transición y siguieron adelante con posterioridad en un proceso de final incierto pero inevitable que todavía aún hoy no ha concluido. No haber atendido a la transformación gradual que se estaba gestando en el seno de la sociedad española impidió prever, por ejemplo, el éxito indudable de la transición. Para algunos constituyó una verdadera sorpresa que no hubiera sido tal de haber entendido lo que las encuestas reflejaban reiteradamente en el año 1966: la proporción de españoles que preferían que las decisiones políticas las tomaran personas elegidas por el pueblo triplicaba a los que pensaban que estas decisiones las tomara un solo hombre por destacado que éste fuera[9] proporción que alcanzaría el 66% en 1974.

Pero al mismo tiempo que se conformaban nuevas aspiraciones de progreso y de democracia, las encuestas también ponían de relieve otro fenómeno de gran trascendencia pero que ha sido, quizá, poco estudiado. Si hiciéramos un balance global de

---

[6] El prefijo post aplicado a modernidad o industrialización, tiene críticos notorios, entre los que se encuentran Salvador Giner o Anthony Giddens para el que la posmodernidad no es más que la modernidad radicalizada.

[7] Francisco Murillo Ferrol, *Ensayo sobre sociedad y política*, Barcelona, Península, 1988, vol. II, pág. 202.

[8] Rafael López Pintor, «Opinión pública, valores y cultura política en España», en José Vidal-Beneyto (ed.), *España a debate. Tomo II: La Sociedad*, Madrid, Tecnos, 1991, págs. 99-114.

[9] Salustiano del Campo y Juan Manuel Camacho, «Valores sociales», en Salustiano del Campo (dir.), *Tendencias sociales en España 1960-1990*, Bilbao, Fundación BBV, 1993, vol. III, pág. 497.

aquellos años, los españoles daban una gran importancia a valores tales como la paz, la estabilidad y el orden y algo menos a valores como la justicia, la libertad o la democracia[10]. A principios de los años 70 más de la mitad de la población era políticamente indiferente y sólo un 25% se atrevía a manifestar que deseaba la implantación de la democracia. La mayor parte de los españoles no estaba dispuesta a asumir grandes riesgos para acelerar su llegada. Este hecho ha sido interpretado por algunos autores[11] como que la emergencia del deseo de democracia se producía en el contexto de un régimen autoritario implantado durante largo tiempo como consecuencia de una guerra civil y que había tenido en sus manos las herramientas para sofocar cualquier veleidad de cambio de modelo político. Muchos españoles manifestaban miedo después de tan largo período bajo un régimen que lo utilizó sin miramientos y deseaban evitar a toda costa un nuevo conflicto. De ahí que existiera una fuerte disponibilidad ciudadana y un amplio interés por seguir los acontecimientos de la transición, coincidentes sin embargo con una extraordinaria moderación en las expectativas y en las demandas populares[12]. Esta actitud de los españoles queda lejos del retraimiento y la indiferencia, pero puede explicar muy bien la relativa desmovilización[13] que se puso de manifiesto durante los últimos años del franquismo.

En la segunda mitad de los años 60 y en la década de los 70, el crecimiento económico y la necesidad de mano de obra cualificada, de especialistas de la industria y los servicios, comerciantes, técnicos y administrativos[14], permitió la aparición de una potente clase media[15] que no se conformaba con el limitado horizonte de progreso y de desarrollo personal que les ofrecía un sistema lastrado por la dictadura. Los españoles empezaban a cambiar y la transición aceleró esos cambios, abriendo nuevos cauces de expresión y nuevas fronteras para las aspiraciones individuales. Las libertades recién conquistadas nos permitieron ser más variados culturalmente y más conscientes de las posibilidades que se nos ofrecían. Volviendo otra vez al profesor López Pintor, así se expresaba para definir el cambio acaecido entre 1972 y 1986: «Básicamente ha tenido lugar un estallido de pluralidad; una disolución de los tipos medios o de las mayorías silenciosas. Se acabó el español medio o el hombre de la calle como estilo de vida. A pesar de la crisis, una mayor disponibilidad de recursos de todo tipo, con un régimen de libertades, nos ha permitido ser más culturalmente variopintos y también más libres de expresar nuestros sentimientos y opiniones. Y somos libres, no sólo porque hemos mejorado nuestras posibilidades de elección, sino también porque hemos perdido progresivamente el miedo a la libertad»[16].

El cambio de modelo político que trajo la transición fue un hito que nos proporcionó nuevas instituciones y un nuevo modelo de relacionarnos, pero no significó la modi-

---

[10] Charles Powell, «El camino de la democracia en España», *Cuadernos de la España Contemporánea,* núm. 1, diciembre de 2006, Madrid, Ceu Ediciones.

[11] Ibíd.

[12] José Vidal-Beneyto, *El País*, 1 de julio de 2007.

[13] Cayo Sastre García, «La transición Política en España: una sociedad desmovilizada», en *Revista Española de Investigaciones Sociológicas*, 80, 1997, págs. 33-68.

[14] José Felix Tezános, «Cambio social y modernización en la España actual», en *Revista Española de Investigaciones Sociológicas*, núm. 28, 1984, págs. 19-61.

[15] Para analizar el ascenso de las clases medias, cfr. Salustiano del Campo, *La sociedad de clases medias,* Madrid, Espasa Calpe, 1989.

[16] Ob. cit., pág. 100.

ficación automática de nuestras actitudes, ni nuestros comportamientos se transformaron con la cadencia con la que lo hicieron los de los líderes políticos. Realmente, la transición fue un referente pero el verdadero cambio se empezó a gestar con anterioridad, proporcionando el sustrato sobre el que posteriormente creció. Este cambio no ha finalizado y todavía se percibe en lo cotidiano, en la vida real de los españoles. Si echamos la vista atrás, esta transformación no se hubiera producido al menos con la profundidad que alcanzó si no se hubieran modificado, lenta pero gradualmente, las creencias y valores en los que sustentábamos nuestras actitudes y nuestros comportamientos. Nuestra visión de la familia, la manera de vivir la sexualidad, nuestra percepción de la libertad, la igualdad o la justicia, nuestra manera de abordar los conflictos, nuestro comportamiento cívico, nuestras ideas sobre la democracia o la política, han cambiado porque nuestro sistema de valores se ha ido transformando paulatinamente. Hemos alcanzado un desarrollo económico que nos permite buscar otros horizontes que los propios de la seguridad material; nos hemos dotado de un sistema político democrático que nos permite participar activamente en las decisiones colectivas; nos hemos proporcionado leyes e instituciones que garantizan nuestros derechos y libertades; y al tiempo que eso ocurría se modificaba nuestra forma de ser, de sentir y de estar en sociedad.

Quizá sea inapropiado tratar este asunto de los valores como si fuésemos una sociedad homogénea y debiéramos huir de la tentación de buscar «una esencia de lo español» a la que con tanto empeño se dedicaron los autores del 98 y con tanto ahínco todavía hoy algunos buscan el carácter común que nos identifica. La sociedad española es más heterogénea que en el pasado y no existe un sistema de valores preponderante ni único que nos provea de una clara jerarquía. En estas circunstancias, las líneas de evolución de la sociedad española son difíciles de trazar porque estamos asistiendo a una transformación lenta pero constante de nuestro sistema de valores, donde no se aprecia una tendencia predominante. De ahí que esta situación haya sido calificada por algunos de crisis de sentido o de identidad, de la misma forma que auguran el ocaso de las ideologías o la desaparición de la religión. Lo que ha sucedido y lo que está sucediendo es que se ha dado paso a nuevas formas de pensar nuestra sociedad, a diferentes maneras de afrontar y vivir la religión, a sistemas de valores diversos o a su fragmentación, que es el termino que utiliza, creo que con acierto, Francisco Andrés Orizo[17]. Esta compartimentación deriva en una proliferación de estilos de vida y en nuevas formas de vivir en sociedad, que han tenido como precedente el cambio de valores producido durante los años 70, la quiebra de un modelo unificado de comportamientos y actitudes a lo que se une la presencia de varias generaciones que han sido socializadas en cada una de las etapas que mencionábamos al principio de este apartado.

Llegado a este punto, lo que nos señala lo acontecido en estos últimos cuarenta años es que hemos cambiado gradualmente, esto es, se ha producido una evolución de nuestra mentalidad, una transformación lenta y gradual de la manera con la que afrontamos las nuevas realidades existenciales. Como nos indica el profesor Canteras Murillo, «la crisis social de sentido» no ha obedecido a grandes cambios estructurales «que obliguen al individuo a acomodarse a una nueva situación existencial derivada de tales cambios, sino que, a la inversa, son cambios personales producidos a priori en la vida cotidiana de los sujetos, que afectan a todas las áreas de su existencia, los que vienen

---

[17] Francisco Andrés Orizo, «Conciliación y conflicto de valores. Entre lo particular y lo global», Forum Deusto, mayo de 2002.

operando el profundo cambio cultural que afecta al conjunto de nuestra sociedad»[18]. Realmente, no nos hemos enfrentado a una revolución o a un cambio traumático, sino a la quiebra del modelo anterior que nos servía de referencia y que ha provocado estilos de vida plurales y multidimensionales, casi individuales y en constante cambio, una transformación silenciosa, aparentemente inadvertida pero constante que nos ha situado en un escenario diferente con la cristalización de nuevos valores y diferentes prioridades.

2.   La visión de la vida de los españoles

El filosofo y matemático Bertrand Russell[19] señalaba en 1930 que el rasgo más universal y distintivo de la felicidad es el entusiasmo hacia la vida, hacia lo que hacemos. Un hombre feliz se diferencia de uno desgraciado en el interés y el entusiasmo que uno y otro ponen en lo que hacen. La vida de una persona feliz no sólo es más agradable sino que está mejor adaptada al mundo en el que vive y, por lo tanto, podrá superar las circunstancias adversas en mejores condiciones y aprovechar con mayor acierto las de prosperidad o fortuna.

Esta visión de la felicidad nos muestra una de las múltiples facetas de un concepto difuso y elusivo[20] que no nos deja fácilmente describir en qué consiste pero que, sin embargo, acudimos a él cuando queremos resumir nuestra satisfacción y agrado con la vida que llevamos, la sensación de plenitud, bienestar o armonía con lo que nos rodea. En otras palabras, la apreciación positiva de la vida o su disfrute subjetivo. En la aparente simplicidad de esta manera de describir la felicidad está su mayor virtud porque se encuentra en el polo opuesto de aquellos que la consideran como *un estado de satisfacción del alma que se deriva del deber cumplido* y, por lo tanto, podemos deducir que su ámbito engloba la totalidad de la esencia y existencia humana, ámbito ciertamente complejo, multifacético y difícilmente aprehensible. Por ello, para medirla bien, como nos enseña Julián Marías por mediación del profesor Orizo, sería menester «descubrir qué busca (el hombre) cuando persigue esa felicidad, qué encuentra cuando la logra»[21].

Otras ramas del conocimiento como la psicología, la sociología e incluso la economía han abordado lo que, para ellos, constituyen los elementos primordiales de la felicidad. Para los psicólogos, es esencial la dimensión personal, es decir, las emociones, sentimientos y afectos. Para los sociólogos son imprescindibles para alcanzar ese estado las relaciones y las redes sociales, y para los economistas aspectos tales como el nivel de vida, la renta o el trabajo. Todos ellos, sin embargo, entran a formar parte de un estado afectivo, emocional, sensitivo y también material, cuyo logro puede explicar, en parte, esa búsqueda permanente en la que empeñamos nuestra vida y que, para algunos, da sentido y justifica gran parte de las acciones humanas.

Pero ¿a qué hacemos referencia cuando hablamos de una sociedad feliz? Probablemente no exista una sola respuesta porque son muchos los factores que condicionan el sentimiento de felicidad o infelicidad en una sociedad. El entusiasmo mayoritariamen-

---

[18] Andrés Canteras Murillo, *Sentido, valores y creencias en los jóvenes*, Madrid, Injuve, 2003, pág. 10.

[19] Bertrand Russell, *La conquista de la felicidad*, Madrid, El País, 2003, págs. 151 y sigs.

[20] Francisco Andrés Orizo, *Los nuevos valores de los españoles*, Madrid, Fundación Santa María-SM, 1991, pág. 30.

[21] Julián Marías, *La felicidad humana*, Madrid, Alianza Editorial, 1989, pág. 17.

TABLA 20.1.—*Evolución del grado de felicidad de los españoles (1981-2007)*

	Muy/bastante feliz	Indiferente	Poco/nada feliz	NS/NC
1981	78	—	20	2
1987	67	30	2	1
1990	83	—	15	1
1991	82,6	—	16,7	0,8
1992	84,7	—	15	0,3
1995	78	17	6	0
1998	86,5	—	12,6	0,8
2002	74	24	1	0
2003	85	—	13,8	1,2
2007	90	—	9	1

Fuente: Para 1987, CIS 1703; Para 1990, CIS 1867; Para 1992, CIS, 2001; Para 2002, CIS 2442; Para 1995, CIS 2203; Para 1998: estudio CIS 2301 Religión (International Social Survey Programme). Para 2003, CIS 2476; Para 2007, Special Eurobarometer 273: European Social Reality, feb. 2007. Elaboración propia.

te expresado ante la vida o ante el mundo que nos rodea, al que nos remite Bertrand Russell puede ser uno de ellos. Pero es una visión restringida que quizá tenga más relación con una disposición general de la personalidad o del temperamento y, por lo tanto, una predisposición positiva para afrontar y superar los retos tanto individuales como colectivos. Sin embargo, la felicidad es algo más y se puede concebir como un estado de ánimo de aquellos en los que las circunstancias de su vida son tales como se desean. En este sentido, el sentimiento de felicidad parece estar más relacionado con las condiciones afectivas y con la forma en la que se perciben las condiciones materiales. En definitiva, la felicidad es una manera de valorar positivamente la vida propia como un todo, una evaluación positiva de la calidad total de la vida considerada en su conjunto y no de un aspecto específico. Una sociedad feliz es, por lo tanto, aquella en la que la mayor parte de las personas no solo están satisfechas con su vida sino que evalúan, en un balance global, su vida y su entorno tanto personal como social como positivo y satisfactorio.

Otra cuestión es cómo medimos la felicidad. Cuando se pregunta directamente por ella, entran en juego componentes de la estima personal puesto que la felicidad forma parte de la valoración que hacemos de nuestra vida, del balance de nuestra biografía, amen del estado de ánimo que está influido, a su vez, por numerosas circunstancias. Calificar nuestra vida de infeliz entraña devaluarla en lo más intimo y es comprensible que exista una predisposición a renunciar a calificarla de ese modo. Tendemos, por ello, a apreciar que nuestra vida es feliz y satisfactoria antes que a mostrar o reconocer nuestra infelicidad o desgracia. Las personas que son encuestadas tienen tendencia a sobrevalorar su situación, pues no es fácil confesar tu desconsuelo a un extraño que te aborda inquiriendo sobre si te sientes o no feliz[22]. Este hecho conocido no altera la validez

---

[22] Joan Subirats, «La felicidad está de moda», en *El País.com*, 15 de marzo de 2007.

de los resultados, dado que la situación de la entrevista es común a todos y ese deslizamiento hacia una respuesta positiva está amortiguado por elementos vitales esenciales que desequilibran la balanza en uno u otro sentido y por las referencias que nos proporciona la utilización de la misma pregunta en muy diferentes sociedades.

Alguien podría pensar que, dado que la felicidad es un concepto difuso y que nunca llegaremos a abarcar del todo y menos a descomponerlo en todas sus dimensiones, no merece la pena, por sus limitaciones, el esfuerzo de preguntar por ella. Pero desde hace muchos años la investigación social lo utiliza de manera recurrente porque lo que nos está indicando no es, estrictamente, el nivel preciso de felicidad objetiva alcanzado sino una predisposición, una actitud positiva ante la vida y una perspectiva optimista de futuro, de las que se pueden extraer algunas consecuencias:

Tabla 20.2.—*Evolución de la satisfacción con algunos aspectos de la vida en España (1975-2006)**

	Valoración positiva de la situación económica	Valoración positiva de la situación política	Satisfacción con la democracia	Satisfacción con la vida
1975	21	35		
1976	27	29		
1978	12	22		
1979	6	15		
1980	2	9		70
1981	3	5		72
1982	3	9		
1983	4	16	47	
1984	3	17	43	
1985	8	21	56	70
1986	11	21	57	71
1987	14	19	53	71,9
1988	17	17	56	62
1989	25	27	67	81
1990	25	29	63	80
1991	27	15	57	78
1992	14	12,8	68	71
1993	4	14,5	40	70
1994	13	17,5	34	73
1995	8,1	17,5	41	75
1996	12,4	17,2	50	75
1997	31,2	27,9	55	78
1998	37,1	32,6	50	80,1
1999	40,6	32	68	80,6

TABLA 20.2 *(cont.).—Evolución de la satisfacción con algunos aspectos de la vida en España(1975-2006)**

	Valoración positiva de la situación económica	Valoración positiva de la situación política	Satisfacción con la democracia	Satisfacción con la vida
2000	39,6	29,7	81	71,1
2001	35,7	23,2	63	78,7
2002	28,6	19,5	61,6	79
2003	37,3	25,8	53,5	76
2004	34,8	23,4	65	74,6
2005	23,5	17,8	60,9	74,9
2006	25,6	16,9	50,1	78,6

* La valoración positiva de la situación económica y política agrupa las contestaciones «muy buena y buena» a la pregunta «refiriéndonos a la situación económica/política general de España ¿Cómo la calificaría Ud.?» La satisfacción con la vida o la democracia son las respuestas «muy y bastante satisfechos» a las preguntas: En términos generales ¿diría Ud. que está satisfecho con su vida...? ; En general ¿está Ud. muy satisfecho...nada satisfecho con el funcionamiento de la democracia en España?

Fuente: Banco de Datos del Centro de Investigaciones Sociológicas y *Eurobarómetro,* varios años. Elaboración propia.

- La primera de ellas tiene que ver con un componente cultural a partir del cual se puede establecer una relativa estabilidad de la respuesta a lo largo del tiempo, es decir, es una forma particular de ver la vida.
- En segundo lugar, los bajos niveles de satisfacción y también de felicidad suelen ir unidos a actitudes negativas y pesimistas hacia la sociedad en su conjunto.
- Y, en tercer lugar, se da una tendencia muy marcada a que los niveles de satisfacción y felicidad elevados vayan unidos a la existencia continuada de instituciones democráticas durante períodos relativamente largos[23].

El asunto de evaluar el grado de felicidad de una sociedad no es, por lo tanto, un ejercicio inútil. Porque una sociedad que se dice feliz, manifiesta una actitud positiva ante el mundo en el que vive, una buena posición de partida para afrontar retos y dificultades y una buena disposición para evaluar con optimismo el futuro inmediato. Esto se traduce en que este estado de felicidad y satisfacción[24] parece que va unido a la viabilidad de instituciones democráticas dado que es más fácil que una sensación global de bienestar, satisfacción o felicidad «forme las actitudes políticas personales y no que lo que se vive en un aspecto relativamente restringido de la vida (es el caso de la política) determine la sensación de satisfacción global de las personas»[25].

---

[23] Ronald Inglehart, «Cultura política y democracia estable», en *Revista Española de Investigaciones Sociológicas*, 42, 1988, págs. 45-65.

[24] Felicidad y satisfacción remiten a consideraciones diferentes, aunque se suelen utilizar indistintamente. La satisfacción involucra a las aspiraciones del individuo y al bienestar percibido, mientras que, por el contrario, la felicidad es un estado afectivo y emocional. Por ello se entiende que se puedan dar determinadas contradicciones cuando observamos que el desempleo afecta a la satisfacción vital y a la económica pero, sorprendentemente, no parece afectar a la felicidad.

[25] Ibíd.

En las encuestas que se han sucedido desde hace veinticinco años, más del 70% de los españoles nos dicen que se sienten felices y este porcentaje, desde entonces, no ha hecho más que crecer. No somos el pueblo más feliz de Europa pues ese privilegio lo ostentan los países nórdicos, pero nos hallamos en una situación privilegiada por encima de la media de la Unión Europea de los 25. En la actualidad, el 90% de los españoles se califican a sí mismos de personas muy o bastante felices. Hacemos un balance positivo de nuestra vida y del entorno que nos rodea y ello nos procura una buena posición de partida para evaluar el porvenir. El balance, por ello, no puede ser más prometedor, aunque existen aspectos no del todo congruentes con el nivel de felicidad que nos señalan las encuestas. Probablemente porque existen factores que no pueden anticipar el grado de felicidad y tienen más que ver con ciertas aspiraciones de los españoles no del todo satisfechas y con ciertos aspectos indeseables que se acumulan en el bienestar que percibimos.

Si observamos las series de datos de valoración de la situación económica y política así como la evolución de la satisfacción con el funcionamiento de la democracia y la satisfacción con la vida, podemos ver que los tres primeros se atienen a ciclos temporales cortos, con oscilaciones ligadas a circunstancias relacionadas con crisis económicas o políticas y con la percepción individual de sus consecuencias para nuestra vida cotidiana, como se aprecia en el Gráfico 20.1.

GRÁFICO 20.1.—*Evolución de la satisfacción con algunos aspectos de la vida en España (1975-2006)*

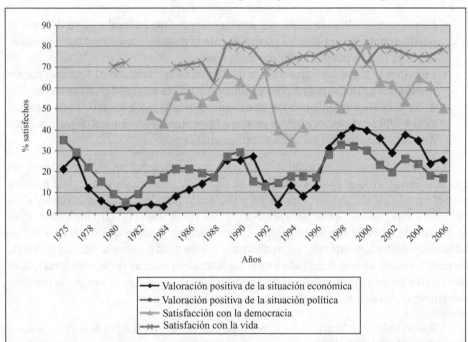

Fuente: Los datos provienen de la Tabla 20.2.

Sin embargo, las oscilaciones de la satisfacción vital son muy pequeñas y presentan una gran estabilidad a medio y largo plazo sin que se vean afectadas por las circunstancias del entorno político y económico. Parece que en el sentimiento de felicidad y en el de satisfacción vital existe un componente cultural que fuerza la relativa estabilidad de las respuestas a lo largo del tiempo. Es un sentido de la vida que hace que mantengamos altas cotas de optimismo y satisfacción que afectan o se relacionan con la calidad de las relaciones personales, con el bienestar alcanzado (tanto en su componente objetivo como condiciones de vida como en la percepción subjetiva del bienestar) y con las aspiraciones de futuro más que con los deseos del presente.

TABLA 20.3.—*Grado de importancia que otorgan los españoles a los siguientes aspectos para su vida, en porcentajes (1987-2007)**

	1987	1990	1992	1995	2002	2004	2006	2007
Familia	9,17	9,55	9,37	9,52	9,59	9,42	9,61	9,55
Trabajo	8,92	8,90	7,95	8,65	8,15	8,47	8,57	8,37
Amigos	7,80	8,40	7,68	8,25	8,12	8,40	8,09	8,06
Ocio		7,97		7,80	7,86	8,09	7,95	7,93
Religión	6,11	6,47	5,69	6,72	5,10	5,50	4,89	4,60
Política	4,61	4,50	3,20	4,70	3,46	5,00	4,24	4,02
Asociaciones					4,92		5,07	5,16

* Escala de 1 a 10, siendo 10 la máxima importancia. Los datos de 1990 y 1995 se han trasladado de la escala original de cuatro posiciones hasta una de 10 posiciones a efectos de comparación. Los datos de 2004, se han trasladado de la escala cualitativa de cuatro posiciones a una numérica de 10 posiciones.

Fuente: 1990, Francisco Andrés Orizo: *Los nuevos valores de los Españoles*, Fundación Santa María, Madrid, 1991, pág. 42; 1995, World Values Survey 1995-1997; 1987, 1992 y de 2002 a 2007, Banco de datos de encuesta del Centro de Investigaciones Sociológicas. (1987, CIS 1698; 1992, CIS 2001; 2002, CIS 2450; 2004, CIS 2578; 2007, CIS 2762). Elaboración propia.

La relación del nivel de felicidad de una sociedad y su nivel de riqueza parece que se ha mostrado no del todo exacta, algo que la sabiduría popular ya había sentenciado como que el dinero no da la felicidad. Las sociedades más desarrolladas y más ricas se encuentran más satisfechas y más felices, pero el nivel económico de un país sólo puede explicar una parte de ese sentimiento. De hecho, el nivel de renta parece que está directamente relacionado con la satisfacción económica de los individuos, pero no parece estarlo con la felicidad o la satisfacción vital. El nivel económico de una nación sólo explica el 30% de la varianza de la satisfacción ante la vida[26]. Es una variable más. También están implicados otros factores de índole cultural, histórica y personal[27].

Por el contrario, la satisfacción con la situación económica y política es más coyuntural y las oscilaciones se atienen a ciclos temporales ligados a las circunstancias por las que atraviesa la vida del país. Mientras, la satisfacción con la vida tiende a ser más con-

[26] Patricia Martínez Uribe, «Perspectiva temporal futura y satisfacción con la vida a lo largo del ciclo vital», tesis doctoral, Universidad Autónoma de Barcelona, 2004.

[27] Parece que las buenas relaciones familiares y sociales son una de las principales causas de la felicidad, y tiene poco que ver con las condiciones materiales de vida. En uno de los países más pobres del mundo, Bangladesh, el 79% de los encuestados afirman que son felices y el 38% muy felices. La forma de ver y vivir la familia y la calidad de sus relaciones personales se encuentra en el origen de este alto índice de felicidad.

servadora y sus ligeras oscilaciones a lo largo del tiempo en una tendencia general ascendente tienen más que ver con el sentido de la vida que proviene de un componente cultural. Las variaciones en la satisfacción con el funcionamiento de la democracia tienen otro carácter aunque, como recoge el Gráfico 20.1 siguen en líneas generales las oscilaciones temporales de los indicadores de valoración económica y política.

Como veremos en otro epígrafe, las oscilaciones del funcionamiento de la democracia no significa que las circunstancias políticas o económicas por las que atraviesa nuestro país alteren la estima o el apoyo al sistema democrático, sino que si bien la legitimad del sistema se mantiene estable a lo largo del tiempo y con un apoyo abrumadoramente mayoritario, existe insatisfacción sobre su funcionamiento real, sobre todo en aquellos momentos en los que emergen casos de corrupción o de crispación que perturban el normal desenvolvimiento del sistema democrático y así lo perciben los españoles.

Entre los aspectos que convergen en los estados de felicidad y satisfacción se encuentran aquellos cuya valoración está ponderada por la importancia que les concedemos en nuestra vida. Para los españoles, la familia y las relaciones familiares priman sobre cualquier otro aspecto y es la institución de la que los españoles se sienten más satisfechos. Los valores asociados a la familia y a la vida familiar ocupan un lugar preeminente en nuestra estima, por delante de todos los demás y esta preponderancia se ha mantenido estable a lo largo del tiempo. Tal es así que si utilizamos un análisis de segmentación sobre los españoles que se muestran felices, parece que el tipo de convivencia (principalmente casados convivientes) es el que mejor predice el grado de felicidad[28].

El trabajo sigue ocupando un lugar relevante, pero ha perdido algo de la centralidad que hasta ahora tenía en nuestras vidas en beneficio de otras actividades más satisfactorias o gratificantes. Esto significa que existe mayor variedad de actividades en la vida de una persona que están aumentando en importancia en detrimento del trabajo como actividad principal y única fuente de estatus e identidad social[29]. El ocio y el tiempo libre aparecen como aquellos espacios en los que se pueden desarrollar actividades que facilitan otras formas de expresión de la personalidad y de autorrealización en estrecha correlación con valores posmaterialistas que se orientan a una mayor calidad de vida. En los últimos 20 años la importancia del ocio se mantiene estable mientras que el trabajo ha perdido terreno acercándose ambos, trabajo y ocio, en la consideración que les otorgamos en nuestra vida. Por el contrario, con el paso del tiempo religión y política han perdido todavía más relevancia y no constituyen hoy día factores imprescindibles para disfrutar de la vida.

La relación entre trabajo y ocio se puede observar muy bien en cómo se modifica su significado y su valor entre diferentes generaciones. En un trabajo realizado en Italia en el que se comparan los valores asociados al trabajo y al ocio en tres generaciones de una misma familia, se observa que la primera generación, la de los abuelos, que habían llegado a la vida adulta en los años 30, mencionaba un 58% de experiencias satisfactorias asociadas al trabajo y un 16% al ocio. La siguiente generación, la de los padres, se sitúa en un punto de equilibrio, con un 41% de satisfacciones asociadas al trabajo y un 44% al ocio. En cambio la tercera generación, la de los nietos que llegan a

---

[28] Estudio CIS 2203, diciembre de 2005.
[29] José Luis Veira y Celia Muñoz, «Valores y actitudes del trabajo en Europa Occidental», en *Revista Española de Sociología*, núm. 4, 2004, págs. 51-66.

TABLA 20.4.—*Aspectos que le producen mayor satisfacción en su vida (en porcentajes)**

	1980	1996	1998	2000	2002	2004	2006
Trabajo	60	39,7	24,8	22,4	19,3	20,7	16,1
Ingresos		36	5,8	6	5,1	6,1	4,8
Tiempo libre	68	74,3	22,8	28,8	29,3	29,9	18,8
Vivienda	73			21,6	20,4	20,7	12,9
Familia	89	93,3	59,3				57,7
Salud	74		35,4	42,2	42,4	41,2	33,2
Estilo de vida		83,3	19	28,7	28,5	29	18,7
Salario	35		2	2	1,8	2,1	1,5
Educación	66			10,7	8,2	11,8	6,1

* En los años 1980 y 1996, la pregunta hacía referencia a una sola opción para responder «más bien satisfecho o insatisfecho» con cada uno de los aspectos señalados. Los porcentajes de la tabla son los «más bien satisfechos»; Sin embargo, a partir de 1998, la pregunta hacía referencia a ¿Cuáles de los siguientes aspectos le producen mayor satisfacción? y el entrevistado podía señalar un máximo de dos respuestas.

Fuente: Banco de datos de encuestas del Centro de Investigaciones Sociológicas. Elaboración propia.

la vida adulta en los 90, asocia el 70% de las satisfacciones al ocio y sólo un 19% al trabajo[30]. Una relación semejante entre generaciones se puede aplicar también a España.

En la vida de los españoles, la preeminencia de los amigos se sigue manteniendo. Las redes sociales más cercanas e intimas y la necesidad cada vez mayor de mantener adecuadamente esa relación de amistad constituyen componentes básicos para evaluar la calidad de la vida de los españoles. Por eso, los españoles tienen en los aspectos afectivos un importante aliado de la felicidad aun cuando el factor económico sigue jugando un papel determinante. Si nos comparamos con otros países, el indicador general de satisfacción vital está influido por ambos aspectos, los afectivos y los económicos aunque en el caso de España, parece que la influencia de la satisfacción económica es claramente superior[31]. No en vano, todavía los valores materialistas de seguridad y estabilidad económica se encuentran en España más extendidos que los posmaterialistas.

3. MODERNIDAD O POSMATERIALISMO

El último cuarto del siglo XX ha sido testigo de la transformación de nuestro país en un proceso gradual de gran calado que ha generado una cultura alejada de los parámetros dentro de los que se movía la sociedad española en los años 60 y 70. Esta metamorfosis se ha producido en el paso de una sociedad fundamentalmente tradicional y conservadora en la que convivían sectores sociales todavía anclados en una cultura tradicional con otros en los que los valores de la modernidad, y en menor medida de la

---

[30] A. Fave y F. Massimini, «La modernización y los contextos cambiantes de flujo en el trabajo y el ocio», en M. Csikszentmihalyi, *Experiencia optima. Estudios psicológicos del flujo de la conciencia*, Bilbao, Desclée de Brouwer, 1998.

[31] Juan A. del Pino Artacho y Juan Díez Nicolás, *La felicidad y sus componentes. Explotación del Barómetro Mundial de Felicidad,* 1999, pág. 37.

posmodernidad, se estaban abriendo camino. Estas tres formas de afrontar la realidad social pueden corresponder a tres generaciones[32] entre las que se estaba produciendo un claro alejamiento que desembocó en desconocimiento mutuo y una confrontación de acuerdo con el conflicto intergeneracional tan acusado que entonces se daba.

El proceso que ha tenido lugar consiste, en síntesis, en el abandono progresivo de valores y modos de vida propios de una sociedad tradicional y poco desarrollada, casi preindustrial, y el paso a estilos de vida y valores propios de una sociedad moderna en tránsito hacia lo que algunos autores han denominado posmaterialismo o posmodernidad. Uno de los elementos que mejor permite valorar este cambio es el abandono paulatino de la creencia en la suerte y en las relaciones particulares de amistad o familiares para abrirse camino en la vida, propios de una sociedad tradicional, así como la emergencia de valores propios de la modernidad (valores secular-racionales) en los que el esfuerzo personal, la inteligencia y la educación para tener éxito en la vida se anteponen a cualquier otra circunstancia. Los españoles confían hoy más que ayer en la capacitación profesional y en el aprendizaje formal, la promoción mediante el esfuerzo personal y la superación como actitud vital[33].

TABLA 20.5.—*Aspectos de los que la población española y andaluza cree que depende el éxito de la vida**

	Andalucía		España		
	1967	1989	1995	2003	2006
De ser inteligente, esforzarse y trabajar duro	38,4	55,3	42	59,3	70,2
De proceder de una familia bien situada e influyente	23,9	15,4	21	16,5	12,7
De tener una personalidad agradable, buena suerte y saber bandearse	33	24,3	36	20,4	13,4

* Pregunta: ¿De qué cree Ud. que depende el éxito en la vida?

Fuente: Los datos para Andalucía provienen de: 1967, AAVV, *Estudio Socioeconómico de Andalucía (tres volúmenes),* Instituto de Desarrollo Económico-Escuela Nacional de Administración Pública, Madrid 1971; 1989: Eurodoxa, Estudio sobre la situación actual y las expectativas de futuro de Andalucía, Madrid. 1989. Los datos para España corresponden a los estudios del Centro de Investigaciones Sociológicas núm. 2203, 2476 y 2663. Elaboración propia..

Para abordar el proceso de cambio o de transformación de valores, seguiré el modelo descrito por Ronald Inglehart que ya he anticipado en las páginas anteriores. Consiste, básicamente, en un desplazamiento de las prioridades valorativas de la sociedad desde el énfasis puesto en alcanzar el bienestar material y la seguridad económica y física (y por lo tanto orientados por los valores a ello asociados) a otras en las que prima la satisfacción de necesidades no materiales. Se trata de un modelo interpretativo de los valores, que oscila entre la escasez en un extremo (damos más valor subjetivo a las co-

---

[32] Luis Enrique Otero Carvajal, «Nevera, televisión y seiscientos: cambios y transformaciones en los valores y percepciones de la sociedad española, 1960-1982», en *Actas de las VI Jornadas de Castilla-La Mancha sobre investigación en Archivos: La Transición a la democracia en España. Historia y Fuentes Documentales,* Guadalajara, noviembre de 2003.

[33] Salvador Giner, «Sazón y desazón en la cultura española», en *REIS,* 100, 2002, págs. 167-183.

sas relativamente escasas) y en el otro el bienestar, pasado todo ello por el tamiz de la socialización. Su tesis se apoya en que en las sociedades menos desarrolladas predominan los valores materialistas, y en ellas se prioriza la seguridad económica y física, la supervivencia, el orden o la estabilidad económica. Por el contrario, en las sociedades más desarrolladas serían prevalentes los valores posmaterialistas, esto es, aquellos que priman la calidad de vida, el afecto, la estima, las relaciones personales, la expresividad, la solidaridad, el sentimiento de pertenencia o de identidad, los valores estéticos o la defensa de valores de conservación ambiental. Según el modelo de Inglehart la estabilidad y el crecimiento económico propios de los países más desarrollados habrían producido, especialmente a partir de los años 60 (y en España a partir de los 80), un cambio drástico en los valores, en los que la tradicional centralidad de aspirar a la seguridad material habría empezado a ser sustituida, una vez alcanzada, por valores más expresivos relacionados con la identidad y la autonomía.

La transición de una a otra viene acompañada de factores relacionados con el cambio generacional, con el cultural/educativo, con el económico y con el político. Porque la relación entre el medio ambiente económico y las prioridades valorativas de una sociedad no se modifica de inmediato sino que conlleva un desajuste temporal, en el que se hace necesario que las nuevas generaciones se vayan socializando en los nuevos valores. Este cambio generacional es, precisamente, el que está contribuyendo al cambio cultural paulatino que se está produciendo en las sociedades avanzadas en general y en la española en particular.

El componente económico es un factor que condiciona pero no determina la emergencia de estos valores cuando el nivel de renta es alto, porque lo que realmente reflejan los valores posmaterialistas es el sentido subjetivo de seguridad antes que el nivel económico que se tiene[34]. Por ello, debemos tener en cuenta el papel que juega el incremento de la educación y la cultura junto al proceso de socialización, porque la emergencia de valores posmaterialistas se ve influido por el medio cultural y las instituciones de bienestar social en las que se educan[35] las nuevas generaciones. Esto es importante, ya que hasta ahora las tendencias de paso de valores materialistas a posmaterialistas en sociedades concretas, especialmente en las occidentales, ha sido lineal y ascendente, es decir, que se produce mediante un abandono paulatino de valores materialistas y un avance progresivo de los posmaterialistas, cambio que es, básicamente, intergeneracional. Sin embargo en el caso de que se produjeran variaciones en la percepción subjetiva de la seguridad personal y económica por diferentes circunstancias, se pueden producir discontinuidades o regresiones en la tendencia hacia el posmaterialismo, todavía no explicadas suficientemente por el modelo de Inglehart.

Para desarrollar las hipótesis del cambio cultural, Inglehart construyó un índice de materialismo/posmaterialismo compuesto por cuatro ítems que hacían referencia a orden/estabilidad (mantener el orden en el país), control de la inflación (luchar contra la subida de precios), mayor participación en las decisiones del Gobierno (dar a la gente más oportunidades de participar en las decisiones políticas importantes) y libertad de expresión (proteger la libertad de expresión). Los dos primeros ítems miden valores de seguridad física y económica y los dos últimos de pertenencia y libertad intelectual.

---

[34] Mariano Torcal, «La dimensión materialista/postmaterialista en España: las variables del cambio cultural», en *Revista Española de Investigaciones Sociológicas*, 47, 1989, págs. 227-254.
[35] Ibíd.

Este índice se ha aplicado desde 1970-1971 en diferentes investigaciones, primero en los *Eurobarómetros* y posteriormente en la European Values Survey y en la World Valúes Survey y en sucesivas oleadas, la última en el año 2005. El índice original se amplió a 12 ítems de los cuales seis miden valores «materialistas» y otros seis miden valores «posmaterialistas». El índice reducido de cuatro ítems, sin embargo, se ha mostrado bastante efectivo a la hora de describir y explicar el cambio en sociedades muy diversas y es el que en mayor medida se ha utilizado en España desde 1980.

TABLA 20.6.—*Evolución de los valores materialistas/posmaterialistas en España (1980-2003)*

	Materialistas (%)	Mixtos (%)	Posmaterialistas (%)
1980	62	26	12
1985	40	35	12
1986	35	39	12,3
1987	39	42	12,
1988	37	46	13
1989	42	41	17
1990	22	58	20
1995	26	54	15
1997	30	60	18
1999	21	61	18
2003	21,7	59,9	18,5

Fuente: Para 1980, 1989 y 1990, Francisco Andrés Orizo, *Los nuevos valores de los españoles*, Madrid, Fundación Santa María, 1991, pág. 44. Para 1985, *Eurobarómetro,* 1995 y 1999, Juan Díez Nicolas, «La escala de postmaterialismo como medida del cambio de valores en las sociedades contemporáneas», en Javier Elzo y otros, *España 2000, entre el localismo y la globalidad. La Encuesta Europea de Valores en su tercera aplicación 1981-1999,* SM-Fundación Santa María-Universidad de Deusto, pág. 291. Para 2003, Juan Díez Nicolás (dir.), *El dilema de la supervivencia. Los españoles ante el medio ambiente*, Madrid, Obra Social de Caja Madrid, 2004, pag. 233. Para 1986, 1987 y 1988, Mariano Torcal Loriente, «La dimensión materialista/postmaterialista en España: las variables del cambio cultural», en *Revista Española de Investigacioes Sociológicas,* 47, 89, págs. 227-254. Elaboración propia.

La dirección de este índice desde 1980 nos muestra que la sociedad española evoluciona muy lentamente hacia valores posmaterialistas. Como señala el profesor Diez Nicolás[36], «las pautas de preferencia por los valores materialistas sobre los posmaterialistas en el conjunto de la sociedad española no ha variado demasiado en los últimos 20 años, lo que sugiere cierta estabilidad del sistema de valores. Sin embargo, son evidentes ciertas tendencias de cambio lentas (que probablemente respondan al cambio generacional) y variaciones específicas en ciertas fechas que podrían responder a cambios coyunturales de corta duración (efecto período)».

---

[36] Juan Díez Nicolas, «La escala de postmaterialismo como medida del cambio de valores en las sociedades contemporáneas», en Javier Elzo y otros, *España 2000, entre el localismo y la globalidad. La Encuesta Europea de Valores en su tercera aplicación 1981-1999,* SM-Fundación Santa María-Universidad de Deusto.

GRÁFICO 20.2.—*Evolución del materialismo/posmaterialistmo en España (1980-2003)*

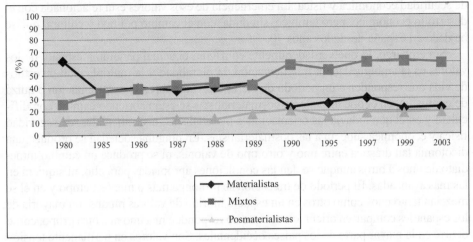

Fuente: Datos de la Tabla 20.6.

A pesar de esta aparente estabilidad, los valores materialistas han experimentado una notable disminución desde 1980. El descenso que se aprecia en el Gráfico 20.2, ha sido muy acusado al comienzo de la década de los 80 y de los 90 y más pausado, llegando a la estabilidad, entre ambos períodos y durante la década de los 90, pero no se ha traducido en un ascenso del mismo calibre de los valores posmaterialistas, sino de los de aquellos que en esta cuestión de los valores se sitúan en posiciones intermedias o mixtas, es decir, las de los que otorgan mayor importancia a una combinación de valores que integra ítems materialistas y posmaterialistas. Los estudios realizados en los años 90 «muestran una distribución casi idéntica en la escala de materialismo-posmaterialismo, con cerca del 60% de los entrevistados calificados como mixtos y proporciones muy similares de materialistas y posmaterialistas (alrededor de una quinta parte)»[37]. La proporción de posmaterialistas apenas ha variado en los últimos años aunque desde 1980 su número se ha duplicado. Lo que parece consolidarse es el descenso de los materialistas, es decir, el abandono de los valores puramente económicos, de seguridad, estabilidad y orden para ir aceptando paulatinamente los de identidad, expresividad y autonomía, es decir, valores posmaterialistas.

Lo que nos está indicando esta perspectiva temporal es que se ha producido una emergencia significativa de los valores posmaterialistas expresivos, como aspiraciones vitales, aunque todavía dichos valores están más presentes en el universo simbólico de nuestros ciudadanos que en las realizaciones prácticas. En efecto, dando un repaso a lo que ahora es prioritario para los españoles, nos damos cuenta de que a lo que antes dedicábamos la mayor parte de nuestra vida, conseguir la seguridad material que nos permitía alcanzar un cierto grado de bienestar, se han añadido y comienzan a ser relevantes otros aspectos menos aprehensibles pero con una fuerte influencia en nuestras vidas. Me refiero a que empezamos a dar preferencia a la búsqueda de la felicidad, a la expresión de la propia personalidad, a la autonomía, a la expresión de la subjetividad, a la

---

[37] Juan Díez Nicolás, ob. cit., pag 291.

protección del medio ambiente, y a los valores de realización personal en lugar de a los de seguridad económica y física. La emergencia de esos valores está relacionada con el desarrollo económico, pero también, sin duda, con el cambio político y cultural que se ha dado en España desde los años 70.

Sin embargo, lo que verdaderamente configura el actual panorama español de los valores es la ambigüedad, la fragmentación, la pluralidad y la multiplicidad de estilos de vida que responden a un período de cierta incertidumbre, de desorientación o quizá de confusión, en el que los valores posmaterialistas se están abriendo camino con dificultad y en el que todavía las orientaciones materialistas, instrumentales, de seguridad física y económica superan a las posmaterialistas. En ninguna sociedad se produce una dicotomía tan drástica entre uno y otro tipo de valores, ni se produce un cambio inmediato de unos a otros aunque se den las condiciones apropiadas para ello, ni siquiera en las más avanzadas. El período de transición se prolonga más o menos tiempo y en él se mezclan tanto unos como otros en un espacio híbrido de valores mixtos. La mayoría de los españoles comparten orientaciones que no responden ni a uno ni a otro grupo, como ocurre en la mayor parte de los países occidentales. Son valores en permanente tensión y propios de un momento de cambio, que cuestionan o refuerzan, según las circunstancias, nuestro actual modelo de sociedad, como los que se relacionan con el crecimiento económico frente al desarrollo equilibrado y sostenible, el progreso frente al bienestar y la calidad de vida o el horizonte que dibuja la globalización frente a la cohesión y la identidad que nos ofrece lo más próximo[38]. Los indicadores de la existencia de tales valores son el deseo de participar en la toma de decisiones en todos los ámbitos de la vida social, la demanda de protección de la libertad de expresión, la aspiración a una sociedad menos impersonal, la defensa del medio ambiente y el anhelo de que las ideas cuenten más que el dinero[39].

La lenta tendencia ascendente de los valores posmaterialistas parece que se ha roto por los resultados que se han obtenido en los últimos estudios de los que disponemos de información y, según los avances de los estudios mundiales parece que esa discontinuidad también se ha producido en otros lugares[40]. Si observamos la evolución de los componentes individuales del índice reducido de posmaterialismo, tal y como aparece en la Tabla 20.6 y en el Gráfico 20.2, nos damos cuenta del cambio de tendencia especialmente en dos de ellos: el que se refiere a mantener el orden y la estabilidad como objetivo prioritario y el que alude a proteger la libertad de expresión.

Comparando la evolución de la preferencia de los españoles por cada uno de los aspectos que integran la escala de Inglehart, se puede apreciar que se ha producido una alteración en la tendencia entre el año 1999 y el año 2003. La tendencia decreciente de las preferencias por el orden y la estabilidad tiene un punto de inflexión en el año 1999 a partir del cual se produce un aumento apreciable de aquellos que piensan que es uno de los objetivos nacionales de mayor importancia. A partir del año 2003, una vez superada la barrera de la incorporación al euro, se produce un ascenso apreciable de los que

---

[38] Juan Manuel Camacho, «Influencia de la perspectiva de género en los modelos de familia», *V Conferencia Iberoamericana sobre Familia*, Madrid, 19-22 de septiembre de 2000.

[39] Rafael Díaz Salazar, «La cultura de la solidaridad internacional en España», en *http://www.fespinal.com/espinal/llib/es66.rtf*.

[40] Ronald Inglehart y Christian Welzel, *Modernización, cambio cultural y democracia: la secuencia del desarrollo humano*, Madrid, Centro de Investigaciones Sociológicas-Siglo XXI, 2006.

TABLA 20.7.—*Objetivos nacionales prioritarios (1988-2006)**

	Mantener el orden	Luchar contra la inflación	Mayor participación en política	Proteger la libertad de expresión
1988	43	26	16	10
1989	41	28	15	11
1990	40	28	15	13
1991	42	26	16	13
1992	38	30	18	12
1993	35	32	19	12
1994	35	29	21	13
1995	39	26	20	13
1996	39	25	19	15
1997	33	26	21	17
1998	29	25	23	19
1999	27	28	23	20
2003	36	19	19	21
2006	39	26	20	12

* Escala de 4 ítems, en porcentaje sólo la primera opción de respuesta.

Fuente: De 1988 a 1999: Juan Díez Nicolás, «La escala de postmaterialismo como medida del cambio de valores en las sociedades contemporáneas», en Javier Elzo y otros, *España 2000, entre el localismo y la globalidad. La Encuesta Europea de Valores en su tercera aplicación 1981-1999,* SM-Fundación Santa María-Universidad de Deusto, pág. 299. Para 2003: Estudio CIS 2476. Para 2006: Estudio CIS 2.632. Elaboración propia.

priorizan el control de los precios sobre otros objetivos que debería perseguir nuestro país. Además, estos dos ítems que integran la posición materialista, se ven acompañados por un descenso apreciable de la importancia concedida a la libertad de expresión y un descenso moderado de los que persiguen una mayor participación ciudadana en política. Parece que todo esto da pie a formular la hipótesis de que una disminución en la seguridad personal y económica debería traducirse en una disminución de los valores de autoexpresión o de emancipación. La situación provocada por la evolución de los factores del materialismo/posmaterialismo se puede enlazar con ciertos recortes que estamos experimentando en la seguridad personal (el terrorismo vuelve a ser el primer problema percibido por los españoles), y en la seguridad económica (pérdida de poder adquisitivo, cargas hipotecarias, menor capacidad económica para el ocio, etc.) que hacen que aumenten los valores ligados a la escasez y disminuyan los ligados a la autoexpresión/emancipación[41].

---

[41] Juan Díez Nicolás, Prólogo al libro de Ronald Inglehart y Christian Welzel, *Modernización, cambio cultural y democracia: la secuencia del desarrollo humano,* Madrid, Centro de Investigaciones Sociológicas-Siglo XXI, 2006.

GRÁFICO 20.3.—*Evolución de los objetivos nacionales prioritarios (1988-2006)**

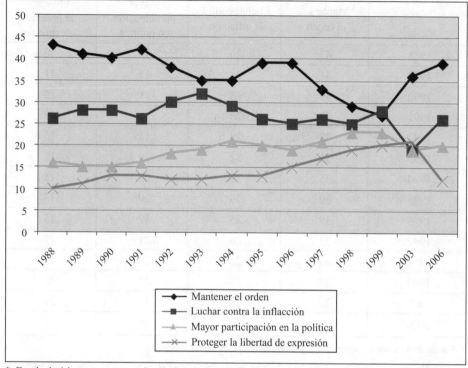

* Escala de 4 ítems, en porcentaje sólo la primera opción de respuesta

Fuente: Datos de la Tabla 20.7.

Otra de las cuestiones que se mantiene viva en el debate sobre los valores es la posición central que ha alcanzado la preocupación por el medio ambiente en el modelo posmaterialista. La escala ampliada de 12 ítems utilizada por Inglehart desde 1973 descubría una creciente preocupación por los valores ambientales y el papel cada vez mayor que ocupaba entre las inquietudes posmaterialistas. El propio Inglehart no acierta a explicar con claridad la emergencia tan fuerte del medio ambiente y su valor primordial entre los nuevos valores si, además, pensamos que la preocupación ambientalista y por la sostenibilidad se ha extendido a sociedades que están todavía lejos de alcanzar la seguridad económica y física que antecede a la aparición de los valores posmaterialistas.

Una aproximación previa a esta cuestión ya fue descrita por Philip Saint-Marc[42]. Este autor no pretendía realizar un análisis de cambio de valores sino destacar cómo las sociedades que tienen un buen nivel de vida (renta) y condiciones de vida satisfactorias, dan una gran importancia para su bienestar a las cuestiones ambientales. Por el contrario, en aquellas sociedades en las que se busca obtener mayores niveles de vida y poseen condiciones de vida insatisfactorias, las cuestiones ambientales no suelen ser prioritarias. Para abordar el bienestar siguiendo la anterior hipótesis, utilizaba una ecuación

---

[42] Philipe Saint-Marc, *La socialización de la naturaleza*, Madrid, Guadiana, 1972, pág. 33.

en la que el valor que corresponde a cada uno de los componentes (nivel de vida, condiciones de vida y medio ambiente) se expresa por medio de un coeficiente psicológico calculado según la importancia que le dé la población. De esta manera el valor otorgado actualmente al medio ambiente en las sociedades avanzadas puede incorporarse sin estridencias al modelo de Inglehart.

Los valores posmaterialistas se incorporan y se expanden en las sociedades desde las que primero los alcanzan. Los grupos sociales que logran un alto grado de seguridad económica y personal antes y con más firmeza, deberían encontrarse más próximos al polo posmaterialista que al materialista. La idea del centro-periferia puede explicar algunas de las situaciones que se han dado en España durante los años 70 y 80, décadas en las que la aparición de ciertos valores orientados hacia la autoexpresión, la participación social, la tolerancia o la defensa de valores medioambientales se produjo, fundamentalmente en aquellos grupos que tenían resuelta su seguridad personal y económica, mientras que la periferia social seguía aferrada a los valores materialistas de la escasez[43]. En palabras de Díez Nicolás, «el posmaterialismo está directamente relacionado con la posición social, en el sentido de que la proporción de personas con una orientación posmaterialista será mayor cuando más próximo al centro social se encuentre el individuo. Por otro lado, parte del efecto de la posición social sobre el posmaterialismo está mediatizado por el grado de su exposición a la información ya que son los medios de comunicación, en las actuales sociedades de masas, los mejores transmisores de los nuevos valores sociales.»[44].

4.   LA DIMENSIÓN IDEOLÓGICA. IDEOLOGÍA Y VALORES SOCIALES

La transición española nos dio la oportunidad de reconciliar dos mundos que hasta ese momento habían sido antagónicos y superar con éxito una etapa, la dictadura franquista, que había constreñido las libertades públicas y ralentizado los avances sociales que en otros países de nuestro entorno hacía ya tiempo que habían tenido lugar. Los que hemos vivido el proceso de cambio desde una sociedad completamente tutelada por la dictadura hasta una sociedad plenamente democrática nos damos cuenta del movimiento que se ha producido. El período de la transición fue un éxito debido, entre otras cosas, a las condiciones sociales que se generaron en los últimos años del franquismo con un modelo político y social agotado hacía tiempo y superado por el anhelo de cambio de los españoles.

Durante ese proceso los movimientos políticos asumieron una parte esencial del protagonismo. Unos provenientes de un largo enfrentamiento con la dictadura y otros que surgieron aprovechando la cercanía de la muerte de Franco y la proximidad de un proceso de cambio, pues era inconcebible la supervivencia del franquismo una vez desaparecido el dictador. Las ideologías que los impulsaban eran, todavía, herederas de los grandes movimientos ideológicos tradicionales de los siglos XIX y XX pero pronto sucumbirían al pragmatismo de la acción de gobierno y a la lucha democrática por el poder. A ellos se sumó un reducido grupo de personas proveniente de diversos sectores

---

[43]   Juan Díez Nicolás, «La escala de postmaterialismo…», ob. cit.

[44]   Juan Díez Nicolás, «Posición social, información y postmaterialismo», en *Revista Española de Investigaciones Sociológicas*, 57, 1992, págs. 21-35.

sociales vinculados al régimen, que se alinearon con quienes ya habían anticipado el cambio que se avecinaba.

El espectro político se ha reducido desde entonces y los contornos ideológicos tradicionales se han difuminado. Lo pragmático ha sustituido a la utopía, y la inmediatez de los problemas cotidianos ha alejado las ideas globales de transformación de la sociedad. Las ideologías tradicionales ligadas a posiciones de izquierda o de derechas actúan cada vez más como mera referencia, como señas de identidad histórica y expresión simbólica de un espacio de confrontación antes que como modelos de acción política. Quedan cada vez más cercanas al utilitarismo y el pragmatismo que domina la política contemporánea sustituyendo a las ideas y los afectos ideológicos tradicionales porque las soluciones a los problemas actuales ya no responden a formulas precisas elaboradas por planteamientos ideológicos rígidos.

Las escalas de ideología se utilizan habitualmente para identificar las posiciones en las que se ubican los españoles. Responden no tanto a una realidad ideológica como a la existencia de un espacio tradicional de confrontación partidista. Actualmente, las ideologías poseen connotaciones que no se atienen estrictamente a la distinción política tradicional entre derecha e izquierda y este efecto es cada día más patente. Ronald Inglehart[45] lo atribuye a que lo que está desapareciendo no son las ideologías sino la escisión ideológica sobre la que surgieron y desarrollaron los sistemas de partidos de las democracias europeas. La escisión izquierda y derecha sigue estando presente, pero con unos valores y objetivos diferentes a aquellos de los que nacieron y se desarrollaron.

GRÁFICO 20.4.—*Evolución de la autoubicación ideológica de los españoles (1977-2006)**

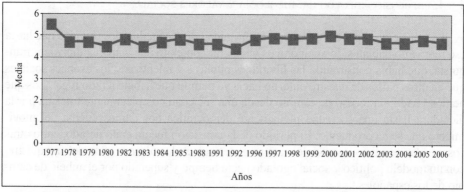

* El indicador de autoubicación ideológica (media en una escala de 1 a 10) está sesgado a la izquierda, aunque es difícil evaluar en qué cantidad. La utilización de la escala de 1 a 10 produce ese efecto, porque el valor 5, en esta escala, no se corresponde con el punto medio, sino que lo es el 5,5, por lo que la media aritmética obtenida se encuentra más a la izquierda de lo que corresponde (Centro de Investigaciones Sociológicas).

Fuente: G. Sani y J. R. Montero, «El espectro político: izquierda, derecha y centro», en J. Linz, y J. R. Montero (eds.), *Crisis y cambio: electores y partidos en la España de los años 80*, Madrid, Centro de Estudios Constitucionales, 1986, págs. 182; J. J. Toharia, *Cambios recientes en la sociedad española*, Madrid, Instituto de Estudios Económicos, 1989, pág. 83; A. de Miguel, *La sociedad española, 1992-1993*, Madrid, Alianza Editorial, 1992. Para 1992: Base de datos de Eudox; Desde 1996, Banco de Datos del Centro de Investigaciones Sociológicas. Elaboración propia.

---

[45] Ronald Inglehart, «Cultura política y democracia estable», ob. cit.

Lo que se ha producido, en opinión de algunos investigadores[46], es un doble efecto con la disolución del eje derechas-izquierdas, especialmente en asuntos económicos y un descenso del voto de clase como opción social. Esto implica una especie de pérdida de lealtad a los partidos tradicionales que proviene del cambio de valores y de la diversificación social de sus bases. La cultura política en ascenso tiende a ser de izquierdas en lo cultural-familiar y de derechas en lo económico. En opinión de Teresa Rojo, las posiciones de izquierdas estarían representadas por los «defensores de los derechos cívicos y de los programas sociales, partidarios del respeto a la diferencia sexual y de los patrones abiertos de relación familiar, del asociacionismo, ecologistas y respetuosos de las idiosincrasias locales, pero también de derechas como defensores de una cierta reducción de la intervención del Estado en la economía, de la reducción de la presión fiscal y de la eficacia en la gestión, contrarios a la burocratización y jerarquización institucional y apoyando, por el contrario a las instituciones de menor tamaño y mayor agilidad»[47]. Y las nuevas generaciones exigen de los partidos que representan las diferentes opciones del espectro ideológico un nuevo talante y una nueva visión más eficaz en la resolución de los problemas.

En resumen, lo que caracterizaría a la nueva cultura política como consecuencia del cambio de valores y de la difuminación de los contornos ideológicos tradicionales[48] es, siguiendo a Teresa Rojo, lo siguiente:

- Predominio de opiniones favorables a la gestión eficaz de lo público y al descenso de la presión fiscal.
- Opiniones favorables hacia la intervención del Estado en programas sociales.
- Criterio ecológico dentro de un crecimiento sostenido: conservación de los recursos, utilización de tecnologías blandas, control de la contaminación y del deterioro del medio ambiente.
- Ampliación de la participación ciudadana y declive de las organizaciones políticas burocratizadas.

Mayoritariamente los españoles nos situamos en posiciones de centro izquierda antes que en cualquier otra, como muestra el Gráfico 20.4. En este sentido, los partidos mayoritarios se diferencian cada vez menos en sus programas globales porque tienden a recoger las aspiraciones de un amplio espectro del electorado[49]. Esta centralidad de nuestras posiciones ideológicas (con las correcciones pertinentes debidas al sesgo de la escala) parece indicar que nuestro actual talante se encuentra más ligado a evitar saltos bruscos de modelo social apostando por el cambio gradual y pausado antes que provocar rupturas o modificaciones radicales de lo existente. Esta moderación ya se puso de manifiesto durante la transición, donde la movilización de la población[50] no fue, precisamente, la que auspició el tránsito hacia el nuevo modelo democrático.

Sin embargo, todavía siguen existiendo algunos componentes ideológicos que permiten diferenciar ambas posiciones, aunque ya no se pueden plantear marcos ideológi-

---

[46] Teresa Rojo, «Los supuestos de la nueva cultura política respecto al comportamiento de voto», en *Revista Española de Investigaciones Sociológicas* 58, 199292, págs. 143-161.

[47] Ibíd.

[48] Ibíd.

[49] Ibíd.

[50] Cayo Sastre García, «La transición política en España: una sociedad desmovilizada», ob. cit.

cos cerrados o rígidos. Esta separación se puede ligar a los valores del eje materialismo-posmaterialismo. Parece que entre las posiciones de izquierda o entre los que se au-
todefinen como de izquierdas, existe un mayor número de quienes optan por metas posmaterialistas, en consonancia con el mayor énfasis en las políticas sociales concretas,
tolerancia social y defensa del medio ambiente, mientras que los valores materialistas
parece que se asocian en mayor medida a los que se identifican con la derecha, en consonancia con la relevancia que otorgan a las políticas económicas y de seguridad. Si nos
atenemos a los cuatro ítems del índice de posmaterialismo, «seguridad» e «inflación»
interesan sobre todo a los individuos que se autoubican a la derecha; la «participación»
y la «libertad de expresión» interesan a la izquierda, y los pensamientos híbridos, en
cualquier combinación, son propios del centro[51].

TABLA 20.8.—*Autoubicación en la escala de ideología derecha- izquierda según la escala
materialismo-postmaterialismo (1985-1997)*

	Materialista	Mixto	Posmaterialista
1985	5,6	4,9	3,5
1986	5,3	4,6	3,6
1987	5	4,4	3,7
1988	5	4,4	3,5
1989	4,7	4,4	3,5
1990	4,8	4,4	3,8
1991	4,7	4,3	3,5
1992	5	4,4	3,9
1993	5,2	4,6	3,7
1994	5,5	4,7	3,9
1997	5,3	4,6	3,7

Fuente: Antonio Alamínos, «Tendencias en ideología política: estructura y contenidos», en José Félix Tezanos (ed.), *Tendencias en identidades, valores y creencias*, Madrid, Sistema, 2004, pág. 158.

En este espacio híbrido mayoritario es donde se reubica el espectro ideológico entre la derecha y la izquierda y donde convergen posiciones de uno y otro signo sin que
se identifiquen expresamente. Así, en ese topos ideológico se contraponen valores desde lo individual a lo colectivo, valores que justifican la competitividad en oposición al
apoyo mutuo, la búsqueda de lo inmediato que se antepone a la gratificación a más largo plazo.

El reajuste de valores que este cambio indica, consecuencia natural de un escenario
en transformación, afecta tanto a la derecha como a la izquierda, puesto que ya no podemos establecer, sin más, que ciertos valores estén asociados indiscutiblemente a la derecha política y otros a la izquierda. La dimensión ideológica es hoy día, más flexible en
el sentido de que las ideas fuerza que identificaban tradicionalmente a las dos posicio-

---

[51] Antonio Alaminos, «Tendencias en ideología política: estructura y contenidos», en José Felix Tezanos (ed.), *Tendencias en identidades, valores y creencias,* Madrid, Sistema, 2004, pág. 156.

nes del espectro ideológico como las de libertad e igualdad[52], se han transformado y ya no se atienen estrictamente a lo que se esperaba de ellas. Se ha trascendido su contenido más primario para adaptarlo a una realidad donde perseguir el bienestar y la calidad de vida no se agota en alcanzar esas libertades primarias o en propiciar la igualdad de derechos. Si nos atenemos a ese proceso en el que los valores de libertad, igualdad y justicia social se han ido adaptando a las nuevas realidades, también debemos tener en cuenta que esta misma adaptación se ha ido produciendo en las concepciones ideológicas de la sociedad. Lo que atribuimos y esperamos de estos valores ha variado, como nos señala nuevamente Orizo en los comentarios a la Encuesta Europea de Valores de 1990[53]: «en las sociedades desarrolladas económica y políticamente, la libertad consiste en no estar sometido al dominio de determinismos y de restricciones y desarrollar la propia autonomía personal, social y política, mientras que el impulso igualitario ha ido dejando en el camino parte de sus contenidos económicos, su manifestación como justicia social para los desheredados y los oprimidos, y dando paso poco a poco a su significado como igualdad de derechos y ausencia de discriminaciones».

TABLA 20.9.—*Evolución de las preferencias por la igualdad y la libertad (1981-2004)*

	Libertad	Igualdad	Ambas	Ninguna	NS/NC
1981	36	39		13	12
1987	39	33	25		3
1990	43	38		10	9
1992	28	42			
1993	20	51	20		9
1995	23	58			
1999	49,1	39,7		9,1	
2002	41,2	31,3	26		1,6
2004	25,2	45,8	22,6		

Fuente: Para 1981, 1990 y 1999: *Encuesta Europea de Valores.* Para 1987, 1993, 1995, 2002 y 2004: Banco de Datos del Centro de Investigaciones Sociológicas. Para 1992: *Datos y Cálculos.* Elaboración propia.

No obstante, a lo largo de los últimos 30 años, se han producido variaciones significativas en la primacía que ostentan entre nosotros cada uno de estos valores, el de la libertad y el de la igualdad. Es probable que la primacía de uno u otro a lo largo del tiempo nos señale cambios de mayor alcance mostrándonos la sensibilidad con la que estos valores responden a las circunstancias tanto sociales como políticas o económicas[54]. Porque las ideas de libertad e igualdad se atienen en mayor medida a alteraciones

---

[52] Norberto Bobbio, *Derecha e izquierda. Razones y significados de una distinción política*, Madrid, Taurus, 1995.

[53] Francisco Andrés Orizo, *Los nuevos valores de los españoles,* ob. cit., pág. 205.

[54] Para valorar con mayor fundamento las variaciones de ambos valores, hay que hacer notar que las preguntas que los identifican han modificado su redacción, por lo que dejarían de ser comparables y, por lo tanto, alterarían la serie temporal que manejamos. En la Encuesta Europea de Valores la pregunta hace referencia a lo siguiente «para mí la libertad y la igualdad son igualmente importantes. Pero si tuviera que deci-

GRÁFICO 20.5.—*Evolución de las preferencias por la igualdad y la libertad (1981-2004)*

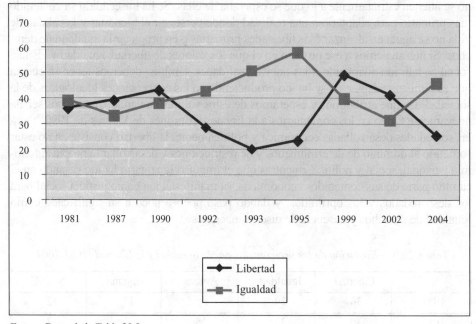

Fuente: Datos de la Tabla 20.9.

coyunturales que muestran la sensibilidad de ambos valores para indicarnos los cambios en las políticas concretas de Gobierno o en las actitudes básicas de la sociedad.

En los primeros y peores momentos de la transición se apostó decididamente por la recuperación de esos valores primarios sin los que no se pueden concebir un Estado moderno para que pudieran sustentar las instituciones que iban a actuar como árbitros de nuestra vida política, social y económica. Una vez conseguidas esas libertades formales y las instituciones que las garantizaban, el concepto de libertad ha sufrido una transformación en la que ya no ostenta la primacía sobre otros valores, sino que la comparte si no se ve superada por otros aspectos básicos para la convivencia democrática y el progreso de los individuos como pueda ser la idea de igualdad.

Durante los primeros años de la década de los 80, ambas ideas mantuvieron su preeminencia aunque se apostaba algo más por la libertad y por la consolidación de las libertades recién conquistadas. No obstante, la acción de los Gobiernos de entonces primó la idea liberal en lo económico incluso entre los Gobiernos socialistas. En el análisis de los discursos del Presidente de Gobierno Felipe González en 1982 y 1983[55] se constata que valoraba altamente la libertad y la democracia, los valores nacionales y la se-

dirme por una o por otra, consideraría la libertad personal como la más importante, esto es, el que cada cual pueda vivir en libertad y desarrollarse sin obstáculos/consideraría a la igualdad como la más importante, esto es, el que nadie se vea desfavorecido y el que las diferencias de clase social no sean tan fuertes». En la pregunta del Centro de Investigaciones Sociológicas se hace referencia a lo siguiente: «¿Podría Ud. decirme qué es más importante para Ud., la libertad o la igualdad?»

[55] Eugenio Garrido, Alberto de la Torre y Luis Gómez, «Los valores que nos gobiernan», en *Papeles del Psicólogo*, 25, 1986.

guridad ciudadana y sólo después situaba la igualdad y la solidaridad. Por el contrario, el programa del PSOE seguía dando primacía a la igualdad como concepción ideológica mientras el Gobierno al que apoyaba tenía metas más pragmáticas.

A comienzo de los 90 se produce un cambio hacia la igualdad, es decir, a primar los valores ligados a la igualdad de derechos y, sobre todo, a la ausencia de discriminaciones para lograr el pleno acceso de todos los ciudadanos a los beneficios de la sociedad del bienestar. Probablemente la crisis de este período puso de relieve las carencias de un modelo económico y una práctica política que facilitó el rápido enriquecimiento de unos pocos y una ostentación sin precedentes de la riqueza conseguida. Esta fase de preeminencia del valor de la igualdad sobre el de la libertad dura hasta las elecciones de 1996 en las que el Partido Popular obtiene los votos necesarios para formar Gobierno. La política económica de los Gobiernos del Partido Popular no se distanció mucho de la de los precedentes. Sin embargo los españoles percibieron claramente que algo se había modificado por cuanto comienzan a priorizar el valor de la libertad sobre el de la igualdad. No parece que la preeminencia que los españoles conceden a la libertad en esta etapa esté relacionada con una política económica intervencionista o reguladora que pudiera hacer pensar que los españoles optaban por aquello de lo que carecían, esto es, por valores ligados a la libertad de mercado o de iniciativa empresarial o por la reducción del peso del Estado en la economía. Los españoles todavía creemos que el Estado debe garantizar los servicios esenciales que consideramos propios de una sociedad del bienestar: salud, educación y pensiones[56]. Por ello es más adecuado pensar que en el eje libertad/autoridad se había producido un deslizamiento hacia un cierto autoritarismo que se compensaba con un mayor deseo de libertad como ponían de manifiesto en las encuestas. En la *Encuesta Europea de Valores* se ha comprobado que en España existe un desplazamiento en la escala, que debe ser objeto de un análisis más pormenorizado, desde la izquierda a la derecha, hacia un mayor autoritarismo en el entrevistado. Probablemente, como indica A. Alaminos[57], esta correlación refleje una coyuntura social concreta, en la que los Gobiernos del Partido Popular pueden haber encontrado un fuerte eco entre los segmentos de la derecha española.

Las oscilaciones temporales de la opinión de los españoles sobre el valor de la igualdad, pueden responder a una doble explicación. Con el bienestar económico y la satisfacción de sus necesidades básicas logrados por el Estado de bienestar, las personas se preocupan menos por la igualdad y por las instituciones creadas para promoverla. Otro aspecto del mismo descenso de la igualdad es el que responde a lo que Inglehart llama hipótesis libertaria[58], esto es, que la extensión del Estado de bienestar y el aumento de su poder, puede llegar a dominar el ámbito privado de los ciudadanos y hace que se produzca una reacción de defensa, de critica y de oposición a los excesos de la racionalización y burocratización. El descenso del igualitarismo iría, según Inglehart[59], de la mano del auge del posmaterialismo.

---

[56] Salustiano del Campo Urbano y Juan Manuel Camacho Grande, «Six Aspects of the Spanish State», en Theodore Caplow (ed.), *Leviatán Transformed, Seven National States in the New Century*, Montreal, McGill-Queen's University Press, 2001, págs. 69-107.

[57] Ob. cit., pág. 160.

[58] Javier Noya, «La economía moral de la globalización. Legitimación del Estado de bienestar, cultura y capitalismo global», en *Política y Sociedad*, 38/2001, págs. 113-128.

[59] Ronald Inglehart, *Modernización y postmodernización*, Madrid, CIS, 1999, pág. 84.

5. El compromiso cívico. Escepticismo y democracia

Desde la aprobación de la Constitución Española el 6 de diciembre de 1978, se promovieron los mecanismos que hicieron efectivas y garantizaban las libertades que durante tanto tiempo habían sido negadas a los españoles. Los derechos de asociación y participación política, libertad religiosa, sindical, de reunión, de manifestación, etc., quedaban recogidos en la Carta Magna como derechos básicos de los españoles y nos equiparábamos a las sociedades que habían disfrutado de ellos desde hacía mucho tiempo. La democracia alcanzada y avalada por las leyes, ha desempeñado un fundamental papel en el cambio de mentalidad de los españoles.

El empeño por consumar una transición que nos llevara, sin grave quebranto, hacia una democracia se sustentó, principalmente, en un pacto entre las élites que dispusieron de un amplio margen para la negociación, gracias a la existencia de una sociedad políticamente desmovilizada, con temor ante los resultados inciertos del proceso iniciado con la muerte del dictador. Se ha considerado que el origen de ese estado colectivo apático, expectante, con miedo y ajeno a los asuntos públicos de la sociedad española estaba en la propia naturaleza del franquismo. Los grupos que lideraron la transición provenían de diferentes sectores de la vida española y encontraron un apoyo tibio no tanto porque los españoles rechazaran el modelo democrático que se proponía, sino por los miedos a que desembocara en un nuevo enfrentamiento civil, miedos auspiciados y promovidos por aquellos que veían en el cambio la perdida definitiva de poder e influencia.

Los españoles estábamos embarcados en una espiral de desarrollo económico que estaba permitiendo a amplias capas sociales acceder a los beneficios de una sociedad que empezaba a ser próspera y con una perspectiva, irreal pero auspiciada por el sistema, de progreso sin límite. Posiblemente, los españoles no quisieron ver alterada esa ilusoria estabilidad impuesta por el régimen después de años de penuria económica y de sacrificio. Hay que recordar que en el momento de la muerte de Franco estábamos padeciendo las consecuencias de la crisis del petróleo de 1973, especialmente negativas para nuestra economía, que pudieron provocar temores añadidos de recesión y vuelta atrás cuando unos años antes se había iniciado un período de desarrollo y crecimiento económico que empezaba a ser compartido.

La aparición y consolidación de las instituciones democráticas necesitaban, por consiguiente, un sólido apoyo de la población pero, sobre todo, un cambio de mentalidad que activara los deseos de participación, avalara el proceso de cambio que se estaba produciendo y desarrollara una verdadera cultura democrática. El cambio de mentalidad y de valores que pudiera sustentar el cambio político ya venía produciéndose desde los años 60, pero en grupos sociales reducidos que actuaban de avanzadilla y que muchos españoles observaban con sentimientos encontrados.

Sin embargo, era necesario adquirir pautas de convivencia, de tolerancia, de respeto mutuo que permitieran asentarse los valores de la libertad y la igualdad y, por extensión, la estima hacia la democracia y hacia los valores democráticos. La cultura política que se estaba abriendo camino debía sustentarse sobre unas reglas del juego colectivamente aceptadas pero, sobre todo, debía descansar en ciertas actitudes básicas como la confianza interpersonal, la predisposición a participar en política, el interés por los asuntos de la vida pública y la estima hacia la democracia y hacia las instituciones que la representan. Precisamente la aparición de esa predisposición hacia los valores democráticos venía avalada por la emergencia de valores posmaterialistas. El hecho de conceder más importancia a valores materialistas o posmaterialistas estaría estrechamente relacionado con el grado de democracia que existe en una sociedad. Por consiguiente, existirían valores vinculados con el triunfo del modelo democrático y con el asentamiento y estabilización de la democracia. La confianza, la tolerancia y la estima hacia la democracia formarían parte del grupo de valores representados por el posmaterialismo. La aparición y extensión de estos valores serían indicadores del nivel de libertad de una sociedad, del grado de democracia de sus instituciones y del índice de libertades políticas y civiles que existe en ella[60].

TABLA 20.10.—*Evolución de la confianza interpersonal de los españoles (1981-2007)**

	Se puede confiar en la mayoría de la gente (%)	Hay que ir con cuidado (%)	NS/NC (%)	Tamaño de muestra	Estudio del CIS núm.
1981	33	61	6	(2.306)	1263
1987	25	73	2	(2.499)	1703
1997	32	64	4	(2.476)	2270
2002	26,6	69,3	4,1	(4.252)	2450
2004	45,5	51,8	2,8	(2.481)	2575
2005	31,5	62,6	5,9	(2.479)	2588
2006	41,3	57,1	1,5	(2.484)	2633
2007	42	56,6	1,5	(2..472)	2672

* Pregunta: ¿Diría Ud. que, en general, se puede confiar en la mayoría de la gente o bien que hay que ir con cuidado (nunca se es lo bastante prudente cuando se trata de los demás?)

Fuente: Banco de datos del Centro de Investigaciones Sociológicas, varios años. Elaboración propia

La confianza interpersonal es uno de esos valores que confiere a una sociedad mayor cohesión y mejores oportunidades para la participación y la cooperación, porque representa una expectativa de reciprocidad y de igualdad para el adecuado funcionamiento de las reglas del juego democrático y, por lo tanto, nos permite tener la certeza de que no se va a abusar de esa confianza. Una sensación de confianza también impulsa y estimula la formación de asociaciones secundarias que actúan como vehículos de participación y de implicación para alcanzar objetivos colectivos. La ausencia de confianza, por el contrario, es un rasgo de las sociedades tradicionales[61].

El sentimiento de confianza se va instalando poco a poco en nuestras conciencias. Todavía son mayoría los que recelan de los demás y se escudan en sus propias fuerzas y en la relación con su círculo más íntimo. Pero, gradualmente, esa barrera se está rompiendo. La tendencia de los datos de confianza de los españoles es ascendente, proba-

---

[60] Ronald Inglehart, «Modernización y cambio cultural: la persistencia de los valores tradicionales», en *Quaderns de la Mediterrània*, núm. 5, págs. 21-31.

[61] Ronald Inglehart, «Cultura política y democracia estable», ob. cit.

GRÁFICO 20.6.—*Evolución de la confianza interpersonal de los españoles (1981-2007)**

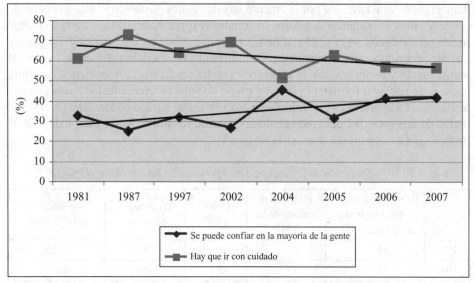

Fuente: Datos de la Tabla 20.10.

blemente como consecuencia del relevo generacional y de una apertura hacia la responsabilidad colectiva en abierta contradicción con el ascenso del mal llamado individualismo. No nos olvidemos que España partía de un profundo recelo de las generaciones que habían crecido durante el franquismo hacia un Estado que interrogaba permanentemente sobre nuestros actos y limitaba las libertades básicas.

TABLA 20.11.—*¿Cómo vemos a la sociedad española? (1996-2005)**

	1996	1998	2000	2002	2005
Democrática	58	60,3	60,8	62,8	63,4
Desarrollada económicamente	40	47,0	59,4	58,3	59,0
Conservadora	58	60,4	60,1	61,2	55,6
Tolerante	48	51,4	50,5	47,5	50,6
Religiosa	43	43,3	36,9	32,1	33,3
Conflictiva	46	47,7	40,6	41,4	42,5
Racista	52	52,5	48,5	53,5	47,4

* Porcentaje de personas que han contestado «mucho y bastante» a la pregunta «¿Diría Ud. que actualmente la sociedad española es muy, bastante, poco o nada…?

Fuente: Banco de datos de encuestas del Centro de Investigaciones Sociológicas; Elaboración propia.

El avance gradual de la confianza entre españoles se ha visto acompañado de una percepción de la sociedad como claramente más desarrollada económicamente, más democrática, tolerante, menos racista y conflictiva, al mismo tiempo que se la percibe como esencialmente conservadora pero menos religiosa que antaño. No es, por lo tanto, una tendencia aislada sino que está respaldada por el resto de indicadores. Su evolución sugiere un amplio apoyo al sistema cuya consecuencia más palpable es la fortaleza que ha alcanzado la democracia en España. Al mismo tiempo, sin embargo, nuestro compromiso cívico es todavía incipiente y está lastrado, fundamentalmente, por el recelo hacia la política y por la ineficacia que se percibe en el propio sistema democrático.

Los españoles, por lo tanto, no cuestionan el modelo democrático que se ha ido abriendo camino y que legitiman con su patente apoyo. Desde el año 1980, el respaldo ha sido mayoritario y, con los años, se ha ido consolidando y alcanzando mayores cotas de adhesión. En ningún momento la legitimidad democrática se ha visto discutida por modelos políticos alternativos. Los indiferentes y los que añoraban los años de la dictadura eran, en 1980, minoritarios, mientras que aquellos que no se decantaban claramente por la democracia como sistema preferible a cualquier otra forma de gobierno y que representaban a un tercio de los españoles, engrosaron las filas de los indecisos o de los que rechazaban contestar a esta cuestión. Esta indecisión se ha convertido en marginal con el paso de los años. Los indiferentes y los que se inclinan por un régimen autoritario han pasado a ser un grupo testimonial. Hoy día más del 80% de los españoles apoyan al modelo de democracia que nos hemos dado, legitimando a las instituciones y al sistema democrático como la forma de gobierno más apropiada. Los españoles creemos que las instituciones políticas que existen, a pesar de sus defectos y fallos, son mejores que otras que pudieran haber sido establecidas[62].

Cuestión diferente es la satisfacción con el funcionamiento de la democracia y la percepción negativa hacia el mundo político que desemboca en descontento, insatisfacción y, por último, en desafección. Esta no es una actitud contraria o de oposición al régimen político imperante, sino de un cierto desapego, frialdad e indiferencia. Sin embargo esta percepción no altera ni cuestiona el propio sistema, dado que la pervivencia y estabilidad de un sistema democrático descansa más en las actitudes hacia la legitimidad que en la satisfacción o en la percepción que se tenga de su eficacia. La síntesis de lo que ha ocurrido en España en estos años está bien descrita en el último párrafo del artículo de Montero, Gunther y Torcal[63] sobre las actitudes hacia la democracia en España: «La democracia española parece caracterizarse por esa inusual combinación de altos grado de legitimidad que han permanecido estables e inmunes a las fluctuaciones de las percepciones negativas de los ciudadanos sobre el funcionamiento de la democracia y de niveles igualmente altos de desafección política, también caracterizados por su estabilidad pese a las modificaciones de todo tipo habidas en los entornos políticos, sociales y económicos.»

A pesar de los logros obtenidos desde una exitosa transición, los españoles ponemos de manifiesto una satisfacción con el funcionamiento de la democracia que alcanza a uno de cada dos españoles, muy lejos de nuestro claro compromiso con el sistema democrático. Lo que no se ha logrado a lo largo de estos años es que los españoles sintonicemos sin distorsiones con lo que la democracia implica. La relativa insatisfacción con el funcionamiento de la democracia genera descontento, consecuencia de la diver-

---

[62] Juan José Linz, «Legitimacy of Democracy and the Socioeconomic System», en *Comparing Pluralist Democracies*, Mattei Dogan, Boulder, Westview Press, 1988, pág. 65.

[63] J. R.Montero, Richard Gunther y Mariano Torcal, «Actitudes hacia la democracia en España: legitimidad, descontento y desafección», en *Revista Española de Investigaciones Sociológicas*, 83, 1998, págs. 9-49.

gencia entre los valores generalmente positivos hacia el sistema político y las percepciones negativas que suscita su funcionamiento real[64].

TABLA 20.12.—*Evolución de la legitimidad democrática en España (1980-2006)*

	La democracia es preferible a cualquier otra forma de gobierno (%)	En algunas circunstancias, un régimen autoritario, una dictadura, puede ser preferible al sistema democrático (%)	A la gente como yo, lo mismo le da un sistema que otro (%)	NS/NC (%)
1980	49	10	8	33
1984	69	11	11	9
1985	70	10	9	11
1987	71	12	11	6
1988	72	10	10	8
1989	68	10	10	12
1990	80	7	8	5
1991	76	10	8	6
1992	73	12	10	5
1993	81	7	7	4
1994	73	8	10	9
1995	79	9	8	4
1996	81	8	7	4
1998	83,9	6,1	7,1	2,5
2000	85,4	6,0	5,6	3
2002	87,5	4,2	5,2	3,2
2003	89,6	3,9	3,9	2,5
2004	84,2	5,3	6,3	3,6
2005	82,2	5,5	7,8	4,4
2006	81,9	7,4	7,1	2,7

Fuente: Banco de Datos del Centro de Investigaciones Sociológicas, varios años. Elaboración propia.

El funcionamiento concreto de la democracia y el comportamiento de los agentes políticos (partidos, líderes y cargos electos) han generado actitudes de desinterés y apatía hacia los asuntos públicos y afectan al compromiso cívico de los españoles. Con la democracia establecida y la propia solvencia del sistema, parece que no se percibe la necesidad de la implicación cotidiana personal para su mantenimiento. Con el transcurso de los años, no se ha logrado una implicación real de los españoles en el sistema y mostramos un distanciamiento cada vez mayor de los asuntos públicos y de la esfera

---

[64] J. R. Montero y M. Torcal, «La desafección política en España: un legado que condiciona el presente», en *Revista de Occidente*, núm. 227, 2000, pág. 17.

política. Por su parte, la clase política aparece cada vez más aislada y encerrada en sus propios conflictos e intereses. Esto se ha traducido en desinterés por la política y una baja participación en asociaciones voluntarias.

GRÁFICO 20.7.—*Evolución de la legitimidad de la democracia en España. Grado de adhesión a la democracia (1980-2006)*

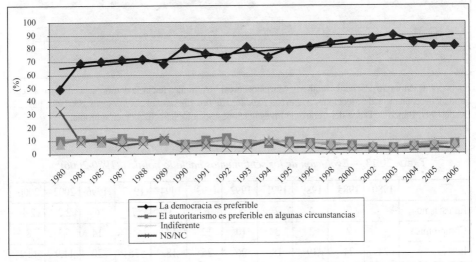

Fuente: Datos de la Tabla 20.12.

Los españoles perciben el poder político como lejano y difícil de controlar, distanciado de sus problemas reales y ajeno a sus necesidades. A ello se suma una desconfianza subjetiva hacia los actores políticos que no han logrado desvincular su obtención legítima del poder y su papel como servidores públicos de sus connotaciones negativas muy arraigadas en nuestra sociedad. Por ello, los españoles tenemos un reducido sentimiento de eficacia y competencia política que se traslada a otros ámbitos de compromiso social como la participación en asociaciones voluntarias. España es uno de los países de menor participación asociativa incluso en las épocas en las que el fervor asociativo y participativo era destacado. Poseemos un bajo nivel de implicación y de participación y esto se manifiesta tanto en el nivel de actividad participativa como en la densidad del tejido asociativo[65].

Los españoles planteamos la relación con la política en términos de inhibición, aburrimiento, indiferencia pero, sobre todo, de desconfianza. La desconfianza hacia la clase política y hacia la esfera de lo público se ha convertido en un espacio de común acuerdo entre los españoles. Esta actitud hacia la política se produce en un contexto donde todavía la desconfianza mutua es ingrediente habitual de las relaciones interpersonales, aunque bien es cierto que este porcentaje tiende a reducirse. Esto lleva consigo un abandono de posiciones y actitudes críticas activas hacia lo público en general y

---

[65] Laura Morales y Fabiola Mota, «El asociacionismo en España», en Joan Font, J. R. Montero y Mariano Torcal (eds.), *Ciudadanos, asociaciones y participación en España*, Madrid, Centro de Investigaciones Sociológicas, 2006, págs. 77-104.

GRÁFICO 20.8.—*Evolución del interés por la política*

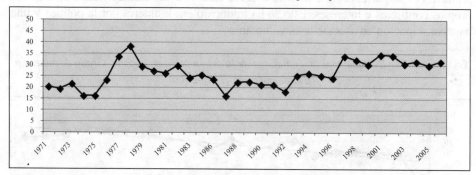

Fuente: J. R. Montero, Richard Gunther y Mariano Torcal, «Actitudes hacia la democracia en España: legitimidad, descontento y desafección», en *Revista Española de Investigaciones Sociológicas,* 83, 1998, pág. 27. Desde 1997, Banco de Datos del Centro de Investigaciones Sociológicas. Elaboración propia.

TABLA 20.13.—*Evolución de los sentimientos hacia la política (1980-2006)**

	1980	1985	1989	1991	1992	1993	1994	1995	1996	2002	2006
Entusiasmo	—	2	4	2	5	6	3	7	6	2.2	2,4
Compromiso	—	2	2	3	10	12	12	—	14	6,3	8
Interés	24	24	19	18	26	26	18	26	30	11,9	12,2
Irritación	4	6	9	16	28	21	24	25	23	5	9
Disgusto	—	4	—	—	—	—	—	—	16	—	—
Indiferencia	41	22	19	22	32	33	30	27	33	27,2	18,7
Aburrimiento	12	21	28	21	38	30	32	29	34	14,8	15,3
Desconfianza	11	12	12	15	45	40	51	51	40	28,8	30,4

* Desde 1980 a 1991, 2002 y 2006, las cifras corresponden a la primera de las dos posibles respuestas que podía dar el entrevistado; desde 1993 a 1996, respuesta múltiple.

Fuente: Base de Datos del Centro de Investigaciones Sociológicas. Elaboración propia.

particularmente hacia las instituciones y élites políticas por la sensación de lejanía y desconfianza con la que se las percibe[66]. Estas actitudes básicas ayudan a explicar la falta de éxito en la creación de una red de asociaciones u organizaciones secundarias. Si no se cuenta con el elemento de la confianza, la cooperación entre ciudadanos estará abocada al fracaso[67].

La evolución de los valores ligados a la esfera de lo político y de la democracia ha tenido claroscuros y el éxito de la transición a 30 años vista no ha trascendido al funcionamiento democrático que ha generado, por el contrario descontento y desafección

---

[66] Joant Font, J. R. Montero y Mariano Torcal (eds.), *Ciudadanos, asociaciones y participación en España*, Madrid, Centro de Investigaciones Sociológicas, 2006, pág. 344.

[67] Rafael Vázquez García, «Corrupción e insatisfacción política. Un análisis de la opinión pública europea actual», en *Reflexión Política*, año 8, núm. 15/2006, págs. 6-24.

en amplias capas sociales. Vamos avanzando en algunas actitudes básicas como la confianza, la tolerancia o el respeto mutuo, pero no así en la implicación de los españoles en la vida colectiva. No se han logrado los cauces adecuados de acercamiento a sus ciudadanos y la política no despierta el interés que se supondría cuando se trata de asuntos que nos afectan a todos.

6. EL LUGAR DE LA RELIGIÓN Y LOS VALORES FAMILIARES[68]

El hecho religioso ha sido durante mucho tiempo un factor de primer orden para describirnos y un componente esencial de nuestra realidad social. Como en otras sociedades, ha sido un agente vertebrador de vital importancia que, de una u otra forma, ha estado estrechamente unido a la identidad cultural de nuestro país aunque no siempre nos identifica de la misma manera. Gran parte de nuestra historia y de nuestra cultura están marcadas por el catolicismo como signo de identidad, pero también por el secular y endémico enfrentamiento entre clericalismo y anticlericalismo. La herencia cultural que nos ha dejado ha influido, sin duda, en nuestro actual sistema de valores aunque, quizá, en ambos sentidos. Como nos indica Inglehart[69], el hecho de que históricamente una sociedad haya sido católica, protestante o musulmana, modifica su punto de partida, el cual se refleja en su sistema de valores.

De la misma manera que nuestro sustrato cultural es una consecuencia de la herencia cristiana del catolicismo, no es menos cierto que una parte de nuestras actitudes provienen de la reacción ante una iglesia institucional que, históricamente, no ha estado siempre a la altura de la autoridad que le confería su posición de privilegio junto al poder civil o, incluso, por encima de él. Uno de los rasgos esenciales que señala Salvador Giner con relación al proceso que hemos vivido desde los años 60 es que nuestra singular cultura religiosa anclada en el pasado «vio esfumarse el dilema legitimador de tanto sufrimiento: vaciáronse los seminarios y la indiferencia religiosa sustituyó antiguos fervores y estériles encenos. La faz de España que algunos habían creído perenne, inmutable, resultó ser muy otra»[70].

Una gran parte de esa identidad ligada a la religión que algunos habían creído invariable se ha vuelto borrosa y la sociedad española se ha ido alejando de la ortodoxia de una religión monopolística e institucional. Sin embargo, el sentido de la religiosidad se abre a otros sentidos y vivencias más acordes con las nuevas mentalidades y valores de los españoles, no del todo compatibles con las posiciones más ortodoxas del catolicismo y la deriva que en los últimos años ha tomado la Iglesia. El papel de la religión se encuentra en la actualidad desdibujado y la presencia de lo religioso no está exenta de interpretaciones contradictorias sobre su actual papel. En unas, el hecho religioso es un residuo de épocas pasadas incompatible con la racionalidad de la modernidad y las posmodernidad que, tarde o temprano, terminará por desaparecer[71]. En otras, lo reli-

---

[68] Dado que a la familia y a la religión se han dedicado en este libro los Capítulos 3 y 10, se han reducido las dimensiones originales de este epígrafe, que unifica dos del texto primitivo. *[N. de los Eds.]*.

[69] Ronald Inglehart, «Modernización y cambio cultural: la persistencia de los valores tradicionales», ob. cit.

[70] Salvador Giner, «Sazón y desazón en la cultura española», en *REIS*, 100, 2002, págs. 167-183.

[71] Andrés Bilbao, «La racionalidad económica y la secularización», en *Revista Española de Investigaciones Sociológicas*, 74, 1996, págs. 225-243.

gioso no es una dimensión residual, sino que acompaña al propio desarrollo de la modernidad. Esta aparente divergencia de posturas revela las contradicciones que, en nuestra sociedad, envuelven al hecho religioso.

Una parte de lo que caracteriza a la sociedad española actual que surge de la transformación a la que se ha visto sometida durante los últimos cuarenta años es el efecto combinado de la individualización y la secularización[72], aspectos íntimamente relacionados para explicar la actual situación del hecho religioso en nuestro país. El proceso de individualización se aprecia en la importancia que hoy día concedemos al ejercicio de la autonomía personal y a la independencia del individuo, al auge del ámbito privado de decisión y, por lo tanto, de la pluralidad de orientaciones y de estilos de vida que surgen de este proceso. Sin embargo, la individualización no es, para algunos, una mera señal de individualismo, y de perdida del sentido colectivo sino de una individualización solidaria, sustentada en el principio de libertad personal y disociada del egoísmo que el individualismo implica. Parece que este proceso de individualización, que no de individualismo al que muchos apelan para subrayar la perdida de valores colectivos, significa pluralidad de valores y búsqueda de autorrealización personal ligado a la llegada de valores posmaterialistas.

El otro gran referente para explicar la actual situación de la religión y de los valores ligados a ella, es el proceso de secularización. Este proceso, que se aborda con mayor profundidad en el Capítulo 10 parece fuera de toda duda al menos en lo que se refiere al progresivo distanciamiento de los españoles de la religión institucional representada por la Iglesia Católica y a la disminución de los que siguen teniendo en la doctrina de la Iglesia su referente principal de vida. En otras palabras, la religión ha perdido relevancia e influencia en la sociedad española y se cisrcunscribe cada vez más en el ámbito privado. Algunas de las dimensiones que acompañan a este proceso estarían expresadas no solamente por el descenso de la práctica religiosa y un interés menor por la religión.

Otro de los rasgos que acompañan al proceso de secularización es que los agentes relacionados con el Gobierno, la educación, el bienestar y la familia se han emancipado paulatinamente de la religión. Y a esto se añade que los individuos ya no acuden a la religión para satisfacer sus necesidades emocionales o justificar sus principios morales[73]. Por consiguiente, a pesar de que la religión sigue interesando a muchas personas ya no determina la mayoría de las elecciones culturales, políticas y sociales. Un buen ejemplo de esta pérdida de influencia lo obtenemos de las primeras elecciones democráticas en 1977, con la irrupción de un espectro de partidos, unos históricos y otros de nuevo cuño, entre los que destacaban aquellos que se identificaban como cristianos. La firmeza con la que algunos mantenían que los españoles trasladarían sus creencias religiosas a su posición política quedo pronto en entredicho con los resultados electorales obtenidos por estos partidos, especialmente el liderado por Joaquín Ruiz Jiménez. Las encuestas en aquel entonces ya habían anticipado que la religiosidad no era un factor determinante para explicar el comportamiento electoral en España.

---

[72] Francisco Andrés Orizo: «Conciliación y conflictos de valores…», ob. cit.

[73] Theodor Caplow, Introducción al libro de Simón Langlois y Salustiano del Campo (eds.), ¿Convergencia o divergencia? Comparación de tendencias sociales recientes en las sociedades industriales, Madrid, Fundación BBV, 1995, pág. 31.

GRÁFICO 20.9.—*Evolución de las autoidentificaciones religiosas (1965-2006)*

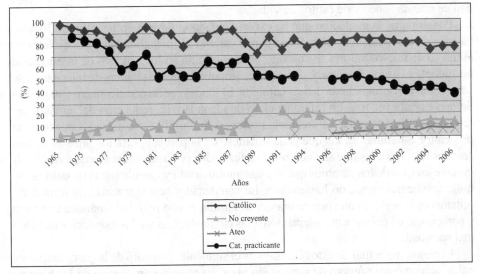

* Pregunta: ¿Cómo se define en materia religiosa?

Fuente: De 1965 a 1989: Rafael Díaz-Salazar, «Creencias y prácticas religiosas» en Salustiano del Campo (dir.), *Tendencias Sociales en España, 1960-1990 (vol. II)*, Bilbao, Fundación BBV, 1993, págs. 565 y 566. Para 1991 y 1993: Fundación FOESSA, *V Informe sociológico sobre la situación social de España*, Madrid, 1994, vol. 1, págs. 754 y sigs. Para 1994 y 1995: Amando de Miguel, *La sociedad española 1996-97*, Madrid, Edit. Complutense, 1997, página 220. De 1996 a 2006: *Banco de Datos* del Centro de Investigaciones Sociológicas. Elaboración propia.

Los españoles, no obstante, nos seguimos declarando mayoritariamente católicos al menos nominalmente, aunque esta autoidentificación haya dejado de tener el componente cuasi obligatorio de otras épocas. Por el contrario, los no creyentes, agnósticos y ateos declarados que recogen las encuestas no superan el 20% y los creyentes en otra religión no llegan al 2%. No ha habido un trasvase a otras confesiones religiosas sino un crecimiento de los descreídos y de los que niegan la existencia de Dios. Los españoles manifestamos nuestro agnosticismo y ateísmo de forma expresa, posiblemente no como consecuencia o fruto de una reflexión personal y el convencimiento certero de la inexistencia de Dios sino como una forma de descreimiento formal que nos permite marcar distancias de una religión monopolística, anclada en el pasado y difícilmente compatible con valores que priman la participación democrática, la calidad de vida, el desarrollo del espíritu, lo ecológico, lo estético y la autorrealización personal.

Los jóvenes, por su parte, siguen una tendencia similar pero aún más acusada. Las nuevas generaciones no se ven sometidas a la misma inercia de llamarse católico que la que actuó en las generaciones anteriores y muestran una menor propensión a definirse como tales, pasando a engrosar en mayor medida las filas de los no creyentes, ateos o indiferentes ante el hecho religioso. En el año 2006, un 30% de jóvenes españoles se declaraba de esta manera, un dato más que avala la tesis de que la transformación de los valores va de la mano, fundamentalmente, del cambio generacional. Los valores de los españoles han dejado, por lo tanto, de estar orientados por instancias ideológicas e institucionales exteriores al individuo y se basan en elecciones personales, en una pluralidad de orientaciones y de estilos de vida.

Por su parte, la evolución que ha experimentado la familia en los últimos 30 años ha seguido una tendencia relacionada con el cambio de mentalidad de los españoles en el marco de nuevos valores. Estos valores han influido en los cambios de la estructura que adopta el grupo familiar y, a su vez, ha impulsado nuevas pautas de relación en su seno como consecuencia de dichos cambios. El modelo se ha transformado y al mismo tiempo es cada vez más un referente claro de identidad. La reducción del tamaño medio de la unidad familiar, la creciente presencia de familias encabezadas por un solo progenitor o familias en las que cada miembro de la pareja aporta los hijos/as de una anterior relación a las que se unen hogares formados por una sola persona, son sólo algunos ejemplos de los cambios que se están produciendo y que alteran el modelo de familia que hemos conocido hasta ahora. La diversidad y heterogeneidad de formas familiares es la regla, lo que nos revela que la familia es una realidad dinámica en forma y cometidos, en permanente adaptación a las circunstancias y a las exigencias de la actual sociedad.

El panorama actual de estos cambios es el siguiente: aumento de hogares unipersonales, aumento del número de parejas sin hijos, incremento progresivo de los hogares monoparentales y pérdida de peso de las parejas con hijos. Desde 1991, las familias numerosas o formadas por 6 miembros o más se han reducido a la mitad. Al mismo tiempo, estos hogares cada vez están compuestos por menos miembros. El tamaño medio del hogar español según datos censales ha pasado de ser de 3,9 personas en 1970 a 2,9 en 2001. Los tipos de hogares más frecuentes son los formados por una pareja y dos hijos (17,7% del total de hogares) seguido del modelo compuesto por una pareja sin hijos. Los hogares pertenecientes a este último tipo han aumentado en el período 1991-2001 y ya sobrepasan los dos millones[74].

Todo esto significa que se han reducido los vínculos y las relaciones con otros familiares no directos, debilitando los lazos familiares y su aislamiento de las redes de apoyo familiar que hasta hace poco habían sido un soporte esencial para las familias. La perdida de vínculos se ha compensado con el refuerzo de las relaciones internas y con la mayor importancia que va adquiriendo la familia nuclear. Se está produciendo una reivindicación de la familia, una revalorización funcional del grupo familiar como proveedor de apoyo y de identidad, en un espacio caracterizado por una profunda diversificación de formas familiares que ha ido acompañado de un cambio en las relaciones de poder y, por ende, en las relaciones que se establecen entre sus miembros. El valor de la familia ha aumentado en todos los estratos sociales y en todos los grupos de población.

La familia, por lo tanto, no ha perdido vigencia como institución fundamental de convivencia. Lo que ha hecho es adaptarse, reestructurando sus funciones desde la igualdad, la solidaridad y la calidad de las relaciones personales. Al mismo tiempo, la estructura de la familia que se está construyendo refleja los valores que predominan en nuestra sociedad y a los cuales responde. La familia sigue siendo una institución muy significativa para todos nosotros. Ya hemos visto en un anterior epígrafe que los españoles asignan a la familia la máxima importancia en la vida, por encima de los amigos, el trabajo, el ganar dinero, la vida moral y digna, los estudios o la competencia profe-

---

[74] «Hogares españoles: tamaño, composición y cambios en la década 1991-2001», *Cifras INE,* INE, *www.ine.es.*

sional. Esto supone que en todo el cuadro de valores sociales que dibujan los españoles lo más característico es el énfasis que ponemos en la familia.

Como se comprueba de las tendencias de los datos de la Tabla 20.14, los valores que sustentan la vida familiar desde la relación de pareja, no han sufrido excesivas modificaciones en los últimos 30 años. Las prioridades y preferencias se mantienen y lo que se modifica es el diferente valor que damos a alguno de ellos. Las dimensiones ideológicas han perdido todavía mayor presencia que la ya relativamente escasa que poseían en los años 80, al menos en comparación con los que compartían casi todos los españoles. Ha ganado peso, sin embargo, la necesidad de una distribución más equitativa de las tareas domésticas, en el seno de la familia, que ha ganado importancia para describir la dinámica interna de la familia actual.

El sistema familiar asigna responsabilidades personales por el bienestar de los miembros de la familia y de los parientes próximos y, en este sentido, puede ser considerado como una institución de bienestar paralela al sector público, aunque con diferentes características retributivas, en especial porque proporciona también beneficios no materiales, tales como vínculos emocionales, identidad y seguridad personal. Como quiera que ejerce control social y delimita las oportunidades personales, la regresión gradual de la familia tradicional va de la mano de la evolución del Estado de Bienestar. Los sistemas de transferencias y los servicios públicos reducen la dependencia familiar

TABLA 20.14.—*Evolución de la importancia que conceden los españoles a los siguientes factores para la felicidad de la pareja (1981-2004)**

	1981	1987	1989	1990	2002	2004
Respeto y cariño mutuo	96	97	96	97	98,7	—
Fidelidad	96	96	95	96	98	64,8
Entendimiento y tolerancia	95	96	95	95	98,3	67,3
Relación sexual satisfactoria	90	92	89	90	93	21,9
Tener gustos e intereses comunes	88	89	83	85	89,4	27,2
Tener hijos	94	86	88	80	81,1	19
Ingresos adecuados	85	84	84	90	81,3	18,1
Tener una buena vivienda	79	72	78	76	66,3	8,9
Compartir las tareas domesticas	61	65	60	64	76,7	7,1
No vivir con la familia política	70	62	66	70	63,1	—
Ser del mismo nivel social	69	55	57	63	43,8	6,1
Compartir creencias religiosas	66	55	55	54	43,4	1
Compartir creencias políticas	50	37	30	35	24,7	1

* Desde 1981 a 2002, la pregunta hacía referencia a la importancia de cada factor y la tabla refleja el porcentaje de los que consideraban que es muy o bastante importante para la felicidad de la pareja. En cambio, en el año 2004, la pregunta debía responderse seleccionando los tres factores que contribuyen en mayor medida a la felicidad de la pareja.

Fuente: Desde 1981 a 1990, V Informe Sociológico sobre la situación social en España, Tomo 1, pág 469. Para 2003, estudio núm. 2442; Para 2004, Estudio núm. 2578 del Centro de Investigaciones Sociológicas. Elaboración propia.

de los individuos y prestan apoyo al empleo femenino y a la vida de las mujeres fuera del hogar. Al mismo tiempo, las demandas que proceden de la vida extradoméstica, incluidos el empleo a tiempo completo y la independencia económica, constituyen el impulso principal de la expansión del sector público.

Para probar empíricamente estas proposiciones, Joachim Vogel[75] elaboró un índice de familia tradicional utilizando cinco indicadores que representan diferentes características de los hogares de un país: el tamaño medio de los hogares; el porcentaje de adultos solitarios entre 30 y 64 años, es decir, después del período de formación de la familia y antes de que la mortalidad aumente la proporción de solitarios; el porcentaje de adultos que viven en unión consensual; el porcentaje de jóvenes adultos de menos de 30 años que permanecen aún con sus padres y, por último, el porcentaje de adultos que viven en familias extensas, principalmente familias de tres generaciones o más.

Vogel utilizó este índice para comparar los países europeos y clasificarlos en tres grupos con respecto a las puntuaciones obtenidas. A los países se les asignaba un valor −1 o +1 para cada indicador que se sumaban después. La metodología de Vogel la hemos trasladado a nuestras Comunidades Autónomas utilizando los mismos indicadores, porque la información la hemos obtenido del Censo de Población y Viviendas del año 2001 proporcionada por el Instituto Nacional de Estadística.

Para Vogel, la clasificación de los países europeos sobre la base de este índice revela la existencia de un modesto régimen de bienestar, a cargo de fuertes sistemas familiares en el Sur (España, Italia, Portugal, Grecia, a los que se suma Irlanda) todos ellos países católicos. En el extremo opuesto se sitúa el agrupamiento nórdico, con lazos familiares débiles, que incluye a Suecia, Dinamarca, Finlandia y Países Bajos, mientras que el intermedio abarca a los restantes países centrales europeos y a Noruega[76]. La es-

CUADRO 20.1.—*Comunidades Autónomas clasificadas por el índice de familia tradicional en un contexto español*

Lazos familiares más fuertes	Lazos intermedios	Lazos familiares más débiles
Galicia	Extremadura	País Vasco
Andalucía	Asturias	Comunidad Valenciana
Ceuta	Aragón	Cataluña
Melilla	Canarias	Rioja (La)
Murcia	Navarra	Madrid
Cantabria	Castilla y León	Baleares
Castilla-La Mancha		

Fuente: Salustiano del Campo y Juan Manuel Camacho, «Informe sobre la Familia y Grupos Familiares en la Comunidad de Madrid», Dirección General de Familia, Consejería de Familia y Servicios Sociales. 2006, (Informe inédito).

---

[75] Joachim Vogel, «The european welfare mix: Institutional configuration and the distributive outcome in Sweden and the European Union. A longitudinal and comparative perspectives», Trabajo presentado en la Conferencia de la International Society for Quality of Life Studies, Charlotte, Carolina del Norte, EEUU, 20-23 noviembre de 1997.

[76] Salustiano del Campo Urbano (1999), *Convergencia de indicadores sociales en Europa: el caso de la familia,* Separata de *Anales de la Real Academia de Ciencias Morales y Políticas*, núm. 76, Madrid, 1999.

tabilidad de la clasificación de la práctica totalidad de los indicadores prueba la existencia de un factor subyacente que influye en los componentes del índice, aunque, incluso cuando las diferencias son claras, no conviene olvidar que la familia nuclear sigue siendo mayoritaria en todos los Estados miembros de la Unión Europea.

Si trasladamos la interpretación de Vogel a la realidad española, podemos observar
las siguientes consecuencias al clasificar las regiones españolas con relación a cada uno
de los indicadores ya descritos[77].

Siguiendo el criterio de Vogel, en España aparecen siete Comunidades Autónomas
con lazos familiares fuertes y un modesto sistema de bienestar. La familia suple la debilidad del régimen de bienestar en estas Comunidades. Por el contrario, aparecen seis
Comunidades Autónomas con lazos familiares débiles. En estas Comunidades, los servicios públicos reducen la dependencia familiar de los individuos y prestan apoyo al
empleo femenino y al trabajo de las mujeres fuera del hogar. En este grupo entraría Baleares y la Comunidad de Madrid. En el grupo intermedio se sitúan Comunidades
como Extremadura, Asturias, Aragón Canarias, Navarra y Castilla y León.

GRÁFICO 20.10.—*Representación gráfica del índice de familia tradicional en España (2001)*

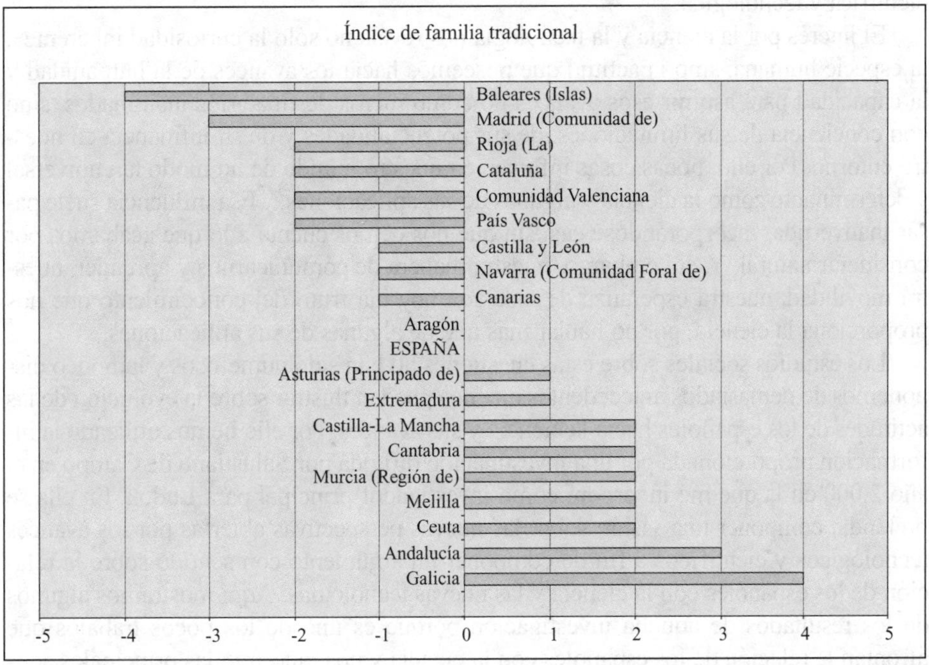

Fuente: Salustiano del Campo y Juan Manuel Camacho, «Informe sobre la Familia y Grupos Familiares en
la Comunidad de Madrid», Dirección General de Familia, Consejería de Familia y Servicios Sociales, 2006
(Informe inédito).

---

[77] La aplicación de este Índice a España se ha realizado por primera vez en el marco del «Informe sobre la Familia y Grupos familiares en la Comunidad de Madrid» para la Dirección General de la Familia,
2006, dirigido por Salustiano del Campo y Juan Manuel Camacho, Informe inédito.

7. El paradigma tecnológico. Valores y creencias sobre la ciencia y las nuevas tecnologías

La frase de Unamuno *¡Que inventen ellos!* ha sido repetida con tal frecuencia que ha quedado indeleblemente fijada en la memoria colectiva de los españoles como una de nuestras señas de identidad. Ha sido utilizada y glosada numerosas veces como signo de nuestra depauperación científica y del nulo interés por los avances del conocimiento como si de una predisposición natural se tratara o fuera fruto de una cultura que ha antepuesto como fuente del conocimiento las creencias o la fe a la razón y el método científico. Esta forma de vernos ha tenido consecuencias en cómo afrontamos los avances de la ciencia y de sus aplicaciones porque, en cierta medida, ha convertido en excepcionales a aquellos españoles que han dedicado su vida a la ciencia y nos han procurado importantes avances con el aplauso de la comunidad científica internacional. Lo que en otros lugares forma parte del acervo cultural, en España ha estado relegado a un segundo plano en la falsa creencia de nuestra incapacidad para la ciencia, manteniéndonos como alejados de la racionalidad, el tesón y la dedicación que exigen la labor científica y tecnológica.

El interés por la ciencia y la tecnología nos revela no sólo la curiosidad inherente a la especie humana, sino la actitud que poseemos hacia los avances de la humanidad y la capacidad para asumir esos avances no como meros destinatarios inanimados, sino con conciencia de sus limitaciones, de sus potencialidades y de su influencia en nuestro entorno. Por ello, pocas cosas influyen en nuestro mundo de un modo tan universal y determinante como la ciencia y algunas de sus aplicaciones[78]. Esa influencia suele pasar inadvertida, incorporándose casi sin que nos demos cuenta a lo que acabamos por considerar natural. Y, sin embargo, nuestra manera de comunicarnos y aprender, nuestra movilidad, nuestra esperanza de vida son hoy día fruto del conocimiento que nos proporciona la ciencia, por no hablar más que de algunas de sus aplicaciones.

Los estudios sociales sobre estas cuestiones no han sido numerosos y tampoco disponemos de demasiados antecedentes que nos puedan ilustrar sobre la evolución de las actitudes de los españoles hacia la ciencia y sus avances. Por ello hemos utilizado la información proporcionada por una investigación dirigida por Salustiano de Campo en el año 2.000 en la que me incorporé como investigador principal para Eudox. En ella se pretendía componer una visión sobre las nuevas perspectivas abiertas por los avances tecnológicos y científicos a fin de componer un argumento con sentido sobre la relación de los españoles con la ciencia y las nuevas tecnologías. Aquí mostramos algunos de los resultados de aquella investigación porque es uno de los pocos trabajos que afrontan la relación de los españoles con la ciencia y nos muestran las principales actitudes ante diversos avances científicos.

El interés de los españoles por estas cuestiones puede ser considerado como un indicador que permite anticipar las actitudes hacia los avances científicos y tecnológicos, su aceptación o rechazo, los temores que infunden o el entusiasmo que provocan, la prevención que suscitan o el apoyo que reciben. Porque en la actual disposición de los

---

[78] Cayetano López (1996), «La ciencia y el mundo de hoy», en *Anuario de la Ciencia y la Tecnología*, El País, Madrid, pág. 4.

TABLA 20.16.—*Grado de interés en España por la ciencia o los avances tecnológicos, según diversas variables de análisis (2000)*

	Muy/bastante interesado (%)	Poco/nada interesado (%)	NS/NC (%)
TOTAL	57,5	41,2	1,3
NIVEL DE ESTUDIOS			
Primarios	28,8	69,1	2
Secundarios	62,2	36,4	1,4
Medios	85,2	13,9	0,8
Superiores	79,8	20,2	—
RELIGIOSIDAD			
Católico pract.	46,1	52,7	1,2
Católico no pract.	57,6	41	1,5
Otras religiones	58,8	41,1	—
Agnóstico	66,7	31,6	1,7
No creyente	80	18,8	1,2
GRUPOS DE EDAD			
18-29	78,2	21,6	0,9
30-44	65,9	32,3	1,9
45-59	50,9	47,5	1,7
60 y más	29,5	69,5	1

Fuente: Salustiano del Campo y Juan Manuel Camacho, *Telecomunicaciones y nuevas tecnologías en España*, Eudox, 2000.

españoles ante la ciencia y sus aplicaciones no ha sido ajeno el impacto de la revolución tecnológica de los últimos 30 años que ha tenido una especial relevancia en las esferas del trabajo y de la comunicación y que ha afectado sobremanera a las formas de pensar y de actuar en sociedad[79].

Los españoles hemos superado la etapa de encontrarnos de espaldas a la ciencia y a los avances tecnológicos y de ver a los científicos como personajes pintorestos dedicados a una labor que ni entendíamos ni nos interesaba. Sentimos curiosidad por estos avances y mostramos un mayoritario interés por estas cuestiones. El 57% ha dejado constancia de ello mientras que el 41% muestra un débil o nulo interés por la ciencia o los avances de la tecnología. En 1996[80], este porcentaje se elevaba al 63-64% según que habláramos de descubrimientos científicos o de avances tecnológicos. No es, por lo tanto, un interés desmedido, pero nos señala que no somos indiferentes y estamos muy alejados del desinterés o el rechazo a estas cuestiones.

---

[79] José Felix Tezanos, *Escenarios del nuevo siglo. Cuarto foro sobre tendencias sociales*, Madrid, Sistema, Madrid, 2.000, págs. 12 y sigs.

[80] Estudio CIS, núm. 2213.

Ahora bien, ¿hasta dónde consideran los españoles que es lícito avanzar en algunos campos del conocimiento y dónde es necesario poner límites, bien porque atentan a la dignidad humana o porque acarrean verdaderos dilemas morales entre la búsqueda de la verdad y las consecuencias que puede tener para la humanidad? En un grupo de áreas tecnológicas y científicas conocidas por sus repercusiones y por el interés mostrado por los medios de comunicación, los españoles apostamos por un avance del conocimiento en casi todos los campos, como el de la informática, las telecomunicaciones, las energías limpias o el transplante de órganos y, en menor medida, por la biotecnología.

TABLA 20.17.—*Campos científicos o tecnológicos en los que para la población española habría que avanzar o limitar su desarrollo en los próximos años (2000)*

	Avanzar (%)	Limitar (%)	NS/NC (%)	Diferencia (%) (Avanzar-limitar)
Ordenadores, informática, robótica	81	8,3	10,8	72,7
Ingeniería genética	59,2	26,3	14,6	32,9
Exploración espacial	63,4	24,7	11,9	38,7
Biotecnología	66,3	12,3	21,4	54
Energías no contaminantes	93,9	2,6	3,5	91,3
Telecomunicaciones	85,3	5,1	9,6	80,2
Energía nuclear	28	64,7	7,3	−36,7
Transplante de órganos	92,7	4	3,3	88,7

Fuente: Salustiano del Campo y Juan Manuel Camacho, *Telecomunicaciones y nuevas tecnologías en España*, Eudox, 2000.

En algunos se tienen ciertas dudas sobre las consecuencias de un avance sin límites aunque la tendencia de las opiniones es, ciertamente, positiva. En este caso se encuentra la investigación en un campo ciertamente sensible como la ingeniería genética, al que se suma el que concierne a la exploración espacial. Y sólo en uno de los campos de investigación los españoles se decantan claramente en contra y a favor de poner límites a su desarrollo. Tal es el caso de la energía nuclear. Los españoles creemos que, a largo plazo, la ciencia y la tecnología nos pueden reportar beneficios pero al mismo tiempo somos conscientes de los riesgos que implica para la humanidad. La mayoría de los españoles se sitúa en una posición realista basada en el optimismo científico y tecnológico pero también prevén riesgos no del todo calibrados en el desarrollo de dichas actividades[81].

En definitiva, los avances científicos no reciben un apoyo indiscriminado. La percepción que tenemos de esos avances se alía con sentimientos que poco o nada tienen que ver con el verdadero alcance de las nuevas tecnologías, con las aplicaciones derivadas de la investigación científica y con los nuevos campos de investigación abiertos por el conocimiento humano. La nueva frontera de la investigación y de la tecnología abarca multitud de campos que, ahora mismo, provocan actitudes encontradas por las repercusiones de todo orden que pueden tener en nuestra vida. (Tabla 20.18)

---

[81] J Atienza y L. Luján, *La imagen social de las nuevas biotecnologías en España*, Madrid, Centro de Investigaciones Sociológicas, 1997, pág. 18.

TABLA 20.17.—*Valoración riesgos/beneficios de la ciencia y la tecnología*

	Muchos/bastantes beneficios (%)	Poco/ningún beneficio (%)	TOTAL (%)
Muchos/bastantes riesgos	47,1	18,2	65,3
Poco/ningún riesgo	31,3	3,4	34,7
TOTAL	78,4	21,6	100

Fuente: J. Atienza y L. Luján, *La imagen social de las nuevas biotecnologías en España*, Madrid, Centro de Investigaciones Sociológicas, 1997, pág. 18.

Los posibles riesgos que entrañan algunos de los avances tecnológicos y el desconocimiento de las consecuencias que pueden tener para la humanidad son algunas de las circunstancias que influyen en las posturas de cautela que ponen de manifiesto los españoles. Valoramos los avances y los beneficios que aportan las aplicaciones tecnológicas pero somos conscientes de sus limitaciones e inconvenientes al menos en su actual estado de desarrollo. Somos optimistas hacia lo que nos espera pero no otorgamos un cheque en blanco a los científicos ni a las empresas para que las innovaciones y el progreso tecnológico no tenga límites ni fronteras. En cada momento los españoles valorarán sus inconvenientes y ventajas, pero la actitud que prevalece es la de cautela ante las implicaciones que el desarrollo de las nuevas tecnologías tendrán para nosotros y la humanidad.

TABLA 20.18.—*Actitudes de los españoles ante las siguientes áreas de investigación tecnológica (2000)*

	Entusiasmo (%)	Prudencia (%)	Desagrado (%)	Opuesto/ contr. (%)	NS/NC (%)
Compra y venta de bienes y servicios en Internet	21,6	38,8	13,6	11,8	14,2
Ingeniería genética en humanos para prevenir el inicio de enfermedades	36,2	44,4	6,1	5,9	7,4
Clonación de órganos con el fin de utilizarlos en transplantes	33,8	41,5	9,4	8,8	6,5
Modificación genética de alimentos para hacerlos resistentes a plagas . y enfermedades	23,1	42,3	15,2	12,1	7,4
Utilización del voto electrónico en elecciones	21	30,8	15,1	21,2	12
Clonación humana	2,8	14,2	17,6	58	7,4

Fuente: Salustiano del Campo y Juan Manuel Camacho, *Telecomunicaciones y nuevas tecnologías en España*, Eudox, 2000.

Los resultados anteriores nos muestran el contenido entusiasmo que los españoles manifiestan ante avances que se encuentran en un proceso de debate abierto pero son tajantes respecto a otros como en el caso de la clonación humana. Parecería que la indefinición que reflejan estos datos es una manifestación de falta de opinión o de ambigüedad en unos asuntos en los que ni los propios expertos y especialistas en cada materia la tienen formada. Si analizamos los resultados a esta misma pregunta obtenidos en una sociedad tan lejana culturalmente a la nuestra como los Estados Unidos, vemos que la prudencia es una tendencia común cuando se abordan estos temas y que existe mayor coincidencia en las opiniones que lo que la distancia cultural podría hacer prever.

Las líneas de investigación abiertas en los últimos años suponen un avance cierto desde el punto de vista científico pero su aceptación y los beneficios que reportan a la humanidad han sido más cuestionados a partir de los recelos que provoca su control y el desconocimiento de sus repercusiones. Las nuevas tecnologías comparten con estos avances algunas de sus connotaciones más polémicas, pero de lo que no cabe duda es de que la prudencia es la actitud más extendida ante la perplejidad que muchos de ellos provocan.

GRÁFICO 20.11.—*Comparación de actitudes de prudencia y de oposición respecto algunos avances tecnológicos ente Estados Unidos y España*

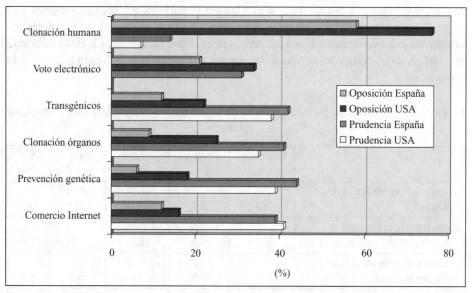

Fuente: Salustiano del Campo y Juan Manuel Camacho, *Telecomunicaciones y nuevas tecnologías en España*, Eudox, 2000.

Lo realmente importante, dicho será como resumen, es que estamos asistiendo desde hace algunos años a transformaciones en nuestra forma de vivir, de trabajar y de relacionarnos que, sin duda, marcarán las tendencias de evolución futura de nuestras sociedades aunque sin conocer en toda su extensión cuáles serán sus consecuencias. Y ésta es una de las claves de la resistencia y prudencia con las que nos enfrentamos al reto de las nuevas tecnologías, actitud que no es nueva y ha sido recurrente a lo largo de la historia de la ciencia. En un sugestivo artículo[82], un experto en electrónica describía así la relación permanente que mantenemos con la tecnología y las contradictorias ac-

---

[82] Tomás Perales Benito, «Tecnología y sociedad», en *ACTA*, núm. 43/2007, págs. 45-51.

titudes que nos provocan sus avances: «Una mirada retrospectiva a nuestro pasado inmediato, evidenciaría con rotundidad los cambios que han provocado en la sociedad los eventos tecnológicos, primero rechazados por duda o temor sobre su utilidad, y después integrados con plena complacencia, cuando no con sentimiento de necesidad, en la vida cotidiana.»

BIBLIOGRAFÍA

ALONSO ZALDÍVAR, C. A. y CASTELLS, M., *España fin de siglo*, Madrid, Alianza Editorial, 1992.

CALVO BUEZAS, Tomás, *Valores en los jóvenes españoles, portugueses y latinoamericanos: problemas y esperanzas de los protagonistas del siglo XXI*, Madrid, Libertarias/Prodhufi, 1997

CAMPO LAREDO, María Jesús, *Relaciones interpersonales, valores y actitudes de los españoles en el nuevo milenio*, Madrid, Centro de Investigaciones Sociológicas, 2003.

CANTERAS MURILLO, Andrés, *Sentido, valores y creencias en los jóvenes*, Madrid, INJUVE, 2003.

COMAS, Domingo (dir.); AGUINAGA, J.; ORIZO, F. A. y OCHAITA, E., *Jóvenes y estilos de vida: valores y riesgos en los jóvenes urbanos*, Madrid, FAD-INJUVE, 2003, 351 págs.

CAMPO URBANO, Salustiano de, *La sociedad de clases medias,* Madrid, Espasa Calpe, 1989.

— *Estado actual y perspectiva de la sociedad española*, Madrid, Fundación Independiente, 1993.

CAMPO URBANO, Salustiano del (dir.), *Tendencias sociales en España, 1960-1990,* 3 vols., Bilbao, Fundación BBV, 1993.

CAMPO URBANO, Salustiano del y CAMACHO GRANDE, Juan Manuel, *La opinión pública española y la política exterior*, Madrid, Incipe-Real Instituto Elcano, 2003.

— «Six Aspects of the Spanish State», en Theodore Caplow (ed.), *Leviatán Transformed, Seven National States in the New Century*, Montreal, McGill-Queen's University Press, 2001.

DÍEZ NICOLÁS, Juan e INGLEHART, Ronald (eds.), *Tendencias mundiales de cambio en los valores sociales y políticos*, Madrid, Fundesco, 1994.

DÍEZ NICOLÁS, Juan (dir.), *El dilema de la supervivencia. Los españoles ante el medio ambiente*, Madrid, Obra Social de CajaMadrid, 2004.

ELZO, Javier (dir.), *Jóvenes españoles 1994*, Madrid, Fundación Santa María/Ediciones SM, 1994.

ELZO, Javier y otros, *Jóvenes españoles 99*, Madrid, Fundación Santa María-Ed. SM, 1999.

ELZO, Javier y ORIZO, Francisco Andrés (dirs.), *España 2000, entre el localismo y la globalidad. La Encuesta Europea de Valores en su tercera aplicación, 1981-1999,* Madrid, Fundación Santa Maria-Universidad de Deusto, 2000.

FRAGA, Manuel; CAMPO, Salustiano del y VELARDE, Juan, *La España de los años 70. Vol. I: La Sociedad; Vol. II: La economía; Vol III: El Estado y la Política*, Madrid, Moneda y Crédito, 1972.

GINER, Salvador (dir.), *España: sociedad y política,* Madrid, Espasa Calpe, 1990.

GONZÁLEZ BLASCO, Pedro y otros, *Jóvenes españoles 89*, Madrid, Fundación Santa María-Ediciones SM, 1989.

GONZÁLEZ BLASCO, Pedro (dir.), *Jóvenes españoles 2005*, Madrid, Fundación Santa María-Ediciones SM, 2006.

INGLEHART, Ronald, *Modernización y posmodernización*, Madrid, Centro de Investigaciones Sociológicas (Colección Monografías, 161), 2001.

— «Cultura política y democracia estable», en *Revista Española de Investigaciones Sociológicas,* 42, abril-junio de 1988, págs. 45-67.

— *El cambio cultural en las sociedades industriales avanzadas*, Madrid, Centro de Investigaciones sociológicas, 1991.

INGLEHART, Ronald, *Modernización y posmodernización. El cambio cultural, económico y político en 43 sociedades*, Madrid, Centro de Investigaciones Sociológicas, 1998.

INGLEHART, R. y WELZEL, C., *Modernización, cambio cultural y democracia: la secuencia del desarrollo humano,* Madrid, Centro de Investigaciones Sociológicas-Siglo XXI, 2006.

LINZ, J. J. y GARCÍA DE ENTERRÍA, E. (dirs.), *España: un presente para el futuro. Vol I: La sociedad; Vol II: Las instituciones*, Madrid, Instituto de Estudios Económicos, 1984.

LÓPEZ PINTOR, Rafael y BUCETA, R., *Los españoles de los años 70. Una versión sociológica,* Madrid, Tecnos, 1975.

MARTÍN SERRANO, Manuel, *Historia de los cambios de mentalidades de los jóvenes entre 1960-1990,* Madrid, Instituto de la Juventud, 1994.

— *Los valores actuales de la juventud en España,* Madrid, Instituto de la Juventud, 1991.

MEGÍAS VALENZUELA, Eusebio (dir.), *Valores sociales y drogas*, Madrid, FAD, 2001, 382 págs.

MEGÍAS, Eusebio y ELZO, Javier (coord.), *Jóvenes, valores y drogas,* Madrid, FAD, 2006.

MIGUEL, J. M. de, *Estructura y cambio social en España,* Madrid, Alianza. Editorial, 1998.

ORIZO, Francisco Andrés, *España, entre la apatía y el cambio social,* Madrid, Mapfre, 1983.

— *Los nuevos valores de los españoles*, Madrid, Fundación Santa María, 1991.

— *Dinámica intergeneracional en los sistemas de valores de los españoles: primera síntesis del estudio*, Madrid, Injuve, 1995.

— *Dinámica intergeneracional en los sistemas de valores de los españoles. Opiniones y actitudes*, Madrid, Centro de Investigaciones Sociológicas, 1995.

— *Sistemas de valores en la España de los 90*, Madrid, CIS-Siglo XXI, 1996.

ORIZO, Francisco Andrés y ELZO, Javier (dirs.), *España 2000, entre el localismo y la globalidad*, Madrid, Universidad de Deusto/SM, 2000.

ORIZO, Francisco Andrés y otros, *Juventud española 1984*, Madrid, Fundación Santamaría-Ediciones SM, 1985.

PÉREZ DÍAZ, Víctor, *España puesta a prueba 1976-1996*, Madrid, Alianza Editorial, 1996.

REQUENA, Miguel y BENEDICTO, Jorge, *Relaciones interpersonales: actitudes y valores en la España de los ochenta*, Madrid, CIS, Estudios y Encuestas núm. 11, 1988.

RODRÍGUEZ, A. y SEOANE, J., *Creencias, actitudes y valores*, Madrid, Alhambra, 1989.

TEZANOS, José Félix, «Cambio social y modernización en la España actual», en *Revista Española de Investigaciones Sociológicas,* 28, octubre-diciembre de 1984, págs. 19-61.

— *Escenarios del nuevo siglo. Cuarto Foro sobre Tendencias Sociales,* Madrid, Sistema, 2000.

TEZANOS, José Félix; COTARELO, R. y BLAS, A. de (eds.), *La transición democrática española,* Madrid, Sistema, 1989.

TEZANOS, J. F.; MONTERO, J. M. y DÍAZ, J. A. (eds.), *Tendencias de futuro en la sociedad española. Primer Foro sobre Tendencias Sociales,* Madrid, Sistema, 1997.

TEZANOS, J. F. y DÍAZ MORENO, Verónica, *Tendencias Sociales 1995-2006,* Madrid, Sistema, 2007.

TOHARIA, Juan José, *Cambios recientes en la sociedad española,* Madrid, Instituto de Estudios Económicos, 1989.

TORCAL LORIENTE, Mariano, «La dimensión materialista-posmaterialista en España: Las variables del cambio cultural», *Revista Española de Investigaciones Sociológicas,* 47, 1989, páginas 227-254.

— «Análisis dimensional y estudio de valores: el cambio cultural en España», en *Revista Española de Investigaciones Sociológicas,* 58, 1992, págs. 97-122.

VIDAL-BENEYTO, J. (ed.), *España a debate. Vol I: La política. Vol II: La sociedad,* Madrid, Tecnos, 1991.

VILLALAÍN BENITO, José Luis; BASTERRA PÉREZ, Miguel y VALLE LÓPEZ, Javier M. del, *La sociedad española de los 90 y sus nuevos valores*, Madrid, Fundación Santa María-Ediciones SM, 1992.

21

Las lenguas de España entre la convivencia y la coexistencia

Ángel López García-Molins

1. Antecedentes

Las relaciones que las lenguas de España han contraído a lo largo de la historia son antiguas y en algunos casos remontan al período de orígenes. Por ejemplo, el romance español nace contiguo al País Vasco y su primer documento escrito —las Glosas Emilianenses— es también el primer testimonio no epigráfico de la lengua vasca, por lo que se ha supuesto fundadamente que su autor era bilingüe; ello no nos autoriza a atribuir sin más el origen del español al bilingüismo vasco-románico, pero torna dicha suposición bastante verosímil (Alarcos, 1982). En otros casos los contactos son más tardíos, aunque siempre de fecha medieval. Respecto al gallego, es sabido que los cancioneros se escribían en esta lengua incluso por autores castellanos (empezando por el rey Alfonso X) y que, a fines del medioevo, el hecho de que la nobleza gallega tomara mayoritariamente el partido de los Trastamara, determinó que los Reyes Católicos la sustituyeran por nobles castellanos afectos, con el resultado de invertir la relación gallego-castellano, convirtiendo a esta última lengua en el idioma dominante de prestigio en Galicia hasta la segunda mitad del siglo XX. El catalán también tuvo un contacto medieval con el español, ahora en su forma aragonesa, pues ambos idiomas, catalán y aragonés, fueron las lenguas de la Cancillería de los monarcas de la Corona de Aragón, si bien esta situación duró poco y pronto quedó el catalán como lengua dominante de prestigio; sólo la posterior irrupción de la variante castellana del español a partir del matrimonio de Fernando e Isabel cambió la relación de fuerzas, haciendo del español la lengua preferida de los cortesanos y de la clase alta en general en todos los territorios catalanohablantes de la Corona al menos hasta comienzos del siglo XX. La historia lingüística de España se inicia, por tanto, con el predominio inicial del gallego, del catalán y del vasco respecto del español, se continúa con un largo período de predominio de éste sobre aquéllos y se abre, en la segunda mitad del siglo XX, o, para ser más exactos, en la transición política surgida a la muerte de Franco, con una nueva torsión de su relación mutua, que vamos a examinar aquí. Sin embargo este movimiento pendular no representa una vuelta a la situación originaria. Mientras que el gallego, el catalán y el vasco llevan camino de ser la lengua oficialmente *dominante* en sus respectivos territorios, no está tan claro que el español deje de ser por ello la lengua *predominante*, en el sentido de que se trata del idioma mayoritario o de aquel que, por haber alcanzado una notable dimensión internacional que a los otros les resulta ajena, ha acabado por asumir funciones exclusivas.

No es la anterior la única paradoja que llama la atención en la situación plurilingüe española. F. Moreno (2005, pág. 227) ha destacado cómo a una fase que llega hasta la Guerra Civil y en la que la defensa de la uniformidad hispanohablante fue postulada por la izquierda española y rechazada por el pensamiento tradicionalista, sucedió, tras la muerte de Franco, la fase actual en la que ocurre exactamente lo contrario, con los partidos progresistas de implantación general haciendo causa común del pluralismo lingüístico y los de derecha enfrentándose por lo general al mismo. Puede que la prohibición del uso público del catalán, del gallego y del vasco por el régimen de Franco esté en la raíz de este giro tan radical, según sugiere Moreno, pero como condición necesaria —en calidad de desencadenante—, más que como condición suficiente: al fin y al cabo en todos los demás aspectos simbólicos el ideario franquista se mantuvo ligado a sus orígenes conservadores y enfrentado al de las corrientes progresistas. El cambio de valoración ideológica de la pluralidad lingüística y la tendencia a presentar la convivencia de las otras tres lenguas con el español como un *conflicto* han determinado casi todos los avatares de su vida compartida durante el último cuarto de siglo.

Importa destacar también que las lenguas catalana, gallega y vasca tienen en común su convivencia con el español en sus respectivos territorios, pero poco más. Por ejemplo, mientras que el catalán fue conservado por las clases dirigentes, tanto económicas como culturales, de Cataluña y, en menor medida, de las Baleares y de Valencia, la lengua vernácula casi desapareció de la vida habitual de las burguesías gallega y vasca mucho antes de la Guerra Civil, al menos desde fines de la Edad Media. Tampoco la actitud del Estado central fue la misma en los tres casos: la monarquía borbónica prohibió el uso del catalán en la enseñanza y en la administración con los decretos de Nueva Planta como castigo a la toma de partido de Cataluña, Valencia, Baleares y Aragón por el archiduque Carlos, pero respetó los fueros vascos y navarros, y con ellos el idioma, precisamente porque dichos territorios optaron por el pretendiente francés, luego Felipe V. Y por lo que respecta al ingrediente social, que tanto ha tenido que ver en la recuperación de la estimación de dichos idiomas, contrasta claramente el caso de Galicia, sin inmigración y donde la lengua estaba ligada al ámbito rural, con Cataluña y el País Vasco, donde las fuertes corrientes migratorias hispanohablantes impulsadas por los procesos de industrialización desequilibraron el panorama estadístico relativo de sus idiomas en beneficio del español. En suma, que el gallego, el catalán y el vasco parecían requerir tratamientos diferenciados, pues la situación de partida de cada uno era distinta. No ha sido así: al contrario, su común instalación primordial en el territorio de España ha determinado que las políticas lingüísticas hayan sido las mismas en los tres casos, tanto por lo que respecta a las adoptadas por las Comunidades Autónomas como a las inducidas desde Madrid. Ello ha generado numerosos desajustes de los que tendremos ocasión de hablar.

Los antecedentes de la situación que comentamos no se reducen, pues, a la Segunda República y al franquismo, sino que son muy antiguos, pero sólo aludiremos a ellos de pasada. La razón es doble: por un lado, todos los actores sociales que han intervenido en la cuestión lingüística durante el último cuarto del siglo XX lo han hecho manifestando su disconformidad con la política del régimen de Franco y no en nombre de una reivindicación finisecular; por otra parte, ninguna constitución española anterior a la de la Segunda República se había ocupado de la cuestión de las lenguas, por lo que sus avatares dependieron muchas veces de factores aleatorios y cambiantes relativos al equilibrio de las clases sociales y a determinadas medidas administrativas. Esto no significa que hasta la proclamación de la Segunda República no pueda hablarse de problema lingüístico en España. Lo que ocurre es que la lengua se concibió como un factor simbólico susceptible de apuntalar los distintos nacionalismos, ora el español, ora los periféricos, pero no como un fenómeno social en el que se podía y debía intervenir.

Sin embargo, hasta fines del siglo XIX la reivindicación de unos idiomas respecto a otros rara vez se concibió como enfrentamiento. Ni los defensores del español ni los de las otras tres lenguas hicieron otra cosa que reclamar su mejora y proclamar sus excelencias. Por ejemplo, todavía en 1907, Manuel Murguía, el marido de Rosalía de Castro y principal impulsor del *Ressurdimento*, escribe en un artículo titulado «La lengua del país», que apareció en el *Boletín de la Real Academia Gallega* (Sarmiento, 1984, págs. 166-167):

> Ese impulso lo recibió [la lengua gallega] de una mujer, quien dando por entero carta de naturaleza, no sólo al idioma, sino a los íntimos sentimientos del alma gallega, los ennobleció con los inmortales frutos de la inspiración… Lo primero, lo más esencial, aquello de lo que no puede prescindir [un pueblo] sin eterno castigo, es el propio lenguaje.

y en 1803 Astarloa reivindica su lengua en la *Apología de la lengua bascongada* como sigue:

> Cotejando nuestro idioma con la multitud de lenguas que acabamos de citar, y habiéndolo hallado perfecto sobre todas, empecé a trabajar mi obrita (pág. XIX) … Efectivamente, nuestra lengua es una historia verdadera y completa de sí misma: en ella se hallan dibuxados con el mayor primor la descendencia, las costumbres, las ciencias, las artes, la religión de nuestros primeros Abuelos…(pág. 276-277)

Pero con el cambio de centuria y bajo la influencia del romanticismo alemán se abre paso la idea de que la lengua es el sustento de la nacionalidad, lo cual pone sobre el tapete, inevitablemente, la cuestión de la convivencia de lenguas en los territorios bilingües, pues si la nacionalidad se define con una base territorial y no caben dos naciones en un mismo territorio, por la misma razón habría que excluir la convivencia de dos o más lenguas, a pesar de que esto constituye en el mundo la norma más que la excepción. Del lado del español, llama la atención la postura de los autores de la generación del 98, los cuales defendieron por primera vez la idea de que la nacionalidad española estaba ligada a la lengua. Así Unamuno (1907, pág. 522) escribe lo siguiente:

> Porque es en nombre de la cultura, no sólo del patriotismo, es en nombre de la cultura como debemos pelear por que no haya en España más lengua oficial, más lengua de cultura nacional, que la lengua española que hablan más de veinte naciones. Y esto, sean cuales fueren las hermosuras, los méritos y las glorias de otros lenguajes españoles, a los que se debe dejar a su vida doméstica.

y Ortega y Gasset (1932, pág. 505) lo apostilla un cuarto de siglo más tarde en estos términos:

> El Estado no puede abandonar en ninguna región el idioma español; puede inclusive, si le parece oportuno, aunque se juzgue paradójico, permitir y hasta fomentar el uso de las lenguas extranjeras o vernaculares … pero lo que no puede es abandonar el español en ninguno de los órdenes, y menos que en ninguno en aquel que tiene mayor eficacia pública, como el científico y profesional; es decir, en el orden universitario.

Naturalmente esta postura no salía de la nada, se concibe como una réplica a la afirmación de algunos intelectuales o políticos catalanes, vascos y gallegos que habían reclamado para sus lenguas respectivas la condición y las prerrogativas de idioma nacional. Representa sobre todo una respuesta a autores catalanes, como se puede ver por los destinatarios de ambos textos, pues no en vano eran quienes habían reivindicado con mayor firmeza los derechos de su lengua. Como dice Enric Prat de la Riba (1978, páginas 134-139) en una comunicación presentada al *I Congrés Internacional de la Llengua Catalana* en 1906:

> La fuerza unitiva aglutinante del idioma se ha visto siempre … Las sociedades políticas o Estados han comprendido también el valor incomparable de poseer una lengua que dé unión y cohesión a sus miembros, separándolos de los demás, y de ahí viene que, cuando naturalmente no alcanzan este resultado porque las fronteras del Estado no coinciden con los límites de una sola unidad lingüística, hagan esfuerzos desesperados con el fin de obtener por la violencia esta deseada unidad de habla, y así favorecen la expansión de una lengua, de aquella que adoptan como oficial, y combaten duramente a las otras hasta corromperlas y hacerlas desaparecer. Por la misma razón, los pueblos que reaccionan contra la absorción de otros pueblos, en cuanto sienten la necesidad de afirmar su individualidad, de proclamar su personalidad, se agarran a la unidad de su lengua como a un principio salvador y fundamento de su derecho. *La lengua es la nacionalidad misma*, decían los patriotas húngaros a mediados del siglo pasado, reproduciendo la afirmación de los primeros patriotas alemanes. La lengua es la nacionalidad, han repetido todos los pueblos que renacen.

En otras comunidades bilingües sucedía otro tanto, aunque de otra manera y, sobre todo, más tardíamente, lo cual demuestra que las posturas nacionalistas en lo idiomático solían tener muy presentes los ejemplos catalanes que las habían precedido. Así Alfonso Rodríguez Castelao (1980, pág. 240) escribe en 1937:

> En varias ocasiones oímos a intelectuales castellanos —de los que fingen ser liberales y comprensivos— hablar de los problemas lingüísticos de España como de una cuestión superada, inhibiéndose con gesto de triunfadores, por puro derecho de superioridad natural … Dicen que nunca se prohibió el empleo de las diferentes lenguas españolas, y que el hecho de la imposición del castellano sólo se puede atribuir al abatimiento de las otras lenguas y a la fuerza cultural que poseía la lengua de Castilla en el momento en que se realizó la unidad. Intentan poner en ridículo a los que protestamos de la violencia asimilista de Castilla, y a estas alturas pretenden exigirnos una prueba documental de nuestra esclavitud. Niegan la intención imperialista de la meseta y el propósito de llegar a la unidad lingüística como se llegó a la unificación religiosa.

También en el País Vasco se han realizado afirmaciones semejantes, aunque aquí el nacionalismo suele preceder al euskera (en franco retroceso ante el romance, ya desde la Edad Media), por lo que, siendo el español la lengua materna y a menudo única de bastantes nacionalistas, las exhortaciones se dirigen más bien a la recuperación del idioma. Federico Krutwig escribe en su célebre novela *Vasconia* (publicada bajo seudónimo aparentemente en Buenos Aires en 1963) lo siguiente:

> Un verdadero renacimiento del pueblo vasco tiene que comenzar necesariamente por la célula más íntima de nuestra nación, reavivando la lengua nacional, dándola [sic] prestigio, adoptándola para nuestra conversación diaria y aceptando los intelectuales vascos la lengua de Axular para sus labores culturales. Difícilmente se puede llamar nacionalista quien no vasquice su propio ambiente. Un movimiento nacionalista no debería admitir jamás en sus filas a quien no supiese la lengua y solamente podría dárseles la categoría de catecúmenos a quienes la estén estudiando, como personas que están a la espera de ser admitidas en la comunidad nacional,

palabras que parecen un eco de las que en 1899 había expuesto Sabino Arana en su artículo «Vicios usuales del euskera vizcaíno» (tomo las citas de Juaristi, 1997, pág. 193):

> Sé que amas a tu Patria de veras, y porque la amas así, amas también de corazón la lengua de tus padres, como elemento que es de nuestra nacionalidad, timbre de nuestra no interrumpida independencia de las edades pasadas y sello de nuestra raza, y sé que, al amar el euskera, lo amas de suerte que suspiras por verle libre de los vicios que, ya por indolencia o por extranjerismo de nuestros poderes nacionales, ya por influencia directa del idioma español, consentida, no sólo después, sino también antes de la invasión, le oprimen, atrofian su organismo y dificultan su vida, amenazando con llegar a formar parte integrante de su naturaleza, que desde ese momento dejaría de ser la suya, como Euzkadi no sería Euzkadi, en el punto y hora en que se constituyese con raza que no fuera de Euzko…

Durante la Segunda República las espadas estaban, pues, en alto: por un lado, existía en Cataluña, en Galicia y en el País Vasco (también, pero sólo incipiente, en Valencia y en Mallorca) un movimiento reivindicativo que consideraba la lengua autóctona como el símbolo más patente, cuando no la esencia misma de las respectivas comunidades; por otro, se había consolidado en el conjunto de España la idea del español como lengua nacional y la necesidad de que tuviese un papel relevante en la Enseñanza y en la Administración.

En estas circunstancias no es de extrañar que fuera la Constitución republicana de 1931 la primera en ocuparse de la oficialidad del español, así como de velar por la obligatoriedad de su enseñanza, aunque ello no excluya la posibilidad de enseñar también las otras lenguas:

> Artículo 4. El castellano es el idioma oficial de la República. Todo español tiene obligación de saberlo y derecho de usarlo, sin perjuicio de los derechos que las leyes del Estado reconozcan a las lenguas de las provincias o regiones. Salvo lo que se disponga en leyes especiales, a nadie se le podrá exigir el conocimiento ni el uso de ninguna lengua regional.
>
> Art. 50. Las regiones autónomas podrán organizar la enseñanza en sus lenguas respectivas, de acuerdo con las facultades que se concedan en sus Estatutos. Es obli-

gatorio el estudio de la lengua castellana, y ésta se usará también como instrumento de enseñanza en todos los Centros de instrucción primaria y secundaria de las regiones autónomas.

Las regiones bilingües pusieron en práctica la facultad que se les reconocía, pero tan apenas tuvo efectividad, pues sólo llegó a entrar en vigor plenamente el *Estatut* catalán (1932), mientras que el vasco se aprobó en vísperas de la guerra (1936), sin llegar a aplicarse tan apenas, y la implantación del valenciano y del gallego fueron interrumpidos por el estallido de la contienda civil. En Cataluña, Francesc Macià había proclamado unilateralmente la República catalana dentro de un vago Estado federal español: el Gobierno de la República española no lo aceptó y de las tensas negociaciones que siguieron resultó el acuerdo de restauración de una institución tradicional, la Generalitat de Catalunya. En este marco de delicados equilibrios, Marcel-lí Domingo, ministro catalán de Instrucción pública, pone en marcha el 29 de abril de 1931 las medidas administrativas necesarias para que en las escuelas primarias los alumnos reciban la enseñanza en su lengua materna. Seguidamente comenzó la discusión del Estatut, en cuya redacción definitiva se declaraba al catalán lengua oficial, aunque garantizando los derechos individuales —pero no los colectivos— de los hispanohablantes. Cuando se pasó a la fase siguiente, y el texto fue discutido para su aprobación en las Cortes de Madrid, resultó retocado, en este como en otros aspectos: el catalán quedó como lengua cooficial y las competencias de la enseñanza no universitaria siguieron en manos del Estado, aunque se permitía a la Generalitat crear sus propias escuelas. Por ejemplo (Navarro, 1979, págs. 60-75), hubo enseñanza sólo en catalán en las veintitrés escuelas de la *Asociació Protectora de l'Ensenyança Catalana*, enseñanza bilingüe en las escuelas municipales y de la Generalitat, y enseñanza en español en las escuelas estatales y en muchas privadas. En la enseñanza media predominaba el español, si bien algunos centros de formación profesional impartían las clases en catalán. La universidad era bilingüe.

Esto en cuanto a los datos. Por lo que respecta a su interpretación ideológica (González Ollé, 1994), es notable que hasta este momento la defensa de la extensión del español a toda la población y a todos los niveles de empleo pudiera catalogarse de postura generalizada entre los progresistas, mientras que eran los tradicionalistas conservadores los que solían reivindicar las otras lenguas. Es una herencia de los ideales de igualdad proclamados por la Revolución Francesa y encarnados en la propuesta de Henri Grégoire a la Convención el 6 de junio de 1794, en la que se plantea la necesidad de convertir Francia en una nación monolingüe. Las ideas lingüísticas vigentes en España durante el siglo XIX y el primer tercio del XX siguen este patrón, salvo en Cataluña. Así en Galicia el *Diálogo entre Goriño Antelo, Farruco Allende e Antón Terelo* (1835), escrito en gallego, se opone a los ideales liberales y a Isabel II desde una ideología carlista. En el norte, la misma letra del himno carlista, el *Oriamendi* (1837), se escribe originariamente en vasco, mientras que el diputado carlista valenciano Manuel Polo y Peyrolón subraya en 1896 en el Congreso de los Diputados «la necesidad de conocer el idioma patrio, el español, pero facilitando … la enseñanza en el dialecto regional», cuyo conocimiento debería exigirse a los maestros. Nada de particular, por otro lado, pues es la política lingüística que venía imponiendo la Iglesia desde el Concilio de Trento (Lodares, 2004) y que la ideología conservadora simplemente reproduce. Por eso, no es de extrañar que la izquierda se opusiera a todo lo que no fuese la generalización de la enseñanza en español. Un botón de muestra muy significativo lo constituyen las siguientes palabras de Fabra Ribas, estrecho colaborador de Largo Caballero, un mes antes de aprobarse la Constitución de 1931 (González Ollé, 1994, pág. 147):

> Por lo que toca a la enseñanza, no ya del castellano, sino también en castellano, la República no puede hacer la menor concesión [a las lenguas regionales], so pena de faltar a uno de sus más sagrados deberes, especialmente por lo que se refiere a los trabajadores. Las clases alta y media de las Provincias Vascongadas, de Cataluña y de Galicia aprenderán siempre, por la cuenta que les tiene, el castellano, y por las cuentas que les pueda tener procurarían seguramente que las clases obreras no conocieran más que el idioma vernáculo. En este caso, los asalariados de las tres regiones mencionadas se encontrarían, por decirlo así, confinados dentro de su propio país o al menos con grandes dificultades para trasladarse a otras regiones, para ir a instalarse en cualquiera de los países hispanoamericanos y, sobre todo, para establecer relaciones y practicar colectivamente la solidaridad con sus compañeros del resto de España.

Al llegar el alzamiento militar del 18 de julio de 1936 había, pues, dos sistemas de coordenadas diferentes para situar la cuestión de las lenguas de España. De una parte, la generalización del español se consideraba progresista, mientras que la defensa de las otras lenguas corría básicamente a cargo de los conservadores en sus respectivos territorios, y aun fuera de ellos. De otra, existe una disociación entre la temprana identificación de la lengua autóctona con el nacionalismo por parte de la sociedad catalana y lo remisos que fueron los intelectuales y la burguesía de las demás regiones bilingües a aceptar este planteamiento. En principio, hubiera sido de esperar que el franquismo apuntalara simplemente dichas tendencias, situándose del lado conservador —pues se trataba de una dictadura de ideología católica y tradicionalista— y de las regiones que o bien habían formado parte desde el principio de la llamada España nacional —Galicia, Navarra, Baleares— o bien cimentaban su nacionalismo en la religión —País Vasco—. En otras palabras que el franquismo debiera haber conservado paternalistamente las lenguas catalana, gallega y vasca como símbolo de una sociedad tradicional incontaminada por la modernidad. No fue así. Sorprendentemente, el régimen de Franco proclamó la exclusividad del español y llegó a prohibir casi todas las manifestaciones públicas de los demás idiomas. Xavier Arzalluz, el que fuera durante el último cuarto del siglo XX presidente del PNV, lo ha señalado con claridad —y, lo que es notable, también con amargura— en un artículo publicado en el diario *Deia* de 6 de abril de 1997 y titulado *La «lengua de Franco»* (Juaristi, 1997, págs. 334-335):

> Sin embargo, lo que sucedió con la lengua fue mucho más grave. Era ir a arrancar la raíz de lo vasco. Y lo sabían. Quisieron imponer el castellano como única lengua. Y así la convirtieron de castellano en español … Conozco muy bien el origen de la lengua romance; conozco los códices emilianense y silense; he leído el Mío Cid, a Berceo y al Arcipreste, a Cervantes, a Lope, a Calderón, a Gracián y a Quevedo y no empañaré su memoria mezclándolos con el nombre de Franco. Pero con la misma legitimidad con la que la masa de mis detractores hablan de la «España de Franco», hablo yo de la «lengua de Franco», aunque con más amargura. Porque suprimiendo de la vida nuestra vieja lengua, nos impuso la que hasta entonces era sólo «lengua oficial», y disociando el euskera de España, nos disoció también a nosotros de ella.

Es muy posible que este sesgo inesperado de la política lingüística franquista tenga que ver con el notable protagonismo que alcanzaron los falangistas en los primeros momentos del régimen y la consiguiente pérdida de influencia del carlismo. Al fin y al cabo la política lingüística de los regímenes fascistas de Hitler y Mussolini se caracterizó por la imposición de una lengua a las minorías y por el purismo xenófobo (Bochman, 1985). Podrían multiplicarse los testimonios expresivos de la actitud negativa que la ideología falangista manifestaba respecto a esta cuestión (Ninyoles, 1977, cap. I). Ya José Antonio Primo de Rivera había atacado la normativización impulsada por Pompeu Fabra considerándola como un arma del nacionalismo catalanista:

> El alma popular catalana, fuerte y sencilla, fue llenándose de veneno. Ávidos intelectuales compusieron un idioma de laboratorio sin más norma fija que la de quitar toda semejanza con el castellano.

y en esta línea Santiago Montero Díaz apostilla:

> El falso amor a la lengua es la primera chispa del separatismo. Aparentemente, juegos florales, lirismo del pueblo y romanticismo anacrónico. Realmente, rencor y ponzoña. El amor a los idiomas regionales no ha impedido a los separatistas gallegos y catalanes falsificar esos dos bellos idiomas hispánicos, elaborando dos jergas ininteligibles y grotescas…

ideas que se convertirán en tópicos cuando las acoja la prensa del Movimiento, como en este artículo de Luis Antonio de Vega publicado en el semanario *Domingo* de San Sebastián el 15 de agosto de 1937:

> Aquí [en el País Vasco] y en la orilla mediterránea … se cultivaban los dialectos como si fueran bacilos de una peste con la que, desde siempre, tenían meditado contaminar nuestro robusto sentido nacional … Sin duda, por su aprovechada virulencia es por lo que ningún oído de buen español puede percibir palabras dichas en los dialectos de España sin un estremecimiento de tímpanos, considerándolos poco menos que una agresión al nacionalismo de quien los escucha, naturalmente contra su voluntad … Idioma uno en la España una.

Llegamos así a una identificación abusiva entre España y la lengua española, la cual excluye lógicamente a cualquier otro idioma. Aunque la Falange nació para combatir a la República y llegó a promover una guerra civil para derribarla, en este punto acabaría coincidiendo con la postura jacobina de los próceres republicanos, sólo que extremándola, pues se propuso alcanzar la uniformidad lingüística. El resultado fue una política de claro ataque a las lenguas catalana, gallega y vasca (Ninyoles, 1977, cap. II), manifestada ora en campañas callejeras mediante numerosos carteles que aconsejaban hablar español («Si eres español, habla español», «Si eres español, habla el idioma del Imperio», etc.), ora en manuales escolares —una escuela que pasó a ser totalmente monolingüe— en los que se diferenciaba entre el español y las demás lenguas, como este sorprendente *Catecismo Patriótico Español*, un texto obligatorio en las escuelas por orden ministerial de 1 de marzo de 1939:

> —¿Se hablan en España otras lenguas más *[sic]* que la lengua castellana?
> —Puede decirse que en España se habla sólo la lengua castellana, pues, aparte de ésta, tan sólo se habla el vascuence que, como lengua única, sólo se emplea en algu-

nos caseríos vascos y quedó reducido a funciones de dialecto por su pobreza lingüística y filológica

—¿Y cuáles son los dialectos principales que se hablan en España?

—Los dialectos principales que se hablan en España son cuatro: el catalán, el valenciano, el mallorquín y el gallego.

ora en la prohibición del uso público de dichos idiomas —toponimia, rótulos comerciales, empleo litúrgico, medios de comunicación (Benet, 1973)—. La política lingüística del franquismo triunfante consistía en reservar el catalán, el gallego y el vasco para la vida familiar, como pone de manifiesto el bando que el 27 de enero de 1939 dictó el general Eliseo Álvarez Arenas, subsecretario de orden público del gobierno de Burgos, con ocasión de la toma de Barcelona:

> Persuadido de que Cataluña siente a España y la unidad española, pese a la maldad de algunos y a los errores de muchos, el Caudillo Franco formula la promesa solemne de respetar en ella todo lo auténtico e íntimo de su ser y de su autarquía moral que no aliente pretensiones separatistas ni implique ataques a aquella sacrosanta unidad. Estad seguros, catalanes, de que vuestro lenguaje en el uso privado y familiar no será perseguido *(Boletín Oficial de la Provincia de Barcelona,* 1, 4 de febrero de 1939, pág. 1)

Desde el punto de vista del nuevo régimen, toda pluralidad lingüística pública, ya no digamos oficial, atentaba contra uno de sus fundamentos más queridos, la unidad de España. En realidad, la política que se llevó a cabo, sobre todo en los primeros momentos, estuvo guiada por el convencimiento de que, frenando la difusión de los llamados idiomas regionales, ponían freno al separatismo. Esto se advierte incluso en los sectores contestatarios de la Falange, acaudillados señaladamente por el poeta Dionisio Ridruejo (1964, pág. 18), quien escribe:

> En enero de 1939 se produjo la ocupación de Barcelona y con ella una crisis de decepción en mi ánimo parecida a la de los días de la unificación [de la Falange con el carlismo]. Aunque al modo falangista, veía yo el problema catalán como un problema delicado y no me parecía que el atropello de las cosas que los catalanes amaban —comenzando por su idioma— fuera lo más aconsejable para disuadirles de su veleidad secesionista.

Sin embargo, sería erróneo atribuir esta postura al conjunto del régimen franquista, tanto en extensión como en duración. Ni los monárquicos ni los carlistas, los otros dos integrantes del Movimiento, se proponían borrar del mapa social toda lengua que no fuese el español. Los primeros mantenían la conocida postura del régimen desaparecido en 1931, la cual concebía las otras lenguas como expresiones simbólicas de un regionalismo mimado por el monarca e integrado en la estructura federal de la CEDA. En cuanto al carlismo, no hay que decir que conciliaba sin contradicción su integrismo doctrinal con la pluralidad lingüística. Los carlistas eran federalistas y estaban implantados sobre todo en las regiones bilingües, en Cataluña, Valencia, Aragón, Navarra. País Vasco y Galicia, que es fundamentalmente donde tuvieron lugar las campañas de las guerras carlistas en el siglo XIX. Los carlistas navarros, en particular, constituían un grupo intelectual que, como ha mostrado Elorza (1978), reivindicaba el euskera, y de ahí que se agrupasen en la *Asociación Euskara de Navarra,* a la que pertenecieron escritores como Nicasio Landa o Arturo Campión: esta asociación duró poco (de 1877 a 1897), pero está en el origen de *Euskaltzaindia*, la futura Academia de la Lengua Vasca. Promovió candidaturas fueristas para las cuatro provincias vasconavarras (de hecho, su lema era *Zazpiak bat*, «las siete [cuatro españolas y tres francesas], una») y su defensa del euskera resulta inequívoca, según se advierte en este párrafo de su programa: «Si el pueblo euskara, cuya raza, cuyo genio peculiar, cuyas costumbres son tan esencialmente distintas de las de los otros pueblos, ha podido conservar su personalidad y se ha mantenido con su genuino carácter y sus varoniles virtudes a través de los siglos, es indudablemente porque supo guardar, como en depósito sagrado, esa antiquísima lengua vascongada». Sin embargo, el carlismo fue descabezado en 1937 con el decreto de unificación impuesto por Franco —al que siempre se opuso su cabeza visible, Fal Conde— y aunque encontró nuevas alas cuando el atentado de la basílica de Begoña (1942) —en el que algunos jóvenes falangistas atentaron contra el Ejército— obligó al dictador a frenar a la Falange, siempre mantuvo una actitud distanciada respecto al régimen. El carlismo era euskerista y fuerista, sólo se diferenciaba del nacionalismo vasco por su españolismo.

El fin de la Segunda Guerra Mundial, con la derrota del eje, determinó una lenta deriva del régimen franquista hacia el abandono de la ideología fascista de Falange y un acercamiento al simple autoritarismo corporativista —la llamada democracia orgánica—. Por lo que respecta a la cuestión lingüística, ello tuvo el resultado de ir abriendo paulatinamente la mano. Se pueden establecer tres etapas (Vallverdú, 1981, pág. 93): período de prohibición absoluta (1939-1945); período de tolerancia (1946-1961), en el que empiezan a publicarse algunos libros; período de liberalización (1962-1975), con un notable aumento de la producción editorial en lengua vernácula y el renacer de iniciativas ciudadanas, tanto normativizadoras (esto es, interesadas por depurar la lengua) como normalizadoras (interesadas en aumentar sus prerrogativas sociales). Es significativo que estas tres fases se correspondan con las tres fases del propio régimen de Franco: la represión de la posguerra, la autarquía (desde el fin de la Segunda Guerra Mundial, 1946) y la reforma económica de los tecnócratas (desde 1957).

Esto quiere decir que la cuestión de las lenguas no es una invención del período de transición política que siguió a la muerte de Franco. Casi todas las actitudes existían antes y casi todas las medidas que se aplicarían en el último cuarto del siglo XX habían sido propuestas también con anterioridad. Lo pone de manifiesto el célebre informe (autodenominado «dramático») que redactó Xesús Alonso Montero (1973, págs. 143-146):

> Uno se pregunta: una lengua como la gallega, ¿puede resistir muchos días, muchas horas, el asedio del castellano en una sociedad donde prácticamente lo que tiene fuerza y prestigio es el castellano, está en castellano o está con él? … Se dice, con harta frecuencia, que abandonar u olvidar la lengua propia es perder la personalidad. Creo, sinceramente, que es perder fibras muy serias de nuestra personalidad, lo que no es poco. Ahora bien, una parte de Galicia hace tiempo que, en lo esencial, ya tiene como lengua *suya* el castellano. Afirmar lo contrario sería incurrir en mitificación. No por ello la otra parte, aún más numerosa, debe renunciar a sus legítimos derechos … ¿Qué hacer? La eterna canción. En mi opinión sólo hay dos caminos para salvar nuestra lengua de una muerte inmediata. 1. Conseguir ahora mismo *[sic]: a)* Educación preescolar y Educación General Básica en nuestro idioma. *b)* Presencia, de un modo o de otro, en los restantes niveles de la enseñanza. *c)* Radio, Prensa diaria y televisión total o casi totalmente en la lengua del país. *d)* Teatro en ciudades, villas y aldeas. *e)* Li-

teratura de quiosco en abundancia: tebeos, fotonovelas, etc. *f)* Multiplicar por 100 el número de libros y por 10 las tiradas. Entre ellos: enciclopedias, manuales, resúmenes, folletos de divulgación...

Este programa, enunciado como una utopía en 1973, se ha cumplido casi del todo, hecha salvedad del pretendido monolingüismo de los canales de televisión (imposible desde el desarrollo de las redes de televisión por cable, por onda o a través de satélite, con sus centenares de posibilidades que emiten desde cualquier lugar del mundo) y de la proliferación del teatro en lengua vernácula (pues en España el teatro casi ha muerto, cualquiera que sea la lengua en la que se exprese).

Sin embargo, entre 1975 y 2000 sí que cambió, y mucho, la aceptación social de dichos planteamientos. En esto la cuestión lingüística difiere notablemente de los demás contenciosos ideológicos provocados por el franquismo. Parece ingenuo pretender sin más que la diferencia entre el período franquista y el período democrático abierto por la Constitución de 1978 estriba en que: donde no había democracia, pasó a haberla; donde existía un sistema represivo de las costumbres sociales (sobre todo sexuales), estas se liberalizaron; donde primaba el Estado confesional, se impuso el laicismo; y donde la norma era el monolingüismo se pasó, al plurilingüismo. Esta visión panorámica, que confronta las dos fases extremas del proceso, es correcta, pero pasa por alto algo muy importante: *los españoles deseaban mayoritariamente la democracia, la libertad de costumbres sociales y el abandono de la tutela eclesial bastante antes de 1975, pero no eran por lo general partidarios del plurilingüismo, ni siquiera en algunos estratos sociales de las comunidades bilingües*. Si no se entiende esto, no se entenderá el carácter traumático del cambio operado ni las innumerables secuelas políticas que se han derivado del mismo. Como advierte Alonso Montero, en Galicia, el gallego había sido abandonado en las ciudades hacía tiempo y se consideraba un signo de rusticidad. Otros autores que recoge en su informe abundan en la misma opinión, por ejemplo, Carlos Durán escribe en 1971 en la revista *Grial* lo siguiente:

> También los intelectuales europeos siguieron escribiendo latín durante la Edad Media, mientras el pueblo hablaba romance. Imaginad a nuestros escritores escribiendo en gallego, mientras el pueblo se pone a hablar en castellano, porque se lo mete la televisión o, peor aún, castrapo [una mezcla de castellano y gallego], para acabar de terminar la leyenda negra de la indecisión del gallego. Sería una ignominia para el galleguismo. Después de siglos de resistencia sorda en los montes, venir a morir tontamente a la ciudad, por nuestra indiferencia y por nuestra culpa.

En otras comunidades bilingües ocurre algo parecido. En el País Vasco el retroceso del euskera es antiquísimo, pues durante la Edad Media aún se hablaba en las comarcas pirenaicas de Ribagorza y Pallars, de donde fue desplazado por los romances aragonés y catalán. Luego, en el Renacimiento se inicia una segunda fase de repliegue, que se acentúa en el siglo XVIII y que habría de aumentar todavía más con la industrialización del XIX y las corrientes migratorias que llenaron el Gran Bilbao de obreros procedentes de la Meseta. También aquí, y con más razón, el español, que no sólo era la lengua de las ciudades y de la burguesía sino también la de amplias áreas rurales de la zona sur, se ve abocado a un proceso sustitutivo de reeuskaldunización, no siempre culminado con éxito según se infiere de este texto de Julio Caro Baroja (1985, págs. 34 y 113):

Con esto llegamos a la hora presente. Con esto, también, llegamos al momento en que podemos ver que es una «identidad dinámica» a diferencia de lo que es una «identidad estática». La caracterización fundamental, primera, de lo vasco según la lengua, resulta que sirve y no sirve a la par y que en sí es un motivo de controversia e incluso de lucha violenta. En muchos puntos del país se leen letreros que vienen a decir que en Euskal-Erria *hay* que hablar vasco, como si pensar silogísticamente tuviera validez en este orden y en cualquier otro. A veces estos letreros se hallan en pueblos que no lo hablan, desde hace ciento cincuenta años o más … Hace ya bastantes años que en la zona norte de Navarra se enseña vasco. Hace tiempo, también, que se han dado diplomas a niños que lo aprendían, haciéndoseles un examen previo. Bien. Puedo afirmar, por lo que he observado, siempre en Vera, que aquellos niños a los que me refiero, flamantes diplomados en 1970, *hoy no* hablan vasco y no recuerdan más que unas cuantas fórmulas para demostrar que algo saben. Paralelamente, los que ahora estudian, si no son de familias que hablan el idioma en casa, no siguen una conversación. Primer castillo en el aire. Segundo: muchos de los mayores que saben algo de vasco, en las conversaciones comunes y corrientes hablan siempre algo de vasco entre ellos. El vasco es una especie de signo de solidaridad, con el que se realizan unos «ritos» políticos, como en las religiones antiguas se realizaban determinados ritos religiosos con palabras misteriosas.

Es evidente que los dos textos anteriores, el de Durán y el de Caro Baroja representan posiciones enfrentadas respecto a la cuestión de la lengua vernácula. Sin embargo, la situación que reflejan es la misma: a la muerte de Franco ya se habían iniciado los movimientos de recuperación del idioma y se habían puesto en marcha medidas educativas encaminadas a enseñarlo a una población originaria —y no inmigrante— que ya no lo tenía como lengua materna.

Pero donde más significativa resulta la defección lingüística de las clases altas y media altas respecto del idioma vernáculo es en los territorios catalanohablantes. Bien mirado, que los vascos llevaran siglos perdiendo su lengua no es sorprendente, pues se trataba de un idioma no indoeuropeo, tenido en el medioevo por bárbaro (Guiter, 1977): lo verdaderamente admirable es que, a trancas y a barrancas, se hubiese mantenido hasta ese momento, cosa que no podía decirse de ninguna otra lengua primitiva de Europa como el ligur o el ibero, y tampoco de muchas bastante menos primitivas como el celta de la Galia o el osco de Italia. Tampoco era de extrañar la situación del gallego: frente a Cataluña y al País Vasco, Galicia no había experimentado un proceso de expansión ligado a la Revolución industrial, por lo que el gallego tenía inevitablemente una connotación de lengua propia de campesinos pobres de los que la gente culta de las ciudades pretendía diferenciarse hablando el idioma de la Administración, de la Iglesia y de la cultura, el castellano. En ambos casos resulta patente que la lengua propia, el gallego y el vasco, tan apenas había sido obstaculizada —ya no digamos perseguida— por el centralismo del Estado, sino que la razón de su retroceso, social, territorial o ambos, era imputable sobre todo al abandono que de la misma hicieron sus hablantes en beneficio de sus intereses particulares. Pero el caso de Cataluña era distinto. Los Estados de la Corona de Aragón habían sufrido los decretos de Nueva Planta (Valencia y Aragón, 29 de junio de 1707; Baleares, 28 de noviembre de 1715; Cataluña, 16 de enero de 1716) en los que se prohibía expresamente el catalán en la Administración de justicia, así que la responsabilidad de la corte resultaba irrefutable:

Las causas en la Real Audiencia se substanciarán en lengua castellana.

y también era patente su voluntad asimilista, como se advierte en la siguiente instrucción secreta redactada por el abad de Vivanco, secretario del Consejo de Castilla, que va dirigida a los corregidores de Cataluña:

> Pondrá el mayor cuidado en introducir la lengua Castellana, a cuyo fin dará las providencias más templadas y disimuladas para que se consiga el efecto sin que se note el cuidado.

Eran de esperar, por tanto, todo tipo de reacciones de resistencia frente al español. Aun así, Valencia y las Baleares parecían escapar a dicho diagnóstico porque, como no dejaron de advertir los historiadores de la lengua, habían tenido hasta fecha bien reciente una composición social muy parecida a la de Galicia y la situación de abandono voluntario de la lengua autóctona por las clases emergentes era exactamente la misma. Como señala Manuel Sanchis Guarner (1982):

> Como la industrialización del País Valenciano había sido débil, nuestra burguesía no tenía bases sólidas y era pusilánime ... el desajuste que solían padecer sus miembros entre un estatus económico mas bien modesto y su pretensión de imitar a la superestructura dirigente que hablaba castellano, les llevaba a abandonar el valenciano, la lengua del pueblo, para diferenciarse externamente del mismo. Si la castellanización idiomática de la aristocracia de Valencia había tenido lugar a mediados del siglo XVI, después de las Germanías, la de la burguesía se produjo a mediados del siglo XIX, en la época isabelina. La Renaixença de Valencia, igual que en Mallorca, quedó reducida a un movimiento de élite intelectual.

En Cataluña la situación era diferente. El nacionalismo surgió con fuerza y alcanzó de lleno a las clases dirigentes, unas clases que nunca dejaron de hablar catalán, exactamente igual que el pueblo llano. La Renaixença había comenzado estando ligada al movimiento romántico con la oda *La Pàtria* de Bonaventura Carles Aribau publicada en 1833 en la revista *El Vapor*, de tendencia liberal, y con el poemario *Lo Gayter del Llobregat* (1841), del poeta conservador Joaquim Rubió i Ors. El catalanismo era, pues, un sentimiento general, ni de derechas ni de izquierdas. El movimiento requería unas normas comunes para la lengua recuperada: dicho proceso no podía llevarse a cabo sin la ayuda del poder político y la encontró en la *Lliga Regionalista* fundada por Enric Prat de la Riba en 1901, la cual logró el reconocimiento oficial de la *Mancomunitat de Catalunya*, un organismo administrativo común para las cuatro provincias catalanas. Fue Prat de la Riba quien promueve la creación del *Institut d'Estudis Catalans* (1907) y anima a Pompeu Fabra a redactar una ortografía y una gramática desde la *Secció Filològica* (1911). A partir de las conclusiones del *Primer Congrés Internacional de la Llengua Catalana* (1906), Fabra fue elaborando sucesivamente las *Normes ortogràfiques* (1913), la *Gramàtica catalana* (1918) y el *Diccionari general de la llengua catalana* (1932). Por eso, tras las convulsiones de la Guerra Civil y de la posguerra, ya durante la última fase del franquismo, hubo una cierta recuperación pública —y no sólo privada— de la lengua catalana. Así, las disposiciones del Concilio Vaticano II (clausurado el 8 de diciembre de 1965), hicieron posible la impartición de clases en catalán en los seminarios de las diócesis de Cataluña. Entre 1966 y 1968 se desarrolló una intensa campaña ciudadana titulada *català a l'escola*, aunque no logró que el decreto de 2 de febrero de 1967 rehiciese la Ley de Enseñanza Primaria en este sentido. Y no sólo en la escuela: Joan Manuel

Serrat recibe el encargo de cantar la canción seleccionada para representar a España en el festival Eurovisión —el «La, la, la»— y renuncia a hacerlo cuando no se le autoriza a cantarla en catalán. Por estos años, también se da marcha atrás a absurdas disposiciones del primer período franquista, como la que impedía inscribir productos en catalán en el Registro de la Propiedad Industrial (BOE de 28 de abril de 1964) o la que prohibía dar nombres catalanes a los barcos (Decreto de 20 de junio de 1968). La Ley de Prensa e Imprenta de 1966 deja de poner trabas a la publicación de textos en lengua catalana. Incluso las Cortes franquistas se harán cuestión del problema de las lenguas vernáculas cuando a partir del 10 de octubre de 1967 se incorporen los procuradores elegidos por el llamado tercio de representación familiar. Por ejemplo, el procurador por Lérida don Joaquim Viola Sauret presentó una enmienda en la que solicitaba se considerase la enseñanza de las otras lenguas. Todas estas iniciativas o no prosperaron o quedaron rebajadas en sus aspiraciones, pero son indicativas de un cambio de mentalidad: todas ellas, también, tuvieron su origen en relación con el catalán, aunque luego se hicieran extensivas a los demás idiomas. Así se llega, en las vísperas mismas de la muerte de Franco, a una amplia movilización social de todas las tendencias, la *Assemblea de Catalunya*, la cual promovió en 1973 una intensa campaña de opinión titulada *Per a l'ús oficial de la llengua catalana*.

En el período franquista existen, pues, notables diferencias entre Cataluña y las demás regiones bilingües, tanto las de lengua catalana —Valencia, Baleares—, como las de otras lenguas —Galicia, Navarra, País Vasco—, en ninguna de las cuales llegó a haber ni amplios movimientos a favor del idioma vernáculo ni mucho menos capacidad de influir en las decisiones políticas del régimen en lo relativo a esta cuestión. Aunque en todas ellas aparecieron grupos sociales de ideología nacionalista que vinculaban la idea de nación a la buena salud del idioma, carecían de un partido político suficientemente fuerte como para transformar estas ideas en una acción política decidida. Fuera de Cataluña, sólo el Partido Nacionalista Vasco llegó a tener, dentro del nacionalismo, entidad suficiente como para representar una oposición efectiva al franquismo, si bien, dado el escaso porcentaje de hablantes de euskera, sus actividades se tradujeron sobre todo en resultados de índole política más que encaminadas a la expansión de la lengua. Es significativo que ETA naciese por entonces como una escisión del PNV: mientras que en Cataluña el terrorismo no haría su aparición hasta la democracia y siempre de manera muy limitada —Terra Lliure—, en el País Vasco algunos grupos optaron por la acción directa ante la evidencia de que el euskera por sí mismo constituía un vínculo demasiado débil y disperso como para sustentar una alternativa nacionalista eficaz. Ello no quiere decir que no hubiera iniciativas ciudadanas para abrir ikastolas en las que se enseñaba a los niños en lengua vasca, pero fueron pocas y durante este período sus alumnos eran sólo vascohablantes maternos. Tampoco faltaron iniciativas en pro de la alfabetización en euskera de los adultos, las cuales se inician justamente entonces. Sin embargo, el espíritu que movía estas corrientes era antes la nación que la lengua. Es significativo que Sabino Arana postergase el nombre tradicional de *Euskalerria* («los que hablan vasco») en beneficio de *Euskadi* («la nación vasca»): todavía en 2003 un pleno de Euskaltzaindia, la Real Academia de la Lengua Vasca, se pronuncia a favor del término *Euskalerria* y «recuerda la necesidad de respetar una tradición secular que nada ni nadie puede interrumpir o tergiversar». Y así, mientras que en Cataluña el partido nacionalista y la institución académica reguladora del idioma van unidos desde el principio y son el resultado de la iniciativa de una misma persona —Prat de la Riba—, en el

País Vasco, el siglo XX se había iniciado con la fundación del Partido Nacionalista Vasco por Sabino Arana en 1895 y de *Euskaltzaindia* (Real Academia de la Lengua Vasca) en 1918, organismo promovido por los filólogos y eruditos Resurrección M.ª de Azkue, Julio de Urquijo y Severo Altube: ambas instituciones polemizaron en relación con el dialecto que habría de servir de modelo a la norma del vasco y también sobre la menor o mayor libertad para incorporar préstamos de otras lenguas.

2. LENGUA E IDEOLOGÍA

Había dos tradiciones culturales en las que los intelectuales podían inspirarse a la hora de definir el binomio lengua-nación, la alemana y la francesa (López García, 2006). Para los románticos alemanes, la lengua precedía claramente a la nación, pues como dice Ernst Moritz Arndt en su escrito de 1813 *Was müssen die Deutschen jetzt tun?* («¿Qué deben hacer ahora los alemanes?»):

> Sentid los sagrados e irrompibles lazos de una misma sangre, de una misma lengua, de unas mismas costumbres, que los extraños intentaron romper ... Nunca más católicos y protestantes, prusianos y austriacos, sajones y bávaros, gente de Schleswig y de Hannover, nunca más diferentes creencias, diferentes percepciones, diferentes deseos —sois alemanes, luego sed unos.

Para los ilustrados franceses como Antoine de Rivarol en su discurso *L'universalité de la langue française,* leído en 1783 ante la Academia de Berlín, la lengua expresa el genio de la nación:

> El hombre que habla es por tanto el hombre que piensa en voz alta y si se puede juzgar a un hombre por sus palabras, se puede también juzgar a una nación por su idioma. La forma y el fondo de las obras de las que cada pueblo se jacta no tiene importancia: es preciso partir del carácter y del genio de la lengua, pues casi todos los escritores siguen reglas y modelos, pero toda una nación habla conforme a su genio.

En España se dieron ambos planteamientos en función de la vitalidad respectiva del idioma. En Cataluña, donde todos hablaban catalán, el nacionalismo y la nación se interpretaron, en sentido germánico, como la consecuencia inevitable del lazo espiritual representado por la lengua catalana. En el País Vasco, donde el euskera estaba en franco retroceso y las clases dirigentes ya no solían ser euskaldunes, fue la idea nacional, activada por la pérdida de los fueros —que el abrazo de Vergara, con el que acabó la Primera Guerra Carlista, juró respetar, pero que el Estado avasalló—, la que, dentro de la tradición francesa, acabaría catalizando la recuperación de la lengua. Por eso abundan desde el siglo XVI los discursos apologéticos sobre el genio de la lengua vasca (Tovar, 1980), pero resultan prácticamente inexistentes del lado catalán: en el fondo, *la Grammaire générale et raisonnée* de Arnauld y Lancelot, en la que se identifica el francés con la razón, y *la Apología de la lengua bascongada* de Astarloa, en la que el euskera se reivindica como lengua del paraíso, responden a una misma visión del mundo.

En las demás regiones bilingües el binomio lengua-nación no llegó a presentarse con tanta claridad, entre otras razones porque las disputas normativas ahogaron cualquier otra consideración, pero fundamentalmente porque el español era la lengua de las ciudades y el alzamiento del idioma vernáculo a la condición de idioma nacional resultaba problemático. En Valencia, Constantí Llombart había fundado la sociedad *Lo Rat Penat* («el murciélago», símbolo de la ciudad de Valencia) para apoyar la lengua en 1878, pero surgieron problemas con la aceptación de la normativa fabriana, elaborada fundamentalmente a partir del catalán central; algo parecido sucedió en las Islas Baleares y en la Cataluña francesa. Así, el padre Lluís Fullana, que había participado en el congreso de 1906, intentó una solución de compromiso entre las normas fabrianas y los usos del valenciano, más próximos al español. Ello abrió una amplia polémica que se saldaría con la aceptación tácita de las normas unitarias cuando un grupo de escritores, intelectuales y gramáticos se reúnen en Castellón en 1932 y firman las llamadas *Normes de Castelló*. Sin embargo, la Guerra Civil impidió que la iniciativa se consolidase y los años 50 y 60 —coincidiendo con la publicación de *Nosaltres els valencians* (1962) de Joan Fuster, texto de enorme influencia— vieron reabrirse las disputas. Mientras Manuel Sanchis Guarner publica su *Gramàtica Valenciana* (1950), Carles Salvador la suya (en 1952), Enric Valor su obra *Millorem el llenguatge* (1971) y Francesc de Borja Moll su *Gramàtica catalana referida especialment a les Illes Balears* (1968), todas de entronque fabriano, los escritores Xavier Casp y Miquel Adlert, que habían fundado con Sanchis Guarner la Editorial Torre para promover el valenciano, inician a partir de las postrimerías del franquismo un movimiento secesionista que terminaría con la aprobación de unas normas específicas en El Puig. Ello abrió un período desgraciado de disputas cívicas, especialmente virulentas a comienzos de la transición y que se conoce como *la batalla de Valencia*.

Por lo que se refiere a Galicia, aunque en el XIX había habido un importante movimiento literario en lengua gallega, habrá que esperar al siglo XX para que la recuperación del gallego pueda compararse a lo que estaba ocurriendo con el romance oriental de la Península. Por lo pronto, resultaba evidente la necesidad de consensuar una norma común para el gallego. Aunque la sociedad Folklore Gallego de Emilia Pardo Bazán puso la primera piedra en 1895, desde 1906 existe la *Real Academia Galega*, cuyo primer presidente fue Murguía. Los avatares políticos y la Guerra Civil golpearon duramente a esta institución, que no siempre logró imponer sus criterios. Hubo que esperar a 1982 para que se llegase a un acuerdo con el *Instituto da Lingua Galega*, de la Universidad de Santiago, y en el momento presente, fuera de algunos grupos lusistas (como la *Associaçom Galega da Lingua*) partidarios de asimilar la norma del gallego a la del portugués, el acuerdo es general.

El hecho de que Cataluña hubiese precedido a las demás regiones bilingües durante la Segunda República y durante el franquismo en la cuestión del idioma no fue debido a una mayor resistencia nacionalista respecto a los poderes centrales. Durante mucho tiempo este mito ha funcionado como un supuesto indiscutible —e indiscutido— tanto desde Cataluña (Ferrer i Gironés, 1985) como desde fuera de ella. Hoy no estaríamos tan seguros. Joan Lluís Marfany (2001) ha realizado un exhaustivo estudio sobre las actitudes de los catalanes de toda condición respecto a su lengua entre el siglo XVI y el XIX y los resultados han conmocionado a los expertos —e incluso a la opinión pública— porque no avalan en absoluto el supuesto anterior. Muy al contrario, lo que vienen a demostrar es que, si bien es cierto que a lo largo de los siglos ha existido una obstrucción política hacia la lengua catalana —más intensa en unos períodos que en otros, obviamente—, mucho más importante fue la actitud de los propios catalanes, los cuales, de un lado, no dejaron nunca de hablar catalán —porque pensaban, primero, que era una lengua y, segundo, que era la suya—, pero, de otro lado, movidos por razones pragmáticas derivadas casi siempre de la mayor extensión o consideración social del español, se sirvieron libremente de este último en toda clase de documentos públicos y privados. Una cosa fue la política y otra la lengua: por eso, mientras que la incidencia del catalán en todos los ámbitos de la vida social era mucho mayor que la del vasco al iniciarse la transición hacia la democracia —y así sigue siendo en la actualidad—, en cambio las atribuciones de los Estatutos de Autonomía que se irían aprobando tras la promulgación de la Constitución de 1978 privilegiaban claramente al País Vasco y a Navarra respecto de Cataluña.

La lengua tenía, pues, ya en 1975 un componente ideológico en todas las comunidades españolas. En las comunidades monolingües resultaba obvio que el español era, no sólo la lengua oficial del Estado, sino sobre todo la lengua común, la lengua en la que todos los ciudadanos españoles podían entenderse y que, por ello mismo, suministraba un sólido basamento para la continuidad histórica del proyecto de España. Se trataba de una idea compartida por todos, por la derecha franquista y por la izquierda de tradición republicana y socialista. Tampoco era una idea original: lo que los ciudadanos de Francia, Alemania o EEUU piensan del francés, del alemán o del inglés respectivamente viene a ser muy parecido. Sin embargo, los testimonios que hemos expuesto arriba muestran que en las comunidades bilingües o, al menos, en Galicia, Euskadi y Cataluña, las cosas no se veían así por todos, en la última ni siquiera por la mayoría. Durante la República se había constituido el grupo *Galeuzca* (Galicia + Euzkadi + Cataluña), empeño que dio lugar a una revista y a una reivindicación federalista de estas tres comunidades ante el Gobierno central. Durante el franquismo (el 16 de diciembre de 1944) nació en el exilio la propuesta de una *Comunidad Ibérica de Naciones*, un proyecto promovido por Manuel de Irujo (País Vasco), Castelao (Galicia), Pi Sunyer (Cataluña) y Araquistain, pero que fracasó porque este último —socialista y representante oficioso de Madrid— no aceptó que las comunidades representadas por aquellos fueran consideradas naciones en pie de igualdad con España. Así que la muerte de Franco había reabierto un problema pendiente.

Sin embargo, estas tres comunidades lo veían de forma diferente (López García, 1997). En Cataluña la lengua tenía una dimensión sintomática, era un *síntoma* de la comunidad y los catalanes sentían que sin lengua no existiría Cataluña. En el País Vasco, en cambio, la lengua se consideraba más bien un *símbolo* nacional, algo que había que recuperar, pero que no había sido imprescindible para salvaguardar la conciencia nacional, mucho más ligada al sentimiento de pérdida de los fueros. En Galicia, finalmente, la lengua era un *icono* de la comunidad, identificaba a los gallegos, pero no se consideraba imprescindible y de ahí que hubiera una gran cantidad de ciudadanos emigrados a América que seguían considerándose gallegos a pesar de haberla perdido. Lo sorprendente es que el último cuarto del siglo XX iba a unificar estas tres posturas —respectivamente sintomática, simbólica e icónica— y a imponer en todas ellas tratamientos, tanto legales como educativos, inspirados en el modelo catalán.

3.   LA CONSTITUCIÓN DE 1978 Y LOS ESTATUTOS DE AUTONOMÍA

A la muerte de Franco resultaba evidente que uno de los problemas que la transición política debería resolver era el lingüístico. Por eso, la Constitución de 1978 se ocupa de las lenguas por segunda vez en la historia de España. Los textos legales (Siguán, 1992) en los que se regula la cuestión del idioma son los siguientes:

> Constitución española (artículo 3): 1. El castellano es la lengua española oficial del Estado. Todos los españoles tienen el deber de conocerla y el derecho de usarla. 2. Las demás lenguas españolas serán también oficiales en las respectivas Comunidades Autónomas de acuerdo con sus Estatutos. 3. La riqueza de las distintas modalidades lingüísticas de España es un patrimonio cultural que será objeto de especial respeto y protección.

y se continúan con los Estatutos de Autonomía de las comunidades bilingües, los cuales desarrollan algunos párrafos del texto constitucional:

> Estatuto de Autonomía de Cataluña (artículo 3): 1. La lengua propia de Cataluña es el catalán. 2. El idioma catalán es el oficial de Cataluña así como también lo es el castellano, oficial en todo el Estado Español.

> Estatuto de Autonomía de Galicia (artículo 5): 1. La lengua propia de Galicia es el gallego. 2. Los idiomas gallego y castellano son oficiales en Galicia y todos tienen el derecho de conocerlos y usarlos.

> Estatuto de Autonomía del País Vasco (artículo 6): 1. El euskera, lengua propia del País Vasco, tendrá, como el castellano, carácter de lengua oficial en Euskadi y todos sus habitantes tienen el derecho a conocer y usar ambas lenguas.

> Estatuto de Autonomía de las Islas Baleares (artículo 3): La lengua catalana propia de las Islas Baleares tendrá, junto con la castellana, el carácter de idioma oficial, y todos tienen el derecho de conocerla y de utilizarla. Nadie podrá ser discriminado por razón del idioma.

> Estatuto de Autonomía de la Comunidad Valenciana (artículo 70) 1. Los dos idiomas oficiales de la Comunidad Autónoma son el valenciano y el castellano. Todos tienen derecho a conocerlos y a usarlos … 5. La Ley establecerá los criterios de aplicación de la lengua propia en la Administración y en la Enseñanza.

> Ley de reintegración y amejoramiento del régimen foral de Navarra (artículo 9) 1. El castellano es la lengua oficial de Navarra. 2. El vascuence tendrá también carácter de lengua oficial en las zonas vascoparlantes de Navarra. Una ley foral determinará dichas zonas, regulará el uso oficial del vascuence y, en el marco de la legislación general del Estado, ordenará la enseñanza de esta lengua.

La Constitución de 1978, redactada y aprobada en una época convulsa en la que España estaba amenazada de recaer en una dictadura y en la que durante bastante tiempo se debatió la alternativa entre reforma o ruptura, es el resultado de un compromiso. Por lo que respecta al texto constitucional, llama la atención la absurda denominación del *español* como *castellano*, algo absolutamente inexacto en la actualidad, pues es la lengua materna de la mayoría de los españoles y el idioma que todos hablan y entienden. Incluso en términos históricos, es evidente la importancia de Castilla en su gestación, pero no su carácter exclusivo, ya que los primeros textos aparecieron en otras regiones también. Parece claro que el legislador no quiso herir susceptibilidades y que, puesto que las demás lenguas también son españolas, como se dice en el texto, le pareció inconveniente dar el nombre de *español* a la más extendida, a pesar de que internacionalmente no se la conoce de otra manera. A su vez, el cotejo de la Constitución con los Estatutos de Autonomía permite hacer pormenorizados excursos jurídicos, pero aquí sólo nos fijaremos en dos aspectos:

Mientras que el español —llamado *castellano*— se considera tan sólo *lengua oficial* del Estado, los otros idiomas alcanzan, salvo en Navarra, la categoría de *propios*, a la vez que de oficiales, en sus respectivos territorios. Esta diferencia continúa parcialmente un error que ya se cometió en la República y es el de reservar para el español tan sólo la condición de oficial. Según esto, en los territorios monolingües, como ha glosado con gracia Gregorio Salvador (1987), no tendrían lengua propia (materna), sólo lengua oficial, lo que es un disparate. Cuando se compara España, que da nombre al español, con los países hispanoamericanos, resulta chocante que en sus Constituciones el español suela ser algo más que oficial, pues casi siempre se le considera lengua *nacional* (Alvar, 1986). Evidentemente los legisladores rehuyeron el término *nacional* para que en los Estatutos de Autonomía no se aplicase a las otras lenguas, lo cual habría supuesto implícitamente que dichas comunidades tenían igualmente carácter de nación. Por ello prefirieron el sinónimo *propio*: *lengua propia* se emplea en estos Estatutos con el sentido de lengua típica del territorio, aunque naturalmente ello deja sin definir las razones de la propiedad que se le atribuye, si es por nacimiento —es decir, si es la lengua materna mayoritaria—, por territorio o por motivos históricos. Ello suscita de entrada varias dificultades: el gallego en Galicia y el catalán en Cataluña y en las Baleares eran lengua materna mayoritaria, pero no lo era el catalán en Valencia ni el euskera en Navarra o en el País Vasco. Por otra parte, el criterio territorial planteaba serios problemas en cuanto que existían espacios de todas estas Comunidades bilingües en los que la mayoría de la población no era de lengua vernácula: grandes zonas en el País Vasco y en Navarra, parte del territorio en la Comunidad Valenciana y algunos núcleos urbanos en Cataluña, en Galicia y en las Baleares. En cuanto a los motivos históricos dependen de la fecha de corte y son siempre discutibles: al fin y al cabo, el árabe es en Valencia y en toda la Catalunya Nova anterior en su implantación al romance, como también lo es en la mayor parte de España; en cuanto a Navarra, si por histórico se entiende un tiempo pasado del que queda constancia escrita, la lengua de la cancillería del antiguo reino de Navarra nunca fue el vasco, sino el latín. En cualquier caso todos estos desajustes afectan sobre todo a las actitudes de los ciudadanos ante la lengua, más que a la vida de la lengua en sí.

Por el contrario, la segunda objeción que cabe hacerle al texto constitucional acabaría siendo la fuente de innumerables polémicas y de disputas administrativas que, a veces, terminaron en el juzgado. Se refiere al carácter obligatorio u opcional de los mismos. Como la lengua oficial del Estado es el castellano, se proclama el deber de conocerlo y el derecho de usarlo, mientras que para los otros idiomas, sólo existiría, en sus respectivos territorios —salvo en Cataluña y en Navarra—, el derecho de conocerlos y usarlos. Dicho así, ello excluye cualquier política impositiva en el campo de la enseñanza: los estudiantes (y en el caso de los menores, sus padres) tienen el derecho de ser escolarizados en cualquiera de las dos lenguas de la Comunidad (normalmente, en la materna), pero sólo tienen obligación de conocer la oficial del Estado, por lo que no se les puede escolarizar contra su voluntad en una lengua vernácula. Quedan excluidas de esta normativa Navarra y Cataluña, cuyos respectivos textos estatutarios no aluden a derechos y deberes, pero implícitamente insinúan dos líneas de desarrollo opuestas: en Navarra se señala la prevalencia del español, declarado oficial, y se añade la oficialidad del vascuence en ciertos territorios, relegando a los mismos la enseñanza bilingüe; el texto catalán, por el contrario, considera propia a la lengua catalana, luego la declara oficial, y sólo más tarde acepta también la oficialidad del español por estar legislada para todo el Estado. Se trata de dar carta legal a la asimetría entre Cataluña y las demás Comunidades bilingües a la que se aludió arriba.

Resulta patente también que el texto constitucional contenía una laguna: no mencionaba por su nombre a las otras lenguas. Ello derivó en que fueran los Estatutos de Autonomía los encargados de hacerlo, lo que se tradujo en Valencia en una polémica de larga duración, no tanto respecto al nombre del idioma —*valencià* es la denominación popular desde siempre—, cuanto a su consideración filológica, es decir, respecto a si se trataba del mismo idioma que el catalán —lo que ningún filólogo osaría discutir— o si, como pretendían algunos, había llegado a ser un idioma distinto. Pero las carencias del texto constitucional no se reducían al valenciano. En Galicia se acabaría planteando el problema de las relaciones del gallego con el portugués, cuestión inexistente en el Estatuto, pero que había presidido la vida intelectual de Galicia durante mucho tiempo. También se hacía mención a la cuestión de la lengua en otros Estatutos de Autonomía. La Constitución de 1978 reclamaba respeto y protección para las distintas modalidades lingüísticas. Este término vago, con el que los legisladores querían referirse a ciertos dialectos del latín hispánico que terminaron siendo absorbidos por el español, animó a otras regiones a plantearse la conveniencia de incluir sus dialectos representativos como opciones lingüísticas reconocidas. El término más perfilado fue el *bable*, en el Estatuto de Asturias. El de Aragón habla genéricamente de las diversas modalidades lingüísticas para zanjar así el problema de nombrar el catalán (que se habla en una franja limítrofe con Cataluña y se conoce generalmente como *chapurriau)* y la oportunidad de que las hablas pirenaicas (cheso, benasqués, etc.) se consideren una sola o varias. El Estatuto de Andalucía, en fin, alude a los valores lingüísticos del pueblo andaluz.

4. LA NORMALIZACIÓN LINGÜÍSTICA: UN CONCEPTO IDEOLÓGICO

Los textos legales que acabamos de glosar abrían la vía a una serie de reformas educativas que, efectivamente, se pusieron en marcha en las Comunidades Autónomas bilingües mediante sendas leyes de enseñanza. Sin embargo, a juzgar por las tensiones que surgieron y de las que dan testimonio numerosos textos, parece que tampoco aquí hubo consenso: mientras que desde posiciones nacionalistas se tildaron estas reformas de débiles y pacatas, desde otros ámbitos se acusó a los Gobiernos de las comunidades bilingües de prevaricación, de aplicar la ley de forma torticera y maximalista con voluntad explícita de arrinconar al español. De muestra basta un botón. Mientras que Xesús López Valcárcel (1990), miembro del Gabinete de Reforma Educativa gallego, escribe:

… todavía están vigentes en la mentalidad colectiva ciertos prejuicios, reservas y temores grabados pacientemente durante mucho tiempo. Son conceptos previos que suponen un freno, muy importante, para el proceso de normalización. Las actitudes contrarias al idioma, sin fundamentos lingüísticos, se asumen sobre todo con vehemencia afectiva. Estos conceptos previos negativos se están neutralizando en la enseñanza —aunque no en la medida que la realidad exige— mediante la acción de los profesores,

el profesor Manuel Jardón (1993, pág. 76), en cambio, apostilla:

> Con ser coactiva la legislación «normalizadora» y discriminatoria a secas la discriminación positiva a favor del gallego, mediante subvenciones y méritos curriculares, considero más coercitiva e insultante para la dignidad individual la propaganda insistente y omnipresente. … la propaganda insistente, machacona en la idea de que expresarse en gallego es requisito imprescindible para ser buen gallego, y de que ser buen gallego es sinónimo de ser buena persona, afecta a lo más íntimo…

Evidentemente existen dos posiciones encontradas a favor y en contra de la llamada normalización lingüística. Se podrían citar textos contrapuestos similares procedentes del País Vasco, de Comunidad Valenciana o de Cataluña. Con todo, fue en esta última donde dicho concepto surgió como opción ideológica. El desarrollo de esta línea de actuación política y educativa vino marcado por las transformaciones semánticas que experimentó un término clave: *diglosia*. En realidad la palabra *diglosia* había sido utilizada originariamente por Charles A. Ferguson (1959, pág. 430) para referirse a situaciones monolingües:

> … [es] una situación lingüística relativamente estable en la que, al lado de los principales dialectos de la lengua (la cual puede incluir diversas formas regionales normativizadas), hay una variedad muy divergente, altamente codificada y a menudo gramaticalmente más compleja, que es vehículo de un corpus literario escrito muy amplio y respetado; [esta variedad] procede de un período más antiguo o de otra comunidad lingüística, se aprende en la educación formal y se usa sobre todo como lengua escrita y habla formal, pero no en la conversación ordinaria de ningún sector.

Ferguson se refiere a una situación como la que se da en la lengua árabe, donde el árabe culto, el llamado árabe literal, es el del *Corán* y no coincide con ninguna de las variedades de árabe habladas en los distintos países. Sin embargo, Joshua A. Fishman (1965, pág. 66) trasladó el concepto de diglosia a las sociedades bilingües en las que habría una lengua empleada para usos formales y otra, subordinada a ella, usada en la conversación informal:

> … el bilingüismo es esencialmente una caracterización de la conducta lingüística individual mientras que la diglosia es una caracterización de la organización lingüística en el nivel sociocultural…

El corolario que se extrae de este planteamiento es que lo que antes se veía como un problema de usos sociales ahora se interpreta como un problema de poder. Si hay dos lenguas ligadas por una *relación de poder* en la que A predomina sobre B, resulta inevitable que dicha situación se vea como una situación inestable y que los partidarios de la lengua considerada desfavorecida, B, hagan todo lo posible por desplazar al idioma supuestamente favorecido, A. Lo ha expresado con claridad el sociolingüista Rafael Lluís Ninyoles (1971, págs. 93, 100, 106) en los siguientes términos:

> Por una parte, normalizar significa dar normas, regular, codificar, estandarizar un idioma estableciendo una variedad supradialectal. Por otra parte, este término sugiere poner, o volver a poner, una cultura en su nivel «normal»: situarla en pie de igualdad con otras culturas, en un mismo plano.

Pero esto no puede lograrse sin conflicto:

> Toda normalización no es, en definitiva, sino una respuesta a los problemas y a las nuevas oportunidades que presenta una sociedad democrática moderna. En este sentido … la agudización de un conflicto lingüístico es un índice probable del avance democrático … «Normalizar» una cultura es la condición ineludible para «modernizar» un país.

La llamada normalización lingüística llegaría a justificar todo un programa político de contenido cultural y educativo en las comunidades bilingües, si bien su aplicación concreta difirió notablemente en cada una. Desde los supuestos aludidos y la idea de que el bilingüismo siempre será inestable porque esconde un conflicto latente, se explican varios fenómenos que dejaron perpleja a una buena parte de la opinión pública de las zonas monolingües y ante los que reaccionó con irritación:

1.º Que se considerase progresista y moderno el apoyar el avance de una lengua en detrimento de otra. En efecto, sin estas premisas resulta incomprensible que la izquierda catalanista, vasquista o galleguista —y como reflejo la izquierda española en general, aunque no toda— apoyase los procesos de normalización, pese a que la tradición ideológica de la que venía sostenía justamente la postura contraria.

2.º Que las medidas educativas puestas en práctica en las comunidades bilingües contribuyesen decididamente a este propósito propugnando medidas que en ocasiones contradecían la vieja reivindicación nacionalista de que los niños fueran escolarizados en su lengua materna. No se puede generalizar, a menudo las situaciones concretas que se han dado en algún centro educativo no siempre están avaladas por la Administración. Por ejemplo, la Generalitat de Catalunya recoge las ideas pedagógicas de la acreditada Escola Rosa Sensat cuando recomienda en un decreto de 25 de mayo de 1978:

> La Generalitat de Catalunya se propone que todos los niños de Cataluña reciban instrucción de primeras letras en su lengua materna catalana o castellana y que la reciban también en la otra lengua, castellana o catalana, para que al terminar los estudios básicos, a los catorce años, puedan utilizar las dos habitualmente y de forma correcta.

pero, con el tiempo, en ciertas escuelas de Cataluña, se ha ido introduciendo un modelo educativo que enseña casi todas las materias a los niños de los inmigrantes castellanohablantes en una lengua que no es su lengua materna.

3.º Que, en la práctica, el español haya pasado a ser en las comunidades bilingües una lengua de segunda en casi todos los foros públicos de la cultura sostenidos por las instituciones oficiales, aunque, paradójicamente, en los medios privados siga predominando sobre las otras lenguas.

El planteamiento del conflicto lingüístico suponía que la alternativa a la «normalización» (es decir, al desplazamiento del español por el catalán, el vasco o el gallego) era la «sustitución» (del catalán, del vasco o del gallego por el español) y, al mismo tiempo, la de una cultura por otra. Esto se ve claramente en el siguiente texto de Francesc Vallverdú (1980, págs. 135-136) en el que glosa —y critica— la postura de los llamados anti-integracionistas:

> Para Pérez González la «peculiaridad catalana» … «es un hecho parcial, no es toda la realidad social catalana, ni siquiera es correcto presentarlo necesariamente como la realidad más importante de la sociedad catalana actual» … Finalmente, Antoni Pérez considera que la Cataluña actual es «sociológicamente bilingüe» y considera irreal el aforismo que formula así: «Los inmigrantes vienen a un país que tiene lengua propia y tienen el deber de aprenderla y de integrarse en ella». Para este autor «la lengua propia no la tiene el «país-abstracción», sino la «sociedad-concreción» de los hombres reales; y esta sociedad humana concreta tiene *hoy* en Cataluña, no una lengua propia, sino básicamente *dos*, el castellano junto con el catalán … No vale la pena entrar a discutir detalladamente el «anti-integracionismo» de Antoni Pérez. Partiendo de una notable incomprensión del hecho nacional catalán y de un misticismo falsamente obrerista, lleva a sus últimas consecuencias una doctrina claramente contaminada por la ideología españolista dominante.

Como se puede ver, la ideología normalizadora supone que la lengua no tiene una base individual, sino territorial: como históricamente en Cataluña se habla catalán, que es, por tanto, su *lengua propia*, resulta necesario que todos sus habitantes, incluido el 40 % de inmigrantes que llegaron en los dos períodos de expansión económica industrializadora, el de fines del XIX y el de la época franquista, termine por hablarlo también. Pero este aserto, aceptado a regañadientes por la ideología antinormalizadora en cuanto que representa una conculcación de los derechos individuales, deja abierta la cuestión de si es factible una sociedad en la que todos hablen catalán, pero algo menos de la mitad no lo tenga como lengua materna, es decir, una sociedad bilingüe. Los ideólogos de la normalización pensaban que no, que el bilingüismo encubre la dominancia de la lengua que no se considera propia del territorio, y por eso propugnaron el monolingüismo —si bien últimamente con mayor comedimiento (Castillo Lluch, 2006)—, quejándose con amargura de la falta de voluntad política de las instituciones para hacerlo realidad (Mollà, 2002, págs. 235-236):

> En resumidas cuentas que ninguno de los textos legales vigentes en el Estado español sobre materia lingüística establece como objetivo real la plena *normalización* de las lenguas que dicen *defender*. Muy al contrario, sanciona la desigualdad como *normalidad*; es decir, la superioridad del castellano y la inferioridad de *las demás lenguas españolas* [en español en el original].

5. LOS TEXTOS LEGALES Y LAS POLÍTICAS LINGÜÍSTICAS

El examen de los textos legales relativos a la «normalización lingüística» revela que, en efecto, eran mucho menos maximalistas (Siguán, 1992, págs. 88-97). Es interesante apuntar que, mientras las Comunidades catalanohablantes insisten en el preámbulo de sus primeras leyes (Cataluña, junio de 1983; Comunidad Valenciana, noviembre de 1983, Baleares, junio de 1986) en la necesidad de recuperar el tiempo perdido y aluden a una situación de desigualdad, en plena sintonía con la ideología normalizadora expuesta arriba (aspectos destacados en cursiva):

> Esta ley se propone *superar la actual desigualdad lingüística impulsando la normalización del uso de la lengua catalana* en todo el territorio de Cataluña. En este sentido la presente Ley … erradica cualquier *discriminación por motivos lingüísticos* y especifica las vías de impulso institucional en la normalización lingüística de Cataluña.
>
> La Generalitat como sujeto fundamental en el proceso de recuperación de la plena identidad del pueblo valenciano tiene el derecho y el deber *de devolver a nuestra lengua el rango y el lugar que merece* acabando con la situación de abandono y deterioro en que se encuentra … La presente ley trata *de superar la relación de desigualdad existente entre las dos lenguas oficiales* de nuestra Comunidad Autónoma, disponiendo para ello de las medidas pertinentes para impulsar el uso del valenciano en todas las esferas de nuestra sociedad y especialmente en la Administración y la enseñanza.

> La Comunidad tiene como objetivo llevar a cabo las acciones pertinentes de orden institucional para que el catalán como vehículo de expresión y como principal símbolo de nuestra identidad como pueblo *vuelva a ser el elemento cohesionador del genio isleño* y ocupe el lugar que le corresponde en calidad de lengua propia de las islas Baleares.

ni Galicia ni las Comunidades de lengua vasca adoptaron este planteamiento en los preámbulos a sus leyes de normalización (País Vasco, noviembre de 1982; Galicia, junio de 1983: Navarra, diciembre de 1986), sino que se contentaron con enfatizar la importancia de la lengua como basamento cultural de la identidad colectiva:

> Reconocida la lengua como elemento integrador de todos los ciudadanos del País Vasco deben incorporarse a nuestro ordenamiento jurídico los derechos de los ciudadanos vascos en materia lingüística.

> Aquellas Comunidades que, como Navarra, se honran en disponer en su patrimonio de más de una lengua están obligadas a preservar este tesoro y evitar su deterioro o su pérdida.

> La Constitución de 1978 al reconocer nuestros derechos autonómicos como nacionalidad histórica hizo posible la puesta en marcha de un esfuerzo constructivo encaminado a la plena recuperación de nuestra personalidad colectiva y de su potencia creadora. Uno de los factores fundamentales de esa recuperación es la lengua, por ser el núcleo vital de nuestra identidad. La lengua es la mayor y más original creación colectiva de los gallegos…

Esta divergencia obedece a la diferencia de planteamiento que señalábamos arriba: mientras que en Cataluña, en Baleares y en la Comunidad Valenciana (aquí porque los discursos normalizadores se concibieron como una reivindicación —muy minoritaria— de la fusión con Cataluña en los llamados *Països Catalans*) la lengua constituye el punto de partida, en las comunidades gallega, navarra y vasca la lengua es un punto de llegada, pero el origen se halla más bien en la etnia o en el sentimiento de pérdida de las libertades políticas.

No obstante, esta diferencia no fue óbice para que las políticas lingüísticas emprendidas en todas las comunidades bilingües siguieran un patrón similar, consistente, básicamente, en impulsar una enseñanza bilingüe y en garantizar el aprendizaje de los primeros cursos en la lengua materna mediante la libertad de elección de idioma por los padres:

> Cataluña (artículo 14) 2. Los niños tienen el derecho a recibir la primera enseñanza en su lengua habitual, ya sea ésta el catalán o el castellano. La Administración debe garantizar este derecho y poner los medios necesarios para hacerlo efectivo. Los padres o los tutores pueden ejercerlo en nombre de sus hijos instando a que se aplique … 3. La lengua catalana y la lengua castellana deben ser enseñadas obligatoriamente en todos los niveles y los grados de la enseñanza no universitaria.

> Comunidad Valenciana (artículo 19) 1. Se tenderá, en la medida de las posibilidades organizativas de los centros, a que todos los escolares reciban las primeras enseñanzas en su lengua habitual, valenciano o castellano.

> Baleares (artículo 18) 1. Los alumnos tienen el derecho a recibir la primera enseñanza en su lengua, sea la catalana o la castellana.

> País Vasco (artículos 15 y 16) Se reconoce a todo alumno el derecho a recibir la enseñanza tanto en euskera como en castellano. En las enseñanzas que se desarrollen hasta el inicio de los estudios universitarios será obligatoria la enseñanza de la lengua oficial que no haya sido elegida por el padre o tutor…

> Navarra (artículo 24) 1. Todos los alumnos recibirán la enseñanza en la lengua oficial que elija la persona que tenga atribuida la patria potestad.»

> Galicia (artículo 13) 1. Los niños tienen derecho a recibir la primera enseñanza en su lengua materna. El Gobierno Gallego arbitrará las medidas necesarias para hacer efectivo este derecho.

¿Cómo conciliar una ideología radical y agresiva, surgida en el mundo universitario de la oposición antifranquista, con una postura legal conciliadora y moderada? Este dilema se planteó, de una u otra manera, en todas las Comunidades bilingües y ha constituido una fuente inagotable de problemas. Curiosamente, muchas veces las personas que tenían que aplicar la ley procedían del entorno en el que se había ido fraguando la ideología «normalizadora». Esto fue especialmente frecuente en el caso de los profesores, los cuales, tras participar activamente en asambleas —consideradas subversivas— en las que se jaleaba dicha ideología durante su etapa universitaria, se encontraron en la tesitura de aplicar en el aula un modelo bilingüe que habían rechazado con firmeza. De esta esquizofrenia derivaron muchas actuaciones dudosamente legales, las cuales han generado un abundante anecdotario del que se nutren las reivindicaciones de los partidos y colectivos enemigos de la normalización. También los funcionarios de los distintos niveles de la Administración se hallan en este caso, aunque aquí las tensiones han sido por lo general menores, tal vez porque los usuarios tenían una visión más pragmática de sus intereses y la duración de los intercambios lingüísticos no deseados es menor. Los textos que siguen son ilustrativos de la disconformidad de ciertos sectores de la población de las comunidades bilingües con la política lingüística normalizadora, unas veces por exceso:

Gran parte de la población de Cataluña, en el terreno lingüístico y cultural, no somos catalanes. Esto no quiere decir que estemos mudos. Quiere decir que tenemos una lengua propia que se llama español. Ésa es la lengua que nos hace personas con capacidad de expresar ideas y sentimientos. El español o castellano es la lengua que nos da una identidad cultural. Sin embargo, este hecho lleva camino de sufrir la muerte más estúpida. El castellano en Cataluña es como un muchacho lleno de vitalidad y posibilidades, pero a quien le cuentan un mito de que ha nacido de un acto ilegítimo, y que por ello debe morir y que, si bien no va a ser asesinado violentamente, sí que debe aceptar que se le corte la principal vía de alimentación, que es la existencia de un sistema educativo en español … Es necesario impugnar el modelo educativo de Cataluña. Pero también es necesario revisar los métodos de impugnación que se han intentado hasta el momento … Hay que tener en primer lugar claro cuál es el objetivo, y ése no es otro que evitar que allí donde hay políticas oficiales en marcha para deformar la realidad lingüística, el español no pierda ni una gota más de la sangre que le da vida, que son las personas que la hablan como primera lengua (del Editorial de *Vínculos*, hoja mensual de la Asociación Miguel de Cervantes, Barcelona, núm. 75, octubre de 2005).

Me temo que durante algún tiempo seguiremos padeciendo persecución y martirio *moral* los que, olvidando el pudor y la prudencia, nos lanzamos a los papeles a declarar un, al parecer imposible, amor a nuestra tierra gallega en la lengua de Cervantes. Se nos dirá que es imposible «amar a Galicia en castellano» como es imposible que los círculos sean cuadrados, que la noche sea día, que el silencio sea alboroto … «Amar a Galicia en castellano» debe ser locura… de amor. Porque hay que estar muy poco cuerdo para instalarse en Galicia, luchando por liberarla de las miserias morales y espirituales, a cambio del ostracismo, el desprecio absoluto, la desconsideración total, cuando no la expresa repulsa y la condena (Esperanza Guisán, «Amar a Galicia en castellano», artículo aparecido en *La Voz de Galicia* el 19 de diciembre de 1987).

y otras veces por defecto como, por ejemplo, la postura radical del escritor vasco Txillardegi quien, aplicando al pie de la letra la hipótesis Sapir-Whorf sobre las lenguas como formas que expresan una determinada visión del mundo, reclama un monolingüismo absoluto para la sociedad vasca porque, según él, sólo pueden percibir el mundo de manera vasca los que hablen euskera y, además, al estar dicho idioma tan alejado de los de su entorno, se trataría de una percepción absolutamente diferente.

En cualquier caso, sea verdadera o falsa la hipótesis del conflicto lingüístico, esto es, que el bilingüismo equilibrado resulta imposible y que dos idiomas no pueden coexistir en un mismo territorio sin estar siempre luchando por idénticos espacios, parece obvio que las comunidades bilingües españolas son comunidades lingüísticamente conflictivas. Ahora bien, una cosa es el conflicto entre los hablantes y otra el conflicto institucional. En cuanto al primero, parece que las situaciones problemáticas se viven en instancias relacionadas con la cultura, con la política y con la educación, rara vez en los demás ámbitos de la vida social. Sin embargo, las políticas educativas llevadas a cabo por las comunidades bilingües no justifican la estridencia de las posiciones adoptadas por sus supuestos beneficiarios. Por ejemplo, el *Plan xeral de normalización da lingua galega*, aprobado por unanimidad en septiembre de 2004 por el Parlamento gallego, establece los siguientes objetivos generales:

Garantizar la posibilidad de vivir en gallego a quien así lo desee, sabiendo que cuenta con el amparo de la ley y de las instituciones; Conseguir para la lengua gallega más funciones sociales y más espacios de uso, priorizando su presencia en sectores estratégicos; Introducir en la sociedad una oferta positiva de atención al ciudadano o al cliente como norma de cortesía de un nuevo espíritu de convivencia lingüística; Promover una visión afable, moderna y útil de la lengua gallega que rompa prejuicios, refuerce su estima y aumente su demanda; Dotar al gallego de los recursos lingüísticos y técnicos necesarios que lo capaciten para vehicular una vida moderna.

Son objetivos fácilmente asumibles por cualquiera (si se hace abstracción del horrendo estilo en el que están redactados). Tampoco tienen nada de agresivo los principios que rigen la actuación de la Viceconsejería de Política Lingüística del Gobierno Vasco, tal y como los expone su representante Josune Ariztondo (2000, pág. 72):

> En primer lugar quisiera recordar aquí que en Euskadi hemos optado, de manera democrática, por el bilingüismo, es decir, hemos optado por la consecución de una sociedad integrada por ciudadanos capaces de utilizar las dos lenguas oficiales de la Comunidad. El problema no es, por tanto, lo que queremos, sino cómo lo hacemos. En todo caso, el hecho de que esta opción por el bilingüismo sea mayoritaria no significa que sea unánime. Hay sectores contrapuestos que no participan de este objetivo ... Con todo ello, tres son los principios que animan nuestra acción política o, más en concreto, nuestra política lingüística: 1. En primer lugar, el principio democrático, según el cual, la voluntad de los ciudadanos es el primer elemento legitimador y, por lo tanto, el referente de nuestra política lingüística. 2. El segundo es el principio de acción positiva: consideramos que la política lingüística ha de trabajar ... por normalizar la situación lingüística de la Comunidad y ha de hacerlo con actuaciones positivas específicas para la promoción de la lengua minorizada...

Aparece aquí un concepto clave que no suele mencionarse ni en Cataluña ni en Galicia, el *de lengua minorizada*, con lo que se alude a una lengua minoritaria —el euskera— que perdió (se supone que por imposición de los poderes públicos) su condición de idioma de la mayoría. Ello determina actuaciones específicas como son los programas de euskaldunización y alfabetización de adultos, muy populares en el País Vasco y que ya se habían iniciado durante el franquismo, o todo tipo de actuaciones piloto relativas al fomento de la lengua propia en la familia, en la empresa privada, en el doblaje, etc. El concepto de lengua minorizada también se emplea a menudo en la Comunidad Valenciana —de hecho fue introducido por el sociolingüista valenciano Lluís Aracil—, pues no en vano es, dentro del dominio lingüístico catalán, donde más ha retrocedido socialmente el uso de la lengua propia, si bien la expresión no aparece en la *Llei d'ús i enseñyament del valencià* (1983) sino en textos más informales.

Por lo que respecta a la propia *Llei de política lingüística* de Cataluña (ley 1/1998 de 7 de enero), viene a coincidir con los objetivos de las demás comunidades bilingües:

> Artículo 5. *Los principios rectores de la actuación de la Generalitat.* 1. La Generalitat ha de garantizar los derechos lingüísticos de los ciudadanos y ciudadanas, el uso normal y oficial del catalán y del castellano, la enseñanza de las dos lenguas a toda la población, la capacitación y habilitación lingüísticas del personal al servicio de las administraciones y la igualdad plena de los ciudadanos y las ciudadanas en cuanto a derechos y deberes lingüísticos, en todos los ámbitos. 2. La Generalitat ha de realizar actuaciones de amparo, protección y promoción y fomento del uso de la lengua catalana en todos los ámbitos, con adopción de las medidas necesarias y el destino de los recursos suficientes.

En resumen, la política lingüística de las comunidades bilingües ha procurado atenerse, durante el primer cuarto de siglo posterior a la muerte de Franco, a los principios del bilingüismo en todas ellas. Para conseguirlo ha fomentado la lengua propia y, en general, no ha entorpecido, pero tampoco alentado, el uso de la lengua española. Sin embargo, como esta ideología del bilingüismo venía siendo cuestionada desde la ideología de la normalización por los sectores más radicales del mundo intelectual y universitario en casi todas estas comunidades, el resultado ha sido un panorama de conflictos sectoriales, bastante difícil de fijar porque varía de unos lugares a otros y a menudo cambia también con el tiempo: basta con que en una escuela se trasladen dos o tres maestros para que la política lingüística efectiva cambie de manera radical y para que el sector de los padres que antes la alababa pasen a criticarla y al contrario.

Sin embargo el nuevo Estatuto de Cataluña, aprobado por las Cortes Generales y refrendado el 18 de junio de 2006 en referéndum, ha modificado el cuadro anterior y, presumiblemente, lo modificará más todavía cuando sus medidas y actitudes se hagan extensivas a los Estatutos que pronto iniciarán su andadura parlamentaria en las demás comunidades. El *quid* del asunto está en la sustitución del término *lengua propia* por el de *lengua normal*, el cual simbolizaría el éxito de la ideología normalizadora:

> Artículo 6. 1. La lengua propia de Cataluña es el catalán. Como tal, el catalán es la lengua de uso normal y preferente de las administraciones públicas de Cataluña, y es también la lengua normalmente empleada como lengua vehicular y de aprendizaje en la enseñanza. 2. El catalán es la lengua oficial de Cataluña. También lo es el castellano, que es la lengua oficial del Estado español. Todas las personas tienen el derecho de utilizar las dos lenguas oficiales y los ciudadanos de Cataluña tienen el derecho y el deber de conocerlas.

Este articulado refleja la postura maximalista de Esquerra Republicana de Catalunya, el partido que defendió a capa y espada la ideología normalizadora en la discusión del anteproyecto de Estatuto en el Parlamento de Cataluña. Por ejemplo, cuando el Gobierno de José Luis Rodríguez Zapatero ha reclamado una hora de lengua española más a la semana en las escuelas de Cataluña (donde la enseñanza se imparte habitualmente en catalán), la reacción de ERC, en su página web (15 de febrero de 2007) se argumenta como sigue:

> Estos días Cataluña ha vivido una polémica en torno a la lengua catalana y la educación. Como es sabido, el conflicto se ha generado a raíz de un nuevo intento del Gobierno español de laminar nuestras competencias en materia educativa, las cuales constituyen uno de los pilares fundamentales de nuestro autogobierno. En concreto, el Ministerio de Educación pretende dictar desde Madrid una batería de medidas de carácter educativo, una de las cuales sería la implantación obligatoria de una tercera hora de lengua española. Esto supone un ataque frontal al sistema educativo catalán y amenaza con politizar una cuestión que, entre nosotros, goza de un amplísimo consenso que garantiza la convivencia entre los viejos y los nuevos catalanes.

Según se puede ver, la cuestión no se interpreta simplemente como un conflicto de competencias administrativas, sino que se le da una lectura ideológica: el aumento de una hora de español se interpreta como un *ataque a la lengua catalana*, se habla de *conflicto* y, además, se distingue entre *viejos* y *nuevos* catalanes, esto es, entre los que tienen como lengua materna el catalán y los que tienen como lengua materna el español. El problema es que los hispanohablantes constituyen el 40% de la población de Cataluña, lo cual perfila un complejo panorama de tipo belga, que es imprevisible saber hacia dónde evolucionará y que no ha dejado de ser cuestionado por los defensores del bilingüismo (Royo Arpón, 2000). Por lo pronto ya ha suscitado reacciones políticas en la propia Cataluña. El 7 de junio de 2005 se creaba en Barcelona la Plataforma electoral Ciutadans per Catalunya, pronto transformada en partido político con el nombre de Ciutadans-Partit de la Ciutadania. Ante la sorpresa de muchos, este embrión de partido político se presentaba a las elecciones autonómicas y obtenía el 3,05% de los votos logrando tres escaños en el Parlament; aunque, teóricamente se presenta como un partido bisagra resultante del hastío de los ciudadanos (de ahí el nombre) ante la política tradicional, en realidad el detonante de su constitución ha sido la cuestión lingüística y su postura ideológica en favor del bilingüismo así lo confirma, según rezaba su programa electoral:

> Dos lenguas, patrimonio de todos. En Ciutadans reconocemos en el bilingüismo una riqueza y una importante señal de identidad de la sociedad catalana. Por ello impulsaremos las iniciativas necesarias para que este bilingüismo presente en la calle se traslade de manera natural a las instituciones, a los medios de comunicación pública, a la enseñanza, a la cultura; al mismo tiempo que eliminaremos las ingerencias de los poderes públicos en los usos lingüísticos privados y defenderemos la libertad lingüística de cualquier ciudadano.

Es interesante destacar cómo entre los promotores de ambos partidos, tanto de Esquerra Republicana de Catalunya como de Ciutadans-Partit de la Ciutadania, figuran muy señaladamente bastantes filólogos. Es como si las disputas que se mantenían en el claustro de la Universidad o del Instituto de Enseñanza Media se hubiesen trasladado a la política conservando un perfil ideológico estricto en ambos casos. Ocurre algo similar en el caso del gallego. Así, María Pilar García Negro (1993, págs. 87-89), diputada del Bloque Nacionalista Galego y profesora de Filología de la Universidad de La Coruña, expone ideas parecidas sobre lo que entiende por normalización cuando escribe:

> La cooficialidad, aunque fuese real, idealmente *fifty-fifty*, no aseguraría la vida plena —y, mucho menos, la restauración— de un idioma dominado, porque lo coloca en competencia forzosa con un idioma estatal que tiene todas sus funciones cubiertas, con una maquinaria expedidora e impositora *[sic]* en total funcionamiento, y, porque, además, neutraliza objetivamente sus posibilidades de normalización … Como alternativa, sintéticamente expresada, precisaríamos: ruptura de las normas actuales y normas de ruptura nuevas, esto es, un marco legal-institucional que reconociera, prescribiera y programara el gallego como lengua de Galicia, con todas las consecuencias, lo que supondría una franca inversión del *statu quo* actual: la pauta en gallego, los poderes públicos al servicio de este idioma, con reconocimiento de los derechos individuales para el español.

En el País Vasco, aunque tampoco sea infrecuente que las actuaciones políticas relacionadas con el euskera las protagonicen filólogos en activo, la ideología lingüística normalizadora no suele adoptar posiciones tan maximalistas (pero véase Sánchez Carrión, 1987, págs. 75-76, con su idea de que la situación del vasco respecto al español y al francés es de *diglosia glotofágica*, lo que justificaría una normalización del mismo tipo que la expuesta arriba): seguramente ello sea debido a que el cambio de lengua y la pretendida desaparición pública del español sólo resulta posible —si bien muy poco probable— cuando ambos idiomas son mutuamente inteligibles y la alternancia de código se produce sin especiales esfuerzos añadidos.

Estas líneas se cierran en un momento en el que son de esperar cambios sustanciales en los Estatutos de Autonomía, así que lo dicho arriba tiene un carácter muy provisional. Por ejemplo, el Estatut de Autonomia de la Comunidad Valenciana ya ha sido modificado en algunos artículos; el artículo sexto, relativo a la lengua, queda como sigue:

1. La lengua propia de la Comunitat Valenciana es el valenciano.
2. El idioma valenciano es el oficial en la Comunitat Valenciana, al igual que lo es el castellano, que es el idioma oficial del Estado. Todos tienen derecho a conocerlos y a usarlos y a recibir la enseñanza del, y en, idioma valenciano.

articulado que recuerda las posiciones del antiguo Estatut catalán. Por su parte, en Baleares todavía no se ha reformado el Estatut, pero el Gobierno tripartito ha activado el artículo 8 de la ley 11/2001, que no se había aplicado aún, con lo que se obliga al pequeño comercio a rotular y atender en catalán, exactamente igual que en el Principado.

6. La normativización: una cuestión más bien técnica

Cuando Ninyoles propuso el concepto de *normalización*, ya distinguía dos acepciones, la que hemos examinado hasta ahora, relativa a la ampliación de usos sociales del idioma, y una segunda que tiene que ver con la normativa (ortográfica, léxica, etc.). Posteriormente, se han adoptado rótulos diferentes para cada una de ellas y hoy se conviene en llamar *normativización* a esta última. A primera vista parece que no están relacionadas, pero esto no es del todo exacto: por un lado, cuando una lengua no tiene una normativa reconocida por todos, su implantación en la enseñanza y en los medios resulta claramente dificultada; por otro, la existencia de dialectos más o menos autónomos y con normas propias reabre la diglosia mencionada arriba, pero ahora invirtiendo los términos, de forma que el dialecto pasa a ser concebido como una variedad minorizada que tiene que defenderse de la glotofagia de la variedad superior. Esto le ocurrió muy señaladamente a la lengua catalana cuando se vio motejada en Valencia de imperialista e invasora, es decir, cuando algunos grupos —poco numerosos, pero de bastante influencia social— empezaron a acusarla de lo mismo que sus defensores habían acusado al español. Examinaremos sucesivamente los procesos de normativización del catalán, del gallego y del vasco, así como algunas normativizaciones atípicas que han afectado a dialectos latinos actualmente integrados en el diasistema del español.

Según se dijo, el catalán, que tenía una rica y compleja tradición científica y literaria ininterrumpida desde la Edad Media, se presenta, al producirse la muerte de Franco, totalmente normativizado, gracias al esfuerzo de Pompeu Fabra y de la *Secció Filològica* del *Institut d'Estudis Catalans*. No obstante, en los demás territorios del dominio lingüístico catalán, en Baleares y sobre todo en Valencia, las aguas no estaban tan remansadas. Fabra había intentado llegar a una norma que fuese una solución de compromiso entre las variedades de los distintos territorios catalanohablantes, pero no lo había logrado por completo, pues en su obra hay un cierto desequilibrio que beneficia, ya no al catalán del Principado, sino más bien al de la ciudad de Barcelona. Esto no tenía nada de particular (el francés no deja de ser la variedad de l'Île de France, la región de París), pero resultaba polémico para una lengua que carecía de un terreno discursivo común desde la desaparición de la Cancillería Real de la Corona de Aragón a finales de la Edad Media. Sobre todo Valencia, que nunca dependió políticamente de Cataluña y que fue concebida por el rey Jaume I como un reino equidistante de Cataluña y Aragón, tenía una clara propensión particularista, acentuada por el hecho de que la mayor parte de los grandes autores de la época clásica (los Ausiàs March, Martorell, Jaume Roig, etc.) son valencianos. Ya el padre Lluís Fullana, autor de una *Gramàtica elemental de la llengua valenciana* publicada en 1915, había hecho algunas concesiones normativas a lo particular valenciano, si bien en la comunicación que presentó al I Congrés Internacional de la Llengua Catalana (1907), titulada «Característiques catalanes usades en lo Regne de València», se mostraba unitarista: por eso acabaría firmando las *Normes de Castelló* en 1932, un documento en el que los gramáticos y los intelectuales valencianos optaban por una normativa específica que en lo fundamental sigue las propuestas de Fabra.

No sabemos qué habría pasado si la Guerra Civil no hubiese interrumpido este proceso. Lo cierto es que hacia 1950, cuando Manuel Sanchis Guarner publica su fabriana *Gramática Valenciana* en la Editorial Torre, que había fundado con los poetas Xavier Casp y Miquel Adlert, comienza la lenta recuperación pública del valenciano, apuntalada por la *Gramàtica valenciana* de Carles Salvador en 1951 y por el *Diccionari de la Rima* de Josep Giner y Francesc Ferrer Pastor en 1956. No obstante, la irrupción del libro *Nosaltres els valencians* (1962) del ensayista Joan Fuster, en el que se proclama no sólo la unidad lingüística, sino también la perspectiva de una futura unidad política de todos los territorios catalanohablantes —los llamados *Països Catalans*— despierta pasiones encontradas, pues encuentra apoyos en los ambientes universitarios, pero provoca reticencias en algunos valencianistas. Así, aunque Sanchis Guarner acababa de reiterar la unidad de la lengua en su libro *La llengua dels valencians* (1960) y también lo hace la obra *Millorem el Llenguatge* de Enric Valor (1971), sin embargo empieza a constituirse una corriente secesionista (a la que se sumarán los citados Casp y Adlert), culminada con la conversión a sus tesis de *Lo Rat Penat* (1977), la asociación que más se había preocupado por la defensa y promoción del valenciano. Para cuando llegue el *Decret de Bilingüisme* (1979), en plena transición democrática, la Academia de Cultura Valenciana, un organismo privado que fue espoleado desde la UCD para enfrentarse al unitarismo, elaborará tres propuestas normativas sucesivas en sólo tres años (entre 1979 y 1982) haciendo imposible la introducción del valenciano en la enseñanza. Con el *Estatut d'Autonomía* (1982) y la *Llei de Normalització Lingüística* (1983), el proceso de normalización se pone en marcha y el Gobierno del PSOE lo emprende siguiendo las *Normes de Castelló*, si bien con muchas dificultades y entre continuas trifulcas políticas y de orden público (hubo incluso atentados terroristas fallidos contra Fuster y Sanchis Guarner) protagonizadas por los llamados «blaveros» (del color azul, *blau*, que añaden a la bandera cuatribarrada de la antigua Corona de Aragón), las cuales defienden, por lo que a la normativa se refiere, las *Normes del Puig* (1981), una alternativa ortográfica exclusivista para el valenciano frente al catalán. Algunos años más tarde se produce una moderación de las posturas maximalistas de Joan Fuster (muerto en 1992) cuando se concede el premio de ensayo, que lleva su nombre, a Damià Mollà y Eduard

Mira por el libro *De impura natione*, en el que se considera a la Comunidad Valenciana como una región bilingüe catalana-castellana e independiente políticamente de Cataluña. La paz normativa no llegaría hasta que, como consecuencia de un pacto político suscrito por el PP y el PSOE (y en el que también intervino Jordi Pujol, el presidente de la Generalitat de Catalunya), se crea la *Acadèmia Valenciana de la Llengua* (por la ley 7/1998 de 16 de septiembre), una institución en la que los académicos son nombrados por el presidente de la Generalitat Valenciana conforme a un sistema de cuotas proporcional a la representación de los partidos políticos en el Parlament. Este organismo normativo tan particular fue acogido con escepticismo por los ambientes intelectuales, mas lo cierto es que se ha ido consolidando y que ha llegado a un consenso normativo consistente en aceptar la unidad de la lengua, pero con un reconocimiento generoso de las peculiaridades lingüísticas valencianas, según refleja esta cita del prólogo de su gramática (GNV, 2006, pág. 14):

> La lengua propia e histórica de los valencianos es también la que comparten las comunidades autónomas de Cataluña y de las Islas Baleares y el Principado de Andorra, así como otros territorios de la antigua Corona de Aragón … Las diferentes hablas de todos estos territorios constituyen una misma lengua o sistema lingüístico. En la redacción de la GNV se han intentado armonizar dos principios básicos: 1, La recuperación y priorización de las soluciones valencianas genuinas … 2. La convergencia con las soluciones adoptadas en los otros territorios.

La historia de la normativa en las Baleares es parecida, pero menos tormentosa: antes de la Guerra Civil destaca mosén Antoni M.ª Alcover, el impulsor del *Diccionari Català-Valencià-Balear*, un colaborador del Institut d'Estudis Català que luego se apartaría de él; tras la contienda civil y en parte gracias a la labor de Francesc de Borja Moll, autor de la *Gramàtica histórica catalana* (1952) y continuador del mencionado diccionario, se ha superado la tendencia de cada isla a denominar la lengua separadamente (como mallorquín, menorquín o ibicenco) y en general, después de una breve polémica surgida a raíz de la publicación del libro unitarista *Els mallorquins i la llengua autòctona* (1972) de Josep Massot, se ha adoptado sin demasiadas dificultades la normativa fabriana.

Pero si la adopción de una normativa común para la lengua catalana sólo ha sido problemática en uno de sus territorios, Valencia, la consecución de un logro similar para el euskera ha afectado a todos los territorios en los que se habla. Hay varias razones para ello, la más importante que el vasco llegaba a 1975 casi sin unificar, con una larga tradición de textos escritos en los diferentes dialectos. Nunca había habido una norma común y los primeros testimonios literarios correspondían al País Vasco francés, es decir, a la zona de menor importancia demográfica y económica en la actualidad, pues en su origen el vasco escrito se utilizó en textos religiosos protestantes (como la traducción del Nuevo Testamento del pastor Joanes Leizarraga de 1571), que, naturalmente, no tuvieron repercusión en la España católica e inquisitorial del siglo XVII. En 1960 (Rodríguez Bornaetxea, 2007), cuando toma posesión en Euskaltzaindia Jean Haritschelhar, su discurso lo hace en bajonavarro, el presidente de la institución, Lojendio, le da la bienvenida en guipuzcoano y la presentación la realiza Lafont en suletino. Naturalmente, pudiera creerse que esto es algo parecido a lo que habría sucedido en la RAE de los años 60 si tres académicos, por ejemplo, Pemán, Menéndez Pidal y Dámaso Alonso, hubieran intervenido sucesivamente en andaluz, en cántabro y en madrileño, pero no es así en absoluto: estas tres variedades del español están escasamente diferenciadas en el nivel culto y resultan mutuamente inteligibles, mientras que la intercomprensibilidad de los dialectos vascos a la sazón era dificultosa. A lo anterior se añadía que el único intento normativo paneuskérico anterior a nuestra época fue el de Sabino Arana, el cual se hizo en contra de los criterios de la Academia de la Lengua Vasca presidida por el acreditado filólogo Resurrección María de Azkue (impulsor del *gipuzkera osotua*, «guipuzcoano completado»), con una propuesta de unificación purista más política que filológica y en la que resonaban numerosos ecos del viejo esencialismo etnicista de los apologetas del XVIII. Era la consecuencia inevitable de anteponer la nación (que para Arana se identificaba con la raza) a la lengua: también existió una postura —similar a la catalana— en la que se primaba el idioma, la de Arturo Campión (1985), pero no logró imponerse. Conscientes del problema, a partir de 1963 se empieza a reunir en Baiona la *llamada Euskal Idazkaritza* (Secretaría Vasca), organismo que trabaja en la difícil unificación del verbo vasco (algo nada sencillo: el primer autor que en el siglo XVIII consiguió codificar la conjugación verbal de uno de los dialectos, el jesuita Manuel de Larramendi, tituló su trabajo *El imposible vencido).* De estas reuniones salió un acuerdo a finales de agosto de 1964, el cual fue presentado por Koldo Mitxelena a Euskaltzaindia, según recoge la revista *Euskera,* en 1968. Este mismo año se celebró en Arantzazu (Guipúzcoa) una reunión convocada por Euskaltzaindia, en su cincuenta aniversario, para asentar definitivamente el llamado *euskera batua* («vasco unificado») y encargar a Mitxelena que dirigiese las tareas normativas. Con todo, la resistencia política del nacionalismo a dicho *batua,* en el que predominaban las formas guipuzcoanas por su mayor regularidad, frenaba la aplicación del acuerdo académico, hasta el punto de que los escritores más conocidos tuvieron que reunirse en Ermua a finales de junio de 1968 para apoyarlo. Ello no impidió que el *batua* fuera criticado y atacado desde la trinchera política, la cual logró que en 1978, en la reunión celebrada en Bergara, Euskaltzaindia revocase parte de los acuerdos alcanzados previamente. Sin embargo, las necesidades prácticas de introducción del euskera en todos los niveles educativos y su uso en los medios de comunicación pudieron más que todas las reticencias del sector político.

En Galicia los problemas normativos se presentan con un cariz completamente diferente. En la Edad Media existió una sola normativa, la del llamado gallego-portugués, lengua literaria bastante artificial en la que se escribieron los Cancioneiros de manera indistinta por autores gallegos, portugueses y hasta castellanos. Sin embargo, la independencia política de Portugal (1143) determinó una separación cultural de Galicia, integrada en el reino de León y luego en el de Castilla, que no dejaría de tener consecuencias lingüísticas: a medida que el reino luso avanza hacia el sur y entra en contacto con nutridos grupos de mozárabes en Coimbra, en Lisboa y en el Algarve, su lengua se irá alejando de la gallega, con la que tan apenas contrae relaciones literarias o económicas, fuera de las regiones del sur del Miño. En la época de orígenes del nacionalismo gallego esta cuestión no llegó a plantearse tan apenas (salvo algunos artículos en la revista *A Nosa Terra* de las *Irmandades da Fala*, creadas en 1916), pero a partir de la muerte de Franco aparece un movimiento autodenominado *reintegracionista*, el cual se propone acercar el gallego al portugués y, en su versión más radical —reintegracionismo de máximos—, fundirlo simplemente con él por entender que, sin dicha absorción, el gallego carece de futuro. Para cuando surge este movimiento como grupo organizado y acaudillado por el filólogo Carballo Calero, ya existían unas normas para el gallego propuestas en 1970 por la Real Academia Galega, las cuales habían sido aceptadas, aunque con matices, por el otro organismo competente en la normativa gallega, el Instituto da Lingua Galega (creado en 1971) de la Universidad de Santiago de Compostela, de forma que el consenso era bastante general. Sin embargo (Fernández Rodríguez, 2000), en 1973 el filólogo portugués Manuel Rodrígues Lapa publica un artículo en el que propone lusizar el gallego porque:

> El gallego, tal como está, sólo puede expresar correctamente los fenómenos de la vida elemental … Si quisiéramos introducirlo en la ciudad, tendríamos que vestirle con un traje urbano, limpiarlo de mucha escoria que lo vuelve todavía grosero para el gusto exigente del hombre ciudadano.

Estos planteamientos, tildados de imperialistas, no podían prosperar. Hay que tener en cuenta que la relación de Galicia respecto de Portugal es exactamente la contraria que Valencia contrae con Cataluña, Galicia es la madre idiomática, no la hija. Por otra parte, mientras que el portugués del norte del Mondego, el de Guimarães y Viana do Castelo, enlaza con el gallego sin solución de continuidad, el que marca la norma, esto es, el de Lisboa, resulta francamente extraño y en ocasiones incomprensible para el oído gallego. La reacción no se hizo esperar y ese mismo año Ramón Piñeiro (1973) le contesta en estos términos:

> Esta batalla de la identidad espiritual de nuestra personalidad colectiva sólo la puede dar el gallego —nuestra lengua—, sólo la puede ganar el gallego —la lengua de los gallegos—. Para esa empresa histórica, tan decisiva, tan radical, no nos sirve el portugués literario actual, que nosotros nunca hemos hablado ni escrito. La alternativa que nos impone la Historia no es gallego / portugués, sino gallego / castellano. En esa alternativa, el portugués literario actual no puede sustituir al gallego.

Como se puede ver, los argumentos de Piñeiro, que llegarían a ser los de la Xunta de Galicia, los de la Real Academia Galega y los del Instituto da Lingua Galega, transcurren por la senda argumentativa de la *lengua propia*, la misma que apuntalaba el catalán y el vasco y que recogen los Estatutos de Autonomía. Por eso, cuando en 1982 la Real Academia Galega y el Instituto da Lingua Galega elaboren conjuntamente unas *Normas ortográficas e morfológicas do idioma galego,* en las que se concede prioridad a una norma sensible a la lengua oral, libre de castellanismos y equilibrada entre las regiones con preferencia sobre la posible cercanía al portugués, la Xunta de Galicia las convertirá en oficiales (junio de 1983). Ello provocó la reacción airada de los reintegracionistas agrupados en la *Associaçom Galega da Lingua*, un organismo, integrado básicamente por profesores, que había sido fundado en 1980 y que desde su órgano trimestral *Agália* (desde 1985) emprendió la defensa de las posiciones lusistas (véase Hernández Salido, 1995, para un estado de la cuestión). Inútilmente: en la España autonómica, en la que tan importante era poseer una lengua propia, Galicia no estaba dispuesta a renunciar a ella.

Pero si la condición de sistema lingüístico independiente, aunque estrechamente relacionado con el portugués, tenía sentido en el caso del gallego, por el contrario, la pretensión de independencia idiomática resultaba más bien gratuita en otros casos como el del bable asturiano y el de la fabla aragonesa. La Constitución de 1978, al no enumerar las lenguas de España diferentes del español e instar la protección de las distintas modalidades lingüísticas de España —fórmula ambigua donde las haya—, estaba abriendo el portillo a que cada Comunidad Autónoma constituyese a su dialecto en lengua propia, y ello fundamentalmente por dos motivos: porque la condición de autonomía histórica recaía precisamente sobre las comunidades con lengua propia (aunque no sobre todas ellas: Comunidad Valenciana, Baleares y en cierto sentido Navarra quedaron fuera del artículo 153, que se aplicaba sólo a Cataluña, Galicia y al País Vasco) y los responsables políticos creyeron que obtendrían mayores transferencias autonómicas en caso de contar con una lengua propia; subsidiariamente porque ello aumentaba su autoestima y acercaba la «región» al ansiado término «nacionalidad». En casi todas las Comunidades de lengua materna española se registraron episodios de disputa filológica en los que ciertos políticos, apoyados por filólogos más o menos oportunistas —las lenguas propias acaban generando cargos en la Enseñanza y en la Administración—, se enfrentaban al dictamen de las universidades y de la ciencia. Ocurrió en Andalucía con el andaluz —que algunos quisieron remontar al mozárabe y hasta al árabe de Al-Andalus (!)—, en Murcia con el panocho, en Extremadura con el castúo, en Canarias con el canario —cuando no con el silbo gomero (!)—, etc. Por lo general estas iniciativas chocaron con la realidad, esto es, con el hecho de que las variedades idiomáticas así reivindicadas eran no sólo dialectos indubitables del español para los filólogos, sino también en el sentir de sus hablantes, por lo que dichas iniciativas secesionistas no prosperaron.

Pero el asturiano y el aragonés planteaban un problema especial. En términos estrictamente filológicos no se trata de dialectos del español, sino del latín, son el resultado de la peculiar evolución *in situ* del latín que trajeron a las montañas de Asturias y de Aragón los colonizadores romanos. Como también el catalán, el gallego y el propio español fueron en su origen dialectos del latín, se concluía que el bable asturiano y la fabla aragonesa eran otras tantas lenguas propias, que los Estatutos de Autonomía respectivos debían tratar en calidad de tales. Este planteamiento resulta muy discutible porque un dialecto sólo se convierte en lengua cuando lo avala una tradición literaria y una norma constituida —era el caso de los romances catalán, español y gallego— o, caso de carecer de ellas, cuando su distancia lingüística respecto a las lenguas que lo rodean es suficiente —es lo que sucedía en vasco—. Ninguna de estas dos circunstancias se dio en el asturiano o en el aragonés: en sus respectivos reinos medievales, aunque llegaron a redactarse textos jurídicos en el romance local (Fuero de Avilés, Fuero de Jaca), pronto se optó porque la lengua culta fuese la *koiné* española general, con el resultado de que tanto el asturiano como el aragonés se escindieron en múltiples variedades y terminaron siendo dialectos del español. Esto no es nada raro en Europa: por ejemplo, el bávaro, el suabo o el renano son hoy dialectos del alemán (el cual encontró su norma en la traducción que Lutero hizo de la Biblia a su variedad idiomática sajona), aunque antes de Lutero tanto el sajón como los otros tres fueron variedades del antiguo alto alemán. Pese a ello, en Asturias se han repetido los signos externos que identifican a las lenguas propias de las Comunidades históricas (denominación absurda, pues en cuanto a histórica, Asturias lo es más que muchas de ellas): existe una *Academia de la Llingua Asturiana* para quien «l'asturianu ye una llingua románica que se fala nel Principáu d'Asturies» y que ha publicado una *Gramática* y un *Diccionariu*, existía en el siglo XIX una cierta tradición literaria en asturiano (las poesías de Francisco de Paula Caveda o la traducción del Evangelio de San Mateo de Manuel Fernández de Castro) y hoy hay publicaciones periódicas en bable, existe el *Conceyu Bable* (una organización empeñada en su promoción) y hasta existe un artículo del Estatuto de Autonomía de Asturias (1981) dedicado al idioma regional:

> Art. 4. El bable gozará de protección. Se promoverá su uso, su difusión en los medios de comunicación y su enseñanza, respetando en todo caso las variantes locales y la voluntariedad en su aprendizaje.

el cual parece propiciar claramente un incipiente proceso de normalización que se puso en marcha con la Ley de uso y promoción del Bable/Asturiano, aprobada el 23 de marzo de 1998. Sin embargo, todo esto no ha llegado a ser suficiente para convertirlo en la quinta lengua de España, fundamentalmente porque se halla escindido en hablas mutuamente ininteligibles y porque su grado de estimación social, hecha salvedad del valor simbólico, es bastante bajo. Como destaca el ponderado estudio de Kabatek (2006, 154, 156), de donde tomo las referencias anteriores:

> En parte, pues, el discurso asturianista puede adoptar los discursos sobre normalización lingüística generados sobre todo en Cataluña y asimilados por las demás comunidades ya que Asturias cuenta con una base lingüística con un cierto potencial para un proceso de planificación de corpus y estatus, pero en otros aspectos esta base parece estar por debajo del mínimo crítico que se necesita para que tal empresa prometa ser exitosa … La cuestión de si se trata de una «lengua» o de un «dialecto» no se puede contestar de manera clara … y corresponde, en situaciones dinámicas, muchas veces más a un postulado que a la descripción de la actualidad … En comparación con otras lenguas de España puede afirmarse que la «salud social» del asturiano es bastante menor que la del gallego, del vasco o del catalán —y pensamos que no es sólo por la llamada falta de política lingüística, sino debido a una larga serie de factores, de los que la política lingüística es probablemente más consecuencia que causa.

Y si esto le ocurre al asturiano, con una cifra estimada por la ALA (Llera Ramo, 1994) de medio millón de hablantes y que otras fuentes rebajan a 100.000, qué no habría que decir del aragonés, el cual no llega a 15.000, también aquí divididos en variedades locales que no se entienden entre sí. En el caso del dialecto aragonés concurren además otros factores negativos que no se dan en Asturias, como es el hecho de que nunca llegara a hablarse mayoritariamente en Zaragoza, con el agravante de que la estructura poblacional de Aragón es por completo diferente a la asturiana, pues la capital (con 750.000 habitantes) reúne a la mitad de la población de la región y toda la actividad política, económica y cultural está polarizada allí: salvando las distancias, se trata de un patrón inclinado al centralismo, como el francés o el argentino. En cambio, la revitalización del viejo dialecto se apoya indirectamente en el hecho de que la franja oriental de Aragón hable catalán, pues las medidas orientadas a proteger este último idioma, a menudo impulsadas desde la poderosa autonomía de Cataluña, arrastran de paso a la llamada fabla. El Gobierno de Aragón viene discutiendo hace tiempo la conveniencia de elaborar una ley de lenguas con contenidos proteccionistas para el catalán y el aragonés, y normativos para este último, pero no acaba de decidirse. De momento, sólo existe una mención en el Estatuto de Autonomía:

> Art. 7: …las diferentes modalidades lingüísticas de Aragón gozarán de protección, como elementos integrantes de su patrimonio cultural e histórico…

Si bien en el Estatuto reformado (2006) se encomienda a una futura ley autonómica la defensa de dichas modalidades.

Sea como sea, también aquí se han enfrentado los sectores universitarios con un grupo de escritores, agrupados en la recién constituida *Academia de la Fabla Aragonesa* y que desde los años 70 venían impulsando una unificación normativa artificial de las hablas pirenaicas, conocida como *fabla*, la cual se apoyaba en una gramática (Francho Nagore, *Gramática de la Lengua Aragonesa*, 1977) y en una agrupación cultural, el *Consello d'a Fabla Aragonesa*. Con todo, la realidad siempre acaba por imponerse y en el caso del aragonés casi todas las personas interesadas en el mismo empiezan a reaccionar preocupándose antes por la supervivencia de las hablas existentes que por lograr una unificación totalmente ilusoria, dada su escasa base demográfica y cultural. En este sentido resulta significativo el cambio de actitud de un grupo de partidarios de la fabla, encabezados por el emblemático escritor Anchel Conte, o que desde la Universidad de Zaragoza se acepte, junto al español en calidad de lengua propia (lo que marca una distancia palpable con otras comunidades bilingües), el valor simbólico del aragonés para la totalidad del territorio (Martín Zorraquino, 2004, págs. 207, 208):

> Una posible Ley de Lenguas de Aragón habrá de ajustarse al Estatuto de Autonomía … No debería darse un trato discriminatorio para el castellano … Esta lengua es propia de Aragón y constituye un bien patrimonial … debería subrayarse su carácter de «lengua común de todos los aragoneses» … El catalán debería presentarse como una lengua propia de Aragón con carácter minoritario, que constituye un bien patrimonial de *todos* los aragoneses … Las hablas aragonesas (o altoaragonesas) deberían tratarse como variedades propias, que constituyen un bien patrimonial de Aragón —de *todos* los aragoneses— (de especial interés, ciertamente, porque son exclusivas del territorio), pero carecen de unificación sistemática.

7. El futuro del plurilingüismo en España

De lo anterior se infiere que el futuro se presenta abierto y que la cuestión lingüística no está resuelta en España ni mucho menos. Fuera de fáciles soluciones electoralistas, de uno u otro signo, lo cierto es que:

A) Como destaca Etxebarría (2002), el 14% de los ciudadanos españoles declaran que su lengua materna es distinta del español, lo cual supone el porcentaje de lengua materna minoritaria más elevado de la UE;

B) Igualmente nota Etxebarria (2002) que en la UE existen 36 lenguas regionales o minoritarias habladas por más de veinte millones de personas de las que la mitad —unos 10 millones— viven en España;

C) Que el 40,94% de la población española viviera en el tránsito del siglo xx al siglo xxi en comunidades bilingües —según datos de Siguán (1999) basados en el censo de 1996— es una señal inequívoca de que el plurilingüismo constituye una peculiaridad de España en su conjunto y no sólo un rasgo específico de algunos territorios:

TABLA 21.1.—*Porcentaje de hablantes de lenguas propias por Comunidad Autónoma*

Comunidad Autónoma	Habitantes	% de España	Lengua propia materna (%)	La habla (%)	La entiende (%)
Cataluña	6.147.610	15,42	50	65	92
Comunidad Valenciana	4.023.441	10,09	40	48	75
Islas Baleares	796.483	2,00	64	67	85
Galicia	2.724.544	6,84	55	90	94
País Vasco	2.098.628	5,26	20	23	38
Navarra	530.819	1,33	9	12	15
Comunidades Bilingües	16.322.525	40,94	43	58	78

D) Llama igualmente la atención que el español se halle tan sólidamente implantado en las comunidades bilingües, pues el número de hispanohablantes maternos ronda la mitad de la población (Cataluña, Galicia, algo menos Islas Baleares), la supera (Comunidad Valenciana) o es francamente mayoritario (comunidades de lengua vasca);

E) Salvo en Galicia y en la zona vascohablante de la Comunidad Foral de Navarra, que son comunidades con poca inmigración, en los demás territorios existe bastante diferencia porcentual entre las personas que hablan la lengua propia y las que sólo la entienden, lo cual indica que los procesos de normalización, entendida como extensión del bilingüismo y no como sustitución del español materno, todavía no han concluido.

En cualquier caso, no puede decirse que la proyectada sustitución del español por las lenguas propias, tal y como exige la ideología del conflicto lingüístico, vaya adelante porque los *datos* de la lengua son una cosa y las *actitudes*, otra bien distinta. Lo que está sucediendo es que avanza el conocimiento y la valoración social de las lenguas propias de las comunidades bilingües sin que retroceda el uso del español. La Comunidad Autónoma bilingüe donde con mayor pormenor se ha estudiado esta cuestión es la gallega y a sus conclusiones nos remitimos. Los redactores del *Mapa Sociolingüístico de Galicia* (Fernández Rodríguez y Rodríguez Neira, 1994-1996), preguntaron a sus encuestados no sólo por las destrezas básicas en la lengua propia, sino también por la implantación como materno de uno y otro idioma:

TABLA 21.2.—*La lengua materna en Galicia*

Lengua materna	Total muestra (%)	De 16 a 25 años (%)	Más de 65 años (%)	Habitat urbano (%)	Habitat urb. 16-25 años (%)
Español	27	45	12	53	73
Las dos	12	17	7	15	17
Gallego	60	37	81	32	10

Los resultados parecen poner de manifiesto que el español avanza entre los hablantes más jóvenes. Según destaca Mauro Fernández (2004, pág. 30), uno de los autores del MSG, estos datos provocaron gran preocupación entre los ambientes intelectuales gallegos, lo cual no es de extrañar. Eso sí, habría que matizarlos —añade— con los resultados de otro cuadro relativo a la lengua habitual:

TABLA 21.3.—*La lengua habitual en Galicia*

Lengua materna	Total muestra (%)	De 16 a 25 años (%)	Más de 65 años (%)	Habitat urbano (%)	Habitat urb. 16-25 años (%)
Sólo español	11	18	6	24	35
Más español	21	36	10	38	51
Más gallego	30	23	26	29	10
Sólo gallego	39	23	59	9	4

en el que se advierte cómo, más que de una pérdida del gallego (pues sólo el 18% de los jóvenes entre 16 y 25 años usa exclusivamente el español), de lo que hay que hablar es de un predominio del español entre dicho sector poblacional, el cual está más expuesto que ningún otro a los incentivos de la aldea global.

A parecidas matizaciones se llega en el caso de Cataluña, aunque con distinto método sociolingüístico. Kathryn Woolard (1992), en un estudio realizado con la técnica de *matched roles* («roles aparejados»), constata que los catalanohablantes se sienten positivamente más atraídos por grabaciones anónimas de personas que hablan en catalán, mientras que los hispanohablantes prefieren las voces que hablan en español, tanto si el acento evidencia que la lengua (catalán/español) es materna como si es aprendida. Ello pone de manifiesto que las medidas de normalización lingüística parecen estar mejorando las expectativas de uso social de las lenguas propias, pero en las Comunidades con fuerte componente migratorio no logran alterar las actitudes básicas a favor de la lengua materna.

Las exposiciones de la situación sociolingüística de España suelen pasar por alto el caso del idioma que comparte territorio con el gallego, el catalán/valenciano y el vasco. Se argumenta que no es necesario porque los datos del español aparecen siempre en relación con los de aquéllos y que la situación de los territorios monolingües no presenta ningún interés desde el punto de vista de la pluralidad lingüística. Esto es cierto, pero en los últimos años ha aparecido un factor nuevo que obliga a tomar el español en consideración: su notable expansión internacional (López García, 2004). Cuando en 1975, a la muerte de Franco, echan a andar los procesos de normativización y sobre todo de normalización lingüística de las otras lenguas de España, dicho fenómeno expansivo no se había disparado aún y sobre todo, no había llegado a constituir una referencia inexcusable para ellas. El español tenía, ciertamente, una sólida implantación en el continente americano, lo que le procuraba muchos más hablantes que a aquéllas, del orden de 300 millones frente a unos 10 para el catalán/valenciano, 2,5 para el gallego y medio millón escaso para el vasco. Pero esto no tenía realmente importancia: en 1975, el español con el que convivían era el de los demás ciudadanos españoles, esto es, el de unos 27 millones de personas, pues América quedaba lejos y no pasaba de ser una referencia histórico-geográfica. En el siglo XXI ya no es así: gracias a Internet, gracias a la televisión digital, gracias a los vuelos de bajo coste, también a causa de la masiva inmigración de hispanos, la importancia de una lengua española omnipresente en todos los órdenes de la vida diaria se ha hecho patente para los hablantes de las otras lenguas. Más aún: en los últimos años se ha producido además la moda de estudiar español como lengua extranjera preferida, primero en EEUU y, tras inglés, en Brasil, luego en muchos otros países, hasta el punto de que las últimas estimaciones dan una cifra de catorce millones de estudiantes de ELE en todo el mundo. Era inevitable que esta circunstancia alterase no sólo la relación numérica, sino también la manera de ver la otra lengua.

Las consecuencias son múltiples, pero la más importante es que, si bien hasta 1975 el español era la lengua de una veintena de naciones, hoy es una lengua internacional en sentido estricto. O sea que el catalán/valenciano, el gallego y el vasco ya no comparten territorio —o, desde cierto punto de vista, ya no compiten— con la lengua oficial del Estado español tan sólo, lo hacen con una lengua internacional. Hasta ahora la ideología de la normalización presuponía que la lengua propia debería sustituir completamente al español y que para los usos internacionales se echaría mano del inglés: es un poco el argumento que se ha seguido en algunos países de la antigua órbita soviética, como Lituania, donde la presencia de minorías rusohablantes (hasta el 40% de la población) se ha considerado como una anomalía histórica que debía ser enmendada incluso negándoles los derechos ciudadanos (lo cual, no hay que decirlo, nunca ocurrió en España). Pero, de repente, el caso lituano se ha trocado en caso irlandés: sean cuales sean las medidas que se tomen a favor de la lengua irlandesa —y la República de Irlanda puede tomar todas las que crea necesario— es obvio que nunca podrá desplazar al inglés, la lengua mundial. Salvando las distancias es lo que sucede en nuestro caso. Porque el español no es una lengua global (*Globish* se dice del inglés), pero sí es la tercera del mundo y la segunda de Occidente. Y la pretensión de sustituirlo en las comunidades bilingües por el inglés resulta poco realista: en el caso de Cataluña, Comunidad Valenciana, Islas Baleares y Galicia porque sus lenguas propias, el catalán/valenciano y el gallego, están muy próximas al español y todos los ciudadanos dominan este último, mientras que sólo las clases pudientes pueden costearse un nivel aceptable de inglés; y en el caso del País Vasco y de la Comunidad Foral de Navarra, porque el euskera sólo lo habla activamente la quinta parte de la población mientras que el dominio del español está generalizado.

La nueva situación a la que se ha llegado no ha estado libre de polémicas. Se ha acusado a algunos intelectuales españoles de adoptar el «internacionalismo» como ideología legitimadora de una supuesta minoración de las otras lenguas de España, esto es, se trataría de compensar la pérdida de influencia del Estado —y, por consiguiente, el valor del español como idioma oficial— con su nueva condición de idioma internacional. En cualquier caso, es preciso reconocer que las condiciones objetivas han variado y tal vez por ello también empiezan a cambiar las actitudes hacia el bilingüismo. Se observa una tendencia a que el español y el portugués contraigan una alianza internacional, lo cual tendrá inmediata repercusión sobre el gallego; además, el Estado español ha reclamado a la Unión Europea un reconocimiento del catalán, del gallego y del vasco como lenguas regionales, algo que no han hecho otros Estados miembros que tienen estos mismos idiomas en su territorio u otros diferentes.

Es difícil hacer pronósticos, pero puede imaginarse un futuro más o menos mediato en el que, sean cuales sean las tensiones nacionalistas de uno y otro signo, las disputas lingüísticas se irán aquietando poco a poco y se impondrá un modelo bilingüe activo en el que se trata de garantizar la supervivencia de los idiomas minoritarios, ya no a costa del español, sino más bien con su concurso. En esta línea cabe mencionar ciertas propuestas procedentes de Cataluña (Branchadell y Requejo, 2005) en las que se aspira a extender el conocimiento del catalán a toda España, esto es, a convertirlo en lengua oficial, junto con el gallego y el vasco (es lo que se denomina *plurilingüismo equitativo*). El problema de este tipo de propuestas es que a veces suscitan un malentendido consistente en suponer que los Estados en los que se hablan varias lenguas deben tratarlas legalmente al mismo nivel. Sin embargo, esto no sucede en casi ninguno de ellos (por ejemplo, no sucede en EEUU ni en Reino Unido ni en Francia ni en China ni en Rusia ni en India, etc.). Lo que ocurre en España es que el español, el catalán/valenciano, el gallego y el vasco son algo más que lenguas del Estado, son desde hace mil años lenguas del país y es por ello y en función de ello por lo que merece la pena cambiar las políticas lingüísticas frentistas seguidas hasta ahora (López García, 2008).

Bibliografía

Alarcos Llorach, Emilio, *El español, lengua milenaria (y otros escritos castellanos)*, Valladolid, Ámbito, 1982.

Alonso Montero, Xesús, *Informe —dramático— sobre la lengua gallega*, Madrid, Akal, 1973.

Ariztondo Akarregi, Josune, «La política lingüística en la Comunidad Autónoma Vasca», en G. Bossong y F. Báez de Aguilar (eds.), *Identidades lingüísticas en la España autonómica*, Madrid, Iberoamericana Vervuert, 2000, págs. 69-81.

Astarloa, Pablo Pedro, *Apología de la lengua bascongada*, Madrid, Gerónimo Ortega, 1803.

Benet, Joseph, *Catalunya sota el règim franquista. Informe sobre la persecució de la llengua i la cultura catalanes pel règim del general Franco*, París, Edicions Catalanes, 1973.

Bochman, Klaus, «Pour une étude comparée de la glottopolitique des fascismes», en *Problèmes de glottopolitique,* Rouen, Université de Rouen, 1985, págs. 119 y sigs.

Campión, Arturo, «Nacionalismo, fuerismo y separatismo», en *Obras completas*, XIII, Iruñea, Mintzoa, 1985, págs. 248-249.

Caro Baroja, Julio, *El laberinto vasco*, Estudios Vascos, t. XII, San Sebastián, Txertoa, 1985.

Castillo Lluch, Mónica, «Los discursos de los manuales de sociolingüística catalanes y la normalización: análisis desde los años 80 a la actualidad», en M. Castillo Lluch y J. Kabatek (eds.), *Las Lenguas de España. Política lingüística, sociología del lenguaje e ideología desde la Transición hasta la actualidad*, Madrid, Iberoamericana Vervuert, 2006, págs. 223-241.

Elorza, Antonio, *Ideologías del Nacionalismo vasco*, San Sebastián, Aramburu, 1978.

Etxebarria, Maitena, *La Diversidad de Lenguas en España*, Madrid, Espasa, 2002.

Ferguson, Charles, «Diglossia», *Word*, 1959, 15-2, págs. 325-340.

Fernández Rodríguez, Mauro, «El gallego en los últimos años: entre la realidad y los deseos», en E. Ridruejo (coord.), *Las otras lenguas de España*, Universidad de Valladolid, 2004, págs. 19-41.

— «Entre castellano y portugués: la identidad lingüística del gallego», en G. Bossong y F. Báez de Aguilar*, Identidades lingüísticas en la España autonómica*, Madrid, Iberoamericana Vervuert, 2000, págs. 81-105.

Fernández Rodríguez, M. y Rodríguez Neira, M., *Mapa sociolingüístico de Galicia*, vol. I, A Coruña, Real Academia Galega, 1994-1996.

Ferrer i Gironés, Francesc, *La persecució política de la llengua catalana*, Barcelona, Edicions 62, 1985.

FISHMAN, Joshua, «Who speaks what language to whom and when», *La Linguistique*, 1965, 2, págs. 67-88.

GARCÍA NEGRO, M.ª Pilar, *Sempre en Galego*, Santiago de Compostela, Laiovento, 1993.

GNV, *Gramàtica Normativa Valenciana*, Academia Valenciana de lka Llengua, València, 2006.

GONZÁLEZ OLLÉ, F., «Tradicionalistas y progresistas ante la diversidad idiomática de España», en AAVV, *Lenguas de España. Lenguas de Europa*, Madrid, Fundación Cánovas del Castillo, 1994, págs. 129-161.

GUITER, Henri, «Anciens recours au basque dans les littératures romanes», *Revue de Linguistique Romane*, 41, 1977, págs. 1-13.

HERNÁNDEZ SALIDO, M.ª do Carmo (1995), «Língua e Direitos Lingüísticos na Galiza», *Agália*, 43, 1995, págs. 299-327.

JARDÓN, Manuel, *La 'normalización lingüística', una anormalidad democrática. El caso gallego*, Madrid, Siglo XXI, 1993.

JIMÉNEZ, B. y COMES, G., «Actitules de los castellanohablantes ante la enseñanza de y en catalán. Análisis global», en M. Siguán (coord.), *Las lenguas en la escuela*, Barcelona, ICE, 1994, págs. 209-219.

JUARISTI, Jon, *El Bucle Melancólico. Historias de Nacionalistas Vascos*, Madrid, Espasa, 1997.

KABATEK, Johannes, «Requisitos para ser lengua: el caso del asturiano y de otras modalidades lingüísticas de España», en M. Castillo Lluch y J. Kabatek (eds.), *Las Lenguas de España. Política lingüística, sociología del lenguaje e ideología desde la Transición hasta la actualidad*, Madrid, Iberoamericana Vervuert, 2006, págs. 141-159.

LAMO DE ESPINOSA, Emilio, «¿Importa ser nación? Lenguas, naciones y Estados», *Revista de Occidente,* núm. 301, 2006.

LLERA RAMO, Francisco, *Los asturianos y la lengua asturiana: estudio sociolingüístico para Asturias 1991*, Uviéu, 1994.

LODARES, Juan Ramón, «Lenguas y catolicismo en la América virreinal», en A. Lluís y A. Palacios (eds*.*), *Lenguas vivas en América Latina,* Barcelona, ICCI, 2004, págs. 71-83.

LÓPEZ GARCÍA, Ángel, «Tres actitudes ante un mismo problema: Cataluña, Galicia, País Vasco», *Revista de Antropología Social*, 6, 1997.

— *Babel airada. Las lenguas en el trasfondo de la supuesta ruptura de España*, Madrid, Biblioteca Nueva, 2004.

— «Manifiesto plurilingüe», *Grial*, e.p., 2008.

LÓPEZ VALCÁRCEL, Xesús, «Normalización afectiva», *Cadernos de Língua*, 2, A Coruña, RAG, 1990, págs. 93-104.

MARFANY, Joan Lluís, *La llengua maltractada. El castellà i el català a Catalunya del segle XVI al segle XIX*, Barcelona, Empuréis, 2001.

MARCOS MARÍN, Francisco «El español en Internet», *Los retos del español*, Madrid, Iberoamericana Vervuert, 2006.

MARTÍN ZORRAQUINO, M.ª Antonia, «La situación lingüística de Aragón», en E. Ridruejo (coord.), *Las otras lenguas de España*, Valladolid, Universidad de Valladolid, 2004, págs. 181-222.

MOLLÀ, Toni, *Manual de sociolingüística*, Alzira, Bromera, 2002.

MORENO FERNÁNDEZ, Francisco, *Historia social de las lenguas de España*, Barcelona, Ariel, 2005.

NAVARRO, Ramon, *Educació a Catalunya durant la Generalitat 1931-1939*, Barcelona, Edicions 62, 1979.

NINYOLES, Rafael Lluís, *Idioma i prejudici*, Mallorca, Moll, 1971.

— *Cuatro idiomas para un Estado*, Madrid, Cambio 16, 1977.

ORTEGA Y GASSET, «Segunda intervención sobre el Estatuto catalán (Cortes constituyentes)», en *Obras completas*, II, Madrid, Revista de Occidente/Alianza Editorial, 1962-1983 [1932], págs. 501-509.

PIÑEIRO, Ramón, «Carta a Don Manuel Rodrigues Lapa», *Grial*, 42, 1973, págs. 389-402.

PRAT DE LA RIBA, Enric, «Importancia de la llengua dins del concepte de nacionalitat», en *La nacionalitat catalana. Apéndix: la qüestió catalana i altres articles*, Barcelona, Edicions 62, 1978.

RIDRUEJO, Dionisio, *Escrito en España*, Buenos Aires, Losada, 1964.

RODRIGUES LAPA, Manuel, «A recuperação literária do galego», *Grial*, 41, 1973, págs. 278-287.

RODRÍGUEZ BORNAETXEA, Adolfo, «Euskara batua: Lengua vasca literaria unificada», en Román Reyes (dir.), *Diccionario Crítico de Ciencias Sociales*, s. v., Madrid, Universidad Complutense, 2007.

RODRÍGUEZ CASTELAO, Alfonso, *Sempre en Galiza*, en Obra completa 2, Ascalonga, Akal Editor, 1980.

ROYO ARPÓN, Jesús, *Argumentos parta el bilingüismo*, Barcelona, Montesinos, 2002.

SALVADOR, Gregorio, *Lengua española y lenguas de España*, Barcelona, Ariel, 1987.

SÁNCHEZ CARRIÓN, José María, *Un futuro para nuestro pasado*, Estella, 1987.

SANCHIS GUARNER, Manuel, *La Renaixença al País Valencià*, València, Tres i Quatre, 1982.

SARMIENTO, Ramón, «Sentimento e ideología sobre a lengua galega no Ressurdimento», en *Actas do I Congresso Internacional da língua gaslego-portuguesa na Galiza*, Ourense, AGAL, 1986, págs. 161-173.

SIGUÁN, Miquel, *España plurilingüe*, Madrid, Alianza, 1992.

— *Conocimiento y uso de las lenguas de España*, Madrid, CIS, 1999.

UNAMUNO, Miguel de, «Por la cultura. Las campañas catalanistas», en *Obras completas*, Madrid, Escelicer, 1968 [1907], IV, págs. 521-525.

VALLVERDÚ, Francesc, *Aproximació crítica a la sociolingüística catalana*, Barcelona, Edicions 62, 1980.

— *El conflicto lingüístico en Cataluña: historia y presente*, Barcelona, Península, 1981.

WOOLARD, Kathryn , *Identitat i contacte de llengües a Barcelona*, Barcelona, Edicions de la Malgrana, 1992.

22

Tendencias e indicadores sociales
de la sociedad española

SALUSTIANO DEL CAMPO
JOSÉ FÉLIX TEZANOS

Como colofón y complemento de los procesos analizados en este libro, nos ha parecido conveniente incluir en este capítulo final una síntesis estructurada de tendencias e indicadores sobre la dinámica de la sociedad española en el período considerado (1975-2005, principalmente). Se proporciona así al lector una fuente de información útil para entender, de una manera más completa y detallada, mucho de lo que ha acontecido durante unos años cruciales de la evolución de la sociedad española.

1. TENDENCIAS SOCIALES

Los procesos de cambio que se están experimentando en las sociedades de nuestros días han adquirido tal amplitud e intensidad que en períodos de tiempo poco dilatados es posible identificar un elenco considerable de tendencias que afectan a múltiples planos de lo social. De hecho en el período comprendido entre 1995 y 2007 la serie de Encuestas anuales sobre Tendencias Sociales realizadas por el GETS[1] permite identificar líneas sustantivas de cambio en las vivencias sociales y en las percepciones colectivas que conciernen al trabajo, a la familia, a las creencias, a las expectativas, a las identida-

---

[1] El GETS es un equipo coordinado por José Félix Tezanos y formado por investigadores y Profesores de Sociología y Ciencias Sociales de varias Universidades, principalmente de la UNED (Universidad Nacional de Educación a Distancia). Desde 1995 el GETS viene realizando anualmente una amplia Encuesta general sobre Tendencias Sociales, que se complementa puntualmente con otras Encuestas de carácter monográfico que ayudan a profundizar en determinados aspectos nucleares del cambio social. El GETS ha realizado desde 1995 a 2007, además de las trece Encuestas anuales generales sobre Tendencias Sociales, nueve Encuestas monográficas particulares: sobre discapacidades, sobre las consecuencias de la robotización y las nuevas tecnologías, sobre estratificación y desigualdad social, sobre exclusión social, sobre el trabajo, sobre la familia, sobre participación e implicación asociativa y sobre identidades sociales. Asimismo, se han efectuado treinta y un Estudios Delphi a diferentes grupos de expertos.

des y a las propias visiones de la sociedad, en cuestiones que se relacionan con el poder, con las ideologías, con las identidades básicas y con la propia estructura de la desigualdad. Por ello, no es exagerado decir que la vivencia intensiva del cambio se ha convertido en un rasgo constitutivo de sociedades como la española, que afecta por igual a las diferentes generaciones, aunque de una manera distinta: a los de más edad desde una perspectiva acumulativa que a veces desborda los límites de la imaginación, y a los más jóvenes en su doble condición de protagonistas de grandes cambios en curso y, a la vez, de sujetos pasivos que están viviendo, o sufriendo muy directamente, las incertidumbres y los procesos de ajuste propios de todo período de intensa mutación social.

En un contexto social tan dinámico resulta especialmente ilustrativo profundizar en el estudio de las tendencias sociales y en las nuevas perspectivas de futuro que están surgiendo. Las evidencias empíricas obtenidas muestran la intensidad con la que se hacen notar en sociedades como la española diversas líneas de innovación que afectan a las formas de «estar» y de «ser» en la sociedad. De manera particular, muchos de estos cambios están incidiendo acusadamente en torno a tres ámbitos de enorme importancia vital y social: el trabajo, la familia y los sistemas de identidades, valores y creencias. Es decir, afectan de manera central a tres de los grandes «asideros vitales» que han tenido las personas en las sociedades hasta ahora establecidas.

En las primeras fases de evolución desde el modelo de sociedad industrial hacia las sociedades tecnológicamente avanzadas, entre las que se encuentra España, los impactos básicos de la revolución tecnológica han tenido lugar principalmente en la esfera del trabajo, primero, y de la comunicación, después. Con la aplicación creciente en los lugares de trabajo de robots industriales y de sistemas automáticos en el sector servicios se han venido modificado de manera muy rápida los ambientes y los entornos laborales, las formas de organización de la producción y las modalidades ocupacionales y laborales. Casi a la par de estas transformaciones, se ha asistido también a una revolución sin precedentes de las comunicaciones, que ha situado a sociedades como la española ante un horizonte de posibilidades de «interacción» y de acceso a la información prácticamente sin límites.

En los últimos años, la intensificación de estos dos procesos de cambio ha corrido paralela a una expansión de la aplicación de las nuevas tecnologías en los ámbitos del hogar, del ocio y de la vida cotidiana, en un proceso creciente de aceleración y retroalimentación de los impactos prácticos de los tres grandes vectores de la revolución científico-tecnológica de nuestra época: la microelectrónica, la microbiología y las innovaciones que se relacionan con la utilización de nuevos materiales y nuevas fuentes de energía.

La importancia de las cuestiones implicadas y la intensidad de los procesos de cambio han hecho que el análisis de los impactos de la revolución científico-tecnológica sobre la manera de trabajar, de comunicarnos, de pensar y de actuar en sociedad se hayan convertido en uno de los grandes temas de atención para todas las ciencias sociales.

En primer lugar, los datos disponibles reflejan la importancia que reviste en la conciencia colectiva de los españoles el proceso de *metamorfosis del trabajo* en curso, que se manifiesta, por un lado, en la automatización creciente de las tareas productivas, con menos horas de trabajo, menos días laborables, menos esfuerzo, más comodidad, más productividad y más posibilidades de generar riqueza. Estos cambios son vistos también, al menos en parte, por la opinión pública en términos críticos; por un lado, de escasez de oportunidades laborales y, por otra, de alteración de las condiciones de trabajo en una forma que está dando lugar a nuevos fenómenos de precarización, de desimplicación personal, de desocialización de los entornos productivos (teletrabajo), etc. Es decir, lo que está ocurriendo se entiende en parte como una *crisis del trabajo* que puede llegar a ser también una *crisis de sociedad*, si no se exploran otras formas de «inserción» social e implicación personal «activa», acompañadas de la asignación de recursos económicos suficientes como para mejorar los niveles individuales de vida y para ofrecer perspectivas razonables de dinamismo en los sistemas económicos en su conjunto.

A su vez, también se identifican alteraciones en los actuales equilibrios entre los *tiempos de ocio* y de trabajo, con la adquisición de un peso importante del tiempo libre, que tiene efectos de carácter psicológico y social, y con nuevas perspectivas de crecimiento de las actividades económicas desarrolladas en este ámbito. El ocio tiende a configurar, en tal sentido, un espacio social y económico cada vez más relevante, aunque la opinión pública española no acaba de ver claramente todas las posibilidades de expansión personal del ocio ni los contenidos de que se podrá dotar este espacio ni el propio alcance que tendrá, debido a la prioridad que se atribuye en estos momentos al problema del desempleo y a la precarización laboral, así como a las tendencias de aumento de las desigualdades y de las carencias sociales.

En segundo lugar, se dibuja la perspectiva de unas *mutaciones culturales* profundas, con el desarrollo de nuevos sistemas de valores y de creencias, con nuevos enfoques de las relaciones sociales, diferentes formas de adscripción y de identificación social y un papel más relevante de la propia dimensión cultural e intelectual de los seres humanos. De la misma manera que algunos científicos sociales han hablado, en relación con el punto anterior, de la sustitución del modelo conceptual del *homo faber*, propio de las sociedades industriales, por un nuevo tipo de *homo ludens*, propio de las sociedades del ocio, en este caso el acento se tiende a poner en la perspectiva de un tipo de *homo studiosus*, que se dedicará en mayor grado al cultivo de sus capacidades artísticas e intelectuales[2]. Sin embargo, muchos expertos y una gran parte de la opinión pública contemplan también la fase más inmediata de estos cambios sociales en términos de incertidumbres, reajustes culturales y tendencias al enclaustramiento socio-cultural en los grupos primarios que suscitan identidades más fuertes, con nuevos fenómenos de anomia, aislamiento, rechazo social y exclusión.

En tercer lugar, se prevén cambios sustantivos en los modos de religación social, tanto en lo que se refiere a la sostenibilidad de algunas instituciones básicas como a los elementos de autoidentificación personal y grupal, habiéndose constatado tendencias de desplazamiento de los marcos referenciales desde los ámbitos macrosociales y simbólicamente fuertes (como la nación, la religión, las clase sociales y la política) hacia esferas más microscópicas, más laxas y más inmediatas (el grupo de edad, las personas que tienen los mismos gustos, modas y aficiones, etc.). En este contexto, la referencia generacional aparece como una variable sociológica en ascenso y de una notable prioridad, sobre todo para las nuevas generaciones.

---

2 Véase, en este sentido, Adam Schaff, *¿Qué futuro nos aguarda? Las consecuencias sociales de la segunda revolución industrial,* Barcelona, Crítica, 1985.

De modo específico se apunta también una cierta *crisis de la familia*, tanto en lo que se refiere a la intensidad y la estabilidad de las relaciones como en lo concerniente a su capacidad solidaria y asistencial (ayuda a los mayores), con una acentuación general de las sensaciones de aislamiento y soledad entre los residentes en los grandes conglomerados urbanos modernos.

Las previsiones sobre el futuro de las relaciones sociales muestran, por su parte, una *crisis de algunos de los ámbitos sociales* actualmente establecidos, que está influida muy verosímilmente, por las actuales tendencias hacia la globalización. La mundialización está alumbrando, en este sentido, una conciencia diferente sobre la existencia de un nuevo espacio del «hacer social» —real y efectivo— que resulta demasiado amplio e inabarcable para los seres humanos. El nuevo «nicho ecológico» —físico y cibernético— aparece, así, como una realidad que en muchos aspectos está más allá de las posibilidades de ser influida, conducida o rectificada. Y, por lo tanto, todo esto tiende a influir en la difusión de una cierta «conciencia social impotente» y una inclinación de mayor retraimiento hacia lo privado: el hogar, el grupo de amigos, las personas de la misma edad, etc. Mientras tanto, la sociedad «exterior», incluso en los espacios más inmediatos, tiende a verse como un medio social más hostil y abocado hacia una mayor inseguridad (más violencia, más delincuencia, etc.). Esta evolución se relaciona, a su vez, con la emergencia de algunas actitudes de pesimismo y de incertidumbre ante el futuro.

En cuarto lugar se apunta un debilitamiento de los sistemas de creencias heredados, con un retroceso en las identificaciones y adscripciones religiosas (sobre todo entre las nuevas generaciones) y también con retrocesos en las identidades, las disposiciones y las implicaciones de carácter político y cultural propias de las sociedades establecidas. En esta perspectiva se perfilan nuevos modelos de multiciudadanía con diferentes ámbitos de referencia e implicación (la nación, la región, Europa, el mundo, etc.).

Finalmente, en quinto lugar hay que consignar una preocupación creciente por el *deterioro de los equilibrios ecológicos*. Preocupación que presenta diferentes facetas (contaminación atmosférica, polución de las aguas, proliferación de residuos contaminantes, efecto invernadero, cambio climático, etc.) y que se traduce tanto en el ámbito español como en el mundial, configurando, junto a la crisis del trabajo, el aumento de las desigualdades y los problemas de la violencia y la inseguridad ciudadana, algunos de los grandes problemas de futuro que más preocupan en estos momentos a la opinión pública española, amén de diversas particularidades específicas que aparecen más destacadas en la sociedad española (terrorismo, drogas, vivienda, etc.) y la perspectiva de una preocupación general a nivel mundial por el terrorismo y los riesgos de enfrentamientos armados. Esto, evidentemente, está muy conectado con el curso de los acontecimientos nacionales y mundiales.

El hecho de que la mayor parte de estas tendencias, así como otras a las que aquí no podemos prestar atención, estén perfiladas con mayor nitidez e intensidad entre las nuevas generaciones hace que adquieran una dimensión más prevalente como tendencias fuertes del futuro. En muchas de las investigaciones sobre tendencias sociales realizadas se ha podido constatar, en este sentido, que la edad es, junto a la educación y la variable rural-urbana, uno de los factores que resultan más discriminantes de las nuevas pautas y orientaciones de futuro. Por ello, hay que resaltar que en estos momentos la sociedad española se encuentra, al igual que otras sociedades de su entorno, en uno de los puntos álgidos de cambio hacia nuevas formas de conformación social que van a acompañar el desarrollo de las nuevas sociedades tecnológicas del futuro. Y los jóvenes son, precisamente, uno de los sectores sociales que en mayor grado está acusando el impacto de las nuevas circunstancias, desarrollando y encarnando, por lo tanto, también en mayor grado los contenidos potenciales de las nuevas sociedades.

Aunque el período de trece años no es suficientemente largo para disponer de perspectivas de evolución de la opinión pública razonablemente sólidas y asentadas, el hecho de que en las Encuestas sobre Tendencias Sociales del GETS se reflejen varias líneas importantes de cambio es una prueba palpable de la intensidad con la que están teniendo lugar diversos procesos de transformación social y sirven para confirmar y precisar las tendencias ya enunciadas. Entre las principales tendencias concretas que se desprenden de las encuestas e investigaciones recientes sobre tendencias sociales[3] podemos reseñar aquí, de manera muy esquemática, las siguientes:

Tendencias políticas: Las principales tendencias políticas son la despolitización (con pérdida de interés por la política y menor implicación asociativa); la «despolarización» (hay menos personas en los espacios extremos de la escala política); la moderación (cada vez más personas se sitúan en los espacios de centro, con un mayor predominio de un equilibrio entre el centro-centro y el centro-izquierda); modulación, con algunas oscilaciones, del componente de inclinaciones regionalistas/nacionalistas entre el conjunto de la población (sobre todo entre los más jóvenes y entre la población más culta y más urbana); afianzamiento de un modelo de multiidentidad político-territorial compartida (la mayoría conjuga varias referencias identitarias, como ser español, de su región, europeo, ciudadano del mundo, etc.), acompañada de una cierta relativización subyacente del modelo de Estado-Nación tradicional (transnacionalismo globalista o europeo); configuración de una imagen del poder y de la influencia social bastante piramidal y de carácter básicamente económico, con predominio de los ámbitos financiero-comunicacionales sobre los políticos y los asociativos (por ejemplo, se piensa que en España los que tienen más poder —y lo tendrán en el futuro— son los grupos financieros, empresariales y comunicacionales, encontrándose en el extremo inferior organizaciones de representación como los sindicatos y las ONG).

Tendencias económicas: Se dibuja un nuevo modelo de intervención del Estado en la economía, de carácter selectivo y moderado (sobre todo entre las nuevas generaciones). También se anticipa un aumento del teletrabajo. Se prevé una acentuación de las desigualdades económicas internacionales y una intensificación de los procesos migratorios desde los países pobres hacia los países ricos (con dificultades de integración de los inmigrantes y aumento del racismo, la xenofobia y la intolerancia). Se cree que en el futuro habrá un mayor aumento de las desigualdades sociales y del desempleo y de la precarización laboral, en gran parte debido a factores tecnológicos (robotización). Pese a los esfuerzos en contra, España es vista, cada vez en mayor grado, como un país en el que «existen» muchas desigualdades.

---

bre Francia, Alemania, Quebec y Estados Unidos. Véase Salustiano del Campo (ed.), *Tendencias Sociales en España (1960-1990),* 3 vols., Madrid, Fundación BBV, 1993.

Tendencias internacionales: Existe bastante pesimismo sobre las posibilidades de reducir las guerras y los conflictos internacionales y sobre las perspectivas de que la ONU pueda cumplir más eficazmente su papel en los próximos años. Se piensa que Europa tenderá a adquirir más peso e influencia internacional, mientras que Estados Unidos decaerá relativamente como gran potencia; Japón tenderá a declinar o a estabilizarse y China adquirirá más peso, y en menor grado lo harán los países árabes. Finalmente, se señala una tendencia fuerte hacia un mayor deterioro medioambiental en el Planeta.

Tendencias sociales: Se prevé un cierto debilitamiento de la familia y una crisis de los grandes referentes históricos de identidad (sobre todo de la clase social, la política y la religión), con afianzamiento de identidades sociales laxas y situadas en el ámbito de grupos primarios. Se constata una preocupación notable por los problemas sociales de cara al futuro (desempleo, desigualdades, hambre), con mayor énfasis en el caso de España en el paro, la precarización laboral y otros problemas específicos. Se pronostica que en los próximos años habrá un avance notable en la igualación de derechos y responsabilidades de las mujeres, con mayor acceso a funciones públicas. Igualmente, se prevé una mayor integración de los discapacitados. En una perspectiva social más general se anticipa asimismo un aumento de la violencia y la delincuencia en la sociedad, con mayor incidencia de las enfermedades nerviosas y un mayor consumo de drogas.

Tendencias culturales e ideológicas: Se augura una acentuación de la demanda de componentes más solidarios —y asistenciales— en la vida social, con un descenso apreciable de la práctica religiosa y un menor papel de las creencias religiosas, sobre todo entre los jóvenes. Se detecta también una inquietud por el futuro, aunque en los últimos años parece que se están modulando las valoraciones negativas sobre las repercusiones que tendrán los cambios sociales y económicos que se avecinan. Igualmente, se cree que en los próximos años aumentará la libertad sexual de las personas y la importancia de los medios de comunicación social.

Tendencias de exclusión social: Se percibe con pesimismo y preocupación la evolución, y la persistencia, de problemas de exclusión social en España, apreciándose que en los próximos años aumentará el número de excluidos y empeorará la situación. La mayoría considera que el Estado y las Administraciones Públicas deberían hacer más para solucionar estos problemas, opinándose, a su vez, que el Estado y el Gobierno en primer lugar —seguido de lejos por los Ayuntamientos y las Comunidades Autónomas— debieran ser los principales responsables de hacer frente a estas cuestiones.

Tendencias científico-tecnológicas: Se augura un ciclo de grandes cambios científico-tecnológicos, haciéndose previsiones de un cierto pesimismo sobre los efectos y consecuencias de estos cambios. Se estima que el número de robots instalados en las empresas aumentará notablemente en los próximos años, teniendo efectos significativos sobre las oportunidades de empleo. Los grandes referentes técnicos de las sociedades de nuestro tiempo se piensan que son Internet, los PC y los teléfonos móviles, en tanto que los de las sociedades de dentro de diez años serán las estaciones espaciales, los satélites y los robots. Las dos grandes cautelas de la opinión pública ante el desarrollo científico-tecnológico son la energía nuclear y la ingeniería genética (a cuyo desarrollo se piensa que deben ponerse límites y cautelas), en tanto que los dos grandes ámbitos de expectativas positivas se relacionan con los transplantes de órganos y la energía solar.

Finalmente, es necesario resaltar que en la mayor parte de los casos las tendencias principales de futuro están más claramente presentes entre los más jóvenes, así como entre los españoles con mayores niveles de instrucción y los residentes en grandes ciudades. Por ello, es previsible que el paso del tiempo tienda a reforzar las tendencias apuntadas, permitiendo, en consecuencia, una lectura más prospectiva de la dirección en la que apuntan.

2. INDICADORES SOCIALES

Las anteriores tendencias sociales están apuntaladas por indicadores sociales, concretos y empíricos. Desde finales de la década de los años 60 del siglo XX han sido varios los intentos por construir un sistema preciso de indicadores sobre la dinámica de la sociedad española[4]. Tanto en el plano metodológico como en el aplicado las contribuciones de varios sociólogos españoles han elaborado síntesis estadísticas a partir de las informaciones cuantitativas disponibles. Estos esfuerzos han procurado ordenar los datos con los que en cada momento se ha podido contar a fin de conocer con mayor detalle el presente y anticipar las principales tendencias de la evolución de las magnitudes estadísticas.

Lógicamente, todo sistema de indicadores sociales se encuentra condicionado, *ab initio*, por la naturaleza, calidad y precisión de los datos estadísticos disponibles en cada sociedad en un momento dado. Lo cual supone que, con frecuencia, las exigencias de disponer de análisis sociológicos de carácter más amplio y comprensivo, hacen preciso recurrir a informaciones sociológicas de primera mano. Así ocurrió en la Sociología española, desde los pioneros estudios realizados por el Instituto de la Opinión Pública, antecedente directo del CIS, y los primeros Informes FOESSA, basados en amplias encuestas por muestreo.

El desarrollo posterior de la Sociología española ha hecho posible que las etapas iniciales de los grandes estudios y encuestas sociológicas generales hayan dado paso progresivamente a un período de maduración de los diferentes campos de especialización. Esto nos ha permitido contar con analistas reputados en diferentes aspectos y materias, que facilitan la publicación de libros como éste y que dan cuenta de la evolución de la sociedad española a través de análisis pormenorizados de los diferentes aspectos de la estructura social.

En la medida en que este libro, y los restantes volúmenes del proyecto *España Siglo XXI,* han sido preparados y desarrollados a partir de este esquema analítico no procede reproducir aquí una panorámica completa de indicadores sociales, con sus correspondientes curvas de evolución y sus eventuales análisis detallados. Sin embargo, creemos que el esfuerzo analítico efectuado podría beneficiarse, a modo de apéndice, con un dossier complementario a partir de la información estadística disponible, así como por un análisis complementario de las perspectivas tendenciales registradas en la sociedad española y en las actitudes y orientaciones de los españoles, según se desprenden de series recientes procedentes de diversas encuestas sobre tendencias sociales.

En el anexo final a este capítulo se incluyen un conjunto de 270 indicadores agrupados en veinticuatro grandes bloques: población, inmigración, familia, mujer, juventud, educación, trabajo y ocupaciones, estratificación social, consumo y estilos de vida, religión y religiosidad, urbanización y vivienda, medios de comunicación social, cultura y ocio, sociedad de la información, violencia y delincuencia, asociacionismo, movimientos sociales, protección social, vida cotidiana, valores, identidades, lenguas y culturas.

Un elenco tan amplio y diversificado de indicadores permite fijar una imagen bastante precisa de la realidad española, tomando tres grandes fechas de referencia: 1975, 1991 y 2005. Hemos considerado, sin embargo, dejar para otra ocasión trazar líneas de tendencia más allá del momento presente, ya que ello conduciría prácticamente a realizar un nuevo libro de gran formato. Por lo demás, esta tarea ya cuenta con antecedentes no muy lejanos, en conexión además con una importante iniciativa de trabajo internacional en este campo[5].

España siglo XXI*. Evolución de los principales indicadores

	CIRCA 1975	CIRCA 1991	CIRCA 2005	DIFERENCIA 2005/1975	DESCRIPCIÓN INDICADOR	FUENTES
1. POBLACIÓN						
1.1 Habitantes	36.012.702	38.872.268	44.108.530	8.095.828	Cifra total de habitantes.	Padrones municipales, varios años. Instituto Nacional de Estadística
1.2 Crecimiento vegetativo	10,40	1,50	1,82	-8,58	Número de nacimientos menos defunciones por cada 1.000 habitantes.	Padrones municipales, varios años. Instituto Nacional de Estadística
1.3 Variación relativa de población intercensal	5,80	3,16	9,50	3,70	Diferencia de población entre los años de referencia dividido por la población base por 100. 1975 sobre 1970; 1991 sobre 1981; 2005 sobre 2001.	Padrones municipales, varios años. Instituto Nacional de Estadística
1.4 Densidad de población	67,27	77,02	87,02	19,75	Habitantes por km².	Padrones municipales, varios años. Instituto Nacional de Estadística
1.5 Razón de sexos	95,60	96,80	97	1,40	Número de hombres por cada 100 mujeres.	Instituto Nacional de Estadística
1.6 Índice de dependencia demográfico	60,30	58,60	49,7	-10,60	Número de personas menores de 15 años y mayores de 65 años por cada 100 personas entre 15 y 64 años.	Instituto Nacional de Estadística y elaboración propia
1.7 Índice de envejecimiento	34,7	43,7	71,3	117,4	Porcentaje de personas mayores de 65 años por cada 1.000 menores de 15 años.	Instituto Nacional de Estadística
1.8 Tasa de población > 65 años	9,60	13,80	16,30	6,70	Porcentaje de población que es mayor de 65 años.	Padrones municipales, varios años. Instituto Nacional de Estadística
1.9 Esperanza de vida al nacimiento varones	73,60	77,00	78,90	5,30	Número medio de años que viviría un varón sujeto a la mortalidad de su generación.	Indicadores Demográficos Básicos, varios años. Instituto Nacional de Estadística
1.10 Esperanza de vida al nacimiento mujeres	76,60	80,70	83,90	7,30	Número medio de años que viviría una mujer sujeta a la mortalidad de su generación.	Indicadores Demográficos Básicos, varios años. Instituto Nacional de Estadística

* Han colaborado en la realización de este Cuadro de indicadores: Juan Manuel Camacho, Mª del Mar Rodríguez Brioso, Juan José Villalón, Noelia Seibane y Alberto Sotillos.

España siglo XXI*. Evolución de los principales indicadores (cont.)

	CIRCA 1975	CIRCA 1991	CIRCA 2005	DIFERENCIA 2005/1975	DESCRIPCIÓN INDICADOR	FUENTES
1.11 Tasa bruta de mortalidad	8,25	8,60	8,92	0,67	Número de defunciones por 1.000 habitantes.	Indicadores Demográficos Básicos, varios años. Instituto Nacional de Estadística
1.12 Tasa mortalidad infantil	18,90	7,20	3,78	–15,12	Número de fallecidos menores de 1 año por cada 1.000 nacidos vivos.	Indicadores Demográficos Básicos, varios años. Instituto Nacional de Estadística
1.13 Tasa bruta de natalidad	18,76	9,93	10,70	–8,06	Número de nacimientos por cada 1.000 habitantes.	Indicadores Demográficos Básicos, varios años. Instituto Nacional de Estadística
1.14 Tasa de fecundidad	79,10	40,43	41,95	–37,15	Número de nacimientos por cada 1.000 mujeres en edad fértil (15-49).	Indicadores Demográficos Básicos, varios años. Instituto Nacional de Estadística
1.15 Índice sintético de fecundidad	2,74	1,35	1,33	–1,41	Número de hijos que tendría una mujer al final de su vida fecunda hipotéticamente.	Instituto Nacional de Estadística
1.16 Número medio de hijos por mujer	2,80	1,33	1,35	–1,45	Promedio de hijos por cada mujer.	Indicadores Demográficos Básicos, varios años. Instituto Nacional de Estadística
1.17 Primeros nacidos	37,9	50,2	54,5	16,6	Porcentaje de nacidos que son los primeros nacidos de sus madres.	Indicadores Demográficos Básicos, varios años. Instituto Nacional de Estadística
1.18 Primeros nacidos de madres de más 30 años	11,3	20,5	54,0	42,7	Proporción de nacidos que son los primeros nacidos de madres de más de 30 años.	Indicadores Demográficos Básicos, varios años. Instituto Nacional de Estadística
1.19 Índice de reemplazamiento	128,25	137,85	130,36	2,11	Número de personas de 15 a 39 años por cada 100 personas de 40 a 64 años.	Instituto Nacional de Estadística
1.20 Migraciones interiores	396.704	419.608	1.169.708	773.004	Número de personas que han trasladado su domicilio de un municipio a otro en España en el año de referencia.	Anuarios de migraciones, 2006. Anuario de España, 1976, 1992.
2. INMIGRACIÓN						
2.1 Núm. de extranjeros	165.039	360.655	3.730.610	3.565.571	Número de extranjeros empadronados.	Padrones municipales, varios años. Instituto Nacional de Estadística

España siglo XXI*. Evolución de los principales indicadores (cont.)

	CIRCA 1975	CIRCA 1991	CIRCA 2005	DIFERENCIA 2005/1975	DESCRIPCIÓN INDICADOR	FUENTES
2.2 Tasa residentes extranjeros	0,46	0,92	8,50	8,04	Porcentaje de la población que son residentes extranjeros.	Ministerio de Trabajo y Seguridad Social e Instituto Nacional de Estadística
2.3 Saldo migratorio	-88.523	-40.178	+651.273	739.796	Número de inmigrantes menos el número de emigrantes.	Estadística de Variaciones Residenciales, varios años. Instituto Nacional de Estadística
2.4 Residentes extranjeros de 65 y más años	0,78	1,74	2,44	1,66	Proporción de la población mayor de 65 años que son residentes extranjeros.	Ministerio de Trabajo y Seguridad Social e Instituto Nacional de Estadística
2.5 Residentes extranjeros de menos de 16 años	0,60	1,20	7,86	7,26	Porcentaje de la población menor de 16 años que son residentes extranjeros.	Ministerio de Trabajo y Seguridad Social e Instituto Nacional de Estadística
2.6 Alumnado extranjero en enseñanza primaria	—	53.214	530.954	477.740	Núm. total de alumnos extranjeros en enseñanza primaria.	Ministerio de Educación y Ciencia
2.7 Alumnado extranjero en enseñanza universitaria	1,76	1,00	2,62	0,86	Porcentaje de alumnos en enseñanza universitaria que son extranjeros.	Ministerio de Educación y Ciencia
2.8 Activos y sector productivo					Porcentaje de activos que son extranjeros en cada sector productivo.	Encuesta de Población Activa, varios años. Instituto Nacional de Estadística
Agricultura	0,13	0,3	16,97	16,84		
Industria	0,14	0,34	8,35	8,21		
Construcción	0,27	0,63	20,2	19,93		
Servicios	0,38	0,71	10,37	9,99		
3. FAMILIA						
3.1 Número de hogares	9.127.237	11.836.320	14.187.169	5.059.932	Número total de hogares.	Censos de Población y Viviendas, varios años Instituto Nacional de Estadística
3.2 Tamaño medio del hogar	3,90	3,28	2,90	−1	Número medio de miembros del hogar familiar.	Censos de Población y Viviendas, varios años. Instituto Nacional de Estadística
3.3 Hogares unipersonales	8,50	13,14	14,14	5,64	Porcentaje de hogares formados por una persona.	Censos de Población y Viviendas, varios años. Instituto Nacional de Estadística

España siglo XXI*. Evolución de los principales indicadores (cont.)

	CIRCA 1975	CIRCA 1991	CIRCA 2005	DIFERENCIA 2005/1975	DESCRIPCIÓN INDICADOR	FUENTES
3.4 Hogares monoparentales	5,66	8,20	9,70	4,04	Porcentaje de hogares formados por madre o padre y sus hijos.	Censos de Población y Viviendas, varios años. Instituto Nacional de Estadística
3.5 Tasa bruta de nupcialidad	7,50	5,61	4,82	-2,68	Número de matrimonios por cada 1.000 habitantes.	Indicadores Sociales, varios años. Instituto Nacional de Estadística
3.6 Edad media al primer matrimonio mujeres	23,97	25,57	30,46	6,49	Expresa la edad del calendario medio de acceso al primer matrimonio en ausencia de mortalidad.	Indicadores Sociales, varios años. Instituto Nacional de Estadística
3.7 Edad media al primer matrimonio varones	26,13	27,90	33,35	7,22	Expresa la edad del calendario medio de acceso al primer matrimonio en ausencia de mortalidad.	Indicadores Sociales, varios años. Instituto Nacional de Estadística
3.8 Matrimonios civiles	5,6	22,4	44,0	38,4	Porcentaje de matrimonios que se celebraron civilmente en el año de referencia.	Indicadores Sociales, varios años. Instituto Nacional de Estadística
3.9 Sentencias de divorcio, separación y nulidad	38.908*	67.061	149.367	110.459	Sentencias de divorcio, separación y nulidad.	Consejo General Poder Judicial
3.10 Índice ruptura matrimonial (Causas x 10.000 hab.)	4,54	14,85	30,67	26,13	Número de separaciones y divorcios por cada 10.000 habitantes.	Indicadores Sociales, varios años. Instituto Nacional de Estadística
3.11 Edad media madres al nacimiento primer hijo	25,10	27,18	29,30	4,20	Expresa la edad del calendario promedio al nacimiento del primer hijo.	Indicadores Sociales, varios años. Instituto Nacional de Estadística
3.12 Edad media a la maternidad general	28,80	28,90	30,70	1,90	Expresa la edad del calendario promedio al nacimiento del número total de hijos nacidos vivos.	Indicadores Sociales, varios años. Instituto Nacional de Estadística
3.13 Parejas sin hijos	21,4**	17,90	19,53	-1,87	Porcentaje de parejas que no tienen hijos.	Indicadores Sociales, varios años. Instituto Nacional de Estadística

* Las sentencias se refieren al año 1982, un año después de la legalización del divorcio.

** Porcentaje de matrimonios sin hijos solteros en 1975 (Informe FOESSA 1975-1981).

España siglo XXI* . *Evolución de los principales indicadores* (cont.)

	CIRCA 1975	CIRCA 1991	CIRCA 2005	DIFERENCIA 2005/1975	DESCRIPCIÓN INDICADOR	FUENTES
3.14 Nacidos de madres no casadas	2,03	10,00	26,50	24,47	Porcentaje de nacimientos de madres no casadas, sin matrimonio inscrito en el Registro Civil.	Indicadores Sociales, varios años. Instituto Nacional de Estadística
3.15 Interrupciones Voluntarias de Embarazos	411*	44.962	91.662	91.251	Núm. interrupciones voluntarias embarazos.	Ministerio Sanidad y Consumo
3.16 Tasa de Abortividad	0,21	0,04	0,04	-0,17	Nacidos muertos por cada 1.000 nacidos vivos.	Instituto Nacional de Estadística
4. MUJER						
4.1 Tasa de actividad de las mujeres	27,80	35,03	41,52	13,72	Proporción de mujeres de 16 y más años con empleo o que buscan activamente empleo.	Encuesta Población Activa, varios años. Instituto Nacional de Estadística
4.2 Tasa de paro de las mujeres	4,90	24,71	11,61	6,71	Proporción de mujeres activas de 16 y más años sin trabajo, que buscan trabajo o disponibles para trabajar.	Encuesta Población Activa, varios años. Instituto Nacional de Estadística
4.3 Tasa de ocupación de las mujeres	25,60	26,38	40,20	14,60	Proporción de mujeres de 16 o más años que durante la semana de referencia han tenido un trabajo por cuenta propia o ajena.	Encuesta Población Activa, varios años. Instituto Nacional de Estadística
4.4 Mujeres trabajadoras indefinidas	—	2.070,1	3.831,6	1.761,5	Miles.	Instituto Nacional de Estadística
4.5 Mujeres matriculadas en la Universidad	40,80	50,50	58,10	17,30	Proporción de mujeres matriculadas en enseñanza universitaria.	Ministerio de Educación y Ciencia
4.6 Porcentaje de mujeres asalariadas del sector público.	25,8	41,1	51,1	25,3	Proporción de asalariados del sector público que son mujeres.	Instituto Nacional de Estadística
4.7 Mujeres en altos cargos de la Administración	—	14,42	20,94	6,52	Porcentaje de altos cargos de la Administración (Ministros, Secretarios de Estado Subsecretarios, Direcciones Generales y altos cargos de entes públicos) que son mujeres.	Instituto de la Mujer
4.8 Mujeres en cargos electos (nac., aut., mun., eur.)	5,34	13,35	35,10	29,76	Porcentaje de parlamentarias en todos los ámbitos al comienzo de cada legislatura.	Instituto de la Mujer
4.9 Índice de desigualdad salarial (%)	—	69,30	71,00	1,7	Diferencia porcentual entre el salario medio por cuenta ajena de las mujeres respecto al salario medio por cuenta ajena de los hombres. (Número de euros del salario medio de las mujeres por cada 100 euros que ganan de salario medio los hombres).	Instituto de la Mujer

* Año de referencia: 1986.

Salustiano del Campo y José Félix Tezanos

España siglo XXI*. Evolución de los principales indicadores (cont.)

	CIRCA 1975	CIRCA 1991	CIRCA 2005	DIFERENCIA 2005/1975	DESCRIPCIÓN INDICADOR	FUENTES
5. JUVENTUD						
5.1 Tasa de juventud (16-29 años)	20,30	23,16	19,66	-0,64	Porcentaje de la población que tiene de 16 a 29 años.	Indicadores Sociales, varios años. Instituto Nacional de Estadística
5.2 Tasa de paro juvenil (20-29 años)	8,20	26,50	12,00	3,80	Porcentaje de la población activa de 20-29 años que son parados.	Encuesta de Población Activa, varios años. Instituto Nacional de Estadística
5.3 Tasa de paro de primer empleo	32,50	24,03	11,96	-20,54	Porcentaje de la población parada que busca su primer empleo.	Instituto Nacional de Estadística
5.4 Tasa de temporalidad (16-29 años)	—	59,42	54,90	-4,52	Porcentaje de la población asalariada entre 16 y 29 años que tienen contrato temporal.	Instituto Nacional de Estadística
5.5 Proporción de hogares jóvenes (18-34 años)	—	17,04	15,40	-1,64	Porcentaje de hogares en los que un joven es la persona de referencia.	Instituto Nacional de Estadística
5.6 Tasa de principalidad (18-34 años)	20,20	19,20	20,60	0,40	Proporción de personas entre 18 y 34 años que son cabeza de hogar (persona de referencia) edad.	Instituto Nacional de Estadística
5.7 Tasa de emancipación (15-29 años)	30	24	33	3	Proporción de personas de 15 a 29 años que viven fuera del hogar de origen (o paterno).	Consejo de la Juventud de España
5.8 Índice de interés por la política (16-29 años)	30,00	18,00	24,10	-5,9	Proporción de jóvenes entre 16 y 29 años que dicen que la política les interesa mucho o bastante.	Estudios de Juventud. Instituto de la Juventud. Centro de Investigaciones Sociológicas
5.9 Tasa asociacionismo población joven	33,00	36,00	37,00	4,00	Porcentaje de jóvenes 16-29 años que pertenece a alguna asociación.	Instituto de la Juventud
5.10 Interés por la política jóvenes (15-29 años)	48	—	11	-37	Porcentaje de jóvenes entre 15 y 29 años que rechaza la política.	Torregrosa, 73 y Megías , 2005
6. EDUCACIÓN						
6.1 Tasa de analfabetismo	8,90	5,40	2,53	-6,37	Porcentaje de población de 10 y más años que no sabe leer ni escribir.	Indicadores Sociales, varios años. Instituto Nacional de Estadística
6.2 Tasa de escolaridad	22,50	24,30	20,50	-2,00	Porcentaje de la población total que son efectivos escolares y universitarios.	Ministerio de Educación y Ciencia
6.3 Núm. de alumnos en todas las enseñanzas	8.115.730	9.432.169	9.158.229	1.042.499	Núm. total de alumnos matriculados en educación primaria, secundaria, régimen especial y universidad todos los ciclos.	Ministerio de Educación y Ciencia

España siglo XXI*. Evolución de los principales indicadores (cont.)

	CIRCA 1975	CIRCA 1991	CIRCA 2005	DIFERENCIA 2005/1975	DESCRIPCIÓN INDICADOR	FUENTES
6.4 Matrículas en educación infantil, primaria y secundaria	7.517.461	8.200.602	6.963.520	-553.941	Número total de escolares que están matriculados en las diferentes etapas. (Porcentaje de escolares matriculados en centros privados).	Ministerio de Educación
Centros privados	45,5	33,4	32,7	-12,8		
6.5 Alumnos matriculados en educ. universitaria	429.124	1.209.108	1.442.081	1.012.957	Núm. total de alumnos matriculados en los tres ciclos de universidad.	Ministerio de Educación y Ciencia
6.6 Tasa bruta escolaridad estudios superiores	22,80	36,00	34,00	11,20	Relación entre los alumnos matriculados en enseñanzas universitarias y la población total.	Ministerio de Educación y Ciencia
6.7 Población adulta con estudios superiores	2,03	13,6	27,50	25,47	Porcentaje de la población de 25 y más años titulados universitarios.	Ministerio de Educación y Cultura
6.8 Titulaciones universitarias	57	73	140	83	Número de titulaciones universitarias.	Ministerio de Educación y Cultura
6.9 Alumnos en Universidades públicas	569.074	1.104.720	1.283.621	714.547	Número de los alumnos de las Universidades públicas. Porcentaje de universitarios matriculados en centros públicos.	Ministerio Educación y Ciencia
	96,9	96,8	91,5	-5,1		
6.10 Alumnos en Universidades privadas	18.364	35.852	139.775	121.411	Número de alumnos que están matriculados en Universidades privadas. Porcentaje de universitarios matriculados en centros privados.	Ministerio Educación y Ciencia
	3,1	3,2	8,5	5,4		
6.11 Gasto medio por alumno	646	1.640	3.900	3.254	Gasto medio por alumno en euros corrientes.	Sistema Estatal de Indicadores de Educación
6.12 Gasto público en educación (% de PIB)	1,8	4,61	4,30	2,5	Gasto público en educación en los Presupuestos del Estado expresado en % del PIB.	Sistema Estatal de Indicadores de Educación
6.13 Nivel de estudios de la población adulta					Porcentaje de la población de 25 a 64 años que ha completado un cierto nivel de enseñanza.	Sistema Estatal de Indicadores de Educación
Primarios	89,00	63,80	29,70	-59,30		
Secundarios	6,40	24,00	45,20	38,80		
Superiores	4,00	12,20	25,20	21,20		
6.14 Población con estudios superiores a los obligatorios	19,65	21,60	43,20	23,55	Porcentaje de la población que tiene estudios superiores a los obligatorios en cada fecha.	Sistema Estatal de Indicadores de Educación
6.15 Esperanza de vida escolar a los 6 años	9,2*	14,0	14,5	5,3	Número medio de años de permanencia previsible en el sistema educativo de un niño de seis años de edad, en enseñanzas de régimen general no universitario.	Sistema Estatal de Indicadores de Educación

* Dato del año 1970.

España siglo XXI*. Evolución de los principales indicadores (cont.)

	CIRCA 1975	CIRCA 1991	CIRCA 2005	DIFERENCIA 2005/1975	DESCRIPCIÓN INDICADOR	FUENTES
6.16 Abandono educativo temprano	17,70	33,80	30,80	13,10	Porcentaje de población entre 18 y 24 años que no ha completado la E. Secundaria 2ª etapa y no sigue ningún tipo de estudio-formación.	Ministerio de Educación y Ciencia e Instituto Nacional de Estadística
7. TRABAJO Y OCUPACIONES						
7.1 Tasa de actividad	52,11	50,15	58,30	6,19	Proporción de la población de 16 y más años con empleo o que busca activamente empleo.	Encuesta de Población Activa, varios años. Instituto Nacional de Estadística
7.2 Tasa de ocupación	49,65	42,25	51,10	1,45	Proporción de la población de 16 o más años que durante la semana de referencia han tenido un trabajo por cuenta propia o ajena.	Encuesta de Población Activa, varios años. Instituto Nacional de Estadística
7.3 Tasa de paro	4,70	16,93	10,19	5,49	Proporción de personas activas de 16 y más años sin trabajo, que buscan trabajo o disponibles para trabajar.	Encuesta de Población Activa, varios años. Instituto Nacional de Estadística
7.4 Tasa de temporalidad	–	34,6	31,6	–3	Porcentaje de asalariados con contratos temporales.	Encuesta de Población Activa, varios años. Instituto Nacional de Estadística
7.5 Tasa de asalarización	69,70	74,80	82,14	12,44	Relación entre el personal asalariado por cuenta ajena y el total de ocupados.	Encuesta de Población Activa, varios años. Instituto Nacional de Estadística
7.6 Ocupados por hogar	1,4	1,29	1,56	0,16	Número de ocupados dividido entre el número de hogares.	Encuesta de Población Activa, varios años. Instituto Nacional de Estadística
7.7 Personal asalariado sector público	–	77,00	81,51	4,51	Porcentaje de personal asalariado del sector público.	Encuesta de Población Activa, varios años. Instituto Nacional de Estadística
7.8 Trabajadores autónomos	3.921	2.296,7	2.805,6	–1.116	Miles de trabajadores autónomos.	Ministerio Trabajo y Asuntos Sociales

España siglo XXI. Evolución de los principales indicadores (cont.)

	CIRCA 1975	CIRCA 1991	CIRCA 2005	DIFERENCIA 2005/1975	DESCRIPCIÓN INDICADOR	FUENTES
7.9 Parados de larga duración	589.000	826.700	279.500	-309.500	Número de parados que buscan empleo desde hace dos o más años en el año de referencia.	Encuesta de Población Activa, varios años. Instituto Nacional de Estadística
7.10 Productividad del trabajo	32,90	46,80	51,90	19,00	Miles de unidades de Patrón de poder de compra de 2005 por ocupado expresado.	Banco de España
7.11 Salario mínimo interprofesional	50,49	320,04	513,00	462,51	Euros de la cuantía retributiva mínima que recibirá el trabajador referida a la jornada legal de trabajo en cualquier actividad.	Ministerio de Trabajo y Asuntos Sociales; Seguridad Social
7.12 Tasa de accidentes de trabajo (mortales)	17,37	7,00	3,20	-13,97	Porcentaje de accidentes laborales mortales durante el año que se producen por cada 100.000 personas ocupadas.	Anuarios Estadísticos, varios años. Instituto Nacional de Estadística
7.13 Jubilaciones anticipadas	—	96.741	91.482	-5.259	Núm. de jubilaciones de activos menores de 65 años registradas en la Seguridad Social.	Ministerio Trabajo y Asuntos Sociales
8. ESTRATIFICACIÓN SOCIAL						
8.1 Pobreza severa (LP 25)	3,10	2,10	2,04	-1,06	Porcentaje de la población que se encuentra por debajo del 25% del gasto medio equivalente.	Panel de Hogares de la UE y Encuesta de Condiciones de Vida, varios años. Instituto Nacional de Estadística
8.2 Pobreza (LP 50)	21,60	19,00	19,8	-1,8	Porcentaje de la población que se encuentran por debajo del 50% del gasto medio equivalente.	Panel de Hogares de la UE y Encuesta de Condiciones de Vida, varios años. Instituto Nacional de Estadística
8.3 Hogares bajo el umbral de pobreza	21,40	17,5	-	-3,9	Porcentaje de hogares que se encuentran por debajo del 50% del ingreso medio per cápita.	Panel de Hogares de la UE y Encuesta de Condiciones de Vida, varios años. Instituto Nacional de Estadística
8.4 Índice de Gini	0,46	0,35	0,32	-0,14	Medida de desigualdad económica que oscila entre 0 y 1, donde 0 es la máxima igualdad de renta y 1 la máxima desigualdad de renta.	Panel de Hogares de la UE y Encuesta de Condiciones de Vida, varios años. Instituto Nacional de Estadística

España siglo XXI*. Evolución de los principales indicadores (cont.)

	CIRCA 1975	CIRCA 1991	CIRCA 2005	DIFERENCIA 2005/1975	DESCRIPCIÓN INDICADOR	FUENTES
8.5 Clases propietarias	31,30	24,80	18,00	-13,30	Porcentaje de la población ocupada que ocupa un puesto de trabajo de las clases propietarias.	Datos elaborados por José Félix Tezanos en el Cap. 8: «Desigualdad y estratificación social en España» del libro *La Sociedad Española del Siglo XXI* del Vol. 1. Basado en los datos de la *Encuesta de la Población Activa*, Instituto Nacional de Estadística.
8.6 Clases asalariadas	67,60	72,60	80,50	12,90	Porcentaje de la población activa ocupada que es asalariada.	Datos elaborados por José Félix Tezanos en el Cap. 8: «Desigualdad y estratificación social en España» del libro *La Sociedad Española del Siglo XXI* del Vol. 1. Basado en los datos de la *Encuesta de la Población Activa*, Instituto Nacional de Estadística.
8.7 Autoidentificación/Clase social subjetiva					Contestación a la pregunta ¿A qué clase social pertenece Ud.? Porcentajes.	Cires y Centro de Investigaciones Sociológicas
Clase alta	0,00	0,30	0,20	0,20		
Media-alta	7,00	4,00	4,50	-2,50		
Media-media	55,0	56,00	57,30	2,30		
Media-baja	27,00	26,00	27,30	0,30		
Baja	10,00	11,00	7,50	-2,50		
8.8 Distribución sectorial del empleo					Porcentaje de la población empleada que está en cada sector económico.	Anuarios Estadísticos, varios años. Instituto Nacional Estadística
Agricultura	22,8	8,8	5,3	-17,5		
Industria y Construcción	37,7	35,6	28,5	-9,2		
Servicios	37,4	55,2	62,3	24,9		

España siglo XXI*. Evolución de los principales indicadores (cont.)

	CIRCA 1975	CIRCA 1991	CIRCA 2005	DIFERENCIA 2005/1975	DESCRIPCIÓN INDICADOR	FUENTES
8.9 Percepción de la evolución futura de la desigualdad económica y social.	10	48	50,5	40,5	Proporción de españoles que creen que en el futuro habrá más diferencias sociales y económicas que la fecha de referencia.	Encuesta sobre Tendencias Sociales
9. CONSUMO Y ESTILOS DE VIDA						
9.1 Renta familiar neta disponible per cápita	2.199	6.148	11.150	8.951	Nivel de renta del que disponen las economías domésticas para gastar y ahorrar según nivel medio de los ingresos disponibles por habitante.	Instituto Nacional de Estadística y Banco de España
9.2 Gasto medio por hogar1.	606,23	14.470,28	22.071,27	20.465,04	Gasto que destina el hogar al consumo de bienes y servicios.	Encuesta Continua de Presupuestos Familiares, varios años. Instituto Nacional de Estadística
9.3 Gasto consumo final Hogares	—	258.647	400.404	141.757	Millones de euros de gasto en bienes y servicios de consumo del conjunto de hogares al año.	Encuesta Continua de Presupuestos Familiares, varios años. Instituto Nacional de Estadística
9.4 Gasto en vivienda	11,60	15,10	18,25	6,65	Porcentaje medio de gasto destinado por los hogares a vivienda.	Encuesta Continua de Presupuestos Familiares, varios años. Instituto Nacional de Estadística
9.5 Gasto en alimentación	38,00	26,30	21,77	-16,23	Porcentaje medio de gasto destinado por los hogares a alimentación.	Encuesta Continua de Presupuestos Familiares, varios años. Instituto Nacional de Estadística
9.6 Gasto en ocio	7,10	7,14	7,96	0,86	Porcentaje medio de gasto destinado por los hogares a ocio y esparcimiento.	Encuesta Continua de Presupuestos Familiares, varios años. Instituto Nacional de Estadística
9.7 Variación IPC entre períodos	77,50	497,10	63,20	-14,30	Porcentaje de variación IPC, base 2006, entre 1975-1970; 1991-1975; 2005-1991, en porcentaje.	Instituto Nacional de Estadística
9.8 Consumo de bebidas alcohólicas	19,50	13,00	10,00	-9,50	Litros de alcohol puro consumidos por persona de 15 y más años en un año.	OMS y Eurostat
9.9 Práctica del deporte	22,00	35,00	59,62	37,62	Porcentaje de la población mayor de 18 años que practica algún deporte.	Consejo Superior de Deportes y Centro de Investigaciones Sociológicas
9.10 Habitantes por vehículo de turismo	6,00	3,11	2,26	-3,74	Número de habitantes por cada vehículo (tipo turismo)	Dirección General de Tráfico
9.11 Accidentes de tráfico	71.385	98.128	91.187	19.802	Número de accidentes de circulación con víctimas (muertos y heridos).	Dirección General de Tráfico

España siglo XXI*. Evolución de los principales indicadores (cont.)

	CIRCA 1975	CIRCA 1991	CIRCA 2005	DIFERENCIA 2005/1975	DESCRIPCIÓN INDICADOR	FUENTES
9.12 Consumo de tabaco	52,00	38,00	27,01	-24,99	Porcentaje de la población de 16 y más años que son fumadores diarios.	Ministerio de Sanidad y Consumo
10. RELIGIÓN Y RELIGIOSIDAD						
10.1 Religiosidad	61	46	40	-21	Porcentaje de la población de 16 y más años que se considera religiosa.	Centro de Investigaciones Sociológicas
10.2 Población católica subjetiva	92	75	79	-13	Porcentaje de población mayor de 16 años que se identifica como católica.	1975: *Informe Sociológico sobre la situación social de España, FOESSA 1975. 1991: V Informe Sociológico sobre la situación social de España, FOESSA. 2005: Estudio CIS 2677.*
10.3 Creyente otra religión	0,6	0,9	1,7	1,1	Porcentaje de población mayor de 16 años que se identifica con otra religión no católica.	Centro de Investigaciones Sociológicas
10.4 Autoidentificación religiosa población joven	94	81	64	30	Porcentaje de la población mayor de 16 años y menor de 30 que se identifica como católica.	Centro de Investigaciones Sociológicas
10.5 Católicos practicantes	84	49	36	-48	Porcentaje de católicos que acuden a los servicios religiosos con frecuencia superior a 1 vez por mes.	1975: *Informe Sociológico sobre la situación social de España, FOESSA 1975. 1991: V Informe Sociológico sobre la situación social de España, FOESSA. 2005: Estudio CIS 2677.*
10.6 Confianza en la Iglesia Católica	24	19	15,2	-8,8	Porcentaje de la población mayor de 16 años que dice tener mucha confianza en la Iglesia Católica.	Centro de Investigaciones Sociológicas
10.7 Importancia de Dios en la vida	6,39	6,25	5,97	-0,42	Media de importancia dada a Dios en la vida en escala de 1 a 10 donde 10 es el máximo por la población mayor de 15 años.	Universidad de Deusto

España siglo XXI*. Evolución de los principales indicadores (cont.)

	CIRCA 1975	CIRCA 1991	CIRCA 2005	DIFERENCIA 2005/1975	DESCRIPCIÓN INDICADOR	FUENTES
10.8 No creyentes, indiferentes, ateos	5	23	12	7	Porcentaje de la población mayor de 16 años que se identifica como no creyente, ateo o indiferente.	1975: *Informe Sociológico sobre la situación social de España, FOESSA 1975*. 1991: *V Informe Sociológico sobre la situación social de España, FOESSA*. 2005: *Estudio CIS 2677*.
10.9 Creencia en Dios	87	81	73	−14	Porcentaje de la población mayor de 16 años que afirma su creencia en Dios.	Francisco Andrés Orizo: *Los Nuevos Valores de los Españoles*, Madrid, 1991. Estudio CIS 2443/2002
10.10 Creencia vida después de la muerte	55	42	40	−15	Porcentaje de la población mayor de 16 años que indica su creencia en una vida después de la muerte.	Francisco Andrés Orizo: *Los Nuevos Valores de los Españoles*, Madrid, 1991. Estudio CIS 2443/2002
10.11 Creencia en el alma	64	66	52	−12	Porcentaje de la población mayor de 16 años que cree en la existencia del alma.	Centro de Investigaciones Sociológicas
10.12 Creencia en el demonio	33	34	24	−9	Porcentaje de la población mayor de 16 años que cree en el demonio.	Centro de Investigaciones Sociológicas
10.13 Creencia en el infierno	33	33	24	−9	Porcentaje de la población mayor de 16 años que cree en el infierno.	Centro de Investigaciones Sociológicas
10.14 Creencia en el cielo	49	52	40	−9	Porcentaje de la población mayor de 16 años que cree en el cielo.	Centro de Investigaciones Sociológicas
10.15 Creencia en el pecado	57	56	43	−12	Porcentaje de la población mayor de 16 años que cree en el pecado.	Centro de Investigaciones Sociológicas
10.16 Creencia en la reencarnación	25	28	20	−5	Porcentaje de la población mayor de 16 años que cree en la reencarnación.	Centro de Investigaciones Sociológicas

España siglo XXI*. Evolución de los principales indicadores (cont.)

	CIRCA 1975	CIRCA 1991	CIRCA 2005	DIFERENCIA 2005/1975	DESCRIPCIÓN INDICADOR	FUENTES
11. URBANIZACIÓN Y VIVIENDA						
11.1 Población urbana	66,50	74,50	76,37	9,87	Porcentaje de población que reside en municipios de más de 10.000 hab.	Censos de Población y Viviendas y Anuarios Estadísticos, varios años. Instituto Nacional de Estadística
11.2 Población semiurbana	22,5	16,7	16,3	-6,2	Porcentaje de población que reside en municipios entre 2000-10.000 hab.	Censos de Población y Viviendas y Anuarios Estadísticos, varios años. Instituto Nacional de Estadística
11.3 Población rural	11,0	7,8	7,3	-3.7	Porcentaje de población que reside en municipios de menos de 2.000 habitantes.	Censos de Población y Viviendas y Anuarios Estadísticos, varios años. Instituto Nacional de Estadística
11.4 Índice de urbanización	43,07	46,20	50,60	7,53	Porcentaje de población que vive en núcleos urbanos de más de 50.000 hab.	Instituto Nacional de Estadística
11.5 Núm. de municipios	8.665	8.127	8.109	-556	Número de municipios en el año de referencia.	Censos de Población y Viviendas y Anuarios Estadísticos, varios años. Instituto Nacional de Estadística
11.6 Parque de viviendas	12.891.367	17.471.306	23.830.417	10.939.050	Núm. total de viviendas familiares.	INE y Banco de España: Síntesis de Indicadores
11.7 Viviendas iniciadas	s196.305203.856	78,30	716.219	519.914	Núm. total de viviendas que han iniciado su construcción.	Banco de España: Síntesis de Indicadores
11.8 Vivienda en propiedad	63,40	78,30	84,57	21,17	Porcentaje de viviendas principales en régimen de propiedad del total de viviendas.	INE y Banco de España: Síntesis de Indicadores
11.9 Viviendas en alquiler	30,10	15	9,09	-21,01	Porcentaje de viviendas principales en régimen de alquiler del total de viviendas.	INE y Banco de España: Síntesis de indicadores
11.10 Viviendas principales	79,8	68,8	67,7	-12,1	Porcentaje de viviendas principales del total de viviendas.	Encuesta de Condiciones de Vida, varios años. Instituto Nacional de Estadística.

España siglo XXI*. Evolución de los principales indicadores (cont.)

	CIRCA 1975	CIRCA 1991	CIRCA 2005	DIFERENCIA 2005/1975	DESCRIPCIÓN INDICADOR	FUENTES
11.11 Viviendas secundarias	7,50	15,4	16,00	8,50	Porcentaje de viviendas secundarias del total de viviendas.	Encuesta de Condiciones de Vida, varios años. Instituto Nacional de Estadística.
11.12 Viviendas desocupadas	12,74	15,80	16,23	3,49	Porcentaje de viviendas no habitadas del total de viviendas.	Banco de España: Síntesis de Indicadores
11.13 Coste medio de la vivienda (euros/m2)	–	923	2.526	1.603	Euros corrientes por metro cuadrado construido.	Mercado Inmobiliario, Sociedad de Tasación
11.14. Índice de precios reales (Base 100= 1987)	80	170	240	160	Precios constantes deflactados por el IPC, con base 100= 1987.	Ministerio de Fomento y Tecnigrama
11.15 Precio medio de la vivienda libre	–	68.600	168.540	99.940	Estimación del precio medio de venta de una vivienda libre de 100 m².	Banco de España: Síntesis de Indicadores
11.16 Tipo de interés adquisición vivienda (TAE)	–	11,15	3,39	–7,76	Porcentaje.	Banco de España
11.17 Gasto público en vivienda	0,50	1,60	9,10	8,60	Gasto Público en vivienda por 100 habitantes en miles de Patrón de Poder de Compra (PPC).	Banco de España: Síntesis de Indicadores
11.18 Variación IPC vivienda de alquiler	58,10	332,00	107,60	49,50	Variación porcentual IPC vivienda alquiler, base 2006, entre 1975-1970; 1991-1975; 2005-1991, en porcentaje.	Instituto Nacional de Estadística
12.MEDIOS DE COMUNICACIÓN SOCIAL						
12.1 Audiencia de prensa	26,70	32,40	36,30	9,60	Porcentaje de personas de 14 o más años que leen la prensa cualquiera que sea su frecuencia.	Marco General de los Medios de España
12.2 Audiencia de radio	51,40	52,2	55,50	4,10	Porcentaje de población de 14 o más años que oye la radio a diario.	Estudio General de Medios
12.3 Audiencia de televisión	81,10	89,5	89,20	8,10	Porcentaje de población de 14 o más años que ve la TV a diario.	Estudio General de Medios
12.4 Horas de consumo TV individuos/año (miles)	–	1,14	1,28	0,14	Miles de horas de consumo de la televisión al año por persona.	Informe de la comunicación
12.5 Tirada media de los diarios	32.934	37.832	55.428	22.494	Tirada media de una muestra de diarios.	Marco General de los Medios de España
12.6 Núm. de periódicos de información general	143	88	95	–48	Núm. de cabeceras activas de información general.	Marco General de los Medios de España
12.7 Núm. de ejemplares anuales (millones)	1.719	–	1.922	203	Millones de ejemplares que editaron los periódicos de información general en el año de referencia.	Anuarios Estadísticos, varios años. Instituto Nacional de Estadística

España siglo XXI*. Evolución de los principales indicadores (cont.)

	CIRCA 1975	CIRCA 1991	CIRCA 2005	DIFERENCIA 2005/1975	DESCRIPCIÓN INDICADOR	FUENTES
13. CULTURA Y OCIO						
13.1 Índice de lecturas de libros	37,00*	58,30	57,70	20,70	Porcentaje de personas de 15 y más años que han leído un libro en el último año.	Ministerio de Cultura
13.2 Índice de asistencia al cine	12,50	6,3	7,10	-5,40	Porcentaje de personas que asisten al cine por semana.	Encuesta General de Medios
13.3 Pantallas de cine	2.640	1.807	4.299	1.659	Número de pantallas de cine en funcionamiento en España.	Instituto Nacional Estadística
13.4 Espectadores cine	255.785	79.095	97.715	-158.070	Núm. total de espectadores de cine, en miles.	Encuesta General de Medios
13.5 Recaudación cine	146,37	218,36	636,10	489.73	Millones de euros recaudados en las taquillas de los cines en todo el territorio nacional.	Anuarios Estadísticos, varios años. Instituto Nacional Estadística
13.6 Índice de asistencia a teatros	7,00	14,00	19,10	12,10	Porcentaje de personas de 15 y más años que han asistido al teatro en el último mes (1975 y 1991) y en el último año (2005).	Ministerio de Cultura y Encuesta General de Medios
13.7 Núm. películas producidas	213	147	303	90	Número total de películas y cortos producidos en España.	Ministerio de Cultura
13.8 Núm. títulos de libros editados	23.231	39.082	77.367	54.136	Número de títulos de libros editados.	Oficina de Justificación de la Difusión e Instituto Nacional de Estadística
13.9 Núm. total de ejemplares de libros publicados	164.564	198.093	321.469	156.905	Miles de ejemplares de libros publicados.	Oficina de Justificación de la Difusión e Instituto Nacional de Estadística
13.10 Tasa de salida de vacaciones	19,80	53,40	57,70	37,90	Porcentaje de la población que ha salido de vacaciones.	Tendencias Sociales en España 1960-1990 y Centro de Investigaciones Sociológicas
13.11 Tasa de vacaciones al extranjero	0,70	10,00	7,30	6,60	Porcentaje de la población que ha salido de vacaciones al extranjero.	Tendencias Sociales en España 1960-1990 y Centro de Investigaciones Sociológicas
13.12 Sociedades y Clubes	45.797	66.550	85.035	39.238	Número de sociedades y clubes registrados.	Anuarios Estadísticos, varios años. INE
13.13 Gasto público Admón. Central	0,14	0,13	0,09	-0,022	Proporción del Gasto Público en relación con el PIB.	Ministerio de Cultura y Ministerio de Economía

* En 1975 se refiere al último mes.

España siglo XXI*. Evolución de los principales indicadores (cont.)

	CIRCA 1975	CIRCA 1991	CIRCA 2005	DIFERENCIA 2005/1975	DESCRIPCIÓN INDICADOR	FUENTES
Admón. Autonómica	0,11	0,19	0,16	0,05		
Admón. Local	0,32	0,35	0,16	0,01		
13.14 Consumo medio por persona en Ocio, enseñanza y cultura	205,1	271,52	438,1	232,99	Euros gastados en ocio, enseñanza, y cultura por persona de media al mes.	Encuesta Continua de Presupuestos Familiares, varios años. Instituto Nacional Estadística. Encuesta Hábitos Deportivos, García Ferrando
13.15 Empleo tiempo libre					Porcentaje de la población que realiza cada actividad enumerada en su tiempo libre.	
Estar con la familia	79*	67	85	6		
Ver la televisión	52	57	78	26		
Estar con amigos	54	43	65	11		
Escuchar música	40	26	55	15		
Leer libros, revistas	4	36	53	49		
Oír la radio	53	31	47	–6		
Ir al cine	35	21	39	4		
Ir de excursión	35	21	39	4		
Hacer deporte	33	27	33	0		
14. SOCIEDAD DE LA INFORMACIÓN						
14.1 Hogares acceso Internet	0	0	37,10	37,10	Porcentaje de hogares que tienen acceso a Internet.	Encuesta sobre Equipamiento y Uso de Tecnologías de la Información y Comunicación en los Hogares. INE
14.2 Hogares con ordenador	21**	8	57,20	55,2	Porcentaje.	Encuesta sobre Equipamiento y Uso de Tecnologías de la Información y Comunicación en los Hogares. INE. Encuesta General de Medios, 1984, 1991.

* Los datos de la primera columna corresponden al año 1985.
** Datos de 1984.

España siglo XXI. *Evolución de los principales indicadores* (cont.)

	CIRCA 1975	CIRCA 1991	CIRCA 2005	DIFERENCIA 2005/1975	DESCRIPCIÓN INDICADOR	FUENTES
14.3 Usuarios habituales Internet	0	0	46,7	46,7	Porcentaje de usuarios.	Fundación Telefónica
14.4 Penetración de Internet	0	—	40,30	40,30	Porcentaje de personas que han utilizado Internet al menos 1 vez por semana los últimos 3 meses.	Encuesta sobre Equipamiento y Uso de Tecnologías de la Información y Comunicación en los Hogares. INE
14.5 Hogares con conexión ADSL	0	0	32,60	32,60	Porcentaje de hogares que tienen conexión ADSL.	Ministerio de Industria, Comercio y Turismo
14.6 Empresas con acceso Internet	0	—	93,0	93,0	Porcentaje de empresas con acceso a Internet.	Fundación Telefónica
14.7 Tasa de penetración de banda ancha	0	0	13,20	13,20	Porcentaje de población con disponibilidad de acceso a banda ancha.	Ministerio de Industria, Comercio y Turismo
14.8 Líneas de banda ancha por cada 100 habitantes.	0	0	6,70	6,70		
14.9 Gasto en tecnologías de la información (% PIB)	0	0	1,70	1,70	Gasto Público en tecnologías de la información expresado en porcentaje del PIB.	
15. VIOLENCIA Y DELINCUENCIA						
15.1 Tasa de victimización	11,00	14,00	8,60	–2,40	Porcentaje de personas que refieren haber sido víctima de algún delito en el último año.	Centro de Investigaciones Sociológicas. Estudios núms.1152, 1708, 2630
15.2 Tasa de infracciones/delincuencia	14	39	51	37	Núm. infracciones por cada 1.000 habitantes.	Ministerio del Interior
15.3 Condenados por tribunales de justicia	40.171	80.038	128.927	88.756	Núm. total de condenados por los tribunales de justicia.	Estadística Penal Común, varios años. Instituto Nacional de Estadística
15.4 Percepción discriminación judicial	64,00	69,00	84,10	20,10	Porcentaje de personas que aprecian que en España se hacen diferencias a la hora de aplicar las leyes a un individuo.	Centro de Investigaciones Sociológicas. Estudios núms. 1305, 1876, 2630
15.5 Tasa de condenados	111	205	288	176	Número de condenados por 10.000 hab.	Estadística Penal Común, varios años. Instituto Nacional de Estadística
15.6 Condenados jóvenes (16-25 años)	42,50	36,50	17,09	–25,41	Porcentaje de condenados por los tribunales de justicia entre los 16-18 y 25 años sobre el total de condenados.	Estadística de los Juzgados de Menores y Estadística Penal Común, varios años. Instituto Nacional de Estadística

España siglo XXI*. Evolución de los principales indicadores (cont.)

	CIRCA 1975	CIRCA 1991	CIRCA 2005	DIFERENCIA 2005/1975	DESCRIPCIÓN INDICADOR	FUENTES
15.7 Número mujeres víctimas de malos tratos	—	17.089	78.256	61.167	Denuncia recogidas por el M.º del Interior de malos tratos y lesiones.	Instituto de la Mujer. Estadísticas Judiciales y Anuarios Estadísticos, varios años. Instituto Nacional de Estadística
15.8 Delitos contra la propiedad	37,80	56,60	35,70	–2,10	Porcentaje de delitos que fueron contra la propiedad.	Estadísticas Judiciales y Anuarios Estadísticos, varios años. Instituto Nacional de Estadística
15.9 Delitos contra las personas	4,20	3,80	8,52	4,32	Porcentaje de delitos que fueron contra las personas.	Instituto Nacional de Estadística
15.10 Población reclusa	8.440	37.857	61.054	52.614	Núm. de reclusos en las cárceles españolas.	Instituto Nacional de Estadística
15.11 Tasa de población reclusa	23,44	97,39	136,56	113,12	Población reclusa por 100.000 hab.	Ministerio del Interior
15.12 Población reclusa extranjera	—	16	30,5	14,5	Proporción de la población reclusa extranjera sobre el total de la población reclusa.	
15.13 Tasa de suicidios	4,93	5,50	5,00	0,07	Suicidios consumados y tentativas de suicidio por 100.000 hab.	Estadísticas del Suicidio en España, varios años. Instituto Nacional de Estadística.
16. ASOCIACIONISMO						
16.1 Número de asociaciones	31.217	124.557	230.470	199.253	Núm. de Asociaciones activas.	Ministerio del Interior. Fundación FOESSA y Centro de Investigaciones Sociológicas
16.2 Población asociada	37	32	35	–2	Porcentaje de personas que pertenecen a una o varias asociaciones.	
16.3 Asociaciones locales	63,1	55,9	46,6*	–16,5	Porcentaje de asociaciones en activos de ámbito local en relación con el total.	Ministerio del Interior
16.4 Asociaciones regionales	2,0	22,9	—	20,9	Porcentaje de asociaciones en activos de ámbito regional en relación con el total.	Ministerio del Interior
16.5 Asociaciones nacionales	94,4	92,5	91,3	–3,1	Porcentaje de asociaciones en activos de ámbito nacional en relación con el total.	Ministerio del Interior
17. MOVIMIENTOS SOCIALES						
17.1 Afiliados a sindicatos	8,7**	7,5	7,7	–1	Porcentaje de la población mayor de 16 años que están afiliados a sindicatos.	Centro de Investigaciones Sociológicas
17.2 Afiliados a asociaciones ecologistas	1,00	1,00	1,00	0,00	Porcentaje de la población mayor de 16 años que están afiliados a asociaciones ecologistas.	Centro de Investigaciones Sociológicas
17.3 Afiliados a asociaciones ciudadanas	5,80	10,00	4,00	–1,80	Porcentaje de la población mayor de 16 años que están afiliados a asociaciones ciudadanas.	Centro de Investigaciones Sociológicas

* Dato correspondiente al año 1999.
** Dato correspondiente al años 1980.

España siglo XXI*. Evolución de los principales indicadores (cont.)

	CIRCA 1975	CIRCA 1991	CIRCA 2005	DIFERENCIA 2005/1975	DESCRIPCIÓN INDICADOR	FUENTES
17.4 Afiliados a asociaciones feministas/mujer	—	1,00	2,00	1,00	Porcentaje de la población mayor de 16 años que están afiliados a asociaciones feministas.	Centro de Investigaciones Sociológicas
17.5 Afiliados a asociaciones DD.HH.	1,00	1,00	8,40	7,40	Porcentaje de la población mayor de 16 años que están afiliados a asociaciones de derechos humanos.	Centro de Investigaciones Sociológicas
17.6 Afiliados a asociaciones juveniles	1,00	1,00	3,90	2,90	Porcentaje.	Centro de Investigaciones Sociológicas
18. PROTECCIÓN SOCIAL						
18.1 Gasto total en protección social (% PIB)	18,30	19,9	20,00	1,70	Gastos de protección social en términos del Sistema Europeo de Estadísticas Integradas de Protección Social.	Eurostat
18.2 Gasto protección social por habitante	370,40	2.044,50	3.935,10	3.564,70	Gastos de protección social en términos del Sistema Europeo de Estadísticas Integradas de Protección Social (euros corrientes).	Indicadores Sociales de España, varios años. Instituto Nacional de Estadística
18.3 Gasto sanitario total (% PIB)	5,70	6,90	7,33	1,63	Gasto sanitario de la Admón. Central y transferencias CC.AA. En porcentaje del producto interior bruto.	Ministerio de Sanidad y Eurostat
18.4 Trabajadores afiliados a la Seguridad Social	11.205.713	14.146.448	19.325.818	8.120.105	Núm. total de afiliados a la S.S. en cada fecha de referencia.	Ministerio de Economía y Hacienda. BADESPE
18.5 Pensiones del sistema de la Seguridad Social	4.937.000	6.187.135	8.577.368	3.640.368	Núm. total de pensiones, de todas las modalidades, del sistema de la Seguridad Social.	Ministerio de Trabajo y Asuntos Sociales; Seguridad Social
18.6 Gasto en pensiones (% PIB)	4,05	6,10	10,81	6,76	Gasto total en pensiones del sistema de la Seguridad Social.	Ministerio de Trabajo y Asuntos Sociales; Seguridad Social
18.7 Pensión media (euros/mes)	127,03	427,73	605,33	478,30	Pensión media en euros corrientes mensuales de todo el sistema de la Seguridad Social.	Ministerio de Trabajo y Asuntos Sociales; Seguridad Social
18.8 Pensión media mensual viudez	52,16	272,85	430,74	378,58	Pensión de viudez en euros corrientes mensuales.	Ministerio Trabajo y AASS
18.9 Pensión media mensual jubilación	89,56	443,26	645,46	555,9	Pensión de jubilación en euros corrientes mensuales.	Ministerio Trabajo y AASS
18.10 Pensiones contributivas jubilación	2.190.247	2.918.690	4.770.504	2.580.257	Millones en gasto total de la Seguridad Social en pensiones contributivas de jubilación.	Ministerio Trabajo y AASS
18.11 Pensiones contributivas viudedad	1.026.614	1.622.972	2.222.154	1.195.540	Millones en gasto total de la Seguridad Social en pensiones contributivas de viudedad.	Ministerio Trabajo y AASS
18.12 Pensiones contributivas orfandad	137.819	165.279	258.701	120.882	Millones en gasto total de la Seguridad Social en pensiones contributivas de orfandad.	Ministerio Trabajo y AASS
18.13 Pensiones contributivas favor familiar	19.094	27.282	38.317	19.223	Millones en gasto total de la Seguridad Social en pensiones contributivas de favor familiar.	Ministerio Trabajo y AASS
18.14 Pensiones contributivas incapacidad	1.024.413	1.600.369	887.109	-137.304	Millones en gasto total de la Seguridad Social en pensiones contributivas de incapacidad.	Ministerio Trabajo y AASS
18.15 Pensiones no contributivas	33.921	331.800	475.873	441.952	Millones en gasto total de la Seguridad Social en pensiones no contributivas.	Ministerio Trabajo y AASS

España siglo XXI*. Evolución de los principales indicadores (cont.)

	CIRCA 1975	CIRCA 1991	CIRCA 2005	DIFERENCIA 2005/1975	DESCRIPCIÓN INDICADOR	FUENTES
19. VIDA COTIDIANA						
19 Tiempo medio diario dedicado a:						
19.1 Trabajo	—	11,00	7,47	–3,53	Día promedio semanal. Duración en horas diarias.	Encuesta de Empleo del Tiempo, varios años. Instituto Nacional de Estadística. Centro de Investigaciones Sociológicas
19.2 Estudios	—	3,00	5,13	2,13	Día promedio semanal. Duración en horas diarias.	Encuesta de Empleo del Tiempo, varios años. Instituto Nacional de Estadística. Centro de Investigaciones Sociológicas
19.3 Hogar y familia	—	13,00	3,39	–9,61	Día promedio semanal. Duración en horas diarias.	Encuesta de Empleo del Tiempo, varios años. Instituto Nacional de Estadística. Centro de Investigaciones Sociológicas
19.4 Trabajo voluntario y reuniones	—	—	1,49	1,49	Día promedio semanal. Duración en horas diarias.	Encuesta de Empleo del Tiempo, varios años. Instituto Nacional de Estadística. Centro de Investigaciones Sociológicas
19.5 Vida social y diversión	—	1,35	2,14	0,79	Día promedio semanal. Duración en horas diarias.	Encuesta de Empleo del Tiempo, varios años. Instituto Nacional de Estadística. Centro de Investigaciones Sociológicas
19.6 Deportes y actividades de aire libre	—	1,07	1,58	–0,51	Día promedio semanal. Duración en horas diarias.	Encuesta de Empleo del Tiempo, varios años. Instituto Nacional de Estadística. Centro de Investigaciones Sociológicas
19.7 Aficiones y juegos	—	1,17	1,50	0,33	Día promedio semanal. Duración en horas diarias.	Encuesta de Empleo del Tiempo, varios años. Instituto Nacional de Estadística. Centro de Investigaciones Sociológicas

España siglo XXI*. Evolución de los principales indicadores (cont.)

	CIRCA 1975	CIRCA 1991	CIRCA 2005	DIFERENCIA 2005/1975	DESCRIPCIÓN INDICADOR	FUENTES
19.8 Medios de comunicación (lectura, TV y radio)	—	2,17	2,38	0,21	Día promedio semanal. Duración en horas diarias.	Encuesta de Empleo del Tiempo, varios años. Instituto Nacional de Estadística. Centro de Investigaciones Sociológicas
20. VALORES DE LOS ESPAÑOLES						
20.1 Tasa de felicidad	78	82	90	12	Proporción de personas que califican su vida de muy o bastante feliz.	Encuesta Europea de Valores: 1991. Special Eurobarometer 273
20.2 Satisfacción general con la vida	7,0*	78	78,6	8,6	Proporción de muy o bastantes satisfechos con su vida en general.	Centro Investigaciones Sociológicas
20.3 Importancia de la familia	9,17**	9,37	9,55	0,38	Media de importancia dada a la familia en una escala de 1 a 10 donde 10 es la máxima importancia.	Centro Investigaciones Sociológicas
20.4 Importancia del trabajo	8,92	7,95	8,37	−0,55	Media de importancia dada al trabajo en una escala de 1 a 10 donde 10 es la máxima importancia.	Centro Investigaciones Sociológicas
20.5 Importancia de los amigos	7,80	7,68	8,06	0,26	Media de importancia dada a los amigos en una escala de 1 a 10 donde 10 es la máxima importancia.	Centro Investigaciones Sociológicas
20.6 Tasa de materialismo	62,00***	22,00	21,70	−40,30	Porcentaje de personas que responden afirmativamente a los ítems materialistas de la escala de materialismo de Inglehart.	Francisco Andrés Orizo: *Los Nuevos Valores de los Españoles*, Madrid, 1991. Estudio CIS 2443/2002. Juan Díaz Nicolás: *El dilema de la supervivencia. Los españoles ante el medio ambiente*, Madrid, 2004.

* Dato correspondicente al año 1980.

** Los datos de la primera columna de los indicadores 20.3, 20.4 y 20.5 corresponden al año 1987.

*** Los datos de la primera columna de los indicadores 20.6 y 20.7 corresponden al año 1980.

España siglo XXI*. Evolución de los principales indicadores (cont.)

	CIRCA 1975	CIRCA 1991	CIRCA 2005	DIFERENCIA 2005/1975	DESCRIPCIÓN INDICADOR	FUENTES
20.7 Tasa de posmaterialismo	12,00	20,00	18,50	6,50	Porcentaje de personas que responden afirmativamente a los ítems posmaterialistas de la escala de materialismo de Inglehart.	Francisco Andrés Orizo: *Los Nuevos Valores de los Españoles*, Madrid, 1991. Estudio CIS 2443/2002. Juan Díaz Nicolás: *El dilema de la supervivencia. Los españoles ante el medio ambiente*, Madrid, 2004.
20.8 Tasa de legitimidad democrática	49	76	84	35	Porcentaje de personas que indican que la democracia es preferible a cualquier otra forma de gobierno.	Banco de Datos del Centro de Investigaciones Sociológicas
20.9 Tasa de indiferencia hacia la política	41	22	18,7	-21,3	Porcentaje de personas que indican indiferencia ante la política.	Centro de Investigaciones Sociológicas
20.10 Tasa de preferencia por la libertad	36*	43	25	-11	Porcentaje de población que elige la libertad a la pregunta ¿Podría Ud. decirme que es más importante para Ud., la libertad o la igualdad?	Encuesta Europea de Valores. Estudio CIS 2556
20.11 Tasa de preferencia por la igualdad	39	38	46	7	Porcentaje de población que elige la igualdad a la pregunta ¿Podría Ud. decirme que es más importante para Ud., la libertad o la igualdad?	Encuesta Europea de Valores. Estudio CIS 2556
20.12 Tasa de confianza interpersonal	33	25	42	9	Porcentaje de personas que indican que se pueden confiar en la mayoría de la gente.	Estudios CIS núms. 1263, 1703, 2672.
21. IDENTIDADES						
21.1 Identidad local	40,00	43,00	44,20	4,20	Porcentaje de población mayor de 16 años que considera que se siente muy ligada a su espacio local. Contestación «mucho» a la pregunta ¿En qué medida se siente Ud. ligado a los siguientes espacios?	Banco de Datos del Centro de Investigaciones Sociológicas
21.2 Identidad regional	17,00	19,00	37,20	20,20	Porcentaje de población mayor de 16 años que considera que se siente muy ligada a su espacio regional. Contestación «mucho» a la pregunta ¿En qué medida se siente Ud. ligado a los siguientes espacios?	Banco de Datos del Centro de Investigaciones Sociológicas
21.3 Identidad nacional	34,00	31,00	32,90	-1,10	Porcentaje de población mayor de 16 años que considera que se siente muy ligada a su espacio nacional. Contestación «mucho» a la pregunta ¿En qué medida se siente Ud. ligado a los siguientes espacios?	Banco de Datos del Centro de Investigaciones Sociológicas

* Los datos de la primera columna de los indicadores 20.10, 20.11 y 20.12 corresponden al año 1981.

España siglo XXI*. Evolución de los principales indicadores (cont.)

	CIRCA 1975	CIRCA 1991	CIRCA 2005	DIFERENCIA 2005/1975	DESCRIPCIÓN INDICADOR	FUENTES
21.4 Identidad europea	2,00	1,00	11,50	9,50	Porcentaje de población mayor de 16 años que considera que se siente muy ligada a su espacio europeo. Contestación «mucho» a la pregunta ¿En qué medida se siente Ud. ligado a los siguientes espacios?	Banco de Datos del Centro de Investigaciones Sociológicas
21.5 Identidad generacional**	38,5	40,2	46,7	8,2	Porcentaje de población mayor de 18 años que se identifica en primer o segundo lugar con las personas de su misma generación o edad. Contestación a la pregunta: ¿Con qué tipo de grupos de personas se indentifica más en primer lugar? ¿Y en segundo lugar?	Encuestas sobre Tendencias Sociales, GETS
21.6 Identidad con el mismo sexo	5,0	8,1	14,1	9,1	Porcentaje de población mayor de 18 años que se identifica en primer o segundo lugar con las personas de su mismo sexo. Contestación a la pregunta: ¿Con qué tipo de grupos de personas se indentifica más en primer lugar? ¿Y en segundo lugar	Encuestas sobre Tendencias Sociales, GETS
21.7 Identidad clase social	24,6	15,2	7,3	-17,3	Porcentaje de población mayor de 18 años se identifica en primer o segundo lugar con las personas de su misma clase social. Contestación a la pregunta: ¿Con qué tipo de grupos de personas se indentifica más en primer lugar? ¿Y en segundo lugar	Encuestas sobre Tendencias Sociales, GETS
21.8 Identificación socio-cultural	39,4	37,7	37,2	-2,2	Porcentaje de población mayor de 18 años se identifica en primer o segundo lugar con las personas que tienen sus mismos gustos, aficiones, etc. Contestación a la pregunta: ¿Con qué tipo de grupos de personas se indentifica más en primer lugar? ¿Y en segundo lugar.	Encuestas sobre Tendencias Sociales, GETS
22. LENGUAS Y CULTURAS						
22.1 Grado de conocimiento del euskera	31	19	28,60	-2,40	Porcentaje de población mayor de 16 años que habla en euskera.	Banco de Datos del Centro de Investigaciones Sociológicas
22.2 Grado de conocimiento del catalán	78	81	79,10	1,10	Porcentaje de población mayor de 16 años que habla en catalán.	Banco de Datos del Centro de Investigaciones Sociológicas
22.3 Grado de conocimiento del gallego	94,20	90,70	89,20	-5,00	Porcentaje de población mayor de 16 años que habla en gallego.	Banco de Datos del Centro de Investigaciones Sociológicas
22.4 Población que lee libros en euskera	31	21,00	11,50	-19,50	En 1975 y 1991, es el % de población que lee libros en euskera con cualquier frecuencia. En 2005, es el % de población que prefiere leer en euskera.	Banco de Datos del Centro de Investigaciones Sociológicas
22.5 Población que lee libros en catalán	52	56	44,40	-7,60	En 1975 y 1991, es el % de población que lee libros en catalán con cualquier frecuencia. En 2005, es el % de población que prefiere leer en catalán.	Banco de Datos del Centro de Investigaciones Sociológicas

* Este indicador, así como los siguientes (identidad con el mismo sexo, clase social y socio-cultural) proceden de la *Encuesta sobre Tendencias Sociales* del GETS del año 1985.

España siglo XXI*. Evolución de los principales indicadores (cont.)

	CIRCA 1975	CIRCA 1991	CIRCA 2005	DIFERENCIA 2005/1975	DESCRIPCIÓN INDICADOR	FUENTES
22.6 Población que lee libros en gallego	41	27	35,40	−5,60	En 1975 y 1991, es el % de población que lee libros en gallego con cualquier frecuencia. En 2005, es el % de población que prefiere leer en gallego.	Banco de Datos del Centro de Investigaciones Sociológicas
23. INDICADORES DE DESARROLLO						
23.1 Posición de España en el Índice de Desarrollo Humano de Naciones Unidas	—	23	13	10	Lugar que ocupa España en la lista elaborada por Naciones Unidas sobre el Índice de Desarrollo Humano.	ONU
23.2 Robots industriales instalados	—	2.197	21.900	19.703	Número robots industriales instalados.	Asociación Española de Robótica y ONU
23.3 Ordenadores instalados	—	1.179.380	7.726.362	6.546.982	Número ordenadores instalados.	Instituto Nacional de Estadística
23.4 Camiones en circulación	1.001.074	2.350.000	4.655.413	3.654.339	Número de camiones en circulación.	Dirección General de Tráfico, Boletín Informativo, Anuario Estadístico General
23.5 Turismos en circulación	4.806.833	12.160.000	20.250.377	15.443.544	Número de turismos en circulación.	Dirección General de Tráfico, Boletín Informativo, Anuario Estadístico General
23.6 Tractores agrícolas	527.271	740.000	980.807	453.536	Número de tractores agrícolas.	Instituto Nacional de Estadística
23.7 Número de empresas creadas	11.422	76.467	157.111	145.689	Número de empresas creadas en el año de referencia.	Instituto Nacional de Estadística
23.8 Flota mercante y pesquera (en toneladas)	370.404	481.102	—	110.698	Total de toneladas de la flota pesquera y mercante del año.	Banesto, *Anuario del Mercado Español*, El País, *Anuarios*, ANIEL, *Memorias*, Fondo Monetario Internacional
23.9 Transporte aéreo de pasajeros	37.792	73.143	179.047	141.255	Total de pasajeros en avión al año (en miles).	Instituto Nacional de Estadística
23.10 Consumo de energía (en ktep)	57.660	88.022	138.851	81.191	Total.	Banesto, *Anuario del Mercado Español*, El País, *Anuarios*, ANIEL, *Memorias*, Fondo Monetario Internacional
23.11 Kilómetros de autopistas	1.135	4.693	13.156	12.021	Número total de kilómetros de autopistas construidas.	Banesto, *Anuario del Mercado Español*, El País, *Anuarios*, ANIEL, *Memorias*, Fondo Monetario Internacional

España siglo XXI. Evolución de los principales indicadores* (cont.)

	CIRCA 1975	CIRCA 1991	CIRCA 2005	DIFERENCIA 2005/1975	DESCRIPCIÓN INDICADOR	FUENTES
24. CIENCIA, TECNOLOGÍA Y SOCIEDAD						
24.1 Gasto en I + D (público)	45,60	1.257,00	5.018,10	4.972,50	Millones de euros PGE.	Ministerio de Educación y Ciencia; Instituto Nacional de Estadística
24.2 Gasto total en I+D	127.907	2.881.083	10.196.871	10.068.964	Miles de euros.	Ministerio de Educación y Ciencia; INE
24.3 Gastos totales en I+D en % del PIB	0,35	0,87	1,13	0,78	Porcentaje del gasto público en I+D expresado en porcentaje del PIB.	Ministerio de Educación y Ciencia; INE
24.4 Índice de interés por la ciencia y la tecnología	—	0,56	0,64	0,8	Índice elaborado con la escala de muy interesado, interesado, poco interesado y nada interesado.	Estudio ciencia y tecnología BBVA y Eudox
24.5 Parque de ordenadores	2.450	2.125.271	12.563.655	12.561.205	Número de ordenadores.	Ministerio de Industria, Comercio y Turismo
24.6 Parque de ordenadores sin PC	2.450	113.631	71.040	68.590	Número de ordenadores sin contar los ordenadores personales.	Ministerio de Industria, Comercio y Turismo
24.7 Intensidad innovación empresas—	—	—	0,85	0,85	Gastos de innovación respecto a cifras de negocio.	Ministerio de Educación y Ciencia

AUTORES

JOSUNE AGUINAGA ROUSTAN

Profesora titular de Sociología en la UNED. Coordinadora del Seminario Permanente de Estudios sobre Mujer, Género y Feminismo. Ha publicado, entre otras obras: *Agentes de Igualdad de Oportunidades entre mujeres y hombres* (2006), *Estudio de juventud de España* (2004), *El precio de un hijo. Los dilemas de la maternidad en una sociedad desigual* (2004) y *Jóvenes y estilos de vida* (2003).

ANTONIO ALAMINOS CHICA

Catedrático de Sociología en la Universidad de Alicante y director del Instituto de Desarrollo Social y Paz. Especializado en sociología matemática y técnicas de investigación aplicadas al análisis de estructuras y cambio social. Entre sus publicaciones más recientes están: *Introducción a la sociología matemática* (2006), *Living abroad* (2006), *El Estado protector: modelos de bienestar social* (2006) y *Cambio generacional en Europa: democracia y mercado* (2007).

LUIS ENRIQUE ALONSO BENITO

Catedrático de Sociología de la Universidad Autónoma de Madrid. Ha ejercido docencia internacional en las Universidades de Southbank de Londres, París IX (Dauphine) y París I (Laboratoire Georges Friedmann). Entre otros libros, es autor de *Trabajo y ciudadanía: estudios sobre la crisis de la sociedad salarial* (1999), *Trabajo y postmodernidad. El empleo débil* (2001) y *La era del consumo* (2005).

ANTONIO ARIÑO

Catedrático de Sociología y vicerrector de Convergencia Europea i Qualitat de la Universidad de Valencia. Ha publicado *Sociología de la cultura* (1998) y ha dirigido los estudios: *La rosa de las solidaridades. Necesidades sociales y voluntariado en la Comunidad Valenciana* (1999), *Diccionario de Solidaridad* (2003), *Las encrucijadas de la diversidad cultural* (2005), *La participación cultural en España* (2006) y *Asociacionismo y voluntariado en España* (2007).

JULIO BORDAS MARTÍNEZ

Profesor titular de Sociología de la UNED. Es director del Centro de Cooperación Cultural y Prospectiva de la Dirección General de la Policía, y miembro del Grupo de Estudio sobre Tendencias Sociales (GETS). Es autor de *El coche del futuro* (2002) y coautor, entre otras, de: *Tendencias en desigualdad y exclusión social* (2ª edición) (2004) y *Tendencias en exclusión social y políticas de solidaridad* (2005).

JUAN MANUEL CAMACHO GRANDE

Sociólogo, consejero técnico de la Dirección de Servicios de Educación, Juventud y Deporte, Ayuntamiento de Madrid. Experto en políticas de bienestar social. Colaborador de la Revista de la Juventud del INJUVE. Es autor de: *Familia y drogodependencias: Plan municipal contra las drogas* (1995), y coautor de *Alcohol y conducción, amistades peligrosas, manual didáctico* (1997).

SALUSTIANO DEL CAMPO

Catedrático de Sociología de la Universidad Complutense de Madrid. Miembro de la Real Academia de las Ciencias Morales y Políticas. Presidente del Instituto de España. Entre sus libros más recientes destacan *Tendencias sociales en España (1960-1990)* (1993), *La opinión pública española y la política exterior,* Informes INCIPE 1991, 1992, 1993, 1995, 1998 y 2003. También ha dirigido *Convergencia o divergencia. Comparación de tendencias recientes en las sociedades industriales* (1995), *Historia de la Sociología española* (2001) y *Anticipaciones Académicas del siglo XXI* (2 vols.) (2003 y 2005).

ADOLFO CASTILLA

Catedrático de Economía Aplicada de la Universidad Autónoma de Madrid, doctor ingeniero del ICAI y licenciado en Informática por la Universidad Politécnica de Madrid, presidente del Capítulo Español de la *World Future Society*. Es autor, entre otras obras, de *Ocio, trabajo y nuevas tecnologías* (1989), *Nuevas Tecnologías y Futuro del Hombre* (2002) e *Ingeniería Española 200* (2003).

JOSÉ CASTILLO CASTILLO

Catedrático de Sociología de la Universidad Complutense de Madrid, Miembro de la Federación Española de Sociología (FES). Es autor de *Sociedad de consumo a la española* (1987) y ha colaborado en: «Consumo y bienestar», en J. Vidal-Beneyto (comp.), *España a debate: II. La sociedad* (1981), y «Apuntes para una historia de la sociología española», en G. Duncan Mitchell (ed.), *Historia de la sociología* (1988).

DOMINGO COMAS ARNAU

Ha sido profesor de Sociología de la Universidad Autónoma de Madrid. Presidente de la Fundación Atenea/Grupo GID. Es autor, entre otros, de los libros: *El uso de drogas en la juventud* (1984), *La metodología de los estudios de seguimiento* (1988), *Infancia y adolescencia; la mirada de los adultos* (1991) y *Estilos de vida, valores y riesgos de los jóvenes urbanos españoles* (2003).

José Antonio Díaz Martínez

Profesor titular de Sociología de la Universidad Nacional de Educación a Distancia (UNED). Diputado de la Asamblea de Madrid. Ha sido vicerrector de investigación de la UNED. Ha colaborado en los siguientes libros colectivos: *Tecnología y sociedad en el nuevo siglo* (1998) y *Tendencias en desvertebración social y en políticas de solidaridad* (2003).

Bernardo Díaz Nosty

Catedrático de Tecnología de la Información de la Universidad de Málaga. Fundador y primer presidente de la Asociación para la Investigación en Comunicación, (AIC). Es autor, entre otros, de los libros: *La mejora de la práctica docente en comunicación periodística* (1996), *La prensa diaria en la Unión Europea* (2003) y *El déficit mediático. Donde España no converge con Europa* (2005).

Javier Elzo

Catedrático de Sociología de la Universidad de Deusto. Director del Equipo de Estudio de Valores de dicha Universidad y presidente del Foro de Deusto y primer investigador para España de «European Values Study». Es autor de *Jóvenes españoles 1999* (1999), *El silencio de los adolescentes* (2000), *Los valores de los vascos y navarros ante el nuevo milenio* (2002) y *Los jóvenes y la felicidad* (2006).

Manuel García Ferrando

Catedrático de Sociología de la Universidad de Valencia. Ha sido profesor visitante en la Universidad de California y en la Universidad de Yale. Es autor de: *Los españoles y el deporte. Prácticas y comportamientos en la última década del siglo XX: encuesta sobre los hábitos deportivos de los españoles, 2000* (2001), *Globalización y choque de civilizaciones: pensando nuestra sociedad global* (2004) y *Sociología del deporte* (2005).

Rodolfo Gutiérrez

Catedrático de Sociología de la Universidad de Oviedo. Responsable del grupo de investigación sobre «Cohesión social y políticas públicas de la Unión Europea» de dicha Universidad. Es coautor de *Defendiendo el empleo: crisis industrial y trabajo asociado en Asturias* (1990). Ha publicado varios artículos en *Revista Española de Investigaciones Sociológicas, European Societies, Papeles de Economía Española, Economista*, etc.

Rafael Ibáñez Rojo

Profesor de Sociología Industrial en la Universidad Autónoma de Madrid. Especializado en acción colectiva. Ha publicado artículos en revistas como *Política y Sociedad, Cuadernos de Relaciones Laborales, Revista de Estudios de Juventud*, etc. Es coautor, entre otros libros, de: *La industria siderometalúrgica en Europa* (2006), *El codesarrollo desde la perspectiva de la población inmigrante* (2007) y *La industria naval en Europa* (2007).

JULIO IGLESIAS DE USSEL Y ORDIS

Catedrático de Sociología de la Universidad Complutense de Madrid. Ha sido Secretario de Estado de Educación y Universidades entre 2000 y 2004. Es Académico de Número de la Real Academia de Ciencias Morales y Políticas. Ha publicado treinta libros y más de un centenar de artículos profesionales y capítulos de libros sobre Sociología del Cambio Social, de la familia y de la vida cotidiana.

JESÚS LEAL

Catedrático de Sociología en la Universidad Complutense de Madrid. Miembro del Grupo de Estudios «Población y Sociedad» (GEPS). Miembro del Consejo Editorial del Centro de Investigaciones Sociológicas (CIS). Entre sus últimas obras destaca: *Informe sobre la situación demográfica en España, 2004* (2004). Es coautor de *La dimensión de la ciudad* (1998) y *Análisis territorial de la demografía española, 2006* (2006).

ÁNGEL LÓPEZ GARCÍA-MOLINS

Catedrático de Lingüística General de la Universidad de Valencia. Fundador de la revista *Cuadernos de Filología*. Ha publicado, entre otras obras: *Para una gramática laminar* (1980), *Gramática del español* (1998), obra en tres volúmenes por la que se le concedió el premio Honoré Chavée de la Académie des Belles Lettres de l'Institut de France y *Fundamentos genéticos del lenguaje* (2002).

MANUEL NAVARRO LÓPEZ

Catedrático de Sociología de la Universidad Complutense de Madrid. Es coautor de *Nuevo análisis de la población española* (1987) y del *Informe de la Juventud en España 1992* (1993). Ha colaborado en obras colectivas como: *Análisis sociológico de la familia española* (1985), *Tecnología y sociedad en el nuevo siglo* (1998) y *Clase, Estatus y poder en las sociedades emergentes* (2002).

CLEMENTE PENALVA VERDÚ

Profesor titular en el Instituto de Desarrollo Social y Paz de la Universidad de Alicante. Ha publicado en libros y revistas especializadas sobre comunicación (desigualdad, representación de la violencia y conflictos bélicos, globalización), análisis de datos textuales y socialización política. Es autor de: *Desigualdad entre las naciones y noticias internacionales* (1998) y *Tècniques qualitatives d'investigació* (2006).

RAFAEL PRIETO LACACI

Director de la Sección Departamental de Sociología VI (Opinión Pública y Cultura de Masas) de Sociología de la Educación de la Universidad Complutense. Especializado en Sociología de la educación y de la juventud y Sociología de la participación asociativa. Es autor de: *Asociacionismo juvenil en el medio urbano* (1991), *El asociacionismo juvenil: espacio rural e intermedio* (1993) y *Tendencias del asociacionismo juvenil en los años 90* (1999).

M.ª DEL MAR RODRÍGUEZ BRIOSO

Doctora en Sociología por la Universidad Complutense. Colaboradora del departamento de Sociología III de dicha Universidad. Sus líneas de investigación son: Metodología y Técnicas de Investigación Social y Sociología de la familia. Ha sido investigadora visitante en la Universidad de Essex, en la Universidad de Bath y en la de Lovaina. Presta sus servicios en el Instituto de España. Ha publicado en la *REIS* y en la *Revista de Juventud* del INJUVE.

CARLOTA SOLÉ

Catedrática de Sociología de la Universidad Autónoma de Barcelona (UAB). Directora de la Revista *Papers* y miembro del Consejo Editorial del Centro de Investigaciones Sociológicas. Entre sus obras más recientes se encuentra: *Inmigración comunitaria* (2006). Ha colaborado en: *Integraciones diferenciadas: migraciones en Cataluña, Galicia y Andalucía* (2005) e *Inmigración comunitaria: ¿discriminación inversa?* (2006).

JOSÉ FÉLIX TEZANOS TORTAJADA

Catedrático de Sociología en la UNED. Director de la Fundación Sistema. Editor de la revista *Sistema* y director de la revista *Temas*. Es autor de 32 libros y más de 150 monografías sobre estructura social, sociología política, sociología del trabajo y tendencias sociales. Entre sus libros más recientes están: *La sociedad dividida* (2001), *El trabajo perdido* (2001), *La democracia incompleta* (2002) y *Los impactos sociales de la revolución científico-tecnológica (2007)*.

ANTONIO TRINIDAD

Profesor titular de Sociología de la Universidad de Granada y director del Grupo de Investigación «Problemas Sociales en Andalucía». Ha sido *Visiting Scholar* en la London School of Economics and Political Science. Entre sus obras más recientes se encuentran: *Servicios sociales: planificación y evaluación* (2006), *Leer la sociedad (*2005), *La realidad económica y social de las personas mayores* (2005) y *Administración pública y Estado de Bienestar* (2005).

ÍNDICE

ESPAÑA SIGLO XXI

VOLUMEN I: LA SOCIEDAD
Editores: Salustiano del Campo y José Félix Tezanos

VOLUMEN II: LA POLÍTICA
Editores: Manuel Jiménez de Parga y Fernando Vallespín

VOLUMEN III: LA ECONOMÍA
Editores: Juan Velarde Fuertes y José María Serrano Sanz

VOLUMEN IV: CIENCIA Y TECNOLOGÍA
Editores: Carlos Sánchez del Río, Emilio Muñoz y Enrique Alarcón

VOLUMEN V: LITERATURA Y BELLAS ARTES
Editores: Francisco Rico y Antonio Bonet Correa